Berlinische Lebensbilder

herausgegeben von

Wolfgang Ribbe

Band 7

Stadtoberhäupter

Historische Kommission zu Berlin

Stapp Verlag Berlin

Stadtoberhäupter

Biographien Berliner Bürgermeister im 19. und 20. Jahrhundert

herausgegeben von

Wolfgang Ribbe

Historische Kommission zu Berlin

Stapp Verlag Berlin

Diese Veröffentlichung der Historischen Kommission zu Berlin wurde mit Förderung der Stiftung Deutsche Klassenlotterie Berlin gedruckt
Die Schriftenreihe der Historischen Kommission zu Berlin erscheint mit Unterstützung des Senators für Wissenschaft und Forschung Berlin

Lektorat: Christian Schädlich
Umschlaggestaltung: Bock, Bernitz, Krause
Umschlagfoto: Georg Krause

ISBN 3 87776 212 3

Satz: Historische Kommission zu Berlin
Umbruch: Werksatz Marschall, Berlin
Druck: Color Druck Dorfi GmbH, Berlin
Bindearbeit: Heinz Stein, Berlin

Vorwort

Als die Historische Kommission zu Berlin daranging, Kurzbiographien bedeutender Berliner Persönlichkeiten zu veröffentlichen, entschloß sie sich, solche Lebensbilder in sachthematisch geschlossenen Bänden erscheinen zu lassen. Damit unterschieden sich die *Berlinischen Lebensbilder* von denen anderer Regionen, die teils in zwangloser, teils in alphabetischer oder chronologischer Zusammenstellung publiziert werden, zuweilen auch zeitlich gebunden. Als Klammer zwischen den einzelnen Bänden fungierte hier jeweils nur die gemeinsame Landschaft. Das von der Historischen Kommission bevorzugte Verfahren ermöglicht es dagegen, bei einer chronologischen Anordnung der einzelnen Kurzbiographien, auch einen Überblick über die Geschichte der jeweiligen Disziplin zu vermitteln, also im vorliegenden Fall in den Lebensläufen der Stadtoberhäupter zugleich Grundzüge der kommunalgeschichtlichen Entwicklung Berlins zu spiegeln. Im allgemeinen bleiben die einzelnen Bände auf zwanzig Kurzbiographien beschränkt. Im vorliegenden Fall mußte von dieser Regel abgewichen werden, da die Berliner Oberbürgermeister seit der Preußischen Städtereform zu Beginn des 19. Jahrhunderts lückenlos vertreten sein sollten. Aus guten Gründen hatten wir uns entschlossen, in der Gesamtreihe nur bereits verstorbene Persönlichkeiten zu berücksichtigen. Auch von dieser Rahmenbedingung ist hier abgewichen worden, indem auch noch alle diejenigen Stadtoberhäupter vertreten sind, deren politische Karriere als abgeschlossen gelten darf. So endet die Reihe der Ost-Berliner Oberbürgermeister also mit Erhard Krack und die der Regierenden Bürgermeister von Berlin (West) mit Klaus Schütz. Die ihm bisher nachgefolgten Stadtoberhäupter (Dietrich Stobbe, Hans-Jochen Vogel, Richard von Weizsäcker, Walter Momper und Eberhard Diepgen) stehen zur Zeit noch mitten im politischen Leben und kamen daher für diesen Lebensbilderband nicht in Frage. Analog gilt das für die Ost-Berliner Oberbürgermeister Christian Hartenhauer und Tino Schwierzina. Ihre biographischen Daten sind aber der angefügten „Chronologie der Berliner Stadtoberhäupter" zu entnehmen, die im übrigen auch sämtliche Bürgermeister Berlins und ihre Stellvertreter seit dem Mittelalter enthält – soweit die Quellen dazu Daten übermitteln.

Im vorliegenden Band sind ausschließlich Originalbeiträge veröffentlicht. Wie sich zeigte, gehören die Oberbürgermeiser aber – von wenigen Ausnahmen abgesehen – zu den weniger bekannten Berlinern. Dies gilt nicht nur für das zeitlich entferntere 19. Jahrhundert, sondern gerade auch für die jüngere Vergangenheit: Über Arthur Scholtz, Oskar Maretzky, Julius Lippert, Ludwig Steeg, Arthur Werner, Otto Ostrowski, Ferdinand Friedensburg und Walther Schreiber, aber auch von den Ost-Berlinern Herbert Fechner und Erhard Krack lagen bisher noch keine zusammenfassenden Würdigungen vor. Die äußerst dürftige Quellenlage, insbesondere für die NS-Zeit, ließ manche Lücke offen; erst mit der vollständigen Erschließung der Ost-Berliner Aktenbestände dürften neue Ergebnisse zu erwarten sein.

Der Herausgeber möchte den Mitautoren an dieser Stelle danken für ihre konstruktive und engagierte Mitwirkung, die es schließlich doch ermöglicht hat, den Band auch unter schwierigen Bedingungen herauszubringen. Dieser Dank gilt zugleich allen, die an der formalen und technischen Einrichtung der Manuskripte für den Druck beteiligt waren: Rosemarie Baudisch, Ute Groß, Renate Hardel, Karin Hezler, Reinhild Huhn, Karen Kübler, Gabriele Pluntke, Gertraud Eva Schrage, Christel Willmann sowie vor allem auch dem Lektor der Historischen Kommission, Christian Schädlich.

Historische Kommission zu Berlin

Berlin-Pankow, am 9. November 1992 — Wolfgang Ribbe

Inhaltsübersicht

Regierende Bürgermeister von Berlin [West]

Oberbürgermeister von Berlin [Ost]

Anhang

Einführung

Leitung und Kompetenzen der städtischen Verwaltung Berlins vom Mittelalter bis zum Ausgang des 20. Jahrhunderts
Ein Überblick

von Wolfgang Ribbe

In unserer Vorstellung von städtischer Freiheit ist der selbständig handelnde Rat oder Magistrat einer Kommune mit einem unabhängigen, nur den Bürgern und ihrer politischen Vertretung verantwortlichen Bürgermeister an der Spitze von zentraler Bedeutung. In freien Reichsstädten, in Hansestädten und anderen Kommunen mit freiheitlicher Verfassung mag dies über lange Zeiträume hinweg auch der Fall gewesen sein. In Berlin ist dagegen eine stark abweichende Entwicklung zu konstatieren. Wie ein roter Faden zieht sich durch die gesamte Stadtgeschichte der Anspruch von Landesherren, Staat und totalitären Parteien, die städtische Selbstverwaltung einzuschränken und die Bürgermeister durch Einsetzung von Schultheißen, Stadtpräsidenten, Polizeipräsidenten, Staatskommissaren, Gauleitern, Stadtkommandanten und Ersten Parteisekretären weitgehend zu entmachten. Der Ausgangspunkt dieser Entwicklung ist bereits bei der Gründung der Doppelstadt Berlin-Cölln erkennbar.

An der Spitze der städtischen Gemeinde stand zunächst ein Schultheiß.[1] Er wurde vom Landesherrn eingesetzt und hatte dessen Interessen auf der lokalen Ebene zu vertreten. Gleichzeitig war er Vorsitzender des Gerichts, dem die beiden Städte Berlin und Cölln unterstellt waren. Gemeinsam mit einem Schöffenkollegium nahm er die Gerichtshoheit, die beim Markgrafen lag, in der Doppelstadt wahr. Rechtsgrundlage bildete das aus dem Magdeburger Recht abgeleitete Brandenburger Recht. Neben persönlichen Freiheiten bot es den Bewohnern die Möglichkeit genossenschaftlicher Bindung, gewährte die freie Ausübung von Handel und Gewerbe, das erbliche Grundbesitzrecht und vor allem die kommunale Selbstverwaltung in einigen zentralen Bereichen des städtischen Lebens. Dazu gehörte auch die Befugnis, eine gesetzliche Regelung zu treffen, soweit diese die Rechte des Markgrafen nicht einschränkte.[2]

Mitte des 13. Jahrhunderts lag die Verwaltung der Stadt in der Hand eines aus zwölf Mitgliedern bestehenden Rates, der ein Jahr im Amt blieb und die nachfolgenden Ratmänner selber bestimmte. Als sogenannter „alter Rat“ nahmen die ausgeschiedenen Mitglieder aber weiterhin mit beratender Stimme an den wichtigsten Sitzungen des „neuen Rates“ teil. An seiner Spitze standen zwei „Olderlude“, in denen man die ersten

1 Vgl. dazu Eckhard Müller-Mertens, *Untersuchungen zur Geschichte der brandenburgischen Städte im Mittelalter,* T. I u. II, in: *Wissenschaftliche Zeitschrift der Humboldt-Universität zu Berlin. Gesellschafts- und sprachwissenschaftliche Reihe* 5 (1955/56), Nr. 3 u. 4, S. 191–221, 271–307, bes. T. I, S. 215 ff., sowie zusammenfassend Winfried Schich, *Das mittelalterliche Berlin (1237–1411),* in: Wolfgang Ribbe (Hrsg.), *Geschichte Berlins,* Bd. 1 u. 2, 2. Aufl., München 1988, bes. Bd. 1, S. 145, 173 und 177.

2 *A.a.O.*, S. 159–161.

Bürgermeister der Stadt vermuten kann.[3] Im weiteren Verlauf des Mittelalters geriet der Rat unter Ausschaltung der übrigen Einwohner- und Bürgerschaft vollständig in die Hand einiger Patriziergeschlechter. Die insgesamt 24 Angehörigen des alten und des neuen Rates bildeten so eine geschlossene Gemeinschaft, die sich nur im Falle des Todes oder des Verzichtes eines Ratmannes durch Zuwahl aus den „ratsfähigen Geschlechtern" selbst ergänzte.[4]

Seit der Gründung der Doppelstadt an der Spree waren Berlin und Cölln eng miteinander verbunden. 1307 vereinigten sie ihre Verwaltung, indem sie einen aus zwölf Berliner und sechs Cöllner Ratmännern bestehenden gemeinsamen Rat einsetzten.[5]

Im weiteren Verlauf des Mittelalters gelang es der Doppelstadt Berlin-Cölln zusammen mit anderen brandenburgischen Städten, ihre Stadtrechte erheblich zu erweitern. Eine schwache Landesherrschaft sah sich nicht in der Lage, die Städte und ihren Handel zu schützen, so daß die Kommunen zur Selbsthilfe griffen. Dies geschah zunächst mit Duldung, später auch teilweise mit Unterstützung der Markgrafen, die sich nur so in der Lage sahen, ihre eigene Herrschaft zu stabilisieren.[6] Dieses gute Verhältnis zwischen dem Landesherrn und den Städten änderte sich, als der erste Hohenzollern-Markgraf, Friedrich I., 1426 seinem ältesten Sohn Johann die Statthalterschaft und die Markgrafenwürde in Brandenburg übertrug. Wie viele andere deutsche Fürsten wollte auch Johann die Territorialgewalt stärken und die Autonomie der Städte beschränken. Diese verweigerten sich jedoch entschieden den territorialen und finanziellen Forderungen des Markgrafen. Das Spannungsverhältnis zwischen dem Markgrafen und den mittelmärkischen Städten spitzte sich zu, als Brandenburg, Berlin-Cölln und Frankfurt a. d. O. einen neuen Städtebund eingingen, der deutlich gegen die landesherrliche Gewalt gerichtet war. Vor allem das alte brandenburgische Recht sollte gegen alle Angriffe verteidigt werden.[7]

Um ihre Stellung gegenüber dem Landesherrn noch weiter zu festigen, stellten Berlin und Cölln ihre inneren Rivalitäten und Streitigkeiten zurück und gingen im Juni 1432 ein Bündnis ein, das praktisch einem vollen inneren Zusammenschluß gleichkam.[8] Diese Vereinigung zur Beilegung bisheriger und zur Vermeidung künftiger Konflikte

3 Georg Gottfried Küster/Johann Christoph Müller, *Altes und Neues Berlin,* 4. Abt., Berlin 1769, Sp. 227 f., sowie Kurt Schrader, *Die Verwaltung Berlins von der Residenzstadt des Kurfürsten Friedrich Wilhelm bis zur Reichshauptstadt. Unter besonderer Berücksichtigung der Stellung der Stadtverwaltung zu den oberen preußischen Staatsbehörden und mit einem Abriß der Behördengeschichte der Berliner Regierung,* Phil. Diss., Berlin [Ost] 1963 [Maschschr.], T. I, S. 1 ff., bes. S. 3.

4 Berthold Schulze, *Berlin und Cölln bis zum Dreißigjährigen Krieg,* in: *Heimatchronik Berlin,* Köln 1962, S. 69–180, bes. S. 82 f.

5 K. Schrader, *Die Verwaltung Berlins...* (wie Anm. 3), S. 3 mit Anm. 8.

6 E. Müller-Mertens, *Untersuchungen...* (wie Anm. 1), passim.

7 Eckhard Müller-Mertens, *Zur Städtepolitik der ersten märkischen Hohenzollern und zum Berliner Unwillen,* in: *Zeitschrift für Geschichtswissenschaft* 4 (1956), S. 525–544.

8 Knut Schulz, *Vom Herrschaftsantritt der Hohenzollern bis zum Ausbruch des Dreißigjährigen Krieges (1411/12–1618),* in: W. Ribbe (Hrsg.), *Geschichte Berlins...* (wie Anm. 1), Bd. 1, S. 249–340, bes. S. 260–262.

war sowohl eine Bestätigung als auch eine Erweiterung der Union vom 20. März 1307. Dem nun gemeinsamen Stadtrat gehörten zehn Berliner und fünf Cöllner Ratsherren an. Berlin stellte zwei und Cölln einen Bürgermeister. Das Gericht setzte sich jetzt aus vier Berliner und drei Cöllner Schöffen zusammen. An seiner Spitze stand der Berliner Schultheiß. Alle wesentlichen inneren und äußeren Angelegenheiten, auch die Einkünfte und Ausgaben der Stadt wurden vom gemeinsamen Rat im Rathaus auf der Langen Brücke beschlossen.[9] Dem Rat gehörte jedoch kein Vertreter der Handwerker und der einfachen Bürger an, und die Gilden und Innungen blieben von der Vereinigung ausgeschlossen. Dies sollte weitreichende politische Konsequenzen haben, denn die verschiedenartigen wirtschaftlichen Interessen der zumeist Handel treibenden Berliner Bürger einerseits und der Ackerbürger Cöllns andererseits führten zur Unzufriedenheit und zu Unruhen, die den Kurfürsten 1442 veranlaßten, den Zusammenschluß beider Städte – der letztlich auch gegen ihn selbst gerichtet war – durch einen staatlichen Machtspruch aufzuheben. Für jede Stadt wurde nun wieder die alte Ratsverfassung mit dem alljährlich wechselnden Rat eingeführt, der allerdings fortan vom Kurfürsten bestätigt werden mußte. Die landesherrliche Verwaltung etablierte der Markgraf neben der städtischen, als er seine feste Residenz in Cölln an der Spree errichtete, wogegen die Bürger der Doppelstadt vergebens im „Berliner Unwillen" opponierten.[10] Nach dem Verlust der meisten Freiheiten für die Bürger war auch die städtische Selbstverwaltung weitgehend eingeschränkt. Der Rat mußte vom Hof Weisungen entgegennehmen und sank mehr und mehr auf die Stufe einer kurfürstlichen Unterbehörde herab. An der Verwaltungsspitze der beiden Städte standen Bürgermeister, bei denen es sich in der Regel um Juristen handelte, die der Stadt auch als Rechtsbeistand dienten. Für Berlin wurden vier, für Cölln zwei Bürgermeister gewählt, wobei der dienstälteste „Regierender Bürgermeister" hieß. Die Ratsherren erhielten eine Besoldung und verwalteten feste Amtsbereiche. Die Kanzlei führte der Stadtschreiber, bei dem es sich nun nicht mehr, wie im Mittelalter, um einen Geistlichen, sondern um einen studierten weltlichen Juristen handelte. Als äußeres Zeichen der politischen Abhängigkeit des Rates vom Landesherrn kann der Abriß des gemeinsamen Rathauses der Doppelstadt auf der Langen Brücke im Jahre 1514 angesehen werden.[11]

Als der Große Kurfürst nach dem Ende des Dreißigjährigen Krieges daranging, Berlin zur Festung auszubauen, kam es zu einer weiteren Entmachtung der Stadtverwaltung. Der Landesherr ließ die städtische Selbstverwaltung zwar formal weiterbestehen, wichtigste kommunalpolitische Institution war jetzt aber das Militärgouvernement mit dem Kommandanten an der Spitze. Der Militärgouverneur besaß seit 1658 die Polizeigewalt und führte die Pläne und Anordnungen des Kurfürsten durch. Daneben übernahm er wesentliche kommunale Aufgaben, wie das Feuerlöschwesen, die Straßenrei-

9 *Ebda.*
10 K. Schulz, *Vom Herrschaftsantritt...* (wie Anm. 8), S. 262–273.
11 *A.a.O.*, S. 302; Werner Vogel, *Führer durch die Geschichte Berlins,* 3. Aufl., Berlin 1985, S. 52.

nigung, die Straßenbeleuchtung und die Straßenpflasterung, die Aufsicht über das Schiffahrtswesen, den Nachtwachdienst und die Einquartierungen.[12]
Nach der Sicherung seiner Stadtherrschaft ergriff der Große Kurfürst eine Reihe von Städtebau-Förderungsmaßnahmen, um die Eigeninitiative und die Bautätigkeit der Bürger anzuregen. Bereits 1641 hatte er eine neue Bauordnung erlassen, die dann durch weitere Verordnungen ergänzt wurde und einen erheblichen Einfluß auf die städtische Infrastruktur hatte. Als besonders nutzbringend für die Bautätigkeit, aber auch für die Wirtschaft insgesamt, erwies sich die Einführung einer neuen Steuerart, der Akzise. Es handelte sich um eine indirekte Verbrauchssteuer, die auf alle Lebensmittel und Waren des täglichen Bedarfs erhoben wurde. Auf der Grundlage dieser Steuer- und Baupolitik entstand ein neuer Stadtteil, in dem sich hauptsächlich kurfürstliche Bedienstete niederließen. Dieser Stadtteil erhielt den Namen „Friedrichswerder".[13] Seine Bewohner durften Handel und Gewerbe betreiben. 1670 erhob der Kurfürst den Friedrichswerder zur Stadt. Friedrichswerder war nun die dritte Residenzstadt neben Berlin und Cölln, mit eigener Verwaltung und mit eigenem Rathaus, eigenem Bürgerrecht und eigenen städtischen Privilegien. Als erster Bürgermeister fungierte der Baumeister Johann Gregor Memhardt.[14] Nördlich des Friedrichswerder entwikkelte sich seit 1674 eine vierte Residenzstadt. Das Gelände hatte der Kurfürst seiner zweiten Gemahlin Dorothea geschenkt. Die hier entstehende und nach ihr benannte Dorotheenstadt erhielt ebenfalls eine selbständige Stadtverwaltung und eine eigene Gerichtsbarkeit.[15] Und schließlich entstand seit 1688 auf der angekauften Köllnischen Feldmark außerhalb des Befestigungsgürtels als fünfte Stadtgemeinde im Berliner Raum die Friedrichstadt, in der sich viele Hugenotten ansiedelten.[16]
Nachdem Friedrich III./I. zunächst die Friedrichstadt und den Friedrichswerder zu einer verwaltungsmäßigen Einheit zusammengeschlossen hatte, bildeten schließlich mit dem „Reskript von der Kombinierung der Rathäuslichen Kollegien" vom 17. Januar 1709 alle fünf baulich und wirtschaftlich zusammengehörenden Städte Berlin, Kölln, Friedrichswerder, Dorotheenstadt und Friedrichstadt die einheitliche Stadtgemeinde Berlin.[17] Erhalten blieb aber die besondere Verwaltung der Refugiés sowie die Bestimmungen, wonach der Adel, das gesamte landesherrliche Gefolge, alle staatlichen Beamten und die Angehörigen der Garnison exemt waren. Sie besaßen damit alle Rechte der Bürger, nicht aber deren Pflichten, und sie unterstanden auch nicht den städtischen Behörden. Von insgesamt mehr als 150 000 Berliner Einwohnern Ende des 18. Jahr-

12 K. Schrader, *Die Verwaltung Berlins...* (wie Anm. 3), T. I, S. 15 ff.

13 Waltraud Volk, *Die Stadterweiterungen Berlins im 17. und in der ersten Hälfte des 18. Jahrhunderts,* in: *Jahrbuch für Geschichte* 35 (1987), S. 93–118, bes. S. 101–104.

14 Ferdinand Meyer, *Berühmte Männer Berlins und ihre Wohnstätten,* T. 1, Berlin 1875, S. 124–127.

15 W. Volk, *Die Stadterweiterungen Berlins...* (wie Anm. 13), S. 104–108.

16 *A.a.O.*, S. 109–112.

17 Vgl. den Abschnitt *Die Ratsverfassung von 1709 und ihre Entstehung und die Gerichtsverfassung der neuen Residenzstadt Berlin,* in: K. Schrader, *Die Verwaltung Berlins...* (wie Anm. 3), T. I, S. 26–45.

hunderts waren nur knapp 11 000 städtische Bürger. Nach dem Reskript wurde die neue Stadt von vier Bürgermeistern, zwei Syndizi, drei Kämmerern und zehn Ratsherrn, die sich in einem Magistrat zusammenfanden, verwaltet. Die Zuständigkeit des Magistrats bestand jedoch nur auf dem Papier, da in alle städtischen Belange bis in die Einzelheiten hinein staatliche Organe hineinredeten. Zahlreiche Befugnisse, insbesondere auf polizeilichem Gebiet, hatte die Militärverwaltung. Die einzelnen Magistratsmitglieder entwickelten sich zu Staatsbeamten.[18]
Einige Änderungen brachte das „Rathäusliche Reglement der Königlichen Residenz Berlin" von 1747, das dem Magistrat wieder das Recht einräumte, den Nachfolger eines ausscheidenden Mitgliedes im Rate selbst zu wählen.[19] Entscheidend aber blieb, daß die gesamte Polizeiverwaltung einem königlichen Polizeidirektor unterstand, der als „Stadtpräsident" gleichzeitig Vorsitzender des Magistratskollegiums und damit Leiter der Stadtverwaltung war. Von einer Mitwirkung an der Gestaltung der Geschicke der Stadt oder an der Kontrolle der Verwaltung war keine Rede. Eine städtische Selbstverwaltung gab es weder im mittelalterlichen noch im modernen Sinn.
Grundlegende Änderungen brachte erst das 19. Jahrhundert. Zunächst veranlaßte Napoleon I. während der französischen Besatzungszeit zahlreiche Maßnahmen, die tief in das politische, finanzielle und wirtschaftliche Gefüge der Stadt eingriffen. Er veränderte unter anderem die bestehende Verwaltungsorganisation. Gleich nach seinem Einzug in Berlin befahl er, 2000 der angesehensten Bürger der Stadt auszuwählen und sie am folgenden Tag in der Petrikirche versammeln zu lassen. Die vom Magistrat bestimmten 2000 Personen wählten am 29. Oktober 1806 aus ihrer Mitte 60 Bürger, die eine Generalverwaltungsbehörde der Stadt bildeten. Aus diesem Kreis, der ein zweites Mal nicht zusammengetreten ist, wurde ein Siebener-Kollegium gewählt, das nach seiner Bestätigung durch Napoleon als „Comité administratif" bis zum Abzug der Franzosen die Stadtverwaltung in den Händen hielt. Obwohl es als unmittelbare Aufsichts- und Kontrollinstanz des „Comité administratif" das Amt des Intendanten gab, bedeutete dieses aus der Bürgerschaft heraus gebildete Verfassungsorgan einen ersten Schritt hin zu einer modernen Verwaltungs- und Verfassungsreform. Das Kollegium, das keinen Leiter wählte, war allerdings im wesentlichen damit beschäftigt, die der Stadt auferlegten Lasten auf die einzelnen Bevölkerungskreise zu verteilen.[20]
Als Ende 1808 die französischen Truppen Berlin räumten, hatte der Druck der Besatzung Entwicklungen gefördert, die auf eine politische und geistige Erneuerung zielten. Eine kleine Gruppe von Reformern um den Freiherrn vom Stein versuchte, durch Ver-

18 *Ebda.*
19 Vgl. die minutiösen Studien von K. Schrader, *Die Ausarbeitung des neuen rathäuslichen Reglements. Die Ordnung des Polizeiwesens in Berlin durch Friedrich II. und ihre Auswirkungen auf die übrigen Städte Preußens. Die Verwaltung der Stadt von 1736 bis zum Ausgang des Ancien Régime,* in: ders., *Die Verwaltung Berlins...* (wie Anm. 3), S. 74–168.
20 Ilja Mieck, *Von der Reformzeit zur Revolution (1806–1847),* in: W. Ribbe (Hrsg.), *Geschichte Berlins...* (wie Anm. 1), Bd. 1, S. 405–602, bes. S. 424 ff.

änderungen in Staat und Gesellschaft die alte politische Bedeutung Preußens wiederherzustellen. Von dieser preußischen Reformgesetzgebung war für Berlin vor allem die neue Städteordnung, die am 19. November 1808 in Kraft gesetzt wurde, von Bedeutung. Sie machte den Weg zu einer begrenzten Selbstverwaltung in den preußischen Städten frei und beabsichtigte eine Belebung des Gemein- und Bürgersinns sowie eine Mitwirkung der Bürger an der Politik. Nach dem neuen Gesetz waren die gemeindlichen und die staatlichen Aufgaben klar getrennt und die Verschränkung von Justiz und Verwaltung beseitigt. Als neues beschließendes Organ gab es die Stadtverordnetenversammlung, die von den Bürgern in freier und geheimer Wahl gewählt werden sollte. Stimmberechtigt waren allerdings nur Bürger mit Hauseigentum oder mit einem Jahreseinkommen von mehr als 200 Talern. In Berlin handelte es sich dabei um 6,9 Prozent der Bevölkerung.[21]

Die neue Städteordnung wurde zum 1. April 1809 in Berlin eingeführt. Die Wahlen zur Stadtverordnetenversammlung fanden an fünf aufeinanderfolgenden Tagen vom 18. bis zum 22. April 1809 statt. In 22 Kirchen wählten die wahlberechtigten Bürger die ersten 102 Abgeordneten der Stadt Berlin. Für die Position des Oberbürgermeisters nominierte die Versammlung drei Kandidaten und bat den König, den Erstplazierten zu bestätigen. Friedrich Wilhelm III. folgte diesem Votum und ernannte Leopold von Gerlach, einen Adligen also, zum ersten Oberbürgermeister von Berlin. Als Bürgermeister fungierte Johann Büsching. Am 6. Juli 1809 fand die Einführung der neuen Stadtbehörden statt. Im Berliner Rathaus wurde das formell noch bestehende „Comité administratif" aufgelöst und der alte Magistrat verabschiedet.[22]

Mit dem Ende der Befreiungskriege begann zwar für Preußen und seine Hauptstadt Berlin eine lange Periode des Friedens, aber politische Hoffnungen auf eine Weiterführung der inneren Reformen erfüllten sich nicht. Der König löste sein Verfassungsversprechen, das er dreimal, zuletzt 1815, gegeben hatte, nicht ein. Im Gegenteil: Mit den Festlegungen des Wiener Kongresses waren patriotisch-nationale wie liberale Erwartungen weitgehend zunichte geworden. Die ehemaligen Verfechter der Reformpolitik wurden nach und nach kaltgestellt. In Preußen faßte der Polizeiminister Wittgenstein alle staatlichen Kräfte zusammen, um diejenigen zu bekämpfen, die weiterhin nationale und liberale Ziele verfolgten. Dieses politische Klima wirkte sich auch auf die Berliner Verwaltung aus. Neben dem Magistrat war die wichtigste Behörde der Polizeipräsident,[23] der das Recht hatte, Anweisungen direkt an den Magistrat zu richten. Er unterstand dem Innenminister und ihm oblag die Wahrnehmung aller Aufgaben im Bereich der Sicherheitspolizei, der Kriminalpolizei, der Sittenpolizei, der Zensur, der

21 Karl-Heinz Börner, *Beginn der bürgerlichen Umwälzung in Berlin. Einführung der preußischen Städteordnung,* in: *Jahrbuch für Geschichte* 35 (1987), S. 151–200.

22 Vgl. das Kapitel *Die Auswirkungen der preußischen Reformen auf Berlin* in dem Beitrag von I. Mieck, *Von der Reformzeit...* (wie Anm. 20), S. 442–447.

23 Berthold Schulze, *200 Jahre staatlicher Verwaltungsbezirk Berlin,* in: *Jahrbuch für brandenburgische Landesge*schichte 3 (1952), S. 1–8, bes. S. 5.

Verkehrspolizei, der Gewerbepolizei und der politischen Polizei. Neben dem Paß- und Fremdenwesen fielen auch das Beleuchtungs-, Reinigungs- und Feuerlöschwesen in den Dienstbereich des Polizeipräsidenten.

Zum Oberbürgermeister war in den Jahren 1813–1831 Johann Büsching aufgerückt.[24] In seine Amtszeit fiel die schwierige Realisierung der Städteordnung, insbesondere die allmähliche Klärung der konkurrierenden Zuständigkeiten von staatlichen und städtischen Behörden. Zu erheblichen Konflikten innerhalb der Berliner Verwaltung kam es, als 1831 die „Revidierte Städteordnung" in Berlin und anderen preußischen Orten eingeführt werden sollte.[25] Im Anschluß an die Julirevolution von 1830 in Frankreich waren „Maßregeln zur Erhaltung der Ruhe in Deutschland" beschlossen worden. In Preußen bedeutete dies vor allem eine schärfere Überwachung der städtischen Organe durch die zentralen Staatsbehörden. Die Rechte der Stadtverordnetenversammlung wurden zugunsten des Magistrats eingeschränkt. Als der 1831 gewählte Oberbürgermeister Friedrich von Bärensprung auch noch die kollegialische Geschäftsführung abschaffen wollte und die disziplinare Gewalt über seine Kollegen forderte, kam es zu erbitterten Auseinandersetzungen innerhalb des Magistrats. 1834 trat Oberbürgermeister von Bärensprung zurück;[26] neues Stadtoberhaupt wurde Heinrich Wilhelm Krausnick, ein Jurist, der bis 1862 amtierte.[27] Um in Zukunft ähnliche Konflikte zu vermeiden, bestimmte ein im gleichen Jahr erlassenes „Regulativ über das Geschäftsverfahren für den Magistrat von Berlin" den Oberbürgermeister zum unmittelbaren Vorgesetzten der Mitglieder des Magistrats und seiner Beamten. Er war fortan die entscheidende Kraft bei der Gestaltung und Lenkung der städtischen Geschicke.[28]

Auch nach der Revolution von 1848 erfüllten sich die Hoffnungen der Bevölkerung auf eine weitgehende Verfassungsreform nicht. Selbst seine „oktroyierte Verfassung" wollte König Friedrich Wilhelm IV. nach kurzer Zeit wieder revidieren, da sie seiner Meinung nach zu sehr vom Zeitgeist des Liberalismus durchdrungen war.[29] Neben der Rücknahme politischer Mitbestimmungsrechte bestand die wichtigste Änderung darin, das allgemeine Wahlrecht durch das Dreiklassen-Wahlrecht zu ersetzen. Das entscheidende Merkmal des preußischen Dreiklassen-Wahlrechts, das dann bis zum Ende der Monarchie Gültigkeit behielt, war seine Ungleichheit. In der ersten Klasse befanden sich einige Höchstbesteuerte, in der zweiten Klasse wenige Wähler mit hohem

24 Vgl. seine Biographie in diesem Band, S. 51–65.

25 *Die Preußische Revidierte Städteordnung von 1831*, in: Christian Engeli/Wolfgang Haus (Bearb.), *Quellen zum modernen Gemeindeverfassungsrecht in Deutschland* (= Schriften des Deutschen Instituts für Urbanistik, Bd. 45), Stuttgart-Berlin-Köln-Mainz 1975, S. 180–204.

26 Vgl. den Beitrag von Gunther Hildebrandt über Bärensprung in diesem Band, S. 87–82, sowie die zeitgenössische Einschätzung von Heinrich Eduard Kochhann, *Zeitbilder aus den Jahren 1830–1840 mit Rückblicken auf die vorangegangenen Jahrzehnte,* Berlin 1906, bes. S. 11 ff.

27 Zu Krausnick vgl. die Biographie von Jürgen Wetzel in diesem Band, S. 83–108.

28 Vgl. in diesem Band G. Hildebrandt, *F. v. Bärensprung...*, S. 80 f.

29 Günter Richter, *Zwischen Revolution und Reichsgründung (1848–1870)*, in: W. Ribbe (Hrsg.), *Geschichte Berlins...* (wie Anm. 1), Bd. 2, S. 605–687, bes. S. 605–635.

Steueraufkommen und in der dritten Klasse die restlichen Wähler einschließlich derjenigen, die keine Steuern zahlten. Jede Klasse wählte dabei die gleiche Anzahl von Abgeordneten, so daß die breite Masse nur von vergleichsweise sehr wenigen Parlamentariern vertreten war, die auch jederzeit überstimmt werden konnten.

Am 11. März 1850 wurde eine neue Stadtverfassung und Gemeindeordnung in Berlin rechtswirksam, die vor allem die Stellung der staatlichen Aufsicht, des Bürgermeisters und des von ihm geleiteten Gemeindevorstandes stärkte.[30] Voraussetzung für das aktive Wahlrecht war ein Jahreseinkommen von 300 Talern. Dadurch reduzierte sich die Zahl der Wahlberechtigten auf fünf Prozent der Einwohnerschaft, das waren nur 21 000 Bürger. Darüber hinaus mußte die Hälfte der Stadtverordneten, die auf sechs Jahre gewählt wurden, Hausbesitzer sein.[31] Da 18 liberale und demokratische Stadtverordnete, die mit der neuen Wahlordnung nicht einverstanden waren, ausgeschlossen wurden, bestand die städtische Vertretung nur noch aus Anhängern der Konservativen Partei. Sie wählten wieder Wilhelm Krausnick zum Oberbürgermeister, der während der Revolution aus dem Amt entfernt worden war.[32]

Die „Revidierte Städteordnung" vom 30. Mai 1853[33] stärkte die staatlichen Aufsichtsrechte noch mehr. Die Befugnisse der Stadtverordnetenversammlung beschränkten sich jetzt auf rein städtische Angelegenheiten. Die dominierende Position in der Stadt hatte nicht der Oberbürgermeister, sondern der Polizeipräsident. Der seit 1848 amtierende Berliner Polizeipräsident Karl Ludwig Friedrich von Hinckeldey erwies sich einerseits als Hauptvertreter der Willkürherrschaft der Polizei, andererseits betrieb er eine moderne, vorausschauende Stadtpolitik mit der Bereinigung des Kompetenzenwirrwarrs zwischen staatlichen und städtischen Polizeiorganen. Insgesamt verdankt Berlin ihm den Aufbau der großstädtischen Infrastruktur, die in den kommenden Jahren die Grundlage der weiteren Entwicklung der Stadt bilden sollte.[34]

Neben dem Oberbürgermeister als Haupt der Selbstverwaltung war also in Berlin der Polizeipräsident als Repräsentant der preußischen Staatsgewalt die wichtigste städtische Persönlichkeit. Auch als seit 1861 die Liberalen auf Berlins politischer Szene wieder nach vorn rückten, blieben die Nachfolger des Polizeipräsidenten von Hinckeldey mächtige Mitregenten. Als Persönlichkeiten blieben sie jedoch weitgehend unbekannt. Dagegen begann 1862 mit Karl Theodor Seydel die Reihe bedeutender Oberbürgermeister, die selbst liberal waren und eng mit den Berliner Freisinnigen zusammenarbeiteten.[35] Auf Seydel folgte Arthur Hobrecht,[36] der wie sein Nachfolger Max von

30 *Die Preußische Gemeindeordnung von 1850,* in: C. Engeli/W. Haus (Bearb.), *Quellen...* (wie Anm. 25), S. 310–344.

31 *Ebda.* sowie die Einleitung dazu.

32 J. Wetzel, *Wilhelm Krausnick...* (wie Anm. 27), S. 100 u. 103,

33 *Die Preußische Städteordnung von 1853,* in: C. Engeli/W. Haus (Bearb.), *Quellen...* (wie Anm. 25), S. 370–395.

34 Zur Ära Hinckeldey vgl. G. Richter, *Zwischen Revolution und Reichsgründung...* (wie Anm. 29), S. 647–650.

35 Zu Theodor Seydel vgl. den Beitrag von Karl-Heinz Noack in diesem Band, S. 113–123.

Forckenbeck[37] zuvor Oberbürgermeister von Breslau gewesen war. Danach amtierten bis zur Bildung Groß-Berlins Robert Zelle,[38] Martin Kirschner[39] und Adolf Wermuth.[40] Es handelt sich bei ihnen nicht nur um ausgezeichnete Verwaltungsfachleute, sondern auch um Charaktere mit visionärem Neuerungswillen, deren Liberalität auf bewährten Traditionen beruhte, die sie keineswegs abstreiften, sondern als Fundament ihres Handelns betrachteten. Sie sind fast alle in den Kreis der Stadtoberhäupter einzureihen, die Gegenstand biographischer Darstellung wurden oder auch selbst Biographien verfaßt haben und von denen Wolfgang Hofmann mit Recht meinte: *Gerade das biographische Interesse hat gewiß etwas mit der Korrespondenz von Amt und Person zu tun, das im Vergleich zu anderen Ämtern eine relativ hohe Gestaltungsfreiheit hatte, ausgeprägte Charaktere anzog und ihnen Entfaltungsmöglichkeiten eröffnete ... Wer diese schöpferische Tätigkeit der Stadtgestaltung, des Planens und Gründens von Stadterweiterungen und Grüngürteln, von kommunalen Hafenanlagen und Flugplätzen, von öffentlichen Nahverkehrsnetzen und Kanalisationssystemen, von Messen und Ausstellungen, Museen und Schulen in einer lebendigen Darstellung mitverfolgt, dem teilt sich auch der Rausch des homo faber mit ...,*[41] und er zieht daraus den treffenden Schluß: *Mit dieser bedeutsamen Rolle der Oberbürgermeister im Prozeß der Urbanisation und des Ausbaus der Städte ist bereits ein Moment benannt, aus dem heraus sie in den zu besprechenden Epochen allgemeines historisches Interesse beanspruchen können.*[42]

Die staatlichen preußischen Instanzen, die das Jahr 1848 nur zu gut im Gedächtnis behalten hatten, sahen diese erneute Liberalisierung der städtischen Selbstverwaltung ebenso mit Mißtrauen, wie später das anwachsende „rote“ Berlin. So hat es an Spannungen gegenüber den städtischen Körperschaften vom Beginn der sechziger Jahre des 19. Jahrhunderts an nicht gefehlt. Auch als Reichseinigung, Sozialistengesetz und Wilhelminische Weltpolitik in Teilen des Berliner Bürgertums einen Stimmungsumschwung brachten, war dieser doch nie stark genug, um die liberale Vorherrschaft in den Selbstverwaltungsorganen zu gefährden. Bismarck, der den Berliner „Fortschrittsring“ bekämpfte, ließ die Stadt zuweilen seinen Unwillen spüren.

36 Zu Arthur Hobrecht vgl. den Beitrag von Karl-Heinz Noack in diesem Band, S. 125–134.

37 Zu Max von Forckenbeck vgl. den Beitrag von Karl-Heinz Noack in diesem Band, S. 135–145.

38 Zu Robert Zelle vgl. den Beitrag von Daniel S. Mattern in diesem Band, S. 147–155.

39 Zu Martin Kirschner vgl. den Beitrag von Daniel S. Mattern in diesem Band, S. 157–166.

40 Zu Adolf Wermuth vgl. den Beitrag von Andreas Splanemann in diesem Band, S. 167–183.

41 Wolfgang Hofmann, *Oberbürgermeister als politische Elite im Wilhelminischen Reich und in der Weimarer Republik*, in: Klaus Schwabe (Hrsg.), *Oberbürgermeister. Büdinger Forschungen zur Sozialgeschichte 1979*, Boppard am Rhein 1981, S. 17–38, bes. S. 19, sowie Wolfgang Haus, *Biographien deutscher Oberbürgermeister*, in: *Archiv für Kommunalwissenschaften* 4 (1965), S. 129–135.

42 W. Hofmann, *Oberbürgermeister...* (wie Anm. 41), S. 19, sowie ders., *Zwischen Rathaus und Reichskanzlei. Die Oberbürgermeister in der Kommunal- und Staatspolitik des Deutschen Reiches von 1890–1933* (= Schriften des Deutschen Instituts für Urbanistik, Bd. 46), Stuttgart 1974, sowie ders., *Oberbürgermeister in der Politik*, in: *Archiv für Kommunalwissenschaften* 8 (1969), S. 131–145.

Die Selbstverwaltungsrechte des Magistrats waren in Berlin stärker eingeschränkt als in anderen preußischen Städten. Erst seit 1876 durfte die Stadt selbständig über die Erneuerung und den Ausbau von Straßen, Plätzen und Brücken entscheiden.[43] Doch blieb auch dann noch der Bereich der königlichen Schlösser und Anlagen ausgenommen, und das Schloß im Herzen der Hauptstadt lag als eigener „Gutsbezirk“ ganz außerhalb der städtischen Verwaltung. Auch mußten jeder Bebauungsplan, jede Straßenbahnanlage, jedes öffentliche Denkmal und jeder Straßenname vom König genehmigt werden. Seit 1881 nahm die Stadt Berlin als eigener Verwaltungsbezirk im Verhältnis zur Provinz Brandenburg eine Sonderstellung ein.[44] Das hätte ein Schritt zur größeren Eigenständigkeit der städtischen Verwaltung sein können. Doch der brandenburgische Oberpräsident und der Polizeipräsident konnten weiter in die städtische Verwaltung hineinregieren.

Mit der fortschreitenden Industrialisierung stellte sich die Frage nach einer Stadterweiterung. Ein „polizeiliches“ Groß-Berlin gab es bereits, aber das Neben- und oft auch Gegeneinander mehrerer Dutzend Städte und Dörfer mit ihren Bürgermeistern und Ämtern blieb. Außer dem Zentral-Viehhof, dem Tiergarten und dem Gelände um den Plötzensee gab es nach 1861 keine großen Erweiterungen des Berliner Stadtgebietes mehr.[45]

Doch an dem wirtschaftlichen Aufstieg der Reichshauptstadt nach 1871 nahmen auch die in der Umgebung Berlins gelegenen Gemeinden mehr oder weniger stark teil. Sie wuchsen dabei nicht zu in sich geschlossenen, wirtschaftlich selbständigen Gemeinwesen, sondern zu Vorortgemeinden empor, deren wirtschaftlicher, kultureller und verkehrspolitischer Mittelpunkt Berlin war. Diese Wirtschafts- und Verkehrseinheit, die bald mit wechselnder räumlicher Begrenzung als „Groß-Berlin“ bezeichnet wurde, litt unter der kommunalen Zersplitterung. Die östlichen und nördlichen Vororte hatten sich gleich den östlichen und nördlichen Teilen Berlins zu reinen Arbeiterwohngemeinden entwickelt, während die westlichen Nachbargemeinden zu Wohngegenden der bessergestellten Kreise avancierten. Das wirkte sich natürlich auf die Steuerkraft der Gemeinden aus. Die im Norden und Osten gelegenen Gemeinden konnten bald mit ihren geringen Steuereinnahmen nicht mehr die Wohlfahrts- und Schulausgaben bestreiten. Die kleine Zahl der begüterten Einwohner der östlichen Gemeinden hatte überdies das Bestreben, in die Gemeinden mit geringerem Steuerdruck abzuwandern, wodurch sich die Lage der anderen Ortschaften noch verschlimmerte. Diese Entwicklung war ungerechtfertigt, weil es sich um Teile eines einheitlichen Wirtschaftsgebietes

43 Dazu auch Karl-Heinz Noack, *Arthur Hobrecht,* in diesem Band S. 125–134.
44 B. Schulze, *200 Jahre...* (wie Anm. 23), S. 6.
45 Ernst Kaeber, *Das Weichbild der Stadt Berlin seit der Steinschen Städteordnung,* zuletzt in: ders., *Beiträge zur Berliner Geschichte. Ausgewählte Aufsätze,* hrsg. von Werner Vogel (= Veröffentlichungen der Historischen Kommission zu Berlin, Bd. 14), Berlin 1964, S. 234–376, bes. S. 335 ff.

handelte, denn der Wohlstand der westlichen Vorortgemeinden beruhte nicht zuletzt auf den Leistungen der Arbeiterschaft des Nordens und des Ostens.[46]
Die größten Mißstände sollten durch das preußische Zweckverbandsgesetz vom 19. Juli 1911 beseitigt werden, das Berlin mit den umliegenden Stadtkreisen von Charlottenburg, Schöneberg, Rixdorf (Neu-Kölln), Deutsch-Wilmersdorf, Lichtenberg und Spandau sowie mit den Landkreisen Teltow und Niederbarnim zu einem Zweckverband mit eng umgrenzten Aufgaben vereinigte, nämlich mit der Regelung der Straßenbahnverhältnisse, mit der Beteiligung an der Feststellung der Fluchtlinien- und Bebauungspläne sowie mit dem Erwerb und der Erhaltung größerer, von der Bebauung freizuhaltender Flächen. Der Zweckverband hat diese Aufgaben mehr oder weniger erfüllt. Insbesondere die Freiflächenpolitik war mit dem Erwerb größerer Waldflächen im Osten und Westen, zum Beispiel dem Grunewald, erfolgreich. Der Zweckverband hat auch die „Große Berliner Straßenbahn" angekauft und versucht, einheitliche Verhältnisse auf dem Gebiet des Baufluchtlinienwesens zu schaffen. Da er aber außerhalb der ihm übertragenen Aufgaben nicht tätig werden konnte, war es ihm auch nicht möglich, die Groß-Berliner Probleme zu lösen.[47]
Dies gelang erst 1920 mit dem „Gesetz über die Bildung einer neuen Stadtgemeinde Berlin".[48] Erst mit der Neuordnung des Staatswesens nach 1918 konnte auch die wirtschaftlich längst zu Berlin gehörende Umgebung der Reichshauptstadt verwaltungsmäßig eingegliedert werden. Mit dem Gesetz über die Bildung einer neuen Stadtgemeinde Berlin sind zum 1. Oktober 1920 acht Städte, 59 Landgemeinden und 27 Gutsbezirke mit Berlin vereinigt worden. Sie schieden aus ihren Kreisverbänden und dem Provinzialverband der Mark Brandenburg aus und bildeten zusammen die neue Stadtgemeinde Berlin. Für diese galten die bisher für die alte Stadtgemeinde gültigen gesetzlichen Vorschriften. Zugleich wurde das Zweckverbandsgesetz für Groß-Berlin vom 19. Juli 1911 aufgehoben, der Zweckverband aufgelöst und seine Rechte und Pflichten der neuen Stadtgemeinde übertragen.
Für dieses „Groß-Berlin" waren nach dem neuen Gesetz alle vier Jahre 225 Stadtverordnete zu wählen. Die Verwaltung leitete wie bisher der Magistrat, der aus höchstens dreißig Mitgliedern, mit dem Oberbürgermeister an der Spitze, bestand. Achtzehn be-

46 Felix Escher, *Berlin und sein Umland. Zur Genese der Berliner Stadtlandschaft bis zum Beginn des 20. Jahrhunderts* (= Einzelveröffentlichungen der Historischen Kommission zu Berlin, Bd. 47), Berlin 1985, S. 257 u. a., sowie zusammenfassend zum Scheitern der Eingemeindungspläne den Beitrag von Michael Erbe, *Berlin im Kaiserreich (1871–1918)*, in: W. Ribbe (Hrsg.), *Geschichte Berlins...* (wie Anm. 1), Bd. 2, S. 689–793, bes. S. 746 ff. Siehe dazu auch die vergleichenden Studien von Wolfgang Hofmann, *Oberbürgermeister und Stadterweiterungen*, in: Helmuth Croon/Wolfgang Hofmann/Georg-Christoph von Unruh (Hrsg.), *Kommunale Selbstverwaltung im Zeitalter der Industrialisierung* (= Schriftenreihe des Vereins für Kommunalwissenschaften, Bd. 33), Stuttgart 1971, S. 59 ff.

47 *Ebda.*

48 *Das Groß-Berlin-Gesetz von 1920*, in: C. Engeli/W. Haus, *Quellen...* (wie Anm. 25), S. 579–605.

soldete Magistratsmitglieder waren von den Stadtverordneten auf zwölf Jahre, die unbesoldeten auf vier Jahre zu wählen.
Zugleich mit dem Zusammenschluß unterteilte man Berlin in zwanzig Verwaltungsbezirke. Jeder Bezirk erhielt ein Bezirksamt mit sieben bis vierzehn Mitgliedern: dem Bürgermeister und den Bezirksstadträten. Eine Bezirksversammlung, aus gewählten Bezirksverordneten und den Stadtverordneten des Bezirks bestehend, wählte und kontrollierte das Bezirksamt. Zentralisierung der Aufgaben und Bürgernähe sollten miteinander verbunden werden. Was nicht vom Magistrat verwaltet und entschieden werden mußte, war Aufgabe der neugebildeten Bezirke.[49]
Der neue Stadtkreis Berlin bildete den neuen Ortspolizeibezirk Berlin. Ortspolizeibehörde war das Polizeipräsidium zu Berlin. Die Vereinigung Berlins und seiner Vororte zur Gemeinde Groß-Berlin wurde vor allen mit Stimmen der USPD und SPD gegen die der bürgerlichen Parteien erzwungen. Diese fürchteten, wie die Hohenzollern, eine Mehrheit der Arbeiterparteien im Stadtparlament, ein „rotes" Berlin.[50]
In den folgenden Jahren sollte sich die Parteienzersplitterung der Weimarer Republik auch im Berliner Stadtparlament ungünstig auswirken. Da die Reichsverfassung von 1918 nicht geändert werden konnte, die für die Wahlen in den Ländern und Gemeinden auch die reine Verhältniswahl vorschrieb, suchte die preußische Staatsregierung den Folgen der Parteienzersplitterung in Berlin durch Änderung der Stadtverfassung zu begegnen. Ein 1930 vorgelegter Entwurf für ein Selbstverwaltungsgesetz der Hauptstadt Berlin gab den *führenden Personen* eine größere Machtfülle.[51] Gegen diesen Entwurf sind erhebliche Widerstände mobilisiert worden. Verabschiedet wurde schließlich am 30. März 1931 das „Gesetz über die vorläufige Regelung verschiedener Punkte des Gemeindeverfassungsrechts für die Hauptstadt Berlin".[52] Darin ist die Zuständigkeit der Stadtverordnetenversammlung auf einen bestimmten Katalog von Angelegenheiten beschränkt worden. Diese Funktionen sind im übrigen an ein aus ihrer Mitte gewähltes, aus 45 Mitgliedern bestehendes Gremium übertragen worden, den „Stadtgemeinde-Ausschuß", der in nichtöffentlicher Sitzung tagte und dessen Vorsitzender der Oberbürgermeister war. Die Funktionen des Gemeindevorstandes wurden zwischen dem Magistrat und dem Oberbürgermeister aufgeteilt. Dieser war nun nicht nur Vorsitzender des Magistrats, sondern trat auch in den wichtigsten Angelegenheiten an dessen Stelle. Das Gesetz bezeichnete ihn als *Führer der Verwaltung*. An der Unterstellung der Stadt unter den Oberpräsidenten und das Ministerium des Innern wurde aber zunächst nichts geändert.

49 Otto Uhlitz, *Zur Geschichte des Berliner Bezirksverfassungsrechts. Eine Rückschau unter besonderer Berücksichtigung Charlottenburgs,* in: Wolfgang Ribbe (Hrsg.), *Von der Residenz zur City. 275 Jahre Charlottenburg,* Berlin 1980, S. 317–426.

50 Dazu künftig Olaf Hampe, *Die Abstimmung über das Groß-Berlin-Gesetz von 1920,* in: *Wissenschaftliche Zeitschrift der Humboldt-Universität,* H. 10, Berlin 1992.

51 Hans J. Reichhardt (Hrsg.), *Die Entstehung der Verfassung von Berlin. Eine Dokumentation,* Bd. 1 u. 2, Berlin-New York 1990, druckt diesen Entwurf leider nicht ab.

52 *A.a.O.*, S. 99 f.

Dies blieb den Nationalsozialisten vorbehalten, die mit dem „Gesetz über die Einsetzung eines Staatskommissars in der Hauptstadt Berlin“ vom 31. Mai 1933 neben den Oberbürgermeister und den Magistrat nun den Staatskommissar als weitere Institution setzten.[53] Er wurde vom Innenminister ernannt und führte die Oberaufsicht über die Stadtverwaltung, konnte an den Sitzungen des Magistrats, des Stadtgemeinde-Ausschusses, der Stadtverordnetenversammlung sowie an sämtlichen Deputationen und Ausschüssen mit beratender Stimme teilnehmen. Der Oberbürgermeister hatte ihn über alle wesentlichen Vorgänge in der Verwaltung zu informieren. Zugleich stand ihm das Recht zu, in alle Akten Einsicht zu nehmen und alle Dienststellen und städtischen Betriebe zur Überprüfung zu betreten. Er besaß das Einspruchsrecht gegen alle Maßnahmen des Oberbürgermeisters und der städtischen Institutionen, wenn sie ihm als den Interessen des Reiches, des Landes Preußen und der Stadt Berlin nachteilig erschienen. Ihre Ausführung hatte bis zum Entscheid der Kommunalaufsichtsbehörde im Ministerium des Innern zu unterbleiben. Sie gab ihm auch Anweisungen. Mit Ausnahme der Preisüberwachung sowie der Gewerbe- und Hygieneaufsicht übernahm er zugleich vom Polizeipräsidium die Regierungsaufgaben. Er hatte eine schärfere Kontrolle des Staates über die Stadt als bisher zu gewährleisten. Das Präsidium war *de facto* als Aufsichtsbehörde ausgeschieden, die Stadt unter Vermittlung des Staatskommissars dem Ministerium des Innern direkt unterstellt und die Selbstverwaltung damit ausgeschaltet. Am 12. November 1933 tagte zum letzten Mal die Stadtverordnetenversammlung. An ihre Stelle traten – in Anlehnung an das Gemeindeverfassungsrecht von 1931 mit seinem „Stadtgemeinde-Ausschuß“ – nun 45 Ratsherren, die in Berlin der Gauleiter ernannte. Sie wurden vom Oberbürgermeister zu Sitzungen einberufen, bildeten dabei jedoch kein Gremium mit Organstellung, sondern waren einzeln verpflichtet, den Oberbürgermeister zu beraten. Die Berufung erfolgte auf sechs Jahre. Nach dem Erlaß des „Gesetzes über die Verfassung und Verwaltung der Reichshauptstadt“ von 1936 wurden die Ratsherren 1937 neu berufen.[54]

Bereits im Dezember 1933 wurden die Kompetenzen des Staatskommissars erweitert: Ihm wurde die Aufsicht über die Gemeindeangelegenheiten Berlins übertragen und das Rechnungsprüfungsamt unterstellt. An die Stelle des Ministers des Innern trat nun der Ministerpräsident.[55] Wenig später, im März 1934, wurde das Staatskommissariat zu einer staatlichen Verwaltungsbehörde. Die Kompetenzen des Oberpräsidenten von Brandenburg erhielt mit wenigen Ausnahmen der Staatskommissar.[56]

53 Vgl. das *Gesetz über die Einsetzung eines Staatskommissars in der Hauptstadt Berlin* vom 31. Mai 1933 (*Preußische Gesetzsammlung,* S. 196), in: H. J. Reichhardt (Hrsg.), *a.a.O.*, S. 99–101. Den Sinn dieses Gesetzes erläutert der *Verwaltungsbericht der Allgemeinen Hauptverwaltung. 1. April 1932 bis 31. März 1936 mit kurzem Rückblick auf die Jahre seit 1928*, H. 1, Berlin 1937, S. 13: *Der Staatsgewalt war nunmehr die Möglichkeit gegeben, allen gemeindlichen Plänen von vornherein eine Richtung zu geben, die sich nicht in Widerspruch zur Staatspolitik brachte.*

54 Christian Engeli, *Die nationalsozialistischen Kommunalpolitiker in Berlin*, in: Wolfgang Ribbe (Hrsg.), *Berlin-Forschungen II* (= Einzelveröffentlichungen der Historischen Kommission zu Berlin, Bd. 61), Berlin 1987, S. 113–199.

Mit dem „Gesetz über die Verfassung und Verwaltung der Reichshauptstadt Berlin“ vom 1. Dezember 1936[57] wurde der Staatskommissar durch den Stadtpräsidenten ersetzt, und zwar unter bewußter Wiederanknüpfung an die absolutistische Verfassungsstruktur. Das Amt des Stadtpräsidenten wurde mit dem des Oberbürgermeisters vereinigt, Oberbürgermeister und Stadtpräsident waren unmittelbare Landesbeamte. Als Oberbürgermeister stand der Amtsinhaber der Kommunalverwaltung und als Stadtpräsident einer besonderen Staatsbehörde im Rang einer Regierung vor. In seiner Eigenschaft als Stadtpräsident gingen auf ihn zugleich die Aufgaben und Befugnisse des Staatskommissars über, so zum Beispiel die Aufsicht über die höheren Schulen. Die Aufsicht über die Gemeindeangelegenheiten der Stadt Berlin führte das Ministerium des Innern. Ihm wurden auch die Aufgaben des Oberpräsidiums der Provinz Brandenburg übertragen. Im übrigen war bei künftigen Gesetzen und Verordnungen der Stadtpräsident in allen Fällen kompetent, in denen die Ober- oder Regierungspräsidenten als zuständig bezeichnet wurden, soweit für Berlin nicht eine besondere Regelung getroffen worden war.
Die Kommunalverwaltung war also wieder zum ausschließlichen Exekutivorgan zurückgebildet worden. Eine Vertretung der Bürgerschaft, wie sie die Steinsche Städteordnung geschaffen hatte, gab es nun nicht mehr. Für die weitere Entwicklung der Stadtverwaltung in der NS-Zeit war nicht ihre Stellung zu den Staatsbehörden ausschlaggebend, sondern ihre Position gegenüber der NSDAP. Der Erweiterung ihres Einflusses auf die Stadtverwaltung trugen die Gesetze seit 1933 Rechnung. Neben den Oberbürgermeister trat nun auch noch der Gauleiter der NSDAP. Vor Entschließungen von grundsätzlicher Bedeutung (Städtebau, Verkehrsentwicklung, Kunst und Kultur, aber auch Presse und Personalangelegenheiten) war er zu informieren. Die Bezirksbürgermeister und Ratsherrn wurden nicht mehr gewählt, sondern mit seinem Einverständnis ernannt. Der Gauleiter von Berlin und Reichsverteidigungskommissar Goebbels erhielt 1944 zugleich die Verwaltung der Stadt und das Amt sowie die Bezeichnung Stadtpräsident übertragen.[58] Das Verhältnis der Reichs- und Preußischen Staatsbehörden zur Hauptstadt blieb davon unberührt. Das Oberbürgermeisteramt und das des Stadtpräsidenten wurden wieder getrennt. Entsprechend den Weisungen des Stadtpräsidenten leitete der Oberbürgermeister die Gemeindeverwaltung. Der Vizepräsident als bisheriger Stellvertreter des Stadtpräsidenten nahm die vom bisherigen Stadtpräsidenten erledigten Aufgaben und Rechte, also die staatliche Verwaltung der Reichshauptstadt wahr. Noch am 5. August 1944 wurde sie durch Verordnung einem

55 *Gesetz über die Änderung der Staatsaufsicht über die Hauptstadt Berlin* vom 15. Dezember 1933 (*Preußische Gesetzsammlung,* S. 483), in: H. J. Reichhardt (Hrsg.), *Die Entstehung...* (wie Anm. 51), S. 104 f.

56 *Gesetz über die Erweiterung der Aufgaben des Staatskommissars* vom 28. März 1934 (*Preußische Gesetzsammlung,* S. 239), in: H. J. Reichhardt (Hrsg.), *a.a.O.*, S. 105–106.

57 *A.a.O.*, S. 114–120.

58 *Erlaß des Führers über die Verfassung und Verwaltung der Reichshauptstadt Berlin vom 1. April 1944,* in: *Reichsgesetzblatt* 1944, T. I, S. 87. Vgl. B. Schulze, *200 Jahre...* (wie Anm. 23), S. 8.

Regierungspräsidenten übertragen.[59] Dessen Amt blieb erhalten. Ihm standen Befugnisse des Oberpräsidenten zu. Eine endgültige Regelung dieses Nebeneinanders von Staatsaufsichtsbehörden ließen aber die Kriegswirren nicht mehr zu.

Auch für Berlin gilt, was Horst Matzerath über die generelle Entwicklung des Oberbürgermeisteramtes in der NS-Zeit festgestellt hat: *Das Amt des Oberbürgermeisters verlor im Dritten Reich weitgehend die politische Bedeutung, die es vorher besessen hatte. Die veränderte Rechtsstellung des Gemeindeleiters, die verschärfte Staatsaufsicht, die engeren finanziellen Möglichkeiten sowie die zahllosen Auseinandersetzungen mit Staats- und Parteiorganisationen um den Erhalt der bisherigen Kompetenzen hatten zugleich eine wesentliche Schwächung der Position des Oberbürgermeisters bewirkt. Die eigentliche politische Abhängigkeit indessen bestand gegenüber dem Gauleiter.*[60]

Nach der Eroberung Berlins durch sowjetische Truppen übernahm der Stadtkommandant der zu dieser Zeit noch alleinigen sowjetischen Besatzungsmacht die gesamte öffentliche Gewalt in Berlin. Er setzte am 17. Mai 1945 einen Magistrat mit einem Oberbürgermeister an der Spitze ein. In seiner ersten Verlautbarung vom 17. Mai 1945 heißt es: *Mit Anerkennung des Militär-Kommandos der Roten Armee wurde der Magistrat der Stadt Berlin neu gebildet.*[61] Dieses Gremium hatte die Anweisungen der sowjetischen Militäradministration einschließlich des sowjetischen Stadtkommandanten auszuführen. Dazu hat der sowjetische Kommandant am 2. Juli 1945 auch einen generellen Auftrag erteilt.[62] Den Geltungsbereich der Erlasse, Bestimmungen und Veröffentlichungen des Magistrats hat die Alliierte Kommandantur dann im Januar 1946 präzisiert.[63]

Eine vom Magistrat entworfene Bezirksverfassung, die sich an die Bestimmungen des „Groß-Berlin-Gesetzes" von 1920 anlehnte, indem sie das Stadtgebiet in 20 Verwaltungsbezirke innerhalb der alten Grenzen einteilte und die Besetzung der Bezirksämter mit dem Bezirksbürgermeister an der Spitze regelte, ist mit einigen Änderungen von den Alliierten in Kraft gesetzt worden.[64] Diesem „Bezirksverfassungsstatut" folgte 1946 die „Vorläufige Verfassung von Groß-Berlin", die Otto Suhr später als *eine ok-*

59 Vgl. die Verordnung vom 27. November 1937, in: *Reichsgesetzblatt* 1937, T. I, S. 1190 in Verbindung mit *Reichsgesetzblatt* 1944, T. I, S. 175 sowie B. Schulze, *200 Jahre...* (wie Anm. 23), S. 8.

60 Horst Matzerath, *Oberbürgermeister im Dritten Reich. Auswertung einer quantitativen Analyse*, in: K. Schwabe, *Oberbürgermeister...* (wie Anm. 41), S. 157–199, bes. S. 197. Der Beitrag von Dieter Rebentisch, *Die politische Stellung der Oberbürgermeister im Dritten Reich*, im selben Band, S. 125–155, spart Berlin leider aus.

61 *Verordnungsblatt* 1945, S. 4. Siegfried Mampel, *Der Sowjetsektor von Berlin. Eine Analyse des äußeren und inneren Status*, Frankfurt a. M.-Berlin 1963, S. 43, stellt dazu fest: *Hier wurde zum ersten Male etwas vorgeführt, was später typisch für das sowjetische Besatzungsgebiet werden sollte. Eine Anordnung der Besatzungsmacht wurde in Form einer Willensäußerung einer deutschen Stelle gegeben.*

62 *Verordnungsblatt* 1945, S. 45.

63 BK/O [46] 45 vom 21. 1. 1946

64 BK/R [45] 34.

troyierte Verfassung[65] bezeichnen sollte und die, wie der Kommunalpolitiker Friedrich Haas, dessen Verfassungsentwürfe dem Magistrat als Arbeitsgrundlage gedient hatten, feststellte, *nicht nur Lücken, sondern auch Widersprüche* [aufwies], *von Zweifelsfragen ganz zu schweigen.*[66] Hinzu kam, daß mit der bedingungslosen Kapitulation die staatlichen Befugnisse des Deutschen Reiches und des Landes Preußen auf Berlin übergegangen waren, die Stadt aber den Status eines Landes erhalten hatte. Die neue Verfassung dagegen *stützte sich ... noch allzusehr auf das überkommene Stadtgemeindeverfassungsrecht. Das echte Magistratssystem wurde nicht völlig übernommen.*[67] Erst die endgültige [West-]Berliner Verfassung definierte Berlin als eine Gebietskörperschaft, bei der es sich gleichzeitig um eine Stadt und um ein Land handelte.

Die sich anbahnende Teilung der Stadt unter dem Schild der politischen Interessen der Siegermächte zeigte sich bereits in zwei kontroversen Positionen, die bestimmend für beide Teilstädte bis zur Wiedervereinigung bleiben sollten. Umstritten blieben die staatsrechtliche Stellung Berlins und die Frage der Gewaltenteilung. Die kommunistische Seite billigte Berlin lediglich den Status einer Stadt zu und forderte die universale Zuständigkeit des Parlaments, während die „westlichen" Parteien Berlin staatsrechtlich in ein Land verwandeln wollten und das Prinzip der Gewaltenteilung betonten.[68]

In Ost-Berlin ist die sich anbahnende Teilung der Stadt unter anderem auch dazu genutzt worden, die vorläufige Verfassung außer Kraft zu setzen, indem man sie nicht mehr beachtete. Es gab keine Stadtverordnetenversammlung mehr. Mit Beschlüssen und Verordnungen setzte der Magistrat Recht, legitimiert lediglich durch die sowjetische Besatzungsmacht. Analog verlief die Entwicklung in den acht östlichen Verwaltungsbezirken. Ende März 1950 gab sich der Ost-Berliner Magistrat eine Geschäftsordnung.[69] In ihr wurden die Stellung des Oberbürgermeisters, der Magistratsmitglieder und des Magistrats insgesamt sowie die der Bezirksbürgermeister geregelt. Der Oberbürgermeister war der Vorsitzende des Magistrats und vertrat „Groß-Berlin" nach außen. Magistrat und Oberbürgermeister wurden also nicht als regionale Verwaltung Ost-Berlins angesehen, sondern erhoben den Anspruch, als Vertretung der ganzen Stadt angesehen zu werden, allerdings ohne Bestätigung durch ein gewähltes Gremium.

Der Oberbürgermeister leitete die Amtsgeschäfte des Magistrats. Die Magistratsmitglieder und die Bezirksbürgermeister hatten die vom Oberbürgermeister übermittelten politischen Richtlinien einzuhalten und in ihrem Geschäftsbereich zu verwirklichen.

65 *Stenographische Berichte über die 54. (außerordentliche) Sitzung der StVV von Groß-Berlin (2. Wahlperiode) vom 4. 8. 1950,* S. 528.

66 Friedrich Haas, *Vorläufige Verfassung von Berlin. Mit Kommentar,* 4. Aufl., Berlin 1947, S. 3.

67 Werner Breunig, *Verfassunggebung in Berlin 1945–1950* (= Beiträge zur Politischen Wissenschaft, Bd. 58), Berlin 1990, S. 233 f.

68 *A.a.O.*, S. 427.

69 *Verordnungsblatt I* 1950, S. 69 ff.

Sie hatten den Oberbürgermeister laufend über alle Vorgänge und Maßnahmen in ihrem Ressort, die für die einheitliche politische Leitung der Magistratsgeschäfte von Bedeutung waren, zu unterrichten.[70]
Eine formelle rechtliche Grundlage für seine Tätigkeit gab sich der Ost-Berliner Magistrat durch die „Hauptsatzung der Verwaltung von Groß-Berlin vom 8. 6. 1950".[71] Der kommunalrechtliche Begriff „Hauptsatzung" sollte anzeigen, daß Berlin nicht ein Land, für das der Begriff „Verfassung" anzuwenden gewesen wäre, sondern lediglich eine Stadtgemeinde sei. Auch die Hauptsatzung erhob nach ihrem Wortlaut Geltungsanspruch für das gesamte Stadtgebiet. Auch sie war nicht durch ein gewähltes Gremium legitimiert. Nach der Hauptsatzung war der Magistrat das Beschlußorgan und das oberste Verwaltungsorgan von Groß-Berlin. Dem Magistrat oblag die Gesetzgebung und die Kontrolle der Verwaltung. An Stelle des Oberbürgermeisters vertrat nunmehr der Magistrat als oberstes Verwaltungsorgan Groß-Berlin (*de facto* aber nur Ost-Berlin) nach außen. Die Bezirksverwaltungen waren also lediglich Bestandteil einer einheitlichen Verwaltung des Magistrats. Die Hauptsatzung zeigte ein zentralistisches Gepräge. Mit der Zentralisation der Ost-Berliner Verwaltung war ein Wesenszug des „demokratischen Zentralismus", der das Struktur- und Wirkungsprinzip einer volksdemokratischen Staatsmacht ist, in der Teilstadt eingeführt.[72]
Nach mehreren Übergangslösungen erhielt auch der Ost-Berliner Magistrat eine „Arbeitsordnung", die in ihrer veränderten Fassung von 1956 erstmals eine Volksvertretung vorsah, sich allerdings am Blockwahlsystem orientierte.[73] Der Magistrat war nun von der Volksvertretung Groß-Berlins aus deren Mitte zu wählen. Er bestand aus dem Oberbürgermeister als Vorsitzendem des Magistrats, acht Stellvertretern des Oberbürgermeisters, dem Sekretär des Magistrats und acht weiteren Mitgliedern. Eine Schlüsselstellung erhielt der Sekretär des Magistrats. Seine Aufgabe bestand in der Vorbereitung der Tagung der Volksvertretung und ihrer ständigen Kommissionen, der Ausarbeitung des Arbeitsplanes des Magistrats sowie der Koordinierung und Kontrolle der Arbeit aller Abteilungen und Einrichtungen des Magistrats sowie der Vorbereitung seiner Sitzungen. Der Magistrat war für seine gesamte Arbeit der Volksvertretung rechenschaftspflichtig. Eine Bestimmung über die Abberufung des Magistrats oder eines seiner Mitglieder durch die Volksvertretung enthielt die vorläufige Ordnung nicht. Dem Oberbürgermeister, der den Magistrat auch weiterhin leitete, unterstanden die Abteilungen und Referate des Magistrats oder wurden von ihm beaufsichtigt.[74]

70 *Ebda.*
71 *A.a.O.*, S. 145 ff.
72 *Ebda.*
73 Vgl. den Abschnitt *Von der Verwaltungsreform im Januar 1953 bis zur Arbeitsordnung des Magistrats vom 17. 5. 1955* bei Siegfried Mampel, *Der Sowjetsektor von Berlin. Eine Analyse seines äußeren und inneren Status*, Frankfurt a. M.-Berlin 1963, S. 78–90.
74 *Ebda.*

Magistrat und Räte der Stadtbezirke waren Kollegialorgane.[75] Oberbürgermeister und Bezirksbürgermeister zeichneten für die Entwicklung der „Kollektivität der Arbeit" *besonders verantwortlich.* Sie hatten dafür zu sorgen, daß im Magistrat beziehungsweise in den Räten der Stadtbezirke *die Beschlüsse der Partei der Arbeiterklasse sowie die Gesetze, Erlasse, Verordnungen und Beschlüsse der zentralen staatlichen Organe gründlich durchgearbeitet und der gesamten Tätigkeit des Magistrats* beziehungsweise des Rates *zugrunde gelegt werden.*

Der Magistrat und die Räte der Stadtbezirke waren verpflichtet, in ihrem Verantwortungsbereich die Durchführung der Normen und Anordnungen übergeordneter Organe zu *organisieren.* Es wurden also die Exekutivorgane, nicht aber die Volksvertretungen tätig. Da der Magistrat und die Räte der Stadtbezirke außerdem *die volle Entfaltung der Tätigkeit der Volksvertretungen auf politischem, wirtschaftlichem und kulturellem Gebiet* sicherzustellen und ihre Tagungen vorzubereiten und auszuwerten hatten, verkehrte sich ihre Stellung als Exekutivorgane der Volksvertretungen nahezu ins Gegenteil. Die „Volksvertretungen" erschienen als Hilfsorgane des Magistrats und der Räte der Stadtbezirke. Diese Situation muß vor dem Hintergrund der Suprematie der SED gesehen werden: Magistrat und Räte der Stadtbezirke waren ebenso wie die Volksvertretungen Ausführungsorgane der Staatspartei. Der 1. Sekretär der SED-Bezirksleitung Berlin bestimmte – nach Absprache mit dem Politbüro – die Richtlinien der Politik, nicht aber der Oberbürgermeister, der nur nachgeordnete Funktionen ausübte. Im übrigen rangierten Magistrat und Räte der Stadtbezirke bei der SED vor den Volksvertretern.

War in Ost-Berlin die demokratische Legitimierung des Magistrats bereits durch das geltende Wahlrecht stark eingeschränkt, das die Zulassung von Parteien begrenzte und nur geduldeten politischen Organisationen die Kandidatur in einem Blockwahlsystem gewährte, ohne den Stimmberechtigten wirklich die Möglichkeit zu geben, einen bestimmten Kandidaten zu wählen, so sollten massive Korrekturen am erzielten Wahlergebnis die Unzufriedenheit der Bürger am herrschenden System kaschieren. Wegen Beteiligung an diesen Wahlfälschungen bei den Kommunalwahlen am 7. Mai 1989 mußte der Oberbürgermeister Erhard Krack im Januar 1990 zurücktreten. Auf der Grundlage dieser gefälschten Wahlergebnisse folgte ihm zunächst der Wirtschaftswissenschaftler Christian Hartenhauer im Amt nach, der dem letzten Magistrat unter Krack bereits als Stadtrat für Kultur angehört hatte.

Nur wenige Monate später, im Mai 1990, fanden in Ost-Berlin erstmals seit 1946 wieder freie Kommmunalwahlen statt. Die durch sie legitimierten Stadtverordneten wählten den Sozialdemokraten Tino Schwierzina zum Oberbürgermeister von Ost-Berlin. Wie im Mittelalter, als die Räte der beiden Stadthälften von Berlin und Cölln zu ge-

75 Hier folge ich den Darlegungen von Siegfried Mampel in: *Berlin. Sowjetsektor. Die politische, rechtliche, wirtschaftliche, soziale und kulturelle Entwicklung in acht Berliner Verwaltungsbezirken,* Berlin 1965, S. 54–76.

meinsamen Sitzungen auf der Langen Brücke zusammenkamen, so tagte nun (erstmals am 12. Juni 1990) der gerade demokratisch gewählte Ost-Berliner Magistrat mit dem West-Berliner Senat unter dem gemeinsamen Vorsitz der Stadtoberhäupter Schwierzina und Momper im „Roten Rathaus". Für eine Übergangszeit galt nun in Ost-Berlin eine Verfassung, die sich am Entwurf der Gesamt-Berliner Verfassung von 1948 orientierte, also der Berliner Landesverfassung von 1950 entsprach. Bereits ein halbes Jahr später, am 2. Dezember 1990, fanden dann nach mehr als einem halben Jahrhundert erstmals wieder Gesamt-Berliner Kommunalwahlen statt. Für das gemeinsame Abgeordnetenhaus und den gemeinsamen Senat unter dem Regierenden Bürgermeister Eberhard Diepgen gilt die Verfassung des Bundeslandes Berlin, die dem Stadt- beziehungsweise Landesoberhaupt eine starke Position einräumt, wenn auch die Senatoren nicht ohne Zustimmung des Parlaments ernannt werden können. Gestärkt ist die politische Stellung des Regierenden Bürgermeisters nun aber unter anderem auch durch den Wegfall alliierter Vorbehalte, die während der gesamten Besatzungszeit den Aktionsradius der städtischen Behörden eingeschränkt hatten.

Der Senat, die Regierung Berlins, besteht aus dem Regierenden Bürgermeister als Regierungschef, dem Bürgermeister als seinem Stellvertreter und höchstens sechzehn Senatoren.[76] Es gehört zum Wesen des parlamentarischen Regierungssystems, das Vertrauen des Parlaments zu besitzen. Daher wird der Senat vom Abgeordnetenhaus gewählt, das ihn auch abberufen kann. Die staatsrechtliche Vertretung Berlins steht allein dem Regierenden Bürgermeister zu. Als Regierungschef führt er den Vorsitz im Senat und leitet dessen Sitzungen. Seine Richtlinienkompetenz ist allerdings eingeschränkt. Er formuliert die Grundlagen der Regierungspolitik im Einvernehmen mit seinen Senatskollegen und legt sie zur Billigung der Volksvertretung vor. Dem Regierenden Bürgermeister steht keine Organisationskompetenz über die Regierung zu. Jedes Senatsmitglied leitet seinen Geschäftsbereich selbständig und in eigener Verantwortung im Rahmen der Richtlinien der Regierungspolitik.

Der Verwaltungsaufbau Berlins ist durch die Stadtstaatlichkeit geprägt. Sie wurde 1920 durch das sogenannte „Groß-Berlin-Gesetz" geschaffen und blieb nach 1945 erhalten. Die Hauptverwaltung bildet die Oberstufe, die Bezirksverwaltungen stellen die allgemeine Unterstufe dar. Somit unterscheidet die Verfassung von Berlin zwischen der Verwaltung durch Landesbehörden (Hauptverwaltung) und der Verwaltung durch Bezirksbehörden (Bezirksverwaltungen). Ebenso wie die Regierungsmitglieder in den Flächenstaaten sind die Senatsmitglieder in Berlin oberste Landesbehörde. Dies schließt jedoch nicht aus, daß der Senat Aufgaben wahrnimmt, die in den Flächenstaaten Landesmittelbehörden oder kommunalen Körperschaften zukommen.

Zuständig ist der Senat für Angelegenheiten, die wegen ihrer übergeordneten Bedeutung oder wegen ihrer Eigenart einer einheitlichen Durchführung bedürfen. Er muß die Bezirke aber an der Verwaltung beteiligen. Alle Angelegenheiten, die örtlich erle-

76 Hier folge ich den Ausführungen von W. Breunig, *Verfassunggebung...* (wie Anm. 67), passim.

digt werden können, sollen ihnen zur Durchführung überlassen werden. Zu den grundsätzlichen Fragen der Verwaltung und Gesetzgebung können die Bezirksverwaltungen Stellung nehmen, indem sie sich dazu im Rat der Bürgermeister äußern.
Bei einer in Aussicht genommenen Vereinigung der Bundesländer Berlin und Brandenburg würde die Stadt allerdings nicht mehr als Land, sondern lediglich als Kommune zählen, das Stadtoberhaupt also mit erheblichen Kompetenzverlusten rechnen müssen. Dabei sollten die Erkenntnisse aus der Geschichte Berlins genutzt und darauf geachtet werden, nicht wieder neue „Nebenregierungen“ zu etablieren, die in Gestalt von Schultheißen, Stadtpräsidenten, Polizeipräsidenten, Staatskommissaren, Gauleitern, Stadtkommandanten, Ersten Parteisekretären, aber vor allem auch durch das Eingreifen des Oberpräsidenten der Regierung zu Potsdam nur selten vorteilhaft auf die Stadtentwicklung eingewirkt haben.

Berliner Oberbürgermeister seit 1809

Carl Friedrich *Leopold* von Gerlach

von Gunther Hildebrandt

Berlins erster Oberbürgermeister[1] nach der Einführung der Städteordnung war Träger eines Namens, der in Preußen nicht erst seit 1848 als unverrückbar konservativ galt. Die Erneuerung der preußischen Administration, die nach 1806/1807 einsetzte, wurde nicht nur durch liberale Adlige, wie den Staatsminister Friedrich Leopold von Schroetter oder den späteren Oberpräsidenten Theodor von Schön, bestimmt. Auch Konservative wie Gerlach behaupteten ihren Platz.

Die Gerlachs galten um 1800 als eine in der adligen Oberschicht Berlins verwurzelte, sehr angesehene Familie. Ihr Name stand für die Verbundenheit mit dem Königshaus, für die Treue zum Staat, für das Ethos von Dienst und Pflichterfüllung sowie für protestantische Frömmigkeit – also für echten und bodenständigen preußischen Konservatismus.

Die Gerlachs hatten sich aus kleinen Verhältnissen hochgearbeitet. In einer Urkunde aus dem 15. Jahrhundert taucht der Name der Familie erstmals auf.[2] Ursprünglich in Görlitz, dann im Hessischen ansässig (und vermutlich bäuerlicher Abkunft), hatten sich die Gerlachs später in Anhalt und danach in Pommern niedergelassen. Die Übersiedlung nach Preußen brachte für die Familie Gerlach eine Entscheidung, die für Jahrzehnte den Weg vieler ihrer Glieder schicksalhaft bestimmte: den Eintritt in den preußischen Staatsdienst. Dieser bot nicht nur eine Existenzgrundlage für das weitere Fortkommen, er brachte bei Bewährung – und dies war bei den Gerlachs im allgemeinen die Regel – schrittweise auch die ersehnten Anerkennungen.

1735 erlangte Gerlachs Großvater unter Berufung auf einen älteren Adelsbrief die Nobilitierung.[3] Mit einem Schlage besserte sich auch die Vermögenslage der Familie. Gerlachs Vater, Friedrich Wilhelm, als Kriegs- und Domänenrat bei der Kurmärkischen Kammer zwar in gesicherten, aber vergleichsweise bescheidenen Verhältnissen lebend, heiratete in die reiche Bremer Familie Coeper ein. Mit deren finanzieller Unterstützung konnten die Gerlachs Grundbesitz erwerben.

Die frühe Kindheit des 1757 in Berlin geborenen Leopold stand trotzdem unter einem ungünstigen Stern. Schon zwei Jahre nach seiner Geburt starb die Mutter Christine So-

1 Neueste Darstellung über Gerlach: Jürgen von Gerlach, *Leopold v. Gerlach. 1757–1813. Leben und Gestalt des ersten Oberbürgermeisters von Berlin und vormaligen kurmärkischen Kammerpräsidenten,* Berlin 1987 (mit Literaturhinweisen). Ferner zu erwähnen: *Aus den Jahren preußischer Not und Erneuerung. Tagebücher und Briefe der Gebrüder Gerlach und ihres Kreises,* hrsg. von Hans-Joachim Schoeps, Berlin 1963; Leonie von Keyserling, *Studien zu den Entwicklungsjahren der Brüder Gerlach* (= Heidelberger Abhandlungen zur mittleren und neueren Geschichte 36), Heidelberg 1913; Familienarchiv der Gerlachs im Universitätsarchiv Erlangen.

2 *Aus den Jahren preußischer Not...* (wie Anm. 1), S. 51 f.

3 Zur Familiengeschichte und der frühen Biographie Gerlachs vgl. u. a. J. von Gerlach, *Leopold v. Gerlach...* (wie Anm. 1), S. 11 ff.; *Aus den Jahren preußischer Not...* (wie Anm. 1), S. 51 ff. (ferner die bekannten biographischen Nachschlagewerke).

phie Coeper (der Vater heiratete später ihre Schwester Antoinette); außerdem wurde Berlin durch die Wirren des Siebenjährigen Krieges erschüttert. Mit achteinhalb Jahren kam Leopold Ostern 1766 an die Domschule Halberstadt, unter Christian Gottfried Struensee damals eine hervorragende Bildungsstätte. Der junge Gerlach war ein gelehriger und sehr disziplinierter Schüler. Noch Jahrzehnte später hob ein ehemaliger Mitschüler seinen Fleiß und die unermüdliche Arbeitskraft hervor.[4] Als *primus omnium* schloß er die Schule ab. Zweierlei ist darüber hinaus festzuhalten. Struensee weckte Gerlachs Liebe zu den alten Sprachen, die dieser sich zeitlebens bewahrte, und er fand bei seinem Schüler eine Hinwendung zum Pietismus, den Gerlach frühzeitig als seiner Religiosität gemäß empfand.

Ostern 1872 ging der junge Gerlach an die Universität Göttingen, wo er sich als Student der Rechte einschrieb. Dies kann bereits als eine Vorentscheidung für die spätere Berufswahl gedeutet werden. Ein noch nicht 15jähriger Student wurde damals vielleicht nicht als so sensationell empfunden, wie es heute scheinen mag. Nach dem behüteten Alumnat der Halberstädter Domschule bedeutete der Sprung ins selbständige Leben für Gerlach einen wichtigen Einschnitt, der die junge Persönlichkeit auf sicher nicht leichte Proben stellte. Das Studium selbst dürfte ihm, wie die in der Schule gezeigten Neigungen und Fähigkeiten vermuten lassen, wenig Schwierigkeiten bereitet haben. In Göttingen, wo er bis zum Herbst 1774 studierte, hatten bekannte Gelehrte, wie der Jurist Johann Stephan Pütter und der Historiker August Ludwig von Schlözer (Statistik, Politik und Neuere Staatengeschichte), zu seinen Lehrern gehört. Ein weiteres Semester in Halle vervollständigte die Ausbildung. Ostern 1775 kehrte er nach Berlin zurück – als noch nicht 18jähriger, versehen mit dem wissenschaftlichen Rüstzeug für eine Beamtenlaufbahn, wenn auch ohne förmlichen Universitätsabschluß. Dies war möglich, da Beamte im Verwaltungs- oder Justizdienst nach ihrer Einstellung noch eine Ausbildung als Referendar beziehungsweise Auskultator zu durchlaufen hatten. Während dieser Zeit konnten die beiden juristischen Examina abgelegt werden.

Mit ca. 135 000 Einwohnern war Berlin um 1775 schon eine bedeutende Stadt mit spätabsolutistischem Gepräge. Anlage und Stadtbild waren großzügig und ansprechend. Berlin konnte sich neben anderen Hauptstädten, wie Wien, St. Petersburg oder Paris, sehen lassen. Nach dem Ende des Siebenjährigen Krieges waren die Symptome einer wirtschaftlichen Gesundung spürbar. Unter dem aufgeklärten Absolutismus Friedrichs II. gab es auch manche Zeichen geistigen Aufbruchs in eine neue Zeit. Aber schon bald verstärkte sich wieder der Druck des obrigkeitlichen Regimes.[5] Das zeigte sich auch in der städtischen Verwaltung. Eingezwängt in eine Stadtverfassung, die den

4 *Königlich privilegierte Berlinische Zeitung von Staats- und gelehrten Sachen* (= *Vossische Zeitung*), Nr. 71 vom 15. 6. 1813.

5 Felix Escher, *Die brandenburgisch-preußische Residenz und Hauptstadt im 17. und 18. Jahrhundert,* in: Wolfgang Ribbe (Hrsg.), *Geschichte Berlins,* Bd. 1 u. 2, 2. Aufl., München 1988, hier Bd. 1: *Von der Frühgeschichte zur Industrialisierung,* S. 343–403, bes. S. 402; vgl. auch Helga Schultz, *Berlin 1650–1800. Sozialgeschichte einer Residenz,* Berlin 1987, S. 249 ff.

Carl Friedrich *Leopold* von Gerlach, * Berlin 25. 8. 1757, † Berlin 8. 6. 1813, Oberbürgermeister von Berlin 1809–1813

Bürgern die Teilnahme an den öffentlichen Angelegenheiten vorenthielt und die Residenz unter ein strenges landesherrliches Regiment stellte, war die Stadt von einer demokratischen Verwaltung noch weit entfernt. Mit einer Vielzahl von hohen und höchsten Regierungsbehörden, dem General-Direktorium, dem Kammergericht, der Kurmärkischen Kammer, den anderen selbständigen oder beigeordneten Verwaltungseinrichtungen bot die Stadt dem jungen Gerlach jedoch gute Chancen für den Eintritt in eine ihm beruflichen Aufstieg versprechende Beamtenlaufbahn. 1775 – als 18jähriger – Referendar am Berliner Kammergericht, 1779 Ablegung der großen Justizprüfung – dies waren die ersten Stationen seines Werdegangs,[6] dann, noch im gleichen Jahr, der Wechsel als Assessor zur „Churmärkischen Kriegs- und Domainenkammer", also in die Staatsverwaltung.

In der Hierarchie der preußischen Administration[7] repräsentierten die Kriegs- und Domänenkammern (als Vorläufer der späteren Provinzialregierungen) zwischen dem General-Direktorium und den Kreisen die mittlere Ebene der Verwaltung. Zu ihren Obliegenheiten gehörten die inneren Angelegenheiten mit Ausnahme des Kirchen- und Schulwesens sowie einzelne Belange der Jurisdiktion. Von den Kammern war die kurmärkische, zuständig für die Altmark, die Mittelmark und einige kleinere Gebiete, die wichtigste. Ihr unterstand auch die Residenzstadt Berlin. Nach dem Kollegialprinzip arbeitend, repräsentierten die Kammern Stärken und Schwächen des friderizianischen Verwaltungssystems – dazu gehörten die Gründlichkeit der Erhebungen, aber auch die Umständlichkeit und Langsamkeit der Entscheidungen und die damals übliche besonders nachteilige Vermischung von Verwaltung und Rechtsprechung. In einer zeitgenössischen Beschreibung der Arbeitsweise der Kammern ist zu lesen, daß sich das Kollegium nicht eher trennen durfte, *als bis alle Sachen erledigt waren ... Wer eine Stunde zu spät kam, zahlte das erste und zweite Mal 50 Rthlr. Strafe, während für das dritte Mal Kassation angedroht war.*[8] Als allgemeines Erfordernis für eine Anstellung bei der Kammer galt *gesunde Leibeskonstitution, natürlicher Verstand, munterer Geist und guter Begriff.*[9]

Gerlachs Vorgesetzter als Kammerpräsident war längere Zeit der nur um zwei Jahre ältere Otto Karl Friedrich von Voß, späterer Staatsminister und ebenfalls äußerst kon-

6 Vgl. Anm. 3; Daten zur frühen Laufbahn Gerlachs siehe auch *Adress-Kalender der Königlich-Preußischen Haupt- und Residentz-Stadt Berlin, besonders die daselbst befindlichen hohen und niedern Collegien, Instanzien und Expeditionen; Allgemeiner Wohnungsanzeiger für Berlin; Handbuch über den preußischen Hof und Staat* (entsprechende Jahrgänge).

7 *Deutsche Verwaltungsgeschichte,* hrsg. von Kurt G. Jeserich/Hans Pohl/Georg-Christoph von Unruh, Bd. 1, Stuttgart 1983; *Grundriß zur deutschen Verwaltungsgeschichte 1815–1945,* hrsg. von Walther Hubatsch, Reihe A: *Preußen,* Bd. 12, Marburg/Lahn 1978. Für Berlin: Kurt Schrader, *Die Verwaltung Berlins von der Residenzstadt des Kurfürsten Friedrich Wilhelm bis zur Reichshauptstadt,* Phil. Diss., Berlin 1963.

8 Conrad Bornhak, *Geschichte des preußischen Verwaltungsrechts in drei Bänden,* Bd. 2, Berlin 1885, S. 177.

9 *A.a.O.*, S. 176.

servativ in seinen Anschauungen. Für Gerlach bedeutete die Übernahme aus dem Justiz- in den Verwaltungsdienst eine Vergünstigung, sollten doch Bedienstete der Kammer eigentlich die einjährige Auskultatur durchlaufen. Wie sein rascher beruflicher Aufstieg verriet, zeigte er sich allen Anforderungen voll gewachsen. Das Jahr 1790 brachte die Beförderung zum Rat und damit den Eintritt in das rund zwanzigköpfige eigentliche Kollegium der Kammer. Zehn Jahre lang hatte er die Möglichkeit, bei der selbständigen Erledigung von Verwaltungsaufgaben die inneren Probleme der Kurmark, einschließlich der Landeshauptstadt, kennenzulernen – kritische Erfahrungen mit der Behördenpraxis eingeschlossen. Am 7. April 1790 kam die Ernennung zum Geheimen Finanzrat beim General-Direktorium, eine Funktion, die noch durch einige obligate Anhängsel, wie Aufgaben bei der Kurmärkischen Revenuen- und der Oberexaminations-Kommission, ergänzt wurde. In der obersten Behörde selbst hatte Gerlach das Kurmärkische Departement, also seinen bisherigen Geschäftskreis aus übergeordneter Sicht zu bearbeiten, was schon auf die beabsichtigte weitere Verwendung hindeutete.

1795 erhielt Gerlach die Bestallung zum Präsidenten der Kurmärkischen Kammer mit dem Titel Geheimer Oberfinanz-, Kriegs- und Domänenrat. Damit war er Chef der wichtigsten regionalen Verwaltungsbehörde Preußens. Wie jeder andere Kammerpräsident durfte auch Gerlach nicht über Grundbesitz in der ihm anvertrauten Provinz verfügen. Die vom inzwischen verstorbenen Vater ererbten Güter Ganzkow, Schözow und Mechenthin fielen nicht ins Gewicht, da sie in Hinterpommern (Bezirk Köslin) lagen. Mit 38 Jahren zählte Gerlach nunmehr zu den höchsten preußischen Staatsbeamten, ausgestattet mit dem ansehnlichen Gehalt von 5000 Talern.

Gut gestellt und versorgt war damit auch die von ihm in den achtziger Jahren gegründete Familie. 1786 hatte Gerlach die aus der bekannten anhaltinischen Gelehrten- und Beamtenfamilie stammende Agnes von Raumer, eine Verwandte des konservativen Historikers Friedrich von Raumer, geheiratet. Fünf Kinder entstammen dieser Verbindung. Sophie (geb. 1787), die Älteste, heiratete später den preußischen General Carl von Grolman. Vier Söhne folgten: Wilhelm (geb. 1789) wurde Vizepräsident des Oberlandesgerichts Frankfurt a. d. O., Otto, der jüngste (geb. 1801), Pfarrer. Einen Namen machten sich vor allem Leopold (geb. 1790, späterer Generaladjutant Friedrich Wilhelms IV.) und Ernst Ludwig (geb. 1795, Oberlandesgerichtspräsident) als einflußreiche Ratgeber des späteren Königs und eherne Verfechter konservativer Prinzipien in den Tagen der Revolution von 1848.[10] Die Vermögenslage erlaubte der Familie den Kauf des Hauses Hinter der Katholischen Kirche 1 in der damals noch ruhigen Berliner Friedrichstadt.[11] Später, nach der Veräußerung der ererbten Güter, kam eine Sommerwohnung in Charlottenburg hinzu. Die Verhältnisse ermöglichten den

10 Zu den Söhnen Gerlachs vgl. *Aus den Jahren preußischer Not...* (wie Anm. 1); ferner Ernst Ludwig von Gerlach, *Aufzeichnungen aus seinem Leben und Wirken 1795–1877,* Bd. 1, Schwerin 1903; über Leopold (d. J.) Konrad Canis, *Leopold von Gerlach,* in: *Männer der Revolution von 1848,* Bd. 1, 2. Aufl., Berlin 1988, S. 463–481.

Gerlachs in diesen Jahren eine *Zeit äußeren Glückes und Wohlstandes*, wie Leopold d. J. später schrieb.[12] Aber aufwendig oder gar verschwenderisch war der Lebensstil des Kammerpräsidenten, auch gemessen an den Verhältnissen im damaligen Berlin, nicht. Leopold von Gerlach war, wie vor allem die Kinder bezeugen, schon vom Naturell her ein gesetzter und ernsthafter Mensch, der in Enthaltsamkeit und pflichttreuer Arbeit seine Erfüllung fand und zugleich an der Bürde seines Amtes schwer trug. Mit Tränen, erinnerte sich Leopold, habe er mitunter den Seinen zu Hause über ein besonders wichtiges Problem aus der Kammer berichtet. Pietistische Religiosität und die exzessive Ernsthaftigkeit des Hausherrn haben auf das Familienleben der Gerlachs etwas beengend gewirkt[13] und die „lebensvolle" Agnes von Gerlach mitunter gestört.[14] Der Kammerpräsident war zwar an wissenschaftlichen Problemen interessiert, aber Schöngeistiges war ihm ziemlich fremd. Der Familienvater Gerlach verhielt sich ähnlich wie in der Kammer; so lebte er auch den Seinen ein verinnerlichtes Preußentum vor, dem jede Borniertheit fremd war, das von einem Ethos der Pflichterfüllung getragen, aber auch in einem nicht geringen Maß mit humorloser Strenge behaftet war. Die Atmosphäre im Häuslich-Privaten hat darunter, wie wir wissen, gelitten.

Auch gegenüber den heranwachsenden Söhnen blieb Gerlach die väterliche Respektsperson, die ihre Rolle mitunter zu sehr in der Vermittlung wohlmeinender, aber zumeist sehr pädagogisch anmutender Ratschläge sah. Dies zeigte sich etwa im Briefwechsel mit Wilhelm,[15] aus dem einige Stellen zitiert werden sollen, weil sie gerade das Vater-Sohn-Verhältnis in der Familie Gerlach veranschaulichen. Manche der Briefe, die Leopold dem früh aus dem Hause gegangenen Studiosus der Rechte nach Halle schrieb, lesen sich wie eine Anleitung für das Studium. *Du kannst Dir leicht vorstellen,* ließ er Wilhelm gleich im ersten Brief vom 18. Mai 1805 wissen, *wie sehr üble Nachrichten von Dir, besonders aber von Deiner Aufführung oder Täuschung der großen Erwartung, die wir von Dir haben, uns das Herz zerreißen würden. Doch dahin wirst Du es nie kommen lassen,*[16] und wenige Tage später: *Benutze die Gelegenheit, Kenntnisse zu sammeln mit gewissenhafter Treue ... Die beste Art, sie zu benutzen, ist, wenn Du Dich strenge an dem Unterricht, den Du genießest, hältst.*[17] Schließlich am 2. November 1805: *Dein Plan, den Du Dir zu deinem Studiren und überhaupt zu Anwendung der Zeit für den Winter gemacht hast, hat meinen ganzen Beyfall.*[18] Ein anderes Mal riet er dem anfangs

11 Das Haus stand ungefähr auf dem Platz der heutigen Grundstücke Französische Straße 33 und 34. Gerlach hatte mit seiner Familie zuvor eine Mietwohnung in der Lindenstraße bewohnt: vgl. *Adress-Kalender* 1787, S. 192.

12 *Aus den Jahren der preußischen Not...* (wie Anm. 1), S. 56.

13 Vgl. J. von Gerlach, *Leopold v. Gerlach...* (wie Anm. 1), S. 36.

14 *Aus den Jahren preußischer Not...* (wie Anm. 1), S. 63.

15 *Ein Vater und sein stud. jur. Briefe K. Fr. Leopolds v. Gerlach,* hrsg. von P. M. von Gerlach [Urenkel Leopold von Gerlachs], in: *Neue Preußische Zeitung* (*NPZ*) vom 29. 10. – 5. 11. 1909.

16 *NPZ,* Nr. 507, Morgenausgabe vom 29. 10. 1809.

17 *Ebda.*

18 *NPZ,* Nr. 515, Morgenausgabe vom 3. 11. 1809.

unter Heimweh leidenden Wilhelm, den es des öfteren zu den Verwandten nach Dessau zog, derlei Reisen nicht zu häufig zu unternehmen.
Aber die Briefe aus den Jahren 1805/1806 geben auch Einblick in das, was Gerlach in dieser Zeit allgemein bewegte. Das waren persönliche und familiäre Bedrückungen, die zunehmenden Beschwernisse seines Amtes, welche, auf vielerlei Weise verflochten mit der allgemeinen Notsituation Preußens, sich zu einer Krise für Gerlach und seine Familie verdichteten.
Im Sommer 1805 waren erst Sophie, dann Agnes von Gerlach von Krankheiten betroffen. Danach zeigten sich bei Leopold von Gerlach Symptome eines ernsteren Leidens. Auf seinem Sommersitz in Charlottenburg war er jedoch wieder genesen. *In unserem Hause geht alles seinen einförmigen Gang bey dem bunten Wechsel der Weltbegebenheiten*, berichtete er am 20. November 1805 nach Halle.[19] Auch den vorwiegend mit inneren Angelegenheiten der Kurmark befaßten Kammerpräsidenten begannen letztere aber allmählich einzuholen. Im Februar 1806 schon klagt er Wilhelm gegenüber über die drückende *Last von Geschäften.*[20] Am 1. August desselben Jahres, noch herrscht äußerer Friede, aber der militärische Konflikt mit Frankreich zeichnet sich schon ab, schrieb er, der Umfang der Amtsgeschäfte sei nunmehr *zu einer solchen Höhe gestiegen*, daß kaum noch *die unentbehrliche Zeit* zur Erholung bleibe.[21] Und in seinem letzten Brief vom 10. September 1806 sah er die Entscheidung schließlich unmittelbar bevorstehen: *Bey der Wendung, welche die öffentlichen Angelegenheiten genommen, wird aller Wahrscheinlichkeit nach sehr bald die Gegend von Thüringen und vielleicht auch die von Dresden ... der Schauplatz des Krieges werden.*[22]
Der Ausgang des Krieges 1806 hatte nicht nur die militärische Unterlegenheit Preußens, sondern auch die Überlebtheit seiner staatlichen Einrichtungen offenbart, die Gerlach bis dahin, wenn nicht für vollkommen, so doch im Grundzug für wertbeständig gehalten hatte. Für einen Konservativen seines Schlages war die Frage: Wie weiter? besonders schwer zu beantworten. Dies um so mehr, als Preußen und ganz besonders Berlin in einen Strudel von Ereignissen gerieten, die keine Zeit zur Reflexion ließen.
Während die preußische Regierung vor dem Einmarsch der Franzosen in Berlin die Hauptstadt verlassen hatte, war die Kammer in der Residenz verblieben. Gerlach sollte dabei die heikle Aufgabe zufallen, sich mit den neuen Herren zu arrangieren und gleichzeitig seine Behörde als einen Faktor der Kontinuität zu erhalten. Die Franzosen ihrerseits wollten die Kammern und die anderen preußischen Behörden als verlängerten Arm benutzen, um ihre Kontributions- und Besatzungspolitik durchzusetzen. Als Pflichtmensch fügte sich Gerlach in diesen Konflikt. *Wer dem Staate, sei es als Soldat oder in einem anderen Stande dient, muß sich gefallen lassen, zur Ausführung von Dingen gebraucht zu werden, die er nicht billigt. Der Richter muß nach Gesetzen sprechen, die ihm*

19 *Ebda.*
20 *Ebda.*
21 *NPZ*, Nr. 517, Morgenausgabe vom 4. 11. 1809.
22 *NPZ*, Nr. 519, Morgenausgabe vom 5. 11. 1809.

ungerecht dünken, der Finanzbediente muß Geld zu Zwecken und durch Mittel herbeischaffen, die er für ungerecht und gemeinschädlich hält ...[23]
Diese Äußerung fußte mit auf seinen Erfahrungen als Kammerpräsident, der sich vor allem mit ständig wachsenden finanziellen Forderungen der fremden Militärmacht konfrontiert sah.[24] Am allerdrückendsten waren die Lasten für die Residenz selbst,[25] die allerdings jetzt nicht mehr der Kurmärkischen Kammer, sondern dem von den Franzosen eingesetzten *comité administratif* unterstand. Nach dem Tilsiter Frieden war Gerlach als Zivilkommissar für die Kurmark wieder oberste Instanz für Berlin.[26]
In den ersten Wochen nach dem Einmarsch der Franzosen durchquerten Berlin fast täglich Zehntausende fremder Soldaten, die untergebracht und verpflegt werden mußten. Dazu kam für die Stadt noch eine Kontribution von mehreren Millionen Talern. Gerlach, der wie die anderen im Amt gebliebenen königlichen Beamten Napoleon am 9. November 1808 den Treueid hatte leisten müssen,[27] sah sich ähnlichen Forderungen wie die Berliner Behörden ausgesetzt. Aber er wehrte sich mit den ihm möglichen Mitteln. Beispielsweise hatten die preußischen Kassen wöchentlich ihre Finanzbestände an die Franzosen abzuliefern. Gerlach aber hielt die Erträge der Mühlenverwaltung zurück.[28] Oder aber er widersetzte sich dem von der Besatzungsmacht verfügten Bau von Befestigungsanlagen durch die Einwohner.[29] Von höfischer Unterwürfigkeit gegenüber den Franzosen weit entfernt, hielt er allerdings auch offenen Widerstand für zu riskant. Unterhalb dieser Schwelle setzte er sich mutig und zäh für sein Land und für die Interessen der Bevölkerung ein, protestierte gegen Übergriffe oder Repressalien. So bei der Erschießung zweier unschuldiger Kyritzer Bürger, des Kämmerers Schulze und des Kaufmanns Kersten, im April 1807, die von den Franzosen beschuldigt worden waren, mit ehemaligen preußischen Soldaten bei der Freibeuterei gemeinsame Sache gemacht zu haben.[30] Es war also nicht der Person Gerlachs, sondern den äußeren Umständen und der inneren Verfassung des Landes zuzuschreiben,

23 *Aus den Jahren preußischer Not...* (wie Anm. 1), S. 398 (Leopold d. Ä. an Leopold und Wilhelm vom 8. 1. 1810).
24 Auf die preußische Finanzpolitik in dieser Zeit im allgemeinen kann hier nicht eingegangen werden; vgl. *Preußische Finanzpolitik 1806–1810,* hrsg. von Hanna Schissler u. Hans-Ulrich Wehler, Göttingen 1984, hier bes. die Einleitung von H. Schissler.
25 Ilja Mieck, *Von der Reformzeit zur Revolution (1806–1847),* in: W. Ribbe (Hrsg.), *Geschichte Berlins...* (wie Anm. 5), Bd. 1, S. 407–602, hier S. 428 ff.
26 Paul Clauswitz, *Die Städteordnung von 1808 und die Stadt Berlin,* Berlin 1908, S. 49.
27 Magnus Friedrich von Bassewitz, *Die Kurmark Brandenburg im Zusammenhang mit den Schicksalen des Gesamtstaates Preußen während der Zeit vom 22. Oktober 1806 bis zum Ende des Jahres 1808,* Bd. 1, Leipzig 1851, S. 113.
28 *A.a.O.,* S. 183.
29 Vgl. Heinrich Friedrich Karl Freiherr vom Stein, *Briefe und amtliche Schriften,* bearb. von Erich Botzenhart, neu hrsg. von Walther Hubatsch, Bd. 1–4, Stuttgart 1957–1974, hier Bd. 2/2, Stuttgart 1960, S. 725; zu diesen Befestigungsanlagen vgl. I. Mieck, *Von der Reformzeit...* (wie Anm. 25), S. 430.
30 M. F. von Bassewitz, *Die Kurmark Brandenburg...* (wie Anm. 27), Bd. 1, S. 214 f.

wenn der Kammerpräsident nach eineinhalb Jahren nach Königsberg berichten mußte, daß sich der Zustand der Provinz *sehr verschlimmert* habe.[31]
Leopold von Gerlach setzte dies persönlich schwer zu. Seine Frau hat in Briefen aus dieser Zeit festgehalten, daß der Pessimismus ihres Mannes wachse und es oft schwer mit ihm auszuhalten sei.[32] Vorausgegangen war mit dem frühzeitigen Tod der Tochter Sophie (3. Juli 1807) ein schwerer familiärer Schicksalsschlag.
Zu der Frage: Wie weiter?, die nach dem Abzug der Franzosen aus Berlin im Dezember 1808 drängender denn je geworden war, hatte Gerlach seine eigenen Vorstellungen. Mit dem gleichaltrigen Stein und den um ihn versammelten Reformern hatte er sich weder persönlich noch programmatisch anfreunden können. Eher fühlte er sich mit Traditionalisten, wie dem Minister von Voß, seinem früheren Vorgesetzten in der Kurmärkischen Kammer, oder dem Großkanzler Karl Friedrich von Beyme, zumindest in der Sache verbunden. Dem Oktoberedikt stand Gerlach ablehnend gegenüber.[33]
Für eine weitgehende Reform der Regierungsbehörden oder der Kommunalverfassung sah er wenig Veranlassung.[34] Die Volksbewaffung oder gar eine Schilderhebung gegen Frankreich stürze das Vaterland nur ins Verderben.[35] Auch in anderen, spezielleren Fragen hatte er Meinungsverschiedenheiten mit Stein. So lehnte er es ab, die Domänen zur Deckung der Kontributionen heranzuziehen.[36] Nach Gerlachs Meinung sollten die strukturellen Grundlagen von Staat und Gesellschaft nicht angetastet werden. Besserung in der Verwaltung und Regierung, die auch er für erforderlich hielt, sollten durch die Abstellung von Mißständen und sonstige kleinere Veränderungen erreicht werden.
Ein sich in die geplante Neuordnung der Regierungsbehörden im Steinschen Sinne glatt einfügender Staatsdiener gedachte Gerlach nicht zu sein. Vielmehr befürchteten die Kreise um Stein, daß sich der prinzipienfeste und traditionsbedachte Streiter zu einem unbequemen Störfaktor entwickeln könne. So wurde er bei der Neubestallung der quasi an die Stelle der Kammerpräsidenten tretenden Oberpräsidenten übergangen. Während beispielsweise in Preußen (Auerswald) und Schlesien (Massow) die bisherigen Amtsträger auf die Oberpräsidentenstellen rückten, wurde für Brandenburg (Kur-

31 Hermann Granier (Hrsg.), *Berichte aus der Berliner Franzosenzeit 1807–1809. Nach den Akten des Berliner Geheimen Staatsarchivs und des Pariser Kriegsarchivs* (= Publikationen aus den Preußischen Staatsarchiven 88), Leipzig 1913, S. 183 (Immediatbericht vom 2. 4. 1808; ähnlich weitere Berichte Gerlachs von April bis Juni 1808, *a.a.O.*, S. 192 ff.).
32 *Aus den Jahren preußischer Not...* (wie Anm. 1), S. 354 (Brief an Marie von Raumer vom 27./28. 5. 1808; ähnlich Brief vom 4. 8. 1808, *a.a.O.*, S. 258).
33 Vgl. Freiherr vom Stein, *Briefe und amtliche Schriften...* (wie Anm. 29), Bd. 2/2, S. 550.
34 J. von Gerlach, *Leopold v. Gerlach...* (wie Anm. 1), S. 92 f.
35 Vgl. Eingabe Gerlachs an Friedrich Wilhelm III. vom 6. 12. 1808; L. von Keyserling, *Studien zu den Entwicklungsjahren der Brüder Gerlach...* (wie Anm. 1), S. 14 f.; *Aus den Jahren preußischer Not...* (wie Anm. 1), S. 360.
36 H. F. K. Freiherr vom Stein. *Briefe und amtliche Schriften,* Bd. 2/2, S. 627; vgl. auch *Preußische Finanzpolitik 1806–1810,* bearb. von Eckart Kehr, hrsg. von Hanna Schissler u. a., Göttingen 1984, S. 45.

mark, Neumark sowie Pommern) der Vertraute Steins, Johann August Sack, berufen. Am 28. Januar 1809 reichte Gerlach seinen Rücktritt ein. Der König genehmigte diesen zwei Wochen später, schrieb aber zurück: *Ich verliere Euch ungern.*[37] Wie in solchen Fällen üblich, erhielt Gerlach den Roten Adlerorden 1. Klasse, eine Auszeichnung, die ihm die Verabschiedung nicht leichter gemacht hat.[38] Einen Rückzug ins Private bedeutete dieser Schritt für Gerlach nicht. Sein weiteres berufliches Schicksal verflocht sich nun auch direkt mit Berlin. Seit frühester Kindheit mit dieser Stadt verbunden, für lange Jahre Chef ihrer vorgesetzten Regierungsbehörde und ein genauer Kenner der Verhältnisse in dieser Stadt, wurde er nun deren erster Oberbürgermeister. Wie für alle Städte Preußens hatte die am 19. November 1808 verabschiedete Städteordnung auch für Berlin die Verwaltung auf eine gänzlich neue Verfassungsgrundlage gestellt.[39] Sie beseitigte endgültig die Reste der alten Ordnung, die lediglich die Selbstergänzung des Magistrats zugelassen und die Stadt einer strengen Reglementierung durch die Regierung unterworfen hatte. Statt dessen schuf sie Grundlagen einer neuartigen städtischen Selbstverwaltung.

Aus den über 200 Paragraphen soll hier nur auf das hingewiesen werden, was für das Verständnis der Rolle des künftigen Ersten Mannes von Belang ist. Seine Stelle war die des Vorsitzenden eines Magistrats aus besoldeten und unbesoldeten Stadträten, *dessen Befehlen die Stadtgemeinde unterworfen ist* und dessen Mitglieder von der *Bürgerschaft* (Stadtverordneten) gewählt werden sollten (§ 47). Nur *geachtete, rechtliche, einsichtsvolle und geschäftskundige Männer* sollten sich für ein Magistratsamt bewerben dürfen, Oberbürgermeister, Bürgermeister und Kämmerer aber *diese Eigenschaften in einem vorzüglichen Grade besitzen* (§ 148). Im Prinzip verkörperte der vom Oberbürgermeister geleitete Magistrat die Exekutive, die Stadtverordentenversammlung dagegen die Legislative. Wie die Rechte beider Institutionen genau abgegrenzt werden sollten, blieb allerdings offen und wurde somit des öfteren die Quelle von Zerwürfnissen. Nicht unerheblich für die Stellung des Oberbürgermeisters war auch, daß die Städteordnung die

37 *Aus den Jahren preußischer Not...* (wie Anm. 1), S. 377.

38 *A.a.O.*, S. 379 (Agnes von Gerlach an Marie von Raumer. 25. 2. 1809).

39 Die Literatur zur Städteordnung (auch wenn man sich nur auf ihre Auswirkungen auf Berlin beschränkt) ist umfangreich. Hervorhebenswert von den neueren Publikationen: Karl-Heinz Börner, *Beginn der bürgerlichen Umwälzung in Berlin. Einführung der preußischen Städteordnung,* in: *Jahrbuch für Geschichte* 35 (1987), S. 151–200; August Krebsbach, *Die Preußische Städteordnung von 1808* (= Neue Schriften des Deutschen Städtetages 1), 2. Aufl., Köln 1970; Gerhard Kutzsch, *Verwaltung und Selbstverwaltung in Berlin unter der ersten Städteordnung,* in: *Jahrbuch für brandenburgische Landesgeschichte* 13 (1962), S. 22–39; Berthold Schulze, *Die Einführung der Städteordnung in Berlin und in der Mark 1808/09,* in: *A.a.O.,* 10 (1959), S. 11–17. Unübertroffen aus der älteren Literatur immer noch Paul Clauswitz, *Die Städteordnung von 1808.* Über die Berliner Oberbürgermeister bzw. Bürgermeister vgl. Ernst Kaeber, *Die Oberbürgermeister Berlins seit der Steinschen Städteordnung,* in: *Jahrbuch des Vereins für die Geschichte Berlins* 2 (1952), S. 53–114; Gerhard Kutzsch, *Berlins Bürgermeister 1808–1933. Die „Zweiten Männer" in der Stadt,* in: *Der Bär von Berlin* 25 (1976), S. 7–29. Über die Stadtverordnetenversammlung zuletzt: Wolfgang Härth, *Zu den Anfängen der Stadtverordnetenversammlung von Berlin,* in: *A.a.O.*, (1989/90), S. 15–29.

Polizeigewalt dem Staate vorbehalten hatte (§ 166). Der Berliner Magistrat hatte es somit jahrzehntelang mit einem gleichrangigen, zeitweilig ihm sogar übergeordneten Polizeipräsidenten in der Stadt zu tun.

Die Wahl des ersten Oberbürgermeisters in Berlin im Jahre 1809 wurde zu einem Vertrauensbeweis der Berliner Bürger für den abgetretenen Kammerpräsidenten. Es heißt, daß Gerlach anfangs mehr zu einer Kandidatur gedrängt wurde, als daß er selbst die Initiative ergriffen hätte. Als Gerüchte in der Stadt kursierten, daß er sich nach seinem Rücktritt ins Landleben zurückziehen wolle, soll sich eine Versammlung von mehreren hundert Berliner Bürgern für sein Verbleiben in der Politik ausgesprochen haben.[40] Gerlach genoß aus der Zeit der französischen Besatzung bei den Berlinern großes Ansehen. Mit Hochachtung war vermerkt worden, wie er sich für die Belange der Bevölkerung und des Landes eingesetzt hatte. Aber hier äußerte sich auch das bei den Bürgern des Gemeinwesens damals noch stark ausgeprägte Vertrauen zu den alten Autoritäten. Bekanntlich hatten Magistrat und Stadtverordnetenversammlung in Berlin noch jahrelang mit der Besetzung öffentlicher Ämter (vor allem, wenn sie schlecht oder gar nicht besoldet waren) die größten Schwierigkeiten,[41] weil, wie Gerlach es selbst formulierte, viele zögerten, ihre Pflichten *als Haus- und Familienvater* und den *eigenen Wohlstand* zu vernachlässigen, nur um den größeren Teil ihrer Zeit *dem Ganzen* zu opfern.[42] Gerlach hatte im Stimmbezirk „Gend'armes Markt" zunächst ein Mandat für die Stadtverordnetenversammlung erlangt.[43] Ob damit die Weichen für die Übernahme des Oberbürgermeisterpostens bereits gestellt waren, läßt sich nicht genau sagen.[44] Zunächst, am 25. April, wurde er zum Vorsteher der in der Nikolaikirche zusammengetretenen Stadtverordnetenversammlung gewählt.[45] Doch hatte er das Amt nur kurze Zeit inne. Am 1. Mai 1809 sprachen sich die Repräsentanten der Berliner Bürgerschaft, wie schon bei seiner Wahl zum Stadtverordneten, einstimmig für Gerlach als neuen Oberbürgermeister aus. Von den mit ihm angetretenen Kandidaten erzielten Büsching, der frühere Stadtpräsident und sein späterer Nachfolger, 54 Ja- und 45 Nein- und der Stadtrat Laspeyres 50 Ja- und 49 Neinstimmen.[46] Noch vor der Wahl hatte die Versammlung über das Gehalt des neuen Stadtoberhauptes entschieden und ihm das standesgemäße Entgelt von 4000 Talern zuerkannt.

Die Wahl der Stadtverordenten und des Berliner Oberbürgermeisters wurde, wie lange danach nicht mehr, weit über die Hauptstadt hinaus beachtet. Die Entscheidung für Gerlach fand nahezu einhellige Zustimmung.[47] Er war nicht nur damals ein Hoffnungsträger für viele Berliner Bürger, sondern in dieser Funktion trotz allem, was vor-

40 E. Kaeber, *Die Oberbürgermeister Berlins...* (wie Anm. 39), S. 55.
41 K. H. Börner, *Beginn der bürgerlichen Umwälzung...* (wie Anm. 39), S. 186.
42 Brandenburgisches Landeshauptarchiv Potsdam (BLHA), Rep. 2A, Reg. Potsdam I, Kom., Nr. 3167, Bl. 156.
43 Landesarchiv Berlin, Außenstelle Breite Straße, Rep. 00-02/1, 47, Bl. 4.
44 E. Kaeber, *Die Oberbürgermeister Berlins...* (wie Anm. 39), S. 55.
45 LA Berlin, Außenstelle Breite Straße, Rep. 00-02/1, 122, Bl. 1 v.
46 J. von Gerlach, *Leopold v. Gerlach...* (wie Anm. 1), S. 112.

ausgegangen war, wenigstens anfänglich auch ein Mann des Vertrauens für die oberen Regierungsbehörden. Sein Einfluß, so ließ Gruner, der mit der Einführung der Städteordnung in Berlin beauftragte Kommissar, den Minister Graf Dohna wissen, werde *allen Mißbrauch der neuen Gewalt beseitigen.*[48] Beyme beeilte sich, am 9. Mai den anfänglich Zögernden zur Annahme des Amtes aufzufordern, der in einem Immediatschreiben an Friedrich Wilhelm III. vom 16. Mai schließlich seine Bereitschaft erklärte.[49]

Nun erst konnte die offizielle Amtseinführung am 6. Juli 1809 erfolgen. Oberbürgermeister und Magistrat begaben sich in einem feierlichen Zug vom Rathaus zur Nikolaikirche, wo das Zeremoniell stattfand. Nach einer Festpredigt, die der Berliner Propst Ribbeck hielt, wurde Gerlach durch den Oberpräsidenten Sack feierlich darauf vereidigt, Berlin im Sinne der Städteordnung *nach Pflicht und Gewissen* treu zu dienen.[50] Dem von Gerlach geführten Magistrat gehörten weitere acht (dann neun) besoldete und 15 unbesoldete Stadträte an. Alle acht anfangs eingesetzten besoldeten Stadträte (Büsching, Laspeyres, Wernitz, Oeding, Dracke, Carow, Langerhans, Metzing) hatten schon dem bisherigen Magistrat angehört. Später kam der neugewählte Rehfeldt hinzu,[51] der in der Berliner Kommunalpolitik noch viel von sich reden machen sollte. Seine Sitzungen hielt dieses Gremium zweimal wöchentlich im Berlinischen Rathaus Königs-, Ecke Spandauer Straße ab.

Wie Gerlach bei seiner Einführung am 6. Juli vor den in der Nikolaikirche versammelten Stadtverordneten erklärte, bewegten ihn gemischte Gefühle. Mit Freude und Dankbarkeit registriere er die Einmütigkeit, mit der ihm die Repräsentanten das Vertrauen ausgesprochen hatten, und die *Zufriedenheit,* mit welcher diese Wahl von seinen *übrigen Mitbürgern aufgenommen worden ist.* Aber die Schwierigkeiten, *mit welchen die Verwaltung des Gemeinwesens einer durch lange Drangsale erschöpften Stadt verknüpft ist,* und *die Größe der Summen, um die Veranstaltungen zur Erhaltung der Sicherheit, des Wohlstandes, des Gottesdienstes, des Unterrichts, der Gesundheit, der Bequemlichkeit der Einwohner einer großen Stadt aufrechtzuerhalten,* erfüllten ihn mit *banger Besorgnis.*[52]

Für große Teile der Bevölkerung in Berlin und den Nachbargebieten hatten sich die Lebensverhältnisse seit der Besatzungszeit verschlechtert. In der Residenz und in Potsdam waren Selbstmorde aus materieller Not an der Tagesordnung. In Berlin war in den Jahren von 1806 bis 1811 die Sterberate größer als die Zahl der Neugeborenen. Sup-

47 *Aus den Tagen preußischer Not...* (wie Anm. 1), S. 395; Hans J. Reichhardt, *Wahlen in Berlin 1809–1967. Ein Rückblick auf 160 Jahre Berliner Kommunalpolitik* (= Berliner Forum 7), Berlin 1970, S. 7.

48 Hermann Granier (Hrsg.), *Berichte aus der Berliner Franzosenzeit...* (wie Anm. 31), S. 412 (Brief vom 25. 4. 1809).

49 *Aus den Tagen preußischer Not...* (wie Anm. 1), S. 385 ff.

50 BLHA, Rep. 2A, Reg. Potsdam I, Kom., Nr. 3167, Bl. 95 v. Die Bestallung erfolgte überraschenderweise erst am 31. 10. 1810 (*ebda.).*

51 *A.a.O.,* Bl. 23 ff.

52 *Aus den Tagen preußischer Not...* (wie Anm. 1), S. 391.

penanstalten gaben 1809 täglich mehr als 6000 Portionen an Bedürftige aus. Die Linderung der materiellen Not der Bevölkerung und die Stabilisierung der städtischen Finanzen wurden zum Kardinalproblem für die Kommunalverwaltung Berlins. Dies galt nicht nur für die Amtszeit Gerlachs. Daran änderte sich auch unter seinem Nachfolger Büsching nicht viel. Leider läßt es die Quellenlage (Fehlen von Magistratsunterlagen, geringe Aussagekräftigkeit der Sessionsprotokolle der Stadtverordnetenversammlung) nicht zu, den persönlichen Anteil der Oberbürgermeister an diesen und vielen anderen Fragen der Kommunalpolitik genauer zu bestimmen. Wir müssen uns mit Rückschlüssen aus zum Teil peripheren Quellen begnügen und sind häufig nur auf gedrucktes Material angewiesen.

Berlin hatte Anfang 1809 etwa fünf Millionen Taler Schulden, die aus den verschiedenartigsten finanziellen Belastungen während der Zeit der französischen Besetzung resultierten. Angesichts einer daniederliegenden Wirtschaft und eines minimalen Steueraufkommens war dies für eine Stadt mit etwas mehr als 150 000 Einwohnern (Zivilisten) eine außerordentlich schwere Bürde. 250 000 Taler waren jährlich an Zinsen aufzubringen. Allein dies bedeutete für den Magistrat ein kaum zu lösendes Problem. Unter den gegebenen Umständen war es als außerordentliche Leistung anzusehen, wenn der von Gerlach geführte Magistrat es vermochte, den weiteren finanziellen Abstieg aufzuhalten. Zuerst erreichte Gerlach für die am 1. Oktober fälligen Zinsen ein Moratorium. Betrieben worden war vom Magistrat auch eine Zwangsanleihe bei den wohlhabenderen Familien, die dann aber nach nur langsamem Ingangkommen vor allem von Hardenberg fallengelassen worden war.[53] Einen wirklichen finanzpolitischen Erfolg für die Stadt bedeutete die Mitte 1811 erteilte Genehmigung, die Verbrauchssteuer zugunsten der Kommune zu erhöhen. Danach wurde ein Zuschlag zur Akzise (drei Groschen pro Taler) erhoben, über den die Stadt verfügen konnte. Außerdem wurde Berlin vom Aufkommen für die Festungsverpflegung befreit.[54]

Diese Verbrauchssteuer traf in erster Linie ärmere Schichten. Für einen Großteil der rund 35 000 Lohnarbeiter, die unter den Lebenshaltungskosten, den hohen Mieten usw. zu leiden hatten, lag der Verdienst unter dem Existenzminimum. Allerdings fielen diejenigen, die hierdurch weiter verarmten, nicht der Kommune zur Last, da die Kosten für das Armenwesen überwiegend vom Staat getragen wurden.

Außer dem Akzisezuschlag erreichte Gerlach noch einige weitere kleine Zugeständnisse. 1811 wurde zweimal ein Vorschuß von je 8000 Talern aus der Staatskasse gezahlt. Gleichfalls aus dem Staatssäckel kamen seit 1812 Zuschüsse zu den nach wie vor drükkenden Zinsen.[55] All dies war in erster Linie ein Verdienst Gerlachs, dem in den Verhandlungen mit den Staatsbehörden seine langjährigen Geschäftsbeziehungen zu dem verantwortlichen Kommissar für die Schuldenfrage Sack zugute kamen. Eine Wieder-

53 P. Clauswitz, *Die Städteordnung...* (wie Anm. 39), S. 130.
54 *A.a.O.*, S. 132.
55 *Ebda.;* K.-H. Börner, *Beginn der bürgerlichen Umwälzung...* (wie Anm. 39), S. 192.

belebung der Wirtschaft stieß in Berlin auf große Schwierigkeiten. Dies hing zum einen mit der ungünstigen Gesamtlage, aber auch mit Problemen des Geldverkehrs, vor allem der zunehmenden Entwertung der Zahlungsmittel zusammen. Dem stand aber auch die ablehnende Haltung von Magistrat und Stadtverordneten gegenüber der liberalen Gewerbepolitik Hardenbergs, vor allem zur Gewerbefreiheit, entgegen.[56] In diesem Punkte machte sich Gerlach nicht nur die Bedenken der alteingesessenen Bürger zu eigen, sondern hier leitete ihn auch die nach wie vor vorhandene Skepsis gegenüber der Stein-Hardenbergschen Politik überhaupt. Aber zumindest der weitere Verfall der städtischen Finanzen war nicht zuletzt dank seiner Zähigkeit erst einmal gestoppt worden.

Auch über andere Bereiche der Kommune war zu sagen, daß das Bemühen der Berliner, den weiteren Niedergang ihrer Stadt aufzuhalten, erste positive Auswirkungen zeigte, wenn auch manche Veränderung, die Berlin in diesen Jahren erfuhr, ohne das direkte Zutun des Magistrats erfolgte. Die Jahre von 1809 bis 1812/1813 waren Jahre der Normalisierung und auch eines erwachenden geistigen Lebens in Berlin unter unverändert schweren materiellen Bedingungen für die überwiegende Mehrzahl der Menschen.

Am 15. Oktober 1810 wurde die Berliner „Friedrich-Wilhelms-Universität" eröffnet. Bedeutende Gelehrte, wie Johann Gottlieb Fichte, Friedrich Daniel Schleiermacher, Christoph Wilhelm Hufeland oder Albrecht Daniel Thaer, nahmen hier ihre Vorlesungen auf. Im Frühjahr 1811 eröffnete Friedrich Ludwig Jahn den ersten deutschen Turnplatz in der damals noch außerhalb der Stadt liegenden Hasenheide. Diskussionszirkel unter der akademischen Jugend entstanden, in den Salons wurden literarische und politische Fragen der Zeit debattiert. Patriotischer Geist breitete sich aus.

Legt man sich die Frage vor, wie Gerlach selbst diese erste Phase einer neuen Entwicklung Berlins gesehen hat, so ergibt sich die Antwort schon aus seiner Biographie. Er hat diesem Gemeinwesen gedient, ohne sich mit dem Reformprozeß innerlich zu identifizieren. Er war viel zu sehr ein Mann fester Prinzipien, als daß er seine ablehnende Haltung zur Städteordnung[57] und den anderen Reformen innerhalb eines so kurzen Zeitraumes geändert hätte. Aber er war auch nüchtern genug zuzugeben, daß manche verfassungspolitischen Bedürfnisse der Zeit weit über das hinausgingen, was ihm als Ideal vorschwebte. Nur so dürfte zu erklären sein, daß er sich auf der Notabelnversammlung Anfang 1811 in Berlin beispielsweise für die *Konstituierung einer Volksvertretung* aussprach und auch die *Beteiligung der Nationalrepräsentation an der Gesetzgebung* [!] für richtig erachtete.[58]

Berlin selbst geriet 1812/1813 aus einer Phase beginnender Beruhigung noch einmal direkt in den Strudel der Ereignisse. Im März 1812 rückten die Napoleonischen Trup-

56 LA Berlin, Außenstelle Breite Straße, Rep. 00-02/1, 122, Bl. 75 v.
57 K.-H. Börner, *Beginn der bürgerlichen Umwälzung...* (wie Anm. 39), S. 192.
58 J. von Gerlach, *Leopold v. Gerlach...* (wie Anm. 1), S. 155.

pen zum zweiten Mal nach Berlin ein. Anders als 1806, regte sich jetzt von Anfang an geheimer und auch offener Widerstand; neue drückende Kontributionsforderungen scheiterten. Dennoch waren es für die Stadt noch einmal schwere Tage bis zum Abzug der Truppen rund ein Jahr später.

Gerlach erlebte diese Zeit bereits als schwerkranker Mann. Die letzten Jahre hatten seine angegriffene Gesundheit weiter geschwächt. Er wurde von Nerven- und Schwindelanfällen heimgesucht, Asthmaanfälle und Atemnot kamen hinzu.[59] Die Amtsgeschäfte konnte er kaum noch versehen, schleppte sich aber noch zu den Feierlichkeiten, die anläßlich des Einmarsches russischer Truppen im März 1813 in Berlin veranstaltet wurden. Danach hielt er sich nur noch zu Hause auf. Büsching, ihn seit längerem vertretend, besuchte Gerlach des öfteren, um seinen Rat einzuholen. Sein Zustand besserte sich vorübergehend, gleichzeitig erhielt die Familie die Nachricht von der Verwundung des Sohnes Ludwig, der am Befreiungskrieg teilnahm. Seit Ende Mai verschlechterte sich der Zustand Leopold von Gerlachs zunehmend, und auch Mediziner konnten nichts mehr für ihn tun. Es war, wie der Hausarzt sagte, als sei ein Uhrwerk abgelaufen.[60] Am Morgen des 8. Juni 1813 verstarb Leopold von Gerlach, im 56. Lebensjahr stehend, an allgemeiner Erschöpfung. Schon zwei Tage später, am 10. Juni, fand unter großer Anteilnahme der Berliner Bevölkerung die Beerdigung statt.[61] Sämtliche Mitglieder des Magistrats und Stadtverordnete nahmen an der Feierlichkeit teil.

Nachrufe und Würdigungen hoben vor allem die menschliche Geradlinigkeit, die gerechte Amtsführung und sein ausgeprägtes Pflichtgefühl hervor, die vielleicht das eigentliche Vermächtnis dieses ersten Berliner Oberbürgermeisters ausmachen. *Durchdrungen von innigem Wohlwollen gegen Hohe und Niedrige, ging er in allen diesen verschiedenen Dienstverhältnissen mit einem stets offenen Sinn für alles Gute und Edle festen und ruhigen Schrittes den als pflichtmäßig erkannten Weg und streng gegen sich selbst, war es in der Ordnung, daß er auch von anderen die pünktlichste Erfüllung ihrer Pflichten verlangte, wobei nichts desto weniger sein völlig reiner, höchst liebenswürdiger Charakter jedem unbedingt Liebe und Ergebenheit für ihn abrang.*[62]

59 *Aus den Tagen preußischer Not...* (wie Anm. 1), S. 402.

60 *A.a.O.*, S. 413 f.

61 Das Grab befindet sich neben den Gräbern weiterer Familienangehöriger heute auf dem Friedhof der Domgemeinde (I), Müllerstraße (Bezirk Wedding).

62 LA Berlin, Außenstelle Breite Straße, Rep. 00-02/1, 1424, Bl. 11 v. (Entwurf); veröffentlicht in: *Vossische Zeitung*, Nr. 70 vom 12. 6. 1813.

Johann Stephan *Gottfried* Büsching

von Gunther Hildebrandt

Gerlachs Nachfolger war keine Persönlichkeit von außerordentlicher Ausstrahlung. Johann Stephan *Gottfried* Büsching hatte sich durch die Einrichtungen der preußischen Staats- und Kommunalverwaltung hochgedient, ehe er Berliner Stadtoberhaupt wurde. Wahrscheinlich war auch der Name des Vaters dem eigenen Fortkommen nützlich gewesen. Dieser hatte sich als Direktor und Reformator des Grauen Klosters einen Namen gemacht und sogar mit Friedrich II. korrespondiert. Auch in der Wissenschaftsgeschichte nahm er einen beachtlichen Rang ein.

Anton Friedrich Büsching (1724–1793), aus einer in Westfalen beziehungsweise in Lippe ansässigen Familie von Handwerkern, Beamten und Pfarrern stammend,[1] zählte zu den bekanntesten Gelehrtenpersönlichkeiten der späten Aufklärungszeit in Deutschland. In vielerlei Disziplinen zu Hause – er war Theologe, Philosoph und Geograph –, machte er sich sowohl als Verfasser wissenschaftlicher Werke als auch als ein Mann praktisch-pädagogischen Wirkens einen Namen. Zunächst Schüler und Präparand an der Lateinschule des Waisenhauses in Halle, hatte er 1747 den Abschluß eines Magisters erworben und war 1754 Professor der Philosophie in Göttingen geworden. Daneben verfaßte er vielerlei geographisch-statistische Abhandlungen und philosophische Schriften und begann mit der Herausgabe seines Hauptwerkes, einer vielbändigen „Neuen Erdbeschreibung".[2]

Anton Friedrich Büsching war ein weitgereister Mann, der, entweder Berufungen folgend oder aber auf der Suche nach Anstellungen, in Europa herumgekommen war und eine Vielzahl persönlicher und wissenschaftlicher Kontakte pflegte. Als Pfarrer der evangelischen Petrigemeinde hatte er in St. Petersburg, aber auch als Hauslehrer eines dänischen Diplomaten in Itzehoe und Kopenhagen gewirkt. Seine Frau Polyxene Christiane Auguste Dilthey (1728–1777), die er 1755 geheiratet hatte, sowie seine rasch wachsende Familie nahm er auf diese Reisen mit. Als Gottfried Büsching am 18. April 1761 in Göttingen geboren wurde, bereitete sich der Vater gerade auf die zweite Reise nach St. Petersburg vor, die am 2. Juni 1761 begann. Hier verlebte Johann Stephan Gottfried die ersten vier Jahre seines Lebens. Der Vater war erneut Pfarrer der Petrigemeinde. Seit seinem ersten Petersburger Aufenthalt brachte er Rußland großes Interesse entgegen. Mit dem deutsch-russischen Geographen Gerhard Friedrich Müller hatte er eine umfangreiche Korrespondenz begonnen, die sich über Jahrzehnte erstrecken sollte.[3] Er lernte aber auch die Mitglieder der Zarenfamilie und weitere prominente Vertreter der Petersburger Gesellschaft, wie den Direktor der Akademie der Wissen-

1 Vgl. zum Folgenden: Anton Friedrich Büsching, *Beyträge zu der Lebensgeschichte denkwürdiger Personen insonderheit gelehrter Männer,* T. 6, Halle 1789; Eberhard Dennert, *Hindurch zum Licht. Erinnerungen aus einem Leben der Arbeit und des Kampfes,* Stuttgart 1936, S. 10 ff.

2 Zum Schriftenverzeichnis vgl. A. F. Büsching, *Beyträge zu der Lebensgeschichte denkwürdiger Personen...* (wie Anm. 1), S. 606 f.

Johann Stephan *Gottfried* Büsching, * Göttingen 18. 4. 1761, † Berlin 23. 4. 1833, Oberbürgermeister von Berlin 1813–1832

schaften Taubert und Feldmarschall Münnich, kennen. Für die Familie war es eine stürmische und strapaziöse Zeit. Sie erlebte aus nächster Nähe die Kämpfe um den Zarenthron nach dem Tode Elisabeths. Für die Büschings brachten diese Jahre auch schwere private Schicksalsschläge. Von 1861 bis 1865 verstarben vier der sechs Kinder, das letzte während einer stürmischen Schiffsreise zurück in die Heimat.
Infolge der Berufung Anton Friedrich Büschings an das Graue Kloster übersiedelte die zwischenzeitlich in Altona ansässige Familie im Oktober 1866 nach Berlin. Mit sechs Jahren trat der junge Büsching selbst in die Schule ein, die, unter dem Direktorat des Vaters, bis 1779 zu seinem zweiten Zuhause wurde. Daher soll kurz auf die dortigen Verhältnisse eingegangen werden. 1574 hatte in den Gebäuden des ehemaligen Franziskanerklosters in der Klosterstraße ein Gymnasium seine Pforten geöffnet, welches jedoch bei Büschings Amtsantritt wenig Ähnlichkeit mit der seit dem 19. Jahrhundert als Eliteschule bekannten Einrichtung aufwies.[4] Baulichkeiten in sehr schlechtem Zustand, enge, dunkle Räume, schlecht bezahlte Lehrer und ein dürftiges Unterrichtsniveau, dies waren einige der gravierenden Mängel des damaligen Grauen Klosters. Anton Friedrich Büsching nannte die Schule einmal *einen Musensitz, der in Kellern bestehe, die mit Salpeter stark angefüllet* seien.[5] Es gelang Büsching in den 26 Jahren seines Wirkens in Berlin, das Graue Kloster zu einer angesehenen und führenden Bildungseinrichtung umzugestalten. Das Niveau des Unterrichts wurde verbessert. Wissenschaftlich und pädagogisch befähigte Lehrer (so Friedrich Gedike oder Ernst Gottfried Fischer) konnten berufen und jetzt auch zu Professoren ernannt werden. Erstmalig wurden auch neuere Fremdsprachen als Unterrichtsfächer eingeführt. Schließlich setzte Büsching auch den Umbau der Schule durch und war tatkräftig an der Gründung einer Stiftung für das Graue Kloster beteiligt. Anfang des 19. Jahrhunderts war es das bedeutendste der drei städtischen Berliner Gymnasien, dessen Schülerzahl weit über 500 lag. Auch Otto von Bismarck, Friedrich Ludwig Jahn und Karl Friedrich Schinkel haben zu seinen Schülern gehört.
Es war an der Schule üblich, bei den alljährlichen öffentlichen Prüfungen auch Schüler der unteren Klassen mit selbständigen Aufgaben zu betrauen. Auch der Name des jungen Büsching ist in den zu diesem Anlaß erscheinenden Einladungsschriften mehrfach verzeichnet. 1772 hatte er in einem kleinen Vortrag darzulegen, daß ein gutes Herz den

3 In Vorbereitung: Peter Hoffmann (Hrsg.), *Anton Friedrich Büsching an Gerhard Friedrich Müller. Briefwechsel 1751–1783;* aufschlußreich über Büschings Verhältnis zu Rußland: M. Pantenius, *Anton Friedrich Büsching und Rußland (1724–1793),* Phil. Diss., Halle 1984.

4 Quellen zur Geschichte des Grauen Klosters: Stadtbibliothek Berlin, Sondersammlungen, Sammlungen des Grauen Klosters. Einführende Literatur: Ludwig Geiger, *Berlin 1688–1840. Geschichte des geistigen Lebens,* Bd. 2, Aalen 1987 (Neudruck); Peter Rohrlach, *Die Sammlungen des Grauen Klosters in Berlin,* in: *Jahrbuch für brandenburgische Landesgeschichte* 12 (1961), S. 29–36, hier S. 29 f.; Peter Rohrlach, *Friedrich Ludwig Jahn – Schüler und Lehrer am Berlinischen Gymnasium zum Grauen Kloster,* in: *Berliner Heimat* 3 (1955), S. 24–31; Julius Heidemann, *Geschichte des Grauen Klosters zu Berlin,* Berlin 1874.

5 A. F. Büsching, *Beyträge zu der Lebensgeschichte denkwürdiger Personen...* (wie Anm. 1), S. 570.

(sittlichen) Wert eines Schülers erhöhe.[6] Zwei Jahre später, mit 13 Jahren also, sprach er bereits über ein Thema der Epikureischen Philosophie.[7] 1776 wurde ein Preisgedicht Büschings auf einen Kaufmann aus Venedig namens Sigismund Streit angekündigt, einen früheren Schüler und „Wohltäter des Grauen Klosters", der der Schule zehn Jahre zuvor eine beträchtliche Summe vererbt und die Gründung der erwähnten Stiftung ermöglicht hatte.[8] Die Abgangsbeurteilung Gottfried Büschings aus dem Jahre 1779, die von seinem Vater stammen könnte, enthält keine fachlichen Noten. Aber sie läßt eine positive Einstufung seiner Leistungen und seines Verhaltens erkennen: *Da ihn Gott mit natürlichen Gaben versehen hat, die ihn dazu tüchtig machen, so zweifle ich nicht, daß er sich mit dem größten Eifer bestreben werde, ein vorzüglich brauchbarer Mann zu werden, von dem seine Geburtsstadt und seine Familie Ehre habe.*[9]
Büsching ging danach für drei Jahre auf die Universität. Von 1779–1782 studierte er in Göttingen und Halle Jura und Kameralwissenschaft. Danach kehrte er nach Berlin zurück zur väterlichen Familie, deren Wohnung sich ebenfalls im Grauen Kloster befand. Nachdem Büschings Mutter 1777 mit 49 Jahren verstorben war, heiratete der Vater zum zweiten Male. Die Familie wuchs weiter. Den sieben Kindern aus erster Ehe folgten noch sechs weitere nach.[10]
Beruflich ging der junge Büsching den gleichen Weg wie einige Jahre vor ihm sein Amtsvorgänger Leopold von Gerlach. Am 7. Oktober 1782 trat er in die preußische Staatsverwaltung ein und wurde Referendar bei der Kurmärkischen Kriegs- und Domänenkammer in Berlin.[11] Aber sein Weg war weiter, weil er auf den einzelnen Sprossen der Stufenleiter dieser Laufbahn länger verweilte. Fünf Jahre blieb er Referendar, dann wurde er Assessor, zunächst bei der Rechen- und erst 1789 bei der Kurmärkischen Kriegs- und Domänenkammer.
In den nur lückenhaft überlieferten Unterlagen verwischt sich seit 1789 vorübergehend Büschings Spur. Wir wissen, daß er in diesem Jahr Charlotte Leopoldine Elisabeth Müchler, die Tochter eines Berliner Professors, heiratete. In den neunziger Jahren ist

6 *Schulprogramme des Berlinisch-Köllnischen Gymnasiums,* 1772, S. 11, in: Stadtbibliothek Berlin, Sondersammlungen.

7 *Schulprogramme des Berlinisch-Köllnischen Gymnasiums,* 1774, S. 58, in: Stadtbibliothek Berlin, Sondersammlungen.

8 *Schulprogramme des Berlinisch-Köllnischen Gymnasiums,* 1776, S. 17, in: Stadtbibliothek Berlin, Sondersammlungen.

9 *Schulprogramme des Berlinisch-Köllnischen Gymnasiums,* 1779, S. 15, in: Stadtbibliothek Berlin, Sondersammlungen.

10 Zu ihnen zählte der später bekannte Altertumswissenschaftler Johann Gustav Gottlieb Büsching (1783–1829), vgl. hierzu Hans Jessen, *Johann Gustav Büsching,* in: *Schlesische Lebensbilder,* 2. Aufl., Bd. 4, Sigmaringen 1985, S. 288–301.

11 Zum Folgenden vgl. *Adress-Kalender der Königlich-Preußischen Haupt- und Residentz-Stadt Berlin, besonders die daselbst befindlichen hohen und niedern Collegien, Instanzien und Expeditionen; Allgemeiner Wohnungsanzeiger für Berlin; Handbuch über den preußischen Hof und Staat* (entsprechende Jahrgänge).

er zunächst Kriegsrat im Kreis Lebus-Beeskow-Storkow, danach (etwa seit 1797) bei der Litauischen Kriegs- und Domänenkammer in Gumbinnen beschäftigt. Das war eine derjenigen Verwaltungsbehörden, die in den zu Preußen gekommenen Teilen Polens neu etabliert worden waren und wo der berufliche Aufstieg wahrscheinlich schneller vonstatten gehen konnte als in Berlin selbst. 1797 hat Büsching in Gumbinnen den Posten eines zweiten Direktors inne. Doch türmten sich jetzt vor ihm große persönliche und familiäre Probleme auf. Schon nach elfjähriger Ehe starb Leopoldine Büsching im Jahre 1800. Eine kleine Tochter (Karoline) mußte versorgt werden. 1803 kehrte Büsching wieder nach Berlin zurück, aber nicht zur Kurmärkischen Kammer, sondern er ersuchte um eine Anstellung beim Kurmärkischen Departement des „General-Ober-Finantz-Kriegs- und Domainen-Directoriums", die er auch erhielt. Eigentlich hervorgegangen aus einer Finanzbehörde, war das wie die Kurmärkische Kammer im Berliner Schloß residierende Generaldirektorium faktisch die oberste preußische Verwaltungsbehörde, die sich mit Finanz- und Steuersachen, mit Domänenangelegenheiten, mit dem Kommunal- und Gewerbewesen und zum Teil auch mit Militärangelegenheiten zu befassen hatte.

Wie schon bei Gerlach und auch bei seinem Nachfolger Bärensprung, so führte auch bei Büsching der Weg ins höchste kommunalpolitische Amt über einen Posten in der höheren Verwaltung, was sich für die allgemeine Geschäftskenntnis und für die persönlichen Beziehungen der „Ersten Männer" stets als vorteilhaft erwies. Bereits ein Jahr später wurde Büsching 1804 Stadtpräsident und Polizeidirektor von Berlin und damit letzter „Dirigent" der städtischen Verwaltung vor der Einführung der Städteordnung. Ihm zur Seite standen vier sogenannte Justizbürgermeister (Wackenroder, Müller, Gerresheim und Köls) sowie 15 weitere Stadträte.

Nach der alten Stadtverfassung vor 1806 war Berlin faktisch eine von den oberen Regierungsbehörden beziehungsweise vom Landesherrn regierte und vom Magistrat lediglich verwaltete Stadt. Auch das „Rathäusliche Reglement" von 1747 hatte daran nichts geändert, obwohl die Beaufsichtigung von oben etwas eingeschränkt worden war. Nach wie vor erwiesen sich die staatlichen Vorschriften als sehr beengend. Die Bürgerschaft war von der politischen Mitwirkung ausgeschlossen. Es gab weder eine Stadtverordnetenversammlung, noch wurde die Bürgerschaft an der Wahl des zwanzigköpfigen Magistrats beteiligt. Soweit nicht die Regierungsbehörden (wie bei der Berufung des Stadtpräsidenten) ihren Einfluß geltend machten, wurden die neuen Magistratsmitglieder durch Ascension, das heißt durch Selbstergänzung, bestimmt. Die im Magistrat vertretenen Familien legten fest, wer neu in den Rat kam. Eine Besonderheit lag in der Personalunion von Stadtpräsident und Polizeidirektor. Dies war zum Teil dadurch bedingt, daß Bürger und Eximierte ein- und derselben städtischen Behörde unterstellt werden mußten. Da der Polizeidirektor jedoch dem Generaldirektorium und zum Teil dem König selbst verantwortlich war, hatte vor allem letzterer die Möglichkeit, auf polizeilichem Wege in die städtischen Belange einzugreifen. Insofern räumte die Verfassung Büsching zwar nicht unbeträchtliche Kompetenzen ein, aber seine Stellung war gleichzeitig auch kompliziert und heikel. Doch handelte es sich um einen gut dotierten Posten.[12] Trotzdem hatte Büsching seit seiner Rückkehr nach Berlin und dem Neuaufbau einer Existenz wirtschaftliche Sorgen. So bat er den König im Dezember 1805 um eine Zulage, weil ihn Schulden in Höhe von 1000 Talern drückten.[13]

In den Wirren von 1806 schlug sich der noch wenig erfahrene Büsching besser, als es ihm mancher zugetraut hatte. Während die preußischen Platzkommandanten und Regierungsbeauftragten für Berlin in den dramatischen Oktobertagen des Jahres 1806 durch Kopflosigkeit auffielen, hatte der bedächtige Büsching wenigstens Umsicht bewiesen und die Ruhe bewahrt. Als sich Napoleon der Stadt näherte, war er ihm bis Potsdam entgegengefahren, um die Schlüssel der Stadt zu überreichen, hatte ihm diese aber, nachdem der Kaiser die Entgegennahme zunächst abgelehnt hatte, erst anderentags in der Stadt selbst übergeben können.

Durch den Einmarsch der Franzosen 1806 war Büsching, wie viele preußische Beamte, in einen Konflikt zwischen Pflicht und Gewissen geraten. Die Franzosen waren bereit, den Beamtenapparat des Magistrats mit einigen strukturellen Veränderungen zu übernehmen, wenn dieser sich loyal zu ihnen und ihrer Kontributionspolitik stellte. Büsching entschied sich dafür, dieses Risiko einzugehen. Die Franzosen schafften formal den Magistrat ab und setzten als neue Verwaltungsbehörde für Berlin das *comité administratif* ein. Eingegliedert wurde der gesamte alte Magistrat, beigegeben wurden dem *comité* darüber hinaus einige höhere Beamte, wie Finanzrat Eichmann und der spätere Oberpräsident Johann August Sack. Büsching wurde „allgemeiner Leiter" dieser Einrichtung.[14] Unterstellt war er dem Intendanten für Berlin, Bignon. Als am 9. November die in Berlin verbliebenen preußischen Beamten auf die neue Macht verpflichtet wurden, mußte auch Büsching zusammen mit dem Magistrat im Berliner Schloß den Eid auf Napoleon leisten. Er hatte selbst den Text zunächst in deutscher Sprache vorzutragen, anschließend sprachen die Magistratsmitglieder die Formel nach: *Ich schwöre, die Gewalt, die mir von Sr. Majestät, dem Kaiser der Franzosen und König von Italien anvertraut ist, mit der größten Loyalität auszuüben und sie nicht anders als zur Erhaltung der Ordnung und der öffentlichen Ruhe anzuwenden, auch aus allen Kräften beizutragen, um die Maßregeln und Anordnungen, welche mir für den Dienst der französischen Armee vorgeschrieben werden, auszuführen und weder Briefwechsel noch irgend eine andere Art von Verbindung mit den Feinden derselben zu unterhalten.*[15]

Die nach Königsberg geflohene Regierung kritisierte die Vereidigung, weil sie ihrer Ansicht nach ein zu weitgehendes Zugeständnis der Berliner Beamtenschaft an die

12 Büsching verdiente 1809 als Stadtpräsident und Polizeidirektor einschließlich *Dienstnutzungen* 3458 Taler (BLHA, Rep. 2A, Reg. Potsdam I Kom., 3167, Bl. 71).

13 GStA, Abt. Merseburg, Rep. 96A, Geheimes Zivilkabinett, 15A, Bl. 7.

14 Paul Clauswitz, *Die Städteordnung von 1808,* Berlin 1908, S. 44.

15 Magnus Friedrich von Bassewitz, *Die Kurmark Brandenburg,* 3 Bde., Leipzig 1847–1860, hier Bd. 1, S. 110.

neuen Machthaber bedeutete. In der Hauptstadt herrschte dagegen die Meinung vor, daß dieser Schritt nach der militärischen Niederlage nicht zu umgehen war.
Die erste von Büsching im Einvernehmen mit den Franzosen durchgeführte Maßnahme war die Aufstellung einer Bürgerwehr, die *einen polizeilichen und einen militärischen Zweck* haben sollte,[16] das heißt notfalls auch gegen unbotmäßige französische Militärangehörige vorgehen durfte. Büsching sorgte dafür, daß bis Ende des Jahres 1806 eine Truppe von ca. 1200 Mann, vorwiegend aus Vertretern wohlhabenderer, zum Teil aber auch ärmerer Bevölkerungskreise, zusammenkam. Unterstellt war sie in militärischer Hinsicht dem Stadtkommandanten Hulin, in den anderen Belangen jedoch Büsching selbst. Überraschenderweise hatte die Aufstellung nicht soviel Sorgen bereitet, wie eigentlich zu vermuten gewesen wäre. Viele Berliner dürften die mit dem Eintritt verbundenen Kosten (durch Anschaffung der Uniform) deshalb nicht gescheut haben, weil sie sich durch die Mitgliedschaft auch Schutz und Sicherheit versprachen.
Die Finanzen waren das Problem, welches Büsching während seiner Tätigkeit im *comité administratif* ohne Unterbrechung beschäftigte. Für den Unterhalt der französischen Armee und für Kontributionen hatte Berlin von 1806 bis 1808 fast sieben Millionen Taler aufbringen müssen (wozu im gleichen Zeitraum noch Leistungen in Höhe von acht Millionen Talern für Einquartierungen kamen). Bei der angespannten wirtschaftlichen Lage waren Verbrauchssteuern zur Deckung der Verbindlichkeiten zunächst ein ungeeignetes Mittel. Als möglicher Ausweg zeigten sich allein die Aufnahme von Krediten der verschiedensten Art sowie Abgaben, die sich nur auf einen kleineren Kreis der Wohlhabenden beschränkten. Aber auch dies funktionierte kaum, scheiterte zum Teil an der fehlenden Bereitwilligkeit der Bessergestellten, zum Teil aber auch daran, daß die von den Franzosen gestellten Forderungen auch deren Zahlungsfähigkeit deutlich überstiegen. Die Besteuerung der Hauseigentümer beispielsweise, die auf 1,2 Millionen veranschlagt worden war, erbrachte lediglich etwas mehr als die Hälfte dieser Summe.[17] So mußten Büsching und das *comité* immer neue Verbindlichkeiten eingehen. Da auch die preußische Staatskasse zahlungsunfähig war, blieb nur der Weg, die Unterstützung von Geldinstituten in Anspruch zu nehmen, was mit dem Eingehen neuer drückender Verpflichtungen verbunden war. Ein Berg von Schulden, beim Abzug der Franzosen Ende 1808 rund fünf Millionen Taler, war die Folge.[18]
Büsching sah sich einerseits durch die Franzosen mit ihren finanziellen Forderungen ständig bedrängt, andererseits wurde es für ihn als Polizeidirektor zunehmend schwieriger, angesichts der wachsenden Notlage Ruhe und Ordnung unter der Zivilbevölkerung zu garantieren. Im Frühjahr 1808 ereigneten sich mehrfach Brotkrawalle, was die Franzosen vor allem ihm persönlich anlasteten. Büsching sah sich angesichts der wachsenden Schwierigkeiten genötigt, am 12. Mai 1808 seinen Rücktritt als Polizeidirektor

16 P. Clauswitz, *Die Städteordnung...* (wie Anm. 14), S. 46.
17 *A.a.O.*, S. 49.
18 Vgl. hierzu den Beitrag über Gerlach in diesem Band.

zu erklären, blieb aber als Stadtpräsident im Amt. Erst nach dem Abzug der Franzosen übernahm er auch wieder die Leitung der Berliner Polizei.[19]
Büsching blieb bis zur Wahl Gerlachs Stadtpräsident und Polizeidirektor. Auch er war kein Anhänger der Städteordnung.[20] Er hielt die mit der Selbstverwaltung auf die Stadt zukommenden Lasten für eine zu schwere Bürde und hätte, ähnlich wie Gerlach, ein verbessertes Städtereglement im alten Stil vorgezogen. Das hielt ihn wie eine Reihe der bisherigen Stadträte nicht davon ab, als Bürgermeister (mit 3100 Talern Gehalt) in den neuen Magistrat einzutreten. Es kann davon ausgegangen werden, daß bei Büsching sowie bei vielen älteren preußischen Beamten trotz ihrer Bedenken die Bereitschaft vorhanden war, der neuen Ordnung (auch aus Gründen des Broterwerbs) zu dienen oder diese zumindest als Geschäftsgrundlage zu akzeptieren. Auf die Zusammensetzung des neuen Magistrats hatte auch die Tatsache Einfluß, daß Gerlach einen Magistrat der Kontinuität bevorzugte, sich ihn aus politischen Gründen offenbar sogar wünschte.
Zwischen Büsching und Gerlach hat, soweit sich ersehen läßt, ein loyales und kollegiales Verhältnis bestanden. Jedenfalls ist aus den Jahren 1809 bis 1813 nichts über persönliche Mißhelligkeiten der beiden bekannt.[21] Dagegen ergaben sich im Zusammenhang mit der Frage, wer Gerlachs Nachfolger werden sollte, sofort Schwierigkeiten. Die Stadtverordnetenversammlung hatte Büsching bereits am 24. Juni 1813 zum neuen Oberbürgermeister gewählt. Er hatte sich gegen 21 weitere Kandidaten durchgesetzt. Bei der Abstimmung erzielte Büsching ein Stimmenverhältnis von 75 zu 9. Nach ihm kamen der Kaufmann Johann Paul Humbert (53 zu 30) und der damalige Polizeidirektor und spätere Präsident der Berliner Regierung Paul Ludwig Le Coq (49 zu 35).[22]
Über die Einsetzung Büschings entspann sich eine Auseinandersetzung zwischen den Berliner Behörden und der Regierung in Potsdam.[23] Während erstere mehrfach auf eine schnelle Bestätigung der Wahl drängten und auf die Verdienste Büschings, seinen Eifer und seine Einsatzbereitschaft während der französischen Besetzung hinwiesen, bemühte sich letztere, die Le Coq favorisierte, den Amtsantritt Büschings zu hintertreiben. Sie versuchte, die Stadtverordneten wegen angeblicher Formfehler bei der Wahl zu belangen beziehungsweise die Bestätigung der Wahl hinauszuzögern und möglichst zu verhindern. Angeblich habe es Büsching an den erforderlichen Fähigkeiten für den Oberbürgermeisterposten gemangelt.[24] Ihr Vorhaben scheiterte vor allem an der schar-

19 GStA, Abt. Merseburg, Rep. 72, Immediatkommission, 584, Bl. 2 f.
20 P. Clauswitz, *Die Städteordnung...* (wie Anm. 14), S. 97–104.
21 Vgl. etwa das in würdiger Form gehaltene Kondolenzschreiben Büschings an die Witwe Gerlachs, in: Landesarchiv Berlin, Außenstelle Breite Straße, (künftig zitiert: LA Berlin), Rep. 00-02/1, Nr. 1424, Bl. 7.
22 *A.a.O.*, Bl. 22 f.
23 BLHA, Rep. 2A, Reg. Potsdam I Kom., 3167, Bl. 229 ff.
24 GStA, Abt. Merseburg, 2.2.1, Geheimes Zivilkabinett, 14460, Bl. 2 f. (Immediatbericht der Regierung Potsdam vom 9. 7. 1813).

fen Zurückweisung durch den damaligen Departementschef und späteren Minister des Inneren Kaspar Friedrich von Schuckmann, der seinerseits dem von der Potsdamer Regierung bevorzugten Kandidaten ein wenig günstiges Zeugnis ausstellte. Zu oft, schrieb er mit offensichtlicher Bezugnahme auf Le Coq (ohne freilich dessen Namen zu nennen), würden *die öffentliche Meynung und der rühmlich aufgeregte Sinn für König und Vaterland gemißbraucht, um Mängel des Kopfes und Herzens mit pralerischem Schein zu bedecken.*[25] Nach mehrfacher Verschiebung wurde Büschings Wahl schließlich am 18. November 1813 bestätigt.[26] Ob das gespannte Verhältnis zwischen Büsching und der Potsdamer Regierung bestehenblieb, läßt sich nicht eindeutig sagen. Eine spätere negative Beurteilung seiner Amtstätigkeit durch den Potsdamer Oberpräsidenten August Friedrich Werner von Meding läßt den Verdacht zumindest aufkommen.[27]

In der 1813 beginnenden längeren Amtsperiode Büschings war die Entwicklung Berlins durch eine Reihe neuer Momente gekennzeichnet. Auf wirtschaftlich-technischem und sozialem Gebiet machte sich langsam eine Gesundung, später auch ein gewisser Aufschwung bemerkbar. Berlin wurde auch äußerlich attraktiver. Im Westen der Stadt, außerhalb des Mauerringes, waren Wohnviertel für das wohlhabendere Bürgertum im Entstehen. Die von Schinkel errichteten repräsentativen Bauwerke, wie das Schauspielhaus, das Alte Museum, die Neue Wache und die Friedrichwerdersche Kirche, bereicherten die Stadt architektonisch. Auch Neuerungen, wie eine moderne Beleuchtung oder eine verbesserte Straßenreinigung, führten zu einer positiven Veränderung des Stadtbildes.

Wie in Preußen, so begünstigten auch in Berlin die 1810 eingeführte Gewerbefreiheit und die Zollgesetzgebung von 1818 die Entstehung und das Wachstum vieler industrieller und anderer gewerblicher Unternehmen. In diesen Jahrzehnten liegen die Anfänge beziehungsweise der Aufschwung von Musterbetrieben und Pionierunternehmen, wie der Wollspinnerei Cockerill, der Maschinenbaufabrik Freund oder der Tonwarenfabrik Feilner.

Durch die allmähliche Entwicklung Berlins zur Industriestadt besserte sich auch die Finanzlage der Kommune. Gleichzeitig sahen sich die Stadtväter mit vielen neuen sozialen Problemen konfrontiert, wie es die schnelle Zunahme der Einwohnerzahl und die Versorgung einer relativ hohen Zahl von Armen waren.

Die andere Seite der Entwicklung bestand darin, daß Berlin nach Jahren des Aufschwungs der bürgerlich-patriotischen und adlig-reformerischen Bewegung durch die 1819 einsetzende Demagogenverfolgung einen Rückschlag erlitten hatte. Auch die 1810 gegründete Universität geriet nach einer kurzen geistigen Blüte unter das Zepter politischer Reglementierung. Allerdings kann dennoch für diese Zeit nicht von einer kulturellen Stagnation gesprochen werden. In den Salons einer Rahel Varnhagen oder

25 BLHA, Rep. 2A, Reg. Potsdam I Kom., 3167, Bl. 232.

26 LA Berlin, Rep. 00-02/1, Nr. 1424, Bl. 49; BLHA, Rep. 2A, Reg. Potsdam I Kom., 3167, Bl. 252.

27 Vgl. unten, S. 63.

Henriette Herz blühte das geistige Leben, und es gab Zirkel, wie die Mittwochsgesellschaft oder den Montagsclub, in denen trotz Demagogenverfolgung wenigstens über Literatur frei debattiert werden konnte.[28] Der Zeitchronist Adolf Streckfuß konstatierte einen *höchst eigenthümlichen Gegensatz* zwischen der *vollendeten Unfreiheit des geschriebenen Worts* und der ebenso unbeschränkten *Freiheit des Gesprochenen.*[29]

In der Kommunalpolitik waren nach längerer Zeit erstmals wieder die Bedingungen gegeben, um jenseits der unmittelbar drängenden Tagesprobleme auf eine längerfristige Gesundung der Stadt Berlin hinzuarbeiten. Das wichtigste Ergebnis der Amtsperiode Büschings[30] war eine Verbesserung der städtischen Finanzen. Durch die Neuordnung des preußischen Steuerwesens 1820 war festgelegt worden, daß die Stadt ihren Finanzbedarf vor allem aus der Haus- und Mietsteuer, aus Teilen der Mahl- und Schlacht- sowie der Braumalzsteuer und aus staatlichen Zuschüssen zur Armenkasse und solchen Posten, wie Straßenbeleuchtung und -reinigung, decken sollte.[31] Diese Regelung erwies sich für die Stadt als vorteilhaft, zumal sich die Steuereinnahmen im Laufe der Jahre verbesserten. 1817 lasteten auf der Stadt noch rund 4,2 Millionen Taler Schulden. Aber durch eine sparsame Haushaltsführung gelang es Büsching, das Defizit nicht weiter anwachsen zu lassen.[32] Das Haushaltsjahr 1819/1820 erbrachte für die Kämmereikasse beispielsweise einen Überschuß von knapp 10 000 Talern, das darauffolgende Jahr noch etwas mehr. Diese positive Entwicklung setzte sich fort.[33] Die Schuldensumme konnte bis zum Ende der Büschingschen Amtsperiode auf weniger als vier Millionen Taler reduziert werden.[34]

Auf dieser Grundlage konnte an die Erarbeitung eines Schuldentilgungsplanes gegangen werden, der 1829 verabschiedet wurde. Er sah vor, die städtischen Verpflichtungen

28 Aus der unübersehbaren Zahl der Titel sei stellvertretend für alle anderen auf die Veröffentlichungen von Kettig und Löschburg hingewiesen. Viele interessante Aspekte zur Personengeschichte bei Richard Knoblauch, *175 Jahre Knoblauchsches Haus. Aus Tagebüchern und Akten des Familienarchivs* (1–6), in: *Zeitschrift des Vereins für die Geschichte Berlins* 52 (1935), H. 2, S. 33–42 u. H. 3, S. 60–73; 53 (1936), H. 4, S. 122–130; 56 (1939), H. 1, S. 19–25; 58 (1941), H. 1, S. 7–10; 59 (1942), H. 1, S. 16–46. Über die Salons 1780–1830 zuletzt der Beitrag *Emanzipation durch Geselligkeit. Die Salons jüdischer Frauen in Berlin zwischen 1780 und 1830* von Petra Wilhelmy-Dollinger, in: Marianne Awerbuch/Stefi Jersch-Wenzel (Hrsg.), *Bild und Selbstbild der Juden Berlins zwischen Aufklärung und Romantik* (= Einzelveröffentlichungen der Historischen Kommission zu Berlin, Bd. 75), Berlin 1992, S. 121–138.

29 Adolf Streckfuß, *Berlin im neunzehnten Jahrhundert,* Bd. 2, Berlin 1867, S. 268.

30 Zur Quellenlage in bezug auf die Geschichte des Magistrats vgl. den Beitrag über Gerlach in diesem Band.

31 Vgl. hierzu Ilja Mieck, *Von der Reformzeit zur Revolution (1806–1847),* in: Wolfgang Ribbe (Hrsg.), *Geschichte Berlins,* Bd. 1 u. 2, 2. Aufl., München 1988, hier Bd. 1: *Von der Frühgeschichte zur Industrialisierung,* S. 407–599, hier S. 503 f.

32 Zum Folgenden: *Die Stadt-Verordneten zu Berlin an ihre Mitbürger über die Verwaltung ihrer Communalangelegenheiten 1817–1822,* Berlin 1822, S. 10 ff.

33 *Bericht über die Verwaltung der Stadt Berlin in den Jahren 1829–1840,* Berlin 1842, S. 35.

34 Genau auf 3 948 825 Taler; vgl. M. F. von Bassewitz, *Die Kurmark Brandenburg...* (wie Anm. 15), Bd. 2, S. 306.

bis 1861 abzutragen. Der Plan konnte später zwar nicht im vollen Umfang verwirklicht werden, trotzdem war durch den Büsching-Magistrat eine Trendwende auf dem Gebiet der städtischen Finanzen erreicht worden.
Einen ebenso hohen Stellenwert hatte für die städtischen Behörden die Sozialpolitik beziehungsweise die Armenfürsorge, die seit den zwanziger Jahren zum wichtigsten Ausgabeposten im Etat wurde und um 1830 ca. 20 Prozent der Mittel beanspruchte. Dies hing vor allem damit zusammen, daß in diesen Jahren die „normalen" sozialen Probleme einer sich herausbildenden Großstadt mit den sozialen Auswirkungen des einsetzenden Aufschwungs von Gewerbe und Industrie zusammentrafen. Neuere Forschungen zur Sozialgeschichte Berlins belegen diese Zusammenhänge im einzelnen.[35]
Die krassen sozialen Divergenzen sollen hier am Beispiel der Gehaltsunterschiede verdeutlicht werden. Während Büsching als Oberbürgermeister um 1830 ein Gehalt von 5500 Talern bezog, verdiente ein Magistratsdiener etwa zur gleichen Zeit 150 Taler, was noch nicht einmal an der untersten Grenze lag. Dabei ist zu berücksichtigen, daß etwa ein *Logis von 4 Stuben und Zubehör am Mühlendamm* – eine Wohnung von mittlerer Qualität – 1822 etwa 120 Taler kostete.[36]
Büsching besaß für das Armenwesen (also für die städtische Sozialpolitik) eine unmittelbare Verantwortung. Als Oberbürgermeister war er zugleich Direktor der Armendirektion beziehungsweise -deputation, in deren Händen seit langem die Armenfürsorge in Berlin lag. Dem anfangs etwa zwanzigköpfigen Gremium gehörten vor allem Verwaltungsfachleute sowie Vertreter des Gesundheitswesens und der Kirche an. Besondere Verdienste erwarb sich der Stadtrat und spätere langjährige Vorsitzende der Armendirektion, Heinrich Andreas de Cuvry. Prominente Mitglieder waren auch der Arzt Hufeland und der Theologe Schleiermacher. Der Armendirektion mit Büsching an der Spitze waren mehr als 50 Armenkommissionen unterstellt, die in den einzelnen Stadtbezirken wirkten. Die vom Staat gelenkte und im wesentlichen auch finanzierte Armenbehörde war seit 1. Januar 1820, entsprechend der Städteordnung, dem Magistrat unterstellt worden. Berlin erhielt zunächst weiter finanzielle Zuschüsse, mußte aber einen immer größeren Teil der Armenkosten tragen,[37] wie Büsching es bereits 1809 bei der Einführung der Städteordnung vorausgesehen hatte.
Die nunmehr in städtischer Regie befindliche, aber nach wie vor von staatlich-autoritärem Wohlfahrtsdenken geprägte Armenfürsorge litt nicht nur unter dauernder Fi-

35 Vgl. Arno Pokiser, *Zur Funktion der städtischen Armendirektion des Berliner Magistrats in der ersten Hälfte des 19. Jahrhunderts. Ein Beitrag zur Berliner Sozialgeschichte,* Phil. Diss., Berlin 1987; Arno Pokiser, *Die Städtische Armendirektion des Berliner Magistrats in der ersten Hälfte des 19. Jahrhunderts,* in: *Berliner Geschichte* 9 (1988), S. 34–45; für die vorangehende Zeit vgl. Helga Schultz, *Berlin 1650–1800. Sozialgeschichte einer Residenz,* Berlin 1987, S. 304 f.

36 Ernst Heilborn, *Zwischen zwei Revolutionen. Der Geist der Schinkelzeit (1789–1848),* Berlin 1927, S. 24.

37 Hatten diese Zuschüsse bis 1825 noch unter 50 000 Taler pro Jahr betragen, so näherten sie sich bis 1830 bereits der Grenze von 100 000 Talern, um danach noch weiter zu steigen (vgl. A. Pokiser, *Zur Funktion...* [wie Anm. 35], S. 125).

nanznot, sondern krankte auch an ständigem Personalmangel, was damals ein bei fast allen kommunalpolitischen Ehrenämtern verbreitetes Übel war. Dennoch handelte es sich um ein *breit gefächertes System von Unterstützungsleistungen*, welches an damaligen Maßstäben gemessen *gut funktionierte.*[38] Dazu zählten Almosen (Geldunterstützungen), medizinische Hilfe (Kuren, Krankenhausbehandlung, Medikamente), die Versorgung in Wohlfahrtseinrichtungen (Waisenhäuser usw.) sowie das Armenschulwesen.[39]

Neueren Berechnungen zufolge mußten zu dieser Zeit etwa 25 Prozent der Berliner Bevölkerung als arm eingestuft werden.[40] Wie sich aus den von Pokiser angeführten Zahlen ergibt, hat kaum mehr als der dritte Teil der als arm Eingestuften ständige Unterstützung erhalten.[41] Jeder, der Armenunterstützung erhielt, mußte bestimmte Kriterien erfüllen. Als bedürftig wurde von der Armendirektion derjenige angesehen, *welcher weder zureichendes Vermögen noch physische oder geistige Kräfte besitzt um sich und seinen nicht arbeitsfähigen Familienmitgliedern den zum Unterhalt durchaus nöthigen Bedarf an Nahrung, Kleidung, Obdach und Feuerung zu verschaffen.*[42]

Soweit sich erkennen läßt, hat sich Büsching (wie auch sein Stellvertreter und Nachfolger Bärensprung) Bestrebungen seitens der Stadtverordnetenversammlung widersetzt, die Armenfürsorge, nicht zuletzt aus finanziellen Gründen, weiter zu liberalisieren, das heißt einzuschränken. Dies zeigen die sich über einen längeren Zeitraum hinziehenden Auseinandersetzungen um die Einrichtung einer kommunalen Arbeitsbeschäftigungsanstalt, in der Arbeitslose unter Aufsicht gegen ein sehr geringes Entgelt beschäftigt werden sollten. *Es würde*, schrieb Büsching in einem seiner Ersuchen an die Bürgervertreter, *nach Meinung des Magistrats, nun noch eine unumgänglich nothwendige Einrichtung bei der hiesigen Armenpflege sein, darauf zu achten, daß solchen Leuten von allen Armenkommissionen ein Ort nachgewiesen werden könnte, in welchem sie, wenngleich nur für ein geringes Tagelohn, doch bestimmt Arbeit fänden, um das nöthige tägliche Brot selbst zu erwerben ...*[43] Das Projekt scheiterte am Widerstand der Stadtverordneten.

38 *A.a.O.*, S. 81 u. 137.

39 *Nachweisung der mit der hiesigen Stadt-Armenpflege unmittelbar beschäftigten Personen nebst Wohnungsanzeiger derselben. (Für das Jahr 1833)*, Berlin 1833, S. XII.

40 A. Pokiser, *Zur Funktion...* (wie Anm. 35), S. 34.

41 Dies ergibt sich aus der Zahl der Unterstützungsempfänger (1,7 % der Einwohner), wenn eine vier- bis fünfköpfige Familie zugrunde gelegt wird, vgl. hierzu A. Pokiser, *a.a.O.*, S. 36 f. Damit hatte die Zahl der Unterstützten gegenüber den neunziger Jahren des 18. Jahrhunderts nur leicht zugenommen, vgl. hierzu H. Schultz, *Berlin 1650–1800...* (wie Anm. 35), S. 311 sowie Tab. 317.

42 *Nachweisung...* (wie Anm. 39), S. IX.

43 LA Berlin, Außenstelle Breite Straße, Rep. 03, 819, Bl. 138 (Schreiben an die Stadtverordnetenversammlung vom 9. Mai 1831). Ein Versuchsprojekt, bei welchem Arbeitslose und entlassene Strafgefangene in einem Arbeitsbeschaffungsprojekt mit Holzeinschlag beschäftigt wurden, ist 1833 verwirklicht worden, *a.a.O.*, Bl. 145.

Büsching hat es, wie wir aus Berichten wissen, bisweilen an der Geradlinigkeit und Härte fehlen lassen, die seinen Vorgänger Gerlach ausgezeichnet hatten. Gegenüber der selbstbewußten Stadtverordnetenversammlung steuerte er einen Kurs der Vermittlung und des Ausgleichs.[44] Auch innerhalb des Magistratskollegiums zeigte er sich auf Harmonie bedacht. Seine Kritiker haben daraus den Vorwurf der Führungsschwäche abgeleitet. Wie bereits erwähnt, fällte Meding später ein außerordentlich kritisches Urteil über Büschings Amtsführung. Seine *Gutherzigkeit und Milde* hätten an *Indolenz und Apathie* gegrenzt. Die Verwaltung habe sich in *einer dem Stillstande ähnlichen Ruhe* befunden, *während bei der friedlichsten Eintracht im Schooß der städtischen Behörde fast nichts geschah.*[45] Ähnliche, wenn auch moderatere Urteile von anderer Seite[46] lassen vermuten, daß die Kritik im Kern berechtigt war, wenn wir auch letztlich zu wenig über seine Amtsführung wissen, um uns ein genaueres Bild machen zu können.

Dies gilt leider auch für die persönlichen und familiären Verhältnisse, so daß auch von hier aus nur wenig Rückschlüsse möglich sind. Wir wissen lediglich, daß Büsching nach dem frühen Tode seiner Frau ein zweites Mal geheiratet hat, das genaue Datum ist uns allerdings nicht bekannt. Anscheinend hat er in relativ bescheidenen materiellen Verhältnissen gelebt. Der Berliner „Adress-Kalender" verzeichnet ihn unter seinen verschiedenen Wohnanschriften (Kochstraße 21, Holzmarktstraße 5 und Kurstraße 53) lediglich als Mieter. Erst im letzten Jahr seines Lebens wurde er Eigentümer eines Sommersitzes im Tiergarten. Häufig, so in den Jahren 1821, 1824, 1826 und 1828, hielten ihn Krankheiten und Kuren für Wochen und Monate von den Amtsgeschäften ab.[47] So hatte sein „Zweiter Mann", der 18 Jahre jüngere, befähigte Bürgermeister Bärensprung, Gelegenheit, durchaus zum Wohle der Stadt selbständig zu schalten und zu walten. Dieser hatte sich beispielsweise in den langwierigen Verhandlungen mit der Oberbehörde und den Vertretern der angrenzenden Kreise Teltow und Niederbarnim über eine Neufestlegung des Berliner Weichbildes bewährt.[48]

Büsching war zweimal – 1820 und 1826 – von der Stadtverordnetenversammlung in seinem Amte bestätigt worden. Aber er war mehr und mehr in die Rolle eines Alterspräsidenten gelangt, dem seine vielen Ämter, unter anderem als Direktor der Armendeputation und als Gymnasiarch des Grauen Klosters, nicht mehr genügend Zeit für die Arbeit im Magistrat ließen und dem die drängenden Probleme der Kommune teilweise entglitten.[49] Dies zeigte sich zum Beispiel in der Reaktion des Magistrats auf die Sep-

44 A. Streckfuß, *Berlin...* (wie Anm. 29), S. 524.

45 BLHA, Rep. 1, Nr. 31, Bl. 81 v (Bericht Medings an das Ministerium für Inneres vom 28. Februar 1846, Entwurf).

46 GStA, Abt. Merseburg, Rep. 77, Ministerium des Innern, Tit. 240c, Nr. 9, Vol. I, Bl. 57 ff. (Bericht von Brenns an Friedrich Wilhelm III. vom 24. März 1834); Heinrich Eduard Kochhann, *Tagebücher*, T. 2, Berlin 1906, S. 12.

47 LA Berlin, Außenstelle Breite Straße, Rep. 00-02/1, 1424, Bl. 138, 147, 166; Rep. 03, 136, Bl. 5 ff.

48 Vgl. hierzu den Beitrag über Bärensprung in diesem Band.

49 H. E. Kochhann, *Tagebücher...* (wie Anm. 46), S. 11 f.

temberunruhen von 1830. Rebellierende Handwerksgesellen hatten mit der Forderung nach Freiheit und Gleichheit den Anfang gemacht. Sie waren unterstützt worden von jüngeren, beschäftigungslosen Arbeitern. Dem Magistrat bereitete weder die Rebellion noch das sofortige Einschreiten von Militär und Polizei besonderes Vergnügen. Wie die vom Magistrat am 18. September erlassene „Aufforderung an die Einwohner Berlins" zeigte, betrachteten die städtischen Behörden den Aufruhr in erster Linie als „Unfug" beziehungsweise als eine Störung der öffentlichen Ordnung und nicht als eine politisch beziehungsweise sozial begründete Aktion, das heißt, sie standen den eigentlichen Ursachen der Unruhen verständnislos gegenüber.[50]

Das einschneidendste Ereignis der letzten Amtsjahre Büschings, das auch dem Berliner Magistrat und der Armen-Direktion eine außerordentliche Belastung auferlegte, war die 1831 von Osten hereinbrechende Choleraepidemie. Es gab weder einen Impfschutz (der Erreger wurde erst Jahrzehnte später entdeckt) noch mit den damaligen Mitteln eine wirksame Quarantäne, so daß die Stadt der Seuche fast schutzlos ausgeliefert war. Mehr als 1400 Opfer, unter ihnen auch Georg Wilhelm Friedrich Hegel, waren schließlich zu beklagen.[51]

Büsching, nunmehr 70 Jahre alt, hatte unter den besonders schweren Bedingungen dieser Jahre sicherlich gefühlt, daß für ihn die Zeit gekommen war. Am 24. November 1831 kündigte er der Stadtverordnetenversammlung an, daß er seinen Posten Ende März des darauffolgenden Jahres aus gesundheitlichen Gründen niederlegen wolle.[52]

Zu diesem Zeitpunkt lief die dritte Amtsperiode ab, gleichzeitig bedeutete dieses Datum für Büsching sein 50jähriges Dienstjubiläum als preußischer Staats- beziehungsweise Kommunalbeamter. Der erbetene Abschied wurde vom König bewilligt, verbunden mit der Verleihung des Roten Adlerordens 2. Klasse. Von der Stadtverordnetenversammlung erhielt Büsching kurz vor seinem Ausscheiden als einer der ersten Berliner den Titel Stadtältester[53] zuerkannt, der laut Städteordnung (§ 156) verdienten Magistratsmitgliedern nach mindestens neunjähriger Tätigkeit „mit Ehren" verliehen werden konnte. Büsching hat noch etwas mehr als ein Jahr als Pensionär in Berlin gelebt, ehe er am 23. April 1833 dort verstarb.

In Anwesenheit vieler offizieller Vertreter der Berliner Behörden ist Büsching wenige Tage später beerdigt worden.[54] Ein Nachruf in der „Spenerschen Zeitung" sprach von *langjährige*[m] *und erfolgreiche*[m] *Wirken*, von *Herzensgüte und Leutseligkeit, die ihm die Achtung und Liebe sowohl seiner Mitarbeiter als seiner Untergebenen erwarben.*[55]

50 Zu den Adressen des Magistrats an die Bewohner Berlins und an König Friedrich Wilhelm III. vgl. A. Streckfuß, *Berlin...* (wie Anm. 29), S. 354 ff.; J. Mieck, *Von der Reformzeit...* (wie Anm. 31), S. 529.

51 *Spenersche Zeitung*, Nr. 18 vom 21. Januar 1832.

52 LA Berlin, Außenstelle Breite Straße, Rep. 00-02/1, 1424 (Protokoll vom 24. 11. 1831).

53 Gedenkbuch der Berliner Stadtältesten im LA Berlin, vgl. auch Ernst Kaeber, *Die Stadtältesten von Berlin*, in: *Mitteilungen des Vereins für die Geschichte Berlins* 42 (1925), H. 10–12, S. 105–110.

Die Bilanz der Amtszeit Büschings ist mehr im redlichen Bemühen um das Fortkommen der Kommune, in einer Summe kleinerer Schritte (zum Beispiel auf den Gebieten Finanzen, Schule, Verkehr) als in spektakulären Ergebnissen zu sehen und mit der Bezeichnung „stilles Wirken" nicht unzutreffend beschrieben worden.[56] Büsching erging es wie so manchem Sohn eines berühmten Vaters. Der Name half vielleicht, den eigenen Weg zu bahnen, aber er setzte gleichzeitig auch die Maßstäbe für das eigene Wirken. Wer nicht selbst ein Großer zu werden vermochte, der fiel um so schneller in die Namenlosigkeit zurück. Die Wissenschaftsgeschichte erinnert sich heute an Anton Friedrich und an Johann Gustav Gottlieb Büsching.[57] Aber der Oberbürgermeister Johann *Gottfried* Büsching ist in Vergessenheit geraten.

54 LA Berlin, Außenstelle Breite Straße, Rep. 00-02/1, 165. Das Grab Büschings konnte nicht ermittelt werden. Möglicherweise war er in der Familiengrabstätte Büsching beigesetzt worden, die sich früher auf dem Georgenfriedhof, Berlin, Landsberger Allee befand. Das zu dieser Begräbnisstätte ursprünglich gehörige, von Schadow geschaffene Grabmal befindet sich heute im Märkischen Museum Berlin.

55 *Spenersche Zeitung*, Nr. 99 vom 29. April 1833.

56 Vgl. Fritz Schmidt-Clausing, *Berlins „Regierende" seit 1809*, in: *Berliner Blätter* 10 (1960), Nr. 12, S. 37–39; 11 (1961), Nr. 1, S. 28–30; Nr. 2, S. 29–31; Nr. 3, S. 29–31; Nr. 4, S. 28–33; Nr. 5, S. 30–34; Nr. 7, S. 30–32.

57 Johann Gustav Gottlieb Büsching, der Halbbruder Johann Stefan Gottfrieds, heiratete dessen Tochter Karoline, vgl. E. Dennert, *Hindurch...* (wie Anm. 1), S. 36.

Friedrich Wilhelm Leopold von Bärensprung

von Gunther Hildebrandt

Unter den Berliner Oberbürgermeistern nach 1809 verkörperte Bärensprung als erster den Typ einer neuen Zeit. Zwar hatte auch er den Werdegang eines preußischen Staatsbeamten durchlaufen. Aber seine Aufgeschlossenheit für die Fragen moderner Stadtentwicklung, für Reformen in Gewerbe und Technik und sein Engagement für eine effiziente Kommunalverwaltung unterscheiden ihn von seinen beiden Vorgängern. Allerdings veranlassen menschliche Unzulänglichkeiten Bärensprungs – er galt nicht zu Unrecht als Diktator –, Abstriche an seiner Beurteilung vorzunehmen.

Über seine Herkunft konnten nur wenige Daten ermittelt werden.[1] Bärensprung wurde in Berlin geboren. Er entstammte einer preußischen Beamtenfamilie. Der Vater Johann Georg Wilhelm von Bärensprung (1741–1803) war Kriegs- und Domänenrat im Forstdepartement der Kurmärkischen Kammer, später wurde er dessen Leiter und – als Oberlandforstmeister und Oberfinanzrat – der oberste Forstbeamte, womit er einen nicht unbedeutenden Posten im Verwaltungsapparat der Provinz innehatte. Von der Mutter Bärensprungs ist nicht mehr als der Name bekannt – Flora Ernestina Juliana Christina geb. Mauve. Bärensprung hat zumindest einen Bruder gehabt; beide Söhne schlugen, wie die damaligen Handbücher ausweisen, die Laufbahn des Vaters ein.[2] Offenbar hat dieser sich bemüht (in einem Falle ist es nachweisbar[3]), durch Ausnutzung persönlicher Beziehungen seinen Kindern den Weg zu bahnen. Für Friedrich begann eine schulmäßige preußische Beamtenkarriere, die auf zeitentsprechende Weise vorbereitet worden war.

Friedrich von Bärensprung trat am 30. Juni 1793, also mit knapp 14 Jahren, in die Tertia des Grauen Klosters ein.[4] Im selben Jahr war Anton Friedrich Büsching, der Vater des Berliner Oberbürgermeisters Johann Gottfried Büsching, verstorben, unter dem

1 Zum Folgenden vgl. Preußische Staatshandbücher, Berliner Adreßkalender und Wohnungsanzeiger, entsprechende Jahrgänge; Ernst Kaeber, *Die Oberbürgermeister Berlins seit der Steinschen Städteordnung*, in: *Jahrbuch des Vereins für die Geschichte Berlins* 2 (1952), S. 53–114, bes. S. 59 ff.

2 *Das preußische Staatshandbuch*, Jg. 1805, S. 234 verzeichnet einen Assessor Bärensprung bei der Regierung in Erfurt, bei dem es sich um den jüngeren Bruder Friedrich Wilhelms gehandelt haben könnte (vgl. auch Anm. 3). Ein um einige Jahre älterer Bärensprung (später Regierungsrat in Frankfurt/O.) kann nicht zur Familie gehört haben.

3 Heinrich Friedrich Karl Freiherr vom Stein, *Briefe und amtliche Schriften*, bearb. von Erich Botzenhart, neu hrsg. von Walther Hubatsch, Bd. 1–4, Stuttgart 1957–1974, hier Bd. 1, S. 610, 612 (Briefe Steins an Sack vom 10. und 20. Dezember 1802). Die Bemühungen bezogen sich auf den ältesten Sohn des Forstmeisters (vgl. Bd. 1 der älteren Ausgabe, Berlin 1931, S. 407). Ob es sich dabei um Friedrich von Bärensprung handelte, ist unklar, obwohl dieser in Frage kommen könnte (Studienabschluß 1802). Gemeint sein könnte aber auch ein seit 1797 in Kammerdiensten stehender von Bärensprung (später Regierungsrat in Frankfurt/O.), der 1803 Mitglied eines *Landes-Collegii* wurde (BLHA, Rep. 1, 1572).

4 Stadtbibliothek Berlin, Sondersammlungen, Sammlungen des Grauen Klosters, Matrikel.

Friedrich Wilhelm Leopold von Bärensprung, * Berlin 20. 8. 1779, † Berlin 4. 7. 1841, Oberbürgermeister von Berlin 1832–1834

die Schule den Weg von einem verstaubten Klostergymnasium alter Prägung zu einer erneuerten Bildungseinrichtung mit verbessertem Unterrichtsangebot und modernen Fremdsprachen angetreten hatte.[5] Der junge Bärensprung hatte dennoch zunächst seine Schwierigkeiten.[6] Er war erst relativ spät ins Graue Kloster eingetreten. Außerdem lagen seine Interessen eindeutig auf naturwissenschaftlichem Gebiet. Zu Musischem und Schöngeistigem fand er schwerer Zugang.[7] Die von ihm später mitgegründete Gewerbeschule wäre ihm als Bildungsstätte vermutlich lieber gewesen als das renommierte Gymnasium zum Grauen Kloster. *Seine anfängliche Abneigung gegen Sprachstudien,* so war in seiner Abitur-Beurteilung (1800) zu lesen, *ließ ihn eine Zeitlang hinter seinen Mitschülern zurückbleiben; aber er hat in der letzten Zeit mit desto regerm und glücklicherem Eifer sich auch hierin nachgeholfen, ohne darum seine durch sichtbare Fortschritte belohnte Vorliebe für mathematische und physikalische Studien aufzugeben.*[8]
Ein nur zweijähriges juristisches Studium (1800–1802) in Erlangen und Göttingen schloß sich an. 1803 kam er nach Berlin zurück als Referendar bei der Kurmärkischen Kammer. Den Gepflogenheiten entsprechend wurde er nach Ablegung der zweiten Staatsprüfung 1804 oder 1805 Kammerassessor. In den Wirren der folgenden Jahre verlief die weitere Karriere[9] zunächst nicht ganz programmgemäß. Aber diese Zeit kam seinem Naturell zustatten. Bärensprung empfahl sich bald als ein Mann für besondere Aufgaben, der sich auf neue Probleme rasch einzustellen und sie mit Energie anzupakken verstand. Nominell zunächst noch der Kammer beziehungsweise der Potsdamer Provinzialregierung zugeordnet,[10] versah er seinen Dienst bald nur noch in den verschiedensten Kommissionen, die nach 1806 in Preußen für die unterschiedlichsten Zwecke gebildet wurden. Als Mitglied der sogenannten Lagerkommission[11] unter der Leitung von Magnus Friedrich von Bassewitz hatte er sich, entsprechend einem Befehl Napoleons, um die Errichtung von festen Lagern für die französischen Truppen in der Umgebung von Berlin zu kümmern. Bald zum Regierungsrat ernannt, kam er zur Gewerbesteuerdirektion. Auch in der Generalverpflegungskommission (unter von Klewitz) und in der Kriegsschuldenkommission für die Kurmark war Bärensprung tätig. Die Bearbeitung der Staatsschulden führte ihn mit Friedrich von Raumer zusammen, den er schon aus der Berliner Assessorenzeit gekannt haben muß und der später zu den Gästen im Hause Bärensprung gehörte.[12]

5 Vgl. Artikel über Johann Stephan Gottfried Büsching.
6 Vgl. Karl Friedrich von Klöden, *Von Berlin nach Berlin. Erinnerungen 1786–1824,* hrsg. von Rolf Weber, Berlin 1976, S. 479.
7 *A.a.O.*, S. 477 f.
8 Friedrich Gedike, *Beantwortung der Frage: Haben wir zu wenige oder zu viele Schulen* (= Schulprogramme des Berlinisch-Köllnischen Gymnasiums, 1800), Berlin 1800, S. 36.
9 Friedrich Wilhelm August Bratring, *Statistisch-topographische Beschreibung der gesamten Mark Brandenburg,* Bd. 1, Berlin 1904, S. IX; *Preußisches Staatshandbuch,* Jg. 1805, S. 64.
10 BLHA, Rep. 2A, Reg. Potsdam I, Kom., 3167, Bl. 142 v.
11 Magnus Friedrich von Bassewitz, *Die Kurmark Brandenburg,* Bd. 2, Leipzig 1847, S. 94 (vgl. dazu auch den Artikel über Gerlach, S. 42).

Bärensprung machte sich einen Namen als befähigter Beamter. Als in Potsdam, wie überall in Preußen nach Einführung der Städteordnung, die Wahl eines Stadtoberhauptes auf der Tagesordnung stand, war auch er im Gespräch. Angeblich schlug er den Posten deshalb aus, weil ihm keine Pensionsberechtigung zugestanden und die Amtszeit auf nur sechs Jahre begrenzt worden sei.[13]

1813 wirkte Bärensprung im Militärgouvernement in Berlin bei der Aufstellung von Freiwilligenverbänden mit.[14] Als Mann für besondere Aufgaben sollte er nach dem Einmarsch der vereinigten Heere in Frankreich als Direktorialrat in die Leitung des Generalgouvernements Mittelrhein unter J. von Gruner nach Trier gehen. Aber er lehnte diesen Posten aus gesundheitlichen Gründen ab.[15] Tatsache ist auch, daß Bärensprung damals offenbar um keinen Preis Berlin verlassen wollte – aus Gründen, die zum Teil persönlicher Art gewesen sein mögen. Sie hingen unter anderem mit den Verwicklungen zusammen, in die Bärensprung 1812/1813 geraten war. Es handelte sich um seinen Konflikt mit dem Protagonisten der preußischen Reformbewegung Christian Friedrich Scharnweber.[16] Anlaß, wenn wohl auch nicht die Ursache des Streites waren umstrittene Äußerungen Bärensprungs über die Verlobte Scharnwebers gewesen. Die Ausdehnung des Zerwürfnisses auf dienstliche Belange blieb nicht aus; beide dürften in der höheren Staatsverwaltung miteinander zu tun gehabt haben. Scharnweber, so Bärensprung, habe seine Pflichten vernachlässigt und sich bereichert. Schließlich habe er mit seiner Vertrauensstellung bei Hardenberg und seinem Einfluß auf die höchsten Staatsangelegenheiten geprahlt und dergleichen mehr.[17]

Daß Bärensprung den Reformer Scharnweber treffen wollte und der Streit somit einen politischen Hintergrund hatte, ist nicht anzunehmen. Er selbst war, schon seiner Persönlichkeitsstruktur nach, nicht zu den Reformern zu rechnen, hatte aber doch ein rationales Verhältnis zu dieser Bewegung. Das Anliegen, Preußen auf eine gesunde Grundlage zu stellen und die Administration in Ordnung zu bringen, fand in ihm einen Befürworter. Schließlich zählten Männer wie Friedrich von Raumer und Alexander von Humboldt zu seinem Bekanntenkreis.

Nach Hardenbergs Worten trug der Streit das *Gepräge einer durch Privatstreitigkeiten aufgeregten Leidenschaftlichkeit.*[18] Scharnweber nahm den Fehdehandschuh jedenfalls

12 GStA Abt. Merseburg, Rep. 74R, Justizministerium, XXVII, 3, Bl. 236, 257 v; vgl. auch Friedrich von Raumer, *Lebenserinnerungen und Briefwechsel,* T. 1, Leipzig 1861, S. 104; siehe S. fl.

13 LA Berlin, Außenstelle Breite Straße, Rep. 00-02/1, 1424, Bl. 140.

14 GStA Abt. Merseburg... (wie Anm. 12), Bl. 236.

15 H. F. K. vom Stein, *Briefe...* (wie Anm. 3), Bd. 4, Stuttgart 1963, S. 447, 462, 487, 493; GStA Abt. Merseburg... (wie Anm. 12), Bl. 234.

16 Christian Friedrich Scharnweber (1770–1822), preußischer Ministerialbeamter, führender Vertreter der preußischen Reformbewegung (besondere Verdienste um die Agrarreformen), Vertrauter Hardenbergs.

17 GStA Abt. Merseburg... (wie Anm. 12), Bl. 2 ff.; Ernst Klein, *Christian Friedrich Scharnweber,* in: *Wege und Forschungen der Agrargeschichte. Festschrift für G. Franz,* Frankfurt/M. 1967, S. 197–212.

18 GStA Abt. Merseburg... (wie Anm. 12), Bl. 54 (Hardenberg an Kircheisen vom 29. Juni 1812).

auf und forderte seinen Beleidiger auf Pistolen. Im Juni 1812 fand das Duell statt, über dessen näheren Hergang wir leider nicht unterrichtet sind. Offenbar ist die Fehde aber für Bärensprung und Scharnweber glimpflich ausgegangen. Allerdings hatte sie für beide ein gerichtliches Nachspiel. Nach kammergerichtlichen Ermittlungen wurde Bärensprung zu sechs und Scharnweber zu drei Monaten Festung verurteilt. Der König setzte die Bestätigung des Urteils zunächst aus,[19] um Bärensprung eine Möglichkeit der Bewährung zu geben. Er sollte im März 1813 als Regierungsrat zur Regierung nach Gumbinnen gehen. Bärensprung weigerte sich[20] und nahm sich sogar die Freiheit, in öffentlichen Anzeigen zu erklären, daß er nicht die Absicht habe, dem Befehl zur Versetzung zu folgen. Auch Oberpräsident Sack bezeichnete ihn als unabkömmlich. Nunmehr mußte Bärensprung seine Arreststrafe auf der Festung Pillau absitzen. Etwa Anfang November 1813 kehrte er nach Berlin zurück. Die Sache selbst hing Bärensprung weiter an, zumal er sich auch jetzt darauf versteifte, in Berlin zu bleiben. Auch der Landratsposten in der Nachbarschaft, der ihm nach der Rückkehr aus Pillau immerhin angeboten worden war,[21] konnte ihm den Weggang aus Berlin nicht schmackhaft machen. Bärensprung legte Wert auf eine Wiederanstellung in Berlin, um *öffentliche Genugtuung* für die Behandlung zu erlangen, die er durch mancherlei Mißverständnisse habe erdulden müssen.[22]

Der Affäre Scharnweber erinnerte man sich wieder bei seinem Eintritt in die Berliner Kommunalpolitik 1814. Bärensprung war rund sieben Monate nach seiner Rückkehr aus Pillau von der Stadtverordnetenversammlung am 23. Juni 1814 zum Bürgermeister gewählt worden. Von 92 Vertretern hatten 56 mit Ja gestimmt. Die beiden anderen Kandidaten, Stadtrat Dracke (39 zu 53) und Kriegsrat Bergmann (26 zu 66 Stimmen), erzielten ein deutlich schlechteres Ergebnis.[23] Die Wahl Bärensprungs war von Querelen und Auseinandersetzungen überschattet. Die alteingesessenen Stadträte wollten einen Mann aus den eigenen Reihen als Bürgermeister sehen. Ob der Grund dafür im behördlichen Korpsgeist oder aber darin zu suchen war, daß Bärensprung ein schlechter Ruf vorausging, wissen wir nicht. Frühzeitig formierte sich im Magistrat eine Fronde gegen ihn. Bärensprung sei, so wurde argumentiert, durch die Affäre Scharnweber und das gegen ihn verhängte Urteil diskreditiert. Auch verlange die Städteordnung in einem solchen Fall den Entzug des Bürgerrechts, wodurch die Wahl ohnehin erledigt sei. Was das letztere anbetraf, so legte das Gesetz freilich fest, daß ein Bürger nur, wenn er wegen eines Verbrechens zu Festung verurteilt worden sei, das Bürgerrecht verliere (§ 20). Und was das öffentliche Ansehen Bärensprungs anlangte,

19 *A.a.O.*, Bl. 249; E. Klein, *Christian Friedrich Scharnweber...* (wie Anm. 17), S. 210; LA Berlin, Außenstelle Breite Straße, Rep. 00-02/1, 1424, Bl. 113 f.

20 GStA Abt. Merseburg... (wie Anm. 12), Bl. 234.

21 *A.a.O.*, Bl. 240 v.

22 BLHA, Rep. 2A, Regierung Potsdam I, Kom., 3168, Bl. 23 f. (Bärensprung an die Regierung Potsdam vom 30. Juni 1814).

23 LA Berlin, Außenstelle Breite Straße, Rep. 00-02/1, 1424, Bl. 94 ff.

so hegten weder die Stadtverordnetenversammlung noch die Regierung Potsdam Bedenken.[24] Letzterer galt Bärensprung als ein *vorzüglicher Geschäftsmann.* Und auch der außerdem noch eingeschaltete Minister des Inneren, Friedrich von Schuckmann, hielt den verhängten Festungsarrest für zu unerheblich, um daraus Konsequenzen für die Bürgermeisterwahl Bärensprungs abzuleiten.[25] Letzterer wurde in seinem Amt bestätigt, aber die bei einigen Magistratsmitgliedern vorhandenen Bedenken waren, wie sich noch zeigen sollte, keinesfalls ausgeräumt.

Bärensprung war während der gesamten Amtszeit Büschings, also 18 Jahre lang, dessen „Zweiter Mann".[26] Der um 18 Jahre ältere Büsching hatte zwar ein fast unvergleichliches Maß an Erfahrungen in den verschiedensten Einrichtungen der preußischen und Berliner Verwaltung gesammelt. Aber an Auffassungsgabe, Entschlußkraft und Organisationstalent war ihm der auch für die Probleme der modernen Stadtentwicklung aufgeschlossenere Bärensprung weit überlegen. Das in den fast zwei Jahrzehnten Erreichte ist mindestens ebenso sehr das Verdienst Bärensprungs wie das des Stadtoberhaupts. Von Zerwürfnissen zwischen ihnen ist uns nichts bekannt. Dazu hat das unprätentiöse Auftreten Büschings sicherlich mehr beigetragen als das selbstsichere Agieren Bärensprungs. Mit einem sehr unterschiedlichen Temperament ausgestattet, haben sich die beiden gut ergänzt. Bärensprung konnte in den Jahren 1814–1832 weitgehend selbständig arbeiten, und zwar nicht nur, wenn er das Stadtoberhaupt vertreten mußte. Auch für Berlin hat die Bürgermeistertätigkeit Bärensprungs mehr erbracht als die beiden Jahre seines Wirkens als Oberbürgermeister, die durch einen Dauerstreit mit dem Magistrat gekennzeichnet waren.

Eines der Gebiete, die Büsching seinem jüngeren Kollegen gern überlassen hatte, waren die Verhandlungen über die Veränderungen des Weichbildes, das heißt des Geltungsbereichs der Jurisdiktion, mit den Vertretern der Oberbehörde und den Kreisen Teltow und Niederbarnim.[27] Der Magistrat hatte ein Gebiet zu verwalten, das weit über den ursprünglichen Stadtkern mit den Altstädten Berlin und Cölln hinausgewachsen war. Hinzugekommen waren nicht nur Friedrichswerder und Friedrich- sowie die Dorotheenstadt südlich und nördlich der Linden. Das Wachstum weiterer neuer Stadtteile und Vorstädte, wie der Friedrich-Wilhelm-Stadt und der Luisenstadt sowie der Spandauer, der Königs-, der Stralauer, der Rosenthaler und Oranienburger Vorstadt machten die Dynamik deutlich, mit der sich die territoriale Ausdehnung der Residenz veränderte.

24 BLHA, Rep. 2A, Reg. Potsdam I, Kom., 3168; LA Berlin, Außenstelle Breite Straße, Rep. 00-02/1, 1424, Bl. 112.

25 BLHA, Rep. 2A, Reg. Potsdam I, Kom., 3168, Bl. 34.

26 Zur Quellenlage vgl. den Artikel über Gerlach, S. 35 ff.

27 Vgl. dazu u. a. Ernst Kaeber, *Das Weichbild der Stadt Berlin seit der Steinschen Städteordnung,* in: *Forschungen zur Brandenburgischen und Preußischen Geschichte,* Bd. 40 (1927), S. 267–335, bes. S. 279 ff.

Das rasche Wachstum der Bevölkerung und das Aufblühen von Industrie und Gewerbe erforderten die Ausdehnung des Jurisdiktionsbezirks. Die Städteordnung hatte festgelegt, daß zwar auch die Vorstädte, nicht aber die sogenannten Feldmarken unter der Hoheit des Magistrats stehen sollten. Bärensprung hatte langwierige Verhandlungen zu führen, die durch unklare Rechtsverhältnisse und vielerlei Interessengegensätze erschwert wurden. Beispielsweise war die Stadt an der Einbeziehung solcher für sie wichtigen Gebiete im Westen, wie des Artillerieschießplatzes, der Fasanerie (später Zoologischer Garten) und des Botanischen Gartens, interessiert. Weniger attraktive Gebiete, wie der Wedding oder Moabit, sollten dagegen vorläufig selbständige Landgemeinden werden. Bis 1832 waren verschiedene Regulierungen vor allem auf dem rechten Spreeufer erreicht. Im Süden war die Ziehung einer klaren Stadtgrenze dagegen vorläufig noch nicht abgeschlossen.

Einen Namen machte sich Bärensprung vor allem als Förderer der 1824 in Berlin gegründeten Gewerbeschule.[28] Berlin hatte damals auf dem Felde der angewandten Wissenschaft eine Reihe von Lehrinstitutionen von naturwissenschaftlichem beziehungsweise technischem Charakter. Dazu gehörten mehrere militärische Einrichtungen, wie die Artillerie- und Ingenieurschule und die Akademie für die Ausbildung der Militärärzte sowie die Tierarzneischule und die Gärtner-Lehranstalt. Ehe Christian Peter Wilhelm Beuth das Gewerbe-Institut gründete,[29] war der technisch-gewerbliche Zweig (wenn man von der Bauakademie absieht) überhaupt nicht vertreten. Gerade aber diesem brachte Bärensprung, wie wir wissen, besonderes Interesse entgegen. Ihm schwebte eine mittlere Schule vor, die den gewachsenen Anforderungen an technisches Personal gerecht wurde. Mit dem achtunddreißigjährigen Berliner Karl Friedrich Klöden, dem wir übrigens auch die umfassendste Beurteilung Bärensprungs verdanken, war der richtige Mann für diese Schule gefunden.[30] Klöden, Sohn eines preußischen Unteroffiziers, hatte sich aus kleinsten Verhältnissen nach spätem Studium zum Leiter des Lehrerseminars in Potsdam hochgearbeitet und sich, ähnlich wie Bärensprung, häufig an den Verhältnissen gerieben. Vor allem aber war es ihm, wie Bärensprung, um eine neue Art von Schule gegangen, die sich durch ihr Lehrprogramm von den herkömmlichen Gymnasien klar unterschied. Um eine solche handelte es sich bei der Neugründung. Die Gewerbeschule verkörperte einen *neuen, bisher nicht vorhandenen Typ einer Unterrichtsanstalt in Preußen.*[31] Auf alte Sprachen wurde völlig verzichtet. Statt dessen waren die wichtigsten Unterrichtsfächer Mathematik, Naturwissenschaften, Zeichnen und neue Sprachen. Keineswegs ging es Bärensprung darum, bloß mit den überkommenen

28 K. F. von Klöden, *Von Berlin...* (wie Anm. 6), bes. S. 475 ff.

29 Vgl. Konrad Matschoss, *Der Einfluß der Technik auf die Entwicklung Berlins im ersten Jahrhundert der Preußischen Städteordnung,* Berlin 1909; ders., *Preußens Gewerbeförderung und ihre großen Männer. Dargestellt im Rahmen der Geschichte des Vereins zur Beförderung des Gewerbefleißes 1821–1921,* Berlin 1921.

30 Vgl. Einleitung von R. Weber zu K. F. von Klöden, *Von Berlin...* (wie Anm. 6).

31 *A.a.O.,* S. 22.

Traditionen des höheren Schulwesens in Preußen zu brechen. Auch verstand er die neue Schule nicht etwa als eine Förderanstalt für weniger Bemittelte, also als eine soziale Einrichtung.[32] Für ihn stand ausschließlich die Förderung des Gewerbes im Vordergrund.

Mit dem ansehnlichen Bürgermeistergehalt von 3500 Talern hatte sich Bärensprung auch eine familiäre Existenz aufbauen können. Er heiratete die um 16 Jahre jüngere Friederike Magdalene Hagemann (1795–1872), von der nur bekannt ist, daß sie eine überaus *sanfte Frau*, ein Mensch von *aufrichtiger Herzlichkeit*[33] gewesen sein soll. Wir wissen von zwei Kindern (Sophie und Felix).[34] Der Wohnsitz der Familie befand sich in der Oranienburger Straße 76 (Spandauer Vorstadt), wo Bärensprung auch Hauseigentümer war. Auf ihn traf das Wort, der damalige Berliner habe mit *sichere(r) Beharrlichkeit* am *einmal gewählten Wohnsitz* gehangen,[35] nicht zu. Später, in den dreißiger Jahren, zog er noch mehrmals um.[36] In der Oranienburger Straße, unmittelbar neben dem Schloß Monbijou, wohnte Bärensprung fast während seiner gesamten Zeit als Bürgermeister.[37]

Bärensprung unterhielt Beziehungen zu vielen Persönlichkeiten des öffentlichen Lebens im damaligen Berlin, wie dem Stadtrat Carl Knoblauch, dem Baumeister Carl Friedrich Zelter, Karl Friedrich Klöden und dem Stadtrat Wilhelm Keibel, und Wissenschaftlern, wie dem Staatsrat Friedrich von Raumer (einem Neffen Leopold von Gerlachs). Er gab Abendgesellschaften und nahm die Einladungen aus seinem großen Bekanntenkreis wahr. Der gesellige Umgang mit den meisten Stadträten gestaltete sich mit der Zeit allerdings immer schwieriger. Der Bürgermeister und spätere Oberbürgermeister Bärensprung war ein Mensch, an dem sich die Geister schieden und dessen widersprüchlicher Charakter auch zu widersprüchlichen Urteilen führte. Streckfuß, der mit ihm nicht auf gutem Fuße stand, meinte ihn zur *entschiedensten Richtung der conservativen Partei* zählen zu müssen,[38] ein Urteil, welches vielleicht auf seine Persönlichkeitsstruktur, nicht aber auf seine kommunalpolitischen Ziele und Absichten zutraf.

32 Vgl. dazu seine Haltung zum Problem der Kinderarbeit, Gerhard Krienke, *Der schulische Aspekt der Kinderarbeit in Berlin 1825–1848. Zur Sozial- und Schulgeschichte der preußischen Hauptstadt,* in: *Der Bär von Berlin* 18 (1969), S. 94–121, bes. S. 109 ff., bzw. zu den Armenschulen BLHA, Rep. 2A, Reg. Potsdam I, Kom., 3179.

33 K. F. von Klöden, *Von Berlin...* (wie Anm. 6), S. 477; Richard Knoblauch, *175 Jahre Knoblauchsches Haus. Aus Tagebüchern und Akten des Familienarchivs,* in: *Zeitschrift des Vereins für die Geschichte Berlins* 53 (1936), H. 4, S. 128.

34 Felix von Bärensprung (1822–1864), bekannter Mediziner, zunächst Arzt in Halle, seit 1853 an der Charité, 1856 Professor, Autor zahlreicher Publikationen zur Dermatologie.

35 Werner Fuchs-Hartmann, *Die Berliner Anekdote im 19. Jahrhundert,* Berlin 1931, S. 13.

36 Bärensprungs weitere Adressen waren (u. a.?): 1833 – Dorotheenstraße 16 (heute Clara-Zetkin-Straße), 1836 – Hinter der Katholischen Kirche 2 (Eigentümer), 1841 – Cantianstraße 5 (befand sich auf der heutigen Museumsinsel).

37 Etwa von 1812 bis 1831 (vgl. auch Anm. 60).

38 Adolf Streckfuß, *Berlin im neunzehnten Jahrhundert,* Bd. 1–4, Berlin 1867–1869, hier Bd. 2, S. 534; Streckfuß (1778–1844) war als Oberregierungsrat im Innenministerium mit den Streitigkeiten im Magistrat befaßt (vgl. S. fl unten).

Man könnte sich durchaus damit befreunden, Bärensprung als einen tatkräftigen *Verfechter des Gedankengutes der Reformzeit* zu sehen,[39] wenn man darunter nur die Modernisierung und Zweckmäßigkeit der Wirtschaft und Verwaltung verstehen würde. Wahr ist wohl, daß es Bärensprung oft schwerfiel, das für richtig Erkannte auf eine vernünftige und maßvolle Art und Weise durchzusetzen. *Ein ausgezeichnet klarer Kopf und heller Verstand. Wer ihn nur versteht, muß ihn achten, wenn man auch nicht überall mit seiner Art, eine Sache durchzubringen, einverstanden sein kann,* so formulierte es der damals mit Bärensprung verkehrende Karl Knoblauch.[40] Oft *wahrhaft großartig, zum Regieren geboren, voll seltener Eigenschaften, mit zwingender Kraft, aber darum, ein Despot,* schrieb der ihm zugetane, aber durchaus nicht unkritisch gegenüberstehende Klöden.[41]

Bärensprung genoß vor allem in der Öffentlichkeit als exzellenter Kenner der kommunalpolitischen Materie Ansehen. Aber unter denen, die mit ihm dienstlich zu tun hatten, in städtischen Behörden oder anderen Einrichtungen, gab es nicht wenige, die dem in der Sache meist souveränen Bärensprung manche menschliche Unzulänglichkeiten nicht verziehen. Aus zum Teil zweitrangigen Problemen entwickelten sich mit der Zeit lästige Querelen. 1820 entstand Streit zwischen dem Stadtrat Laspeyres und Bärensprung wegen angeblicher beleidigender Äußerungen des Bürgermeisters im Zusammenhang mit der Neuwahl eines Stadtrates. Auch Bärensprungs späterer ärgster Feind, der Syndikus Ludwig Wilhelm Rehfeldt, war in die Sache verwickelt. Eine Klage Bärensprungs führte zu keinem Ergebnis, weil die Vorgänge nicht geklärt werden konnten.[42]

Neue Schwierigkeiten ergaben sich für Bärensprung, als in der Stadtverordnetenversammlung im selben Jahr die Frage nach der Amtszeit des Bürgermeisters aufgeworfen wurde. Die Städteordnung hatte für alle *gelehrten Stadträte* – und als solcher galt der Bürgermeister – eine zwölfjährige Amtsperiode festgelegt (§§ 144, 146). Dagegen war in der Stadtverordnetenversammlung verlangt worden, diese, wie beim Oberbürgermeister, auf sechs Jahre zu begrenzen.[43] Das zur Schlichtung angerufene Ministerium des Inneren bestätigte die Festlegung der Städteordnung,[44] so daß die Neuwahl erst 1826 fällig wurde und auch erfolgte.[45]

Ein Beispiel für Bärensprungs manchmal nicht feine Art im Umgang mit anderen Amtspersonen gab sein Konflikt mit dem Direktor des Grauen Klosters, Gustav Sa-

39 Konrad Kettig, *Gemeinsinn und Mitverantwortung. Beiträge zur Geschichte der Berliner Stadtverordnetenversammlung, zugleich eine Würdigung des Stadtverordnetenvorstehers Heinrich Kochhann,* in: *Der Bär von Berlin* 12 (1963), S. 7–27, bes. S. 8.

40 R. Knoblauch, *175 Jahre...* (wie Anm. 33), S. 128.

41 K. F. von Klöden, *Von Berlin...* (wie Anm. 6), S. 480.

42 LA Berlin, Außenstelle Breite Straße, Rep. 01-02, 1437, Bl. 1 f.

43 *A.a.O.*, Rep. 00-02/1, 1424, Bl. 139.

44 *A.a.O.*, Bl. 146.

45 Bärensprung wurde am 29. Juni 1826 mit klarem Vorsprung vor de Cuvry und Dracke gewählt (*ebda.*, Rep. 00-02/1, 1424, Bl. 160 ff.).

muel Köpke, im Jahre 1829. Nach einer Besichtigung durch Bärensprung am 12. September beschwerte sich Köpke beim Brandenburger Schul-Collegium, Bärensprung habe, weil ihm einiges nicht gefiel, sich *kränkende Äußerungen* und *Beleidigungen* gegen den Direktor und verschiedene Lehrer erlaubt. Die Rede war sogar von einem *Excess* Bärensprungs. Der verhältnismäßig harmlose Vorfall konnte später beigelegt werden.[46]

Bärensprung gehörte, vorsichtig formuliert, nicht zu denen, die alles daran setzten, Konflikten aus dem Wege zu gehen. Aber er brach den Streit auch nicht vom Zaun, gerechterweise muß gesagt werden, daß es immer oder doch meistens eine sachliche Veranlassung ab. Als Büsching Ende 1831 seinen Rücktritt ankündigte, gab es trotz alledem zumindest in der Berliner Stadtverordnetenversammlung nur eine Minderheit, die sich einen anderen Nachfolger als Bärensprung hätte vorstellen können, denn er war lange Jahre *die Seele des Magistrats* gewesen und hatte sich von allen Magistratsmitgliedern die umfassendste Geschäftskenntnis angeeignet.[47] Die Wahlen am 12. Dezember brachten Bärensprung den erwarteten Erfolg. Insgesamt hatten sich 18 Kandidaten beworben. Am Ende lag Bärensprung (67 Ja- und 21 Nein-Stimmen) vor dem Stadtrat de Cuvry und dem Stadtverordnetenvorsteher Johann Friedrich Desselmann (je 51 Ja-Stimmen).[48] Den Gepflogenheiten entsprechend erhielt der Wahlsieger auch die königliche Bestätigung.

Im Magistrat trat nunmehr eine neue Situation ein. Bärensprung war nicht der Mann, das liberale Regiment Büschings beizubehalten. In dem Bestreben, *die von seinem Vorgänger völlig aufgegebene Direktorialgewalt wieder geltend zu machen*[49] und den Magistrat in ein straff geführtes und ihm zur Hand gehendes Gremium zu verwandeln, verstrickte sich der neue Oberbürgermeister in einen permanenten Konflikt. Streit wurde zur Dauererscheinung, und Sachfragen traten demgegenüber in den Hintergrund. Man könnte auch sagen: Gegenstände von vergleichsweise geringer Bedeutung führten zu härtesten machtpolitischen Kraftproben innerhalb des Magistrats.

Zunächst geriet Bärensprung mit dem Syndikus Rehfeldt wegen der Armenfrage aneinander. Dieser hatte zusammen mit dem Finanzrat Seyffert 1832/1833 eine Denkschrift zum Armenwesen erarbeitet, in der die finanziellen Aufwendungen der Stadt auf dem Gebiet der Armenfürsorge in den letzten Jahrzehnten zusammengestellt worden waren.[50] Rehfeldt kam zu dem Ergebnis, daß der Staat seinen Verpflichtungen auf diesem Sektor immer weniger nachgekommen sei und sich deshalb in finanzieller Schuld

46 BLHA, Rep. 2A, Reg. Potsdam I, Kom., 3173, Bl. 1 ff.

47 K. F. von Klöden, *Von Berlin...* (wie Anm. 6), S. 476.

48 E. Kaeber, *Die Oberbürgermeister...* (wie Anm. 1), S. 61 f.; R. Knoblauch, *175 Jahre...* (wie Anm. 33), (1939), S. 22; GStA Abt. Merseburg, Rep. 77, Ministerium des Innern, Tit. 240c, Nr. 9, Bl. 18.

49 BLHA, Rep. 1, 31, Bl. 82 (Denkschrift Medings vom 28. Februar 1846, vgl. Artikel über Büsching, Anm. 45).

50 *Ueber den Ursprung des Armenwesens zu Berlin und die neuerdings eingetretenen Veränderungen in dessen Verwaltungs-Behörde,* Berlin 1833.

der Stadt Berlin befinde. Er müsse, wie vor 1820, auch *fernerhin subsidiarisch die Kosten der hiesigen Armenpflege übernehmen.*[51] Für die Ausfälle an finanziellen Leistungen in den letzten beiden Jahrzehnten seien der Stadt Berlin etwa 1,5 Millionen Taler nachzuzahlen.[52] Die Denkschrift war ursprünglich offenbar nicht zur Veröffentlichung gedacht, wurde aber – auf wessen Veranlassung, war nicht mehr feststellbar – in mehreren Hundert Exemplaren gedruckt und verbreitet. Auch an den König und die Ministerien wurden Exemplare verschickt. Dies alles geschah während einer längeren Abwesenheit Bärensprungs im Sommer 1833,[53] zum Teil ohne sein Einverständnis. Der Inhalt der Denkschrift und das Fehlen der Unterschrift des Oberbürgermeisters erregten bei den höchsten Stellen Mißfallen. Sie gaben zu mehreren Kabinettsorders und zur Entsendung eines Regierungskommissars Veranlassung, weil die Zerwürfnisse innerhalb des Magistrats sehr bald als der wichtigste Aspekt der Angelegenheit erkannt wurden.[54]

Nach Bärensprungs Rückkehr gab es lange und unerquickliche Auseinandersetzungen im Magistrat über die näheren Umstände der Verbreitung der Denkschrift über das Armenwesen, die immer mehr von der Sache weg zu einer Polarisierung zwischen Bärensprung und der Mehrheit des Magistrats führten. Bürokratische Anweisungen des Chefs über die Führung von Protokoll- und Abstimmungsbüchern taten ihr übriges, um verschiedene Magistratsmitglieder gegen ihn aufzubringen. Bald begannen beide Seiten, lange Memoranden auszutauschen. Einer der Hauptgegner Bärensprungs, der Syndikus Moewes, schrieb jenem am 27. August 1833, es sei ihm und allen übrigen Magistratsmitgliedern unangenehm, *über das, was recht oder unrecht, wahr oder nicht wahr ist, mit dem Herrn Vorsitzenden streiten zu müssen und zu Schreibereien gezwungen zu werden, die für die städtische Verwaltung keinen effectiven Nutzen haben.*[55] Dennoch gingen die Debatten über die näheren Umstände der Armen-Denkschrift weiter, ohne daß sie einen nennenswerten Einfluß auf die fernere Entwicklung der Armenpflege selbst gehabt hätten. Sie verbanden sich bald mit der ebenso quälenden Auseinandersetzung über die Servis-Angelegenheit. Auch diese mündete in kürzester Frist in eine Machtprobe innerhalb des Magistrats.

Der Servisbereich, das Einquartierungswesen, war ein wichtiger Geschäftszweig, der seit 1817 in der Hand der Kommunalbehörde lag. Die städtische Servisdeputation hatte sich vor allem um die Erhebung der Servissteuer und die Verrechnung und Vergütung der Einquartierung zu kümmern. Das Problem, an dem sich der Streit entzündete, war von relativ untergeordneter Bedeutung. Es betraf die Abschaffung der sogenannten zweischläfrigen Bettstellen, das heißt der Belegung eines Quartiers mit

51 Zur Armenfürsorge in Berlin vgl. Artikel über Büsching, S. ff.
52 *Ueber den Ursprung...* (wie Anm. 50), S. 13 f.
53 Bärensprung weilte zur Kur in Marienbad.
54 Im einzelnen bei Paul Clauswitz, *Die Städteordnung von 1808 und die Stadt Berlin,* Berlin 1908, S. 152 ff.
55 LA Berlin, Außenstelle Breite Straße, Rep. 01-02, 1394, Bl. 6 ff.

zwei Soldaten. Dabei handelte es sich zwar um eine soldatenfreundliche Maßnahme, die allerdings am Ende auf eine Erhöhung der Quartierzahl und damit auf eine Mehrbelastung der Berliner Bevölkerung hinauslief. Im Magistrat bestand grundsätzliche Übereinstimmung, daß eine solche Maßnahme angestrebt werden sollte. Während die Mehrheit der Stadträte eine solch unpopuläre Entscheidung nicht ohne Zustimmung der Stadtverordneten treffen wollte, ordnete Bärensprung als Vorsitzender der Servisdeputation im Alleingang den sofortigen Vollzug an. Wiederum kündigte sich ein Eklat an. Die Mehrheit des Magistrats reagierte mit einem überzogenen Schritt. Sie setzte Bärensprung während seiner Abwesenheit im Sommer 1833 als Vorsitzenden der Serviskommission ab und verfügte, daß Bürgermeister Rehfeldt an seine Stelle treten solle. Zwar mußte die Entscheidung auf höheren Befehl wieder rückgängig gemacht werden, aber auch der mit der Schlichtung beauftragte Ministerialdirektor Köhler vermochte die Wogen nicht mehr zu glätten.

Wie schon im Falle der Denkschrift über die Armenfürsorge, so verliefen auch die weiteren Debatten über das Servisproblem ohne jeglichen Gewinn in der Sache. Diskutiert wurde fast ausschließlich noch über Geschäftsordnungsfragen. Die Atmosphäre im Magistrat und in verschiedenen Deputationen wurde immer unerträglicher. Sitzungen wurden abgebrochen oder standen kurz vor dem Abbruch. Die Streitereien gingen bis an die Grenze der körperlichen Nötigung. Auf der Sitzung der Servisdeputation am 24. Januar 1834 habe Bärensprung, so behauptete Rehfeldt beispielsweise in einer Beschwerde an die Regierung in Potsdam, das Verlesen eines Dokumentes verhindern wollen: *Indem er mit seiner Linken den fest gehaltenen Arm des Moewes gewaltsam zurückzog, entriß er mit seiner rechten Hand die Piece.*[56] Anfangs hatte Bärensprung bei heiklen Abstimmungen im Magistrat noch ein kleines Häuflein von Getreuen hinter sich. Im September 1833 beispielsweise sind es noch die Stadträte Keibel, Mendelssohn-Bartholdy, Jordan und Loesecke.[57] Später sonderte sich zumindest in den Kollegiumssitzungen kaum noch einer von der von Rehfeldt, Moewes, Hedemann und de Cuvry geführten Fronde ab.[58]

Regierung und Ministerium hatten anfangs zu erkennen gegeben, daß sie sich mehr auf der Seite des Magistrats als auf der Seite Bärensprungs sähen. Dies hat sich später geändert. Es ist festzustellen, daß dieser seit Herbst 1833 prinzipielle Rückendeckung durch die Potsdamer und die Berliner Oberbehörden und vor allem durch den König

56 BLHA, Rep. 2A, Reg. Potsdam I, Kom., 3179, o. P.

57 So beispielsweise bei einer Grundsatzabstimmung im Magistrat, wo es um die Absetzung Bärensprungs als Vorsitzender der Servisdeputation gegangen war, *a.a.O.*, 3174, Bl. 27 f. Carl Wilhelm Heinrich Keibel (1792–1860), Kaufmann und Fabrikant, seit 1820 unbesoldeter Stadtrat. Abraham Mendelssohn-Bartholdy (gest. 1835), Bankier, seit 1826 unbesoldeter Stadtrat. Paul Heinrich Adolph Jordan (1797–1863), Rentier, seit 1831 unbesoldeter Stadtrat.

58 Ludwig Wilhelm Rehfeldt (geb. 1780), seit 1809 besoldeter Stadtrat, 1814 Syndikus, 1832 Bürgermeister; Heinrich Philipp August Hedemann (1800–1872), seit 1832 besoldeter Stadtrat, 1834 Syndikus, 1860 Bürgermeister; Heinrich Andreas de Cuvry (1785–1869), seit 1814 besoldeter Stadtrat, langjähriges Mitglied (später Vorsitzender) des Armen-Direktoriums.

besaß.[59] Daran ist die Behauptung geknüpft worden, daß Bärensprungs angebliche Beziehungen zu hochkonservativen Hofkreisen um den Schwager Friedrich Wilhelms III., den Großherzog Karl von Mecklenburg, hierfür ausschlaggebend gewesen seien. Anzeichen hierfür gibt es,[60] aber ein hieb- und stichfester Beweis kann nicht erbracht werden. Mit großer Wahrscheinlichkeit ist davon auszugehen, daß Bärensprung den *Garnison-Repräsentanten* Oberst von Bötticher in die Servisangelegenheit einschaltete. Von Bötticher liefen die Informationen nachweislich über Karl von Mecklenburg zum König.[61] Am Hofe sowie im Ministerium des Inneren und auch bei der Potsdamer Regierung wurde der Streit zwischen Bärensprung und dem Magistrat spätestens seit Herbst 1833 als Insubordination der städtischen Behörde gegenüber einem Oberbürgermeister gewertet, der *seine Präsidial-Befugnisse streng und wohl oft hart, wenngleich in der Regel mit materiellem Recht geltend gemacht hat.*[62]

Der Wirbel im Magistrat ist damals in ganz Berlin mit großer Aufmerksamkeit verfolgt worden.[63] Im ganzen gewinnt man den Eindruck, daß die Meinungen allgemein geteilt waren und meistenteils der nicht unrichtige Eindruck herrschte, daß Bärensprung in vielem recht habe, aber seine Sache schlecht vertrete.[64] Der Bezirksvorsteher des Stimmbezirks Charlottenstraße, Schroeder, veranstaltete Ende Februar/Anfang März 1834 eine Unterschriftensammlung zugunsten Bärensprungs. Der Magistrat nahm dies zum Anlaß, ihn zu *inquiriren* und wegen Amtsmißbrauchs zu tadeln. Die Stadtverordnetenversammlung schloß sich dem an.[65]

Trotz der Unterstützung, die Bärensprung von außerhalb erhielt, sah er sich seit Anfang 1834 nicht mehr in der Lage, sein Amt weiterzuführen. Bereits im Januar nahm er mit den drei Vertretern der Stadtverordnetenversammlung, Johann Friedrich Possin, Carl Anton Denant und Clemens Carl Klenze, Verhandlungen über die Rücktrittsmodalitäten auf. Ende Januar wurde Einigung erzielt. Die Pensionsansprüche sollten großzügig geregelt werden. Seine Dienstbezüge sollte Bärensprung, auch bei eventuell früherem Ausscheiden, noch bis zum Ende des 2. Quartals 1834 erhalten.[66]

59 Vgl. GStA Abt. Merseburg, 2.2.1, Geheimes Zivilkabinett, 14478. Rep. 77, Ministerium des Innern, Tit. 240c, Nr. 9, Bl. 57 ff. Eine Ausnahme machte beispielsweise A. Streckfuß, *Berlin...* (wie Anm. 38), S. 530 ff., siehe auch Anm. 38 oben.

60 Bärensprung wohnte lange Jahre in unmittelbarer Nachbarschaft Karls, so in der Oranienburger und der Cantianstraße (siehe Anm. 36 u. 37).

61 Aufschlußreich u. a. das Schreiben Karls an Bötticher vom 6. 10. 1833 (BLHA, Rep. 2A, Reg. Potsdam I, Kom., 3174, Bl. 113 ff.). Ferner LAB, Außenstelle Breite Straße, Rep. 00-02/1, 165. Karl Friedrich August, Herzog von Mecklenburg (1785–1837), Halbbruder der Königin Luise; preußischer General, Kommandeur des Gardekorps; 1827 Präsident des Staatsrates, Ultrakonservativer.

62 GStA Abt. Merseburg, Rep. 77, Ministerium des Innern, Tit. 240c, Nr. 9, Vol. I, Bl. 62 (von Brenn an Friedrich Wilhelm III. vom 24. März 1834, Konzept).

63 A. Streckfuß, *Berlin...* (wie Anm. 38), S. 534.

64 R. Knoblauch, *175 Jahre...* (wie Anm. 33), in: *Zeitschrift des Vereins für die Geschichte Berlins* 56 (1939), H. 1, S. 24.

65 LAB, Außenstelle Breite Straße, Rep. 00-02/1, 198, o. P.; BLHA, Rep. 2A, Reg. Potsdam I, Kom., 3181, Bl. 44 f.

Daraufhin richtete er am 3. Februar sein Entlassungsgesuch an den König. Bärensprung berief sich darauf, daß gesundheitliche Gründe ihm die Fortführung seines Amtes nicht erlaubten, aber er unterließ jeden Hinweis auf die Konflikte innerhalb des Magistrats, die dem König gut bekannt waren.[67] Friedrich Wilhelm III. genehmigte den Antrag, ersuchte Bärensprung jedoch, solange im Amt zu bleiben, bis ein Nachfolger gefunden sei. Der König und die Minister ließen Bärensprung nur ungern gehen, schätzten sie ihn doch als Verwaltungsfachmann wie auch als Verfechter eines autoritären Führungsstils. Die Konflikte innerhalb des Berliner Magistrats hatten im Ministerium und am Hofe zu der Meinung geführt, daß in den Verwaltungsorganen der Hauptstadt Ordnung geschaffen werden müsse. Die Segnungen der revidierten Städteordnung von 1831, nämlich Stärkung der obrigkeitlichen Gewalt, sollten nunmehr auch auf Berlin ausgedehnt werden. Als Mittel hierzu war ein neues Geschäftsreglement vorgesehen, an dem seit Ende 1833 zügig gearbeitet und welches bis Sommer 1834 fertiggestellt wurde. Allerdings war das Ministerium jetzt zu der Auffassung gekommen, daß ein Bärensprung im Amte der Austreibung der *Anarchie* nur noch hinderlich sein konnte.[68]

Bärensprung war, nachdem die Entscheidung gefallen war, bemüht, seinen Abgang nicht mehr allzusehr zu verzögern. Er ersuchte deshalb den König, einen *commissarius* mit der Wahrnehmung der Amtspflichten zu betrauen, wenn die sofortige Neuwahl auf Schwierigkeiten stoßen würde.[69] In diesen Vorschlag wurde eingewilligt. Da der hierfür ausersehene Potsdamer Regierungsrat Sellenthin jedoch zunächst verhindert war, mußte Bärensprung noch bis September 1834 amtieren.

Mit knapper Not entging er der Pflicht, den Magistrat mit dem neuen Geschäftsreglement vom 14. Juli vertraut machen zu müssen.[70] Es war mit ziemlicher Sicherheit vorauszusehen gewesen, daß durch diese Verordnung alte Wunden wieder aufbrechen würden.

War der Oberbürgermeister vordem *der Erste unter Gleichen,*[71] so wurde er jetzt nachdrücklich als *Dirigent* und unmittelbarer Vorgesetzter *der Mitglieder des Collegii und seiner Unterbeamten* sowie *sämmtlicher übrigen Communalbeamten* (§§ 2 u. 18) bestätigt. Er leitete den Geschäftsgang und verteilte die Aufgaben, er war für *Ordnung, Anstand und Würde in den Versammlungen* verantwortlich. Als disziplinarischer Vorgesetzter der gesamten städtischen Verwaltung hatte er dafür zu sorgen, daß alle

66 Bärensprung sollte eine Pension von 3000 Talern erhalten. Im Falle seines Ablebens sollte seine Frau 400 Taler erhalten. Ebensoviel war für die Kinder (bis zur Volljährigkeit) im Falle der Vollwaisenschaft vorgesehen (LAB, Außenstelle Breite Straße, Rep. 00-02/1, 198, Prot. vom 30. Januar 1834; BLHA, Rep. 2A, Reg. Potsdam I, Kom., 3181, Bl. 11 f.).

67 *Ebda.,* Bl. 13.

68 GStA Abt. Merseburg, Rep. 77, Ministerium des Innern, Tit. 240c, Nr. 9, Bl. 62 v.

69 BLHA, Rep. 2A, Reg. Potsdam I, Kom., 3181, Bl. 51 f.

70 Regulativ über das Geschäftsverfahren für den Magistrat in Berlin (vom 14. Juli 1834) – LAB, Außenstelle Breite Straße, Rep. 01-02, 1385, Bl. 3–9 v.

71 A. Streckfuß, *Berlin...* (wie Anm. 38).

Mitglieder des Magistrats *ihren amtlichen Verpflichtungen genügen.* Über Unterbeamte, allerdings nicht, wie vom König ursprünglich gefordert,[72] auch über die Magistratsmitglieder selbst konnte der Oberbürgermeister Geld- oder Arreststrafen verhängen. Nicht mehr dem Magistrat, sondern dem Oberbürgermeister oblag jetzt die Besetzung der Deputationen und anderer kommunalpolitischer Ehrenämter. Magistratsbeschlüsse, die von ihm nicht gebilligt wurden, mußten der vorgesetzten Behörde vorgelegt werden. Das Regulativ vom 14. Juli 1834 stärkte die Macht des Berliner Oberbürgermeisters als Arm der Obrigkeit. Nach diesem Muster gestaltete die Potsdamer Regierung bald auch die Magistratsverfassung anderer brandenburgischer Städte. Bärensprung hat diesen Triumph aus der Ferne genossen.

Sein Abgang von der kommunalpolitischen Bühne im September 1834 vollzog sich in aller Stille. Die Stadt hat von der Möglichkeit, Bärensprung zum Stadtältesten zu ernennen, keinen Gebrauch gemacht. Schon das war eine Desavouierung, weil der zu seinem Magistrat gehörige Stadtrat Syndicus Carl Samuel Metzing nach seiner Pensionierung 1833 den Titel ein Jahr später erhielt.[73] Die Fronten waren so verhärtet, daß keine der beiden Seiten sich zu einer versöhnlichen Geste herbeiließ. Dies war um so weniger zu erwarten, als noch disziplinarische und gerichtliche Verfahren anhängig waren. Bärensprung hatte schon Anfang 1834 seine vorgesetzte Behörde aufgefordert, Rehfeldt wegen Verletzung seiner Amtspflichten disziplinarisch zu maßregeln und mit *einer namhaften Geldstrafe* zu belegen.[74]

Die Akten belegen, mit welcher Erbitterung auf beiden Seiten diese Bagatellangelegenheit verfolgt wurde. Neue Beschuldigungen und Rechtfertigungen wechselten einander ab. Am 21. Juli 1834 belegte die Regierung Potsdam Rehfeldt mit einer Disziplinarstrafe von fünfzig Talern. Nach mehreren Einsprüchen wird ihm die Strafe Anfang 1835 zwar erlassen, aber Rehfeldt ist inzwischen wegen einer weiteren Anschuldigung Bärensprungs zu ganzen fünf Talern Ordnungsgeld verurteilt worden, dieses Urteil wurde nach mehreren erfolglosen Einsprüchen im März 1835 vollstreckt.

Daneben hatte sich auch das Kammergericht mit gegenseitigen Beleidigungsklagen der beiden zu befassen. Es verhängte nach längeren Erhebungen 1838 gegen Bärensprung wegen *leichter wörtlicher Beleidigung* eine Strafe von zehn Talern oder acht Tagen Gefängnis. Rehfeldt wurden wegen schwerer *Injurie* acht Wochen Gefängnis auferlegt, die nicht in eine Geldstrafe umgewandelt werden konnten. Erst 1839 wurde die ganze Sache auf höhere Veranlassung niedergeschlagen.[75]

Bärensprung hatte sich nach seinem Ausscheiden nicht völlig aus dem öffentlichen Leben zurückgezogen. Er pflegte, jetzt allerdings im kleinen Kreise, gesellige Beziehungen

72 GStA Abt. Merseburg, 2.2.1, Geheimes Zivilkabinett, 14478, Bl. 161.

73 Vgl. Ernst Kaeber, *Die Stadtältesten von Berlin,* in: *Mitteilungen des Vereins für die Geschichte Berlins* 42 (1925), S. 105–110, hier S. 109, LA Berlin, Gedenkbuch der Berliner Stadtältesten.

74 BLHA, Rep. 2A, Reg. Potsdam I, Kom., 3178, Bl. 6 v, 33.

75 *Ebda.*, Bl. 4; GStA Abt. Merseburg, Rep. 77, Ministerium des Innern, Tit. 240c, Nr. 9, Bl. 189 ff.; P. Clauswitz, *Die Städteordnung...* (wie Anm. 54), S. 158.

und verfolgte das kommunalpolitische und das politische Geschehen als interessierter Beobachter. In den Berliner Adreßbüchern dieser Zeit ist nachzulesen, daß Bärensprung nach wie vor auch Sprechstunden abhielt. Es muß also um seinen Rat nachgesucht worden sein. Er schrieb verschiedene Artikel für das Leipziger „Conversationslexikon", unter anderem über Themen der Kommunalentwicklung. Leider sind die Texte wegen der Anonymität ihres Verfassers kaum mehr auffindbar. Bärensprung hat sich auch noch einmal politisch zu Wort gemeldet. 1841, kurz vor seinem Tode, beantwortete er die „Vier Fragen" Johann Jacobys mit einer Gegenschrift.[76] Seine scharfe Kritik an Jacoby war gleichsam das politische Credo eines Konservativen, der als Kommunalpolitiker durchaus aufgeschlossen für seine Zeit war. Am 4. Juli 1841 ist Bärensprung in Berlin nach einem ärztlichen Eingriff mit 61 Jahren überraschend verstorben.[77]

Die Konflikte seiner kurzen Amtszeit als Stadtoberhaupt haben sein Bild in der Geschichte Berlins weitgehend bestimmt. Aber seine Bedeutung für die Stadt reicht deutlich darüber hinaus. Und auch das Dauerthema der Jahre 1832–1834 ist nicht nach der vereinfachenden Formel „hie demokratische Selbstverwaltung, hie autoritäre Selbstherrlichkeit" zu begreifen. Gescheitert ist Bärensprung nicht an der Zeit, die er besser verstand als die meisten anderen Berliner Magistratspolitiker jener Jahre, sondern an den „normalen" und alltäglichen menschlichen Problemen, die sein Amt mit sich brachte.

76 [Bärensprung,] *Erörterungen zu den Vier Fragen eines Ostpreußen, von einem Nichtostpreußen*, Berlin-Posen-Bromberg 1841; vgl. auch Edmund Silberner, *Johann Jacoby – Politiker und Mensch*, Bonn-Bad Godesberg 1976, S. 87.

77 Vgl. *Spenersche Zeitung*, Nr. 164 vom 17. 7. 1841; Nachdruck in: *Neuer Nekrolog der Deutschen* 1841, T. 1, Weimar 1843, S. 630 ff. Bärensprungs Grab befindet sich auf dem Berliner Dorotheenstädtischen Friedhof, Chausseestraße (Bezirk Mitte).

Heinrich Wilhelm Krausnick

von Jürgen Wetzel

Heinrich Wilhelm Krausnicks Wirken fiel in eine Zeit des wirtschaftlichen, sozialen und politischen Umbruchs. Berlin entwickelte sich während seiner Amtszeit aus einer noch kleinstädtisch wirkenden Residenzstadt zu einer europäischen Metropole. Dieser Wandlungsprozeß erzeugte viele Spannungen, die zu den revolutionären Auseinandersetzungen Ende der vierziger Jahre führten. Krausnick war den politischen Herausforderungen dieser Zeit nicht gewachsen und versäumte die Chance, sich besonders 1848 für die Durchsetzung bürgerlicher Freiheiten zu engagieren. Bei den Berlinern sei Krausnick nicht sehr beliebt gewesen, urteilte Adolf Streckfuß, weil sie ihn für einen *Bureaukraten und für einen geschmeidigen Diener der Hofpartei hielten.*[1] Dennoch wählten ihn die Stadtverordneten viermal zum Oberbürgermeister. Krausnick erreichte eine Amtszeit von fast sechsundzwanzig Jahren, die kein anderes Stadtoberhaupt seit Einführung der Städteordnung 1808 aufweisen kann. Dieses scheinbare Paradoxon läßt sich nur aus seiner Herkunft und den Zeitumständen erklären.[2]

Heinrich Wilhelm Krausnick wurde am 30. März 1797 als zweiter Sohn des Schneidermeisters Gottlob Friedrich Krausnick und der Sergeanten-Tochter Christine Charlotte Bluthorst in Potsdam geboren. Über seine Kindheit ist wenig bekannt. In einem für die erste juristische Staatsprüfung lateinisch abgefaßten Lebenslauf berichtete er, daß ihn sein Vater in die Obhut des Kantors von St. Nikolai gegeben und daß er die dort angesiedelte Elementarschule besucht habe. Mit neun Jahren wechselte er zum städtischen Gymnasium über.[3] Dieser Bildungsweg eines Handwerkersohnes war sehr ungewöhnlich und läßt auf eine besondere Begabung schließen. Der langjährige Stadtverordnetenvorsteher Heinrich Eduard Kochhann erwähnt in seinen Erinnerungen die Förderung durch den König und den Kronprinzen, weshalb sich Krausnick zeit seines Lebens in Dankbarkeit eng an das Herrscherhaus gebunden fühlte.[4]

Krausnicks Gymnasialzeit wurde im Frühjahr 1815 durch die freiwillige Teilnahme am Frankreichfeldzug unterbrochen, als Napoleon aus seiner Verbannung auf Elba zurückkehrte. Wegen dieser Unterbrechung konnte er erst im Oktober 1816 mit neun-

1 Adolf Streckfuß, *Berlin im 19. Jahrhundert*, Bd. 4, Berlin 1869, S. 86.

2 Die biographische Studie basiert im wesentlichen auf Vorarbeiten für den Beitrag *Heinrich Wilhelm Krausnick und die Berliner Kommunalpolitik 1834 bis 1862*, den der Verfasser im Katalog zur Ausstellung des Landesarchivs Berlin *„... taub für die Stimme der Zeit". Zwischen Königstreue und Bürgerinteressen: Berlins Oberbürgermeister H. W. Krausnick von 1834 bis 1862* (= Ausstellungskatalog des Landesarchivs Berlin, Bd. 4), Berlin 1985, S. 9–84 veröffentlicht hat.

3 Vgl. Akten über meine Privatverhältnisse, Vol. I 1815–1834, in: *Nachlaß Krausnick* (künftig zitiert: *NK*), Landesarchiv Berlin, Rep. 200, Acc. 2675, Nr. 1, S. 18 ff.; ein ausführlicher Lebenslauf aus dem Jahre 1841 befindet sich in Krausnicks Personalakte im BLHA Pr. Br., Rep. 2A, Reg. Potsdam, Nr. 2927/2; Gerhard Kutzsch, *Heinrich Wilhelm Krausnick*, in: *Neue Deutsche Biographie* 12 (1980), S. 710 f.

4 Vgl. Heinrich Eduard Kochhann, *Mitteilungen aus den Jahren 1839–1848*, T. 3, Berlin 1906, S. 7 f.

Heinrich Wilhelm Krausnick, * Potsdam 30. 3. 1797, † Berlin 14. 12. 1882, Oberbürgermeister von Berlin 1834–1848 und 1850–1862

zehneinhalb Jahren die Reifeprüfung ablegen und als *primus omnium* die Schule verlassen.[5] In kurzer Zeit absolvierte er anschließend seine akademische Ausbildung an der Berliner Universität. Da er eine Laufbahn im Staatsdienst anstrebte, entschied er sich für ein Jurastudium. Bereits nach zwei Jahren legte er im Dezember 1818 mit einer Sondergenehmigung des Justizministers Kircheisen das erste Staatsexamen ab. Als Auskultator, als Beisitzer ohne Stimmrecht, teilte ihn die Justizverwaltung dem Stadtgericht in Potsdam zu. Mit *schätzungswerten Kenntnissen, unverdrossenem Fleiß, guter Beurteilungskraft ... Gründlichkeit, Bescheidenheit, äußerem Anstand und Ehrgefühl*[6] beeindruckte er seine Vorgesetzten so sehr, daß er bereits nach einem Jahr das Referendarexamen und im Februar 1822 vor der „Immediat-Examinations-Commission" die dritte juristische Staatsprüfung ablegen konnte. Sprosse für Sprosse erklomm Krausnick nun in erstaunlichem Tempo die Karriereleiter. Im Frühjahr 1822 begann er als Justizrat *cum voto illimitato* am Berliner Stadtgericht mit dem bescheidenen jährlichen Gehalt von 600 Talern.[7] Durch Zulagen, durch Beschaffung von Nebenverdiensten sowie durch Beförderungen und Orden wußte sich der Staat den jungen ehrgeizigen Beamten zu verpflichten.

Die Basis für eine Familiengründung war geschaffen. Hatte Krausnick bisher seine Laufbahn zäh und konsequent verfolgt, so erwartete man zur „Abrundung" seiner Karriere die Einheirat in eine Familie von „Besitz und Bildung". Tatsächlich aber wählte er eine Frau, die aus dem gleichen kleinbürgerlichen Milieu stammte wie er. In Potsdam heiratete er 1825 die gleichaltrige Tochter eines Schuhmachers, Henriette Luise Sauer, die ihm in den Jahren 1823 bis 1830 einen Sohn und drei Töchter gebar.[8]

1826 versetzte ihn die Regierung an das Oberlandgericht in Breslau, rief Krausnick aber bereits 1830 zurück. Nach kurzer Tätigkeit am Kammergericht holte ihn Minister von Kamptz ins Justizministerium, wo er 1832 zum Geheimen Justizrat und Vortragenden Rat befördert wurde.[9] Krausnick war dort für die Gesetzesrevision und für die Justizverwaltung der Rheinprovinz zuständig. Mit fünfunddreißig Jahren zählte er zu den wichtigsten Beamten des Ministeriums und genoß die besondere Wertschätzung des Ministers. Dieser Minister, Karl von Kamptz,[10] war in den dreißiger Jahren der hervorragendste Vertreter der Restauration, der überall demagogische Umtriebe wit-

5 Vgl. *Tagebuch während meiner militärischen Laufbahn im Jahre 1815* und Entlassungszeugnis vom 16. Oktober 1816, in: *NK* (wie Anm. 3), Nr. 1, S. 1 ff. u. Nr. 9.

6 *NK* (wie Anm. 3), Nr. 1, S. 28 f.; vgl. auch S. 15 ff.

7 Vgl. Urkunde über die Bestallung zum Stadtjustizrat bei dem Stadtgericht Berlin vom 14. März 1822, in: *NK* (wie Anm. 3), Nr. 1, S. 50 ff. sowie Nr. 12.

8 Vgl. den Familienstammbaum im *Nachlaß Krausnick* (*NK*), Landesarchiv Berlin, Rep. 200, Acc. 2858, Nr. 49, S. 8.

9 Vgl. Urkunde über die Bestallung zum Geheimen Justizrat vom 12. Mai 1823, in: *NK* (wie Anm. 3), Nr. 1, S. 63 ff. sowie Nr. 14.

10 Vgl. Peter Baumgart, *Karl von Kamptz*, in: *Neue Deutsche Biographie* 11 (1977), S. 95–97. Im *NK* befinden sich zahlreiche Briefe des Ministers an Krausnick; *NK* (wie Anm. 3) Nr. 1, S. 72 ff.

terte und mit unerbittlicher Strenge die fortschrittliche Intelligenz verfolgte. Es ist bezeichnend, daß sich Krausnick ausgerechnet mit diesem Vorgesetzten im engsten Einvernehmen befand. Er war deshalb völlig überrascht, als ihn die Berliner Stadtverordneten, ohne ihn vorher angesprochen zu haben, am 26. Mai 1834 mit 57 zu 39 Stimmen zum ersten der nach der Städteordnung dem König zu präsentierenden drei Kandidaten für das Amt des Oberbürgermeisters wählten. Krausnick zögerte, die Wahl anzunehmen, weil seine Karriere im Staatsdienst offenbar ihren Endpunkt noch nicht erreicht hatte, weil er das besondere Vertrauen des Ministers genoß und weil mit der Amtsübernahme keine Pensionsberechtigung verbunden war. Politische Gründe spielten bei seinen Überlegungen, übrigens auch bei späteren Wahlen, keine Rolle. Krausnick konsultierte von Kamptz, der von der Annahme der Kandidatur abriet. Er verschaffte ihm eine Gehaltszulage, um den tüchtigen Beamten zu halten. Erst als die Stadtverordneten Krausnick nach langen Verhandlungen eine Pension zugestanden, nahm er die Wahl an. Finanziell bedeutete die neue Stellung einen gewaltigen Sprung nach vorn. Hatte Krausnick im Justizministerium zuletzt 2400 Taler jährlich verdient, so bekam er als Oberbürgermeister nun mit 5000 Talern mehr als das Doppelte, und nach seinem Ausscheiden winkte eine Pension von 2000 Talern.[11]

Was hatte die Stadtverordneten bewogen, den sehr jungen, farblosen und in der Kommunalpolitik völlig unerfahrenen Beamten zu wählen? Mit Leopold von Gerlach (1809) und Friedrich von Bärensprung (1831) hatten sie in „oppositioneller Stimmung“ verabschiedete Staatsbeamte gewählt, die kraft ihrer Persönlichkeit Garanten für eine vom Staat unabhängige Stadtpolitik zu sein schienen. Und Johann Büsching (1813 bis 1831) hatte sich schon jahrelang in kommunalen Diensten bewährt.

Für die Stadtväter spielten mehrere Überlegungen eine Rolle: Auf dem Höhepunkt der Restauration wollten sie sich offenbar mit der Wahl eines hohen Staatsbeamten, der das Vertrauen des wichtigsten Ministers besaß, der vorherrschenden politischen Richtung anpassen. Sein besonderes Verhältnis zur Königsfamilie bot außerdem die Gewähr für gute Beziehungen zur Krone, auf die die Residenzstadt großen Wert legen mußte.[12] Als Jurist mit den Verwaltungserfahrungen eines Ministerialbeamten schien er auch für die noch schwebenden Ausgleichsverhandlungen zwischen Staat und Stadt besonders geeignet. Und nicht zuletzt erhofften sich die Stadtväter von dem gewandten, ruhig abwägenden Krausnick nach den heftigen Auseinandersetzungen zwischen Bärensprung und den Stadtvätern eine Beruhigung der erregten Gemüter und die Rückkehr zu einer ungestörten Kommunalpolitik.[13]

11 Zur Wahl und zu den anschließenden Verhandlungen über die Versorgung vgl. *NK* (wie Anm. 3), Nr. 1, S. 86 ff. Die anderen beiden Kandidaten waren Polizeipräsident Gerlach und Justizrat Bode.

12 Die Verleihung des Roten-Adler-Ordens 4. Klasse und die schnelle Ernennung zum Oberbürgermeister bereits wenige Tage nach der Präsentation bezeugen, daß der König mit diesem Kandidaten einverstanden war. *NK* (wie Anm. 3), Nr. 1, S. 118 u. Nr. 22.

13 Vgl. Ernst Kaeber, *Die Oberbürgermeister Berlins seit der Steinschen Städteordnung*, in: *Jahrbuch des Vereins für die Geschichte Berlins* 2 (1952), S. 53–114, hier S. 66.

Krausnick trat kein leichtes Erbe an. Noch immer waren die Kompetenzen der Selbstverwaltung sehr begrenzt. Sie beschränkten sich auf das Armen- und Fürsorgewesen, die Schul- und Serviceangelegenheiten, die Verwaltung der Ländereien und der Kirchen mit städtischem Patronat. Dagegen sorgte die Regierung weiterhin für die Fortdauer einer starken Stellung der staatlichen Polizeibehörde, die zahlreiche kommunale Aufgaben wahrnahm. Die hohe Schuldenlast von 4,5 Millionen Talern aus der französischen Besatzungszeit engte außerdem den finanziellen Spielraum der Stadt ein. Äußerste Sparsamkeit galt deshalb als oberstes Gebot der Magistratspolitik.[14]

Durch sein stilles, auf Ausgleich gerichtetes Wesen gelang es Krausnick allmählich, das Vertrauen der Stadträte zu gewinnen und die wichtigsten Aufgaben anzupacken. Um eine wirkungsvolle Kommunalpolitik betreiben zu können, widmete sich Krausnick zunächst der Reform des Kassen- und Rechnungswesens, bisher häufig Streitgegenstand zwischen Stadtverordnetenversammlung und Magistrat. Der Magistrat ließ 1835 eine Zentralkasse einrichten, in die alle anderen bestehenden Kassen ihre Überschüsse einzahlten oder die erforderlichen Zuschüsse empfingen. Mit der Aufstellung eines regelmäßigen Etats wurde diese Kasse 1843 zu einer wirklichen Stadthauptkasse, womit das Finanzgebaren des Magistrats endlich eine solide Basis erhielt.[15]

Unter Krausnicks behutsamer Führung und dank seiner juristischen Erfahrungen gelang auch die Entschärfung eines weit bedeutenderen Konflikts: Nach einjähriger Verhandlung erzielte der Magistrat eine Einigung über die jahrelang schwere Spannungen auslösende Verteilung der Verwaltungsaufgaben zwischen Staat und Stadt und die hiermit verbundenen Lasten. Es wurde nicht nur der jährliche Zuschuß des Staates zu Berlins Armenkosten, sondern auch die Beleuchtung, Pflasterung und Reinigung der Straßen, das Nachtwachen- und Feuerlöschwesen geregelt sowie ein jährlicher Staatszuschuß bei der Schuldentilgung vereinbart; das beide Seiten befriedigende Verhandlungsergebnis erhielt seine Bestätigung durch die Kabinettsorder vom 31. Dezember 1838, womit – dreißig Jahre nach Einführung der Städteordnung – ein Generationenwerk endlich seinen sinnvollen Abschluß fand.[16] Der in wesentlichen Teilen Krausnick zugemessene Erfolg vermehrte sein Prestige, so daß ihn die Stadtverordneten im Februar 1840 zum zweiten Mal, nun mit der viel deutlicheren Mehrheit von 68 zu 28 Stimmen, an die Spitze der Stadtverwaltung beriefen.[17]

In der zweiten Amtszeit Krausnicks erweiterte die Stadtverwaltung ihr Betätigungsfeld, indem sie die bisher vom Polizeipräsidenten betreute und von einer englischen Firma durchgeführte Straßenbeleuchtung in eigene Regie übernahm. Sie setzte eine „Deputa-

14 Vgl. Paul Clauswitz, *Die Städteordnung von 1808 und die Stadt Berlin,* Berlin 1908, S. 127.

15 So urteilte Krausnick selbst in seiner Ansprache *Zur Feier der vor 50 Jahren in Berlin erfolgten Einführung der Städte-Ordnung vom 19. November 1808,* in: *NK* (wie Anm. 3), Nr. 38, S. 1 ff.

16 Text der Kabinettsorder in: *Bericht über die Verwaltung der Stadt Berlin 1829–1840,* Berlin 1842, S. 55 ff. Vgl. auch P. Clauswitz, *Die Städteordnung...* (wie Anm. 14), S. 159–163, *NK* (wie Anm. 3), Nr. 38, S. 4 ff.

17 Zur Wiederwahl vgl. *NK* (wie Anm. 3), Nr. 16, S. 22 ff. Die anderen Kandidaten waren Stadtrat Cuvry und Polizeipräsident a. D. von Arnim.

tion für das städtische Erleuchtungswesen" ein und errichtete eigene Gasanstalten am Stralauer Platz und Kottbusser Tor. Damit schuf die Stadt den ersten kommunalen Versorgungsbetrieb und erschloß sich ein weiteres Feld der Selbstverwaltung.[18]

Eine große Herausforderung bedeutete für den Magistrat die Armenfürsorge. Seit den dreißiger Jahren nahm die Zahl der Bedürftigen zu und stieg in den vierziger Jahren infolge der zunehmenden Industrialisierung und der durch die Mißernten verursachten Teuerungen sprunghaft an. Das erst 1819 vom Staat übernommene Armen- und Fürsorgewesen entwickelte sich deshalb notgedrungen zum größten und wichtigsten Zweig der kommunalen Verwaltung. Zentrale Behörde war eine gemischte Deputation, die dem Oberbürgermeister direkt unterstehende Armendirektion. Neben der direkten Fürsorge für die Bedürftigen unterhielt die Direktion verschiedene „Armenanstalten", so das „Große Friedrich-Waisenhaus" in der Stralauer Straße, das Arbeitshaus in der Alexanderstraße, mehrere Hospitäler und Armenschulen sowie die während der Amtszeit Krausnicks errichteten Institutionen, das „Nikolaus-Bürger-Hospital", die „Friedrich-Wilhelms-Anstalt" für Arbeitsame und das „Friedrich-Wilhelms-Hospital" für alte erwerbsunfähige Bedürftige. In den fünfziger Jahren baute die Stadt außerdem noch ein Waisenhaus in Rummelsburg und richtete 1853 für Lehrer und Kommunalbeamte eine Sterbe- und Witwenkasse ein. Weitere Bauvorhaben, so etwa die Errichtung von Krankenhäusern, scheiterten am Geldmangel.[19] Dagegen wuchs in der immer enger werdenden Stadt die Erkenntnis von der Notwendigkeit, öffentliche Parks zur Erholung der Bewohner und zur Erhaltung ihrer Gesundheit anzulegen. Für die Stadt war es deshalb etwas völlig Neues, als sie 1840 zur Erinnerung an die 100. Wiederkehr des Regierungsantritts Friedrichs II. die Errichtung einer Grünanlage von vierzig Hektar vor dem Schlesischen Tor beschloß.[20]

An der insgesamt positiven Entwicklung der Berliner Stadtverwaltung hatte Oberbürgermeister Krausnick in den ersten beiden jeweils sechsjährigen Amtsperioden einen herausragenden Anteil. Er genoß das volle Vertrauen der Stadtverordneten und seiner Magistratskollegen, wie es sich bei den Feiern anläßlich seines 25jährigen Dienstjubiläums im Oktober 1844 zeigte. Als Beweis „kollegialer Freundschaft" überreichten sie ihm zwei silberne Armleuchter und gewährten ihm eine persönliche Gehaltszulage von 1000 Talern. Außerdem ließen sie von ihm ein Bildnis durch den Kunstmaler Eduard Magnus anfertigen, das nach seinem Tode einen Platz im „Donatorensaal" des Rathauses finden sollte, eine Geste, die Krausnick als besondere Würdigung empfand; denn *für mich,* erklärte er in seiner Dankesrede, *der ich aus so untergeordneten Familienverhältnissen und aus ursprünglich so mittelloser Lage zu einer so ehrenvollen und durch die Bedeutung der Stadt so wichtigen Stellung gelangt bin, muß die Ehre des Bildnisses als eine überaus hohe erscheinen.*[21] Als wenige Wochen später König Friedrich Wilhelm IV.

18 Vgl. *Bericht über die Verwaltung ... 1841–1850...* (wie Anm. 16), S. 204 ff.; P. Clauswitz, *Die Städteordnung...* (wie Anm. 14), S. 170–172.

19 J. Wetzel, *Heinrich Wilhelm Krausnick...* (wie Anm. 2), S. 27.

20 Vgl. *Bericht über die Verwaltung ... 1841–1850...* (wie Anm. 16), S. 188.

Krausnick mit der Ernennung zum Geheimen Oberregierungsrat eine weitere Ehrung zuteil werden ließ, bedeutete das für ihn – nunmehr zehn Jahre im Amt – den Gipfelpunkt seines Ansehens und seiner Karriere.[22]

Sein und des Magistrats Handlungsspielraum war abgesteckt durch den engen Rahmen der Städteordnung, die keinerlei Mitwirkung an der allgemeinen Willensbildung oder der Teilnahme an politischen Kundgebungen vorsah. Als Oberbürgermeister war es ihm jedoch im Verlauf seiner zweiten Amtsperiode zweimal vergönnt, in das Rampenlicht der Öffentlichkeit zu treten: während der Huldigungsfeiern für Friedrich Wilhelm IV. im Oktober 1840 und bei der Überreichung einer liberalen Adresse an den Monarchen im Oktober 1845.

Hohe Erwartungen hatten sich an den Thronwechsel 1840 geknüpft, die aber bald in Enttäuschung umschlugen. Bereits der Huldigungsakt am 15. Oktober 1840 in Berlin, der sich im Stil längst überholt geglaubter ständischer Feiern vollzog, war ein Fingerzeig für die wahre Einstellung des Königs. Krausnick hielt, auf der dritten Stufe der zur hohen Tribüne vor dem Schloß führenden Treppe stehend – auf Franz Krügers berühmtem Gemälde genau zu sehen –, sowohl für die Haupt- und Residenzstadt als auch für alle preußischen Städte und Landgemeinden die Huldigungsansprache an den weit oben thronenden Souverän. Der einfallende Regen habe weniger gestört, berichtete Varnhagen von Ense, *als daß man den Bürgermeister von Berlin ganz unten auf den Stufen der ungeheueren Treppe entblößten Hauptes seine Rede halten sah; die Ritterschaft hatte oben gehuldigt, er durfte nicht hinauf.*[23]

Schon bald nach der Thronbesteigung schlug die Stimmung im Lande um. Varnhagen schrieb von „Mißstimmungen" auch in Berlin. Die Lage des Königs sei sehr betrübt. Er sehe sein *Ansehen sinken, seine Macht zerbröckeln und weiß nicht, woran es liegt und wie zu helfen.*[24] Es war deutlich geworden, daß Friedrich Wilhelm IV. mit der fast mystischen Auffassung von seinem Regentenamt keine Bereitschaft erkennen ließ, an der Herrschaftsform grundlegend etwas zu ändern. Auch dachte er nicht daran, das von seinem Vater gegebene Verfassungsversprechen einzulösen. Diese Haltung rief eine immer stärkere Opposition hervor.

Auch in der Stadtverordnetenversammlung und im Magistrat wehte seit Anfang der vierziger Jahre ein frischer Wind. Abgeordnete wie Gneist, Kochhann, Runge, von Raumer, Nauwerk, Berends sowie die Stadträte Duncker, Gaertner und Schulze sorgten für liberale Akzente in der Stadtpolitik.[25] Da aber weiterhin für die eigentliche politische Betätigung der Bevölkerung keine Voraussetzungen geschaffen wurden, wand-

21 Vgl. Entwurf der Dankesrede in: *NK* (wie Anm. 3), Nr. 16, S. 42 ff.

22 Vgl. Urkunde über die Ernennung zum Geheimen Oberregierungsrat vom 27. April 1844, in: *NK* (wie Anm. 3), Nr. 19.

23 Karl August Varnhagen von Ense, *Tagebücher*, Bd. 1, Leipzig 1861, S. 228 f.; vgl. A. Streckfuß, *Berlin...* (wie Anm. 1), Bd. 3, S. 58–61; H. E. Kochhann, *Mitteilungen...* (wie Anm. 4), S. 26.

24 K. A. Varnhagen, *Tagebücher...* (wie Anm. 23), Bd. 3, S. 44 f.

25 J. Wetzel, *Heinrich Wilhelm Krausnick...* (wie Anm. 2), S. 37 f.; A. Streckfuß, *Berlin...* (wie Anm. 1), Bd. 3, S. 171.

ten sich gebildete Bürger religiösen Fragen zu. Mit Sympathie verfolgten sie den zunehmenden Einfluß einer freien wissenschaftlichen Auslegung der christlichen Lehre auf das kirchliche Leben. Der König jedoch bevorzugte die strenggläubige lutherische Orthodoxie und versuchte, den Einfluß der liberalen Kirchenvertreter zu beschneiden. Als Patronatsherr von 16 Gotteshäusern ständig mit kirchlichen Fragen befaßt, verfolgte der Magistrat diese Entwicklung mit großer Sorge und glaubte sich zu einer amtlichen Stellungnahme aufgerufen. In einer im August 1845 an den König gerichteten Adresse klagte er gegen die Orthodoxie mit dem strengen Festhalten am Buchstaben der Lehre, das den lebendigen Glauben an Christus zu einem Glauben an das kirchliche Bekenntnis mache. Er bat deshalb um mehr Freiheit der Lehre in der evangelischen Kirche und um den Erlaß einer liberalen Kirchenverfassung. Über eine solche Willensäußerung war der König empört und verweigerte zunächst die Annahme der Adresse. Er hoffte, daß Krausnick nicht den Mut haben werde, auf der öffentlichen Überreichung zu bestehen.[26] Varnhagen traf jedoch mit seiner Vermutung den Nagel auf den Kopf: *Krausnick ist immer der Mann des Hofes, diesmal aber muß er der Mann der Stadt sein, denn er selbst bedarf nächstens wieder der Stimmen der Bürger.*[27] Ganz Berlin war in gespannter Erwartung, als schließlich der König am 2. Oktober Krausnick gestattete, an der Spitze einer Delegation des Magistrats während einer Audienz im Schloß die Adresse vorzulegen.

In seiner Antwort bestritt der König dem Magistrat nicht nur die rechtliche, sondern sogar die moralische Befugnis zum Eingreifen in die Gestaltung der evangelischen Landeskirche, weil dieser es in der eigenen Stadt als Patron an Seelsorge habe fehlen lassen. Seinen höchsten Unwillen äußerte der Monarch darüber, daß die Stadtväter es gewagt hatten, die Anhänger der Orthodoxie, die er selbst für die wahrhaft gläubigen Christen hielt, als eine begünstigte Partei zu bezeichnen. *Das hat Mich tief gekränkt. Ich beklage es als Unglück und muß Ihnen, Meine Herren, darüber Meine Mißbilligung von ganzen Herzen aussprechen.*[28] Der König, so Varnhagen, habe sich mit dieser Stellungnahme eine Blöße gegeben. Der Vorgang fand publizistisch ein starkes Echo. Sein Auftreten im Schloß machte Krausnick im fortschrittlichen Teil der Bürgerschaft zum „Helden des Tages“ und verschaffte ihm einen liberalen Nimbus, der seiner tatsächlichen Haltung gar nicht entsprach; damit war von seiner Seite nicht das Streben verbunden, sich der staatlichen Bevormundung zu entziehen; denn *irgendwelche Äußerungen oder Maßnahmen des damaligen Magistrats und seines Oberbürgermeisters Krausnick, die auf das Verlangen nach einer liberalen Gesetzgebung hätten schließen lassen, sind aus jener Zeit nicht bekannt,*[29] schrieb Clauswitz, vielmehr habe man die Triebfeder seines Vorgehens allein in seinem Interesse an kirchlichen Fragen zu suchen. Damit war aber die Basis für ein verhängnisvolles Mißverständnis in der Beurteilung von Krausnicks Haltung

26 *A.a.O.*, S. 233.
27 K. A. Varnhagen, *Tagebücher...* (wie Anm. 23), Bd. 3, S. 221.
28 *Haude und Spenersche Zeitung*, Nr. 231 u. 240 vom 3. und 14. Oktober 1845; vgl. A. Streckfuß, *Berlin...* (wie Anm. 1), Bd. 3, S. 231 ff.

geschaffen, das in den Märztagen 1848 zu einer Vertrauenskrise zwischen ihm und der Bürgerschaft und schließlich zum Verlust des Amtes führen sollte.

Zunächst hatte er sich jedoch in den Augen der Stadtverordneten nicht nur als erfolgreicher Kommunalpolitiker bewährt, sondern sich auch als der berufene Sprecher ihrer Wünsche gegenüber der Krone erwiesen. Mit überwältigender Mehrheit, mit 77 zu 7 Stimmen, wählten sie ihn daher am 2. Februar 1846 für eine dritte Amtsperiode an die Spitze der Stadtverwaltung. Ihr Vorsteher Fournier erklärte dabei ausdrücklich, daß Krausnick das in ihn gesetzte Vertrauen gerechtfertigt habe.[30] Das gute Verhältnis zur Stadtverordnetenversammlung zeigte sich auch, als diese ihm bei der ersten öffentlichen Sitzung am 19. November 1847 das Wort zu einer Ansprache erteilte, in der er jedoch den Anteil des Magistrats, die Öffentlichkeit der Sitzungen endlich durchgesetzt zu haben, in einem günstigeren Licht darstellte, als es den Tatsachen entsprach.[31]

Die öffentlichen Sitzungen der Stadtverordnetenversammlung waren dem Vereinigten Landtag zu verdanken, dessen Beratungen im Frühjahr 1847 Bewegung in die erstarrten politischen Verhältnisse gebracht hatten. Der König jedoch, der sich noch immer in der Welt des Gottesgnadentums bewegte, versäumte durch die Verweigerung der periodischen Einberufung die späte Gelegenheit, ein konstitutionelles Regierungssystem zu schaffen und den inneren Frieden in Preußen zu sichern, denn die gereizte Stimmung im progressiven Bürgertum war nur noch durch radikale verfassungsrechtliche und soziale Reformen in den Griff zu bekommen.

In dieser Stimmung von Unzufriedenheit und der Erwartung von Konzessionen begann das Jahr 1848, das für Oberbürgermeister Krausnick einen wenig verheißungsvollen Auftakt bereithielt. Im Januar zog er sich eine schwere Hepatitis zu, die noch nicht überwunden war, als Ende Februar die ersten Nachrichten von der Pariser Revolution in Berlin eintrafen. Die Berliner nahmen leidenschaftlichen Anteil und diskutierten in „Lesekabinetten“ und Versammlungen vor den Toren der Stadt, vor allem „In den Zelten“, die Forderung der Zeit: Presse-, Versammlungs- und Organisationsfreiheit, Geschworenengerichte, Bürgerbewaffnung, geheime Wahlen und eine allgemeine deutsche Volksvertretung. In der Stadtverordnetenversammlung drängten die Abgeordneten Berends und Nauwerk zu entschlossenem Handeln. Selbst Amtsträger des Magistrats, wie die Stadträte Duncker, Gaertner und Schulze, wurden von der *französischen Bewegung* und vom *Constitutionsfieber* ergriffen, wie Krausnick sich ausdrückte.[32] Ihn selbst ließ die Bewegung kalt. Er sah keinen unmittelbaren Handlungsbedarf und dachte nicht daran, die Unsicherheit der Herrschenden zur Durchsetzung bürgerlicher Freiheiten zu nutzen. Ganz im Gegenteil war er davon überzeugt, daß in *unserem*

29 P. Clauswitz, *Die Städteordnung...* (wie Anm. 14), S. 235; vgl. *National-Zeitung,* Nr. 85 vom 28. Juni 1848; K. A. Varnhagen, *Tagebücher...* (wie Anm. 23), Bd. 3, S. 231; A. Streckfuß, *Berlin...* (wie Anm. 1), Bd. 3, S. 235; E. Kaeber, *Die Oberbürgermeister...* (wie Anm. 13), S. 67.

30 *NK* (wie Anm. 3), Nr. 16, S. 69 ff.; E. Kaeber, *Die Oberbürgermeister...* (wie Anm. 13), S. 68.

31 Vgl. *Vossische Zeitung,* Nr. 272 vom 20. November 1847; A. Streckfuß, *Berlin...* (wie Anm. 1), Bd. 3, S. 322 ff.; J. Wetzel, *Heinrich Wilhelm Krausnick...* (wie Anm. 2), S. 38 f.

Nach der Audienz begab sich Krausnick ins Berlinische Rathaus und bahnte sich von dort über den Schloßplatz den Weg durch die Massen zu seiner Wohnung in der Kurstraße. Dabei wurde er Zeuge des Militäreinsatzes und der Errichtung von Barrikaden. Als ihn einige Bürger bestürmten, sich für den Rückzug des Militärs einzusetzen, ging er um 5 Uhr mit den Stadtverordneten Fournier, Schaeffer und Schauß erneut ins Schloß, wo sich bereits mehrere Delegationen beim König um die Zurückziehung des Militärs bemühten. Der Monarch erklärte seine Bereitschaft zum Abzug der Truppen, falls die Schutzkommissionen für Ruhe sorgen könnten. Krausnick äußerte jedoch Zweifel, ob diese dazu schon in der Lage seien angesichts der Kampfvorbereitungen auf seiten der Bürgerschaft. Als von den Barrikaden in der Königstraße die ersten Schüsse zu hören waren, unterbrach der König die Diskussion mit den Worten: *Nun! Da hören Sie! – Kann Ich denn nun wohl anders?!* und verabschiedete die Delegation.[47]
Von der Wohnung des Stadtverordneten Schauß am Schloßplatz beobachtete Krausnick den ausbrechenden Kampf, in dem bald die geschulten Truppen die Oberhand gewannen. Über zweihundert Tote waren die Opfer des rücksichtslosen Militäreinsatzes. Nachts um drei Uhr empfing der Oberbürgermeister ein Schreiben des Innenministers mit der Nachricht, daß der König eigenhändig *eine sehr freundliche, herzliche Ansprache an seine lieben Berliner niedergeschrieben* habe. Krausnick solle sich Exemplare aus der Hofdruckerei holen und sie gemeinsam mit dem Stadtverordnetenvorsteher Fournier von einem Wagen aus verteilen.[48] Da wegen der vielen Barrikaden ein Wagen nicht durchkam, zog Krausnick zu Fuß durch die Straßen und verteilte die Proklamation. Es war sicher ein einmaliger Vorgang, daß der Oberbürgermeister der Residenzstadt vom Minister zu Botendiensten herangezogen wurde.
In der Proklamation, die bei den Berlinern nur Spott hervorrief, machte der König eine *Rotte von Bösewichtern mit aufrührerischen und frechen Forderungen* für die Kämpfe verantwortlich. Er beschwor die Berliner, zur Ruhe zurückzukehren, und stellte nach Abbau der Barrikaden den Rückzug des Militärs in Aussicht.[49] *Meinerseits*, schrieb Krausnick, *schien unter den Umständen, wie sich im Laufe der Nacht durch das Vordringen der Truppen, und am Morgen durch die Proclamation Sr. Maj. des Königs die Sache gestaltet zu haben schien, nichts weiter von Amts Wegen zu thun zu sein.* Der Magistrat würde sich wie täglich in diesen unruhigen Zeiten zwischen 10 und 11 Uhr versammeln, und erst dann könnten die *weiteren etwaigen Mittheilungen und Anträge entgegengenommen werden.*[50] Mit diesen nüchternen Worten kommentierte Krausnick die Situation am Mor-

47 Vgl. Krausnicks *Erinnerungen*, in: *NK* (wie Anm. 3), Nr. 28, S. 9 ff., sowie seine Erwiderung, in: *NK* (wie Anm. 3), Nr. 16, S. 146; A. Wolff, *Berliner Revolutions-Chronik...* (wie Anm. 35), Bd. 1, S. 193 f., sowie K. L. von Prittwitz, *Berlin...* (wie Anm. 32), S. 152 ff.

48 Vgl. das Schreiben von Bodelschwinghs an Krausnick vom 19. März 1848, in: *NK* (wie Anm. 3), Nr. 29/3; K. L. von Prittwitz, *Berlin...* (wie Anm. 32), S. 259 f.

49 Vgl. *Vossische Zeitung*, Nr. 67 vom 20. März 1848; A. Wolff, *Berliner Revolutions-Chronik...* (wie Anm. 35), S. 201 ff.; K. L. von Prittwitz, *Berlin...* (wie Anm. 32), S. 258 f.

50 Vgl. Krausnicks *Erinnerungen*, in: *NK* (wie Anm. 3), Nr. 28, S. 16; K. L. von Prittwitz, *Berlin...* (wie Anm. 32), S. 260 f.

gen des 19. März und zeigte selbst in der Rückschau, daß er von dem vollzogenen Wandel und der Dramatik des historischen Geschehens völlig unberührt war. Er verstand offenbar nicht, was sich um ihn abgespielt hatte, denn nichts lag dem korrekten Königsdiener ferner, als sich zum Sprecher der Revolution aufzuschwingen und in mutiger Rede – wie es andere Bürger taten – dem König gegenüberzutreten und für die Durchsetzung der bürgerlichen Freiheiten zu kämpfen.

Um 8.30 Uhr morgens stellte sich Krausnick im Schloß zur „Disposition", falls man seiner Mitwirkung bedurfte. Im Sternensaal waren bereits zahlreiche Mitglieder der königlichen Familie sowie Staatsminister, Generäle und Bürger versammelt. Krausnick dankte in einer Ansprache dem König für die Proklamation und bat, alle Maßnahmen zu ergreifen, die den Frieden wiederherstellen könnten. Auf eine entsprechende Frage erklärte der Oberbürgermeister, keinen Ausweg aus der Krise zu wissen, erhoffe ihn sich aber von der Weisheit des Königs. Nach dem Urteil von Stadtrat Nobiling hätten der Rede nicht nur positive Vorschläge oder Garantien für die Wiederherstellung der Ruhe gefehlt, sie sei auch in einem weinerlichen Ton gehalten gewesen, der den anderen anwesenden Bürgern mißfallen habe. Krausnick selbst erwähnte diesen Auftritt im Schloß nicht.[51]

Während dieser Besprechungen versammelte sich im Sternensaal eine weitere Bürgerdelegation unter Führung von Naunyn und Duncker, die energisch vom König die Zurückziehung der Truppen forderte, sonst würden die Barrikaden nicht geräumt. Das versprach der Monarch, und tatsächlich erging kurz danach ein entsprechender Befehl.[52]

Da *auf dem Schloß eine Mitwirkung meinerseits nicht weiter in Anspruch genommen war*, schrieb Krausnick, habe er sich in seine Wohnung im Fürstentum am Werderschen Markt begeben. Dort erreichte ihn die Nachricht vom Befehl über den Rückzug der Truppen. Damit hatte die Revolution gesiegt und der König sich in die Hand der Revolutionäre begeben.[53] Als Krausnick um etwa 11 Uhr zur Magistratssitzung im Berliner Rathaus aufbrach, erhielt er die Aufforderung, erneut mit einer Delegation der städtischen Behörden ins Schloß zu kommen. Mitglieder der königlichen Familie forderten die Stadtväter auf, nun nach dem Abzug des Militärs für die Besänftigung der Gemüter zu sorgen. Der König wandte sich direkt an Krausnick: *Sorgen Sie nur zuvörderst und vor allen Dingen für die Wegnahme der Barrikaden, damit Ruhe hineinkomme.*

51 Vgl. K. L. von Prittwitz, *Berlin...* (wie Anm. 32), S. 269; Felix Rachfahl, *König Friedrich Wilhelm IV. und die Berliner Märzrevolution im Lichte neuer Quellen,* in: *Preußische Jahrbücher* 110 (1902), S. 264–309 u. S. 413–462, hier S. 415; vgl. Krausnicks *Erinnerungen,* in: *NK* (wie Anm. 3), Nr. 28, S. 18; A. Wolff, *Berliner Revolutions-Chronik...* (wie Anm. 3), Bd. 1, S. 215 f.; A. Streckfuß, *Berlin...* (wie Anm. 1), Bd. 4, S. 67 ff.

52 Vgl. K. L. von Prittwitz, *Berlin...* (wie Anm. 32), S. 284 ff.; *Vossische Zeitung,* Nr. 67 vom 20. März 1848; A. Wolff, *Berliner Revolutions-Chronik...* (wie Anm. 35), Bd. 1, S. 218 f.

53 Vgl. Krausnicks *Erinnerungen,* in: *NK* (wie Anm. 3), Nr. 28, S. 20; A. Wolff, *Berliner Revolutions-Chronik...* (wie Anm. 35), S. 218 f. u. S. 221; K. L. von Prittwitz, *Berlin...* (wie Anm. 32), S. 273 u. S. 284 f.

Damit war die Delegation entlassen. Krausnick blieb mit der königlichen Familie zurück. Im Sternensaal herrschte eine freudige Stimmung über das Ende der Feindseligkeiten, die aber weit von der im Volke entfernt war, denn in eben diesem Augenblick erreichten die ersten Züge mit Leichen und Gefallenen das Schloß. Die Stimmung im Sternensaal schlug augenblicklich um. Voller Erregung wandte sich Prinz Karl an den noch anwesenden Oberbürgermeister: *Nun, wo sind denn nun Ihre guten Bürger, die uns schützen sollten? – Sie haben ja verlangt, daß wir das Militär zurückziehen!* Bis ins Mark seiner Loyalität getroffen, erwiderte Krausnick ebenso erregt: *Königliche Hoheit, ich muß bitten, mich nicht verkennen zu wollen. I c h habe nichts verlangt!*[54] Tatsächlich hatte ja der König nach der Unterredung mit der Delegation unter Naunyn und Dunkker den Abzug des Militärs befohlen. Welche Zusicherungen sie dem Monarchen für den Schutz des Schlosses gegeben hatten, war Krausnick nicht bekannt. Tief in seiner Ehre verletzt, verließ Krausnick das Schloß. Auf dem Weg zum Rathaus beobachtete er an der Kloster- Ecke Königstraße die Errichtung einer neuen Barrikade und bat in völliger Verkennung der Situation um ihre Beseitigung: *O meine Herren,* wandte er sich an die Kämpfer, *lassen Sie doch jetzt das. Es ist ja alles zur Ruhe zurückgekehrt und das Militär ist fort!* Auf die drohende Frage: *Was wollen Sie? Was haben Sie hier zu sagen? Wer sind Sie?* nannte er seinen Namen und mußte nun hören: *So, Ei! Nun, das ist gut, daß wir Sie haben! Wie können Sie hierher kommen? Wie können Sie so etwas verlangen?* Augenblicklich wurde Krausnick von der herandrängenden Menge eingeschlossen und beim Versuch zu fliehen tätlich angegriffen. Einer schlug ihm auf den Hut, ein anderer zerrte an seinen Haaren, und ein Dritter packte ihn an die Gurgel. Nur mit äußerster Mühe vermochte er, sich in das Haus Königstraße 37 zu retten. Als jedoch die Verfolger in das Haus eindringen wollten, ersuchten ihn mehrere Personen, vom Fenster des Vorderhauses zur Menge zu sprechen. Krausnick erklärte, daß er gerade mit dem Auftrage des Königs vom Schloß komme, an allen Orten für die Wiederherstellung der Ruhe zu wirken, da die Truppen inzwischen zurückgezogen und die von der Berliner Bevölkerung geäußerten Wünsche bewilligt worden seien. Erscholl schon während der Ansprache mehrfach der Ruf *Abdanken!* aus der Menge, so riefen andere danach, er solle ihnen nun noch die Volksbewaffnung verschaffen. Krausnicks Versicherung, diesen Wunsch sofort dem König im Schloß vortragen zu wollen, beantwortete die Menge mit der Parole: *Wir gehen alle mit!* Einige hilfreiche Männer bahnten ihm den Weg zum Schloß, wo ihn der Monarch in einem Raum neben dem Sternensaal empfing. Auch in diesem Augenblick der korrekte Beamte, entschuldigte er sich für sein ramponiertes Äußeres und erklärte, daß die Masse, die sich das *souveräne Volk* nenne, ihn gezwungen habe, sich bei *Seiner Majestät* für die Volksbewaffnung einzusetzen. Der *sogenannte souveräne Pöbel* stehe vor dem Schloß und erwarte von ihm alsbaldige Nachricht. Der von seiner Mission sichtlich gepeinigte Krausnick empfahl eine Verzögerungstaktik. Da eine Verteilung von Waffen an die *ungebundene Masse der besitzlosen*

54 Vgl. Krausnicks *Erinnerungen,* in: *NK* (wie Anm. 3), Nr. 28, S. 24 f.

untersten Klassen eine verheerende Wirkung haben müsse, solle man vom Balkon aus verkünden, daß der König die Vorschläge der städtischen Behörden erwarte und danach alles weitere bestimmen werde, womit man *auf vielleicht 24 Stunden* Zeit gewönne.[55] Nichts konnte deutlicher machen, wie fremd Krausnick der wirklichen Lage nach Abzug der Truppen gegenüberstand. Alles kam nun darauf an, so schnell wie möglich durch die vom Magistrat organisierte Bürgerbewaffnung den Schutz des Herrschers zu sichern.

Der von dieser Wendung auf das äußerste beunruhigte König zog sich mit den neuen Ministern, den Grafen Arnim und Schwerin, zur Beratung zurück. Als vom Schloßplatz Rufe nach dem König laut wurden, traten Friedrich Wilhelm IV. und seine Gemahlin auf den Balkon. Auch Krausnick wurde gebeten, ebenfalls hinauszugehen. Allen bot sich ein *herzzerreißender Anblick.* Um das Schloßportal waren acht Züge mit Leichen der in den Straßenkämpfen gefallenen Bürger gruppiert, die eine stumme Anklage gegen den König bildeten. Als sich der Monarch – sichtlich erschüttert – über das Balkongitter beugte, um zu den Volksmassen zu reden, erscholl der Ruf *Mütze ab*, und der König entblößte sein Haupt – eine Geste, die als die größte Demütigung der preußischen Monarchie in die Geschichte eingehen sollte.[56] Das absolute Königtum war in diesem Augenblick endgültig überwunden.

Nach der Rückkehr des Königs und seiner Begleitung herrschte lähmende Stille im Sternensaal. Krausnick konnte dem Monarchen die ihm eben überbrachte Nachricht weitergeben, daß sich rund 200 *zuverlässige Bürger* zum Schutz der Majestäten auf der Rückseite des Schlosses versammelt hatten.[57]

Gegen 2 Uhr begab sich Krausnick in größter Besorgnis vom Schloß in seine Wohnung. Da bereits Plünderungen vorgekommen waren, fühlte er sich als Repräsentant der Obrigkeit bedroht. Er schickte seine Frau und seine Töchter nach Potsdam und überließ Bekannten den Schutz seiner Wohnung. Dann suchte er wieder die Wohnung des Stadtverordneten Schauß am Schloßplatz auf, um die weitere Entwicklung von dort aus abzuwarten. Krausnick erteilte hier dem anwesenden Bürgermeister Naunyn die Anweisung, für die Sicherung des Rathauses und der städtischen Kassen zu sorgen, sowie den Stadträten Langerhans und Duncker, mit Ministerpräsident Graf von Arnim nähere Maßnahmen für die Bürgerbewaffnung zu beschließen und die Verteilung der Waffen zu überwachen. Scharf kritisierte Stadtrat Nobiling dieses Verhalten Krausnicks: *Gibt es etwas Schimpflicheres für den ersten Beamten der Stadt, als sich auf dem Rathaus, seinem Hauptquartier, gar nicht sehen zu lassen, sich in einer fremden Wohnung auf-*

55 Vgl. *a.a.O.*, S. 27 ff.; K. L. von Prittwitz, *Berlin...* (wie Anm. 32), S. 322 ff.; A. Wolff, *Berliner Revolutions-Chronik...* (wie Anm. 35), Bd. 1, S. 235.

56 Vgl. Krausnicks *Erinnerungen,* in: *NK* (wie Anm. 3), Nr. 28, S. 36; *Vossische Zeitung,* Nr. 68 und 69 vom 21. und 22. März 1848; A. Wolff, *Berliner Revolutions-Chronik...* (wie Anm. 35), Bd. 1, S. 249 f.; K. L. von Prittwitz, *Berlin...* (wie Anm. 32), S. 321 ff.; K. A. Varnhagen, *Tagebücher...* (wie Anm. 23), Bd. 4, S. 321 f.

57 Vgl. Krausnicks *Erinnerungen,* in: *NK* (wie Anm. 3), Nr. 28, S. 38; A. Wolff, *Berliner Revolutions-Chronik...* (wie Anm. 35), Bd. 1, S. 242.

zuhalten, wo ihn niemand suchen oder finden konnte, endlich jedesmal, wo eine Krisis eintritt, sich zu entfernen![58]

Krausnick war vom Lauf der Ereignisse erschüttert und körperlich erschöpft. In schlafloser Nacht resümierte er die Ereignisse des vergangenen Tages. Er glaubte, seiner Aufgabe nicht mehr gewachsen zu sein, und entschloß sich deshalb, sich für einige Wochen von den Amtsgeschäften zurückzuziehen. Einige befreundete Stadträte, mit denen er sich am Morgen des 20. März beriet, hielten ihn jedoch von diesem Schritt ab.[59] Etwa um 11 Uhr erschien Krausnick zur Magistratssitzung im Berlinischen Rathaus und ahnte nicht, daß nach den aufwühlenden Erlebnissen der letzten Tage nun die bitterste Prüfung seines Lebens auf ihn wartete.

Vor der Sitzung erfuhr er von anonymen Drohungen gegen seine Person. Stadtrat Schulze forderte ihn auf, sein Amt niederzulegen: *Ja, Drohungen und Warnungen sind da, Herr Oberbürgermeister, und wenn ich Ihnen einen Rath geben soll, so ist es der: Legen Sie Ihr Amt nieder! Das Volk ist gegen Sie!* Krausnick erwiderte, daß er stets die Interessen der Stadt treu erfüllt habe und daher keine Veranlassung zum Rücktritt sehe. In einer Rede vor den Stadträten sprach Krausnick anschließend von der Notwendigkeit, auch nach Einführung des konstitutionellen Prinzips für das Wohl der Stadt zu wirken und in den *augenblicklich gefahrvollen Momenten* die bisherigen Meinungsverschiedenheiten zu überwinden. Der Stadtschulrat erwiderte, daß das Volkstum das Königstum besiegt habe und jetzt die Obrigkeit sei. Es habe sich gegen Krausnick ausgesprochen und rufe ihn vom Amte ab, weil es kein Vertrauen mehr zu ihm besitze und weil er es stets mit dem Königstum und nicht mit dem Volkstum gehalten habe. Krausnick erwiderte, daß ihn gestern zwar *Pöbelmassen* angegriffen hätten, daß er in diesem Haufen aber nicht das Volk erkennen könne. Nur wenn ihm die Stadtverordnetenversammlung das Vertrauen entzöge, wolle er weichen. Stadtrat Schulze hatte für diesen Fall schon vorgesorgt. Im Nebenzimmer wartete bereits eine Delegation von zwölf Stadtverordneten, die sich Schulzes Antrag anschlossen. Als dann auch einige Stadträte zum Teil unter Tränen ihn bedrängten, zum Wohle der Allgemeinheit das Opfer des Rücktritts zu erbringen, gab Krausnick erschüttert nach. Aber auch in dieser emotionsgeladenen Stunde vergaß er nicht den Hinweis auf seine im Interesse der Stadt gemachten Schulden und empfahl sich und die Seinen der Fürsorge der Stadt. Stadtrat Schulze hielt sofort Papier und Feder bereit, um Krausnick den Rücktritt auch schriftlich abzunötigen, der sofort gedruckt und per Maueranschlag an allen Straßenecken bekanntgemacht wurde.[60] Die Leitung des Magistrats ergriff nun Bürgermeister Naunyn, der

58 Karl Haenchen, *Aus den Briefen Nobilings an Prittwitz*, in: *Forschungen zur Brandenburgischen und Preußischen Geschichte* 53 (1941), S. 129–154, hier S. 146, sowie Krausnicks *Erinnerungen*, in: *NK* (wie Anm. 3), Nr. 28, S. 43.

59 Vgl. *a.a.O.*, S. 45 f.

60 Vgl. *a.a.O.*, S. 51 ff.; K. L. von Prittwitz, *Berlin...* (wie Anm. 32), S. 361 ff., H. E. Kochhann, *Mitteilungen...* (wie Anm. 4), T. 4, S. 7 f.

wohl schon lange auf diesen Moment gewartet hatte. Stadtrat Pieper führte Krausnick auf Umwegen zum Bahnhof, von wo er zu seiner Familie nach Potsdam abreiste.[61]
Die Mehrheit der Berliner Bürger war für gemäßigt liberale Reformen in Stadt und Gesellschaft. Seit dem 18. März schien die Revolution jedoch über die gemäßigten Liberalen hinwegzugehen. Sie fürchteten, in den Sog einer unkontrollierten sozialen Revolution zu geraten, witterten hinter dem Streben der anonymen Massen Gefahren für das Privateigentum, die Grundlage ihres Selbstverständnisses, ihrer wirtschaftlichen Existenz und ihres politischen Einflusses. Im Augenblick der vermeintlichen Gefahr opferten sie deshalb ihren höchsten Repräsentanten, den Oberbürgermeister, um größeren Schaden von der Stadt abzuwenden.
Bereits einen Tag später, am 21. März, hatte sich Krausnick schon wieder soweit gefangen, daß er in Schreiben an die Stadtverordnetenversammlung, an den Vorsteher Fournier und an das Kammergericht den ihm *gegen die gesetzlichen Bedingungen* unter Zwang abgenötigten Rücktritt widerrief. Aus *Gesundheitsrücksichten* übertrug er jedoch – den Bestimmungen gemäß – am 31. März Bürgermeister Naunyn vorübergehend die Geschäfte.[62] Krausnick hatte damit seine Rechtsansprüche gewahrt. Bis zur endgültigen Regulierung seiner Verhältnisse sollten aber noch Wochen vergehen.
Inzwischen war er Zielscheibe zahlreicher Angriffe, die ihn der *Feigheit, der Unterwürfigkeit und der Schmeichelei* beschuldigten. Ein Pamphlet sprach aus, was viele über Krausnick dachten: *Sie haben immer gekonnt schön reden, aber sie hätten gemußt schön handeln. Sie haben immer nur geblinzelt nach oben, und unten ist für Sie gewesen finster: Sie sind gewesen taub für die Stimme der Zeit.*[63]
Krausnick ließ sich jedoch nicht beirren. Er betrieb weiter energisch seine Rehabilitierung. Aber erst nach Konstituierung der neu gewählten Stadtverordnetenversammlung konnten seine Angelegenheiten geregelt werden. Ein Rechtsgutachten des Magistrats hatte herausgefunden, daß Krausnick sich *de jure* als noch im Amte befindlich betrachten konnte. In einer lebhaften Debatte am 26. Juli aber waren sich alle Stadtverordneten einig, daß Krausnick nicht mehr ihr Vertrauen besaß. Er sei und bleibe, so der Stadtverordnete Krüger, *ein Mann des ancien régime; man würde jede seiner Handlungen im Interesse der Reaktion stehend bezeichnen und dadurch neue Unruhen hervorrufen. Berlins guter Ruf würde durch Krausnicks Zurückberufung leiden, ja ganz Deutschland würde über eine solche Handlungsweise spotten.* Einmütig verwarf die Versammlung den Antrag auf Krausnicks Rückberufung und schickte ihn unter sehr günstigen Bedingun-

61 Vgl. Krausnicks *Erinnerungen*, in: *NK* (wie Anm. 3), Nr. 28, S. 65 f.; *Vossische Zeitung*, Nr. 68 vom 21. März 1848; Original der Abdankungsurkunde im Geheimen Staatsarchiv Berlin.
62 Die Abschriften dieser Briefe vom 21. März sowie die Erklärung an das Kammergericht vom 24. März 1848 befinden sich in: *NK* (wie Anm. 3), Nr. 16, S. 84 ff.; vgl. auch Krausnicks *Erinnerungen*, in: *NK* (wie Anm. 3), Nr. 28, S. 67.
63 *NK* (wie Anm. 3), Nr. 30, S. 30; Vgl. auch J. Wetzel, *Heinrich Wilhelm Krausnick...* (wie Anm. 2), S. 59.

gen in den Ruhestand.[64] Damit war ein Schlußstrich unter eine für Krausnick besonders bittere Periode gezogen worden.

Nach seinem erzwungenen Rücktritt verfolgte Krausnick engagiert die politische Entwicklung. Mit einer gewissen Genugtuung stellte er fest, daß diejenigen im Magistrat, die im März 1848 so exaltiert für die Volksbewegung eingetreten waren und seine Warnungen als *Schreckgespenster* abtaten, durch die *Berliner Thatsachen* sich eines Besseren hätten belehren lassen müssen. Tatsächlich sei, wie von ihm vorausgesagt, die *volle revolutionaire Wirklichkeit der Pöbelmasse zur Wahrheit geworden.*[65]

Trotz unbeirrter Loyalität scheint Krausnick jedoch durch die Märzereignisse beim König und seinen Beratern ins Zwielicht geraten zu sein. Darauf lassen die kühle Verabschiedung aus dem Oberbürgermeisteramt und das lange Zögern bei der Rückberufung in den Staatsdienst schließen. In einem Brief an den Ministerpräsidenten Graf von Brandenburg schrieb er, daß er keineswegs auf die 1834 gewährte Zusage der Rückkehr in den Staatsdienst pochen, wohl aber sein Gesuch mit dem Mißgeschick begründen wolle, das ihn wegen seines *treuen Festhaltens an Recht, Gesetz und Ordnung* und wegen seiner *Treue für den König in Folge der Märzereignisse* betroffen habe. Im übrigen berühre ihn die *Geschäftslosigkeit* peinlich.[66]

Erst am 14. Mai 1849, also mehr als ein Jahr nach seinem Rücktritt, erhielt er eine Anstellung als Direktionsmitglied bei der Seehandlung, wurde aber bereits am 28. Oktober zum Vortragenden Rat ins Ministerium für Handel, Gewerbe und öffentliche Arbeiten berufen. Im November 1849 saß er also wieder in einer vergleichbaren Stellung, wie er sie vor seiner ersten Wahl zum Oberbürgermeister innegehabt hatte.[67]

Als er sich gerade von den psychischen Strapazen der vergangenen zwei Jahre zu erholen begann, erreichte ihn am 5. November erneut der Ruf, an die Spitze der Berliner Stadtverwaltung zu treten.

Wie konnte es nach dem unrühmlichen Abgang vom 20. März 1848 dazu kommen? Das Amt des Oberbürgermeisters war nicht wieder besetzt worden, weil sich zunächst kein geeigneter Kandidat fand. Schließlich wollten die Stadtväter das Inkrafttreten der angekündigten neuen Gemeindeordnung abwarten.[68]

Inzwischen hatte die Reaktion gesiegt. Die Bürger gewöhnten sich an die veränderten Verhältnisse, und das politische Interesse erlahmte. Die 1850 eingeführte Gemeindeordnung, die freilich nur drei Jahre in Kraft blieb, stärkte die Stellung der staatlichen Aufsicht und des Bürgermeisters. Durch die Einführung des neuen Wahlrechts, das die

64 Vgl. *National-Zeitung*, Nr. 85 u. 87 vom 28. u. 30. Juni 1848; A. Streckfuß, *Berlin...* (wie Anm. 1), Bd. 4, S. 378.

65 Vgl. Krausnicks *Erinnerungen*, in: *NK* (wie Anm. 3), Nr. 28, S. 68.

66 Entwurf des Schreibens an den Ministerpräsidenten vom 4. März 1849, in: *NK* (wie Anm. 3), Nr. 27, S. 6 f.

67 Bestallungsurkunde als Vortragender Rat beim Ministerium für Handel, Gewerbe und öffentliche Arbeiten vom 28. Oktober 1849, in: *NK* (wie Anm. 3), Nr. 33 u. Nr. 27, S. 11 ff.

68 *Gesetz-Sammlung für die Königlich Preußischen Staaten*, 1850, S. 213 ff.; vgl. P. Clauswitz, *Die Städteordnung...* (wie Anm. 14), S. 239 ff.

Wähler nach der Höhe der gezahlten direkten Steuern in drei Klassen teilte, kamen nur noch Anhänger der konservativen Richtung in die städtische Vertretung.
Auf der Grundlage dieser Gemeindeordnung standen am 5. November 1850 drei Bürgermeisterkandidaten zur Wahl: der ehemalige liberale Minister von 1848, Freiherr von Patow, der konservative Landrat von Ratibor, von Selchow, und Bürgermeister Naunyn. Da letzterer für die Abgeordneten nicht in Frage kam, sie sich aber weder für einen Vertreter des liberalen noch des konservativen Lagers entscheiden konnten, suchten sie einen Kompromißkandidaten. In diesem Stadium wurde plötzlich der Name Krausnick ins Spiel gebracht, der gerade wegen seiner politischen Indifferenz und wegen seiner obrigkeitsstaatlichen Haltung auch für den König akzeptabel erschien. Da keiner der Kandidaten in zwei Wahlgängen die erforderliche absolute Mehrheit bekam, von Patow schließlich verzichtete, wurde Krausnick im dritten Wahlgang mit der denkbar knappsten Mehrheit von nur einer Stimme für eine zwölfjährige Amtsperiode zum Stadtoberhaupt wiedergewählt.[69] Krausnick zögerte kurz, seine angenehme Staatsstellung aufzugeben, doch war die Verlockung des Triumphes der Wiedergutmachung für die erlittene Schmach stärker als der kühle Verstand.
Bei der feierlichen Amtseinführung im Köllnischen Rathaus am 23. Januar 1851 ließ Krausnick keinen Zweifel daran, daß für die Annahme der Wahl nicht die kommunalen Herausforderungen der sich entwickelnden Metropole den Ausschlag gaben, sondern die sich hierin für die Stadt und ihn persönlich dokumentierte Überwindung der Revolution: *Lassen Sie es mich aussprechen: Es thut meinem Herzen wohl, daß ich darin eine feierliche Vernichtung der scherbengerichtlichen Urtheile erblicke, welche die Aufregungen jenes gewalttätigen Jahres über mich ergehen ließen ... Die Bedeutung, welche Ihre Wahl gerade dieserhalb für mich hatte, war Hauptbewegungsgrund für mich, die ebenso ehrenvolle als sorgenfreie und angenehme amtliche Stellung, welche mir anderweitig im Staatsdienst zu Theil geworden war, wiederum aufzugeben, um Ihrem Rufe Folge leisten zu können.*[70]
Mit der Wiederwahl Krausnicks befreiten sich die Stadtväter zwar aus einer augenblicklichen Verlegenheit, auf lange Sicht erwiesen sie sich damit aber keinen Dienst. Von seiner Leitung gingen im folgenden Jahrzehnt keine bedeutenden kommunalpolitischen Impulse mehr aus. Die wichtigsten Entscheidungen für Berlin fällten staatliche Behörden. Die Stadt verlor auf fast allen kommunalpolitischen Feldern den An-

69 Vgl. die Mitteilung des Gemeinderates an Krausnick vom 5. November 1850 und den sich anschließenden Schriftwechsel, in: *NK* (wie Anm. 3), Nr. 27, S. 18 ff. Zur Wahl selbst vgl. *Vossische Zeitung* vom 6. November 1850; P. Clauswitz, *Die Städteordnung...* (wie Anm. 14), S. 243. Die neue Gemeindeordnung sah für das Stadtoberhaupt nur noch die Bezeichnung „Bürgermeister" vor. Krausnick erhielt jedoch den Titel „Oberbürgermeister" durch den Allerhöchsten Erlaß vom 16. November 1850 verliehen.

70 Entwurf der Antrittsrede, in: *NK* (wie Anm. 3), Nr. 27, S. 35 ff. Der hier zitierte Text aus der *Vossischen Zeitung*, Nr. 20 vom 24. Januar 1848, weicht in der Wortwahl geringfügig vom Manuskript ab.

schluß an die moderne Entwicklung und mußte in den sechziger und siebziger Jahren unter größten Mühen nachholen, was sie in den fünfziger Jahren versäumt hatte.
Der eigentliche Regent Berlins war der Polizeipräsident Karl Ludwig von Hinckeldey, der eine rigorose Polizeiherrschaft mit fortschrittlichen Reformen im kommunalen Bereich in Einklang zu bringen wußte. Er behandelte nach Meinung Varnhagens den Magistrat, der sich *feig und unwürdig* der Reaktion unterworfen habe, wie er's verdiente. *Hinckeldey macht nicht viel Umstände mit ihm, bürdet ihm die ungeheuersten Lasten auf, ordnet die Feuerwehr und Straßenreinigung, schließt mit Engländern einen Vertrag über die Versorgung der Stadt mit fließendem Wasser. Sofern er zweckmäßige Anordnungen trifft, wird er allerdings belobt, aber die Freiheit der Stadt leidet, und der Magistrat wird immer verächtlicher.*[71] Auch in anderen die Stadt betreffenden Fragen geriet die Verwaltung ins Hintertreffen. So erfolgte 1861 die Eingemeindung von Teilen des Tempelhofer und Schöneberger Gebietes, des Weddings und Moabits gegen den Willen der Stadtväter durch die Regierung, die vom Paragraphen 2 der neuen Städteordnung Gebrauch machen mußte.[72]
Diese Inaktivität der städtischen Behörden hing natürlich mit der allgemeinen Resignation und politischen Apathie der Reaktionszeit zusammen. Die städtischen Behörden waren nicht in der Lage, einer solchen Stimmung durch größere kommunalpolitische Leistungen entgegenzuwirken. Es fehlte sowohl an den erforderlichen finanziellen Mitteln als auch an der nötigen Initiative und Entschlußkraft des Oberbürgermeisters. Nur die Errichtung einiger weniger Schulen, Hospitäler und Kirchen vermochte der Magistrat in den fünfziger Jahren auf der Habenseite zu verbuchen. Über diesen bescheidenen Baurahmen griff die Stadt allerdings bei der Errichtung des neuen Rathauses hinaus. Nachdem der Magistrat bereits in den vierziger und fünfziger Jahren Grundstücke in der Spandauer Ecke Königstraße erwerben konnte, faßte die Stadtverordnetenversammlung 1855 den Beschluß, das alte, zu kleine und unansehnlich gewordene Berliner Rathaus durch einen repräsentativen Neubau zu ersetzen. Am 11. Juni 1861 legte Krausnick in einer feierlichen Zeremonie in Anwesenheit des Königspaares den Grundstein für den roten Backsteinbau.[73]
Noch zweimal trat Krausnick in das Rampenlicht der Öffentlichkeit. Am 1. Mai 1859 überreichte er an der Spitze einer Deputation der städtischen Behörden dem Prinzregenten Wilhelm anläßlich des 50. Jahrestages der Einführung der Steinschen Städteordnung eine „Dank- und Ehrfurchtsadresse", und wenige Monate später, am 10. November 1859, hielt er bei der Grundsteinlegung des Schiller-Denkmals vor dem von

71 K. A. Varnhagen, *Tagebücher...* (wie Anm. 23), Bd. 9, S. 438.
72 Vgl. *Bericht über die Verwaltung der Stadt Berlin 1861–1876*, Berlin 1878, S. 37 ff.; P. Clauswitz, *Die Städteordnung...* (wie Anm. 14), S. 168 f.; Konrad Kettig, *Berlin im 19. und 20. Jahrhundert. 1806–1945*, in: *Heimatchronik Berlin*, Köln 1962, S. 406.
73 Vgl. *Vossische Zeitung*, Nr. 134 vom 12. Juni 1861; *Das Berliner Rathaus. Denkschrift zur Grundsteinlegung für das neue Rathaus am 11. Juni 1861*, hrsg. vom Magistrat hiesiger königlicher Haupt- und Residenzstadt, Berlin 1861; P. Clauswitz, *Die Städteordnung...* (wie Anm. 14), S. 195 f.

Schinkel erbauten Schauspielhaus anläßlich des 100. Geburtstags des Dichters die Festansprache.[74] Beide Reden waren deutlich von einem liberalen Tenor geprägt, denn inzwischen hatte sich das politische Klima in Preußen seit der Übernahme der Regentschaft durch Prinz Wilhelm und der Einsetzung des Ministeriums der „Neuen Ära" geändert. Auch in die Stadtverordnetenversammlung zog wieder ein neuer Geist ein. Bei den Wahlen im November 1858 kehrten bedeutende Liberale in die Versammlung zurück, und 1862 erhielt die Fortschrittspartei die Mehrheit.[75] Energischer als bisher verlangten sie nun von der Stadtverwaltung neue kommunalpolitische Initiativen. Doch von Krausnick waren entsprechende Aktivitäten kaum noch zu erwarten. Wollte die Stadtverordnetenversammlung den an sie gestellten Anforderungen auch nur halbwegs gerecht werden, mußte sie nach einer dynamischeren Persönlichkeit Ausschau halten. Trotz seines fortgeschrittenen Alters war Krausnick nicht abgeneigt, für eine weitere Amtsperiode zu kandidieren. Doch die Stadtverordneten konnten ihn schonend davon überzeugen, daß er dafür nicht mehr in Frage kam.[76] Statt seiner wählten sie den Schwager Virchows, Karl Theodor Seydel, zum fünften Oberbürgermeister seit 1809, der mit großer Energie die Probleme anpackte, denn noch fehlte es – und das muß als Versäumnis der Amtsführung Krausnicks angelastet werden – an vielen Einrichtungen, die das Leben in der stürmisch wachsenden Großstadt erträglich machen sollten. Es fehlten noch immer städtische Krankenhäuser und – bis auf den Friedrichshain – Grünanlagen, vor allem aber war die so dringend benötigte Kanalisation noch immer nicht in Angriff genommen.[77]

Krausnicks Verabschiedung erfolgte in einer feierlichen Zeremonie am 30. Dezember 1862 in der Stadtverordnetenversammlung. Im Rückblick auf seine lange Amtszeit zog er eine insgesamt positive Bilanz. Wenn er auch die erzielten Resultate nicht allein seiner Anregung und Tätigkeit zuschreiben wollte, sondern auch der *Anregung und Beschlußfassung beider städtischer Behörden*, so glaubte er doch sagen zu können: *Auch ich bin mit dabei gewesen und habe dazu mitgewirkt ... Kann ich sonach mit einiger Genugtuung auf die Zeit meiner Verwaltung und auf das, was in dieser Zeit durch die beiden städtischen Behörden geschaffen worden, zurückblicken, so kann ich es nicht minder auf die bedeutende Entwicklung, welche die Stadt im Laufe meiner Amtsverwaltung in gewerblicher, industrieller, merkantiler und geistiger Beziehung genommen hat.*[78] Dieser Aufschwung war jedoch in nur geringem Maße den städtischen Behörden und noch weni-

74 Vgl. *NK* (wie Anm. 3), Nr. 38, S. 1 ff. u. Nr. 27, S. 58 ff.; *Vossische Zeitung*, Nr. 101 vom 1. Mai 1859.

75 Vgl. *Vossische Zeitung*, Nr. 246 vom 11. November 1859.

76 Vgl. Entwurf des Schreibens von Krausnick an die Stadtverordnetenversammlung vom 14. Mai und der Antwort vom 17. Juni 1862, in: *NK* (wie Anm. 3), Nr. 27, S. 88 ff.

77 Vgl. E. Kaeber, *Die Oberbürgermeister...* (wie Anm. 13), S. 75 f.; K. Kettig, *Berlin..* (wie Anm. 72), S. 407.

78 Entwurf der Rede in: *NK* (wie Anm. 3), Nr. 27, S. 93 ff.; vgl. auch *Vossische Zeitung*, Nr. 305 vom 31. Dezember 1862.

ger allein der Initiative des Oberbürgermeisters, sondern im wesentlichen unternehmerischen Leistungen und der Arbeit staatlicher Stellen zu verdanken.
Krausnick war, so urteilte Adolf Streckfuß, *ein alter tüchtiger Beamter, der sich zwar niemals durch politische Freisinnigkeit, wohl aber durch Arbeitslust ausgezeichnet und sich manche Verdienste um die Verwaltung Berlins erworben hatte.* Diese Verdienste lagen in den Jahren vor 1848: Der Ausgleich mit dem Fiskus, die Regelung des städtischen Haushalts- und Rechnungswesens, die Ausweitung der Armenfürsorge, der Bau der Gasanstalten sowie die Errichtung des Friedrichshains können hier als Glanzlichter gelten. Schwerer jedoch wiegen die Versäumnisse in der zweiten Hälfte seiner Tätigkeit als Oberbürgermeister, was schließlich viele Abgeordnete bewog, sich nach einem anderen Kandidaten umzusehen und Krausnick in den finanziell gesicherten Ruhestand zu schicken.
Während der Verabschiedungszeremonie zeichneten ihn die Stadtväter mit der Ehrenbürgerwürde aus. Zahlreiche andere Ehrungen hatte er bereits seit seinem 25jährigen Oberbürgermeisterjubiläum 1859 erfahren: 1860 ernannte ihn die Friedrich-Wilhelms-Universität anläßlich ihres 50jährigen Bestehens zum Ehrendoktor, und König Wilhelm I. berief ihn 1861 anläßlich seiner Krönung zum Komtur des Hohenzollernschen Hausordens. Außerdem bestimmte der König, daß die neue Verbindungsstrecke zwischen der Oranienburger und der Hamburger Straße den Namen „Krausnickstraße“ führen sollte.[79]
Nach seiner Pensionierung nahm Krausnick – abgesehen von der Mitgliedschaft in einigen karitativen Vereinen und in dem 1865 gegründeten Verein für die Geschichte Berlins – nicht mehr am öffentlichen Leben teil. Völlig zurückgezogen, betreut von seiner Tochter, lebte er noch zwanzig Jahre und starb am 14. Dezember 1882. Mit einem feierlichen Begräbniszug vom neuen Rathaus zum Jerusalemer Kirchhof ehrte die Stadt noch einmal ihren langjährigen Oberbürgermeister.[80]

79 Vgl. J. Wetzel, *Heinrich Wilhelm Krausnick...* (wie Anm. 2), S. 77; *Vossische Zeitung*, Nr. 231 vom 10. Oktober 1861. Zur Erhebung in den erblichen Adelsstand konnte sich der König offenbar wegen Krausnicks kleinbürgerlicher Herkunft nicht entschließen. Bereits beim Thronwechsel 1840 war Krausnick vom Oberpräsidenten mit der Bemerkung, daß er zu den *gebildetsten und sonst auch edelsten Männern gehört*, für die Erhebung in den Adelsstand vorgeschlagen worden. 1861 schlug ihn der Oberpräsident wiederum vor und begründete den Vorschlag mit dessen *großen Geschäftskenntnissen*, mit der *treuen Anhänglichkeit an das Königliche Allerhöchste Haus* und mit seiner von der *vortrefflichsten Gesinnung getragenen großen amtlichen Wirksamkeit;* vgl. BLHA, Pr. Br., Rep. 2A, Reg. Potsdam, Nr. 1927/2.

80 Vgl. *Vossische Zeitung*, Nr. 591 vom 18. Dezember 1882.

Franz Naunyn

von Jürgen Wetzel

Überraschend war Franz Naunyn am 20. März 1848 der Vorsitz im Magistratskollegium zugefallen. Lange schon hatte er jedoch auf diese Stunde gewartet. Er ahnte zu diesem Zeitpunkt nicht, daß er nur eine Statthalterrolle für den nach der Revolution zurückberufenen Krausnick spielen würde.
Naunyn war der Aufstieg an die Spitze der Berliner Verwaltung nicht in die Wiege gelegt worden. Da sein Vater früh starb und die Familie kein Vermögen besaß, durchlebte der am 29. September 1799 als Sohn des Bürgermeisters von Drengfurt in Ostpreußen geborene Naunyn eine schwierige Kindheit. Nach wenigen Schuljahren verließ er aus finanziellen Gründen das Gymnasium in Rastenburg, um sich auf eine mittlere Beamtenlaufbahn vorzubereiten. Durch die Förderung von Verwandten erhielt er jedoch die Möglichkeit, die Oberschuljahre nachzuholen und 1821 eine hervorragende Reifeprüfung abzulegen. Nach einem juristischen Studium an der Albertus-Universität in Königsberg begann Naunyn seine Berufstätigkeit als Syndikus bei der Generalkommission zur Regulierung der gutsherrlichen und bäuerlichen Verhältnisse in Ostpreußen und wechselte nach der großen juristischen Staatsprüfung zur königlichen Regierung nach Gumbinnen über. Dort knüpfte er Kontakte mit bekannten Altliberalen und nahm an den freiheitlichen und sozialen Bestrebungen der Bürger teil.
Während der Vorbereitungen zum dritten Staatsexamen am Kammergericht in Berlin erbat die Stadt Naunyns Hilfe bei der Regulierung des Terrains des Köpenicker Feldes. Da er die Aufgabe in *gewandter und sämmtliche Interessen zufriedenstellender Weise* löste, erwarb er sich den Dank und das Vertrauen der Stadtväter, die sich seiner erinnerten, als 1844 nach der Pensionierung Rehfeldts das Bürgermeisteramt frei wurde. Obwohl Naunyn inzwischen als Justitiar der Niederschlesisch-Märkischen Eisenbahn und als Direktor der Anhaltinischen Eisenbahn über höhere Bezüge verfügte, nahm er die Wahl zum Bürgermeister an.[1] Wahrscheinlich hoffte er schon damals, bald an die Spitze der Berliner Verwaltung treten zu können. Seine liberale Haltung und sein Eintreten für den Verfassungsstaat ließen ihn jedoch weder bei Hofe noch bei der Mehrheit der konservativen Stadträte hoch im Kurs stehen. Und sein Verhältnis zu Krausnick litt von Anfang an unter seinen Ambitionen, ihn bald im Amt des Oberbürgermeisters ablösen zu können. Ihre persönlichen Animositäten und politischen Gegensätze sollten dann während der Revolutionstage im März 1848 offen zutage treten. Als Krausnick mit Bürgermeister Naunyn am 18. März vormittags im Köllnischen Rathaus eintraf, um die vom Schloß erbetene Delegation der städtischen Behörden zusammenzustellen, debattierte das Stadtparlament gerade über eine neue Adresse an den König. Als Nau-

1 Vgl. *Vossische Zeitung*, Nr. 103 vom 2. Mai u. Nr. 105 vom 5. Mai 1860; *Haude und Spenersche Zeitung*, Nr. 103 vom 2. Mai 1860; Gerhard Kutzsch, *Berlins Bürgermeister 1808 bis 1933. Die „Zweiten Männer" der Stadt*, in: *Der Bär von Berlin. Jahrbuch des Vereins für die Geschichte Berlins* 25 (1976), S. 7–29, hier S. 13 f.

nyn mit der Bemerkung in die Debatte eingriff, daß es in diesem Augenblick nicht mehr um einzelne Anträge gehe, sondern man nun klipp und klar sagen müsse, daß man die Konstitution wolle, erntete er von der Mehrheit lebhafte Zustimmung. Krausnick zeigte sich jedoch über diese Eigenmächtigkeit empört und richtete an seinen Stellvertreter wegen dieser *aufregenden Äußerungen* die heftigsten Vorwürfe. Naunyn, der sich von Anfang an ganz *exaltiert* für die Volksbewegung eingesetzt hatte, hielt die Warnungen Krausnicks jedoch für *leere Gespenster*.[2]
Noch einmal griff Naunyn in das Revolutionsgeschehen ein. Nach den Kämpfen des vergangenen Tages versammelten sich frühmorgens am 19. März zahlreiche Abordnungen im Schloß, unter ihnen auch Bürgermeister Krausnick. Sie alle bemühten sich um die Wiederherstellung des Friedens zwischen den kämpfenden Parteien. Da Naunyn – nach dem Urteil des Generals von Prittwitz – nicht ertragen konnte, wenn irgend etwas geschah, woran er nicht beteiligt war,[3] begab auch er sich etwa um 10 Uhr ins Schloß. Er hatte zwar kein Mandat der städtischen Behörden, war jedoch von den Verteidigern der Barrikaden in der Friedrichstraße beauftragt worden, für den Rückzug des Militärs zu sorgen.[4] Da die Revolution keinen Führer hervorgebracht hatte, versammelten sich mehrere andere anwesende Bürger, darunter Stadtrat Duncker und der Bezirksvorsteher Vollmer, um ihn und betrachteten ihn als ihren Sprecher. Innenminister von Bodelschwingh vermittelte eine Audienz beim König, der Naunyn und die Bürger in Gegenwart der Prinzen, Minister und Generäle empfing. Energisch forderte Naunyn die augenblickliche Zurückziehung sämtlicher Truppen von den Straßen und Plätzen, sonst würden die Barrikaden nicht geräumt und ein erneutes Blutbad würde unvermeidlich. Der König hörte sich die Forderungen sehr freundlich an und versprach, das Militär in die Kasernen zurückzuziehen. Tatsächlich erging kurz danach eine entsprechende Weisung, und Naunyn konnte die Nachricht in Begleitung eines Adjutanten den Barrikadenkämpfern in der Friedrichstraße verkünden. Damit hatte die Revolution gesiegt, und der Bürgermeister glaubte, diese Wendung der Ereignisse mitbewirkt zu haben.[5]

2 Vgl. Akten über meine Privatverhältnisse, Vol. I 1815–1835, in: *Nachlaß Krausnick* (künftig zitiert: *NK*); Landesarchiv Berlin, Rep. 200, Acc. 2675, Nr. 28, S. 4; einen detaillierten Bericht über die Revolutionsereignisse lieferte Karl Ludwig von Prittwitz, *Berlin 1848*, bearb. und eingel. von Gerd Heinrich, Berlin-New York 1985, S. 19 u. 114.

3 Vgl. K. L. von Prittwitz, *Berlin...* (wie Anm. 2), S. 100. Stadtrat Nobiling ging noch weiter und sprach von der Sucht Naunyns, die auch in gefährlichen Augenblicken nicht nachließ, niemand anderem eine Wirksamkeit zu gestatten; vgl. *a.a.O.*, S. 369.

4 Vgl. *a.a.O.*, S. 284 f.

5 Vgl. vor allem die ausführliche Darstellung bei K. L. von Prittwitz, *Berlin...* (wie Anm. 2), S. 271, 284 f., 288, 293 u. 300; *Vossische Zeitung*, Nr. 67 vom 20. März 1848; Adolf Wolff, *Berliner Revolutions-Chronik*, Bd. 1, Berlin 1851, S. 218 f.; Krausnicks Erinnerungen, in: *NK* (wie Anm. 2), Nr. 28, S. 25; Karl August Varnhagen von Ense, *Tagebücher*, Bd. 4, Leipzig 1861, S. 323; Adolf Streckfuß, *Berlin im 19. Jahrhundert*, Bd. 4, Berlin 1869, S. 68; Felix Rachfahl, *König Friedrich Wilhelm IV. und die Berliner Märzrevolution im Lichte neuer Quellen*, in: *Preußische Jahrbücher* 110 (1902), S. 264–309 u. 413–462, hier S. 418 u. 421.

Franz Naunyn, * Drengfurt (Ostpreußen) 29. 9. 1799, † Berlin 30. 4. 1860, Amtierender Oberbürgermeister Berlins 1848–1850

Einen Tag später, am 20. März, erfüllte sich dann das Schicksal Krausnicks, und Naunyn ergriff – wie ein eilig gedrucktes Flugblatt verkündete – den Vorsitz im Magistrat. Da Krausnick jedoch schon am 21. März seinen Rücktritt widerrief, blieb er *de jure* weiter im Amt, bis ihn die neue Stadtverordnetenversammlung im Juni endgültig abwählte.[6] Nun erst war der Weg für Naunyn frei. Die Stadtväter konnten sich jedoch lange nicht zu der Neuwahl eines Oberbürgermeisters durchringen. Wegen seiner offen gezeigten Ambitionen und seiner politischen Haltung erschien ihnen der Bürgermeister nicht als der geeignete Kandidat. Sie befürchteten, durch seine Berufung ähnliche Konflikte heraufzubeschwören wie zur Zeit Bärensprungs, die vielen noch in lebendiger Erinnerung waren. Schließlich wollten sie das Inkrafttreten der angekündigten neuen Gemeindeordnung abwarten.[7]

Die im Mai gewählte Stadtverordnetenversammlung zeigte zunächst bei jeder Gelegenheit ihre Sympathien für die Revolution. Und auch im Magistrat herrschte vorübergehend ein revolutionärer Geist, der mehr und mehr erlahmte, je verworrener sich die politischen Verhältnisse gestalteten.

Magistrat und Stadtverordnetenversammlung sahen sich in den Monaten nach den Märzereignissen mit einer Fülle politischer, sozialer und wirtschaftlicher Probleme konfrontiert. Zahlungsschwierigkeiten und finanzielle Zusammenbrüche waren an der Tagesordnung. Die Folge waren Arbeitslosigkeit, Demonstrationen und Unruhen. Durch umfangreiche Notstandsarbeiten versuchten Stadt und Staat, dieses Problem in den Griff zu bekommen. Daß die Selbstverwaltung in diesen unruhigen Zeiten dennoch unangefochten blieb, ist nicht zuletzt auch Franz Naunyns Verdienst, der es mit *klarster Einsicht, umfassender Sachkenntniß, scharfem Urtheil und willenskräftiger Entschließung* verstand, *das Beste der Commune und ihrer Institute* wahrzunehmen.[8]

Im Herbst gewann die Reaktion wieder an Boden. Naunyn und der Magistrat befanden sich in einem Dilemma. Einerseits wollten sie am Prinzip der Selbstbestimmung – wie es sich in dem Willen der Nationalversammlung manifestierte – festhalten, andererseits jedoch für die revolutionsmüden Bürger Ruhe und Ordnung um jeden Preis schaffen. Von den Demokraten wurde Naunyn deshalb bereits als Reaktionär beschimpft.

6 Vgl. A. Streckfuß, *Berlin...* (wie Anm. 5), S. 104; die biographische Studie basiert im wesentlichen auf Vorarbeiten für den Beitrag *Heinrich Wilhelm Krausnick und die Berliner Kommunalpolitik 1834 bis 1862,* den der Verfasser im Katalog zur Ausstellung des Landesarchivs Berlin veröffentlicht hat, in: *„...taub für die Stimme der Zeit". Zwischen Königstreue und Bürgerinteressen: Berlins Oberbürgermeister H. W. Krausnick von 1834 bis 1862* (= Ausstellungskatalog des Landesarchivs Berlin, Bd. 4), Berlin 1985, S. 9–84, hier bes. S. 51 f.; A. Wolff, *Berliner Revolutions-Chronik...* (wie Anm. 5), Bd. 1, S. 268 f.

7 Vgl. J. Wetzel, *Heinrich Wilhelm Krausnick...* (wie Anm. 6), S. 68; Günter Richter, *Zwischen Revolution und Reichsgründung (1848–1870),* in: Wolfgang Ribbe (Hrsg.), *Geschichte Berlins,* Bd. 2, München 1987, S. 605–687, hier S. 667 f.

8 *Vossische Zeitung,* Nr. 103 vom 2. Mai 1860. Vgl. hierzu auch Bernhard Naunyn, *Erinnerungen. Gedanken und Meinungen,* München 1925, S. 7 ff.

Nach der Ernennung des Grafen von Brandenburg zum Ministerpräsidenten, der sich die Nationalversammlung vergeblich widersetzt hatte, wurde diese am 9. November vertagt und nach Brandenburg verlegt. Die Mehrheit der Bürger war zwar im Augenblick noch auf seiten des Parlaments, beschränkte sich jedoch nur auf Proteste und passiven Widerstand. Noch am gleichen Tag beschloß der Magistrat, einer Adresse der Stadtverordnetenversammlung beizutreten und sie am 10. dem König durch eine Deputation unter Leitung von Naunyn schriftlich und mündlich zugehen zu lassen. Darin bat der Magistrat um die Belassung der Nationalversammlung in Berlin: Die Ehre und das Recht der Residenzstadt werde durch die Verlegung hart bedroht. Die Deputation mußte jedoch unverrichteter Dinge aus Potsdam zurückkehren, weil der König sie nicht empfangen hatte.[9]

Schlag auf Schlag liquidierte die neue Regierung nun die Ergebnisse der Revolution. Als Innenminister von Manteuffel den Magistrat am 10. November aufforderte, die Bürgerwehr für die Auflösung der weiter in Berlin tagenden Nationalversammlung einzusetzen, verweigerte der Magistrat den Gehorsam, weil er dieses Ansinnen für nicht vereinbar mit den gesetzlichen Bestimmungen hielt. Darauf wurde die Bürgerwehr durch königliche Verordnung am 11. November aufgelöst und die Nationalversammlung durch die seit dem 10. November in der Stadt anwesenden Truppen General von Wrangels auseinandergetrieben.[10] Die in Permanenz tagenden städtischen Behörden beschlossen am 12. November erneut, eine Petition an den König zu richten, um für die Rücknahme der Verordnung zur Auflösung der Bürgerwehr zu bitten. Die noch spätabends nach Potsdam abgesandte Deputation wurde jedoch wieder nicht empfangen.[11]

Inzwischen hatte die Regierung den Belagerungszustand über Berlin verhängt. Die Nationalversammlung reagierte mit dem letzten Mittel, mit dem Aufruf zur Steuerverweigerung. Hatte der Magistrat bislang in seiner Mehrheit die Entscheidungen der Nationalversammlung begrüßt, so stieß dieser Aufruf auf seinen heftigen Widerspruch. In einer Ansprache *An unsere Mitbürger* kritisierte er den Steuerverweigerungsbeschluß als ein Mittel, *die Fackel des Aufruhrs in das Land zu werfen.* Er drehte den Spieß um und beschuldigte die Nationalversammlung, nicht rechtzeitig eine Verfassung zustande gebracht zu haben, weshalb die Wiederherstellung von Ruhe und Ordnung sowie die wirtschaftliche Erholung ausgeblieben seien. Der Magistrat zeigte deshalb Verständnis für die Maßnahmen der Regierung, die das Land vor dem Abgrund retten würden.[12]

9 Vgl. *Vossische Zeitung*, Nr. 264 und 265 vom 11. u. 12. November 1848; A. Streckfuß, *Berlin...* (wie Anm. 5), Bd. 4, S. 534 ff.

10 Vgl. *Vossische Zeitung*, Nr. 265 vom 12. November 1848; A. Streckfuß, *Berlin...* (wie Anm. 5), Bd. 4, S. 541 ff.; G. Richter, *Zwischen Revolution und Reichsgründung...* (wie Anm. 7), S. 635–641.

11 Vgl. *Vossische Zeitung*, Nr. 266 vom 14. November 1848; A. Streckfuß, *Berlin...* (wie Anm. 5), Bd. 4, S. 563 f.

12 *Vossische Zeitung*, Nr. 273 vom 22. November 1848 sowie Nr. 266 vom 14. November 1848; A. Streckfuß, *Berlin...* (wie Anm. 5), Bd. 4, S. 588.

Mit dieser Haltung wandte sich der Magistrat endgültig von der Revolution ab und versuchte, sich den neuen Gegebenheiten nach Verhängung des Belagerungszustandes anzupassen. Er trat völlig in den Schatten des nun für Berlin agierenden neuen Polizeipräsidenten Karl Ludwig von Hinckeldey. Es begann eine Zeit des *allgemeinen Leisetretens*, schreibt Kochhann. Magistrat und Stadtverordnetenversammlung, die eben noch emsig beflissen gewesen seien, der Nationalversammlung treu zur Seite zu stehen, seien bald Werkzeug der neuen Machthaber geworden. *Der wankelmütige Bürgermeister Naunyn sowie der stets auf sein eigenes Wohl bedachte Stadtverordnetenvorsteher Seidel erstarben in würdeloser Unterwürfigkeit.*[13] Nach Aufhebung des Belagerungszustandes beschloß die Stadtverordnetenversammlung am 28. Juli 1849 in geheimer Sitzung eine Annäherung an die Krone und die Wiederherstellung des *alten guten Verhältnisses.* Eine Ergebenheitsdeputation der städtischen Behörden unter Leitung von Bürgermeister Naunyn eilte nach Potsdam, um sich vor dem König zu verbeugen.[14] Danach vermieden es der Magistrat und die Stadtverordnetenversammlung peinlichst, sich mit anderen als mit reinen Verwaltungsangelegenheiten zu beschäftigen. Der zu Beginn der Revolution für die Bürgerrechte so vehement eingetretene Naunyn wurde nun zur Zielscheibe des Gespötts. Im November 1849 veröffentlichte der „Kladderadatsch" eine Karikatur in fünf Bildern unter der Überschrift „Der Unvermeidliche", die ihn mit der Kette des Oberbürgermeisters nach allen politischen Richtungen gefällig zeigen und jedem das sagen lassen, was er hören wollte. Diese „wankelmütige" Haltung wurde Naunyn von vielen Abgeordneten verübelt, weshalb sie sich bei der Neuwahl des Stadtoberhauptes im November 1850 nicht für ihn, sondern für den stets für Recht und Ordnung eintretenden, unbeirrt königstreuen Krausnick entschieden.

Diese Wahl war jedoch keine Entscheidung gegen Naunyns fachliche Kompetenz, denn noch zweimal bestätigten sie ihn im Amt des Bürgermeisters. Als Vorsitzender der Ökonomie-Deputation, der Armen-Direktion, des Kuratoriums der Gewerbeschule und des Kollegiums der *Gymnasiarchen* hatte er mit *ebenso hervortretendem Erfolge sich bewährt, wie wenn er, oft unter schwierigen Verhältnissen, die Leitung der ganzen Geschäftstätigkeit des Magistrats stellvertretend zu leiten berufen war.*[15] Franz Naunyn, inzwischen zum Geheimen Regierungsrat ernannt, erlag am 30. April 1860 nach längerem Leiden den Folgen eines Schlaganfalls. Eine Straße in Berlin-Kreuzberg hält seit 1863 den Namen des langjährigen Bürgermeisters in Erinnerung.

13 Heinrich Eduard Kochhann, *Mitteilungen aus den Jahren 1839–1848,* T. 4, S. 17; vgl. hierzu auch die Bemerkung Nobilings über die *heutige Gesinnung* Naunyns im Vergleich zu den Märztagen, in: K. L. von Prittwitz, *Berlin...* (wie Anm. 2), S. 423.

14 Vgl. Paul Clauswitz, *Die Städteordnung von 1808 und die Stadt Berlin,* Berlin 1908, S. 228 f.; Bernhard Naunyn irrt offenbar, wenn er in: *Erinnerungen...* (wie Anm. 8) u. *Vossische Zeitung,* Nr. 102 vom 2. Mai 1860, S. 12, die Ergebenheitsadresse bereits auf den 30. Juli 1848 legt; vgl. hierzu *Kladderadatsch,* Nr. 48 vom 25. November 1849.

15 *Vossische Zeitung,* Nr. 102 vom 2. Mai 1860.

Karl Theodor Seydel

von Karl-Heinz Noack

Zu Unrecht gehört Karl Seydel zu den Berliner Oberbürgermeistern, deren Name heute weniger bekannt oder trotz der nach ihm benannten Straße sogar in Vergessenheit geraten ist.

Seydel trug entscheidend dazu bei, daß sich das vergrößernde Berlin zu einer echten Großstadt entwickeln konnte. Sein neunjähriges Arbeiten und Wirken war in vielem mehr vorbereitend und beginnend als vollendend, denn er zeichnete die Stadtentwicklung in wichtigen Punkten vor und seine Nachfolger konnten auf den von ihm geschaffenen Grundlagen aufbauen. *Unsere ganze Arbeit in Berlin besteht noch heute nur darin, Seydels Pläne und Projekte zu verwirklichen, und bei der unerschöpflichen Menge an Material, die er uns hinterlassen hat, haben wir noch Jahre damit zu tun, um alles zu realisieren, was er gewollt hat,*[1] stellte Max von Forckenbeck gegenüber dem Chefredakteur der „Kölnischen Zeitung" fest und gab so eine treffende Charakteristik seines Vorgängers. Es war für Berlin ein Glücksfall, gerade in dieser Phase der Stadtentwicklung einen Mann mit einer umfassenden wissenschaftlichen Bildung[2] wie Seydel an der Spitze zu haben, der nicht nur tatkräftig war, sondern dem es mehr auf das überlegte, weitsichtige Planen ankam.

Karl Theodor Seydel wurde am 14. Juli 1812 in Minden als Sohn eines Gutsbesitzers geboren. Sein Vater hatte sich erfolgreich hochgearbeitet und als Kaufmann und Unternehmer ein Vermögen erworben. So war er in der Lage, das 400 Morgen große Gut Rodenbeck zu kaufen, auf dem er auch eine Ziegelei und eine Spiritusbrennerei betrieb. Dort herrschte er ebenso autokratisch wie in seiner Familie. Noch als 97jähriger brach er im Frühjahr 1872 ein Gespräch mit seinem Sohn, der damals als Oberbürgermeister für die Geschicke Berlins verantwortlich war, über die neue Kreisordnung mit den Worten ab: *Ihr dummen Jungs versteht von diesen Dingen nichts!* [3]

Die Schule besuchte Karl Theodor Seydel in Köln, legte dort 1829 das Abitur ab, um danach Staatswissenschaften zu studieren. Auf Wunsch des Vaters sollte er ebenso wie schon sein älterer Bruder die Universität Königsberg besuchen, um die Heimat seiner von dort stammenden Familie näher kennenzulernen. 1829 ließ sich Karl Theodor Seydel als Student an der philosophischen, später auch an der juristischen Fakultät immatrikulieren. Die Ferien verbrachte der stets heitere Studiosus, der, ohne die Arbeit zu vernachlässigen, auch die Jugend genoß, meist bei seinem älteren Bruder in Lehnarten, einem vom Vater im Kreis Oletzko erworbenen Rittergut. Er scheute aber auch nicht die alljährliche beschwerliche Reise mit der Postkutsche oder mit dem Wagen in das heimatlichen Minden. Hier schloß er auch seine Studien ab und legte die erste Prü-

1 Zitiert nach: Friedrich Seydel, *Unsere Familie. Gesammeltes und Erlebtes*, Halle 1907 [Manuskriptdruck].

2 Vgl. den Nachruf des Magistrats vom 10. 1. 1873, zitiert in: *A.a.O.*, S. 189.

3 *A.a.O.*, S. 35.

fung für den Staatsverwaltungsdienst als Regierungsreferendar ab. Minden war auch der Standort während seiner Militärdienstzeit, die er 1835 als Sekondeleutnant im dortigen Landwehrregiment beendete. Neben seinen noch nicht sehr umfangreichen dienstlichen Aufgaben als Referendar betrieb Seydel zahlreiche Privatstudien. Diese betrafen nicht nur die verschiedenen Zweige des staatlichen Verwaltungsdienstes, sondern dehnten sich auch auf die Gebiete der Philosophie, Philologie, der Kunst- und Literaturgeschichte, aber auch der Technologie aus. Schon während der Studienzeit hatte er kontinuierlich Bücher erworben und mit dem Aufbau einer ansehnlichen Bibliothek begonnen, obwohl sein Vater über die umfangreichen Bücherrechnungen klagte, die er zu begleichen hatte. Im Laufe der Zeit entstand so eine große, fast alle Zweige der Wissenschaft und Literatur umfassende Bibliothek, die oftmals die Bewunderung von Kennern erregte.[4] In seinen späteren Lebensjahren und sicherlich bei jedem Wohnungswechsel empfand Seydel auch die Last, die mit einem so großen Besitz an Büchern für einen Beamten verbunden ist, und er warnte seine Kinder des öfteren, es ihm nicht gleichzutun, denn wenn man die Bücher erst habe, trenne man sich nur schwer wieder davon.[5] Dennoch darf man in Seydels gepflegter Privatbibliothek keine schrullige Liebhaberei sehen, vielmehr steht damit sein Weitblick, der unter anderem auch später seine vorausschauende Berliner Stadtplanung erst ermöglichte, in engem Zusammenhang. Seydels verdienstvolles Wirken als Beamter beruhte wohl auch darauf, daß hinter dem nüchternen Verwaltungsfachmann ein literarisch gebildeter und an allen Dingen interessierter Mensch stand.

Dieser in der landläufigen Beamtenmentalität durchaus nicht übliche Wille, sein Wissen ständig zu erweitern, ließ Seydel auch das Assessorexamen lange hinausschieben, weil er meinte, daß er nach dem Examen nicht mehr so viel Muße zum Lesen und Lernen haben werde wie vorher und daß es deshalb im Interesse seiner Fortbildung besser sei, damit noch zu warten.[6] Bei der im Februar 1839 bestandenen Prüfung wurden ihm neben *vorzüglichen natürlichen Anlagen, besonders Scharfsinn* bescheinigt und *namentlich eine ausgezeichnete wissenschaftliche Bildung* hervorgehoben, *seine Probeschriften sind gut, zum Teil ausgezeichnet befunden worden.*[7] Als neu ernannter Regierungsassessor begann Seydel bei der Regierung in Minden, wurde aber bald nach Posen versetzt, wo er an der Verwaltung des unter Sequester gestellten erzbischöflichen Vermögens beteiligt war. Nach Beendigung des Konflikts zwischen dem Erzbischof und der preußischen Regierung wurde Seydel zunächst wieder nach Minden, 1842 aber nach Berlin versetzt, wo er im Finanzministerium im Büro des Chefs der Seehandlung beschäftigt war. Eine unliebsame Unterbrechung erfuhr diese Berliner Zeit durch eine Strafversetzung zur Regierung nach Oppeln, wo er die Eisenbahnangelegenheiten zu bearbeiten hatte. Ursache dafür waren Veröffentlichungen des gemäßigt liberal eingestellten Sey-

4 Vgl. *a.a.O.*, S. 85.
5 *Ebda.*
6 *Ebda.*
7 *Ebda.*

Karl Theodor Seydel, * Minden 14. 7. 1812, † Berlin 9. 1. 1873, Oberbürgermeister von Berlin 1862–1872

del in Arnold Ruges „Hallischen Jahrbüchern“ und der „Leipziger Allgemeinen Zeitung", die als regierungsfeindlich galten. In dieser Zeit lernte Seydel auch Anna Mayer, die Tochter eines bekannten Berliner Gynäkologen, kennen, die später seine Frau werden sollte. Ihre Schwester heiratete Rudolf Virchow, so daß auf diese Weise eine wichtige verwandtschaftliche Verbindung entstand.

Die Rückkehr nach Berlin erfolgte im Spätsommer 1845. Grund dafür waren vor allem seine Vorarbeiten an der Bankordnung von 1846, so daß der Minister Rother beim König um die weitere Mitarbeit Seydels in dieser Sache nachsuchte. Auch Rudolf von Delbrück hob in seinen Lebenserinnerungen Seydels Anteil an der Erarbeitung der Bankordnung hervor. *Die Vorarbeiten zu der Bankordnung von 1846 aus der Feder des im Bureau des Ministers Rother angestellten Regierungsrats Seydel gewährten Belehrung und regten zum Nachdenken an ... Er war ein äußerst geist- und kenntnisreicher Mann, für jede zweite Stellung eminent geeignet, aber* [damals] *ohne die für eine erste Stelle unentbehrliche Ruhe und Stetigkeit.*[8] Dieses Urteil über den damals 34jährigen Seydel fand seine Bestätigung in der Beförderung zum Regierungsrat im September 1845 und in der zwei Jahre später erfolgten Ernennung zum Geheimen Finanzrat. 1854 avancierte er zum Geheimen Oberfinanzrat, und auch auf der Liste für die Anwärter des Roten Adlerordens diente er sich allmählich höher und war 1859 bereits bei der dritten Klasse angelangt. Im Finanzministerium war Seydel für die Bearbeitung der Geld- und Kreditangelegenheiten sowie für das Münzwesen zuständig. In den fünfziger Jahren führte er in dieser Eigenschaft Verhandlungen mit Österreich über die Angleichung des Münzwesens. *Die geistige Leitung gewann Herr Seydel, weil er mehr, als irgend ein anderer Bevollmächtigter, den Stoff beherrschte und die von ihm vertretenen Ansichten als dem allgemeinen Interesse entsprechend darzustellen verstand,*[9] schrieb Rudolf von Delbrück später darüber.

1859 beendete Seydel seine Tätigkeit im Finanzministerium und wurde Regierungspräsident in Sigmaringen. Der schmale Streifen Hohenzollernschen Landes, zwischen den badischen und württembergischen Landesteilen gelegen, war 1851 von den Fürsten von Hohenzollern-Sigmaringen und Hohenzollern-Hechingen an Preußen abgetreten worden. Die katholischen Einwohner waren echte Schwaben, die für die preußische Art kein Verständnis aufbrachten und sich als „Muß-Preußen“ bezeichneten. Politisch waren sie mehr auf der Seite Österreichs. Daraus ergab sich neben der Verwaltungsarbeit die Aufgabe, bei der Bevölkerung das Interesse und das Verständnis für die preußischen Bestrebungen zu wecken. Seydels Stellung als erster Beamter war sehr selbständig. Die preußische Zentrale Berlin, der er in allem unterstand, war weit entfernt, und er konnte so als Chef eines kleinen Gemeinwesens frei schalten und walten.[10] In keinem Amte hat sich Seydel so wohl gefühlt wie hier in diesem an Natur-

8 Rudolf von Delbrück, *Lebenserinnerungen*, Leipzig 1905.
9 *A.a.O.*, S. 113.
10 Vgl. F. Seydel, *Unsere Familie...* (wie Anm. 1), S. 122 f.

schönheiten reichen Lande. Die verlebten Jahre gehörten zu den schönsten seines Lebens.[11] Als problematisch erwies sich aber das Einkommen von 6000 Talern, das bei der umfassenden Repräsentation, dem auf großen Fuß lebenden kinderreichen Haushalt und der großzügig wirtschaftenden Ehefrau kaum ausreichte. Bemühungen um eine Erhöhung des Diensteinkommens bei den Berliner Stellen brachten keinen Erfolg, und so mußte der Vater immer wieder finanziell aushelfen.

Der Gesundheitszustand des starken Rauchers Seydel, bei dem die Zigarre nicht ausging, hatte sich seit der Übersiedlung nach Sigmaringen verschlechtert. Bereits am 3. Juli 1860 klagte er in einem Brief an seinen Schwager Virchow über *ein eigentümliches Gefühl, eine gewisse Schwere im Kopf, mangelhaften Schlaf, Neigung zu Schwindel und Unlust zum Sprechen*[12] und sprach die Befürchtung aus, daß sich bei ihm ein Leiden vorbereite, welches einmal zu einem frühen Ende führen könnte. Kuren in Badenweiler und in Bad Kreuth, Nachkuren im Oberengadin und an den italienischen Seen taten ihm gut und besserten seinen Gesundheitszustand, das Leiden selbst konnte aber damit nicht behoben werden. Sein Befinden und die Anforderungen der Amtsgeschäfte wirkten sich auch auf das Familienleben aus. Seine Frau schrieb darüber an ihre Schwester Röschen Virchow: *Er sitzt in den Geschäften von früh bis spät, zehnmal schlägt er es aus, wenn ich ihn bitte, er solle mit spazieren gehen, eine Menge Leute aller Art bestürmen sein Zimmer, daß ich mich auch dahinein selten wagen kann. Den ganzen Vormittag sehe ich ihn nur beim Morgenkaffee, wo er seine Zeitungen und fast täglich ein Dutzend Geschäftsbriefe vor sich hat, daß an Reden nicht zu denken. Mittags geht auch alles in Unruhe, ich muß für die Jungen sorgen und reden kann man auch nichts rechtes wegen der vielen Ohren! Nachmittags wird auch höchst selten Kaffee mit Seydel getrunken, er hat ihn lieber in seinem Zimmer, und abends zum Tee kommt er spät, beladen mit Büchern, und hört dann mit halbem Ohre. Ich habe mich anfangs gar nicht finden können, da ich einen fortgesetzten Verkehr mit Seydel kannte und zu jeder Zeit alles mit ihm bereden konnte. Jetzt heißts immer „tu, was du willst" oder „mir ist alles recht", aber wenn es auch ganz schön ist so selbständig und frei, anders ist es mir doch lieber.*[13] Auch später, als die Berliner Amtsgeschäfte umfangreicher und komplizierter wurden, veränderte sich die Atmosphäre in der Familie nicht.

Doch die Sigmaringer Zeit ging bald zu Ende, und das Amt des Regierungspräsidenten erwies sich als Vorstufe für den Posten des Berliner Oberbürgermeisters. Als in Berlin 1862 die Wahl eines Oberbürgermeisters bevorstand, fragte Schwager Virchow im Auftrag der Stadtverordneten bei Seydel an, ob er die Wahl annehmen würde. Seydel antwortete am 2. Mai 1862 zusagend, *aber nur unter Bedingungen, die die Gewährung von Umzugs- und Einrichtungskosten und die Bestimmung eines angemessenen Einkommens zum Gegenstand haben. Die hiesigen Erfahrungen haben mich vorsichtig gemacht.*[14]

11 *A.a.O.*, S. 124.
12 *A.a.O.*, S. 126.
13 *A.a.O.*, S. 127.
14 Seydel an Virchow am 2. 5. 1862, in: *A.a.O.*, S. 128.

Bedenklich stimmte Seydel schon die Festsetzung des bisherigen Gehalts von 6000 Talern, und er meinte, *wollt Ihr überhaupt aus den höheren Beamtenstellen wählen, und wollt Ihr Euch eine reiche Auswahl unter den Besten sichern ... so müßt Ihr das Gehalt nahe an das der Minister etwa mit 10 000 Taler heranrücken.* Seydel selbst müßte 8000 Taler fordern, zumal bald Oberpräsidentenstellen frei würden und er da auch Chancen hätte. Er weist auch darauf hin, daß bisher *subalternes Wesen, kleinstädtische Anschauungen und Bureau-Routine* vorherrschten und bald in qualitativer Hinsicht ein Durchbruch kommen müsse.[15] Ein weiterer Brief Virchows wird von Seydel am 12. Mai 1862 beantwortet und die Forderung von 7000 Talern gestellt, zugleich aber auch ein peinliches Feilschen abgelehnt. Schließlich telegrafiert Virchow am 15. Mai 1862 an Seydel: *Wahl erfolgt mit 74 Stimmen unter 91.*[16] In einem Brief an Seydel vom 14. Mai 1862 betonte Virchow, *die Hauptsache ist und bleibt doch die, ob Du diese seltene und vielleicht nie wiederkehrende Gelegenheit ergreifen willst, an die Spitze einer großen, intelligenten und zukunftsgewissen Gemeinde zu treten, ihre Entwicklung zu leiten und den Geist freier Selbstverwaltung, dem schon viel vorgearbeitet ist, zu einer sicheren und dauerhaften Grundlage für unsere politische Befreiung zu machen.*[17] Virchow beschwor Seydel in einem zur Depesche parallel abgesandten Brief angesichts des Wahlausganges mit der *seit langer Zeit unerhörten Majorität* (74 von 91 Stimmen) die Annahme des Amtes nicht an der vor der Wahl noch nicht möglichen Gehaltserhöhung scheitern zu lassen. *Aber um Alles übereile Dich nicht mit einer Ablehnung. Überlege dreimal und bedenke, wieviel Du in die Hand bekommst. Dixi!* [18] Diese eindringlichen Mahnungen verfehlten ihre Wirkung nicht, und eine Woche später, am 22. Mai 1862, nahm Seydel die Wahl an. Am gleichen Tage schrieb er Virchow dazu: *Ich habe eigentlich alles über Bord geworfen, nur nicht die Forderung für Umzugs- und Einrichtungskosten, ohne die mir eine Übersiedlung einfach unmöglich sein würde ... Die Gehaltserhöhung habe ich ganz fallen lassen, weil die von allen Seiten als vorzugsweise „passable" bezeichnete Idee einer Zulage „für Repräsentationszwecke" mich schreckte. Denn damit würde ich zugleich eine entsprechende, in Wirklichkeit leicht eine größere Verpflichtung übernehmen und erwarten müssen, daß die „öffentliche Meinung" mir die Wirtschaftsrechnungen revidiert. Lieber will ich zunächst vor allem mir die Freiheit bewahren ...*[19]

Inzwischen erhielt Seydel verschiedene Begrüßungsschreiben. Die Stadtverordneten drückten ihre Hoffnung aus, daß *zwischen der städtischen Verwaltung und ihrem neugewählten Haupt ein herzliches Einvernehmen zum Wohle der Stadt sich begründen und dauernd erhalten werde.*[20] Der scheidende Oberbürgermeister Krausnick begrüßte ihn ebenfalls im neuen Amt und legte *es mit der besten Zuversicht in die Hände des jüngeren*

15 *A.a.O.*, S. 129.
16 *A.a.O.*, S. 131.
17 Virchow an Seydel am 14. 5. 1862, in: *A.a.O.*, S. 132.
18 Virchow an Seydel am 15. 5. 1862, in: *Ebda.*, S. 132.
19 Seydel an Virchow am 22. 5. 1862, in: *A.a.O.*, S. 132 f.
20 Stadtverordnetenversammlung an Seydel am 22. 5. 1862, in: *A.a.O.*, S. 133.

kräftigeren Mannes nieder, dem ein so ausgezeichneter Ruf großer Geschäftstüchtigkeit vorhergeht.[21] Auch der zweite Bürgermeister Heinrich Hedemann, ein Mann mit dreißigjähriger Magistratserfahrung, der sich besonders um den Berliner Handwerkerverein verdient gemacht hatte,[22] hieß Seydel im Namen des Magistrats willkommen und hob hervor: *Mit den politischen Beziehungen haben wir am Ratstische nichts zu tun und wenn dieselben auch zuweilen hineinspielen, so sind sie mit dem Verfassungsgesetze in der Hand und mit Festigkeit vor uns leicht zu halten.*[23] Der Vorsitzende des Ausschusses für die Oberbürgermeisterwahl, Lüttig, bekannte, daß er in seiner langjährigen Praxis als Stadtverordneter noch nie eine solche übereinstimmende Anerkennung ausgezeichneter staatsmännischer Fähigkeiten und eines vollkommen ehrenhaften Charakters gefunden habe, obwohl er bei seinen Erkundigungen auch politisch entgegengesetzt angesiedelte Männer befragt habe.[24]

Es verwundert deshalb nicht, daß man in seinem ehemaligen Wirkungsort bedauerte, daß Seydel mit dem Jahresbeginn 1863 das Amt des Berliner Oberbürgermeisters übernahm und damit den Staatsdienst und Sigmaringen verließ. Bürgerdeputationen versuchten, ihn in Sigmaringen zum Bleiben zu bewegen, als Dank für sein Wirken wurde ihm das Ehrenbürgerrecht Sigmaringens verliehen. Auch sein Onkel Illaire, der Chef des königlichen Zivilkabinetts, bedauerte seinen Weggang aus Sigmaringen und sah Seydels *Schiff aus dem ruhigen Fluß mit blumigen Ufern in das bewegte Meer treiben.*[25] Er teilte Seydels Ansichten über die Situation in Berlin und sah *die einzige Möglichkeit einer befriedigenden und ... behaglichen Stellung in einer Beschränkung auf die Kommunalverwaltung und dem Fernhalten von dem unglückseligen politischen Parteitreiben, welches jetzt alle Verhältnisse durchdringt und zersetzt.*[26] Damit war Seydels Ziel beschrieben, es war aber nicht immer leicht durchzusetzen. Es war nicht nur die politische Spannung, hervorgerufen durch den Konflikt zwischen der Staatsregierung und dem Landtag, die Seydels neues Amt so schwierig machte. Berlin wuchs in diesem Jahrzehnt von der ärmlichen und vielgeschmähten Hauptstadt Preußens zur glänzenden Hauptstadt des neuen Kaiserreichs. Seydel, der die größeren Städte Süd- und Westdeutschlands kannte, war zunächst überrascht von der Einfachheit und auch Ärmlichkeit, die er in Berlin vorfand. Eine Fülle von Aufgaben stand vor ihm. *Alles das, was dem Bewohner einer Großstadt das Leben in der Steinwüste erträglich macht, fehlte in Berlin. Es gab keine Kanalisation, keine Grünanlagen außer dem Tiergarten am westlichen Rande der Stadt und dem Friedrichshain im Osten. Ungenügend waren die Verkehrsmittel, ein städ-*

21 *Ebda.*
22 Vgl. Gerhard Kutzsch, *Berlins Bürgermeister von 1808 bis 1933. Die „Zweiten Männer" der Stadt*, in: *Der Bär von Berlin* 25 (1976), S. 14 f.
23 Zitiert nach: F. Seydel, *Unsere Familie...* (wie Anm. 1), S. 134.
24 Vgl. Lüttig an Seydel am 4. 11. 1862, in: *A.a.O.*, S. 135.
25 Illaire an Seydel am 1. 6. 1862, in: *A.a.O.*, S. 138.
26 *Ebda.*

tisches Krankenhaus fehlte. Zahl und äußere Gestalt der Schulen genügten längst nicht mehr.[27]

Die Einführung in das neue Amt erfolgte am 12. Januar 1863 in einer gemeinschaftlichen Sitzung von Magistrat und Stadtverordnetenversammlung durch den Oberpräsidenten der Provinz Brandenburg von Jagow. In der wie üblich allgemein gehaltenen Dankesrede ließ sich Seydel immerhin zu dem Satz hinreißen: *Das Streben und Ringen nach Entwicklung des freien Bürgertums in Staat und Gemeinde bildet den tiefen Grundzug, die geschichtliche Aufgabe unserer Zeit und der Boden der Gemeinde ist es, in welchem die fortschreitende Staatsentwicklung ihre ersten und kräftigsten Wurzeln treibt.*[28] Ungeachtet einer solchen allgemeinen Zielvorstellung standen jedoch in der Folgezeit die mehr praktischen Dinge des kommunalen Lebens im Vordergrund und wurden von Seydel, dem man oft den Vorwurf machte, alles selbst zu tun, voller Tatkraft in Angriff genommen. Die zu lösenden Aufgaben waren umfangreich und vielschichtig, aber die Ergebnisse waren sichtbar und von bleibendem Wert für die Stadt und ihre Bewohner. Die Beseitigung der Hausabwässer und Fäkalien war damals eine für Berlin wichtige Frage. Abwässer und sonstiger Unrat wurden meist in Senkgruben auf dem Hof angesammelt. Waren die Gruben voll, lief die übelriechende Flüssigkeit über verdeckte Rinnsteine durch den Hof, die Toreinfahrt und den Bürgersteig in die tiefen Straßenrinnsteine ab. Die Frage „Kanalisation oder Abfuhr" erregte in den sechziger Jahren die Gemüter. Seydel vertrat ebenso wie sein Schwager Virchow den Standpunkt, eine Kanalisation zu bauen und in der nahen Umgebung Rieselfelder anzulegen. Das vom Stadtbaurat James Hobrecht[29] ausgearbeitete System setzte sich dann auch im Widerstreit der Meinungen durch, und unmittelbar nach Seydels Tod wurde von der Stadtverordnetenversammlung die Durchführung der Kanalisation beschlossen. Ähnlich verhielt es sich bei der Errichtung der städtischen Wasserwerke am Tegeler See, die Seydel in die Wege geleitet hatte, die aber erst unter seinen Nachfolgern zur Ausführung kam. Seit 1856 betrieb eine englische Gesellschaft Pumpwerke und Filteranlagen vor dem Stralauer Tor. Als sie ihren Verpflichtungen, zum Beispiel hinsichtlich der Spülung der Rinnsteine, nicht mehr nachkam, wurde 1874 ein großes Brunnenwerk am Tegeler See begonnen, das 1877 eröffnet werden konnte.[30] In Seydels Amtszeit wurde vieles geplant, konzipiert, oft auch begonnen, aber der Nutzen stellte sich erst später unter seinen Nachfolgern ein. Seydels zupackendes, aber nie vorschnelles Her-

27 Ernst Kaeber, *Die Oberbürgermeister Berlins seit der Steinschen Städteordnung*, in: *Jahrbuch des Vereins für die Geschichte Berlins* 2 (1952), S. 75.

28 Landesarchiv Berlin, Außenstelle Breite Straße, Rep. 03, Nr. 315, Bl. 194: *Kommunalblatt für Berlin* vom 18. 1. 1863, S. 20 f.

29 Vgl. besonders Wolfgang Ribbe, *James Hobrecht*, in: Wolfgang Ribbe/Wolfgang Schäche (Hrsg.), *Baumeister, Architekten, Stadtplaner. Biographien zur baulichen Entwicklung Berlins*, Berlin 1987, S. 229 f.; Hermann Hahn/Fritz Langbein (Hrsg.), *Der Werdegang der Berliner Stadtentwässerung*, in: *Fünfzig Jahre Berliner Stadtentwässerung 1878–1928*, Berlin 1928.

30 Vgl. James Hobrecht, *Entwicklung der Verkehrsverhältnisse in Berlin. Vortrag zum Schinkelfest 13. 3. 1893*, Berlin 1893.

angehen erfolgte stets problembewußt unter Berücksichtigung der Erfahrungen anderer Kommunen. In der Regel wurden umfassende und überaus gründliche Studien erarbeitet und eine Fülle von Material zusammengetragen. Dennoch war das keine Garantie für den Erfolg, zumal sich Neuerungen oft erst im Laufe der Zeit durchsetzen. So verhielt es sich auch beim Bau der städtischen Markthallen und Schlachthäuser, die anfangs nur zögernd angenommen wurden. Nicht selten konnte Seydel auch seine Erfahrungen aus Hohenzollern nutzbringend verwenden, wie zum Beispiel beim städtischen Schulwesen, dem er seine besondere Aufmerksamkeit widmete. Neben dem Bau ausreichender und gut eingerichteter Gemeindeschulen wurde auch für Realschulen und Schulen für höhere Töchter, die bisher die Domäne von Privatschulen waren, gesorgt. Der Turnunterricht wurde gefördert und 1864 auch die erste große Turnhalle in der Prinzenstraße eröffnet. Ebenso notwendig war der Bau städtischer Krankenhäuser. Hierfür studierte Seydel sogar die einschlägige medizinische Fachliteratur und suchte auch den persönlichen Kontakt zu den entsprechenden Fachleuten, um unbedingt moderne, allen Anforderungen genügende Einrichtungen zu ermöglichen. Im Dezember 1867 wurde der Beschluß zum Bau des ersten großen städtischen Krankenhauses am Friedrichshain gefaßt. Nur wenig später, 1869, wurde das Gut Dalldorf zur Errichtung der ersten städtischen psychiatrischen Anstalt angekauft.
Für die Modernität einer Großstadt sind die Verkehrsverhältnisse von großer Bedeutung. Sie erleichtern nicht nur die Mobilität der Einwohner, sondern bestimmen auch das Tempo des wirtschaftlichen Aufschwungs mit. Seydel gelang es, in der Verbesserung des innerstädtischen Verkehrs einen wesentlichen Schritt voranzukommen. Die zahlreichen Brücken über die Spree und den Schiffahrtskanal waren in der Mehrzahl häßliche schmale Holzbauten mit mehr oder weniger schadhaftem Bohlenbelag. Meist waren sie als Klappbrücken gebaut, so daß sie bei der Durchfahrt eines Kahnes hochgeklappt werden mußten und der Straßenverkehr so lange ruhen mußte; für die Fußgänger wurden erst später erhöhte Übergänge gebaut. 1864 wurde mit der Schillingsbrücke die Übernahme der öffentlichen Brücken[31] über die Spree begonnen. Später gingen auch die anderen Brücken an die Stadt über, die dann nach und nach anstelle der alten unzureichenden Holzbrücken neue, künstlerisch gestaltete, jede Behinderung des Straßen- und Schiffsverkehrs ausschließende Monumentalbauten errichtete.
Als 1867 die städtische Steuergrenze sich an die Weichbildgrenze verlagerte, war die Möglichkeit zur Beseitigung der Stadtmauer gegeben. An ihre Stelle konnten nun breit angelegte Straßen treten, wie zum Beispiel die Königgrätzer Straße. Schlecht stand es auch mit dem innerstädtischen öffentlichen Verkehr, in dem es nur die traditionellen Berliner Droschken gab. Erst 1865 konnte die erste Pferdebahn-Linie eröffnet werden, mit ihren zwanzig Wagen blieb sie bis 1873 die einzige in der Stadt.[32] Vorher hatte es eine breite Diskussion gegeben, in der man sich aus Gründen der Rentabilität gegen

31 Vgl. *a.a.O.*, S. 38.
32 Vgl. *ebda.*

diese Neuerung aussprach, für die es angeblich kein Bedürfnis gab. Bereits 1864 und 1865 wurde beschlossen, den Treptower Park und den Humboldthain anzulegen, da der Tiergarten als bisher einzige Parkanlage für die sich ausdehnende Stadt immer weniger ausreichte. Von großer Bedeutung für die Bautätigkeit war die 1868 erfolgte Errichtung eines städtischen Pfandbriefinstituts. All diese Neuerungen wären für sich schon ein eigenes Arbeitspensum gewesen, aber sie mußten von Seydel neben der ständig anwachsenden Verwaltungsarbeit bewältigt werden. Zusätzlich wurde seine Arbeit durch die politischen Umstände erschwert. In der Zeit des Verfassungskonflikts herrschte in der Berliner Stadtverordnetenversammlung eine liberale Mehrheit, ihnen galt Seydel, der alles andere als ein Parteimann war, als „konservativ". So wurde gegen ihn naturgemäß Front gemacht und den meisten seiner Ideen und Pläne zuerst von vielen Seiten Widerstand entgegengebracht, und es gab scharfe Zusammenstöße mit der Spitze der liberalen Fraktion in der Stadtverordnetenversammlung, die er ironisch *die Vorsehung*[33] nannte. Die Gegensätze verschärften sich derart, daß sogar Seydel und sein liberaler Schwager Virchow für längere Zeit jeden näheren Verkehr vermieden. Seydels Bestreben, in der Berliner Verwaltung am liebsten alles allein zu machen, ist auch auf diese politisch bedingte Frontstellung zurückzuführen. Persönlich hat er unter diesen unerquicklichen Verhältnissen, die erst allmählich überwunden wurden, sehr gelitten. Seydel, ein empfindlicher und nervöser Mensch, fühlte sich gekränkt und verletzt, wenn ihm, der seine ganze Person und Kraft für das Wohl der Stadt einsetzte, derartig entgegengearbeitet wurde. *Ein Oberbürgermeister muß aus hartem Holz geschnitzt sein*, sagte später einmal der Danziger Oberbürgermeister von Winter, Seydel *war zu zart besaitet, das war sein einziger Fehler.*[34]

Seydels liebste Beschäftigung, die *Pflege der Wissenschaften,*[35] wie es später der Stadtverordnetenvorsteher Kochhann ausdrückte, war auch die Ursache für die Mitwirkung bei der Gründung des Vereins für die Geschichte Berlins, den der Nichtberliner gemeinsam mit dem Stadtarchivar Ernst Fidicin 1865 ins Leben rief. Während der ersten drei Jahre war er dessen Vorsitzender, und als er dann wegen *überhäufter Berufsgeschäfte*[36] eine Wiederwahl ablehnte, blieb er Ehrenvorsitzender des Vereins. Anläßlich des Stiftungsfestes 1866 betonte Seydel, daß Berlin *eine wahre Hauptstadt, die berufene Metropole des neuen Deutschland geworden* sei, und verwies auf *die großen Wandlungen, die bereits sich vollzogen haben oder ... schon vor sich her ihre Schatten werfen.*[37]

Seydels Tagesablauf war ganz seiner Aufgabe als Stadtoberhaupt gewidmet, so daß für seine Familie fast keine Zeit blieb. Erholung suchte und fand Seydel, der *durch seine*

33 E. Kaeber, *Die Oberbürgermeister Berlins...* (wie Anm. 27), S. 76.
34 F. Seydel, *Unsere Familie...* (wie Anm. 1), S. 150.
35 Rede des Stadtverordnetenvorstehers Kochhann bei Seydels Verabschiedung aus dem Amt am 4. 4. 1872, zitiert nach F. Seydel, *Unsere Familie...* (wie Anm. 1), S. 183.
36 E. Kaeber, *Die Oberbürgermeister Berlins...* (wie Anm. 27), S. 76.
37 *A.a.O.*, S. 163 f.

Gestalt und das feingeschnittene bartlose Antlitz an Goethe[38] erinnerte, wie immer bei seinen Büchern, und es war der Vorteil der Hauptstadt und seines Amtes, daß die Boten mehrerer Buchhandlungen fast täglich bei ihm ein- und ausgingen. Er wählte dann in der wenigen freien Zeit, selbst während des Mittagessens, die Bücher aus, die er in seine Bibliothek aufnehmen wollte. Aber auch die alljährliche Badereise nach Bad Kreuth konnte die schleichende Krankheit nicht heilen, sondern nur lindern. Die später bei der Obduktion entdeckten Magengeschwüre drückten auf wichtige Nervenstränge und verursachten zeitweise unerträgliche Schmerzen im Rücken und führten zu zunehmender Schlaflosigkeit. Mit eiserner Energie kämpfte er trotz der gewaltigen Arbeitslast und der Querelen in der Stadtverwaltung gegen die Krankheit an, obwohl er selbst keine Hoffnung mehr auf Genesung hatte.[39] Mit Rücksicht auf die Versorgung seiner acht Kinder schob er einen vorzeitigen Abschied immer wieder hinaus, mußte ihn aber Anfang 1872 doch erbitten. Am 1. April 1872 schied Seydel aus dem Amt. Sein Gesundheitszustand verschlimmerte sich zusehends, bis er ein dreiviertel Jahr später, am 9. Januar 1873, verstarb.

38 *Die Oberbürgermeister von Berlin*, in: *Nationalzeitung* (März 1898), zitiert nach: F. Seydel, *Unsere Familie...* (wie Anm. 1), S. 150.

39 Vgl. F. Seydel, *a.a.O.*, S. 178 f.

Arthur Hobrecht

von Karl-Heinz Noack

Nur wenige, aber erfolgreiche Jahre stand Arthur Hobrecht an der Spitze der Berliner Stadtverwaltung, bis er sich von Bismarck dazu verleiten ließ, auf die Position des preußischen Finanzministers zu wechseln. Damit hatte er die Chance vertan, zur wohl bedeutendsten Erscheinung unter den Berliner Oberbürgermeistern zu werden.[1] Stets hat man ihn zur *Elite der großstädtischen Oberbürgermeister* und zu den *besten Verwaltungsmännern Deutschlands*[2] gezählt.

Im Frühjahr 1872, nach Seydels krankheitsbedingtem Rücktritt, war Arthur Hobrecht als unbestrittener Sieger aus dem Wahlgang hervorgegangen. Von eindeutig liberaler Gesinnung, verfügte er nach einer erfolgreichen Laufbahn im Staatsdienst und als Oberbürgermeister von Breslau, der zweitgrößten Stadt Preußens, auch über kommunale Erfahrungen beim Leiten einer Großstadt. Hobrecht war so für das Berliner Amt gut vorbereitet und bestens geeignet, was er bald durch seine Amtsführung bewies. Sein bisheriger beruflicher Werdegang in Ostpreußen und in Schlesien war ein guter Ausgangspunkt für seine Berliner Amtstätigkeit.

Arthur Heinrich Ludolf Johnson Hobrecht wurde als Sohn eines ostpreußischen Gutsbesitzers am 14. August 1824 in Kobiercyn bei Danzig geboren. Das Gymnasium besuchte er in Königsberg, wo er auch 1841 ein juristisches Studium begann, das er in Leipzig fortsetzte und in Halle 1844 beendete. Im November 1844 trat er im nahen Naumburg als Auskultator in den Justizdienst ein. Bald ließ er sich in den Regierungsbezirk Marienwerder versetzen und war bei den Gerichten in Elbing, Braunsberg und Marienwerder tätig. 1846, nach seiner Ernennung zum Referendar, wechselte Hobrecht in den höheren Verwaltungsdienst über. Im Winter 1847/1848 wurde er während eines Notstandes und einer Hungertyphusepidemie mit der Wahrnehmung des Landratsamtes in Rybnik/Oberschlesien betraut, dann übernahm er das Landratsamt Grottkau, wo er bis Ende 1849 blieb. 1850 ging Hobrecht als Regierungsassessor nach Posen, um bis 1853 in der I. Abteilung der Regierung tätig zu sein. Er folgte dann einer Berufung zum Spezialkommissar in Gleiwitz. Von 1856 bis 1860 war er dann wieder bei der Regierung in Marienwerder tätig. Seine Leistungen trugen ihm den Ruf außergewöhnlicher Fähigkeiten ein und bewirkten, daß er als Regierungsrat in das preußische Ministerium des Innern berufen wurde. Hier war es der liberale Graf Schwerin, der ihn bald darauf für den Kommunaldienst empfahl. Ende April 1863 wählten ihn die Stadtverordneten von Breslau an Stelle des konservativen Oberbürgermeisters Elwanger mit nur einer Stimme Mehrheit zum Oberbürgermeister. Die Bestätigung zog sich dann auch ziemlich lange hin, da der preußische Ministerpräsident Bismarck dem

1 Ernst Kaeber, *Die Oberbürgermeister Berlins seit der Steinschen Städteordnung,* in: *Jahrbuch des Vereins für die Geschichte Berlins* 2 (1952), S. 79.

2 Heinrich Heffter, *Die deutsche Selbstverwaltung im 19. Jahrhundert. Geschichte der Ideen und Institutionen,* Stuttgart 1950, S. 612.

altliberalen Hobrecht aus persönlichen Gründen nicht besonders gewogen war. Es bedurfte erst der besonderen Fürsprache von Keudells, der sich *für den Mann mit Ehre und Vermögen verbürgte,*[3] um endlich seine Bestätigung durchzusetzen. Neun Jahre blieb Hobrecht an der Spitze der Breslauer Stadtverwaltung und war in dieser Zeit auch Breslaus Vertreter im Herrenhaus. Die Erwartungen des liberalen Breslauer Bürgertums, dem Hobrecht seine Wahl verdankte, hat er erfüllt. Zur Durchsetzung der von den Stadtverordneten beschlossenen Konfessionslosigkeit der Schulen gegen den orthodoxen Kultusminister von Mühler ist er beim König persönlich vorstellig geworden und hat sich dafür scharfe Angriffe der Ultramontanen gefallen lassen müssen. Die Liberalen überreichten ihm darauf eine Anerkennungsadresse mit 12 000 Unterschriften.[4] Aber nicht nur in politischer Hinsicht, auch in rein praktischen Fragen hat sich Hobrecht in Breslau, das ihm beim Weggang die Ehrenbürgerwürde verlieh, als weitblickender Verwaltungsfachmann bewährt. Besonders in finanziellen Angelegenheiten bewies er eine gute Urteilskraft und hatte eine glückliche Hand.
All dies machte Hobrecht 1872, nach Seydels Rücktritt, zum aussichtsreichen Bewerber um das Berliner Oberbürgermeisteramt. Friedrich Kochhann, der Vorsteher der Stadtverordnetenversammlung, brachte Hobrechts Namen ins Spiel.[5] In ihm vereinten sich Vorzüge, die keiner seiner Vorgänger zugleich besessen hatte: erfolgreiche Laufbahn im Staatsdienst, Erfahrung als Leiter einer deutschen Großstadt und politische Ansichten, die denen der Mehrheit der Berliner Stadtverordneten nahestanden.[6] Hobrecht selbst sah sich nicht zuletzt durch seine Erfahrungen als Oberbürgermeister von Breslau als den neuen großen Aufgaben gewachsen an und hatte keine Scheu vor der komplizierteren Situation in Berlin. Diese hatte nämlich sein Mitkandidat Max von Forckenbeck im Auge, als er seiner Frau das vakante Berliner Amt beschrieb: *Der Oberbürgermeister hier hat sehr viel Arbeit, sehr verwickelte Kompetenzverhältnisse nach oben, eine radikale Stadtverordnetenversammlung: kurzum, große Aufgaben und sehr viele Hindernisse, sie zu erfüllen. Das Gehalt beträgt 6000 Thaler jährlich und 2000 Thaler Wohnungsentschädigung.*[7] Bei einer Probeabstimmung erhielt der Danziger Oberbürgermeister von Winter 46 Stimmen und Hobrecht 36 Stimmen, während Forckenbeck mit nur 20 folgte.[8] Auch von Winter hatte sich in bedeutenden kommunalen Ämtern bewährt und besaß in Berlin noch große Popularität, weil er einst wegen seines Liberalismus die Stellung als Berliner Polizeipräsident verloren hatte und in Danzig während der Konfliktzeit ein konsequenter Oppositioneller geblieben war. Kaiser Wil-

3 Zitiert nach: *Vossische Zeitung* vom 8. 7. 1912.
4 E. Kaeber, *Die Oberbürgermeister Berlins...* (wie Anm. 1), S. 77.
5 Thorsten Müller, *Berlins Ehrenbürger. Von Conrad Ribbeck bis Nelly Sachs* (= Berlinische Reminiszenzen, Bd. 18), Berlin 1968, S. 104.
6 E. Kaeber, *Die Oberbürgermeister Berlins...* (wie Anm. 1), S. 77.
7 Max von Forckenbeck an seine Frau am 11. 2. 1872, in: Martin Philippson, *Der Beginn des Kulturkampfes. Aus Forckenbecks Briefen an seine Gemahlin,* in: *Deutsche Revue über das gesamte nationale Leben der Gegenwart* 24 (1899), Bd. 2, S. 170 f.
8 Forckenbeck an seine Frau am 28. 2. 1872, in: *A.a.O.,* S. 172.

Arthur Hobrecht, * 14. 8. 1824 Kobiercyn (bei Danzig), † Berlin 7. 7. 1912, Oberbürgermeister von Berlin 1872–1878

helm I. war aber nicht bereit, Winter als Oberbürgermeister zu bestätigen, weil dieser im Verdacht stand, 1863 den Kronprinzen zu seiner Erklärung gegen die damaligen Preßordonnanzen veranlaßt zu haben.[9] Nachdem Winter über den Kronprinzen von dieser Weigerung des Kaisers erfahren hatte, lehnte er die Wahl ab. Auch Forckenbeck lehnte ab, um sich nicht *dem Wagnis einer Niederlage auszusetzen,*[10] und Hobrecht wurde mit 56 gegen 46 Stimmen gewählt. Forckenbeck wurde dann der Nachfolger Hobrechts in Breslau und folgte ihm auch sechs Jahre später als Oberbürgermeister in Berlin nach.

1872 befand sich Berlin in einer gewaltigen Entwicklung. Der Übergang zur Reichshauptstadt stellte auch an die Verwaltung hohe Anforderungen. Vieles war von Hobrechts Vorgänger Seydel konzipiert und begonnen worden und mußte nun fortgeführt und beendet werden. Hier kam Hobrecht nicht nur seine politische Überzeugung zugute, die einen politischen Widerstand durch die liberale Mehrheit der Stadtverordneten verhinderte, sondern auch seine diplomatische Gewandtheit. Die Zusammenarbeit mit den Kollegen im Magistrat, die er mit großem Geschick und eindringender Sachkenntnis zu leiten verstand, und mit den Stadtverordneten gestaltete sich besser als bei seinem Vorgänger. Es gelang ihm, die Spannungen zwischen den beiden kommunalen Körperschaften zu vermindern. Er hat einmal den künstlichen Gegensatz zwischen Magistrat und Stadtverordneten, den die Städteordnung von 1853 geschaffen habe, *die schlimmste Krankheit unseres altpreußisch-städtischen Kommunalwesens* genannt.[11] Entscheidende Fortschritte in der städtischen Selbstverwaltung ließen sich aber auch von einer kraftvollen Persönlichkeit wie Hobrecht allein mit Diplomatisieren und geschickter Menschenführung nicht erreichen. Hobrecht war in allen städtischen Verwaltungszweigen bewandert, und man sagte ihm einen durchdringenden Scharfblick nach. Auch sein Fleiß, das Aufgehen im Amt und sein Vorbild der strengen Pflichterfüllung, verbunden mit persönlicher Liebenswürdigkeit, müssen hervorgehoben werden, waren aber nicht allein der Schlüssel zum Erfolg.

Bei seinem Amtsantritt brachte er gleichsam als Morgengabe ein wichtiges Geschenk mit, nämlich die Zusage der Staatsregierung, die bisher in ihrer Hand befindliche Hoheit über die öffentlichen Straßen auf die Stadt zu übertragen. Aufgrund seiner Erfahrungen als Breslauer Stadtoberhaupt kannte Hobrecht die Bedeutung dieses Rechts, und er hatte sein ganzes Verhandlungsgeschick eingesetzt, um diese so wichtige Zusage zu erhalten. Es bedurfte noch einiger Zeit, bis aus der Zusage der am 11. Dezember 1875 abgeschlossene Vertrag zwecks Übergabe des Eigentums an allen öffentlichen Straßen und Plätzen an die Stadtgemeinde wurde. Erst jetzt wurde die Stadt auch Herrin in ihrem eigenen Weichbild. Finanziell war es kein glänzendes Geschäft, aber die Stadt hatte schon Jahre zuvor die Unterhaltung der Straßen und Brücken im Stadtin-

9 *Ebda.*
10 Forckenbeck an seine Frau am 22. 3. 1872, in: *A.a.O.,* S. 174.
11 E. Kaeber, *Die Oberbürgermeister Berlins...* (wie Anm. 1), S. 77.

nern übernommen, die bisher dem Fiskus oblag, und sie wollte selbst bedeutende Opfer bringen, um *die Beschaffenheit ihrer Verkehrsmittel nicht ferner von den Bewilligungen des Finanzministers und des Abgeordnetenhauses abhängig zu machen*, wie es im großen Verwaltungsbericht über die Jahre 1861 bis 1876 heißt.[12] Die Berliner Stadtverordneten hatten genügend Geschäftssinn, um zu wissen, daß sich diese finanziellen Opfer auszahlten und rentierten. Die Verbesserung der Straßen und Verkehrsverhältnisse hatte nämlich einen unmittelbaren wirtschaftlichen Aufschwung zur Folge. Aber auch die gesundheitliche und hygienische Situation verbesserte sich entscheidend. Berlin wurde allmählich zur saubersten Stadt Europas, denn die Straßenreinigung besorgte nun nicht mehr der Staat, sondern die Stadt. Man verbesserte die Straßenpflasterung, und die knietiefen Rinnsteine fielen weg, weil die begonnene Kanalisation nun ungehindert weitergeführt werden konnte. Rudolf Virchows ständiges Werben für diese Art der Abwasserbeseitigung und sein Einsatz als Stadtverordneter hatten sich gelohnt, und die von James Hobrecht,[13] dem jüngeren Bruder des Stadtoberhauptes und späteren Stadtbaurat für den gesamten Berliner Tiefbau, konzipierte und konstruierte Kanalisation[14] mit Verrieselung auf den Feldern der Umgebung bei den Stadtverordneten durchgesetzt.[15]

Hobrechts Lieblingsprojekt war die Schaffung einer Provinz Groß-Berlin, zu der die beiden Stadtkreise Berlin und Charlottenburg sowie ein aus den umliegenden Dörfern gebildeter Landkreis gehören sollten. Diese an die Provinzialordnung des östlichen Preußen angelehnte Konstruktion sah ein Ausscheiden Berlins aus der Provinz Brandenburg vor, vermied aber eine Eingemeindung der Dörfer, die mit hohen Kosten verbunden gewesen wäre. Gleichzeitig war aber eine Verbindung mit ihnen wegen der Berliner Kanalisation und ihrer Rieselgüter auch aus verkehrspolitischen Gründen dringend geboten. Hobrechts Antrag führte zwar zu einem Gesetzentwurf der Regierung, doch kam er 1875 und 1876 unter heftigem Protest der Landgemeinden nicht über die Ausschußberatungen hinaus. Noch weniger Gegenliebe fand der Plan bei den Berliner Stadtverordneten, die fürchteten, daß sie im Provinziallandtag an Einfluß verlieren würden. Heftigen Widerstand gab es auch von den Landgemeinden, und es war fraglich, ob das Gesetz nochmals zur Verabschiedung vorgelegt werden würde. Bei einem Festmahl des Teltower Kreistages verlieh der Landrat, Prinz Handjery, in einem

12 *Ebda.*

13 Wolfgang Ribbe, *James Hobrecht*, in: Wolfgang Ribbe/Wolfgang Schäche (Hrsg.), *Baumeister – Architekten – Stadtplaner. Biographien zur baulichen Entwicklung Berlins*, Berlin 1987, S. 219–234.

14 James Hobrecht, *Die Canalisation von Berlin. Im Auftrage des Magistrats der Königlichen Haupt- und Residenzstadt Berlin entworfen und ausgeführt, nebst einem Atlas in Groß-Folio mit 57 Tafeln*, Berlin 1884.

15 Fritz Langbein, *Der Werdegang der Berliner Stadtentwässerung*, in: Hermann Hahn/Fritz Langbein (Hrsg.), *Fünfzig Jahre Berliner Stadtentwässerung 1878–1928*, Berlin 1928; vgl. auch Hans Stimmann, *Stadttechnik*, in: Jochen Boberg/Tilman Fichter/Eckhart Gillen (Hrsg.), *Exerzierfeld der Moderne. Industriekultur in Berlin*, München 1984, S. 172 ff.

dazu verfaßten „Festlied“ der allgemeinen Stimmung Ausdruck. In Anlehnung an Goethes „Erlkönig“ begann es mit den Worten *Wer reitet so spät durch Nacht und Wind? Es ist Herr Hobrecht mit seinem Kind* und endete mit dem befreienden Ausruf: *Die Provinz Berlin war mausetot.*[16]

Das Scheitern seines Lieblingsprojektes mag Hobrecht mit bewogen haben, von der Position des Berliner Oberbürgermeisters in die des preußischen Finanzministers überzuwechseln. Dabei war Hobrecht für Bismarck beim ministeriellen Revirement nur die zweite Wahl, denn vor ihm waren bereits andere nationalliberale Kandidaten im Gespräch gewesen; Bennigsen hatte unter anderem die Übernahme des Innenministeriums ausgeschlagen. Hobrecht dagegen übernahm das Finanzministerium ohne vorherige Zustimmung seiner Partei. Forckenbeck hat ihn dafür rückhaltlos getadelt, ihm jeden Einfluß auf die weitere Gestaltung der Dinge abgesprochen und seinen baldigen Sturz vorausgesagt.[17]

Bereits nach einem knappen Jahr war es soweit. Der Nationalliberale Hobrecht trat wegen einer handelspolitischen Kursänderung Bismarcks Anfang 1879 zurück. Auch während seiner Ministerzeit hatte Hobrecht *seinen Kopf für sich [behalten] und eignete sich ganz und gar nicht zum willenlosen Werkzeug. Und Bismarck wandte schon nach kurzer Frist auf ihn das Faustische Wort an: „Bei Dir gerät man stets ins Ungewisse, der Vater bist Du aller Hindernisse.“ Hobrecht glich dagegen einer Festung, bei deren Belagerung man immer neue Verschanzungen und Bollwerke entdeckt. Hatte er die eine geräumt, suchte er Deckung hinter einer anderen.*[18] Hobrechts Verhältnis zu Bismarck entspannte sich aber weitgehend während seiner Amtszeit als Minister. So berichtete von Tiedemann, daß der Finanzminister Hobrecht zwar vom Kanzler zur „Kopfwäsche“ nach Friedrichsruh bestellt wurde, die dann aber lediglich zum Jagdausflug geriet: Abends, nach Hobrechts Ankunft, war es zu spät geworden, um von Geschäften zu reden. Am nächsten Tag, als Bismarck *aufgestanden war und sich nach Hobrecht erkundigte, befand sich dieser schon seit Stunden mit dem Oberförster im Wald, um Sauen und Rehböcke zu schießen. Und als er nachmittags heimkehrte im tadellosen jagdgemäßen Anzug, den Bruch am Hute und gefolgt von einem Pirschwagen, auf dem sich eine schöne Jagdbeute befand, da besah man sich gemeinsam die Stücke und vertiefte sich derartig in Jagdgeschichten*, daß die Zeit bis zur Rückfahrt des Ministers verstrich.[19] Beim Rücktritt Hobrechts schlug dieses entspannte Verhältnis aber sofort wieder um, und Bismarcks *Sympathie für Hobrecht hat sich seit jener Stunde in die gründlichste Abneigung verwandelt,*[20] da der Kanzler – wie so oft – darin ein Komplott witterte.

Hobrechts Ministeramt, das zunächst wie ein Karriereknick nach oben ausgesehen hatte, geriet zum Ende seiner Amtslaufbahn. Wie so oft in der Politik, gab es auch für

16 Paul Goldschmidt, *Berlin in Geschichte und Gegenwart*, Berlin 1910, S. 382.
17 Martin Philippson, *Max von Forckenbeck*, Berlin 1898, S. 296.
18 *Vossische Zeitung* vom 9. 7. 1912.
19 *Ebda.*
20 *Ebda.*

Zum 75. Todestag von Arthur Hobrecht legte die Bürgermeisterin von Berlin [West], Hanna-Renate Laurien, am 7. Juli 1987 an seinem Grab auf dem Städtischen Friedhof Lichterfelde einen Kranz nieder

Hobrecht kein Zurück in seine frühere Position, und es blieb ihm nur der Übergang in eine honorige parlamentarische Tätigkeit. Noch im Herbst 1879 wurde er für den Wahlkreis Preußisch-Stargard/Dirschau ins Preußische Abgeordnetenhaus gewählt, wo er als führendes Mitglied der Nationalliberalen Partei wirkte. Er hat seinen Wahlkreis 32 Jahre unausgesetzt vertreten und ist allmählich zum Alterspräsidenten des Landtages aufgerückt. Im Reichstag war Hobrecht bis 1890 nationalliberaler Abgeordneter des Wahlkreises Marienwerder, trat aber weniger in Erscheinung.[21]

Nach dem Ausscheiden aus dem Amt seine Memoiren zu verfassen, gehörte auch Ende des 19. Jahrhunderts bereits zum guten Ton und wurde häufig zur standesgemäßen Ruhestandsbeschäftigung. Wenn man die miterlebten politischen Ereignisse Revue passieren ließ, wurde so manche politische Schlappe verkleinert, kleine Siege wuchsen sich aus, und der ganze Lebensweg des Memoirenschreibers erschien letztlich zielgerichteter, sein Wirken im historischen Ablauf sah durchaus bedeutsam aus, und er selbst wurde allzu oft zur bedeutenden Persönlichkeit. Dagegen geschah es äußerst selten, daß ein betagter politischer Akteur nach dem Beenden seiner Amtstätigkeit noch die literarische Arena betrat und sich als Schriftsteller erneut um öffentliche Anerkennung bemühte. Das war bei Arthur Hobrecht der Fall, der zur Feder griff, aber nicht, um sein bisheriges Leben rechtfertigend zu beschreiben, sondern um in einer Novelle

21 *Vossische Zeitung* vom 8. 7. 1912.

und einem historischen Roman vergangene Zeiten seiner Heimat wieder zum Leben zu erwecken. Es war gleichsam die geistige Rückkehr des alternden Mannes in seine ostpreußische Heimat, der er zeit seines Lebens verbunden blieb, auch wenn er seinen Wohnsitz in Lichterfelde bei Berlin hatte.
Gemeinsam mit seinem jüngeren Bruder Max veröffentlichte er 1882 „Altpreußische Geschichten von dem einen und dem anderen", die von ihm die Erzählung „Von der Passarge", einem kleinen ostpreußischen Fluß, enthielt. Drei Jahre später, 1885, folgte dann noch der zweibändige historischen Roman aus der Zeit des Großen Kurfürsten „Fritz Kannacher".
Der Berliner Verlag von Wilhelm Hertz publizierte das Werk des prominenten Autors etwa gleichzeitig mit dem vierten Band von Fontanes „Wanderungen durch die Mark Brandenburg". Zu den Verlagsautoren gehörten auch Paul Heyse und Ernst Wichert. Das Verlagsrisiko, den Erstling eines Autors zu veröffentlichen, verminderte Hobrecht durch einen Druckkostenzuschuß von 500 Mark, und der bald erzielte kleine Gewinn wurde zwischen Verlag und Autor geteilt. Gewinnsucht oder auch nur die Aussicht auf ein schmales Honorar war es also nicht, was Hobrecht zum Autor und Erzähler werden ließ, sondern wohl mehr das Bedürfnis, sich mitzuteilen, phantasievoll nochmals an den Stätten seiner Jugend zu verweilen und Charaktere vergangener Zeiten vorzustellen. Die mit dem Verlag vereinbarte Anonymität bei der Veröffentlichung der „Altpreußischen Geschichten" entstammte wohl der Vorsicht, keinen Mißerfolg mit dem Namen Hobrecht verbinden zu wollen, und wurde bald in den ersten Rezensionen gelüftet. Beim zweiten historischen Roman Hobrechts warb der Verlag dann auch bereits mit der politischen Vergangenheit des Autors.
Hobrecht durchlebte in dieser Zeit alle Stufen eines jungen Autorendaseins. So drängte er bald nach Ablieferung des Manuskripts auf schnelle Veröffentlichung und bat den Verleger Hertz um Verständnis für die Ungeduld *so junger Autoren, zumal wenn sie im übrigen schon alte Kerls sind.*[22] Der Absatz war zufriedenstellend und kontinuierlich; der Verleger *erwartete, daß das Werk überhaupt nicht aufhört, sondern weiter friedlich und gedeihlich leben wird.*[23] Solche Nachrichten konnten auf den unermüdlich weiter arbeitenden Autor nur ermunternd wirken, der bald als zweites literarisches Werk einen umfangreichen historischen Roman vorlegte. Zu Recht stellte er bei der Abgabe des Manuskripts fest, er habe ihn *nicht aus dem Ärmel geschüttelt, sondern ein paar Jahre mit Liebe und Energie gearbeitet.*[24] Für das auf 55 Bogen kalkulierte zweibändige Werk erhielt Hobrecht 1500 Mark Festhonorar wie ein anerkannter Autor. Auch wenn er bald mitteilen konnte, die ersten Kritiken *waren zu meiner Freude gnädig,*[25] wuchsen

22 Schiller Nationalmuseum/Deutsches Literaturarchiv, Cotta Archiv (Stiftung der Stuttgarter Zeitung), Marbach am Neckar, *Nachlaß Hobrecht*, 7: Arthur Hobrecht an Wilhelm Hertz am 20. 9. 1881.
23 *A.a.O.*, 38: Wilhelm Hertz an Arthur Hobrecht am 11. 7. 1883.
24 *A.a.O.*, 53: Arthur Hobrecht an Wilhelm Hertz am 4. 10. 1884.
25 *A.a.O.*, 64: Arthur Hobrecht an Wilhelm Hertz am 6. 11. 1883.

ihm die Bäume gleichsam nicht in den Himmel. Nur weil er auf den Ertrag seiner literarischen Tätigkeit nicht angewiesen war, konnte Hobrecht seinem Verleger gelassen von einer *Person aus den höheren Kreisen, jedenfalls höchst wohlhabend*, berichten, die Hobrecht ansprach: *Sie haben ja einen Roman geschrieben! Das interessiert mich sehr! Ich freue mich darauf ihn zu lesen. Wird man ihn bald in der Leihbibliothek bekommen? Oder: Denken Sie, ich habe ihn in der Leihbibliothek noch nicht kriegen können! Nicht einer, der auf den kühnen Gedanken gekommen wäre, ihn zu kaufen. Darein muß man sich finden.*[26] Dennoch erreichte Hobrecht ein zahlreiches Lesepublikum, besonders über Leihbibliotheken, die Exemplare zu einem ermäßigten Preis bezogen. Wohlwollende Rezensionen in den ostpreußischen Tageszeitungen und Monatsschriften förderten ebenfalls die Verbreitung. Der zeitgenössische Literaturhistoriker und Publizist Julian Schmidt betonte sogar in den „Preußischen Jahrbüchern“, daß den „Altpreußischen Geschichten“ *inmitten unserer Tagesliteratur ein recht bedeutender Rang gebührt.*[27] Besonders hervorgehoben wurde von den verschiedenen Rezensenten[28] die *Fülle kulturgeschichtlicher Details, denen man durchweg das wirkliche Erlebtsein ansieht.* Wenn auch der Fabel die rechte Spannung abgehe, entschädige dafür doch die memoirenartig genaue Wiedergabe historisch beobachteter Ereignisse, die ungewöhnliche Plastizität im Detail der Schilderung und immer wieder die überraschende Treue der Lokalfarbe. Gerade in dieser landschaftlich gebundenen Thematik, im Vertiefen der Eigenart dieser Provinz, liegt wohl der Hauptvorzug von Hobrechts literarischem Werk, der sowohl seine gute Aufnahme bei der vorwiegend ostpreußischen Leserschaft als auch seine zeitlich begrenzte Wirkung erklärt. Hobrecht ist deshalb zwar in den zeitgenössischen Literaturlexika zu finden, literarhistorische Bedeutung erlangte er jedoch nicht.[29]

Seine schriftstellerische Passion offenbart uns neben seiner gestalterischen Phantasie und seinem geistigen Reichtum noch eine andere, weit wichtigere Seite seines Wesens. Die feine Charakteristik der von ihm geschaffenen Figuren beweist immer wieder: Der versierte Verwaltungsfachmann, der in seinem Leben unzählige Entscheidungen treffen mußte, die in das Schicksal vieler Bürger eingriffen, war den Menschen nie fern, und ihr Denken und Fühlen blieben ihm nicht fremd. In den letzten beiden Jahrzehnten des 19. Jahrhunderts begann auch die Industrie, die Kenntnisse und Verbindungen erfahrener Politiker und ehemaliger Staatsbeamter zu nutzen und sie deshalb in ihre Leitungs- und Aufsichtsgremien zu integrieren. So war Hobrecht nach seinem Ausscheiden aus dem Staatsdienst in industriellen Unternehmungen tätig, zum Beispiel als Aufsichtsratsvorsitzender der Gesellschaft für elektrische Hoch- und Untergrundbah-

26 *Ebda.*
27 *A.a.O.*, 78: Ausschnitt aus den *Preußischen Jahrbüchern*, 1882, S. 638 f.
28 *A.a.O.*, 68: Ausschnittsammlung von Rezensionen.
29 Franz Brümmer, *Lexikon der deutschen Dichter und Prosaisten des 19. Jahrhunderts*, Berlin 1913, S. 233.

nen und als Mitglied des Aufsichtsrates der Mecklenburgischen Hypotheken- und Wechselbank.
In seinem langen Leben, das er am 7. Juli 1912 auf seinem Alterssitz in Groß-Lichterfelde beschloß, hat der Staatsminister a. D. und Wirkliche Geheime Rat Hobrecht viele Ehrungen erfahren. Zum 80. Geburtstag dankte ihm Berlin für sein erfolgreiches Wirken als Oberbürgermeister mit der Ehrenbürgerwürde.[30] Unvergänglich war sein Verdienst, die Stadt Berlin zur Herrin über ihre Straßen und Plätze gemacht zu haben. Seine knappe Amtszeit hatte ausgereicht, Berlin in diesen Jahren zu modernisieren und an Statur gewinnen zu lassen, um von Beginn des neuen Kaiserreiches an eine würdige Hauptstadt zu sein.

30 Landesarchiv Berlin, Außenstelle Breite Straße, Rep. 01-02, Nr. 406.

Maximilian (*Max*) Franz August von Forckenbeck

von Karl-Heinz Noack

Max von Forckenbeck gehört zu den bekanntesten Berliner Oberbürgermeistern und ist unter ihnen die wohl *glänzendste Gestalt.*[1] Mit seinen 14 Amtsjahren hat er nach Krausnick und Büsching die drittlängste Amtszeit unter den Berliner Oberbürgermeistern aufzuweisen. Viele während dieser Zeit entstandenen kommunalen Verbesserungen machten Berlin zur modernen Großstadt und waren von bleibendem Wert. Als Forckenbeck 1878 sein Amt als Berliner Oberbürgermeister antrat, das er bis zu seinem Tode 1892 innehatte, lag bereits eine politische Karriere als Reichstagspräsident hinter ihm. Er brachte genügend politische Erfahrung und Weitsicht, aber auch liberale Gesinnung mit, der er stets treu geblieben ist. *Maximilian* Franz August von Forckenbeck wurde am 23. Oktober 1821 in Münster geboren. Er stammte aus einer geadelten Beamtenfamilie,[2] deren Wurzeln als westfälisches Schulzengeschlecht bis ins zehnte Jahrhundert reichen. Schon der Großvater Maximilian hatte im Zeitalter der Aufklärung und der Reformen von oben eine steile Beamtenkarriere absolviert und war in den preußischen Adelsstand erhoben worden. Auch der Vater Franz von Forckenbeck ergriff die juristische Laufbahn, wurde 1832 wegen seiner liberalen Haltung nach Breslau strafversetzt und verstarb 1849 als Vizepräsident des Oberlandesgerichts in Glogau. Diese Herkunft bestimmte von Anfang an den Lebensweg Max von Forckenbecks, und ein solches Umfeld prägte auch seine charakterliche Haltung und geistigen Anschauungen. Das Studium der Rechts- und Staatswissenschaften begann er 1838 mit drei lebensfrohen Semestern im Corps Teutonia in Gießen, denen dann arbeitsame Jahre an der Berliner Friedrich-Wilhelms-Universität folgten. 1842 wurde er Auskultator und 1847 Assessor am Stadtgericht in Glogau. Forckenbecks politisches Maßhalten zeigte sich bereits im Revolutionsjahr 1848, wo er von drei politischen Partei-Clubs der Stadt, einem demokratisch-linken, einem konstitutionellen, der einen besonnenen Liberalismus vertrat, und einem konservativ-rechten den mittleren wählte. Hier präsidierte er auch und stieg bald zum Vizepräsidenten des liberalen Zentralwahlkomitees für Schlesien in Breslau auf. Bereits hier erwies er sich als der geborene Vorsitzende parlamentarischer Versammlungen. Voller Ehrgeiz trat er in seinen Reden – mit sonorer Stimme vorgetragen und von eindrucksvollen Gesten unterstrichen – für Freiheit und Recht und gegen Druck und Bevormundung ein. Die hereinbrechende politische Reaktion ließ keine Hoffnung auf eine Richterstelle zu, so daß sich Forckenbeck als Rechtsanwalt zunächst für zehn Jahre in dem ostpreußischen Städtchen Mohrungen und von 1859 bis 1872 in Elbing niederließ.

1 Ernst Kaeber, *Die Oberbürgermeister Berlins seit der Steinschen Städteordnung,* in: *Jahrbuch des Vereins für die Geschichte Berlins* 2 (1952), S. 53–114, hier S. 80; Werner Vogel, *Kleiner Führer durch die Geschichte Berlins,* 2. Aufl., Berlin 1969, S. 136.

2 Vgl. Martin Philippson, *Max v. Forckenbeck Ein Lebensbild,* Berlin 1898, S. 3 f.

Mohrungen, die Geburtsstadt Herders, lag zwar unweit einer Eisenbahnlinie, zu ihr führte jedoch noch keine Chaussee, sondern nur unzulängliche Landwege. Die Bevölkerung bestand vornehmlich aus einfachen Ackerbürgern, und das umliegende Kreisgebiet wurde von der konservativen Aristokratie beherrscht. Aber bald konnte Forkenbeck mit seinem gründlichen juristischen Wissen und strengem Pflichtgefühl das dem freisinnigen Rechtsanwalt entgegengebrachte Mißtrauen beseitigen. Trotz manch glänzender Schwurgerichtsverhandlung blieb seine Domäne der zivilrechtliche Bereich, wo er sich durch seine eingehende Kenntnis der Besitzstände und Beziehungen der adligen Familien nach und nach zum unentbehrlichen juristischen Ratgeber und Helfer machte. Forckenbeck war kein Schnellarbeiter, und sein langsames, aber gründliches Forschen und Entwickeln war gerade dieser Materie angemessen und letztlich auch erfolgreich. Von seiner aufreibenden Arbeit bei Gericht und in der Kanzlei, den zeitraubenden Reisen über Land versuchte er, sich im geselligen Kreise bei einem guten Glas Wein zu erholen. So wurde erzählt, daß er manches als Klientendank erhaltene Fäßchen des damals beliebten Ungarweins mit zwei befreundeten Junggesellen, einem Arzt und einem Assessor, leerte, indem sie im Kutschwagen beständig um den gepflasterten Marktplatz fuhren. Für die Pflege der Literatur blieb dem Vielbeschäftigten wenig Zeit und Kraft übrig, so daß Forckenbeck nie ein belesener, allseitig unterrichteter Mann war. Gern spielte er aber bei theatralischen Liebhaberaufführungen mit, und hier verkörperte der herzliche, heitere und hochgeachtete Anwalt meist die Väter- und Präsidentenrollen.[3] 1855 beendete Forckenbeck sein Junggesellenleben und heiratete im 35. Lebensjahr die zehn Jahre jüngere Gutsbesitzertochter Marie Reschke. Die lebenslustige, geistreiche und ehrgeizige junge Frau glich nicht nur die Schwächen ihres Mannes, wie seine Nachlässigkeit in der Kleidung und in Geldsachen, aus, sondern wurde auch seine engste Beraterin, wie aus ihrem Briefwechsel[4] deutlich wird. Dabei trafen die beiden *heftigen und leidenschaftlichen Charaktere*[5] manchmal hart aufeinander. Forckenbeck war aber nie nachtragend – *ich vergesse im nächsten Augenblicke*[6] – und folgte nur zu oft ihren Ratschlägen. *Meine heißgeliebte Marie,* schrieb er am 6. Februar 1862, *hat ihren Willen so besonnen und, fast wie ein Richter, mit so vielen Erwägungsgründen kundgegeben, daß ich mich allerdings wie – immer fügen muß.*[7]

3 Vgl. *a.a.O.*, S. 21.

4 Vgl. Martin Philippson, *Forckenbecks erstes Debüt beim Kronprinzen und beim Grafen Bismarck. Auf Grund bisher ungedruckter Briefe Forckenbecks,* in: *Deutsche Revue über das gesamte nationale Leben der Gegenwart* 23 (1898), Bd. 4, S. 1–16; ders., *Die innere Entwicklung im Norddeutschen Bunde. Aus Max v. Forckenbecks ungedruckten Briefen,* in: *A.a.O.*, S. 141–158; ders., *Die Zeit um 1870 in parlamentarischer Beleuchtung. Aus Forckenbecks Briefen an seine Gemahlin,* in: *Deutsche Revue* 24 (1899), Bd. 1, S. 129–146; ders., *Der Beginn des Kulturkampfes. Aus Forckenbecks Briefen an seine Gemahlin,* in: *A.a.O.,* Bd. 2, S. 164–174.

5 Forckenbeck an Marie am 6. 7. 1862, in: M. Philippson, *Max v. Forckenbeck...* (wie Anm. 2), S. 26.

6 *Ebda.*

7 Forckenbeck an seine Frau am 6. 2. 1862, in: *A.a.O.*, S. 27.

Maximilian (*Max*) Franz August von Forckenbeck, * Münster 23. 10. 1821, † Berlin 26. 5. 1892, Oberbürgermeister von Berlin 1878–1892

Die parlamentarische und politische Laufbahn des ostpreußischen Rechtsanwalts Max von Forckenbeck ist bemerkenswert. Es sind nicht die eigenen Ideen, die ihn aus der Masse hervorheben, oder gar eine charismatische Persönlichkeit. Es ist der im Anwaltsberuf geschärfte Sinn für das Machbare und Erreichbare, der ihn zum Politiker befähigt; es ist seine Geradlinigkeit im Denken, die Schlichtheit im Äußeren, eine mit Tatkraft gepaarte Liebenswürdigkeit, die bei der Bevölkerung Vertrauen erweckt. Es treibt ihn aber auch ein gewisser Ehrgeiz in die Politik, weil er hier etwas bewirken und sich durchsetzen kann. Die eigene Familientradition, die Enge der Reaktionszeit und die Schärfe der Gegensätze in seiner Provinz führen ihn ins liberale Lager. Hier zählt er zu jenen, die entschieden an den liberalen Grundsätzen, am parlamentarischen Budgetrecht festhalten, zugleich aber auch zur Zusammenarbeit bereit sind. Dreimal ist Forkkenbeck an einem folgenreichen Austritt aus einer liberalen Partei und sofortiger Neugründung beteiligt, ohne sich eigentlich zu verändern. Er verfolgt jedoch das Ziel, den Liberalismus an die Macht zu bringen. Das in seinem Wesen liegende Bemühen um Ausgleich machte ihn zum idealen Präsidenten des preußischen Abgeordnetenhauses (1866–1873) und des Reichstages (1874–1879). Die erfolgreiche Einigungspolitik Bismarcks zwang die Liberalen unter Aufgabe ihrer Forderungen zur Mitarbeit oder trieb sie bei Verleugnung ihrer nationalen Ziele in die Opposition. Auch geschicktes Taktieren führte lediglich zu immer neuen Kompromissen.

Forckenbecks parlamentarische Tätigkeit in Berlin war mit den Erfordernissen seiner Anwaltspraxis in Elbing immer schwerer in Einklang zu bringen. Seine häufige Abwesenheit von Elbing, aber auch die zunehmende Konkurrenz jüngerer Berufskollegen wirkten sich immer stärker aus, so daß er gegenüber seinem Freunde Rickert über *die ziemlich verfahrene und verdorbene Praxis*[8] klagte. Der Interessenkonflikt zwischen der Elbinger Anwaltspraxis und wichtigen Terminen in Berlin als Präsident des Abgeordnetenhauses oder wichtigen Verhandlungen im Reichstag wurde ihm als gewissenhaftem Arbeiter immer unerträglicher. *Ich muß nach Hause, ich muß ins Amt, und ich muß hier bleiben,* schrieb er am 3. Dezember 1870 seiner Gattin, *zwischen diesen verschiedenen Pflichten sich durchzuarbeiten ist gewaltig aufregend.*[9]

Da bot sich ihm eine Gelegenheit, politisches Wirken und berufliches Dasein aufs engste zu verbinden. Forckenbeck wurde nämlich Anfang 1872 von einflußreichen Berliner Stadtverordneten zur Wahl als Oberbürgermeister vorgeschlagen. Weitere Kandidaten waren der Breslauer Oberbürgermeister Arthur Hobrecht und der Danziger Oberbürgermeister von Winter. Vor allem der letztere hatte große Chancen, die Wahl zu gewinnen, weil er schon als früherer Berliner Polizeipräsident bekannt war und dieses Amt nur wegen seiner liberalen Haltung verloren hatte. Kaiser Wilhelm I. jedoch erklärte, Winter nie im Amt zu bestätigen, so daß dieser die Kandidatur ablehnte.[10]

8 Zitiert nach: *A.a.O.,* S. 234.
9 Zitiert nach: *A.a.O.,* S. 235.
10 Forckenbeck an seine Frau am 2. 3. 1872, in: *Deutsche Revue* 24 (1899), Bd. 2, S. 172.

Forckenbecks Chancen standen also gut, aber ein Ausspruch Bismarcks: *Was, Forckenbeck wollt ihr zum Oberbürgermeister wählen? Das laßt, mit dem habe ich was andres vor!*[11] und Gerüchte um Eulenburgs Rücktritt komplizierten die Situation. Forckenbeck sagte jedenfalls endgültig ab, denn *mir war die Sache nicht so viel wert, um mich dem Wagnis einer Niederlage auszusetzen.*[12] Zum Berliner Oberbürgermeister wurde Arthur Hobrecht gewählt, und damit war das Amt des ersten Bürgermeisters in Breslau, der zweiten Stadt der Monarchie, frei, und dafür war nun Forckenbeck sofort im Gespräch. Dem Argument der Gegner Forckenbecks, daß ein bloßer Rechtsanwalt für dieses Amt nicht genüge und daß es bisher nur durch erfahrene Verwaltungsbeamte bekleidet worden sei, begegneten seine Anhänger mit dem Hinweis auf seine bisherige Teilnahme am kommunalen Leben in Mohrungen und Elbing sowie auf seine Parlamentstätigkeit, besonders bei der Budgetberatung. Man forderte auch von Forckenbeck die Zusage, den Vorsitz im Abgeordnetenhaus aufzugeben und sich als Vertreter Breslaus ins selten tagende Herrenhaus entsenden zu lassen. Schließlich erfolgte Forkenbecks Wahl zum Ersten Bürgermeister Breslaus am 8. Juli 1872 mit 49 gegen 33 Stimmen. Bevor er die Wahl auch nach eingehender Rücksprache mit seiner Frau annahm, war ihm vom Minister Eulenburg, der Forckenbeck das Verbleiben im Amt verdankte, die Stellung des Appellationsgerichtspräsidenten im ultramontanen Aachen angeboten worden, die er aber ausschlug.

Für Forckenbeck war seine Tätigkeit als Breslauer Bürgermeister der große Einstieg in die Kommunalverwaltung, auch wenn er weiterhin aktiv in der Politik tätig war. Die Lösung der kommunalen Aufgaben erblickte er vor allem in der Kraft der Selbstverwaltung.[13] Forckenbeck arbeitete sich nun mit viel Energie in die neue, unbekannte Verwaltungstätigkeit ein, übernahm selbst den Vorsitz der Armendirektion, dann der Schuldeputation sowie anderer Verwaltungszweige. Seine guten Beziehungen zu den leitenden Männern der Berliner Zentralbehörde nutzte er, um auftauchende Probleme rascher und unkomplizierter zu erledigen und Breslau von den Provinzialbehörden unabhängiger zu machen.

Forckenbecks kommunalpolitische Erfolge vermittelten ihm auch Erfahrungen, die er später noch, in seiner Zeit als Berliner Oberbürgermeister, nutzen konnte. Neben der Errichtung einer großen städtischen Gasanstalt betrieb er die Einführung von Pferdebahnen. Das Armenwesen wurde gründlich reformiert und dabei die staatliche und städtische Regie aufeinander abgestimmt. Ein Provinzialmuseum wurde geschaffen, das Theater in städtische Verwaltung übernommen. Es entstand ein statistisches Amt, das die städtischen Etatsübersichten veröffentlichte. Geschickt verhandelte der Katholik Forckenbeck mit der protestantischen Geistlichkeit, indem er die Leistungen der

11 Forckenbeck an seine Frau am 10. 3. 1872, in: *A.a.O.*, S. 173.
12 Forckenbeck an seine Frau am 22. 3. 1872, in: *Ebda.*
13 Vgl. *Nord und Süd*, Bd. 58 (1891), S. 179.

Stadt gegenüber der evangelischen Kirche auf die landrechtlichen Verpflichtungen reduzierte, zugleich aber den Kirchen größere Selbständigkeit verlieh.
Dank Forckenbecks Fürsorge nahm das Bildungswesen einen großen Aufschwung, eine Gewerbeschule entstand, die Zahl der städtischen Elementarschulen wurde von 229 auf 363 erhöht. Mit gleicher Intensität und Anteilnahme führte er aber auch früher begonnene Projekte weiter. Mehrere neue Brücken wurden gebaut und das Leitungsnetz der städtischen Wasserwerke ausgedehnt. Die für den Gesundheitszustand der städtischen Bevölkerung bedeutsame Kanalisation ist unter seiner Leitung vollendet worden. Seine persönliche Anteilnahme war so groß, daß er eine Erholungsreise aufgab, um beim Zusammenschluß der Rohrsysteme anwesend zu sein. Bei all dem ließ er stets die entsprechenden Einrichtungen anderer Städte studieren, um anhand der bereits bestehenden Erfahrungen jeglichen Provinzialismus auszuschließen. Die Herzen der Breslauer gewann er aber nicht nur durch die kommunalpolitischen Erfolge, sondern auch durch seine bezwingende Liebenswürdigkeit, die Anteilnahme an den Sorgen und dem Schicksal des Einzelnen. Große Unterstützung fand er bei all dem – bis zu ihrem frühen Tod 1876 – durch seine Ehefrau. Es nimmt nicht wunder, daß auch gegnerische Zeitungen, wie die konservative „Schlesische Zeitung", schließlich resümierend feststellten: *Die Zeit der Wirksamkeit Forckenbecks in unserem Gemeinwesen ist eine Periode des Glanzes und höchsten kommunalen Triumphes für Breslau.*[14]
Seinem Versprechen bei der Übernahme des Breslauer Amtes gemäß hatte Forckenbeck sein Abgeordnetenmandat aufgegeben und die Berufung ins Herrenhaus als Vertreter Breslaus angenommen, auch wenn ihm die Aufgabe des inzwischen liebgewordenen Amtes schwerfiel. Aber beim Zusammentritt des neuen Reichstages im Jahre 1874 boten ihm beim Ausscheiden Simsons einmütig alle Parteien das Präsidentenamt an und wählten ihn mit 263 von 265 Stimmen. Die Zustimmung der städtischen Behörden Breslaus war zwar nicht nötig, aber Forckenbeck war über die Billigung des Magistrats sehr zufrieden. Vom Zweiten Bürgermeister wurde diese Meinung in Worte gefaßt: *So sehr wir Sie auch hier als unsern lieben, ebenso sicher wie ersprießlich leitenden Chef vermissen, so überwiegt doch im Magistrat wie bei allen Patrioten die Betrachtung, daß dem Wohle des Reiches Sonderinteressen zeitweise nachstehen müssen. Bei dem für Sie von dem Reichstage fast einstimmig abgegebenen Votum denkt man unwillkürlich an Vox populi vox Dei, an einen Ruf der Vorsehung, der Sie zugleich mit freudiger Zuversicht erfüllen muß.*[15] Ungeachtet dieser offiziellen Zustimmung gab es auch andere Stimmen, die meinten, daß bei der Abwesenheit des Bürgermeisters in der Stadtverwaltung *die Zügel am Boden schleiften und die Hand fehle, die sie fest führe,* und zwar um so mehr, als man *von der Überlegenheit von Forckenbecks Persönlichkeit dem ganzen Kollegium gegenüber, keinen ausgenommen, überzeugt*[16] war. Allmählich aber schwand diese Unzu-

14 Zitiert nach: M. Philippson, *Max v. Forckenbeck...* (wie Anm. 2), S. 243.
15 Zitiert nach: *A.a.O.*, S. 253.
16 Roepell an Forckenbeck am 24. März 1874, zitiert nach: M. Philippson, *ebda.*

friedenheit, sei es durch eine bessere Organisation der Magistratsverwaltung, die auch bei Abwesenheit des führenden Kopfes funktionierte, sei es durch den Abglanz, der von dem Amt des Reichstagspräsidenten auch auf die Stadt Breslau fiel. Forckenbeck selbst schätzte trotz seiner persönlichen Bescheidenheit die ihm verliehene Präsidentenwürde hoch ein, und als ihm sein Kanzleichef eine offizielle Eingabe an den Kaiser *sehr ehrfurchtsvoll, sehr untertänig* unterschreiben lassen wollte, wies ihn Forckenbeck zurecht: *So höflich darf ich als Reichstagspräsident doch nicht schreiben.*[17]

1878 war Forckenbeck noch Reichstagspräsident, als sein erfolgreicher Berliner Mitkandidat von 1872, Arthur Hobrecht, das Finanzministerium des gestürzten Camphausen übernahm und dadurch die Neuwahl des Berliner Oberbürgermeisters notwendig machte. Von den zehn Kandidaten erreichten am 10. September 1878 drei im Wahlausschuß die Mehrheit, die größte Forckenbeck, die zweitgrößte Stauffenberg und die geringste Oberbürgermeister Selke aus Königsberg. Obgleich aus Furcht vor einer Niederlage alle drei die Wahl abgelehnt hatten, wurde am 26. September 1878 Forckenbeck mit überwältigender Mehrheit, nämlich mit 85 von 93 Stimmen, gewählt. Nach wenigen Tagen nahm er die Wahl an, und Kaiser Wilhelm I. bestätigte ihn schon wenige Wochen später in seinem Amt. Die Breslauer ernannten ihn zum Dank für sein bisheriges Wirken zum Ehrenbürger, und am 21. November 1878 trat Forckenbeck sein neues Amt an. In seiner Ansprache würdigte Forckenbeck die seit sieben Jahrzehnten bewährte Selbstverwaltung und die Bedeutung des gemeinsamen Zusammenwirkens aller kommunalen Behörden zum Wohle des Bürgers.[18]

Eine politische Niederlage führte zu Forckenbecks völliger Konzentration auf die Berliner Kommunalpolitik. Bismarck, der sich der Liberalen für die von ihm vertretene Schutzzollpolitik im Reichstag sicher war, leitete wenige Wochen nach Forckenbecks Amtsantritt die politische Wende ein. Forckenbeck war zeit seines Lebens ein überzeugter Vertreter des Freihandels gewesen und trat nun gegen diese veränderte Wirtschaftspolitik auf. So setzte er unmittelbar nach dem Einbringen des Zolltarifgesetzentwurfs gegen den Willen Bismarcks ausgedehnte parlamentarische Osterferien an und geriet so in eine Konfrontation mit der Regierung und auch mit dem ihm bis dahin gewogenen Kaiser. Er veranlaßte eine Petition des Berliner Magistrats gegen die Besteuerung der notwendigsten Lebensmittel, betrieb die Einberufung des Städtetages, der unter seinem Vorsitz tagte, und rief das deutsche Bürgertum zum Widerstand auf, *gleichsam eine Kriegserklärung gegen die Regierung. Äußerlich gesehen erschien das Auftreten Forckenbecks als eine Art Höhepunkt seines Lebens, in Wirklichkeit war es das Gegenteil ... eine ergebnislose Demonstration,*[19] die zu spät kam, nachdem eine Abstimmung im Reichstag eine Zweidrittelmehrheit für das Zolltarifgesetz gebracht hatte. Forckenbeck war einsichtig genug, die Präsidentschaft des Reichstages, zu dessen

17 Zitiert nach: M. Philippson, *a.a.O.*, S. 254.
18 Vgl. M. Philippson, *a.a.O.*, S. 307.
19 Hermann Oncken, *Max v. Forckenbeck,* in: *ADB,* Bd. 48, Neudruck der 1. Aufl. von 1904, Berlin 1971, S. 630–650, hier S. 646 f.

Mehrheit er im offenen Gegensatz stand, niederzulegen. Forckenbecks politische Laufbahn bewegte sich dem Ende zu, und die verstärkte Konzentration auf die Berliner Kommunalpolitik war die pragmatische Konsequenz.

Berlin befand sich im letzten Drittel des 19. Jahrhunderts in einer Umbruchsituation, es mußte den Übergang von einer riesigen Kleinstadt zur modernen Großstadt vollziehen. Die Stadtverwaltung hatte große und komplizierte Aufgaben zu lösen, aber die Oberbürgermeister dieser Zeit zeigten sich der Aufgabe gewachsen. Seydel, ein energischer ideenreicher Mann, hatte die wichtigsten Schritte vorgezeichnet und begonnen, die zum großen Teil aber erst von seinen beiden Nachfolgern Arthur Hobrecht und Max von Forckenbeck vollendet werden sollten.

Beim Amtsantritt Forckenbecks kam bei der arbeitsteilig organisierten Verwaltung auf ihn vor allem viel Detailarbeit in verschiedenen Dezernaten zu, und die alles überschauende Leitung mußte zusätzlich geleistet werden. Wenn ihm auch in vielem seine Breslauer Erfahrung zugute kam, so stützte er sich häufig auch auf routinierte, kenntnisreiche Berliner Verwaltungsleute und arbeitete so besonders mit dem Stadtrat und Syndikus Eberty und dem Zweiten Bürgermeister Hermann Duncker eng zusammen. Dieser, ein in der Berliner Stadtverwaltung erfahrener und hochgedienter Mann, hatte auch in der halbjährigen Überbrückungszeit zwischen Hobrechts Weggang und Forkenbecks Amtsantritt die Geschäfte der Stadt geleitet.[20] Forckenbeck pflegte auch seine Verbindungen zu den Ersten Bürgermeistern der anderen großen Städte im Reich und konnte so manche auswärtige Erfahrung nutzen.

Insgesamt ist es schwierig, bei den kommunalen Erfolgen und Leistungen seiner Amtsperiode den ganz persönlichen Anteil Forckenbecks festzustellen, weil er häufig fremde Initiativen, die ihm sinnvoll erschienen, aufgriff und mit seiner Persönlichkeit unterstützte. *Schöpferisch, mit unverbrauchter Kraft, hat er das weite Feld dieses Wirkens, das er als 57jähriger Mann betrat, nicht mehr bebauen können, aber überall die tüchtigen Seiten seines Wesens: Gesundheit, Klarheit, Urteil, praktischen Blick bewiesen.*[21] Der früh Gealterte hatte bereits zu viele politische Kämpfe und auch Niederlagen in seiner liberalen Parteilaufbahn durchstehen müssen, so daß er die frühere Frische verloren hatte. Sein gesamter Tagesablauf war den städtischen Verwaltungsgeschäften gewidmet. Zeit seines Lebens war er kein Frühaufsteher gewesen, so daß er sich auch in seinen letzten Amtsjahren erst gegen neun Uhr erhob und nach Durchsicht der Post frühstückte und zigarrerauchend die Zeitung las. Nach der häuslichen Vormittagsarbeit fuhr er um elf Uhr ins Rathaus, wo er ohne jede Mahlzeit (erst in den letzten Jahren erzwang der Arzt ein zweites Frühstück) bis fünf Uhr blieb. Einem verspäteten Mittagessen folgte neue Aktenarbeit, bis ein kurzer Schlaf mit anschließendem kalten Abendessen die Kraft zu neuer Arbeit bis spät in die Nacht gab. Auch sonntags arbeitete er, unternahm mitunter

20 Vgl. Gerhard Kutzsch, *Berlins Bürgermeister 1808 bis 1933. Die „Zweiten Männer" der Stadt*, in: *Der Bär von Berlin. Jahrbuch des Vereins für die Geschichte Berlins* 25 (1976), S. 7–29, bes. S. 17 f.

21 H. Oncken, *Max v. Forckenbeck*, in: *ADB* (wie Anm. 19), Bd. 48, S. 649.

auch einen Spaziergang in den Tiergarten oder eine Fahrt in den Grunewald. Diese stets dem Amt geschuldete kontinuierliche Arbeitsweise fand ihre Höhepunkte in souverän geleiteten Magistratssitzungen und Stadtverordnetentagungen und führte durch ihre Stetigkeit zu beachtlichen kommunalen Erfolgen.
Besondere Aufmerksamkeit widmete Forckenbeck dem Schulwesen, und er arbeitete gemeinsam mit Stadtrat Borchardt und dem Stadtschulrat Bertram an einer Reform der städtischen Schuleinrichtungen. Zahlreiche Schulneubauten entstanden, und der Etat für Schulneubauten betrug in den sechs Jahren von 1882 bis 1888 über 12 Millionen Mark.[22] Schulgeld wurde nur von einem kleinen Teil der Schüler erhoben. Höhere Bürgerschulen wurden seit 1884 eingeführt, aber vornehmlich für Knaben, während die höhere Ausbildung für Mädchen den Privatschulen vorbehalten blieb. Für Forckenbecks Toleranz und Gerechtigkeitsdenken spricht auch die Tatsache, daß an den Schulen neben dem evangelisch-protestantischen nicht nur katholischer, sondern auch jüdischer Religionsunterricht eingeführt wurde.
Die von seinen Vorgängern eingeleitete Arbeit an der Berliner Kanalisation wurde vollendet. Der Verkehrserleichterung dienten viele Straßendurchbrüche in der Innenstadt sowie deren Weiterführung, für die dem Fiskus mühsam die Grundstücke abgehandelt werden mußten. Das sich stetig erweiternde Straßennetz wurde aber auch sorgfältig gereinigt und im Sommer besprengt. Zugleich bemühte man sich um die Bepflanzung der Straßen mit Bäumen. Das betraf aber nicht nur zentrale Projekte und Vorzeigeobjekte wie den Pariser Platz. Mit Bäumen bepflanzt und gärtnerisch gestaltet wurden auch bisherige Wochenmärkte, die durch den Bau von Markthallen frei geworden waren, wie der Dönhoff-, Alexander-, Andreasplatz, der Wörther, Dennewitzer und Lausitzer Platz sowie der Gendarmenmarkt und der Neue Markt. Gerade in den ärmeren Vierteln sollte durch Parkanlagen ein Erholungsausgleich geschaffen werden. So wurde im Fabrikenviertel Moabit der Kleine Tiergarten umgestaltet und 1886 im Süden die Anlage des Kreuzberger Viktoriaparks beschlossen. Nach langwierigen Verhandlungen mit dem Fiskus konnte die Anlage des Parks mit seinem herrlichen Wasserfall 1888 begonnen und 1891 beendet werden. Auch verschiedene ehemalige Kirchhöfe im Innern der Stadt wurden zu Parks und Schmuckplätzen umgestaltet und so zu Spielplätzen für die Jugend.
Forckenbecks gewissenhafte Sparsamkeit schreckte davor zurück, die elektrische Straßenbeleuchtung in städtische Regie zu übernehmen. Gewerbliche Unternehmen überließ er lieber der Privatindustrie, zumal die sich entwickelnde Elektrotechnik häufig neue Einrichtungen erforderte. Er strebte vor allem die städtische Gewinnbeteiligung an. In zähen Verhandlungen mit der Deutschen Edisongesellschaft, deren Nachfolger die Berliner Elektrizitätswerke wurden, mußten diese Unternehmungen für die Benutzung der Straßen zur Kabellegung zehn Prozent von der Bruttoeinnahme zahlen und

22 Vgl. Hermann Duncker, *Berichte der Gemeinde-Verwaltung der Stadt Berlin 1878–1881 und 1882–1888*, Berlin.

bei höherem Reingewinn nochmals eine Zulage. Bei diesen Verhandlungen machte sich auch der Bürgermeister Duncker um die Stadt verdient. Nur die wichtigsten Straßenzüge wurden von der Stadt selbst elektrisch beleuchtet. Das Pferdebahnwesen[23] existierte in Berlin nur in Anfängen, auch hier handelte Forckenbeck 1880 für die Stadt günstige Verträge aus. Damit wurde die Grundlage für das spätere, ausgedehnte Straßenbahnnetz geschaffen. Für die Gesunderhaltung der Bevölkerung als unbedingt notwendig erwies sich die Gründung öffentlicher Schlachthäuser, die städtische Kontrolle des Fleischverkaufs wie von Lebensmitteln überhaupt und die Verlegung der unter freiem Himmel stattfindenden Wochenmärkte in öffentliche Markthallen. Dieses Problem war schon früh von Eberty erkannt worden, doch unter Einsatz der Autorität des Oberbürgermeisters konnte es nur mit Verzögerung gelöst werden, weil sich das Kleingewerbe mit seiner jahrhundertealten Tradition gegen diese Neuerungen zur Wehr setzte.[24] Gegen viele Hindernisse mußte auch die Anlage von städtischen Markthallen durchgesetzt werden, die nicht nur den Kleinhandel witterungsgeschützt ermöglichen sollten, sondern Berlin zum Zentrum und Stapelplatz für den Lebensmittelhandel überhaupt werden ließen.

Wasserwege spielten im Berliner Verkehr immer eine große Rolle, und Forckenbeck förderte nicht nur die Regulierung der Spree, sondern sorgte auch dafür, daß die Stadt fünf alte, für die Schiffahrt zu flache Brücken erneuerte. In Forckenbecks Amtszeit fällt auch der Bau der städtischen Wasserwerke 1888 am Müggelsee, der notwendig wurde, weil die Werke am Stralauer und Tegeler See dem Bedarf nicht mehr genügten.

Bei allen diesen Unternehmungen, die von bleibendem Wert und zum Nutzen für die Kommune waren, verwaltete Forckenbeck die städtischen Finanzen äußerst sparsam. In Paris betrugen die kommunalen Steuern pro Einwohner 62 Mark, in Berlin dagegen nur 25 Mark,[25] ein deutlicher Beleg für die sparsame und und umsichtige Verwaltung der Reichshauptstadt. Berlin gehörte durchaus zu den bestverwalteten, saubersten und gesündesten Großstädten Europas und Forckenbeck hatte daran großen Anteil.

Forckenbecks persönliches Verdienst um eine solche erfolgreiche Kommunalpolitik war allgemein anerkannt, und so wurde nach dem Ende seiner zwölfjährigen Wahlperiode 1890 einstimmig seine Wiederwahl empfohlen, die am 25. Februar mit 85 gegen 2 Stimmen, also fast einstimmig, ausfiel. Es dauerte im Unterschied zur ersten Wahl aber acht Monate, bis er durch den Kaiser bestätigt wurde, ein Zeiches des gestörten Verhältnisses.

Die beabsichtigte, großzügige Eingemeindung der Vororte gelang ihm allerdings nicht mehr, denn er konnte deren Sonderinteressen nicht so schnell überwinden.[26] Erst seine

23 Vgl. Michael Erbe, *Berlin im Kaiserreich (1871–1918),* in: Wolfgang Ribbe (Hrsg.), *Geschichte Berlins,* Bd. 1 u. 2, München 1987, hier Bd. 2: *Von der Märzrevolution zur Gegenwart,* S. 691–793, bes. S. 736 ff.

24 Detailliert dazu M. Philippson, *Max v. Forckenbeck...* (wie Anm. 2), S. 375 ff.

25 Vgl. dazu bes. L. Rowe, *Die Gemeindefinanzen von Berlin und Paris,* Jena 1893.

26 Vgl. M. Erbe, *Berlin...* (wie Anm. 23), S. 746 f.

Amtsnachfolger kamen hier auf dem Kompromißwege und durch die Gestattung von Sonderrechten weiter. Im Verlaufe der Verhandlungen erkrankte er, und auch ein Kuraufenthalt konnte dem geschwächten Körper nicht mehr helfen. Forckenbeck verstarb an einer Lungenentzündung am 26. Mai 1892 in Berlin.
Der politisch freisinnige und tolerante Forckenbeck hatte trotz seines katholischen Glaubensbekenntnisses, das er auch im protestantischen Berlin beibehielt, eine evangelische Frau geheiratet und die Töchter evangelisch, den Sohn katholisch erziehen lassen. Der katholische Oberhirte Berlins, der Fürstbischof von Breslau, verweigerte Forckenbeck aber unter Hinweis auf dessen Mitgliedschaft im staatlichen Gerichtshof für kirchliche Angelegenheiten während des Kulturkampfes das katholische Begräbnis. Darüber gab es auch zwischen der freisinnigen Berliner Presse und der katholischen „Germania" eine erregte Debatte.[27] Die evangelische Kirche gewährte ihm auf dem Friedhof der Nikolaigemeinde die letzte Ruhestätte.

27 Landesarchiv Berlin, Außenstelle Breite Straße, Rep. 01-02,420; enthält zahlreiche Pressezeugnisse zu Forckenbecks Tod und seinem Begräbnis.

Robert Zelle

von Daniel S. Mattern

Die sechsjährige Amtszeit Robert Zelles als Oberbürgermeister war *fast nur eine Episode in der Geschichte Berlins*, stellte bereits der Stadtarchivar Ernst Kaeber fest.[1] Ein hartes Urteil, aber gewiß ist es richtig, Zelle nicht zu den herausragenden Stadtoberhäuptern zu zählen. Als in den neunziger Jahren des vorigen Jahrhunderts das Städtewesen in Deutschland aufblühte,[2] bestand ein großer Kontrast zwischen der allgemeinen Ruhe im Roten Rathaus und der Aufbruchstimmung in der großen Stadt. Es war eine Zeit der Ausdehnung der städtischen sozialen Dienste, in der darüber hinaus auch eine neue urbane Ästhetik und Städteplanung berücksichtigt werden mußte.[3] Zwangsläufig war es auch das Jahrzehnt, in dem zum ersten Mal seit den sechziger Jahren wieder die Diskussion über die Eingemeindung der Vororte entbrannte. Daher bleibt es unverständlich, daß Zelle trotz seiner fortschrittlichen Ansichten und seiner erbrachten Leistungen in der Stadtregierung unfähig oder vielleicht unwillig war, neue Ideen zu verwirklichen.[4]

Friedrich *Robert* Otto Hans Zelle wurde am 18. September 1829 in Berlin geboren. Sein Vater wirkte als Professor an dem renommierten Gymnasium zum Grauen Kloster. Ein echter Berliner im wahrsten Sinne des Wortes, verbrachte Zelle nur wenig Zeit seines Lebens außerhalb seiner Heimatstadt an der Spree. Er besuchte das Gymnasium, an dem sein Vater lehrte. Es befand sich im Stadtzentrum, nicht weit entfernt von seinem späteren Arbeitsplatz im Roten Rathaus. In den Jahren 1848 bis 1851 studierte er an den Friedrich-Wilhelms-Universitäten in Bonn und Berlin Rechts- und Staatswissenschaften.

Nach seinem ersten juristischen Examen bestand Zelle 1851 die Prüfung als Auskultator, 1853 als Referendar und 1856 als Assessor und war überwiegend beim Stadtgericht tätig. Danach arbeitete er im preußischen Handelsministerium in der Redaktion des ministeriellen „Preußischen Handelsarchivs". 1861 erhielt er seine erste Stelle bei der Berliner Stadtregierung; Zelle war erst zweiunddreißig Jahre alt, als er dieses Amt übernahm. Er wurde in die Position eines besoldeten Stadtrates berufen, mit einem Gehalt von 10 000 Mark jährlich.[5] Im September 1862 verlobte sich Zelle mit Elise Laura

1 Ernst Kaeber, *Die Oberbürgermeister Berlins seit der Steinschen Städteordnung*, in: *Jahrbuch des Vereins für die Geschichte Berlins* 2 (1952), S. 53–114, hier S. 83 ff.

2 Vgl. dazu den Artikel *Robert Zelle*, in: Anton Bettelheim (Hrsg.), *Biographisches Jahrbuch und Deutscher Nekrolog*, Bd. 6, Berlin 1904, S. 120; ferner Gerhard Kutzsch, *Berliner Bürgermeister 1808 bis 1933. Die „Zweiten Männer" der Stadt*, in: *Der Bär von Berlin. Jahrbuch des Vereins für die Geschichte Berlins* 25 (1976), S. 7–29, hier S. 19 f.

3 Brian Ladd, *Urban Planning and Civic Order in Germany, 1860–1914*, Cambridge, Mass. 1990.

4 Zu Zelles Amtszeit vgl. Michael Erbe, *Berlin im Kaiserreich (1871–1918)*, in: Wolfgang Ribbe (Hrsg.), *Geschichte Berlins*, Bd. 2: *Von der Märzrevolution bis zur Gegenwart*, München 1987, S. 691–793, hier S. 761 f.

5 Landesarchiv Berlin, Außenst. Breite Str., Rep. 01, Generalbüro des Magistrats, Nr. 1544, S. 14.

Emilie Möllhausen, der Tochter eines Justizrats aus Köln.[6] Ein Jahr später erhielt das neue Magistratsmitglied seine erste Besoldungserhöhung, ein Indiz für die allgemeine Anerkennung von Zelles Tüchtigkeit und Leistung in dieser Position.[7]
Seine literarische Tätigkeit begann Zelle 1862 mit der Veröffentlichung der Schrift „Ein deutsches Lebensbild“, in der er die damaligen Gewerbe- und Heimatgesetze geißelte. In der Hoffnung, die Zustimmung des „normalen“ Bürgers zu gewinnen, zeichnete Zelle das Bild eines typischen Deutschen, dessen Freiheiten durch die damaligen rechtlichen Bedingungen eingeschränkt waren. Im Mai 1863 wurde er Redakteur des „Berliner Kommunalblattes“, eine Aufgabe, die er acht Jahre lang erfüllte. Aufgrund seiner redaktionellen Erfahrung hatte Zelle später als Oberbürgermeister, sofern städtische Probleme berührt wurden, ein wachsames Auge auf Veröffentlichungen der Presse. Zugleich begann er, sich auch schriftstellerisch mit städtischen Problemen zu beschäftigen, besonders mit der Waisenpflege in Berlin. Sein Vortrag über „Waisenpflege und Waisenkinder in Berlin“ (1867 in der Reihe der Sammlung gemeinverständlicher wissenschaftlicher Vorträge, herausgegeben von Virchow und Holtzendorff, erschienen), wies ihn als einen nachdenklichen und bestens unterrichteten Verwaltungsbeamten aus.[8]
Doch auch mit Fragen der zeitgenössischen Vormundschaftsgesetzgebung beschäftigte sich Zelle.[9] Der Stadtrat war nicht der Meinung, daß der Staat für die Lösung dieses besonderen gesellschaftlichen Problems zuständig sein sollte. Statt dessen schlug er die Schaffung örtlicher Vormundschaftsämter für *jede Stadt und jeden Kreis* vor, welche die Verantwortung für vormundschaftslose Kinder übernehmen sollten. Energisch trat er dafür ein, die Kosten den Kommunen oder Kreisen anzulasten, auch wenn das bedeutete, weniger Straßen zu bauen oder weniger Sitzungen abhalten zu können: *Hier sind es die Kinder unserer Mitbürger, die im Elend und Laster verkommen, wenn wir uns ihrer nicht annehmen. Kleine Geschöpfe, ursprünglich so unschuldig und so gut wie deine eigenen, die du so sehr liebst.* Sein Vorschlag zielte jedoch nicht auf die Schaffung einer neuen Bürokratie ab, sondern sah vielmehr die freiwillige Beteiligung von Handwerkern, Kaufleuten und insbesondere auch Beamten vor, die von *dieser Bürgerpflicht absolut nicht befreit sein dürfen.*[10] Zelle hatte erkannt, daß neue soziale Konflikte nicht zu verhindern waren, wenn diese Kinder sich in den Straßen herumtrieben, kriminell wür-

6 *Vossische Zeitung*, Nr. 222 vom 23. September 1862. Der Tod seiner Frau im September 1890 traf den Stadtsyndikus Zelle schwer; aus diesem Anlaß ließ er sich von seiner Arbeit im Rathaus beurlauben: Landesarchiv... (wie Anm. 5), S. 124.

7 Landesarchiv, *a.a.O.*, S. 20.

8 Robert Zelle, *Waisenpflege und Waisenkinder in Berlin* (= Sammlung gemeinverständlicher wissenschaftlicher Vorträge, hrsg. von Rudolph Virchow u. Friedrich von Holtzendorff, H. 29), Berlin 1867.

9 Robert Zelle, *Reform der Vormundschaftsgesetzgebung* (= Sammlung gemeinverständlicher wissenschaftlicher Vorträge, hrsg. von Rudolph Virchow u. Friedrich von Holtzendorff, H. 101), Berlin 1870.

10 *A.a.O.*, S. 37 f.

Robert Zelle, * Berlin 18. 9. 1829, † Meseberg 24. 1.1901, Oberbürgermeister von Berlin 1892–1898

den und schließlich vor Gericht endeten. Sein Vorschlag war daher ein Versuch, mit diesem wachsenden Problem aktiv und verantwortlich umzugehen. 1876 veröffentlichte Zelle einen Aufsatz über das Budgetrecht der Stadtverordneten und 1877 einen weiteren über die neuen Selbstverwaltungsgesetze, 1887 und 1896 erschien von ihm eine Ausgabe der preußischen Städteordnung von 1853, die es auf insgesamt fünf Auflagen brachte. Darüber hinaus gab er ein Handbuch über preußisches Recht heraus, von dem in der Zeit von 1888 bis 1911 sechs Auflagen erschienen. *Er macht in diesem Werk den ersten Versuch, dasjenige, was* [im Landrechtsgebiet] *wirklich in Geltung steht unter Hinzufügung der einschlagenden Entscheidungen der höchsten Gerichte, Ministerial-Reskripte usw. in einem mäßigen Bande zusammenzufassen.*[11] Diese Veröffentlichungen dokumentieren Zelles Interesse an Theorie und Praxis der lokalen Verwaltung innerhalb Preußens. Darüber hinaus zeigen sie, in welchem Ausmaß Verwaltungsbeamte in jener Zeit soziale Probleme und deren Lösung immer mehr als gesellschaftliches Problem verstanden.[12]

Sein Ruf als begabter Stadtverwalter wuchs über die Grenzen Berlins und des näheren Umlands hinaus. Als Beweis dafür mag das Angebot aus Stettin gelten, dort Oberbürgermeister zu werden, eine Nachricht, die ziemlich überraschend kam. Die Stettiner Stadtverordnetenversammlung hatte Zelle am 29. Januar 1867 im dritten Wahlgang mit 40 Stimmen zu 22 Stimmen (die auf den Stadtbaurat James Hobrecht entfielen) auf diesen Posten gewählt.[13] Zelle konnte den Ruf jedoch nicht sofort annehmen, weil *wegen Verletzung der Vorschriften der Städteordnung* seine Wahl von der Preußischen Regierung für ungültig erklärt worden war. Zeitungsberichten zufolge hatte das Stadtparlament das Gehalt auf 2500 Mark statt der von der königlichen Regierung vorgeschriebenen 2800 Mark festgesetzt. Obwohl es sich hierbei eher um eine Bagatelle handelte, die von der Presse als „Formfehler" bezeichnet wurde, nahm das Oberpräsidium der Provinz Pommern die Angelegenheit sehr ernst.[14] Im Juni wurde Zelle zum zweiten Mal mit 39 zu 15 Stimmen im ersten Wahlgang zum Oberbürgermeister von Stettin gewählt. Man erwartete *eine baldige allerhöchste Bestätigung der mit großer Einstimmigkeit und zu fast allgemeiner Befriedigung endlich erledigten Wahl.*[15] Doch nach seiner legalen Wahl sowie der Unterstützung durch den Stadtverordnetenvorsteher Kochhann wurde Zelle auch diesmal von der Regierung nicht bestätigt, angeblich, weil das Oberpräsidium der Provinz Pommern einen schädlichen Bericht über ihn unterbreitet

11 Richard George, *Robert Zelle,* in: *Der Bär. Illustrirte Wochenschrift* 18 (1891), Nr. 12, S. 143.

12 Vgl. Wolfgang Hofmann, *Aufgaben und Struktur der kommunalen Selbstverwaltung in der Zeit der Hochindustrialisierung,* in: Kurt G. A. Jeserich u. a. (Hrsg.), *Deutsche Verfassungsgeschichte,* Bd. 3: *Das Deutsche Reich bis zum Ende der Monarchie,* Stuttgart 1984, S. 600. S. auch Wolfgang Krabbe, *Die deutsche Stadt im 19. und 20. Jahrhundert* (= Kleine Vandenhoeck-Reihe, Nr. 1543), Göttingen 1989, S. 99–113; Jürgen Reulecke, *Geschichte der Urbanisierung in Deutschland* (= Neue Historische Bibliothek, Nr. 249), Frankfurt a. M. 1985, S. 118–131.

13 *Haude und Spener'sche Zeitung* vom 31. Januar 1867.

14 *Haude und Spener'sche Zeitung* vom 28. Mai 1867.

15 *Vossische Zeitung* vom 21. Juni 1867.

hatte.[16] Aufgrund dieser Ablehnung, die Zelle als eine schwere persönliche Niederlage empfand, entstand das Gerücht, daß der Hauptanlaß für die Nichtbestätigung sein Votum gegen die Ernennung Bismarcks zum Berliner Ehrenbürger war.[17] Die wahren Gründe dürften eher in Zelles gemäßigt fortschrittlicher politischer Haltung zu suchen sein, da in der Ära des Verfassungskonflikts und der Einigungskriege die preußische Fortschrittspartei und Bismarck im Konflikt miteinander lagen.[18] 1872 wählten die Königsberger Stadtverordneten ihn zum Oberbürgermeister der Stadt Königsberg in Ostpreußen.[19] Doch auch dieses Amt konnte Zelle nicht übernehmen, da er mittlerweile fast einstimmig zum Syndikus der Stadt Berlin gewählt worden war.[20]
Seit 1873 gehörte Zelle der politischen Fraktion der Fortschritts-Partei im Preußischen Abgeordnetenhaus an.[21] Er vertrat zuerst den 2. Berliner Wahlkreis, später dann die Wahlkreise in Westhavelland-Zauch-Belzig, Posen und Breslau. Während der achtziger Jahre gehörte er wieder über seinen alten Wahlkreis in Berlin dem Landtag als Mitglied der Freisinnigen Partei an. Während dieses letzten Mandats kämpfte Zelle gegen die staatliche Einmischung in die städtische Selbstverwaltung, insbesondere gegen die „Präfektenstellung" des Polizeipräsidenten. Eine Zeitlang unterstützte er die Idee, einen Kommunalverband für Groß-Berlin zu schaffen. Zelle lehnte jegliche Zensur durch den Staat ab und wandte sich auch gegen das Dreiklassenwahlrecht in Preußen. Auf der örtlichen Ebene setzte er sich für Simultanschulen ein und befaßte sich mit Fragen der Gemeindebesteuerung. Nachdem er stellvertretender Oberbürgermeister geworden war, legte Zelle sein Mandat nieder, *um sich ganz der Gemeindearbeit zu widmen*, vertrat jedoch Berlin im Herrenhaus als Oberbürgermeister.
Am 5. November 1891 wurde Robert Zelle mit einer klaren Mehrheit des Magistrats, fast einstimmig, zum Bürgermeister in Berlin gewählt[22] und am 17. Dezember in sein Amt eingeführt. Über den neuen Bürgermeister, der schon ein Menschenalter lang der Berliner Gemeindeverwaltung angehörte, schrieb der „Berliner Bär", eine illustrierte Wochenschrift, daß *seine amtliche Tätigkeit und persönliche Liebenswürdigkeit ihm die Sympathien der weitesten Kreise erworben haben ... Möge dem im öffentlichen Dienste thätigen Manne, welcher mit der städtischen Verwaltung geradezu verwachsen ist, noch lange*

16 *Vossische Zeitung* vom 25. September 1867.
17 *Vossische Zeitung* vom 6. Oktober 1867.
18 E. Kaeber, *Die Oberbürgermeister...* (wie Anm. 1), S. 84; James J. Sheehan, *German Liberalism in the Nineteenth Century*, Chicago 1978, S. 124–126.
19 *Vossische Zeitung* vom 9. März 1872.
20 Landesarchiv... (wie Anm. 5), S. 67–75.
21 Die Geschichte des Linksliberalismus in Preußen ist kompliziert. Von der Fortschrittspartei, die 1861 gegründet wurde, spaltete sich 1880 die Liberale Vereinigung (die Sezession) ab. Diese Gruppen wurden 1884 unter dem Namen Deutsche Freisinnige Partei wiedervereinigt. Die Allianz dauerte aber nur bis 1893, als sich die Partei wiederum in zwei Fraktionen, die Freisinnige Volkspartei und die Freisinnige Vereinigung, teilte. Der Linksliberalismus war nochmals zwischen 1910 und 1919 geeint.
22 Landesarchiv... (wie Anm. 5), Nr. 1406.

vergönnt sein, zum Wohle der Reichshauptstadt in seinem hohem Amte zu wirken![23] Nach dem Tod des Oberbürgermeisters Max von Forckenbeck im Mai 1892 wurde Zelle im Roten Rathaus am 29. September zu seinem Nachfolger gewählt. Die Wahl des neuen Oberbürgermeisters gestaltete sich unkompliziert. Zunächst wurde ein Komitee gebildet, um die folgenden zwei Fragen zu klären: Wie hoch sollte das Gehalt des neuen Oberbürgermeisters sein und welche Kandidaten kamen in Frage? Auf der ersten Sitzung des Komitees im Juni 1892 wurde das Gehalt des neuen Bürgermeisters auf 30 000 Mark festgelegt. Der Oberpräsident von Berlin, die offizielle staatliche Aufsichtsbehörde, stimmte dieser Summe Mitte Juli zu. Wegen des Regierungs-„Sommerlochs" wurde die Wahl verschoben bis zum Beginn der Legislaturperiode im Herbst. Berichte über die einzelnen Kandidaten für die zwölfjährige Amtszeit wurden am 22. September herausgegeben, und die Wahl fand in der folgenden Woche statt. Bürgermeister Zelle wurde mit 94 von 95 gültigen abgegebenen Stimmen gewählt, bei 22 ungültigen und einer Stimme für einen Scheinkandidaten.[24] Mit dieser Wahl kehrten die Stadtverordneten zu dem Brauch zurück, den Bürgermeister in das Amt des Oberbürgermeisters zu wählen, eine Tradition, von der zum letzten Mal 1832 Gebrauch gemacht worden war, als Bärensprung Nachfolger Büschings wurde. Zelle war ein Förderer guter Beziehungen zwischen den beiden Körperschaften der Stadt. Er wünschte nicht nur eine enge Kooperation zwischen den Organen der Stadtregierung, sondern pflegte auch gute Beziehungen zu den einzelnen Mitgliedern der Stadtverordnetenversammlung. Es war nicht ganz unproblematisch, seitens der Regierung ein Mitglied der Freisinnigen Partei als Berliner Oberhaupt zu bestätigen, und die Chancen dafür sahen zuerst recht schlecht aus. Am 7. Oktober 1892 erhielt Robert Zelle von Kaiser Wilhelm II. folgende Depesche: *Spreche meinen Glückwunsch zur Wahl aus, die ich um so freudiger bestätige, als ich weiß, wie sehr Ihnen das Wohl Meiner Residenzstadt am Herzen liegt. Ich hoffe, Sie recht lange an der Stelle zu sehen, und mit Ihnen manches Werk zusammen zur Verschönerung Berlins und zu seiner Fortentwicklung durchzuführen. Ihre treuen Gesinnungen gegen Mich und Mein Haus wohl kennend, bin ich der Überzeugung, die Wahl konnte keinen Besseren und Geeigneteren treffen.*[25] Es ist möglich, daß zwei im Landtag sehr entschieden vorgetragene Loyalitätsbekundungen Zelles im Jahre 1886 ihre Wirkung an „allerhöchster" Stelle nicht verfehlt hatten.[26]

Der neue Oberbürgermeister genoß das Vertrauen seiner Kollegen im Magistrat sowie das der städtischen Verwaltung. Er war für einen aufmerksamen und rücksichtsvollen Umgang mit seinen Untergebenen bekannt und arbeitete eng mit der Stadtverordne-

23 R. George, *Robert Zelle...* (wie Anm. 11), S. 143.

24 *Amtlicher stenographischer Bericht über die Sitzung der Stadtverordneten-Versammlung vom 16. Juni 1892,* Nr. 22; Beschluß der Stadtverordneten-Versammlung, Protokoll Nr. 2a vom 23. Juni 1892; Beschluß der Stadtverordneten-Versammlung, Protokoll Nr. 9 vom 30. Juni 1892; *Amtlicher stenographischer Bericht über die Sitzung der Stadtverordenten-Versammlung vom 29. September 1892,* Nr. 28: Landesarchiv... (wie Anm. 5), Nr. 1426, S. 143–156.

25 *Oberbürgermeister Zelle,* in: *Vossische Zeitung* vom 7. Oktober 1892.

26 G. Kutzsch, *Berlins Bürgermeister...* (wie Anm. 2), S. 20.

tenversammlung zusammen. Zelle trat sein Amt während einer Umbruchperiode in der Geschichte Berlins an, das zu dieser Zeit als nationale Hauptstadt und als Zentrum eines wirtschaftlichen Umschwungs eine rapide und destabilisierende Entwicklung durchzumachen hatte.[27] Die Bevölkerung hatte sich zwischen 1871 und 1895 mehr als verdoppelt, von 825 937 auf 1 677 304 Einwohner. Der Groß-Berliner Raum war von 915 auf 2218 Quadratkilometer angewachsen.[28] Die politischen und verwaltungsbehördlichen Strukturen hingegen blieben hinter der Entwicklung in der rasch expandierenden Metropole zurück.

Die Debatte über die Eingemeindung der Vororte war Anfang der neunziger Jahre die brennendste Frage in der Kommunalpolitik. Der Druck der Suburbanisierung und der Wunsch, die gesamte städtische Entwicklung der Region unter bauliche und polizeiliche Kontrolle zu bringen, kamen nach verschiedenen Diskussionen zwischen Berlin und den einzelnen Vororten 1890 in dem Vorschlag des preußischen Innenministers Ludwig Herrfurth zum Ausdruck, eine Reihe von Vororten in die Hauptstadt einzugemeinden. Herrfurth war der Meinung, daß eine Eingemeindung die zufriedenstellendste Lösung sei, die weltstädtische Entwicklung Berlins zu fördern. Obwohl Oberbürgermeister Forckenbeck kein bedenkenloser Befürworter dieses Plans war, hatte er 1891 doch Verhandlungen zwischen Berlin, den Vororten und der Staatsregierung zunächst einmal unterstützt. Doch mit dem Rücktritt Herrfurths und dem Tode Forkenbecks kamen die Verhandlungen zum Stillstand.[29] Als Oberbürgermeister zeigte Zelle eine andere politische Haltung, besonders in der Frage der Durchsetzung einer neuen Groß-Berliner Verwaltungsreform, als er sie zuvor im Abgeordnetenhaus vertreten hatte. Damals war er nicht nur ein Befürworter städtischer Selbstverwaltung gewesen, sondern hatte sich auch für die Idee einer „Provinz Berlin", für einen Kommunalverband zwischen Berlin und seinen Vororten, recht nachdrücklich eingesetzt.[30] So sagte er 1876, daß *die große Stadt* [Berlin] *in ihrer jetzigen Isolierung den k o m i s c h e n Anblick eines riesigen Körpers dar*[bietet], *welcher von Zwergen nach deren Belieben gepeinigt wird.*[31] Einige Monate nach seinem Amtsantritt jedoch wandten sich Zelle und viele Magistratsmitglieder gegen eine Eingemeindung, weil eine Vergrößerung des Stadtgebiets in Verbindung mit einer infrastrukturellen Entwicklung der Vor-

27 Die wissenschaftliche Literatur über das kaiserliche Berlin und über Berlin als Reichshauptstadt wächst. Siehe z. B. Gerhard Brunn/Jürgen Reulecke (Hrsg.), *Berlin... Blicke auf die deutsche Metropole,* Essen 1989.

28 Zahlen nach: Ingrid Thienel, *Verstädterung, städtische Infrastruktur und Stadtplanung,* in: *Zeitschrift für Stadtgeschichte, Stadtsoziologie und Denkmalpflege* 4 (1977), S. 55–84; ferner nach der Tabelle in: Michael Erbe, *Berlin im Kaiserreich...* (wie Anm. 4), S. 694.

29 Ernst Kaeber, *Das Weichbild der Stadt Berlin seit der Steinschen Städteordnung,* in: ders., *Beiträge zur Berliner Geschichte. Ausgewählte Aufsätze* (= Veröffentlichungen der Historischen Kommission zu Berlin, Bd. 14), hrsg. von Werner Vogel, Berlin 1964, S. 307 ff. ; Hans Nowack, *Das Werden von Groß-Berlin,* Phil. Diss., FU Berlin 1953.

30 G. Kutzsch, *Berlins Bürgermeister...* (wie Anm. 2), S. 20.

31 *Amtlicher stenographischer Bericht des Abgeordnetenhauses des preußischen Landtages vom 23. März 1876.*

orte voraussichtlich zu hohe Kosten mit sich brächte. Berlins Steuern waren bereits hoch, und die Last, die Infrastruktur der wachsenden Vororte zu verbessern und einzubeziehen, schreckte die Stadtväter. *Er hat es durchgesetzt, daß der Magistrat sich auf eine so geringe Gebietserweiterung festlegte, daß die Regierung jedes Interesse an ihrem Plan verlor.* Die Idee der Eingemeindung wurde niemals ausdrücklich von den verschiedenen Seiten abgelehnt, aber in der Folge ließ auch die Intensität der Verhandlungen zwischen dem Staat und der Stadt zunehmend nach, und die Zusammenkünfte zu dem Thema wurden seltener. Schließlich gab auch die Staatsregierung die Idee allmählich auf. Allerdings wurde die Eingemeindungsfrage zwischen 1895 und 1902 immer wieder in der Öffentlichkeit diskutiert.[32]

Es wäre nicht gerecht, Zelle die gesamte Verantwortung für die vertagte Eingemeindungsdebatte anzulasten. Nicht nur seine Bedenken hatten zu den mißlungenen Verhandlungen beigetragen, sondern auch sein Unvermögen, die Möglichkeiten der neuen Weltstadt Berlin deutlich zu sehen, spielten wohl eine Rolle. Zelle war offensichtlich nicht der richtige Mann, die Leitung eines neuen Groß-Berlins zu übernehmen und zu gestalten. Statt dessen war er eine fähige und engagierte Repräsentationsfigur der Haupt- und Residenzstadt. Wie Kaeber meinte, war er *überhaupt nicht der Mann der großen Entscheidungen und der überlegenen Führung der Geschäfte.* Vor allem Stadträte und Stadtverordnete kritisierten Zelles Passivität und mangelndes Entscheidungsvermögen, und der langjährige stellvertretende Vorsteher der Stadtverordnetenversammlung nannte Zelle den schlechtesten Bürgermeister, den Berlin jemals hatte. Eine so harte Bewertung war eigentlich unüblich.[33]

Zelle wurde allgemein für seinen höflichen und respektvollen Umgang mit den Mitgliedern seines Stabs und den Verwaltungsbeamten gelobt. Seine Beziehungen zur Stadtverordnetenversammlung und insbesondere zu deren Stadtverordnetenvorsteher Langerhans, mit dem er befreundet war, sowie mit seinen Kollegen vom Magistrat, waren nahezu immer entspannt. Trotz dieses Rufes wurde Zelle zuweilen dafür kritisiert, den Honoratioren freie Hand bei der Vergabe von städtischen Ämtern zu lassen, ein Vorgang, den ein Magistratsmitglied gar *gräßliche Korruption* nannte.[34]

Zelle überraschte die Stadtverordnetenversammlung im März 1898, als er seinen Rücktritt zum 1. Oktober einreichte, nachdem er nur sechs Jahre im Amt gewesen war. Aber er meinte, da er *das siebenzigste Lebensjahr erreicht habe und seit einiger Zeit* [empfand], *wie dieses vorgeschrittene Alter mehr und mehr hindernd auf die Arbeitskraft einwirkt,* daß es an der Zeit war, abzutreten.[35] Als der Oberbürgermeister seine Rücktrittsabsichten bekanntgab, sprach der Vorsteher der Stadtverordnetenversammlung im Hinblick auf Zelles nunmehr also siebenunddreißigjährige Tätigkeit im Magistratskollegium im Namen der Versammlung seinen Dank und volle Anerkennung aus *für* [die]

32 E. Kaeber, *Die Oberbürgermeister...* (wie Anm. 1), S. 84.
33 *A.a.O.,* S. 85.
34 *Ebda.*
35 *Amtlicher stenographischer Bericht...* (wie Anm. 24) *vom 29. März 1898,* Nr. 11, Berlin 1899.

Hingabe, mit welcher [Zelle] *sich dem schweren Amte als Oberbürgermeister gewidmet habe, und für sein stetes Bestreben, in Einigkeit und gemeinsamen Handeln beider Gemeindebehörden die Stadt berührende große Fragen zu fördern und zu lösen.*[36] Vor der Stadtverordnetenversammlung pries Langerhans auch die Beständigkeit Zelles und seine Bereitschaft, *Ideen sowie Klagen* zu hören.[37]
Wenig ist über Zelles Ruhestand bekannt, aber es ist anzunehmen, daß sein sich verschlechternder Gesundheitszustand seine Tatkraft eingeschränkt hat. Er verbrachte einen Großteil dieser Zeit auf einem Rittergut seines Schwiegersohns in Meseberg bei Gransee, wo der Zweiundsiebzigjährige am 24. Januar 1901 an den Folgen einer Lungenentzündung starb. Nach Aussagen seines Schwiegersohnes hatte Zelle *ein reges Interesse für Geschichte, Litteratur und Kunst ... verwachsen mit der Entwicklung seiner Heimath ... insbesondere für die Geschichte Berlins.*[38] Als Beweis mag seine Ehrenmitgliedschaft im Verein für die Geschichte Berlins gelten.
Zur Trauerversammlung sprach sein Amtsnachfolger Martin Kirschner, der die Karriere des Verstorbenen rückblickend würdigte: *Und welche gewaltige äußere und innere Entwicklung, welchen großartigen Aufschwung hat unser Gemeinwesen in diesem Zeitabschnitte genommen ... Die Haupt- und Residenzstadt des preußischen Staates und seiner Könige war eine Weltstadt, die Hauptstadt des Deutschen Reiches ist die Residenzstadt der deutschen Kaiser geworden.*[39] In den Nachrufen der Zeitungen war nur Lob für den *ausgezeichneten, allgemein verehrten Mann, der keinen Feind hatte,* zu finden. Zelle war eine repräsentative Figur des dienenden Bildungsbürgertums, ein Mann mit einer Neigung zu Kunst, Wissenschaft und Literatur, *das Muster eines guten Bürgers,* wie der Autor eines Nachrufes schrieb.

36 *Magistrats-Protokoll-Ausschnitt,* 6. April 1898; Landesarchiv... (wie Anm. 5), S. 179.
37 *Amtlicher stenographischer Bericht...* (wie Anm. 35) *vom 6. April 1898,* Nr. 12; Landesarchiv... (wie Anm. 5), Nr. 1426, S. 180.
38 Vgl. dazu *Mittheilungen des Vereins für die Geschichte Berlins* 3 (1901), S. 43.
39 Vgl. den *Nachruf auf Robert Zelle,* in: *A.a.O.,* S. 12.

Martin Kirschner

von Daniel S. Mattern

Martin Kirschner war der erste Oberbürgermeister Berlins im zwanzigsten Jahrhundert. Die dramatischen politischen und sozialen Veränderungen dieser Zeit sollten auch die musterhaft verwalteten Großstädte Deutschlands, und damit auch Berlin, auf eine harte Probe stellen.

Diese Entwicklung war weit entfernt von dem Optimismus und den Erwartungen zu Beginn dieses Jahrhunderts, als die alte Hauptstadt Preußens nun als Reichshauptstadt ihre Vorherrschaft in einem expandierenden deutschen Nationalstaat behauptete. Die Stadtregierung stand zu dieser Zeit vor der Aufgabe, Berlin von einer Hauptstadt in eine Weltstadt zu verwandeln, mit all den repräsentativen und politischen Verantwortlichkeiten, die eine solche neue Position mit sich brachte. Martin Kirschner, gewiß einer der energischsten und engagiertesten Oberbürgermeister seiner Zeit, spielte eine zentrale Rolle bei den Bemühungen, in der mehr und mehr in den Mittelpunkt der europäischen Geschichte rückenden Metropole Berlin eine mit den Aufgaben der Stadt wachsende Kommunalverwaltung zu etablieren.

Martin Kirschner war am 10. November 1842 in Freiburg (Schlesien) als einziger Sohn des evangelischen Arztes Julius Kirschner und seiner Frau Mathilde geboren worden. 1851 siedelte die Familie nach Breslau über, wo er seit 1852 das St. Maria-Magdalena-Gymnasium besuchte. Nach der Reifeprüfung studierte er von 1863 an Rechtswissenschaft in Breslau, Heidelberg und Berlin. An der Breslauer Universität war er begeistertes Mitglied der Burschenschaft Germania, die liberale Ideen der bürgerlichen Freiheit und der deutschen Einheit vertrat. Neben seiner Begeisterung für das Debattieren zeigte sich in diesem Kreis Kirschners humanistische Gesinnung. Er lernte hier auch viele seiner Freunde kennen, denen er ein Leben lang verbunden blieb. Nach einem weiteren Semester in Heidelberg schloß er sein Studium in Berlin ab.[1]

1872 heiratete Kirschner Margarethe Kalbeck, die Tochter eines Wiener Schriftstellers und Schwester des Breslauer Musikkritikers und Brahms-Biographen Max Kalbeck.[2] Das Ehepaar hatte fünf Kinder,[3] die in den Jahren 1873 bis 1888 geboren wurden. Die

1 Literatur: *Martin Kirschner,* in: *Biographisches Jahrbuch und Deutscher Nekrolog 1912,* Bd. 17, Berlin 1915, S. 124–128; Ernst Kaeber, *Die Oberbürgermeister Berlins seit der Steinschen Städteordnung,* in: *Jahrbuch für die Geschichte Berlins* 2 (1952), S. 53–114, hier S. 86–92; Gerhard Kutzsch, *Berlins Bürgermeister 1808 bis 1933. Die „Zweiten Männer" der Stadt,* in: *Der Bär von Berlin. Jahrbuch des Vereins für die Geschichte Berlins* 25 (1976), S. 7–29, hier S. 20 f.; *Martin Kirschner,* in: *Neue Deutsche Biographie,* Bd. 11, Berlin 1977, S. 675.

2 Max Kalbeck (1850–1921) war zuerst Zeitungskolumnist und Musikkritiker in Breslau, bevor er 1880 nach Wien umzog, wo er ein begeisterter Anhänger von Wagner und Brahms wurde. Kalbeck kannte Brahms persönlich und schrieb über ihn eine wissenschaftliche Biographie, auch gab er dessen Briefe heraus, vgl. *The New Grove Dictionary,* Bd. 9, S. 774.

3 Die Kinder Kirschners: Margarethe (geb. 1873), Mathilde (geb. 1875), Charlotte (geb. 1876), Martin (geb. 1879) und Johanna (geb. 1888).

älteste Tochter Margarethe heiratete 1894 Richard Rive, der Oberbürgermeister von Halle wurde.[4] Sein einziger Sohn Martin war einer der bedeutendsten Chirurgen in der ersten Hälfte des 20. Jahrhunderts.[5]

Kirschners juristische und bald auch seine politische Karriere entwickelten sich zügig. Nach dem Studium durchlief er in rascher Folge die Stationen eines Auskultators (1866) und eines Referendars (1868), um 1871 beim Breslauer Stadtgericht zum Assessor ernannt zu werden. 1872 übernahm Kirschner das Amt des Kreisrichters in Nakel bei Bromberg. Im darauffolgenden Jahr wurde er als Stadtrat zurück nach Breslau berufen und blieb in diesem Amt bis 1879. Nach einer kurzen Tätigkeit als städtischer Syndikus ließ sich Kirschner als Rechtsanwalt nieder. In dieser Zeit verteidigte er auch engagiert politische Gegner. Mehrere Jahre gehörte er dem Vorstand der Anwaltskammer Schlesiens an. 1881 wurde er zum Mitglied der Breslauer Stadtverordnetenversammlung gewählt; in diesem Gremium erwarb er Routine im politischen Alltag. 1887 wurde er zum stellvertretenden Vorsitzenden des Stadtparlaments bestimmt, mußte jedoch sein Mandat aufgeben, als er 1891 seinen Wohnsitz in einen Vorort der Stadt verlegte. Zeitweise war er auch Mitglied des Bezirksverwaltungsgerichts und des Bezirksrates in Breslau und als Vertreter der Stadt Breslau bis zu seiner Übersiedlung nach Berlin Mitglied des Provinziallandtages von Schlesien. Bei all diesen Aktivitäten gewann Kirschner den Respekt seiner Kollegen, die seine *energischen und durchgeistigten Züge*[6] rühmten.

Als das Berliner Stadtparlament nach dem Tode Forckenbecks 1892 den zweiten Bürgermeister der Stadt, Robert Zelle, zum Leiter der städtischen Verwaltung wählte, trat Martin Kirschner dessen Nachfolge an. Bereits zuvor hatte Forckenbeck, der Kirschner durch sein langjähriges Wirken als Kommunalpolitiker in Breslau kannte, wiederholt auf den jüngeren Kollegen aufmerksam gemacht. Kirschner wurde mit neunzig Stimmen (bei fünfundzwanzig Gegenstimmen) für die Dauer von zwölf Jahren gewählt.[7]

Daß Kirschner trotz seiner Mitgliedschaft in der Freisinnigen Partei vom preußischen König bestätigt wurde, war keine große Überraschung. Seine Loyalität zur Monarchie stand außer Frage, und *gegen seine Respektabilität und persönliche Ehrenhaftigkeit* [war] *nicht das leiseste Bedenken zu erheben*, so der Liberale Maximilian Harden in seiner Zeitschrift „Die Zukunft". Kirschners Ansicht jedoch, daß Kommunalpolitiker eine *bestimmte politische Überzeugung* vertreten sollten, rief Bedenken bei Harden hervor. Harden, der darauf bestand, daß sich Berufsbeamte *absolute Unabhängigkeit* in politischen Fragen bewahrten, meinte, es sei *dringend zu wünschen*, daß der neue Bürgermei-

4 Richard Robert Rive (1864–1947) war um die Jahrhundertwende einer der Befürworter der Städtetagbewegung, vgl. hierzu den Beitrag über Rive in: *Wer ist's? Zeitgenossen*, Leipzig 1909, S. 1153. Vgl. auch: Richard Robert Rive, *Lebenserinnerungen eines deutschen Oberbürgermeisters*, Stuttgart 1960.

5 *Reichshandbuch der deutschen Gesellschaft*, Bd. 1, Berlin 1930, S. 929; *Neue Deutsche Biographie*, Bd. 1, Berlin 1966, S. 929; *Neue Deutsche Biographie* 11 (1977), S. 675 f.

6 *Kirschner, der neue Bürgermeister von Berlin*, in: *Der Bär*, Bd. 19, Nr. 26 vom 18. März 1893.

7 *Gemeinde-Blatt der Haupt- und Residenzstadt Berlin*, Bd. 35, Nr. 51 vom 15. Dezember 1892.

Martin Kirschner, * Freiburg (Schlesien) 10. 11. 1842, † Ehrwald (Tirol) 13. 9. 1912, Oberbürgermeister von Berlin 1898–1912

ster *diesen unseligen Standpunkt aufgibt.* Dennoch pries Harden Kirschners Wahl und setzte große Hoffnungen in den *Auswärtigen*, zumal er Zelle, der *nur flüchtig über den lächerlich engen Horizont des Urberlinerthums hinausgekommen* war, äußerst kritisch gegenüberstand. So war Kirschner, nach Hardens Auffassung, eine willkommene Ergänzung zum Oberbürgermeister, sofern er nur die *traurige Einseitigkeit eines Parteimenschen* überwand.[8]

Wie sich bald herausstellte, waren Hardens Bedenken gänzlich unberechtigt: Kirschner entpuppte sich als *parteipolitisch zurückhaltender Fachbeamter.*[9] Nach der königlichen Bestätigung wurde Kirschner im Februar 1893 feierlich in sein Amt eingeführt. Auch Oberbürgermeister Zelle hieß den *Fremden* aus Schlesien willkommen mit den Worten, daß es *vielleicht ein gutes Omen* [ist], *daß Sie uns aus Breslau Ihre Erfahrungen bringen. Vieles, was die anderen beiden unvergeßlichen Oberbürgermeister Hobrecht und von Forckenbeck von dort her zu uns importierten, hat feste Wurzeln geschlagen und gute Früchte getragen.* Es ist weiterhin bemerkenswert, mit welcher Nachdrücklichkeit Zelle in dieser Ansprache seiner Hoffnung Ausdruck gab, daß Magistrat und Stadtverordnetenversammlung auch in Zukunft so reibungslos kooperieren würden, wie es sich die früheren Oberbürgermeister stets gewünscht hatten.[10] Sieben Jahre später wurde Kirschner selbst Nachfolger Zelles als Oberhaupt der städtischen Verwaltung und wichtigste repräsentative Persönlichkeit Berlins. In der Zwischenzeit hatte sich Kirschner als ein ausgezeichneter und kompetenter Verwalter in verschiedenen Bereichen der städtischen Administration erwiesen. Er galt als fähiger und tatkräftiger Kommunalpolitiker, nicht nur bei repräsentativen Angelegenheiten und Pflichten, sondern auch in der eigentlichen Führung der Reichshauptstadt.

Bei seiner Wahl zum Oberbürgermeister im Sommer 1898 geriet Kirschner erstmals in politische Konflikte mit Mitgliedern des Stadtparlaments. In einer Debatte über die Erhaltung und Gestaltung der Gräber der im Friedrichshain beigesetzten Märzgefallenen von 1848 nahm der Zweite Bürgermeister nach Ansicht vieler Stadtverordneter eine etwas unklare Position ein. Während insbesondere die sozialdemokratische Fraktion sich für eine postume Ehrung der Revolutionäre einsetzte und die Errichtung eines Denkmals wünschte, war der Magistrat nur zu einer Instandsetzung der Anlage bereit. Die preußische Regierung hingehen hielt eine solche *politische Demonstration zur Verherrlichung der Revolution* für gänzlich unangebracht.[11] Diese Auseinandersetzung zwischen Magistrat und Stadtverordnetenversammlung einerseits und dem preußischen Staat andererseits bildete den politischen Hintergrund der Wahl Kirsch-

8 Maximilian Harden, *Bürgermeisterwahl in Berlin,* in: *Die Zukunft* vom 24. Dezember 1892.

9 Wolfgang Hofmann, *Zwischen Rathaus und Reichskanzlei. Die Oberbürgermeister in der Kommunal- und Staatspolitik des Deutschen Reiches von 1890 bis 1933* (= Schriften des Deutschen Institutes für Urbanistik, Bd. 46), Stuttgart 1974, S. 45.

10 *Stenographischer Bericht über die Sitzung der Stadtverordneten-Versammlung,* Nr. 7 vom 16. Februar 1893.

11 Landesarchiv Berlin (künftig zitiert: LA Berlin), Außenstelle Breite Straße, Stadtverordneten-Versammlung, Rep. 00-02/1, Nr. 639, S. 78–84.

ners zum Oberbürgermeister. Bei Stimmenthaltung der Sozialdemokraten gewann Kirschner die Wahl mit 76 von 95 abgegebenen Stimmen. Doch die Bestätigung durch den preußischen König erhielt er zunächst nicht. Kirschner geriet nun zum Symbol kommunaler Selbstbehauptung, als er, obgleich nicht offiziell bestätigt, die Pflichten beider Ämter entschlossen ausübte und die Anomalie der Situation lediglich mit den Worten kommentierte: *Ich kann warten!* [12] Nach einer Wartezeit von achtzehn Monaten erfolgte endlich der königliche Konsens, als Wilhelm II. ihm im Dezember 1899 mitteilte: *Es freut mich, daß Ich Ihnen heute Ihre Bestätigung als Oberbürgermeister mitteilen kann; Ich gratuliere Ihnen und der Stadt Berlin herzlichst.*[13] Für den Kaiser war die verspätete Bestätigung keineswegs Ausdruck persönlicher Mißbilligung, sondern eine Konsequenz der politischen Auseinandersetzung zwischen der Stadt Berlin und dem Staat Preußen,[14] und so ist Kirschner dann auch – wie für den Berliner Oberbürgermeister üblich – im Februar 1900 auf Vorschlag der Stadt Berlin auf Lebenszeit in das preußische Herrenhaus berufen worden, wo er die Interessen Berlins gegenüber der konservativen und meist ländlichen Mehrheit der Mitglieder vertrat.

Das Problem, das während Kirschners Amtszeit zunehmend in den Mittelpunkt rückte, war die Frage der Eingemeindung von Vororten, die Bildung von Groß-Berlin.[15] Obwohl sich die Staatsregierung entschieden dagegen wandte und auch die Schaffung einer aus Berlin und seinen Vororten bestehenden „Provinz Berlin" ablehnte, versuchte der preußische Innenminister von Bethmann Hollweg sich 1905 über die Verhältnisse in Groß-Berlin Klarheit zu schaffen. Er bat Kirschner, der sich bereits mit diesem Thema befaßt hatte, eine umfassende Denkschrift vorzubereiten. Dieser schlicht argumentierende, jedoch gedankenvolle Aufsatz wurde 1906 fertiggestellt und danach in der breiten Öffentlichkeit viel diskutiert. Es war Kirschners Auffassung, daß *die tatsächlich bereits vorhandene Einheit Groß-Berlins auch ihre rechtliche Gestaltung als Stadtgemeinde Groß-Berlin* erhalten solle. Obwohl eine genauere Abgrenzung für den Begriff „Groß-Berlin" fehlte und niemand genau wußte, welche Vororte einbezogen werden sollten, glaubte Kirschner, daß eine neue Form der Verwaltung die wirtschaftlichen und sozialen Beziehungen in der enorm gewachsenen Metropole fördern werde.[16]

12 Ein humoristisches Büchlein über des Bürgermeisters Geduld veröffentlichte der Mosse-Verlag: *Ich kann warten! Martin Kirschner Album*, Berlin 1899.

13 *Oberbürgermeister Kirschner*, in: *Der Bär*, Bd. 26, Nr. 1 vom 6. Januar 1900, S. 16.

14 *Ebda.*

15 Vgl. Ernst Kaeber, *Das Weichbild der Stadt Berlin seit der Steinschen Städteordnung*, in: Ernst Kaeber, *Beiträge zur Berliner Geschichte. Ausgewählte Aufsätze*, hrsg. von Werner Vogel (= Veröffentlichungen der Historischen Kommission zu Berlin, Bd. 14), Berlin 1964; Hans Noack, *Das Werden von Groß-Berlin*, Phil. Diss., Berlin 1953, und Felix Escher, *Berlin und sein Umland. Zur Genesis der Berliner Stadtlandschaft bis zum Beginn des 20. Jahrhunderts* (= Einzelveröffentlichungen der Historischen Kommission zu Berlin, Bd. 47), Berlin 1985.

16 *Bericht des Oberbürgermeisters Kirschner an den Minister des Innern vom 3. September 1906*, Berlin 1906.

Kirschner war nicht nur überzeugter Groß-Berliner, sondern verstand die Einrichtung einer geeigneten Verwaltung für Groß-Berlin auch als nationale Angelegenheit. Nach seiner Ansicht sollte das ganze Volk stolz auf die Entwicklung der großen und mächtigen Hauptstadt der gesamten Nation sein. Und *so kann man sich kaum erklären, wie es möglich ist, daß Deutschland, insbesondere in den Parlamenten, Berlin nicht selten eine unfreundliche Beurteilung* zuteil werden läßt, kommentierte der Oberbürgermeister. Große Eingemeindungen oder neue regionale Verwaltungsformen seien bereits in Paris, London, New York und Wien entweder durchgeführt oder entwickelt worden, und *was in anderen Weltstädten geschieht, kann in Berlin nicht unmöglich sein.* Mit dieser Denkschrift setzte sich der Oberbürgermeister eindeutig für eine neue Runde von Verhandlungen ein, die zwischen den Vertretern der Vororte und Berlins erfolgen und schließlich in einer hauptstädtischen Verwaltung enden sollten.[17]

Aus diesen langjährigen Verhandlungen ergab sich ein Kompromiß, der „Zweckverband Groß-Berlin" genannt wurde. 1911 hatte der preußische Landtag ein Gesetz gebilligt, das die Bildung eines Zweckverbandes zwischen den Städten Groß-Berlins und den anliegenden Landkreisen Teltow und Niederbarnim ermöglichte. Dem Verband wurde die Wahrnehmung folgender kommunalen Aufgaben zugewiesen: die *Regelung des Verhältnisses zu öffentlichen, auf Schienen betriebenen Transportanstalten*, die Feststellung von Fluchtlinien und die Ausarbeitung von Bebauungsplänen sowie *die Erwerbung und Erhaltung größerer, von der Bebauung freizuhaltender Flächen*, wie zum Beispiel Wälder und Seen zur Errichtung von Parkanlagen, aber auch von Sport- und Spielplätzen.

In den Augen vieler Beobachter bedeutete der „Zweckverband Groß-Berlin" nur eine vorübergehende Lösung der Probleme dieser Region. Für Männer wie Kirschner erreichte die Schaffung einer Organisation zur Förderung der Zusammenarbeit zwischen der Innenstadt und den Vororten nicht das eigentliche Ziel der zweckmäßigen Gestaltung des Großstadtraums. Für den preußischen Staat jedoch stellte diese Lösung den Versuch dar, die Probleme der verwaltungstechnischen Zerrissenheit zu bewältigen, ohne der Stadt Berlin mehr Macht und Rechte zuzugestehen.[18]

Seit der Zeit, zu der Kirschner sich erstmals mit dem Problem der Großstadterweiterung beschäftigt hatte, waren mehrere Vororte zu selbständigen Gemeinden avanciert. Mit der Zeit waren diese Gemeinden immer weniger an einem Zusammenschluß interessiert, obwohl auch sie erkannten, daß die eine oder andere Form einer übergreifenden Großstadtverwaltung, zumindest in einigen zentralen Bereichen, schließlich unumgänglich sein würde. Andere waren bereits in finanziellen Schwierigkeiten und hofften auf eine Konsolidierung durch die Eingemeindung, denn während Kirschners Zeit als Oberbürgermeister war Berlin ein Vorbild für andere Gemeinden, insbesonde-

17 *A.a.O.*, S. 37–41.
18 Michael Erbe, *Berlin im Kaiserreich (1871–1918)*, in: Wolfgang Ribbe (Hrsg.), *Geschichte Berlins*, Bd. 2, München 1987, S. 691–793, hier S. 762.

re im Hinblick auf die infrastrukturelle Entwicklung und die Verwirklichung sozialer Programme. *Daß aber unter Kirschners Leitung sehr viel Großes geschaffen ist, geht ohne weiteres aus den Tatsachen hervor,* schrieb später Oscar Cassel, einer von Kirschners Kollegen im Stadtparlament. Der Haushalt der Stadt zum Beispiel wuchs in seiner Amtszeit um mehr als das Doppelte von 160 931 836 Mark auf 329 902 917 Mark. Kirschner befürwortete vermehrte Ausgaben für öffentliche Schulen, für das Armenwesen, für Krankenhäuser und die Behindertenanstalten, für Park- und Gartenanlagen, für Straßenbeleuchtung und -reinigung sowie für öffentliche Bäder. Die meisten dieser Maßnahmen kamen allen Berlinern zugute.[19]

Daneben galt Kirschners Aufmerksamkeit dem Ausbau des Nahverkehrswesens. Er förderte nicht nur den Bau der Hoch- und Untergrundbahnen, sondern war darüber hinaus auch einer der ersten Großstadtbürgermeister, der für die Übernahme der Straßenbahngesellschaften in die städtische Verwaltung eintrat. In seinen Augen war es notwendig geworden, der Stadt eine größere Kontrolle über diesen zentralen Dienst einzuräumen. Sein Plan jedoch, die Straßenbahngesellschaften in die öffentliche Verwaltung zu überführen, wurde, zumindest zum Teil, durch den preußischen Staat vereitelt, der eigenmächtig der Großen Berliner Straßenbahn die Konzession erweiterte. Das Versäumnis der Staatsregierung, die städtischen Behörden in dieser Angelegenheit zu konsultieren, trieb einen Keil zwischen beide. 1907 schlugen Oberbürgermeister Kirschner und seine Behörde einen innerstädtischen Zusammenschluß des städtischen Transportwesens vor. Der Zweck dieser Gemeinschaft sollte darin bestehen, es Berlin und den Vororten zu ermöglichen, geschlossen in den Verhandlungen mit den damals noch privaten Straßenbahngesellschaften Groß-Berlins aufzutreten. Das Verlangen der Vororte, die Schnellbahnen ebenfalls in den Aufgabenbereich der Verkehrsgemeinschaft aufzunehmen, sowie ihre Verstimmung über Berlins Vetorecht hinsichtlich der Organisation standen der Verwirklichung dieses Planes im Wege. Folglich kamen die Verhandlungen zwischen Berlin und den Vororten zum Stillstand. Tatsächlich belegte die Absicht, eine Verkehrsgemeinschaft zu gründen, keinesfalls ein Streben nach Zusammenarbeit, sondern eher das Beharren auf lokalen Vorrechten. Obwohl die Einigung über einen Verkehrszweckverband kurzfristig nicht erreicht werden konnte, wurde dieses Thema schließlich eines der Zentralthemen des Verbandes Groß-Berlin. Die Verhandlungen zu diesem Zweck stellten trotzdem einen ersten ernsthaften Versuch seitens der Gemeinden dar, gemeinsam zu handeln, wenn es um Fragen des Großraumes Berlin ging.[20]

Unter Kirschners Aufsicht entwarf und verwirklichte der Stadtbaurat Ludwig Hoffmann (1852–1932), einer der prominentesten Städtebauer seiner Zeit, mehrere bedeu-

19 Oscar Cassel, *Kirschners Amtstätigkeit,* in: *Vossische Zeitung,* Nr. 491 vom 26. September 1913. Der politisch links orientierte Cassel war langjähriges Mitglied der Stadtverordnetenversammlung Berlins (1888–1921) und deren Stellvertretender Vorsteher von 1908 an. Er wurde 1913 der 52. Ehrenbürger Berlins.

20 Bezirksarchiv Neukölln, Sign. 25 M/6/1.

Oberbürgermeister Martin Kirschner in seinem Dienstzimmer im Berliner Rathaus, um 1910

tende öffentliche Bauten, wie zum Beispiel das Rudolf-Virchow-Krankenhaus, das Märkische Museum und das Neue Stadthaus.[21] Die Errichtung dieser Bauten und weiterer Projekte, so zum Beispiel auch die Anlage des Schillerparks, wäre *ohne stete Förderung Kirschners nicht möglich gewesen*, schrieb ein Zeitgenosse.[22] Als Berliner Oberbürgermeister wurde Kirschner 1910 Präsident der Städtebauausstellung – eine Exposition, die das breite öffentliche Interesse an der architektonischen Zukunft der modernen Stadt weckte und die mehr als 40 000 Besucher anzog. Der Ausstellung war im März 1910 ein Wettbewerb für einen neuen Groß-Berliner Bebauungsplan vorausgegangen. Beide Vorhaben, Ausstellung und Wettbewerb, dokumentierten die Mannigfaltigkeit und Fülle der zeitgenössischen Gedankenwelt im modernen Städtebau.[23] Im Oktober 1910 verlieh die Friedrich-Wilhelms-Universität Kirschner die Ehrendoktorwürde anläßlich ihres hundertjährigen Bestehens, weil er sich *um die Entwicklung des größten Gemeinwesens des Deutschen Reichs unvergängliche Verdienste erworben*

21 Vgl. den Aufsatz über *Ludwig Hoffmann* von Wolfgang Schäche, in: Wolfgang Ribbe/Wolfgang Schäche (Hrsg.), *Baumeister – Architekten – Stadtplaner. Biographien zur baulichen Entwicklung Berlins* (= Veröffentlichung der Historischen Kommission zu Berlin. Berlinische Lebensbilder), Berlin 1987, S. 277–300.

22 Vgl. hierzu O. Cassel, *Kirschners Amtstätigkeit...* (wie Anm. 19).

23 Martin Kirschner, *Führer durch die allgemeine Städtebauausstellung in Berlin 1910,* Berlin 1910.

hatte.[24] Im Jahr darauf zeichnete ihn Wilhelm II. *wegen seiner Verdienste um die Entwicklung der Stadt Berlin* mit dem Stern zum Roten Adler aus.[25]
Bereits im Herbst 1910 hatte Kirschner wegen eines Herzleidens und abnehmender Leistungsfähigkeit erstmals um seinen Rücktritt nachgesucht, wurde jedoch nach Ablauf seiner ersten Amtsperiode am 30. März 1911 einstimmig wiedergewählt und ohne weiteres am 6. Juni 1911 bestätigt.[26] Auch bei späteren Rücktrittsbemühungen im März 1912, die er damit begründete, *daß es dem Interesse der Stadt entspricht, eine neue jüngere Kraft in mein Amt zu berufen*, überredeten ihn seine Anhänger noch einmal, im Amt zu bleiben.[27] Doch im Mai 1912 kam er endgültig um seinen Abschied ein, der zum 31. August 1912 bewilligt wurde. Bei vollem Gehalt als Pension erhielt er die Ehrenbürgerschaft der Stadt verliehen. Noch vor der geplanten Überreichung des Ehrenbürgerbriefes zu seinem siebzigsten Geburtstag im November 1912[28] und kurz bevor er in den wohlverdienten Ruhestand treten sollte, starb der Oberbürgermeister an Herzversagen in seinem Ferienhaus in Ehrwald (Tirol). Seine Verdienste während einer entscheidenden Phase in der Geschichte Berlins wurden in den Nachrufen und Würdigungen ehemaliger Kollegen deutlich. Der Magistrat bekundete, daß Kirschner *mit nie rastendem Eifer, mit unerschütterlicher Gewissenhaftigkeit und in zielbewußtem Streben sein ganzes Dasein dem Wohle unserer Stadt gewidmet* habe,[29] und Alexander Dominicus, der Oberbürgermeister der benachbarten Stadt Schöneberg, hob hervor, *welche Verehrung und welches Vertrauen der Verstorbene infolge der unerschütterlichen Geradheit und Gerechtigkeit seines Charakters auch bei uns allezeit genossen hat.*[30]
Kirschners Bescheidenheit offenbarte sich auch in seinem letzten Wunsch, im Falle seines Todes keine große und öffentliche Beerdigung stattfinden zu lassen. Er hatte *alle Nachrufe in den Zeitungen sowie die Abhaltung irgendwelcher Todes- oder Erinnerungsfeierlichkeiten* untersagt.[31] Trotzdem versammelte sich das „öffentliche Berlin" im Sitzungssaal des Magistrats zu einer Trauerkundgebung, um den Verstorbenen zu ehren,

24 Josef Kohler, *Rede des Juristischen Dekans bei der Jubiläumsfeier der Königl. Friedrich-Wilhelms-Universität zu Berlin am 12. Oktober 1910*, Berlin 1910.

25 Brief von Johann von Dallwitz, Minister des Innern (Berlin), an von Valentini, Chef des Geheimen Zivilkabinetts (Berlin), vom 17. August 1912, in: GStA, Abt. Merseburg, Geheimes Zivilkabinett, Rep. 2.2.1. (veraltet: Rep. 89H), Nr. 14501.

26 Sitzungsprotokolle der Stadtverordnetenversammlung der Stadt Berlin (30. März 1911), in: LA Berlin, Außenstelle Breite Straße, Stadtverordneten-Versammlung der Stadt Berlin, Rep. 00-02/1, Nr. 1348.

27 BLHA, Oberpräsidium der Provinz Brandenburg, Pr. Br., Rep. 1, Nr. 1871.

28 Gedenkbuch der Ehrenbürger der Stadt Berlin seit der Steinschen Städteordnung, Bibliothek des LA Berlin.

29 Nachruf: *Herr Martin Kirschner*, in: *Gemeinde-Blatt der Haupt- und Residenzstadt Berlin*, Bd. 53, Nr. 37 vom 15. März 1912.

30 Alexander Dominicus (Berlin-Schöneberg) an Adolf Wermuth (Berlin), 14. September 1912, in: LA Berlin, Außenstelle Breite Straße, Magistrat der Stadt Berlin, Rep. 01-02, Generalbüro, Nr. 423.

31 LA Berlin, Außenstelle Breite Straße, Magistrat der Stadt Berlin, Rep. 01-02, Generalbüro, Nr. 423, Bl. 26.

wobei der neu gewählte Oberbürgermeister Wermuth eine Reihe von Beileidsbriefen verlas.[32]

Selbstverständlich erschienen auch Todesanzeigen und Nachrufe in der Berliner Presse, die den Kommunalpolitiker und wichtigsten Repräsentanten der Stadt rühmten.[33] Der „Berliner Lokal-Anzeiger" schrieb, daß Kirschner *vor allem ein mannhafter Vertreter der Rechte der Selbstverwaltung und der Interessen der Reichshauptstadt war.* Im Stadtparlament habe er stets eine wohlüberlegte und ausgewogene Meinung vertreten, die alle Seiten respektierten. Bis zum Ende seines öffentlichen Wirkens, in seiner letzten Haushaltsrede vor dem Parlament, habe Kirschner sich entschieden für eine Eingemeindung großen Stils ausgesprochen und seine Rede habe *wie eine Art Bekenntnis zu den Segnungen der städtischen Selbstverwaltung und der Steinschen Städteordnung* geklungen.[34] Der „Vorwärts" schrieb, der verstorbene Oberbürgermeister sei *ein ausgezeichneter Verwaltungsbeamter* gewesen und habe sich, *mochte es sich um die Wahrung der städtischen Selbstverwaltung, um Eingemeindungsfragen oder um das große Gebiet des Verkehrswesens handeln,* stets durchzusetzen gewußt. Die sozialdemokratische Zeitung pries Kirschners Kommunalpolitik und seine offene Anerkennung der *nützlichen Tätigkeit unserer Genossen im Rathause* und schloß mit den Worten: *uneigennützig suchte er nach besten Kräften das Gemeinwohl zu fördern.*[35]

Das Bild, das uns von Kirschner vermittelt wird, ist das eines engagierten Verwalters und Organisators, der Inbegriff eines gemäßigt Progressiven, sowie eines vorzüglichen Repräsentanten der entstehenden und sich zunehmend behauptenden Weltstadt Berlin. Innerhalb der Stadt selbst hatte Kirschner Wichtiges auf dem Gebiet der sozialen Fürsorge und der Förderung der öffentlichen Schulen erreicht. Seine Pläne jedoch, die Groß-Berliner Region zusammenzuführen und eine übergreifende Verwaltung zu schaffen, um die Belastungen der Großstadtentwicklung aufzufangen, blieben zu seiner Zeit unerfüllt. Vieles, was Kirschner zu verwirklichen begann, wurde unter seinen Nachfolgern vollendet, indem sie seinem Vorbild folgten.

32 *Gemeinde-Blatt der Haupt- und Residenzstadt Berlin,* Bd. 53, Nr. 38 vom 22. September 1912.

33 *Oberbürgermeister a. D. Kirschner,* in: *Berliner Tageblatt* vom 14. September 1912, S. 1; *Ehrenbürger Kirschner,* in: *Vossische Zeitung* vom 14. September 1912, S. 1.

34 *Oberbürgermeister a. D. Dr. Kirschner,* in: *Berliner Lokal-Anzeiger,* Nr. 470 vom 14. September 1912.

35 *Oberbürgermeister Kirschner,* in: *Vorwärts,* Nr. 216 vom 15. September 1912.

Adolf Wermuth

von Andreas Splanemann

Die Amtsperiode von Adolf Wermuth, Berlins Oberbürgermeister von 1912 bis 1920, war von den Krisenzeiten des Ersten Weltkrieges geprägt. Die Versorgung der Stadt mit den lebensnotwendigen Gütern gehörte zu den vorrangigen Organisationsaufgaben der von Wermuth geleiteten Verwaltung. Immer wieder machte sich bei der Lösung dieser Versorgungspläne die Zerrissenheit der Groß-Berliner Verwaltungen bemerkbar. Ein einheitliches Groß-Berlin war bislang von der preußischen Staatsverwaltung erfolgreich verhindert worden. Es war seit der Jahrhundertwende erklärtes Ziel, die Haupt- und Residenzstadt Berlin politisch zu isolieren und ihr weiteres Wachstum möglichst zu verhindern. Das Verhältnis der Stadt zur Staatsverwaltung war gespannt. Eine Situation, die sich bei der Lösung der schwierigen Kriegsaufgaben als sehr mißlich herausstellte.

In der Amtszeit Wermuths mehrten sich die Stimmen, die die staatliche Berlin-Politik kritisierten und energische Maßnahmen und eine Berlin-Reform forderten. Wermuth machte spätestens nach der Revolution von 1918/19 die Berlin-Reform auch zu seinem Thema. Von herausragender und weitreichender Bedeutung war sein Engagement in den beiden Jahren seit der Revolution bis in den Herbst 1920, dem Zeitpunkt seines Rücktritts. In dieser Phase der politischen und gesellschaftlichen Umstrukturierung wurde die Bildung der neuen „Stadtgemeinde Berlin" vorgenommen, und, wie nachgewiesen werden kann, hatte Wermuth an diesem für die Geschichte und Entwicklung Berlins in höchstem Maße bedeutungsvollen Einschnitt einen sehr großen Anteil.[1] Als Berliner Oberbürgermeister, aber auch als Präsident des Deutschen und des Preußischen Städtetages konnte er auf die Planungen und Vorarbeiten im Ministerium des Innern zu einem Groß-Berlin-Gesetz besonders seit März 1919 entscheidenden Einfluß nehmen.

Wermuths Kooperationsbereitschaft und politische Weitsicht, nämlich in den Krisenzeiten auch mit den sozialdemokratischen und gewerkschaftlichen Kräften der Berliner Arbeiterbewegung zusammenzuarbeiten, wurden ihm letztlich von rechtskonservativer Seite zum Vorwurf gemacht. Der dadurch hervorgerufene Vertrauensverlust Wermuths bei den bürgerlichen Politikern führte schließlich im Herbst 1920 zu seinem

1 Zu Leben und Werk Wermuths siehe das ursprünglich als Wermuth-Biographie angelegte Werk von Frauke Bey-Heard, *Hauptstadt und Staatsumwälzung Berlin 1919. Problematik und Scheitern der Rätebewegung in der Berliner Kommunalverwaltung* (= Schriften des Vereins für Kommunalwissenschaften, Bd. 27), Stuttgart usw. 1969. Einen Überblick über Wermuths Amtszeit gibt der Aufsatz von Ernst Kaeber, *Die Oberbürgermeister seit der Steinschen Städteordnung*, in: *Jahrbuch des Vereins für die Geschichte Berlins* 2 (1952), S. 53–114, hier S. 88 ff.; grundlegende Darstellungen zur Geschichte der Stadt Berlin in: Wolfgang Ribbe (Hrsg.), *Geschichte Berlins*, 2 Bde., Berlin 1987; Andreas Splanemann, *Wie vor 70 Jahren Groß-Berlin entstand. Ein aktueller Rückblick nach dem Fall der Mauer* (= Berliner Forum 3), Berlin 1990.

Rücktritt. Wenige Wochen zuvor war er erst am 22. September 1920 zum ersten Oberbürgermeister der neuen Stadtgemeinde gewählt worden.
Seinen Lebensweg hat Wermuth in einer 1922 erschienenen Autobiographie *Ein Beamtenleben*[2] ausführlich geschildert, leider hat er der Darstellung seiner Oberbürgermeisterzeit in Berlin nur rund ein Viertel seines Werkes gewidmet. Nähere Angaben zu seiner letzten Amtszeit und zu den Vorplanungen zum Groß-Berlin-Gesetz, an denen er maßgeblich beteiligt war, fehlen ganz. Allerdings lassen sich diese Abschnitte seines Wirkens anhand der guten Aktenüberlieferung rekonstruieren.[3] Adolf Wermuth entstammte einer niedersächsischen Familie und war 1855 in Hannover geboren worden.[4] Sein Vater stand im Staatsdienst, zunächst – vor Adolf Wermuths Geburt – war er als Anwalt in Hameln tätig, zugleich war er dort Senator und Polizeikommissar. Zum Ende der vierziger Jahre zog die Familie nach Hannover, wo der Vater das Amt des Polizeichefs übernahm. Kurzzeitig war er sogar als Nachfolger des Berliner Polizeipräsidenten Hinckeldey im Gespräch.
Wenige Jahre später – 1862 – wechselte die Familie Wermuth erneut den Wohnsitz, diesmal nach Hildesheim. Der Vater war dort zum Regierungspräsidenten ernannt worden. Adolf Wermuth schildert in seiner Autobiographie ausführlich die Kontakte zur Königsfamilie und dem Bischof von Hildesheim, die seine Familie in jenen Jahren unterhielt.
Der Vater starb Anfang 1867, nach der Besetzung Hannovers durch Preußen. Zuvor hatte es gegen den Vater *öffentliche und persönliche Feindseligkeiten* gegeben.[5]
Adolf Wermuth entschloß sich später, die juristische Laufbahn einzuschlagen. Nach einem Studium in Leipzig, Heidelberg und Göttingen legte er sein Erstes juristisches Examen in Celle ab. 1882 arbeitete er als Regierungsassessor bei der Regierung in Oppeln, von 1883 bis 1909 schließlich ist er in der Reichsverwaltung des Innern tätig gewesen. Herausragende Stationen seines Beamtenlebens in dieser Zeit waren die beiden Weltausstellungen in Melbourne (1888) und in Chicago (1893).
Der damals 32jährige Wermuth war zunächst zum Leiter der deutschen Abteilung auf der Weltausstellung in Melbourne berufen worden, fortgerufen *aus*, wie er es selbst formulierte, *Aktenstaub und Reblausjagd*.[6] Diese Bemerkung Wermuths bezog sich auf die

2 Adolf Wermuth, *Ein Beamtenleben*, Berlin 1922.
3 Akten im Landesarchiv Berlin (im folgenden LA Berlin zitiert), Außenstelle Breite Straße sowie im Brandenburgischen Landeshauptarchiv Potsdam (im folgenden BLHA Potsdam zitiert), dort vor allem Rep. 1 (Oberpräsident). Vgl. zur Aktenlage folgende Darstellungen (mit weiteren Hinweisen): F. Bey-Heard, *Hauptstadt und Staatsumwälzung...* (wie Anm. 1); Hans Nowack, *Das Werden von Groß-Berlin (1890–1920)*, Phil. Diss., FU Berlin 1953 sowie ferner: Andreas Splanemann, *Die Entstehung der Berliner Demokratie*, Phil. Diss., FU Berlin 1991.
4 Siehe zum folgenden Abschnitt vor allem Wermuths Autobiographie *Ein Beamtenleben* sowie E. Kaeber, *Die Oberbürgermeister...* (wie Anm. 1), S. 89 ff. und F. Bey-Heard, *Hauptstadt und Staatsumwälzung...* (wie Anm. 1), passim.
5 A. Wermuth, *Ein Beamtenleben...* (wie Anm. 2), S. 21.
6 *A.a.O.*, S. 69.

Adolf Wermuth, * Hannover 23. 3. 1855, † Berlin 12. 10. 1927, Oberbürgermeister von Berlin 1912–1920

Anfänge seiner Karriere, wo er vornehmlich mit Viehseuchen, Eichungssachen und Militärfragen beauftragt war. Die Ausstellung in Australien hat bei Wermuth wohl starke Eindrücke hinterlassen. Auf jeden Fall hat dieser Auslandseinsatz seine weitere Entwicklung entscheidend beeinflußt. Nach der Ausstellungsbetreuung in Chicago widmete er sich verstärkt der Handels- und Wirtschaftspolitik. Zum Ende der neunziger Jahre war er Direktor der Zoll- und Handelsvertragsabteilung im Reichsamt des Innern. 1904 wurde er zum Unterstaatssekretär und 1908 zum Wirklichen Geheimen Rat ernannt.[7]

Einen vorläufigen Höhepunkt erreichte die Beamtenkarriere des erklärten Monarchisten Wermuth durch die 1909 erfolgte Ernennung zum Reichsschatzsekretär. Bedingt durch die Auseinandersetzungen mit Kanzler Bethmann Hollweg über die finanziellen Aspekte der Flottenvorlage trat er rund zwei Jahre später bereits von diesem Posten wieder zurück. Am 30. April 1912 wurde Wermuth, der sich nach seinem Abschied aus dem Schatzamt in Harzburg aufhielt, vom Berliner Stadtverordnetenvorsteher Michelet eine Kandidatur für das Berliner Oberbürgermeisteramt angetragen.[8] Dieses Angebot kam für Wermuth offenbar überraschend, er war jedoch nicht abgeneigt, das Amt zu übernehmen. An die Wahl Wermuths knüpften sich nicht unberechtigte Hoffnungen; in Berlin war man zuversichtlich, daß die Wahl des ehemaligen hohen Reichsbeamten der Stadt Vorteile bei den Beziehungen zur Reichsverwaltung sichern könnte.[9] Am 15. Mai 1912 erfolgte schließlich die Wahl Wermuths zum Berliner Oberbürgermeister, zum September nahm er die Amtsgeschäfte im Berliner Rathaus auf. Wermuth übernahm von seinem Vorgänger Martin Kirschner die Hypothek der Groß-Berlin-Frage. Kirschner hatte in einer vielbeachteten Denkschrift 1906 seine grundsätzlichen Bedenken zur Haltung des Staates der Stadt Berlin gegenüber formuliert.[10] Bedingt durch das Wachstum der Stadt und des Umlandes, war eine in vielen Bereichen unhaltbare Situation entstanden. Durch die zwangsläufige kommunale Zersplitterung waren gemeinsame Planungsvorhaben nur äußerst schwer in die Tat umzusetzen, als am drückendsten wurde jedoch die Steuerproblematik angesehen. Reiche Gemeinden, zu denen die vornehmen Villenkolonien im westlichen Berliner Umland gehörten, erhoben wesentlich geringere Steuersätze als die Stadt Berlin selbst. Die damit verbundene Steuerflucht zahlreicher wohlhabender Bürger schuf eine schwierige

7 Siehe dazu auch E. Kaeber, *Die Oberbürgermeister...* (wie Anm. 1), S. 89.

8 A. Wermuth, *Ein Beamtenleben...* (wie Anm. 2), S. 317 ff.

9 F. Bey-Heard, *Hauptstadt und Staatsumwälzung...* (wie Anm. 1), S. 34 ff.

10 Kirschner war nach kritischen Äußerungen im September 1905 vom Minister des Innern zu einer schriftlichen Stellungnahme aufgefordert worden. Ein Exemplar der Denkschrift befindet sich in: LA Berlin, Außenstelle Breite Straße, Rep. 01, GB, Nr. 631. Siehe dazu auch: Hans Schulze, *Fünf Jahre Groß-Berlin. Ein wirtschaftshistorischer Rückblick und Beitrag zu Geschichte und Organisation der Reichshauptstadt,* Phil. Diss., Berlin 1927, S. 8–11. Im *Bericht über die Gemeinde-Verwaltung der Stadt Berlin in den Verwaltungs-Jahren 1906 bis 1910,* hrsg. vom Magistrat der Stadt Berlin, Berlin 1912, ist dem Thema Groß-Berlin ein eigenes Kapitel (mit zahlreichen Detailinformationen) gewidmet: *A.a.O.*, S. 35–44.

Lage. Berlin als Mittelpunkt des entstandenen Großraumes stellte eine Infrastruktur zur Verfügung, die Hauptnutznießer entzogen sich jedoch durch entsprechende Wahl ihres Wohnsitzes der finanziellen Beteiligung. Ein „Lastenausgleich“ fand nicht statt, eine Tatsache, die vor allem die armen Arbeitervororte in immer größerem Ausmaß betraf. Spätestens seit der von Kirschner verfaßten Denkschrift wurden die Probleme Groß-Berlins auch in der breiten Öffentlichkeit diskutiert.[11] Der Staat, der zum Handeln aufgefordert war, verharrte im Nichtstun. Seit der Jahrhundertwende hatte die Staatsverwaltung ein zwiespältiges Verhältnis zu Groß-Berlin, geprägt vor allem von der Furcht vor der mächtigen Sozialdemokratie. Kernpunkt der offensiven Politik gegen Berlin war die Stärkung der Berliner Vorortgemeinden, um auf diese Weise den Einfluß der preußisch-deutschen Haupt- und Residenzstadt abzuschwächen. Wirksames Instrument der Staatsverwaltung waren unter anderem die seit der Jahrhundertwende erfolgten Stadtrechtsverleihungen an die mächtigsten Berliner Umlandgemeinden.[12] So war innerhalb weniger Jahre um Berlin herum ein Kranz bedeutender und teilweise auch recht finanzkräftiger Städte entstanden. Zumindest für diese Kommunen waren durch die Stadtrechtsverleihung mögliche und teilweise auch bestehende Eingemeindungstendenzen nach Berlin unterdrückt worden.

Mit dieser Politik konnte jedoch keine Abmilderung der drängenden Groß-Berliner Probleme erreicht werden. Dies wurde auch in der Staatsverwaltung gesehen. Als eine Art „Minimallösung“ können daher die Bemühungen um einen „Zweckverband“ angesehen werden. 1912, im Jahr des Amtsantritts von Wermuth, trat das Zweckverbandsgesetz in Kraft. Bereits zum Zeitpunkt des Inkrafttretens umstritten, faßte das Zweckverbandsgesetz zwangsweise die Städte Berlin, Neukölln, Charlottenburg, Wilmersdorf, Lichtenberg und Spandau sowie die Landkreise Teltow und Niederbarnim zusammen. Unter dem Entscheidungsdruck, wenigstens für die drängendsten Probleme, wie die Freiflächenpolitik, die Verkehrs- und die Bauplanung, ein gemeinsames in-

11 Dazu gehört auch die Allgemeine Städtebauausstellung, die 1910 in Berlin stattfand und die Neugestaltung Groß-Berlins zum Thema hatte. Siehe dazu den Beitrag von Brigitte Jacob/Wolfgang Schäche, *Eine bewegte Stadt. Zur Geschichte Berlins mit Exkursionen zu den Bauausstellungen 1910, 1931 und 1957*, in: *Leitfaden (Berichtsjahr 1984). Internationale Bauausstellung Berlin 1987*, Berlin 1984, S. 5–22; ferner Horst Matzerath, *Urbanisierung in Preußen 1815–1914* (= Schriften des Deutschen Instituts für Urbanistik, Bd. 72), Stuttgart usw. 1985, S. 295.

12 Am 1. April 1898 erhielt Schöneberg das Stadtrecht, Rixdorf folgte 1899. Etwas später, 1906 beziehungsweise 1907, erhielten Wilmersdorf und Lichtenberg Stadtrechte. Vgl. dazu den Überblick in: *Erster Verwaltungsbericht der neuen Stadtgemeinde Berlin für die Zeit vom 1. Oktober 1920 bis zum 31. März 1924*. Bearbeitet im Statistischen Amt der Stadt Berlin, 28 Hefte, Berlin 1926, hier Heft 1, S. 10. Mit weiteren wichtigen Hinweisen: Felix Escher, *Berlin und sein Umland. Zur Genese der Berliner Stadtlandschaft bis zum Beginn des 20. Jahrhunderts* (= Einzelveröffentlichungen der Historischen Kommission zu Berlin, Bd. 47; zugl. Publikation der Sektion für die Geschichte Berlins, Bd. 1), Berlin 1985; grundlegend ferner H. Nowack, *Das Werden...* (wie Anm. 3), passim, sowie Ernst Kaeber, *Das Weichbild der Stadt Berlin seit der Steinschen Städteordnung*, in: ders., *Beiträge zur Berliner Geschichte. Ausgewählte Aufsätze*, bearb. von Werner Vogel (= Veröffentlichungen der Historischen Kommission zu Berlin, Bd. 14), Berlin 1964, S. 234–376.

der Schulenburg am 16. August 1917 zurück.[18] Die Diskussion über eine Berlin-Reform wurde jedoch – ohne Eile – fortgeführt. Am 5. September 1917 fand eine Erörterung der Fragen mit Vertretern der betroffenen Kreise und Städte im Ministerium des Innern statt. Berlin war an diesen Gesprächen nicht beteiligt. Schon kurze Zeit vorher, am 23. Juli, schrieb Berlins Oberbürgermeister Wermuth an den Innenminister und bat um Informationen, ob demnächst mit einer Änderung des Zweckverbandsgesetzes zu rechnen sei. Der Innenminister versprach in seiner Antwort, die Berliner Kommunalverwaltung *so bald wie möglich* an den Verhandlungen zu beteiligen.[19] Charakteristisch für das Verhältnis der Stadt zum Innenministerium war die Tatsache, daß Oberbürgermeister Wermuth zu den Reformüberlegungen nicht hinzugezogen wurde.

Aufgrund dieser Situation befand sich die Stadt Berlin, wie es Wermuth selbst einmal formuliert hatte, in einem entwicklungspolitischen Stillstand.[20] Die Untätigkeit der staatlichen Behörden drängte Berlin und das Umland immer weiter in eine ausweglose Situation der kommunalen Zersplitterung. Erst mit einer radikalen Veränderung der politischen Situation in der Revolution von 1918/19 war eine tiefgreifende Reform in den Bereich des Möglichen gerückt. Zunächst aber verschärfte der 1914 ausgebrochene Weltkrieg die kommunale Situation erheblich.

Versorgungsfragen bestimmten in der Zeit des Ersten Weltkrieges vornehmlich den Alltag der Stadt- und Gemeindeverwaltungen. Die damit verbundenen Probleme waren in der komplizierten kommunalen Situation Groß-Berlins häufig nur schwer lösbar, die Situation erforderte ungewöhnliche Maßnahmen.

Wermuth hatte insbesondere am Zustandekommen der damals vielbeachteten „Brotkarte“ großen Anteil. Die Kriegsnot sorgte für eine interkommunale Zusammenarbeit im Groß-Berliner Raum.

Zu Beginn des Krieges wurde in Berlin eine „Gemischte Deputation“ unter Beteiligung von Stadtverordneten und Magistratsmitgliedern gebildet, deren Hauptaufgabe in der Lösung versorgungstechnischer Fragen im Lebensmittelbereich bestand.[21] Diese „Lebensmitteldeputation“ verlor in den weiteren Kriegsjahren, bedingt durch die Einrichtung weiterer Gremien, jedoch an Einfluß.[22] Bedeutsam war bei der Lebensmittelversorgung die Tatsache, daß Organisationen geschaffen werden mußten, die über die Berliner Stadtgrenzen hinaus auch das Umland einbezogen. Ein wichtiger Schritt in diese Richtung war die öffentliche Bewirtschaftung des Brotgetreides. Ein weiterer spe-

18 BLHA Potsdam, Rep. 1, Nr. 1716, S. 115–118. Seit dem 6. August amtierte Innenminister Drews. Der ehemalige Minister des Innern, von Loebell, trat Schulenburgs Nachfolge als Oberpräsident an.

19 BLHA Potsdam, Rep. 1, Nr. 1716, S. 95 ff.; siehe dazu auch F. Bey-Heard, *Hauptstadt und Staatsumwälzung...* (wie Anm. 1), S. 33.

20 A. Wermuth, *Ein Beamtenleben...* (wie Anm. 2), S. 344 f.

21 E. Kaeber, *Die Oberbürgermeister...* (wie Anm. 1), S. 92, bescheinigt Wermuth bei der Leitung der Kommission ein entschlossenes und energisches Vorgehen.

22 So Ernst Kaeber, *Berlin im Weltkriege. Fünf Jahre städtische Kriegsarbeit*, hrsg. im Auftrag des Magistrats auf Grund der Berichte der städtischen Verwaltungsstellen, Berlin 1921, S. 83 ff.

zieller Ausschuß übernahm die Brotbewirtschaftung, aus dieser Runde ging die Idee der Brotkarte hervor, deren Einrichtung Ende 1914 beschlossen wurde.[23] Die eigens eingerichtete Berliner Magistratsabteilung für die Brotbewirtschaftung wurde Vorbild für alle später errichteten Lebensmittelabteilungen. Sie stand teilweise mit anderen Gremien und Lebensmittelverwaltungen in direkter organisatorischer Beziehung. Seit 1914 gab es aufgrund des Höchstpreisgesetzes entsprechende Verordnungen – zunächst für Mehl und Salz –, die die Preise festsetzten. Die jeweiligen Magistrate in preußischen Städten mit mehr als 10 000 Einwohnern hatten die Preisfestlegung zu übernehmen. Bei der notwendigen Zusammenarbeit zwischen den Gemeinden machte sich die kommunale Zerrissenheit des Groß-Berliner Raumes unangenehm bemerkbar. Die Einrichtung der Brotkarte im Jahre 1915 war der erste Schritt zu einer über Berlin hinausgreifenden Maßnahme. Der Brotkarte kommt daher eine große Bedeutung vor allem im Hinblick auf die interkommunale Zusammenarbeit zu. Ebenfalls über die Berliner Stadtgrenzen griff auch die 1915 eingerichtete Preisprüfungsstelle hinaus, an der auch die Kreise Teltow und Niederbarnim beteiligt waren. Die Errichtung von weiteren Versorgungsstellen unter anderem für Butter, Milch und Käse und deren Angliederung an die Berliner Abteilung für Brotversorgung schufen vorübergehend *den Charakter eines umfassenden Großberliner Lebensmittelbureaus.*[24] Trotz der Einrichtung der Staatlichen Verteilungsstelle 1917 und des Lebensmittelverbandes Groß-Berlin konnte eine Einheitlichkeit bei der Groß-Berliner Lebensmittelversorgung nicht erreicht werden. Nicht nur organisatorische Probleme beherrschten die Versorgungsschwierigkeiten jener Jahre, sondern auch der Schleichhandel und die Wucherpreise waren Konfliktanlässe mit weitreichenden politischen Folgen.

Die durch die Notzeiten immer drängender werdende Groß-Berlin-Frage wurde zunehmend auch in der Öffentlichkeit diskutiert. Noch vor Ausbruch der Revolution wurden zwei „Bürgerinitiativen“ gegründet, die sich aussschließlich mit den Reformfragen befaßten. Neue Impulse erhielt die Entwicklung der Stadt durch die Revolution von 1918/19 und die dadurch bedingten politischen Veränderungen.

Die Revolution und – damit verbunden – die veränderten politischen Verhältnisse brachten für die drängenden Berlin-Reformen eine Realisierungschance. Daran ließ auch der neue preußische Ministerpräsident Paul Hirsch keinen Zweifel, als er Groß-Berliner Kommunalpolitiker zu einer ersten Besprechung am 28. November 1918 ins Preußische Innenministerium einlud.[25] Unklar war zu diesem Zeitpunkt der mögliche Weg, der zu einer Lösung der Berlin-Frage eingeschlagen werden sollte. Längst waren die Positionen politisch besetzt: SPD und USPD machten sich für die zentralistisch organisierte Einheitsgemeinde stark, alle „bürgerlichen“ Parteien, vom rechtskonservativen Flügel bis zur liberalen Mitte favorisierten die Gesamtgemeinde. Aber auch zwi-

23 *A.a.O.*, S. 84, sowie A. Wermuth, *Ein Beamtenleben...* (wie Anm. 2), S. 371 ff.
24 E. Kaeber, *Berlin im Weltkriege...* (wie Anm. 22), S. 96 f.
25 Siehe dazu die Sitzungsprotokolle im Brandenburgischen Landeshauptarchiv Potsdam, Rep. 1, Nr. 1716, S. 356 und 359–361, sowie beispielsweise H. Nowack, *Das Werden...*, S. 229.

schen Berlin und dem Umland gab es stark differierende Auffassungen über die Lösung der Problemlage. Zu erwarten war, daß eine Reform zumindest teilweise zu Eingemeindungen des Umlandes in Berlin führen würde. Da die Berliner Vorortstädte und -gemeinden finanzpolitisch und wirtschaftlich für die Provinz Brandenburg von außerordentlicher Bedeutung waren, geriet auch die Frage des Umfangs der zukünftigen Stadtgemeinde zu einem Gegenstand heftiger Auseinandersetzungen.
Bis zur Revolution hatte es das preußische Ministerium des Innern strikt vermieden, zusammen mit der Berliner Stadtverwaltung an möglichen Reformvorschlägen zu arbeiten. Diese Situation änderte sich nach dem Machtwechsel in Preußen grundlegend. Anfang März 1919 fand erneut eine Konferenz Berliner Gemeindevertreter statt, geleitet wurde diese Sitzung von Friedrich Freund, Unterstaatssekretär im Ministerium des Innern.[26] Wenige Tage später wurden die Besprechungen im kleineren Kreise fortgesetzt, Friedrich Freund traf sich mit einigen Berliner Magistratsvertretern im Dienstzimmer von Oberbürgermeister Wermuth, um über eine mögliche Groß-Berlin-Lösung zu sprechen.[27] Diese Kontakte zwischen dem Ministerium und dem Berliner Magistrat waren insofern von außerordentlicher Bedeutung, weil hier erste grundlegende Vorentscheidungen der Groß-Berlin-Reform fielen. Einigkeit herrschte beispielsweise darüber, daß die Grundlage für die zukünftige Stadtgemeinde das Konzept der Einheitsgemeinde bilden sollte. Die Frage des Umfangs der Stadt war ebenfalls Gegenstand der Vorgespräche, Wermuth favorisierte die Einbeziehung eines 15-Kilometer-Radius um den Berliner Stadtkern herum, Freund hingegen wollte die zukünftige Stadt auf einen engeren Bereich von ca. zehn Kilometern beschränken. Auf jeden Fall – und darüber herrschte Einvernehmen – sollten die sieben Vorortstädte (Spandau, Charlottenburg, Wilmersdorf, Schöneberg, Köpenick, Lichtenberg und Neukölln) im neuen Stadtgebiet aufgehen.
Schon kurze Zeit nach diesen ersten Besprechungen hatte Friedrich Freund ein schriftliches Konzept ausgearbeitet, das er am 15. März 1919 Adolf Wermuth mit der Bitte, Stellung zu nehmen, übersandte.[28] Obwohl es sich bei dieser Kontaktaufnahme von Freund noch um keine offiziellen Schritte des Ministeriums handelte, war Wermuth doch klar, welche Bedeutung seiner Begutachtung und Stellungnahme zukam. Daß

26 Dr. jur. Th. W. Friedrich Freund: * 29. 11. 1861 in Breslau, Univ. Straßburg, Bonn, Berlin, Ref. und Dr. 1882, seit 1888 in der preußischen Verwaltung tätig. Reg.-Ass. in Köln und Koblenz, seit 1893 Reg.-Rat, seit 1889 Hilfsarbeiter im Preußischen Innenministerium, Ob.-Reg.-Rat 1901, (Ministerial-Dir., W. Geh. Ob.-Reg.-Rat), Unterstaatssekr. seit 1918, Staatssekretär seit 1920 (Angaben nach *Wer ist's*, Ausgabe 1922). Freund galt als „Vater des Zweckverbandes“, aus seiner Feder stammten die Ausarbeitungen zu diesem Gesetz. Nach dem revolutionären Umschwung im November 1918 war er für die Ausarbeitung des Entwurfs zum Groß-Berlin-Gesetz zuständig.

27 Neben dem Oberbürgermeister Wermuth und Bürgermeister Reicke nahmen Stadtrat Hamburger, Magistratsrat Riess sowie Reg.-Ass. Kügler teil.

28 Freund trat mit seinem Konzept in einem Artikel in der *Vossischen Zeitung*, Nr. 143, MA vom 19. März 1919, an die Öffentlichkeit. Vgl. dazu auch H. Nowack, *Das Werden...* (wie Anm. 3), S. 235, sowie F. Bey-Heard, *Hauptstadt und Staatsumwälzung...* (wie Anm. 1), S. 208.

Wermuth diesem Antwortschreiben einen hohen Stellenwert beimaß, läßt sich unter anderem aus dem Umfang und dem Detailreichtum seiner Antwort ablesen. Bereits im Vorfeld hatte sich Wermuth gründlich auf die Groß-Berlin-Auseinandersetzung vorbereitet, und er konnte für seine Stellungnahme auf bereits erfolgte Ausarbeitungen der einzelnen Magistratsverwaltungen zurückgreifen.[29] Wermuth schuf mit seinem Antwortschreiben seinerseits eine Diskussionsgrundlage, deren Argumente zu einem großen Teil in die weiteren Ausarbeitungen Freunds einbezogen wurden. Vor allem gelang es Wermuth, Einfluß auf den geplanten Umfang der Stadtgemeinde zu nehmen, im wesentlichen konnte er schließlich seinen 15-Kilometer-Plan durchsetzen.

Wermuth war – ebenso wie sein Amtsnachfolger Böß – ein ausgesprochener Verfechter des Zentralismus. Insofern stimmte er der Grundkonzeption Freunds zu, die dem Magistrat der zukünftigen Stadtgemeinde alle entscheidenden Kompetenzen zuordnete. Freund hatte bereits in seinem ersten Entwurf die Zweistufigkeit der neuen Stadtverfassung vorgesehen, dem Magistrat und der Stadtverordnetenversammlung sollte eine Ebene der lokalen Deputationen und Bezirksvorstände untergeordnet werden. Auch Wermuth sah die Notwendigkeit, durch diese Untereinheiten Reste der alten Selbstverwaltung derjenigen Gemeinden und Städte zu bewahren, die nach Berlin eingemeindet werden sollten. Aber gleichzeitig sah Wermuth auch die Gefahren, die bei einer Beibehaltung der bislang bestehenden Kompetenzen unter anderem der mächtigen Umlandstädte wie Charlottenburg oder Schöneberg für die zentrale Stadtverwaltung bestanden. Aus diesem Grund setzte er sich für eine möglichst weitgehende Beschränkung der Selbständigkeit der einzurichtenden Bezirke ein.

Die Frage, inwieweit Kompetenzen dezentralisiert, also an die Bezirke abgegeben werden sollten, entwickelte sich zum Kernpunkt der Diskussionen, die um das Groß-Berlin-Gesetz geführt wurden. Mitte Juni 1919 legte das Ministerium des Innern den Entwurf der breiten Öffentlichkeit vor, nachdem schon in Zeitungsartikeln die Grundlagen der Reform beschrieben und diskutiert worden waren.[30] Der Gesetzentwurf löste eine Flut von Protesten aus, die Mehrzahl der Gegner kam aus den Bereichen der Gemeinden und Städte, die nach Berlin eingemeindet werden sollten. Aber auch die Provinz erhob scharfe Proteste gegen die Eingemeindungen, schließlich waren ihre wirtschaftlich lukrativsten Teile von der Reform betroffen. Letztlich gelang es aber nicht, die Argumente der Provinz, die auf eine Beibehaltung des *Status quo* abzielten, durchzusetzen. In der Landesversammlung waren es die Vertreter der bürgerlichen Parteien, die hier den Kampf gegen Groß-Berlin unterstützten. Diese Auseinandersetzungen waren Zeichen eines politischen Machtkampfes, denn die Eingemeindung der bürgerlich regierten, mächtigen westlichen Vorortstädte war gleichbedeutend mit einem Machtverlust für die bürgerlichen Fraktionen. Aller Voraussicht nach war für Berlin eine so-

29 Siehe dazu: LA Berlin, Außenstelle Breite Straße, Rep. 01, GB, Nr. 644, hier S. 72–93.

30 So zum Beispiel von Friedrich Freund in der *Vossischen Zeitung*, Nr. 143, MA vom 19. März 1919.

zialdemokratische Mehrheit zu erwarten, die maßgeblichen Einfluß auf Stadtverordnetenversammlung und Magistrat ausüben würde. Die noch selbständigen Städte würden, so war zu befürchten, nach der Reform unter einer sozialdemokratischen Zentralverwaltung stehen.

Wichtigstes Ergebnis der Auseinandersetzungen, die später in der Landesversammlung fortgesetzt wurden, war letztlich eine nicht unerhebliche Stärkung der Bezirksverwaltungen gegenüber der Berliner Zentralverwaltung.

Mit diesen Kompromissen, die auf das Drängen der bürgerlichen Fraktionen in der Landesversammlung zustande kamen, war der Gesetzentwurf schließlich mehrheitsfähig: In der Endabstimmung am 27. April 1920 votierten neben USPD und SPD Teile der DDP für den Entwurf.[31]

Als am 27. April die Landesversammlung das Groß-Berlin-Gesetz verabschiedete, liefen bereits seit rund einem Vierteljahr die verwaltungstechnischen Vorbereitungen auf die neue Stadtgemeinde: eine nur knapp bemessene Zeit angesichts des gewaltigen Reformwerks, dessen wesentliche Grundlagen bis zum 1. Oktober 1920 gelegt sein sollten. Zu diesem Zeitpunkt trat das Groß-Berlin-Gesetz in Kraft. Aber es war unschwer erkennbar, daß vieles noch auf lange Sicht hin von Provisorien geprägt sein würde. Dies war schon in den finanztechnischen Vorbereitungsgesprächen der Dezernenten deutlich geworden.[32] So fehlte noch 1920 fast vollständig der Überblick über die Groß-Berliner Haushaltslage. Die Bemühungen um einen gemeinsamen Groß-Berliner Etatplan führten erst 1921 zu ersten greifbaren Erfolgen. Noch bis weit über die Mitte der zwanziger Jahre hinaus mußten aber auch weite Bereiche der Verwaltung mit Übergangslösungen leben und arbeiten. Dies betraf vor allem einige Bezirksverwaltungen: Die Bezirke 1 bis 6, also Mitte, Tiergarten, Wedding, Prenzlauer Berg, Friedrichshain und Kreuzberg, die auf dem Gebiet der alten Stadt Berlin völlig neu gebildet wurden, verfügten zunächst über keinerlei Verwaltungseinrichtungen. Diese konnten erst durch jahrelange Aufbauarbeit geschaffen werden.[33]

31 Siehe dazu z. B. die Darstellungen bei H. Nowack, *Das Werden...* (wie Anm. 3), S. 270; F. Bey-Heard, *Hauptstadt und Staatsumwälzung...* (wie Anm. 1), S. 217

32 Siehe dazu z. B. die Protokolle von Besprechungen am 16. Februar und vom 4. März 1920, LA Berlin, Rep. 207, Acc. 514, Nr. 871, S. 1d ff.

33 Vgl. dazu auch die entsprechenden Hefte des *Ersten Verwaltungsberichts...* (wie Anm. 11). Die Einrichtung dieser sechs Bezirke und die Zerschlagung der alten Berliner Stadtverwaltung sind immer wieder kritisiert worden. Zu den schärfsten Kritikern gehörte der spätere Oberbürgermeister Gustav Böß (z.B. in: Gustav Böß, *Die Verwaltungsgemeinde Berlin und ihre Aufgaben,* in: *Die deutschen Städte. Ihre Arbeit von 1918 bis 1928,* hrsg. von Fritz Elsas und Erwin Stein, Berlin 1928, S. 6–8, hier S. 6). Die Aufteilung des Alt-Berliner Stadtgebietes war bei der Neukonstruktion der Stadtgemeinde vor allem aus Gründen der Gleichbehandlung mit den neu einzugemeindenden Kommunen und deren Zusammenfassung zu Verwaltungsbezirken vorgenommen worden. Ohne diese Maßnahme hätte innerhalb der neuen Stadtgemeinde das Kerngebiet der alten Stadt gegenüber den neuen Bezirken ein nicht zu unterschätzendes Machtübergewicht erhalten.

Der technische Aufbau der Verwaltung mit der Büroorganisation, der Schaffung und Einrichtung entsprechender Räumlichkeiten kostete viel Zeit, ebenso die Feinabstimmung der Zuständigkeiten zwischen den Bezirken und der Zentralverwaltung. Die Ausfüllung der Vorgaben des Gesetzes war das Werk der folgenden Jahre, wesentliche Schritte waren bis 1922 abgeschlossen.
Wermuths Amtszeit, die noch 1920 enden sollte, war von diesen Feinarbeiten noch nicht geprägt. Im ersten Zeitraum von April bis Oktober ging es zunächst darum, durch Neuwahlen der Stadtverordnetenversammlung, der zwanzig Bezirksversammlungen sowie von Magistrat und Bezirksämtern überhaupt erst einmal die Handlungsfähigkeit der demokratischen Stadtverwaltungsgremien sicherzustellen. Entscheidend für die weitere politische Entwicklung der Stadt waren die ersten Groß-Berliner Neuwahlen am 20. Juni 1920. Der Termin lag denkbar ungünstig nur zwei Wochen nach den Reichstagswahlen, die politischen Parteien hatten kaum Gelegenheit, mit eigenen Kommunalwahlprogrammen um die Stimmen der Wähler zu werben. So enthielt der Wahlkampf kaum berlinspezifische Akzente. Mit 38,4 Prozent der Stimmen ging die USPD als stärkste Fraktion aus dem ersten Groß-Berliner Kommunalwahlkampf hervor. USPD und SPD zusammen besaßen mit 125 Mandaten in der neuen Stadtverordnetenversammlung die absolute Mehrheit gegenüber den bürgerlichen Fraktionen, die zusammen lediglich 100 Sitze erringen konnten.
Erste Aufgabe der Stadtverordnetenversammlung war die Bildung eines neuen Magistrats. Da das Groß-Berlin-Gesetz hinsichtlich des Wahlverfahrens und der Zusammensetzung des Magistrats keine weitergehenden Vorgaben lieferte, war ein Konflikt vorprogrammiert. Vor allem fürchteten die bürgerlichen Parteien, bei der Magistratsbildung von SPD und USPD übergangen zu werden.[34]
Hintergrund der Befürchtungen waren die Bestimmungen der zu dieser Zeit nach wie vor geltenden Städteordnung von 1853, wonach besoldete Magistratsmitglieder für eine Amtsperiode von zwölf Jahren zu wählen waren. Die SPD/USPD hätte also alle Magistratsämter, sofern sie besoldet waren, mit ihrer Mehrheit in der Stadtverordnetenversammlung besetzen können. Nach den Vorgaben der Städteordnung waren unbesoldete Stadträte für sechs Jahre zu wählen, und die Zahl der Sitze mußte nach dem Verhältniswahlrecht vergeben werden.
Während der nun beginnenden Beratungen über die Magistratsbildung in der Stadtverordnetenversammlung und ihren Ausschüssen konzentrierten sich die Auseinandersetzungen auf die „politischen" Magistratssitze, also jene Stadträte, die ohne feste Ressortzuteilung amtieren sollten. SPD und USPD vertraten kompromißlos die Auffassung, daß alle Sitze zu besolden seien. Die bürgerlichen Parteien sahen sich somit von der Magistratsarbeit ausgeschlossen, ihnen war die Entsendung von eigenen Kandida-

34 Zu den Details der Magistratsbildung siehe auch Andreas Splanemann, *Bewährung und Begrenzung der Berliner Demokratie. Die erste Magistratsbildung der neuen Stadtgemeinde Berlin 1920*, in: *Beiträge zur Geschichte der Berliner Demokratie 1919–1933/1945–1985*, hrsg. von Otto Büsch, Berlin 1988, S. 3–43.

ten verwehrt, obwohl bei der Aufstellung der Kandidatenlisten durch die Parteigremien von SPD und USPD auch „bürgerliche" oder parteilose Bewerber für Magistratsposten, unter ihnen auch Adolf Wermuth, berücksichtigt wurden.
Die beiden sozialistischen Fraktionen setzten sich gegen die heftigen Proteste der in dieser Frage einigen bürgerlichen Parteien durch und wählten tatsächlich die allein nach ihren Vorstellungen ausgesuchten zwanzig „politischen" Stadträte. Allerdings schritt hiergegen die Landesversammlung ein, sie verabschiedete auf Drängen aller bürgerlicher Fraktionen ein Änderungsgesetz zum Groß-Berlin-Gesetz, das die Wahl von zwölf unbesoldeten Stadträten vorsah. Diese zwölf Ämter waren, entsprechend den oben angeführten Vorgaben der Städteordnung, auf sechs Jahre und nach dem Verhältniswahlrecht zu wählen. Jetzt konnten auch die bürgerlichen Fraktionen, entsprechend ihrem Kräfteverhältnis, in der Stadtverordnetenversammlung Magistratssitze besetzen.[35] Die bürgerlichen Fraktionen errangen damit in der ersten harten politischen Konfrontation in der neuen Groß-Berliner Stadtverordnetenversammlung einen klaren Sieg. Dieser Streit hätte vermieden werden können, wenn die Städteordnung zu diesem Zeitpunkt bereits novelliert gewesen wäre oder das Groß-Berlin-Gesetz in der Frage der Magistratswahl genauere Angaben enthalten hätte. So führte denn eine Gesetzeslücke zum ersten Eklat in der Versammlung. Die Stadtverordnetenversammlung diskutierte in ihrer 5. Sitzung am 21. September 1920 die Besetzungsvorschläge für die Fachressorts des Magistrats, so wie sie vom Wahlausschuß vorgeschlagen worden waren. Der Ausschuß hatte Adolf Wermuth für die Position des Oberbürgermeisters nominiert, den Bürgermeisterposten sollte Adolf Ritter erhalten.
Als mögliche Gegenkandidaten für Wermuth waren der Essener Oberbürgermeister Luther sowie das bisherige Charlottenburger Stadtoberhaupt Scholz benannt worden. Die bürgerlichen Parteien, allen voran DVP und DNVP, übten generelle Kritik an der Vorgehensweise bei der Nominierung von Kandidaten für die Magistratswahl. Der ehemalige Zweckverbandsdirektor Rudolf Steiniger (DNVP)[36] warf der Ausschußmehrheit die Verfolgung parteipolitischer Interessen vor, bei der Aufstellung der Fachstadträte sei es seiner Auffassung nach sogar zu einer Reihe von *fachlichen Mißgriffen* gekommen. Steinigers Kritik war dabei nicht ohne hintergründige Interessen. Die bürgerlichen Parteien, wie die rechtskonservative DNVP, wurden bei der Amtsverteilung von der absoluten Mehrheit der SPD- und USPD-Mandatsträger überstimmt. Ihnen war es nicht möglich, eigene Kandidaten wählen zu lassen, da das Magistrats-Wahlbündnis der beiden sozialistischen Fraktionen offenbar auf der Grundlage funktionierte, die eigenen Kandidaten mit Hilfe der bestehenden absoluten Mehrheit der Stimmen durchzusetzen. Allerdings sah die Kandidatenliste, so wie sie vom Ausschuß

35 Zur Verteilung der Sitze siehe *a.a.O.*, S. 30 f.
36 Steiniger war vom Beginn des Bestehens des Zweckverbandes im Jahre 1912 bis zum 31. März 1918 Direktor des Zweckverbandes, davor war er Stadtrat und Kämmerer in Berlin. Steiniger war in der Weimarer Zeit weiterhin kommunalpolitisch aktiv (DNVP).

beraten und beschlossen wurde, auch eine Reihe von „bürgerlichen" (oder parteilosen) Magistratsmitgliedern vor. Adolf Wermuth gehörte dazu.[37]
Der Kandidat Wermuth war bei den bürgerlichen Fraktionen der Stadtverordnetenversammlung aufgrund seiner Zusammenarbeit mit den linksgerichteten Kräften der Stadt nicht gut gelitten. Die DNVP und die DVP kündigten daher bereits im Vorfeld der Wahlen an, daß sie bei den Magistratswahlen Wermuth nicht ihre Stimme geben würden.
Am Mittwoch, dem 22. September 1920, setzte die Stadtverordnetenversammlung die Beratungen über die Magistratswahlen fort. Die Kandidatur Wermuths, die den ersten Tagesordnungspunkt bildete, war Anlaß heftiger Diskussionen. Der DVP-Abgeordnete von Eynern, der sich vehement gegen Wermuth aussprach, brachte sogar einen neuen möglichen Gegenkandidaten ins Gespräch. Oberpräsident Rudolf Schwander sollte nach Auffassung der DNVP der geeignete Oberbürgermeisterkandidat sein, ein Vorschlag, der jedoch keine Realisierungschance besaß, wie wenig später die Abstimmung zeigen sollte.[38]
Der demokratische Stadtverordnete Dove warf ähnlich wie auch schon von Eynern Wermuth vor, daß er sich nicht ausreichend um einen Ausgleich zwischen den unterschiedlichen Interessengruppen in der Stadt bemüht habe. Auch Dove tendierte dazu, den von der DVP ins Spiel gebrachten Gegenkandidaten zu favorisieren.
Die Wahl, die noch am 22. September 1920 stattfand, brachte folgendes Ergebnis:[39] abgegebene Stimmen 160, davon ungültig 3, gültig 157; für den Wahlvorschlag Wermuth stimmten 107, für Schwander 50 Stadtverordnete.
Obwohl Wermuth mit absoluter Stimmenmehrheit (der Anwesenden) zum ersten Oberbürgermeister der neuen Stadtgemeinde gewählt wurde, blieb dennoch ein bitterer Nachgeschmack. Wermuth erhielt rein rechnerisch noch nicht einmal alle Stimmen von SPD und USPD, jenen Fraktionen also, die ihn als Kandidaten aufgestellt hatten. Das Wahlergebnis zeigte deutlich, daß sich Wermuth noch nicht einmal auf die Hälfte der 225 Stadtverordneten stützen konnte. Die Hürde der Abstimmung hatte Wermuth genommen, für die praktische Verwaltungsarbeit mit dem Stadtparlament fehlte ihm die nötige Vertrauensbasis, und zwar hatten sich hier die bürgerlichen Fraktionen

37 Darüber hinaus waren folgende (parteilose) Kandidaten dem bürgerlichen Lager zuzurechnen: Gustav Böß (Kämmerer), Johannes Rabnow (Stadtmedizinalrat), Ludwig Hoffmann (Hochbau), Hermann Hahn (Tiefbau), Leonhard Adler (Verkehr) und Alfons Horten (Maschinenbau). Allerdings waren alle zwanzig Stadtratsposten ohne Ressort (die sogenannten politischen Stadträte) mit Angehörigen von SPD und USPD besetzt. Quellen: *Erster Verwaltungsbericht der neuen Stadtgemeinde Berlin*, Berlin 1926, Heft 1, S. 54–56 sowie Christian Engeli, *Gustav Böß. Oberbürgermeister von Berlin 1921–1930* (= Schriftenreihe des Vereins für Kommunalwissenschaften, Bd. 31), Berlin 1971, S. 87.

38 Dr. Rudolf Schwander (geb.: 23. Dezember 1868 in Kolmar, gest.: 25. Dezember 1950 in Oberursel/Ts.) war bis 1917 Oberbürgermeister von Straßburg, 1917 Staatssekretär und nach dem Krieg bis 1930 Oberpräsident in Hessen-Nassau (Angaben nach: Wilhelm Kosch, *Biographisches Staatshandbuch*, Bd. 2, Bern-München 1963).

39 Quelle: *Stenographische Berichte der Berliner Stadtverordnetenversammlung*, Jg. 1920, Sp. 148.

einem Votum zugunsten Wermuths versagt. Die Kluft zwischen dem ehemaligen Repräsentanten der bürgerlich-monarchisch geprägten Honoratiorenselbstverwaltung der Hauptstadt des Kaiserreiches und den ehemaligen politischen Trägern dieser Ära war unüberbrückbar geworden. Schon wenige Wochen nach seiner Wahl zum ersten Oberbürgermeister der neuen Stadtgemeinde zog Wermuth die Konsequenzen aus dieser Situation.

Bereits wenige Wochen nach den Magistratswahlen erlebte die neue Stadtgemeinde ihre erste ernsthafte Krise nach Inkrafttreten des Groß-Berlin-Gesetzes. Die beiden Sozialistischen Fraktionen konnten nur zusammen die absolute Mehrheit der Stimmen aufbringen. Aber diese Koalition war nicht von langer Dauer. Innerhalb der USPD machten sich die Zerfallserscheinungen immer deutlicher bemerkbar. Schon bei Kriegsende waren die Auseinandersetzungen zwischen dem linksextremen Flügel und den gemäßigten Unabhängigen spürbar gewesen. Mitte Oktober 1920 brach die USPD endgültig auseinander, 21 Stadtverordnete erklärten sich zur Fraktion der KPD. Schon kurze Zeit später sollte sich zeigen, daß jetzt kein gemeinsames Vorgehen von SPD, USPD und der KPD mehr möglich war.

Wermuth, der seine Amtsgeschäfte als Oberbürgermeister der neuen Stadtgemeinde am 31. Oktober aufgenommen hatte, sah sich starken Konfrontationen gegenüber. Nicht nur der offene Gegensatz zu den bürgerlichen Parteien, sondern auch zunehmende Schwierigkeiten im Magistrat machten Wermuth zu schaffen. Wermuth, der lange Zeit auf Kooperation mit der Arbeiterschaft gesetzt hatte, mußte erkennen, daß seine Politik auf immer schärfere Kritik seiner Gegner stieß. Am 7. November brach ein wilder Streik der Elektrizitätsarbeiter aus, der das Leben in der Stadt empfindlich beeinträchtigte.[40] Vor allem lag die Gefahr eines Berliner Generalstreiks in der Luft. Wermuth war nach eigenen Angaben in seiner Autobiographie bemüht, diese Gefahr durch Zusammenarbeit mit den gemäßigten Teilen der Berliner Arbeiterschaft abzuwenden. Während der Bemühungen um ein friedliches Ende des Streiks auf dem Verhandlungswege wurden auf Reichsebene Vorbereitungen zu einem Eingriff in die Streikbewegung getroffen. Der schon benannte Reichskommissar wurde allerdings nicht tätig. Mit dem Streik der Elektrizitätsarbeiter hatte sich Wermuth gänzlich zwischen die Stühle gesetzt. Die bürgerlichen Kräfte, die ein hartes Vorgehen gegen die Streikenden gefordert hatten, sahen im Oberbürgermeister den Hauptschuldigen für die Situation. Auch bei den radikalen linken Kräften der Stadt war man Wermuth gegenüber nach dem Streik keineswegs wohlgesonnen. Seine Verhandlungspolitik war von großem Mißtrauen begleitet worden.[41]

Wermuth sah sich nach dem Ende des Streiks einer wachsenden politischen Gegnerschaft gegenüber. Die Sozialdemokraten versuchten, ihn durch ein Vertrauensvotum-

40 Siehe dazu die Darstellung bei F. Bey-Heard, *Hauptstadt und Staatsumwälzung...* (wie Anm. 1), S. 230 ff.; A. Wermuth, *Ein Beamtenleben...* (wie Anm. 2), S. 435 ff.

41 Siehe dazu die autobiographischen Äußerungen Wermuths in: *A.a.O.*, S. 436 f.

politisch zu stärken, sie fanden mit diesem Plan Fürsprecher in der USPD und in der KPD. Jedoch zogen die Kommunisten kurz vor der Abstimmung ihre Stimmen zurück. Wermuth kam einer zu erwartenden Abstimmungsniederlage zuvor und trat am 24. November 1920 zurück.[42] Er hat sich nach seinem Rücktritt nicht mehr politisch betätigt und lebte in Berlin, wo er am 12. Oktober 1927 starb.

Die Leistungen Wermuths als Oberbürgermeister der Stadt Berlin sind bislang unterschätzt worden. Oberbürgermeister-Chronist Ernst Kaeber hat Wermuth abwertend einen „Opportunisten" genannt.[43] Ein Urteil, das der Leistung Wermuths in keiner Weise gerecht wird. Die Akten der Stadtverwaltung für die Amtsjahre Wermuths sind zu einem großen Teil noch nicht ausgewertet, und die Zukunft wird weitere interessante Details über das Wirken des Oberbürgermeisters und des Magistrats in der Kriegszeit bis 1918 erbringen. Gleichwohl kann aber festgestellt werden, daß Wermuths Bemühungen um die Ernährungsfragen der Millionenstadt durchaus erfolgreich waren. Das wegen der Groß-Berlin-Problematik schlechte Verhältnis der Stadt zur Staatsverwaltung behinderte die Entwicklung Berlins außerordentlich. Wermuth hatte die Ursachen erkannt und setzte sich nach der Revolution aktiv für die Neugestaltung des Großraumes ein. In Zusammenarbeit mit dem Ministerium des Innern gelang es ihm, entscheidenden Einfluß auf die organisatorische Neugestaltung Berlins zu nehmen. Mit dem Groß-Berlin-Gesetz von 1920 wurde eine der bedeutendsten Grundlagen für die Entwicklung der Stadt in diesem Jahrhundert geschaffen. Wesentliche Strukturen, die 1919 und 1920 unter der Mitwirkung Wermuths ausgearbeitet wurden, sind bis heute in der politischen Verfassung und den administrativen Zügen der Stadt erkennbar.

42 *Vorwärts*, Nr. 578, MA vom 25. November 1920; E. Kaeber, *Die Oberbürgermeister...* (wie Anm. 1), S. 96; Chr. Engeli, *Gustav Böß...* (wie Anm. 56), S. 36; F. Bey-Heard, *Hauptstadt und Staatsumwälzung...* (wie Anm. 1), S. 232 ff.

43 E. Kaeber, *Die Oberbürgermeister...* (wie Anm. 1), S. 97 f.

Gustav Böß

von Christian Engeli

Die Amtszeit von Gustav Böß ist das Berlin der zwanziger Jahre. 1920 – noch vor seiner Wahl zum Oberbürgermeister – hatte die Reichshauptstadt durch eine Eingemeindung von spektakulären Ausmaßen ihre neue, größere Gestalt gefunden. Annähernd vier Millionen Einwohner lebten auf 884 Quadratkilometern. Doch trotz Berlins Ausnahmestellung unter den deutschen Städten stand die Berliner Stadtverwaltung nicht in gleichem Maße im Blickfeld des öffentlichen Interesses; neben ihr zogen die Parlamente, Regierungen und Ministerien des Reiches und von Preußen sowie die Hauptverwaltungen von öffentlichen und privaten Unternehmen Aufmerksamkeit auf sich – ganz zu schweigen von den wissenschaftlichen und kulturellen Einrichtungen, die in der Metropole konzentriert waren. So fiel denn auch vom Glanz der „goldenen" zwanziger Jahre nur wenig auf das Rote Rathaus, in dem Strategien gegen „Die Not in Berlin" entworfen, „Wege zum wirtschaftlichen Wiederaufstieg" gesucht und die „Lebensnotwendigkeiten Berlins" in praktische Politik umgesetzt werden mußten – so die Titel dreier vielbeachteter Schriften des Oberbürgermeisters aus den Jahren 1923, 1926 und 1927.[1]

Das sozial- und wirtschaftspolitische Engagement teilte Gustav Böß mit vielen seiner Kollegen aus den anderen Großstädten – es gehörte gewissermaßen zum Rüstzeug eines Oberbürgermeisters. Was ihn darüber hinaus auszeichnete, war seine republikanisch-demokratische Gesinnung, sein kompromißloses Eintreten für den Weimarer Staat. Auch hierin stand er als prominenter Kommunalpolitiker nicht allein. In einer Hinsicht bildete er jedoch eine Ausnahme. Während die Amtszeit der demokratischen Oberbürgermeister in der Regel erst im Zusammenhang mit der nationalsozialistischen Machtergreifung im Frühjahr 1933 ihr Ende fand, schied Gustav Böß bereits 1930 aus seinem Amt. Er stürzte – wie noch zu zeigen sein wird – über einen Betrugs- und Korruptionsskandal in der Berliner Stadtverwaltung. Dabei war Böß in diesen Skandal nicht etwa schuldhaft verstrickt, vielmehr wurde er ein Opfer antidemokratischer Kräfte, deren Diffamierungskampagne weniger der Person, als dem prominenten Vertreter der von ihnen geschmähten Republik gegolten hatte – ein für das Schicksal des Weimarer Staates symptomatischer Vorgang. Das weitere Vordringen dieser antidemokratischen Kräfte, das schließlich in die nationalsozialistische Machtergreifung mündete, verhinderte auf Jahre hinaus eine Korrektur des negativen Urteils über den Oberbürgermeister, das sich im Gefolge des Skandals in der Öffentlichkeit – zu Unrecht – festgesetzt hatte. Erst lange Zeit nach 1945 wurde ihm eine gerechte Würdigung seines Wirkens und seiner Verdienste zuteil.

1 Alle drei Schriften sind abgedruckt in: Christian Engeli (Hrsg.), *Gustav Böß. Oberbürgermeister von Berlin 1921–1930. Beiträge zur Berliner Kommunalpolitik* (= Schriften des Vereins für die Geschichte Berlins, H. 62), Berlin 1981.

Gustav Böß, * Gießen 11. 4. 1873, † Bernried am Starnberger See 6. 2. 1946, Oberbürgermeister von Berlin 1921–1930

Gustav Böß wurde am 11. April 1873 in Gießen geboren und wuchs auf als Sohn eines Angestellten einer ortsansässigen Tabakfirma. Nach dem Besuch des Realgymnasiums studierte er am Ort an der Großherzoglich-Hessischen Ludwigs-Universität Kameralistik – eine Kombination von Finanz- und Staatswissenschaften. Erste berufliche Erfahrungen machte er bei der preußisch-hessischen Eisenbahnverwaltung; 1906 wurde er zur Eisenbahndirektion Berlin versetzt. Bald war er mit den Verkehrsproblemen des Groß-Berliner Wirtschaftsraumes bestens vertraut, so daß er sich 1910 mit Erfolg um die neugeschaffene Stelle eines Verkehrsstadtrates in Schöneberg bewerben konnte. In den zwei Jahren, in denen er dieses Amt und das Dezernat für Arbeiterangelegenheiten versah, stellte er nicht nur organisatorische Fähigkeiten unter Beweis, sondern auch Aufgeschlossenheit für die sozialen Probleme der Kommunalpolitik. Als er 1912 auf Vorschlag der Liberalen zum Kämmerer der Stadt Berlin gewählt wurde, gaben ihm deshalb auch die Sozialdemokraten ihre Stimme.[2]

Das Amt des Stadtkämmerers von Berlin versah er bis zu seiner Wahl zum Oberbürgermeister, also fast neun Jahre lang. Kriegs- und Nachkriegszeit strapazierten die städtische Finanzwirtschaft. Als Kämmerer sah sich Böß oft in Gegensatz zu den Fachressorts im Magistrat und zum Oberbürgermeister gesetzt. Das waren für ihn Gelegenheiten, Durchsetzungsvermögen und fachliche Kompetenz unter Beweis zu stellen. Der mit Kriegsende aufbrechende Kampf um die Vorherrschaft im Rathaus ließ seine Position unbehelligt; auch die obsiegenden Linken wollten das schwierige Amt in bewährten Händen lassen, auf das nicht zuletzt durch Vorbereitung und Vollzug des Groß-Berlin-Zusammenschlusses eine besonders verantwortungsvolle Aufgabe zukam. Bei den Neuwahlen zum Groß-Berliner Magistrat im Herbst 1920 wurde Böß mit großer Mehrheit wiedergewählt.

Der ebenfalls, aber lediglich mit den Stimmen von SPD und USPD wiedergewählte Oberbürgermeister Wermuth hatte sich nur kurz im Amt zu halten vermocht. Nach seinem Rücktritt im November 1920 erwies sich Gustav Böß als einziger aussichtsreicher Nachfolge-Kandidat aus den Reihen des Magistrats. Er wurde damit zum Gegenspieler des Stadtverordnetenvorstehers Hermann Weyl, der von der damals stärksten Partei, der USPD, aufgestellt worden war. Ernstzunehmende Bewerber von außerhalb traten nicht in Erscheinung. Die neue Groß-Berliner Verwaltungsorganisation hatte ihre Bewährungsprobe noch vor sich; ob sie Bestand haben würde, schien durchaus nicht ausgemacht. Außerdem zeigte sich Berlin – einschließlich des Rathauses – noch immer als Schauplatz leidenschaftlich ausgetragener politischer Auseinandersetzungen. Dies zusammengenommen mochte manch weiteren interessierten Kommunalpolitiker davon abgehalten haben, sein Schicksal mit demjenigen der Berliner Stadtverwaltung zu verknüpfen.

2 Vgl. hierzu und zum folgenden ausführlich Christian Engeli, *Gustav Böß, Oberbürgermeister von Berlin 1921–1930* (= Schriftenreihe des Vereins für Kommunalwissenschaften, Bd. 31), Stuttgart usw. 1971.

Die sozialistische Mehrheit in der Stadtverordnetenversammlung, die den Kandidaten der USPD hätte wählen können, existierte zu diesem Zeitpunkt nur noch auf dem Papier. Die SPD strebte auch im Berliner Rathaus eine Verständigung mit den bürgerlichen Parteien der Weimarer Koalition an. Sie wollte das Risiko eines von den bürgerlichen Parteien boykottierten Oberbürgermeisters – was durch die Wahl von Weyl möglicherweise provoziert worden wäre – nicht eingehen. Sie unterstrich deshalb die fachliche Qualifikation von Gustav Böß und bescheinigte ihm gleichzeitig, den sozialen Erfordernissen der Zeit verständnisvoll gegenüberzustehen.

Für das Amt vorgeschlagen wurde Böß jedoch von der DDP. Nachdem sich nach einigem Zögern und Versuchen, eigene Kandidaten zu lancieren, auch das Zentrum, die DVP und die Wirtschaftspartei für ihn entschieden hatten, war seine Wahl gesichert. Am Wahltag, dem 20. Januar 1921, fiel dann sein Sieg über den Gegenkandidaten Weyl überraschenderweise doch äußerst knapp aus, da viele deutschnationale Stadtverordneten für den USPD-Kandidaten stimmten – in der Absicht, eine *regierungsfähige* Koalition zwischen Bürgerlichen und Sozialdemokraten zu verhindern.

Eine besondere Herausforderung bildete für den Oberbürgermeister die neugeschaffene Verwaltungsorganisation für das 1920 entstandene Groß-Berlin. Sie barg in sich eine Reihe schwerwiegender Probleme. Die Bezirke waren neu formiert, ihre Verwaltungen mußten erst funktionsfähig gemacht werden. Eine Vielzahl von Stadträten im Magistrat und in den Bezirksämtern waren ohne Verwaltungserfahrung. Der Magistrat war kollegial organisiert, das heißt, der Oberbürgermeister hatte sich in der Regel einem Mehrheitsentscheid unterzuordnen, diesen aber dann praktisch zu verantworten. Dies war, da das Kollegium durch eine Vielzahl sogenannter politischer Stadträte nach Parteienproporz besetzt war, oftmals nur schwer zu ertragen. Zu den wenigen Korrekturen, die Böß erreichen konnte, gehörte 1925 die Verringerung der Zahl der Magistratsmitglieder von 30 auf 22.

Als ein Dauerkonflikt erwies sich die im Berlin-Gesetz verordnete Verwaltungsdezentralisation. Die Abgrenzung der Kompetenzen zwischen Zentral- und Bezirksverwaltung war von Anfang an umstritten; aus seiner Gesamtverantwortung heraus betonte Böß den Charakter der Einheitsgemeinde und zeigte sich in zahlreichen Änderungsvorschlägen zur Berliner Verwaltungsorganisation bestrebt, Gewicht und Zuständigkeiten der Bezirksverwaltungen zurückzudrängen. Erfolg war ihm nicht beschieden; da die Bezirksämter auch als politische Gegengewichte zum Magistrat verstanden werden konnten, war im Preußischen Landtag eine Mehrheit für ihre Schwächung nicht zu bekommen.[3]

Wegen der administrativen Zusammenfassung einer Vielzahl von bisher selbständigen Großstädten und -gemeinden mußte in wichtigen Bereichen der Stadtpolitik dringend gehandelt werden. Grundsätzliche Bedeutung kam etwa der nun endlich möglich ge-

3 Zu den Überlegungen des Oberbürgermeisters vgl. seinen Vortrag *Verfassungsreform Groß-Berlin* aus dem Jahre 1928, in: Chr. Engeli (Hrsg.), *Gustav Böß*... (wie Anm. 1), S. 127.

wordenen Erarbeitung eines Generalbebauungsplanes für den Ballungsraum Berlin zu, der die bislang unverbundenen und nicht aufeinander abgestimmten Entwicklungskonzepte der einzelnen Gemeinden zu ersetzen hatte. In einen solchen Plan waren nach damals geltendem Standard alle Teilbereiche städtischer Entwicklung (Wohnungsbau, Industrie- und Gewerbestandorte, Verkehr, Erholungszonen usw.) zu integrieren. Das hochgesteckte Ziel, das auch von Gustav Böß selbstverständlich anvisiert wurde, konnte allerdings während seiner Amtszeit nicht realisiert werden; hierzu waren umfangreiche und langwierige Vorarbeiten zu leisten, derer sich auch ein gut ausgestattetes Berliner Stadtplanungsamt nur mit langfristiger Perspektive annehmen konnte.

Ein schnellerer Erfolg von unmittelbar praktischer Bedeutung war dagegen der Erarbeitung einer einheitlichen Bauordnung für Berlin beschieden. Sie war darauf angelegt, im Einklang mit dem verfolgten städtebaulichen Gesamtkonzept dem Ziel einer insgesamt aufgelockerten Stadtlandschaft näherzukommen, die in Stufen von verdichteten Kernzonen zur locker bebauten Peripherie übergehen sollte. Gleichzeitig bedeutete sie die endgültige Abkehr vom Mietskasernenbau und dem damit verbundenen Wohnungselend vergangener Jahrzehnte. Auf der Grundlage dieser 1925 verabschiedeten Bauordnung entstanden nun in den Jahren relativer Prosperität die vielen zukunftweisenden Wohnanlagen des Berliner sozialen Wohnungsbaus. Gustav Böß, für den der Kampf gegen Wohnungsnot und -elend zu den allerwichtigsten öffentlichen Aufgaben zählte, hatte die Genugtuung, daß die lange verwaiste Leitung des städtischen Hochbaudezernats 1926 mit Martin Wagner besetzt werden konnte, einem fachlich hervorragend qualifizierten, initiativereichen Stadtplaner. Böß selbst investierte seine ganze Energie in die Aufgabe, für die Wohnungsbauprogramme die benötigten Mittel bereitzustellen. In diesem Zusammenhang betrachtete er es als ein besonderes Ärgernis, daß mehr als ein Drittel des in Berlin erhobenen Hauszinssteueraufkommens in einen staatlichen Ausgleichsfonds floß, aus dem dann der Wohnungsbau im Berliner Umland mitfinanziert wurde. Der Finanzausgleich, dessen Berechtigung Böß in vielen anderen Bereichen anerkannte, schien ihm in diesem Fall angesichts der in Berlin herrschenden Wohnungsnot fehl am Platz.[4]

Gustav Böß hatte in besonderem Maße Verständnis für die wirtschaftlichen Belange in der Stadt. Dabei verschloß er sich nicht etwa den sozialpolitischen Notwendigkeiten. Das zeigen einige der von ihm mit besonderem Engagement angepackten Probleme der Stadt. Aber er sah die Wohlfahrt der Bevölkerung abhängig von einer leistungsfähigen Wirtschaft; sie erst versetzte die Stadtverwaltung in die Lage, ihren sozialen Verpflichtungen nachzukommen. Zu Beginn der zwanziger Jahre war es um die Ertragslage der Berliner Wirtschaft nicht zum Besten bestellt. Reichssteuerreform und preußischer Finanzausgleich brachten die Reichshauptstadt zudem um die Früchte ihrer Vor-

4 Zum Berliner Wohnungsbau jener Zeit vgl. den Beitrag von Gustav Böß, *Berlin von heute*, in: Chr. Engeli (Hrsg.), *Gustav Böß*... (wie Anm. 1), S. 264.

zugsstellung als größter Produktions- und Handelsplatz. Dieser Entwicklung versuchte Böß durch wirtschaftsfördernde Maßnahmen entgegenzuwirken.
Hierzu gehörte die Förderung des Berliner Messe- und Ausstellungswesens, dem bislang von seiten der Stadtverwaltung wenig Aufmerksamkeit geschenkt worden war. Böß führte den Vorsitz im Aufsichtsrat der Trägergesellschaft, stellte die Weichen für ein weiträumiges Messegelände und für zukunftweisende bauliche Investitionen. Wichtiger als der Erfolg der Messehallengesellschaft, der sich bald einstellte, war die belebende Wirkung für die Berliner Wirtschaft, die von dem aufstrebenden Messeplatz ausging.[5]
Als Wirtschaftsförderung im weitesten Sinne verstand er auch eine vorausschauende Verkehrspolitik. Berlin genoß, sowohl im nationalen als auch im europäischen Rahmen gesehen, den Vorzug der zentralen Lage. Als Ergänzung zum überlasteten Reichsbahn-Güterverkehr trieb Böß eine Kapazitätsausweitung der Berliner Hafenanlagen voran. Die Chancen der Luftfahrt sah er richtig voraus und setzte sich für den Ausbau des Tempelhofer Feldes zu einem modernen Flughafen ein – zu einer Zeit, in der die Fliegerei noch ein Abenteuer war. Die frühzeitige Weichenstellung trug dazu bei, daß Berlin mit der bald einsetzenden stürmischen Entwicklung Schritt halten und sich in den dreißiger Jahren als Luftkreuz Europas präsentieren konnte.
Bereits als Mitglied der Eisenbahndirektion Berlin und als Schöneberger Verkehrsstadtrat hatte Böß die Probleme des Berliner innerstädtischen Verkehrs und des Nahverkehrs kennengelernt. Für ihn hatte der weitere Ausbau der Untergrundbahn, der in der Kriegs- und Nachkriegszeit ins Stocken geraten war, absoluten Vorrang. Dieser konnte allerdings erst wieder in Angriff genommen werden, nachdem die Inflation überwunden worden war und eine günstigere Haushaltsentwicklung es der Stadt erlaubte, die benötigten Mittel auf dem Anleiheweg zu beschaffen. Nun konnte das Streckennetz der U-Bahn nochmals beträchtlich erweitert werden. Gleichzeitig gelang es, dieses leistungsfähige Massenverkehrsmittel – und in seinem Gefolge den Omnibusverkehr – in städtischen Besitz zu überführen. Dies war eine Voraussetzung für die längst als notwendig erachtete Zusammenfassung des gesamten Nahverkehrs in einer Berliner Verkehrsaktiengesellschaft (BVG), die 1929 endlich realisiert werden konnte. Gustav Böß konnte sich hierbei auf die Tatkraft Ernst Reuters verlassen, der 1926 Verkehrsstadtrat geworden war. Böß bemühte sich aber auch um die Abstimmung der städtischen Verkehrsunternehmen mit dem von der Reichsbahn betriebenen Vorort-, Stadt- und Ringbahnverkehr. So hielt er etwa eine innerstädtische Untergrundverbindung der Reichsbahn in West-Ost- und in Nord-Süd-Richtung langfristig für unbedingt erforderlich; die letztere wurde dann in den dreißiger Jahren auch geschaffen.
Wie in anderen Großstädten war auch in Berlin die Wohlfahrtspflege ein beherrschendes Thema der Kommunalpolitik. Die gesetzlich vorgeschriebenen Unterstützungs-

5 Vgl. den Artikel von Gustav Böß, *Berlin in der Weltwirtschaft*, in: *Berliner Wirtschaftsberichte* 6 (1929), S. 154.

maßnahmen und die dafür vorgesehenen Mittel reichten nicht aus, die elenden Lebensverhältnisse breiter Schichten zu bessern. Böß wollte dies nicht akzeptieren und suchte unermüdlich nach Wegen, mehr als das zu tun, wozu die Stadt verpflichtet war. Neben der amtlichen Wohlfahrtspflege gab es für ihn noch immer die private Hilfstätigkeit. Er appellierte an das in der bürgerlichen Gesellschaft lebendige Bewußtsein sozialer Verpflichtung gegenüber der individuellen Not in der Stadt.

Böß trug keine Bedenken, seine Stellung als Stadtoberhaupt zur Förderung privater Wohltätigkeit zu nutzen. Insbesondere aus Kreisen der Wirtschaft konnte er Spenden für seinen Hilfsfonds erwarten, sei es direkt oder aber über die städtischen Einrichtungen und Betriebe, mit denen sie in Verbindung standen. Dabei galt es natürlich den Eindruck zu vermeiden, als ob städtische Stellen mittels großzügiger finanzieller Gesten in geschäftlichen Dingen entgegenkommender gemacht werden konnten. Diese Praxis galt allenfalls im Zusammenhang mit Baubewilligungen. Baupolizeiliche Dispense, etwa für Aufstockungen in dicht bebauten Stadtteilen, lagen im Ermessen der Behörde und konnten nach geltender Übung durchaus mit Spenden für soziale Zwecke in Verbindung gebracht werden.

Ein Wohlfahrtsfonds diente dem Oberbürgermeister zur individuellen Fürsorge. Während er sich um den steten Einnahmenfluß kümmerte, fand seine Frau in der Organisation der Hilfstätigkeit ein ihrer Neigung entsprechendes Betätigungsfeld. Der Andrang in der Dienstwohnung, in der sie die von städtischen und gemeinnützigen Fürsorgeeinrichtungen benannten Unterstützungsbedürftigen mit Naturalien und Geldspenden versorgte, war stets beträchtlich. Außer durch den Fonds ihres Mannes war sie durch ihre Mitarbeit in zahlreichen Wohlfahrtseinrichtungen in Anspruch genommen – unter anderem trug sie Verantwortung für einen von ihr ins Leben gerufenen Mädchenhort. Durch den Sklarek-Skandal geriet ihr stadtbekanntes soziales Engagement zu Unrecht in Vergessenheit.

Ähnlich wie um die Wohlfahrtspflege sorgte sich Böß auch um die Kunstpflege. Während seiner gesamten Amtszeit führte er den Vorsitz in der Kunstdeputation Er rief die seit 1924 regelmäßig veranstalteten Rathauskonzerte ins Leben, mit denen junge Künstler und Komponisten gefördert werden sollten. Als das Charlottenburger Opernhaus Konkurs anmeldete, setzte sich Böß für die Übernahme des Hauses in städtische Regie ein – in der Überzeugung, daß eine Weltstadt vom Range Berlins die Pflege des Musiktheaters nicht allein dem Preußischen Staat überlassen sollte. 1929 erlebte er noch die ersten Berliner Festspielwochen, die auf seine Anregung hin geplant worden waren und deren Finanzierung er auf privater Basis zu organisieren verstanden hatte.

Parallel zu seinem Wohlfahrtsfonds unterhielt Böß einen Fonds zum Ankauf von Kunstwerken. Er sah darin eine notwendige Ergänzung zu den offiziellen städtischen Ankäufen, für die seit dem Ersten Weltkrieg nur noch geringe Mittel zur Verfügung standen. Dies war um so problematischer, als mit Ankäufen sehr oft eine verdeckte Form der Sozialhilfe verbunden war. Mit Mitteln aus seinem Kunstfonds konnte Böß unbürokratisch helfen. Dabei folgte er in der Regel Anregungen aus kunstsachverständigen Kreisen, verließ sich aber gelegentlich auch auf eigene Kenntnisse. Zu seinen „Schützlingen" zählte der expressionistische Dichter Arno Holz. Für das Projekt einer städtischen Gemäldegalerie, in der er den umfangreichen, aber auf eine Vielzahl von Dienst- und Repräsentationsräumen verteilten Kunstbesitz der Stadt versammeln und der Öffentlichkeit zugänglich machen wollte, fand er zu seinem Leidwesen nicht die benötigte Unterstützung durch die städtischen Körperschaften.

Seine besondere Neigung galt jedoch der Sportförderung. Sie war in den frühen zwanziger Jahren noch keineswegs populär. Böß stellte sie in den weiten Rahmen der ganzheitlichen Menschenbildung und der Gesunderhaltung des Volkes. Und wiederum war er um öffentliche und private Förderung bemüht. Schon in seinem ersten Amtsjahr verabschiedeten die städtischen Körperschaften eine von ihm initiierte Vorlage zur Anlage von rund fünfzig Spiel- und Sportplätzen, die nach und nach realisiert wurde. Als Böß 1930 zurücktrat, konnte er mit Befriedigung feststellen, daß sich Berlin dem vom Reichsausschuß für Leibesübungen gesetzten Richtwert inzwischen erheblich angenähert hatte. Hierzu trugen auch eine ganze Reihe von neugeschaffenen Anlagen Berliner Großbetriebe bei.[6]

Aber nicht nur die Bereitstellung von Anlagen gehörte zu seinem Programm. Er suchte auch die Verbindung zu den Sporttreibenden. Zur systematischen Förderung der Berliner Turn- und Sportbewegung ließ er 1925 ein Stadtamt für Leibesübungen einrichten. 1926 veranstaltete die Stadt eine große Ausstellung über die Bereiche Gesundheit, Soziale Fürsorge und Leibesübungen (GESOLEI), die für körperliche Ertüchtigung und gesunde Freizeitgestaltung warb. Bereits 1922, mitten in der Zeit wirtschaftlicher Depression und sozialer Not, ergriff Böß die Initiative – und Schirmherrschaft – für ein großes Sportfest. Die Berliner Turn- und Sportwoche wurde aufgrund ihres ersten Erfolges zu einem alljährlich wiederkehrenden Ereignis, mit dem sich der Oberbürgermeister bei der Bevölkerung immer wieder als erfolgreicher Förderer des Sportes in Erinnerung brachte.

Einen besonderen Akzent setzte er mit seiner Aktion „Park, Spiel und Sport". Sie bezweckte, mit zusätzlich eingeworbenen Mitteln die begrenzten städtischen Investitionen für die Herrichtung von zusätzlichen Park- und Sportanlagen zu ergänzen. Ideelle und finanzielle Unterstützung für sein Vorhaben suchte er in diesem Falle nicht nur in der Wirtschaft, sondern auch bei Staats- und Reichsbehörden. Hierzu trat er 1922 sogar in Verhandlungen mit dem Außenministerium, das ihm ermöglichen sollte, bei den Auslandsdeutschen für die Förderung des Berliner Sports zu werben. Der Aktion „Park, Spiel und Sport" war ein bemerkenswerter finanzieller Erfolg beschieden. Die rund 22 Millionen Reichsmark, welche in den Jahren 1921 bis 1928 für den Bau von Spiel- und Sportplätzen aufgewendet wurden, stammten zur Hälfte aus ihrem Spendenaufkommen. Für Böß war diese Investition in die Zukunft der Stadt eine besondere

6 Vgl. hierzu G. Böß' eigene Darstellung *Berlin von heute...* (wie Anm. 1), S. 189.

Genugtuung. Die schwimmende Jugendherberge, die 1925 im Rahmen der von ihm ins Leben gerufenen Turn- und Sportwoche auf den Namen „Oberbürgermeister Böß" getauft wurde, ist Ausdruck der besonderen Wertschätzung, die ihm für sein Wirken auf diesem Gebiet entgegengebracht wurde.
Wie seine Vorgänger Kirschner und Wermuth war auch Böß während seiner Amtszeit als Oberbürgermeister Vorsitzender des Deutschen und des Preußischen Städtetages. Dessen ungeachtet waren die Beziehungen Berlins zu den beiden Verbänden in der Weimarer Zeit erheblichen Belastungen ausgesetzt. Der Anspruch der Reichshauptstadt auf den Vorsitz im Deutschen Städtetag war von den übrigen Städten schon bei der Gründung im Jahre 1905 und dann erneut 1912 nicht widerspruchslos hingenommen worden. 1921 zeigten sich prominente Vertreter deshalb fest entschlossen, nunmehr einen *erfahrenen* Oberbürgermeister aus dem Kreis der übrigen Großstädte zum Vorsitzenden zu wählen. Die gegen Böß gerichtete Spitze – der, eben ins Amt gewählt, sich eine *führende Stellung in der kommunalen Welt* erst noch verdienen mußte – war nicht zu überhören.[7]
Böß wertete dies als Affront gegenüber Berlin und drohte im Einvernehmen mit Berliner Kommunalpolitikern mit dem Austritt der Stadt aus dem Städtetag. Seine scharfe Reaktion erklärte sich aus der Sorge um das Ansehen der Reichshauptstadt, das durch die politischen Unruhen der vergangenen Jahre stark in Mitleidenschaft gezogen war. Nachdem die Oberbürgermeisterwahl gerade erst ein deutliches Signal für die Abkehr von radikaler Politik gesetzt hatte, schien die Absicht des Städtetages, die *unzweifelhaft als ein Schritt gegen die in Berlin herrschende politische Richtung aufgefaßt werden* mußte, doppelt unangebracht. Auch der preußische Innenminister warnte den Städtetag davor, mit der *öffentlichen Meinung* im Lande zu gehen und den Vorurteilen gegenüber der Reichshauptstadt neue Nahrung zu geben.
Der mehr gegen Berlin als gegen Böß gerichtete Vorstoß konnte abgewendet werden; im April 1921 wählte man ihn zum Vorsitzenden beider Städtetage. Namens des Berliner Magistrats hatte er allerdings zuvor den Beschluß anerkannt, wonach eine Wiederwahl ausgeschlossen sein sollte. Als dann jedoch 1925 die Neuwahl des Vorsitzenden bevorstand, sprach sich in beiden Städtetagsvorständen die Mehrheit gegen einen Wechsel im Vorsitz aus. Doch der Anschein, daß es Böß gelungen war, seine Stellung zu festigen, täuschte. Sie schien ihm weiterhin in zweifacher Hinsicht bedroht: durch den sogenannten Engeren Vorstand und durch die Geschäftsstelle.
Für jeden der beiden Städtetage gab es drei stellvertretende Vorsitzende. Zusammen mit dem Vorsitzenden bildeten sie den Engeren Vorstand; dieser sollte in Vertretung des schwerfälligen Gesamtvorstandes die laufenden Geschäfte führen. Böß' prominente Oberbürgermeister-Kollegen beabsichtigten, aus dem Engeren Vorstand das eigentliche Führungsorgan des Deutschen und Preußischen Städtetages zu machen. Erwä-

7 Alle Zitate bei Chr. Engeli, *Gustav Böß...* (wie Anm. 2), S. 187 ff.

gungen praktischer Natur standen im Vordergrund, aber wohl auch die Überlegung, mehr Einfluß auf die Gestaltung der Verbandspolitik zu bekommen. Dieselbe Überlegung veranlaßte Böß jedoch, den Engeren Vorstand, dessen Funktion satzungsmäßig nicht abgesichert war, zu ignorieren.

Mißtrauen hegte er auch gegenüber einer nach Unabhängigkeit strebenden Geschäftsstelle. Als 1926 für diese ein neuer Leiter gefunden werden mußte, sperrte er sich mit allen Mitteln gegen ihre Aufwertung. Doch diesmal entschied der Städtetag gegen seinen Vorsitzenden: Dr. Oskar Mulert, bislang Leiter der Kommunalabteilung im Preußischen Ministerium des Innern, wurde nicht nur eine weitgehend selbständige Geschäftsführung konzediert, sondern auch der Vorsitz in den Ausschüssen und im Engeren Vorstand, dem Gremium, das sich nun gegen den Willen von Böß zum eigentlichen Lenkungsorgan des Deutschen und Preußischen Städtetages entwickelte. Böß' Stellung reduzierte sich auf diejenige eines ehrenamtlichen Vorsitzenden.

Die Auseinandersetzungen um den Vorsitz im Deutschen und Preußischen Städtetag belasteten dessen Beziehungen zum Mitglied Berlin. Das war um so bedauerlicher, als die Viermillionen-Stadt infolge ihres Übergewichts sich ohnehin nur schwer in die Solidargemeinschaft der Städte einfügte. Während sich die Reichshauptstadt über mangelnde Unterstützung beklagte, neidete man ihr in anderen Städten ihre vermeintliche Vorzugsstellung. Dies kam etwa in dem anhaltenden Streit um den preußischen Finanzausgleich zum Ausdruck, in dem sich Berlin vom Städtetag im Stich gelassen fühlte. In dieser Situation wäre ein Berliner Oberbürgermeister und Vorsitzender des Städtetages als geborener Vermittler zwischen unterschiedlichen Interessen gefragt gewesen – Böß jedoch ließ den Konflikt durch eine von ihm selbst initiierte Austrittsdrohung der Stadt eskalieren.

Angesichts der vorstehend skizzierten Spannungen könnte der Eindruck entstehen, sein Wirken im Deutschen und Preußischen Städtetag hätte sich in internen Streitigkeiten erschöpft. Dies entspricht sicher nicht den Gegebenheiten. Allein seine ständige Präsenz am Ort der Verhandlungen der kommunalen Interessenvertreter mit der Reichs- und preußischen Regierung und ihren Ministerien machte ihn zu einem der einflußreichsten Städtetagspolitiker. Neben dem ständigen Kampf um angemessene finanzielle Ausstattung der Städte galt sein Engagement vor allem der Reform des Kommunalverfassungsrechts, der allerdings, wie vielen anderen Reformbestrebungen im Weimarer Staat, kein Erfolg beschieden war.

Im Bemühen um die ungehinderte Entwicklung der Viermillionen-Stadt schonte Böß weder sein persönliches Prestige noch das seines Amtes. Seine direkte und manchmal wenig diplomatische Art war der Sache nicht immer dienlich, um die es ging, und trug ihm gelegentlich Kritik ein; so etwa, wenn er, wie geschildert, dem Deutschen Städtetag eine berlinfeindliche Haltung vorwarf und mit dem Austritt der Stadt drohte – als dessen Vorsitzender! Aufgrund seiner leichten Erregbarkeit wurde er als ein Mann charakterisiert, der mit seinen Kontrahenten gewissermaßen mit der Pistole in der Hand verhandle und mit der Faust auf den Tisch schlage.[8] Auch der damalige Stadtarchivar

Ernst Kaeber sprach von gelegentlichen Mißgriffen und Ungeschicklichkeiten des Oberbürgermeisters, die das Bild seiner Persönlichkeit – zu Unrecht, wie er dennoch meinte – getrübt hätten.[9]

Der Unsicherheit auf dem politischen Parkett entsprach seine Zurückhaltung in der Parteipolitik. Seine Mitgliedschaft in der Deutschen Demokratischen Partei, zu der er sich im Zusammenhang mit seiner Wahl zum Oberbürgermeister entschlossen hatte, beruhte auf Zweckmäßigkeitserwägungen. Parteiämter bekleidete er kraft seines Amtes, nicht aus Neigung. Zur „großen" Politik, in der seine DDP-Oberbürgermeisterkollegen Külz (Dresden) und Luppe (Nürnberg) eine beträchtliche Rolle spielten, zog es ihn nicht. Möglichkeiten für eine parteipolitische Karriere, die ihm die Spitzenposition in der Reichshauptstadt eröffnete, ließ er ungenutzt.

Unpolitisch war Gustav Böß jedoch bekanntlich nicht. Sein engagiertes Eintreten für die Republik belegt dies hinreichend. Die demokratischen Strukturen des Weimarer Staates bejahte er entschieden. Seine Erfahrungen als Kommunalpolitiker hatten ihn bereits vor seiner Wahl zum Oberbürgermeister auch davon überzeugt, daß der schrankenlose Liberalismus vergangener Jahrzehnte nicht mehr vertretbar sei. Innerhalb der DDP gehörte er zu dem Flügel, der die Zusammenarbeit mit den Sozialdemokraten befürwortete. Wie in der Wirtschaft die Partnerschaft zwischen Arbeitnehmern und Arbeitgebern, so sollte in der Politik die Kooperation von Bürgertum und Arbeiterschaft den sozialen Frieden sichern helfen. Dabei kam für ihn eine Zusammenarbeit mit den Kommunisten allerdings nicht in Frage. Der von ihnen propagierte Klassenkampf galt ihm, einem Mann des Ausgleichs, als eine verderbliche Doktrin.

Deutlich distanzierte sich Böß aber auch von der politischen Rechten, die entweder das Rad der Zeit zurückdrehen wollte oder aber, im Falle der Nationalsozialisten, auf eine Diktatur hinarbeitete. Angesichts der starken antidemokratischen Strömungen galt ihm aktive Parteinahme für den Weimarer Staat als eine vaterländische Pflicht. Als Oberbürgermeister der Reichshauptstadt mangelte es ihm nicht an Gelegenheiten, seine Haltung zu demonstrieren. Spuren hinterließ vor allem sein kompromißloses Auftreten in der Flaggenfrage. Für Böß stand fest, daß das Festhalten an den Farben schwarz-weiß-rot eine Demonstration republikfeindlicher Gesinnung war. Verteidigung des demokratischen Staates und Verteidigung seiner Farben waren deshalb für ihn ein und dasselbe.

Auf den jährlich wiederkehrenden Verfassungsfeiern war Gelegenheit, „Farbe" zu bekennen. Böß verurteilte in seinen Ansprachen die „Stahlhelm"-Organisation wegen ihrer feindseligen Haltung gegenüber dem Weimarer Staat, beklagte republikfeindliche Fehlentscheidungen der Justiz, die geeignet schienen, das Vertrauen großer Teile der Bevölkerung in die Rechtsprechung zu erschüttern, und forderte, daß in den Spitzen-

8 So ein Mitglied der Stadtverordnetenversammlung, zitiert nach Chr. Engeli, *a.a.O.*, S. 211.

9 Ernst Kaeber, *Die Oberbürgermeister Berlins seit der Steinschen Städteordnung*, in: *Jahrbuch des Vereins für die Geschichte Berlins* 2 (1952), S. 53–114, hier S. 105 f.

positionen der Verwaltung ausschließlich entschiedene Republikaner Platz finden sollten. Er teilte dabei die verbreitete Besorgnis, daß der Staat an der Illoyalität eines Großteils seiner eigenen Bediensteten zugrunde gehen könnte, und verurteilte die sogenannte unpolitische Haltung vieler Beamter.

Kompromißlose Haltung und forsches Auftreten trugen ihm manche unerfreuliche Auseinandersetzung ein. Besonders in der Stadtverordnetenversammlung, deren Verhandlungen von leidenschaftlich geführten und oft in Tumult ausartenden Debatten geprägt waren, hatte er einen schweren Stand. Ihm stand keine „Hausmacht" zur Seite; die kleine Fraktion der DDP konnte dafür nicht gelten. Anders lagen die Dinge im Magistrat. Die unmittelbare Verantwortung für den Gang der Verwaltung, die partiell jedes einzelne der Magistratsmitglieder zu tragen hatte, und die Fülle der Geschäfte legten dem Kollegium einen gewissen Zwang zur Sachlichkeit und zur Zurückhaltung im politischen Meinungsstreit auf. Böß verstand es offensichtlich auch, seine Rolle als *primus inter pares* geschickt wahrzunehmen.[10]

Böß hatte, als 1921 seine Wahl zum Oberbürgermeister bevorstand, keine überschwengliche Presse. Viele von denen, die ihn letztlich wählten, bedauerten aus sachlichen und politischen Gründen, daß die Reichshauptstadt so schlecht im Kurs stand, daß es nur zwischen zwei Berliner Kandidaten zu entscheiden gab. Gegenüber dem Linkssozialisten Weyl war Böß die solidere Alternative; man konnte davon ausgehen, daß er die Stadt nicht in revolutionäre Abenteuer treiben lassen würde. Auch die Bewältigung der Schuldenlast der Stadt und die Reorganisation der Verwaltung lagen beim erfahrenen langjährigen Stadtkämmerer zweifellos in besseren Händen. Aber als eine überragende Persönlichkeit wurde Gustav Böß nicht beurteilt.

1930, am Ende seiner Amtszeit, stand der bereits erwähnte Sklarek-Skandal einer gerechten Würdigung seiner Leistungen im Wege. Die vermeintliche Mißwirtschaft in der Stadtverwaltung, für die der Oberbürgermeister „irgendwie" verantwortlich schien, trübte den Blick für die erfolgreiche Arbeit der vergangenen Jahre, in denen die Reichshauptstadt unter seiner Leitung einen sichtbaren Aufschwung genommen hatte. Selbst bislang wohlwollende Kritiker zogen sich nun auf die Formel zurück, seine kommunalpolitische Leistung werde umstritten bleiben.[11] Dabei hatte er während seiner Amtszeit auch Anerkennung gefunden. In den kommunalen Kreisen wisse man seine Arbeit zu schätzen und bewundere oft seine Energie und klare Übersicht, mit der er sich den Verhältnissen stets gewachsen zeige, hieß es 1923, aus Anlaß seines 50. Geburtstages, in der demokratischen Presse. Das waren Qualitäten eines Verwaltungsfachmannes, die ihm auch attestierte, wer ihm nicht besonders gewogen war: *Böß hat sich als treuer Sachwalter und als gewissenhaft unermüdlich tätiger Beamter bewährt*, war in der nationalen „Deutschen Tageszeitung" zu lesen.[12]

10 Friedrich C. A. Lange, *Groß-Berliner Tagebuch 1920–1933*, Berlin 1951, Eintragung vom 2. Mai 1924.

11 *Vossische Zeitung*, Morgenausgabe vom 29. Juni 1932, zitiert nach Chr. Engeli, *Gustav Böß...* (wie Anm. 2), S. 216.

Man geht deshalb sicher nicht fehl, in erster Linie den Sklarek-Skandal dafür verantwortlich zu machen, daß vom Glanz der vielzitierten „goldenen zwanziger Jahre“ an seiner Person nichts hängengeblieben ist. Denn dieser Skandal – eine Ende 1929 aufgedeckte Korruptionsaffäre in der Berliner Stadtverwaltung – setzte seiner Amtszeit nicht nur ein abruptes Ende, sondern behaftete sie auch mit einem Makel. Da der Skandal weit über die Person des Oberbürgermeisters hinaus zur Verunglimpfung der staatstragenden Kräfte der Republik mißbraucht, ja geradezu zu einem Symbol der angeblich korrupten beziehungsweise korrumpierten demokratischen Gesellschaft hochstilisiert wurde, ist es angezeigt, ihn an dieser Stelle in seinem Verlauf und in seinen Auswirkungen in Erinnerung zu rufen.[13]

Die Textilgroßhandlung Gebrüder Sklarek hatte ihre geschäftlichen Beziehungen zur Berliner Stadtverwaltung zu unlauteren Machenschaften genutzt. Ein bestechlicher Stadtrat hatte ihr das Belieferungsmonopol für städtische Dienstbekleidung zugeschanzt und zwei ebenfalls bestechliche Stadtbank-Direktoren ihr Kredite ohne Sicherheiten in Millionenhöhe verschafft; hierzu kamen fingierte Kleider-Bestellungen in beträchtlicher Höhe. Alles in allem war der Stadt durch die Betrügereien der Firma Sklarek ein Schaden von rund 10 Millionen Reichsmark entstanden.

Die Betrugsaffäre, die wenige Wochen vor den Wahlen zur Berliner Stadtverordnetenversammlung aufgedeckt wurde, fand in der Öffentlichkeit naturgemäß ein großes Echo. Die Presse stürzte sich auf alle Nachrichten, die die Vermutung zuließen, daß städtische Repräsentanten in die Affäre verwickelt waren. Ausgangspunkt der „Enthüllungen“ bildete eine im Laufe der staatsanwaltlichen Ermittlungen gegen die Firma Sklarek zutage getretene Kundenliste, in der nebst zahlreicher weiterer Prominenz auch der Name Böß auftauchte. In der Öffentlichkeit, die bald auch von einem dem Namen zugeordneten geringen Rechnungsbetrag für einen Pelz erfuhr, wurde kurz geschlossen: Der Spottpreis war der Dank der Gebrüder Sklarek an den Oberbürgermeister für die Kreditgewährung und den Monopolvertrag mit der Stadt.

Dies war natürlich reine Spekulation. Die spätere Untersuchung ergab, daß der Vorwurf der Bestechung zu Unrecht erhoben worden war; Böß hatte weder mit dem Monopolvertrag noch mit der Kreditgewährung etwas zu tun gehabt. Und daß sich für ihn der Erwerb einer Pelzjacke von der Firma Sklarek zu einem Ärgernis ausweiten würde, hatte er nicht voraussehen können. Er war auf ein Angebot der Firma eingegangen, ihm für seine Frau eine Pelzjacke günstig zu besorgen. Nach Lieferung mußte er die Rechnung mehrfach anmahnen; als sie schließlich gestellt wurde, lautete sie über 375 Reichsmark. Gustav Böß teilte der Firma mit, er würde diesen offensichtlich zu niedrigen Betrag selbst korrigieren, indem er zusätzlich 1000 Reichsmark wohltätig verwenden würde. Es hätte sicher andere Möglichkeiten gegeben, den Anbiederungs-

12 *Deutsche Tageszeitung*, Ausgabe vom 11. April 1923, zitiert nach Chr. Engeli, *Gustav Böß...* (wie Anm. 2), S. 218.

13 Vgl. die ausführliche Darstellung und Bewertung des Skandals *a.a.O.*, S. 226 ff.

versuch der Gebrüder Sklarek zurückzuweisen. Der von Böß eingeschlagene Weg zeigt aber jedenfalls, daß er sich von der Firma nichts schenken lassen wollte.

Doch was half es, daß sich die ehrenrührigen Anschuldigungen später als ungerechtfertigt erwiesen! Die in der Presse gehandelten „Enthüllungen" taten ihre Wirkung – und sie taten es um so mehr, als Gustav Böß sich zu diesem Zeitpunkt verhängnisvollerweise mit einer Magistratsdelegation in den USA aufhielt. Unter den damals gegebenen Verhältnissen konnte er weder in kürzester Frist nach Hause zurückkehren, noch sich aus der Ferne ein Bild von der gegen ihn gerichteten Kampagne machen und entsprechend reagieren. Dies aber wäre dringend geboten gewesen. Denn die Presse machte ihn praktisch zur Hauptperson des Sklarek-Skandals. Die wenigen besonnenen, zur Zurückhaltung mahnenden Stimmen verhallten ungehört. Und die Kommunalpolitiker waren angesichts der bevorstehenden Wahlen zur Stadtverordnetenversammlung bestrebt, je nach ihrer Position entweder größtmöglichen Nutzen aus dem Skandal zu ziehen oder aber Schaden von ihrer Partei abzuwenden.

Drei Wochen lang waren die Beschuldigungen in der Öffentlichkeit gegen ihn bereits erhoben worden, als Böß mit seiner Magistratsdelegation Ende Oktober endlich nach Berlin zurückkehrte. Die Situation, die er vorfand, ließ ihm keine andere Wahl, als ein Disziplinarverfahren gegen sich zu beantragen und sich bis zur Klärung der gegen ihn erhobenen Vorwürfe beurlauben zu lassen. Im Zentrum der vom Oberpräsidenten geführten Ermittlungen stand dann nicht die Pelzaffäre, vielmehr wurde seine Amtsführung einer kritischen Prüfung unterzogen. Man glaubte Anhaltspunkte dafür zu haben, daß der Sklarek-Skandal ursächlich mit Pflichtverletzungen zusammenhinge. In dieselbe Richtung wurde zeitgleich auch öffentlich ermittelt. Im Preußischen Landtag hatte sich eine Mehrheit für einen „Untersuchungsausschuß zur Prüfung der Mißwirtschaft in der Berliner Stadtverwaltung" gefunden, der die lokale Betrugs- und Korruptionsaffäre zu einem nationalen Ärgernis stempelte.

Auch das Disziplinarverfahren geriet in dieses Fahrwasser. Der in erster Instanz entscheidende Bezirksausschuß besaß aufgrund seiner eigenartigen Konstruktion – er war zusammengesetzt aus Beamten der Staatsverwaltung und aus Stadtverordneten – nicht die wünschenswerte richterliche Unabhängigkeit. Entsprechend, so möchte man sagen, fiel das Urteil aus: Der Angeschuldigte habe *die Pflichten verletzt, die ihm sein Amt auferlegt und sich durch sein Verhalten in und außer dem Amte der Achtung, des Ansehens und des Vertrauens, die sein Beruf erfordert, unwürdig gezeigt. Er wird deshalb mit Dienstentlassung bestraft!*

Dem von der Boulevard-Presse „informierten" Mann auf der Straße schien dieses Urteil plausibel. In verantwortlichen Kreisen stieß es dagegen auf scharfe Kritik.[14] Erst recht war Gustav Böß nicht bereit, es zu akzeptieren. Unverzüglich legte er gegen das

14 Vgl. hierzu Hans J. Reichhardt, *Sie haben doch Freunde, Herr Oberbürgermeister! Briefe an Gustav Böß, dem Opfer einer ehr-, gesinnungs- und charakterlosen Hetze 1929/30*, in: *Berlin in Geschichte und Gegenwart. Jahrbuch des Landesarchivs Berlin*, Berlin 1986, S. 141–176.

Urteil Berufung ein – beim Preußischen Oberverwaltungsgericht, dessen Rechtsprechung in hohem Ansehen stand. Der erkennende Senat brachte denn auch erwartungsgemäß die Dinge wieder ins Lot. In seinem Urteil verneinte das Gericht ein Dienstvergehen des Oberbürgermeisters bei der Leitung der Stadtverwaltung und rügte lediglich die Art, wie Böß im Zusammenhang mit dem Pelzkauf sein Schuldkonto bei der Firma Sklarek getilgt hatte. Wegen dieses als Dienstvergehen eingestuften Sachverhaltes verurteilte das Preußische Oberverwaltungsgericht Böß zu einer Geldbuße in Höhe eines Monatsgehalts. Bei der Strafzumessung berücksichtigte es, daß er sich *einer unehrenhaften Handlung nicht schuldig gemacht, ferner daß er im Staats- und Kommunaldienste sich jahrzehntelang einwandfrei geführt und sich als Kämmerer sowohl wie als Oberbürgermeister in den schweren Kriegs- und Nachkriegsjahren unbestreitbare Verdienste erworben* hatte.

Nachdem durch das Urteil seine Suspendierung vom Amt formell wieder aufgehoben worden war, beantragte Gustav Böß unverzüglich die Versetzung in den Ruhestand aus gesundheitlichen Gründen, ein Antrag, dem vom Magistrat – zum 1. November 1930 – umgehend entsprochen wurde. Für seinen Entschluß war sicher nicht nur von Belang, daß das für ihn demütigende Disziplinarverfahren seine Gesundheit erheblich angegriffen hatte, sondern auch der Umstand, daß die Rathausparteien, auf deren Unterstützung er angewiesen war, keine Anstalten machten, ihn zum Verbleiben im Amt zu bewegen.

Die Reaktion der Öffentlichkeit auf dieses zweitinstanzliche Urteil fiel wieder heftig aus – natürlich diesmal mit umgekehrtem Tenor. Während es von den demokratischen Politikern mit Befriedigung zur Kenntnis genommen wurde, sprach man im Lager der politischen Extremisten von einem *Schlag in das Gesicht der öffentlichen Meinung.* Nicht zu Unrecht berief man sich dabei auf das allgemeine Volksempfinden, das bei seinem längst gefällten „Urteil" bleiben würde. Nationale Rechte auf der einen und Kommunisten auf der anderen Seite setzten alles daran, Böß wenigstens um einen ehrenhaften Abgang zu bringen. In der Stadtverordnetenversammlung entlud sich nochmals ihr politisch einträglicher „Volkszorn" auf den Oberbürgermeister, aber auch auf das Gericht, das es gewagt hatte, ihn zu rehabilitieren. Dem Kommunisten Wilhelm Pieck, der behauptete, der Oberbürgermeister habe *nur zu Schaustellungen, Festessen, zu Repräsentationen Zeit gehabt, aber sich wenig oder gar nicht um die Verwaltung der Stadt Berlin gekümmert,* assistierten die Deutschnationalen mit alten, längst widerlegten Gerüchten und mit Verleumdungen. Natürlich beteiligten sich auch die Nationalsozialisten an der Verunglimpfung seines Namens. Dabei wurde eine Drohung ausgesprochen, von der sich später herausstellen sollte, daß sie nicht in den Wind gesprochen war: *Die Akten über den Fall Böß sind noch nicht geschlossen. Der Tag wird kommen, wo wir diese Akten wieder aufmachen werden!*[15]

15 Wortmeldungen aus den Stadtverordnetenversammlungen vom 16. und 23. Oktober 1930, zitiert nach Chr. Engeli, *Gustav Böß...* (wie Anm. 2), S. 262 f.

In der Tat: Kaum waren die Nationalsozialisten an der Macht, so machten sie ihre Ankündigung wahr. Am 25. April 1933 wurde Gustav Böß zur polizeilichen Vernehmung abgeführt und anschließend in Untersuchungshaft genommen. Die Aktion war vom neu ernannten Staatskommissar für die Reichshauptstadt und späteren Oberbürgermeister Julius Lippert veranlaßt worden, einem der prominenten Berliner Nationalsozialisten, der seit den Kommunalwahlen vom Herbst 1929 die kleine NS-Fraktion in der Stadtverordnetenversammlung angeführt hatte. Er begründete die Verhaftung mit angeblich vorliegendem neuem Belastungsmaterial von spektakulären Ausmaßen. Doch die staatsanwaltliche Voruntersuchung, die eingeleitet worden war, *um die Verantwortungslosigkeit und schlechte Haltung eines Vertreters der vergangenen Zeit zu geißeln*, mußte nach neun Monaten mangels greifbarer Ergebnisse abgebrochen und Böß aus der Untersuchungshaft wieder entlassen werden.

Um weiteren Nachstellungen möglichst zu entgehen, zog er zusammen mit seiner Frau von Berlin weg und fand eine bescheidene neue Heimstatt bei Bernried am Starnberger See. In ländlicher Abgeschiedenheit verbrachte er die letzten zehn Jahre seines Lebens. Die Stunde der demokratischen Wiedergeburt Deutschlands kam für ihn zu spät. Zwar erlebte er noch Kapitulation und Neubeginn, die seine Rückkehr nach Berlin ermöglicht hätten; auch bewegte ihn das Schicksal der schwergeprüften Reichshauptstadt tief. Jedoch war er, als sich in den ersten Friedensmonaten die verfemten Politiker der Weimarer Republik nach und nach wieder zurückmeldeten, um beim Neuaufbau zu helfen, körperlich bereits zu stark entkräftet, als daß er noch hätte mittun können. Gegen Ende des ersten Friedenswinters, am 6. Februar 1946, verstarb er im Alter von 73 Jahren nach kurzem Krankenlager. Seine letzte Ruhestätte fand er in Gießen – der Stadt, in der er aufgewachsen war.

Die Öffentlichkeit nahm von seinem Ableben kaum Notiz. Selbst in Berlin räumte die Presse der Nachricht vom Tode ihres früheren Oberbürgermeisters nur wenig Raum ein. Die zwanziger Jahre interessierten die Bevölkerung zu diesem Zeitpunkt kaum; sie hatte, verständlicherweise, andere Sorgen. Erst 1952 erfolgte erstmals eine Würdigung der Verdienste von Gustav Böß um die Stadt. Sie ist verfaßt von Ernst Kaeber, der als Stadtarchivar von Berlin die Lebensarbeit des Oberbürgermeisters aus nächster Nähe beobachtet hatte.[16] Seither ist die Geschichte der Berliner Stadtverwaltung in der Weimarer Republik verschiedentlich dargestellt und dabei Kaebers Urteil über Böß im wesentlichen bestätigt worden.[17] Es stimmt überein mit der Einschätzung von Friedrich

16 Vgl. E. Kaeber, *Die Oberbürgermeister...* (wie Anm. 9).

17 Außer der biographischen Studie von Chr. Engeli, *Gustav Böß...* (wie Anm. 2) insbesondere die Darstellung von Hans J. Reichhardt, *Berlin in der Weimarer Republik. Die Stadtverwaltung unter Oberbürgermeister Gustav Böß* (= Berliner Forum 7), Berlin 1979; vgl. auch Otto Büsch/Wolfgang Haus, *Berlin als Hauptstadt der Weimarer Republik 1919–1933* (= Veröffentlichungen der Historischen Kommission zu Berlin, Bd. 70/1; zgl. Berliner Demokratie 1919–1985, Bd. 1), Berlin-New York 1987 sowie Henning Köhler, *Berlin in der Weimarer Republik (1918–1932)*, in: Wolfgang Ribbe (Hrsg.), *Geschichte Berlins*, Bd. 2: *Von der Märzrevolution zur Gegenwart*, München 1987, S. 797–923.

Das Ehepaar Böß mit dem Kölner Oberbürgermeister Konrad Adenauer (rechts) auf dem Deutschen Städtetag in Köln (24.–31. 5. 1925)

C. A. Lange, einem Magistratskollegen des Oberbürgermeisters, der seinem Tagebuch bereits 1924 anvertraut hatte: *Die Leitung der riesigen Berliner Verwaltung ist bei Böß in den besten Händen.*[18]

18 F. C. A. Lange, *Groß-Berliner Tagebuch...* (wie Anm. 10), S. 54. Die Stadt Berlin hat sich dieses Urteil inzwischen zu eigen gemacht: nach Gustav Böß benannt sind eine Sportanlage im Wedding, eine Freilichtbühne in Charlottenburg und – seit 1991 – die Straße hinter dem Roten Rathaus, der Stätte seines Wirkens.

Arthur Scholtz

von Berthold Grzywatz

Im September 1929 versetzte der Sklarek-Skandal den Berliner Bürgermeister Arthur Scholtz mit einem Schlage in eine äußerst exponierte Lage, in der er als Stellvertreter des in Amerika weilenden Oberbürgermeisters Böß nicht nur vor der Öffentlichkeit um das Ansehen und die Integrität der städtischen Verwaltung ringen mußte, sondern auch durch entschlossenes Handeln für eine umfassende Aufklärung der Affäre, schließlich aber, was wesentlich entscheidender war, für den Beginn einer Neuordnung der städtischen Finanzen Sorge zu tragen hatte. Die Geschicke Berlins ruhten aber in den Händen eines erfahrenen und anerkannten Kommunalpolitikers, der mit den Problemen der Stadt und ihres Umlandes bestens vertraut war.

Als Sohn des Domänenrates Julius Scholtz und seiner Ehefrau Elisabeth Jacobi war Arthur Scholtz am 29. Januar 1871 in Bythin im Regierungsbezirk Posen geboren worden. Nach dem Schulbesuch in Halle an der Saale studierte Scholtz Rechts- und Staatswissenschaften in München, Berlin und Breslau. 1893 legte er die erste juristische Staatsprüfung ab und war anschließend als Referendar in den Orten Birnbaum, Gnesen und Posen tätig. 1897 trat Scholtz, nachdem er sein Assessorexamen erfolgreich abgeschlossen hatte, in den Kommunaldienst der Stadt Posen ein. Damit begann eine kommunalpolitische Karriere, in deren Verlauf er sich vor allem als Fachmann für Haushalts-, Steuer-, Kassen- und Finanzfragen exponieren sollte.

Im Jahre 1898 wurde Arthur Scholtz zum Magistratsassessor befördert, zwei Jahre später erfolgte seine Berufung zum Stadtrat und Kämmerer in Posen. Am 24. Juni 1903 wählten ihn die Charlottenburger Stadtverordneten mit fünfzig von 52 abgegebenen Stimmen zum besoldeten Stadtrat und Kämmerer.[1] Der eingesetzte Ausschuß zur Vorbereitung der Kämmererwahl hatte Scholtz als alleinigen Kandidaten empfohlen.[2]

Der in knapp zwei Jahrzehnten zur Großstadt herangewachsene Berliner Vorort hatte bislang auf einen eigenständigen Dezernenten für die Finanzverwaltung der Gemeinde verzichtet, die Obliegenheiten des Kämmerers erledigte seit dem Frühjahr 1889, als durch Ortsstatut die Stelle eines Zweiten Bürgermeisters begründet worden war, der stellvertretende Magistratsdirigent. Durch die neu geschaffenen Dezernate für die Krankenhaus-, Schul- und Armenverwaltung sowie die administrative Beaufsichtigung der städtischen Versorgungsbetriebe und der Kanalisation vermehrten sich die Amtsgeschäfte der beiden Bürgermeister außerordentlich. Die Stadtentwicklung befand sich in einer bewegten Phase, der weitere Ausbau der städtischen Infrastruktur, die Erschließung neuer Terrains nördlich der Spree und in Westend ließen die Aufgaben der Gemeindeverwaltung weiter anwachsen.

1 *Vorlagen für die Stadtverordneten-Versammlung zu Charlottenburg* (künftig zitiert: *VStCh*) 1903, Nr. 16, Drucksache (DS) Nr. 275, S. 663.

2 *A.a.O.*, DS Nr. 252, S. 642.

Die erste Amtszeit von Scholtz als besoldeter Stadtrat und Kämmerer war am 30. September 1915 abgelaufen. Seine Wiederwahl stand weder im Magistrat noch in der Stadtverordnetenversammlung in Frage. Am 14. April 1915 wählten ihn die Stadtverordneten einstimmig für eine weitere zwölfjährige Amtsperiode.[3] Er nahm nach seiner Wiederwahl weiterhin den Vorsitz in der Kassen- und Finanzdeputation, der Depositalverwaltung, der Grundeigentumsdeputation, des Ausschusses für die Wechselannahme und für die Veranlagung der direkten Gemeindesteuern wahr. Im Sparkassenvorstand wurde ihm erneut die Leitung anvertraut. Den stellvertretenden Vorsitz hatte er nach dem Oberbürgermeister in verschiedenen Steuerausschüssen inne, insbesondere bei der Veranlagungskommission für die Staatseinkommensteuer. Als einfaches Mitglied gehörte er dem Magistratsausschuß für Personalangelegenheiten und weiteren Deputationen an, von denen die der Gaswerke, der Armendirektion und der Eingemeindung besonders erwähnt seien. Als Dezernent waren ihm der Geschäftsbereich der Kassen-, Etats-, Finanz- und Stempelsachen sowie die Steuersachen der Sparkassenverwaltung unterstellt.[4] Da Bürgermeister Adolf Maier die städtische Verwaltung mit seiner Ernennung zum Oberpräsidenten der Provinz Brandenburg und Berlins am 30. April 1919 verließ, wurde Scholtz durch die Verfügung des Regierungspräsidenten vom 16. April 1919 zum Stellvertreter des Magistratsdirigenten berufen. Als Oberbürgermeister Ernst Scholz am 26. Juni 1920 zum Reichswirtschaftsminister ernannt wurde, übernahm Arthur Scholtz die Leitung der städtischen Amtsgeschäfte.[5] Am 9. Februar 1921 wählte die Charlottenburger Bezirksversammlung Arthur Scholtz zum Ersten Bezirksbürgermeister.

Seit knapp achtzehn Jahren in der Stadt Charlottenburg tätig, repräsentierte Arthur Scholtz den ungebrochenen Geist einer eigenständigen modernen Leistungsverwaltung und ihrer Führungselite, doch gleichzeitig das Musterbild eines altgedienten Kommunalbeamten, der stets eine Verpflichtung gegenüber drängenden Problemen der Gegenwart fühlte und der über genügend Erfahrung und Aufgeschlossenheit, aber auch Gestaltungswillen verfügte, um in Zeiten des Umbruchs nicht dem Ressentiment des Rückwärtsgewandten zu verfallen, sondern um fördernd und gestaltend in den Aufbau des Neuen einzugreifen. Politisch blieb Scholtz im Bürgertum verwurzelt, jedoch eines Bürgertums, das sich seiner sozialen Aufgaben und des erforderlichen Engagements für das Fortschreiten des allgemeinen Wohls bewußt war. Arthur Scholtz trat ebenso wie sein Vorgänger als Charlottenburger Oberbürgermeister Ernst Scholz der Deutschen Volkspartei (DVP) bei, in der das tüchtige, leistungsfähige Beamtentum seine Bereitschaft zum Mitaufbau der Republik bekundete. Innerlich stand diese Beamtenelite jedoch einem nationalen Kaisertum nahe.

3 *Stenographische Berichte über die öffentlichen Sitzungen der Stadtverordneten-Versammlung Charlottenburg* (künftig zitiert: *StBCh*) 1915, S. 61.

4 *Bericht über die Verwaltung und den Stand der Gemeindeangelegenheiten der Stadt Charlottenburg* (künftig zitiert: *VerwBCh*) 1904, S. 7; 1914, S. 9; 1919, S. 6.

5 *A.a.O.*, 1915–1920, S. 6.

Arthur Scholtz, * Zythin (Posen) 29. 1. 1871, † Berlin 14. 5. 1935, Amtierender Oberbürgermeister von Berlin 1929–1931

Stellte Arthur Scholtz an der Spitze der neuen Charlottenburger Bezirksverwaltung gewissermaßen die Kontinuität vorörtlicher Eigenständigkeit dar, so war er zu sehr verwaltungstechnisch geschulter Kommunalbeamter, um nicht zu sehen, daß die organisatorische Vereinheitlichung der Region Groß-Berlin Vorteile brachte. Schwerer wog für ihn aber der Verlust des kommunalen Wettbewerbs. Mit der Gründung der neuen Stadtgemeinde Berlin verschwand eben die Konkurrenz, die gerade *das Streben der Gemeinden gefördert und dadurch im kommunalen Leben anregend und sicherlich heilvoll gewirkt hat*[te].[6]

Eigenverantwortlichkeit und Konkurrenz waren die Leitgedanken einer Denkschrift, mit der der Charlottenburger Magistrat seine Vorbehalte gegen eine zentralisierte Metropolenverwaltung im März 1920 noch einmal zusammenfaßte. Die Organisationsform der Einheitsgemeinde stellte nach Auffassung der Charlottenburger Stadtverwaltung den Versuch dar, das Gebiet Groß-Berlins, das mit einer geschlossenen Gemeinde als Vorstellung eines einheitlichen Stadtbildes oder mit dem Stadtbegriff der Städteordnung nichts mehr gemein hatte, durch einen willkürlichen Gesetzgebungsakt administrativ zu zentralisieren. Wenn der Gesetzgeber sich auch bemühte, die der Organisationsform innewohnende Tendenz zunehmender Bürokratisierung und sich vermindernder örtlicher Partizipation mit der Einrichtung von dezentralen Verwaltungsorganen abzuwenden, so machte man in Charlottenburg darauf aufmerksam, daß Einheitsgemeinde und Dezentralisation unvereinbare Gegensätze waren. Die gemeindliche Selbstverwaltung war ohne finanzielle Autonomie nicht denkbar, die fiel aber gerade durch das geplante Stadtgemeindegesetz fort.[7]

Die projektierte Bezirksorganisation konnte keinen Ersatz für den Fortfall der einzelnen Selbstverwaltungskörperschaften der unabhängigen Vororte und der in ihnen ausgeübten ehrenamtlichen Tätigkeit bieten. Von einem administrativen Riesengebilde, wie es Groß-Berlin darstellte, erwartete der vorörtliche Magistrat nichts anderes als Schwerfälligkeit und Kostensteigerungen, ein *Übermaß an Bürokratismus*, der die Selbstbestimmung und Selbstverantwortlichkeit der Bürger auf ein verschwindendes Maß herabmindern würde. Sowohl Scholtz als auch der Magistrat und der überwiegende Teil der Stadtverordneten sahen die Alternative zur Einheitsgemeinde in der Aufrechterhaltung der Einzelgemeinden und der Übertragung der notwendigen Gemeinschaftsaufgaben an einen weiteren Kommunalverband. Dieser Verband sollte durch den Ausbau des bestehenden Zweckverbands unter Erweiterung und Umgestaltung seiner Verfassung gebildet werden.[8] Lediglich im Hinblick auf die kleineren, leistungsschwächeren Landgemeinden und Gutsbezirke empfahl man in Charlottenburg den Zusammenschluß zu leistungsfähigen Kommunen und hoffte damit, nicht nur die An-

6 Scholtz in der *Stadtverordneten-Versammlung Charlottenburg* (künftig zitiert: *StVversCh*) am 2. April 1919; vgl. ferner *StBCh* (wie Anm. 3), 1919, S. 152.

7 *Groß-Berlin als Einheitsgemeinde?* Denkschrift des Magistrats Charlottenburg, o. O. [Charlottenburg] 1920, S. 4.

8 *A.a.O.*, S. 34.

zahl der einzelnen Gemeinden zu vermindern, sondern auch den für unabdingbar erachteten Lastenausgleich zu vereinfachen.
Die Kritik der Vororte am Gesetzentwurf führte zwar nicht zu seiner Suspendierung, zeitigte aber insofern Erfolge, als die *zweckmäßige Dezentralisation*, die in der Begründung des Gesetzes zum *Angelpunkt des Gesetzes*[9] erklärt worden war, in den Kommissionsberatungen durch Abänderungen zu Gunsten der Verwaltungsbezirke weiter ausgedehnt wurde. Doch mit dem vom Stadtgemeindegesetz geschaffenen Typus einer großstädtischen *Einheitsgemeinde mit stark entwickelter Dezentralisation*[10] war der Streit Berlins beziehungsweise der neuen Magistratsverwaltung mit den in Verwaltungsbezirken aufgegangenen ehemaligen Vororten noch lange nicht beendet. Die Landesversammlung hatte es abgelehnt, die Zuständigkeiten zwischen den Bezirkskörperschaften und der Stadtgemeindeverwaltung erschöpfend zu regeln. Die Festsetzung wollte sie, wohl auch im Hinblick auf die Möglichkeiten einer flexibleren Handhabung administrativer Probleme, der Verwaltungspraxis überlassen. Die Folge war, daß es zu hartnäckigen Auseinandersetzungen über Wesen und Umfang der Dezentralisation, den besonderen Kreis der bezirkseigenen Aufgaben und die Kompetenz der Bezirksverwaltungen kam, die durch konkurrierende Bestimmungen des Stadtgemeindegesetzes weiter verschärft wurden.
Oberbürgermeister Gustav Böß sah die Existenzberechtigung der Verwaltungsbezirke vornehmlich unter dem Gesichtspunkt der Verwaltungseffizienz; allein nach der verwaltungstechnischen Zweckmäßigkeit sollte sich das Maß an Eigenverantwortlichkeit in den Bezirken bestimmen.[11] Diese Auffassung von Böß wurde weithin vom Oberpräsidenten Maier unterstützt, der immer wieder betonte, daß das Stadtgemeindegesetz keinen vollwertigen Ersatz für den Verlust kommunaler Autonomie bieten konnte und wollte. Maier bestritt nicht, daß selbständige Organe örtlicher Gemeinden die kommunalen Interessen am wirksamsten und förderlichsten wahrnehmen würden, aber diese grundsätzliche Einsicht berührte nicht den springenden Punkt der Berliner Verwaltungsorganisation, der gerade darin bestand, die aus der Selbständigkeit rührende Konkurrenz und Leistungsdivergenz zu überwinden.[12]
Während der Preußische Landtag sich über drei Jahre lang zwischen dem Juni 1921 und September 1924 mit Anträgen zum Stadtgemeindegesetz und neuen Gesetzentwürfen seitens der DVP und DNVP beschäftigte, sammelten die Groß-Berliner Verwaltungsbezirke Erfahrungsberichte über die Wirkungen des Gesetzes. Unter Vorsitz

9 *Sammlung der Drucksachen der verfassungsgebenden Preußischen Landesversammlung*, Tagung 1919/21, Bd. 4, S. 1711.

10 *Sitzungsberichte der verfassungsgebenden Preußischen Landesversammlung*, Tagung 1919/21, Bd. 9, Sp. 10 883.

11 Vgl. Christian Engeli, *Gustav Böß, Oberbürgermeister von Berlin 1921–1930* (= Schriftenreihe des Vereins für Kommunalwissenschaften e. V., Bd. 31), Stuttgart usw. 1971, S. 117.

12 Vgl. den Bericht des Oberpräsidenten an den Minister des Innern vom 18. Juli 1919. Brandenburgisches Landeshauptarchiv Potsdam (künftig BLHA zitiert), Pr. Br., Rep. 1, Oberpräsidium, Tit. 7, Nr. 1861, Bl. 147 f.

von Scholtz bildeten die Bezirke einen Unterausschuß, der eine intensive Arbeit zur Änderung der gesetzlichen Grundlage der Berliner Verwaltung aufnahm. Scholtz beabsichtigte, die Gunst der Stunde zu nutzen. *Wir dürfen uns nicht beeinflussen lassen durch irgendwelche taktischen Maßnahmen des Oberbürgermeisters oder anderer kompetenter Persönlichkeiten,* erklärte Scholtz im Unterausschuß der Bürgermeister, *die Gelegenheit zur Gesetzesänderung kommt nicht sobald wieder, die Parteien werden müde werden, daher sei auch eine Vertagung der gesamten Beratungen im Landtag abzulehnen.*[13] Die ortsstatutarische und verordnende Tätigkeit der städtischen Körperschaften hatte sich nach Auffassung der ehemaligen Vororte als entschieden zentralistisch entpuppt. Ohne Rücksicht auf die Bedürfnisse der Bürgermeister wurden die Zuständigkeiten der Bezirke grundsätzlich beschnitten, der Machtbereich der Zentrale dagegen fortwährend erweitert.

Eine Annäherung der Standpunkte zwischen dem Magistrat und den Vertretern der Bezirke konnte in den Ausschußberatungen des Landtags nicht angebahnt werden. Zwar beteuerte Oberbürgermeister Böß, daß *die Dinge noch so stark in Fluß seien* und er selbst in der Zwischenzeit bei einigen Punkten, wie zum Beispiel der vorgeschlagenen Abänderung zum Beanstandungsverfahren, Zweifel bekommen habe,[14] doch eine solche Erklärung hatte ebenso marginalen Charakter wie das Bekenntnis des Charlottenburger Bezirksbürgermeisters, er habe sich nunmehr insofern völlig gewandelt, als er eine detaillierte, gesetzlich festgelegte Abgrenzung der örtlichen und zentralen Verwaltungsbefugnisse nicht für möglich halte.[15] In der grundlegenden Frage nach Form und Inhalt der Dezentralisation der Metropolenverwaltung blieben die Gegensätze zwischen Stadtgemeinde und Bezirken bestehen.

Scholtz hatte wie sieben weitere Bezirksbürgermeister, vorwiegend Vertreter der west- und südwestlichen Vororte, eine sofortige Abänderung des Stadtgemeindegesetzes für unabdingbar gehalten,[16] der Preußische Landtag beschloß im Oktober 1924 aber, die Entscheidung der Organisationsfrage bis nach der Verabschiedung der neuen Städteordnung zu vertagen. Der Städteordnungsentwurf kam jedoch nie über das Beratungsstadium hinaus, damit fiel auch die Möglichkeit einer landesgesetzlichen Regelung der organisatorischen Probleme der Berliner Verwaltung fort. Eine sondergesetzliche Regelung bahnte sich im Mai 1930 mit dem von der Preußischen Staatsregierung vorgelegten Entwurf eines Selbstverwaltungsgesetzes an, der keine Neudefinition der bezirklichen Administration enthielt, mit seiner Hervorhebung des Dekonzentrationsbegriffs

13 *Protokoll der 3. Sitzung des Unterausschusses der Bürgermeister* am 28. Februar 1923. BLHA, Pr. Br, Rep. 1, Oberpräsidium, Tit. 7, Nr. 1829, Bl. 544.

14 *Sammlung der Drucksachen des Preußischen Landtags* (künftig zitiert: *DS LT*), 1. Wahlperiode, 1. Tagung 1921/24, Bd. 15, S. 10 077.

15 *A.a.O.*, S. 10 079.

16 *A.a.O.*, S. 10 065. Im einzelnen handelte es sich neben Charlottenburg um die Bezirke Tiergarten, Spandau, Wilmersdorf, Zehlendorf, Steglitz, Schöneberg und Reinickendorf.

aber eine veränderte Haltung gegenüber der rechtlichen Qualität der den Bezirken übertragenen Verwaltungsangelegenheiten ankündigte.[17]
Während der ersten Wahlen zum Großberliner Magistrat war Scholtz von der DVP für das Amt des Bürgermeisters vorgeschlagen worden.[18] Die persönlichen Eigenschaften und Fähigkeiten des sozialistischen Gegenkandidaten, Adolf Ritter, der nach Ablehnung des ehemaligen preußischen Ministerpräsidenten Paul Hirsch durch die Unabhängigen Sozialdemokraten in Vorschlag gebracht worden war, wurde von den bürgerlichen Fraktionen nicht angezweifelt, sie wünschten jedoch einen verwaltungstechnisch vorgebildeten Fachmann auf dem Posten des Zweiten Bürgermeisters zu sehen. Die sozialistische Mehrheit des von der Stadtverordnetenversammlung gebildeten Wahlausschusses setzte mit 14 zu 11 Stimmen die Kandidatur Ritters durch.[19] Am 23. September erfolgte die Wahl Ritters zum Bürgermeister.
Noch zwei Tage später versuchte die DVP-Fraktion, mit einem Schreiben an den Oberpräsidenten Maier die Wahl Ritters rückgängig zu machen. Die DVP berief sich auf § 29 der Städteordnung, der eine durch Berufsvorbildung und langjährige praktische Tätigkeit ausgewiesene Sachverständigkeit für die Ausübung eines Magistratsamts voraussetzte. Die Tätigkeit Ritters als unbesoldeter Stadtrat befähigte ihn nach Auffassung der DVP keinesfalls für das Bürgermeisteramt, denn ihm fehlte die entsprechende verwaltungstechnische Vorbildung, die ihn in den Stand gesetzt hätte, den Oberbürgermeister bei der Verteilung der einzelnen Geschäfte auf die verschiedenen Dezernate zu unterstützen, die Geschäftsführung zusammenzuhalten und nach einheitlichen Gesichtspunkten leitend zu beeinflussen.[20] Die Eingabe der DVP blieb ohne Erfolg, Ritter wurde wie der zum Oberbürgermeister wiedergewählte Adolf Wermuth am 28. Oktober 1920 vom Minister des Innern bestätigt.[21]
Bei der Ausschreibung der Berliner Kämmererstelle wurde Scholtz erneut ins Gespräch gebracht, der Wahlausschuß lud ihn diesmal zu einer Vorstellung ein.[22] Doch nun war es der neu gewählte Charlottenburger Bezirksbürgermeister, der die Übernahme des

17 Im dekonzentrierten Verwaltungsaufbau blieb das Weisungsrecht der oberen Instanzen gegenüber den nachgeordneten Behörden erhalten, während die Dezentralisation die Überweisung von Aufgaben zur selbständigen Entscheidung darstellte, ohne daß eine Abhängigkeit von den Weisungen der übergeordneten Behörden fortbestand. Die Entscheidungen der Selbstverwaltungsbehörden unterlagen damit nur noch hinsichtlich ihrer rechtlichen Zulässigkeit der Kontrolle durch die Verwaltungsgerichte oder Beschlußbehörden. Vgl. Bill Drews, *Grundzüge einer Verwaltungsreform*, Berlin 1919, S. 2 f.; zur begrifflich-dogmatischen Klärung der Begriffe vgl. Hans Peters, *Zentralisation und Dezentralisation*, Berlin 1928, S. 4 ff.

18 *Deutsche Allgemeine Zeitung*, Nr. 407, Ausgabe vom 21. August 1920; Nr. 428, Ausgabe vom 2. September 1920. *Berliner Tageblatt*, Morgenausgabe (MA) vom 2. September 1920.

19 Das Abstimmungsergebnis entsprach exakt dem Verhältnis der sozialistischen Vertreter zu den bürgerlichen Mitgliedern im sogenannten Fünfundzwanziger-Ausschuß, den die Stadtverordneten auf ihrer konstituierenden Versammlung am 15. Juli 1920 zur Vorbereitung der Wahl der Magistratsmitglieder gewählt hatten.

20 Schreiben des Vorsitzenden der DVP-Fraktion Hans von Eynern vom 25. September 1920. BLHA, Pr. Br., Rep. 1, Oberpräsidium, Tit. 7, Nr. 1871, Bl. 443 f.

Kämmereramts ablehnte. In einem Schreiben an den Wahlausschuß erklärte Scholtz, daß die Grundlagen für eine Verständigung über die Ziele der künftig einzuschlagenden Finanzpolitik schon im Wahlausschuß nicht vorhanden seien. Damit bestand nach seiner Meinung keine Aussicht für eine *gedeihliche Arbeit auf dem verantwortungsvollsten Gebiet der Berliner Selbstverwaltung, dem Finanzwesen.*[23]

Als 1924 Bürgermeister Ritter verstarb, stellte man sich in den städtischen Körperschaften die Frage, ob auf Grund der Personalabbauverordnung überhaupt eine Wiederbesetzung der Stelle zu empfehlen sei, und nachdem sich die Stadtverordneten zu einer Wiederbesetzung durchgerungen hatten, ob ein Kandidat innerhalb der Berliner Verwaltung gesucht werden oder eine Ausschreibung erfolgen sollte.[24] Im Ausschuß wurde mit einer Stimme Mehrheit gegen die Ausschreibung votiert. Erst nach einer längeren Debatte, während der die Bedeutung des neuen Zweiten Bürgermeisters als *eine Art Staatssekretär für den Oberbürgermeister*[25] dargestellt und die Befähigung von Böß für das Amt des Magistratsdirigenten angezweifelt wurde,[26] stimmte die Stadtverordnetenversammlung einer Ausschreibung zu. Als stärkste Fraktion im Rathaus beanspruchte die SPD die Stelle des Bürgermeisters für sich. Mit dem Nürnberger Stadtrat Heimerich stellte sie einen Kandidaten auf, der auch von bürgerlicher Seite als Fach-

21 BLHA, Rep. 1, Oberpräsidium, Tit. 7, Nr. 1832, Bl. 19 f. Die Eingabe der DVP hatte nur insofern Erfolg, als sie den Oberpräsidenten veranlaßte, den Vorwürfen einer rein politischen Wahl bei den technischen Stadträten und dem Stadtschulrat nachzugehen und ihre fachliche Eignung zu überprüfen. Vgl. BLHA, Rep. 1, Oberpräsidium, Tit. 7, Nr. 1871, Bl. 448 ff. Die Fachstadträte wurden jedoch bestätigt, nur dem sozialistischen Stadtschulrat Kurt Löwenstein wurde, nachdem ein Gutachten des Provinzialschulkollegiums vom 25. Oktober 1920 seine Befähigung nicht für gegeben hielt, die Bestätigung des Oberpräsidenten versagt. *A.a.O.*, Bl. 519. Das Gutachten des Provinzialschulkollegiums, Bl. 509–510. Der § 11 Absatz 1 des Stadtgemeindegesetzes vom 27. April 1920 übertrug die Verteilung der Stadträte auf besoldete beziehungsweise unbesoldete Ämter der Stadtverordnetenversammlung und ließ dabei die Frage offen, ob eine Aufnahme von unbesoldeten Stadträten nach dem Proporzsystem zwingend vorgeschrieben war oder nicht. Die Mehrheit der Arbeiterparteien nutzte diese Situation, um, mit Ausnahme der Fachstadträte, einen rein sozialistischen Magistrat zu bestellen. Der Protest der bürgerlichen Fraktionen veranlaßte die Preußische Landesversammlung Anfang Oktober zu einer Änderung des Stadtgemeindegesetzes, mit der der § 11 Absatz 1 dahingehend geändert wurde, daß von den insgesamt dreißig Magistratsmitgliedern zukünftig 12 unbesoldet sein sollten, die nach § 12 Absatz 1 im Wege der Verhältniswahl zu wählen waren. Vgl auch Frauke Bey-Heard, *Hauptstadt und Staatsumwälzung – Berlin 1919. Problematik und Scheitern der Rätebewegung in der Berliner Kommunalverwaltung* (= Schriften des Vereins für Kommunalwissenschaften e. V., Bd. 27), Stuttgart usw. 1969, S. 375 ff.

22 *Berliner Tageblatt*, Nr. 71, MA vom 12. Februar 1921.

23 *Berliner Tageblatt*, Nr. 73, MA vom 13. Februar 1921.

24 Vgl. den Ausschußbericht des demokratischen Stadtverordneten Otto Merten, *Stadtverordneten-Versammlung Berlin* (künftig zitiert: *StVVersB*), 6. März 1924. *Stenographische Berichte über die öffentlichen Sitzungen der Stadtverordneten-Versammlung der Stadt Berlin* (künftig zitiert: *StBBln*), Jg. 1924, S. 107.

25 So O. Merten, *a.a.O.*, S. 109.

26 Der kommunistische Stadtverordnete Franz Goß bemerkte in der Debatte: *Wir haben in Berlin eigentlich zwei Kämmerer und nicht einen Oberbürgermeister von großem Ausmaß. A.a.O.*, S. 112.

mann anerkannt wurde. Die Deutsche Volkspartei plädierte erneut für Arthur Scholtz. Die Demokraten befürworteten eine Kandidatur des Hauptsteuerdirektors und späteren Berliner Kämmerers Georg Lange, die Kommunisten schlugen ihren Stadtverordneten Max Dörr zur Wahl vor, während die Deutschnationalen noch am Vorabend des Wahltages zwischen dem Tiergartener Bezirksbürgermeister Karl Doflein und Stadtrat Fritz Wege schwankten. Da die Demokraten schließlich auf ihren Kandidaten verzichteten und ebenso wie die Wirtschaftspartei bereits im ersten Wahlgang für Scholtz stimmten, bahnte sich eine engere Wahl zwischen Scholtz und Heimerich an.[27] Am 22. Mai siegte Scholtz dann im dritten Wahlgang mit 105 zu 92 Stimmen über Heimerich. Die liberale Presse hoffte, daß mit der Wahl von Scholtz die Position des Magistrats innerhalb der Stadtverwaltung gestärkt würde. Sie vermißte zeitweilig die führende Persönlichkeit im Roten Rathaus, die vor allem imstande war, mit den Parteien zu verhandeln. Scholtz konnte *der Mann des Magistrats* werden, wenn er nur die Fähigkeit entwickelte, sich durchzusetzen.[28]

Der stellvertretende Vorsitzende der Berliner Stadtverordnetenversammlung, Oskar Meyer, der den neuen Bürgermeister aus seiner 17jährigen Tätigkeit in der Charlottenburger Kommunalverwaltung bestens kannte, sah in Scholtz den kämpferischen, häufig vorausschauenden Kommunalpolitiker, dem es trotz mannigfaltigen Widerstands gelang, angestrebte Ziele ohne gegenseitige Pressionen zu erreichen. Meyer führte diese Fähigkeit auf drei Eigenschaften von Scholtz zurück: stete Sachlichkeit und Kompetenz, ein ausgleichendes Wesen und die Achtung vor den Stadtverordneten als den gewählten Vertretern der Bürgerschaft. Diese Achtung, berichtete Meyer, hatte Scholtz immer wieder bewogen, auch in Fällen, in denen eine selbständige Entscheidung des Magistrats oder des Bezirksamts legitim war, die Zustimmung der Stadtverordneten- oder Bezirksversammlung einzuholen, um Auseinandersetzungen und Widerspruch zu vermeiden.[29]

Oberbürgermeister Böß sprach bei der Amtseinführung die Erwartung aus, daß Scholtz durch seine Erfahrungen in einem Verwaltungsbezirk besonders hilfreich bei der weiteren Ausgestaltung der Berliner Verwaltungsorganisation mitwirken könnte.[30] In seiner Entgegnung betonte Scholtz sein besonderes Engagement für die organisatorischen Belange der Bezirke. Er wußte wie Böß, daß die Lösung der Organisationsfrage, insbesondere das Verhältnis von Zentral- und Bezirksverwaltung, nur unter größten Schwierigkeiten zu verwirklichen war. Zudem standen sich an der Spitze der Berliner Verwaltung ausgerechnet zwei Persönlichkeiten gegenüber, die bei den Bemühungen um eine angemessene Verwaltungsstruktur für die neue Stadtgemeinde Berlin beispielhaft die gegensätzlichen Vorstellungen der zentralisierten beziehungsweise der dezentralisierten Stadtverwaltung vertreten hatten.

27 *Berliner Tageblatt*, Nr. 241, Abendausgabe (AA) vom 21. Mai 1924.
28 *Vossische Zeitung*, Nr. 245, AA vom 23. Mai 1924.
29 *StVVersBln* (wie Anm. 24), 3. Juni 1924; *StBBln* (wie Anm. 24), 1924, S. 2.
30 *A.a.O.*, S. 4.

Böß konnte nicht darüber hinwegsehen, daß Scholtz mit seinen Kollegen von der bürgerlichen Rechten ihm zusätzliche Schwierigkeiten bereitet und daß er als Wortführer des bezirklichen Widerstands die Organisationsabsichten der Zentralverwaltung bekämpft hatte.[31] Böß mochte ebenso die Konkurrenz, die ihm mit dem Zweiten Bürgermeister erwuchs, gefürchtet haben. Er entschloß sich jedenfalls, Scholtz nicht maßgeblich an der Leitung der städtischen Verwaltung teilnehmen zu lassen, indem er ihm das Sozial- und Fürsorgewesen als Dezernat zuwies. Stadtsyndikus Lange bestätigte die Absicht von Böß, den neuen Bürgermeister kaltzustellen, wenn er schreibt: *Scholtz ... Verhältnis zu Böß war von jeher unerfreulich, schon ihres grundverschiedenen Charakters wegen, und so hat Böß wohl nicht aus ganz sachlichen Motiven seinen Stellvertreter mit der sehr umfangreichen und wenig dankbaren Wohlfahrtsverwaltung zugedeckt.*[32] Scholtz empfand den mit der Dezernatszuweisung zwangsläufig verbundenen Ausschluß von leitenden Funktionen zu Recht als Affront. Dem neuen Bürgermeister war jede Möglichkeit genommen, einerseits die Position des Magistrats in der Verwaltung zu stärken, andererseits bei wichtigen Personal-, Finanz- und Organisationsfragen einzugreifen.[33]

In der Zentralverwaltung, sei es nun dem Generalbüro oder der Finanzverwaltung, erhielt Scholtz im Gegensatz etwa zum Stadtsyndikus Lange kein Dezernat. Er gehörte lediglich der Personalkommission als Mitglied an.[34] Durch den Gemeindebeschluß vom 13./25. November 1920 über die Aufteilung der Zentralverwaltung in Arbeitsgebiete hatte der Magistrat insgesamt achtzehn Deputationen gebildet, deren Zahl trotz einzelner Veränderungen, Auflösungen und Neugründungen erhalten blieb.[35] Neben seiner Dezernententätigkeit für das Landeswohlfahrts- und -jugendamt wurde Scholtz zum Mitglied der zentralen Wohlfahrtsdeputation sowie der Deputation für das Kunst- und Bildungswesen berufen.[36] Den Vorsitz führte Scholtz später lediglich in

31 Vgl. Ch. Engeli, *Gustav Böß...* (wie Anm. 11), S. 50.

32 Friedrich C. A. Lange, *Groß-Berliner Tagebuch 1920–1933*, Berlin-Lichtenrade 1951, S. 55. Lange charakterisierte Scholtz nicht gerade freundlich als *alte*[n] *Frondeur aus der Zeit vor der Eingemeindung*. Der kommunistische Stadtverordnete Goß hatte sinnfälligerweise in der Debatte zur Bürgermeisterwahl eine Persönlichkeit für das Amt gefordert, die sich der *bisher gründlich vernachlässigt*[en] *sozialen Fürsorge und de*[r] *Kulturaufgaben annahm und sie gebührend zur Geltung brachte. StVVersBln* (wie Anm. 24), 6. März 1924. *StBBln* (wie Anm. 24), 1924, S. 113.

33 Die Kritik von Otto Uhlitz an Scholtz, daß er nach seiner Wahl zum Zweiten Bürgermeister nicht mehr *als besonderer Vertreter bezirklicher Interessen* hervorgetreten ist, greift zu kurz, da die administrative „Kaltstellung" von Scholtz unberücksichtigt bleibt. Vgl. Otto Uhlitz, *Zur Geschichte des Berliner Bezirksverfassungsrechts. Eine Rückschau mit besonderer Berücksichtigung Charlottenburgs*, in: *Von der Residenz zur City. 275 Jahre Charlottenburg*, hrsg. von Wolfgang Ribbe, Berlin 1980, S. 356.

34 Vgl. *Amtsbuch der Stadt Berlin 1928*, im Auftrage des Magistrat Berlin hrsg. vom Nachrichtenamt der Stadt Berlin, S. 8.

35 *Verwaltungsbericht der Stadt Berlin* (künftig zitiert: *VerwBBln*) 1924–1927, H. 1, *Allgemeine Verwaltung*, Berlin 1929, S. 21 f.

36 *Amtsbuch...* (wie Anm. 34), 1928, S. 29 u. 43.

der Finanz- und Steuerdeputation, deren Arbeitsgebiet neben den allgemeinen Finanzen und Steuern die Verwaltung des Grundeigentums, der Hypotheken und herrenlosen Erbschaften sowie der städtischen Beteiligungen an Gesellschaften bürgerlichen Rechts umfaßte.[37] In drei Ausschüssen der Wohlfahrtsverwaltung hatte Scholtz die Leitung übernommen, in einem weiteren, dem Verwaltungsausschuß des Landesjugendamtes, war er als Mitglied mit beschließender Stimme vertreten.[38] Am 10. März 1926 wählten die Stadtverordneten Scholtz zum Vertreter der Stadt Berlin im Reichsrat.[39]

Die Berliner Wohlfahrtspflege wurde unter Scholtz grundlegend neu geordnet, wobei sich seine Anstrengungen vornehmlich auf eine Vereinheitlichung des gesamten städtischen Unterstützungssystems richteten. Erste Schritte hatte der Magistrat im Juni 1921 mit der Verabschiedung der „Satzung für die Wohlfahrtsdeputation der Stadtgemeinde Berlin" unternommen, durch die das Zentralwohlfahrtsamt und die Bezirkswohlfahrtsämter geschaffen worden waren. Knapp ein Jahr später, im März 1922, erließ er die „Richtlinien für die Wohlfahrts- und Jugendkommissionen sowie die Wohlfahrtskreise in den Verwaltungsbezirken der Stadt Berlin". Diese sicherten insbesondere die Mitwirkung ehrenamtlich tätiger Bürger und schufen eine Grundlage für den projektierten Zusammenschluß der bislang getrennt verwalteten Arbeitsgebiete der Wohlfahrtspflege.[40]

Bei aller Verschiedenheit der überkommenen Wohlfahrtspflege im Raum Groß-Berlin ließen sich *drei Hauptsysteme des Wohlfahrtsunterstützungsverfahrens* unterscheiden: In den neu geschaffenen Innenbezirken und Steglitz unterlag das Verfahren weitgehend den Wohlfahrts- und Jugendkommissionen im Antrags-, Nachprüfungs- und Bewilligungsstadium. In der Mehrzahl der Außenbezirke hatte das zentrale Wohlfahrtsamt den entscheidenden Einfluß, während sich in den Verwaltungsbezirken Charlottenburg und Neukölln Mitwirkung und Einfluß des Amtes sowie der Kommissionen ergänzten.[41] Neben der Verschiedenheit des eigentlichen Unterstützungsverfahrens bestand eine Ungleichheit sowohl bei der Zahl der Unterstützten als auch der Höhe der Leistungen. Darüber hinaus waren die Wohlfahrtsämter in den ehemaligen Vororten unterschiedlich aufgebaut und vielfach abweichend in der Abgrenzung zu anderen Gebieten der Sozial- und Gesundheitsfürsorge organisiert.

Gefördert wurde die Möglichkeit zu einer Vereinheitlichung der Berliner Wohlfahrtspflege durch reichsgesetzliche Bestimmungen wie die Verordnung über die Fürsorge-

37 *A.a.O.*, S. 25.
38 *A.a.O.*, S. 45.
39 *VerwBBln* (wie Anm. 35), 1924–1927, H. 1, S. 27. Als seinen Stellvertreter beriefen die Stadtverordneten den Sozialdemokraten Emil Wutzky.
40 Vgl. *VerwBBln* (wie Anm. 35), 1920–1924, H. 4, *Wohlfahrtswesen,* Berlin o. J. (1926), S. 5 ff.
41 Vgl. Arthur Scholtz, *Zur Neuregelung der Berliner Wohlfahrtspflege*, in: *Probleme der neuen Stadtgemeinde Berlin. Darstellung der Zukunftsaufgaben einer Viermillionenstadt* (= Monographien deutscher Städte, Bd. 18), hrsg. von Hans Brennert u. Erwin Stein, Berlin-Friedenau 1926, S. 445 f.

pflicht vom 13. Februar 1924[42] und die Verordnungen zum Reichsjugendwohlfahrtsgesetz vom 14. Februar 1924,[43] mit dem nicht nur die gesamte Jugendwohlfahrtspflege zusammengefaßt, sondern auch die organisatorische Angliederung der Jugendpflege an die gesamte Wohlfahrtspflege in die Wege geleitet werden konnte.
Finanzielle Gründe waren erst an nachrangiger Stelle für die Neuordnung maßgebend, im Vordergrund stand nach Scholtz die Notwendigkeit, *im Interesse der sozialen Gerechtigkeit sicherzustellen, daß überall die Hilfsbedürftigen nach den gleichen allgemeinen Gesichtspunkten, in gleichem Umfang und nach sorgfältiger Prüfung ihrer individuellen Verhältnisse unterstützt werden.*[44] Schließlich verlangten die administrativen Bedürfnisse nach Transparenz und Übersichtlichkeit sowie Vermeidung kostensteigernder Doppelarbeiten, eine einheitliche Organisation des Berliner Wohlfahrtswesens einzurichten. In drei wesentlichen Schritten wurde die Neuordnung ausgeführt. Zunächst galt es, die grundlegende organisatorische Zusammenfassung der gesamten Wohlfahrtspflege in der Zentralverwaltung und den Gemeindebezirken sicherzustellen. Auf der Grundlage der neuen „Satzung für die Wohlfahrtspflege der Stadt Berlin" vom Juli 1925[45] wurde ein einheitlicher Gesamtaufbau durchgesetzt, in der *Verbindung von Einheit und Eigenart*[46] war jedoch kein völliges Aufgehen der Einzelgebiete in einem ungegliederten Gesamtkomplex vorgesehen, die zentralen Verwaltungseinrichtungen sollten vielmehr nach verschiedenen Einzelgebieten getrennt werden.
Auf diese Weise entstanden neben dem Wohlfahrts- und Jugendamt sowie der Wohlfahrtsdeputation einzelne Abteilungen für die Bereiche der Allgemeinen Wohlfahrt, des Stiftungswesens, der Jugendwohlfahrt sowie der Kriegsbeschädigten- und Hinterbliebenenfürsorge, für die noch besondere Ausschüsse einzurichten waren. Die Übertragung der zentralen Organisationsstruktur auf die Bezirksverwaltungen bereitete bei der Einrichtung der Bezirkswohlfahrts- und -jugendämter keine Schwierigkeiten; die Absicht, in den Bezirken ebenfalls nur eine Wohlfahrtsdeputation zu bilden, stieß jedoch auf eine rechtliche Schranke, da nach dem Stadtgemeindegesetz die Wahl von Bezirksdeputationen *zur dauernden Verwaltung oder Beaufsichtigung einzelner Geschäftszweige* allein in die Zuständigkeit der Verwaltungsbezirke fiel und nur durch den übereinstimmenden Beschluß der Bezirksversammlung und des Bezirksamtes vorgenommen werden konnte.[47] Scholtz glaubte sich in der sicheren Erwartung, *daß im*

42 Die Verordnung trat am 1. April 1924 in Kraft. Vgl. *Reichsgesetzblatt* (künftig zitiert: *RGBl*), T. 1, S. 100–107. Die preußischen Ausführungsverordnungen wurden im März und April 1924 sowie März 1925 herausgegeben. *Preußische Gesetz-Sammlung* (künftig zitiert: *GS*) 1924, S. 210–218 u. 557–558; *GS* 1925, S. 44–47.

43 Das Reichsjugendwohlfahrtsgesetz war am 9. Juli 1922 verabschiedet worden. *RGBl* (wie Anm. 42), T. 1, S. 633 ff. Die Verordnung zum Inkrafttreten des Gesetzes wurde erst zwei Jahre später am 14. Februar 1924 erlassen, *a.a.O.*, T. 1, S. 110–111, während man das preußische Ausführungsgesetz am 29. März 1924 veröffentlichte. *GS* (wie Anm. 42), 1924, S. 180–188.

44 A. Scholtz, *Zur Neuregelung...* (wie Anm. 41), S. 446.

45 Abgedruckt bei: Walter Körner/Walter Brell, *Berliner Ortsrecht*, Berlin 1925, S. 182–191.

46 A. Scholtz, *Zur Neuregelung...* (wie Anm. 41), S. 448.

Laufe der Entwicklung in allen Bezirken ein einheitlicher Deputations- und Amtsaufbau stattfinden wird.[48] Die Schwierigkeiten dauerten entgegen den Erwartungen an, auch das Gesetz über die vorläufige Regelung verschiedener Punkte des Gemeindeverfassungsrechts vom 30. März 1931 ließ die grundlegenden Bestimmungen über die Einrichtung von Bezirksdeputationen fortbestehen.[49]

In einem zweiten Schritt mußte die Vereinheitlichung des zersplitterten Wohlfahrtsunterstützungswesens angestrebt werden. Scholtz sorgte dafür, daß am 23. Dezember 1925 ein Magistratsbeschluß über die „Richtlinien für die Vereinheitlichung des Wohlfahrtsunterstützungswesens“[50] zustande kam. Damit war ein einheitliches System für das gesamte Verfahren der Antragstellung, Nachprüfung und Bewilligung der Wohlfahrtsunterstützungen geschaffen. Da die Neuordnung sich an den Regelungen in den Außenbezirken orientierte, konnte eine allgemeine Stärkung des Amtseinflusses im gesamten Unterstützungsverfahren durchgesetzt werden. Als Bewilligungsorgane blieben die Wohlfahrts- und Jugendkommissionen erhalten, ihre Tätigkeit unterlag jetzt aber einer stärkeren Mitwirkung und Kontrolle durch die Wohlfahrtsverwaltung. Den Abschluß der Neuordnung bildete die organisatorische Zusammenfassung der beamteten Außenfürsorge und ihre Verbindung mit dem neuen Unterstützungsverfahren. Während bisher in Berlin spezielle Einrichtungen auf den Gebieten der Jugendwohlfahrt, des Gesundheitswesens sowie der Kriegsbeschädigten- und Kriegshinterbliebenenfürsorge existierten, suchte Scholtz den gesamten wirtschaftlichen und erzieherischen Außendienst zur Familienfürsorge miteinander zu verbinden und diese weiterhin zu einer engen Zusammenarbeit mit den *sozialhygienischen Spezialfürsorgekräfte*[n] anzuregen.[51] Den völligen Übergang zur Einheitsfürsorge hielt Scholtz auf Grund der komplexen Sozialverhältnisse einer Riesenstadt und mit Rücksicht auf die Bedürfnisse der örtlich gebundenen Gesundheitsfürsorge nicht für angebracht.[52] Grundlage für die enge Verbindung von Familien- und Gesundheitsfürsorge bildeten die nach langjährigen Bemühungen im Mai 1926 beschlossenen „Richtlinien für Familienfürsorge“.[53]

47 § 26, Stadtgemeindegesetz Berlin vom 20. April 1920. Der Aufbau von einheitlichen Bezirkswohlfahrtsdeputationen konnte deshalb nur als „Sollvorschrift“ eingeführt werden. § 1 Absatz 1, Satzung für die Wohlfahrtspflege vom 26. Juli 1925.

48 A. Scholtz, *Zur Neuregelung...* (wie Anm. 41), S. 448.

49 Vgl. Ernst Graf von Hardenberg-Schattschneider/Theobald Mosheim, *Das Gemeindeverfassungsrecht der Stadt Berlin unter besonderer Berücksichtigung des Gesetzes über die vorläufige Regelung verschiedener Punkte des Gemeindeverfassungsrechts für die Hauptstadt Berlin vom 30. März 1931*, Berlin 1931, S. 79.

50 Abgedruckt als Anlage 1 bei: A. Scholtz, *Zur Neuregelung...* (wie Anm. 41), S. 451–453.

51 Es handelte sich hierbei um die städtischen Fürsorgestellen auf dem Gebiete der gesundheitlichen Säuglings- und Kleinkinderfürsorge, der Schulgesundheitspflege, der Tuberkulosen- und Geschlechtskrankheitenfürsorge.

52 Vgl. A. Scholtz, *Zur Neuregelung...* (wie Anm. 41), S. 449.

53 Magistratsbeschluß vom 12. Mai 1926. Abdruck als Anlage 2 bei: *A.a.O.*, S. 453–454.

Belastungen auf die gemeindliche Wohlfahrtspflege zu. Scholtz hatte sich im Reichsrat der Stellungnahme des preußischen Staatssekretärs Weißmann angeschlossen, der für die Annahme der Regierungsvorlage plädierte, um ein politisches Vakuum und eine Regierungskrise abzuwenden. Die Neugestaltung der Arbeitslosenversicherung durfte *nicht einen Grund für schwere innenpolitische Verwicklungen abgeben.*[62] Mit dieser Auffassung fand Scholtz die einhellige Zustimmung des Berliner Magistrats.

Doch die Erörterung der für die weitere Entwicklung der Stadt so wichtigen kommunalen Strukturprobleme rückte schlagartig mit dem Sklarek-Skandal in den Hintergrund. Arthur Scholtz, der seit der Abreise von Gustav Böß nach Amerika den Oberbürgermeister vertrat, bekam die ganze Wucht der öffentlichen Auseinandersetzung zu spüren und blieb auch selbst dabei nicht von Angriffen verschont. Im Disziplinarverfahren gegen Böß mußte er sich selbst einer Vernehmung stellen. Böß' isolierte Stellung im Berliner Magistrat, sein mehr als distanziertes Verhältnis zur Stadtverordnetenversammlung, seine außerordentliche Empfindlichkeit gegenüber Kritik oder gar Opponenten und nicht zuletzt sein geradezu groteskes Unverständnis gegenüber den Spielregeln der parlamentarischen Auseinandersetzung dürften dazu beigetragen haben, daß ihm die Bedeutung des Sklarek-Skandals nicht von Beginn an bewußt war und ihn infolgedessen nicht zu einem angemessenen Handeln veranlaßte. Selbst der Böß sonst wohlgesonnene Stadtsyndikus Lange sprach davon, daß Böß *unverständlicherweise* seine Amerikarundfahrt fortsetzte, *obwohl er über den Sklarek-Skandal und die Debatten in der Stadtverordneten-Versammlung laufend unterrichtet*[63] wurde. So kam es, daß der Stellvertreter praktisch schon im September 1929 die endgültige Leitung der Oberbürgermeistergeschäfte übernahm, die er dann bis zur Wahl Heinrich Sahms am 14. April 1931 fortführte.

Gegenüber den Stadtverordneten versprach Scholtz eine rücksichtslose Aufklärung des Skandals ohne Ansehen der Person. Der Ruf der Stadt Berlin konnte nur dann gewahrt werden, hob Scholtz hervor, wenn *Ordnung und Sauberkeit ... in diesem Hause herrschen.*[64] Es war daher keine Frage, daß Scholtz sich nicht auf eine grundsätzlich ablehnende Haltung gegenüber der Tagespresse versteifte. *Der Magistrat steht auf dem Standpunkt,* erklärte Scholtz, *daß es das Recht, ja die Pflicht der Presse ist, die Öffentlichkeit im weitesten Sinne über alle Dinge zu unterrichten, die ihr zur Kenntnis kommen und nach Möglichkeit bei einer solchen Skandalaffäre zu einer schnellen und restlosen Aufklärung beizutragen.*[65] Scholtz dankte deshalb den Zeitungen für ihre Unterstützung bei der Aufdeckung des Skandals und erklärte zugleich seine Bereitschaft, *vor der Öffentlichkeit nichts geheim zu halten.*[66]

62 *StBBln* (wie Anm. 24), 1929, S. 979 f.
63 F. C. A. Lange, *Groß-Berliner Tagebuch...* (wie Anm. 32), S. 129.
64 *StVVersBln* (wie Anm. 24), 1. Oktober 1929. *StBBln* (wie Anm. 24), 1929, S. 828.
65 *StVVersBln* (wie Anm. 24), 10. Oktober 1929, *StBBln* (wie Anm. 24), S. 860.
66 *StVVersBln* (wie Anm. 24), 1. Oktober 1929, *StBBln* (wie Anm. 24), S. 828.

Aber er hatte kein Verständnis für dolose Handlungen, mit denen Teile der Presse den abwesenden Bürgermeister vorverurteilten. Scholtz pochte auf gerechtes Handeln: *Waffe gegen Waffe, Anklage gegen Rechtfertigung. Es ist das ein Menschenrecht.*[67] Eine Verurteilung von Böß konnte erst am Ende eines ordentlichen Untersuchungsverfahrens stehen. Schon gar nicht sollte der Abwesende, der sich nicht verteidigen konnte, immer und immer wieder angegriffen werden. Scholtz hielt in der tagespolitischen Krise ausdrücklich am Ethos des *alte*[n] *Verwaltungsbeamte*[n] fest, für den das Prinzip der Kollegialität zu den unabdingbaren Voraussetzungen des Berufsstandes gehörte.
Diese Haltung veranlaßte Scholtz wohl ebenso wie Bedenken gegen einen weiteren Ansehensverlust des Berliner Magistrats, die Fortsetzung der Amerikareise des Oberbürgermeisters zu verteidigen. Im Gegensatz zum politischen Führungsstil von Böß warb Scholtz für eine der Offenheit, Transparenz und gegenseitigen Achtung verpflichtete Zusammenarbeit der städtischen Körperschaften. Bei wichtigeren Fragen der städtischen Verwaltung sollte nicht der Buchstabe des Gesetzes, sondern allein die Zweckmäßigkeit den Ausschlag geben. Die Stadtverordnetenversammlung sei eben nicht eine *koordinierte Behörde* des Magistrats, ihr Bewilligungsrecht müsse unbedingt gewahrt werden.[68] Scholtz' Parteikollege Wilhelm Caspari begrüßte die veränderte Haltung des Magistrats zu den Stadtverordneten, erhob jedoch Bedenken gegen das Urteil des Bürgermeisters, schon in der Vergangenheit hätten Zweckmäßigkeitserwägungen die Beziehungen zwischen den städtischen Körperschaften bestimmt. *Wir haben doch von dieser Stelle aus*, betonte Caspari, *immer wieder darauf hinweisen müssen, daß die Gleichstellung von Magistrat und Stadtverordneten-Versammlung sehr häufig außer Acht gelassen worden ist, ... daß der Magistrat sehr häufig die Stadtverordneten-Versammlung als eine Quantité négligeable behandelt hat und günstigenfalls nachträglich an uns herangetreten ist; häufig auch das nur gezwungen.*[69]
Im Disziplinarverfahren gegen Böß, in dem auch die Belieferungsrechte der Firma Gebrüder Sklarek an städtische Dienststellen, die ihnen großzügig von der Stadtbank gewährten Kredite sowie ihre betrügerischen Manipulationen zur Diskussion standen, wurde Scholtz am 11. November 1929 im Oberpräsidium vernommen. Die Kleider-Vertriebs-Gesellschaft (KVG), deren Lagerbestände später von den Gebrüdern Sklarek übernommen wurden, und die Berliner Anschaffungsgesellschaft (BAG) bestanden bereits vor dem Amtsantritt von Scholtz. Er gehörte zu diesem Zeitpunkt noch nicht zur Finanz- und Steuerdeputation und stand aus diesem Grund den gesamten Verhältnissen fern. Zwar wirkte er als Vorsitzender der Wohlfahrtsdeputation und als Bürgermeister im Jahre 1926 an Rundverfügungen mit, durch die den städtischen Dienststellen zur Pflicht gemacht wurde, ihren Textilbedarf bei der Firma Sklarek zu decken, doch geschah dies nur deshalb, weil bereits Verpflichtungen der Stadt gegenüber dem Un-

67 *StVVersBln* (wie Anm. 24), 1. Oktober 1929, *StBBln* (wie Anm. 24), S. 828.
68 *StVVersBln* (wie Anm. 24), 15. Oktober 1929, *StBBln* (wie Anm. 24), S. 900 f.
69 *StVVersBln* (wie Anm. 24), 15. Oktober 1929, *StBBln* (wie Anm. 24), S. 902.

ternehmen vorlagen.[70] Scholtz hatte die Verbindungen zwischen der KVG und der BAG für *wenig glücklich* gehalten[71] und sich im April 1926 anläßlich des Verkaufs des Restlagers der KVG an die Sklareks geweigert, die Angelegenheit im Dezernatswege zu zeichnen.[72] Scholtz lehnte, nachdem den Sklareks schon im Juli 1925 das Recht auf den Warenverkauf an städtische Dienststellen eingeräumt und ihnen im Mai 1926 gegen seine Stimme der Rest des Warenlagers verkauft worden war, die Gewährung des Darlehens in Höhe von 300 000 Mark ab.

Noch bei der späteren Kreditbewilligung wies Scholtz darauf hin, daß gar keine Veranlassung zu einem weiteren Entgegenkommen bestand, da ja im Verlauf der Zeit die Restbestände verkauft sein mußten. *Es könne nicht dauernd so weitergehen, daß Sklareks immer Waren zukauften und Vorteile für sich verlangten unter der Erklärung, die alten übernommenen Waren seien noch nicht verkauft.*[73] Von den Monopollieferungsverträgen der Gebrüder Sklarek, die die Firma im Dezember 1927 und April 1929 mit der Stadt abgeschlossen hatte, erfuhr Scholtz erst nach der Offenlegung der betrügerischen Manipulationen. Er wußte zwar als Wohlfahrtsdezernent, daß die Lieferungen an die städtischen Wohlfahrtsstellen weiterhin durch die Sklareks erfolgten, ging jedoch davon aus, daß dies noch aufgrund der alten Absprachen aus dem Jahre 1926 geschah.[74] Scholtz hielt es für unwahrscheinlich, daß Oberbürgermeister Böß von den Monopollieferungsverträgen gewußt hatte. Er wollte dem kommunistischen Stadtrat Otto Gäbel insofern keinen Vorwurf machen, als dieser sich durch seinen Vorsitz im Aufsichtsrat der KVG sowie der BAG für Vertragsfragen zuständig fühlen mußte. Gäbel war nur nicht berechtigt, allein oder zusammen mit anderen Magistratsmitgliedern einen Monopollieferungsvertrag abzuschließen.[75]

Telegraphisch machte Scholtz am 23. und 25. Oktober dem Oberbürgermeister das Angebot, einen Verwandten oder einen zuverlässigen Beamtenkurier nach Cherbourg zu schicken, damit Böß zusammengestelltes Pressematerial und Berichte vor seiner Ankunft in Deutschland noch ausführlicher studieren konnte.[76] Böß lehnte jedoch ab und nahm nur das Angebot seines Stellvertreters an, nach Bremerhaven zu kommen, um ihn persönlich über die Einzelheiten des Skandals zu informieren.[77] Scholtz reiste dem Oberbürgermeister entgegen und ließ sich noch am frühen Morgen des 31. Oktober in einem Schnellboot zur „Bremen“ hinausfahren, doch den Schilderungen des Bürgermeisters über die Lage in Berlin mochte Böß keinen Glauben schenken. Er brachte Scholtz gegenüber zum Ausdruck, *daß die Berliner Bevölkerung niemals an seiner, des Oberbürgermeisters persönlicher Ehrenhaftigkeit gezweifelt haben könnte.*[78]

70 BLHA, Pr. Br., Rep. 1, Oberpräsidium, Tit. 7, Nr. 1902, Bl. 89.
71 *A.a.O.*, Bl. 91.
72 Vgl. Scholtz' Erklärung zum Vernehmungsprotokoll vom 5. November 1929, *a.a.O.*, Bl. 102.
73 *A.a.O.*, Bl. 103.
74 Vgl. den Brief von Scholtz an den Oberpräsidenten vom 15. Oktober 1929. BLHA, Pr. Br., Rep. 1, Oberpräsidium, Tit. 7, Nr. 1908, Bl. 5.
75 BLHA, Pr. Br., Rep. 1, Oberpräsidium, Tit. 7, Nr. 1902, Bl. 90 f.

Selbst das dem Oberbürgermeister überaus wohlgesonnene „Berliner Tageblatt“ sprach nun von einer *beinahe naiv zu nennenden Überzeugungstreue.*[79] Scholtz' eindringliche Bemühungen, den Oberbürgermeister zu einer anonymen Rückkehr zu bewegen, fruchteten nichts, Böß beharrte, bar jeglicher politischen Sensibilität, auf einer *programmäßige*[n] *Beendigung der Reise*, bestieg den Sonderzug und fuhr zu einem niederschmetternden Empfang nach Berlin.

Das solidarische Verhalten wurde dem Stellvertreter nur wenig gedankt. Von dem kommunistischen Stadtverordneten Fritz Lange mußte er sich den Vorwurf der *Begünstigung der Verschleierungsabsichten* gefallen lassen, da Scholtz dem Oberbürgermeister Aktenmaterial überlassen hatte, ehe er Gelegenheit fand, über die Vorfälle Erklärungen abzugeben.[80] Die liberale Presse erhob schwere Beschuldigungen gegen Scholtz. Er habe Böß aus Gründen persönlicher oder politischer Gegnerschaft oder gar der Erbschleicherei im Stich gelassen.[81] Mit der Veröffentlichung eines Teils der Telegramme sollte nachgewiesen werden, daß er Böß *zu spät und durchaus ungenügend* un-

76 *A.a.O.*, Bl. 275 u. 277. Die gesamte telegraphische Korrespondenz zwischen Scholtz und Böß findet sich abschriftlich in dieser Akte. Der Inhalt dieser Telegramme wird von Christian Engeli nicht erwähnt. Engeli folgt der von Böß vertretenen Auffassung, nur ungenügende Informationen über die Berliner Vorgänge erhalten zu haben. Als Beweis führt Engeli das nur knappe Eingehen auf die finanzielle Lage der Stadt in den Benachrichtigungen an. *Ultimo passiert schwer*, hieß es dazu im ersten Telegramm. Die Bedeutung dieser *lapidare*[n] *Formel* dürfte einem in Finanz- und Haushaltsfragen versierten Experten wie Böß nicht verborgen geblieben sein, zumal er schon vor seiner Amerikareise ausführlichen Einblick in die finanziellen Schwierigkeiten der Stadt genommen hatte. Die schwebende Schuld Berlins lag zu Beginn des Jahres 1929 bei 200 Millionen RM; es war ja gerade das erklärte Ziel der Amerikareise, neue Kreditquellen für die Stadt zu erschließen. Vgl. Ch. Engeli, *Gustav Böß...* (wie Anm. 11), S. 209 f. In einem weiteren Telegramm vom 23. Oktober 1929 kabelte Scholtz an Böß unter anderem: *Wir werden Ultimo Oktober überwinden, wenn auch mit Schwierigkeiten.* Das hieß, eine aktuelle Zahlungsunfähigkeit der Stadt war zunächst abgewendet worden. Für Böß' Verhalten spielte die kritische Finanzlage Berlins keine entscheidende Rolle, es ging allein um seine Ehrenhaftigkeit, deren Unantastbarkeit er demonstrativ unterstreichen wollte und die ihn schließlich an einer realistischen Einschätzung der Situation hinderte. Daß selbst seine Begleiter, die nur über die gleichen Informationen verfügten, zu einem differenzierteren Vorgehen rieten, zeigte später die Aussage des mitreisenden Stadtmedizinalrates Wilhelm von Drigalski, der in einer gemeinsamen Beratung über die ersten Informationen aus Berlin lediglich für eine telegraphische Nachricht plädierte, mit der das schärfste gerichtliche Vorgehen gegen die Verleumdungen angeordnet und eben nicht ein Rechtfertigungsversuch unternommen werden sollte. *Mein Gedankengang war*, so die Zeugenaussage Drigalskis, *daß die Wirkung in der Berliner Öffentlichkeit die sein könnte, daß, wer sich verteidige, sich anklage. Ich schlug auch eventuell vor, das Telegramm ausdrücklich als vertraulich und nur zur Kenntnisnahme des Magistrats zu bezeichnen. Auch dies lehnte der Oberbürgermeister ab. Er erklärte, er müsse es dem Magistrat überlassen, welchen Gebrauch er von dem Telegramm machen wolle.* Zeugenaussage Drigalskis vom 12. Februar 1930. BLHA, Pr. Br., Rep. 1, Oberpräsidium, Tit. 7, Nr. 1902, Bl. 291

77 Telegramme Böß' vom 24. und 26. Oktober 1929. *A.a.O.*, Bl. 277.

78 *Berliner Tageblatt*, Nr. 520, MA vom 3. November 1929.

79 *Ebda.*

80 *StVVersBln* (wie Anm. 24), 7. November 1929, *StBBln* (wie Anm. 24), 1929, S. 998.

81 *8 Uhr Abendblatt*, Ausgabe vom 5. November 1929.

terrichtet hätte.[82] *Die Entlastungsoffensive zugunsten des Oberbürgermeister Böß*'[83] fand nicht die Zustimmung des Stadtoberhauptes. In einer vom städtischen Nachrichtenamt verbreiteten Erklärung distanzierte sich Böß von den Angriffen, ohne jedoch, wie das „Tageblatt" wohl registrierte, auf die Veröffentlichung des Telegrammwechsels einzugehen.[84]
Der Magistrat stellte sich einmütig hinter Scholtz. Der sozialdemokratische Stadtrat Emil Wutzky monierte die verstümmelte Wiedergabe des Telegrammwechsels und wies die Vorwürfe als unberechtigt zurück, da Bürgermeister Scholtz *bei der Erledigung aller mit der Sklarek-Angelegenheit zusammenhängenden Maßnahmen stets im Einvernehmen mit dem Magistratskollegium gehandelt ... und ... einwandfrei und loyal zu den Angriffen gegen die abwesenden Magistratsmitglieder Stellung genommen hat.*[85] Scholtz hat auch später trotz aller Anfeindungen von links- und rechtsradikaler Seite nicht aufgehört, Angriffen gegen Böß entgegenzutreten, sei es nun, daß er das dem Oberbürgermeister zugesandte „Glückwunschtelegramm" verteidigte, mit dem der Magistrat seine Befriedigung über das Böß entlastende Urteil des Preußischen Oberverwaltungsgerichts aussprach, oder sei es, daß er persönliche Attacken gegen Böß in der Stadtverordnetenversammlung zurückwies.[86] Der kommunistische Stadtverordnete Wilhelm Pieck richtete die Angriffe nicht mehr allein gegen Böß, sondern polemisierte allgemein gegen die verfehlte städtische Finanz- und Wirtschaftspolitik sowie gegen die in der Verwaltung herrschende Korruption, an der Scholtz *durch Verschweigen* beteiligt sei. *Erst als die Korruption zum Himmel stank,* rief Pieck aus, *als sie nicht mehr zu verdecken war, da hat er* [Scholtz, d.Verf.] *sich den Anschein des Retters von Berlin gegeben.*[87]
Piecks Äußerungen entsprachen den agitatorischen Bedürfnissen einer Partei, für welche die bürgerliche Demokratie gemeinhin als Verkörperung der Klassengesellschaft galt und deren Zersetzung allemal Ziel des politischen Kalküls war. Der gegenüber den Bedürfnissen der Bevölkerung und den Erfordernissen des Haushalts verantwortungsbewußte Kommunalpolitiker mußte sich dagegen in der Krise einem Balanceakt stellen, bei der die Bereinigung der städtischen Finanzkrise dauernd auf ihre Sozialverträglichkeit hin überprüft werden mußte.
Die Berliner Öffentlichkeit hoffte, obwohl Böß erst am 31. Oktober 1930 offiziell zurücktreten sollte, auf eine schnelle Neuwahl des Oberbürgermeisters. Mit Bürgermeister Arthur Scholtz, dem Stadtrat Ernst Reuter und dem sozialdemokratischen Stadtverordnetenvorsteher Johannes Hass wurden erste Kandidaten genannt.[88] Für die

82 *Ebda.*, *Berliner Tageblatt*, Nr. 525, AA vom 6. November 1929.

83 So der Stadtverordnete F. Lange. *StVVersBln* (wie Anm. 24), 7. November 1929, *StBBln* (wie Anm. 24), 1929, S. 997. Auch bei der DVP und dem Zentrum sprach man von einem *offiziell beeinflußten* Artikel im *8 Uhr Abendblatt.* Vgl. die Äußerungen der Stadtverordneten Paul Schwarz (DVP) und Friedrich Lange (Z), *StBBln* (wie Anm. 24), S. 1007 u. 1009.

84 *Berliner Tageblatt*, Nr. 526, MA vom 7. November 1929.

85 *StVVersBln* (wie Anm. 24), 7. November 1929, *StBBln* (wie Anm. 24), 1929, S. 997.

86 *StVVersBln* (wie Anm. 24), 16. Oktober 1930, *StBBln* (wie Anm. 24), 1930, S. 1008.

87 *Ebda.*

Staatsregierung ergab sich jedoch ein Zusammenhang zwischen der Wahl und der Verabschiedung der Novelle zum Stadtgemeindegesetz. Da die bisherige kollegialische Struktur des Magistrats aufgehoben und der Oberbürgermeister zum alleinigen Leiter der kommunalen Exekutive gemacht werden sollte, war ein Stadtoberhaupt gefragt, dessen Qualitäten über die Anforderungen an den bisherigen *primus inter pares* weit hinausgingen.[89] Eine solche Persönlichkeit konnte aber erst nach Verabschiedung des Gesetzes gefunden werden. Nach Darstellung des „Berliner Tageblatts" hielt man die Krise der Berliner Kommunalverwaltung in Regierungskreisen für eine Krise der Stadtverordnetenversammlung, an welcher der Magistrat zum Teil Schuld trage. Dem Oberbürgermeister Böß mußte als schwerwiegender Fehler angerechnet werden, daß er den Respekt vor der Stadtverordnetenversammlung nicht gewahrt und sie vielfach *en bagatelle* behandelt hatte. Durch dieses Verhalten war die Kontrollpflicht der Stadtverordneten erlahmt, und häufig waren Maßnahmen des Magistrats aus einem Solidaritätsgefühl heraus gutgeheißen worden, obwohl eine innerliche Billigung nicht vorhanden war.[90] Die Oberbürgermeisterwahl mußte deshalb noch länger auf sich warten lassen, Bürgermeister Scholtz hatte aber weiterhin ohne personelle Entlastung die Amtsgeschäfte des Stadtoberhaupts fortzuführen.

Oberpräsident Maier ordnete mit Schreiben vom 20. Dezember 1929 an, daß Scholtz das *Finanzgebaren der Stadt Berlin* besonders überwachen sollte. Er war angehalten, neue Ausgaben bis zur Regulierung der kurzfristigen Verschuldung zu verhindern, Überschüsse aus Tarif- und etwaigen Steuererhöhungen in einen besonderen monatlichen Tilgungsfond abzuführen. Monatlich mußten dem Fonds mindestens fünf Millionen RM zugeleitet werden. Darüber hinausgehende Überschüsse konnten zur Fertigstellung von Bauten, soweit diese unbedingt zur Fortführung begonnener Bauvorhaben notwendig waren, aufgewendet werden.[91] Scholtz appellierte an das Verständnis der Stadtverordneten, wenn den Notleidenden keine weitere Hilfe gegeben werden konnte, Tarifanhebungen für die Leistungen der städtischen Werke aber unvermeidlich waren. Er hoffte in Anbetracht der außerordentlichen Steuerkraft der Stadt und der Ertragsfähigkeit der kommunalen Werke, deren Tarife noch nicht übermäßig angespannt waren, durch vorsichtiges Wirtschaften und drastische Ausgabenbeschränkungen in *verhältnismäßig kurzer Frist* die finanzielle Krise Berlins überwinden zu können. *Berlin braucht eine Atempause*, erklärte Scholtz, das bedeutete für den Augenblick den Verzicht auf zahlreiche, gleichzeitig nebeneinander laufende Bauprojekte, insbesondere im Bereich der Nahverkehrsmittel.

Die kurzfristige Verschuldung Berlins war im Laufe des Jahres 1929 auf über 400 Millionen RM angestiegen. Scholtz machte aber darauf aufmerksam, daß die Schwierigkeiten der Situation nicht allein in der äußeren Verschuldung, sondern auch

88 *Berliner Tageblatt*, Nr. 529, AA vom 8. November 1929.
89 *Berliner Tageblatt*, Nr. 226, MA vom 15. Mai 1930.
90 Vgl. *ebda.*
91 *StVVersBln* (wie Anm. 24), 20. Dezember 1929, *StBBln* (wie Anm. 24), 1929, S. 1046.

in der inneren Kassenlage zu suchen seien. Die städtischen Gesellschaften hatten ihre flüssigen Mittel bislang zur Aufrechterhaltung eines, wenn auch eingeschränkten Investitionsprogrammes genutzt und damit der Kämmerei reguläre Einnahmen vorenthalten. Ohne innere Reserven ließ sich eben eine akute Liquiditätskrise der Stadt nicht aus eigener Kraft bewältigen.[92]

Im Nachtragsetat für 1929 mußte ein Fehlbetrag von 70 Millionen RM gedeckt werden, den Scholtz durch Erhöhungen der Grundvermögen-, Gemeindegewerbe- und Lohnsummensteuer auszugleichen gedachte. Der Bürgermeister bat, nachdem durch eine Überprüfung des Haushalts 20 Millionen RM zur Einsparung vorgeschlagen worden waren, nachdrücklich um die Zustimmung der Stadtverordneten.[93] Oberpräsident Maier hatte Scholtz zu erkennen ergeben, daß entgegen den bisherigen Etatsgepflogenheiten der verbleibende Fehlbetrag von 1929 schon in den nächsten ordentlichen Haushalt eingestellt werden mußte und daß die Genehmigung des steuerlichen Umlageverteilungsbeschlusses davon abhängig sei.[94] Sollten die Stadtverordneten den Nachtragshaushalt ablehnen und auf einen Kredit für die laufenden Ausgaben hoffen, war auf keinen Fall mit einem wohlwollenden Verhalten der Aufsichtsbehörde zu rechnen.[95] Unter diesem Druck nahmen die Stadtverordneten den Nachtrags- und am 1. Juli auch den Haushaltsplan für das Jahr 1930 an, die damit verbundenen Steuererhöhungen lehnten sie jedoch einmütig ab, so daß der Oberpräsident die Steuerumlage festzusetzen gezwungen war.[96]

Scholtz' guten Verbindungen war es zu danken, daß sich ein Konsortium unter Führung der Preußischen Staatsbank zur Hergabe eines 45-Millionen-RM-Kredites bereit fand. Da die Bedingungen mit einem monatlichen Zinssatz von sieben Prozent, einer monatlichen Provision von einem achtel Prozent und einem Prozent Bereitstellungsprovision ausgesprochen hart waren, die Rückzahlungsraten zudem vom 31. Juli 1931 an monatlich fünf Millionen RM betragen sollten, entschloß sich der Magistrat, zur schnelleren Deckung des Kredits eine achtprozentige Goldschatzanweisung in Höhe von 45 Millionen RM herauszugeben. Als der Magistrat am 20. Februar 1930 eine entsprechende Dringlichkeitsvorlage in die Stadtverordnetenversammlung einbrachte, bemerkte Scholtz, daß die Anleihe nicht nur der Deckung fälliger Rechnungen diene, sondern auch für neue Beschäftigung sorgen sollte, indem sie einen erheblichen Teil der Mittel für Brücken-, Straßen- sowie Schulbauten zur Verfügung stellte.[97]

Scholtz' Parteifreund und wohlvertrauter Geschäftsführer der Deutschen Girozentrale, der Stadtverordnete Hermann Jursch, erläuterte den Stadtverordneten aus intimer

92 Vgl. die Äußerungen von Scholtz, *StVVersBln* (wie Anm. 24), 30. Januar 1930. *StBBln* (wie Anm. 24), 1930, S. 136.

93 *Vorlagen für die Stadtverordneten-Versammlung der Stadt Berlin* (künftig zitiert: *VStBln*) 1930, Nr. 3, DS Nr. 62, S. 33–35. Trotz der Steuererhöhungen verblieb im Haushalt noch ein Fehlbetrag von ca. 27 Millionen RM.

94 *StVVersBln* (wie Anm. 24), 30. Januar 1930, *StBBln* (wie Anm. 24), 1930, S. 136.

95 *A.a.O.*, S. 137.

96 *StVVersBln* (wie Anm. 24), 1. Juli 1930, *StBBln* (wie Anm. 24), 1930, S. 824.

Kenntnis der Konsortialsitzungen, daß die Bewilligung des Kredits nur möglich war, weil man ebenso dem Bürgermeister Scholtz wie dem Oberpräsidenten Maier vertraute. Dem Bürgermeister, weil man von ihm überzeugt war, *daß er die Karre wieder auf das richtige Gleis bringen wird;* dem Oberpräsidenten, weil er *die Verpflichtung eingegangen ist, eventuell im Wege der Zwangsetatisierung dafür zu sorgen, daß die Stadt ihren Verpflichtungen nachkommt.*[98] Auf die Vorhaltungen Piecks, der Magistrat habe wie *ein Bankrotteur gewirtschaftet,*[99] entfuhr es Scholtz: *Wer sind die Bankrotteure? Diejenigen, die die Vorlagen bewilligen, die mit ihren Forderungen in die Hunderte von Millionen gingen, die gar nicht genug bekommen konnten!*[100] Die Stadtverordneten seien sich ihrer Verantwortung nicht bewußt, und alle Verhandlungsschwierigkeiten rührten nur daher, daß man das Vertrauen zum Berliner Stadtparlament schon längst verloren habe. Mit der knappen Mehrheit von 101 zu 93 Stimmen nahmen die Stadtverordneten, die drohende Zahlungsunfähigkeit der Stadt vor Augen, die Magistratsvorlage an.[101]
Im Haushaltsausschuß und während der Debatten über die Kreditaufnahme betonte Scholtz immer wieder, daß der Magistrat nicht daran denke, die städtischen Versorgungsbetriebe in fremde Hand zu geben.[102] Diese Haltung bekräftigte Scholtz nochmals, als sich die Stadtverordnetenversammlung mit einer Magistratsvorlage auseinandersetzte, mit der die Stadt Aktien der Elektrizitätswerk Südwest-Aktiengesellschaft im Werte von 18,56 Millionen RM verkaufen sowie die bestehenden, ehemals von den Städten Schöneberg und Wilmersdorf erteilten Konzessionsverträge über das Jahr 1950 hinaus für eine weitere Dekade verlängern wollte.[103] Mit dem Verkauf des städtischen Aktienbesitzes, dem Gegenwert der Konzessionsverlängerung und der kapitalisierten Vorauszahlung, die der Stadt nach den Konzessionsverträgen als Kämmereinettoabgabe zustand, sollten 57 Millionen RM in die leeren städtischen Kassen fließen. Der erste Schritt des Ausverkaufs, urteilte der deutschnationale frühere Direktor des Zweckverbands Berlin, Karl Steiniger. Er behielt mit dieser Äußerung ebenso Recht wie mit seiner anschließenden Bemerkung: *die Reise geht weiter auf den Erwerb der „Bewag" durch das Privatkapital hinaus.*[104] Mit deutlicher Empörung mußte Scholtz den

97 *StVversBln* (wie Anm. 24), 20. Febr. 1930, *StBBln* (wie Anm. 24), S. 239. Allein 18 Mill. RM waren für Brücken- und Straßenbauten vorgesehen, weitere 14,8 Mill. sollten für Schulbauten nutzbar gemacht werden. Dieses Ziel ließ sich nicht realisieren. Stadtsyndikus Lange, den Scholtz mit der Verwaltung des Kämmereramtes beauftragte, bemerkte in seiner Etatsrede am 10. April, daß in den Stadthaushalt von 1930 nur für die Fortsetzung und Beendigung schon begonnener Bauten ein Betrag von 19,5 Mill. RM zur Verfügung stand. Die für Bauvorhaben vorgesehenen Kreditmittel mußten zur Deckung von Ausgaben der laufenden Verwaltung herangezogen werden. F. C. A. Lange, *Groß-Berliner Tagebuch...* (wie Anm. 32), S. 141.

98 *StVVersBln* (wie Anm. 24), 20. Februar 1930, *StBBln* (wie Anm. 24), 1930, S. 239.

99 *A.a.O.*, S. 240.

100 *A.a.O.*, S. 245.

101 *A.a.O.*, S. 250.

102 *A.a.O.*, S. 246; *StVVersBln* (wie Anm. 24), 11. März 1930, *StBBln* (wie Anm. 24), S. 357.

103 Vgl. *VStBln* (wie Anm. 93), 1930, Nr. 10, DS Nr. 229, S. 136–142.

104 *StVVersBln* (wie Anm. 24), 11. März 1930, *StBBln* (wie Anm. 24), 1930, S. 350.

durch das Mißtrauen gegen die Wirtschaftsführung des Magistrats motivierten Zusatzantrag der DNVP hinnehmen, der vorsah, nur einen Teilbetrag von 3,5 Millionen RM dem ordentlichen Etat zuzuführen, den verbleibenden Restbetrag aber in vollem Umfang zur Abdeckung kurzfristiger Schulden, soweit sie zur Schaffung von Vermögenswerten eingegangen wurden, zu verwenden. Über die Verausgabungen verlangten die Stadtverordneten einen detaillierten Nachweis.[105]

Die Notverordnungspolitik des Präsidialkabinetts Brüning machte vor den finanzpolitischen Möglichkeiten der Gemeinden nicht halt. Im Dezember beziehungsweise Juli 1930 wurde das Verbot der Grundsteuererhöhung, weiterhin die Einführung neuer Steuern auf kommunaler Ebene angeordnet, die als eine Art Vorschaltsteuern zunächst für eine allgemeine Belastung der Bevölkerung sorgen sollten, ehe durch Anhebungen anderer Steuern Handel und Industrie belastet wurden. Die Berliner Stadtverordneten weigerten sich im November 1930, die vom Magistrat vorgeschlagene Bürger- und Gemeindegetränkesteuer zu befürworten, so daß Scholtz gezwungen war, den Oberpräsidenten zu informieren, der wiederum über den fälligen Steuerverteilungsbeschluß und die Einführung der Steuern entscheiden ließ.

Von ausschlaggebender Bedeutung für die brisante Finanzlage der Stadt waren die Kosten der Verschuldung, also die Verzinsung und Tilgung der Kredite, sowie die weit über dem Reichsdurchschnitt liegende Arbeitslosigkeit,[106] da mit ihrer Zunahme die Zahl der Ausgesteuerten und in der Folge die Gruppe der Wohlfahrtserwerbslosen zunahm, die dem Gemeindehaushalt zur Last fielen. In seiner Haushaltsrede vom 3. Juni 1931 schätzte Stadtsyndikus Lange die Steigerung der Wohlfahrtskosten von etwa 54 Millionen RM im Jahre 1924 auf rund 352 Millionen RM Mitte 1931. Die Stadt mußte bald 25 Prozent ihrer gesamten Bevölkerung aus öffentlichen Mitteln unterstützen.[107] Die Schuldenlast der Stadt stieg trotz aller Einsparungen weiter an. Im Januar 1931 erreichte die schwebende Schuld die außergewöhnliche Höhe von 620 Millionen RM.

Scholtz mußte den Stadtverordneten am 26. März 1931 mitteilen, daß der Magistrat in letzter Zeit Verhandlungen geführt hatte, die mit Rücksicht auf den Schuldenstand der Stadt und die schwebenden Zahlungsverpflichtungen dahin zielten, *die Werke in irgendeiner Form für die Abdeckung der Schulden nutzbar zu machen.*[108] Ein Zwischenkredit in Höhe von 75 Millionen RM, den ein unter Führung der Preußischen Staatsbank und der Reichskreditanstalt stehendes Konsortium aus- und inländischer Banken am 18. März 1931 angeboten hatte, war mit der Bedingung verknüpft worden, daß die Stadt ihr wertvollstes Vermögensobjekt, die BEWAG, zur Verwertung bereitstellte.

105 *A.a.O.*, S. 358.
106 Vgl. dazu B. Grzywatz, *Arbeit und Bevölkerung...* (wie Anm. 56), S. 49 ff.
107 F. C. A. Lange, *Groß-Berliner Tagebuch...* (wie Anm. 32), S. 162 u. 169 f. Im Haushaltsjahr 1932 betrug der Gesamtaufwand für die Wohlfahrtserwerbslosen nach Abzug der Reichszuschüsse 166 Millionen RM, von denen 113 Millionen RM nicht gedeckt waren.
108 *StVVersBln* (wie Anm. 24), 26. März 1931, *StBBln* (wie Anm. 24), 1931, S. 384.

Der finanzielle Druck, insbesondere *die Ultimosorgen,* veranlaßten Scholtz schon am nächsten Tag zur Annahme des Zwischenkredits.[109] Ursprünglich hatte das Konsortium, das sowohl die Interessen öffentlich-rechtlicher als auch privater Elektrizitätsunternehmen vertrat, eine Beschlußfassung über das gesamte Angebot innerhalb von drei Tagen gefordert, ansonsten sollte der Zwischenkredit innerhalb weiterer vierzehn Tage fällig werden.[110] Es gelang dem Magistrat, die Fristen für die Beschlußfassung und für die eventuell kurzzeitig fällige Rückzahlung zu verlängern und den Hauptteil der Verhandlungen, die „BEWAG-Transaktion", zunächst zurückzustellen.
Umstritten war während der Verhandlungen der Wert der BEWAG. Der Magistrat beharrte darauf, nicht nur den aktuellen Wert zu ermitteln, sondern auch einen Ausgleich für die auf eine lange Reihe von Jahren gewährten Monopolkonzessionen zu erhalten. Unverzichtbar war für Scholtz die vertragliche Garantie eines Rückkaufrechts, an dem die Verhandlungen schon anfangs zu scheitern drohten.[111] Der Magistrat bat die Stadtverordneten, zunächst die Kreditaufnahme zur Kenntnis zu nehmen und eine weitere Vorlage über die Stellungnahme des Magistrats zur BEWAG-Transaktion abzuwarten.
Die Sozialdemokraten, für deren Fraktion der Stadtverordnete Karl Bublitz sprach, fanden sich in Anerkennung der finanziellen Zwangslage des Magistrats bereit, dem Antrag des Magistrats nachzukommen. Die Mehrheit der Stadtverordneten verweigerte jedoch wegen des bevorstehenden Verkaufs der städtischen Elektrizitätswerke ihre Zustimmung. Der nationalsozialistische Fraktionsführer Julius Lippert ließ es sich nicht nehmen, Scholtz an seine Versprechen zu erinnern, die Versorgungsbetriebe nicht in fremde Hand zu geben.[112] Doch den Nationalsozialisten ging es wie den Kommunisten nicht um Scholtz; sie beabsichtigten nicht einmal, den Bürgermeister zum Prügelknaben zu machen, ihre Angriffe richteten sich gegen den einzig ernstzunehmenden politischen Gegner in der Stadtverordnetenversammlung, die Sozialdemokratie, die gleichsam stellvertretend für das verhaßte System der parlamentarischen Demokratie stand. Die SPD habe *planmäßig in zwölfjähriger Mißwirtschaft,* ereiferte sich Lippert, den Niedergang der Reichshauptstadt verschuldet,[113] und dem kommunistischen Stadtverordneten Wilhelm Kasper war die von den Sozialdemokraten geforderte Einsetzung eines Ausschusses zur Prüfung der Verkaufsverhandlungen über die BEWAG schlichtweg *der Bankrott und Zusammenbruch des sogenannten Gemeindesozialismus.*[114] Mit der Stimmengleichheit von 71 zu 71 Stimmen wurde die Kenntnisnahme der Magistratsvorlage am 26. März abgelehnt. Erst am 14. April wählte die

109 *VStBln* (wie Anm. 24), 1931, Nr. 13, DS Nr. 293, S. 237, *StBBln* (wie Anm. 24), 1931, S. 384 u. 394.
110 Bericht von Bürgermeister Scholtz, *a.a.O.*, S. 385.
111 *Ebda.*
112 *A.a.O.*, S. 403.
113 *A.a.O.*, S. 405.
114 *A.a.O.*, S. 417.

Stadtverordnetenversammlung den von der SPD geforderten Prüfungsausschuß, der dann in vier Sitzungen tagte. Gleichzeitig verhandelte der Magistrat weiter mit dem Konsortium.[115] Scholtz war nun nicht mehr federführend bei den Gesprächen. Immerhin gelang es der Stadtverwaltung noch, eine qualifizierte städtische Minderheit in der neugegründeten Berliner Kraft- und Licht-AG sowie die Übernahme der von der Stadt für die BEWAG aufgenommenen Schuld in Höhe von 67 Millionen Reichsmark durch das Konsortium durchzusetzen.

Eine weitere wichtige finanz- und haushaltspolitische Frage, die Scholtz während seiner kurzen Amtszeit als stellvertretender Oberbürgermeister beschäftigte, war die Überprüfung der Grundstücksgeschäfte der Berliner Verkehrs-AG (BVG). Im Januar und Februar 1930 stellten die DDP und die KPD Anträge auf Nachprüfung der Grundstücksgeschäfte.[116] Während der Stadtverordnetenversammlung vom 27. März erklärte Scholtz, daß er sich bereits seit Monaten mit den Grundstücksgeschäften beschäftigt habe. Sowohl die Grundstücksankäufe der vergangenen Monate als auch die der zurückliegenden Jahre sollten überprüft werden. Nicht hinzunehmen sei die Tatsache, daß nur ein verschwindend kleiner Kreis in der städtischen Verwaltung die Geschäfte getätigt hatte, und zwar in einem Umfang, wie sie von dieser Gruppe niemals hätten vorgenommen werden dürfen. Scholtz plädierte, nicht zuletzt um die Grundstücksgeschäfte zur allseitigen Kenntnis zu bringen, für die Einsetzung von zwei Ausschüssen, die sich einerseits mit der Finanzierung der BVG, andererseits mit der Untersuchung der Grundstücksgeschäfte beschäftigen sollten.[117] Stadtsyndikus Lange blieb nicht bei dieser Kritik stehen. Er bezweifelte, ob es überhaupt sinnvoll gewesen war, die städtischen Betriebe in selbständige kommunale Aktiengesellschaften zu überführen, da *die Gesellschaften ein Eigenleben ohne Rücksicht auf die Belange der Stadt* führten. Insbesondere die BVG betrieb *eine ungesunde, privatwirtschaftlich nie zu rechtfertigende Expansionspolitik*, die zudem von inkompetenten Aufsichtsräten überwacht wurde.[118] Der Erfolg der Kommerzialisierung bestand darin, daß die Stadt als Eigentümerin der Gesellschaften fast jeden Einfluß auf ihre Geschäftsführung verloren hatte.

Eine von Scholtz und Reuter gezeichnete Magistratsvorlage vom 18. April 1930[119] rechtfertigte bis zu einem gewissen Grad die verdeckten Grundstücksankäufe der BVG, da sie als ausgewiesene „Zweckkäufe" auf bestimmte Objekte festgelegt waren, deren Bekanntwerden auf dem freien Grundstücksmarkt erhebliche Preissteigerungen nach sich gezogen hätte. Das der Stadt zur Verfügung stehende Enteignungsrecht begünstigte in einseitiger Weise die Verkäufer, indem nach der Rechtsprechung des Reichsgerichts nicht nur der objektive, sondern auch der subjektive Wert eines Grundstücks zu erstatten war. Unter dem Deckmantel zweier Privatgesellschaften waren vor

115 Vgl. *VStBln* (wie Anm. 93), 1931, Nr. 17, DS Nr. 361, S. 305–307.
116 Vgl. *VStBln* (wie Anm. 93), 1930, Nr. 4, DS Nr. 86, S. 55 u. Nr. 13, DS Nr. 316, S. 223–224.
117 *StVVersBln* (wie Anm. 24), 27. März 1930, *StBBln* (wie Anm. 24), 1930, S. 425 f.
118 F. C. A. Lange, *Groß-Berliner Tagebuch...* (wie Anm. 32), S. 134.
119 *VStBln* (wie Anm. 93), 1930, Nr. 15, DS Nr. 342, S. 243–282.

allen Dingen die notwendigen Grundstücke für die großen Straßendurchbrüche Alexanderplatz/Frankfurter Allee sowie Grunerstraße/Jägerstraße erworben worden. Die Gesamtkosten der Grundstücksankäufe der BVG zwischen 1926 und 1928 beliefen sich auf zirka 144,5 Millionen RM, eine Summe, die die Öffentlichkeit empörte und die nach Meinung des Magistrats erheblich zur katastrophalen kurzfristigen Verschuldung Berlins beigetragen hatte.
Scholtz schlug nun vor, die Grundstücksangelegenheiten dahingehend zu ordnen, daß zunächst grundsätzlich entschieden werden sollte, welcher Besitz bei der BVG verbleiben und welcher auf die Stadt übergehen sollte. Weiterhin sollte, wie Stadtsyndikus Lange schon bei der Vorstellung des Etats für 1930 dargelegt hatte, der Haushalt des Grunderwerbsstockes gänzlich neugeordnet werden; wirtschaftlichen Gesichtspunkten war dabei unter Aufstellung einer ordnungsgemäßen Bilanz mit Gewinn und Verlustrechnung der Vorrang einzuräumen.[120] In den letzten Jahren hatte die Magistratsverwaltung den Grunderwerbsstock haushaltsmäßig in der Weise balanciert, daß man Fehlbeträge einfach als zukünftige Einnahmen aus Verkäufen einsetzte.[121] Die unter Scholtz' Amtsführung eingeleitete Neuordnung der Grundstücksverwaltung fand erst nach seinem Ausscheiden aus der Berliner Verwaltung im Juni 1931 ihren Abschluß.
Der Reorganisation der Berliner Verwaltung hätte Scholtz gern mehr Raum gegeben, ein Problem, das die junge Stadtgemeinde von Beginn an begleitete, ohne daß eine befriedigende Lösung gefunden worden wäre. *Es ist unzweifelhaft richtig,* äußerte sich Scholtz im Januar 1930 vor der Stadtverordnetenversammlung, *daß die jetzige Verwaltung Groß-Berlins zu bürokratisch, zu schwerfällig ist ..., daß sie derartige Unkosten hervorruft, daß an dieser Stelle sehr viel gespart werden kann.*[122] Meinungsverschiedenheiten waren zu erwarten, doch die hoffte Scholtz im Wege ausgiebiger Vorberatungen zu Organisationsentwürfen, für die eine gemischte Deputation eingesetzt wurde, auszuräumen.

Zur Empörung des Magistrats und der Stadtverordneten leitete die Preußische Staatsregierung am 12. März dem Staatsrat und am 6. Mai 1930 dem Landtag den Gesetzentwurf eines „Selbstverwaltungsgesetzes für die Hauptstadt Berlin"[123] zu, ohne den städtischen Körperschaften die Gelegenheit zur Stellungnahme gegeben zu haben. Erst zum Ende der langwierigen parlamentarischen Beratungen bemühte sich Innenminister Carl Severing auf Ersuchen des Landtags um eine Äußerung der Stadtverwaltung. Zu den wesentlichen Merkmalen des Gesetzentwurfs gehörte die Einführung der soge-

120 *A.a.O.*, S. 282. Es war vorgesehen, daß die BVG 68 Millionen RM der Gesamtkosten übernahm, während der Rest einschließlich eines Teils für Wirtschaft und Zinsen in Höhe von 10,4 Millionen RM auf die Stadt überging. Die Kosten für die von der Stadt zu übernehmenden Grundstücke mußten mit der BVG verrechnet werden.
121 Vgl. F. C. A. Lange, *Groß-Berliner Tagebuch...* (wie Anm. 32), S. 145.
122 *StVVers* (wie Anm. 24), 30. Januar 1930, *StBBln* (wie Anm. 24), 1930, S. 136.
123 *DS LT* (wie Anm. 14), 3. Wahlperiode, 1. Tagung 1928/30, DS Nr. 4810, Bd. 8, S. 4524–4531.

nannten Stadtratsverfassung in den Bezirken, durch die einem Organ sowohl die Beschlußfassung in den Angelegenheiten der örtlichen Gemeinschaft des Bezirks als auch die Verwaltung dieser Angelegenheiten oblag.[124] Neben dem bezirklichen Einkörpersystem gehörte die Ablösung der kollegialischen Struktur der kommunalen Exekutive zu den entscheidenden Neuerungen des Gesetzentwurfs. Der Oberbürgermeister sollte nunmehr mit der Leitung der Verwaltungsgeschäfte betraut werden und stimmberechtigter Vorsitzender der reduzierten Stadtverordnetenversammlung sein.

Bürgermeister Scholtz berichtete am 31. Januar an das Innenministerium, daß die gemischte Deputation zur Vorberatung von Organisationsentwürfen sich sowohl gegen die Magistrats- als auch gegen die Bürgermeistereiverfassung ausgesprochen habe.[125] Der örtliche und sachliche Umfang der Berliner Verwaltungsbezirke war vom Oberbürgermeister allein weder zu überblicken, noch verantwortlich zu führen. Die Deputation schlug deshalb vor, neben der Stadtverordnetenversammlung ein Bürgermeisterkollegium mit vier bis fünf Mitgliedern einzurichten, dessen Vorsitz dem Stadtoberhaupt oblag.

Neben der Stadtverordnetenversammlung sollte es einen Stadtgemeindeausschuß geben, der, dem Oberbürgermeister an die Seite gestellt, als *verkleinertes Spiegelbild der Stadtvertretung* die Hauptlast der einer städtischen Vertretungskörperschaft obliegenden Verwaltungsgeschäfte zu übernehmen hatte. Die Funktionen des Gemeindevorstandes und die sonstigen leitenden Verwaltungsbefugnisse waren auf das Bürgermeisterkollegium und den Oberbürgermeister aufzuteilen. Im Hinblick auf die Bezirksverfassung stimmte die Deputation dem Regierungsentwurf zu, das hieß, man akzeptierte die Auflösung der Bezirksversammlungen und die Einführung des Einkörperschaftssystems. Das Verhältnis der Bezirksverwaltungen zur Zentrale sollte in den Grundzügen durch das Gesetz, im einzelnen durch eine von den städtischen Organen zu beschließende Satzung festgelegt werden.

Der Berliner Magistrat hatte nach Scholtz' Bericht den Beschlüssen der Deputation im wesentlichen zugestimmt; abweichend von ihren Entscheidungen drang man jedoch auf eine Verringerung der Anzahl der Stadtverordneten und eine Verstärkung des Bürgermeisterkollegiums auf sieben Mitglieder.[126] Nach Ansicht des Magistrats mußte der Oberbürgermeister den Vorsitz im Stadtgemeindeausschuß führen und dessen Mindestbefugnisse mußten durch Gesetz festgelegt werden, während gleichzeitig die Möglichkeit zu eröffnen war, daß die Stadtverordnetenversammlung weitere Befugnisse auf den Stadtgemeindeausschuß übertragen konnte.

124 Vgl. Viktor von Leyden, *Die Berliner Verfassung. Vortrag, gehalten am 29. 9. 1930 vor dem Staatsbürgerinnenverband im Harnack-Haus*, Berlin 1926, S. 21.

125 *DS LT* (wie Anm. 14), 3. Wahlperiode, 1. Tagung 1928/31, Drucksache Nr. 6990, Anlage B, Bd. 10, S. 6641. Die von der Deputation entschiedenen Fragen zur künftigen Verfassung der Stadt Berlin als Anlage A zur Drucksache Nr. 6990, *a.a.O.*, S. 6640.

126 *A.a.O.*, S. 6642.

Im Gemeindeausschuß des Landtags wurde den Bedenken gegen die *Allmacht des Oberbürgermeisters* Rechnung getragen und der Vorschlag, ein Bürgermeisterkollegium zu schaffen, aufgenommen.[127] Das neue Kollegialorgan hatte den Beschlüssen der Stadtvertretung seine Zustimmung zu erteilen.[128] Der Gedanke des Einkammersystems war damit für die Zentralverwaltung gefallen. Der in mehreren Beratungen abgeänderte Gesetzentwurf fand im Landtag jedoch keine Mehrheit, statt dessen einigte man sich auf eine Novelle zum Stadtgemeindegesetz, die *verschiedene Punkte des Gemeindeverfassungsrechts* lediglich *vorläufig* regelte. Die bestehende Form der Dezentralisation der Gemeindeverwaltung wurde nicht angetastet. Die Selbständigkeit der Bezirke in Angelegenheiten der engeren Bezirksgemeinschaft bestätigte das Gesetz deutlicher als bisher, gleichzeitig akzentuierte es jedoch das Weisungsrecht des Oberbürgermeisters bei der Aufstellung der *zur Einheitlichkeit der Verwaltung erforderlichen Grundsätze*[129] schärfer. Die Neugestaltung der Zentralverwaltung schuf ein mehr oder weniger *kunstvoll ausbalanciertes System der Gewaltentrennung und Gewaltenhemmung*,[130] bei dem quasi für die Legislative die Magistratsverfassung, für die Exekutive die Bürgermeistereiverfassung vorgesehen war.

Der Magistrat blieb zwar formell Gemeindevorstand, materiell übernahm aber in der Regel der Oberbürgermeister diese Funktion, als *Führer der Verwaltung*[131] – eine Formulierung, die einen neuen Zeitgeist ankündigte – war ihm die völlige Herrschaft über die Stadtgemeindeverwaltung übergeben. Allein der Oberbürgermeister erließ die generellen und speziellen Anweisungen für die Stadträte und Bürgermeister. Abweichend vom Stadtgemeindegesetz regelte die Novelle die Zusammensetzung des Magistrats dahingehend, daß neben dem Stadtoberhaupt nunmehr zwei Bürgermeister, weiterhin neun hauptamtlich besoldete Stadträte und nur noch sechs ehrenamtliche Stadträte in der kommunalen Exekutive vertreten waren.[132] Dem Oberbürgermeister war die Befugnis erteilt, Reihenfolge wie Art und Umfang seiner Vertretung selbst zu regeln.[133] Durch diese gesetzlichen Neuerungen sah Scholtz, der 1924 als gesetzlich alleiniger Stellvertreter des Oberbürgermeisters auf zwölf Jahre gewählt worden war, *die Grundlagen seiner Stellung völlig gefährdet, seine Rechte verletzt, unter Umständen beseitigt*, so daß man, wie er in einer öffentlichen Erklärung verlauten ließ, *bei diesen veränder-*

127 Vgl. §§ 3 u. 18, Entwurf eines Selbstverwaltungsgesetzes. *DS LT*, 3. Wahlperiode, 1. Tagung 1928/31, Anlage C, Bd. 10, S. 6643 u. 6646. Das Bürgermeisterkollegium sollte aus vier Mitgliedern bestehen.

128 Vgl. § 40, Entwurf eines Selbstverwaltungsgesetzes. *A.a.O.*, S. 6652.

129 § 14 Abs. 2; E. von Hardenberg-Schattschneider/Th. Mosheim, *Das Gemeindeverfassungsrecht...* (wie Anm. 49), S. 52.

130 Carl Herz, *Entstehung und Grundgedanken der Berliner Stadtverfassung*. in: *Berliner Stadtverfassungsrecht*, zusammengestellt u. erl. von Carl Herz u. Walter Brell, Berlin 1931, S. 24.

131 § 17 Abs. 1 Satz 1; E. von Hardenberg-Schattschneider/Th. Mosheim, *Das Gemeindeverfassungsrecht...* (wie Anm. 49), S. 55.

132 § 6 Abs. 1, *a.a.O.*, S. 34.

133 § 16 Abs. 1, *a.a.O.*, S. 55.

ten Grundlagen ihm die Fortführung des Amtes eines Bürgermeisters der Stadt nicht zumuten kann.[134] Scholtz verzichtete damit auf eine Fortsetzung seiner Amtszeit bis 1936, er fand sich nur bereit, falls die städtischen Körperschaften dies wünschten, die Amtsgeschäfte des stellvertretenden Oberbürgermeisters bis zur Wahl des Nachfolgers von Böß fortzuführen. Es wurde ein bitterer Abgang für Scholtz. Die Fraktionsvorsitzenden des Zentrums, der SPD, DDP, Wirtschaftspartei und der DVP unterbreiteten der Stadtverordnetenversammlung nach einer Sonderbesprechung eine Erklärung auf die Mitteilung von Scholtz: *Die Stadtverordneten-Versammlung nimmt ohne besondere Prüfung der Rechtslage von der Erklärung des Herrn Bürgermeister Scholtz Kenntnis, sein Amt als Bürgermeister für den Fall des Inkrafttretens des neuen Gesetzes niederzulegen und ebenfalls von seiner Bereitwilligkeit, die Geschäfte bis zur Einführung des Oberbürgermeisters weiterzuführen.*[135] Den radikalen Parteien ging diese knapp gefaßte Entgegnung zu weit, sie sahen darin, wie der Nationalsozialist Lippert ausführte, ein *Vertrauensvotum.*[136] In dieser Beziehung wollten die äußerste Linke und Rechte nicht den leisesten Anschein erwecken. Scholtz wurde der *arbeiterfeindlichen Tätigkeit* geziehen, insbesondere aber für den Verkauf städtischer Vermögenswerte verantwortlich gemacht.[137]
Carl Misch schrieb vor der anstehenden Oberbürgermeisterwahl in der „Vossischen Zeitung": *Fast scheint es, als ob manche Fraktionen sich fürchten, einen allzu eigenwilligen Mann ins Rote Haus zu wählen. Wer gar zu selbständige Meinungen vertritt, die den 225 Stadtvätern ungelegen sind, wird rasch zur persona ingratissima. Verständlich deshalb, wenn mancher, der gewillt wäre, den Oberbürgermeisterposten anzutreten, sich nicht bewerben will, sondern umworben zu sein wünscht, verständlich, aber verwerflich. So kommt man nicht weiter.*[138] Hier war wohl Bürgermeister Scholtz gemeint, der sich durch die von ihm abgegebene Erklärung einen über die Kenntnisnahme hinausgehenden Vertrauensbeweis, vielleicht sogar eine breite Zustimmung zu seiner Nominierung erhofft haben mochte, die über die von der DVP betriebene Aufstellung hinausging. Diese Rechnung ging nicht auf. Eine fast dreißigjährige, mit Berlin und seinem westlichen Vorort Charlottenburg verbundene kommunalpolitische Karriere war zu Ende. Scholtz verblieb nur noch ein kurzer Lebensabend, er starb am 14. Mai 1935.
Der neue Oberbürgermeister Heinrich Sahm erklärte nach seiner Wahl am 14. März 1931, daß er sich gefragt habe, ob ihm das neue Gemeindeverfassungsrecht genügend Handhabe zur Erledigung der schwebenden schwierigen Probleme Berlins bieten würde. Die positive Antwort, fuhr Sahm fort, habe er in dem *bedeutungsvollsten, fundamentalsten Satz* des neuen Gesetzes gefunden: *Als Führer der Verwaltung ist der Oberbürger-*

134 Vom Stadtverordnetenvorsteher Hass verlesene Erklärung Scholtz'. *StVVersBln* (wie Anm. 24), 26. März 1931, *StBBln* (wie Anm. 24), 1931, S. 398.
135 *Ebda.*
136 *A.a.O.*, S. 399.
137 Vgl. die Reden von Lippert, Franz Wismewski (KPD) und Erich Granaß (DNVP), *a.a.O.*, S. 398 f.
138 *Vossische Zeitung*, Nr. 73, Postausgabe vom 26. März 1931.

meister für die Leitung und Beaufsichtigung sämtlicher Geschäftszweige verantwortlich.[139] Das ausdrückliche Hervorheben der neuen Machtfülle des Oberbürgermeisters konnte den endgültigen Bruch mit einer in Berlin gewachsenen Tradition eines gleichberechtigten Nebeneinanders von Stadtverordnetenversammlung und kollegialischem Magistrat nicht deutlicher machen.

139 *StVVersBln* (wie Anm. 24), 1931, 14. März 1931. *StBBln* (wie Anm. 24), 1931, S. 431.

Heinrich Sahm

von Martina Sönnichsen

Die Regierungszeit des Berliner Oberbürgermeisters Heinrich Sahm kennzeichnet der Wechsel vom demokratischen Berlin der Weimarer Republik zur Despotie des Nationalsozialismus. Seine Amtszeit begann in der Krise der Demokratie und endete nach Jahren entmündigter Geschäftsführung in nationalsozialistischem Terror. Sahm funktionierte letztlich nur noch als Marionette, bis man ihn 1935 aus dem Amt wies.
Ein Dualismus zwischen Staatskommissar und Oberbürgermeister zeichnete sich ab, nachdem Sahm seit der Ernennung von Julius Lippert zum Staatskommissar mit besonderem Auftrag im März 1933 lediglich die Rolle eines gegenzeichnenden Notars zuteil geworden war. Zweieinhalb Jahre lang war Heinrich Sahm noch Oberbürgermeister, nachdem die Nationalsozialisten das Parlament entmachtet hatten. Er hatte sich bereitwillig als willenloses Werkzeug zur Verfügung gestellt.
Bis auf zwei weitere Ausnahmen waren alle Magistratsmitglieder aus dem Amt entlassen worden. Zwar wurden im gleichen Zuge zwei bürgerliche Fachleute neu berufen,[1] jedoch handelte es sich hierbei um verantwortungsvolle Posten, wie beispielsweise um das Amt des Kämmerers, das die Nationalsozialisten vermutlich nicht fachlich ungeeigneten Parteigenossen überlassen wollten. Sahms Verbleiben im Amt mag jedoch eher auf seine enge Verbundenheit mit Hindenburg zurückzuführen sein. Diese wollten auch die Nationalsozialisten zu diesem Zeitpunkt nicht angreifen.[2]
Mit der Berufung Julius Lipperts zum Staatskommissar hatten sie weitaus wirksamere Möglichkeiten, den Oberbürgermeister und die Berliner Verwaltung zu entmachten. Sahm stand seit 1933 ständig unter der Kontrolle des Staatskommissars, dessen Anweisungen er zu befolgen und dessen Befehle er auszuführen hatte, bis ihn selbst im Dezember 1935 ein Erlaß des Reichsministers des Inneren von seinem Amte entband, weil eine *einheitliche Führung* unmöglich geworden sei.[3]
Auf eine lange, die Stadt Berlin prägende Amtszeit von Oberbürgermeister Gustav Böß – unterbrochen durch die zweijährige kommissarische Amtsführung von Arthur Scholtz – folgte Heinrich Sahm als Oberhaupt der Reichshauptstadt Berlin. Am 14. April 1931 wurde er von der Berliner Stadtverordnetenversammlung in das Amt des Oberbürgermeisters berufen, in einer so krisengeschüttelten Zeit sicherlich eine bedeutende Aufgabe. In den vier Jahren seiner Amtszeit hat Sahm seinen Zeitgenossen und den nachfolgenden Generationen allerdings wenig Einblick in seine Tätigkeit ge-

1 Christian Engeli, *Die nationalsozialistischen Kommunalpolitiker in Berlin,* in: Wolfgang Ribbe (Hrsg.), *Berlin-Forschungen II* (= Einzelveröffentlichungen der Historischen Kommission zu Berlin, Bd. 61; Publikationen der Sektion für die Geschichte Berlins, Bd. 4), Berlin 1987, S. 111–139, hier S. 115.

2 Christian Engeli/Wolfgang Ribbe, *Berlin in der NS-Zeit (1933–1945),* in: Wolfgang Ribbe (Hrsg.), *Geschichte Berlins,* Bd. 2, München 1987, S. 927–1024, hier S. 937.

3 *Verwaltungsbericht der Allgemeinen Hauptverwaltung (1. April 1932 bis 31. März 1936),* H. 1, Berlin 1927, S. 29.

Heinrich Sahm, * Anklam 12. 9. 1877, † Oslo 3. 10. 1939, Oberbürgermeister von Berlin 1931–1935

währt, anders etwa als sein Vorgänger Gustav Böß, der sich immer wieder veranlaßt sah, eigene Reflexionen über die Stadt, die er regierte, zu publizieren.[4]
Von seiner Tätigkeit als Präsident des Senats der Freien Stadt Danzig in den Jahren von 1919 bis 1930 existiert dagegen ein ausführlicher Erinnerungsbericht des späteren Berliner Oberbürgermeisters.[5] Beinahe enthusiastisch berichtet der sonst so sachliche Sahm, von dem sein Sohn schreibt, daß ihm *das Tun mehr bedeutete als spekulatives Denken*,[6] über seine Danziger Dienstzeit und den Kampf gegen Danzigs Abtrennung vom Reich.
Heinrich Sahm,[7] der am 12. September 1877 in Anklam (in Vorpommern) geboren worden war und der in München, Berlin und Greifswald Rechts- und Staatswissenschaften studiert hatte, schlug die Laufbahn eines höheren Verwaltungsbeamten ein. 1904 legte er die juristische Staatsprüfung ab, ein Jahr später wurde er Magistratsassessor in Stettin und ein weiteres Jahr danach Stadtrat in Magdeburg (1906–1912). Hier lernte er den späteren Reichskanzler Hans Luther kennen. In die Magdeburger Zeit fällt auch Sahms Verbundenheit mit dem dort kommandierenden General Paul von Hindenburg, den Sahm bereits zu diesem Zeitpunkt verehrte und für den er rund zwanzig Jahre später vehement den Hindenburg-Wahlausschuß führte.
1912 wechselte der Jurist in das Ruhrgebiet, wo er zum Zweiten Bürgermeister von Bochum avancierte. Unterbrochen wurde diese Tätigkeit ein Jahr nach Ausbruch des Ersten Weltkriegs, als das Reichsamt des Innern Sahm im August 1915 mit der Verwaltung der kurz zuvor eroberten Stadt Warschau beauftragte. Hier wurde er noch vor seinem Danziger Aufenthalt mit den Problemen des Ostens bekannt und lernte, wie er in seinem Tagebuch vermerkte, seinen Blick *über einen engen begrenzten Schaffensbereich hinaus einzustellen*.[8] Bevor er im Februar 1919 nach Danzig ging, übernahm er für kurze Zeit eine Stellung beim Deutschen Städtetag in Berlin. Gemeinsam mit Hans Luther und dem Zweiten Bürgermeister von Dortmund, Köttgen, kam Sahm dann in die engere Wahl für das Essener Oberbürgermeisteramt. Die Entscheidung fiel jedoch im Mai 1918 zugunsten Luthers, der daraufhin als Geschäftsführer beim Deutschem Städtetag in Berlin ausschied. Sahm übernahm am 1. Juli 1918 diese Stelle. Hier lernte

4 So ist auch über Sahm selbst wenig publiziert worden, abgesehen von der wenig kritischen Arbeit Heinrich Sprengers über *Heinrich Sahm, Kommunalpolitiker und Staatsmann,* Phil. Diss., Köln-Berlin 1969. Die wenigen Äußerungen Sahms, die Sprenger verwenden konnte, befinden sich zum großen Teil unveröffentlicht in Privathand.

5 Heinrich Sahm, *Erinnerungen aus meinen Danziger Jahren 1919–1930,* bearbeitet und biographisch eingeleitet von Ulrich Sahm, Marburg/Lahn 1955.

6 *A.a.O.*, S. III.

7 Zu Sahms biographischen Daten vgl. auch H. Sprenger, *Heinrich Sahm..* (wie Anm. 4), passim; Heinrich Sprenger, *Aus dem Leben Heinrich Sahms,* in: *Jahrbuch für die Geschichte Mittel- und Ostdeutschlands* 15 (1966), S. 269–339; H. Sahm, *Erinnerungen...* (wie Anm. 5), passim; Wolfgang Hofmann, *Oberbürgermeister in der Politik,* in: *Archiv für Kommunalwissenschaften* 8 (1969), S. 138 f.; W. Hofmann, *Städtetag und Verfassungsordnung. Positionen der Hauptgeschäftsführer eines kommunalen Spitzenverbandes,* Stuttgart 1966.

8 Zitiert nach Ulrich Sahm in der Einleitung zu H. Sahm, *Erinnerungen...* (wie Anm. 5), S. III.

er den Berliner Oberbürgermeister Adolf Wermuth kennen, der zugleich Vorstandsvorsitzender des Städtetages war und den Sahm offenbar schätzte, wenngleich er ihn für *etwas schwierig hielt.*[9] Sahm, der vornehmlich für Verhandlungen über die Lebensmittelversorgung zuständig war, vermochte keine durchgreifenden Beziehungen zur neuen Regierung herzustellen. Ob dies am Einfluß Wermuths lag oder an Sahms Unvermögen,[10] sei dahingestellt. Bessere Beziehungen und Kontakte zur neuen Staatsregierung sowie taktisches Handeln und Durchsetzungsvermögen hätten jedoch gerade in dieser Zeit des Umbruchs der kommunalen Selbstverwaltung nützlich sein können. Zum einen mögen Sahm durch Wermuths Anordnungen tatsächlich die Hände gebunden gewesen sein, zum anderen lag Sahm diese Tätigkeit ohnehin nicht, die ihm zu wenig Spielraum in konkreter Verwaltungsarbeit ließ. So war er froh, als er die Stelle als Geschäftsführer verlassen und bald darauf die eines anderen Freundes in Danzig übernehmen konnte. Als ein Gesandter der Danziger Stadtverwaltung ihn in Berlin aufsuchte, um ihn zu bitten, nach dem Tode des Oberbürgermeisters Heinrich Scholtz dessen Amt zu übernehmen, sagte er umgehend zu. Der mit Sahm befreundete Scholtz hatte den Wunsch nach dieser Nachfolgeschaft geäußert. Sahm reizte *die Aufgabe, auf gefährdetem Boden das Deutschtum zu vertreten.*[11] Am 2. Februar 1919 wählte ihn die Danziger Stadtverordnetenversammlung zum Oberbürgermeister. Gut zwei Wochen später trat er das Amt an, mit einer Rede, in der er eine offene Kampfansage an Polen richtete. *Wütende Angriffe in der polnischen Presse waren die Quittung darauf. Aber ich sollte den Polen noch unbequemer werden.*[12]

Durch die von den Siegermächte verfügte Abtrennung Danzigs vom Deutschen Reich kam dem Oberbürgermeister der Freien Stadt Danzig eine besondere Rolle zu. Er hatte Verhandlungen mit den Alliierten und den Assoziierten Mächten sowie mit Polen zu führen, und obwohl er immer wieder nach Berlin fuhr, *um die Sache Danzigs zu führen* und auch um (zeitweilig) Rücksprache mit der Reichsregierung zu halten, konnte er doch seine eigene Politik durchsetzen, weit über das hinaus, was zum Kompetenzbereich eines Stadtoberhauptes gehörte. Nachdem er im Dezember 1920 zum Präsidenten des Senats gewählt worden war, nahm seine Machtfülle weiter zu. In dieser hauptamtlichen Tätigkeit war er nach der Verfassung Danzigs nicht einmal mehr dem Parlament verantwortlich.[13] Später, 1924 und 1928, wurde er durch Wiederwahl in diesem Amt bestätigt, eine Tatsache, die auch seiner Parteilosigkeit und seinem klugen Lavieren zwischen rechts und links zu verdanken war. Doch weil die Demokratie für sie in den vergangenen vier Jahren zu einer Autokratie zu werden drohte, unterstützten

9 H. Sprenger, *Heinrich Sahm...* (wie Anm. 4), S. 34.

10 W. Hofmann, *Städtetag und Verfassungsordnung...* (wie Anm. 7), S. 23 u. 24, vertritt die Ansicht, daß eine *stärkere politische Persönlichkeit* größere kommunalpolitische Forderungen an die Staatspolitik hätte stellen können.

11 H. Sahm, *Erinnerungen...* (wie Anm. 5), S. 1.

12 *Ebda.*

13 H. Sprenger, *Aus dem Leben Heinrich Sahms...* (wie Anm. 7), S. 270.

ihn die Sozialdemokraten bei der Wahl vom 4. Dezember 1924 nicht. Trotzdem erhielt Sahm die meisten Stimmen der Regierungsmitglieder. 72 Abgeordnete votierten für ihn; die bürgerlichen Parteien standen hinter Sahm, während die Sozialdemokraten, die Kommunisten, die Polen und zwei Splitterparteien gegen ihn stimmten beziehungsweise nicht an der Wahl teilnahmen. Sahm blieb damit länger im Amt des Senatspräsidenten als seine drei Nachfolger zusammen, bis im Herbst 1930 die gesamte Stadt einschließlich der Präsidentschaft parlamentarisiert wurde und er jetzt wegen seiner Parteilosigkeit aus dem Amt scheiden mußte. Zuvor jedoch regierte er Danzig elf Jahre lang und versuchte in dieser Zeit, die Stadt dem Deutschen Reich zu erhalten. Insgesamt dreißigmal vertrat er Danzig vor dem Völkerbund[14] und blieb seinem Vorsatz treu, *Danzig das Deutschtum zu sichern.* Vor der Stadtverordnetenversammlung erklärte er im Juni 1919 zum Versailler Vertrag: *Für den Fall, daß die Friedensbedingungen von der Regierung des Deutschen Reiches unterschrieben werden, wird die Stadt Danzig als Freistadt mit dem ihr zugewiesenen Gebiet vom alten Mutterland getrennt werden. Wir, die wir immer die Treue zu unserem geliebten Vaterland bewahrt und ausdrücklich betont haben, müssen uns trauernd dieser Entscheidung beugen. Hoffnung und Wille, unvermindert das Deutschtum dieser schönen alten Stadt zu erhalten, bleiben in unser aller Herzen bestehen. Wir sind deutsch und wollen immerdar deutsch bleiben ...*[15] Die Aufgabe, das Deutschtum auf *gefährdetem* Boden zu vertreten, reizte ihn außerordentlich. Die Unterzeichnung des Friedensvertrages, der eine Loslösung Danzigs vom Reich vorsah, hatte ihn zutiefst enttäuscht. Er erweckte den Eindruck, als habe der Reichspräsident Friedrich Ebert, bei dem er persönlich vorgesprochen hatte, die Danziger Sache nicht engagiert genug vertreten.

Nach der amtlichen Publikation des Vertrages von Versailles wurde eine neue Verfassung für Danzig ausgearbeitet. Schon zuvor hatte Sahm in der Öffentlichkeit deutlich gemacht, daß er eine Verfassung auf breitester demokratischer Grundlage wünsche. Im Magistrat müßten, so betonte er, künftig auch diejenigen vertreten sein, die vorher keine Möglichkeit dazu gehabt hätten. Deshalb sollte die Zahl der unbesoldeten Mitglieder von elf auf 14 erhöht werden, um diese drei neuen Stellen vorrangig mit Arbeitern zu besetzen. Daß gerade die unbesoldeten Stellen ein echtes politisches Mitspracherecht der Arbeiter stark eingrenzten, ließ Sahm unberührt. Nach außen hin jedoch versuchte er – wie auch später in Berlin –, es allen recht zu machen. Außenpolitische Konflikte nahm er nicht ungern in Kauf, indem er sich kämpferisch gegen Polen stellte. In der kommunalpolitischen Tätigkeit schien er jedoch Streitigkeiten aus dem Wege zu gehen. Obwohl Sahm keiner Partei angehörte, tendierte er in den ersten Jahren in Danzig zunächst zu den Deutschnationalen, später zur Liberalen Partei oder zur Nationalliberalen Bürgerpartei. Obwohl zeitweilig von der Opposition angegriffen, wurde Sahm aber von allen Parteien im großen und ganzen respektiert.[16] Das mag zum einen

14 *Ebda.*
15 H. Sahm, *Erinnerungen...* (wie Anm. 5), S. 5.
16 H. Sprenger, *Aus dem Leben Heinrich Sahms...* (wie Anm. 7), S. 115.

an seiner Politik des Ausgleichs und an seiner Konfliktscheu gelegen haben, zum anderen aber auch an dem gemeinsamen Bestreben – die Kommunisten und Polen ausgenommen –, Danzig als Freie Stadt zu erhalten. Damit verbunden war das Bemühen der Parteien, von der Reichspolitik nicht ausgeschlossen zu werden und Danzigs Bindungen an das Deutsche Reich zu verdeutlichen. Trotzdem gab es Aktionen, Streiks und Proteste gegen die Danziger Regierung, wie beispielsweise im Sommer 1921, als die Linksparteien gegen Arbeitslosigkeit und wirtschaftliche Not zum Generalstreik aufriefen. Eine Demonstration wurde verboten, Polizeieinsatz angeordnet. Sahm suchte sich zu rechtfertigen, indem er darauf hinwies, daß für Danzig das kostbarste Gut, die Freiheit, auf dem Spiel stehe. Immer wieder wird deutlich, daß Sahm, um Danzig als Freie Stadt zu erhalten, den innenpolitischen Konflikt zu vermeiden versucht. Damit treten die kommunalen Belange und beispielsweise auch die wirtschaftlichen Interessen der Danziger Kaufleute in den Hintergrund seiner Politik gegenüber Polen und dem Völkerbund.[17]

Aus diesem Grunde räumte er der Polnischen Partei beispielsweise statt der ihrer Bevölkerungszahl entsprechenden zwei Sitze in der Nationalversammlung drei ein, weil die Polen die Zahlen der Bevölkerungsstatistik anzweifelten. Die Unruhe in der Stadt – die Bevölkerung stand in der ständigen Sorge, von Polen okkupiert zu werden – wurde durch kleine Schritte mit großer Wirkung ständig verstärkt. Zehn rote polnische Briefkästen, die in einer Januarnacht 1925 in Danzig angebracht worden waren, sorgten für höchste, fast panische Erregung. Einige Bürger übertünchten die Kästen mit schwarz-weiß-roten Farben, was zum Protest Polens führte, das die Briefkästen als Hoheitszeichen betrachtete. Um in der „Postkastenaffäre", die auch Sahm beunruhigte, eine Entspannung herbeizuführen, entschuldigte sich Sahm in einer Note an Polen und rief die Bevölkerung auf, sich ruhig zu verhalten: *Wer Danzig wahrhaft liebt, bewahrt die Ruh!*[18]

Besonders in seinen ersten Danziger Jahren war Sahm bemüht, Verhandlungen allein zu führen und die Danziger Angelegenheiten ohne die Deutsche Reichsregierung zu lösen, auch wenn er hin und wieder Gespräche in Berlin suchte. Übergreifende politische Entscheidungen, die das Reich betrafen, mied er absichtlich, mit Rücksicht auf die schwierige Stellung der Stadt.[19] So blieb auch sein Vorschlag an Reichskanzler Luther, Deutschland solle dem Völkerbund beitreten, nur eine Episode reichspolitischer Tätigkeit. Die Interessen des Reiches und Danzigs deckten sich bald nicht mehr. Durch den Austausch von Beamten zwischen dem Reich und Danzig versuchte Sahm die Stellung der Stadt zu festigen, ebenso durch zahlreiche Tagungen und Kongresse. Einer der Höhepunkte mag in diesem Zusammenhang der kurze Aufenthalt Hindenburgs in Danzig im August 1924 gewesen sein.

17 Gemeint sind hier die wirtschaftlichen Konflikte zwischen Sahm und der Danziger Kaufmannschaft, vgl. dazu H. Sprenger, *Aus dem Leben Heinrich Sahms...* (wie Anm. 7), S. 117.
18 H. Sprenger, *a.a.O.*, S. 101.
19 *A.a.O.*, S. 111.

In Danzig machte Sahm noch die „Stahlhelm"-Affäre sehr zu schaffen. Im Mai 1929 wollte der Danziger „Stahlhelm" mit zahlreichen Nicht-Danzigern in der Freien Stadt eine Tagung abhalten, zu der mehr als 13 000 „Stahlhelm"-Mitglieder aufgerufen worden waren. Sahm war nicht um die Erlaubnis für eine solche Kundgebung gebeten worden und erfuhr von dem Vorhaben erst durch den äußerst beunruhigten Völkerbundskommissar von Hamel. Da Ausschreitungen zu befürchten waren und Polen außerdem das militärische Mandat über Danzig hatte, entschloß sich der Senat mit starker Unterstützung von Sahm, die Zusammenkunft zu verbieten. Dieses führte zu heftigen Protesten von seiten des „Stahlhelm", der sich vor allem darauf berief, daß dem Reichsbund „Schwarz-Rot-Gold" eine Tagung in Danzig erlaubt worden sei. Diese hatte nach Sahms Auffassung aber einen Danziger Bezug gehabt. Die Folge dieser vernünftigen Entscheidung war, daß Sahm von den Sozialdemokraten gelobt, von der politischen Rechten aber als Verräter des Deutschtums hingestellt wurde. Im Vorfeld der Wahlen des Jahres 1930 brachte die „Stahlhelm"-Affäre den parteilosen, konservativen Sahm in Schwierigkeiten. Mit einer Neuwahl war schon jetzt nicht mehr zu rechnen.

Und tatsächlich ging er als Verlierer aus den Wahlen hervor, nachdem sogar das Zentrum von ihm abgerückt war, indem es sich für eine Koalition mit den Rechtsparteien entschied. Lediglich die Nationalliberalen versuchten Sahm als ihren Kandidaten durchzusetzen. Zu diesem Zweck sollte er jedoch ihrer Partei beitreten. Sahm lehnte ab und gab sich den Anschein, nicht auf jeden Fall an seinem Posten festhalten zu wollen. Die Verfassungsänderung vom 27. Juni 1930 hatte ein übriges getan. Ein parteiloser Präsident war nicht länger tragbar. Die Zersplitterung der Parteien, die Sahm lange Zeit hatte kompensieren können, war durch die Bildung des starken Rechtsblocks aufgehoben. Was seinem Nachfolger, dem Deutschnationalen Ernst Ziehm, zugute kam, gereichte Sahm zum Nachteil. Isoliert von allen Parteien mußte er Abschied vom Präsidentenposten und von Danzig nehmen. Die „Stahlhelm"-Affäre mag für diese Niederlage ein Wegbereiter gewesen sein, ob sie aber, wie er wohl glaubte, später zu seiner Entfernung aus dem Amt des Oberbürgermeisters in Berlin geführt hat, ist fraglich.

Als Sahm am 14. April 1931 in Berlin zum Oberbürgermeister bestellt wurde, war es auch in der Reichshauptstadt zu einer Verfassungsänderung gekommen. Vierzehn Tage vor Sahms Wahl trat ein neues Berlin-Gesetz in Kraft und gab ihm als „Führer der Verwaltung"[20] wesentlich mehr Gewalt als nach dem Groß-Berlin-Gesetz von 1920. Somit erhielt Sahm noch einmal die Möglichkeit, eine große politische Verantwortung zu übernehmen, verbunden mit einer starken Machtfülle und einer großen Kompetenzanhäufung, die ihm jedoch zwei Jahre später wieder genommen werden sollten.

20 *Verwaltungsbericht der Allgemeinen Hauptverwaltung (1. April 1932 bis 31. März 1936)*, H. 1, S. 9.

Sahms Amtsantritt fällt in die Zeit der Weltwirtschaftskrise. Die Reichshauptstadt war von tiefen wirtschaftlichen Depressionen geprägt. Arge soziale Mißstände hatten sich in der Vier-Millionen-Stadt entwickelt. Auch der „Sklarek-Skandal" hatte dafür gesorgt, daß das Vertrauen der Bevölkerung in die Kommunalpolitik verlorenging. Mit der Affäre war die Berliner Selbstverwaltung in eine Krise geraten,[21] von der sie sich nicht wieder erholte. Bis heute ist es nicht gelungen, Gustav Böß trotz seiner großen Verdienste für die Stadt und des zweifellos schwierigen Aufbaus der Selbstverwaltung in den Jahren um 1925 in der Weise zu würdigen, die angemessen wäre. Ein bitterer Beigeschmack ist bis heute geblieben. Um so mehr muß der Skandal für Sahm und seine Zeitgenossen ein tiefer Einschnitt in die Stadtentwicklung gewesen sein. Die 20 Millionen der Sklarek-Unterschlagungen galten als *Makel der Mißwirtschaft*. Verantwortlich dafür wurde die Stadtverwaltung gemacht.[22] Die Stadt war in eine Krise geraten, aus der es kein Entrinnen gab, auch wenn zwischenzeitlich noch kurze positive Phasen existierten. Mit einer hohen Arbeitslosenquote und einer starken Zuwanderungstendenz nahmen die Probleme ständig zu.

So verwundert es nicht, daß die Extremparteien bei der Wahl zur Stadtverordnetenversammlung vom November 1929 außerordentlich hohe Gewinne erzielen konnten. Die KPD erhielt 13 zusätzliche Mandate, und die NSDAP zog erstmals in die Stadtverordnetenversammlung ein. Noch bei den Landtagswahlen im Mai 1928 hatte sie in Berlin lediglich 1,5 Prozent der Stimmen erhalten. Bei den Bezirks- und Stadtverordnetenwahlen 1929 war ihr Prozentanteil schon auf 5,7 beziehungsweise 5,8 Prozent angestiegen. Bei der KPD hatte sich der Trend schon seit den Landtags- und Reichstagswahlen vom Mai 1928 abgezeichnet, bei denen sie 24,6 Prozent der Stimmen erhielt. Die Verlierer der Wahlen des Jahres 1929 waren vor allem die Sozialdemokraten, deren Stimmenanteil um rund 4,5 Prozent abnahm, und die Bürgerlichen, die leichte Verluste erlitten.[23]

Bei den Reichstagswahlen im September 1930 sollte sich dieser Trend weiter verstärken. Erstmals schaffte es die KPD, die SPD – wenn auch minimal – zu überrunden (27,3 gegenüber 27,2 Prozent). Die Nationalsozialisten vermochten ihr Ergebnis bei einer hohen Wahlbeteiligung sogar von 5,7 beziehungsweise 5,8 Prozent bei der Bezirksverordnetenversammlung beziehungsweise bei der Stadtverordnetenversammlung von 1929 auf jetzt 14,6 Prozent zu erhöhen.

Als Sahm im April 1931 zum Berliner Oberbürgermeister gewählt wurde, hatten die Kommunisten nach der Wahl von 1929 in der Berliner Stadtverordnetenversammlung

21 Andreas Splanemann, *Wie vor 70 Jahren Groß-Berlin entstand. Ein aktueller Rückblick nach dem Fall der Mauer* (= Berliner Forum 3 [1990]), Berlin 1990, S. 62.

22 Henning Köhler, *Berlin in der Weimarer Republik (1918–1932),* in: Wolfgang Ribbe (Hrsg.), *Geschichte Berlins,* Bd. 2, München 1987, S. 797–923, hier S. 898.

23 Vgl. dazu Andreas Splanemann u. a., *Wahl- und Sozialstatistik des demokratischen Berlin 1919–1933,* in: Otto Büsch/Wolfgang Haus, *Berlin als Hauptstadt der Weimarer Republik 1919–1933* (= Veröffentlichungen der Historischen Kommission zu Berlin, Bd. 70/1; zugleich Berliner Demokratie 1919–1985, Bd. 1), Berlin-New York 1987, S. 283–482, hier S. 323 u. 347.

56 Mandate inne, die Nationalsozialisten errangen erstmals 13 Sitze, und die SPD hatte mit 64 Mandaten im Vergleich zu 1925 neun Sitze verloren. Die Anzahl der Sitze der DDP, des Zentrums und der DVP verminderte sich gegenüber denen des Jahres 1925 (43) auf insgesamt 38. Verluste hatte die DDP zu verzeichnen, ebenso die DNVP mit 40 gegenüber 47 Mandaten im Jahr 1925. Die Wirtschaftspartei blieb mit zehn Mandaten weiter stabil.[24] Kennzeichnend ist, daß Sahm in einer Zeit die Regierung der Stadt übernahm, in der die extremen und antidemokratischen Parteien große Zugewinne erzielten und durch Mehrheiten demokratische Anliegen blockieren konnten. Nach einer gewissen Stabilisierung in der Reichshauptstadt begann diese erste demokratische Entwicklungsphase in der Geschichte Berlins ihrem Ende zuzugehen.
Die Verabschiedung des Haushalts im Stadtparlament gestaltete sich immer schwieriger. In der neugewählten Stadtverordnetenversammlung konnten kaum noch demokratische Mehrheiten erzielt werden. Die Deutschnationalen sorgten dafür, daß die „Mißwirtschaft" der Berliner Verwaltung zum Thema im Landtag wurde.[25] Immer wieder kam es zu harten Auseinandersetzungen zwischen Demokraten einerseits und Kommunisten sowie Nationalsozialisten andererseits. Den Sklarek-Skandal, der Sozialdemokratie angekreidet, stellten die Antidemokraten immer mehr in den Mittelpunkt. Obwohl die schwierige Haushaltslage vor allem auf die allgemeine wirtschaftliche Depression zurückzuführen war, in der die Kommunen das schwächste Glied der Kette bildeten, suchten Nationalsozialisten und Kommunisten die Schuld dafür allein bei der Berliner Verwaltung. Während die Demokraten bemüht waren, durch unpopuläre, aber notwendige Maßnahmen wie Tarifanhebungen und erhöhte Steuern Geld in die Haushaltskasse zu bringen, blockierten die Antidemokraten solche Versuche durch kostenintensive Anträge, die zusätzliche Millionenbeträge erfordert hätten, insbesondere für die Arbeitslosenunterstützung. Die Deutschnationalen, die wie die KPD die Verantwortung für den wirtschaftlichen Eklat beim SPD-Magistrat suchten, sahen im Etat das *Zeichen des Zusammenbruchs der sozialdemokratischen Kommunalpolitik.*[26] Auch der Druck von außen auf die Stadt nahm zu. Als die Stadtverordnetenversammlung trotz der prekären wirtschaftlichen Situation 1929 eine Weihnachtsbeihilfe für die Wohlfahrtsempfänger beschloß, setzte die Aufsichtsbehörde fest, *daß die Stadt Berlin keine neuen Aufgaben übernehmen dürfe, bevor die kurzfristige Verschuldung nicht geregelt sei.*[27] Und als die SPD in Berlin den Brüningschen Notverordnungen von 1930 in Teilen nicht zustimmte, setzte der Oberpräsident zwei Staatskommissare ein, um die Durchführung dieser Maßnahmen anordnen zu können. Damit zeichnete sich schon

24 Dazu Andreas Splanemann, *Brandenburg und Berlin 1920–1932,* in: Kurt G. A. Jeserich (Hrsg.), *Verwaltungsgeschichte Ostdeutschlands bis 1945*, erscheint demnächst.

25 Wolfgang Haus, *Chance, Krise und Sturz der Demokratie im Berlin der Weimarer Republik,* in: O. Büsch/W. Haus, *Berlin als Hauptstadt...* (wie Anm. 23), S. 161–264, hier S. 235.

26 Edward Gough, *Die SPD in der Berliner Kommunalpolitik 1925–1933,* Phil. Diss., Berlin 1984, S. 247.

27 H. Köhler, *Berlin in der Weimarer Republik...* (wie Anm. 22), S. 901.

deutlich der Druck der Reichsmacht auf die kommunale Selbstverwaltung ab. Mit der ungünstigen wirtschaftlichen Entwicklung ging gleichermaßen eine Einengung der kommunalen Kompetenzen einher, die sich im neuen Berlin-Gesetz von 1930 wiederfindet. Ziel der Reichsregierung und des neuen Berlin-Gesetzes war es, in Anlehnung an die rheinische Bürgermeisterverfassung eine zentrale und mächtige Rolle für den Oberbürgermeister zu schaffen und ihm – in Abwendung von der Magistratsverfassung – den Vorsitz in der Stadtverordnetenversammlung und im neu zu bildenden Stadtgemeindeausschuß zu übertragen. Dieser Eingriff in das kommunale Selbstverwaltungsrecht war unter anderem auch durch Reichskanzler Heinrich Brüning seit längerer Zeit angestrebt worden, der im Berliner Sklarek-Skandal sogar Auswirkungen auf die Reichspolitik befürchtete und deswegen eine Neuordnung der Machtverhältnisse in der Reichshauptstadt anstrebte. Als Heinrich Sahm im April 1931 zum Berliner Oberbürgermeister gewählt wurde, war das Gesetz, das ihm eine besondere Machtstellung gewähren sollte, gerade in Kraft getreten. Mit diesem Gesetz, an dem der Sozialdemokrat Paul Hirsch unter anderem die zu starke Stellung des Oberbürgermeisters kritisierte, erhielt Sahm die alleinige Exekutive. Er führte die Verwaltung, überwachte die Ausführung von Beschlüssen der Vertretungskörperschaften, leitete und verteilte die Aufgaben und beaufsichtigte die Geschäftsführung. Gemeinsam mit dem Magistrat, der alle Vorlagen beschloß, die an die parlamentarischen Gremien gehen sollten, bildete er den Gemeindevorstand. Als „Führer der Verwaltung" war der Oberbürgermeister von nun an *für die Leitung und Beaufsichtigung sämtlicher Geschäftszweige verantwortlich.*[28]

Der Versuch der Reichsregierung, den Oberbürgermeister auch zum Vorsitzenden der Stadtverordnetenversammlung zu machen, scheiterte am Widerstand der Parteien, so daß es nur zu diesem „Kompromiß" kommen sollte, der aus der Sicht der Nationalsozialisten dem Oberbürgermeister viel zu wenig Macht einräumte, um aus der schwierigen finanziellen Lage, die sie als Folge des Sklarek-Skandals hinstellten, herauszukommen, und die ihrer Ansicht nach nur durch eine *einheitliche, großzügige und folgerichtige Neugestaltung des Berliner Verfassungsrechts*[29] zu lösen sei. Hier schon zeigt sich die spätere Entwicklung nach der Machtergreifung der Nationalsozialisten, als Julius Lippert eben diese machtvolle „Führung" übernehmen sollte, von Sahm zunächst mitgetragen, der jedoch immer mehr entmachtet wurde. Bei anderen Parteien, vor allem auch bei den Sozialdemokraten, bestanden ohnehin Zweifel an dieser Gesetzesänderung für Berlin. Ein neues Selbstverwaltungsgesetz für alle Kommunen des Reiches wäre wohl sinnvoller gewesen. Die irrige Ansicht der Reichsregierung, forciert durch die antidemokratischen Tendenzen in der Berliner Stadtverordnetenversammlung, mag jedoch der Grund gewesen sein, so schnell wie möglich in der ungeliebten Reichshauptstadt einzugreifen und dort die von der Sozialdemokratie noch immer zum gro-

28 *Verwaltungsbericht der Allgemeinen Hauptverwaltung (1. April 1932 bis 31. März 1936),* H. 1, S. 9.

29 *Ebda.*

ßen Teil bestimmte Selbstverwaltung zu entmachten, ein Akt, der ein Jahr später auch das sozialdemokratisch regierte Preußen treffen sollte, als die Reichsregierung durch den „Preußenschlag“ den Notstand über Berlin verhängte und die Regierung durch die Einsetzung eines Staatskommissars entmachtete. Zwar nicht in vergleichsweise drastischer Art, aber dennoch sehr bestimmt, hatte das Reich auch in Berlin begonnen, die kommunalen Selbstverwaltungsrechte – auf demokratischem und legalem Wege – einzuschränken. Man hatte eine Situation ausgenutzt, in die das demokratische Berlin unverschuldet hineingeraten war, und ermöglichte hiermit – zweifellos ungewollt – den antidemokratischen Kräften einen schnelleren Zugriff.[30] Als demokratisch gewählter Oberbürgermeister wurde Sahm zu einer Zeit, in der die antidemokratischen Kräfte sich formierten, als das demokratische Gebilde zu zerbrechen drohte, zum Werkzeug der späteren Machthaber.

Berlins neue Ära – mit dieser Schlagzeile kündigte die „Vossische Zeitung“ bereits neun Tage vor der Wahl die Entscheidung an. Das Paket für den neuen Magistrat war zu diesem Zeitpunkt bereits geschnürt; es stand endgültig fest, daß Sahm Oberbürgermeister werden würde. Diese Einigung kam allerdings erst zustande, nachdem die Sozialdemokraten, die offensichtlich ohnehin nicht mit der Besetzung des Postens aus ihren Reihen geliebäugelt hatten, auf einen eigenen Kandidaten verzichtet hatten. Als Gegengabe sollte die „Etatsmehrheit“ aus Staatspartei, Deutscher Volkspartei und Zentrum dafür die sozialdemokratischen Kandidaten Friedrich C. A. Lange als Bürgermeister und Bruno Asch als Stadtsyndikus mittragen. Zu diesem „Wahlpaket“ gehörte außerdem die Wahl des der Staatspartei angehörenden Fritz Elsas zum Zweiten Bürgermeister. Sahm hatte seine Wahl, die er am 14. April 1931 mit 110 Stimmen gegen seine Gegenkandidaten Wilhelm Pieck (KPD, 52 Stimmen) und den deutschnationalen Steiniger (46 Stimmen) gewann, also nicht einer großen Anhängerschaft zu verdanken, sondern vielmehr den Mehrheitsverhältnissen im Stadtparlament.

Noch kurze Zeit zuvor war es völlig offen gewesen, wer das Amt des Oberbürgermeisters übernehmen sollte. Als Kandidaten hatten unter anderen der sozialdemokratische Oberbürgermeister aus Altona, Max Brauer, der Essener Oberbürgermeister Franz Bracht, der dem Zentrum angehörte und unter dem Reichskanzler Wilhelm Marx Staatssekretär gewesen war, der amtierende Bürgermeister Arthur Scholtz (DVP) sowie als einer der aussichtsreichsten Männer der preußische Finanzminister Hermann Höpker-Aschoff, der dem Zentrum angehörte und einer der Mitbegründer der Staatspartei gewesen war, ihr Interesse angemeldet. Obschon in einer polnischen Zeitung und in den „Danziger Neuesten Nachrichten“ bereits im Januar 1931 als neuer Kandidat für

30 Eine Gegenposition hierzu vertritt Wolfgang Haus, der die Änderung der Berliner Gemeindeverfassung nicht in eine Reihe gestellt sehen will mit *bewußten Schritten zur Beseitigung demokratischer Institutionen in Deutschland 1932 und 1933*. W. Haus, *Chance, Krise und Sturz*... (wie Anm. 25), S. 245. Wenn sie auch keine bewußte Maßnahme war, so ist die Verfassungsänderung dennoch als eine Schwächung der demokratischen Kräfte zu werten und damit in die Reihung des Machtverlustes der kommunalen Demokratie einzuordnen.

den Berliner Oberbürgermeisterposten gehandelt, tauchte Sahms Name in der Berliner Presse nur zaghaft auf. Bei der Vorstellung der mutmaßlichen Kandidaten in der „Vossischen Zeitung" vom 20. März 1931 wurde sein Name überhaupt nicht erwähnt. Zum einen mag das an Sahms großer Bekanntheit im Danziger und polnischen Raum gelegen haben, zum anderen jedoch sicherlich auch an seiner Zurückhaltung und Unentschlossenheit, das Amt zu übernehmen. Ihn hatte zunächst mehr die Kandidatur für die Dresdner Oberbürgermeisterstelle interessiert, wo die Rechtsbürgerlichen an ihn herangetreten waren. Gewählt wurde jedoch der Demokrat Wilhelm Külz. Auch wenn der Biograph Heinrich Sahms, eine Lanze für ihn brechend, annimmt, daß dieser trotz seiner Zurückhaltung grundsätzlich bereit gewesen sei, das Berliner Oberbürgermeisteramt zu übernehmen,[31] entsteht doch der Eindruck, daß er diesem Angebot nur halbherzig folgte, aus welchem Grunde auch immer; sicherlich werden die wenig attraktive finanzielle Situation der Stadt und die politischen Machtverhältnisse eine Rolle gespielt haben. Sahm hielt seine Entscheidung also abwartend offen, erklärte jedoch, als sein Name im März in der „Berliner Börsenzeitung" fiel: *Ich glaube über genügend Sachkenntnis, aber auch über frische Tatkraft und Lebenswillen zu verfügen, um selbst die schweren Aufgaben des Leiters der Geschicke der deutschen Reichshauptstadt meistern zu können.*[32] Er wollte jedoch nur kandidieren, wenn alle staatserhaltenden Parteien einmütig an ihn heranträten und kein sozialdemokratischer Gegenkandidat antreten würde.

Seine beiden Niederlagen in Danzig und Dresden hatten Sahm zur Zurückhaltung veranlaßt. Zudem waren die Anforderungen an den gesuchten Mann an der Verwaltungsspitze sehr hoch. Die „Vossische Zeitung" suchte noch am 26. März 1931 einen Kandidaten, der die schwierige Aufgabe in der ungeliebten Vier-Millionen-Stadt meistern sollte: *Oberhaupt der Reichshauptstadt muß eine Persönlichkeit eigenen Gepräges sein. Dann wird er der Stadtverwaltung sein Gepräge geben. Berlin nimmt einen neuen Start. Es braucht jetzt den richtigen Manager.* Hohe Anforderungen an einen Kandidaten, der in Berlin relativ unbekannt war, die Berliner Kommunalpolitik kaum kannte und der sich in seiner späteren Amtszeit auch tatsächlich wenig hervortun sollte, zum Teil, weil er lediglich ein *karriereorientierter Beamter* mit *farblosen und schablonenhaften* Äußerungen war,[33] zum Teil aber auch, weil sich die Probleme in der krisengeschüttelten Reichshauptstadt zum Zeitpunkt der Oberbürgermeisterwahl dermaßen zugespitzt hatten, daß selbst die neue Machtfülle in diesem Amt kaum noch genutzt werden konnte. Die Finanznot nahm immer mehr zu, mit ihr die Arbeitslosigkeit und die Armut vor allem der Erwerbslosen, für die kaum noch Fürsorgegelder gezahlt werden konnten.

Ob Sahms Wahl richtig sein würde, fragte sich auch der frühere Stadtsyndikus und mit Sahm zum Bürgermeister gewählte Friedrich C. A. Lange, als er am 10. März in sein

31 H. Sprenger, *Heinrich Sahm...* (wie Anm. 4), S. 217.
32 *Ebda.*
33 H. Köhler, *Berlin in der Weimarer Republik...* (wie Anm. 22), S. 909.

Tagebuch schrieb: *Kandidat für den Posten des Oberbürgermeisters ist der in Danzig durch sein Stahlhelm-Versammlungsverbot arbeitslos gewordene frühere Präsident des Senats Dr. Sahm, enfant gâté von Hindenburg ... Der lange Sahm, wie er in Greifswald hieß, ist begabt, sehr ehrgeizig, sehr vorsichtig und gehört keiner Partei an. So kann er gegebenenfalls andeuten, daß er – nahe steht. Das Klima um ihm herum ist kühl, gelegentlich gemildert durch zweckbedingte Liebenswürdigkeit.*[34] Demgegenüber zeigte sich die „Vossische Zeitung" vom 5. April, als die Beratungen im Rathaus abgeschlossen waren, mit der zu erwartenden Wahl Sahms zufrieden. *Mit Sahm kommt an die Spitze unserer Vier-Millionen-Stadt eine eigenwillige Persönlichkeit, ein hervorragender Kommunalfachmann, ein gescheiter Diplomat und – was für Berlin nicht unwichtig ist –, ein Mann mit hervorragenden Beziehungen im In- und Ausland.*

Daß diese Beziehungen nicht zum Tragen kamen, mag an Sahms wenig spektakulärem Auftreten in der Berliner Stadtpolitik gelegen haben. Mehr als in der Kommunalpolitik setzte er sich im Hindenburg-Ausschuß für die Wiederwahl des Reichspräsidenten ein. Die Bedingungen für den Oberbürgermeister waren allerdings äußerst schwierig. Sahm schien weder über die Konstellation im Magistrat beglückt zu sein,[35] noch war ein Ausweg aus der politischen und wirtschaftlichen Krise der Reichshauptstadt in Sicht. Anfang 1931 hatte die schwebende Schuld Berlins einen Stand von 620 Millionen RM erreicht. Die Bemühungen der Stadt, Auslandsanleihen aufzunehmen, wurden vereitelt. Einzige Möglichkeit, der drohenden Zahlungsunfähigkeit zu entkommen, schien die Veräußerung städtischen Besitzes zu sein. Die Stadtverordnetenversammlung trat immer seltener zusammen, aus finanziellen Gründen gab es keine Aufgaben mehr, die wahrgenommen werden konnten, und Bauvorhaben beispielsweise mußten gestoppt werden. Die Stärke des neuen Oberbürgermeisters als „Führer der Verwaltung" wurde somit in genau dem Moment zur Farce, als das betreffende Gesetz in Kraft trat. Allerdings schien Sahm durch Zurückhaltung den Mißstand zu unterstützen. Zur selben Zeit, als er Hindenburg hilfreich und erfolgreich zum Wahlsieg verhalf, steuerte Berlin immer mehr auf einen Abgrund zu.

Während Berlin als Kommune das schwächste Glied in der Kette Reich – Land – Gemeinde war und als ungeliebte Reichshauptstadt ohnehin ständig unter Druck gesetzt wurde, spitzte sich auch der Dualismus zwischen Preußen und dem Reich zu. Die Zahlungsunfähigkeit Preußens wurde von der Reichsregierung genutzt, um das Land unter Druck zu setzen. Im Juni 1932 blieb die versprochene Hilfeleistung zur Zahlung der Beamtengehälter aus. Die Not in der ohnehin angeschlagenen Reichshauptstadt wurde immer größer, und als es in Berlin wie auch in den anderen deutschen Städten nach der Aufhebung des SA- und SS-Verbotes durch das Kabinett Papen zu blutigen Auseinandersetzungen gekommen war – eine von der Reichsregierung beabsichtigte Krisensituation –, war für Papen der Anlaß gekommen, am 20. Juli 1932 die Reichswehr

34 Friedrich C. A. Lange, *Groß-Berliner-Tagebuch 1920–1933,* 2. Aufl., Berlin-Bonn 1982, S. 158.
35 *A.a.O.*, S. 159.

in Berlin einmarschieren zu lassen, die preußische Regierung ihres Amtes zu entheben und den Ausnahmezustand über Berlin zu verhängen. Obschon dieser wenige Tage später wieder aufgehoben und der „Preußenschlag" durch den Staatsgerichtshof am 25. Oktober 1932 als unrechtmäßig eingestuft wurde, hatte die Aktion auf Preußen und Berlin starke Auswirkungen. Beamte waren durch den eingesetzten Reichskommissar ihrer Posten enthoben, die preußische Regierung entmachtet und die Bevölkerung in Unruhe versetzt worden. Die Reichstagswahl von 1932, unmittelbar nach dem „Preußenschlag", brachte dennoch keine Sympathien für die Entmachteten, sondern eine Unterstützung der Nationalsozialisten. Während die SPD und die KPD in Berlin – wie bei der Reichstagswahl vom September 1930 – jeweils rund 27 Prozent der Stimmen auf sich vereinigten und die Deutschnationalen, die DVP sowie die Staatspartei an Wählern verloren, gewann die NSDAP mehr als 14 Prozent hinzu, indem sie ihre Stimmenanteile von 14,6 Prozent auf 28,7 Prozent steigern konnte. Trotzdem lag die Berliner Wahl mit 28,7 Prozent der Stimmen für die Nationalsozialisten deutlich unter dem Reichsdurchschnitt. Gemeinsam mit der KPD besaß die NSDAP nun im Reichstag die Mehrheit. Für die Reichshauptstadt konnte das keine Hilfe bedeuten. Der Geldmangel blieb, die Not der Bevölkerung dauerte an, und die Kommunalpolitik rückte in eine unbedeutende Stellung. Ohne finanzielle Möglichkeiten waren dem Stadtparlament die Hände gebunden. Die Abhängigkeit vom Reich war immer größer geworden, so daß sich das Augenmerk auch mehr auf die Reichspolitik als auf die kommunalen Tätigkeiten richtete. Das Stadtparlament und auch der Oberbürgermeister gerieten immer mehr in den Hintergrund. An dieser Situation hatte auch die BEWAG-Transaktion nichts zu ändern vermocht. Die Entscheidung sollte durch die Nationalsozialisten, die DNVP, die Kommunisten und die Wirtschaftspartei blockiert werden. Sahm sprach sich für einen Verkauf des Betriebes aus, und die „Etatparteien" unterstützten die Magistratsvorlage, die mit leichter Mehrheit durchgesetzt wurde. In dieser Entscheidung hatten sich Julius Lippert, der zu diesem Zeitpunkt Stadtverordneter der Nationalsozialisten war, und Heinrich Sahm gegenübergestanden. Sahm hatte sich gegen Lippert durchsetzen können – in einem Augenblick allerdings, in dem der spätere Staatskommissar Lippert noch nicht seine „Bedeutung" gewonnen hatte, mit der er jedes demokratische Handeln – auch dasjenige Sahms – unterbinden konnte.

Doch auch vor der „Machtergreifung" konnte Sahm keinen Ruhm ernten. Er kritisierte seinen Vorgänger Böß, dessen Bezüge er später gemeinsam mit Lippert sperren sollte, scharf. Böß habe die Zügel schleifen lassen, vor allem bei den städtischen Gesellschaften. Jetzt müsse die gesamte Verwaltung reorganisiert werden.[36] Diese Behauptung, die jeglicher Grundlage entbehrte und die Berliner Kommunalpolitik zu Unrecht verunglimpfte, weil die Berliner Finanznot keineswegs „hausgemacht" war, stellte einen Versuch Sahms dar, sich auf dem Boden der Mißgunst gegenüber der Berliner Sozialdemokratie und dem Oberbürgermeister Böß Vorteile zu verschaffen. Der Anlaß

36 H. Sprenger, *Heinrich Sahm...* (wie Anm. 4), S. 222.

für den BVG-Streik vom 3. November 1932 war kein Tarifstreit, sondern eine von Kommunisten und Nationalsozialisten gegen die Gewerkschaft inszenierte Aktion, gegen die auch der Berliner Oberbürgermeister nichts zu tun vermochte. Auf Böß' Amtsführung war dies jedoch keinesfalls zurückzuführen, da die Arbeitsbedingungen für die Angestellten der BVG vergleichsweise gut waren.

Das Zusammengehen von Kommunisten und Nationalsozialisten gegen die demokratischen Kräfte zeigt, daß man hier kurze Zeit vor der Machtübernahme bereits an einem Punkt angelangt war, der unaufhaltsam in die Katastrophe führen sollte. Die sollte sich auch für die KPD nicht auszahlen. Im März 1933, nachdem die Nationalsozialisten die Macht übernommen hatten, stimmten 34,2 Prozent bei den Reichstags- und Landtagswahlen für die NSDAP, sieben Tage später vermochten sie bei den Bezirks- und Stadtverordnetenwahlen sogar zusätzlich vier Prozent zu gewinnen und kamen auf 38,2 beziehungsweise 38,3 Prozent. Noch bevor es zu einer Sitzung des neu gewählten Stadtparlaments kam, erkannte man den Kommunisten die Mandate ab. Die Umorganisation der städtischen Verwaltung begann, jegliche demokratische Zusammensetzung wurde aufgehoben. Zahlreiche im öffentlichen Dienst Beschäftigte, vornehmlich Beamte, wurden entlassen und durch neue ersetzt und auf einen Schlag 120 besoldete und unbesoldete Stadträte aus ihren Ämtern entfernt.[37] Da es in Berlin vor 1933 nur einen nationalsozialistischen Stadtrat gegeben hatte und auch keine Fachkompetenzen bei NSDAP-Mitgliedern vorhanden waren – wer sich vor 1933 zur NSDAP bekannte, hatte Mühe, im Staats- und Kommunaldienst unterzukommen –, war es für die NSDAP schwierig, die „freigewordenen" Stellen mit Personal aus den eigenen Reihen zu besetzen. Aus diesem Grunde beriefen sie in den Magistrat sogar drei bürgerliche Fachleute neu, einen Bürgermeister (Oskar Maretzky) sowie den Hochbaustadtrat und den Kämmerer; wegen der schwierigen finanziellen Lage, aber auch wegen fehlender Sachkompetenz in den eigenen Reihen, wollten sich die Nationalsozialisten wohl nicht mit diesen Ämtern belasten.

Auch der Oberbürgermeister blieb zunächst im Amt, im Vergleich zu anderen Städten, wo diese sofort gehen mußten, eine Besonderheit. Ihm wurde jedoch Julius Lippert als Staatskommissar „an die Seite" gestellt. Der Staatskommissar folgte den Anweisungen des Oberpräsidenten. Er war mit dem Gesetz über die Einsetzung eines Staatskommissars in der Hauptstadt Berlin vom 31. Mai 1933 über alle wesentlichen Beschlüsse des Oberbürgermeisters, des Magistrats, des Stadtgemeindeausschusses und der Stadtverordnetenversammlung[38] zu unterrichten und konnte gegen diese Entscheidungen Einspruch erheben.

Damit sollte *die Möglichkeit gegeben* [sein], *allen gemeindlichen Plänen von vornherein eine Richtung zu geben, die sie nicht in Widerspruch zur Staatspolitik brachte.*[39] Sahm,

37 Chr. Engeli, *Die nationalsozialistischen Kommunalpolitiker in Berlin...* (wie Anm. 1), S. 113.
38 Die Stadtverordneten- und Bezirksversammlungen wurden jedoch noch 1933 aufgelöst.
39 *Verwaltungsbericht der allgemeinen Hauptverwaltung (1. April 1932 bis 31. März 1936),* H. 1, S. 13.

DER OBERBÜRGERMEISTER

- P.V. VII,1 -

BERLIN C2, DEN 16. März 1933.
FERNRUF: E 2 0021, HAUSANSCHLUSS 8027
RATHAUS KÖNIGSTRASSE, ZIMMER 49

Auf Anordnung des Herrn Reichskommissars als Preußischem Minister des Innern, mitgeteilt durch Schnellbrief des Herrn Oberpräsidenten vom 15.März 1933 - O.P.C. 365 IV/33 -. beurlaube ich Sie hiermit mit sofortiger Wirkung bis auf weiteres.

Dr. Sahm

An

Herrn Bürgermeister Dr. O s t r o w s k i,

B e r l i n NO.55,

Marinistrasse 25.

Einschreiben!

Heinrich Sahm entfernt den späteren Oberbürgermeister von Berlin, Otto Ostrowski, aus seinem Amt als Bezirksbürgermeister von Prenzlauer Berg

der freiwillig weiterhin die Stellung hielt und unverdrossen an seinem Amt klebte, war damit jede Möglichkeit einer eigenen politischen Entscheidung genommen. Von nun an hatte Julius Lippert das Sagen in der Berliner Kommunalverwaltung. Das Amt des Oberbürgermeisters existierte nur noch zum Schein. In der Öffentlichkeit betonte Sahm sogar die völlige Einmütigkeit bei den bisher getroffenen und noch zu erwartenden Maßnahmen zwischen ihm und Lippert. Beiderseitige Befugnisse würden sich keineswegs überschneiden.[40]

In seiner Funktion als Oberbürgermeister unterschrieb Sahm aber die Entlassungen der demokratischen Dienstkräfte, die „Beurlaubungen" der Bezirksbürgermeister, den Ausschluß der gewählten Kommunisten aus der Stadtverordnetenversammlung und alle weiteren undemokratischen Maßnahmen, die folgen sollten. Als williges Instrument agierte er im nationalsozialistischen Machtapparat, bis dieser sich seiner selbst entledigte. Sahm hatte nicht den Anstand, dieses Amt aus eigenem Antrieb zu verlassen, und lud damit Schuld an der Vernichtung der Demokratie in Berlin auf seine Schultern. Die Charakterisierung Langes, Sahm *würde – nahe stehen*, bewahrheitete sich nun. Hatte er sich zwar immer wieder zum eigenen Vorteil keiner Partei zugehörig bekannt, um mit dem Ticket des den Konservativen nahestehenden Politikers zu fahren, war er sich nun nicht zu schade, sich den Nationalsozialisten anzunähern und schließlich auch in die NSDAP einzutreten. Am 3. März 1933 schrieb Lange vorausahnend in sein Tagebuch: *Heute ist Stadtrat Ahrens, das einzige unbesoldete Magistratsmitglied, das dem Magistrat seit Bildung der Einheitsgemeinde bis heute angehört, verhaftet worden, unter der lächerlichen Beschuldigung, er habe als Dezernent des Tarifvertragsamtes Hunderten von Nazis gekündigt. Vielleicht folgen wir mit Ausnahme von Sahm bald hinterher.*[41] Elf Tage später traf die Befürchtung ein. Lange fand auf seinem Schreibtisch einen Brief Sahms, in dem er ihm mitteilte, er habe *auf Anordnung des Reichskommissars für das Ministerium des Innern vom Oberpräsidenten die Weisung erhalten*, ihn bis auf weiteres zu beurlauben.[42] Dieses und ähnliche Schreiben trugen in der Folgezeit bis 1935 die Unterschrift Sahms, in denen er auf „Anordnung" entließ oder berief und die Schreiben gehorsam an Lippert weiterleitete.[43] Sahm entließ, weil die Amtsinhaber „nicht tragbar" waren, und suchte neue Bewerber für die freigewordenen Stellen beispielsweise von Bezirksbürgermeistern, bei denen der Bewerber *jederzeit rückhaltlos für den nationalsozialistischen Staat* eintreten sollte.[44] Sahm hatte sich mit diesen unwürdigen und zu verachtenden Tätigkeiten willenlos dem NS-Staat unterworfen.

40 *Berliner Rundschau* vom 16. März 1933.

41 F. C. A. Lange, *Groß-Berliner-Tagebuch 1920–1933...* (wie Anm. 34), S. 179.

42 *A.a.O.*, S. 180.

43 Landesarchiv Berlin, Rep. 57, 209; 108; vgl. von Sahm unterzeichnete Ablehnungs- und Einstellungsschreiben sowie eine Notiz Lipperts, daß eine von Sahm angeordnete Entscheidung, die an Lippert weitergeleitet werden sollte, nicht an ihn weitergereicht wurde.

44 *Ebda.*

Auch sein Rücktritt am 9. Dezember 1935 änderte daran nichts, zumal anzunehmen ist, daß er nicht freiwillig aus dem Amt schied, weil ihm zunächst noch eine weitere Verwendung im Reichsdienst zugesichert worden war.[45] Nach Unstimmigkeiten zwischen Lippert und ihm war der Rückzug aus dem Amt jedoch unumgänglich geworden.

Sahm ging als Gesandter nach Oslo, bis er im Dezember 1938 die Nachricht erhielt, daß er in den Wartestand versetzt würde. Auch hier versuchte er, diese Entscheidung aufzuschieben und im Amt zu bleiben. Bevor eine endgültige Entscheidung gefallen war, verstarb er jedoch am 3. Oktober 1939 in Oslo an einer verschleppten Blinddarmentzündung.

45 *Deutsche Allgemeine Zeitung* vom 10. Dezember 1935.

Oskar Maretzky

von Angela Martin

Am 10. Dezember 1935 wurde der Rücktritt des Berliner Oberbürgermeisters Heinrich Sahm durch die Presse bekanntgegeben. Gleichzeitig kündigte Julius Lippert, zu diesem Zeitpunkt Staatskommissar in Berlin, ein Gesetz über die Neuregelung der Verfassung Berlins an, das spätestens für den 30. Januar des folgenden Jahres zu erwarten sei. Die Geschäfte des Oberbürgermeisters sollte unterdessen sein gesetzlicher Vertreter, Bürgermeister Oskar Maretzky, führen.[1] Maretzky war damit Stadtoberhaupt von Berlin – *de jure* jedenfalls. Tatsächlich erhielt der neue kommissarische Oberbürgermeister jedoch kaum Gelegenheit, an die Öffentlichkeit zu treten. Bei repräsentativen Anlässen erschienen vor allem Julius Lippert, der Staatskommissar, und Joseph Goebbels, der Berliner Gauleiter. Ob zum Beispiel bei der Eröffnung der Olympiade oder bei Empfängen im Rathaus – stets schrieb die Berliner Lokalpresse über Lippert oder über Goebbels, häufig auch über andere hochrangige NSDAP-Mitglieder und die Führer von SA und SS, doch Maretzky wurde fast nie erwähnt.[2]
Unter den Stadtoberhäuptern Berlins in der NS-Zeit war und ist Maretzky daher am wenigsten bekannt. Über seine Tätigkeit an der Spitze der Stadtverwaltung war kaum etwas in Erfahrung zu bringen. Die NS-Presse berichtete äußerst selten über die Arbeit der Administration, und in den Akten – sofern sie erhalten sind – wird Maretzky selten genannt. Aufgrund der extrem schlechten Quellenlage muß der Bericht über sein Leben und seine Arbeit in Berlin äußerst lückenhaft bleiben.[3]
Als Maretzky zum kommissarischen Oberbürgermeister ernannt wurde, stand bereits fest, daß seine Amtszeit auf etwa ein Jahr befristet sein würde. Er sollte nur so lange in dieser Stellung bleiben, bis das von Lippert angekündigte Gesetz über die Neuregelung der Berliner Verfassung wirksam werden würde. Die Nationalsozialisten wollten jegliche Eigenständigkeit der Stadtverwaltung ausschließen. Daher wurde in der NS-Zeit in einer Reihe von kurzfristig entwickelten Gesetzen immer wieder die Berliner Verfassung geändert.[4] Um die Verwaltung der Hauptstadt der Staatsverwaltung anzugleichen, ernannte der Preußische Ministerpräsident Hermann Göring am 14. März 1933 Julius Lippert zum „Staatskommissar z.b.V.". Der Staatskommissar wurde mit weitgehenden Befugnissen ausgestattet, die es ihm ermöglichten, alle wichtigen Verwaltungsvorgänge zu kontrollieren. So war der Oberbürgermeister zum Beispiel verpflichtet, über alle wesentlichen Ereignisse beim Staatskommissar zu berichten, und dieser konn-

1 Vgl. *Berliner Lokal-Anzeiger* vom 11. 12. 1935, Morgenausgabe, sowie *Berliner Tageblatt* vom 10. 12. 1935, Ausgabe A, und *Völkischer Beobachter* vom 11. 12. 1935.

2 Es gibt wenige Ausnahmen, z. B. den Presseball 1936, zu dem außer Lippert und anderen Honoratioren der Stadt auch Maretzky erschien. Vgl. *Der Montag*, Beilage zum *Berliner Lokalanzeiger* vom 3. 2. 1936.

3 Auch in der einschlägigen Literatur zur Berliner Kommunalpolitik findet man kaum Hinweise auf Maretzky; nicht alle Angaben über ihn sind zuverlässig.

4 Vgl. dazu das Vorwort und die Beiträge über Julius Lippert und Ludwig Steeg in diesem Band.

te gegen die Entscheidungen des Oberbürgermeisters Einspruch erheben.[5] Dadurch entstand ein Nebeneinander von Gemeindeverwaltung (unter der Leitung des Oberbürgermeisters) und staatlicher Verwaltung (unter dem Staatskommissar), das zunehmend als störend empfunden wurde. Dieser *Dualismus* in der Berliner Verwaltung, *der sich seit 1933 zwischen Oberbürgermeister und Staatskommissar naturnotwendig immer mehr zum Nachteil einer einheitlichen Führung der Verwaltung herausgebildet hat,*[6] sollte nun wieder beseitigt werden. Der Rücktritt Sahms – er wurde am 18. Dezember 1935 von seinem Amt als Oberbürgermeister entbunden – und die von Lippert in Aussicht gestellte Reform der Berliner Verfassung wurden daher von der gleichgeschalteten Presse begrüßt: *Nun ist durch die Beurlaubung des Oberbürgermeisters die Bahn frei für die gesetzliche Regelung und damit für eine noch sparsamere Gestaltung des Verwaltungskörpers. Berlin wird künftig eine einzige Spitze haben, und auch in den einzelnen Behörden wird es kein Nebeneinander mehr geben wie bisher ... Bis zum Erlaß dieses neuen Gesetzes für Groß-Berlin ist keine sichtbare Änderung zu erwarten.*[7]

Mit Maretzky übernahm ein Mann die Geschäfte des Oberbürgermeisters, der in den Augen der Nationalsozialisten wenig geeignet war, die Hauptstadt des „Dritten Reiches“ zu repräsentieren: Vor allem war er bei seiner Ernennung zum kommissarischen Oberbürgermeister noch kein NSDAP-Mitglied. Seine Bemühungen, der Partei beizutreten, scheiterten an einer *allgemeinen Aufnahmesperre;* seinem vom 1. Mai 1933 datierten Aufnahmeantrag wurde erst 1937, nachdem er in den Ruhestand getreten war, stattgegeben.[8]

Trotzdem konnte Maretzky im NS-Staat Karriere machen und bald in die Spitze der Berliner Verwaltung aufsteigen, denn er brachte langjährige kommunalpolitische Erfahrungen mit, eine Qualifikation, die den meisten Nationalsozialisten fehlte. Bei den Kommunalwahlen von 1929 hatten in Berlin nur 5,8 Prozent der Wähler für die NSDAP gestimmt, die damit 13 Abgeordnetenmandate für das Stadtparlament erhielt. Der kommunalpolitische Apparat, den Goebbels seit 1929 in seinem Gau aufzubauen begann, war nur relativ schwach entwickelt. Daher mußten nach der „Machtergreifung“ teilweise auch hohe Stellen in der Administration mit Fachleuten besetzt werden, die der NSDAP nicht angehörten.

5 Vgl. dazu den Beitrag über Ludwig Steeg in diesem Band, bes. S. 280.

6 *Verwaltungsbericht der Allgemeinen Hauptverwaltung. 1. April 1932 bis 31. März 1936 mit kurzem Rückblick auf die Jahre seit 1928*, H. 1, Berlin 1937, S. 17.

7 *Berliner Lokal-Anzeiger* vom 11. 12. 1935, Morgenausgabe.

8 *Personalakte Maretzky*, Berlin Document Center (BDC). Im Interimsregister zu Goebbels' Tagebüchern heißt es irrtümlich, Maretzky sei seit 1933 NSDAP-Mitglied gewesen. Vgl. *Die Tagebücher von Joseph Goebbels. Sämtliche Fragmente*, hrsg. von Elke Fröhlich im Auftrag des Instituts für Zeitgeschichte und in Verbindung mit dem Bundesarchiv. Interimsregister: T. 1, *Aufzeichnungen 1924 bis 1941,* München-New York-Oxford-Paris 1987, S. 188. Als DNVP-Mitglied wird Maretzky in einer Aufstellung der Leitung der Berliner Hauptverwaltung 1933–1939 geführt. Vgl. Christian Engeli/Wolfgang Ribbe, *Berlin in der NS-Zeit (1933–1945),* in: Wolfgang Ribbe (Hrsg.), *Geschichte Berlins*, Bd. 2, München 1987, S. 925–1024, bes. S. 976.

Einer dieser Fachleute war Maretzky. Der am 2. Juni 1881 geborene Breslauer hatte in seiner Heimatstadt und in Leipzig Jura studiert. Nach seiner Promotion in Breslau (1904) wurde er 1908 Gerichtsassessor, 1909 begann er eine Laufbahn in der Verwaltung.[9] Seit 1911 war er in der Kommunalpolitik tätig: von 1911 bis 1912 als Beigeordneter und stellvertretender Bürgermeister von Rummelsburg (bei Berlin), von 1912 bis 1918 als Stadtsyndikus von Lichtenberg.[10] Seit 1912 wirkte er außerdem als Verbandsabgeordneter des Zweckverbandes Groß-Berlin, jenes Zusammenschlusses der Städte Berlin, Charlottenburg, Lichtenberg, Rixdorf-Neukölln, Schöneberg, Spandau und Wilmersdorf mit den Landkreisen Teltow und Niederbarnim zu einer kommunalen Körperschaft, die auf den Gebieten Verkehr, Bebauungsplanung und Schaffung von Freiflächen kommunale Aufgaben übernahm.[11] Über die Organisation von Groß-Berlin verfaßte Maretzky mehrere Schriften.[12] Während des Ersten Weltkrieges leitete er die Lebensmittelversorgung der Stadt Berlin. Im Oktober 1918 wurde er Bürgermeister von Lichtenberg.

1920 fand seine kommunalpolitische Laufbahn ein vorläufiges Ende: Lippert berichtet, daß Maretzky während des Kapp-Putsches von General Walther Freiherr von Lüttwitz zum Berliner Polizeipräsidenten ernannt worden sei. Nach dem Scheitern des Putsches führte ein Disziplinarverfahren gegen Maretzky zu seiner Entlassung aus dem Amt des Bürgermeisters von Lichtenberg.[13] Trotzdem blieb Maretzky weiterhin politisch aktiv. Er betrieb seine Politik nun auf Reichstags- und Landtagsebene. Von Januar 1920 bis Mai 1924 vertrat er die Deutsche Volkspartei (DVP) im Reichstag; dann entsandte ihn die Nationalliberale Vereinigung/DNVP von Mai bis Dezember 1924 dorthin. Von 1924 bis 1928 war Maretzky als Mitglied der Deutschnationalen Volkspartei (DNVP) Abgeordneter im Preußischen Landtag.[14] Bei der „Machtergreifung" am 30. Januar 1933 gehörte er noch immer dieser Partei an.

Im März 1933 wurde er zum kommissarischen Bürgermeister von Berlin ernannt. Diese hohe Position verdankte er vor allem Lippert. Der Staatskommissar, der gleich nach seiner Ernennung mit der „Säuberung" der Berliner Verwaltung begonnen hatte, ersetzte die Bürgermeister Fritz Elsas und Friedrich C. A. Lange durch Maretzky und Hafemann.[15]

9 Zu Maretzkys Leben bis 1918 vgl. *Wer ist's?*, begründet und hrsg. von Herrmann A. L. Degener, 9. Ausg., Leipzig 1928. Maretzkys Dissertation, *Der Schutz der Ehre im Bürgerlichen Gesetzbuch*, erschien 1905 in Breslau.

10 In Lichtenberg gründete er die Einfamilienhaussiedlung „Waldsiedlung". Vgl. *Wer ist's?...* (wie Anm. 9), 9. Ausg., 1935.

11 Durch das Zweckverbandsgesetz vom 1. April 1912 wurde ein Gebiet von etwa 3500 Quadratkilometern mit insgesamt 374 Einzelgemeinden und über vier Millionen Einwohnern zusammengefaßt. Vgl. Kurt Pomplun, *50 Jahre Groß-Berlin*, Berlin 1970, S. 23 f.

12 Maretzky war Mitarbeiter der *Deutschen Stimmen*. Er schrieb vor allem über verfassungsrechtliche und sozialpolitische Fragen. Vgl. *Wer ist's?...* (wie Anm. 9), 9. Ausg., 1928.

13 Vgl. das Schreiben von Lippert an den Schatzmeister der NSDAP, Franz Xaver Schwarz (Juni 1936), *Personalakte Maretzky*, BDC.

Die fehlende beziehungsweise „falsche" Parteimitgliedschaft bereitete dem neuen Bürgermeister aber Schwierigkeiten. So beschwerte sich zum Beispiel ein Gruppenführer der SA Berlin-Brandenburg 1934 bei Kurt Daluege, dem Gründer der Berliner SA, über Maretzkys Ernennung zum Hauptsturmführer ehrenhalber am 20. August 1933. Er forderte, daß Maretzky zu beurlauben beziehungsweise ihm sein Ausscheiden aus der SA nahezulegen sei, da *Meretzkys* [sic!] *reaktionäre Einstellung allgemein bekannt ist – er war immer Mitglied der Deutschnationalen Volkspartei – und hat es auch bis heute noch nicht für nötig befunden, der N.S.D.A.P. beizutreten.*[16] Maretzky blieb Hauptsturmführer, denn besser unterrichtete Stellen wußten, daß er nur aufgrund der Sperrfrist für die Aufnahme in die NSDAP noch immer kein „Parteigenosse" war.[17]

Um seinen Protegé vor weiteren Angriffen ähnlicher Art zu schützen, schrieb Lippert im Juni 1935 an den Schatzmeister der NSDAP in München, Franz Xaver Schwarz, und bat um eine Ausnahmeregelung für Maretzky. In seinem Brief begründete der Staatskommissar sein Ansuchen unter anderem mit Maretzkys Politik seit 1918: *Es ist bekannt, daß Herr Dr. Maretzky seit November 1918 einer der energischsten Vorkämpfer gegen den Marxismus war, der, wie zahllose Zeitungsaufsätze beweisen, als nationaler Abgeordneter erst in der Deutschen Volkspartei und seit 1924 in der Deutschnationalen Volkspartei einen sehr scharfen Kampf gegen Sozialdemokratie und Kommunismus geführt hat ... Zahlreiches Material steht zur Verfügung, um zu belegen, daß Dr. Maretzky in der Tat seit 1918 ein nationaler Kämpfer im besten Sinne des Wortes gewesen ist.*[18] Lipperts Bitte, im Falle Maretzky die Sperrfrist unberücksichtigt zu lassen, wurde aber abgelehnt.[19] Als Bürgermeister a. D. konnte er daher erst am 1. Mai 1937 in die Partei eintreten, in der er die Mitgliedsnummer 3 934 046 erhielt – ein Schandfleck für einen Nationalsozialisten, denn in der Bewegung waren die „alten Kämpfer" besonders hoch angesehen, die Mitgliedsnummern unter 100 000 aufzuweisen hatten.[20]

Wenn er auch kein „Parteigenosse" war, so betrieb Maretzky doch mit Engagement die Politik der Nationalsozialisten. Das bedeutete zunächst die Unterstützung Lipperts bei

14 Vgl. *M.d.R. Die Reichstagsabgeordneten der Weimarer Republik in der Zeit des Nationalsozialismus. Eine biographische Dokumentation*, hrsg. von Martin Schumacher, Düsseldorf 1991, S. 862 (Nr. 860). Nach Christian Engeli war Maretzky 1925 bis 1928 Landtagsabgeordneter. Vgl. Christian Engeli, *Die nationalsozialistischen Kommunalpolitiker in Berlin*, in: Wolfgang Ribbe (Hrsg.), *Berlin-Forschungen II* (= Einzelveröffentlichungen der Historischen Kommission zu Berlin, Bd. 61; zugl. Publikationen der Sektion für die Geschichte Berlins, Bd. 4), Berlin 1987, S. 125. Hingegen gibt *Wer ist's?...* (wie Anm. 9), 10. Ausg., 1935, die Jahre 1925 bis 1932 an. *Wer ist's?...* (wie Anm. 9), 9. Ausg., 1928, berichtet, daß Maretzky außerdem 1919 Mitglied der Nationalversammlung war.

15 Vgl. Heinrich Sprenger, *Heinrich Sahm. Kommunalpolitiker und Staatsmann*, Köln-Berlin 1969, S. 249.

16 *Personalakte Maretzky*, BDC.

17 Vgl. *ebda.*

18 Lippert an Schwarz, *ebda.*

19 Begründung war die Verschärfung der Aufnahmesperre durch ihre Ausdehnung auf die Hitlerjugend und den Bund Deutscher Mädchen. Auch eine weitere Bitte Lipperts wurde abgewiesen. Vgl. *ebda.*

dessen Kampf gegen die *Verschleuderung öffentlicher Gelder durch das alte System*[21] und bei der „Säuberung" der Berliner Administration. Um die Gleichschaltung der Berliner Verwaltung zu beschleunigen, versuchte Maretzky, höhere Verwaltungsbeamte zum Übertritt in die NSDAP zu bewegen. In diesem Zusammenhang richtete er ein Schreiben an Alfred Hugenberg, den damaligen Vorsitzenden der DNVP, in dem er ihn aufforderte, *die Deutschnationale Partei aufzuheben und die Einheitsfront unter Adolf Hitler herzustellen.*[22] Als Hugenberg nicht reagierte, verließen Maretzky und andere Mitarbeiter der Stadtverwaltung die DNVP. Ihr Austritt aus der Partei und der Brief an Hugenberg wurden in Presse und Rundfunk bekanntgegeben. Lippert zufolge hat diese *Aktion die nationalsozialistische Umgestaltung der Berliner Verwaltung zweifellos gefördert.*[23] Vermutlich hat Maretzky dem Staatskommissar auch geholfen, Sahm aus seinem Amt als Oberbürgermeister zu drängen. Sahm berichtet jedenfalls von scharfen Auseinandersetzungen mit Lippert und dem Bürgermeister, die beide versucht hätten, ihn *in vielen Sachen auszuschalten.*[24]

Über Maretzkys weitere Tätigkeit in dieser Zeit ist wenig bekannt. Er leitete das Wirtschafts- und das Gesellschaftsdezernat und bekleidete als Bürgermeister von Berlin verschiedene Aufsichtsratsposten in städtischen Versorgungs- und Dienstleistungsbetrieben. So war er Aufsichtsratsvorsitzender der Bewag (Berliner Städtische Elektrizitätswerke AG), der Wassag (Berliner Städtische Wasserwerke AG), der Gasag (Berliner Städtische Gaswerke AG) und der Behala (Berliner Hafen- und Lagerhaus AG).[25]

Solange der Dualismus in der Berliner Verwaltung bestand, das heißt die Gemeindeverwaltung vom Oberbürgermeister und die staatliche Administration vom Staatskommissar geleitet wurde, versuchten die Nationalsozialisten, die gewünschte politische Einheit durch personalpolitische Maßnahmen zu erreichen. Sahm, der nach der „Machtergreifung" vor allem aufgrund seiner Beziehungen zu Hindenburg Oberbür-

20 So sollten z. B. in der Berliner Verwaltung nach Möglichkeit Parteigenossen mit Mitgliedsnummern unter 100 000 bevorzugt eingestellt werden. Vgl. einen Brief an Ludwig Steeg vom 29. 7. 1933 (ohne Absender), BDC, SL 49, S. 170.

21 Erich Berger, *Berlin wird deutsch! Ein Beitrag zur Erneuerung der größten deutschen Kommunalverwaltung,* Berlin 1934, S. 44 f.

22 Nach Lippert, Brief an Schwarz, Juni 1935, *Personalakte Maretzky,* BDC.

23 *Ebda.*

24 Heinrich Sahm, *Aufzeichnungen,* Ms., S. 268, zitiert nach H. Sprenger, *Heinrich Sahm...* (wie Anm. 15), S. 264. Kurz vor Sahms Rücktritt bemühte sich Maretzky noch, zwischen dem Oberbürgermeister und Lippert zu vermitteln – ohne Erfolg. Vgl. *a.a.O.*, S. 267 f.

25 Vgl. *Personalakte Artur Daluege,* BDC. Drei dieser Betriebe, Behala, Gasag und Wassag, sollten in Eigenbetriebe Berlins, d. h. in kommunale Wirtschaftsunternehmen ohne eigene Rechtspersönlichkeit umgewandelt werden. Diese Eigenbetriebe wurden von den entsprechenden städtischen Behörden geleitet; ihre Wirtschaftsführung blieb allerdings der allgemeinen Gemeindeverwaltung gegenüber relativ selbständig. Maretzky äußerte Bedenken, weil eine Verwaltung der großen Betriebe durch verschiedene Dienststellen der Stadt zu schwerfällig sei. Er konnte sich jedoch nicht gegen Lippert durchsetzen, der die Auflösung von Behala, Gasag und Wassag und ihre Umwandlung in Eigenbetriebe zum 1. 1. 1937 anordnete. Vgl. den Beitrag über Ludwig Steeg in diesem Band, S. 284 f.

germeister von Berlin bleiben konnte, hatte zunehmend Angriffe auf sein Amt und seine Person zu konstatieren. Bereits im Frühjahr 1933 begann die Demontage seiner Stellung. Als ihm Ende 1935 der Rücktritt nahegelegt wurde, willigte er ein, um der absehbaren Entlassung zuvorzukommen.[26]

Nach seinem Rücktritt wurde dem Dualismus in der Berliner Verwaltung insofern entgegengewirkt, als mit der Ernennung Maretzkys zum Oberbürgermeister ein Mann in diese Position kam, von dem kein Widerstand gegen die Politik des Staatskommissariats zu befürchten war. Lippert setzte auf Maretzkys Loyalität, wohl wissend, daß dieser von ihm abhängig war. Der Parteileitung in München meldete er, Maretzky habe *sich in vertrauensvollster Zusammenarbeit mit mir als der Erste Vertreter des Oberbürgermeisters der Stadt Berlin 2 Jahre lang an verantwortlicher Stelle als ein Mann bewährt, der die nationalsozialistischen Grundsätze in schwierigster Position erfolgreich betätigt.*[27]

Noch konnte Lippert das Amt des Oberbürgermeisters nicht selbst besetzen, ohne seine Stellung als Staatskommissar aufzugeben. Er versuchte jedoch schon vor dem Inkrafttreten des angekündigten „Gesetzes über die Verfassung und Verwaltung der Reichshauptstadt Berlin", die Kompetenzen des Oberbürgermeisters an sich zu ziehen. Nach Sahms Beurlaubung sah man ihn ständig bei Anlässen in der Öffentlichkeit, bei denen üblicherweise der Oberbürgermeister zu erscheinen hat: So eröffnete er zum Beispiel Ende Januar 1936 die Grüne Woche und im Februar 1936 die Automobilausstellung in Berlin.[28] Die Eröffungsveranstaltung zur Olympiade am 1. August 1936 fand mit Lippert statt; der kommissarische Oberbürgermeister jedoch wurde in den langen Aufzählungen von Ehrengästen und Honoratioren von den Zeitungen nicht erwähnt.[29] Selbst bei einem Empfang ehemaliger Olympia-Sieger im Berliner Rathaus war es den Berliner Regionalzeitungen zufolge der Staatskommissar, nicht der Oberbürgermeister, der die Gäste begrüßte.[30] Während Maretzkys gesamter Amtszeit als kommissarischer Oberbürgermeister vermittelte die Berichterstattung der Lokalpresse den Eindruck, daß Lippert das Stadtoberhaupt sei; Maretzky wurde „vergessen".[31] Es dürfte Maretzky kaum möglich gewesen sein, sich dem zu widersetzen; schließlich

26 Vgl. Chr. Engeli/W. Ribbe, *Berlin in der NS-Zeit...* (wie Anm. 8), S. 974.

27 Lippert an Schwarz, *Personalakte Maretzky,* BDC. Es ist möglich, daß außer Lippert auch Goebbels seine Hand über Maretzky hielt. Als Gauleiter von Berlin hatte Goebbels entscheidenden Einfluß auf die Personalpolitik in der Stadtverwaltung und in der Berliner NSDAP. Auf jeden Fall stimmte die Berliner Gauleitung 1936 der Berufung Maretzkys in den Beirat der Wirtschaftskammer zu. Vgl. einen Brief der Gauleitung Berlin vom 24. 8. 1936 an die Reichsleitung der NSDAP, Amt für Kommunalpolitik, in München, in: *Ebda.*

28 Vgl. *Berliner Lokal-Anzeiger* vom 25. 1. 1936 und 15. 2. 1936.

29 Vgl. *Berliner Lokal-Anzeiger* vom 1. 8. 1936 sowie weitere Berichte dieser Zeitung über die Olympiade; ebenso *Berliner Tageblatt.*

30 Vgl. *Berliner Lokal-Anzeiger* vom 5. 8. 1936, Morgenausgabe, und *Berliner Tageblatt* vom 5. 8. 1936.

31 Insofern ist es verständlich, wenn in der *Berlin-Chronik,* Dortmund 1986, S. 395, irrtümlich behauptet wird, nach dem Rücktritt Sahms habe der Staatskommissar die Aufgaben des Oberbürgermeisters übernommen.

hatte er sein Amt nur befristet erhalten, bis Lippert allein in Berlin würde regieren können.

Um die Jahreswende 1936/1937 ist Lipperts Position als wichtigster Mann der Berliner Verwaltung rechtlich fixiert worden: Mit dem „Gesetz über die Verfassung und Verwaltung der Reichshauptstadt Berlin“ vom 1. Dezember 1936 löste der Stadtpräsident den Staatskommmissar ab, und das Amt des Stadtpräsidenten wurde mit dem des Oberbürgermeisters vereinigt. Lippert sollte nun als „Oberbürgermeister und Stadtpräsident“ in Personalunion die städtische und die staatliche Verwaltung der Stadt leiten.[32]

Während Maretzkys Ernennung zum kommissarischen Oberbürgermeister in der Presse – wenn überhaupt – nur beiläufig erwähnt wurde, kommentierten die Berliner Regionalzeitungen den Aufstieg Lipperts zum Stadtoberhaupt sehr ausführlich. Es gab *seit der Machtergreifung kaum eine bedeutendere Maßnahme, die nicht in ihrem Ursprung auf die Initiative des Staatskommissars zurückginge*, schrieb der „Berliner Lokal-Anzeiger“.[33] Dem „Berliner Tageblatt“ zufolge kam Lipperts Ernennung zum „Oberbürgermeister und Stadtpräsidenten“ *nur noch eine formale Bedeutung zu. Ein Zweifel darüber, dass Dr. Lippert auch künftig an der Spitze der Berliner Verwaltung bleiben werde, war kaum mehr möglich.* Als Staatskommissar habe Lippert sich für alle wichtigen Fragen der Stadtverwaltung persönlich verantwortlich gefühlt. *So ergab es sich von selbst, dass die tatsächliche Führung der Geschicke der Reichshauptstadt seit nahezu vier Jahren in seiner Hand lag ... Es gibt keinen Berliner, der die Ernennung Dr. Lipperts nicht begrüssen würde.*[34]

Im Gegensatz zu Maretzky konnte man Lippert als einen Nationalsozialisten präsentieren, der schon 1926 begonnen hatte, in die *Hochburg der marxistischen Kommunalgewalthaberschaft einzubrechen*, und der *seit der Begegnung mit Goebbels* seinen Weg kannte.[35] Den Berlinern war er seit 1927 als Schriftleiter des von Goebbels herausgegebenen Propagandablattes „Der Angriff“ bekannt; 1929 wurde er Abgeordneter der NSDAP im Berliner Stadtparlament und ein Jahr später Fraktionsführer der Berliner NSDAP.

Maretzky hingegen hatte sich zu spät für den Nationalsozialismus engagiert. Am „Kampf um Berlin“ war er nicht beteiligt, und seine kommunalpolitische Fachkompetenz allein reichte nicht aus, um ihn an der Spitze der Reichshauptstadt zu belassen. Das verdeutlicht eine Äußerung von Kurt Daluege, dem Gründer der SA für Berlin und Norddeutschland: *Daß Maretzky weg mußte, war längst klar, denn nur einer konnte*

32 Vgl. *Berliner Lokal-Anzeiger* vom 3. 12. 1936, Morgenausgabe, und *Berliner Tageblatt* vom 3. 12. 1936. Am 5. 1. 1937 wurde Lippert offiziell durch einen Erlaß des Führers zum „Oberbürgermeister und Stadtpräsidenten“ ernannt.

33 *Berliner Lokal-Anzeiger* vom 2. 12. 1936, Morgenausgabe.

34 *Berliner Tageblatt* vom 6. 1. 1937.

35 *Gespräch mit Dr. Lippert an der Schwelle eines neuen Geschichtsabschnittes*, in: *Berliner Lokal-Anzeiger* vom 1. 1. 1937, Morgenausgabe.

in Berlin regieren, entweder Dr. Lippert oder Dr. Maretzky. Im übrigen war Maretzky, bei Anerkennung seiner fachlichen Fähigkeiten, ein Schwein! Solchen Leuten weine ich keine Träne nach.[36]

Maretzky zog die Konsequenzen und bat darum, zum 1. April 1937 in den Ruhestand versetzt zu werden.[37] Der Bürgermeister a. D., der am 1. Mai 1937 endlich die ersehnte NSDAP-Mitgliedschaft erhielt, gehörte weiterhin dem Deutschen Gemeindetag an.[38] Er verkehrte in den gehobenen Kreisen Berlins, vor allem unter nationalsozialistischen Politikern und Diplomaten,[39] und verfaßte eine kleine Schrift „Seid tapfer und pflichttreu", die er an Mitarbeiter der Berliner Verwaltung versandte.[40] Wahrscheinlich war er auch zu dieser Zeit noch Präsidiumsmitglied des Deutschen Roten Kreuzes, als dessen Schatzmeister er seit 1935 fungierte.[41] Seinen Lebensunterhalt verdiente er nun als Angestellter in der Knorr-Bremse AG, Berlin-Lichtenberg,[42] in jenem Betrieb, in dem die Nationalsozialisten schon 1928 die „Nationalsozialistische Wählerschaft bei der Knorr-Bremse" gründen konnten. Nach 1939 verlieren sich seine Spuren. Mit seiner Frau Lucy, geb. Meiser, wohnte er noch 1935 in der Schlüterstraße 42 im Westen Berlins.[43] Wann und wo er gestorben ist, war nicht zu ermitteln.

36 Kurt Daluege am 2. 12. 1936 an Artur Daluege, in: *Personalakte Artur Daluege,* BDC.
37 Vgl. *Personalakte Artur Daluege,* BDC
38 In einer Liste vom Herbst 1938 mit dem Vermerk *Geheim!* wird Maretzky unter den *Mitgliedern aus der Verwaltung des Ausschusses für gemeindliche Versorgungsbetriebe* angeführt. Vgl. Ämter, Dienststellen, Organisationen, BDC.
39 Vgl. *Personalakte Artur Daluege,* BDC.
40 Vgl. *Personalakte Maretzky,* BDC.
41 Vgl. *Wer ist's?...* (wie Anm. 9), 10. Ausg., 1935.
42 Vgl. *Personalakte Maretzky, BDC.*
43 Vgl. *Wer ist's?...* (wie Anm. 9), 10. Ausg., 1935. Die Unterlagen des Landeseinwohneramtes Berlin, die allerdings durch den Krieg zu großen Teilen zerstört wurden, enthalten keine Angaben über Maretzky.

Julius Lippert

von Brigitte Oleschinski

Auch der Doktor [d.i. Joseph Goebbels – B.O.] *brachte Gefolgsleute mit, die ich vergeblich in die Erinnerung zu zitieren suche, weil sie noch dünndrähtiger waren als ihr Chef. Einer von ihnen fiel mir dadurch auf, daß er sich der jeweiligen Tagesansicht so anzupassen wußte, daß er individuell quasi ausfiel, chamäleonartig mit dem Muster der Tapete verschmolz. Er wurde dann, glaube ich, Oberbürgermeister von Berlin.*[1]

Als Ernst Jünger im Mai 1945 jene Sätze über das Auftreten Lipperts Anfang der dreißiger Jahre niederschrieb, war das beispiellose Herrschafts- und Terrorsystem, das die stadtpolitische Karriere dieses Mannes in der Reichshauptstadt Berlin ermöglicht hatte, eben erst unter dem Druck der alliierten Besetzung Deutschlands zusammengebrochen. Der eifernde Nationalsozialist Julius Lippert, der 1937 den bisherigen Berliner Oberbürgermeister Heinrich Sahm ablöste und dreieinhalb Jahre später selbst von Hitler seines Amtes enthoben wurde, befand sich in den Maitagen dieses Frühjahrs in britischer Kriegsgefangenschaft und begann, die Spuren seiner fast zwanzigjährigen Zugehörigkeit zur nationalsozialistischen Führungsschicht zu verwischen. Ganz offensichtlich lag ihm nun daran, die Rückschau auf seine Berliner Amtsjahre in eine verschwommene Aura von Dissens und Distanz zu den Führungsgrößen des „Dritten Reiches" zu kleiden, ohne freilich auf den trüben Glanz der Hitlerschen Hofhaltung ganz verzichten zu wollen: *Wenige Tage vor der Eröffnung der Spiele*[2] *wurde ich fernmündlich zum Mittagessen bei Hitler geladen. Das kam nicht oft vor – ich habe es immer mit dem alten Volksspruch meiner Heimat gehalten: „Gehe nicht zu deinem Ferscht, wenn du nicht gerufen werscht!" Mit dieser Parole bin ich ganz gut gefahren. Durch die unvorhergesehene Einladung wollte mir Hitler seine Anerkennung für die seitens der Stadtverwaltung geleistete Arbeit zur Vorbereitung der Spiele ausdrücken ... mit dieser höflichen Bemerkung komplimentierte mich einer der Adjutanten durch die Vorzimmer der Reichskanzlei.*[3]

Seit dem Ende der zwanziger Jahre spielte der promovierte Staatswissenschaftler Julius Lippert für die Nationalsozialisten in Berlin eine herausgehobene politische Rolle. Die

1 Ernst Jünger, *Strahlungen*, Stuttgart 1949, 7. Mai 1945.

2 Olympische Spiele vom 1. bis 16. August 1936 in Berlin.

3 Julius Lippert, *Lächle... und verbirg die Tränen. Erlebnisse und Bemerkungen eines deutschen „Kriegsverbrechers"*, Leoni am Starnberger See 1955, unveränderter Neudruck 1966, S. 143. Der Band enthält an anderer Stelle eine weitere Szene, die einigermaßen ungenau in den Maitagen 1945 angesiedelt ist und die Begegnung mit einem jungen britischen Major beschreibt, dem Lippert unter den deutschen Kriegsgefangenen bekannt vorgekommen sei: Im Sommer 1936 sei dieser Major Mitglied der britischen Olympiamannschaft gewesen, die Lippert in seiner Eigenschaft als Oberbürgermeister und Stadtpräsident der gastgebenden Reichshauptstadt im Rathause empfangen und bewirtet hatte. In längeren Gesprächen waren er und ich uns damals durchaus einig darüber gewesen, daß England und das Reich zusammengehen müßten, politisch wie wirtschaftlich, und daß Hitler ein großer Mann sei, der für Deutschland ebensoviel bedeute wie der alte Disraeli für Großbritannien, nur natürlich unter anderen Umständen und auf einer anderen Ebene: *A.a.O.*, S. 12.

Julius Lippert (2. von rechts), * Basel 9.7.1895, † Bad Schwalbach 30.6.1956, Staatskommissar, Stadtpräsident und Oberbürgermeister von Berlin 1933–1940.
In der Bildmitte der preußische Ministerpräsident Hermann Göring und links neben ihm (mit Amtskette) der bereits entmachtete Oberbürgermeister Heinrich Sahm

rasch anwachsende nationalsozialistische Bewegung spülte Lippert in immer einflußreichere Positionen, in denen von seinen Entscheidungen in Berlin bald ungezählte Schicksale abhingen. Neben- und nacheinander wirkte er in der Stadt zunächst unter dem Berliner Gauleiter Joseph Goebbels als Chefredakteur des nationalsozialistischen Kampfblattes „Der Angriff" und als Bezirks- und Stadtverordneter der Berliner NSDAP. 1933 wurde er von dem kommissarischen preußischen Ministerpräsidenten und Innenminister Hermann Göring zum *Staatskommissar zur besonderen Verwendung* in Berlin berufen und war unter anderem für die „Säuberung" der Stadtverwaltung, das heißt die schnellstmögliche Entlassung aller kommunistischen, sozialdemokratischen und jüdischen Beschäftigten, verantwortlich. Die Kompetenzen dieses Amtes wurden ein Jahr später noch erweitert. Lippert wurde 1936 auch für die Vorbereitung der Olympischen Spiele in Berlin zuständig. Das Amt des Oberbürgermeisters übernahm er gleichzeitig mit dem des Stadtpräsidenten Anfang 1937 vor der 700-Jahr-Feier der Reichshauptstadt.
Wer jedoch den Spuren dieses Lebenslaufs nachzugehen versucht, stößt bald auf ein kaum zu durchdringendes Dickicht von Halbwahrheiten und Widersprüchen, das den Blick auf die historischen Tatsachen weitgehend verdeckt. Auch Lipperts ins Auge

fallendes Interesse an Selbstbeschreibung und Selbstrechtfertigung trägt zunächst wenig dazu bei, sein tatsächliches Wirken in der Berliner Stadtpolitik deutlich zu machen.[4] Denn die für alle autobiographischen Äußerungen Lipperts charakteristische Technik der Andeutungen und Abschweifungen, der Anekdoten und Analogiebildungen, die sich auch in der zitierten Passage findet, verfehlte offenbar ihre Wirkung auf die Zeitgenossen der frühen Nachkriegsjahre nicht. So schrieb beispielsweise Fritz Schmidt-Clausing 1960 in seiner Serie über *Berlins „Regierende" seit 1809*[5] einen in diesem Sinne bezeichnenden Nachruf auf Lippert: *Er war Nationalsozialist, überzeugter Nationalsozialist, aber niemals aus der Kirche ausgetreten. Mit Frau und Kindern hielt er auf einen christlichen Geist seines Hauses. Bei allem politischen Irrtum ist er sich selbst treu geblieben und hat diesen Irrweg mit einem herben Ende bezahlt.*[6]
Mit diesen Sätzen wurde ein Mann bedacht, dessen Leben in ganz besonderem Maße von Ressentiments und Opportunismus, von Mißerfolgen und Zweitrangigkeit gekennzeichnet blieb, obwohl die Daten seiner Laufbahn eine steile Karriere belegen. Sein Nachruhm hingegen, mag er sich nun in der angesprochenen Wertung Schmidt-Clausings spiegeln oder in den Sätzen, die sein deutscher Rechtsanwalt im Sommer 1951 für die Zeitungen schrieb,[7] nahm weder Lipperts eklatante politische Uneinsichtigkeit noch sein fehlendes Unrechtsbewußtsein überhaupt zur Kenntnis. Wie vielen anderen Funktionsträgern des „Dritten Reiches" gelang es ihm später mühelos, aus der Täterrolle in die eines regelrechten Opfers zu wechseln, indem er gerade seine Fehl-

4 Diese und weitere Daten entstammen der Stoffsammlung zu einer biographischen Studie über Julius Lippert, die ich später vorzulegen hoffe. Eine wissenschaftlichen Ansprüchen genügende Biographie Lipperts gibt es bisher nicht. Lippert selbst hat jeweils an bezeichnenden Punkten seiner Laufbahn autobiographische Schriften verfaßt, deren Wahrheitsgehalt in jeder Hinsicht sehr zu wünschen übrig läßt. Es sind dies der 1940 erstmals in Berlin und 1942 in Belgrad in zweiter Auflage gedruckte Band *Im Strom der Zeit. Erlebnisse und Eindrücke* sowie der oben bereits angeführte Band *Lächle...* (wie Anm. 3). Bereits 1933 erschien von Waldemar Wenzel eine Broschüre über Dr. Julius Lippert. *Staatskommissar in der Hauptstadt Berlin*, die ebenfalls auf autobiographischen Aussagen Lipperts beruht. Eine weitere Publikation Lipperts, *Kleinbühne und Weltgeschichte. Historie als Erlebnis*, die 1944 erschien, enthält keine direkten autobiographischen Aussagen.

5 Fritz Schmidt-Clausing, *Berlins „Regierende" seit 1809,* in: *Berliner Blätter* 10 (1960), Nr. 12, S. 37–39.

6 *A.a.O.*, Nr. 4, S. 30. Ob das „christliche Haus" Lipperts nicht doch eher eine Nachkriegserscheinung war, läßt sich ohne den Rückgriff auf persönliche Quellen nicht eindeutig klären. Als im Juni 1951 erstmals seine Verurteilung durch ein belgisches Militärgericht bevorstand, setzte sich eine Reihe von Kirchenvertretern für ihn ein; der „Aar-Bote", eine Zeitschrift seines Heimatkreises, druckte ein Fürbittgebet des evangelischen Gemeindepfarrers für Lippert ab, das der Seelsorger so begründete: *Er hat seine Jugend in Bad Schwalbach verlebt, seine Frau lebt mit den drei Kindern seit Jahren in unserer Gemeinde, die Tochter ging in meinen Konfirmandenunterricht und wartete mit der Konfirmation auf die Rückkehr des Vaters, der Sohn besucht meinen Vorkonfirmandenunterricht.* Darüber hinaus richtete die Kirchengemeinde ein Bittschreiben an das belgische Gericht in Lüttich; die Honoratioren Bad Schwalbachs und der zuständige Landrat unterstützten das Anliegen, *Aar-Bote* vom 5. Juni 1951.

7 Dr. A. Meier, *Der Fall Lippert,* in: *Deutscher Kurier* vom 16. 6. 1951. Siehe dazu weiter unten.

schläge im internen Intrigenspiel der NS-Führungsclique nachträglich zu Akten des Widerstands und der Prinzipienfestigkeit stilisierte. Diesem Phänomen muß sich jede Lebensbeschreibung Lipperts stellen. Um eine derart bewußte und geschickte Legendenbildung wie die seine aufzudecken, bedarf es freilich einer detaillierteren Beweisführung, als sie auf begrenztem Raum hier möglich ist. Im folgenden kann es deshalb nur darum gehen, einige Aspekte herauszugreifen, in denen das Selbstbild Lipperts oder die Sicht seiner Apologeten erwiesenermaßen mit den Tatsachen nicht übereinstimmen.

Eine Karriere in der späteren Reichshauptstadt Berlin war für den am 9. Juli 1895 in Basel geborenen Sohn eines deutschen Hotelbesitzers und seiner Schweizer Ehefrau nicht unbedingt vorgezeichnet. Nach einem vorübergehenden Besuch der deutschen Schule in Genua kehrte Lippert vor dem Ersten Weltkrieg mit seiner Familie nach Deutschland zurück, wo der Vater bald darauf starb. Lippert besuchte verschiedene weiterführende Schulen in und um Wiesbaden und bestand nach seiner Meldung als Kriegsfreiwilliger im August 1914 eine vorgezogene Abiturprüfung. Die Kriegsjahre an der Westfront, in denen er es bis zum Leutnant der Reserve brachte, prägten sein Weltbild nachhaltig. Hier entwickelte er trotz seiner vielseitigen Sprachkenntnisse ein übersteigertes und einseitiges Nationalgefühl, das sich mit einem schon früher geäußerten Antisemitismus,[8] dem Haß auf die deutschen Revolutionäre des Jahres 1918 und einer ständigen (verbalen) Gewaltbereitschaft nach dem Krieg zu jenem aggressiven deutschvölkischen Syndrom verdichtete, aus dem sich zu großen Teilen auch der Nationalsozialismus speiste.[9] Gerade seinen schon in der Weimarer Republik ausgeprägten antisemitischen Affekten widmete Lippert in seiner ersten Autobiographie breiten Raum. Stellvertretend für viele andere Passagen sei hier wenigstens ein einziges, in jeder Weise typisches Beispiel in voller Länge zitiert: *Den seinerzeit von den Juden so hochgelobten und zum Range eines neuen Kopernikus emporgeschwindelten Herrn Einstein habe ich auch kennengelernt. Er hielt, von Wien kommend, auf Einladung irgendeiner jüdischen Clique eine Reihe von Vorlesungen. Es war ein widerlicher Anblick, der sich an der Stelle, wo ein Fichte, ein Mommsen, ein Treitschke gewirkt hatten, bot. Herr Einstein hatte das Äußere eines galizischen Teppichhändlers, der sich seit einem guten Vierteljahr der Seife und des warmen Wassers enthalten hat. In jüdelndem Tonfall gab er mit unendlicher Wichtigtuerei seine Weisheit zum besten, die im Grunde genommen nur die Selbstverständlichkeit enthielt, daß nicht nur der Raum, sondern auch die Zeit sich in einer gewissen Abhängigkeit vom Standpunkt des Beobachters in bezug auf das beobachtete System befindet. Diese Binsenweisheit bettete Einstein in eine unglaubliche Menge von astronomischen Er-*

8 Vgl. dazu auch die entsprechend stilisierten Erinnerungen an die „Bekehrung" Lipperts zum Antisemitismus in J. Lippert, *Lächle...* (wie Anm. 3), S. 24 ff.

9 Vgl. hierzu etwa die Materialien, die Klaus Theweleit in seiner Arbeit über *Männerphantasien,* 2 Bde., Frankfurt a. M. 1977 vorgelegt hat, oder andere mit dem Lipperts vergleichbare Lebensläufe, deren Innenansicht beispielhaft in Joseph Goebbels' 1926 erschienenem Tagebuchroman *Michael* zum Ausdruck kommt.

klärungen, mathematischen Formeln und krausem philosophischem Beiwerk, daß man tatsächlich oft den Eindruck haben konnte, er sei im Begriff, das Weltgefüge aus den Angeln zu heben. Dachte man aber zu Hause über das Gehörte kritisch nach, kam man dahinter, daß er im Grunde genommen überhaupt nichts gesagt hatte. Seine überwiegend jüdische Zuhörerschaft hing an seinen Lippen, und insbesondere taten sich dabei die jüdischen Studentinnen hervor. In mißduftendem Blütenkranz auf dem Boden vor dem Podium des „großen Meisters" sitzend, lauschten sie seinen Worten, die sie um so begieriger in sich aufzunehmen schienen, je weniger sie davon verstanden.[10]

Im Wintersemester 1918/1919 immatrikulierte sich Lippert an der Berliner Friedrich-Wilhelms-Universität für das Fach Staatswissenschaften und wurde im August 1922 mit einer Arbeit über den *Gewinnbeteiligungsgedanken* zum Dr. phil.[11] promoviert. In dieser Zeit geriet er endgültig in den Dunstkreis der Deutschnationalen Volkspartei und ihrer reaktionärsten Absplitterung, der Deutschvölkischen Freiheitspartei unter Albrecht von Graefe und Reinhold Wulle.[12] Zunächst arbeitslos, hielt er sich mit journalistischen Gelegenheitsarbeiten über Wasser und übernahm im April 1923 auf Betreiben des späteren „Angriff"-Druckers Karl Ernst Schulze die Redaktion des neugegründeten, völkisch orientierten „Deutschen Tageblatts". Nachdem sich Lippert im Sommer 1926 aus wirtschaftlichen Gründen mit den Herausgebern dieses Blattes überworfen hatte, suchte er mehr oder weniger gezielt den Anschluß an die damals in Berlin noch völlig unbedeutende NSDAP.

Die frühe Phase der Berliner NSDAP in der Potsdamer Straße wird mit dem später legendären Namen ihrer ersten Geschäftsstelle, der „Opiumhöhle", wohl ziemlich treffend beschrieben.[13] Die auch den Wählern weitgehend unbekannte Partei[14] setzte sich *zu dieser Zeit aus ein- bis zweihundert ehemaligen Angehörigen der Deutschvölkischen Freiheitspartei und anderer rivalisierender völkischer Gruppierungen zusammen*[15] und stand in der Hauptsache unter dem ideologischen Einfluß der Gebrüder Otto und

10 J. Lippert, *Im Strom...* (wie Anm. 4), S. 49.

11 *Der Gewinnbeteiligungsgedanke und seine Grundlagen,* Phil. Diss., Berlin 1922. Verschiedene biographische Handbücher weisen Lippert als Dr. jur. aus. Dies ist nachweislich falsch. In seinen Erinnerungen benennt Lippert als Prüfer im Rigorosum die Professoren Max Sering, Heinrich Herkner, Heinrich Triepel und de(n) Jude(n) *Martin Wolf* [richtig: Wolff – B.O.].

12 Vgl. zu diesem Umfeld und seinem Einfluß auf die Studentenschaft beispielsweise Konrad H. Jarausch, *Deutsche Studenten 1800–1970,* Frankfurt a. M. 1984, S. 117–140. Lippert rühmt sich in seinen Memoiren verschiedener Zusammenstöße mit *jüdischen oder marxistischen* Universitätsangehörigen und nimmt für sich eine – allerdings bewiesene – Beteiligung an dem Attentat auf Walther Rathenau in Anspruch. Zu diesen nachträglichen Behauptungen steht der Tonfall seiner Dissertation, die sich durch überraschende Sachlichkeit auch gegenüber Autoren wie Karl Marx oder Franz Oppenheimer auszeichnet, in eigentümlichem Widerspruch.

13 Vgl. dazu vor allem Martin Broszat, *Die Anfänge der Berliner NSDAP 1926/1927,* in: *Vierteljahrshefte für Zeitgeschichte* (im folgenden *VfZ* zitiert) 1 (1960) und die dort angegebene Literatur.

14 Bei der Berliner Stadtverordnetenwahl vom 25. Oktober 1925 erhielt die NSDAP nur 137 Stimmen. Vgl. M. Broszat, *Die Anfänge der Berliner NSDAP...* (wie Anm. 13), S. 86.

15 *Ebda.*

Gregor Strasser. Am 9. November 1926 übernahm der erst in diesen Wochen auf die Münchener Linie Hitlers einschwenkende rheinische Agitator Joseph Goebbels die Leitung der desolaten Parteigruppe und verhalf ihr durch aggressive Propaganda und den bedenkenlosen Einsatz von SA-Schlägertrupps binnen weniger Monate zu einer deutlichen Konsolidierung und Ausweitung. Erst dieser erkennbar aufstrebenden Partei trat Lippert am 19. April 1927 bei und erhielt die Mitgliedsnummer 59 957.[16]

Als ausgesprochen wichtig für seine künftige Karriere erwies sich das Verhältnis Lipperts zu dem ihm auf jeder erklommenen politischen Sprosse erneut übergeordneten Berliner Gauleiter und späteren Propagandaminister Joseph Goebbels. Obwohl sie vom Alter und vom Bildungsgang her einander ähnlich erschienen und mit vergleichbaren Ambitionen in die Nationalsozialistische Partei eingetreten waren, konnte doch kaum ein Zweifel daran bestehen, wer von beiden sich als Führungsfigur tatsächlich durchsetzen würde. Lippert widmete später dem Verhältnis zu Goebbels in seinen Erinnerungen eine jener typischen Anekdoten über die NS-Größen, deren auffallendster Zug darin besteht, daß sie ihren Erzähler in einer äußerst kläglichen Verteidigungshaltung zeigen.[17] Umgekehrt zeugen rund einhundertsiebzig namentlich auf Lippert bezogene Eintragungen in den bisher veröffentlichten Teilen der Tagebücher von Goebbels[18] von einer stetigen, wenn auch über die Jahre hinweg zunehmend angespannten Beziehung. Anfangs scheint Goebbels Lippert als nach seinen Maßstäben fähigen und gleichberechtigten Mitarbeiter respektiert zu haben. Dafür sprechen Eintragungen, in denen er Lippert als ausgezeichneten Redner lobt[19] oder dessen Tätigkeit als leitender Redakteur der parteieigenen Wochenzeitung „Der Angriff" würdigt.[20] Auch das persönliche Verhältnis wird zunächst in der Goebbelsschen Manier positiv beschrieben: *Dann sitze ich noch mit Lippert und Dürr*[21] *zusammen. Gute, brave Kerle!*[22] Oder: *Dann saß ich noch mit Dr. Lippert zusammen. Er ist ein anständiger Kerl. Wir haben eigentlich noch nie Krach gehabt.*[23]

Der „Krach" sollte allerdings bald beginnen. Eine Episode, die *en passant* auch die Stimmung in der anfangs bis zur Lächerlichkeit dilettantischen Partei der Nationalso-

16 Die von Broszat vorgenommene Periodisierung in der Entwicklung der frühen Berliner NSDAP wird auch von der Schilderung Lipperts gestützt, vgl. J. Lippert, *Im Strom...* (wie Anm. 4), S. 113 f.

17 *A.a.O.*, S. 145.

18 *Die Tagebücher von Joseph Goebbels. Sämtliche Fragmente*, hrsg. von Elke Fröhlich im Auftrag des Instituts für Zeitgeschichte und in Verbindung mit dem Bundesarchiv, Teil 1: *Aufzeichnungen 1924–1941*, 4 Bde., München 1987 (im folgenden *Goebbels-Tagebücher...* zitiert).

19 Vgl. beispielsweise *Goebbels-Tagebücher...* (wie Anm. 18) vom 18. 8. 1929, 30. 10. 1928, 22. 1. 1929, 12. 9. 1929, 14. 2. 1930 und öfter.

20 Vgl. *a.a.O.* vom 16. 12. 1928, 8. 1. 1929, 28. 7. 1929 und öfter.

21 Dagobert Dürr war seit 1927 Gaugeschäftsführer der NSDAP in Berlin, Redakteur des „Angriff" und wurde 1933 Pressechef der Stadt Berlin, später Pressereferent im Reichsministerium für Volksaufklärung und Propaganda.

22 *Goebbels-Tagebücher...* (wie Anm. 18) vom 13. 11. 1928.

23 *A.a.O.* vom 8. 1. 1929.

zialisten einfängt, zeigt die künftige Konfliktlinie zwischen Lippert und Goebbels noch im Lichte eines gewissen Wohlwollens: *Gestern morgen ernste Auseinandersetzung in der Redaktion. Die drei leisten mir in der Frage der Rezensionsexemplare einen geschlossenen Widerstand. Bei Dürr finde ich das unverständlich. Dr. Lippert ist eben so, im letzten Grunde ein Bürger, deshalb nehme ich es ihm nicht übel. Aber bei diesem dummen, arroganten Bethke*[24] *kann mich das bis zur Siedehitze empören. Dieses Kamel redet von geistigen Bedürfnissen. Ich war drauf und dran, ihn hinauszuschmeißen. Jedenfalls werde ich die Sache bis zu Ende durchpauken. Es ist ungerecht, wenn die sich auf Kosten der Bewegung eine Bibliothek zulegen, und der kleine Mann darbt.*[25]

Worum es dabei eigentlich ging, zeigte sich jedoch schon wenig später. Bei den Berliner Kommunalwahlen am 17. November 1929 erhielt die NSDAP 5,7 Prozent der Stimmen und zog mit 13 (von insgesamt 225) Abgeordneten ins Stadtparlament sowie mit 40 (von insgesamt 780) Bezirksverordneten in die Bezirksverordnetenversammlungen ein. Lippert wurde Fraktionsführer der NSDAP in Charlottenburg und kam zunächst als stellvertretender Fraktionsführer unter Goebbels in das Stadtparlament. Goebbels notierte in diesen Tagen über die ersten Schritte zu seinen geplanten parlamentarischen Störmanövern: *Mit Treff,*[26] *Lippert und Schumann*[27] *unsere ersten Anträge formuliert. Treff und Lippert denken noch zu bürgerlich. Zu sachlich. Zu sehr in Paragraphen, und meinen, die Opposition habe Pflichten, die eigentlich nur den regierenden Parteien zustehen. Ich hab sie mit Mühe umgebogen. Aber das alles wird schon werden.*[28]

Der Vorwurf der „Bürgerlichkeit" ebenso wie der der Initiativlosigkeit und der Führungsschwäche gegen Lippert wiederholt sich in den folgenden Jahren in Goebbels' Aufzeichnungen mit stereotyper Regelmäßigkeit: *Mit Lippert wieder Auseinandersetzung über den Sozialismus. Er hat das leider nicht; also muß er's lernen.*[29] Und wenige Tage später heißt es: *Scharfen sozialistischen Aufsatz geschrieben. Der ist nötig, da Dr. Lippert aus dem Angriff ein deutschvölkisches Blatt machen will. Gestern mittag ernste Unterredung darüber mit Dürr und Muchow,*[30] *die vollkommen meine Befürchtungen teilen. Lippert war krank. Ihn werde ich mir heute kaufen. Er ist [unleserlich] und bekommt schon einen Schauder, wenn er das Wort Scheiße schreiben soll.*[31]

Nun muß hier dem Mißverständnis vorgebeugt werden, Lippert habe in den ersten Jahren seiner nationalsozialistischen Karriere auf Recht- und Verhältnismäßigkeit oder ähnliche bürgerliche Tugenden entscheidenden Wert gelegt. Verfolgt man anhand sei-

24 Mitarbeiter des „Angriff" in Berlin.

25 *Goebbels-Tagebücher...* (wie Anm. 18) vom 23. 1. 1929.

26 Herbert Treff übernahm kurz darauf die Leitung des Amtes für Kommunalpolitik der NSDAP in Berlin und wurde 1933 Bezirksbürgermeister von Steglitz.

27 Angestellter der Gauleitung in Berlin.

28 *Goebbels-Tagebücher...* (wie Anm. 18) vom 26. 11. 1929.

29 *A.a.O.* vom 18. 2. 1930.

30 Reinhold Muchow (1905–1933). Zur Biographie vgl. M. Broszat, *Die Anfänge der Berliner NSDAP...* (wie Anm. 13), S. 86 f.

31 *Goebbels-Tagebücher...* (wie Anm. 18) vom 20. 2. 1930.

ner vor Kriegsende verfaßten Memoiren seine eigene Schilderung jener hemmungslos glorifizierten „Kampfzeit", kann davon keine Rede sein.[32] Ein Beispiel dafür bietet die antisemitische Kampagne des „Angriff" gegen Bernhard Weiß, den stellvertretenden Polizeipräsidenten von Berlin, der unter Lipperts Federführung dem nationalsozialistischen Publikum in immer neuen Variationen als „Isidor" vorgeführt wurde.[33] Lipperts Beiträge stehen dabei in ihrer maßlosen Polemik in keiner Weise hinter denen von Goebbels zurück.[34] Nicht viel anders verhält es sich mit den Prozessen, in die Lippert als Chefredakteur des „Angriff" ständig verwickelt war und die keineswegs nur von politischen Gegnern angestrengt wurden. So fand sich Lippert beispielsweise im Januar 1932 neben Hitler in einem Verfahren wieder, das der ehemalige Stellvertretende Oberste SA-Führer Ost, Walter Stennes, gegen seine bisherigen Kampfgenossen eingeleitet hatte – wegen Beleidigung.[35] In allen diesen Fällen ging es jedoch einzig und allein darum, die ohnehin auf dem „rechten Auge" weitgehend blinde Weimarer Justiz als politisch mißbrauchbar vorzuführen.

Mit der Ernennung Adolf Hitlers zum Reichskanzler am 30. Januar 1933 wurde auch für Lippert der Weg in die einflußreichen Positionen der Stadt frei. Am 12. März 1933 fanden in Berlin und im übrigen Reichsgebiet die ersten und zugleich letzten Wahlen zu den Stadt- und Bezirksverordnetenversammlungen unter den neuen nationalsozialistischen Verhältnissen statt. Lippert, der dem Berliner Stadtparlament seit dem November 1929 als Abgeordneter und seit dem Oktober 1930 als Fraktionsführer der NSDAP angehört hatte,[36] wurde drei Tage später *als Staatskommissar zur besonderen Verwendung in der Hauptstadt Berlin* eingesetzt.[37] Dieses Amt diente ihm buchstäblich vom ersten Tage an als Ausgangsbasis zur rücksichtslosen Durchsetzung nationalsozia-

32 Vgl. J. Lippert, *Lächle...* (wie Anm. 3), passim, ebenso W. Wenzel, *Staatskommissar...* (wie Anm. 4), passim.

33 Vgl. dazu die minutiöse Rekonstruktion von Dietz Bering in seinen beiden Aufsätzen über *Bernhard Weiß gegen Joseph Goebbels. Der Kampf um den Namen „Isidor"*, in: *Jahrbuch 1981/82 des Wissenschaftskollegs zu Berlin* (1983), S. 17–34, und *Beiträge zur Namenforschung*, Neue Folge 18 (1983), S. 121–153 (2. Teil) sowie eine weitere Veröffentlichung desselben Autors, *Von der Notwendigkeit politischer Beleidigungsprozesse. Der Beginn der Auseinandersetzungen zwischen Polizeivizepräsident Bernhard Weiß und der NSDAP*, in: *Berlin in Geschichte und Gegenwart. Jahrbuch des Landesarchivs Berlin 1983*, S. 87–112.

34 Vgl. zum „Angriff" auch die zeitgenössische Publikation von H. G. Rahm, *Der nationalsozialistische Typ der Kampfzeitung*, Berlin 1939, zu dem Lippert seinerzeit das Vorwort schrieb, sowie die Untersuchung von Ernest Bramsted, *Goebbels und die nationalsozialistische Propaganda 1925–1945*, Frankfurt a. M. 1971.

35 Die im August 1930 und im April 1931 unternommenen Putschversuche des OSAF-Stellvertreters Ost Walter Stennes gegen Hitler hatten zu einigen Verwerfungen in der Berliner NS-Gefolgschaft geführt. Das Verfahren beschäftigte sich aber mit rein zivilrechtlichen Beziehungen zwischen den Prozeßgegnern; das Verhandlungsprotokoll befindet sich im BA Koblenz, NS 26/ vorl. 597. Vgl. auch M. Broszat, *Die Anfänge der Berliner NSDAP...* (wie Anm. 13).

36 Vgl. dazu *Amtliche stenographische Berichte über die Sitzungen der Berliner Stadtverordnetenversammlung*, Berlin 1927 ff. (im folgenden *Berichte StVOVers.* zitiert).

listischer Machtinteressen innerhalb der Berliner Stadtverwaltung und der einzelnen Bezirke.[38] Dazu zählte neben der Disziplinierung der gewählten Abgeordneten anderer Parteien[39] – die für die KPD abgegebenen Stimmen waren bereits für nichtig erklärt worden – auch die möglichst schnelle Entfernung von sozialdemokratischen und jüdischen Mitarbeitern aus ihren Verwaltungspositionen. Lippert entfaltete sein Wirken rasch nach allen Seiten; sei es, daß er sich durch die Beurlaubung des Oberbranddirektors Gempp in die laufenden Ermittlungen zum Reichstagsbrand einschaltete,[40] sei es, daß er im April 1933 zusammen mit Rudolf Diels[41] und anderen an den ersten gesetzgeberischen Plänen für eine gesonderte Judengesetzgebung mitwirkte[42] oder der Reichskanzlei Verhandlungen mit dem Allgemeinen Deutschen Gewerkschaftsbund unter Theodor Leipart empfahl.[43]

Ebenso waren die künftigen Kompetenzkonflikte mit dem bis zum November 1933 noch parteilosen Oberbürgermeister Heinrich Sahm durch das Gesetz bereits programmiert.[44] Lippert zielte auf die Ausweitung seiner Befugnisse als Staatskommissar und

37 Lippert begann diese Arbeit bereits Mitte März 1933. Das entsprechende *Gesetz über die Einsetzung eines Staatskommissars in der Hauptstadt Berlin* (*Preußische Gesetz-Sammlung* [im folgenden *Preuß. GS* zitiert], S. 196) wurde jedoch erst am 31. Mai 1933 erlassen.

38 Den (Un-)Geist dieser Aufgabe beschreibt die zeitgenössische Publikation von Erich Berger, *Berlin wird deutsch. Ein Beitrag zur Erneuerung der größten deutschen Kommunalverwaltung,* Berlin 1934. Einzelheiten dieses Vorgehens werden in den verschiedensten Zusammenhängen geschildert. Dabei zeigt sich immer wieder, daß Lippert durchaus die treibende Kraft solcher Maßnahmen war und keineswegs unter rechtlichen oder moralischen Bedenken litt. Vgl. dazu Lipperts eigene Ausführungen in dem Aufsatz *Die Reinigung der Kommunalverwaltungen,* in: *Almanach der nationalsozialistischen Revolution,* hrsg. von Oberpräsident Wilhelm Kube, Berlin 1934 sowie aus derselben Perspektive insbesondere W. Wenzel, *Staatskommissar...* (wie Anm. 4), S. 58 ff. Vgl. weiterhin Heinrich Sprenger, *Heinrich Sahm. Kommunalpolitiker und Staatsmann,* Köln-Berlin 1969, S. 215 ff. und die dort genannte Literatur. Eine weitgehend quellennahe Auswertung von einschlägigen Materialien unternimmt auch Gerhard Neuber in seiner allerdings auf „marxistisch-leninistischen" Vorgaben beruhenden Arbeit über *Faschismus in Berlin. Entwicklung und Durchsetzung der NSDAP und ihrer Organisation in der Reichshauptstadt 1920–1934,* Phil. Diss., Berlin (Ost) 1976. Vgl. ferner Michael Eggestein/Lothar Schirmer, *Verwaltung im Nationalsozialismus. Materialien zu einer Ausstellung der Fachhochschule für Verwaltung und Rechtspflege Berlin,* Berlin 1987.

39 Vgl. beispielsweise *Berichte StVOVers.* (wie Anm. 36) vom 27. 4. 1933 und 30. 5. 1933.

40 *Vossische Zeitung, Völkischer Beobachter* vom 25. 3. 1933. Zum Gesamtkomplex vgl. beispielsweise Ulrich von Hehl, *Die Kontroverse um den Reichstagsbrand,* in: *VfZ* 2 (1988).

41 Diels war zu diesem Zeitpunkt Leiter der politischen Polizei im preußischen Innenministerium.

42 Vgl. Uwe Dietrich Adam, *Zur Entstehung des Reichsbürgergesetzes,* in: *Aus Politik und Zeitgeschichte,* B 48 (1985).

43 BA Koblenz, R 43 II/531; vgl. Martin Broszat, *Der Staat Hitlers. Grundlegung und Entwicklung seiner inneren Verfassung,* München 1960, S. 181.

44 Vgl. zusammenfassend H. Sprenger, *Heinrich Sahm...* (wie Anm. 38), S. 246 ff. Auch in den Aufzeichnungen von Goebbels finden sich verschiedene auf diesen Konflikt bezogene Anmerkungen; eine davon lautet bezeichnenderweise: *Dr. Lippert will, daß ich Sahm absteche,* in: *Goebbels-Tagebücher...* (wie Anm. 18) vom 31. 8. 1935. Im Kern ging es darum, Sahm mittels eines Parteiausschlußverfahrens aus der NSDAP so weit zu diskreditieren, daß er sich zum Rücktritt bereit erklärte und eine Berufung als Gesandter nach Oslo akzeptierte.

erreichte zunächst, daß sein Amt der Dienstaufsicht des zuständigen Oberpräsidenten entzogen wurde.[45] Wenig später gelang ihm die Verankerung des Staatskommissariats als Verwaltungsbehörde,[46] die unmittelbar dem Preußischen Staatsministerium verantwortlich war. Der letzte Schritt auf diesem Weg führte dann das Amt des Oberbürgermeisters mit dem der neugeschaffenen Aufsichtsbehörde, dem aus dem Staatskommissariat hervorgegangenen Stadtpräsidenten, zu einer gemeinsamen Funktion zusammen.[47] Auf diesen Posten wurde Lippert am 5. Januar 1937 berufen.

Als die beiden größten öffentlichen Ereignisse in Lipperts Berliner Amtszeit erwiesen sich im Sommer 1936 die Olympischen Spiele[48] und ein Jahr darauf die 700-Jahr-Feier der Stadt.[49] Ungeachtet aller Unzuträglichkeiten hinter den Kulissen der mit allem nationalsozialistischen Pomp begangenen Feierlichkeiten zog Lippert daraus großen persönlichen Gewinn.[50] Als er 1939 im Jahrbuch der Reichshauptstadt die *verflossenen sechs Jahre* resümierte, befand er sich tatsächlich auf dem Gipfelpunkt seiner Macht in Berlin. Seine kommunalpolitische Stellung, gestützt auf das maßgeschneiderte Gesetz vom 1. Dezember 1936, schien von außen nahezu unangreifbar: *Diese Regelung ... darf mit Fug und Recht von der Berliner Stadtverwaltung als Zeichen der Anerkennung ihrer Arbeit durch den Führer aufgefaßt werden.*[51] Goebbels allerdings notierte im Dezember 1938 nach einer Besprechung mit Hitler einmal mehr: *Mit der Berliner Stadtverwaltung ist er sehr unzufrieden. Wir werden doch Lippert irgendwann einmal auswechseln.*[52]

In Wirklichkeit war der Konflikt, über den Lippert endlich doch sein Amt verlieren sollte, längst in vollem Gange. Den eigentlichen Stolperstein in Lipperts Berliner Karriere bildete die seit 1936 schwelende Auseinandersetzung mit Albert Speer, dem Generalbauinspektor für Hitlers ehrgeizige Umgestaltungspläne in Berlin. Mochte Goebbels Lippert in seinen Tagebüchern noch so oft androhen, er werde ihn *auswechseln*

45 *Gesetz über die Änderung der Staatsaufsicht über die Hauptstadt Berlin* vom 28. März 1934, in: *Preuß. GS,* S. 239 f.

46 *Gesetz über die Erweiterung der Aufgaben des Staatskommissars der Hauptstadt Berlin* vom 28. März 1934, in: *Preuß. GS,* S. 239 f.

47 *Gesetz über die Verfassung und Verwaltung der Reichshauptstadt Berlin* vom 1. 12. 1936, in: *RGBl. I,* S. 957.

48 Vgl. Anm. 2, 3. Lipperts diesbezügliche Erinnerungen wurden später noch einmal in einem Beitrag für das rechtsextreme *Jahrbuch des Nationalgeschehens* nachgedruckt (*Olympia in Berlin. Erinnerungen an Berlin 1936,* in: *A.a.O.,* 1. Jg. [1972]). Vgl. auch *Die Nazi-Olympiade. Die Olympischen Spiele 1936 in Berlin,* unveränd. Nachdruck des offiziellen Olympia-Albums von 1936, Frankfurt a. M. 1972.

49 Vgl. dazu etwa Max Arendt u. a., *Geschichte der Stadt Berlin. Festschrift zur 700-Jahrfeier der Stadt Berlin,* Berlin 1937.

50 Vor allem anläßlich des Stadtjubiläums ließ Lippert sich gehörig in den Vordergrund rücken. Vgl. etwa die Sondernummer, die das *Tageblatt* am 8. 8. 1937 herausbrachte; ähnlich der *Berliner Lokalanzeiger* vom 8. 8. 1937, die *BZ am Mittag* vom 14. 8. 1937 und die *Berliner Morgenpost* vom 15. 8. 1937.

51 Julius Lippert, *Berlins richtungsgebende kommunalpolitische Aufgabe,* in: *Jahrbuch der Reichshauptstadt,* Berlin 1939, S. 21–26.

52 *Goebbels-Tagebücher...* (wie Anm. 18) vom 3. 12.1938.

müssen,[53] weil er uneinsichtig, initiativlos und schwach sei (und darüber hinaus alle Augenblicke Hitler negativ ins Auge fiel[54]), so kam es doch von Goebbels' Seite bezeichnenderweise nie zu einem solchen Schritt. Im Gegenteil vermittelt die lange Liste dieser folgenlosen Drohungen eher den Eindruck einer bemerkenswerten politischen Überlebensfähigkeit Lipperts. Am 17. Juli 1940 notierte Goebbels jedoch in seinem üblichen Telegrammstil: *Dr. Lippert hat Krach mit Speer angefangen. Um Kompetenzfragen. Der Führer will Lippert abberufen. Ein Segen wäre es schon. Denn er ist in der Tat seinem Posten nicht im geringsten gewachsen.*[55]

Lipperts veröffentlichte Memoiren berühren diese Frage nicht. Die chronologische Darstellung „Im Strom der Zeit" endet mit der Machtergreifung im Januar 1933, und die Anekdoten und Geschichten der Nachkriegssammlung „Lächle ... und verbirg die Tränen" spielen zwar auf einen gewissen Dissens mit den *jungen Leuten aus dem Büro Speer* an,[56] lassen sich jedoch auf das Verhältnis zu Speer nicht weiter ein. Albert Speer hingegen erwähnt die Affäre in seinen „Erinnerungen".[57] Allerdings stellt er darin in erster Linie die auch von Goebbels bezeugte Abneigung Hitlers gegen Lippert in den Vordergrund: *Lippert konnte sich nicht für Hitlers Baupläne erwärmen. Zunächst zeigte Hitler lediglich Verdruß und meinte, Lippert sei kleinlich, unfähig eine Weltstadt zu regieren, noch unfähiger, die ihr zugedachte geschichtliche Bedeutung zu verstehen. Im Laufe der Zeit indessen steigerten sich diese Bemerkungen: „Lippert ist ein Nichtskönner, ein Idiot, ein Versager, eine Null." Erstaunlich war, daß Hitler jedoch in Gegenwart des Bürgermeisters nie seine Unzufriedenheit zeigte und auch nur versuchte, ihn zu überzeugen. Mitunter schien er damals schon das mühsame Geschäft der Darlegung von Gründen zu scheuen. Nach vier Jahren, im Anschluß an einen Spaziergang vom Berghof zum Teehaus, auf dem er sich erneut erregt über Lippert geäußert hatte, ließ er sich mit Goebbels verbinden und befahl ihm kategorisch die Ablösung seines Oberbürgermeisters.*[58]

Aus Goebbels' Perspektive liest sich der Fall ein wenig anders. In zwei verschiedenen Eintragungen heißt es dazu: *Dr. Lipperts Rücktrittsgesuch vom Führer angenommen. Steeg*[59] *vertritt ihn vorläufig. Ich muß die endgültige Nachfolgeschaft noch mit dem Führer besprechen.*[60] Und wenige Tage später notierte Goebbels: *Steeg berichtet über Berlin.*

53 *Ebda.*; ähnliche Töne finden sich in durchschnittlich jeder zweiten Eintragung über Lippert.

54 *Goebbels-Tagebücher...* (wie Anm. 18) vom 10. 6. 1936, 27. 6. 1936, 4. 7. 1936, 22. 2. 1937, 27. 7. 1937, 3. 8. 1937, 3. 12. 1938.

55 *A.a.O.* vom 17. 7. 1940.

56 J. Lippert, *Lächle...* (wie Anm. 3), S. 142.

57 Albert Speer, *Erinnerungen,* Frankfurt a. M.-Berlin-Wien 1969 (zitiert nach der Taschenbuchausgabe von 1976).

58 A. Speer, *Erinnerungen...* (wie Anm. 57), S. 87.

59 Ludwig Steeg wurde 1935 Vizepräsident beim Staatskommissariat Berlin und rückte 1937 zum 2. Bürgermeister auf. 1940 übernahm er kommissarisch das Amt des Oberbürgermeisters und Stadtpräsidenten.

60 *Goebbels-Tagebücher...* (wie Anm. 18) vom 19. 7. 1940.

Speer hat, wie ich schon vermutet hatte, sehr unfair an Lippert gehandelt. Das wird ihm nochmal heimgezahlt werden.[61]
Was es mit der angeführten Unfairneß Speers auf sich hatte, läßt sich anhand verschiedener Dokumente inzwischen recht genau rekonstruieren. Wesentliche Unterlagen dazu fand Anfang der achtziger Jahre der Historiker Matthias Schmidt[62] in den Papieren des Persönlichen Stabes von Heinrich Himmler.[63] Das Dossier enthält den Briefwechsel Lipperts mit der Generalbauinspektion im Frühsommer 1940 und wurde Himmler von Speer offenbar persönlich übersandt.[64] Kern der Streitigkeiten zwischen Speer und Lippert war die Frage, in welchem Maße sich Speers Generalbauinspektion über die von Lippert kontrollierten Verwaltungswege der Berliner Baubehörden hinwegsetzen durfte. Dies scheint allerdings auf Lipperts Seite weit mehr eine Frage von Einflußsphären als von Prinzipientreue oder Rechtsverständnis gewesen zu sein.[65] Während Lippert noch hoffte, sich mit allgemeinen Treuebekundungen und allfälligen juristischen Einwänden den Einfluß Berlins auf die von Hitler favorisierte Baupolitik sichern zu können, steuerte Speer, gestützt auf den persönlichen Kontakt zu Hitler, sein Ziel ohne weitere Umwege an. Mittels eines Erlasses statuierte er die Überordnung seiner Generalbauinspektion über die städtischen Behörden. Als Lippert sich weigerte, diese *Richtlinien* seiner Verwaltung zur Kenntnis zu geben, weil darin die künftige Zusammenarbeit zwischen Speer und der Reichshauptstadt durch ein *einseitiges Diktat* geregelt werde und es Speer offenbar ausschließlich darauf ankomme, *die reichshauptstädtische Verwaltung durch die Ablehnung einer freien Verständigung zu demütigen,*[66] griff Speer zum probaten Mittel der Einflüsterung und sicherte die Ergebnisse seiner Aktion in einer Aktennotiz: *Dem Führer wurde am 14. 7. 1940 von mir das mangelnde Ver-*

61 *A.a.O.* vom 27. 7. 1940.

62 Matthias Schmidt, *Albert Speer. Das Ende eines Mythos. Die Aufdeckung seiner Geschichtsverfälschung. Speers wahre Rolle im Dritten Reich,* Bern-München 1982.

63 BA Koblenz, NS 19 neu/2046. Vgl. M. Schmidt, *Albert Speer...* (wie Anm. 62), S. 62 f. Abschriften dieses Briefwechsels finden sich auch in den Akten der Generalbauinspektion, die Anfang 1982 in das Landesarchiv Berlin gelangten und dort 1984 für eine Ausstellung verwendet wurden. Vgl. hierzu den Katalog von Hans J. Reichhardt/Wolfgang Schäche, *Von Berlin nach Germania. Über die Zerstörung der Reichshauptstadt durch Albert Speers Neugestaltungspläne,* Berlin 1984.

64 Vgl. M. Schmidt, *Albert Speer...* (wie Anm. 62), S. 65.

65 In Unkenntnis der Person Lipperts, zu dessen Biographie er offenbar nur die unzulänglichen Angaben in Wilhelm Korschs *Biographischem Staatshandbuch* konsultiert hat, vermutet Schmidt in Lippert eine Art tapferen Verwaltungsbeamten, der sich der Selbstherrlichkeit Speers ohne Rücksicht auf die eigene Person in den Weg gestellt habe, um Berlins Rechtsstellung zu erhalten (vgl. M. Schmidt, *a.a.O.,* S. 62 ff.). Diese Deutung erscheint mir bei weitem zu wohlwollend; sie entspricht weder Lipperts bedenkenlosem Agieren als Staatskommissar noch seiner Rolle in dem geschilderten Konflikt, in dem er, entgegen seinen bisherigen Erfahrungen, von Goebbels ganz unerwartet fallengelassen wurde.

66 Lippert an Speer, 9. 7. 1940. Als Faksimile abgedruckt in: H. J. Reichhardt/W. Schäche, *Von Berlin nach Germania...* (wie Anm. 63), S. 45. Vgl. dazu auch Wolfgang Schäche, *Zu Geschichte und Aufbau des „Generalbauinspektors für die Reichshauptstadt Berlin" (GBI),* in: *A.a.O.*, S. 35 ff.

ständnis des Herrn Oberbürgermeisters Dr. Lippert für meine ihm in Bauangelegenheiten übergeordnete Stellung kurz vorgetragen. Als ich dem Führer die Tatsache vortrug, daß der Oberbürgermeister meinen Erlaß ... als für die Stadt demütigend empfindet und daher abgelehnt hat, stellte der Führer unverzüglich fest, daß dann Dr. Lippert als Oberbürgermeister und Stadtpräsident „sofort abzusetzen" sei ... Reichsleiter Bormann war bei dieser Anordnung des Führers zugegen und bekam den Auftrag, Reichsminister Lammers die unverzügliche Absetzung Dr. Lipperts zur Veranlassung mitzuteilen.[67]

Lippert durfte sich in diesem Fall also mit einigem Recht als das Opfer einer Intrige fühlen – einer Intrige von derselben Art freilich, mit der er seinerseits dreieinhalb Jahre früher Heinrich Sahm zu Fall gebracht hatte.[68] Goebbels, der das nicht anders sah, schickte zunächst Steeg zu Lippert, *um ihn wieder etwas aufzurichten.*[69] Steeg kehrte zurück mit dem Bericht, Lippert habe sich inzwischen gefaßt und wünsche sich *einen neuen Wirkungskreis, eventuell als Staatssekretär im Wirtschaftsministerium.* Goebbels, nun der langen Kampfgemeinschaft gedenkend, wollte *sehen, was sich da machen läßt.*[70] Drei Wochen später war das Mitleid jedoch bereits wieder der üblichen Ambivalenz gewichen: *Dr. Lippert macht Besuch. Er ist gar nicht gebrochen, sondern sehr selbstgerecht. Aber da kommt er bei mir schlecht an. Ich sage ihm die Meinung. Er möchte gern in eine andere Stellung. Irgendwo im eroberten Gebiet. Ich werde ihm dabei helfen. Speer hat ihn ja sehr gequält.*[71]

Goebbels' Hilfe für Lippert bestand schließlich darin, ihn mit einer Propagandakompanie nach Belgrad zu schicken.[72] Dort scheint Lippert, unter anderem zuständig für den Soldatensender Belgrad, einen beträchtlichen Einfluß entfaltet zu haben, und zwar außerhalb jeder Legalität, die ohnehin durch das äußerst willkürlich gehandhabte Besatzungsrecht zum bloßen Schein verkam. In seinen Memoiren schrieb Lippert über einen *militärisch durchorganisierten Konzern von ungeahnten Ausmaßen, dessen Generaldirektor er durch die Gewalt der Umstände geworden sei: Wir hatten sieben Filmverleihfirmen begründet, verwalteten achtzehn Sprech- und einundzwanzig Filmtheater, dazu drei Soldatenheime für deutsche und weitere neun für verbündete Wehrmachtsangehörige,*

67 Aktennotiz Speers vom 16. 7. 1940. Als Faksimile abgedruckt in: *A.a.O.*, S. 46.

68 Vgl. Anm. 44.

69 *Goebbels-Tagebücher...* (wie Anm. 18) vom 27. 7. 1940.

70 *A.a.O.* vom 1. 8. 1940.

71 *A.a.O.* vom 22. 8. 1940. Aber Speer war zu diesem Zeitpunkt mit seiner Intrige noch nicht ganz fertig. Offenbar fehlte noch ein I-Punkt. Am 6. September 1940 notierte Goebbels, wider Willen wohl doch geschmeichelt: *Mit Speer Zukunft Berlins besprochen. Der Posten von Lippert muß baldigst neu besetzt werden. Er will, daß ich selbst den Stadtpräsidentenposten übernehme. Ich werde das aus Mangel an Zeit nicht tuen können. Ebda.*

72 Vgl. dazu Heinz-Werner Eckhardt, *Die Frontzeitungen des deutschen Heeres 1939–1945,* Stuttgart 1975 sowie Hans-Ulrich Wehler, *„Reichsfestung Belgrad"*, in: *VfZ* 1 (1963). Ob die von Lippert kolportierte Behauptung zutrifft, er habe dem Soldatensender Belgrad das Markenzeichen der *Lilli Marleen* eingetragen, hat sich bisher nicht klären lassen. Vgl. J. Lippert, *Lächle...* (wie Anm. 3), S. 124 f.

wir betrieben elf Druckereien,[73] *hatten vier Landgüter als Genesungsheime eingerichtet und ließen einen Wagenpark von mehr als achthundert Fahrzeugen laufen, dazu drei Motorbarkassen in Athen, Saloniki und Korinth zur Betreuung der griechischen Inseln. Meine Zahlmeisterei wurde ein wahres Bankgeschäft, das riesige Beträge von serbischen Dinars, kroatischen Kunas und ungarischen Pengös umsetzte, von Lira, Lewas, Leis und Drachmen, gelegentlich sogar von türkischen Pfunden und schweizerischen Franken.*[74]

Nach eigenem Bekunden wollte Lippert aus diesen Geschäften, die seiner Kontrolle entglitten waren, rechtzeitig aussteigen.[75] Er ließ sich an die Westfront versetzen und übernahm im Mai 1943 die Kreiskommandantur in der kleinen belgischen Stadt Arlon (deutsch: Arel). Ein Foto aus dieser Zeit zeigt ihn inmitten der aus der deutschen Wehrmacht, den Sicherheitsbehörden des Reichsführers SS und örtlichen Kollaborateuren gebildeten Führungsspitze im Rathaus von Arlon.[76] Die sich dort im Sommer 1944 abspielenden Ereignisse führten im Mai 1946 zu Lipperts Auslieferung an die belgischen Behörden. Als er im Mai 1943 in Arlon seinen Posten antrat, sah sich die Besatzungsverwaltung in Belgien, durch die rapide Verschlechterung der Kriegslage ohnehin in beträchtlichen Schwierigkeiten, vor allem mit zwei Problemen konfrontiert. Das erste betraf die Abwicklung der letzten Deportationen von belgischen Juden in die Vernichtungslager, das zweite die zunehmenden Anschläge von belgischen Widerstandskämpfern gegen die Besatzer und ihre einheimischen Kollaborateure.[77] Lippert wurde deshalb nach dem Krieg in einem Prozeß vor dem Kriegsgericht in Lüttich die Beteiligung an Vergeltungsschlägen der deutschen Sicherheitskräfte im Bereich seiner Kommandantur vorgeworfen.[78]

In den letzten Tagen des August 1944 wurde Arlon von den deutschen Besatzungstruppen geräumt und Lippert mit seinem Truppenteil noch einmal an die Ostfront verlegt. Im April 1945 geriet er in Mecklenburg in britische Kriegsgefangenschaft und wurde nach seiner regulären Entlassung aus dem Hamburger Kriegsgefangenenlager

73 In Belgrad erschien 1942 die zweite Auflage von J. Lippert, *Im Strom...* (wie Anm. 3).

74 J. Lippert, *Lächle...* (wie Anm. 3), S. 135 ff. Diese Vorgänge zogen, wie Lippert weiter schreibt, noch im Frühjahr 1945 Ermittlungen des Reichskriegsgerichts auf sich; ob unter den jüngst von dem Berliner Historiker Norbert Haase in Prag wiederaufgefundenen Akten des Reichskriegsgerichtes dazu Unterlagen zu finden sind, wird zu prüfen sein.

75 *A.a.O.*, S. 136.

76 Die Aufnahme ist abgebildet in: Gaston Triffaux/Jean-Marie Triffaux, *La Libération d'Arlon,* Arlon o. J. [1985].

77 Vgl. dazu Wolfram Weber, *Die innere Sicherheit im besetzten Belgien und Nordfrankreich 1940–1944. Ein Beitrag zur Geschichte der Besatzungsverwaltungen,* Düsseldorf 1978.

78 Die folgenden Angaben stützen sich in erster Linie auf eine Abschrift der Anklagepunkte und des Plädoyers von Lipperts deutschem Verteidiger in der ersten Instanz des Verfahrens gegen ihn und sechs Angehörige der Sicherheitskräfte vor dem Kriegsgericht in Lüttich im Juni 1951, die den ansonsten nicht zugänglichen Spruchkammerakten Lipperts im Hessischen Hauptstaatsarchiv Wiesbaden beiliegt. Es ist an dieser Stelle allerdings nicht möglich, den Prozeßverlauf oder die ihm zugrundeliegenden Ereignisse in befriedigender Form zu rekonstruieren (vgl. auch Anm. 4).

Bergedorf in seiner südwestdeutschen Heimat erneut festgenommen.[79] Er verbrachte in belgischen Gefängnissen mehrere Jahre in Untersuchungshaft, ehe es im November 1950 zum Prozeßbeginn kam.[80] Aufgrund der vorgebrachten Anklagepunkte wurde Lippert in zwei Instanzen zu insgesamt sieben Jahren Zwangsarbeit verurteilt, die das Gericht schließlich mit der Untersuchungshaft verrechnete. Im April 1952 kehrte er nach Deutschland zurück, wo ihm im September 1953 die Zentrale Spruchkammer des Landes Hessen alle Ansprüche auf Renten und Pensionen aus seiner Laufbahn aberkannte.

Fritz Schmidt-Clausing hatte, wie eingangs zitiert, von einem *herben Ende* des ehemaligen Berliner Oberbürgermeisters gesprochen,[81] ganz im Sinne eines Satzes, den sein Rechtsanwalt im Sommer 1951 in die öffentliche Debatte über Lipperts anstehende Verurteilung in Belgien einführte: *Gerade als Oberbürgermeister der Reichshauptstadt fiel er durch seine bescheidene, saubere Haltung und seine Rechtlichkeit auf. Er hat Juden* [sic!] *und Sozialisten beschützt, obwohl er zwar wie viele zunächst an die Ziele Hitlers glaubte. Er hat, wie leider nur zu wenige im Dritten Reich, Stellung und Leben aufs Spiel gesetzt im Widerstand gegen Hitlers Pläne, die seine Versprechungen als eitel erwiesen.*[82] Das war eine – gelinde gesagt – erstaunliche Interpretation für die im Kern unveränderte Haltung Lipperts, die zu Zeiten dieses Nachrufs schon schriftlich bezeugt war. Denn 1955, ein Jahr vor seinem Tod, erschien Lipperts bereits mehrfach zitierter Erinnerungsband „Lächle ... und verbirg die Tränen". Darin heißt es gegen Ende des Buches: *Was sollte ich bereuen? Daß ich ein Verfechter des nationalen Sozialismus gewesen bin im Gegensatz zum marxistisch-internationalen? Daß ich den Befehlen meiner Vorgesetzten gehorcht und meinem Staatsoberhaupt keine Bomben zwischen die Füße gelegt habe? Oder was sonst?*[83] Er halte es für sinnlos, über Hitler, *der in den Augen seiner Gegner heute einfach als „Verbrecher"* gelte, zu diskutieren: *Wir haben immerhin einen Menschen vor uns, der buchstäblich aus dem Nichts heraus, ganz allein und ohne Anregung oder Vorbild, nur durch seinen Willen und seine Phantasie, mit einer glasklaren Logik, wenn auch uner-*

79 Diese Ereigniskette wird in: J. Lippert, *Lächle...* (wie Anm. 3), in verschiedenen Abschnitten erzählt. Vgl. S. 11 ff., S. 172 f.

80 Auch dazu bietet J. Lippert, *Lächle...* (wie Anm. 3), passim eine Reihe von Schilderungen. Kennzeichnend für ihren gesamten Tenor ist folgendes Zitat: *In einem Lande wie Belgien, dessen Historie von tönenden Berufungen auf Freiheit, Menschenwürde und innere Unabhängigkeit aller seiner staatsbürgerlichen Einrichtungen geradezu strotzt, hätte sich wenigstens ein Politiker, würdig dieses Namens, finden sollen, um zu erklären, man habe auch auf diesem Gebiet der Zeitgeschichte „das falsche Schwein geschlachtet", genau wie auf so manchem anderen. Statt dessen hat man jahrelang, bis zum heutigen Tage, eine Legende aufrechterhalten, die jedes betroffene Land seelisch vergiftet..., und Klüfte aufgerissen, die zu Abgründen geworden sind und in denen die Idee eines Europa versackt – alles das zum Vorteile einer begrenzten, aber anscheinend allmächtigen Rotte von Interessenten und Nutznießern, die davon gut leben: A.a.O.,* S. 7 f. Zu einer davon wesentlich abweichenden Wertung der belgischen Kriegsverbrecherprozesse vgl. W. Weber, *Die innere Sicherheit...* (wie Anm. 77), S. 183 ff.

81 Vgl. Anm. 5.

82 Vgl. Anm. 7.

83 J. Lippert, *Lächle...* (wie Anm. 3), S. 220

bittlichen Härte ganz Mitteleuropa und die Mentalität seiner Menschen – immerhin an die 250 Millionen – in jeglicher Hinsicht geradezu umzustülpen imstande war.[84] In dieser durch und durch erschreckenden Unbelehrbarkeit besteht die eigentliche Botschaft des Buches, das sein Verlag mit dem Hinweis anpreist, es wolle einer *große(n) Verständigungsaufgabe* dienen.[85]

Lipperts Worte über die nationalsozialistischen Täter – Hitlers *Anhänger und Gefolgsleute*, zu denen er sich 1955 erklärtermaßen noch rechnete – zu zitieren bliebe unvollständig, würde man ihnen nicht auch seinen Blick auf die Opfer hinzufügen. Er ist solchen Opfern in belgischen Prozessen wiederbegegnet und schrieb später darüber: ... *angeblich hatte man sie systematisch gefoltert, ihnen Streichhölzer unter die Fingernägel getrieben, sie an einem Fleischerhaken aufgehängt. Davon war kein Wort wahr. Allenfalls hatte der eine oder der andere von den Festgenommenen wegen frechen Auftretens ein paar Ohrfeigen bekommen, wie das auf sämtlichen Polizeistationen der Welt üblich ist.*[86] Es darf nicht vergessen werden, daß der Autor dieser Sätze sieben Jahre lang, zunächst als Staatskommissar und dann als Oberbürgermeister und Stadtpräsident, mitverantwortlich war für die Polizei im nationalsozialistischen Berlin.

Julius Lippert, der in seinen letzten Lebensjahren *Vorträge über Kunstgeschichte*, die *gut besucht waren,*[87] in Bad Schwalbach hielt, verstarb dort am 30. Juni 1956.

84 *Ebda.*

85 *A.a.O.*, Klappentext.

86 *A.a.O.*, S. 29. Es ist an dieser Stelle unerläßlich, auf das Kapitel „Die Tortur" in dem Bericht eines dieser im belgischen Fort Breendonk von der Gestapo gefolterten Opfer hinzuweisen, das sich durch eine besondere und bewegende Reflexionsfähigkeit auszeichnet; in: Jean Améry, *Jenseits von Schuld und Sühne*, Stuttgart 1977.

87 Briefliche Auskunft einer Einwohnerin von Bad Schwalbach vom 13. 4. 1986.

Ludwig Steeg

von Angela Martin

Ludwig Steeg gehörte von 1933 bis 1945 zu den führenden Persönlichkeiten der Berliner Stadtverwaltung. Zunächst war er persönlicher Referent und Stellvertreter des Staatskommissars Julius Lippert, später Vizepräsident im Staatskommissariat. 1937 wurde er (Zweiter) Bürgermeister der Reichshauptstadt, seit 1940 führte er kommissarisch die Geschäfte des Oberbürgermeisters und Stadtpräsidenten. Kurz vor Kriegsende wurde er zum regulären Oberbürgermeister von Berlin ernannt.

Trotzdem ist Steeg weitgehend vergessen. Er trat selten an die Öffentlichkeit und überließ Julius Lippert und Joseph Goebbels die publikumswirksamen Auftritte vor den Berlinern.[1] Steeg blieb der „Zweite Mann" in der Reichshauptstadt – sogar als Oberbürgermeister, denn 1944 erhielt Goebbels als Stadtpräsident die Richtlinienkompetenz für die Berliner Politik.

Auch in der einschlägigen Forschung gibt es kaum Hinweise auf Ludwig Steeg.[2] Sein Leben und seine Politik waren wenig spektakulär; das historische wie das öffentliche Interesse zielen jedoch eher auf aufsehenerregende Ereignisse und „diabolisch-geniale" Gestalten wie Goebbels oder Hitler. Zudem sind die meisten Akten über Steegs Laufbahn und Tätigkeit vernichtet oder verlorengegangen.[3] Eine Darstellung seines Lebens und ein Urteil über seine Arbeit werden dadurch sehr erschwert. Dennoch soll hier, soweit die Quellenlage es zuläßt, die Biographie dieses Berliner Politikers skizziert werden, der gerade aufgrund seiner Unauffälligkeit und Fügsamkeit unter den Nationalsozialisten Karriere machen konnte – ähnlich wie viele andere, scheinbar unpolitische Gestalten dieser Zeit.

Ludwig Steeg war der Sohn eines Lehrers. Er wurde am 22. Dezember 1894 in Ottweiler an der Saar geboren und am 14. April 1895 evangelisch getauft.[4] Das Abitur legte

1 In der nationalsozialistischen Tagespresse wird Steeg daher selten genannt. Die wenigen Berichte über die Arbeit der Berliner Stadtverwaltung sind erwartungsgemäß „geschönt"; partei- oder verwaltungsinterne Auseinandersetzungen veröffentlichte die gleichgeschaltete Presse nicht. Folglich geben auch Amts- und Verwaltungsblätter kaum Aufschluß über Steegs konkrete Tätigkeit.

2 So enthält z. B. das allgemein als Standardwerk anerkannte Buch des Berliner Historikers Horst Mazerath, *Nationalsozialismus und kommunale Selbstverwaltung*, Stuttgart-Berlin-Köln-Mainz 1970, keinen Hinweis auf Steeg. Auch Christian Engeli, der vermutlich zur Zeit bestinformierte West-Berliner Historiker im Hinblick auf Berlins Kommunalpolitik im Dritten Reich, fand wenig biographisches Material zu Steeg. Vgl. Christian Engeli, *Die nationalsozialistischen Kommunalpolitiker in Berlin*, in: Wolfgang Ribbe (Hrsg.), *Berlin-Forschungen II* (= Einzelveröffentlichungen der Historischen Kommission zu Berlin, Bd. 61, zugl. Publikationen der Sektion für die Geschichte Berlins, Bd. 4), Berlin 1987, S. 111–139.

3 Im Berlin Document Center (im folgenden BDC zitiert) ist eine schmale Personalakte über Steeg einzusehen. Sie enthält Unterlagen über seine Laufbahn als Militär, Parteigenosse und SS-Mitglied und über seine Karriere in der Berliner Verwaltung seit 1933. Das Landesarchiv Berlin verzeichnet in seinem Findbuch eine Personalakte Steeg, die aber seit August 1990 vermißt wird und daher von mir nicht ausgewertet werden konnte.

er an einer Oberrealschule in Idar-Oberstein ab, dann ging er nach Berlin, um Philosophie zu studieren. Nach fünf Semestern brach er das Studium ab und begann in der Berliner Verwaltung eine Laufbahn im gehobenen (mittleren) Dienst.[5] Nach Ausbruch des Ersten Weltkrieges trat er im August 1914 in das Heer ein.[6] Nach Kriegsende beteiligte sich Steeg am Kampf gegen die Spartakisten in Berlin und Leipzig. Er gehörte von 1918 bis April 1919 dem Freikorps Deutsche Schutzdivision an, aus dem später das Reichswehr-Infanterie-Regiment Nr. 49 hervorging.[7] Seit August 1919 arbeitete Steeg wieder in der Berliner Stadtverwaltung, wo er in verschiedenen Verwaltungszweigen ausgebildet und eingesetzt wurde, unter anderem als Stadtinspektor beziehungsweise Oberinspektor bei der Deputation für das Stadtreinigungs- und Fuhrwesen, Abt. I, Müllbeseitigung.[8] In dieser Zeit gründete Steeg auch eine Familie.[9]

Der NSDAP trat Steeg relativ spät bei. Er war seit dem 1. März 1933 Parteigenosse und erhielt die Mitgliedsnummer 1 485 884, sein Aufnahmeantragsschein trägt das Ausstellungsdatum 2. Dezember 1932.[10] Später wurde er Mitglied der NS-Volkswohlfahrt, des Reichsbundes der Deutschen Beamten und des Reichsluftschutzbundes. Der Zeitpunkt seines Eintritts in die SS ist unklar. Hier hatte er die Nummer 127 531.[11]

4 Er war das vierte Kind von Johann Philipp Steeg und Helene Steeg, geborene Praß. Schriftliche Auskunft von Klaus Schmiegel, Gemeindeamt Ottweiler. Fritz Schmidt-Clausing gibt in einem kurzen Artikel über Steeg, der nicht viel mehr enthält als das *Wer ist's?* von 1935, als Geburtsjahr fälschlich 1899 an. Fritz Schmidt-Clausing, *Berlins „Regierende" seit 1809*, in: *Berliner Blätter. Die Hauszeitschrift der Hauptstadt* 11 (1961), S. 30–34, hier S. 31. Vgl. auch *Wer ist's?*, hrsg. von Herrmann A. L. Degener, Leipzig-Berlin 1935, Sp. 1538.

5 *Archiv für publizistische Arbeit (Internationales Biographisches Archiv)*, Dok. vom 25. September 1941, S. 9082; Bundesarchiv, Dokumentationszentrale Berlin, Freienwalder Straße.

6 Steeg diente zunächst im Infanterie-Regiment 174, von Oktober 1914 bis Kriegsende im Infanterie-Regiment 70 an der Front. Im Mai 1916 wurde er zum Leutnant der Reserve befördert. Ein Personalblatt der Nationalsozialisten (Stand etwa 1940) zählt seine militärischen Auszeichnungen auf: Steeg trug das Eiserne Kreuz I. und II. Klasse, das Ehrenkreuz für Frontkämpfer, das Oldenburgische Friedrich-August-Kreuz I. und II. Klasse und das Kriegsverdienstkreuz I. und II. Klasse. Das gleiche Personalblatt vermerkt auch seine Reichsheerzugehörigkeit: vom 12. November bis zum 8. Dezember 1934 wurde Steeg beim Wachregiment Berlin, seit dem 1. April 1936 als Leutnant der Reserve beim Infanterie-Regiment 67 geführt. Vgl. *Personalakte Steeg*, BDC.

7 *Archiv für publizistische Arbeit...* (wie Anm. 5), S. 9082.

8 Vgl. *Amtsbuch der Stadt Berlin*, im Auftrag des Magistrats hrsg. vom Nachrichtendienst der Stadt Berlin (Rathaus) 1928, S. 37 u. 562.

9 Steeg war zweimal verheiratet. Seine erste Frau, die er 1922 heiratete, starb am 29. Januar 1929; mit ihr hatte er einen Sohn, Eberhard, der am 16. April 1923 geboren wurde. Am 3. Juni 1930 (ein anderer Personalbogen gibt den 5. Juni an) vermählte sich Steeg mit der acht Jahre älteren Magarete Ratzlow, einer gebürtigen Berlinerin. Vgl. hierzu *Personalakte Steeg*, BDC.

10 Vgl. *Personalakte Steeg*, BDC. Auch die folgenden Informationen über Steegs Zugehörigkeit zu Parteigliederungen und SS sind dieser Akte entnommen.

11 Die Unterlagen über seine Beförderungen in der SS geben als erstes Datum den 9. November 1934 an, als er Untersturmführer wurde – ein Rang, der im Organisationsbuch der NSDAP von 1943 mit dem eines Leutnants im Heer gleichgesetzt wird, vgl. hierzu Ermenhild Neusüss-Hunkel, *Die SS*, Hannover-Frankfurt a. M. 1956, S. 134.

Ludwig Steeg (rechts, im Gespräch mit Julius Lippert), * Ottweiler (Saar) 22. 12. 1894, † Internierungslager 6. 9. 1945, Kommissarischer Stadtpräsident und Oberbürgermeister von Berlin 1940–1944/45

In der SS wurde Steeg regelmäßig befördert. 1938 stieg er zum Obersturmbandführer und SS-Standartenführer auf, 1943 wurde er SS-Brigadeführer.[12]
Mit der Machtübernahme der Nationalsozialisten gelangte Steeg an die Spitze der Berliner Stadtverwaltung. Am 15. März 1933 wurde er zum persönlichen Referenten und Stellvertreter von Julius Lippert berufen, den die Nationalsozialisten am 14. März 1933 zum „Staatskommissar zur besonderen Verwendung" ernannt hatten.
Während Lipperts Ernennung zum Staatskommissar politische Gründe hatte – er war vor 1933 Redakteur des „Angriff", seit 1929 Abgeordneter und seit 1930 Fraktionsführer der NSDAP im Stadtparlament[13] –, wurde mit Steeg ein erfahrener Kommunalbeamter in das Staatskommissariat berufen. Steeg kannte die Probleme der Hauptstadt durch seine langjährige Arbeit in der Berliner Verwaltung.
Seine kurze NSDAP-Mitgliedschaft stand seiner Berufung ins Staatskommissariat und der gleichzeitigen Beförderung zum Obermagistratsrat nicht im Wege, denn er hatte schon vor 1933 mit den Nationalsozialisten sympathisiert: Ein Personalblatt vermerkt „aktive Tätigkeit" für die NSDAP seit 1928.[14] Zudem kannte er durch seine Tätigkeit bei der Berliner Stadtreinigung seit den zwanziger Jahren Kurt Daluege, der als Ingenieur bei der Berliner Müllabfuhr AG (Bemag) arbeitete.[15] Daluege war Gründer und Führer der ersten SA-Gruppe in Berlin, später stellvertretender Gauleiter (bis 1928) und 1928 bis 1933 Führer der SS-Gruppe Ost. Dalueges Beziehungen zur Berliner Gauleitung waren möglicherweise für Steegs Karriere sehr wichtig.[16]

12 Der Dienstgrad des Obersturmbannführers in der Allgemeinen SS ist mit dem des Oberstleutnants im Heer vergleichbar, der des SS-Standartenführers mit dem eines Oberst. 1940 wurde Steeg Oberführer. Der Rang des SS-Brigadeführers entspricht dem eines Generalmajors im Heer. Von der SS wurde ihm der Totenkopfring, der Ehrendegen und der Ehrendegen Berlin sowie der Julleuchter verliehen. Die Verleihung des Ehrendegens erfolgte vom Untersturmführer an aufwärts, doch erhielten nicht alle Mitglieder des Führungskorps diese Auszeichnung. Er wurde an Mitglieder der „alten" Eliten (z. B. an konservative Adlige) und an hohe Parteifunktionäre vergeben. Vgl. *a.a.O.*, S. 21 u. 134.

13 Vgl. den Beitrag von Brigitte Oleschinski über Julius Lippert in diesem Band.

14 *Personalakte Steeg*, BDC.

15 In einem Brief vom 26. November 1936 erinnerte Daluege Steeg an die gemeinsame Zeit bei der Bemag, *in der wir uns selbst in der marxistischen Zeit in der Arbeit und auch im Leben wohlgefühlt haben.* In einem Schreiben vom 1. Juli 1934 an Daluege bezieht sich Steeg auf die Erfahrungen *unserer langjährigen Zusammenarbeit. Personalakte Steeg*, BDC. Zum späteren Einfluß Dalueges auf die Karriere von Steeg vgl. unten, S. 286 f.

16 In der *Personalakte Steeg* (BDC) findet sich u. a. ein Brief, den Steegs damals elfjähriger Sohn Eberhard am 10. September 1934 an den „Onkel" Kurt Daluege schrieb, um ihn zu seiner Beförderung zum Obergruppenführer der SS zu beglückwünschen. Aus der Anrede „Onkel" wurde auf eine verwandtschaftliche Beziehung der Familien Steeg und Daluege geschlossen. Vgl. Christian Engeli/Wolfgang Ribbe, *Berlin in der NS-Zeit*, in: Wolfgang Ribbe (Hrsg.), *Geschichte Berlins*, Bd. 2, München 1987, S. 925–1024, bes. S. 978. Doch lassen sich weitere Indizien für diese Vermutung in den zugänglichen Quellen nicht finden. Zudem redeten sich Steeg und Daluege in den ersten Jahren der NS-Herrschaft mit Sie an, erst später wechselten sie zum Du (vgl. Steeg an Daluege am 26. September 1942, *Personalakte Steeg*, BDC).

Steeg gehörte dem Staatskommissariat bis 1937 an. Am 1. Mai 1934 wurde er kommissarisch zum Vizepräsidenten beim Staatskommissar ernannt, am 2. Mai 1935 erfolgte seine endgültige Ernennung zum Vizepräsidenten durch Hitler.[17] In dieser Stellung blieb er, bis er im April 1937 zum Bürgermeister der Reichshauptstadt Berlin ernannt wurde.[18]

Steeg übernahm die Leitung der drei Abteilungen, in die der Aufgabenbereich des Staatskommissars gegliedert wurde und denen jeweils ein Referent vorstand.

In der ersten Abteilung (St.K.I,1) wurden Personalfragen, Finanzen, Steuern und Grundstücksangelegenheiten bearbeitet. Sie war auch für Nebenverwaltungen (Standesämter, Versicherungsamt, Statistisches Amt usw.) und städtische Gesellschaften zuständig.

Die zweite Abteilung (St.K.I,2) befaßte sich mit der Sparkasse und der Stadtbank, dem Verkehrswesen, dem Beschaffungsamt und dem Wirtschaftsamt. Auch die städtischen Dienstleistungen, das Feuerlöschwesen und die Feuersozietät gehörten zu dieser Abteilung. Belange der Hoch- und Tiefbauverwaltung und der Verwaltung für Siedlungs- und Wohnungswesen wurden hier ebenfalls bearbeitet.

In die dritte Abteilung (St.K.I,3) fielen Kunst und Wissenschaft, Angelegenheiten der Schulverwaltung, Leibesübungen, außerdem die allgemeine und Jugendwohlfahrt, das Gesundheitswesen und die Seuchenbekämpfung.[19]

Daneben hatte Steeg auch mehrere Aufsichtsratssitze wahrzunehmen. Er gehörte zum Aufsichtsrat der Charlottenburger Wasser- und Industriewerke AG Berlin und war Aufsichtsratsmitglied der Deutschlandhalle AG Berlin.[20] Vom 8. Dezember 1939 bis zum 25. Mai 1945 war er Aufsichtsratsvorsitzender der Berliner Kraft- und Licht(Bewag)-AG. Dem Aufsichtsrat der Deutschen Gasgesellschaft AG Berlin gehörte er ebenfalls an, wahrscheinlich seit 1940, da die Berliner Oberbürgermeister Pflichtmitglied im Aufsichtsrat der Gaswerke waren.[21]

Wichtigstes Aufgabenfeld von Steeg und Lippert nach der „Machtergreifung" war zunächst die Personlpolitik. So gingen sie sofort daran, die Berliner Stadtverwaltung von „politisch unzuverlässigen" und „fremdstämmigen" Beamten zu säubern. Eine gesetzliche Grundlage erhielt diese systematische Diskriminierung mit dem „Gesetz zur Wie-

17 Vgl. *Personalakte Steeg,* BDC, und das *Gesetz über die Erweiterung der Aufgaben des Staatskommissars* vom 28. März 1934 (*Preußische Gesetzsammlung,* S. 239), in: Hans J. Reichhardt (Hrsg.), *Die Entstehung der Verfassung von Berlin. Eine Dokumentation,* Berlin-New York 1990, S. 105–106.

18 Vgl. *Archiv für publizistische Arbeit...* (wie Anm. 5), S. 9082.

19 Vgl. Erich Berger, *Berlin wird deutsch. Ein Beitrag zur Erneuerung der größten deutschen Kommunalverwaltung,* Berlin 1934, S. 3.

20 Vgl. *Wer leitet? Die Männer der Wirtschaft und der einschlägigen Verwaltung, einschließlich Adreßbuch der Direktoren und Wirtschaftsräte 1941/42,* Berlin o. J., S. 966.

21 Mündliche Auskunft von Frau Rimbach, Bewag-Archiv, und von Herrn Kestner, Archiv der Erdgas AG.

derherstellung des Berufsbeamtentums“ vom 7. April 1933.[22] Die Säuberungen begannen jedoch bereits vorher und trafen nicht nur Beamte, sondern auch städtische Angestellte und Arbeiter sowie Juden vor allem in akademischen Berufen, insbesondere Juristen und Ärzte.[23]

Das Berliner Staatskommissariat arbeitete gründlich: Von den besoldeten Magistratsbeamten blieb nur der Oberbürgermeister Sahm im Amt, den man wegen seiner guten Beziehungen zu Hindenburg nicht entfernen mochte.[24] Insgesamt fielen etwa 5 Prozent der rund 24 000 Berliner Beamten den Säuberungen zum Opfer; von den Angestellten der Stadt wurde etwa ein Drittel entlassen oder nicht mehr weiterbeschäftigt, unter den Arbeitern waren es circa 10 Prozent.[25] Auch die städtischen Betriebe waren davon betroffen.

Die freigewordenen Stellen sollten bevorzugt mit altgedienten Nationalsozialisten besetzt werden. Steeg, der unter anderem für Personalfragen zuständig war (St.K.I,1), wurde gebeten, möglichst viele Parteigenossen mit Mitgliedsnummern unter 100 000 in geeignete Stellungen zu bringen.[26] Die parteipolitische Ämterpatronage der Weimarer Republik, die Lippert immer wieder anprangerte,[27] wurde von ihm und Steeg weit übertroffen. So waren zum Beispiel von den 94 Bezirksstadträten, die bis Anfang Juni 1933 neu eingesetzt wurden, 75 Nationalsozialisten.[28]

Allerdings wurde bei der Besetzung vor allem der leitenden Positionen auch die fachliche Eignung berücksichtigt. Die neuen Machthaber verfügten kaum über erfahrene Kommunalbeamte aus den eigenen Reihen, denn die Nationalsozialisten hatten bei den Kommunalwahlen von 1929 durchschnittlich nur 6 Prozent der Stimmen erhalten, und die im März 1933 gewählten Stadt- und Bezirksverordneten hatten kaum Gelegenheit, sich in die Aufgaben der Vertretungskörperschaften einzuarbeiten. Daher beließ man auch Fachleute im Magistrat und in den Bezirksämtern, die der NSDAP nicht angehörten.

Besondere Aufmerksamkeit wurde auf die ideologische Schulung der Beamten gerichtet, deren Prinzipien Steeg 1935 in einer Rede erläuterte: *Der Führer hat unzweideutig erklärt, daß die Partei dem Staat befiehlt und nicht der Staat der Partei ... Durch diese*

22 Vgl. *Reichsgesetzblatt*, T. I (1933), S. 175.

23 Vgl. Hans-Norbert Burkert/Klaus Matussek/Wolfgang Wippermann, *„Machtergreifung“ Berlin 1933* (= Stätten der Geschichte Berlins, Bd. 2), Berlin 1982, S. 116 f.

24 Vgl. H. J. Reichhardt (Hrsg.), *Die Entstehung...* (wie Anm. 17), S. 53. Sahm trat erst nach längerem Zögern im November in die NSDAP ein. Vgl. Heinrich Sprenger, *Heinrich Sahm. Kommunalpolitiker und Staatsmann*, Köln 1969, S. 259.

25 Vgl. Chr. Engeli/W. Ribbe, *Berlin in der NS-Zeit...* (wie Anm. 16), S. 939 u. 976 f.

26 Vgl. einen Brief an Steeg vom 29. Juli 1933 (ohne Absender); SL 49, BDC, S. 170.

27 Vgl. Staatskommissar Julius Lippert, *Die Reinigung der Kommunalverwaltungen*, in: *Almanach der nationalsozialistischen Revolution*, hrsg. von Oberpräsident Wilhelm Kube, Berlin 1934, S. 203–208, bes. S. 203; ders., *Berlins richtunggebende kommunalpolitische Aufgaben*, in: *Jahrbuch der Reichshauptstadt*, Berlin 1939, S. 21–26, bes. S. 23.

28 Die anderen gehörten der Deutschnationalen Volkspartei (15) bzw. dem Zentrum (4) an. Vgl. H. Spranger, *Heinrich Sahm...* (wie Anm. 24), S. 251.

Worte des Führers ist jedem Beamten ein Wegweiser für seine Arbeit gegeben.[29] Praktisch bedeutete dies den Vorrang der NS-Ideologie vor dem Gesetz und vor der fachlichen Qualifikation. Steeg wies die Beamten an, *im Einvernehmen mit der Partei zu handeln, gleichgültig, ob es vorgeschrieben ist oder nicht.*[30] Von den Dozenten, die die Beamten schulen sollten, verlangte er, daß sie *in erster Linie Nationalsozialisten und in zweiter Linie sog. Könner* sein sollten.[31]

Die Mitgliedschaft in der NSDAP oder in den der Partei angeschlossenen Verbänden reichte jedoch nicht aus, um den städtischen Beamten und Angestellten ihren Arbeitsplatz zu sichern. Die bei der Stadt beschäftigten Parteigenossen mußten vierteljährlich ein parteiamtliches Führungszeugnis vorlegen. Zweck der Anordnung war es, so Lippert, *zu prüfen, ob unter Umständen eine Entlassung in Betracht zu ziehen ist, falls die Eingestellten ihren Pflichten der Partei gegenüber nicht nachkommen.*[32] Lippert mußte allerdings wenig später gegen das sich ausweitende Denunziantentum vorgehen.[33]

Die Säuberungen führten zu chronischer Personalknappheit in der Verwaltung.[34] Lippert wußte auch dies propagandistisch im Sinne der Nationalsozialisten zu wenden. Da er die finanzielle Misere Berlins unter anderem darauf zurückführte, daß die „Systembeamten" der Weimarer Republik angeblich verschwenderisch waren, forderte er außer ihrer Entfernung aus dem Staatsdienst auch die Rückkehr zu *altpreußischer Sparsamkeit.*[35] Entsprechend wurde zum Beispiel die Zahl der hauptamtlichen Bezirksamtsmitglieder und -beigeordneten von 87 im Jahre 1926 auf 68 im Jahre 1934/1935 gekürzt. Im Oktober 1933 wurde eine Einstellungssperre für Beamte verfügt, und die Zahl der für die städtische Gesamtverwaltung geführten Beamtenstellen von 24 427 (1933) auf 23 850 (1935) reduziert.[36]

Die gleichgeschaltete Presse begrüßte die Säuberungen: *Das Volk atmet auf,* heißt es in den „Berliner Kommunalpolitischen Mitteilungen", die einen Lobgesang im wahrsten Sinne des Wortes anstimmten: *Vom marxistischen Gesindel / Säubert man den Rutschasphalt, / Korruptions- und anderer Schwindel / Weichen endlich der Gewalt.*[37]

29 Ludwig Steeg, *Zweck und Ziel der Schulung der Beamten* (Rede am 14. November 1935 zur Eröffnung von Vorbereitungskursen), in: *Berliner Kommunale Mitteilungen* 6 (1935), H. 23, S. 449 f., und H. 24, S. 473 f., bes. S. 473.

30 *Ebda.*

31 *Ebda.*

32 Lippert an die Gauleitung der NSDAP Groß-Berlin vom 8. März 1934, BLHA, Pr. Br., Rep. 60, Nr. 337.

33 Vgl. H. Spranger, *Heinrich Sahm...* (wie Anm. 24), S. 251.

34 Der Vorschlag des Stadtinspektors des Bezirksamtes Pankow, Dr. Meissner, die Überprüfungsverfahren bei Neueinstellungen zu vereinfachen, wurde von der Gauleitung abgelehnt. Vgl. Schreiben vom 12. April 1934 an Lippert, BLHA, Pr. Br., Rep. 60, Nr. 337.

35 Vgl. J. Lippert, *Die Reinigung der Kommunalverwaltungen...* (wie Anm. 27), S. 203 u. 207.

36 *Verwaltungsbericht der Allgemeinen Hauptverwaltung. 1. April 1932 bis 31. März 1936 mit kurzem Rückblick auf die Jahre seit 1928,* H. 1, Berlin 1937, S. 18, 33, 39. Tatsächlich kamen diese Einsparungen vor allem deshalb zustande, weil zahlreiche freigewordene Beamtenstellen in Angestelltenstellen umgewandelt wurden und durch den Rückgang der Arbeitslosigkeit weniger Betreuer für die Erwerbslosen benötigt wurden. Vgl. *a.a.O.*, S. 39.

Die Bekämpfung von „Korruptionssünden" war eine weitere wichtige Aufgabe von Steeg und Lippert. Da Steeg als Verwaltungsbeamter auch mit städtischen Gesellschaften zusammengearbeitet hatte, war er geeignet, Lippert bei seinem Kampf gegen „Mißwirtschaft" und „Korruption" in diesen Unternehmen zu unterstützen.
Um mißliebige Personen aus ihren Ämtern zu entfernen, wurden zahlreiche Disziplinar- und Strafverfahren unter anderem wegen Bestechlichkeit angestrengt. Zunächst versuchten Lippert und Steeg, bekannte SPD-Mitglieder – unter anderen den ehemaligen Reichskanzler Gustav Bauer – in Korruptionsprozesse zu verwickeln.[38] Jüdische Grundbesitzer, die vor 1933 Geschäfte mit der Stadt getätigt hatten, wurden bedrängt, der Verwaltung erhebliche Beträge zurückzuerstatten. Dabei fungierte Steeg als Sachberater, der die Grundstücksgeschäfte zu prüfen hatte.[39]
Als eine der *größten und schneidigsten Aktionen* des Staatskommissariats wurde die „Bereinigung" der Behala (Berliner Hafen- und Lagerhaus AG)-Affäre gefeiert.[40] Die Stadt Berlin hatte die Hafenanlagen 1923, auf dem Höhepunkt der Inflation, für 50 Jahre verpachtet, vorher aber ca. 70 Millionen Goldmark in die Häfen investiert. Das Geschäft wurde schon vor 1933 kritisiert, da die Stadt keine angemessene Vergütung erhalten habe. Zudem wurden Korruptionsanschuldigungen gegen den Stadtrat Schüning laut, der die Verhandlungen auf seiten der Stadt geführt hatte und später Vorstandsmitglied der Behala wurde.[41] Lippert und Steeg sorgten dafür, daß der Aufsichtsrat der Behala umbesetzt wurde, und brachten die Aktienmehrheit der Gesellschaft wieder in den Besitz der Stadt. Sie bemühten sich auch, die privaten Anteile an anderen städtischen Versorgungs- und Dienstleistungbetrieben zurückzugewinnen. Diese Unternehmen sollten in Eigenbetriebe Berlins, das heißt in kommunale Wirtschaftsunternehmen ohne eigene Rechtspersönlichkeit, umgewandelt werden. Ihre Leitung wurde dann den entsprechenden städtischen Behörden übertragen, auch wenn ihre Wirtschaftsführung gegenüber der allgemeinen Gemeindeverwaltung relativ selbständig blieb. Vorbild für die Umwandlungen der großen städtischen Unternehmen in Eigenbetriebe der Stadt war die Auflösung der Berliner Müllabfuhr AG (Bemag). An der Umstrukturierung dieser Gesellschaft war in besonderem Maße Steeg beteiligt, der hier seine Erfahrungen als Verwaltungsbeamter nutzte. Zunächst wurden Beteiligun-

37 Waldemar Wenzel, *Staatskommissar Dr. Lippert säubert die Reichshauptstadt*, in: *Berliner Kommunalpolitische Mitteilungen* 4 (1933), H. 23, S. 253 f., bes. S. 253.

38 Bauer wurde beschuldigt, als Vorstandsmitglied des Bau- und Sparvereins „Eintracht" und der Wohnungsbaugesellschaft „Eintracht" die Wohnungsfürsorgegesellschaft wissentlich getäuscht zu haben, um höhere Hauszinssteuerhypotheken zu erhalten. Vgl. E. Berger, *Berlin wird deutsch...* (wie Anm. 19), S. 36.

39 Vgl. *a.a.O.*, S. 37 ff.

40 W. Wenzel, *Staatskommissar Dr. Lippert...* (wie Anm. 37), S. 254.

41 Vgl. Otto Simon, *Berliner Verkehrswirtschaft. Berliner Häfen. Berliner Unbegreiflichkeiten*, Berlin o. J. [1926], S. 40. Vgl. auch die Veröffentlichung der Behala: *Die Gründungsgeschichte der „BEHALA" Berliner Hafen- und Lagerhaus-Aktiengesellschaft und die Auswirkungen der Verträge mit der Stadt Berlin*, Berlin 1932, S. 3.

gen der Bemag an anderen Unternehmen und die Bildung von Tochtergesellschaften beendet, weil dadurch *Millionen, die zur Deckung der Kosten für die Müllabfuhr bestimmt waren*, verlorengegangen seien.[42] Dann schlug Steeg vor, die Bemag entweder in eine Behörde umzuwandeln oder rein privatwirtschaftlich zu führen. Er wollte Reibungen und Doppelarbeit vermeiden, die die gemeinsame Leitung des Betriebes durch Bemag und städtische Administration mit sich brachte.[43] Da der Rückerwerb der Aktien, die sich in Privathand befanden, unproblematisch war und die Verwaltung des Betriebes durch städtische Angestellte billiger, beschloß die Stadtverwaltung, die Bemag in einen städtischen Eigenbetrieb umzuwandeln.[44]

Im Dezember 1936 wurde die Umwandlung dreier weiterer städtischer Betriebe beschlossen. Auch die Behala (Berliner Hafen- und Lagerhaus AG), die Gasag (Berliner Städtische Gaswerke AG) und die Wassag (Berliner Städtische Wasserwerke AG) sollten Eigenbetriebe Berlins werden. Als Oskar Maretzky, Bürgermeister und Vertreter Sahms, Bedenken äußerte, verwies Lippert auf die positiven Erfahrungen mit der Umwandlung der Bemag. Auf Anweisung des Staatskommissars – Maretzky zeigte immerhin so viel Stehvermögen, eine Entschließung aus eigenem Willen zu verweigern – wurde die Auflösung von Behala, Gasag und Wassag und ihre Umwandlung in Eigenbetriebe zum 1. Januar 1937 angeordnet.[45]

Während seiner Tätigkeit im Staatskommissariat hat Steeg, soweit die lückenhaften Quellen eine Beurteilung zulassen, offenbar vor allem Aufgaben übernommen, für die er durch seine kommunale Fachausbildung qualifiziert war. Dabei scheint er kaum eigene Initiative entwickelt, sondern den Staatskommissar vielmehr beraten zu haben. Wo im innerbehördlichen Schriftverkehr dieses Zeitraums Steegs Unterschrift zu finden ist, handelt es sich fast immer um die Weiterleitung beziehungsweise Durchsetzung von Beschlüssen und Verordnungen Lipperts. Die eigentlichen Entscheidungen überließ Steeg anderen.

Am 10. April 1937 wurde Steeg zum Bürgermeister der Reichshauptstadt Berlin ernannt. Er löste damit den früheren Bürgermeister Dr. Oskar Maretzky ab. Bereits im

42 Schreiben der Abt. St.K.I,4b vom 21. September 1933; BLHA, Pr. Br., Rep. 60, Nr. 525.

43 Vgl. das Protokoll einer Besprechung über die Auflösung der Bemag vom 4. Oktober 1934; BLHA, Pr. Br., Rep. 60, Nr. 525.

44 Vgl. *ebda.* Während Steeg die Auflösung der Bemag vorbereitete, schaltete sich Daluege ein. Steeg sollte dafür sorgen, daß „unser Oberführer Fritz Karl Engel und Walter Jurk" bei einer Umwandlung des Unternehmens nicht schlechter gestellt würden. (Schreiben Dalueges vom 26. November 1934; *Personalakte Steeg,* BDC.) Am 3. Dezember 1934 ließ er Steeg mitteilen, daß der Führer Maßnahmen für untragbar halte, die Arbeiter und Angestellte einsparen würden, falls dies nicht unbedingt nötig sei, *ebda.*

45 Maretzky befürchtete, daß die gigantische Berliner Verwaltung durch eine Vergrößerung zu schwerfällig werde. Problematisch erschien ihm auch die Leitung der großen Betriebe durch verschiedene Dienststellen der Stadt. Lippert hingegen wollte *Eigenmächtigkeiten* der Vorstände beseitigen. Vgl. BLHA, Pr. Br., Rep. 60, Nr. 294, Abschrift zu St.K.I,4a C 1-110, 5. Dezember 1936. Die Umwandlung einiger kleinerer Betriebe war bereits im April 1935 beschlossen worden. Vgl. *Verwaltungsbericht...* (wie Anm. 36), S. 31.

Dezember 1935 war Dr. Heinrich Sahm von seinem Amt als Berliner Oberbürgermeister zurückgetreten. *Zur Beseitigung des Dualismus, der sich seit 1933 zwischen Oberbürgermeister und Staatskommissar naturnotwendig immer mehr zum Nachteil einer einheitlichen Führung der Verwaltung herausgebildet hat,*[46] wurde er am 18. Dezember 1935 von seinem Amt entbunden. Mit der Wahrnehmung seiner Geschäfte wurde Maretzky beauftragt, tatsächlich aber zog Lippert zunehmend Kompetenzen auch des Oberbürgermeisters an sich.

Lipperts Machtfülle wurde durch eine Änderung der Berliner Verfassung vom 1. Dezember 1936 gesetzlich festgelegt. Der Staatskommissar wurde durch den Stadtpräsidenten abgelöst und das Amt des Stadtpräsidenten mit dem des Oberbürgermeisters vereinigt. Der „Oberbürgermeister und Stadtpräsident" war dem Minister des Innern unterstellt. Als Oberbürgermeister stand er der Gemeindeverwaltung vor, als Stadtpräsident einer besonderen Landesbehörde mit dem Rang einer Regierung.[47]

Das „Gesetz über die Verfassung und Verwaltung der Reichshauptstadt Berlin" vom 1. Dezember 1936 übertrug dem Stadtpräsidenten auch die Aufsicht über das höhere Schulwesen. Die Befugnisse des Polizeipräsidenten und die des Präsidenten der Bau- und Finanzdirektion blieben jedoch unangetastet. Daher kam es in diesen Bereichen zu dauernden Kompetenzstreitigkeiten, unter anderem auf den Gebieten der Bau-, Medizinal- und Gewerbepolizei, da Lippert auch diese Ressorts an sich ziehen wollte.[48]

Steeg blieb auch als Bürgermeister einer der engsten Mitarbeiter Lipperts, den er nun in dessen Funktion als Oberbürgermeister vertrat.[49] Diese Position verdankte er nicht zuletzt Joseph Goebbels, dem Gauleiter von Berlin, der an dieser Personalentscheidung wesentlich beteiligt war. Goebbels hatte allerdings zunächst Einwände gegen Steeg. Am 19. Juni 1936 notierte er im Zusammenhang mit einer allgemeinen Kritik an Lippert und Steeg in seinem Tagebuch: *Berlin kann nicht von ein paar Knaben geführt werden. Da müssen schon ein paar Kerle heran.*[50] Doch weder Lippert noch Steeg waren ohne weiteres zu ersetzen. Da er sich *eine repräsentativere Figur* an Lipperts Seite wünschte, ließ Goebbels die Stelle von Steeg ausschreiben,[51] hatte damit aber offenbar wenig Er-

46 *A.a.O.*, S. 17.

47 Vgl. das *Gesetz über die Verfassung und Verwaltung der Reichshauptstadt Berlin* vom 1. Dezember 1936, § 2, § 15 (*Reichsgesetzblatt*, T. I, S. 957), in: H. J. Reichhardt (Hrsg.), *Die Entstehung...* (wie Anm. 17), S. 114 u. 118. Damit kontrollierte der Oberbürgermeister sich selbst – *eine auch im nationalsozialistischen Kommunalverfassungsrecht einmalige Konstruktion.* Chr. Engeli/W. Ribbe, *Berlin in der NS-Zeit...* (wie Anm. 16), S. 977.

48 Landesarchiv Berlin, Pr. Br., Rep. 57, Nr. 14.

49 Vgl. das *Gesetz über die Verfassung und Verwaltung der Reichshauptstadt Berlin* vom 1. Dezember 1936, § 2 Abs. 2 (*Reichsgesetzblatt*, T. I, S. 957), in: H. J. Reichhardt (Hrsg.), *Die Entstehung...* (wie Anm. 17), S. 114.

50 Vgl. *Die Tagebücher von Joseph Goebbels. Sämtliche Fragmente*, hrsg. von Elke Fröhlich im Auftrag des Instituts für Zeitgeschichte und in Verbindung mit dem Bundesarchiv, T. 1 *(Aufzeichnungen 1924–1941)*, Bd. 2 *(1. Januar 1931 – 31. Dezember 1936)*, München-New York-London-Paris 1987, S. 628 f. *A.a.O.*, S. 616.

51 Vgl. *a.a.O.*, S. 631 u. 751.

folg. Am 19. Februar 1937 heißt es in seinem Tagebuch: *Ich glaube, wir müssen doch bei Steeg bleiben. Die sich gemeldet haben, taugen nichts.* Schließlich stand am 5. März 1937 die Entscheidung fest: ... *wir nehmen nun doch mangels Besserem Steeg als Vertreter von Lippert.*[52] Goebbels hatte sich in dieser Frage auch mit Kurt Daluege beraten, der also spätestens seit 1936 die Karriereaussichten seines Bekannten von der Müllabfuhr mitbestimmte. Am 22. Juni 1936 schrieb Goebbels nach einer Diskussion mit Daluege: *Wir einigen uns: ... Steeg soll 2. Bürgermeister werden.*[53]
Steeg war sich vermutlich klar, daß Daluege Einfluß auf seine Laufbahn nehmen konnte.[54] Kaum Bürgermeister geworden, half er dem Polizeigeneral bei seinem Versuch, in Berlin eine Polizeischule aufzubauen. Als die Polizei dazu vom Bezirksamt Spandau ein Grundstück erwerben wollte, schaltete sich Steeg in die Verhandlungen ein und sorgte dafür, daß das Gelände zu einem äußerst niedrigen Preis angeboten wurde.[55]
Auch nach seiner Ernennung zum Bürgermeister leitete Steeg die Geschäfte der Reichshauptstadt so, wie Lippert es wünschte – unauffällig und ohne von sich reden zu machen. Er trat auch weiterhin nur selten an die Öffentlichkeit und übernahm vor allem diejenigen repräsentativen Aufgaben, für die sich Goebbels und Lippert wegen ihrer Geringfügigkeit nicht interessierten. Steeg war tatsächlich keine sehr wirkungsvolle Persönlichkeit.
In seiner neuen Position versuchte er, die Probleme zu lösen, die die Einführung des Amtes des „Oberbürgermeisters und Stadtpräsidenten“ mit sich brachte. Die kurzsichtig entwickelte Verfassungskonstruktion führte zu Kompetenzstreitigkeiten zwischen der kommunalpolitischen Verwaltung der Reichshauptstadt (Oberbürgermeister) und der staatlichen (Stadtpräsident). Sie blieben getrennte Behörden, auch wenn sie nun in Personalunion von Lippert geleitet wurden. Steeg suchte hier ausgleichend zu wirken und eine *Einheit zwischen den staatlichen und gemeindlichen Aufgabenbereichen* herzustellen.[56] Gleichzeitig war er bemüht, *daß in Angelegenheiten, die beide Verwaltungen betreffen, nicht die formellen aufsichtlichen Befugnisse des Stadtpräsidiums dazu benutzt werden, der gemeindlichen Verwaltung eine bestimmte Entscheidung aufzuzwingen.*[57]

52 *Die Tagebücher von Joseph Goebbels...* (wie Anm. 50), T. 1, Bd. 3 *(1. Januar 1937 – 31. Dezember 1939)*, S. 49 u. 67.
53 *Die Tagebücher von Joseph Goebbels...* (wie Anm. 50), T. 1, Bd. 2, S. 631.
54 Der devote Stil seiner frühen Briefe an Daluege läßt auf eine Abhängigkeit Steegs von dem Polizeigeneral und SS-Führer schon in den ersten Jahren der NS-Herrschaft schließen. Vgl. den Briefwechsel Steeg – Daluege, bes. Steegs Schreiben vom 1. Juli 1934 an Daluege. *Personalakte Steeg*, BDC.
55 Als Stellvertreter des Oberbürgermeisters konnte Steeg den Bezirksämtern Richtlinien vorschreiben. Auf offiziellem Weg veranlaßte er das Bezirksamt Spandau, der Polizei das Gelände für 3,50 RM anstatt für 5,– RM pro qm anzubieten. Inoffiziell sorgte er dafür, daß es sich *notfalls auch mit einem Preis von 3,– RM* begnügen würde. Vgl. Steegs Schreiben an Daluege vom 8. Juni 1937. *Personalakte Steeg*, BDC.
56 Schreiben des Bürgermeisters Steeg an den Stadtpräsidenten der Reichshauptstadt, z. Hd. von Oberregierungsrat Dr. Schamvogel, vom 28. November 1938; LA Berlin, Pr. Br. Rep. 57, Nr. 12.

Während das Stadtpräsidium zum Beispiel die alleinige Befugnis an sich ziehen wollte, mit den Ministerien zu verkehren, verlangte Steeg dieses Recht in bestimmten Fällen auch für seine Behörde.[58] Auch als das Stadtpräsidium, vertreten durch den späteren Vizepräsidenten beim Stadtpräsidenten Dr. Schamvogel,[59] ein Fachaufsichtsrecht in einigen Gemeindeangelegenheiten beanspruchte, bemühte sich Steeg um eine relative Unabhängigkeit der städtischen Selbstverwaltung dem Stadtpräsidium gegenüber.[60] Sein Widerstand gegen die Kompetenzansprüche des Stadtpräsidiums blieb allerdings schwach. Anders als sein Vorgänger Maretzky, über dessen Widersetzlichkeit sich Lippert mehrfach bei Goebbels beklagte und von dem auch der Gauleiter mehr Unterordnung verlangte,[61] fügte sich Steeg den Anweisungen der Parteigrößen.

Als Bürgermeister von Berlin hatte Steeg auch die Umstellung der Stadt auf den Krieg mitzuorganisieren. Von der Berliner Bevölkerung wurde der Kriegsbeginn im Herbst 1939 – anders als 1914 – mit Sorge aufgenommen, obwohl man sie propagandistisch schon lange darauf eingestimmt hatte. Die Aufrüstung des Reiches war seit 1933 zu beobachten, und die Berliner wurden zunehmend auch praktisch auf militärische Auseinandersetzungen vorbereitet. Bereits 1933 war der Reichsluftschutzbund gegründet worden, der die Aufgabe hatte, die Bevölkerung über die Gefahren bei Luftangriffen zu informieren und sie im Selbstschutz auszubilden. Von September 1937 an begann man mit der Ausgabe von Gasmasken an die Bevölkerung.[62] Im Laufe des Jahres 1939 wurden die Kriegsvorbereitungen deutlicher. Mehrmals gab es Luftschutzübungen mit Verdunkelungen, im Juli sogar mit simuliertem Nachtangriff feindlicher Bomber.

Als am 1. September 1939 der Krieg begann, war die Berliner Stadtverwaltung besonders gefordert. Sie mußte die Verteilung der rationierten Lebensmittel und anderer Güter organisieren.[63] Von Ende September 1939 an wurden Brot, Fleisch, Fett, Mehl, Marmelade, Zucker und Nährmittel auf Bezugsscheine ausgegeben. Im Januar 1940 wurde auch der Bezug von Hausbrandstoffen eingeschränkt.[64] Die Umstellung der

57 Schreiben des Bürgermeisters Steeg an den Stadtpräsidenten der Reichshauptstadt vom 28. November 1938; vgl. auch die Aufstellungen über die Kompetenzstreitigkeiten vom 21. März 1939 und vom 4. April 1939; LA Berlin, Pr. Br., Rep. 57, Nr. 12.

58 *Ebda.*

59 Am 9. Juni 1939 wurde Oberregierungsrat Dr. Groder Schamvogel von Hitler zum Vizepräsidenten des Stadtpräsidiums der Reichshauptstadt ernannt. Vgl. *Berliner Kommunale Mitteilungen*, Nr. 12 (1939), S. 213.

60 Vgl. z. B. den Aktenvermerk über eine Besprechung beim Vizepräsidenten Dr. Schamvogel vom 14. August 1940, betr. Zusammenarbeit zwischen der Verwaltung des Oberbürgermeisters und des Stadtpräsidenten, LA Berlin, Pr. Br., Rep. 57, Nr. 12.

61 Vgl. Goebbels' Tagebucheinträge vom 27. Juni und 20. Oktober 1936, in: *Die Tagebücher von Joseph Goebbels . . .* (wie Anm. 50), T. 1, Bd. 2, S. 634 u. 701.

62 Vgl. Christine Roik-Bogner/Lothar Schirmer, *Verwaltungsstadt Berlin. Eine Ausstellung der Fachhochschule für Verwaltung und Rechtspflege Berlin*, Berlin 1987, S. 149 u. 151.

63 Schon am 28. August 1939, vier Tage vor Kriegsausbruch, hatte Goebbels in einem Schreiben an alle Beamten, das aber nicht zur Veröffentlichung bestimmt war, die *Bezugsscheinpflicht für eine Reihe von lebenswichtigen Verbrauchsgütern* angekündigt. Vgl. *a.a.O.*, S. 155.

64 Vgl. *ebda.*

Versorgung verlief reibungslos, auch wenn es vorübergehende Engpässe gab und die Berliner viele Einschränkungen hinnehmen mußten. Dafür wurde jede noch so geringe Sonderzuteilung propagandistisch geschickt herausgestellt.[65] Der Krieg bedeutete auch höhere Steuern für die Berliner. Sie mußten einen sozial gestaffelten Aufschlag auf die Einkommensteuer sowie einen zwanzigprozentigen Zuschlag auf Bier, Schnaps und Zigaretten zahlen.[66]

Das Ende des Frankreichfeldzuges und die Rückkehr von Truppenteilen wurde in Berlin aufwendig gefeiert. Gleichzeitig verstärkten Nachrichten über englische Bombenangriffe auf westdeutsche Städte die Sorgen der Berliner. Als die Royal Air Force im August 1940 ihre ersten Bombenangriffe auf Berlin flog, fehlte es an Luftschutzkellern und Bunkern. Hitler und sein Generalbauinspektor Albert Speer hatten der Neugestaltung der Stadt Vorrang vor der Sicherheit der Bevölkerung gegeben. Lipperts Versuche, sich den Plänen Speers zu widersetzen, waren erfolglos geblieben und hatten schon im Juli 1940 zum Ende seiner Karriere als Oberbürgermeister und Stadtpräsident geführt.[67]

Obwohl Steeg als absolut loyaler Mitarbeiter Lipperts galt, wurde seine Position durch dessen Amtsenthebung nicht angegriffen. Jene Schwächen, die Goebbels Steeg angekreidet hatte, nämlich seine Blaßheit und daß er kein „Kerl" sei, erwiesen sich langfristig als Stärke. Steeg beschränkte seinen Wirkungkreis auf administrative Entscheidungen und bemühte sich um Vermittlung, anstatt seine Meinung durchzusetzen. So blieb er bis zum Ende des Krieges und bis zum Untergang des Dritten Reiches an der Spitze der Berliner Verwaltung.

Nach Lipperts Entlassung führte Steeg seit Juli 1940 kommissarisch die Geschäfte des Oberbürgermeisters und Stadtpräsidenten.[68] Seine Arbeit und die der Stadtverwaltung wurden zunehmend durch den Krieg geprägt, seit Herbst 1943 durch die große Bomberoffensive gegen Berlin.

65 Seit Kriegsbeginn füllten sich die Lokalseiten der Berliner Presse zunehmend mit Informationen der Stadtverwaltung über Bezugsscheine, Sonderzuteilungen und Ausgabestellen für bestimmte rationierte Güter.

66 Vgl. Chr. Engeli/W. Ribbe, *Berlin in der NS-Zeit...* (wie Anm. 16), S. 997.

67 Vgl. den Beitrag von Brigitte Oleschinski über Julius Lippert in diesem Band.

68 In der Einleitung zum Findbuch des Brandenburgischen Landeshauptarchivs (Pr. Br., Rep. 60) heißt es irrtümlich: *Die Geschäfte des Oberbürgermeister führte bis 1945 kommissarisch der Bürgermeister, die des Stadtpräsidenten bis 1944 der Vizepräsident.* Ähnlich sind die Angaben in der *Übersicht über die Bestände des Brandenburgischen Landeshauptarchivs Potsdam,* T. 2, Weimar 1967, S. 415 f. Tatsächlich war Steeg jedoch kommissarischer Oberbürgermeister und Stadtpräsident, die Personalunion dieser Ämter wurde erst durch den Führererlaß vom 1. April 1944 aufgelöst. Briefbögen Steegs aus den Jahren 1940–1944 führen im Kopf die Amtsbezeichnung *Der Oberbürgermeister und Stadtpräsident der Reichshauptstadt Berlin,* und häufig finden sich Formulierungen Steegs wie „mein Stadtpräsidium", „meine Gemeindeverwaltung" u. ä. Vgl. LA Berlin, Pr. Br., Rep. 57, Nr. 12. Die Angaben über das Datum seiner Ernennung widersprechen sich. *Das Archiv für publizistische Arbeit...* (wie Anm. 5) gibt an, daß Steeg am 1. Juli 1940 zum *kommissarischen Oberbürgermeister und Stadtpräsidenten* ernannt worden sei, einem Personalblatt zufolge übernahm er dieses Amt am 17. Juli 1940 (*Personalakte Steeg,* BDC).

Berlin war seit Kriegsbeginn Ziel von Luftangriffen. Doch erst nach den Bombenabwürfen der deutschen Luftwaffe auf die Londoner Innenstadt begann die Royal Air Force im August 1940, die Reichshauptstadt systematisch zu bombardieren. Im Frühjahr 1941 stellte sie ihre Einsätze gegen Berlin jedoch wieder ein, weil in den hellen Nächten zu große Verluste drohten. 1941 gab es in der Stadt einunddreißigmal, 1942 nur neunmal Fliegeralarm.[69]
Eine Angriffsserie im März 1943 führte aber zu etwa 700 Toten unter den Berlinern. Die berüchtigten „Wohnblockknacker" – 1800 Kilogramm schwere, fast ausschließlich aus Sprengstoff bestehende Bomben, die in Kombination mit Brandbomben eingesetzt wurden – trafen vor allem Teile der Innenstadt und Wilmersdorf. Für die Beseitigung der Trümmer veranschlagte die Stadtverwaltung sechs bis acht Monate.[70]
Nach der Zerstörung Hamburgs im Sommer 1943 wurde die Berliner Bevölkerung auf Evakuierungsmaßnahmen vorbereitet. Nichtberufstätige Frauen, Kinder, Kranke und alte Menschen sollten in weniger gefährdete Gebiete gebracht werden. Die Stadtverwaltung erteilte Abreisegenehmigungen und organisierte zusammen mit der NS-Volkswohlfahrt und der Partei die Umquartierungen.
Tatsächlich begannen die Briten im September 1943 die Vorbereitungen für die Hauptoffensive gegen Berlin, in der Nacht vom 18. auf den 19. November 1943 startete dann der eigentliche Großangriff auf die Reichshauptstadt.[71]
Goebbels verstärkte nun seine Appelle an die Berliner, die Evakuierungsmöglichkeiten zu nutzen: *Ich weiß sehr wohl, daß man in dieser Frage mit Zwang nicht weiter kommt, und er wird deshalb von der Staatsführung nicht angewandt. Aber es gibt auch einen Gewissenszwang, der stärker ist als alle menschlichen Gesetze.*[72] Die Zahl der bis Kriegsende aus Berlin evakuierten Menschen wird auf etwa eine Million geschätzt.[73]
Trotzdem kamen durch die Bombardements in Berlin etwa 50 000 Menschen ums Leben. Groß-Berlin verlor insgesamt 39 Prozent seines Wohnungsbestandes, mehr als 600 000 Wohnungen wurden völlig zerstört. Hinzu kamen zerstörte Industrieanlagen und Kultur- und Bürogebäude.[74]
Die Hauptarbeit der Berliner Stadtverwaltung bestand daher in den letzten beiden Kriegsjahren in Trümmerbeseitigung, in der Unterbringung von Berlinern, die durch die Bombardements obdachlos geworden waren, und in der Versorgung der Bevölkerung. Im November 1943 wurde der normale Verwaltungsapparat auf ein Minimum beschränkt, um Arbeitskräfte für die Beseitigung der Kriegsschäden und für die Betreuung der Bombengeschädigten zu bekommen.[75]

69 Zum Bombenkrieg vgl. Chr. Engeli/W. Ribbe, *Berlin in der NS-Zeit...* (wie Anm. 16), S. 1009 – 1020, bes. S. 1011.
70 Vgl. *ebda.*
71 Vgl. *a.a.O.*, S. 1012.
72 Rede von Reichsminister Dr. Goebbels am 29. November 1943, zitiert in: *Völkischer Beobachter* vom 30. November 1943, S. 3.
73 Vgl. Chr. Engeli/W. Ribbe, *Berlin in der NS-Zeit...* (wie Anm. 16), S. 1018.
74 Vgl. *a.a.O.*, S. 1014.

Um den Verkehr möglichst in Gang zu halten, half die Wehrmacht bei der Räumung der Ausfallstraßen; die Stadtverwaltung bemühte sich um die Wiederinstandsetzung der Verkehrslinien der städtischen Betriebe, damit die Bevölkerung zur Arbeit fahren konnte.[76] Die Versorgung mit Strom, Wasser und Gas mußte, wo sie vorübergehend ausgefallen war, wiederhergestellt werden – auch eine Aufgabe der Stadtverwaltung beziehungsweise ihrer Eigenbetriebe. Die nichtberufstätigen Bombengeschädigten, die Berlin verlassen wollten, erhielten Reisebescheinigungen. Die Obdachlosen wurden von der Stadtverwaltung und der NS-Volkswohlfahrt verpflegt.
Auch die Ernährung der übrigen Bevölkerung mußte sichergestellt werden. In den von Bomben getroffenen Stadtteilen, in denen besonders viele Geschäfte angesiedelt waren, die die Bevölkerung mit Lebensmitteln versorgten, wurden Feldküchen eingerichtet. Brot aus auswärtigen Bäckereien und Sonderzuteilungen wurden in die bombardierten Stadtteile geschafft. Steeg veröffentlichte immer wieder Anordnungen, die die Versorgung der von den Fliegerangriffen Geschädigten mit Waren sichern sollten. Dazu wurden besondere Bezugsscheine ausgegeben und Einzelhandel und Handwerk angewiesen, die entsprechenden Gebrauchsgegenstände möglichst schnell herbeizuschaffen und verkaufsbereit zu machen.[77] Sonderzuteilungen von Obst, Süßigkeiten, Tabak usw. sollten die Moral der Berliner stärken. Daß und wo es solche Zuteilungen gab, wurde meist neben den Anweisungen zum Selbstschutz beziehungsweise bei den Informationen für Bombengeschädigte veröffentlicht.
Die gelenkte Tagespresse war voll der Anerkennung für die vorbildliche Arbeit der Stadtverwaltung, die *als helfende Mutter ihrer Schützlinge Arbeit, Hingabe und Opfer nicht scheut, um die Schläge des Untermenschentums so rasch als möglich zu überwinden.*[78] Auch die Haltung der Berliner wurde gelobt. *Disziplin und Tatkraft besiegen den Terror,* titelte der „Völkische Beobachter“,[79] und Goebbels wandte sich mit Vergeltungsankündigungen und Durchhalteappellen an die Bevölkerung der Reichshauptstadt.[80]

Auch Steeg wurde in den letzten Kriegsjahren in der Presse häufiger genannt. Am 31. Dezember 1943 veröffentlichte der „Völkische Beobachter“ ein Gespräch mit Steeg über „Die Stadtverwaltung im Kriegsjahr 1943“. Wie Goebbels behauptete auch Steeg, daß die Berliner *diese Schlacht bisher gewonnen haben und auch in Zukunft gewin-*

75 Vgl. *Völkischer Beobachter* vom 1. Dezember 1943, S. 3.
76 Vgl. *Völkischer Beobachter* vom 27. November 1943, S. 3.
77 Vgl. z. B. *Völkischer Beobachter* vom 29. November 1943, S. 3.
78 *Völkischer Beobachter* vom 1. Dezember 1943, S. 3.
79 *Völkischer Beobachter* vom 27. November 1943, S. 3.
80 *Ich brauche nicht zu betonen, daß die Bevölkerung der Reichshauptstadt in diesen schweren Stunden ihre Pflicht und mehr als ihre Pflicht tuen wird. Sie will sich in ihrer moralischen Haltung durch die Bevölkerung keiner anderen Stadt in den Schatten stellen oder beschämen lassen ... Wenn das Gesicht der Reichshauptstadt heute Narben und Risse trägt, so gleicht es damit dem Gesicht eines Kriegers, nicht entstellt, sondern geadelt. Gauleiter Dr. Goebbels an die Berliner,* in: *Völkischer Beobachter* vom 26. November 1943, S. 3.

nen werden! Dem angeblich *unzweifelhaften Sieg* dienten, so Steeg, auch die Anstrengungen der Stadtverwaltung. *Sie hat sich lange auf die Terrorangriffe vorbereitet, hat ihre gesamte Gefolgschaft für einen solchen Einsatz praktisch geschult und tut in engster Zusammenarbeit vor allem mit der Partei, der Polizei und der Wehrmacht alles, was geschehen kann, um dem Bombenterror wirksam zu begegnen.*[81]

Steeg ging dann auf die besonders dringlichen Probleme der Hauptstadt ein. Als erstes nannte er den Wohnungsmangel. In leerstehenden Wohnungen wurden seit dem 1. März Fliegergeschädigte untergebracht, ebenso durften Zweitwohnungen nur noch für die Unterbringung von Betroffenen des Bombenkrieges verwendet werden. Außerdem verhängte die Stadtverwaltung eine Zuzugssperre für auswärtige Familien, und auf Steegs Antrag hin wurde die Reichshauptstadt vom Reichswohnungskommissar zum Brennpunkt des Wohnungsbedarfs erklärt.

Die Ernährung der Berliner sei – so der kommissarische Oberbürgermeister – sichergestellt und besser als im *fünften Kriegsjahr des ersten Weltkrieges.*[82] Die Stadtgüter produzierten Kartoffeln, Obst und Milch. Öffentliche Grünanlagen wurden für den Gemüseanbau umgebrochen, Brachland parzelliert und an Kleinbewerber vergeben. Für Fliegergeschädigte wurden Versorgungsnachweise eingeführt, mit denen sie jede Kartenstelle der Stadt in Anspruch nehmen konnten.

Steeg mußte auch mit der Personalknappheit in der Verwaltung fertigwerden. Da die wehrfähigen Männer nach Möglichkeit an die Front abkommandiert wurden, waren *die Träger der Verwaltung ... grundsätzlich die Weltkriegsteilnehmer, die älteren Jahrgänge und die Frauen, die allerorts ... „ihren Mann stehen".*[83] Auch der Schulbetrieb in Berlin wurde reduziert. Mittelschulen wurden in Hauptschulen umgewandelt und Berliner Lehrer teils in auswärtigen Gemeinden, teils in den Bezirksverwaltungen eingesetzt.

Das kulturelle Leben änderte sich durch den Krieg ebenfalls. Die Stadtverwaltung bemühte sich um die Unterhaltung der umquartierten Berliner in ihren „Aufnahmegauen", für die Gastspiele organisiert wurden, und um Veranstaltungen für Rüstungsarbeiter oder für Soldaten in den Lazaretten. Auch die Wissenschaft sollte in den Dienst des Krieges gestellt werden. Dies betonte Steeg in einer Rede anläßlich der Eröffnung der „Landesstelle Berlin für Geschichte, Heimatforschung und Volkskunde" im November 1943. *Da der Kampf nicht zuletzt auch für die deutsche Wissenschaft und Kultur geführt werde, so betonte der k*[ommissarische] *Oberbürgermeister, so sei sich die Stadtverwaltung der kulturellen Förderung gerade auch im Kriege bewußt. Hierzu gehöre auch die Pflege der Geschichte, der Heimatforschung und der Volkskunde.*[84]

81 Hans Heinz Arenhold, *Die Stadtverwaltung im Kriegsjahr 1943. Der k. Oberbürgermeister Steeg erstattet den Jahresbericht*, in: *Völkischer Beobachter* vom 31. Dezember 1943, S. 3.

82 *Ebda.*

83 *Ebda.*

84 *Völkischer Beobachter* vom 15. November 1943, S. 3. Forschungsschwerpunkte des Instituts waren die Bevölkerungsgeschichte Berlins, Brauchtum und Sitten, Baugeschichte, Wissenschaft und Kultur in Berlin sowie die Entwicklung von Technik und Verkehr in der Stadt. Schließlich sollten Lücken in der Erforschung der einzelnen Stadtteile geschlossen werden.

Ein Jahr später, im August 1944, verordnete Goebbels als Reichsbeauftragter für den totalen Kriegseinsatz tiefgreifende Kürzungen im Kultur- und Erziehungswesen. Alle Theater wurden geschlossen, das Kulturleben beschränkte sich künftig im wesentlichen auf Film und Rundfunk.[85] Im Bereich des Erziehungswesens wurden zahlreiche Einrichtungen stillgelegt, die nicht unmittelbar kriegswichtigen Zwecken dienten. Berufsfachschulen, Haushalts- und Handelsschulen und weite Bereiche der Hochschulen wurden geschlossen beziehungsweise in Kriegswerkstätten umgewandelt.

Das Jahr 1944 brachte eine neuerliche Verfassungsänderung für die Reichshauptstadt. Die Personalunion von Oberbürgermeister und Stadtpräsident wurde aufgehoben und am 1. April 1944 der Reichsminister und Gauleiter von Berlin Joseph Goebbels durch einen Erlaß des Führers zum Stadtpräsidenten Berlins ernannt.[86] Steeg blieb kommissarischer Oberbürgermeister und leitete weiterhin die Gemeindeverwaltung, deren Arbeit zunehmend schwieriger wurde. Trotzdem versuchte Steeg auch 1944 noch immer, Optimismus zu verbreiten. In seinem Jahresbericht 1944, der unter dem Titel „Die Betreuungsmaßnahmen haben sich bewährt" veröffentlicht wurde, heißt es am Ende: *So sieht die Stadtverwaltung im Einklang mit der zuversichtlichen Haltung der Berliner Bevölkerung mit aller Ruhe der Zukunft entgegen.*[87] Der eigentliche Bericht zeigt aber, daß es für Zuversicht und Optimismus keinen Grund mehr gab. Die Zahl der Bombengeschädigten hatte ständig zugenommen, ihre Betreuung war nicht mehr gesichert. In der Verwaltung herrschte Chaos. In der Sprache der Nationalsozialisten wurde dies vorsichtig ausgedrückt: *Es ist uns gelungen, überall der Notstände Herr zu werden ... Die Berliner mögen aber auch berücksichtigen, daß viele Kräfte, die uns früher zur Beseitigung von Notständen zur Verfügung standen, heute infolge des totalen Krieges für andere Zwecke eingesetzt worden sind.* Zudem sei die Arbeit der Administration *durch den Verlust von Aktenbeständen bedeutend erschwert* worden.[88]

Auch die Versorgung der Bevölkerung war nun nicht mehr gesichert: *Ferner muß beachtet werden, daß durch die schwierige Transportlage das Material nicht so schnell herangeschafft werden kann.*[89] Kohle war Mangelware: *In diesem Jahr muß aber die Bevölkerung dringendst gebeten werden, mit dem Brennmaterial äußerst sparsam umzugehen*, und es drohten Seuchen.[90] Die Trümmerbeseitigung mußte auf das Notwendigste beschränkt werden, Schutt wurde nur noch dort beseitigt, wo er die Wiederinstandsetzung von Versorgungsleitungen behinderte.[91]

85 Vgl. *Völkischer Beobachter* vom 25. August 1944, S. 1.

86 *Erlaß des Führers über die Verfassung und Verwaltung der Reichshauptstadt Berlin* vom 1. April 1944 (*Reichsgesetzblatt*, T. I, S. 87), in: H. J. Reichhardt (Hrsg.), *Die Entstehung...* (wie Anm. 17), S. 128 f.

87 *Die Betreuungsmaßnahmen haben sich bewährt...* (wie Anm. 87), S. 3.

88 *Ebda.*

89 *Ebda.*

90 *Auf dem Gebiet der Gesundheitsverwaltung ging es uns darum, die Bevölkerung vor der Verbreitung von Infektionskrankheiten zu schützen, da durch die vielen Trümmer immer Gefahr vorhanden ist ... Die akuten Krankheiten wie Diphterie und Scharlach sind weiter zurückgegangen. Ebda.*

Überall fehlte es an Arbeitskräften, nicht einmal die für die Gas- und Wasserversorgung zuständigen Stadtbetriebe, die Stadtentwässerung, die Feuerschutzpolizei und die Krankenhäuser verfügten über das notwendigste Personal. Steeg versuchte hier zusätzliche Arbeitskräfte zu finden. Gleichzeitig mußte er, auf Druck von Goebbels, auf anderen Gebieten Personal einsparen. Er legte Steuerämter, Stadtkassen und Kartenstellen zusammen, ließ eine Urlaubssperre verhängen und setzte zunehmend Frauen als Arbeitskräfte ein. Die BVG führte einen Einheitstarif ein, um die Abfertigung und die Verwaltung zu erleichtern.[92]

Als kommissarischer Oberbürgermeister übernahm Steeg im Dezember 1944 die Patenschaft über eine Volksgrenadierdivision, die überwiegend aus Berlinern zusammengestellt war. Die 257. Division, Bärendivision genannt, weil sie das Stadtwappen führte, bestand aus Männern, die vorher zum großen Teil in der Verwaltung oder in der Rüstungsindustrie gearbeitet hatten, *und vor allem aus alten fronterfahrenen Soldaten.*[93] Doch auch der „Volkssturm", das letzte, schlecht ausgerüstete Aufgebot von Kindern und alten Männern, konnte Deutschland und seine Hauptstadt nicht retten. Am 1. Februar 1945 wurde Berlin von der in der Stadt zurückgebliebenen nationalsozialistischen Führung zum „Verteidigungsbereich" erklärt, am 9. März 1945 wurde der *grundsätzliche Befehl für die Vorbereitungen zur Verteidigung der Reichshauptstadt* erlassen. Die sowjetischen Streitkräfte zogen den Ring um die Stadt immer enger. Als nur noch das Gebiet um den Reichstag und Teile des Tiergartens in deutscher Hand waren, beging Hitler am 30. April 1945 und Goebbels am folgenden Tag in Berlin Selbstmord.[94] Steeg, der im Februar 1945 noch zum regulären Oberbürgermeister ernannt worden war, stellte sich nach dem Ende der Kämpfe in und um Berlin den sowjetischen Siegern. Er starb am 6. September 1945 als Zivilinternierter in russischer Gefangenschaft.[95]

Ludwig Steeg war immer im Schatten von Lippert und Goebbels geblieben. Die Rolle dieses Kommunalbeamten scheint unwichtig und harmlos. Tatsächlich trug er aber wesentlich zur Durchsetzung der nationalsozialistischen Herrschaft im ehemals „roten" Berlin bei. Er betrieb die „Gleichschaltung" der Hauptstadt, er „säuberte" den Berliner Verwaltungsapparat von Juden und Oppositionellen und trug zum Ansehen von Lippert und Goebbels in der Bevölkerung dadurch bei, daß er ihnen die publikumswirksamen öffentlichen Auftritte überließ und selbst für wenig populäre Maßnahmen, wie zum Beispiel für Entlassungen oder die Rationierung von Lebensmitteln, verantwortlich zeichnete.

Inwieweit er Fleiß, kommunalpolitische Erfahrung und Organisationsgeschick zu Gunsten der Berliner Bevölkerung eingesetzt, vielleicht sogar das Überleben in der

91 Vgl. *ebda.*
92 Vgl. *ebda.*
93 *Völkischer Beobachter* vom 10. Dezember 1944, S. 4.
94 Vgl. Chr. Engeli/W. Ribbe, *Berlin in der NS-Zeit...* (wie Anm. 21), S. 1021–1024.
95 Mündliche Auskunft von Herrn Kirchhoff, Wehrmachtsauskunftstelle Berlin.

Stadt während des Bombenkrieges erleichtert hat, läßt sich aufgrund der schlechten Quellenlage nicht beurteilen. Sein Handlungsspielraum unter den Nationalsozialisten – das zeigen die Lebensläufe von Sahm und Lippert – war äußerst gering. Ein Ausscheren aus diesem Rahmen hätte ihn zumindest seine Ämter gekostet. Doch er scherte nicht aus. Auch deshalb ist Steeg heute vergessen.

Joseph Goebbels

von Angela Martin

Das letzte Stadtoberhaupt Berlins in der NS-Zeit war Joseph Goebbels. Am 1. April 1944 wurde er durch einen Führererlaß zum Stadtpräsidenten von Berlin ernannt. Damit erhielt die von schweren Luftangriffen stark betroffene Stadt, der durch den von Goebbels selbst propagierten „totalen Krieg" immer höhere wirtschaftliche und militärische Leistungen abverlangt wurden, eine *einheitliche und straffe Führung.* Das Amt des „Oberbürgermeisters und Stadtpräsidenten" wurde durch das des Stadtpräsidenten ersetzt, die *Zusammenfassung aller Führungsorgane in e i n e r H a n d* war endgültig erreicht.[1]

Schon lange galt Goebbels als heimlicher Regent Berlins. Er wurde als „Eroberer von Berlin" gefeiert. 1934 erhielt er die Ehrenbürgerschaft der Reichshauptstadt, 1936 beging man den 10. Jahrestag seiner Ankunft in Berlin mit einer großen Feier. Auch der vierzigste Geburtstag des Propagandaministers wurde in Berlin entsprechend begangen.[2] Wann immer Goebbels sich für die Belange der Stadt oder ihrer Bewohner engagierte, erschienen in der Regionalpresse ausführliche Berichte, während man über Lippert, Maretzky, Steeg und die Arbeit der Stadtverwaltung nur selten Artikel findet.

Diese hervorgehobene Position verdankte Goebbels vor allem seinem Erfolg bei der „Eroberung" der Reichshauptstadt für die Nationalsozialisten. 1926 hatte er die Gauleitung Berlins und damit eine äußerst diffizile Aufgabe übernommen. Denn als er nach Berlin kam, befand sich die NSDAP dort in einem desolaten Zustand.

Mit nur einigen Hundert Mitgliedern war die Anfang 1925 gegründete Berliner Ortsgruppe der wieder zugelassenen NSDAP ein *beinahe namenloser, winziger Parteiverein ..., eine ideologisch vor allem von der Strasser-Konzeption des nationalen Sozialismus geleitete Absplitterung der völkischen Bewegung.*[3] Bei der Berliner Stadtverordnetenwahl vom 25. Oktober 1925 hatte die NSDAP nur 137 Stimmen erhalten.[4]

Die Berliner NSDAP galt als „links", denn hier war der ideologische und organisatorische Einfluß der Gebrüder Gregor und Otto Strasser und ihrer betont antikapitalistischen Linie des Nationalsozialismus besonders groß. Um *in die wichtigsten und stärksten Bollwerke marxistischer Herrschaft, nämlich die Betriebe und Arbeitsnachweise, allmählich vorzudringen,*[5] wurde 1926 innerhalb der Berliner NSDAP sogar ein „Zen-

1 *Amtsblatt Berlin* 85 (1944), H. 15, S. 98. Vgl. auch den *Führererlaß vom 1. 4. 1944* (*Reichsgesetzblatt,* T. I, S. 87).

2 Christian Engeli, *Nationalsozialistische Kommunalpolitiker in Berlin,* in: *Berlin-Forschungen II,* hrsg. von Wolfgang Ribbe, Berlin 1987, S. 111–139, bes. S. 117.

3 Martin Broszat (Hrsg.), *Die Anfänge der Berliner NSDAP 1926/27,* in: *Vierteljahrshefte für Zeitgeschichte* 8 (1960), S. 85–118, bes. S. 89.

4 Vgl. *a.a.O.,* S. 86, Anm. 4.

5 Reinhold Muchow, *Situations-Bericht August 1926,* in: M. Broszat (Hrsg.), *Die Anfänge...* (wie Anm. 3), S. 97.

tralverband der Erwerbslosen“ gegründet, eine Organisation, die es in anderen Gauen nicht gab.

Der erste Gauleiter in Berlin, Regierungsrat Dr. Ernst Schlange, war ein Vertrauter Otto Strassers. Unter seiner Führung unterschieden sich Stil und Aktivitäten der Berliner NSDAP kaum von denen anderer völkischer Organisationen. Das änderte sich jedoch, als im März 1926 auch in Berlin eine SA aufgestellt wurde. Nicht der Gauleiter Schlange oder die politischen Leiter der Partei in Berlin, sondern Kurt Daluege baute die Berliner SA auf. Daluege, später SS-Obergruppenführer und Chef der Ordnungspolizei im Dritten Reich, hatte in der Verbotszeit der NSDAP und SA den als parteipolitisch unabhängigen Wehrverband gegründeten „Frontbann Nord“ angeführt, der sich vor allem aus ehemaligen Freikorpskämpfern und völkischen Turnerschaften zusammensetzte. Ein großer Teil des Frontbann, der bereits durch Schlägereien mit den Kommunisten hervorgetreten war, formierte sich im Frühjahr 1926 zur SA. Im Gegensatz zu Schlange, der am alten Kurs der NSDAP festzuhalten suchte, forderten Daluege und seine Anhänger ein aktiveres Auftreten der Partei. Persönliche Intrigen verschärften die parteiinternen Differenzen, und Schlange war nicht in der Lage, die Streitigkeiten zu beenden, zumal die Berliner SA, die bereits kurz nach ihrer Gründung rund 500 Mann zählte, der zivilen Organisation der NSDAP zahlenmäßig überlegen war. Die Konflikte spitzten sich so zu, daß Reinhold Muchow, Propaganda- und Organisationsleiter der Sektion Neukölln, in einem „Situations-Bericht“ über die Lage der Berliner NSDAP vom Oktober 1926 *mit einer vollständigen Zerrüttung der Berliner Organisation* rechnete.[6]

In dieser Situation schickte Hitler Goebbels nach Berlin. Er hoffte, die „Linkstendenzen“ des jungen Nationalsozialisten für die Berliner NSDAP zu instrumentalisieren. Denn Goebbels hatte sich zunächst im linken Flügel der NSDAP um die Gebrüder Strasser einen Namen gemacht und unter anderem in deren „Nationalsozialistischen Briefen“ publiziert, die unabhängig vom Münchener Parteiverlag erschienen.[7]

Paul *Joseph* Goebbels kam aus kleinen Verhältnissen, und bis zum Beginn seiner Karriere in der NSDAP liest sich sein Lebenslauf wie eine Folge übersteigerter Ambitionen und gescheiterter Hoffnungen.[8] Geboren am 29. Oktober 1897 in Rheydt (heute ein

6 *A.a.O.*, S. 102.

7 Obwohl Goebbels sich zunehmend vom Strasser-Flügel ab- und Hitler zuwandte, galt er in Berlin noch immer als Strasser-Mann. Daher schlug Daluege gegen Goebbels' mögliche Berufung in die Reichshauptstadt (davon war schon auf dem Weimarer Parteitag im Juli 1926 die Rede) wie auch gegen den Gauleiter Schlange einen weiteren Kandidaten für die Gauleitung vor: den ehemaligen Führer der Frontbanngruppe „Schlageter“ und früheren Chef der „Organisation Heinz“, Heinz Oskar Hauenstein. Als auf einer Führersitzung der Berliner NSDAP und SA am 25. August 1926 die alte Gauleitung von Daluege und Hauenstein zum Rücktritt gezwungen werden sollte, kam es zu Tätlichkeiten zwischen Hauenstein und Otto Strasser, der Schlanges Partei vertrat. Strasser konnte sich zwar gegen Hauenstein durchsetzen und dessen Kandidatur verhindern; ein „starker Mann“ an der Spitze der Berliner NSDAP, nämlich Joseph Goebbels, schien nun jedoch um so notwendiger zu sein. Vgl. *a.a.O.*, S. 90.

Stadtteil von Mönchengladbach), wuchs er in kleinbürgerlich-katholischem Milieu auf. Der Vater war Buchhalter, später Prokurist einer Dochtfabrik. Schon früh wurde er mit finanziellen Sorgen der Eltern konfrontiert. Seine Körperbehinderung (Klumpfuß) erschwerte ihm den Kontakt zu den Mitschülern; daher beschäftigte er sich schon als Gymnasiast mit Literatur und begann selbst zu schreiben. 1914 meldete er sich trotz seiner Behinderung zum Militärdienst, wurde aber abgewiesen.

1917 legte er das Abitur ab, dann studierte er alte Sprachen, Geschichte und Literatur. Bonn (1917/18), Freiburg (1918), Würzburg (1918/19), Freiburg (1919), München (1919/20) und zuletzt Heidelberg (seit 1920) waren die Stationen seiner akademischen Bildung. Extensive Lektüre und eine umfangreiche eigene literarische Produktion begleiteten sein Studium. Ständig litt der ehrgeizige Student unter Geldsorgen, die um so entwürdigender waren, als er sich damals um Anka Stahlherm, eine Tochter aus sehr wohlhabendem Hause, bemühte. In der Münchener Zeit, vielleicht seiner schlimmsten (*Meine Anzüge versteigert ... Meine Uhr verramscht ...*[9]), begann er, sich für den Sozialismus zu interessieren.

Auch nach der Promotion (1921) nahm die Geldnot kein Ende; seine Versuche, nun als Schriftsteller oder Journalist den Lebensunterhalt zu verdienen, scheiterten. Goebbels dürfte die Diskrepanz zwischen seiner sozialen Position nach Bildung und akademischem Titel und seiner materiellen Lage nun noch schärfer empfunden haben. Mittellos verbrachte er Monate bei seiner Familie in Rheydt, bis er sich 1923 gezwungen sah, eine Stelle bei einer Filiale der Dresdner Bank in Köln anzunehmen. Dort verstärkten sich allerdings nur sein antikapitalistisches Ressentiment und sein Antisemitismus; bereits im September 1923 war er wieder arbeitslos.

Goebbels bewarb sich wieder bei verschiedenen Zeitungen, bis er schließlich Sekretär eines Reichstagsabgeordneten der Deutschvölkischen Freiheitspartei, Friedrich Wiegershaus, wurde und im Oktober 1924 Schriftleiter der Elberfelder Samstagszeitung „Völkische Freiheit. Rheinisch-westfälisches Kampfblatt der Nationalsozialistischen Freiheitsbewegung für ein völkisch-soziales Deutschland".[10]

Goebbels' Begeisterung für Hitler hatte bereits Anfang 1924 begonnen, wahrscheinlich mit dem Münchener Hochverratsprozeß vom Februar 1924. Nachdem das NSDAP-Verbot im Februar 1925 im ganzen Reich aufgehoben worden war, trat Goebbels in die Partei ein; schon bald wurde er Geschäftsführer des Gaues Rheinland-Nord der

8 Goebbels' Jugend wird hier nur knapp referiert, da sein Werdegang bereits in zahlreichen Biographien abgehandelt wurde, von denen hier nur die zuletzt erschienene genannt sei: Ralf Georg Reuth, *Goebbels*, München-Zürich 1990.

9 *Die Tagebücher von Joseph Goebbels. Sämtliche Fragmente*, hrsg. von Elke Fröhlich im Auftrag des Instituts für Zeitgeschichte und in Verbindung mit dem Bundesarchiv, T. 1, München-New York-London-Paris 1987, Bd. 1, S. 5, 16 (Erinnerungsblätter).

10 Die *Völkische Freiheit* war die Zeitung des „Völkisch-sozialen Blocks", den die NSDAP, zu dieser Zeit im Rheinland verboten, mit der Deutschvölkischen Freiheitspartei gebildet hatte, um für die Reichstagswahl vom 4. Mai 1924 zu kandidieren. Vgl. R. G. Reuth, *Goebbels...* (wie Anm. 8), S. 76 f.

NSDAP. In dieser Funktion trat er bei nahezu 200 Parteiveranstaltungen im norddeutschen Raum als Redner auf. Unter den Parteigenossen um Gregor Strasser, die innerhalb der NSDAP eine eher sozialrevolutionäre Orientierung vertraten und sich in einer „Arbeitsgruppe Nord“ zusammenschlossen, fand er Gleichgesinnte.

Hitler erkannte Goebbels' Intelligenz, seine rastlose Energie und Rednerbegabung; er wußte auch, daß dieser „soziale Nationalist“ mit seiner antikapitalistischen Rhetorik ihm bedingungslose Bewunderung und Loyalität entgegenbrachte. Goebbels' „sozialistische“ Anschauungen, seine Radikalität und sein Agitationstalent paßten gut in das „rote Berlin“; dieser Mann wäre wahrscheinlich auch in der Lage, den Einfluß der Strassers in der Hauptstadt einzuschränken. Am 28. Oktober 1926 ernannte Hitler ihn daher offiziell zum Gauleiter von Berlin.[11]

„Vorbei ist die schreckliche, die kaiserlose Zeit“ – mit diesem Zitat leitete Reinhold Muchow seinen „Situations-Bericht“ über die Lage der NSDAP in Berlin vom November 1926 ein. *Am 7. ds. Mts. traf Pg. Dr. Goebbels auf dem Anhalter Bahnhof ein und mit dem Tage beginnt eine neue Geschichte des Gaues.*[12]

Tatsächlich gelang es Goebbels in kurzer Zeit, die innerparteilichen Differenzen der Berliner NSDAP zu beseitigen und der Bewegung neue Anhänger zu werben. Dabei bewies er schon zu Anfang großes organisatorisches Geschick. Er bestätigte Daluege nicht nur als Führer der SA, sondern ernannte ihn zusätzlich zum stellvertretenden Gauleiter. Jede weitere Debatte über die rivalisierenden Führer von SA und „ziviler“ NSDAP wurde bei Strafe des Parteiausschlusses untersagt.

Die Gebrüder Strasser standen dem neuen Gauleiter mißtrauisch gegenüber, denn er hatte in ihren Augen die Sache des „Sozialismus“ nicht entschieden genug vertreten. Seit seiner persönlichen Bekanntschaft mit dem „Führer“ tendierte er vielmehr dazu, die „linke“ Parteiideologie zugunsten von Hitlers Vorstellungen aufzugeben. Trotzdem vermieden es die Strassers, sich offen gegen Goebbels zu stellen, der von Hitler mit besonderen Vollmachten ausgestattet worden war und unabhängig von allen anderen Gremien der Partei agieren konnte. Unter anderem durfte er die Berliner NSDAP „säubern“, ohne den Schlichtungsausschuß der Münchener Parteileitung anrufen zu müssen.[13]

Mit der Gründung des „Nationalsozialistischen Freiheitsbundes“ innerhalb der Berliner NSDAP versammelte Goebbels besonders entschlossene Nationalsozialisten um sich. Sie schufen durch ihre monatlichen „Opferbeiträge“ die finanzielle Grundlage für die Arbeit im Gau. In der Folge konnte die Gau- und Geschäftsstelle aus der sogenannten „Opiumhöhle“ in der Potsdamer Straße 109 in repräsentativere Räume in der Lützowstraße 44 verlegt werden.

11 Zu den Auseinandersetzungen im Gau Rheinland-Nord, die dem vorausgegangen waren, und zu Goebbels' Arbeit für die Arbeitsgemeinschaft Nord-West vgl. *a.a.O.*, S. 89–103.

12 M. Broszat (Hrsg.), *Die Anfänge...* (wie Anm. 3), S. 104.

13 Vgl. R. G. Reuth, *Goebbels...* (wie Anm. 8), S. 110.

Im Dezember 1926 wurden SA und SS neu organisiert und das Gaugebiet auf drei Standarten aufgeteilt. Man begann, die Hitler-Jugend aufzubauen, die Parteiveranstaltungen wurden vermehrt. Vor allem aber setzte nun die pausenlose demagogische Agitation in Massenversammlungen ein. Goebbels verstand es, durch unablässige Aktivität und Mobilisierung, vor allem auch der SA, immer wieder öffentliches Aufsehen zu erregen und so die bisher unbedeutende NSDAP in Berlin innerhalb weniger Monate nach vorn zu spielen. Dabei griff er bewußt auch zu Provokationen und Gewaltanwendungen. Bereits eine Woche nach seiner Ankunft in Berlin, am 14. November 1926, ließ er die Parteigenossen durch das Arbeiterviertel Neukölln marschieren, in dem die Kommunisten eine breite Basis hatten. Da die Nationalsozialisten hier erhebliche Prügel einstecken mußten, agitierte Goebbels in den nächsten Wochen vor allem in Spandau, dem festesten Stützpunkt der Bewegung. Anfang 1927 stieß er in den „roten Wedding" vor. Am 11. Februar fand die berühmt-berüchtigte Schlacht in den Pharus-Sälen (Müllerstraße 142) statt, einem traditionellen Versammlungsort der KPD. Nun folgten Schlag auf Schlag weitere Provokationen, Ausschreitungen und Schlägereien mit den Kommunisten. Am 20. März 1927 kam es am Bahnhof Lichterfelde-Ost zu einem brutalen Überfall auf eine Kapelle des Roten Frontkämpferbundes. Die Zeitungsberichte darüber verschafften den Nationalsozialisten große Publizität – und neue Anhänger. Einem Polizeibericht zufolge soll die Berliner NSDAP im März etwa 400 neue Mitglieder gewonnen haben.[14] Auch die ersten Übergriffe auf Menschen, die nach Ansicht der Nationalsozialisten jüdisch aussahen, fanden in den Märztagen dieses Jahres statt.

Aufgrund der fortgesetzten Gewalttaten der Nationalsozialisten wurden die Berliner NSDAP und ihre sämtlichen Unterorganisationen am 5. Mai 1927 vorübergehend verboten. Die Partei war jedoch inzwischen so gestärkt – der Gau Berlin-Brandenburg hatte zu dieser Zeit ca. 3000 Mitglieder –,[15] daß sie das elfmonatige Verbot überstehen konnte. Goebbels' Strategie, weniger auf ideologische Überzeugung zu setzen (wie es sein Vorgänger Schlange und Otto Strasser taten), sondern vielmehr auf Agitation, Mobilisierung und organisierten Terror der Berliner SA, hatte sich bewährt. Dabei richteten sich seine Aktionen vornehmlich gegen die KPD. Er wollte die Kommunisten auf deren eigenem Boden bekämpfen und ihnen ihre Anhänger entziehen. Auch für die Berliner Nationalsozialisten unter Goebbels galt, daß sie *fast ausnahmslos ihre politische Kraft auf die Eroberung des deutschen Arbeiters verbrauchen (vom Bürgertum aller Schattierungen haben sie die Nase voll).*[16]

Mit dem Parteiverbot ging ein Redeverbot für Goebbels einher, und seine innerparteilichen Gegner aus dem Kreis um die Gebrüder Strasser traten nun stärker auf den Plan. Deren „Berliner Arbeiterzeitung" hatte den Gauleiter schon häufiger verdeckt angegrif-

14 Vgl. *a.a.O.,* S. 118 f.
15 Vgl. *a.a.O.,* S. 119.
16 R. Muchow, *Situations-Bericht...,* in: M. Broszat (Hrsg.), *Die Anfänge...* (wie Anm. 3), S. 97

fen. Am 24. April erschien in der „Berliner Arbeiterzeitung" ein Artikel über *Folgen der Rassenvermischung*, der Goebbels besonders treffen mußte. In Anspielung auf seinen Klumpfuß und sein angeblich jüdisches Aussehen wurde in dem Artikel erklärt, daß körperliche Mißgestaltungen und Charakterlosigkeit die Folge von „Rassenvermischung" seien. Neben anderen Hinkenden wurde Talleyrand dafür als Beispiel angeführt: *Talleyrand besaß einen Klumpfuß. Sein Charakter ist bekannt. Man kann kaum das Wort „Charakter" für ihn anwenden.*[17]

Um den Einfluß der ihm verhaßten Strassers in Berlin zurückzudrängen, gründete Goebbels eine eigene Zeitschrift, den „Angriff", der zum ersten Mal am 4. Juli 1927 erschien. Der Kopftitel der Zeitschrift, „Das deutsche Montagsblatt in Berlin. Für die Unterdrückten! Gegen die Ausbeuter!", brachte jene „Linkstendenzen" zum Ausdruck, mit denen Goebbels den Strassers Konkurrenz machen wollte. Julius Lippert, später Staatskommissar, dann Oberbürgermeister und Stadtpräsident von Berlin, wurde Hauptschriftleiter.[18] Goebbels ließ von nun an alle Gaunachrichten im „Angriff" erscheinen und grub vor allem auf diese Weise der Zeitung der Gebrüder Strasser das Wasser ab, die bis dahin als das Parteiblatt der Berliner NSDAP gegolten hatte.

„Der Angriff" war zweifellos in gröbster Art demagogisch und undifferenziert; manche Artikel lösen in ihrer Plattheit und Infantilität heute einen makabren Lachkitzel aus. Trotzdem – oder gerade auch deshalb – war „Der Angriff" ein wirkungsvolles Instrument der nationalsozialistischen Agitation und trug zum Aufstieg der NSDAP wesentlich bei. Mit Raffinesse wurden neue journalistische Methoden eingesetzt. Umgangssprache (in den Glossen zum Teil auch Berliner Dialekt), einfache Gedankengänge und geschicktes Ansprechen von Ressentiments mit deutlichen Feindbildern machten die Zeitschrift „volkstümlich". Vorbild für den besonderen Stil des „Angriff" war die *rote Presse*, denn *die marxistische Presse*, so Goebbels, *hat niemals informatorischen, sondern immer tendenziösen Charakter gehabt. Marxistische Leitaufsätze sind geschriebene Reden.*[19] Diesen Stil der Rede übernahm Goebbels für seinen „Angriff". Goebbels schrieb Leitartikel und ein „Politisches Tagebuch"; eine meist von SA-Führern verfaßte Seite berichtete regelmäßig über den „Kampf um Berlin". Durch die Karikaturen des von Goebbels hochgeschätzten Zeichners Mjölnir und die Glossen von „Orje", der Berliner Schnauze, mit ihrer Mischung aus Brutalität und Witz erhielt das Blatt ein besonderes Gepräge. All das unterstützte seine unmißverständliche Tendenz: das Weimarer „System" und seine angeblichen Träger, die Juden, sollten vernichtet werden. Dabei wurde offen Gewalt propagiert, vor allem, wenn es um Juden ging.

Als Inbegriff der „Judenrepublik" galt den Autoren des „Angriff" der Berliner Polizeivizepräsident Bernhard Weiß. Weiß machte Ernst mit dem Republikschutz und

17 *Berliner Arbeiterzeitung* vom 24. 4. 1927.

18 Lippert mußte allerdings zuerst eine sechswöchige Gefängnisstrafe absitzen, während dieser Zeit übernahm Dagobert Dürr die redaktionelle Leitung des *Angriff.* Vgl. R. G. Reuth, *Goebbels...* (wie Anm. 8), S. 125 f.

19 Joseph Goebbels, *Kampf um Berlin*, Bd. 1, *Der Anfang*, München 1932, S. 194.

kämpfte energisch gegen Linke wie Rechte; seine politische Polizei hatte maßgeblichen Anteil am Verbot der Berliner NSDAP im Mai 1927. Goebbels belegte den Polizeivizepräsidenten mit dem antisemitischen Schimpfnamen „Isidor“[20] (unter diesem Namen war Weiß den Zeitgenossen bald besser bekannt als unter seinem wirklichen) und verfolgte ihn in einer beispiellosen Hetzkampagne, getreu dem Motto, mit den Männern auch das System zu bekämpfen.[21]
In Goebbels' Propagandablatt bediente man sich häufig der Methode, einen politischen Gegner mit einem jüdischen Namen zu belegen, der so stark mit antisemitischen Assoziationen verbunden war, daß man gar nicht erst angeben mußte, was ohnehin evident schien – daß es sich um einen Juden handelte. Damit war für das platte Schwarz-Weiß-Denken der antisemitischen Nationalsozialisten klar, daß man es hier mit einem Gegner zu tun hatte.
Im Oktober 1927 fiel das Redeverbot für Goebbels, Ende März 1928 wurde auch das Verbot der Berliner NSDAP aufgehoben. Der Gauleiter agitierte nun für die Reichstagswahlen am 20. Mai 1928. *Wir gehen in den Reichstag hinein, um uns im Waffenarsenal der Demokratie mit deren eigenen Waffen zu versorgen,* schrieb Goebbels am 30. April 1928 im Leitartikel des „Angriff“. *Wir werden Reichstagsabgeordnete, um die Weimarer Gesinnung mit ihrer eigenen Unterstützung lahmzulegen. Wenn die Demokratie so dumm ist, uns für diesen Bärendienst Freifahrkarten und Diäten zu geben, so ist das ihre eigene Sache. Uns ist jedes gesetzliche Mittel recht, den Zustand von heute zu revolutionieren ... Wie der Wolf in die Schafsherde einbricht, so kommen wir. Jetzt seid ihr nicht mehr unter euch!*
Für die Nationalsozialisten war das Wahlergebnis eine Enttäuschung. Sie erhielten nur 2,6 Prozent der Stimmen. Das war ihr schlechtestes Ergebnis, seit sie im Mai 1924 mit 32 Abgeordneten zum ersten Mal in den Reichstag eingezogen waren. In Berlin stimmten sogar nur 1,5 Prozent der Wähler für die NSDAP; das Verbot der Partei hatte also offenbar eine gewisse Wirkung gezeigt. Zwölf Abgeordnete der NSDAP saßen nun im Reichstag, unter ihnen auch Goebbels. Der Gauleiter, dem aufgrund von Beleidigungsklagen des Polizeivizepräsidenten Strafverfolgungen drohten, kam dadurch auch in den Genuß der Immunität, die er weidlich ausnutzte.[22]
Seine durch das Partei- und Redeverbot angeschlagene Position in der Partei verbesserte sich nun. Dazu trug zum einen das Reichstagsmandat bei, zum anderen kam ihm die Teilung des Gaues Berlin-Brandenburg in einen Gau Groß-Berlin und einen Gau Brandenburg zugute. Sein Wirkungskreis beschränkte sich dadurch zwar auf die

20 *Isidor: das ist kein Einzelmensch, keine Person im Sinne des Gesetzbuches. Isidor ist ein Typ, ein Geist, ein Gesicht, oder besser gesagt: eine Visage. Isidor ist das von Feigheit und Heuchelei entstellte Ponim der sogenannten Demokratie, die am 9. November 1918 leere Throne eroberte und heute über unseren Häuptern den Gummiknüppel der freiesten Republik schwingt.* Joseph Goebbels, in: *Der Angriff* vom 11. 3. 1929, S. 1. „Ponim“ ist ein jiddisches Wort für Gesicht.

21 Vgl. dazu Dietz Bering, *Kampf um Namen. Bernhard Weiß gegen Joseph Goebbels,* Stuttgart 1991.

22 Zu den zahlreichen Prozessen, die Weiß gegen Goebbels führte, vgl. *a.a.O.*, S. 283 ff.

Reichshauptstadt, doch seine Macht war dort nun um so größer. Denn durch die neue Gliederung der Gaue verringerte sich der Einfluß der Gebrüder Strasser in Berlin. Sie gehörten von nun an dem Gau Brandenburg an.[23]

Trotz der persönlichen und ideologischen Differenzen mit den Strasser-Brüdern unterstützte Goebbels auch in der folgenden Zeit Versuche, die Arbeiterschaft auf die Seite der Nationalsozialisten zu ziehen und die Berliner NSDAP als eine revolutionäre, antikapitalistische Partei erscheinen zu lassen, die Arbeiterinteressen vertrete. Am 1. Juli 1928 ernannte er Reinhold Muchow, einen der wichtigsten Repräsentanten des Strasser-Flügels in Berlin, zum Organisationsleiter des Gaues Groß-Berlin. Muchow war zuvor Schriftleiter und Organisator der Neuköllner Sektion der NSDAP. In Anlehnung an Organisationsstrukturen der KPD entwickelte er zunächst für Neukölln, dann für den gesamten Gau ein Straßenzellensystem, das später für die Organisation der NSDAP im gesamten Reich galt. Auf Muchows Initiative hin wurde im Juli 1928 innerhalb der Gauleitung das „Sekretariat für Arbeiterangelegenheiten" eingerichtet, Vorläufer der NS-Betriebszellenorganisation (NSBO), die bei Gregor Strasser großen Anklang fand und im Januar 1931 zur Gründung einer Reichsbetriebszellenabteilung (RBA) der NSDAP führte. In Berlin hatten die nationalsozialistischen Betriebszellenorganisationen erstmals bei den Betriebsratswahlen von 1930 Erfolg: 30 Prozent der Stimmen erhielten sie bei den Siemens-Schuckert-Werken, 60 Prozent im Scherl-Verlag Hugenbergs und 6 Prozent bei der Berliner Verkehrsgesellschaft (BVG).[24]

Goebbels konnte mit den organisatorischen Fortschritten in seinem Gau zufrieden sein. Allerdings zeichnete sich seit Frühjahr 1928 ein Konflikt mit der Berliner SA ab. Die Führer der Berliner Sturmabteilungen wollten zunehmend auch in politischen Dingen mitreden. Im August 1928 kam es in Berlin zur „Wehrbundkrise", die der Gauleiter bereits erwartet hatte. Anlaß waren Geldforderungen der SA an die Reichsleitung. Als diese nicht zu zahlen bereit war, erklärten der SA-Führer Walter Stennes und etliche Standartenführer ihren Austritt aus der Partei.[25] Obwohl Goebbels zunächst hart reagieren wollte (*Und jetzt muß endlich entschieden werden. Partei oder Wehrverband, Revolution oder Reaktion*), suchte er schließlich doch einen Kompromiß.[26] Nach Gesprächen mit Stennes und anderen SA-Führern überredete er Hitler, der SA 3000 Mark zu zahlen, um damit die Krise zu beenden. Die SA hatte sich – vorläufig – der politischen Führung untergeordnet.

23 Kurz nach Goebbels' Ankunft in Berlin waren die Gaue Groß-Berlin und Potsdam fusioniert worden. Jetzt, nach ihrer organisatorischen Trennung, wurde am 1. 10. 1928 Holtz, ein Strasser-Anhänger, Gauleiter in Brandenburg. Vgl. R. G. Reuth, *Goebbels...* (wie Anm. 8), S. 110 und 140 f.

24 Vgl. Christian Engeli/Wolfgang Ribbe, *Berlin in der NS-Zeit (1933–1945),* in: Wolfgang Ribbe (Hrsg.), *Geschichte Berlins*, Bd. 2, München 1987, S. 925–1024, bes. S. 929.

25 Zu Stennes' Werdegang vgl. Henning Köhler, *Berlin in der Weimarer Republik (1918–1932),* in: Wolfgang Ribbe (Hrsg.), *Geschichte Berlins*, Bd. 2, München 1987, S. 795–923, bes. S. 915 f.

26 *Die Tagebücher von Joseph Goebbels...* (wie Anm. 9), Bd. 1, S. 255.

Goebbels' Position als Berliner Gauleiter war nun gefestigt. *Allmählich schält sich hier in Berlin schon ein Führerkorps heraus,* schrieb er am 7. Dezember 1928. *Muchow hat die Organisation tadellos eingeleitet ... Die Sektionsführer folgen ihm willig.*[27]

Die verbesserte Organisationsstruktur seiner Partei nutzte er für propagandistische Großaktionen und weitere Massenmobilisierungen auch im folgenden Jahr 1929. Eine Gelegenheit, das verhaßte „System" der Weimarer Republik anzugreifen, war unter anderem der „Sklarek-Skandal". In diesen Berliner Korruptionsskandal waren städtische Beamte und Kommunalpolitiker verwickelt, Anlaß für den Gauleiter, grundsätzlich die „marxistische Korruption" des „Systems" anzuprangern.

Die ständige Agitation und Mobilisierung in Berlin führte dazu, daß die NSDAP bei den Wahlen zur Stadtverordnetenversammlung am 17. November 1929 5,8 Prozent der Stimmen erhielt. Damit waren die Nationalsozialisten zum ersten Mal im Berliner Parlament vertreten. Ihre Fraktion, aus 13 Abgeordneten bestehend, wurde zunächst von Goebbels geleitet. Zusammen mit Muchow, seinem Organisationsleiter, begann er, einen kommunalpolitischen Apparat aufzubauen.[28]

Die Kämpfe zwischen Kommunisten und Nationalsozialisten verschärften sich weiter, immer häufiger starben Menschen. Als Anfang 1930 Horst Wessel, Führer eines SA-Sturms im Berliner Bezirk Friedrichshain, ermordet wurde, nutzte Goebbels den Fall geschickt, um den jungen SA-Mann zum Märtyrer zu stilisieren. Dabei eignete sich dieser Nazi-Anhänger eigentlich wenig für eine Heldenfigur. Wessel, ein Pfarrerssohn, hatte in Berlin begonnen, Jura zu studieren, war dann aber mit den bürgerlichen Normen in Konflikt geraten, bei der SA gelandet und in Zuhälterkreise geraten. Er starb in der Folge eines Konfliktes mit seiner Zimmerwirtin, die ihm die Miete erhöhte, als seine Verlobte, eine Prostituierte, bei ihm einzog. Da Wessel nicht zahlen wollte, bat seine Wirtin einen ihr bekannten Kommunisten um Hilfe bei der Eintreibung des Mietzinses. Der banale Streit endete mit Mord. Wessel wurde von einem Mitglied des Roten Frontkämpferbundes, dem Zuhälter Albert Höhler, niedergeschossen und starb nach langen Qualen am 23. Februar 1930. Goebbels besuchte Wessel an seinem Krankenbett und schilderte ausführlich dessen Leiden. Auch die Störung der Beerdigung Wessels durch seine kommunistischen Gegner schlachtete Goebbels publizistisch aus. Horst Wessel, der Verfasser der Nazi-Hymne „Die Fahne hoch", avancierte zum Nationalhelden.

Das Milieu aus Arbeitslosen, ehemaligen Soldaten und Kriminellen, in dem Wessel agiert hatte, war typisch für die Berliner SA. Sie hielt enge Kontakte zur Halb- und Unterwelt. Darauf deuten auch die inoffiziellen Namen hin, die die SA-Mitglieder manchen ihrer Abteilungen gaben. In Neukölln wurde eine SA-Abteilung „Ludensturm"

27 *A.a.O.*, S. 330 f.

28 In diesem Zusammenhang gaben die Nationalsozialisten seit 1930 die *Berliner Kommunalen Mitteilungen* heraus.

genannt, eine andere im Wedding „Räubersturm". Der „Mördersturm" aus Charlottenburg hieß nicht nur bei seinen Gegnern so.[29]
Die Anziehungskraft der SA, auch auf die Arbeiterklasse, war groß. Ihre dauernden Aufmärsche, die sichtbare Präsenz der Sturmabteilungen auf den Straßen ließ die nationalsozialistische Bewegung vor allem in den Anfängen der „Kampfzeit" wesentlich größer erscheinen, als sie tatsächlich war.
Am 26. April 1930 verkündete Hitler vor den Spitzenfunktionären der NSDAP Goebbels' Ernennung zum Reichspropagandaleiter der Partei. Er erhielt damit das Amt, das Gregor Strasser bis 1927 bekleidet hatte.[30] Der Gauleiter triumphierte: *Strasser ist ... vernichtet. Jetzt wird er noch sehen in der Zeitungsfrage...*[31]
Schon länger hatten sich die Spannungen zwischen Goebbels und den Gebrüdern Strasser wieder verstärkt. Dabei spielte auch die „Zeitungsfrage" eine wichtige Rolle. Die Ankündigung der Brüder, von März 1930 an in dem von ihnen gegründeten Berliner „Kampf-Verlag" eine Tageszeitung herauszugeben, erschien Goebbels als massive Bedrohung seines Einflusses in der Partei in Norddeutschland.[32] Er intervenierte bei Hitler, konnte aber das Erscheinen der mit dem „Angriff" konkurrierenden Zeitung nicht verhindern.
Bei Goebbels' Ernennung zum Reichspropagandaleiter wandte sich der Führer jedoch gegen die Strasser-Anhänger, die er in einer Rede vor den Spitzenfunktionären der Partei als *Salonbolschewisten* beschimpfte.[33] Die braunen „Sozialisten" kritisierten nämlich Hitlers Annäherung an die Deutschnationalen und bestimmte führende Industrielle und traten für umfangreiche Verstaatlichungen und ein Bündnis mit der Sowjetunion ein.
Einen weiteren Schlag gegen die *Salonbolschewisten* führten Hitler und Goebbels im Sommer 1930. Am 3. Juli 1930 veröffentlichte Goebbels auf der ersten Seite des „Angriff" einen *Brief des Führers*, in dem Hitler *die rücksichtslose Säuberung der Partei* forderte und dabei auf den Strasser-Flügel (*ein halbes Dutzend berufsmäßiger Querulanten und Literaten*) anspielte.[34] Goebbels begann sofort, die Partei zu „säubern", und schloß zunächst fünf Mitarbeiter Otto Strassers aus. Dann berief er eine Generalmitgliederversammlung des Gaues Berlin ein, die am 30. Juni im Sportpalast stattfand. Saal-

29 Vgl. Hans-Norbert Burkert/Klaus Matussek/Wolfgang Wippermann, *„Machtergreifung" Berlin 1933*, Berlin 1982, S. 23 f.

30 Vgl. R. G. Reuth, *Goebbels...* (wie Anm. 8), S. 165.

31 *Die Tagebücher von Joseph Goebbels...* (wie Anm. 9), Bd. 1, S. 538. Die Punkte bezeichnen unleserliche oder fehlende Stellen der Edition.

32 Goebbels' *Angriff* erhielt außerdem Konkurrenz durch eine Berliner Ausgabe des *Völkischen Beobachters.*

33 *Die Tagebücher von Joseph Goebbels...* (wie Anm. 9), Bd. 1, S. 538. Vgl. auch R. G. Reuth, *Goebbels...* (wie Anm. 8), S. 165.

34 *Ein Brief des Führers*, in: *Der Angriff* vom 3. 7. 1930. Die *Salonbolschewisten* und *Literaten* griffen ihrerseits an und bezichtigten Goebbels, sich fälschlich als Ruhrkämpfer ausgegeben sowie seinen Parteieintritt durch Urkundenfälschung vordatiert zu haben. Vgl. hierzu und zum folgenden R. G. Reuth, *Goebbels...* (wie Anm. 8), S. 167 f.

schutz der SA hinderte Otto Strasser und einige seiner Freunde daran, den Sportpalast zu betreten und dort ihren Standpunkt darzulegen. So konnte Goebbels unwidersprochen seine Attacken gegen die *Literaten* führen und die 5000 versammelten NSDAP-Mitglieder gegen sie aufbringen. Für Otto Strasser bedeutete dies das Ende seiner Rolle in der NSDAP. Er und seine Anhänger verließen die Partei. Daß sein Bruder Gregor Strasser sich vorher auf Hitlers Seite gestellt hatte und daher in der NSDAP bleiben konnte, verhinderte eine größere Austrittswelle von „linken" Nationalsozialisten.

Als neu ernannter Reichspropagandaleiter wollte Goebbels sich nun auf die *Politik im großen Sinne, das heißt Staatspolitik* werfen.[35] Doch eine neuerliche Rebellion der Berliner SA Ende August 1930, kurz vor den Reichstagswahlen, die für den September angesetzt waren, forderte ihn in seinem Gau. Goebbels war sich bewußt, welche Bedeutung die SA für den Aufstieg der NSDAP in Berlin und für seine eigene Karriere in der Reichshauptstadt hatte. Er fühlte sich den Männern der Sturmabteilungen, die zum großen Teil an eine antikapitalistische Stoßrichtung der Partei glaubten, persönlich verbunden und stand ihnen in vielen Fragen auch politisch nahe. Daher traf ihn dieser Konflikt mehr als andere Parteikrisen. *Ich bin beinahe daran zerbrochen ... Ich kann das nicht glauben,* schrieb er am 30. August im Tagebuch.[36] Treibende Kraft der Revolte war wieder Stennes. Er forderte größere finanzielle Zuwendungen und Reichstagsmandate für die SA. Der SA-Flügel um Stennes war mit dem „Legalitätskurs" Hitlers unzufrieden, der sich damals vor allem um eine Regierungsbeteiligung bemühte. Als Hitler und Goebbels die Forderungen ablehnten, stürmten SA-Männer aus Charlottenburg auf Befehl von Stennes die Gaugeschäftsstelle in der Hedemannstraße. Die SS, die das Büro verteidigen sollte, wurde niedergeknüppelt. Goebbels war gezwungen, die Polizei einzuschalten. Um einer weiteren Verselbständigung der SA Einhalt zu gebieten, mußte Hitler selbst nach Berlin kommen und der SA der Reichshauptstadt seine Treue sowie massive materielle Verbesserungen versprechen.

Jetzt konnte Goebbels sich für den Wahlkampf einsetzen. Für den 14. September 1930 waren Reichstagswahlen ausgeschrieben worden, und in den folgenden Wochen arbeitete Goebbels unermüdlich als Organisator, Koordinator, Journalist und Redner für seine Partei. Mit Erfolg. Dieses Mal erhielten die Nationalsozialisten 107 Reichstagsmandate anstatt der bisherigen 12. In Berlin wurde die NSDAP mit 14,7 Prozent Stimmenanteil die drittstärkste Partei nach der KPD (27,3 Prozent) und der SPD (27,2 Prozent). Dabei erzielten die Nationalsozialisten in den bürgerlichen Bezirken der Stadt durchweg bessere Ergebnisse als in den proletarischen. In Wilmersdorf, Zehlendorf, Steglitz, Tempelhof, Schöneberg und Charlottenburg kamen sie auf durchschnittlich 19 Prozent; in den Bezirken Wedding, Kreuzberg, Neukölln, Prenzlauer Berg, Friedrichshain und Weißensee erhielten sie nur 12 Prozent der Stimmen.[37]

35 *Der Angriff* vom 27. 7. 1930.
36 *Die Tagebücher von Joseph Goebbels...* (wie Anm. 9), Bd. 1, S. 595.
37 Vgl. Chr. Engeli/W. Ribbe, *Berlin in der NS-Zeit...* (wie Anm. 24), S. 929.

Goebbels schränkte sein kommunalpolitisches Engagement etwas ein, um sich stärker seinen Aufgaben als Reichstagsabgeordneter und Reichspropagandaleiter widmen zu können. Auch der „Angriff", der seit Herbst 1930 täglich erschien, band seine Kräfte. Im Oktober 1930 legte er daher seine Ämter als Berliner Stadtverordneter und Charlottenburger Bezirksverordneter nieder und übertrug Julius Lippert die Leitung der NSDAP-Fraktion in der Berliner Stadtverordnetenversammlung.
In der Berliner SA rumorte es weiterhin. *Die S.A. Könige wenden sich mit Recht gegen den skandalösen Saustall in München,* notierte Goebbels am 27. November 1930 in seinem Tagebuch, *Hitler ist in falscher Umgebung. Man muß ihn von den Spießern befreien.*[38] Die SA-Führer waren durch Hitlers betont legalistischen Kurs beunruhigt. Im Februar 1931 untersagte Ernst Röhm, der vorher vom Führer zum neuen Stabschef der SA ernannt worden war, den Sturmabteilungen die Teilnahme an Straßenschlachten und ihren Führern jegliche Redetätigkeit. Stennes und seine Anhänger sahen sich dadurch in ihrer Macht erheblich beschnitten. Zudem befürchteten sie, daß die SA infolge einer Notverordnung Hindenburgs vom 28. März verboten werden könnte. Schließlich wurde am 31. März durch eine Indiskretion bekannt, daß Hitler über Röhm die Absetzung von Stennes verfügt hatte. Stennes widersetzte sich. Am 1. April 1931 wurden die Gauleitung in der Hedemannstraße und die Redaktion des „Angriff" besetzt. Die Berliner SA-Führung veröffentlichte eine scharfe Kritik an Hitler, in der sie den Gehorsam mit der Begründung verweigerte, er wolle die SA ausschalten und vernichten.[39]
Goebbels war während dieses sogenannten zweiten Stennes-Putsches nicht in Berlin, dachte aber auch nicht daran, sich in die Reichshauptstadt zurückrufen zu lassen. Auf Hitlers Anraten überließ er die Dinge vielmehr ihrem Lauf. Tatsächlich brach schnell zusammen, was als massive Abfallbewegung begonnen hatte. Stennes war nicht in der Lage, die Spaltung der NSDAP voranzutreiben und zu organisieren; Daluege, den Berliner SA-Führer und stellvertretenden Gauleiter, konnte er nicht für die Revolte gewinnen. Die Loyalitätsadressen, die aus anderen Gauen in München eintrafen, die Aufrufe von Hitler und Goebbels und weitere finanzielle Zugeständnisse an die Berliner SA ließen viele abtrünnige SA-Leute bald zur Partei zurückkehren.[40]
Nach dem zweiten Stennes-Putsch wurde die SA gesäubert und die SS auf Kosten der SA ausgebaut. Endgültig wurden die Konflikte zwischen der SA und der Parteiführung erst beigelegt, als Hitler am 30. Juni 1934 im Zusammenhang mit dem „Röhm-Putsch" alle oppositionellen SA-Führer verhaften und anschließend ermorden ließ.
Goebbels' Verhalten während des Putsches war bezeichnend für seine absolute Loyalität Hitler gegenüber. Der Gauleiter hatte Kenntnis von der wachsenden Unruhe in der SA und teilte in vielen Punkten deren Kritik an der Parteileitung. Stennes dürfte ange-

38 *Die Tagebücher von Joseph Goebbels...* (wie Anm. 9), Bd. 1, S. 637.
39 Vgl. H. Köhler, *Berlin in der Weimarer Republik...* (wie Anm. 25), S. 916.
40 Zu Stennes' weiterem Geschick vgl. *a.a.O.*, S. 917.

nommen haben, in Goebbels einen Verbündeten zu finden.[41] Doch der distanzierte sich von der Revolte. *Für mich gibt es jetzt keine Frage mehr: ich stehe treu zu Hitler*, notierte er am 2. April im Tagebuch. *Das sollte ich je mitmachen? Diesen Verrat an unserer durch Blut und Tod geheiligten Sache? Niemals, niemals!* [42]

Am 19. Dezember 1931 heiratete Goebbels Magda Quandt, die geschiedene Gattin des Großindustriellen Günther Quandt. Goebbels, der ein großer Freund der Frauen war, hatte die schöne, mondäne Frau 1930 kennengelernt. Magda war seit dem 1. September 1930 Mitglied der NSDAP, sie engagierte sich intensiv in der Bewegung und lernte auf diese Weise auch Goebbels kennen. Die Hochzeit der beiden fand in aller Stille statt, denn in der Berliner NSDAP war seit einiger Zeit Kritik an der „Verbonzung" des Gauleiters laut geworden. Tatsächlich bedeutete für Goebbels die Heirat einen weiteren gesellschaftlichen Aufstieg. Die großbürgerliche Wohnung seiner Frau am Reichskanzlerplatz, in die er nun einzog, wurde bald ein Treffpunkt von NSDAP-Größen; auch Hitler kam gern dorthin. Angehörige der gehobenen Berliner Gesellschaft, die mit den Nationalsozialisten sympathisierten, verkehrten ebenfalls bei den Goebbels'.

In Berlin machte sich in dieser Zeit die Wirtschaftkrise immer stärker bemerkbar. Im Herbst 1930 war jeder zehnte der rund 2 500 000 Erwerbstätigen ohne Beschäftigung; zum Jahreswechsel 1932/33 stieg die Zahl der Arbeitslosen auf ca. 655 000 an.[43] Zunehmende Not und Verelendung auf der einen, Amüsierbetrieb und Luxus auf der anderen Seite prägten das Bild der Stadt. Das Elend und die schreienden sozialen Gegensätze trieben die Leute auf die Straße; Gewalttätigkeiten bei Kundgebungen, Demonstrationen und Versammlungen wurden die Regel.

Die Preußische Regierung stand mit ihrem Kampf gegen den braunen Terror im Reich allein. Die Regierung Brüning, ein Minderheitskabinett, schloß langfristig ein Bündnis mit den Nationalsozialisten nicht aus. Im Reich wurde die NSDAP daher weitgehend geschont. In Berlin war das anders. Die leitenden Männer im Berliner Polizeipräsidium, Albert Grzesinski und Bernhard Weiß, gingen energisch gegen die Nationalsozialisten vor. Als im „Angriff" wieder einmal Gewalt als politisches Mittel gebilligt wurde, verhängte der Polizeipräsident Albert Grzesinski am 10. November 1930 ein einwöchiges Verbot über das Blatt.[44] Er griff auch ein, als im Dezember Goebbels' Kampagne gegen den Anti-Kriegsfilm „Im Westen nichts Neues" (eine Verfilmung von Remarques Roman) zu tagelangen Krawallen in der Reichshauptstadt führte, und ordnete nach Rücksprache mit dem preußischen Innenministerium ein Verbot von Kundgebungen, Umzügen und Demonstrationen unter freiem Himmel an.

41 Dies ist jedenfalls die These von H. Köhler, *a.a.O.*, S. 917; zum Verhältnis von Stennes und Goebbels vgl. auch R. G. Reuth, *Goebbels...* (wie Anm. 8), S. 188.

42 *Die Tagebücher von Joseph Goebbels...* (wie Anm. 9), Bd. 2, S. 42 f.

43 Vgl. R. G. Reuth, *Goebbels...* (wie Anm. 8), S. 177, bzw. Annemarie Lange, *Berlin in der Weimarer Republik*, Berlin 1987, S. 936.

Trotzdem nahm die Gewalt auf den Straßen weiterhin zu. Sie forderte im Jahr 1931 allein in Berlin 29 Todesopfer.[45] Im folgenden Jahr – einem Jahr mit vielen Wahlen – steigerte vor allem die SA ihren Terror während der Wahlkämpfe des Frühjahrs so sehr, daß sie und die SS am 13. April 1932 im gesamten Reich verboten wurden.
Im Frühjahr wurde der Reichspräsident gewählt. Auf einer Generalmitgliederversammlung der Berliner NSDAP im Sportpalast konnte Goebbels am 22. Februar 1932 die Kandidatur Hitlers für das Amt des Reichspräsidenten verkünden. In der Folge entfesselte er einen regelrechten „Wahlkrieg" für den „Führer". Zu diesem Zweck wurde auch die Reichspropagandaleitung von München nach Berlin verlegt.
Hitler erhielt im ersten Wahlgang am 13. März auf Reichsebene 30,1 Prozent der Stimmen, in Berlin 22,9 Prozent. Im zweiten Wahlgang am 10. April 1932 erreichte er sogar 36,8 Prozent (Reich) beziehungsweise 31,2 Prozent (Berlin).[46] Gewinne verbuchten die Nationalsozialisten auch bei den Landtagswahlen, obwohl ihr Wahlkampf unter dem SA-Verbot litt. In Preußen wurde die NSDAP mit 36,3 Prozent die stärkste Partei.[47]
Damit verlor die sozialdemokratisch geführte preußische Regierung unter Otto Braun ihre parlamentarische Mehrheit. Sie führte jedoch die Geschäfte weiter, bis der sogenannte Preußenschlag von Papens sie beseitigte. Franz von Papen, Verfechter eines autoritären, monarchistischen Regierungssystems, regierte seit dem 1. Juni 1932 mit einem präsidialen Kabinett der „nationalen Konzentration".[48] Parlamentarisch konnte er sich nur auf die Deutschnationalen und den „Stahlhelm" stützen. Er war daher bereit, für Hitlers Versprechen, seine Regierung zu tolerieren, einen hohen Preis zu zahlen: Er sorgte dafür, daß am 4. Juni der Reichstag aufgelöst wurde und Neuwahlen für den 31. Juli 1932 ausgeschrieben wurden; außerdem ließ er das Verbot von SA und SS aufheben (16. Juni 1932).

44 Bernhard Weiß setzte sich auf juristischem Wege gegen Goebbels' Hetzkampagnen zur Wehr. Die Strafen, die der Polizeivizepräsident vor Gericht erstritt, waren zunächst relativ hoch. Sie wurden jedoch in der Regel auf dem Weg durch die Instanzen verringert und nur in geringem Ausmaß vollstreckt. Goebbels und die anderen von Weiß angeklagten Nationalsozialisten wurden vor allem durch Amnestien geschützt; auch der Mißbrauch der parlamentarischen Immunität führte letztlich zu einem *kläglichen Ausgang der Prozesse in ihrer Gesamtheit.* D. Bering, *Kampf um Namen...* (wie Anm. 21), S. 343.
45 Vgl. R. G. Reuth, *Goebbels...* (wie Anm. 8), S. 205.
46 von Hindenburg erreichte im ersten Wahlgang 49,5 Prozent und im zweiten 53 Prozent der Stimmen; Thälmann brachte es zuerst auf 13,2 Prozent, mußte dann aber Stimmen abgeben und kam nur noch auf 10,2 Prozent der Wählerstimmen. Die Wahlergebnisse sind in jedem Standardwerk über die Weimarer Republik nachzulesen; zum Wählerverhalten der Berliner vgl. z. B. H.-N. Burkert/K. Matussek/W. Wippermann, *„Machtergreifung" Berlin 1933...* (wie Anm. 29), S. 258 f.
47 In Berlin stimmten 27,9 Prozent der Wähler für die NSDAP. Vgl. *ebda.*
48 Der Sturz des vorangegangenen Kabinetts Brüning war unter anderem eine Folge des SA-Verbotes. Diese Maßnahme hatte nicht nur die Nationalsozialisten gegen die Reichsregierung aufgebracht, sondern auch das Vertrauen des Reichspräsidenten in seinen Kanzler schwinden lassen.

Sofort nahmen die gewalttätigen Auseinandersetzungen wieder zu. Angeheizt durch den Wahlkampf, erreichten sie vor allem auch in Berlin bürgerkriegsähnliche Zustände. Obwohl gerade die preußische Regierung den Terror zu bekämpfen suchte, wurde sie am 20. Juli 1932 auf von Papens Betreiben vom Reichspräsidenten mit der Begründung abgesetzt, daß sie nicht länger imstande sei, Ruhe und Ordnung aufrechtzuerhalten. Von Papen wurde zum Reichskommissar für das Land Preußen bestellt und über Groß-Berlin und die Provinz Brandenburg der Ausnahmezustand verhängt. Bernhard Weiß, der Berliner Polizeivizepräsident, setzte sich gegen diesen Staatsstreich besonders energisch zur Wehr.[49] Doch er wurde, ebenso wie sein Vorgesetzter Grzesinski, abgesetzt.

Die Führung der Berliner Sozialdemokraten wich vor diesem Staatsstreich passiv und hilflos zurück. Sie verzichtete auf den Einsatz der „Eisernen Front" (so hieß zu diesem Zeitpunkt der als „Reichsbanner Schwarz-Rot-Gold" bekannte Wehrverband der SPD, der 1932 3,5 Millionen Mitglieder zählte) und vertröstete ihre Mitglieder auf die bevorstehenden Reichstagswahlen. Goebbels' höhnischer Kommentar am 20. Juli: *In der Reichshauptstadt bleibt alles ruhig. Man muß den Roten nur die Zähne zeigen, dann kuschen sie. S.P.D. und Gewerkschaften rühren nicht einen Finger.*[50] Und am 21. Juli: *Es laufen zwar Gerüchte von einem bevorstehenden Reichsbanneraufstand um, aber das ist ja alles Kinderei. Die Roten haben ihre große Stunde verpaßt. Die kommt nie wieder.*[51]

Bei den Reichstagswahlen vom Juli 1932 konnte die NSDAP ihren Stimmenanteil im Vergleich zu den Reichstagswahlen 1930 verdoppeln: Sie erhielt 37,2 Prozent der Stimmen und wurde damit über Nacht zur stärksten Partei im Reich.

Goebbels schwelgte in Siegesstimmung. *Die Zeit der Opposition ist zu Ende. Jetzt Taten!* schrieb er am 1. August 1932 in sein Tagebuch.[52] Taten wurden nun auch von der NSDAP-Basis gefordert, besonders in Berlin, obwohl die Partei dort nur 28,7 Prozent der Wählerstimmen erhalten hatte. Während Goebbels auf dem Obersalzberg mit Hitler die *Probleme der Machtergreifung*[53] diskutierte, erhielt er einen Bericht über die Lage in Berlin: *Dort rumort es. Vor allem auch in der eigenen Partei und S.A. ... Die ganze Partei hat sich bereits auf die Macht eingestellt. Die S.A. verläßt ihre Arbeitsplätze, um sich bereit zu machen. Die politischen Amtswalter richten sich auf die große Stunde ein. Wenn es gut geht, dann ist alles in Ordnung. Geht es aber schlecht, dann gibt es einen furchtbaren Rückschlag.*[54]

Getragen von der Stimmung seiner Anhänger, beschloß Hitler, aufs Ganze zu gehen, und forderte die Kanzlerschaft und den preußischen Ministerpräsidentenposten; weitere Ministerien sollten ebenfalls den Nationalsozialisten übergeben werden. Doch der

49 Vgl. dazu D. Bering, *Kampf um Namen...* (wie Anm. 21), S. 370 ff.
50 *Die Tagebücher von Joseph Goebbels...* (wie Anm. 9), Bd. 2, S. 207.
51 *A.a.O.*, S. 208.
52 *A.a.O.*, S. 211.
53 *A.a.O.*, S. 218 (Kaiserhof).
54 *Ebda.*

Reichspräsident Paul von Hindenburg war nicht bereit, der NSDAP die Regierungsgewalt zu übertragen. Eine andere Lösung lehnte Hitler am 13. August 1932 ab. Damit kam es zu dem *furchtbaren Rückschlag*, den Goebbels befürchtet hatte. Die nationalsozialistische Bewegung geriet in eine Krise. Während die Kreise um Gregor Strasser Hitler vorwarfen, daß er eine Regierungsbeteiligung ohne Kanzleramt abgelehnt habe, wurde unter den SA-Führern wieder die Kritik an Hitlers „legalistischem Kurs" laut. *Für sie ist es am schwierigsten*, schrieb Goebbels. *Nichts ist schwieriger, als einer siegreichen Truppe zu sagen, daß der Sieg aus den Händen geronnen ist.*[55] Hitler konnte die SA-Führer von der Aussichtslosigkeit eines Putsches überzeugen. Aber die Stimmung wendete sich. Im Gau Berlin wich der Optimismus einer flauen Depression. Daran änderte auch die Beteiligung der Nationalsozialisten am Streik der Berliner Verkehrsgesellschaft (BVG) nichts, der am 2. November begann, unmittelbar vor den Reichstagswahlen am 6. November 1932. Es war ein „wilder" Streik gegen geringfügige Lohnkürzungen, den die kommunistische RGO (Revolutionäre Gewerkschaftsopposition) und die nationalsozialistische NSBO (Nationalsozialistische Betriebszellenorganisation) gemeinsam ausriefen.[56] Goebbels setzte sich für die Beteiligung an diesem Streik ein, um vor den Wahlen noch einmal zu zeigen, *daß es sich bei der N.S.D.A.P. in der Tat um eine neue Art des politischen Handelns und um eine bewußte Abkehr von bürgerlichen Methoden handelt.*[57] Er hoffte, durch die Zusammenarbeit mit den Kommunisten Wähler aus der Berliner Arbeiterschaft zu gewinnen.[58] Doch das kurzfristige Bündnis mit den Kommunisten wirkte sich für die NSDAP eher nachteilig aus. Innerhalb der Partei sorgte es zum Teil für Verwirrung über deren politischen Standpunkt; in bürgerlich-konservativen Kreisen wurden Befürchtungen laut, daß die Nationalsozialisten auch künftig mit den Kommunisten kooperieren könnten. Auch der von Goebbels erhoffte Einbruch in die proletarische Wählerschaft blieb aus. Bei den Reichstagswahlen vom 6. November 1932 verlor die NSDAP zwei Millionen Stimmen. Im Reich erhielt sie 33 Prozent der Wählerstimmen, in Berlin 26 Prozent. Nach der Wahlniederlage sah Goebbels kaum mehr Aussichten für einen erfolgreichen Ausgang des Streiks.[59] Den Streikposten, die von Kommunisten und Nationalsozialisten gemeinsam gestellt wurden, war es zwar gelungen, den öffentlichen Verkehr in

55 *A.a.O.*, S. 225.

56 Der Allgemeine Deutsche Gewerkschaftsbund (ADGB) hatte einen Ausstand abgelehnt, weil in der Urabstimmung nur 70 Prozent der Arbeiter für Arbeitsniederlegungen gestimmt hatten und damit die notwendige Dreiviertel-Mehrheit nicht erreicht war.

57 *Die Tagebücher von Joseph Goebbels...* (wie Anm. 9), Bd. 2, S. 268.

58 Goebbels und Walter Ulbricht, der die Streikleitung der KPD übernommen hatte, sollen sogar gemeinsam bei Streikversammlungen aufgetreten sein. Vgl. H.-N. Burkert/K. Matussek/W. Wippermann, *„Machtergreifung" Berlin 1933...* (wie Anm. 29), S. 29.

59 Schuld gab Goebbels nicht seiner eigenen Fehleinschätzung über die Wirkungen des Zusammengehens von RGO und NSBO, sondern der SPD, die den Streik verraten habe. Vgl. die Tagebucheintragung vom 6. 11. 1932, in: *Die Tagebücher von Joseph Goebbels...* (wie Anm. 9), Bd. 2, S. 273.

Berlin mehrere Tage lang lahmzulegen; doch am 8. November mußte der Ausstand völlig ergebnislos abgebrochen werden.
Nun war die Stimmung in der Berliner NSDAP auf dem Tiefpunkt. Die Parteigenossen waren erschöpft von den vielen Wahlkämpfen des Jahres 1932, und die Berliner Organisation war so in Schulden verstrickt, daß dem Gauleiter *jede zielbewußte Arbeit unmöglich* schien.[60]
Gleichzeitig kam es zu einer Krise in der Parteiführung. Denn inzwischen hatte Kurt von Schleicher – er war von Dezember 1932 bis Januar 1933 Reichskanzler – Verbindung zu Gregor Strasser aufgenommen. Er bot ihm den Posten des Vizekanzlers und ein Ministerium an, in der Hoffnung, Strasser würde Hitler dann zu einer Tolerierung seines Kabinetts oder zu einer Regierungsbeteiligung bewegen können. Es kam zu Auseinandersetzungen zwischen Hitler und Strasser, doch Strasser war nicht in der Lage, eine Tolerierung von Schleichers bei Hitler durchzusetzen. Anstatt seine Anhänger zu mobilisieren und das Gewicht, das er in der NSDAP hatte, gegen Hitler in die Waagschale zu werfen, resignierte er. In einem Schreiben vom 8. Dezember 1932 an Hitler verzichtete er auf seine Parteiämter und stellte sein Reichstagsmandat zur Verfügung. Hitler und Goebbels befürchteten kurzfristig, *daß die ganze Partei auseinanderfällt und alle unsere Arbeit umsonst getan ist.*[61] Doch Strasser hatte wirklich aufgegeben. Im Januar 1933 konnte Goebbels endgültig sicher sein, daß sein Widersacher in der NSDAP ausgespielt hatte.
Auch von Schleicher war nun am Ende. Er geriet zunehmend in politische Isolation. Jetzt begann von Papen, mit Hitler über eine Regierung unter dessen Kanzlerschaft zu verhandeln, an der neben Deutschnationalen nur drei Nationalsozialisten beteiligt sein sollten. Teile der Reichswehrführung, der Industrie und des Reichslandbundes befürworteten ebenfalls ein Kabinett unter Hitler, den man so zu „zähmen" hoffte. Auf Druck dieser Kreise und persönlicher Vertrauter beauftragte der Reichspräsident von Hindenburg am 30. Januar 1933 Hitler mit der Regierungsbildung. Es wurde ein Kabinett aus Deutschnationalen, Nationalsozialisten und ehemaligen von Papen-Ministern gebildet. Die wichtigsten Reichsministerien waren in der Hand von Konservativen. Die „Einrahmung" Hitlers schien gelungen.
Goebbels sah das anders: *Die große Entscheidung ist gefallen. Deutschland steht vor seiner historischen Wende.*[62]
Tatsächlich begann nun eine „neue" Zeit: das „Dritte Reich". Innerhalb weniger Monate gelang es den Nationalsozialisten, ihre Diktatur durch die skrupellose Anwendung des Notverordnungsrechts der Weimarer Republik zu installieren. Aufhebung der Grundrechte, Reichstagsbrand und KPD-Verfolgung, Reichstagswahl vom 5. März 1933 (mit 43,9 Prozent der Stimmen für die NSDAP), „Tag von Potsdam", Ermäch-

60 *A.a.O.*, S. 295.
61 *A.a.O.*, S. 296, Eintragung vom 8. 12. 1932.
62 *A.a.O.*, S. 358, Eintragung vom 30. 1. 1933.

tigungsgesetz, Gleichschaltung der Länder, „Säuberung“ der Verwaltungen, Zerschlagung der Gewerkschaften, Verbot oder Selbstauflösung der Parteien waren die wichtigsten Schritte der totalen „Machtergreifung“ in Staat und Gesellschaft.
In Berlin sorgte Julius Lippert als „Staatskommissar z.b.V.“ für die „Säuberung“ und Gleichschaltung der Verwaltung. Goebbels blieb bis 1945 Gauleiter.[63]
Am 13. März 1933 wurde er Reichsminister für Volksaufklärung und Propaganda; das Ministerium, das Presse, Rundfunk, Film, Theater und Propaganda in fünf Abteilungen vereinte, wurde eigens für ihn eingerichtet. Seit September 1933 leitete er auch die neu geschaffene „Reichskulturkammer“, in der die Berufskammern für Presse, Rundfunk, Film, Schrifttum, Theater, Musik und Bildende Künste zusammengefaßt waren. So konnte er das kulturelle Leben in Deutschland, besonders auch in der Reichshauptstadt, zunehmend unter seine Kontrolle bringen.
Schon seit dem 4. Februar 1933 besaßen die Nationalsozialisten mit einer „Verordnung des Reichspräsidenten zum Schutze des Deutschen Volkes“ ein wirksames Instrument gegen die kritische Presse: *... und nun knallen die Verbote, daß es nur so eine Art hat,* freute sich Goebbels.[64] Zuerst wurde die kommunistische „Rote Fahne“, nach dem Reichstagsbrand auch der sozialdemokratische „Vorwärts“ und dann das liberale „8-Uhr-Abendblatt“ verboten. Die anderen Blätter waren gewarnt; kritische Artikel über die Politik der Nationalsozialisten erschienen immer seltener. Mit dem Schriftleitergesetz vom 4. Oktober 1933 erhielten die rassistische Diskriminierung und die Disziplinierung der Journalisten und Redakteure eine gesetzliche Grundlage.
Die Presse verödete durch die Gängelungen. In der Hauptstadt Berlin, in der 1933 rund fünfzig Tageszeitungen erschienen, begann das Zeitungssterben. *Bis 1939 waren in Berlin neunundzwanzig Zeitungen eingegangen ... Bei Kriegsbeginn existierten neben den Hugenberg-Blättern nur noch zehn Zeitungen, die sich alle im Besitz des nationalsozialistischen Pressetrusts befanden.* [65]
Goebbels bemühte sich um größtmögliche technische Modernität seines Propagandaapparates. Daher widmete er sich besonders dem Rundfunk und dem Film. Der Rundfunk wurde durch die billigen „Volksempfänger“ ein Massenmedium, mit dem der Reichspropagandaminister seine Reden verbreiten konnte. Das Fernsehen sendete allerdings erst seit 1935 ein Programm, wenige Stunden wöchentlich und für nur wenige tausend Zuschauer. Schrittweise wurde fast die gesamte deutsche Filmwirtschaft verstaatlicht. In den Kinos war nur zu sehen, was die Zensur des Reichspropagandaministeriums freigegeben hatte. Die geistige Gleichschaltung fand ihren sichtbarsten Ausdruck in der Bücherverbrennung am 10. Mai 1933 auf dem Berliner Opernplatz gegenüber der Friedrich-Wilhelms-Universität. 20 000 Bände gingen in Flammen auf, während Goebbels die „Feuerrede“ hielt.

63 Auf Goebbels' Tätigkeit in der Reichspolitik kann hier kaum eingegangen werden; für genauere Informationen darüber sei auf die einschlägigen Biographien verwiesen.
64 *Die Tagebücher von Joseph Goebbels...* (wie Anm. 9), Bd. 2, S. 376.
65 Chr. Engeli/W. Ribbe, *Berlin in der NS-Zeit...* (wie Anm. 24), S. 942.

Massenveranstaltungen waren auch nach der „Machtergreifung" eines der wichtigsten Mittel Goebbelsscher Propaganda. Beispielhaft für solche Massenveranstaltungen war die Feier zum „Tag der nationalen Arbeit" am 1. Mai 1933 in Berlin. Aus allen Teilen des Reiches wurden Teilnehmer herangebracht; zu Hunderttausenden strömten die Massen auf das Tempelhofer Feld, wo Albert Speer eine gigantische Tribüne mit einer Fassade aus Hakenkreuzfahnen hatte errichten lassen. Arbeiter und Unternehmer, Angestellte, Beamte und Bauern erlebten eine Feier des neuen „Dritten Reiches", die alle Klassengegensätze verwischen und ihnen ein Gefühl von Volksgemeinschaft vermitteln sollte. *Die Nation hat wieder einen Sinn bekommen,* schrieb Goebbels, selbst beeindruckt von dem Massenerlebnis, das er inszeniert hatte. *Ein toller Rausch der Begeisterung hat die Menschen erfaßt ... Hier kann keiner sich ausschließen, hier gehören wir alle zusammen, und es ist keine Phrase mehr: Wir sind ein einzig Volk von Brüdern geworden.*[66]

Goebbels verstand es, das Leben der Deutschen zu politisieren und die Politik zu ästhetisieren. Als Reichspropagandaminister war er *für alle Aufgaben der geistigen Einwirkung auf die Nation* zuständig, u. a. auch für die *Einführung und Begehung von nationalen Feiertagen und Staatsfeiern.*[67] Eine Vielzahl von Ehren- und Gedenktagen, wie zum Beispiel der „Tag der Machtergreifung", der „Heldengedenktag" oder „Führers Geburtstag" und andere, gliederte jetzt das Leben der Berliner.

Das wichtigste Ereignis im Berlin dieser Jahre war die Olympiade 1936. Am Eröffnungstag, dem 1. August, hielt Goebbels zunächst eine Rede vor Jugendlichen im Lustgarten. Dann eröffnete Hitler im Olympiastadion die Spiele. Goebbels' Propagandaapparat lief auf Hochtouren. Berlin wurde geschmückt, Olympiafahnen und Hakenkreuze bestimmten das Stadtbild; antisemitische Schilder und Parolen verschwanden. Die Zeitungen wurden angewiesen, den „Rassestandpunkt" bei der Berichterstattung außer acht zu lassen; der „Stürmer", ein antisemitisches Propagandablatt, wurde aus dem Straßenhandel gezogen.[68] Berlin sollte als weltoffene, friedliebende Stadt erscheinen. Täglich erschien in mehreren Sprachen die „Olympiazeitung", die über die Mannschaften, die Wettkämpfe und Feierlichkeiten berichtete. Die Olympiade wurde zu einer gelungenen Darstellung des neuen deutschen Staates nach außen wie nach innen und trug daher zur Befestigung der Macht der Nationalsozialisten bei.

Auch die 700-Jahr-Feier Berlins im Jahre 1937 brachte Glanz in die Stadt. Sie wurde von Goebbels als Massenveranstaltung mit Aufmärschen, Paraden und einem theatralischen Aufzug inszeniert, der die Geschichte Berlins darstellte. Viele Berliner waren bereit, bei solchen Anlässen mitzumarschieren oder beifallspendend die Straßen zu säumen.

66 *Die Tagebücher von Joseph Goebbels...* (wie Anm. 9), Bd. 2, S. 415.

67 Vgl. die *Verordnung des Reichskanzlers über die Aufgaben des Reichsministers für Volksaufklärung und Propaganda* vom 30. Juni 1933, in: *Reichsgesetzblatt,* T. 1 (1933), S. 449.

68 Vgl. R. G. Reuth, *Goebbels...* (wie Anm. 8), S. 343 f.

Kurz nach der Olympiade, am 30. Oktober 1936, feierte Goebbels das zehnjährige Jubiläum seiner Gauleiterschaft in Berlin. Zu diesem Anlaß stiftete Lippert im Namen der Stadt 200 000 RM, die einer „Dr. Goebbels-Heimstätte" für alte Kämpfer der „Bewegung" gewidmet waren.[69] Der „Angriff" gab eine Sondernummer über Goebbels' „Kampf um Berlin" heraus, der auch in einer Ausstellung im Roten Rathaus dokumentiert wurde. Schon im Februar 1934 hatte man an Goebbels, *den Eroberer Berlins*,[70] die Ehrenbürgerrechte verliehen. Die Wichtigkeit des Gauleiters für Berlin wurde immer wieder herausgestrichen. Häufig übernahm er repräsentative Aufgaben in der Reichshauptstadt, und manchem Berliner mag er als das eigentliche Stadtoberhaupt erschienen sein.

Tatsächlich hatte Goebbels auf die Entscheidungen der Berliner Stadtverwaltung einen Einfluß, der kaum zu unterschätzen ist. *Schon seit 1933 ist es den Stellen der kommunalen Verwaltung selbstverständlich gewesen, daß die Führung der Stadt in die Hände des Reichsministers und Gauleiters übergegangen ist, dessen Autorität jeder anerkannt hat*, schrieb das „Amtsblatt der Stadt Berlin", als Goebbels 1944 zum Stadtoberhaupt ernannt wurde[71] – mit gewissem Recht.

Schon bei den ersten „Säuberungen" in der Administration, die Lippert und Steeg durchführten, aber auch bei der späteren Kontrolle des städtischen Personals war die Berliner Gauleitung von großer Bedeutung. Bei Neueinstellungen von NSDAP-Mitgliedern durften sich die städtischen Dienststellen nur direkt an die Gauleitung, nicht aber an Ortsgruppen oder Kreisleitungen wenden. Die Parteigenossen, die bereits bei der Stadt angestellt waren, mußten vierteljährlich ein parteiamtliches Führungs- und Dienstleistungszeugnis vorlegen.[72] Dieses Zeugnis wurde von der Gauleitung ausgestellt, die so die Personalpolitik der Verwaltung mitbestimmte und umgekehrt Informationen über die Interna der städtischen Administration erhielt.

Diesen Einfluß verteidigte die Gauleitung Groß-Berlin auch gegen Entscheidungen der Stadtverwaltung oder des Arbeitsgerichts. Als zum Beispiel 1936 der Mitarbeiter eines städtischen Betriebes, dem aufgrund von Auskünften der Gauleitung gekündigt worden war, nach einem Prozeß vor dem Arbeitsgericht wieder eingestellt wurde, erhielt Lippert eine Verwarnung der Gauleitung.[73]

Durch das „Gesetz über die Verfassung und Verwaltung der Reichshauptstadt Berlin" vom 1. Dezember 1936 erlangte Goebbels noch weiterreichende Möglichkeiten, personelle Entscheidungen in der Stadtverwaltung mitzubestimmen. Paragraph 11 des

69 Vgl. Christian Engeli, *Die nationalsozialistischen Kommunalpolitiker in Berlin*, in: Wolfgang Ribbe (Hrsg.), *Berlin-Forschungen II* (= Einzelveröffentlichungen der Historischen Kommission zu Berlin, Bd. 61; zugl. Publikationen der Sektion für die Geschichte Berlins, Bd. 4), Berlin 1987, S. 111–139, bes. S. 117.

70 *Verwaltungsbericht der Allgemeinen Hauptverwaltung. 1. April 1932 bis 31. März 1936 mit kurzem Rückblick auf die Jahre seit 1928*, H. 1, Berlin 1937, S. 48.

71 *Amtsblatt der Stadt Berlin*, 85 (1944), H. 15, S. 98.

72 Vgl. Rd.verf. vom 9. 8. 1933; Brandenburgisches Landeshauptarchiv Potsdam (BLHA), Pr. Br., Rep. 60, Nr. 337.

Gesetzes legte fest, daß der Gauleiter *für jeden Bezirk im Benehmen mit dem Oberbürgermeister Bezirksbeiräte* (beruft), *die den Bezirksbürgermeister oder einen Bezirksbeigeordneten auf wichtigen Arbeitsgebieten ständig beraten; der Bezirksbürgermeister ist vorher zu hören.*[74] Damit konnte Goebbels auch in den Bezirksverwaltungen seine Interessen durchsetzen und sich über alle Vorkommnisse informieren lassen. Einen Teil der Ratsherren wählte Goebbels ebenfalls selbst aus.[75] In einem Tagebucheintrag vom 19. Februar 1937 heißt es: *Mit Lippert und Görlitzer die Ratsherren von Berlin neu bestimmt. Fast nur alte Pgn.*[76]

Vor allem aber ermöglichte das „Gesetz über die Verfassung und Verwaltung der Reichshauptstadt Berlin" vom 1. Dezember 1936 die Kontrolle des Oberbürgermeisters: *Der Gauleiter ist vor Entschließungen des Oberbürgermeisters von grundsätzlicher Bedeutung auf dem Gebiet des Städtebaues, des Verkehrs, der Kultur, der Kunst, der Presse und der Personalsteuern zu hören ... Die Beteiligung des Gauleiters kann auf dessen Antrag von der Aufsichtsbehörde auf weitere Arbeitsgebiete ausgedehnt werden.*[77]

Zu diesen gesetzlichen Regelungen, mit denen Goebbels die Politik der Berliner Verwaltung lenken konnte, kamen noch informelle Beziehungen und Abhängigkeiten hinzu, die seine Macht in der Stadt sicherten. Besonders wichtig war in diesem Zusammenhang das enge Verhältnis des Gauleiters zu Hitler, bei dem er in der Regel Unterstützung für seine Wünsche fand.

Goebbels' Tagebuchnotizen zeigen, wie sehr vor allem Julius Lippert und Ludwig Steeg auf seine Gunst angewiesen waren. Lippert verdankte sein Amt als „Oberbürgermeister und Stadtpräsident" Goebbels, und Steeg konnte nur Bürgermeister (das heißt Stellvertreter von Lippert in dessen Funktion als Oberbürgermeister) werden, weil der

73 Der Leiter der Hauptstelle II des Gau-Personalamtes schrieb an den Staatskommissar: *Ich möchte in diesem Zusammenhang darauf hinweisen, daß es ein für alle Mal einer Parteidienststelle, an deren Spitze ein Hoheitsträger steht, vorbehalten bleiben muß, die politische Zuverlässigkeit eines Volksgenossen zu beurteilen und es niemals einem Gericht oder einer anderen Behörde gestattet sein darf, dieses Urteil einer Beurteilung oder gar einer Revision zu unterziehen. Schreiben der Gauleitung Groß-Berlin*, Hauptstelle II, an Staatskommissar Dr. Lippert vom 5. 8. 1936; BLHA, Pr. Br., Rep. 60, Nr. 77.

74 *Gesetz über die Verfassung und Verwaltung der Reichshauptstadt Berlin* vom 1. Dezember 1936 (*Reichsgesetzblatt*, T. I, S. 957).
Mitspracherecht hatte Goebbels schon nach dem *Gesetz über die Verfassung der Hauptstadt Berlin* vom 29. 6. 1934 (*Preußische Gesetzsammlung*, S. 239), das vor der Berufung der Bezirksbürgermeister und Bezirksbeigeordneten *eine Fühlungnahme mit dem Gauleiter* forderte (§ 11 Abs. 2); ähnlich § 13 Abs. 1 zur Bestellung der Bezirksbeiräte.

75 Das *Gesetz über die Verfassung und Verwaltung der Reichshauptstadt Berlin* vom 1. Dezember 1936 (*Reichsgesetzblatt*, T. I, S. 957), § 4, bestimmte: *Die Zahl der Ratsherren beträgt 45. Unter ihnen muß sich wenigstens ein Ratsherr aus jedem Bezirk befinden, der gleichzeitig Beirat dieses Bezirkes ist.* Die Bezirksbeiräte wurden aber von Goebbels bestimmt. Im *Verwaltungsbericht...* (wie Anm. 70), S. 29, heißt es sogar: *Die auf Vorschlag des Gauleiters von der Aufsichtsbehörde berufenen 45 Ratsherren traten am 26. Juli 1934 zu ihrer ersten Sitzung zusammen.*

76 *Die Tagebücher von Joseph Goebbels...* (wie Anm. 9), Bd. 3, S. 49.

77 *Gesetz über die Verfassung und Verwaltung der Reichshauptstadt Berlin* vom 1. Dezember 1936, § 3 Abs. 2 (*Reichsgesetzblatt*, T. I, S. 957).

Gauleiter dem zustimmte.[78] Steeg mußte Goebbels über seine Arbeit berichten, besonders, wenn es Probleme in der Verwaltung gab.[79]
Nach Lipperts Rücktritt übernahm Steeg die Geschäfte des „Oberbürgermeisters und Stadtpräsidenten" – auch das war nur möglich, weil der Gauleiter ihn akzeptierte – *vorläufig*, wie Goebbels am 19. Juli 1940 notierte: *Ich muß die endgültige Nachfolgeschaft noch mit dem Führer besprechen.*[80]
Lippert wurde im Sommer 1940 abgelöst. Er hatte sich gegen die „Neugestaltungspläne" für Berlin stark gemacht, die der Generalbauinspektor für die Reichshauptstadt, Albert Speer, kompromißlos durchzusetzen suchte. Dadurch verschlechterte sich auch sein Verhältnis zu Goebbels, der nicht bereit war, seinen alten Weggefährten aus der „Kampfzeit" zu halten. *Dr. Lippert hat Krach mit Speer angefangen*, schrieb Goebbels am 17. Juli 1940. *Um Kompetenzfragen. Der Führer will Lippert abberufen. Ein Segen wäre es schon.*[81]
Während solche Einflüsse des Gauleiters auf die Berliner Administration in der Öffentlichkeit nur selten sichtbar wurden, sorgte Goebbels doch dafür, daß populäre Maßnahmen der Stadt mit seinem Namen in Verbindung gebracht wurden. Ein Beispiel dafür ist seine Ankündigung eines Großbauprogramms, mit dem der chronische Wohnungsmangel in Berlin beseitigt werden sollte. Bis 1950 sollten 400 000 Wohnungen fertiggestellt werden, so der Gauleiter; jedes Jahr würden in Berlin 30 000 Wohnungen neu erbaut.[82] Mit dem Großbauprogramm war zwar Speer beauftragt worden, doch Goebbels war es, der es den Journalisten vorstellte. Gleichzeitig zeigte er sich wieder als „sozialer" Nationalist, indem er bekanntgab, daß er eine Sofortmaßnahme zur behelfsmäßigen *Wiederherstellung von Elendswohnungen* angeordnet habe.[83]
Goebbels' Verhältnis zu Hitler war seit der „Machtübernahme" noch enger geworden; immer stärker ließ er sich vom „Führer" beeinflussen. Das galt sogar für sein Privatleben: Auf Hitlers Wunsch beendete Goebbels seine Beziehung zu der Schauspielerin Lida Baarova, einer jungen Tschechin. Die beiden verband seit 1936 eine heftige Affäre; ihr Verhältnis wurde bald stadtbekannt. Als sich Magda Goebbels im August 1937 an Hitler wandte, um der für sie unerträglichen Situation ein Ende zu bereiten, befahl

78 In Goebbels' Tagebuch heißt es unter dem 22. Juni 1936: *Lippert soll vorläufig bleiben, ihm zur Seite aber eine repräsentativere Figur, die ich noch suche im Reich. Steeg soll 2. Bürgermeister werden. Die Tagebücher von Joseph Goebbels...* (wie Anm. 9), Bd. 2, S. 631. Zu diesem Zeitpunkt stand bereits fest, daß durch eine Änderung der Berliner Verfassung die Zweiteilung der Berliner Verwaltung in staatliche und gemeindliche aufgehoben und die Ämter des Staatskommissars und des Oberbürgermeisters in einer Hand vereinigt werden sollten. Vgl. dazu auch die Beiträge über Oskar Maretzky und Ludwig Steeg in diesem Band.

79 Vgl. die Tagebucheintragung vom 21. 6. 1940, in der Goebbels mitteilt, daß Steeg ihm Klagen aus der Berliner Stadtverwaltung vorgetragen habe. *Die Tagebücher von Joseph Goebbels...* (wie Anm. 9), Bd. 4, S. 211.

80 *A.a.O.*, S. 245.

81 *A.a.O.*, S. 242 f. Vgl. auch den Artikel über Lippert in diesem Band.

82 Vgl. *Berliner Tageblatt* vom 24. 11. 1938.

83 *Ebda.*

dieser seinem Reichspropagandaminister die sofortige Trennung von der Freundin. Goebbels unterwarf sich: *Das Leben ist so hart und grausam ... Aber die Pflicht steht über allem. Und ihr muß man in den schwersten Stunden gehorchen. Außer ihr ist alles wankend und wandelbar.*[84]

Sein Vertrauensverhältnis zu Hitler nutzte Goebbels, um den jüdischen Bevölkerungsanteil im Reich zu verringern. Durch Repressalien, diskriminierende Gesetze und die vom Reichspropagandaminister angeheizte antisemitische Stimmung sollte der Auswanderungsdruck verstärkt werden. Von den rund 500 000 deutschen Juden waren Ende 1937 bereits mehr als 130 000 ausgewandert.[85] In der Reichshauptstadt verringerte sich der Anteil der jüdischen Bürger langsamer. Hier lebten im Juni 1933 160 563 Juden; 1937 waren es noch etwa 140 000. Viele Juden hatten Berlin verlassen, andere waren allerdings erst nach 1933 in die Stadt gezogen; einige hielten die Metropole noch immer für eine Zufluchtsstätte; für andere wurde Berlin ein Durchgangslager, vor allem, seit Hermann Göring die Auswanderung über eine „Zentralstelle für jüdische Auswanderung" organisieren ließ.

Um Berlin „judenrein" zu machen, verstärkte Goebbels 1938 seine antisemitische Propaganda. Auf der Sonnwendfeier 1938 im Berliner Olympiastadion, zu der nach seinen eigenen Angaben 120 000 Menschen gekommen waren, hielt er eine *sehr scharfe Rede. Rücksichtslose Auseinandersetzung mit dem Judentum.*[86]

Eine andere Rede, die er unmittelbar vor der sogenannten Reichskristallnacht in München vor alten Kämpfern der Partei hielt, löste den Pogrom vom 9./10. November 1938 aus. Zunächst gab Goebbels bekannt, daß Ernst vom Rath, ein Beamter der deutschen Botschaft in Paris, gestorben sei. Der Diplomat war zwei Tage zuvor von einem jungen Juden angeschossen worden, der die Deportation seiner Eltern rächen wollte, und Goebbels hatte das Ereignis genutzt, um wieder gegen die jüdische Bevölkerung zu hetzen. Auf die Nachricht vom Tod des Diplomaten hin war es in einigen Teilen Deutschlands bereits zu pogromartigen Ausschreitungen gekommen. Goebbels' Rede in München war eine geschickt formulierte Aufforderung zu weiteren Ausschreitungen: *Der Führer habe auf seinen Vortrag hin entschieden, daß ... Demonstrationen von der Partei weder vorzubereiten noch zu organisieren seien, soweit sie spontan entstünden, sei ihnen aber auch nicht entgegenzutreten.* Die Anwesenden verstanden richtig, daß also *die Partei nach außen nicht als Urheber der Demonstrationen in Erscheinung treten, sie in Wirklichkeit aber organisieren und durchführen sollte.*[87] Sofort wurde im ganzen Reich eine Welle der Gewalt entfesselt. Vor allem die Schläger der SA und der Partei miß-

84 Vgl. *Die Tagebücher von Joseph Goebbels...* (wie Anm. 9), Bd. 3, S. 508.

85 Zu diesen und den folgenden Zahlen vgl. Chr. Engeli/W. Ribbe, *Berlin in der NS-Zeit...* (wie Anm. 24), S. 959.

86 Vgl. *Die Tagebücher von Joseph Goebbels...* (wie Anm. 9), Bd. 3, S. 463 sowie R. G. Reuth, *Goebbels...* (wie Anm. 9), S. 384.

87 *Bericht des Obersten Parteigerichts an Göring vom 13. 2. 1939*, zit. nach Eberhard Aleff, *Mobilmachung*, in: ders., *Das Dritte Reich*, 19. Aufl. Hannover 1970, S. 61–176, bes. S. 85.

handelten viele und ermordeten 91 Juden, plünderten Geschäfte und verwüsteten Wohnhäuser, Geschäfte, Friedhöfe und Synagogen. In Berlin wurden neun der zwölf Synagogen in Brand gesteckt; 1200 Berliner Juden wurden in Konzentrationslager verschleppt. Viele der jüdischen Geschäfte, die in dieser Nacht zerstört wurden, konnten nicht wieder eröffnet werden oder wurden „arisiert“.[88]

Mit dem nahenden Krieg wurde Goebbels' Gewicht als Reichspropagandaminister noch größer. Die Bevölkerung nahm die Kriegsvorbereitungen, anders als vor dem Ersten Weltkrieg, mit Besorgnis zur Kenntnis. Goebbels suchte daher einen Stimmungsumschwung herbeizuführen, indem er in Presse und Rundfunk die wiedererrungene Weltmachtstellung Deutschlands besonders herausstellen ließ. Während des Krieges verstand er es, gerade auch Niederlagen der Deutschen propagandistisch zu nutzen. Nach der Katastrophe von Stalingrad und als alliierte Bombengeschwader immer weiter in den deutschen Luftraum eindrangen, hielt Goebbels am 18. Februar 1943 in Berlin seine berühmte Sportpalast-Rede, in der er zum „totalen Krieg“ aufrief und mit der er Beifallsstürme auslöste und die Stimmung hochriß.

In Berlin war bei Kriegsbeginn die Stimmung gedrückt. Schon am ersten Kriegstag, dem 1. September 1939, wurde die Bevölkerung durch Fliegeralarm erschreckt. Da der Krieg gegen Polen schnell zu Ende ging und die Stadt zunächst kaum bombardiert wurde, wiegten sich die Berliner lange in der Illusion, von Luftangriffen verschont zu werden. Dennoch war auch nach den ersten militärischen Erfolgen der Deutschen in Dänemark, Norwegen, Frankreich und den Beneluxstaaten wenig Kriegsbegeisterung in der Stadt zu spüren. Goebbels inszenierte daher den „Empfang des Führers in der Reichshauptstadt“ am 6. Juli 1940 als große Massenveranstaltung. *Vom Platz vor dem Anhalter Bahnhof bis zum Wilhelmplatz stehen hinter dem Spalier der Leibstandarte, der SA, der NSKK und anderer Formationen der NSDAP dicht gedrängt die Massen. Die Fenster aller Häuser sind besetzt. Bis auf die Dächer sind die Menschen gegangen ... Noch wenige Minuten, da dröhnt der Badenweiler Marsch auf, und bald darauf bricht der Jubel der Begeisterung aus, der unbeschreiblich ist.*[89] Auch der Einzug der heimkehrenden 218. Infanteriedivision durch das Brandenburger Tor Mitte Juli 1940, die der Gauleiter selbst begrüßte, wurde mit einer Massenveranstaltung volksfestartig gefeiert.

Während des Krieges bemühte sich Goebbels noch intensiver, die Reichshauptstadt „judenfrei“ zu machen. Seit April 1939 wurden die Berliner Juden ghettoisiert; im Oktober 1941 begannen die Deportationen. Die Zahl der Personen, die seit dem Herbst 1941 insgesamt aus Berlin deportiert und später ermordet wurden, wird auf 40 000 bis 50 000 geschätzt.[90] Wenn Goebbels im Herbst 1943 meldete, daß die Stadt endlich „judenfrei“ sei, ist das zwar nicht richtig, doch zu dieser Zeit waren die meisten jüdischen Bürger Berlins bereits deportiert worden.

88 Vgl. Chr. Engeli/W. Ribbe, *Berlin in der NS-Zeit...* (wie Anm. 24), S. 956–958.
89 *Berliner Lokal-Anzeiger* vom 7. 7. 1940.
90 Vgl. Chr. Engeli/W. Ribbe, *Berlin in der NS-Zeit...* (wie Anm. 30), S. 1002 ff.

Als im August 1940 die ersten Bomben auf Berlin fielen, war die Stadt auf Luftangriffe völlig unvorbereitet. *Unsere Luftschutzräume sind kaum ausreichend*, mußte sich Goebbels eingestehen;[91] in den Berliner Kliniken zum Beispiel gebe es gar keine. *Die bauen wir nach dem Kriege neu auf.*[92] Erst unter dem Eindruck der ersten Angriffe wurde mit dem Bau von Bunkern und Löschteichen begonnen, in den Kellern der Häuser wurden Fluchtwege geschaffen.

Der „totale Krieg" begann für die Berliner im März 1943. Während die Hauptstadt vorher noch weitgehend von Luftangriffen verschont geblieben war, führte eine Angriffsserie im März 1943 zu etwa 700 Toten unter den Berlinern.[93] Nach den Angriffen auf Hamburg im Sommer 1943 begann Goebbels, die Berliner Bevölkerung auf Evakuierungsmaßnahmen vorzubereiten. Als im November 1943 die Hauptoffensive auf Berlin startete, verstärkte er seine Appelle an die Bevölkerung, die Stadt zu verlassen. Bis zum Kriegsende wurden aus Berlin etwa eine Million Menschen evakuiert.[94] Goebbels war in diesen Tagen als einziger der NS-Größen oft auf den Straßen zu sehen. Er organisierte schnelle Hilfe, sprach bei öffentlichen Speisungen Mut zu, griff bei der Feuerbekämpfung ein. Das steigerte natürlich seine Popularität bei den Berlinern, die er auch in Reden und Zeitungsartikeln für sich zu gewinnen suchte. *Unter meiner Führung ist die Partei mit all ihren Organisationen Tag und Nacht an der Arbeit, um die entstandenen und noch entstehenden Schäden soweit wie möglich zu beheben und in der Stadt wieder ein wenn auch wesentlich eingeschränktes bürgerliches Leben zu ermöglichen*, zitierte der „Völkische Beobachter" den Gauleiter.[95]

In der Berliner Presse wurden Durchhalteappelle des Gauleiters veröffentlicht, mit denen er erneut versuchte, aus der Not eine Tugend zu machen. So richtete er sich zum Beispiel während der Bombardements im November 1943 mit folgenden Worten an die Berliner: *Ich weiß, daß Ihr entschlossen seid, diesem Vernichtungswillen des Feindes auch auf dem Kampffeld der Reichshauptstadt fanatischen Widerstand zu leisten ... Wenn das Gesicht der Reichshauptstadt heute Narben und Risse trägt, so gleicht es damit dem Gesicht eines Kriegers, nicht entstellt, sondern geadelt.*[96]

Von allen deutschen Städten wurde Berlin am häufigsten aus der Luft angegriffen. Bis März 1944 war etwa ein Sechstel der Wohngebäude zerstört; Obdachlosigkeit, Versorgungsengpässe und Personalmangel machten der Verwaltung zu schaffen. In dieser Situation wurde ein weiteres Mal die Berliner Verfassung geändert. Die Personalunion von Oberbürgermeister und Stadtpräsident wurde aufgehoben und Goebbels durch einen Führererlaß vom 1. April 1944 zum Stadtpräsidenten von Berlin ernannt.[97] Der

91 *Die Tagebücher von Joseph Goebbels...* (wie Anm. 9), Bd. 4, S. 331.
92 *A.a.O.*, S. 361.
93 Zu den Fliegerangriffen auf Berlin vgl. Chr. Engeli/W. Ribbe, *Berlin in der NS-Zeit...* (wie Anm. 24), S. 1009 ff.
94 Vgl. *a.a.O.*, S. 1018.
95 *Völkischer Beobachter* vom 26. 11. 1943.
96 *Ebda.*

Oberbürgermeister war weiterhin für die Leitung der Gemeindeverwaltung zuständig, während der Vizepräsident nun die Befugnisse des bisherigen Stadtpräsidenten erhielt.[98]

Folgt man einer Rede, die der neue Stadtpräsident kurz nach seiner Ernennung vor den *ihm unterstellten Spitzen der Berliner Führungs- und Verwaltungsorgane und ihren engsten Mitarbeitern* hielt, so änderte sich für ihn selbst damit wenig.[99] Das „Amtsblatt der Stadt Berlin" referierte diese Ansprache: *Einleitend wies Dr. Goebbels darauf hin, daß durch den Führererlaß, mit dem er zum Stadtpräsidenten von Berlin ernannt wurde, ein Zustand seine offizielle Bestätigung fand, der praktisch bereits seit der Machtübernahme im Jahre 1933 besteht. Die einheitliche und straffe Führung eines so umfangreichen und wichtigen kommunalen Gebildes, wie es die Hauptstadt des Großdeutschen Reiches ist, machte eine Zusammenfassung aller Führungsorgane in e i n e r H a n d notwendig.*[100]

Goebbels übernahm tatsächlich keine wirklich neuen Aufgaben in der Stadtverwaltung; allerdings wurden seine oben beschriebenen Einflußmöglichkeiten auf die Gemeindeverwaltung und die staatliche Verwaltung Berlins durch das neue Gesetz erweitert beziehungsweise legitimiert: Als Stadtpräsident von Berlin war Goebbels nun ausdrücklich befugt, nicht nur dem Oberbürgermeister, sondern auch dem Vizepräsidenten Richtlinien und Weisungen zu erteilen.

Goebbels' Verhalten während des Putschversuches in Berlin nach dem Attentat auf Hitler am 20. Juli 1944 sollte ihm bald einen weit größeren Machtzuwachs bringen. Um die Mittagszeit des 20. Juli erfuhr er in Berlin von dem mißglückten Attentat in der „Wolfsschanze"; die Verschwörer in Berlin hingegen wußten noch nicht, daß Hitler überlebt hatte. Daher begann das Wachbataillon unter Major Ernst Otto Remer, das Regierungsviertel einzuschließen, so wie es der Plan der Verschwörer vorsah. Goebbels gelang es, Remer zu sich bringen zu lassen und diesen in einem Gespräch zu einer Entscheidung gegen die Putschisten zu bewegen; auch die anderen Männer des Wachbataillons konnte er hinter sich bringen. Damit war der Putschversuch bereits gescheitert; es galt nur noch, das „Verschwörernest" auszuheben. Dabei war der Befehlshaber des Ersatzheeres, Generaloberst Friedrich Fromm, behilflich. Er war in die Putschpläne eingeweiht, wandte sich aber im Verlauf des 20. Juli gegen die Verschwörer. Um sich selbst zu retten, ließ er die maßgeblichen Verschwörer im Bendlerblock festnehmen und erschießen. Ludwig Beck beging wahrscheinlich Selbstmord. Der Verrat nützte Fromm nichts; nach der Besetzung des Bendlerblocks wurde er festgenommen und später zum Tode verurteilt.

97 Vgl. *Erlaß des Führers über die Verfassung und Verwaltung der Reichshauptstadt Berlin vom 1. 4. 1944* (*Reichsgesetzblatt*, T. I, S. 87).

98 Seit August 1944 wurden die bisher vom Vizepräsidenten kommissarisch erledigten Verwaltungsaufgaben von diesem unter der neuen Bezeichnung eines Regierungspräsidenten weitergeführt. Vgl. die *Verordnung zur Durchführung des Erlasses des Führers über die Verfassung und Verwaltung der Reichshauptstadt Berlin* vom 5. 8. 1944, *Reichsgesetzblatt*, T. I, S. 175.

99 *Amtsblatt der Stadt Berlin* 85 (1944), H. 15, S. 98.

100 *Ebda.* Hervorhebung im Original.

Auf dem Foto sind die am Berliner Stadtregiment beteiligten Nationalsozialisten versammelt, und zwar von rechts
Joseph Goebbels, * Rheydt 29. 10. 1897, † Berlin 1. 5. 1945, Gauleiter der NSDAP 1926–1945 und Stadtpräsident von Berlin 1944–1945
Julius Lippert, * Basel 9. 7. 1895, † Bad Schwalbach 30. 6. 1956, Staatskommissar, Stadtpräsident und Oberbürgermeister von Berlin 1933–1940
Artur Görlitzer, * Frankfurt a. d. Oder 22. 6. 1893, Stellvertretender Gauleiter der NSDAP von Berlin
Ludwig Steeg, * Ottweiler (Saar) 22. 12. 1894, † in einem sowjetischen Internierungslager 6. 9. 1945, Kommissarischer Stadtpräsident und Oberbürgermeister von Berlin 1940–1944/45

Nachdem Goebbels den Aufstand in Berlin niedergeschlagen hatte, wurde über eine weitere Machtansammlung in seinen Händen entschieden. Goebbels' kaltblütige Haltung am 20. Juli 1944 bestätigte Hitler in der Auffassung, daß dieser der richtige Mann sei, das gesamte öffentliche Leben den Erfordernissen der Kriegführung anzupassen. Mit dem „Führererlaß über den totalen Kriegseinsatz" vom 25. Juli 1944 ernannte er ihn formell zum „Reichsbevollmächtigten für den totalen Kriegseinsatz". Goebbels erhielt damit weitestgehende Vollmachten, die in einer Besprechung beim Chef der Reichskanzlei erläutert wurden: *Seine Vollmacht geht so weit, daß er auf dem gesamten zivilen Sektor auch den Chefs der obersten Reichsbehörden Anweisungen geben kann. Von dieser Befugnis will er nur im Notfall Gebrauch machen ... Er beabsichtigt nicht, eine neue Behörde zu schaffen, sein Arbeitsstab soll höchstens 20 Personen umfassen.*[101]

Goebbels kündigte in dieser Besprechung an, daß er seine Aufgabe nicht darin sehe, *hier und da einige Personen auszukämmen, sondern es müsse eine strukturelle Wandlung im gesamten Staatsapparat eintreten. Wichtige Arbeitsgebiete und -einrichtungen müßten teilweise oder ganz stillgelegt werden.*[102]

In Berlin hatte der Gauleiter die Behörden wiederholt durchforsten lassen, um entbehrliche Arbeitskräfte der Kriegswirtschaft zuzuführen. Jetzt, im August 1944, verordnete er als Reichsbeauftragter für den totalen Kriegseinsatz tiefgreifende Kürzungen im Kultur- und Erziehungswesen des gesamten Reiches.[103] Er ließ alle Theater schließen, das Kulturleben blieb im wesentlichen auf Film und Rundfunk beschränkt. Die freiwerdenden Kräfte wurden den Truppen beziehungsweise der Kriegsproduktion zugeführt. Gleichzeitig erhöhte er die Arbeitszeit in den öffentlichen Verwaltungen und Büros der Wirtschaft auf mindestens 60 Stunden pro Woche und überstellte das so eingesparte Personal ebenfalls der Wehrmacht oder der Rüstungsindustrie.

Im Bereich des Erziehungswesens legte er zahlreiche Einrichtungen still, die nicht unmittelbar kriegswichtigen Zwecken dienten. Berufsfachschulen, Haushalts- und Handelsschulen und weite Bereiche der Hochschulen wurden geschlossen beziehungsweise in Kriegswerkstätten umgewandelt.

Im Oktober bestimmte der „Führererlaß über die Bildung des deutschen Volkssturms" vom 25. September 1944 die Einberufung aller waffenfähigen deutschen Männer zwischen 15 und 60 Jahren. Diese Verbände wurden von den Gauleitern geführt, die bei Kriegsbeginn zu „Reichsverteidigungskommissaren" ernannt worden waren und damit wichtige staatliche Verwaltungsaufgaben erhalten hatten. In Berlin war Goebbels Kommandeur des Volkssturms, zu dem unter anderen das Bataillon „Wilhelmplatz" gehörte, in das auch Mitarbeiter des Reichspropagandaministeriums abkommandiert waren.[104] Als auch die schlecht ausgerüsteten Verbände von Kindern und Greisen nicht mehr ausreichten, die Reichshauptstadt zu verteidigen, plante Goebbels, in Berlin auch Frauenbataillone einzusetzen.[105]

Am 1. Februar 1945 erklärte er die Stadt zum Verteidigungsbereich. Gemeinsam mit dem Kommandanten von Berlin teilte er die Stadt in mehrere Verteidigungsringe ein; am Stadtrand wurden Gräben ausgehoben, im Zentrum Panzersperren und Barrikaden errichtet; Volkssturmverbände besetzten Bahnhöfe, Brücken und öffentliche Gebäude.[106] Sechs Wochen später, am 16. April 1945, begann die Schlacht um Berlin. Etliche NS-Größen begannen nun, sich aus Berlin abzusetzen; große Teile der Ministerialbürokratie wurden evakuiert. Am 22. April erreichten die Sowjets Zossen im Süden

101 Vermerk über die Besprechung beim Chef der Reichskanzlei am 31. 7. 1944, Parteikorrespondenz, BDC.

102 *Ebda.*

103 Vgl. dazu den *Völkischen Beobachter* vom 25. 8. 1944.

104 Vgl. R. G. Reuth, *Goebbels...* (wie Anm. 9), S. 571 f.

105 Vgl. Joseph Goebbels, *Tagebücher 1945. Die letzten Aufzeichnungen*, hrsg. von Rolf Hochhuth, Hamburg 1977, S. 109 (Eintragung vom 5. 3. 1945).

106 Vgl. R. G. Reuth, *Goebbels...* (wie Anm. 9), S. 578.

von Berlin; auch im Raum Frohnau (an der Nordgrenze der Stadt) wurde gekämpft. Als die sowjetischen Truppen ihren Ring um die Stadt immer enger zogen, diktierte Hitler am 29. April sein Testament, in dem er Goebbels zu seinem Nachfolger als Reichskanzler bestimmte. Währenddessen tobte bereits am Potsdamer Platz, in der Leipziger Straße, in der Friedrichstraße und am Anhalter Bahnhof die Schlacht. Am 30. April beging Hitler Selbstmord, am folgenden Tag setzten Joseph Goebbels und seine Frau, nachdem sie ihre Kinder umgebracht hatten, ihrem Leben ein Ende.

Arthur Werner

von Kurt Wernicke

In der respektablen Reihe der Berliner Oberbürgermeister nimmt Arthur Werner einen besonderen Platz ein. Keiner seiner Vorgänger oder Nachfolger hat sein Amt in diesem Maße von einem zum anderen Tag ohne jede Vorbereitung übernommen; keiner hat so wie er einem Magistrat vorgestanden, der seine Legitimation ohne jede Beschönigung – auch nicht durch einen Rauchvorhang von Scheinargumentationen vernebelt – ausschließlich auf einen administrativen Akt zurückzuführen vermochte, bei dem kommunale Selbstbestimmung nicht die geringste Rolle spielte; keiner war in seiner Amtsführung so ausschließlich auf repräsentative Aufgaben beschränkt wie er. Diese außerordentlichen Umstände, unter denen er das Amt des Oberbürgermeisters von Berlin antrat, waren allerdings eine konsequente Folge der ebenfalls außerordentlichen Verhältnisse, unter denen sich Berlin am Ende des Zweiten Weltkriegs wiederfand. Das wahnsinnige Unternehmen des NS-Regimes, mittels eines zielstrebig vorbereiteten Aggressionskrieges die Herrschaft über Europa und einen guten Teil der außereuropäischen Welt zu erringen, hatte in einer totalen Katastrophe geendet und die Stadt auf den Tiefpunkt ihrer Entwicklung gebracht. Als nach zehntägigen, teilweise mit äußerster Erbitterung geführten Kämpfen gegen die mit großer Übermacht angreifende Rote Armee am 2. Mai 1945 die Reste der deutschen Garnison in der schon durch den vorhergehenden Bombenkrieg schwer mitgenommenen einstigen Metropole kapitulierten, waren weite Teile der Stadt in Ruinenfelder verwandelt, war die städtische Infrastruktur zerstört, war die Zahl ihrer Bewohner von einst 4,3 Millionen auf etwa 2,6 Millionen gesunken – und diese Menschen sahen sich einer durch absoluten Zusammenbruch gekennzeichneten Versorgungssituation gegenüber. Von den 245 300 Gebäuden, die das Stadtbild ausmachten, hatte der Krieg 11,3 Prozent total zerstört, 8,4 Prozent aufs schwerste und rund 50 Prozent leicht beschädigt.[1] Diesen Torso einer einstigen Weltstadt beherrschte eine Siegermacht, die in der militärischen Verwaltung und Versorgung einer von ihr besetzten Großstadt dieser Dimension über keinerlei Erfahrung verfügte, aber mit der am 24. April gegründeten Stadtkommandantur ihre administrative Kompetenz proklamiert hatte, aus der sich Rechte für die Neuorganisierung städtischen Lebens ableiten ließen.

Die sowjetischen Partei-, Regierungs- und Militärspitzen hatten sich längerfristig auf die Übernahme der eroberten deutschen Hauptstadt unter sowjetischer Verwaltung eingestellt. Da Berlin auch im Moment der endgültigen militärischen Niederlage des Deutschen Reiches ein Ort war, auf den die Augen der internationalen Öffentlichkeit gerichtet sein würden, und da außerdem nach den Beschlüssen der Hauptmächte der Koalition gegen NS-Deutschland dessen Hauptstadt unter die gemeinsame Verwaltung der Verbündeten kommen würde, war ein wohlüberlegtes sowjetisches Vorgehen

1 *Berliner Gewerkschaftsgeschichte 1945–1950. FDGB. UGO. DGB*, Berlin 1971, S. 1.

Arthur Werner, * Berlin 15. 4. 1877, † Berlin 27. 7. 1967, Oberbürgermeister von Berlin 1945–1946

beim Umgang mit der Stadt erforderlich. Es spricht für den Stellenwert Berlins in den Überlegungen Moskaus, daß kein geringerer als Stalin am 8. Mai dem Staatlichen Verteidigungskomitee der UdSSR präsidierte, als dort über Maßnahmen zur Sicherung der Lebensmittelversorgung Berlins beraten und ein entsprechender Beschluß gefaßt wurde. Am nächsten Tag begab sich der stellvertretende sowjetische Regierungschef Anastas I. Mikojan in seiner Eigenschaft als Volkskommissar für das Ernährungswesen nach Berlin, um hier mit dem Oberbefehlshaber der Sowjettruppen in Deutschland, Marschall Georgi K. Shukov, und anderen ranghohen Vertretern der Roten Armee über die von sowjetischer Seite einzuleitenden Aktivitäten zu beraten, die die Lebensmittelversorgung Berlins von Mitte Mai bis Ende Juli – das heißt bis zur Einrichtung der gemeinsamen Verwaltung der Stadt durch die Verbündeten – sichern würden.[2] Schon am Abend des nächsten Tages[3] trafen sie mit einem deutschen Vertreter zusammen, der sich auf eine entsprechende Anfrage hin schon am 7. Mai bereit erklärt hatte, an die Spitze einer deutschen Behörde zu treten, die sich der Ernährung der Berliner zu widmen hatte. Es war dies immerhin ein einstiger Reichsminister für Ernährung und Landwirtschaft und international anerkannter Landwirtschaftsexperte, Dr. Andreas Hermes, ein Mann des 20. Juli zudem, der vom NS-Regime zum Tode verurteilt worden und der Ermordung nur um Haaresbreite entgangen war. Die Wahl eines renommierten Repräsentanten der vor- und antinazistischen deutschen Politik zum Partner in der unter Besatzungsrecht stehenden deutschen Verwaltung verdeutlicht, daß die sowjetische Besatzungspolitik in der Reichshauptstadt darauf gerichtet war, Zeichen zu setzen, die auch in anderen sowjetisch besetzten beziehungsweise durch die Rote Armee befreiten Ländern zur Kenntnis genommen werden sollten. Die Politik der Umsetzung jener Beschlüsse, die der VII. Weltkongreß der Kommunistischen Internationale 1935 in Moskau hinsichtlich der Formierung breiter Volksfronten aus unterschiedlichen, aber im Minimalkonsens antifaschistisch eingestellten politischen Kräften gefaßt hatte, mit denen die Kommunisten der faschistischen Gefahr begegnen und allmählich darin eine führende Rolle und schließlich die Herrschaft übernehmen wollten, sollte für Deutschland, für das auf etliche Zeit keine eigene zentrale Regierung vorgesehen war, exemplarisch in dessen Hauptstadt vorexerziert werden, und je prominenter die dafür ausersehenen deutschen Partner waren, desto besser! Bei der Verwirklichung dieser Linie gab es eine wohlabgestimmte Arbeitsteilung mit dem in Moskau angesiedelten Zentralkomitee der KPD, das sich seit Beginn der sowjetischen Winteroffensive an der Weichsel mit dem Gedanken getragen hatte, im Hinterland der vorrückenden Armeen eigene Einsatzgruppen agieren zu lassen, die durch den Aufbau örtlicher deutscher Selbstverwaltungsorgane Voraussetzungen für einen territorialen deutschen Verwaltungsmechanismus schaffen sollten, bei dem der bestim-

2 *Dokumente der Freundschaft. Berlin 1945* (= Berliner Arbeiterbewegung, H. 7), Berlin [Ost] 1975, S. 50–55, Dokumente Nr. 35, 36, 38, 40.

3 Archiv PDS, NL 130/10 (Tagebücher Arthur Pieck 1942–1945), Eintragung vom 10. 5. 1945.

mende Einfluß der Kommunisten durch die Besetzung bestimmter Schlüsselpositionen *a priori* gewährleistet war. Der Verwirklichung nahe kamen solche Überlegungen allerdings erst, als die sowjetische Parteispitze angesichts der in Vorbereitung befindlichen Offensive an der Oder grünes Licht für einen derartigen Einsatz im Gebiet westlich der Oder gab. Anfang April verabschiedete die Führung des Zentralkomitees der KPD Richtlinien für die Arbeit solcher Gruppen, in denen der Aufbau deutscher Verwaltungen breiten Raum einnahm. Mitte April war spätestens klar, daß es drei solcher „Initiativ"-Gruppen geben würde, nämlich eine für Berlin, eine für Sachsen und eine für Mecklenburg. Die für Berlin vorgesehene Gruppe stand unter Leitung von Walter Ulbricht, der in der KPD als „nüchternes Organisationstalent" galt und Berlin durch seine 1929–1933 ausgeübte Funktion als Politischer Leiter des KPD-Bezirks Berlin-Brandenburg-Lausitz-Grenzmark gut kannte. Sie verließ Moskau am 30. April, schlug zunächst ihr Quartier in Bruchmühle bei Strausberg auf und übersiedelte am 8. Mai spätabends nach Berlin-Friedrichsfelde in die Nähe der dort befindlichen sowjetischen Stadtkommandantur.[4] Seit dem 2. Mai waren die Mitglieder der Gruppe durch Berlin gefahren und hatten in den Verwaltungsbezirken deutsche Bezirksämter installiert, die dann den Segen der jeweiligen sowjetischen Kommandanten erhielten. Die Auswahl der Personen erfolgte nach Instruktionen Ulbrichts, der in Anlehnung an die Volksfront-Politik Wert darauf legte, möglichst viele bürgerliche Demokraten und Sozialdemokraten für die Verwaltung zu gewinnen und nur bestimmte Schlüsselfunktionen mit Kommunisten zu besetzen. Für die Verwaltungsbezirke mit mehrheitlich bürgerlicher Einwohnerschaft sei am besten ein Mann mit Doktortitel zu gewinnen, hatte er die Mitglieder der Gruppe instruiert. Es müsse alles ganz demokratisch aussehen, aber letztendlich müßten die Kommunisten alles in der Hand haben.[5] Aus dem Abstand eines halben Jahrhunderts wirkt dieser Kurs zwar perfide, und er war ohne Zweifel auch ganz überlegt auf eine Täuschung der zu erwartenden westlichen Alliierten abgestellt, aber eine differenzierte Wertung solcher politischen Linie aus der Sicht der konkreten Verhältnisse jener Tage ist durchaus angebracht. Die verzweifelten, von der Sorge um das tägliche Brot, um Obdach, um ihre vermißten Angehörigen gequälten Menschen hätten jede, aber auch jede neue Obrigkeit akzeptiert, wenn sie ihnen nur ein Mindestmaß an Ordnung und Versorgung zu garantieren schien; die Installation einer lupenreinen kommunistischen Stadt-, Bezirks- und Ortsverwaltung hätte in jenen Tagen kaum Widerstand gefunden, nur – die Mobilisierung ganzer Bevölkerungsschichten für die notwendige Bereitschaft zum Mitanpacken bei der Bewältigung der zahllosen Probleme, die einer allmählichen Normalisierung des Lebens entgegenstanden, wäre weit weniger gelungen. Die von Ulbricht aufgrund der Moskauer Direktiven der KPD befohlene Linie bei der Vor-Ort-Arbeit zum Aufbau einer administrativen Struktur

4 Richard Gyptner, *Aktivisten der ersten Stunde,* in: *Wir sind die Kraft,* Berlin [Ost] 1959, S. 83–85.

5 Wolfgang Leonhard, *Die Revolution entläßt ihre Kinder,* Leipzig 1990, S. 405 f.

deutscher Verantwortlichkeiten, bei der kommunalpolitisch erfahrene Sozialdemokraten, renommierte bürgerliche Intellektuelle oder Gewerbetreibende und hohes Ansehen genießende Geistliche als Orientierungspunkte für Hoffnungen auf ein Minimum deutscher Selbstbestimmung gewonnen werden sollten – und gewonnen wurden! –, stellte also unter den konkreten Bedingungen eine durchaus günstige Variante zum Herausreißen der Berliner aus der verbreiteten Lethargie dar.
Ihre Krönung mußten die auf dieser Linie seit Anfang Mai betriebenen Aktivitäten konsequenterweise in der Schaffung einer einheitlichen Stadtverwaltung für ganz Berlin finden: in einem Berliner Magistrat. Was Ulbricht den Mitgliedern seiner Gruppe für die Verwaltungsbezirke mit auf den Weg gegeben hatte, galt natürlich hier noch unverblümter. Für die Spitze der Berliner Verwaltung wurde eine repräsentative Persönlichkeit gesucht, mit der im nationalen wie im internationalen Rahmen – mit aller gebotenen Bescheidenheit, wie sie den Deutschen gerade in jenen Tagen anstand – renommiert werden konnte. Ulbricht hatte auch aus Moskau eine Liste eventuell in Frage kommender Persönlichkeiten mitgebracht. Zu seinen Spitzenkandidaten scheint in der Tat Andreas Hermes gehört zu haben, der auch aus der Zeit vor 1933 als Zentrumspolitiker bekannt und für die KPD ein Begriff war, da er 1933 aufgrund von nazistischer Willkür etliche Monate lang mit Ernst Thälmann gemeinsam in der Strafanstalt Moabit eingesessen hatte. Ulbrichts rechte Hand in der Gruppe, Karl Maron, ein vor 1933 nicht unbekannter KPD-Funktionär im Berliner Arbeitersport, erfuhr am 6. Mai im Charlottenburger Rathaus von Theodor Steltzer, daß Hermes lebte und wo er sich aufhielt. Noch am späten Abend desselben Tages tauchte Ulbricht bei diesem persönlich auf und führte ein Gespräch, in dessen Konsequenz der so Angesprochene schon am nächsten Tag dem Stadtkommandanten Generaloberst Nikolaj E. Bersarin vorgestellt und mit der Leitung zwar nicht des Magistrats – es muß dahingestellt bleiben, ob Hermes oder Bersarin eine negative Entscheidung getroffen hatte –, aber doch des Berliner Ernährungsamtes betraut wurde.[6] Nach dem Gespräch mit Hermes suchte Ulbricht den weltbekannten Chirurgen Ferdinand Sauerbruch, fand ihn auch endlich und rang ihm wenigstens das Versprechen zur Mitarbeit im Magistrat ab. Nächster Ansprechpartner war dann der Direktor des Robert-Koch-Krankenhauses, Erwin Gohrbandt, der sich jedoch unter Hinweis auf die Fülle seiner Aufgaben im Krankenhaus dem Antrag entzog. Schließlich wurde der ehemalige Reichsjustizminister Eugen Schiffer gefragt, den Ulbricht im Jüdischen Krankenhaus aufspürte; in den prinzipiellen Anschauungen über Gemeinsamkeiten bei dem Weg aus der Katastrophe fand man schnell Übereinstimmung, aber offenbar fühlte sich der bereits fünfundachtzigjährige Schiffer dem ihm zweifellos angetragenen Amt nicht gewachsen.[7] Andererseits drängten die Sowjets, mit der Bildung des Magistrats zum Abschluß zu kommen, denn of-

6 Anna Hermes, *Und setzet Ihr nicht das Leben ein. Andreas Hermes – Leben und Wirken,* Stuttgart 1971, S. 190 f.

7 Walter Ulbricht (Hrsg.), *Zur Geschichte der deutschen Arbeiterbewegung,* Bd. 2 (Zusatzband), Berlin [Ost] 1966, S. 214.

fensichtlich hatte Mikojan in Moskau Bericht zu erstatten und wollte persönlich bei der Amtseinführung zugegen sein. Am 11. Mai schließlich gab es durch den Ortsbürgermeister von Biesdorf, Fritz Dzyck,[8] einen Hinweis an die Gruppe Ulbricht, wo eventuell ein Kandidat zu finden sei, der den erwünschten Ansprüchen an eine repräsentative Persönlichkeit entsprechen könnte. Dzyck hatte in den dreißiger Jahren die „Technische Privatschule von Dr.-Ing. Arthur Werner" in Berlin-Mitte, Neanderstraße 3, besucht und auch nach dem Abschluß seiner dortigen Studien offenbar die Verbindung zu deren Leiter und Inhaber beibehalten. Am frühen Morgen des 12. Mai stand daraufhin Maron vor dem Gartenzaun des Grundstücks Köhlerstraße 22 in Berlin-Lichterfelde West und sprach einen alten Herrn an, der dort seine Gemüsepflanzen goß und nicht gerade einen rüstigen Eindruck erweckte. Es war Arthur Werner, der den Besucher auf dessen Mitteilung hin, er komme von Herrn Dzyck, willkommen hieß.[9]

Werner war tatsächlich kein schlechter Kandidat für den ins Auge gefaßten Zweck. Er war am 15. April 1877 in Berlin geboren, hatte die Friedrichswerder-Oberrealschule und das Andreas-Realgymnasium besucht und Ostern 1898 die Reifeprüfung abgelegt. An der Berliner Friedrich-Wilhelms-Universität studierte er Jura, wechselte aber schon nach einem Semester an die Technische Hochschule in Charlottenburg, wo er im November 1900 seine Staatsvorprüfung ablegte. Danach arbeitete er in Berliner Architektenbüros und erwarb praktische Erfahrung, studierte dann weitere vier Semster und bestand im März 1907 die Hauptprüfung als Diplom-Ingenieur, was auf seinen Antrag hin mit der Zulassung zur Ausbildung verbunden wurde. Werner hatte schon im Vorjahr in der Wohnung seiner Eltern eine technische Lehranstalt unter dem anspruchsvollen Namen „Schinkel-Akademie" ins Leben gerufen, von der man annehmen darf, daß sie zunächst nur auf abendliche Nachhilfekurse spezialisiert war. Mit dem Erwerb der Ausbildungsbefähigung erhöhte sich für den initiativreichen jungen Bauingenieur natürlich der Wert der Lehranstalt, der er nun in der Neanderstraße 3 ein eigenes Domizil gab, ohne seine Anstellung in staatlichen Bauinspektionen aufzugeben. 1911 wurde er nach einer weiteren Staatsprüfung Regierungsbaumeister beim Regierungspräsidium Frankfurt a. d. Oder und promovierte im folgenden Jahr an der Technischen Hochschule Danzig mit dem Thema *Der protestantische Kirchenbau des friderizianischen Berlins* zum Dr.-Ing.[10] Im August 1914 als Leutnant ins Infanterie-Regiment 20 mobilisiert, heiratete er einen Tag vor dem Einrücken. Während des Fronteinsatzes 1916 wurde er schwer verwundet und benutzte seither ständig einen Stock als Gehhilfe. Nach seiner Genesung wurde er als Brückenbauingenieur an eine Pionierschule nach Regensburg versetzt, wo er unter anderem bulgarische Offiziere im

8 Archiv PDS, NL 130/82 (Nachgelassenes Arthur Pieck), fol. 23.

9 Niederschrift eines Interviews, das Kurt Metschies 1959 mit Arthur Werner führte und das von dem Interviewten persönlich korrigiert und autorisiert wurde. Dem Interviewer bin ich für die Überlassung einer Kopie zu Dank verpflichtet.

10 Lebenslauf bis 1912 im Anhang der Dissertation.

Brückenbau ausbildete, was die Grundlage für eine Reihe jahrzehntelang gepflegter freundschaftlicher Beziehungen zu Bulgaren schuf.

Nach dem Ersten Weltkrieg widmete sich Werner voll und ganz seiner Lehranstalt, die er zur bekanntesten technischen Privatschule der Reichshauptstadt entwickelte. Als 1917 verfügt wurde, bei Privatschulen den Namen des Inhabers zum Bestandteil des Schulnamens zu machen, war aus der „Schinkel-Akademie" die „Technische Privatschule von Dr.-Ing. Arthur Werner" geworden.[11] Zu einigen seiner Schüler pflegte Werner engere Beziehungen. Dadurch kam es auch zu Kontakten mit linkseingestellten Menschen, was sich für den tief in der christlichen Religion verankerten Schulinhaber, der der doch eher rechts profilierten Dom-Gemeinde angehörte und seit 1923 in Lichterfelde-West, Köhlerstraße 22, also einem schon recht elitären Villenviertel wohnte, gar nicht so von selbst verstand. Sogar ein Reichstagsabgeordneter der KPD gehörte zeitweilig dazu: Wilhelm Repschläger, 1928–1930 Mitglied des Reichstags für den Wahlkreis Berlin II, zu der Zeit auch Vorsitzender des Zentralverbands der Zimmerer in Berlin[12] und daher möglicherweise über die Schule mit Arthur Werner bekannt geworden. Anfang des Jahres 1932 war Werner dennoch Mitglied der NSDAP geworden, hatte ihr aber schon im August wieder den Rücken gekehrt. Da das ausgerechnet nach dem neuerlichen großen Wahlerfolg der NSDAP am 31. Juli erfolgte, ist die 1945 von Werner aufgestellte Behauptung, er sei sozusagen zur Erkundung der internen Vorgänge von seinen linken Freunden in die Hitler-Partei entsandt worden, nicht unbedingt von der Hand zu weisen. Jedenfalls zeigte sein Verhalten als Schulleiter nach 1933, daß er sich trotz der kurzen Mitgliedschaft vor 1933 wesentlichen Forderungen der nun herrschenden NSDAP entzog. So verweigerte er zum Beispiel das Aufhängen von Hitler-Bildern in den Unterrichtsräumen und machte von seiner christlichen Grundeinstellung her auch deutlich Front gegen den parteiamtlichen und regierungsoffiziellen Antisemitismus. Wer als Jude von der Technischen Hochschule gewiesen wurde, konnte sich in Abendkursen in Werners Privatschule weiterbilden. Als – bereits nach dem Erlaß der rassistischen „Nürnberger Gesetze" – einer dieser jüdischen Schüler verstarb, erschien Werner mit seinen nichtjüdischen Studenten zur Beisetzung auf dem Jüdischen Friedhof in Berlin-Weißensee, trat zur großen Überraschung der Trauergäste an das Grab und würdigte den Verstorbenen, wobei er das Idealbild einer Zeit ausmalte, in der wieder den Menschen aller Glaubensrichtungen die Morgenröte der Freiheit leuchten werde.[13] Obgleich Frontkämpfer des Ersten Weltkriegs, beantragte er das vom NS-Staat gestiftete Frontkämpferehrenzeichen nicht

11 Hans-Joachim Wefeld, *Ingenieure aus Berlin. 300 Jahre technisches Schulwesen,* Berlin 1988, S. 329–331.

12 Martin Schumacher (Hrsg.), *M.d.R. Die Reichstagsabgeordneten der Weimarer Republik in der Zeit des Nationalsozialismus,* Düsseldorf 1991, Nr. 1065.

13 Arthur Werner, *Erlebtes und Erstrebtes* (eigenhändige Niederschrift seiner Erinnerungen und Reden in acht Bänden; aufbewahrt im Archiv der Familie Jobst Werner in Berlin 45), Bd. 8, S. 1003, darin Zitat einer Zeitung in Palästina vom 5. 3. 1946: *Eine Erinnerung an Dr. Arthur Werner* von Siegmund Lewy.

und demonstrierte damit eine für das Regime äußerst zweifelhafte Tugend – die demonstrative Ablehnung erzwungenen soldatischen Heldentums. Es war zu erwarten, daß eine Privatschule mit einem solchen Schulinhaber im Dritten Reich nicht ohne Schikanen davonkam. Und so wurden dann Arthur Werner eine Unzahl von Statistiken und Berichten abgefordert, deren Abfassung lästig und zeitraubend war, ohne zu verbergen, daß das Gelieferte nicht geschätzt und nicht benötigt wurde. Schließlich wurde die Schule per Anordnung vom Sommer 1941 zum 31. März 1942 ganz geschlossen.[14] Der Zeitpunkt der Schließung war sicherlich nicht zufällig gewählt. Bei der dafür verantwortlichen Behörde wird als besonders großzügig eingeschätzt worden sein, daß der Schulinhaber mit dem Folgemonat das Rentenalter erreicht hatte.
Arthur Werner zog sich *nolens volens* ins Privatleben zurück, das er sich aber so angenehm und kommunikativ wie möglich gestaltete. Zwischen 1915 und 1928 waren aus der Ehe vier Söhne hervorgegangen (ein fünfter verstarb bereits im Säuglingsalter), von denen der 1917 geborene zweitälteste, Wolf, Jura und orientalische Sprachen studierte, wobei er Bekanntschaften mit iranischen und afghanischen Repräsentanten in Berlin knüpfte, die in der Köhlerstraße 22 ein gastliches Haus und eine aufgeschlossene Atmosphäre vorfanden. Dort zelebrierte der Hausherr trotz der dann kriegsbedingten Einschränkungen mit Stolz seine sogenannten kleinen diplomatischen Empfänge, zu denen sich auch gelegentlich bulgarische Bekannte einfanden. Mit dem Fortschreiten des Krieges klopften die zunehmenden Sorgen allerdings auch an die Tür der Villa Werner. Die drei älteren Söhne wurden eingezogen, und der jüngste, geistig zurückgeblieben und in den Bodelschwinghschen Anstalten in Lobetal untergebracht, bescherte der Familie ungewollt ein schreckliches Erlebnis, als er 1942 aus Anlaß einer Familienfeier für mehrere Tage nach Hause geholt wurde und der Familie ausgerechnet zu dieser Zeit eine Urne, die angeblich seine Asche enthielt, zugestellt wurde![15] Dieses Schlüsselerlebnis für die Perversion des NS-Regimes bestimmte seither, obgleich er nie darüber sprach, Arthur Werners schon vorher aus christlichem Humanismus gewachsene ablehnende, ja verachtende Haltung gegenüber dem Nationalsozialismus und dessen Gefolgsleuten in entscheidendem Maße. Mit Jahresbeginn 1945 stürzte dann das Unheil über die Familie regelrecht herein. Der älteste Sohn Klaus erlag Ende Januar im Lazarett einer Lungenentzündung, Wolf war seit den Winterkämpfen an der Westfront vermißt (er kehrte im August 1945 aus amerikanischer Kriegsgefangenschaft heim), Jobst fiel während der Schlacht um Berlin am 28. April bei der Verteidigung Spandaus. *Er war von den schweren letzten Monaten sichtlich mitgenommen,* faßte der Stadtrat für Post- und Fernmeldewesen, Ernst Kehler, seinen Eindruck von ihm bei der ersten Begegnung mit Arthur Werner am 15. Mai zusammen. *Es bewegte mich, wie dieser alte Mann, zitternd auf seinen Stock gestützt, seine Bereitschaft erklärte, an den schwierigen Wiederaufbau der Stadt ohne Vorbehalte heranzugehen.*[16] Maron bat seinen An-

14 *A.a.O.*, Bd. 7, S. 928–950.
15 Mündliche Mitteilung an den Verfasser von der Schwiegertochter Ursula Werner.

sprechpartner zu einer Unterredung mit dem ehemaligen Reichstagsabgeordneten Walter Ulbricht nach Berlin-Friedrichsfelde, ohne angeblich dessen Wünsche zu kennen. Werner hatte am Vortage deutschen Nachfragern quasi zugesagt, das Amt eines Ortsbürgermeisters von Lichterfelde zu übernehmen, und ließ sich zu der Fahrt nach Friedrichsfelde nur bewegen, weil ihm baldige Rückkehr versprochen wurde. Der ihm gänzlich unbekannte Ulbricht entwickelte den Gedanken einer Zusammenfassung aller dem NS-Regime feindlich oder wenigstens ablehnend gegenüberstehenden, mit einem Wort „antifaschistischen" politischen Kräfte. Die Argumentation kann im Kern nur auf das hinausgelaufen sein, was der Präsident des bei Moskau ansässigen, 1943 auf KPD-Initiative hin gegründeten „Nationalkomitees Freies Deutschland", der kommunistische Schriftsteller Erich Weinert, erst einige Tage zuvor in der Zeitung „Freies Deutschland" den Berlinern anläßlich des beginnenden Endkampfes um ihre Stadt zugerufen hatte: *Aus dem Chaos wird wieder Ordnung werden. Unser zerrissenes, entwurzeltes, irregeführtes Volk wird sich auf dem Boden des Rechts wieder frei und sicher fühlen. Die redlich Schaffenden aller Stände und Weltanschauungen werden sich zu einer wahrhaft demokratischen Gemeinschaft zusammenschließen ... Und Berlin wird dem Lande wieder vorangehen. An die Arbeit, Landsleute!* [17] Inhalt wie Diktion solcher wegweisenden Orientierung, die auf die besondere Bedeutung der Reichshauptstadt für die Nachkriegs-Richtungsfindung in möglichst allen deutschen Landen anspielte, war in keiner Weise vordergründig auf die Separatinteressen einer einzelnen Partei angelegt und motivierte in der Tat politisch bewußte Kreise, die sich auch angesichts der furchtbaren materiellen wie geistigen Erblast des NS-Regimes nicht von der allgemein verbreiteten Lethargie anstecken ließen, zu einer Art Aufbruchstimmung, wie sie Ulbricht schon bei Hermes und Sauerbruch angetroffen hatte. Werner war also durchaus zur Mitarbeit bereit, muß aber doch überrascht gewesen sein, als der erst nach etlichen Stunden eintreffende sowjetische Stadtkommandant Bersarin ihm mitteilte, er wolle ihn zum Oberbürgermeister ernennen, ob er das Amt annähme? Werner sah neben dem Umfang einer solchen Aufgabe offenbar auch eine Rückkehr in das Leben mit Arbeit und Repräsentation, wie es ihm seit der Schließung seiner Schule gefehlt haben mochte. Einfluß auf seine Antwort mögen auch die Schicksalsschläge gehabt haben, die er seit Anfang 1945 erfahren hatte. Durch die Konzentration auf die Arbeit war der Trauer um das Verlorene am besten beizukommen, und schon die Zusage vom Vortage, als Ortsbürgermeister von Lichterfelde fungieren zu wollen, weist in solche Richtung. Nach kurzem Bedenken antwortete Werner, er stehe zur Verfügung, und erhielt daraufhin zum nächsten Tag eine Einladung in die Stadtkommandantur, die sich in Berlin-Lichtenberg, Alt-Friedrichsfelde 1 Ecke Rosenfelder Straße befand. Erst danach machte sich Ulbricht auf die Reise, um dem Magistrat auch einen Amtssitz zu verschaffen. Gegen

16 Ernst Kehler, *Einblicke und Einsichten,* Berlin [Ost] 1989, S. 241.
17 Erich Weinert, *Aufruf an die Bevölkerung von Berlin,* in: *Freies Deutschland* 3 (1945), Nr. 17 vom 25. 4.

Mitternacht traf er in Berlin-Mitte, Parochialstraße 1–3, im mittelschwer beschädigten Sitz der Berliner Landes-Feuersozietät auf den dort für den Kommandanten von Berlin-Mitte die Bezirksverwaltung einrichtenden Frontbevollmächtigten des Nationalkomitees „Freies Deutschland", Ernst Kehler, vor 1939 Postbeamter in Berlin, und erklärte ihm, daß in das Gebäude der Oberbürgermeister einziehen werde und daß er, Kehler, Stadtrat für Post- und Fernmeldewesen würde.[18]

Am 13. Mai um 12.00 Uhr traf Werner dann, wie befohlen, in der sowjetischen Stadtkommandantur ein und lernte hier erstmals die von der Gruppe Ulbricht ausgesuchten Mitglieder des von ihm zu leitenden Magistrats kennen, dessen Grundstruktur auch bereits feststand. Diese Struktur basierte auf von der KPD-Führung am 5. April 1945 beschlossenen „Richtlinien für die Arbeit der deutschen Antifaschisten in dem von der Roten Armee besetzten deutschen Gebiet",[19] die von Ulbricht persönlich in Berlin für die Verwaltungsbezirke im Sinne einer Erweiterung modifiziert worden waren: neben dem Bürgermeister und seinen zwei Stellvertretern zwölf Fachabteilungen, dazu Gerichtswesen/Staatsanwaltschaft und Polizei. Letztere zu schaffen, behielt sich aber die Besatzungsmacht unabhängig von der Verwaltung vor, und so lernte Werner seinen Magistrat in folgender Struktur und mit folgender personeller Besetzung kennen: 1. Stellvertreter des Oberbürgermeisters: Karl Maron, 2. Stellvertreter: Dr. Andreas Hermes, 3. Stellvertreter: Paul Schwenk, 4. Stellvertreter: Karl Schulze; Stadtrat für Verwaltung und Personal: Arthur Pieck; für Ernährung: Dr. Andreas Hermes; für Gesundheit: Prof. Dr. Ferdinand Sauerbruch; für Städtische Betriebe: Ing. Walter Jirak; für Volksbildung: Otto Winzer; für Post: Ernst Kehler; für Verkehr: Ing. Fritz Kraft; für Wirtschaft: Dr. Hermann Landwehr; für Handel und Handwerk: Joseph Orlopp; für Sozialfürsorge: Ottomar Geschke; für Bau- und Wohnungswesen: Prof. Hans Scharoun; für Finanz- und Steuerwesen: Edmund Noortwyck; für Planung: Paul Schwenk; für Arbeitseinsatz: Hans Jendretzky; als Beirat für kirchliche Angelegenheiten: der katholische Pfarrer Peter Buchholz und der protestantische Pfarrer Heinrich Grüber. Von diesen waren Maron, Schwenk, Pieck, Jirak, Winzer, Geschke, Noortwyck und Jendretzky Kommunisten; Schulze, Orlopp und Kraft waren Sozialdemokraten, Dr. Landwehr hatte bis 1933 der DVP nahegestanden, Prof. Dr. Sauerbruch den Deutsch-Nationalen; Dr. Hermes stand sehr der ehemaligen Zentrumspartei nahe, Kehler neigte sehr stark den Kommunisten zu, Prof. Scharoun eher den Sozialdemokraten. Die beiden Geistlichen waren parteipolitisch kaum einzuordnen. Was die Erfahrungen mit dem NS-Regime anging, so war das antifaschistische Potential in dieser Runde allerdings von erheblichem Gewicht: Maron, Pieck, Schwenk, Winzer kamen aus der Emigration zurück; Geschke, Grüber, Hermes, Jendretzky, Landwehr

18 E. Kehler, *Einblicke...* (wie Anm. 15), S. 239 und mündliche Mitteilung an den Verfasser.

19 Horst Laschitza, *Zwei Dokumente der KPD aus den Jahren 1944 und 1945 für das neue demokratische Deutschland,* in: *Beiträge zur Geschichte der deutschen Arbeiterbewegung,* 7 (1965), H. 2; die Richtlinien für die Arbeit der deutschen Antifaschisten in dem von der Roten Armee besetzten deutschen Gebiet auf S. 263–268.

sind in den Konzentrationslagern und Kerkern der Nazis gewesen, Kehler hatte als Mitglied des Nationalkomitees „Freies Deutschland“ sein Leben in der vordersten Front eingesetzt, um deutsche Soldaten zur Aufgabe des sinnlosen Kampfes zu bewegen. Pfarrer Buchholz hatte als Anstaltsgeistlicher in Plötzensee einer Unzahl von NS-Gegnern Kontakt mit ihren Angehörigen vermittelt und ihnen Mut und Trost auf ihrem Gang zum Schafott zugesprochen. Einem solchen Gremium vorzustehen, mußte einen Gegner des NS-Regimes, der sich zur Übernahme von Verantwortung entschlossen hatte, zweifellos mit Genugtuung erfüllen. Das sichtbare Übergewicht der Kommunisten mußte zudem einem realpolitisch denkenden Menschen als selbstverständlich erscheinen angesichts der sowjetischen Besatzungsmacht, mit der man sich ja – der eine gern, der andere gewiß weniger gern – arrangieren mußte. Werner sah die ausgeprägte Position der Kommunisten im Magistrat schon deutlich, ordnete sie aber unvoreingenommen in eine nüchterne Beurteilung ein. *Die einzelnen Magistratsmitglieder gehörten zum großen Teil der Kommunistischen Partei an, waren politisch gut geschult, waren teilweise während der zwölf Jahre des Hitler-Regimes in der Emigration in Moskau, wo sie die Einrichtungen des sowjetischen Verwaltungskörpers studiert hatten,* urteilte er später im Rückblick.[20] Auch Heinrich Grüber sah natürlich die Präponderanz der Kommunisten, stellte dem Magistrat unter Arthur Werner aber das Zertifikat aus: *Männer der verschiedensten politischen Couleur, geeint durch den Willen, alle Überreste des Nazismus zu beseitigen und ein demokratisches Deutschland aufzubauen, übernahmen wichtige Posten.*[21] Das in der Öffentlichkeit vorgetragene Programm der KPD ließ darüber hinaus eine gründlich gewandelte Partei vermuten, die von ihrer entscheidenden „Jugendsünde“ Abschied genommen hatte und statt des einst propagierten Sowjet-Deutschland mit seiner Diktatur des Proletariats ihre Zielvorstellung an einer parlamentarischen Republik mit den entsprechenden bürgerlichen Freiheiten orientierte. Als Ulbricht am 12. Juni das am Vortag veröffentlichte Programm der KPD über den zukünftigen Weg des deutschen Volkes vor Magistratsmitarbeitern erläuterte, machte er den einleuchtenden Vorschlag, daß die nun entstehenden Parteien sich in einem Block auf ein gemeinsames Minimalprogramm einigen sollten, dessen erste vier Punkte vollständige Liquidierung aller Überreste des Nazismus, Kampf gegen Hunger, Arbeits- und Obdachlosigkeit, Konzentration auf Normalisierung des Lebens, Ernteeinbringung, Wiederaufbau und freie Unternehmerinitiative, Herstellung aller demokratischen Rechte und Freiheiten des Volkes, freiheitliches Gerichts- und fortschrittliches Schulwesen sowie Wiedererrichtung der auf demokratischer Grundlage beruhenden Selbstverwaltungsorgane vorsahen.[22] Einem solchen Programm konnte man sich auch als bürgerlich und christlich motivierter Hitler-Gegner anschließen: *Karl, da kann ich ja beinahe mitmachen,* raunte der zuhörende Pfarrer Grüber seinem sozialdemokratischen Nach-

20 A. Werner, *Erlebtes...* (wie Anm. 13), Bd. 7, S. 947.

21 Heinrich Grüber, *Erinnerungen aus sieben Jahrzehnten,* Köln-Berlin 1968, S. 235.

22 Walter Ulbricht (Hrsg.), *Zur Geschichte der deutschen Arbeiterbewegung,* Bd. 2 *(1933–1946),* Berlin [Ost] 1955, S. 420 f.

barn während Ulbrichts Ausführungen zu.[23] Und so muß die Bereitschaft der neben den Kommunisten auftauchenden Magistratsmitglieder der ersten Berliner Nachkriegsverwaltung auch im historischen Abstand mehrerer Jahrzehnte gesehen werden. Daß Ulbricht am 17. Mai in einem Brief an Dimitroff bei der Rechenschaft über die Zusammensetzung des Berliner Magistrats den neuen Oberbürgermeister als *einen ehrlichen Mann, aber etwas naiv* charakterisierte,[24] war dem so Eingeschätzten natürlich nicht bekannt. Die engen Grenzen seiner persönlichen Einflußnahme auf die Arbeit der Stadtverwaltung wußte Werner wohl einzuschätzen, er verbarg dies auch vor der Öffentlichkeit nicht. Anläßlich eines Interviews zum ersten Jahrestag seiner Amtsübernahme äußerte er sich über die Gründe für seine Berufung – es sei wohl seine bekannte Gegnerschaft zum Nazi-Regime gewesen wie auch seine fachliche Kompetenz als Bauspezialist angesichts der starken Zerstörungen in Berlin; es sei aber wohl auch die Eignung gewesen, *in würdiger Weise den Repräsentationspflichten zu genügen, von deren rechter Erfüllung das Ansehen unserer Stadt in den Augen der Welt nicht zuletzt abhängt.*[25] Stadtkommandant Bersarin machte die Magistratsmitglieder miteinander bekannt, wünschte ihnen für ihre Arbeit viel Erfolg und soll – nach Arthur Werners mehrfacher Aussage – dem neuen Oberbürgermeister den Wunsch mit auf den Weg gegeben haben, er möge die Berliner in einem Geist erziehen, *daß es einen Gott gibt.*[26] Dann hieß er den Magistrat sofort an die Arbeit gehen, was in einer anschließenden drei- bis vierstündigen Sitzung in den Räumen der sowjetischen Stadtkommandantur seinen unmittelbaren Niederschlag fand. Arthur Werner dürfte auch der einzige aller Berliner Oberbürgermeister sein, der Magistratssitzungen in seiner Privatwohnung abhielt. Bis zur notdürftigen Wiederherstellung des Gebäudes Parochialstraße 1–3 Ende Mai hielt das Gremium in der Tat seine Sitzungen in Berlin-Lichterfelde West, Köhlerstraße 22 ab.[27] Am 15. Mai ließ sich Marschall Shukov den Magistrat vorstellen und bestätigte ihn in Gegenwart Mikojans, der als einziger sowjetischer Zivilist bei der Zeremonie anwesend war. Aufgefordert, seine Sicht auf seine grundlegenden Aufgaben darzulegen, teilte Werner mit, daß er als überzeugter Hitler-Gegner und Demokrat mithelfen wolle, den faschistischen (er wird wohl „nazistischen" gesagt haben und sich erst im Laufe seiner Bekanntschaft mit den Kommunisten relativ schnell mit deren auch bei den Sowjets üblichen Diktion vertraut gemacht haben) Ungeist in den Köpfen der Berliner zu beseitigen und eine volksnahe Stadtverwaltung zu schaffen.[28] Sein nach ihm sprechender erster Stellvertreter Karl Maron wußte natürlich besser über die bei derartigen Anlässen in der UdSSR und bei den Kommunisten üblichen Gepflogenheiten Bescheid und eröffnete seine Ausführungen mit einem Dank an die sowjetische Seite für

23 H. Grüber, *Erinnerungen...* (wie Anm. 21), S. 246.
24 Archiv PDS, NL 36/629 (Notizen Wilhelm Piecks), fol. 7.
25 *Berlin am Mittag* vom 18. 5. 1946.
26 A. Werner, *Erlebtes...* (wie Anm. 13), Bd. 6, S. 823 und Bd. 7, S. 944.
27 *Ebda.*
28 E. Kehler, *Einblicke...* (wie Anm. 15), S. 242.

das große Vertrauen, das sie dem neuen Magistrat entgegenbringe; es solle durch hingebungsvolle Arbeit gerechtfertigt werden. Dem ausdrücklichen Dank für die bisherige verständnisvolle, humane Haltung der Roten Armee mußte allerdings nach den Erfahrungen jener Magistratsmitglieder, die die allerersten Tage nach der Inbesitznahme Berliner Stadtteile durch diese Armee erlebt hatten, ein gewisser Zynismus anhaften. Gleichwohl schlug sich die Ambivalenz der militärischen Präsenz der Siegermacht UdSSR in der Hauptstadt des besiegten Hitler-Reiches auch bei dieser Zeremonie vom 15. Mai in der Anwesenheit Mikojans nieder, der nun in Moskau berichten konnte, daß alles Erforderliche für die Versorgung Berlins in den nächsten drei Monaten eingeleitet und daß ein von Deutschen besetzter Magistrat eingesetzt sei. Der enge Zusammenhang zwischen diesen beiden Faktoren, denen man in Moskau deutlich internationales Gewicht beimaß, schimmerte schon bei der ersten Verlautbarung des eingesetzten Magistrats durch. Die mit dem 15. Mai einsetzende Lebensmittelversorgung nach für ganz Berlin einheitlichen Versorgungssätzen, die tatsächlich vom Kommando der für die Stadt zuständigen 1. Bjelorussischen Front am 11. Mai angeordnet worden war,[29] wurde den Berlinern am 13. Mai in Anschlägen mitgeteilt, die die „Stadtverwaltung von Berlin" unterzeichnet hatte.

Nach Shukovs Billigung des Magistrats war der Weg frei für eine deutlichere Mitteilung an die Öffentlichkeit. Das geschah am 17. Mai durch eine „Bekanntmachung des Oberbürgermeisters der Stadt Berlin", die die Neubildung und personelle Zusammensetzung des Magistrats publizierte. *Ich rufe die Bevölkerung Berlins auf, dem neugebildeten Magistrat aktive Hilfe zu leisten zur Wiederherstellung des normalen Lebens der Stadt und bei der Erfüllung der Verpflichtungen gegenüber der Roten Armee,* schloß das Dokument, mit dem sich der Unterzeichner Dr. Arthur Werner erstmals den Berlinern als ihr Oberbürgermeister präsentierte.[30] In einer feierlichen Zeremonie wurde der Magistrat dann am 19. Mai im nur provisorisch hergerichteten Festsaal seines neuen Amtssitzes – den Namen Neues Stadthaus erhielt das Gebäude in der Parochialstraße erst im November – von Bersarin offiziell vor den Augen der Öffentlichkeit in sein Amt eingeführt. Für die inmitten des hinterlassenen Chaos und der ersten kleinen hoffnungsvollen Ansätze eines geregelten, wenn auch keineswegs mit der Vorstellung „Frieden" verbundenen normalen Lebens waren diese unübersehbaren Mitteilungen über die Existenz einer Gesamtberliner deutschen Verwaltungskörperschaft von aus heutiger Sicht schwer zu überschätzender Bedeutung. Hier war ein sichtbarer Schritt auszumachen, der ordnungsgemäße Verwaltungsarbeit versprach und ein Minimum an Rückkehr zu Ansprechpartnern verhieß, die als Deutsche auch die Probleme der Deutschen verstehen würden. Wenn auch Arthur Werner für die meisten Berliner kein bekannter Name war, so ging doch die in Moskau von den KPD-Funktionären aufgestellte Rechnung auf, daß ein prominenter Name an oder wenigstens in der Spitze der

29 Klaus Scheel (Hrsg.), *Die Befreiung Berlins 1945,* Berlin [Ost] 1985, S. 222–224.
30 *Tägliche Rundschau* vom 18. 5. 1945.

neuen Stadtverwaltung den Berlinern Selbstvertrauen und der nationalen, eventuell gar der internationalen Öffentlichkeit ein Signal übermitteln würde: den weltberühmten Chirurgen Sauerbruch auf der Liste der Magistratsmitglieder zu finden, gab den Berlinern auf alle Fälle Anlaß, der neuen Stadtverwaltung einen Hoffnungs- und Vertrauensbonus zu gewähren. Dieser Bonus wuchs noch, als im Laufe der folgenden Monate die allmählich wieder erscheinenden Zeitungen den neuen Oberbürgermeister auch im Bild vorstellten.[31] Eine solche Ehrfurcht einflößende Vaterfigur strahlte Autorität aus und bewies zugleich dem Selbstverständnis der Berliner, daß es in ihren Reihen noch würdige Repräsentanten der Stadt gab. Als sich dann allmählich herumsprach, daß der neue Oberbürgermeister gar gebürtiger Berliner war, stieg die Sympathie für ihn womöglich noch. Werner war klug genug, den Faktor eines spezifischen Berlinertums gezielt zur Erzeugung von Selbstvertrauen in der Bevölkerung einzusetzen; bei den verschiedensten Gelegenheiten verwies er auf den bewährten Berliner Pioniergeist und sparte nicht mit Worten der Anerkennung, wenn er auf die Leistungen der Bevölkerung bei den von Monat zu Monat fühlbareren Schritten auf dem Weg zur Normalisierung in der vom Kriege so schwer gezeichneten Stadt verweisen konnte. Die vielleicht emotional wirkungsvollsten äußerte er in dieser Hinsicht bei der Eröffnung der von Stadtrat Hans Scharoun organisierten Ausstellungen „Berlin im Aufbau“ und „Berlin plant“ am 22. August 1946, als er den Berlinern bescheinigte, daß sie bei den Aufräumungs- und Wiederherstellungsanstrengungen aus echter Heimatliebe gehandelt hätten. *Wer etwa geglaubt hatte, daß solche sittlichen Kräfte in der Seele der Millionenmassen einer Weltstadt nicht mehr lebendig seien, wurde bald eines besseren belehrt. Die Not unserer Zeit ließ überall aus den Tiefenschichten der Seele die Urkräfte des menschlichen Herzens hervorbrechen, und es zeigte sich, daß auch der Mensch in der Großstadt mit der gleichen Liebe an seiner Heimat hängt wie der Bauer an Haus und Hof und angestammter Scholle. Diese opferbereite Heimatliebe hat das Wunder der Ordnung vollbracht, das sich Ihnen heute bereits wieder in allen Teilen unserer Weltstadt bietet.*[32]

Eine solche Diktion, wie sie Arthur Werner durchaus eigen war und wie sie zu seinem äußeren Erscheinungsbild, das grundsätzlich durch Gehrock und Zylinder gekennzeichnet war – selbst als Ehrengast eines Fußballspiels trat er in keinem anderen Habit auf[33] –, nahtlos paßte, hob sich von der Redeweise der im Parteijargon geübten KPD-Funktionäre, ja auch der aus der Sozialdemokratie hervorgegangenen Kommunalpolitiker, die als Magistratsmitglieder des ersten und zweiten Gliedes tätig waren, deutlich ab. Werner sprach gern und war auf Wirkung bedacht, aber in jedem Fall aus eigenem Ermessen. Seine Ansprachen ließ er sich grundsätzlich nicht schreiben,[34] er arbeitete sie sich vorher handschriftlich aus und trug sie oft genug in freier Rede vor. Repräsen-

31 Das erste Mal wurde ein Porträt veröffentlicht in der *Berliner Zeitung* vom 14. 8. 1945. Die *Neue Berliner Illustrierte* erschien mit Nr. 1 Anfang Oktober und brachte ein Titelbild mit Arthur Werner in Dreiviertelfigur.

32 A. Werner, *Erlebtes...* (wie Anm. 13), Bd. 5, S. 772.

33 E. Kehler, *Einblicke...* (wie Anm. 16), S. 281.

tativ aufzutreten und bei dieser Gelegenheit Ansprachen zu halten, war auch ganz klar die Rolle, die ihm von den kommunistischen Initiatoren und Organisatoren des ersten Nachkriegsmagistrats zugedacht war. Das wurde ihm auch gelegentlich unverblümt deutlicht gemacht. Als im Dezember 1945 während einer Magistratssitzung über die Einrichtung und Besetzung einer Berliner Rechtsabteilung diskutiert und ein Beschluß dazu gefaßt wurde, der den schon vor 1933 als kommunalpolitischen Experten geltenden KPD-Stadtrat Schwenk zu dessen Leiter berief, wandte sich Arthur Werner nach Schluß der Debatte unter Hinweis darauf, daß er zeitweilig wegen eines ihn beschäftigenden Trauerfalls der Diskussion nicht mit genügender Aufmerksamkeit habe folgen können, gegen die per Beschluß vorgesehene Leitung des Rechtsamts durch einen Nicht-Juristen. Da wurde er durch Arthur Pieck belehrt, der Magistrat habe in der Angelegenheit seinen Beschluß schon gefaßt.[35] Als er im Juli 1946 bei einer Neustrukturierung des Magistrats die Aufsicht über die Polizei in sein Ressort ziehen wollte, wurde ihm – übrigens auch von Propst Grüber und dem Stadtkämmerer Haas (CDU) – bedeutet, der Magistrat sei dagegen, daß er außer Repräsentationsaufgaben noch die Verantwortung für Abteilungen beziehungsweise auch nur e i n e Abteilung übernehme.[36] Allerdings gelang die Abschottung des Oberbürgermeisters von einer Einflußnahme auf die alltäglichen Verwaltungsentscheidungen nicht ganz so komplett, wie es beabsichtigt war, denn die Neustrukturierung des Magistrats vom Juli 1946 wurde mit der Festellung begründet, daß immer wieder Abteilungsleiter unter Umgehung ihres zuständigen Stadtrats sie betreffende Angelegenheiten direkt vor den Oberbürgermeister gebracht hätten.[37] Daß diese Fälle nicht an die jeweiligen Stadträte zurückverwiesen wurden, war offenbar das Verdienst des „Generalsekretariats" des Oberbürgermeisters, wo der von Werner protegierte Hanns Spudich agierte und ganz offensichtlich weder von seiner Weltanschauung noch von seiner Diktion her irgendeiner Parteidisziplin nahestand.[38]

Im allgemeinen war die Atmosphäre im Magistrat allerdings wesentlich mehr durch vertrauensvolle Zusammenarbeit gekennzeichnet als durch Meinungsverschiedenheiten – wenigstens, nachdem Werner seinen Kampf gegen Hermes ausgefochten und klargestellt hatte, daß er den Sinn der Magistratsarbeit in der tagtäglichen Sorge um das Wohl der Berliner sah und nicht im Aufbau administrativer Strukturen für künftige Ministerien einer künftigen Reichsregierung: Hermes hatte nämlich seine Abteilung Ernährung in einigem Abstand zur Arbeit des Magistrats in beträchtlichem Maße zu

34 A. Werner, *Erlebtes...* (wie Anm. 13), Bd. 8, S. 1124. Neben den acht Bänden *Erlebtes und Erstrebtes* liegen im Familienarchiv über 260 schnurgeheftete Redemanuskripte, häufig mit eigenen Korrekturen, deren Text von Arthur Werner in Reinschrift in die acht Bände übernommen wurde.

35 *Protokoll der Magistratssitzung vom 17. 12. 1945.* Regest, in: *Berlin. Kampf um Freiheit und Selbstverwaltung 1945–1946,* Berlin 1961, S. 295.

36 *Berlin 1945–1951. Quellen und Dokumente,* 1. Hlbbd., Berlin 1964, S. 233.

37 *Ebda.*

38 Mündliche Mitteilung von E. Kehler an den Verfasser.

einem Konzentrationspunkt weiterausgreifender Bemühungen zur Schaffung einer deutschen Agrarzentrale gemacht und seine Einstellung zu der mühevollen Arbeit des Magistrats – besonders nach der Ende Juni auf seine maßgebliche Initiative hin erfolgten Gründung der CDU – durch häufige Abwesenheit bei den wöchentlichen Magistratssitzungen demonstriert.[39] Nach heftigen, auch persönlichen Zusammenstößen mit dem Oberbürgermeister wurde Hermes am 27. Juli 1945 durch Magistratsbeschluß aus seinem Amt entfernt und durch den Sozialdemokraten Gustav Klimpel ersetzt, wozu die – inzwischen Alliierte – Stadtkommandantur schon am 1. August ihre Zustimmung gab.[40]

Zusammenstöße solcher Art, wie die mit Hermes, wiederholten sich nicht, und die achtungsvolle Zusammenarbeit im Magistrat selbst wurde über die Arbeitssphäre hinaus bald durch ein zusätzliches persönliches Engagement Arthur Werners für ein freundliches, gepflegtes und kulturvolles Fluidum unter den Magistratsmitgliedern mitgeprägt. Er bat die Magistratsmitglieder in gewissen Abständen zu einem sonntäglichen Tee-Empfang, wo man sich in aufgelockerter Atmosphäre auch im persönlichen Umgang näherkam. Diese Empfänge fanden in der seit Ende Juni 1945 von ihm bezogenen Amtswohnung in Berlin-Biesdorf, Königstraße 5, statt. Die Übergabe dieser Amtswohnung ging auf eine Anordnung des sowjetischen Stadtkommandanten zurück, der im Hinblick auf den zu erwartenden Einzug der Westalliierten in den Westteil der Stadt befahl, daß die Magistratsmitglieder in Ost-Berlin zu wohnen hätten, und zwar möglichst dicht beisammen. Das wurde nach der damals überall in Deutschland üblichen Besatzungsmanier umgesetzt, deutsche Häuser zu beschlagnahmen und die Bewohner unter Zurücklassung ihrer Möbel zu exmittieren – in diesem Fall betraf es eine erhebliche Anzahl von Einfamilienhäusern im Gerstenweg nördlich des S-Bahnhofs Biesdorf.[41] Werner hob sich von anderen dort einziehenden Magistratsmitgliedern dadurch ab, daß er lieber bei seinem einstigen Schüler Fritz Dzyck wohnte, ehe ihn das unbequeme Schlafen auf einer Couch nach etwa zwei Wochen veranlaßte, doch für einige Zeit eines der auf solche Art „freigemachten" Häuser zu nutzen,[42] das er aber sofort aufgab, als endlich in der Königstraße 5 die verlassene und deshalb erheblich devastierte Villa Conrad instandgesetzt war; die bezog er mit seiner Gattin und seiner Schwiegertochter, gab aber deshalb das Haus in Lichterfelde-West keineswegs auf.

Offen ausgetragene Differenzen zwischen Werner und den KPD-Stadträten im Magistrat gab es immer dann, wenn es um die Frage des Religionsunterrichts in den Schulen ging. Schon im Juni 1945, anläßlich der ersten Vorlage Winzers für Richtlinien zur

39 Gerhard Keiderling, *Zur Tätigkeit Dr. Andreas Hermes' im Berliner Magistrat Mai–Juli 1945,* in: *Beiträge, Dokumente, Informationen des Archivs der Hauptstadt der DDR* 3 (1966), H. 2, S. 72–89.

40 A. Werner, *Erlebtes...* (wie Anm. 13), Bd. 7, S. 956–971 stellt die Vorgänge unter Verwendung beiderseitiger Schreiben aus Werners Sicht dar.

41 *Rückblick auf das Zeitgeschehen. Beitrag der Bezirksverwaltung Lichtenberg für die Stadtchronistik April–Juli 1945,* 1946, S. 25. Gebundenes *ORMIG*-Exemplar im Familienarchiv Werner.

42 A. Werner, *Erlebtes...* (wie Anm. 13), Bd. 7, S. 1022 f.

Wiedereröffnung der Schulen, beharrte der Oberbürgermeister auf dem Verbleib des Religionsunterrichts in der Schule. Hier teilte er erstmals Bersarins am 13. Mai mündlich ergangene Globaldirektive an ihn mit, die von den anwesenden Kommunisten sofort in Zweifel gezogen wurde. Nachfragen nach dem Wahrheitsgehalt der Mitteilung erübrigten sich, da Bersarin fünf Tage später bei einem äußerst mysteriösen Verkehrsunfall ums Leben kam.[43] Man einigte sich auf einen Kompromiß, der den schulischen Religionsunterricht rettete, ihn aber auf die Anfangs- oder Schlußstunden legte. Im August und im Oktober stand der Religionsunterricht erneut zur Debatte, und bei dieser Gelegenheit – es ging um eine Vorlage von Winzer zur künftigen Schulstruktur – sahen sich Buchholz und Grüber einer streitbaren Phalanx von Kommunisten und Sozialdemokraten gegenüber, der nur durch Werners vermittelndes, aber durchaus prinzipienfestes Agieren etwas von ihrer Streitbarkeit genommen werden konnte.[44] Werner war sich aber sehr wohl der Tatsache bewußt, daß die Protokolle der Magistratssitzungen an die Alliierte Kommandantur gingen, und provozierte daher überlegt die Niederschrift der massiven Einwände gerade des Oberbürgermeisters gegen eine Verbannung des Religionsunterrichts aus der Schule. Buchholz sorgte offenbar dafür, daß diese Haltung an die Öffentlichkeit kam, und so erlebte Werner die Freude, daß er anläßlich seiner Teilnahme an einer Taufe in Frohnau vom dortigen katholischen Pfarrer hören konnte, daß ihm die Katholiken diese Haltung hoch anrechneten und von der Kanzel ihre Gläubigen über des Oberbürgermeisters Einsatz unterrichtet hätten.[45] Das Problem, in der Alliierten Kommandantur einmal aufgenommen, ging bis vor das Koordinierungskomitee des Kontrollrats und wurde dort so entschieden, daß öffentliche Schulen weder Religionsunterricht verweigern noch aufzwingen dürften. Die Alliierte Kommandantur befahl auf dieser Basis Anfang Januar 1946, dem Religionsunterricht in der Schule nichts in den Weg zu legen.[46] Am 26. Januar 1946 gab es dann im Magistrat wieder Dissens über die Frage anläßlich einer von Winzer dazu eingebrachten Durchführungsverordnung. Der Versuch der KPD-Stadträte, eine Kommission zum gründlicheren Studium der Vorlage zu verhindern, scheiterte an Werner, der ziemlich deutlich erklärte, er habe nun wirklich kein Verständnis dafür, weshalb man dem Wunsche jener Magistratsmitglieder nicht nachkommen wolle, die auf christlichem Boden stünden;[47] es wurde also ein Ausschuß aus Magistratsmitgliedern beschlossen, dem auch Werner angehörte, und dessen Vorlage wurde auf einer Sondersitzung des Magistrats am 31. Januar angenommen. Mit der Bestätigung der Alliierten Kommandantur trat die Regelung, die die Erteilung von Religionsunterricht an den Schulen er-

43 Vgl. zu Bersarin: Klaus-Peter Zoellner, *Nikolai E. Bersarin, erster sowjetischer Kommandant von Berlin,* in: *Militärgeschichte* 19 (1980), S. 323–331.

44 Protokoll der Magistratssitzung vom 15. 10. 1945 (Auszug), dem Verfasser mitgeteilt von Prof. Dr. Wolfgang Ribbe.

45 A. Werner, *Erlebtes...* (wie Anm. 13), Bd. 7, S. 996–998.

46 LAB, Außenstelle Breite Straße, Rep. 101, Nr. 6700, fol. 41 und 46.

47 Protokoll der Magistratssitzung vom 26. 1. 1946 (Auszug), vgl. Anm. 44.

laubte, ihn aber liberalerweise auf die Kinder jener Eltern beschränkte, die ihn ausdrücklich wünschten, in Kraft. Mit der Rückendeckung durch die Alliierte Kommandantur hatte der Oberbürgermeister also in einer für ihn entscheidenden Grundsatzfrage seine Position durchgesetzt! Gleiches spielte sich bei dem Streit um die Leitung der Rechtsabteilung ab. Nach der hochmütigen Zurückweisung von Werners Bedenken, sie einem Nicht-Juristen anzuvertrauen, kam er in der nächsten Magistratssitzung am 30. Dezember erneut auf die Frage zurück und mußte wieder eine Niederlage hinnehmen. Trotzdem blieb dem KPD-Mitglied Paul Schwenk die erstrebte Leitung dieses Amtes versagt, das wohl mit Recht als eine neue Schlüsselposition angesehen wurde. Am 13. Februar 1946 befahl die Alliierte Kommandantur seine Amtsenthebung, da er nicht die notwendigen juristischen Fachkenntnisse aufweise – da lag es nahe, sich daran zu erinnern, daß Arthur Werner am 30. Dezember angedeutet hatte, die Anordnung der Vier-Mächte-Militärverwaltung betreffs einer administrativen Rechtsinstanz könne eigentlich nur so interpretiert werden, daß ein Volljurist an deren Spitze zu stehen habe.[48] Werner hatte überhaupt eine grundsätzlich andere Einstellung zum Recht als seine dem Rechtsverständnis einer Diktatur anhängenden KPD-Stadträte. Als die Briten im Dezember für ihren Sektor ein Verwaltungsgericht schufen, luden sie den Oberbürgermeister zu dessen Eröffnung ein, und der erklärte bei dieser Gelegenheit, daß damit ein Schritt auf dem Wege zum Rechtsstaat getan werde, denn dessen wichtigstes rechtsethisches Anliegen sei von jeher die Sicherung der individuellen Persönlichkeitsrechte gegenüber behördlichem Machtmißbrauch und obrigkeitlicher Willkür gewesen.[49] In der nächsten Magistratssitzung kritisierte Maron prompt die Einrichtung einer solchen Institution wie auch die Tatsache, daß nicht der Magistrat zu der Zeremonie eingeladen gewesen sei, sondern der Oberbürgermeister.[50] Hier wurde offenbar der Sack geschlagen, obwohl der Esel gemeint war, denn eine magistratsoffizielle Stellungnahme zu der von ihnen prinzipiell abgelehnten, weil dem dirigistischen Gesellschaftsmodell der Kommunisten entgegenstehenden Gewaltenteilung, lag nun gar nicht im Sinn der KPD-Stadträte.

Von existentieller Bedeutung war für den Magistrat und seinen Oberbürgermeister das Verhältnis zu denen, die eigentlich die Macht innehatten – den Besatzungsmächten. Hier waren keinerlei Illusionen angebracht. Diese Stadtverwaltung war eine Auftragsverwaltung, die Befehle der Besatzungsmacht – und vom 11. Juli 1945 an der Besatzungsmächte – auszuführen hatte. Nicht umsonst hatte Arthur Werner in seiner ersten Bekanntmachung am 17. Mai die Berliner aufgerufen, den Magistrat auch bei der Erfüllung seiner Pflichten gegenüber den Besatzungsbehörden zu unterstützen. Mit der Ersetzung der Sowjetischen Stadtkommandantur durch eine Alliierte Kommandantur als oberstem Befehlsorgan für ganz Berlin änderte sich diese Stellung des Magistrats als

48 *Berlin 1945–1951...* (wie Anm. 36), S. 316–318.
49 A. Werner, *Erlebtes...* (wie Anm. 13), Bd. 3, S. 296.
50 *Berlin 1945–1951...* (wie Anm. 36), S. 318.

Erfüllungsgehilfe der Besatzungsmächte nicht. Werner akzentuierte die moralische Grundlage, die der Magistrat für diese Rolle für sich in Anspruch nahm, nicht nur der Roten Armee gegenüber, sondern auch vor den Westalliierten. Das NS-Regime hatte das deutsche Volk dermaßen vom Wege der Moral abgedrängt, daß eine Rückkehr in die Familie moralisch anständiger Völker erst eine Zeit der Bewährung von den Deutschen verlange. *Wir versichern Ihnen, meine Herren, daß wir in dieser Zeit mit voller Aufrichtigkeit und Loyalität Ihnen und Ihren Befehlen gehorsam und ergeben sein werden. Denn wir wissen, daß Sie nur Gutes mit uns im Schilde führen und daß wir daher in Ihrer Großmut am besten geborgen sind,* erklärte er den Amerikanern, als er sich im August mit Vertretern des Magistrats erstmals beim US-Stadtkommandanten vorstellen durfte.[51] Die deutschen Verwaltungsorgane seien nur Lehensträger der Siegerstaaten und führten die ihnen anvertraute Verwaltung in den ihnen gesteckten Grenzen als Beauftragte oder Helfer der Besatzungsmächte – so brutal realistisch benannte er seinen Spielraum Anfang Juni 1945 bei einem ersten Pressegespräch mit der „Berliner Zeitung."[52] Auch anderthalb Jahre später sah er den staatsrechtlichen Boden für seine Verwaltung nicht um ein Jota verklärter. Der Magistrat habe sein Mandat von den Besatzungsmächten – so klar formulierte er es schließlich in aller Öffentlichkeit bei der Verpflichtung des Stadtwahlleiters im September 1946, als mit der von der Alliierten Kommandantur für den 20. Oktober festgesetzten Wahl einer Stadtverordnetenversammlung absehbar war, daß es die Vier-Mächte-Verwaltung bald mit einem durch Wahlen demokratisch legitimierten Magistrat zu tun haben werde.[53] Nichtsdestoweniger sah Werner den Magistrat trotz dieses staatsrechtlich außergewöhnlichen Ursprungs stets als ein demokratisches Gremium an, weil er den Verwaltungsauftrag, die rechtliche und sittliche Legitimation der Behördenarbeit, aus einem Auftragsverhältnis gegenüber dem Volke abgeleitet sah.[54] In den – seltenen – konkreten Fällen der Kollision mit den Ansichten oder Interessen einer Besatzungsmacht oder der Alliierten Kommandantur nützte diese Überzeugung von einer zweiten, demokratischen, Legitimation Magistrat und Oberbürgermeister nichts. Die Alliierte Kommandantur sprach in der Zeit des ersten Nachkriegsmagistrats überwiegend mit e i n e r Zunge, und wenn der Magistrat sich von einer der Besatzungsmächte Kritik einhandelte, konnte er kaum damit rechnen, mangels einer hinter ihm stehenden Vertretungskörperschaft von einer anderen Besatzungsmacht gedeckt zu werden. Ohnehin glich das oftmalige Hin und Her zwischen Verteilung und Einschränkung von gesetzgeberischen und personalentscheidenden Befugnissen, das die Alliierte Kommandantur gegenüber dem

51 A. Werner, *Erlebtes...* (wie Anm. 13), Bd. 1, S. 68.

52 *A.a.O.*, Bd. 6, S. 822 f. und *Berliner Zeitung* vom 8. 6. 1945. Der von Werner entworfene Text wurde bei der Veröffentlichung in der Zeitung um jene Passage gekürzt, in der Werner Generaloberst Bersarins Auftrag zitierte, die Berliner dahin zu erziehen, daß sie wieder an einen Gott glauben.

53 *A.a.O.*, Bd. 6, S. 745.

54 *Berlin im Neuaufbau*, Berlin 1946, S. 213.

Magistrat anzuwenden beliebte, oft genug einem undurchschaubaren Spiel, und es gab nicht selten Mißverständnisse.[55] Arthur Werner war schon vom sowjetischen Stadtkommandanten Bersarin seit Anfang Juni zu wöchentlicher persönlicher Vorsprache und Berichterstattung verpflichtet worden, und die in der Alliierten Kommandantur vereinten Kommandanten der Vier-Mächte-Verwaltung schrieben diese Anweisung Anfang August gleich in einem ihrer ersten Befehle fest,[56] so daß Werner angesichts des dort monatlich wechselnden Vorsitzes mit allen vier Kommandanten persönlichen Umgang hatte. Ihn als Persönlichkeit behandelten die Kommandanten stets mit Achtung, und es war schon ein deutliches Zeichen für die Deutschen wie auch für aufmerksame internationale Beobachter – soweit sie zu dieser Zeit in Berlin anwesend waren –, daß alle vier Stadtkommandanten sich am 23. Juni 1946 die Ehre gaben, einer Einladung zu einem Empfang in des Oberbürgermeisters Amtswohnung nachzukommen.[57] Noch mehr als zwanzig Jahre später erinnerte sich der britische Brigadegeneral Hinde auf die Nachricht von Werners Tod hin, daß er und der Stab der britischen Militärregierung ihn durchaus bewunderten und sich glücklich schätzten, es in jener Zeit gerade mit ihm zu tun zu haben; diese Wertschätzung beruhte auf der Meinung, daß er sich um die Berliner verdient mache, indem er mit Würde und Takt die doch wenig beneidenswerte Verantwortung in der Nachkriegszeit auf seine Schultern nahm.[58] Allerdings scheint daneben doch mehr als einmal auch Sensibilität der Besatzungsmächte weit über Gebühr vorgespielt worden zu sein, um Besatzermentalität demonstrieren zu können. So wurde zum Beispiel im September 1945 dem Oberbürgermeister von der US-Militärregierung kurz und bündig mitgeteilt, daß Zeitungsartikel, die von Magistratsmitgliedern initiiert würden und in irgendeiner Weise den Anschein erweckten, als wäre über das Vorgehen der US-Militärregierung etwas Kritisches zu sagen, eine grobe Beleidigung der Autorität der USA darstellten. *In Zukunft hat zu unterbleiben, daß öffentliche Angestellte öffentliche Erklärungen abgeben, die im Gegensatz zu den US-Prinzipien stehen.*[59] Fast zeitgleich befahl die Alliierte Kommandantur dem Oberbürgermeister, dafür zu sorgen, daß sich deutsche Stellen nicht in irgendeiner Art über Verzögerungen bei der Arbeit der Alliierten Kommandantur kritisch äußerten; künftig hätten sich deutsche Stellen *ähnlich unangebrachter Meinungsäußerungen* zu enthalten.[60] Im Dezember war auf einer Magistratssitzung bedauert worden, daß der Polizeiausschuß der Alliierten Kommandantur an die Berliner Polizei gelegentlich so kurzfristige Befehle erteile, daß das Polizeipräsidium dem

55 Harald Hurwitz, *Demokratie und Antikommunismus in Berlin nach 1945,* T. 3: *Die Eintracht der Siegermächte und die Orientierungsnot der Deutschen 1945–1946,* Köln 1984, S. 190–198.

56 *Berlin. Kampf...* (wie Anm. 35), S. 141 f.

57 In unserem Heim. Gästebuch der Familie Dr. Arthur Werner, S. 76–78 (im Familienarchiv Werner).

58 Mitteilung der Britischen Militärregierung an Dr. Wolf Werner vom 17. 8. 1967 (Familienarchiv Werner).

59 *Berlin 1945–1951...* (wie Anm. 36), S. 247 f.

60 *Berlin. Kampf...* (wie Anm. 35), S. 249.

Magistrat seine Aktivitäten nicht vorher anzeigen könne; auch das wurde nach reichlich später Kenntnisnahme aus dem Sitzungsprotokoll als Kritik empfunden und Ende Februar(!) mit der scharfen Replik bedacht, daß die alliierten Behörden keine mißachtenden Ausdrücke duldeten, die sich auf sie bezögen. Dem Oberbürgermeister und seinen Kollegen wurde nahegelegt, künftig für eine gebührende Ausdrucksweise zu sorgen.[61] Mitte Mai 1946 wurde wieder schweres Geschütz aufgefahren: Der Kammergerichtspräsident und der Landgerichtspräsident hatten sich in einem Brief an die Alliierte Kommandantur gegen Eingriffe der Besatzungsmächte in schwebende deutsche Gerichtsverfahren gewandt und damit einen Befehl der angesprochenen Institution an den Oberbürgermeister heraufbeschworen, wonach deutsche Beamte, die nicht mit gebührendem Respekt und allergrößter Höflichkeit an die Besatzungsmächte heranträten, künftig schwer bestraft oder entlassen würden.[62] Solche Vorfälle veranlaßten Heinrich Grüber, über einen Mittelsmann einen Brief an US-Präsident Truman zu richten, in dem er ihn dringend bat, nach Deutschland, insbesondere nach Berlin, nur geborene Amerikaner zu schicken, weil verschiedene „Remigranten", die wegen der „Nürnberger Gesetze" ausgewandert waren und nun als Offiziere oder Beamte zurückkamen, wegen ihrer Ressentiments mehr Schaden als Nutzen brachten.[63] Werner hingegen nahm solche massiven Schelten ohne Illusionen zum Anlaß, die Verwaltungen darauf aufmerksam zu machen, *daß man den Herren in Wort und Schrift stets in sehr höflicher Weise entgegentreten müßte, denn wir sind eben ein besiegtes Volk und haben uns in jeder Beziehung den Anordnungen der Besatzungsmacht zu fügen.*[64] Allerdings demonstrierte er selbst mindestens in e i n e m Fall, daß man nicht unbedingt jeder Anordnung eines Besatzungsgewaltigen sklavisch folgen müsse. Als er am 13. November 1945 etwa gegen 12.00 Uhr zu Marschall Shukov befohlen wurde, weigerte er sich höflich, aber bestimmt, dem sofort nachzukommen, weil er an der Beisetzung des letzten Berliner Stadtverordnetenvorstehers vor der NS-Herrschaft, Johannes Haß, teilnehmen wollte; das sei schon notwendig, argumentierte er gegenüber dem sowjetischen Verbindungsoffizier, denn die Berliner würden sonst sagen, der Oberbürgermeister gehe überall hin, aber bei der Würdigung eines verdienten Kommunalpolitikers sei er nicht anwesend.[65]

Einen durchaus berechtigten Eklat zwischen Alliierter Kommandantur und Magistrat gab es, als Anfang März der dem Magistrat zugehörige Hauptausschuß „Opfer des Faschismus" zu einer politischen Kundgebung aufrief, um die umstrittene Vereinigung von KPD und SPD zu unterstützen. Wegen dieser parteipolitischen Aktivität der Stadtverwaltung gab es eine erboste Intervention der Amerikaner in der Alliierten

61 *Berlin 1945–1951...* (wie Anm. 36), S. 368.

62 *Berlin. Kampf...* (wie Anm. 35), S. 438. Der Wortlaut des Briefes in: A. Werner, *Erlebtes...* (wie Anm. 13), Bd. 7, S. 1004.

63 H. Grüber, *Erinnerungen...* (wie Anm. 21), S. 265.

64 A. Werner, *Erlebtes...* (wie Anm. 13), Bd. 7, S. 1003.

65 *A.a.O.*, Bd. 7, S. 983.

Kommandantur, und ihre sowjetischen Alliierten handelten prompt im Sinne guten Einverständnisses der Besatzungsmächte. Sie verhafteten den verantwortlichen Sekretär des Hauptausschusses wegen des Verstoßes gegen seine amtlichen Befugnisse, erhoben allerdings angesichts seiner Verdienste im Widerstand gegen das NS-Regime keine Anklage. Arthur Werner distanzierte sich schriftlich bei der Alliierten Kommandantur von der Veranstaltung, und Maron sah sich veranlaßt, auf der nächsten Magistratssitzung am 9. März herauszustellen, daß Verwaltungsarbeit nicht mit Politik verknüpft werden dürfe.[66]

Dem äußeren Schein nach wurde im Magistrat auch versucht, die Parteipolitik vor der Tür zu lassen, und Arthur Werner stand mit seiner ganzen Person dafür.[67] Tatsächlich aber schlugen sich die politischen Auseinandersetzungen um die Vereinigung oder Nicht-Vereinigung von KPD und SPD seit Jahresbeginn 1946 auch bei Magistratsmitgliedern nieder, und der Sozialdemokrat Gustav Klimpel – ohnehin keine kämpferische Natur[68] – kam Ende Februar um seinen Rücktritt ein, der auch gewährt wurde. Werner leistete einer kritischen Wertung seiner Person durch die erfolgreich gegen ihre Vereinnahmung in die Einheitspartei kämpfenden Berliner Sozialdemokraten verständlichen Vorschub, als er auf dem Gründungsparteitag der SED zu Ostern 1946 herzliche Grußworte vortrug;[69] aber er selbst sah darin sehr wahrscheinlich überhaupt keine p a r t e i politische Stellungnahme, weil es immerhin der erste Parteitag einer deutschen Partei war, der unter ihm als Stadtoberhaupt in der deutschen Hauptstadt stattfand; und der Inhalt dieser wieder einmal deutlich repräsentativen Rede vermied jede Bezugnahme auf Kommunisten und Sozialdemokraten, sondern widmete sich nur der Wertung der „Schaffenden" und der „Arbeiterschaft" beim Wiederaufbauwerk.[70]

Zum ersten Jahrestag der Einsetzung des Magistrats konnten die in ihm verbliebenen Mitglieder – außer Hermes hatten von den ursprünglichen Stadträten auch Noortwyck und Sauerbruch ihre Ämter aufgeben müssen, weil die Alliierte Kommandantur sie im Oktober als ns-belastet eingestuft hatte – doch mit erheblichem Stolz auf die in diesem Jahr erbrachten Leistungen zurückblicken. Jetzt überreichte Arthur Werner seinen Mitstreitern auch Berufungsurkunden und erhielt im Gegenzug von ihnen eine Bestallungsurkunde für sein Amt als Oberbürgermeister, die in ihrer Kuriosität den besonderen Umständen der Amtsübernahme im Mai 1945 entspricht. Kein Berliner Stadtoberhaupt außer Dr. Arthur Werner ist je in den Besitz einer Bestallungsurkunde geraten, die „Der Magistrat der Stadt Berlin" unterzeichnet hat und den Oberbürger-

66 H. Hurwitz, *Die Eintracht...* (wie Anm. 55), S. 193 f. und *Berlin. Kampf...* (wie Anm. 35), S. 378 f.

67 E. Kehler, Mündliche Mitteilung an den Verfasser.

68 A. Werner, *Erlebtes...* (wie Anm. 13), Bd. 7, S. 996.

69 Im *Minister Ploetz* (Berthold Spuler [Hrsg.], *Regenten und Regierungen der Welt),* T. 2, Bd. 4, *1917/18–1964,* Würzburg 1964, S. 101 wird Arthur Werner mit einer SPD-Mitgliedschaft ausgestattet und konstatiert, daß er seit 21. 4. 1946 der SED angehörte. Beides entbehrt jeder Grundlage.

70 A. Werner, *Erlebtes...* (wie Anm. 13), Bd. 6, S. 883–886.

meister *im Kreise der Amtsträger des Magistrats der Stadt Berlin* begrüßt.[71] Eine Festveranstaltung am 20. Mai gab den einzelnen Ressorts Gelegenheit zur Selbstdarstellung und dem Oberbürgermeister zu verdienten repräsentativen Auftritten beim Eröffnungs- und Schlußwort, in denen die in Berlin wirkende kommunale Demokratie genauso gefeiert wurde wie der Zusammenklang von Schaffenskraft der Berliner mit dem verantwortungsbewußten Wirken des Magistrats und der verständnisvollen Unterstützung durch die Besatzungsmächte. Nach dieser festlich begangenen Rückschau und dem daraus ablesbaren Stolz auf die unbezweifelbare Leistung, das städtische Leben wieder in halbwegs geregelte Bahnen gelenkt zu haben, begann sehr bald für den Magistrat eine Zeit zunehmender, öffentlich geäußerter Kritik, wie er sie wohl angesichts seiner vor der Öffentlichkeit dargelegten Arbeitsleistungen nicht erwartet hatte. Aber der Magistrat rückte naturgemäß sehr schnell in das Spannungsfeld der heftigen und oft haßvollen Polemik, mit der die Stadt seit dem Aufbrechen der tiefen Kluft zwischen traditionsbewußten und mit sozialdemokratischem Selbstwertgefühl ausgerüsteten SPD-Mitgliedern und dem von der KPD konsequent betriebenen Verschmelzungsprozeß beider Arbeiterparteien zur SED lebte. Als nach wochenlangem Hin und Her – die Westalliierten ignorierten in ihren Sektoren die SED, und die Sowjets sahen in ihrem Sektor die SPD als in der SED aufgegangen an – die Koordinierungskommission des Kontrollrats am 28. Mai 1946 entschied, beide Parteien in ganz Berlin zuzulassen, zeichnete sich bereits die noch 1946 vorzunehmende Durchführung von Wahlen ab. Bis dato gab es allerdings überhaupt keine staats- oder verwaltungsrechtliche Grundlage dafür, wenngleich der Magistrat schon seit Oktober davon sprach, daß eine *Art Verfassung* dringend notwendig sei und zum Anfang des Jahres 1946 ein mit den Bezirksbürgermeistern und dem Einheitsausschuß der vier Parteien abgestimmter Entwurf vorlag. Obgleich an ihm auch Verteter der CDU mitgearbeitet hatten, brachte er doch wesentliche Aspekte der dirigistischen Gesellschaftskonzeption der Kommunisten zum Ausdruck: eine Konzentration erheblicher Machtbefugnisse beim Magistrat und eine Einwohnervertretung aus je 20 Vertretern der vier Parteien und 20 Gewerkschaftsvertretern.[72] Diesen Entwurf akzeptierte die Alliierte Kommandantur aber nicht, verlangte bis zum 1. Mai einen neuen Entwurf und beauftragte parallel dazu ihre eigene Rechtsabteilung mit der Ausarbeitung einer Vorlage.[73] Der vom Magistrat erarbeitete zweite Entwurf lag Ende April vor und sah nun eine Stadtverordnetenversammlung von 200 Abgeordneten vor, die durch Verhältniswahl zu wählen seien.[74] Werner versuchte auf der Magistratssitzung vom 29. April, die diesen zweiten Entwurf verabschiedete, vergeblich, größere Befugnisse für den Oberbürgermeister – zum Beispiel ein Beanstandungsrecht hinsichtlich der Handlungen einzelner Magistratsabteilungen – festlegen zu lassen.[75] Zur selben Zeit erörterte man in der Alliierten Kommandantur

71 Original im Familienarchiv Werner.
72 *Berlin. Kampf...* (wie Anm. 35), S. 313 u. S. 323.
73 *A.a.O.,* S. 362 u. S. 399.
74 *Berlin 1945–1951...* (wie Anm. 36), S. 1093–1095.

bereits zum wiederholten Male das Abhalten von Wahlen in Berlin, überwies aber die Problematik an die Koordinierungskommission des Kontrollrats. Ende Mai bat eine Funktionärskonferenz der SPD die Alliierte Kommandantur um baldmögliche Kommunalwahlen, und eine Woche später erklärte der Kontrollrat sein Einverständnis mit deren Vorhaben, die Wahlen im Oktober stattfinden zu lassen, vorausgesetzt, es gäbe bereits die vom Rechtsausschuß der Alliierten Kommandantur ausgearbeitete Verfassung.[76] Die lag dann am 9. Juli vor und wurde nach dem üblichen Weg durch die Instanzen am 13. August dem Magistrat zusammen mit der Wahlordnung und dem Wahltermin 20. Oktober übergeben. Der Wahltermin war aber schon Anfang Juli in der Alliierten Kommandantur fixiert worden und durch gezielte Indiskretion an die Berliner Parteien gelangt. Mit dem beginnenden Wahlkampf wurde die latent vorhandene Kritik an der personellen Zusammensetzung von Magistrat und Bezirksämtern nun in einer schärferen Tonart vorgetragen. Die Angriffe wurden persönlicher und zunehmend unsachlicher, wobei auch glasklar auf Neid spekuliert wurde. Breit ausgeschlachtet wurde, daß die Russen dem Oberbürgermeister eine Kuh überlassen hatten, damit ihm eine kontinuierliche Versorgung mit Milch garantiert würde. Ganz besonders eifrig im Anprangern von – wirklichen oder angeblichen – Privilegien waren die von der SPD kontrollierten Zeitungen „Telegraf" und „Der Sozialdemokrat", womit sie einem Antrag an den SPD-Landesparteitag von Mitte August entsprachen, der ohne Umschweife diese auf Personen zugespitzte Schlammschlacht im Wahlkampf verlangt hatte.[77] Werner, der solche Wahlkampfmethoden noch nie am eigenen Leibe erfahren hatte, war aufs Tiefste verletzt. Er hatte zwar die Genugtuung, daß selbst im „Sozialdemokrat" ein Leserbrief erschien, der im Zusammenhang mit der Kampagne gegen des Oberbürgermeisters Kuh dazu mahnte, dem Haupt einer Weltstadt doch ein Stück Milchvieh zu gönnen: *Wir werden noch alle ersticken an Neid und Mißgunst*, hieß es da.[78] Aber er mußte auch erleben, daß der „Telegraf" einen wirklich perfiden Dreckwurf startete, indem er ihm unterstellte, wegen seiner seit dem Sommersemester 1946 wahrgenommenen Gastprofessur für antike Baukunst an der Technischen Universität sich nicht um den Wiederaufbau Berlins zu kümmern, sondern sich an dessen Ruinen zu berauschen![79] Unterderhand wurde ihm auch zugetragen, daß „Der Tagesspiegel" seine zeitweilige NSDAP-Mitgliedschaft eruiert habe und sie veröffentlichen wolle. Da er auch vor der Alliierten Kommandantur daraus kein Geheimnis gemacht hatte und selbst deren strenge Maßstäbe keinen Grund für eine notwendige Entnazifizierung hergaben, intervenierte er beim US-Stadtkommandanten Howley, der den amerikanisch lizenzierten „Tagesspiegel" veranlaßte, auf eine Publikation zu verzichten. Allerdings spielte der das Material dem „Telegraf" zu, der es veröffentlichte, aber angesichts der

75 Protokoll der Magistratssitzung vom 29. 4. 1946 (Auszug). Vgl. Anm. 44.
76 *Berlin. Kampf...* (wie Anm. 35), S. 452.
77 Faksimile der Antragsvorlage in: *Neues Deutschland* vom 29. 8. 1946.
78 *Der Sozialdemokrat* vom 28. 8. 1946.
79 *Puck. Satirische Wochenendbeilage des Telegraf* vom 19. 10. 1946.

Stadtkommandanten, deren Reaktion man nicht einkalkulieren konnte, immerhin so verschlüsselt, daß der Laie nicht erkennen konnte, wer gemeint war.[80] Natürlich konnte dem Oberbürgermeister Wahlpropaganda vorgeworfen werden, wenn er gerade im Wahlkampf zwei Ausstellungen eröffnete, in denen er die in seiner bisherigen Amtszeit vorzuweisenden Aufbauleistungen darlegte beziehungsweise den Ausblick auf den umfassenden Neuaufbau skizzierte – aber diese Ausstellungen waren lange vorbereitet worden, und ihre Konzeption kam von Hans Scharoun, dessen Sympathien mehr bei der SPD als bei der SED lagen; natürlich war Arthur Werner anzukreiden, daß er sich für ein Vorwort für eine SED-Wahlbroschüre „Berlin baut auf" gewinnen ließ, für die Otto Grotewohl als SED-Vorsitzender verantwortlich zeichnete. Aber fast zur gleichen Zeit sprach er auch bei der Umwandlung des Drahtfunks im US-Sektor zum Hörfunk RIAS und rühmte dabei die Tatsache, daß durch die Vier-Mächte-Besatzung die frische Luft des ungefesselten Geistes inneren Reichtum verschaffe, der mit manch äußerer Not versöhnen könne; daß es nur zu begrüßen sei, wenn die Berliner jetzt mehrere Ortssender empfangen könnten[81] – was die SED-Stadträte mit Sicherheit anders sahen. Werners Sinn für Gleichbehandlung und Gerechtigkeit schlug sich auch in einer anderen Episode nieder. Zum einjährigen Bestehen der „Berliner Zeitung" hatte er diesem Organ des Magistrats – dies war das Blatt seit Ende Juni 1945 – eine herzliche Gratulation zugesandt. Als nun Ende September „Der Tagesspiegel" sein einjähriges Bestehen feierte, sandte ihm Werner trotz der in dessen Spalten vorgebrachten bösartigen Angriffe auf den Magistrat in seiner Eigenschaft als seinerzeitiger Überbringer der US-Lizenz Glückwünsche unter Betonung der Tatsache, daß diese Zeitung durch ihre streitbare Geistigkeit viel dazu beigetragen habe, *jede Gefahr des Abgleitens der Berliner Presse in eine flache Monotonie von Grund auf zu bannen.*[82]

Das Wahlergebnis vom 20. Oktober 1946 machte dann eindeutig klar, daß die Berliner Wähler für eine Abkehr von den Bestimmungsverhältnissen in dem seit Mai 1945 amtierenden Magistrat votiert hatten. Mit dem eindeutigen Wahlsieg der SPD, die den Magistrat und die Bezirksverwaltungen im Wahlkampf als Festungen der Kommunisten angegriffen hatte, war eine personell gänzlich veränderte Stadtverwaltung abzusehen. Oberbürgermeister Werner wurde noch in der Wahlnacht von einem Pressevertreter befragt und gab sich erfreut über die hohe Wahlbeteiligung, huldigte aber – wenigstens vor der Öffentlichkeit – noch der Illusion, daß für die künftige Wahl des Berliner Oberbürgermeisters seine Person nicht ohne Chancen sei, denn die besondere Lage Berlins verlange an dessen Spitze nicht einen *einseitigen Exponenten einer Partei, sondern einen überparteilichen Oberbürgermeister zu seinem obersten Repräsentanten.* Das hätten allerdings die Alliierte Kommandantur und die neugewählten Stadtverordneten zu entscheiden. *Ich warte für meine Person diese Entscheidung mit ruhiger Zuversicht*

80 A. Werner, *Erlebtes...* (wie Anm. 13), Bd. 7, S. 1039; und *Telegraf* vom 10. 10. 1946.
81 A. Werner, *Erlebtes...* (wie Anm. 13), Bd. 5, S. 773 f.
82 *A.a.O.*, Bd. 6, S. 269.

ab.[83] In der am folgenden Wochenende erscheinenden sowjetisch lizenzierten kulturpolitischen Wochenzeitung „Sonntag" wurde dieser Standpunkt von Werner unter der Überschrift „Der Stadtpräsident von Berlin" noch einmal *in extenso* behandelt.[84] Am Rande, außerhalb des Wahlnacht-Interviews, qualifizierte er den Wahlausgang allerdings für den Magistrat als ein *Staatsbegräbnis 1. Klasse.*[85] Auf der zwei Tage später stattfindenden Magistratssitzung wertete er den Wahltag als eine entscheidende Zäsur in der amtlichen Arbeit wohl aller Magistratsmitglieder. Der bei bevorstehendem Abtreten von einer wie immer gearteten Bühne übliche Trost, daß die Verdienste der Betroffenen erst eine spätere Zeit werde objektiv würdigen können, wurde auch bei dieser Gelegenheit ausgesprochen. Auf der nächsten Sitzung der Bezirksbürgermeister, am letzten Oktobertag, äußerte sich Werner jedoch schon entschieden würdiger mit der grundsätzlichen Bemerkung, *dieses Votum des Volkes ist nach den von uns allen anerkannten Grundsätzen der Demokratie das oberste Gesetz.*[86] Die Alliierte Kommandantur, die die Schlammschlacht gegen den Magistrat während des Wahlkampfes durchaus zur Kenntnis genommen hatte und an seine Leistungen die Meßlatte ihrer eigenen Erwartungen anzulegen gewohnt war, sandte dem noch amtierenden Oberbürgermeister vorsichtshalber ein Schreiben, das laut Befehl bei der Konstituierung der Stadtverordnetenversammlung dort zu verlesen war. So hörten die Stadtverordneten dann am 26. November auf ihrer ersten Sitzung die Ansicht der Kommandanten, *daß der z. Z. amtierende, von den Alliierten Besatzungsbehörden ernannte Magistrat auf ehrliche und gewissenhafte Weise seine Aufgaben erfüllt hat, die darin bestanden, in einer durch die Kriegsereignisse zertrümmerten Stadt Ordnung zu schaffen, die Wiederbelebung der Stadt in die Wege zu leiten, unter ungünstigen Verhältnissen die gleichmäßige Zufuhr von Nahrungsmitteln und Brennstoffen für die Berliner Bevölkerung zu organisieren sowie die Demokratisierung und Entnazifizierung der Verwaltung und der öffentlichen und wirtschaftlichen Einrichtungen der Stadt durchzuführen. Auf der Grundlage des bisher Geleisteten können nunmehr die neugewählten demokratischen Organe der Selbstverwaltung ihre schaffende Tätigkeit mit Erfolg entwickeln ...*[87] Ihre persönliche Wertschätzung für Arthur Werner hatten die Kommandanten bereits drei Tage vorher zum Ausdruck gebracht, als sie ihn noch einmal gemeinsam in seiner Amtsvilla besuchten.[88] Das hielt den „Telegraf" am folgenden Tag nicht davon ab, Mannesmut vor Königsthronen zu demonstrieren und in der Glosse „Ein Nekrolog" Arthur Werner herabzuwürdigen, indem ihm nachgerufen wurde, es stimme versöhnlich zu wissen, daß die Rolle des Sprechers der Geschichte die letzte Rolle sei, die er noch zu spielen in der Lage sei. Eine so ungehörige Quittung hatte Werner zum geringen Teil auch selbst provoziert durch sei-

83 *A.a.O.,* Bd. 6, S. 788.
84 *Sonntag,* 1. Jg. (1946), Nr. 17 vom 27. 10.
85 *Berlin 1945–1951...* (wie Anm. 36), S. 1144.
86 A. Werner, *Erlebtes...* (wie Anm. 13), Bd. 6, S. 793–795.
87 *A.a.O.,* Bd. 7, S. 1047.
88 In unserem Heim... (wie Anm. 57), S. 96 f.

Magistratssitzung unter Oberbürgermeister Werner im Winter 1945/46

ne erste selbstsichere Reaktion in der Wahlnacht. Immerhin unterlag der Glossenschreiber einer Täuschung, denn Arthur Werner spielte noch eine wichtige konstitutionelle Rolle, als er zwei Tage später entsprechend der „Vorläufigen Verfassung von Groß-Berlin" während der ersten Sitzung der Stadtverordnetenversammlung jeden einzelnen Abgeordneten per Handschlag zur gewissenhaften Einhaltung seiner Obliegenheiten verpflichtete. Erst auf der 3. Stadtverordnetentagung am 5. Dezember wurde der neue Magistrat gewählt, und natürlich war gar keine Rede davon, daß die stärkste Fraktion, die SPD, zugunsten eines Parteilosen auf die Besetzung des Oberbürgermeisteramts verzichtete: Otto Ostrowski (SPD), bislang Bezirksbürgermeister von Wilmersdorf, wurde Arthur Werners Nachfolger. Als er allerdings versuchte, schon am folgenden Tag dessen Amtsräume zu übernehmen, erlebte er eine herbe Enttäuschung, denn Werner sah sich nicht zu Unrecht als von den Besatzungsmächten berufen an und war sicher, daß es seiner Abberufung durch die Alliierte Kommandantur bedürfe, bevor er sein Amt einem Nachfolger übergäbe. Am 10. Dezember nahm diese den Rücktritt an und teilte das am nächsten Tag Arthur Werner mit, der daraufhin Otto Ostrowski sein Amt übergab, das er somit exakt 576 Tage innegehabt hatte.
Als Oberbürgermeister a. D. stand Arthur Werner keineswegs eine gesicherte Zukunft bevor. Sein Gehalt hatte 450 RM betragen, und seit Mai 1946 erhielt er für vier Wochenstunden Vorlesungen aus seiner Professur ein monatliches Honorar von 250 RM. Der neue Magistrat dachte nicht daran, ihm eine Ehrenpension zu zahlen, so daß er neben einer minimalen Rente nur das Einkommen aus der Professur hatte. Da er noch

bis zum August 1947 die Amtswohnung in Biesdorf innehatte, mußte er erleben, daß das Wohnungsamt Steglitz sein Haus in Lichterfelde-West beschlagnahmte, und seine Beschwerde dagegen wurde von der amtierenden Oberbürgermeisterin Louise Schroeder (SPD) so erfolgreich auf den Dienstweg gegeben, daß sie versickerte; nur die Intervention von Ferdinand Friedensburg (CDU), der als Stellvertreter des Oberbürgermeisters fungierte, brachte Werner die Freigabe seines Hauses, das er im September 1947 wieder bezog. Als Professor stand ihm auch die Lebensmittelkarte der Stufe I zu, aber unter dem Vorwand, das gelte nicht für Honorarprofessoren, wurde ihm im Bezirk Steglitz nur Stufe III zugebilligt. Dagegen protestierte er nun erfolgreich beim amerikanischen Stadtkommandanten Howley, der die Zuteilung der Stufe I anwies und das damit kommentierte, das sei doch selbstverständlich, denn Werner habe das Amt des Oberbürgermeisters in der schwierigsten Zeit übernommen und so gut verwaltet, daß die Stadt ihm zu großem Dank verpflichtet sei.[89] Nach der Währungsreform wurde sein Lehrauftrag an der Technischen Universität auf zwei Wochenstunden und damit das monatliche Honorar auf 125 DM herabgesetzt, was ihn endgültig dazu zwang, mit 73 Jahren wieder eine Arbeit zu suchen. Er wurde Vertreter einer Baustoff-Firma.[90] Die im Baugewerbe herrschende Korruption widerte ihn jedoch derart an, daß er nach einer anderen Lösung suchte und sie in der Wiedereröffnung seiner privaten Bauschule fand, die im Oktober 1950 im Hause Köhlerstraße 22 ihren Betrieb aufnahm. In West-Berlin schien Werners Episode als Oberbürgermeister völlig in Vergessenheit geraten, bis auf die Tatsache, daß der britische Geheimdienst im Juni 1952 seine persönliche Bekanntschaft mit nunmehrigen DDR-Größen ausnutzen und ihn dazu bewegen wollte, den DDR-Ministerpräsidenten Grotewohl zur Flucht in den Westen zu überreden.[91]

In der DDR wurde er hingegen mehrfach geehrt, so unter anderem im Oktober 1954 durch die Verleihung des gerade zum 5. DDR-Jahrestag gestifteten „Vaterländischen Verdienstordens" in Gold.[92] Zu seinem 80., 85. und 90. Geburtstag erhielt er Glückwünsche von der SED- und DDR-Führung, für die sein einstiger Erster Stellvertreter Maron sorgte – von Mitte 1955 bis Ende 1963 DDR-Innenminister. Zu Werners 85. Geburtstag widmete ihm das SED-Zentralorgan „Neues Deutschland" gar eine ganze Seite. Arthur Werner ging deshalb in das offizielle Geschichtsbild der DDR ein, weil er so überzeugend die angeblich kluge und erfolgreiche Politik des Bündnisses von Kommunisten mit den einsichtsvollen Vertretern anderer politischer Richtungen auf dem Weg in die realsozialistische Gesellschaft exemplifizierte. Eine Distanzierung von seiner Zusammenarbeit im Jahre 1945/1946 mit späteren DDR-Spitzenfunktionären war von ihm nicht zu erwarten, da er durch seinen Wohnsitz in West-Berlin politischen Entwicklungen innerhalb der DDR fernstand und die Zusammenarbeit mit

89 A. Werner, *Erlebtes...* (wie Anm. 13), Bd. 7, S. 992–994.
90 *Die Neue Zeitung*, Berliner Ausgabe vom 4. 6. 1950.
91 A. Werner, *Erlebtes...* (wie Anm. 13), Bd. 8, S. 1106–1109.
92 Verleihungsurkunde im Familienarchiv Werner.

einer ganzen Reihe ihrer führenden Repräsentanten in bester Erinnerung hatte. Damit befand er sich übrigens in vollem Einklang mit Heinrich Grüber, der noch im Jahre nach Werners Tod in seinen Erinnerungen klarstellte, daß er es nie bereut habe, im Nachkriegsmagistrat mitgearbeitet zu haben: *Die Verhandlungen verliefen sachlich. Ungeachtet aller Gegensätze bemühten wir uns, die Not der Bevölkerung zu lindern. Die Zusammenarbeit war deshalb so erfolgreich, weil alle Männer im Magistrat, ganz gleich, wo sie politisch und weltanschaulich beheimatet waren, Achtung vor der Arbeit und den Anregungen der anderen hatten.*[93]
Arthur Werner verstarb bald nach seinem 90. Geburtstag am 27. Juli 1967. Sein eigentliches Lebenswerk, die „Technische Privatschule von Dr.-Ing. A. Werner", überlebte ihn noch bis zum 31. Januar 1977.[94]

93 H. Grüber, *Erinnerungen...* (wie Anm. 21), S. 236 f.
94 H.-J. Wefeld, *Ingenieure...* (wie Anm. 11), S. 332 f.

Charlottenburg, das zu dieser Zeit noch nicht zu Berlin gehörte, das Schiller-Gymnasium zu besuchen und das Abitur zu bestehen. Es folgte ein neuphilologisches Studium mit dem Hauptfach Romanistik in Berlin, begleitet von mehreren Studienaufenthalten in Frankreich und England, wobei er in Roanne/Loire (1904) und Lyon (1905) an Gymnasien Deutschunterricht erteilte und in Chantilly bei Paris seinen Studienabschluß vorbereitete. Hier lernte Ostrowski unter anderen Jean Jaurès und Gustav Téry kennen, knüpfte erstmals Kontakte zur politischen Linken und schloß sich der Freidenkerbewegung an.

Noch vor seiner Promotion an der Universität Greifswald am 16. März 1909 mit einer Dissertation zum Thema „Le mystère de Saint Crespin et Crespinien nach dem Manuscript No. 219 der Bibliothek in Chantilly" ging er Ende 1908 für zweieinhalb Monate nach Sheffield, um seine Englischkenntnisse zu erweitern. Nach bestandenem Staatsexamen in den Fächern Französisch, Englisch und Deutsch wirkte Ostrowski als Lehrer zunächst an der „Abiturientenpresse" von Dr. Fischer in der Berliner Zietenstraße, dann in freien Landerziehungsheimen, so in Buschgarten bei Fürstenwalde und im Harz. Spät erst (1913/14) absolvierte er sein Seminarjahr am Realgymnasium in Nordhausen. Ein Probejahr in der Berliner Vorortgemeinde Lankwitz schloß sich an (1914/15). Vom Militär wurde Ostrowski für dienstuntauglich befunden, und der Erste Weltkrieg ging fast spurlos an ihm vorüber. Ein Feriensprachkurs an der University of London, den er am 13. Juli 1914 begonnen hatte, fand wegen Ausbruch des Krieges bereits zwei Wochen später ein vorzeitiges Ende. Die Gemeinde Lankwitz übernahm Ostrowski im Anschluß an sein Probejahr bis zum Herbst 1918 als wissenschaftlichen Hilfslehrer, der während dieser Zeit nur zweimal für wenige Wochen, unter anderem im Ersatzbataillon des Gardefüsilierregiments in der „Maikäfer-Kaserne" in der Berliner Chausseestraße, als gemeiner Soldat zu dienen hatte. Weitere vier Jahre als Studienrat am Lankwitzer Lyzeum schlossen sich an.

Während seines pädagogischen Wirkens hat sich Ostrowski erstmals parteipolitisch betätigt: Er gehörte dem örtlichen Vorstand der Vaterlandspartei an.[4] Doch die revolutionären Ereignisse gegen Ende des Weltkrieges schlugen auch ihn in Bann. Er wechselte das politische Lager, trat der MSPD bei, die ihn zum (nebenamtlichen) Gemeindevorsteher von Lankwitz avancieren ließ. An seiner konservativen Wirkungsstätte verübelte man ihm diesen abrupten Wandel und versuchte ihn aus dem Schuldienst zu drängen, in dem Ostrowski wohl selbst nicht die Erfüllung seines Berufslebens gesehen hat.[5] Mehrere Jahre war er noch nebenamtlich als Kommunalpolitiker in Lankwitz tätig[6] und in die politischen Zeitereignisse verstrickt, bis er im Juni 1922 endlich den Schuldienst quittieren und als Bürgermeister nach Finsterwalde (Niederlausitz) gehen

4 Dies geht aus einer Beschwerdeschrift von Eltern einiger Schüler des Lankwitzer Realgymnasiums vom 30. März 1921 an den Preußischen Minister für Wissenschaft, Kunst und Volksbildung hervor, die Ostrowskis Abberufung als Lehrer forderten; *Nachlaß Ostrowski* (wie Anm. 2), Nr. 11 B.

5 *Ebda.*

Otto Ostrowski, * Spremberg (Niederlausitz) 28. 1. 1883, † Knokke (Belgien) 19. 6. 1963, Oberbürgermeister von Berlin 1946–1947

konnte.[7] In einer 1958 verfaßten Lebenslaufskizze, die von der Verbitterung seines letzten Lebensjahrzehnts geprägt ist, heißt es dazu: *1920 starke Beteiligung am Kapp-Putsch, von der Marine-Brigade Ehrhard gefangen genommen, entkommen und erfolglos verfolgt. April 1921 im Kampf gegen die Hölz-Banditen unter Führung des Berliner Kommunistenhäuptlings Reuter-Friesland, im Auftrag des Berliner Parteivorstandes zusammen mit Adolf Wuschick. 1921 Delegierter der SPD zum Görlitzer Parteitag; Vertretung der Koalitionsnotwendigkeit, das ganze Jahr 1921 über in Berlin, im Gegensatz zum Berliner Parteivorstand, der von Unabhängigen bis 1933 besetzt war (Franz Künstler und Litke als Vorsitzende). 1922 in Opposition zu Franz Krüger, Vorsitzender der gesamten SPD; nach Finsterwalde abgedrängt, Übernahme der Bürgermeistergeschäfte vom Juni 1922 bis Februar 1926 auf Wunsch der Finsterwalder SPD-Organisation. Erfolgreiche Führung der zahlreichen SPD-Gruppe und Fernhaltung aller kommunistischen Einflüsse im Krisenjahr 1923. Beträchtliche Mehrung der SPD-Stimmen bei der Wahl 1924.*[8]

Bereits nach vier Jahren als Bürgermeister von Finsterwalde wirkte Ostrowski wieder in Berlin. Die Bezirksversammlung Prenzlauer Berg hatte im Oktober 1925 die Stelle des Bezirksbürgermeisters neu ausgeschrieben, Ostrowski bewarb sich, stellte sich Ende November der SPD-Fraktion vor und wurde am 6. Januar 1926 für eine zwölfjährige Amtszeit gewählt. Nach Bestätigung der Wahl durch den Oberpräsidenten der Provinz Brandenburg trat er am 15. Februar 1926 sein neues Amt an.[9]

Im Zeichen der wirtschaftlichen Depression der Weimarer Jahre, mit der eine Industriestadt wie Berlin schwerer fertig wurde als etwa eine reine Behörden- und Verwaltungsstadt, war der Bürgermeister eines Arbeiterbezirkes in besonderer Weise gefordert. Ostrowski scheint diese Aufgabe bewältigt zu haben. Sein Ansehen als Verwaltungsfachmann und Kommunalpolitiker, dem er 1946 auch die Berufung zum Oberbürgermeister Berlins verdanken sollte, beruhte im wesentlichen auf seiner Tätigkeit als Bezirksbürgermeister von Prenzlauer Berg. An dieser Beurteilung ändern auch die durchsichtigen Vorwände nichts, mit denen er 1933 – wie viele seiner Kollegen – aus dem Amt entfernt worden ist. Kein geringerer als der Berliner Oberbürgermeister Heinrich Sahm fungierte als Handlanger der Nazis, indem er Ostrowski Mitte März 1933 *bis auf weiteres* „beurlaubte".[10] Von der SA vorübergehend verhaftet, wurde ihm

6 Insgesamt vier Ernennungsurkunden vom Landratsamt des Kreises Teltow aus dem Jahre 1919 finden sich in: *Nachlaß Ostrowski* (wie Anm. 2), Persönliche Dokumente. Erinnerungsstücke 1945–52.

7 Ernennungsurkunde des Magistrats von Finsterwalde vom 12. Februar 1923, in: *Nachlaß Ostrowski* (wie Anm. 2), Persönliche Dokumente. Erinnerungsstücke 1945–52.

8 Lebenslauf von Dr. Ostrowski vom 16. 10. 1958, S. 2, in: *Nachlaß Ostrowski* (wie Anm. 2), Nr. 18 B.

9 Auf eine öffentliche Ausschreibung hin hatte Ostrowski sich beworben. Der SPD-Fraktionsvorsitzende der Bezirksversammlung Prenzlauer Berg, Max Hecht, lud ihn am 24. 11. 1925 zu einem Vorstellungsgespräch nach Berlin; am 6. 1. 1926 konnte ihm Max Kemnitz die erfolgreiche Wahl mitteilen, wenig später erfolgte die Ernennung durch den Oberpräsidenten. Vgl. *Nachlaß Ostrowski* (wie Anm. 2), Persönliche Dokumente. Erinnerungsstücke 1945–52.

10 Vgl. das auf S. 250 abgelichtete Schreiben Sahms, das *ebda.* überliefert ist.

der Prozeß wegen „politischer Unzuverlässigkeit" gemacht. In der nur fragmentarisch erhaltenen Klageschrift[11] wird ihm vorgeworfen,

freie Arbeitsplätze mit Angestellten, die zum überwiegenden Teil Mitglieder der sozialdemokratischen Partei waren, im Einvernehmen mit dem Betriebsratsvorsitzenden besetzt und dadurch die Verwaltung insoweit geschädigt zu haben, als die Sachbearbeitung unter dem Mangel an eingearbeiteten Beamten litt und vollkommen in Unordnung geriet,

für die im Jugendamt tätigen Erzieher der Jugend religionsfeindliche Beamte, Angestellte und Juden bevorzugt zu haben, die Leiterinnen der 8 Kinderheime und Horte der Bezirksverwaltung Prenzlauer Berg vorwiegend mit Angehörigen der jüdischen Rasse besetzt, im besonderen die Einstellung der berüchtigten Kommunistin Ruth Fischer (Golke) als Leiterin der Kinderhorte geduldet zu haben,

im Gesundheitsamt und Hufeland-Hospital fast ausschließlich jüdische Ärzte eingestellt zu haben,

national eingestellte Personen (Beamte oder Angestellte) unter völliger Mißachtung eines vom Behördenleiter zu beobachtenden obersten Grundsatzes: der Unparteilichkeit und der Gerechtigkeit geschädigt, gegen sie vielmehr zu den schärfsten Maßnahmen gegriffen, insbesondere die Einleitung eines Disziplinarverfahrens gegen einen nationalsozialistischen Beamten, Stadtinspektor K r ü g e r, veranlaßt zu haben,

die Volksbüchereien, denen der Angeschuldigte besonderes Interesse widmete, mit ausgesprochen marxistischen, kommunistischen und antireligiösen Büchern durchsetzt, sogar noch nach dem Umbruch Bücher dieser Richtung bestellt und bezahlt zu haben

[und] *dadurch ... die Dienstbestrafung der Aberkennung des Ruhegehalts, der Hinterbliebenenversorgung und der Amtsbezeichnung verwirkt zu haben.*

Ostrowski wehrte sich gegen den Hinauswurf und erhielt dabei sogar Schützenhilfe aus dem Bezirksamt, allerdings auf Kosten des (jüdischen) Stadtrates Walter Friedländer, der, um sein Leben zu retten, rechtzeitig vor den Nazis in die Schweiz geflüchtet war.[12] Eine in der Bezirksverwaltung Prenzlauer Berg formulierte Anschuldigungsschrift[13] gegen Friedländer warf ihm im Januar 1935 vor, für die Handlungen verantwortlich zu sein, die man ursprünglich dem Bezirksbürgermeister Ostrowski angelastet hatte. Wenn man der unter NS-Einfluß fabrizierten Anschuldigungsschrift gegen Friedländer insoweit Glauben schenken mag, dann war Ostrowski nicht die führende Persönlichkeit der Berliner SPD am Prenzlauer Berg: *Die SPD des Bezirks war hinsichtlich der im Bezirk einzuhaltenden Linie gespalten. Führer der einen, schwächeren Gruppe war der ehemalige Bürgermeister Ostrowski, während auf der anderen Seite der Angeschuldigte* [d. i. Walter Friedländer] *mit erheblich stärkerem Anhang stand. Diese Situation innerhalb der SPD des Bezirks Prenzlauer Berg brachte es mit sich, daß der damalige Bürger-*

11 *Nachlaß Ostrowski* (wie Anm. 2), Nr. 19 A.

12 Zu Friedländer und seinem Lebenswerk vgl. jetzt Elisabeth Harvey, *Arbeit für soziale Gerechtigkeit: Leben und Wirken von Walter Friedländer*, Berlin 1991.

13 „Anschuldigungsschrift" der Bezirksverwaltung Prenzlauer Berg, in: *Nachlaß Ostrowski* (wie Anm. 2), Nr. 19 A.

meister Ostrowski, der in der Partei eine schwächere Haltung einnahm, von seinem Gegenspieler, dem Angeschuldigten, in allen Angelegenheiten ins Schlepptau genommen wurde. Dies wirkte sich dann schließlich dahin aus, daß der Angeschuldigte als Exponent der Mehrheit der SPD seinen Willen im Bezirk in allen wichtigen Angelegenheiten durchsetzte. Ostrowski hat in seinen wenigen handschriftlichen Marginalien zu diesem Schriftstück keine grundsätzlichen Einwände gegen diese Behauptungen erhoben, und auch der Ausgang des Prozesses, den er wegen seiner Suspendierung gegen den NS-Staat führte, läßt die Vermutung zu, seine parteipolitische Rolle als Bezirksbürgermeister von Prenzlauer Berg sei eher bescheiden gewesen. Kommunalpolitisch begrüßte er das neue Gemeindeverfassungsrecht von 1931 mit der Stärkung der Position auch der Bezirksbürgermeister zu Lasten der Bezirksversammlungen und setzte sich, um Kosten zu sparen, für eine Zusammenlegung der Berliner Verwaltungsbezirke ein.[14]

Das von den Nazis 1933 angestrengte Disziplinarverfahren gegen Ostrowski ist 1938 zugunsten des weiterhin suspendierten Bürgermeisters entschieden worden, der nun eine Vermögensverwaltung übernommen hatte und mit seiner Familie in Berlin lebte, bis seine Wohnung 1943 dem Bombenkrieg zum Opfer fiel. Während dieses Jahrzehnts hat er Verfolgten der NS-Diktatur im Rahmen seiner Möglichkeiten geholfen. Ein beredtes Zeugnis dieser Haltung Ostrowskis liegt in einem Brief Martin Deutschkrons vor, dessen Frau und Tochter er in Berlin und Potsdam zu überleben half[15] und das im Gegensatz steht zu einigen abwertenden Äußerungen über Ostrowski in der vielbeachteten autobiographischen Schrift von Deutschkrons Tochter Inge, die sie unter dem Titel „Ich trug den gelben Stern“ veröffentlicht hat.[16]

Die letzten beiden Kriegsjahre und das Kriegsende erlebte Ostrowski vorwiegend in der brandenburgischen Provinz. Als er Ende Mai 1945 nach Berlin zurückkehrte, war das Bürgermeisteramt am Prenzlauer Berg, das er gern wieder übernommen hätte, bereits vergeben. Man empfahl ihn als Landrat in den Kreisen Luckau oder Calau, mit deren lokalen Gegebenheiten er bereits aus seiner Bürgermeister-Zeit in der Kreisstadt Finsterwalde vertraut war. Max Fechner, der bereits vor der Zulassung von Parteien durch die SMAD entsprechende Kontakte geknüpft hatte, erteilte ihm am 1. Juni 1945 *den Auftrag, alle ehemaligen Mitglieder der früheren Sozialdemokratischen Partei der Kreise Calau, Luckau, Jüterbog, Luckenwalde, Teltow für eine vertrauensvolle Zusammenarbeit mit den Besatzungsbehörden zu gewinnen und mit Genehmigung der zuständigen Militärbehörden für eine geeignete aktive Betätigung bei der Vernichtung des deutschen Militarismus und der nationalsozialistischen Bewegung vorzubereiten.*[17] Ostrowski organisierte

14 *Ebda.* sowie freundlicher Hinweis von Dr. Petra Grubitzsch.

15 Martin Deutschkrons „Erklärung über Herrn Dr. O. Ostrowski“ (*Nachlaß Ostrowski* [wie Anm. 2], Nr. 18 A) schließt mit der Feststellung: *Dr. Ostrowski hat wesentlich dazu beigetragen, meine oder besser unsere Rettung durchzusetzen und so meine Familie vor drohender Vernichtung bewahrt. Wir werden deshalb auch stets dankbar sein für sein mannhaftes Eintreten und für alles, was er für uns getan hat.*

16 Inge Deutschkron, *Ich trug den gelben Stern* (= dtv, Nr. 30 000), 7. Aufl., München 1992, passim, bes. aber das Kapitel „Menschliches, Allzumenschliches“, S. 147–155.

zunächst den Neuaufbau der SPD, die nach ihrer Wiederzulassung durch die SMAD ihr Berliner Hauptquartier in der Behrenstraße 35–39 aufgeschlagen hatte, in der brandenburgischen Provinz. Die Mitglieder und Funktionäre des Zentralausschusses, in dem Ostrowski bald zum kommunalpolitischen Sprecher aufrückte, saßen aber an den Schalthebeln der Macht. Hier dürfte einer der Gründe für seinen steilen Aufstieg zum Stadtoberhaupt Berlins liegen.[18] Zunächst sicherte er sich die Rückkehr in ein vertrautes Amt. Seit Mai 1946 wirkte Ostrowski als Bezirksbürgermeister, dieses Mal in Wilmersdorf.[19] Bereits ein halbes Jahr später war er der Kandidat seiner Partei für das Amt des Oberbürgermeisters von Berlin.

Als die SPD nach ihrer Wiederbegründung im Sommer 1945 damit begann, Kundgebungen in ihren historischen Tagungsstätten zu veranstalten, um zu dem Häuflein der Überlebenden neue Mitglieder zu gewinnen, hielt der kommunalpolitische Beauftragte des Zentralausschusses in der Neuköllner „Neuen Welt" ein Grundsatzreferat mit der Parole „Wir kommen durch".[20] Er ließ sich dabei von der Erkenntnis leiten, daß wirksames politisches Handeln nicht im permanenten Konflikt möglich sei: *Wir haben straffe Ordnung und Ruhe zu neuem Schaffen für unsere eigene Sache brennend nötig. Der Aufbau einer einheitlichen Gemeinschaft aller Schaffenden ohne Klassenkampf ist nur möglich, wenn unser Planen und Gestalten zur Herbeiführung einer friedlichen Gemeinschaft in völliger Ordnung vor sich gehen kann. Diese Ordnung kann trotzdem sein: eine revolutionäre Ordnung, ein ewiges Umbrechen und Neugestalten als Dauervorgang der Entwicklung, bei dem es niemals ein Verharren, Stillstehen oder Faulwerden gibt.*[21]

Obwohl Ostrowski sich im Zusammenhang mit der Fusion von KPD und SPD im Juni 1946 *nur zögernd und als einer der letzten* für seine angestammte Partei entschieden hatte, soll er sich *in jener Zeit ... durch besonders kritische Wachsamkeit und Illusionslosigkeit gegenüber den Kommunisten aus*gezeichnet haben: *Die Turnusbesprechungen in seinem Büro ... trugen nicht unerheblich zur Heranbildung eines gemeinsamen politischen Bewußtseins und zur Belebung des Widerstandswillens bei.*[22]

Doch das programmatisch-ideologische Selbstverständnis innerhalb der Berliner SPD erfuhr auch nach der Fusion eines Teils der Partei mit der KPD zunächst keine wesentliche Präzisierung, *vielmehr bewegte sich die gesamte Tätigkeit der Partei in den ausgefahrenen Gleisen, die uns bereits im Jahre 1932 zur Katastrophe geführt haben.* Dies

17 *Nachlaß Ostrowski* (wie Anm. 2), Persönliche Dokumente. Erinnerungsstücke 1945–52 (Handschreiben, Neukölln, den 1. 6. 1945).

18 Harald Hurwitz/Klaus Sühl, *Autoritäre Tradierung und Demokratiepotential in der sozialdemokratischen Arbeiterbewegung.* Köln 1984, S. 199 f.

19 Die Ernennung erfolgte per Telegramm; vgl. *Nachlaß Ostrowski* (wie Anm. 2), Persönliche Dokumente. Erinnerungsstücke 1945–52.

20 *Berliner Chronik 1945*, S. 110

21 So auch geäußert auf dem Bezirksparteitag der SPD am 25. 11. 1945; vgl. *Nachlaß Ostrowski* (wie Anm. 2), Nr. 19 B.

22 Klaus-Peter Schulz, *Auftakt zum Kalten Krieg. Der Freiheitskampf der SPD in Berlin 1945/46*, Berlin 1965. S. 35.

URKUNDE

Auf Grund des Artikels 5, Abs. 1, der vorläufigen Verfassung von Groß-Berlin hat die Stadtverordnetenversammlung in der Sitzung vom 5. Dezember 1946

Herrn/~~Frau~~

Dr. Otto Ostrowski

geb. am 28. Januar 1883 in Spremberg/Niederlausitz

zum

Oberbürgermeister

gewählt.

Berlin, den 12. April 1947

Louise Schroeder.

Bürgermeister

Bestallungsurkunde für Otto Ostrowski zum Oberbürgermeister, ausgestellt bei seinem Amtsverzicht am 12. 4. 1947 von seiner Stellvertreterin Louise Schroeder

jedenfalls teilte Karl J. Germer dem Parteiausschuß mit, als er seinen Rücktritt von seinen Parteiämtern erklärte: *Eine lebendige Aussprache ist weder an der Spitze noch bei den Gliederungen der Partei zu spüren. Die Stellungen werden von einer gewissen Clique in Anspruch genommen, deren Personen und deren Wirken ich für äußerst bedenklich halte.* Auch der erfolgreiche Widerstand der SPD in den Westsektoren gegen eine Vereinigung mit der KPD habe bei der Bevölkerung nicht die erhoffte Resonanz gefunden. Das beweise die nach wie vor außerordentlich niedrige Mitgliederzahl sowie der recht bescheidene Besuch aller Parteiveranstaltungen.[23]

Die erste wichtige Etappe auf dem Wege zu einer Demokratisierung der Gesellschaft sollten freie Wahlen sein: *Die gesamte, nach festem Halt suchende öffentliche Meinung dreht sich täglich um diese Schicksalsfrage*, stellte Ostrowski Ende November 1945 vor dem Bezirksparteitag der SPD fest.[24] Aus diesen ersten und für mehr als vier Jahrzehnte einzigen freien Wahlen in ganz Berlin nach dem Ende des Zweiten Weltkrieges ging die SPD als weitaus stärkste Partei hervor; die aus der Zwangsvereinigung von KPD und Teilen der SPD hervorgegangene SED wurde vernichtend geschlagen. Der von den Sowjets eingesetzte Magistrat unter Arthur Werner war nun durch ein demokratisch gewähltes Gremium zu ersetzen.

Dem sozialdemokratischen Parteigremium standen mit Otto Ostrowski und Hermann Lüdemann zwei Kandidaten zur Verfügung, die beide eher als Verwaltungsfachleute denn als Politiker galten. So sah das auch Ostrowski, selbst wenn er verständlicherweise die politische Bedeutung der Position des Oberbürgermeisters nicht verleugnen wollte: *Ob ich selbst als Politiker oder als Verwaltungsmann mein Amt wahrnehmen werde, ist eine Frage, die aus der Lage der Dinge schnell beantwortet werden kann. Ein Politiker ohne gründliche Verwaltungserfahrung kann dem vorliegenden Aufgabenkreis nicht gewachsen sein. Einem reinen Verwaltungsbeamten ohne sichere politische Grundhaltung fehlt die Voraussetzung für ein erfolgreiches Arbeiten inmitten des im Magistrat zusammenlaufenden Vier-Parteien-Spiels. Das Schwergewicht meiner Arbeit wird freilich in der Verwaltungsarbeit liegen. So will es meiner Meinung nach auch die Berliner öffentliche Meinung.*[25]

Nachdem die Stadtverordnetenversammlung ihn am 5. Dezember 1946 zum Oberbürgermeister gewählt sowie Ferdinand Friedensburg (CDU), Heinrich Acker (SED) und Louise Schroeder (SPD) zu seinen Stellvertretern bestimmt hatte, sah sich Ostrowski zunächst vor die Aufgabe gestellt, der bitteren Not und dem Elend der unmittelbaren Nachkriegszeit zu begegnen. „Wirtschaft, Wohlfahrt und Erziehung“ standen für ihn im Vordergrund seiner Bemühungen um eine Verbesserung der Lebenslage

23 Karl J. Germer, An den Parteiausschuß der SPD, am 4. 7. 1946, in: Franz-Neumann-Archiv, Sammlung Staffelt, Teil IV.

24 Rede auf dem Bezirksparteitag der SPD, 25. 11. 1945, in: *Nachlaß Ostrowski* (wie Anm. 2), Nr. 19 B.

25 Otto Ostrowski, Entwurf zu einem Interwiev mit dem Chefredakteur Kersten vom US-Funk, geplant für den 19. 11. 1946, in: *A.a.O.*, Nr. 7 A.

der Berliner Bevölkerung: *Es gilt, um jeden Preis die Arbeit in Gang zu bringen, alle verfügbaren Kräfte einzusetzen und produktive Arbeit zu leisten. Dazu wird es notwendig sein, sich besonders um die Beschaffung von Rohmaterialien zu bemühen und den Baumarkt in Bewegung zu setzen.* Sein besonderes Augenmerk wollte der neue Oberbürgermeister auf die Behinderten, Alten, aber auch auf die Jugend lenken. Der bevorstehende Winter 1946/47 sollte sich mit besonders starken Frostperioden bemerkbar machen. Dafür war die Stadt nicht gerüstet, es fehlte an Heiz- und Brennstoffen. Mehr als 125 000 Schulkinder waren nur mit leichter Bekleidung ausgestattet und besaßen keine Schuhe. Hier konnte nur mit Unterstützung der Alliierten Abhilfe geschaffen werden. Um den Oberbürgermeister mit den notwendigen Kompetenzen auszustatten, unterstellte ihm das Parlament das Planungsamt der Stadt.[26]

Als weitere vordringliche Aufgabe sah es Ostrowski an, eine leistungsfähige kommunale Verwaltung aufzubauen. Gespräche darüber führte er mit allen Parteien, also auch mit der SED, der es allerdings eher darauf ankam, mit dem führenden SPD-Mitglied Ostrowski als mit ihm in seiner Eigenschaft als Oberbürgermeister zu sprechen. Dieser sah das ganz anders. Auch bei brisanten Problemen wollte Ostrowski unabhängig von Aufträgen und Weisungen seiner Partei als Leiter des Magistrats agieren, was ihm in einer speziellen Angelegenheit, der Auswechselung der stellvertretenden Abteilungsleiter, die alle der SED angehörten, zum Verhängnis werden sollte. Nach einer Unterredung mit SED-Funktionären unterzeichnete er ein Protokoll, das ihm den Vorwurf eigenmächtigen Handelns in einer wichtigen Angelegenheit eintrug. Das Stadtoberhaupt habe – zusammen mit dem späteren Polizeipräsidenten von Berlin (West) – hinter dem Rücken der Partei eine Einheitsfront mit den Kommunisten schaffen wollen.[27]
Ostrowski kannte durchaus die konträre Haltung der „Schumacher-Fraktion" in seiner Partei, die auf Konfrontationskurs gegenüber den Sowjets und der SED gegangen war,

26 Vgl. das Interwiev, das Ostrowski am 5. 12. 1946 der Zeitschrift *Der Sozialdemokrat* gegeben hat, in: Zeitungsausschnittsammlung, Stichwort „Ostrowski", in: Archiv der sozialen Demokratie, Bonn-Bad Godesberg.

27 Der Wortlaut des Protokolls ist noch nicht publiziert worden. Eine Abschrift mit Hervorhebungen von Ostrowskis Hand (hier unterstrichen gesetzt) befindet sich in: *Nachlaß Ostrowski* (wie Anm. 2), Nr. 11 A: *Die Genossen Ostrowski und Stumm von der Sozialdemokratischen Partei und die Genossen Hermann Matern, Karl Litke und Karl Maron von der SED führten am 22. 2. 1947 eine unverbindliche Besprechung über die Regelung kommunalpolitischer und bestimmter Personalfragen, die Stadtverwaltung Berlin betreffend. Die Aussprache ergab: 1.) die Genossen Matern, Litke und Maron erklären den Genossen Ostrowski und Stumm gegenüber, daß die SED die Genossen Dusiska und Heinrich Stark aus ihren Positionen in der Stadtverwaltung zurückziehen würde. 2.) Die Genossen Hermann Matern und Karl Litke sind bereit, die Genossen Wildangel und Martin Schmidt von ihren Posten zurückzuziehen, wenn zwischen der SPD und SED ein gemeinsames Arbeitsprogramm während der nächsten 3 Monate zur Durchführung kommt und alle Polemiken während dieser Zeit in Presse und öffentlichen Versammlungen abgestellt werden. 3.) Die Unterzeichneten erklären, daß die Fraktionen der SPD und SED keine Erklärungen in der Presse, auch sinngemäßer Art, aus der vorstehenden Besprechung ohne gegenseitige Übereinstimmung der SPD- und SED-Fraktion des Stadtparlaments vornehmen. gez. Karl Litke, Matern, K. Maron, Dr. Ostrowski, Dr. Stumm.*

und hätte gewarnt sein müssen. Doch noch vor seiner Wahl zum Oberbürgermeister ließ er auf dem Bezirksparteitag seiner Partei Ende November 1945 deutlich seinen Willen zur Zusammenarbeit mit der sowjetischen Besatzungsmacht erkennen, auch was die Beteiligung von Kommunisten an der Regierung betraf, die nach geltender Verfassung auch gar nicht zu verhindern war.[28] Ostrowski bekräftigte seine Haltung in dieser Frage, wenn er in einem Grundsatzreferat feststellte: *Sozialistische Demokraten und demokratische Kommunisten sind keine Gegensätze. Sie brauchen immer nur das einigende Band der Demokratie fleckenlos einzuhalten.*[29] Er lehnte es ab, gegenüber der KPD auf Kollisionskurs zu gehen. Ein sozialdemokratischer Altfunktionär, Bruno Ziesele, klagte daher in seinem Tagebuch: *Dieserhalb mit Dr. Ostrowski gesprochen, der eine traurige, lendenlahme Haltung einnimmt und nicht recht weiß, wie er sich dazu stellen soll.*[30]

Ostrowski hat später den Vorwurf erhoben, seine Partei habe ihn mit dem Drängen auf Entfernung der stellvertretenden Abteilungsleiter im Magistrat, die alle der SED angehörten, in eine Zwangslage gebracht, denn diese Forderung hätte *eigentlich an die neuen Stadträte Theuner, Dr. Nestriepke ... gerichtet werden müssen. Schon diese Verlagerung der Initiative auf den Oberbürgermeister ließ die Absicht erkennen, den Mann an der Spitze in persönliche Bedrängnis zu bringen.*[31] Insbesondere der Berliner SPD-Vorsitzende Franz Neumann hat die Demontage Ostrowskis als Oberbürgermeister betrieben. Er stellte sich auf den Standpunkt, *daß Vereinbarungen zwischen Dr. Ostrowski, Dr. Stumm und der SED nicht* bestünden, *sondern nur eine private Unterhaltung stattgefunden* hätte.[32] In ähnlicher Weise agierte auch der dem Landesvorstand angehörende Curt Swolinzky auf dem 4. Landesparteitag der Berliner SPD. Schnell wurden weitere Vorwürfe nachgeschoben, so die Unterstellung, Ostrowski zeige im Magistratskollegium keine Führungsqualitäten, was unter anderen sein designierter Nachfolger Ernst Reuter behauptete. Dies wird zumindest von Ferdinand Friedensburg eindeutig widerlegt, der das Magistratskollegium als „wirklich harmonische Gemeinschaft" bezeichnete, aber auch von dem LDP-Vorsitzenden Wilhelm Külz, der schlicht feststellte: *Die meisten der gegen Oberbürgermeister Dr. Ostrowski erhobenen Vorwürfe halten vor objektiver Prüfung nicht Stand.*[33]

28 Harald Hurwitz (unter Mitarbeit von Andreas Büning, Johannes-Berthold Hohmann, Klaus Sühl und Ingelore Mensch-Khan), *Die Anfänge des Widerstands*, T. 1: *Führungsanspruch und Isolation der Sozialdemokratie*, T. 2: *Zwischen Selbsttäuschung und Zivilcourage: Der Fusionskampf* (= Demokratie und Antikommunismus in Berlin nach 1945, Bd. 4), Köln 1990, S. 299.

29 Bezirksparteitag der SPD, 25. 11. 1945, in: *Nachlaß Ostrowski* (wie Anm. 2), Nr. 19 B.

30 Nach H. Hurwitz u. a., *Die Anfänge des Widerstands...* (wie Anm. 28), S. 768.

31 Otto Ostrowski, *Der Fall Ostrowski*, in: *Nachlaß Ostrowski* (wie Anm. 2), Nr. 18 B.

32 Aktennotiz von Franz Neumann vom 26. 2. 1947, in: Franz-Neumann-Archiv, Sammlung Staffelt, Teil III.

33 Bundesarchiv Koblenz, Nachlässe 42, Nr. 146, S. 59 f.

Der Magistrat unter Oberbürgermeister Otto Ostrowski während einer Sitzung der Stadtverordnetenversammlung im Winter 1946/47

Noch kurz bevor sich die Ereignisse überschlugen und die SPD ihren Oberbürgermeister Ostrowski zum Rücktritt zwang, wandte dieser sich noch einmal in einer Rundfunkansprache an die Berliner Bevölkerung, um ihr Mut zuzusprechen:
Ein furchtbarer Winter ließ uns fast verzweifeln. Viele Menschen erlagen der Not und gingen von uns. Wer übrig blieb, trägt oft wenig Hoffnung in sich, und alle seine Sorge drängt sich in der Frage zusammen: Soll das so weitergehen? Wie wird der nächste Winter ausgehen?
Es ist wahr: Wir können das Schicksal Berlins am wenigsten unter allen deutschen Städten von dem Gesamtschicksal unseres Volkes lösen. Die Hauptstadt ist das Herz des Landes, sie ist sein anfälligster Teil. Die Lebensströme, die früher von Berlin ausgingen und ihm zueilten, sind heute abgebunden durch Zonen- und Sektorengrenzen, Demontagen, Ernährungsschwierigkeiten, Beschränkungen der Freizügigkeit. Schwer lastet auf uns die Überwindung der Winterfolgen, die Überbrückung des Zeitraumes bis zur nächsten Ernte, der Zwang, produktive Arbeit zu schaffen, überhaupt das Inganghalten unseres auf hochzivilisierten Formen ruhenden Gemeinschaftslebens. So sind die Aufgaben, die vor uns liegen, nicht leicht. Aber noch ist kein Grund zum Verzweifeln. Mich haben die Erfahrungen meines Zusammenwirkens mit den Besatzungsbehörden mit Hoffnung erfüllt. In ihnen arbeiten Menschen guten Willens wie wir. Die feineren Naturen unter ihnen haben unter unserer

Not nicht weniger als wir gelitten. Es ist nicht ihre Schuld, daß über unsere Arbeit wie ein eiserner Ring die Ungewißheit der großen politischen Entscheidungen liegt. Man will uns helfen und wird uns helfen.
Helfen wollen wir vor allem uns selbst, soweit wir noch irgend können. Im vorigen Jahre trat die Stadtverwaltung zu spät ins Amt, als daß sie vorbeugend und nachhaltig hätte eingreifen können. Diesmal haben wir die gebotene Anlaufzeit, und wir werden sie nutzen.[34]
Gelegenheit dazu sollte der amtierende Oberbürgermeister aber nicht mehr haben. Nachdem ein Abwahlantrag in der Stadtverordnetenversammlung – getragen von allen Parteien, mit Ausnahme der SED – die erforderliche Zweidrittelmehrheit knapp verfehlt hatte, war Ostrowski schließlich zum Rücktritt bereit,[35] allerdings unter der Voraussetzung, ein annehmbares Amt in der Berliner Verwaltung zu erhalten. Am 20. April 1947 wußte die Moskauer „Prawda" zu berichten, daß *einer der Schumacherleute* – Franz *Neumann – Ostrowski vorg*eschlagen habe, *in den Ruhestand zu treten, wo-*

34 Aufruf (5. 4. 1947), in: *Nachlaß Ostrowski* (wie Anm. 2), Nr. 10.
35 Der Rücktritt Ostrowskis am 14. 4. 1947 fand ein breites Echo, auch in der internationalen Presse. Die Londoner *Times* meldete unter dem Datum 13. 4. 1947 (also einen Tag vor Ostrowskis Rücktritt) aus Berlin: *Die Kritik an Dr. Ostrowski, Oberbürgermeister von Berlin, hat in der Stadtverordnetenversammlung zu einer Lage geführt, aus der weder die einzelnen Stadtverordneten noch die Parteien sehr ruhmvoll hervorgingen. Auf Anregung ihrer eigenen Partei hin gaben am vergangenen Freitag die Sozialdemokraten ihr Mißtrauensvotum gegen Dr. Ostrowski ab, doch, da noch zwei Stimmen an einer Zweidrittelmehrheit fehlten, hat dieser es bis jetzt abgelehnt zurückzutreten. Man spricht von einer zweiten Sitzung im Laufe dieser Woche, auf der seine Gegner dafür Sorge tragen werden, daß die notwendige Majorität erreicht wird. Dr. Ostrowskis Streit mit der SPD, seiner Partei, dauert schon einige Monate. Die Parteiführer bestreiten jetzt nicht mehr, wie vor einiger Zeit, daß er das Recht habe, General Kotikow, den russischen Kommandanten, um Hilfe zur Erleichterung der Not des Winters zu ersuchen, jedoch erheben sie Einwände gegen seine mit der kommunistisch kontrollierten SED aufgenommenen Verhandlungen über die Möglichkeit eines Waffenstillstandes mit Bezug auf die Stadtpolitik und über ein Unterbinden der Presseangriffe. Dr. Ostrowski sagte, daß diese Diskussionen für seine Partei nicht bindend sein sollten und daß Berlin sich damals in einer so großen Notlage befunden habe, daß eine größere Zusammenarbeit der Partei erforderlich war. Die Führer der Sozialdemokratischen Partei beschreiben ihn jedoch als „diktatorisch". Am Freitag stimmten zwei „Mittelstandsparteien" – die CDU und die LDP – für den Mißtrauensantrag der Sozialdemokraten, so daß allein die Sozialistische Einheitspartei den Oberbürgermeister unterstützte. Die SED zieht den größten Nutzen aus dieser Situation, indem sie Dr. Ostrowski als einen wegen seiner echten demokratischen Einstellung von einer autokratischen Parteiklique, die auf Betreiben Dr. Schumachers, des Führers der Sozialdemokraten im Westen, die Zusammenarbeit zwischen zwei Arbeiterparteien verhindern soll, Gemarterten hinstellt. – Diese Theorie gewinnt durch die Allianz der „Mittelstandsparteien" mit den Sozialdemokraten an Glaubwürdigkeit. Ganz gleich, ob Dr. Ostrowski geht oder bleibt, dieser Zwischenfall hat erneut den Mangel an Einheit und an geschulter Führung in der Sozialdemokratischen Partei gezeigt.* Im November 1948 trat Ostrowski auch als Stadtwahlleiter zurück, nachdem ihm von seiner Partei und der Lokalpresse die Teilnahme an einem Empfang zur Oktoberrevolution verübelt worden war. Der Einladung des politischen Beraters der sowjetischen Militärverwaltung waren unter anderen auch Bischof Otto Dibelius und Propst Heinrich Grüber gefolgt, die aber unbehelligt blieben (vgl. Zeitungsausschnittsammlung, Stichwort „Ostrowski", in: Archiv der sozialen Demokratie, Bonn-Bad Godesberg).

bei er versprach, ihm dafür einen Posten als Abteilungsleiter im Magistrat zu überlassen.[36] Bevorzugt hätte er es, wieder Bezirksbürgermeister von Wilmersdorf zu werden. Doch das war in seiner Nachfolge Walter Rieck geworden, einer seiner besten Freunde aus der NS-Zeit, der sich aktiv am Widerstand gegen das Naziregime beteiligt hatte, als er – zusammen mit Ostrowski – jüdische Mitbürger vor der Deportation in die Vernichtungslager schützte. Indem der scheidende Oberbürgermeister seine frühere Position in Wilmersdorf wieder für sich reklamierte,[37] forderte er den erbitterten Widerstand Riecks heraus, der in einer privaten Prozeßlawine mündete, die für Ostrowski katastrophale Folgen haben sollte.[38]

Es fand sich für ihn ein anderer Posten. Als Vorläufer des Berliner Rechnungshofes mußte ein unabhängiges, nur dem Parlament verantwortliches Hauptprüfungsamt geschaffen werden, dessen Leitung Ostrowski nun für drei Jahre übernahm.[39] Bei der Umwandlung des Hauptprüfungsamtes in einen Landesrechnungshof (1951) hat ihn der für einen Besetzungsvorschlag zuständige Bürgermeister Walther Schreiber aber in den Ruhestand geschickt (Ostrowski war bereits 67 Jahre alt) und einen Präsidenten aus seiner Klientel bevorzugt. Ostrowski vermochte es nicht, sich mit dieser Entscheidung abzufinden. Seine Korrespondenz in den restlichen zwölf Jahren seines Lebens, insbesondere die Briefe an seine Nachfolger im Amt des Stadtoberhauptes, zeigen tiefe Spuren der Verbitterung.[40] Auch seine Leidenschaft, Privatklagen anzustrengen, ließ nicht nach. Es wurde einsam um ihn.

Achtzigjährig starb Otto Ostrowski in dem belgischen Seebad Knokke, wo er – seinen frankophonen Neigungen folgend – Erholung gesucht hatte. Eine knappe Notiz in der Berliner Lokalpresse informierte die Öffentlichkeit.[41] Mit Gott und der Welt zerstritten, hatte er keine Freunde mehr unter den Berliner Parteigenossen. Ein alter Bekannter vom Prenzlauer Berg, der über alle Höhen und Tiefen eines langen Lebens hinweg

36 *Ebda.* Die *Prawda* berichtet auch: *Als Nachfolger Ostrowskis nennt die Zeitung „Der Morgen" den Leiter der städtischen Transportabteilung, den Schumachermann Reuter* (vgl. *ebda.*). Reuter konnte erst nach den Berliner Wahlen mit Hilfe der Alliierten nach Deutschland einreisen, besaß also kein Mandat in der Stadtverordnetenversammlung, erhielt aber sein – aus der Weimarer Zeit angestammtes – Verkehrsressort. Offensichtlich ist Ostrowski nicht allein von seiner Partei, sondern auch mit aktivem Zutun der Amerikaner aus dem Amt gedrängt worden, die Reuter als „ihren Mann" an der Spitze sehen wollten. Dies mußten auch Ostrowskis Stellvertreter Ferdinand Friedensburg (CDU) und Louise Schroeder (SPD) erfahren, die im Interesse der Bevölkerung auch weiterhin das Gespräch mit den Sowjets suchten und deshalb kaltgestellt wurden. Louise Schroeder erlitt ihr „Rittersturz-Debakel" (vgl. den Beitrag von Marthina Koerfer), und Ferdinand Friedensburg verabschiedete sich nicht ganz freiwillig aus der Berlin-Politik (vgl. den Beitrag von Andreas Baldauf).

37 Ostrowski erhielt dabei Schützenhilfe von der späteren Senatorin Ella Kay, die er vom Prenzlauer Berg her kannte, wo sie in der Nachkriegszeit von den Kommunisten aus der Bezirksverwaltung herausgedrängt worden ist.

38 Der größte Teil der Korrespondenz befindet sich in: *Nachlaß Ostrowski* (wie Anm. 2), Nr. 18 A.

39 *A.a.O.,* Nr. 11 A, 18 A, 18 B, 19 B.

40 *Ebda.*

41 *Der Tagesspiegel* vom 22. 6. 1963; *Telegraf* vom 22. 6. 1963.

dem ersten frei gewählten Oberbürgermeister im Nachkriegs-Berlin aus der Ferne die Treue gehalten hatte, kam aus Bonn, um ihm im Krematorium Wilmersdorf die Trauerrede zu halten: Fritz Erler würdigte Ostrowskis Verdienste um die Wiedererrichtung der Demokratie in schwieriger, fast auswegloser Zeit.

Trotzdem konnte Louise Schroeder zunächst noch nicht der Partei beitreten, denn sie wuchs in einer Epoche auf, in der Frauen weder politischen Parteien angehören noch wählen durften. Zwar kam es bald zur Lockerung der Vereinsgesetze, doch auch dies brachte zunächst nur wenig Besserung. Seit 1902 war in Preußen der Besuch geschlossener politischer Veranstaltungen noch so geregelt, daß Frauen nur im „Segment“ zugelassen wurden, das heißt, sie mußten in einem sichtbar abgeteilten Raum sitzen – etwa durch ein Seil abgetrennt –, und es war ihnen weder erlaubt, an Diskussionen teilzunehmen, noch durften sie sich durch Beifallskundgebungen bemerkbar machen.[4] Politisch agieren konnten sie nur in den Frauenvereinen.

1910 hatte sich die Situation geändert, und Louise Schroeder trat dem SPD-Ortsverband Altona-Ottensen bei, zu einer Zeit also, da der Anteil der weiblichen SPD-Mitglieder bereits ca. 12 Prozent ausmachte. Sie gehörte damit zur Minderheit der fortschrittlichen, aktiven Frauen, die sich häufig mit Vorurteilen von Männern, aber auch mit denen ihrer Geschlechtsgenossinnen, die ja bei den Wahlen der Weimarer Republik eindeutig konservativ Stellung bezogen, auseinanderzusetzen hatten.

Ihre Aktivitäten beschränkten sich zunächst auf den sozialpolitischen beziehungsweise sozialpädagogischen Bereich, auf das „Kleine“.[5] In die „große“ Politik ihrer männlichen Kollegen mischte sie sich eher selten ein, fand es allerdings 1914 unbegreiflich, wie Sozialdemokraten zu einem Krieg „Ja“ sagen konnten. Für die junge Parteigenossin war der Krieg ein Greuel. Als Pazifistin hatte sie immer versucht, Not zu lindern; nun mußte sie mit ansehen, wie zahlreiche Familien – auch die eigene – durch diesen Krieg ins Unglück gestürzt wurden. Je länger sie darüber nachdachte, um so weniger vermochte sie zu verstehen, wie es zu dieser patriotischen Aufwallung auch in ihrer Partei und zur Bewilligung der Kriegskredite gekommen war. Sie sah sich genötigt, gegen den offiziellen Kurs der sozialdemokratischen Fraktion zu opponieren, wagte lauten Widerspruch und trat für eine baldige Beendigung des „Völkermordens“ ein.[6] Begreiflicherweise fand sie bei den „Abspaltern“ der SPD stärkste Zustimmung. Dennoch hat sie nie ernsthaft erwogen, sich den oppositionellen Unabhängigen Sozialdemokraten (der USPD) anzuschließen. Über ihre Beweggründe, bei der MSPD zu bleiben, ist nichts bekannt.

Zu den großen Errungenschaften der Novemberrevolution zählte neben der Verkündung des Achtstundentages die Einführung des aktiven und passiven Frauenwahlrechts. Nachdem im Januar 1919 die Wahlen zur Nationalversammlung stattgefunden hatten, gehörten erstmals einem verfassunggebenden Organ nicht mehr ausschließlich Männer an: Von den 423 Abgeordneten waren immerhin 41 Frauen, ein verhältnismäßig hoher Anteil von fast zehn Prozent.

4 Vgl. Marie Juchacz, *Sie lebten für eine bessere Welt*, Hannover 1971, S. 12 f.

5 Vgl. Marie-Elisabeth Lüders, *Aus der Frauenarbeit des Reichstages 1919–1933*, in: *Der Reichstag. Aufsätze, Protokolle und Darstellungen zur Geschichte der parlamentarischen Vertretung des deutschen Volkes 1871–1933*, hrsg. von Ernst Deuerlein, Bonn 1963, S. 117.

6 Vgl. P. Löbe, *Lebensbild...* (wie Anm. 3), S. 11.

Louise Schroeder, * Altona 2. 4. 1887, † Berlin 6. 4. 1957, Amtierende Oberbürgermeisterin von Berlin 1947–1948

Louise Schroeder gehörte zu den 19 Frauen der MSPD, die in die Nationalversammlung einzogen. Sie war zur Kandidatur auf der Schleswig-Holsteinischen Liste gedrängt worden. Warum? Zum einen, weil sie sich bereits in der Politik bewährt hatte, zum anderen aus wahltaktischen Gründen: Sie sollte weibliche Stimmen für ihre Partei gewinnen.[7] Am 19. Januar 1919 gelangte sie als dritte unter den fünf gewählten schleswigholsteinischen Sozialdemokraten ans Ziel. Aus der Versicherungsangestellten war eine Politikerin geworden.[8]
Dieser Weg hatte sich bereits abgezeichnet, als Louise Schroeder Vorstandsmitglied der SPD im Ortsverein Altona geworden war und 1918 ihren erlernten Beruf aufgegeben hatte, um sich vollständig karitativen Aufgaben widmen zu können. So hatte sie auch maßgeblichen Anteil an der Bildung des Ausschusses für soziale Fürsorge im Sommer 1919 und war Wegbereiterin der im Dezember 1919 von Marie Juchacz und Elfriede Ryneck in Berlin gegründeten Arbeiterwohlfahrt.[9] Ihr politischer Werdegang wurde nicht zuletzt durch einen jahrelangen Einsatz für die Arbeiterwohlfahrt bestimmt, denn dort sammelte sie praktische Erfahrungen, die ihr halfen, in der Nationalversammlung und später im Reichstag sozialpolitische Forderungen zu begründen und durchzusetzen.
Als die parlamentarischen Aufgaben in der SPD-Fraktion verteilt wurden, gelangte Louise Schroeder in den sozialpolitischen Ausschuß. Dort lernte sie ihren späteren Weggefährten Paul Löbe kennen, der bald zum Reichstagspräsidenten gewählt werden sollte. Louise Schroeder indes avancierte rasch zur Fürsprecherin der arbeitenden Frauen, der Kranken, der Alten und überhaupt all derer, die sich in großer Not befanden. Allerdings erforderten damals Reden zu dieser Thematik vor einem großen Publikum einige Beherztheit, da viele Parlamentarier noch geneigt waren, die Wünsche und Belange von Parlamentarierinnen im Vergleich zur „großen" Politik als „Bagatellen", als „Weiberkram" abzutun. Vielfach wurden Anträge von Frauen, so auch von Louise Schroeder, spöttisch kommentiert und die Mitglieder des sozialpolitischen Ausschusses als „Klageweiber" bezeichnet.[10]
Louise Schroeder gehörte ohne Unterbrechung allen Reichstagen der Weimarer Republik an. Erst das Verbot der SPD durch die Nationalsozialisten vom Juni 1933 setzte ihrer Tätigkeit als Abgeordnete ein jähes Ende. Die Jahre im Reichstag zählten gewiß zu den anregendsten ihres Lebens. Der Kontakt mit bedeutenden Persönlichkeiten jener Zeit wie auch die Teilnahme an Konferenzen der Interparlamentarischen Union erweiterten ihren Erfahrungshorizont beträchtlich. Es waren zugleich arbeitsame, strapaziöse Jahre. War sie von Natur her eher fragil, blieb sie doch ihrem Wesen nach zäh.

7 Vgl. M.-E. Lüders, *Aus der Frauenarbeit...* (wie Anm. 5), S. 115.
8 Vgl. Louise Schroeder, *Sie töten den Geist nicht, Ihr Brüder!*, in: *Die „Gleichheit". Zeitschrift für Arbeiterfrauen und Arbeiterinnen* 31 (1921), Nr. 3, S. 23.
9 Vgl. Fritz Michael Roehl, *Marie Juchacz und die Arbeiterwohlfahrt*, überarb. von Hedwig Wachenheim, Hannover 1961, S. 84 ff.
10 Vgl. M.-E. Lüders, *Aus der Frauenarbeit...* (wie Anm. 5), S. 116 ff.

Sie selbst sagte einmal über die großen Belastungen: *Ich bin ein Widder, mir machte das nichts aus.*[11] Dennoch zog sie sich mehr und mehr aus dem Fürsorgeamt ihrer Geburtsstadt zurück, verlagerte ihren Tätigkeitsschwerpunkt zunehmend nach Berlin, wo sie seit 1925 Dozentin an der Arbeiterwohlfahrtsschule war und neben vielen anderen Kommunalpolitikern auch Franz Neumann, mit dem zusammen sie 1946/1947 die Arbeiterwohlfahrt wieder aufbauen sollte, unterrichtete.

Mit der Machtübernahme Hitlers und der Nationalsozialisten war nicht nur die Weimarer Republik, sondern auch Louise Schroeders Welt zusammengebrochen. Noch am 23. März 1933 hatte sie gemeinsam mit 93 der 120 sozialdemokratischen Abgeordneten, umstellt von bewaffneter SA, in namentlicher Abstimmung gegen das Ermächtigungsgesetz votiert. Eine Abstimmung, die Mut verlangte, da bereits zahlreiche Parteigenossen von den Nationalsozialisten mißhandelt und verhaftet worden waren. Doch der Aufstieg Hitlers war nicht mehr aufzuhalten. Als die SPD im Sommer 1933 durch eine Verordnung der Reichsregierung zur Auflösung gezwungen worden war, sah sich Louise Schroeder schlagartig aller Ämter ledig und zur Untätigkeit verurteilt. Dennoch hat sie es nie in Betracht gezogen, den Weg der Emigration zu wählen, den so viele Sozialdemokraten gegangen sind; sie blieb in Altona. Zweimal täglich hatte sie sich auf einem Polizeirevier zu melden und mußte auch zahlreiche Hausdurchsuchungen über sich ergehen lassen. Ihre finanziellen Quellen versiegten rasch. Durch den Ausschluß aus der Gewerkschaft, für die sie bis dahin ebenfalls gewirkt hatte, gingen die letzten noch verbliebenen Einkünfte verloren, die aus der Arbeitslosenunterstützung. Als Sozialdemokratin war es für sie so gut wie aussichtslos, eine neue Beschäftigung zu finden. Sie entschloß sich, einen kleinen Brotladen in Hamburg zu mieten. Doch die geringen Einkünfte daraus reichten eher schlecht als recht für den Lebensunterhalt. Ihr Kundenkreis war klein. Weil sie den „Deutschen Gruß" verweigerte, das Hissen der Hakenkreuzfahne an „nationalen Feiertagen" trotz vielfacher Aufforderung unterließ, boykottierte man ihren Laden. Selbst ehemalige Genossen wagten nur selten bei ihr einzukaufen, aus Angst das Geschäft könnte von der Gestapo überwacht werden.[12] Schließlich mußte sie den Laden aufgeben. Louise Schroeder entschloß sich 1938, Hamburg zu verlassen, um nach Berlin zu gehen. Vieles sprach für den Ortswechsel: Der in Deutschland verbliebene Rumpfvorstand der SPD, mit Louise Schroeders engem Vertrauten Paul Löbe, hatte seinen Sitz in der Reichshauptstadt, so daß es dort unter Umständen leichter sein würde, eine Bleibe, eine Anstellung zu finden. Dennoch war dies keine leichte Entscheidung, wie sie später einräumte: Viele Altonaer und Schleswig-Holsteiner verstanden ihren Entschluß damals nicht. Fahnenflucht hatte man ihr vorgeworfen – es war keine. Sie war ein politischer Flüchtling, und die Anonymität der Großstadt bot eine Möglichkeit, sich der Gestapo, den täglichen Gängen

11 Wolfgang Weinert, *Berlin wird sie nicht vergessen. Louise Schroeder – verkörperte Menschlichkeit in der Politik*, in: *Die Welt* vom 6. 6. 1957.

12 Vgl. P. Löbe, *Lebensbild...* (wie Anm. 3), S. 15; Alfred Faust, *Blätter der Erinnerung*, in: *Louise Schroeder. Ein Frauenleben...* (wie Anm. 3), S. 52.

zum Polizeirevier zu entziehen, unterzutauchen. Monate vergingen nach ihrer Ankunft in Berlin, bis sie endlich eine Stellung als Bürokraft in einer Textilgroßhandlung fand. Als diese sich verkleinern mußte, ihr gekündigt wurde, begann erneut die Stellensuche. Doch diesmal hatte sie mehr Glück und fand eine Beschäftigung bei der Baufirma Gottlieb Tesch und Co., bei der sie von 1939 bis zum Ende des Krieges angestellt blieb. Ihr wurde die Arbeit in der Sozialabteilung, die Betreuung der Angestellten sowie der Familienmitglieder der eingezogenen Belegschaft zugewiesen. In dem Prokuristen der Firma fand sie einen Gesinnungsgenossen. Er half ihr, die nationalsozialistische Herrschaft zu überstehen und schickte die körperlich sehr Geschwächte, die bei einem Bombenangriff ihre letzte Bleibe – sie wohnte bei Löbes in der Uhlandstraße 123 – verloren hatte, im Frühjahr 1944 für mehrere Monate zu einem Bauprojekt nach Dänemark, wo sie sich etwas erholen konnte, bis der Krieg endlich beendet war.[13]

Bei Kriegsende war Louise Schroeder mit 58 Jahren nicht mehr jung. Später, wenn sie mehr von sich forderte, als sie körperlich noch zu leisten vermochte, sagte sie über die Jahre unter der nationalsozialistischen Diktatur: *Ich müßte die zwölf Jahre jünger sein ...*[14] Doch den Gipfel ihrer politischen Karriere hatte sie 1945 noch vor sich.

Nachdem am 10. Juni 1945 der sowjetische Marschall Shukov zur Bildung „antifaschistischer demokratischer" Parteien, das heißt auch zur Wiedergründung der SPD aufgefordert hatte, folgte Louise Schroeder sofort dem Ruf der SPD und fand sich zusammen mit anderen Berliner Sozialdemokraten am 17. Juni 1945 zur Gründungsversammlung im „Deutschen Hof" in der Luckauer Straße ein. Zunächst etablierte sich das SPD-Parteibüro – nach unmißverständlicher Aufforderung der Sowjetischen Militäradministration (SMAD) – im künftigen sowjetischen Sektor. Dort, in der Behrenstraße, wurde auch Louise Schroeder gebraucht, weil sie erfahren genug war, jüngere Genossen in die Parteiarbeit einzuführen.[15]

Als es dann darum ging, die SPD mit der Kommunistischen Partei zu fusionieren, sprach sich Louise Schroeder zusammen mit 82 Prozent der stimmberechtigten Sozialdemokraten in den westlichen Sektoren Berlins am 31. März 1946 gegen eine sofortige Verschmelzung aus. Die Anhänger der Fusion (unter anderen Otto Grotewohl und Max Fechner) hatten mit allen ihnen zur Verfügung stehenden Mitteln bis zuletzt versucht, die Urabstimmung zu verhindern.[16] Doch damit war zugleich die Spaltung der Berliner SPD vollzogen. Die „Widerständler" bauten nun in den Westsektoren der Stadt eine eigene Organisation auf, die sich in der Zehlendorfer Zinnowald-Schule am 7. April 1946 als „Berliner SPD" konstituierte.[17]

13 *Ebda.* sowie *Presse- und Informationsdienst des Landes Berlin*, Nr. 28 vom 2. 4. 1957: *Übergabe der Ehrenbürgerrechte an Frau Louise Schroeder. Feierstunde im Rathaus Schöneberg*, in: Friedrich-Ebert-Stiftung Bonn, *Personalia: Louise Schroeder*, S. 7.

14 Zitiert nach Hans Erman, *Das war Louise Schroeder*, in: *Welt am Sonntag* vom 30. 6. 1957.

15 Gespräch mit Karl J. Germer am 21. 2. 1985.

16 Vgl. Hans Herzfeld, *Berlin in der Weltpolitik 1945–1970* (= Veröffentlichungen der Historischen Kommission zu Berlin, Bd. 38), Berlin 1973.

17 Vgl. Karl J. Germer, *Von Grotewohl bis Brandt*, Landshut 1974, S. 137 f.

Mit Franz Neumann und Curt Schwolinsky führte Louise Schroeder seit August 1946 diese Berliner SPD, der bei den Wahlen zur Stadtverordnetenversammlung am 20. Oktober ein überwältigender Erfolg zuteil werden sollte. Die SPD hatte nach dem Wahlergebnis nicht nur das Amt des Oberbürgermeisters, sondern auch das eines seiner Stellvertreter zu besetzen. In den leitenden Parteigremien herrschte Übereinstimmung darüber, Louise Schroeder das Amt des Dritten Bürgermeisters anzutragen. Der Stadtverordnetenvorsteher Otto Suhr überredete Louise Schroeder, die Offerte anzunehmen und für dieses Amt zu kandidieren. Sie zögerte zunächst, denn man bot ihr gleichzeitig die Möglichkeit, eine wichtige Aufgabe in Hamburg zu übernehmen. Sie hat sich schließlich doch für Berlin entschieden.[18]

Warum hatte man Louise Schroeder zur Kandidatur bewegt? Einerseits hatte sie sich nicht nur als Kommunalpolitikerin, sondern auch im Reichstag einen politischen Erfahrungsschatz angeeignet, den es an die neuen SPD-Mitglieder weiterzugeben galt, die noch verhältnismäßig jung und – was Verwaltungsangelegenheiten betraf – zu unerfahren waren. Andererseits war sie seriös, niemals in Skandale verwickelt und hatte keine nationalsozialistische Vergangenheit, die es zu verschleiern galt.[19] Auch, daß sie eine Frau war, wird bei ihrer Kandidatur keine geringe Rolle gespielt haben. Schließlich stellten die Frauen im Berlin der Nachkriegsjahre ein gewaltiges Wählerpotential dar – 1946 kamen auf 1000 Berliner 1464 Berlinerinnen, die in der Politik nicht länger übergangen werden konnten, zumal sie als Trümmerfrauen oder als Ernährerinnen der Familie ein neues Selbstbewußtsein erlangt hatten.[20] Louise Schroeder entsprach auch mit ihren Erfahrungen im sozialpolitischen Bereich den Erfordernissen der Zeit, war prädestiniert mitzuhelfen, die Not zu lindern, die Lebensqualität der Menschen zu heben. Am 5. Dezember 1946 wählte das Stadtparlament Louise Schroeder zum Dritten Stellvertreter des Oberbürgermeisters Otto Ostrowski (SPD). Sie hatte fortan mit ihm und den beiden anderen Stellvertretern – Ferdinand Friedensburg (CDU) und Heinrich Acker (SED) – zusammenzuarbeiten.

Louise Schroeders Amtsantritt schien zunächst wenig verheißungsvoll: Als sie endlich in das Neue Stadthaus einziehen konnte, waren die Amtsräume wie leergefegt. Kein Stuhl, kein Tisch stand mehr dort, selbst die für die Geschäftsführung notwendigen Akten hatte der alte, von der SMAD eingesetzte Magistrat mitgenommen! In einer Zeit allgegenwärtigen Mangels konnte nur schwer Ersatz beschafft werden. Die Sekretärin organisierte den nötigsten Bürobedarf, und die Baufirma, bei der die Bürgermeisterin während des Krieges beschäftigt gewesen war, stellte Möbel zur Verfügung. Damit konnten die Amtsgeschäfte aufgenommen werden.[21]

18 Vgl. Klaus-Peter Schulz, *Berlin zwischen Freiheit und Diktatur*, Berlin 1962, S. 139.

19 Gespräch mit Karl J. Germer am 21. 2. 1985.

20 Vgl. Harold Hurwitz, *Die politische Kultur der Bevölkerung und der Neubeginn konservativer Politik in Demokratie und Antikommunismus in Berlin nach 1945*, Bd. 1, Köln 1983, S. 35 ff.

21 Gespräch mit Gertrud Loppach, der damaligen Sekretärin Louise Schroeders, am 10. 1. 1985.

dann wie ich hoffe, die Vertreter aller deutschen Länder – in Berlin wiedertreffen),[28] sollte aber erst nach mehr als vierzig Jahren Realität werden.

Die Münchener Ministerpräsidentenkonferenz blieb zunächst nicht die letzte innerdeutsche Besprechung, auf der Louise Schroeder als Regierungschefin erschien. Seit dem 18. August 1947 war gewiß, daß es sich bei der Stellvertretung Reuters nicht nur um eine Interimslösung handeln sollte: Die Alliierte Kommandantur hatte Reuters Wahl zum Oberbürgermeister nicht bestätigt. Die Stadtverordnetenversammlung beließ nun Louise Schroeder als seine ständige Stellvertreterin in der Position der amtierenden Oberbürgermeisterin. Reuter akzeptierte diese Lösung als lachender Verlierer.[29] Hinter den Kulissen spielte er die Rolle des „heimlichen Königs"[30] von Berlin – insbesondere auch im Blockadejahr.

Louise Schroeder war in keiner beneidenswerten Position. Offiziell trug sie die Verantwortung für die Magistratspolitik. Natürlich konnte sie sich von Suhr und auch von Reuter beraten lassen, aber zuletzt blieb sie doch auf auswärtigen Konferenzen und Städtetagen auf sich gestellt. Intern war sie machtlos, bestimmte doch Reuter den Kurs der SPD, blieb er die eigentliche Hauptperson.[31] So war es auch nicht Louise Schroeder, die von den Westmächten bei wichtigen Entscheidungen konsultiert wurde; immer war es Reuter, den sie in Berlin zuerst über den Stand der Politik und die zu treffenden Maßnahmen informierten. Zum Verdruß auch der Magistratsmitglieder zeigte sich Reuter nach solch internen Verhandlungen oftmals wenig mitteilsam, was vor allem Louise Schroeder die Führung der Amtsgeschäfte nicht gerade erleichterte.[32]

Als Amtierende Oberbürgermeisterin hatte sie aber nicht nur die „große Politik" zu meistern: Neben den ihr als Drittem Bürgermeister zugeteilten Ressorts (Volksbildung, Gesundheitswesen, Ernährung, Jugend- und Frauenfragen) waren ihr als amtierendem Stadtoberhaupt auch die Dienstaufsicht über Magistratsmitglieder und Bezirksbürgermeister sowie das Presseamt anvertraut. Als man dann erwog, Ferdinand Friedensburg die Polizeiaufsicht zu entziehen, weigerte sich Louise Schroeder vehement, auch noch diese Bürde zu übernehmen, und drohte mit Rücktritt.[33]

In den Monaten ihrer Statthalterschaft war sie vor allem mit den besonderen Schwierigkeiten einer von vier Siegermächten kontrollierten Stadt konfrontiert, wurde ständig

28 *Der Sozialdemokrat* vom 9. 6. 1947.

29 Reuter ließ sich beispielsweise Visitenkarten drucken mit dem Vermerk: *Der gewählte, aber nicht bestätigte Oberbürgermeister von Berlin*; vgl. K.-P. Schulz, *Berlin...* (wie Anm. 18), S. 157.

30 *Ebda.*

31 Ferdinand Friedensburg, *Es ging um Deutschlands Einheit. Rückschau eines Berliners auf die Jahre nach 1945*, Berlin 1971, S. 198.

32 Ohne Louise Schroeder zu informieren, verließ Reuter die Stadt oft für einige Tage, teilte nicht mit, wann er wieder eintreffen würde, und berichtete auch nur wenig über seine Unterredungen mit den Alliierten. Die Oberbürgermeisterin meinte häufig, zu spät informiert worden zu sein. Gespräch mit Gertrud Loppach am 10. 1. 1985.

33 Dr. Suhr's remark to the pending debate in the Magistrat about the Police President. Liaison Office, 20. Nov. 1947, in: Office of Military Government United States (OMGUS) 4/135-2-1, 1 OF 4 (Landesarchiv Berlin).

Zeuge der Willkür, mit welcher vor allem die sowjetische Besatzungsmacht Amtsenthebungen, wie die der Bürgermeisterin Ella Kay,[34] durchsetzte, Menschen deportierte, Industrieanlagen demontierte[35] und selbst die vorläufige Verfassung so auslegte, wie es gerade paßte. Rechtssicherheit und Selbstverwaltung im eigentlichen Sinne existierten noch nicht. Während Louise Schroeder zu weltpolitischen Kontroversen in der Regel nicht öffentlich Stellung bezog, waren ihre Reden und Stellungnahmen zur Kommunalpolitik nie provozierend, niemals polemisch, sondern auf Ausgleich bedacht. Entsprechend betonte sie in ihrer Neujahrsansprache 1947/48 die Notwendigkeit, ja die „Pflicht", sich mit den deutschen Vertretern aller Zonen sowie mit allen Siegermächten zu arrangieren.[36]

Auch nachdem die Vertreter der UdSSR im März 1948 den Alliierten Kontrollrat verlassen hatten und Deutschland vom Kalten Krieg längst voll erfaßt worden war, hoffte die Amtierende Oberbürgermeisterin von Berlin noch immer auf eine Verständigung und hielt auch sehr viel länger als Reuter an dem Ziel eines ungeteilten, einheitlichen Deutschland fest. So zeigte ihre Ansprache als Präsidentin des Städtetages am 20. Mai 1948, wie ambivalent Louise Schroeder der geplanten Währungsreform gegenüberstand, weil sie eine Vertiefung der deutschen Teilung vorhersah und befürchtete. Sie appellierte an die Vertreter der Städte: *Sorgen Sie dafür, daß die Reform uns nicht noch mehr trennt, als es schon heute der Fall ist. Das ist nicht nur eine Sorge für Berlin, sondern für ganz Deutschland.*[37] Diese Sorge, die auch ihr Bürgermeisterkollege Ferdinand Friedensburg teilte, war durchaus begründet: Ein Auseinanderfallen Deutschlands in zwei getrennte Währungsgebiete würde die endgültige Teilung besiegeln. Aber konnte sie es andererseits verantworten, der wirtschaftlichen Gesundung des Landes beziehungsweise der westdeutschen Zonen und letztlich auch der Gesundung Europas im Wege zu stehen? Weder für die Position von Friedensburg, der die Besatzungsmächte aufgefordert hatte, doch zu warten, bis der Zeitpunkt für eine gesamtdeutsche Reform gekommen sei,[38] noch für diejenige von Reuter, der eine baldige westdeutsche Währungsreform nach dem Grundsatz: „Wer das Geld hat, hat die Macht", befürwortete, vermochte sich die Oberbürgermeisterin zu diesem Zeitpunkt stark zu machen. Immerhin hatte auch der amerikanische Militärgouverneur Lucius D. Clay zwei Monate zuvor an Chamberlin telegrafiert, daß die UdSSR verstimmt auf die Vorbereitung einer westdeutschen Währungsreform reagiert habe und daß er das unbestimmte Gefühl nicht loswerde, daraus könne sich ein Krieg entwickeln.[39]

34 Vgl. Louise Schroeder, *Ein Jahr stellvertretender Oberbürgermeister von Groß-Berlin. Reden und Ansprachen in der Stadtverordnetenversammlung von Groß-Berlin vom 8. Mai 1947 bis 8. Mai 1948*, hrsg. vom Senat von Berlin, Berlin 1949, S. 32.

35 *Telegraf* vom 21. 10. 1947.

36 L. Schroeder, *Ein Jahr stellvertretender Oberbürgermeister...* (wie Anm. 34), S. 35.

37 Zitiert nach: *Der Tagesspiegel* vom 21. 5. 1948.

38 F. Friedensburg, *Es ging um Deutschlands Einheit...* (wie Anm. 31), S. 222 ff.

39 *The Foreign Relations of the United States (FRUS)*, 1948, Vol. 2, S. 879, Anm. 2.

Vom Beginn der Währungsreform in den drei westlichen Zonen am 20. Juni 1948 war Berlin zunächst nicht betroffen. Zwei Tage später, in der Nacht vom 22. zum 23. Juni, bestellten die Sowjets Louise Schroeder und Bürgermeister Friedensburg in das Neue Stadthaus, um einen Befehl in Empfang zu nehmen. Stunden des Wartens vergingen. Nichts geschah. Nach Mitternacht entschloß sich die Oberbürgermeisterin, die bereits krank, vor allem aber erschöpft und müde war, das Stadthaus zu verlassen. Sie ersuchte den Ersten Bürgermeister zu bleiben und sich an ihrer Stelle den Befehl aushändigen zu lassen. Bald darauf erschienen Angehörige der sowjetischen Besatzungsmacht und gaben Friedensburg Kenntnis von der für die SBZ und für Berlin geplanten ostdeutschen Währungsreform, die unverzüglich in Kraft treten sollte.[40] Eine verständliche Gegenmaßnahme, wollte man nicht von ungültigen Reichsmarknoten überschwemmt werden, doch zugleich widersprach der Befehl auch eindeutig dem Viermächteabkommen über die Viermächteverwaltung von Groß-Berlin. Allerdings war man von dem sowjetischen Vorgehen nicht überrascht worden und konnte schnell handeln: Sogleich sollte die neue Währung, die Deutsche Mark, die seit wenigen Tagen in den Westzonen gültig war, auch in den Westsektoren Berlins eingeführt werden. Diese Maßnahme war von den Westalliierten schon von langer Hand vorbereitet worden. Längst waren auch zehn Flugzeugladungen, getarnt als militärischer Nachschub, mit dem neuen Westgeld nach Berlin eingeflogen worden, insgesamt 250 Millionen Deutsche Mark. Die westliche Währungsreform konnte, wie es Reuter gewollt hatte, nun auch in den Westsektoren der Stadt eingeleitet werden.[41]

Den Berlinern, insbesondere auch den Magistratsmitgliedern, standen ereignisreiche Monate bevor. Die dramatischen Ereignisse der Nacht zum 23. Juni zwangen den Stadtverordnetenvorsteher Otto Suhr, eine außerordentliche Sitzung einzuberufen; sie sollte allen Teilnehmern in lebhafter Erinnerung bleiben, denn als die Versammlung zusammentreten wollte, fanden die Stadtverordneten das im sowjetischen Sektor gelegene Neue Stadthaus von einer randalierenden Menge umlagert. Mit roten Fahnen und Transparenten hatten sich die Leute gewaltsam Einlaß in das Gebäude verschafft. Sie besetzten den Plenarsaal und die Zuhörertribüne des Stadthauses und forderten in Sprechchören eine einheitliche Währung für ganz Berlin. Otto Suhr versuchte vergebens, die Demonstranten zum Verlassen des Saales zu bewegen. Auch die Oberbürgermeisterin wurde niedergeschrieen und bedroht. Nach einer Rede des FDGB-Vorsitzenden, Roman Chwalek (SED), stimmten die Demonstranten die Internationale an und zogen aus dem Saal.[42] Die Sitzung konnte nun mit Verspätung beginnen. Louise Schroeder verlas eine Erklärung, die von der Mehrheit der Magistratsmitglieder gebilligt wurde. Es hieß darin: *Der Magistrat* [ist] *nicht in der Lage, so sehr ihm die einheitliche Verwaltung von Berlin am Herzen liegt, den russischen Befehl in den drei westlichen Zonen*

40 *Der Tagesspiegel* vom 23. 6. 1948.
41 Frank Howley, *Brigadier General Berlin Command*, New York 1950, S. 186 f.
42 K.-P. Schulz, *Berlin...* (wie Anm. 18), S. 191.

auszuführen. Er würde gegen den ausgesprochenen Willen der entsprechenden Militärverwaltungen und ihre gegebenen Befehle verstoßen. Er ist gezwungen, die Bürgermeister der britischen, amerikanischen und französischen Sektoren zu ersuchen, die von ihren Sektorenkommandanten angeordneten Notmaßnahmen ... zu befolgen ...[43]
Die Entscheidung war eindeutig. Man war bereit, der sowjetischen Besatzungsmacht die Stirn zu bieten. Die kommunistisch gelenkte Menge vor dem Neuen Stadthaus hatte mit diesem „Bekenntnis zum Westen" gerechnet. Mit Steinen aus den Ruinen der Stadt – daran herrschte kein Mangel – hatten sich die Demonstranten bewaffnet und das Ende der Versammlung abgewartet. Kaum wurden die Tore geöffnet, als der Tumult erneut losbrach. Steinschlachten, Handgreiflichkeiten und umgestürzte Autos kennzeichneten das Straßenbild. Die Abgeordnete Jeanette Wolff, die unter den Nationalsozialisten Jahre im Konzentrationslager hatte zubringen müssen, gehörte zu den Verletzten. Daneben wurden auch Bürgermeister Friedensburg und die Stadtverordneten Otto Bach (SPD) und Schöpke (LDP) tätlich angegriffen.[44] Die Oberbürgermeisterin selbst hatte außerordentliches Glück und entkam dem Krawall. Nur wenige Stunden später, in der Nacht zum 24. Juni, verhängte die SMAD eine Blockade über Berlin, zugleich wurden auf sowjetische Anweisung auch die Stromlieferungen in die Westsektoren aus den Elektrizitätswerken, die sich im Machtbereich der UdSSR befanden, unterbunden. Jedes Mittel schien recht, um ganz Berlin, den Pfahl im Fleische der sowjetischen Einflußsphäre, der kommunistischen Oberhoheit zu unterstellen.
Die Maßnahmen der Sowjets sollten die Versorgung der West-Berliner Bevölkerung mit dem Lebensnotwendigsten aus den Westzonen unterbinden. Nach ostdeutscher Darstellung handelte es sich jedoch keineswegs um eine Hungerblockade. Vielmehr habe sich die Sowjetische Militäradministration großzügig bereit erklärt, eine ausreichende Versorgung von ganz Berlin aus ihren eigenen Mitteln zu gewährleisten, um die Westsektoren nicht das *Opfer dieses verantwortungslosen Kurses, dieser imperialistischen Spaltungspolitik* werden zu lassen.[45] Daß allerdings nur ein geringer Teil der Bevölkerung in einer Zeit des absoluten Mangels von diesem tatsächlich verlockenden Angebot Gebrauch gemacht hat (ca. 5 Prozent), belegt, wie sehr man in den Westsektoren entschlossen war, der sowjetischen Pression Widerstand zu leisten. Wie Ferdinand Friedensburg in seinen Erinnerungen bezeugt, war dieser Widerstand eine gewaltige Leistung: *Man muß sich vorstellen, daß diese Haltung eingenommen wurde, als kinderreiche Mütter fürchten mußten, daß die Säuglinge nachts in den Windeln erfroren, als die Hausarbeiten und das Kochen wegen der Strom- und Gasbeschränkungen zu wechselnden Zeiten, also auch in der Nacht, verrichtet werden mußten, als das Hauptnahrungsmittel getrocknete Kartoffelschnitzel bildeten, als frische Milch so gut wie vollständig fehlte.*[46]

43 *Der Tagesspiegel* vom 24. 6. 1947.
44 *Ebda.*
45 Vgl. Gerhard Keiderling, *Die Berliner Krise 1948/49. Zur imperialistischen Strategie des kalten Krieges gegen den Sozialismus und der Spaltung Deutschlands* (= Akademie der Wissenschaften der DDR. Schriften des Zentralinstituts für Geschichte, Bd. 69), Berlin 1982, S. 244 f.

Bedrückend sollten die kommenden Monate auch für Louise Schroeder werden. Es gab zu dieser Zeit noch keinen Petitionsausschuß, und so häuften sich auf ihrem Schreibtisch unzählige Bittschriften und Hilfegesuche. Liest man die zahlreichen Briefe aus der Bevölkerung, die an sie adressiert waren, so wird deutlich, wie viel Vertrauen man in sie gesetzt, wie viel Persönliches man ihr anvertraut hat. Es waren große wie kleine Sorgen. Da berichteten verzweifelte Frauen, daß ihre Ehemänner oder Söhne von der Polizei im Ostsektor der Stadt unbegründet verhaftet, auch zum Teil verschleppt worden waren und sie nun nicht wußten, wie sie ihre Kinder ernähren sollten. Andere erzählten, daß sie ihre Stellung verloren hatten, nur weil sie nicht bereit gewesen waren, der SED beizutreten.[47] Viel Kummer, viele Ängste wurden sichtbar. Diese Menschen schrieben an Louise Schroeder, weil sie nicht mehr wußten, an wen sie sich sonst mit ihren Problemen wenden sollten, und sie hatte für all diese Anliegen ein offenes Ohr, versuchte, soweit es ihre Zeit erlaubte, den Hilfesuchenden in einem Antwortschreiben wieder Mut zu machen – gerade das war damals sehr wichtig. Wohl zu Recht erwarb sich die Amtierende Oberbürgermeisterin in der Zeit der Blockade den Ehrentitel „Mutter Berlins".

Ein letztes Mal sollte Louise Schroeder als Berliner Stadtoberhaupt an einer innerdeutschen Tagung teilnehmen. Es handelte sich um eine Konferenz der Ministerpräsidenten, die vom 8. bis zum 10. Juli 1948 im Hotel Rittersturz in Koblenz tagte. Knapp ein Jahr zuvor hatten sich die deutschen Länderchefs erstmals in München getroffen. Nun, nachdem alle Versuche, mit den Sowjets gemeinsam Deutschland zu verwalten, gescheitert waren, drängten die Westalliierten auf die baldige Gründung eines westdeutschen Teilstaates und hatten dazu bereits in London entsprechende Richtlinien ausgearbeitet. Sie legten den Ministerpräsidenten nahe, eine westdeutsche Verfassung vorzubereiten. Alle Teilnehmer waren sich bewußt, dadurch die Teilung Deutschlands möglicherweise weiter voranzutreiben. In besonderem Maße waren die Sozialdemokraten uneins, wie man auf die „Frankfurter Dokumente" reagieren sollte. Daß sich der eher skeptisch gestimmte Flügel der SPD bei den „Rittersturzdebatten" durchsetzen konnte, lag wesentlich mit an den Redebeiträgen von Carlo Schmid und Louise Schroeder. Die Oberbürgermeisterin legte allen Teilnehmern ans Herz, *den provisorischen Charakter des neuen Gebildes so stark zu betonen, daß dadurch die Tür für einen späteren Kompromiß mit dem Osten offen bliebe.*[48] Ihre Beschwörungen beeindruckten, doch den Anwesenden war sicher nicht bewußt, daß die Amtierende Oberbürgermeisterin hinsichtlich der Weststaatslösung nur noch für eine Minderheit der Berliner Politiker sprach, zu denen unter anderen Paul Löbe und Ferdinand Friedensburg gehör-

46 Vgl. Briefe an Louise Schroeder, in: Akten der Senatskanzlei. Der Regierende Bürgermeister von Groß-Berlin: Louise Schroeder, im Landesarchiv Berlin.

47 Vgl. Hans-Peter Schwarz, *Vom Reich zur Bundesrepublik. Deutschland im Widerstreit der außenpolitischen Konzeptionen in den Jahren der Besatzungsherrschaft 1945–1949*, 2. Aufl., Stuttgart 1980, S. 610 f.

48 *Ebda.*

ten.[49] Mittlerweile hatte sich in Berlin die Situation durch die Währungsreform und die Blockade grundlegend gewandelt. Viele Politiker, vor allem Ernst Reuter, stellten sich bereits auf eine Kraftprobe ein und waren überzeugt, daß die Entscheidung nicht länger aufgeschoben werden durfte. Jetzt mußte man – ihrer Meinung nach – gerade in Berlin Stellung beziehen, war man doch auf die Hilfe der westlichen Siegermächte besonders angewiesen.

Dennoch überzeugte Louise Schroeder die Ministerpräsidenten, in ihrer Ausarbeitung einer westdeutschen Verfassung den provisorischen Charakter so stark wie möglich zu betonen.[50] Weniger zufrieden mit diesem Provisoriumskonzept zeigte sich allerdings der amerikanische Militärgouverneur Lucius D. Clay. Für ihn waren die von den Ministerpräsidenten eingereichten Abänderungsvorschläge fast gleichbedeutend mit einer Zurückweisung des ganzen Plans; er sprach sogar davon, daß ihn die deutschen Regierungschefs „im Stich gelassen" hätten. Es fielen auch Worte wie „Sabotage" und „Verantwortungsscheu" der Deutschen.[51] Insbesondere in Berlin bedachte man die Auswirkungen einer Krise. War denn vorherzusagen, ob nicht Clays Groll so stark wuchs, daß er die Alliierten dazu bewog, ihre Bereitschaft aufzugeben, Berlin durch die Luftbrücke zu halten? Wollte man noch retten, was zu retten war, dann mußte man sich schleunigst um eine Verständigung mit den Westalliierten, insbesondere mit Clay, bemühen. Wer anderes als Reuter konnte der geeignete Politiker dafür sein. Rasch einigte man sich im Magistrat, *ohne* – wie die Reuter-Biographen Willy Brandt und Richard Löwenthal zu berichten wissen – *Louise Schroeder in irgendeiner Weise zu desavouieren*, Reuter an ihrer Stelle zu der kommenden Besprechung der Ministerpräsidenten, wo natürlich auch die Vertreter der Westmächte anwesend waren, nach Rüdesheim zu entsenden.[52] Reuter gelang es rasch, die Wogen wieder zu glätten, und es war nach Louise Schroeders „Rittersturz-Debakel" mehr als offenkundig, über wie wenig Einfluß sie als amtierendes Stadtoberhaupt verfügte. Nur ein deutscher Politiker hatte im westlichen Berlin etwas zu sagen: Ernst Reuter.

In dem für Berlin so entscheidenden Sommer 1948 trat Louise Schroeder mehr und mehr in den Hintergrund, erkrankte schließlich schwer. Mit einem „Rosinenbomber" mußte sie im August nach Hamburg ausgeflogen werden, wo sie besser behandelt werden konnte, als in der von der Blockade gebeutelten Stadt.[53] Die Amtsgeschäfte führte Bürgermeister Friedensburg weiter. Keine unproblematische Regelung, denn damit hatte ein Politiker der „Minderheitspartei", der CDU, die Statthalterschaft inne. Wie Friedensburg in seinen Erinnerungen einräumt, waren es sehr „schwierige Monate" für ihn, nicht zuletzt deshalb, weil die Sozialdemokraten jeden seiner Schritte mit Miß-

49 Vgl. Willy Brandt/Richard Löwenthal, *Ernst Reuter. Ein Leben für die Freiheit. Eine politische Biographie*, München 1957, S. 472 f.

50 *Ebda.*

51 Gespräch mit Gertrud Loppach am 10. 1. 1985.

52 F. Friedensburg, *Es ging um Deutschlands Einheit...* (wie Anm. 31), S. 263 f.

53 K.-P. Schulz, *Berlin...* (wie Anm. 18), S. 204 ff.

die Politik Reuterscher Prägung zu durchkreuzen und sich dabei in Szene zu setzen. Sie wirkte ausgleichend und war stets bemüht, vermittelnd einzugreifen, wobei sie bewußt als Frau agierte, wie Klaus-Peter Schulz festhielt: *Aber diese Persönlichkeit* [Louise Schroeder] *war eben doch als Frau geboren und trat als echte Frau auf. Vielleicht liegt gerade hierin eine Erklärung dafür, daß bei all dem Schlimmen, das noch bevorstand, den freiheitlichen Kräften der Stadt das absolut Schlimmste erspart blieb, weil ihr oberster Repräsentant weiblichen Geschlechts war und durch die unverwechselbare Würde seines Auftretens sogar die Sowjets zu jenem Minimum an formellem Anstand und Höflichkeit nötigte, auf das ein Mann in gleicher Position wahrscheinlich nicht hätte rechnen können.*[58]
Die Jahre als Oberbürgermeisterin bildeten denn auch den Höhepunkt ihrer politischen Karriere, die mit der Amtsübergabe an Ernst Reuter keineswegs endete. Sie gehörte zu den acht Berliner Abgeordneten im ersten Deutschen Bundestag – als einzige Frau. Dort war sie sofort wieder als Kandidatin für ein hohes Amt im Gespräch: für das Amt des Bundespräsidenten. Nicht nur aus der eigenen Partei, sondern auch von Mitgliedern der CDU/CSU ist die Bitte an sie herangetragen worden, gegen den Liberalen Theodor Heuss anzutreten. Nach intensiven Beratungen innerhalb der SPD-Fraktion wurde jedoch auf ihre Nominierung verzichtet. Es war nicht sicher, ob ein Berliner Abgeordneter von den Alliierten bestätigt worden wäre, da laut Grundgesetz zum Bundespräsidenten nur derjenige Deutsche gewählt werden konnte, der das Wahlrecht zum Bundestag besaß – und eben dieses – direkte – Wahlrecht ist der Berliner Bevölkerung bereits damals (bis 1990) vorenthalten worden.
Im Februar 1951 schied Louise Schroeder aus dem Berliner Magistrat aus. Nach den Wahlen vom Dezember 1950 hatten sich die Berliner Sozialdemokraten entschlossen, gemeinsam mit der CDU eine Große Koalition zu bilden. Ernst Reuter behielt zwar weiterhin das Amt des Regierenden Bürgermeisters, doch der Stellvertreter kam nun vom christdemokratischen Koalitionspartner. Für Louise Schroeder, die sich nun auch nicht mehr um ein Senatorenamt bewerben mochte, ging damit ein wichtiger Lebensabschnitt zu Ende. Der Abschied kam zwar schnell, überraschend schnell, aber doch nicht ungelegen, denn sie war inzwischen erschöpft und ausgezehrt von der strapaziösen Arbeit in einer ohnehin entbehrungsreichen Zeit. Ganz hat sie sich nie mehr von den Anstrengungen jener Jahre erholen können. Gesundheitlich ohnehin angeschlagen, erkrankte sie im Winter 1957 schwer. Ihren 70. Geburtstag am 2. April erlebte sie noch und auch die Verleihung der Ehrenbürgerschaft Berlins an sie als erste Frau in der Geschichte der Stadt. Wenige Wochen später, am Abend des 4. Juni 1957, starb sie. Nach einem Staatsakt in Berlin ist sie dann, ihrem letzten Willen entsprechend, nach Hamburg überführt und auf dem Friedhof Altona-Ottensen an der Seite ihrer Eltern beigesetzt worden. Zusammen mit den wenigen Frauen aus dem Parlamentarischen Rat wie Helene Wessel, Friederike Nadig, Elisabeth Seibert und Helene Weber gehörte sie zu den „Gründungsmüttern" des demokratischen Nachkriegsdeutschland.

58 K.-P. Schulz, *Berlin...* (wie Anm. 18), S. 152.

Ferdinand Friedensburg

von Andreas Baldauf

Wird nach den herausragenden Politikern Berlins in der unmittelbaren Nachkriegszeit gefragt, fällt zwangsläufig zuerst der Name Ernst Reuter, der zu einem Synonym für die erfolgreiche Selbstbehauptung der Westsektoren geworden ist. An zweiter Stelle folgt meist Louise Schroeder, deren Beitrag zur demokratischen Entwicklung in den Westsektoren der Stadt oft gewürdigt wurde. Der Name Ferdinand Friedensburg ist dagegen einer breiten Öffentlichkeit in Berlin inzwischen weitgehend unbekannt. Und doch ist Friedensburg in einem Atemzug mit den sozialdemokratischen Politikern Reuter und Schroeder zu nennen, wenn es darum geht, besondere Verdienste bei der politischen Verantwortung zur Zeit von Berlins Kampf um Freiheit und demokratische Selbstverwaltung zu würdigen.

Friedensburg, der 1945 zu den Gründern der Christlich-Demokratischen Union Deutschlands in Berlin gehörte, stand 1948 als Amtierender Oberbürgermeister monatelang an der Spitze der Berliner Verwaltung, als die Stadt unter dem Druck der sowjetischen Blockade der Westsektoren und den Übergriffen der kommunistisch gelenkten SED um ihr Überleben kämpfte.[1] Der Sozialdemokrat Ernst Reuter, 1946 von der Stadtverordnetenversammlung zum Oberbürgermeister bestimmt, konnte aufgrund des Vetos der Sowjetischen Militäradministration in Deutschland (SMAD) in der Alliierten Kommandantur seine Funktion nicht übernehmen; Louise Schroeder (SPD), offiziell zwar erst an dritter Stelle bei der Vertretung des Oberbürgermeisters, aber aufgrund der Mehrheitsverhältnisse im Stadtparlament die legitime Sprecherin des Magistrats, übernahm daraufhin die Amtsgeschäfte, war aber in den entscheidenden Monaten des Jahres 1948 – durch eine schwere Krankheit geschwächt – nicht in der Lage, die Bürde des Stadtoberhauptes zu tragen. In diesem Moment übernahm nach den Bestimmungen der Vorläufigen Berliner Verfassung von 1946 der Erste Stellvertreter des Oberbürgermeisters die Führung der Stadtverwaltung. Dies war der Unionspolitiker Friedensburg.

Ferdinand Friedensburg wurde am 17. November 1886 in Schweidnitz (Schlesien) geboren. Erzogen in einer begüterten bürgerlichen Familie – der Vater war Richter, der Großvater Oberbürgermeister von Breslau –, übernahm der junge Friedensburg die liberal-freisinnigen Auffassungen des zu seiner Zeit weit über Breslau hinaus bekannten Großvaters, was zu ersten Spannungen mit dem betont konservativ denkenden Vater,

1 Zur politischen Nachkriegsgeschichte Berlins vgl. Jürgen Fijalkowski/Peter Hauck u. a., *Hauptstadtanspruch und Westintegration,* Köln-Opladen 1967; Hans Herzfeld, *Berlin in der Weltpolitik 1945–1970* (= Veröffentlichungen der Historischen Kommission zu Berlin, Bd. 38), Berlin-New York 1973; Georg Kotowski/Hans J. Reichhardt, *Berlin als Hauptstadt im Nachkriegsdeutschland und Land Berlin 1945–1985* (= Veröffentlichungen der Historischen Kommission zu Berlin, Bd. 70/2; zugleich Berliner Demokratie 1919–1985, Bd. 2), Berlin-New York 1987; Wolfgang Ribbe (Hrsg.), *Geschichte Berlins,* Bd. 2: *Von der Märzrevolution bis zur Gegenwart,* München 1987.

einem glühenden Bismarck-Verehrer, führte. 1891 zog die Familie nach Berlin, wo der Vater eine Anstellung am neugegründeten Reichsversicherungsamt fand. Hier besuchte Ferdinand zusammen mit seinem jüngeren Bruder Wilhelm das Steglitzer Gymnasium. Nach dem Abitur entschied er sich für ein Studium an der preußischen Bergakademie in Berlin. Das renommierte Institut, dessen Absolventen im allgemeinen beste Aussichten auf eine erfolgreiche Laufbahn im höheren Verwaltungsdienst hatten, bot Friedensburg zudem die Gelegenheit für eine umfassende akademische Grundausbildung, die neben Vorlesungen in den Naturwissenschaften auch Rechts- und Gesellschaftswissenschaften umfaßte. Nach dem mit Auszeichnung bestandenen Examen zum Bergreferendar folgten weitere Studien in Marburg und Breslau, wo Friedensburg 1911 im Hauptfach Geologie promovierte und 1914 das Examen als Bergassessor abschloß.

Im Frühjahr 1914, nach dem tragischen Tod seiner jungen Frau Fanny, die bei der Geburt des ersten Kindes starb, entschloß sich der „europamüde“[2] Friedensburg, eine ausgedehnte Studienreise in die Vereinigten Staaten anzutreten. Als ihn in Kalifornien die Nachricht vom Kriegsausbruch in Europa erreichte, versuchte Friedensburg, der als Leutnant der Reserve einem schlesischen Artillerieregiment angehörte, auf einem italienischen Dampfer in die Heimat zu gelangen. Vor Gibraltar wurde das Schiff jedoch von der britischen Kriegsmarine gestoppt und alle wehrfähigen deutschen Passagiere auf der Festung interniert.[3] Der Kriegsgefangenschaft versuchte Friedensburg durch einen spektakulären Fluchtversuch über die Felsenklippen der britischen Mittelmeerfestung zu entkommen; das Unternehmen endete jedoch mit lebensgefährlichen Verletzungen, die sich der Flüchtling bei einem Sturz zuzog. Damit war nicht nur der Weg in die Freiheit versperrt, die Knieverletzungen erwiesen sich als so schwerwiegend, daß auch die Ausübung seines Berufs im Bergbau unmöglich wurde. Nach der Verlegung in ein Lager in Großbritannien gehörte Friedensburg 1917 zu den ersten im Krieg verwundeten Soldaten beider Seiten, die im Rahmen eines Austausches zur Weiterbehandlung in die Schweiz entlassen wurden.

Hier begegnete ihm die 22jährige Nelly Schilling, eine Helferin des „Vaterländischen Vereins“, die Friedensburg am 15. März in Bern heiratete. Das Ehepaar blieb bis zum Kriegsende in der Schweiz, wo Friedensburg für die deutsche Botschaft arbeitete. Erst 1919 kehrten die Friedensburgs mit dem 1917 geborenen Sohn Ferdinand nach Berlin zurück. Über die turbulenten und ereignisreichen Nachkriegsjahre in der Reichshauptstadt berichtete Friedensburg als Korrespondent der „Baseler Nationalzeitung“. Er wird Zeuge der sich überstürzenden Ereignisse, die zur Gründung der „Weimarer Republik“ führen und erfährt durch den gescheiterten Putsch um Kapp und von Lütt-

2 Brief des Preußischen Oberbergamtes an das Reichskolonialministerium vom 4. Juni 1914, in: BA, *Nachlaß Friedensburg* (künftig zitiert: *NL Friedensburg).*

3 Ferdinand Friedensburg, *Im Felsen von Gibraltar. Die Festung, geschildert von einem Kriegsgefangenen,* in: ders., *Politik und Wirtschaft. Aufsätze und Vorträge,* Berlin 1961, zuerst erschienen in: *Deutsche Allgemeine Zeitung* vom 1., 3., 4., 5., und 6. Dezember 1940.

Ferdinand Friedensburg, * Schweidnitz (Schlesien) 17. 11. 1886, † Berlin 11. 3. 1972, Amtierender Oberbürgermeister von Berlin 1948

witz, daß das neue demokratische Gemeinwesen durch starke und zum Umsturz entschlossene Gruppen am extremen Rand des politischen Spektrums von Beginn an in seiner Existenz bedroht ist. Überzeugt vom demokratischen und rechtsstaatlichen Prinzip trat Friedensburg 1920 in die Deutsche Demokratische Partei ein, in deren Programm, das in hervorragendem Maße die Weimarer Verfassung beeinflußte, er eine überzeugende Perspektive für die Zukunft des Deutschen Reiches sah. Bis zum Untergang der Weimarer Republik versuchte Friedensburg, die liberale Politik der DDP/Staatspartei durch persönliche Initiativen zur Geltung zu bringen. Auf ihn kann das Wort von der „Republik ohne Republikaner" jedenfalls nicht zutreffen. Noch 1932 bemühte er sich um die Sammlung der „bürgerlichen Mitte" als Alternative zu NSDAP und KPD; die Polarisierung der extremen politischen Flügel, in der die Mitte mehr und mehr zerrieben wurde, machte auch diesen Versuch, die Machtübernahme der Nationalsozialisten zu verhindern, zunichte.

Die berufliche Laufbahn führte Friedensburg von der angestrebten Tätigkeit in der Preußischen Bergverwaltung, die durch die schweren Beinverletzungen unmöglich geworden war, zur Allgemeinen Verwaltung, schließlich durch die Fürsprache des Preußischen Innenministeriums[4] am 30. Dezember 1920 zur Berufung Friedensburgs als Landrat in den Kreis Rosenberg (Westpreußen).[5]

Dieser galt nach der Zusammensetzung seiner Gutsbesitzerschaft als einer der „feudalsten" Kreise der preußischen Monarchie. Als erster nichtadeliger Vertreter des Staates hatte Friedensburg schon bei seiner Ankunft in Rosenberg gegen den entschiedenen Widerstand der feudalen Großagrarier anzukämpfen, die unter der Führung des gesellschaftlichen Oberhauptes dieses Kreisverbandes, Elard von Oldenburg-Januschau, durch einen Boykott der Verwaltung die Abberufung des unerwünschten Liberalen erzwingen wollten. Diese Machtprobe konnte Friedensburg durch mutige Entschlossenheit, den Willen zur Durchsetzung der legitimen Staatsinteressen, verbunden mit sanftem Druck auf die durch Oldenburg-Januschau eingeschüchterten Beamten des Kreises, schließlich für sich entscheiden. Es gelang ihm innerhalb kurzer Zeit, die geschlossene Front der Ablehnung zu durchbrechen und die ihm anvertraute Führung der Verwaltung zu übernehmen.[6] Dies war auch dringend notwendig, standen doch zu jener Zeit entscheidende Beschlüsse und Verhandlungen auf der Tagesordnung. Zum einen war der Kreis von den durch den Friedensvertrag von Versailles beschlossenen Grenzregulierungen mit Polen betroffen, zum anderen sollte die längst überfällige Elektrifizierung des Kreises durchgeführt werden. Beide Aufgaben konnte Friedensburg in den ersten Jahren seiner Amtsperiode erfolgreich abschließen und erreichte dabei überregionale Anerkennung.[7]

4 Ferdinand Friedensburg, *Lebenserinnerungen,* Frankfurt am Main-Bonn 1969, S. 108 f.

5 BA, *NL Friedensburg,* Nr. 35.

6 Joachim Tiburtius in: F. Friedensburg, *Politik und Wirtschaft...* (wie Anm. 3), S. XI. F. Friedensburg, *Lebenserinnerungen...* (wie Anm. 4), S. 109 ff.

Das reibungslose Funktionieren der Verwaltung wurde lediglich durch gelegentliche Zusammenstöße mit den rechtskonservativen Kreisen der Gutsbesitzer beeinträchtigt. Mit besonderer Skepsis betrachtete Friedensburg dabei die im Deutschen Reich verbreitete kritiklose Verehrung des Feldmarschalls Paul von Hindenburg, dem im Kreis das Gut Neudeck gehörte. Friedensburg, der aufgrund seiner Erziehung den nationalen Gedanken auch in der Demokratie als positiven Impuls verstand, versuchte in den Jahren der Weimarer Republik stets, den Mißbrauch des Nationalismus durch die Rechte ebenso zu verhindern, wie dessen strikte Ablehnung durch die Linke. Für diese von Friedensburg vertretene Politik der liberal-bürgerlichen Mitte fand sich jedoch bekanntlich keine Mehrheit in einer Gesellschaft, deren Polarisierung bereits soweit fortgeschritten war.

Die Erfolge Friedensburgs, der sich der Angriffe von rechts wie von links erfolgreich erwehren und eindrucksvolle Ergebnisse im Wiederaufbau des Kreises vorweisen konnte, blieben seiner Partei, die, wie vor allem auch die SPD, von Anfang an unter einem Mangel an versierten Verwaltungsbeamten litt, nicht verborgen. Zwei Anläufe Friedensburgs, im Jahre 1924 ein Reichstagsmandat für die DDP zu erringen, blieben zwar erfolglos, bei der Neubesetzung des Berliner Polizeipräsidiums im Frühjahr 1925 ging der Ruf aber an Friedensburg, der am 10. März 1925 als Polizeivizepräsident die Leitung der größten deutschen Behörde übernahm.[8] Nachdem er die Verwaltung eines agrarischen Kreises mit einem zwölfköpfigen Kreisausschuß als oberster Behörde geleitet hatte, stand Friedensburg nun einem Verwaltungsapparat mit 22 000 Mitarbeitern vor. Die neue Aufgabe machte den Bergassessor Friedensburg zudem zu einem über die Grenzen der Reichshauptstadt hinaus bekannten Mann, denn die neue Funktion mußte unter den kritischen Augen der politischen und gesellschaftlichen Meinung im Deutschen Reich bewältigt werden.

Schon wenige Tage nach dem Dienstantritt Friedensburgs hatte die Berliner Polizei die Trauerfeierlichkeiten aus Anlaß der Beisetzung von Reichspräsident Friedrich Ebert zu organisieren, die schließlich ohne Störungen und Zwischenfälle unter der Anteilnahme von Hunderttausenden Berlinern stattfand.[9] Wie schon in Rosenberg versuchte Friedensburg auch in Berlin durch ständigen persönlichen Kontakt zu den Untergebenen ein Vertrauensverhältnis zu schaffen, das bei der Bewältigung der verschiedenen Aufgaben – von der Leitung der politischen Polizei bis zur Aufsicht über das Theaterwesen – den ausführenden Beamten der Unterstützung des Vorgesetzten versicherte. Auch nach der Besetzung des vakanten Postens des Präsidenten der Polizei durch die Sozialdemokraten Albert Grzesinski und später Karl Friedrich Zörgiebel lag die unmittelbare Führung der Polizei weiterhin bei Friedensburg. In dieser Funktion war er im Mai

7 Pressemeldung des Oberpräsidiums Königsberg vom 11. April 1921 über die deutsch-polnische Grenzregulierung im Kreis Rosenberg in: BA, *NL Friedensburg*, Nr. 20, S. 56; *Deutsch-Eylauer Zeitung* vom 14. August 1923.

8 Ernennungsurkunde in: BA, *NL Friedensburg*, Nr. 35, S. 47.

9 F. Friedensburg, *Lebenserinnerungen...* (wie Anm. 4), S. 142 f.

1926 maßgeblich an der Aufdeckung und Verhinderung eines geplanten Staatsstreichs der extremen Rechten beteiligt. Der „Class-Putsch", nach dem Vorsitzenden des Alldeutschen Verbandes, Justizrat Heinrich Class, benannt, sollte unter Anwendung des Notstandsartikels 48 der Weimarer Verfassung eben diese Verfassung zu Fall bringen. Schlüsselfigur des Unternehmens wäre nach diesem Plan Reichspräsident Hindenburg geworden, der die folgende Regierungskrise zur Auflösung des Reichstages nutzen und zur „Sicherstellung von Recht und Ordnung" sodann einen Politiker der Rechten – gedacht war an Alfred Hugenberg – mit diktatorischen Vollmachten einsetzen sollte.[10] Sofort eingeleitete Haussuchungen bei den namentlich bekannten Teilnehmern der Verschwörung förderten zwar kaum belastendes Material zutage, doch die Veröffentlichung der Putschpläne machte die deutsche Öffentlichkeit auf die drohende Gefahr eines Umsturzversuches auf quasi legale Art aufmerksam. In einer schriftlichen Erklärung an die Ermittlungsbehörden, die gegen Class, Hugenberg und andere Industrielle wegen Hochverrats ergebnislos ermittelten, gab Reichspräsident von Hindenburg zwar zu, mit „Stahlhelm"-Führer Hans von Sodenstern, Hugenberg und Oldenburg-Januschau ein solches Vorgehen besprochen zu haben, bestritt aber jede Beteiligung an einem verfassungswidrigen Unternehmen.[11]

An der Amtsführung Friedensburgs, der keinen Hehl daraus machte, daß er Angriffen gegen die Verfassung von links wie von rechts gleichermaßen hart begegnen würde, nahm nun auch der Verein Deutscher Studenten (VDSt), dem Friedensburg seit seiner Marburger Studienzeit angehörte, Anstoß. Auf einer Sitzung des Ehrenrates des Verbandes mußte sich Friedensburg gegen die Beschuldigung der *unvereinbaren Gegensätzlichkeit zwischen den Anschauungen von Dr. Friedensburg und den wesentlichen Grundsätzen des Kyffhäuser-Verbandes (insbesondere in Bezug auf das völkische Prinzip), deren öffentliche Bekämpfung zu einer schweren Schädigung des Ansehens des Verbandes geführt hat,*[12] in einem peinlichen Verhör äußern. Nach viermonatigen Verhandlungen, in denen von seinen Anklägern Friedensburgs menschliche und politische Fähigkeiten in Frage gestellt wurden, da *Dr. Friedensburg als Voraussetzung für die Einfluß heischende Mitarbeit am neuen Staat gemäß seiner eigenen Entwicklung den völligen Bruch mit dem Deutschland der Vergangenheit fordert,*[13] wurde er am 28. Juli 1926 vom Ehrenrat des VDSt aus dem Verband ausgeschlossen.

Das entschlossene Eintreten Friedensburgs für die Weimarer Verfassung sowie seine in öffentlichen Vorträgen vertretene Warnung vor den *zur Staatsumwälzung drängenden Kräften in der Umgebung des Reichspräsidenten*[14] brachten ihn unvermeidlich auch in Konflikt zu denjenigen, die später bei der Ernennung Adolf Hitlers zum Reichskanzler eine verhängnisvolle Rolle spielten. Auf ein persönliches Ersuchen des Reichspräsiden-

10 *A.a.O.,* S. 162 ff.; F. Friedensburg, *Die Weimarer Republik,* Berlin 1946, S. 196 ff.
11 *Zeit-Notizen,* Nr. 39 vom 27. September 1927, in: BA, *NL Friedensburg,* Nr. 2, S. 163.
12 BA, *NL Friedensburg,* Nr. 9, S. 68.
13 Urteilsbegründung in: BA, *NL Friedensburg,* Nr. 9, S. 13 ff.
14 F. Friedensburg, *Lebenserinnerungen...* (wie Anm. 4), S. 170.

ten hin sah sich die preußische Staatsregierung veranlaßt, Friedensburg mit Wirkung vom 2. März 1927 zum Regierungspräsidenten in Kassel zu „befördern".[15] Auf diese Weise hatte man sich des kritischen Mannes im Polizeipräsidium entledigt, der sich nicht scheute, die verfassungsfeindlichen Bestrebungen der Rechten zu entlarven und anzuprangern; die Ernennung eines gerade Vierzigjährigen zum Regierungspräsidenten entzog andererseits jeder Kritik an dieser Abschiebung die Grundlage.

Die neue Aufgabe in Kassel nahm Friedensburg mit der für ihn typischen Gründlichkeit im Detail wahr. Wie üblich mit gutem Beispiel vorangehend, versuchte er die Effektivität des Verwaltungsapparates zu verbessern, der nach seiner Meinung der Bevölkerung nicht als anonyme Behörde gegenüberstehen, sondern durch beispielhaftes Verhalten die Staatsautorität lebendig machen sollte. Durch engen Kontakt zu den ihm unterstehenden Landräten setzte er sich zudem *unablässig für eine Stärkung des demokratischen Unterbaus*[16] ein, um die junge parlamentarische Demokratie in Deutschland, die er immer stärker bedroht sah, bewahren zu helfen. Eine von Friedensburg initiierte Zusammenkunft einer Reihe verfassungstreuer Politiker am 15. Januar 1931 charakterisiert die Bemühungen zur Rettung der errungenen Demokratie in der Weimarer Republik. In einem gemeinsamen Kommuniqué heißt es: *In Kassel haben sich Anfang dieses Jahres eine Reihe von Persönlichkeiten zusammengefunden, um für alle nicht dem Zentrum angehörigen Gruppen, die zwischen den Sozialdemokraten und der deutschnationalen Volkspartei stehen, eine Zusammenfassung zu einer politischen Gemeinschaft zu versuchen. Die Bemühungen gehen von der Sorge aus, daß das deutsche Schicksal immer mehr von den Nationalsozialisten, dem Zentrum und den Sozialdemokraten bestimmt wird und daß damit immer mehr diejenigen Schichten unseres Volkes von der politischen Macht ausgeschaltet werden, die kulturell, wirtschaftlich und politisch in den letzten hundert Jahren die Träger des deutschen Staates gewesen und ihrer inneren Bedeutung nach noch heute zur vollen Mitverantwortung berufen sind. Jede neue Wahl zeigt einen raschen Fortschritt auf diesem verhängnisvollen Wege. Die Bestrebungen gehen ferner davon aus, und die Beratungen in Kassel haben diese Überzeugung praktisch erwiesen, daß in den zahlreichen politischen Gruppen von den Volkskonservativen bis zu den unabhängigen Demokraten noch reichlich gemeinsame Ziele und Ideale vertreten werden.*[17]

Im Sommer 1932 schloß sich die Kasseler Gruppe dem überregionalen „Deutschen Nationalverein", der unter ähnlichen Vorzeichen von Eberhard Wildermuth, dem späteren FDP-Bundesminister für Wohnungsbau im ersten Kabinett Adenauer, in Berlin gegründet worden war, als Bezirksgruppe an.[18] Auch dieses Bemühen um eine reichsweite Zusammenfassung der Mittelparteien scheiterte schließlich an dem teilweise kleinlichen Egoismus der verschiedenen Parteien und Organisationen.

15 Ernennungsurkunde in: BA, *NL Friedensburg*, Nr. 35, S. 51.
16 F. Friedensburg, *Lebenserinnerungen...* (wie Anm. 4), S. 178.
17 Aufruf enthalten in: GStA, *NL Friedensburg*, Nr. 29.
18 F. Friedensburg, *Lebenserinnerungen...* (wie Anm. 4), S. 206 f.

Im Rückblick auf das Scheitern der Republik von Weimar sieht Friedensburg nicht unbedingt das Auseinanderfallen der staatstragenden Parteien als Ursache für die Machtergreifung Hitlers, sondern eher die Unentschlossenheit der demokratischen Regierungen, die verfassungsfeindlichen Gruppen entschlossen zu bekämpfen oder auch durch behutsame Integration zu entschärfen. Für Friedensburg sind vor allem zwei Faktoren für den Untergang von Weimar verantwortlich: die Reichswehr und Reichspräsident Hindenburg, dem Friedensburg seit der Zeit in Rosenberg mit Mißtrauen gegenüberstand. In seiner Geschichte der Weimarer Republik heißt es: *Immer wieder schwankten die republikanischen Parteien und Regierungen gegenüber der Wehrmacht zwischen Mißtrauen und Abneigung einerseits und halbherziger Anerkennung und praktischer Ausnutzung anderseits ... Die gleiche Schwächlichkeit und Unentschlossenheit kennzeichnete das Verhalten der Republik auch gegenüber ihren innenpolitischen Gegnern von Rechts ... Infolgedessen waren die Verbände im Jahre 1932 zusammen mit der Reichswehr stark genug geworden, um dem Reichspräsidenten den von Papen geleiteten Staatsstreich zu ermöglichen ... Die Tatsache, daß an der Spitze einer demokratischen Republik mit ausgeprägt friedfertiger, ja pazifistischer Politik ein populärer General von schroff konservativer und soldatischer Gesinnung trat, mußte von vornherein Spannungen ernstesten Ausmaßes auslösen ... Durch seine unklare, jedes bejahende Eintreten vermeidende Haltung hat Hindenburg während seiner ganzen Präsidentschaft wesentlich zur fortschreitenden Auflösung des republikanischen Staatsgedankens beigetragen; auch da, wo der nicht gerade aktive Mann sich selbst zurückhielt, wirkte die Arbeit seiner Umgebung störend und zerstörend, zumal sich hier, vor allem um die Person des Sohnes* [Oskar] *und Adjutanten, alle oppositionellen Personen, Gruppen und Bestrebungen in weitgehender Sicherheit sammeln und zugleich in der einen oder anderen Form der Autorität des Reichspräsidenten bedienen konnten.*[19]

Das leidenschaftliche Eintreten Friedensburgs für die Republik von Weimar mußte nach 1933 zwangsläufig zum Konflikt mit den neuen Machthabern in Deutschland führen. Am 11. Februar 1933 wurde Friedensburg auf Beschluß der neuen preußischen Regierung von der Wahrnehmung seiner Dienstgeschäfte beurlaubt,[20] im September erfolgte die förmliche Entlassung aufgrund des „Gesetzes zur Wiederherstellung des Berufsbeamtentums vom 7. April 1933".[21]

Nach der erzwungenen Versetzung in den Ruhestand wandte sich Friedensburg verstärkt der „wertfreien" wissenschaftlichen Forschungsarbeit auf seinem eigentlichen Fachgebiet, der Bergwirtschaft, zu. Nach der Rückkehr in die Hauptstadt Berlin, wo sich nun viele der Freunde und Bekannten Friedensburgs einer ungewissen Zukunft gegenübersahen, begann er mit Arbeiten zu volks- und weltwirtschaftlichen Problemen des Bergbaus. Innerhalb weniger Jahre war der Name Friedensburg in der Fachwelt als der eines anerkannten Experten im Bereich des Bergbaus und der Bodenschätze be-

19 F. Friedensburg, *Die Weimarer Republik...* (wie Anm. 10), S. 363 ff.
20 BA, *NL Friedensburg*, Nr. 15, S. 129.
21 BA, *NL Friedensburg*, Nr. 35, S. 82.

kannt. Neben Expertisen für Industriekonzerne wurde Friedensburg auch vom Wehrwirtschaftsstab der Obersten Heeresleitung zu Gutachten hinzugezogen.[22] Mit diesen Honoraraufträgen konnte sich Friedensburg zumindest die materielle Grundlage für das Leben unter der Hitlerdiktatur schaffen. Eine Inhaftierung durch die Geheime Staatspolizei im Februar 1935 endete nach vier Monaten Haft im Keller des Gestapo-Gebäudes in der Prinz-Albrecht-Straße mit der Entlassung, nachdem sich die Vorwürfe von „Unkorrektheiten in der Amtsführung" als Regierungspräsident als unhaltbar erwiesen hatten.[23] Im September 1939 begann für Friedensburg die Zusammenarbeit mit dem Deutschen Institut für Konjunkturforschung in Berlin, dessen Leiter, Ernst Wagemann, ihn als „Auswärtigen Mitarbeiter" einstellte.

Die Jahre der nationalsozialistischen Herrschaft brachten auch für Friedensburg ständige Konflikte mit der neuen Staatsbürokratie, sei es durch für ihn existenzgefährdende Maßnahmen, wie den Ausschluß aus der Reichsschrifttumskammer, was ein Publikationsverbot einschloß, oder einen Prozeß wegen „Heimtücke", bei dem Friedensburg der böswilligen Äußerungen über Staat und Partei bezichtigt wurde. Die gefährliche Affäre endete mit einem Freispruch vor dem Landgericht Klagenfurt,[24] nachdem sich die Klägerin als krankhafte Hysterikerin und in ihren Aussagen als ausgesprochen unglaubwürdig erwiesen hatte.

Zu den bedrückenden Alltagsproblemen dieser Jahre gehörte auch die teilweise tragische Trennung von den vielen Freunden, die sich die Friedensburgs vor allem im Berlin der zwanziger Jahre als Teilnehmer des gesellschaftlichen Lebens der lebendigen Reichshauptstadt gemacht hatten. Von diesen emigrierte Arnold Brecht, der nach dem „Preußenschlag" Papens 1932 die abgesetzte Staatsregierung vor dem Reichsgericht vertreten hatte, in die USA; der Sozialdemokrat Paul Löbe verbrachte Jahre im Versteck in Holland, und Ernst von Harnack wurde nach dem mißglückten Attentat auf Hitler vom 20. Juli 1944 als Mitglied der Widerstandsbewegung hingerichtet. Durch Verfolgung, Vertreibung und Vernichtung wurde in diesen Jahren die frühere staatstragende bürgerliche Führungselite radikal ausgeschaltet. Die braunen Marschkolonnen Adolf Hitlers fegten die Ideale der Demokraten, Pflichterfüllung, Humanismus und Verfassungstreue, mit brutaler Gewalt hinweg. Friedensburg selbst gehörte als Mitglied der Bekennenden Kirche zum weiteren Kreis der Widerstandsgruppe der Brüder Bonhoeffer und anderer Regimegegner, entging jedoch dem Rachefeldzug Hitlers nach dem 20. Juli 1944.

Das Kriegsende mit dem Einmarsch der sowjetischen Truppen erlebte Friedensburg in seinem Haus in Berlin-Nikolassee. Dort hatte er die Bombennächte zusammen mit seiner Frau überstanden, auch wenn das Haus in den letzten Kriegstagen bei den Rückzugsgefechten der geschlagenen Wehrmachtsverbände durch mehrere Granateinschlä-

22 F. Friedensburg, *Lebenserinnerungen...* (wie Anm. 4), S. 242 f.
23 BA, *NL Friedensburg,* Nr. 35, S. 92 ff.
24 Abschrift des Urteils mit Begründung in: BA, *NL Friedensburg,* Nr. 19, S. 37 ff.

ge schwer beschädigt worden war. Von Plünderungen und Übergriffen durch Soldaten der siegreichen Roten Armee blieb die Familie dagegen weitgehend verschont.
Hatten die Anhänger der Weimarer Reichsverfassung im Dritten Reich unter Verfolgung, Berufsverbot und gesellschaftlicher Benachteiligung zu leiden, so galt diese Ächtung nunmehr im allgemeinen Sprachgebrauch als „unbelastete“ Vergangenheit, in den Augen der Siegermächte sogar als Empfehlung für die Übernahme eines öffentlichen Amtes in der zunächst nur von der Roten Armee besetzten Stadt. Selbst weitläufige Bekannte suchten nun bei dem als Regimegegner bekannten Friedensburg um Leumundszeugnisse für den berüchtigten „Persilschein“ nach,[25] der für eine berufliche Tätigkeit im besetzten Deutschland Voraussetzung war. Friedensburg wurde schon kurz nach der Kapitulation der Wehrmacht in öffentliche Funktionen berufen: zum einen durch die sowjetische Besatzungsmacht; zunächst mit der für die damaligen rechtsunsicheren Verhältnisse wichtigen Aufgabe, in Zehlendorf einen unbewaffneten Ordnungsdienst aus Freiwilligen gegen die verbreiteten Plünderungen aufzubauen,[26] zum anderen wurde er Mitte Mai aufgefordert, die Leitung des Deutschen Instituts für Wirtschaftsforschung (früher Institut für Konjunkturforschung) zu übernehmen, da die leitenden Wissenschaftler, wie Ernst Wagemann und Rolf Wagenführ, als ehemalige NSDAP-Mitglieder nicht die nötige politische Vertrauenswürdigkeit in den Augen der Sieger besaßen. Friedensburg übernahm zunächst stellvertretend die Leitung des Instituts, seine erste und wichtigste Aufgabe war die Registrierung des Instituts beim sich neu bildenden Bezirksamt Charlottenburg. Hierbei half ihm seine aktenkundige Ablehnung des Hitlerregimes nicht unerheblich: *Auf alle damals selbstverständlichen Fragen konnte er sich guten Gewissens als „Nicht betroffen“ bezeichnen und dies vielfach beweisen.*[27] Die Verbindung mit dem DIW sollte schließlich 22 Jahre dauern.
Im Bemühen der Sowjetischen Militäradministration in Deutschland (SMAD), die zukünftige politische Gestalt Deutschlands unter kommunistischer Vorherrschaft zu formen, spielte die Einbeziehung demokratischer Politiker von SPD, CDU und LDP in die neu entstehenden Organisationen und Verwaltungen unter dem Anschein der Gleichberechtigung mit den kommunistischen Funktionären der KPD, seit der Zwangsvereinigung mit der SPD im April 1946 SED, eine wichtige Rolle. In diesen Plänen tauchte schon bald der Name Friedensburg auf. Am 1. August 1945 ernannte ihn der Chef der sowjetischen Militärverwaltung, Marschall Grigorij Shukov, zum Präsidenten der Zentralverwaltung für Brennstoffindustrie in der Sowjetischen Besatzungszone Deutschlands.[28] Die Errichtung von Zentralverwaltungen geschah in der

25 So der Rechtswissenschaftler Carl Schmitt im Sommer 1945. Briefwechsel in: BA, *NL Friedensburg*, Nr. 26.
26 Ferdinand Friedensburg, *Es ging um Deutschlands Einheit. Rückschau eines Berliners auf die Jahre nach 1945*, Berlin 1971, S. 26–32.
27 Rolf Krengel, *Das Deutsche Institut für Wirtschaftsforschung (Institut für Konjukturforschung) 1925–1979*, Berlin 1986, S. 79.
28 F. Friedensburg, *Es ging um Deutschlands Einheit...* (wie Anm. 26), S. 62 f.

SBZ in Vorwegnahme der auf der Konferenz von Potsdam von den Siegermächten beschlossenen zentralen Wirtschaftsverwaltungen für ganz Deutschland, die sich zu dieser Zeit in den übrigen Zonen erst noch im Planungsstadium befanden. Obwohl die SMAD sich zunächst bemühte, die Einrichtung der Zentralverwaltungen als Keimzelle gesamtdeutscher Maßnahmen darzustellen, ist aus der Stellenbesetzung der wachsende Einfluß der deutschen Kommunisten deutlich zu erkennen: *Von den 14 Zentralverwaltungen, die bis zum Frühjahr 1946 bestanden, gehörten sechs Präsidenten und elf Vizepräsidenten der KPD an, vier Präsidenten und elf Vizepräsidenten der SPD, ein Präsident* [Friedensburg] *und drei Vizepräsidenten der CDU, ... Mitte 1947 dominierte die SED dann noch eindeutiger: ihr gehörten in 16 Zentralverwaltungen dreizehn Präsidenten und dreiundzwanzig Vizepräsidenten an, der CDU nur noch drei Vizepräsidenten ...*[29] Von Beginn an hatte Friedensburg wegen der kaum verhüllten Feindschaft der beiden kommunistischen Vizepräsidenten, Gustav Sobottka und Fritz Bergholz, einen schweren Stand bei der Leitung der für den Wiederaufbau strategisch wichtigen Zentralverwaltung. Der dritte Stellvertreter, der Sozialdemokrat Gustav Dahrendorf, setzte sich vor der Zwangsvereinigung von SPD und KPD im April 1946 in die Westzonen ab, so daß der Druck der SED-Funktionäre und ihre fachlich unberechtigte Kritik an den Maßnahmen Friedensburgs noch stärker wurden. Im Bemühen, durch die ihm eigene vorbildliche Verwaltungsarbeit das Vertrauen der sowjetischen Machthaber zu erlangen, kam es zu der fatalen Fehleinschätzung Friedensburgs, die SMAD durch sachbezogene Argumente zur Ablösung der opponierenden Sobottka und Bergholz zu bewegen. Die SMAD war aber in erster Linie an den deutschen Kommunisten und der Stärkung von deren Einfluß interessiert.[30] Dies sah Friedensburg in der Reflexion aus zeitlichem Abstand ähnlich, wenn er schrieb: *Im Rückblick muß ich mir eingestehen, daß meine Tätigkeit als Leiter der Zentralverwaltung der Brennstoffindustrie von einer Illusion ausgegangen ist, der Illusion, daß es gelingen würde, im sowjetischen Besatzungsgebiet eine deutsche, nach deutschen Grundsätzen arbeitende Verwaltung aufzubauen.*[31] In den Verhandlungen mit den sowjetischen Vertretern der SMAD, insbesondere mit Generalleutnant F. Bokov, Verbindungsoffizier der SMAD zu den Zentralverwaltungen, Oberst Sergej Tjulpanov, dem Chef der Informationsabteilung der SMAD, damit zuständig für die Aufsicht über das neuentstehende deutsche Parteiwesen in der sowjetischen Besatzungszone, sowie mit dem Chef der SMAD, Shukov, und dessen Nachfolger Vassilij Sokolovskij, hatte sich Friedensburg durch sein bestimmtes Auftreten in Sachfragen sowie seine unverhohlene Sympathie für die von Hitler überfallene Sowjetunion ein gewisses Vertrauen und wohl teilweise die persönliche Achtung seiner Gesprächspartner erworben. Friedensburg bot sich daher in den Augen der SMAD als Partner für zukünftige Aufgaben geradezu an. Noch Ende 1947 trugen ihm Tjulpanov und wenig

29 Hermann Weber, *Geschichte der DDR,* München 1985, S. 99 f.
30 *A.a.O.,* S. 104 f.
31 F. Friedensburg, *Es ging um Deutschlands Einheit...* (wie Anm. 26), S. 94.

später Wilhelm Pieck, damals Vorsitzender der SED, den Vorsitz des von der SED initiierten „Volkskongreß für Einigkeit und gerechten Frieden" an, der eine gesamtdeutsche Vertretung für die Londoner Außenministerkonferenz bilden sollte. Die einseitige Betonung der SED-Linie ließ Friedensburg keine andere Möglichkeit, als abzulehnen: *So leidenschaftlich ich darauf aus war, jede Gelegenheit zur Vertretung der Interessen eines zukünftigen Deutschland wahrzunehmen, so durfte ich nicht gegenüber der Tatsache blind sein, daß das Unternehmen in den Augen Westdeutschlands und der westlichen Welt noch ganz anders als Kaisers und meine Bemühungen im Jahre 1947 – als sowjetisch gelenkt erscheinen und daher von vornherein politisch aussichtslos sein würde.*[32] Die fachlich erfolgreiche Arbeit Friedensburgs in der Zentralverwaltung endete auf Betreiben der SED im September 1946 mit seiner Entlassung auf Befehl der SMAD unter der damals verbreiteten Formel der *Duldung faschistischer Umtriebe.*[33]

Zu diesem Zeitpunkt fanden in Berlin die ersten freien Wahlen seit der nationalsozialistischen Machtergreifung statt. Das gespannte Verhältnis zwischen SMAD und CDU zeigte sich nunmehr auch bei der Benennung des Kandidaten der Christdemokraten für den ihr nach dem Stimmenverhältnis zustehenden Bürgermeisterposten. Der von der CDU vorgeschlagene Walther Schreiber wurde nach Gesprächen mit der SMAD in Karlshorst von dieser als für die Sowjets nicht akzeptabel abgelehnt. Bei weiteren Sondierungsgesprächen, die von Jakob Kaiser für die CDU geführt wurden, einigte man sich schließlich auf Friedensburg, der zwar nicht für die Stadtverordnetenversammlung kandidiert hatte, sich aber bei seiner Arbeit in der Zentralverwaltung der SED gegenüber zwar als unbequemer, aber in der Sache immer korrekter und der SMAD gegenüber konzilianter und kooperationswilliger Mitarbeiter erwiesen hatte. Zudem stand er durch seine gerade erfolgte Entlassung aus der Zentralverwaltung kurzfristig als Alternative zu Schreiber zur Verfügung. Das Wahlergebnis vom 20. Oktober 1946, der für lange Zeit letzten Gesamtberliner Wahl, sah die SPD mit 48,7 Prozent der Stimmen als eindeutigen Sieger, die CDU mit 22,2 Prozent als zweitstärkste politische Kraft; die LDP konnte 9,3 Prozent auf sich vereinigen, während die SED trotz massiver Unterstützung durch die SMAD mit 19,8 Prozent der Stimmen eine schwere Niederlage erlitten hatte. Die Vorläufige Verfassung sah allerdings in Berlin die Beteiligung aller in der Stadtverordnetenversammlung vertretenen Parteien am Magistrat vor, so daß neben dem sozialdemokratischen Oberbürgermeister Otto Ostrowski nun Friedensburg (CDU), Heinrich Acker (SED) und Louise Schroeder (SPD) am 5. Dezember als Stellvertreter von den Stadtverordneten gewählt wurden.

An dieser Stelle ist es nötig, kurz auf die Anfänge der Parteienbildung in Berlin einzugehen. Nachdem der Befehl Nr. 2 der SMAD vom 10. Juni 1945 die Bildung politischer Parteien erlaubt hatte, traten als erste die KPD bereits am folgenden Tag, dann die SPD am 15. Juni, die CDU am 26. Juni und die LDP am 5. Juli mit ihren Grün-

32 *A.a.O.*, S. 200.
33 *A.a.O.*, S. 92.

dungsaufrufen an die Öffentlichkeit. Friedensburg hatte sich bereits früh dem Kreis um den ehemaligen Reichsernährungsminister Andreas Hermes angeschlossen, der plante, *eine große neue Partei zu gründen, die alle nicht-sozialistischen und nicht-kommunistischen, aber natürlich auch nicht-nationalsozialistischen Kräfte in der Bevölkerung, also wahrscheinlich deren Mehrheit, zusammenfassen und aktivieren sollte. Als Kern dachte er an die alte Zentrumspartei, der er selbst so lange angehört hatte, und an die Deutsche Demokratische Partei.*[34] Diese Erwägungen hatte Friedensburg ja für sich selbst noch in den letzten Jahren der Weimarer Republik angestellt, so daß er sich kurzfristig zur aktiven Mitarbeit in der neuen Partei entschloß. Trotz der fast unüberwindlichen Schwierigkeiten, in der zerstörten Stadt Kommunikation, Transport und Informationsaustausch aufrechtzuerhalten, kamen bei Hermes eine Reihe angesehener Politiker und Personen des öffentlichen Lebens zusammen, die den Gründungsaufruf ausarbeiteten. Zu den Unterzeichnern gehörten neben Hermes unter anderen der Gewerkschaftler Jakob Kaiser, die früheren DDP-Mitglieder Walther Schreiber und Ernst Lemmer, Heinrich Krone, Otto Lenz, Otto Nuschke, Emil Dovifat, Elfriede Nebgen und Ferdinand Sauerbruch. Die erste Reichsgeschäftsstelle wurde in der Jägerstraße 59 im Bezirk Mitte eingerichtet.[35]

War die Gründung der Partei als überkonfessionelle Sammlungsbewegung gedacht, so durchkreuzte der nun einsetzende Kalte Krieg zwischen den Westmächten und der UdSSR die Pläne der Berliner CDU, sich als Keimzelle einer gesamtdeutschen Partei für alle vier Besatzungszonen zu etablieren. Im Gegenteil, die Berliner Parteiführung befand sich schnell in der Defensive, als es darum ging, gegenüber der KPD allein in der SBZ zu bestehen. Der Streit um die von der KPD initiierte Bodenreform in der SBZ führte bereits im Dezember 1947 zur Absetzung der ersten Vorsitzenden der Partei, Andreas Hermes und Walther Schreiber, durch Intervention der SMAD, die bis zur Gründung der DDR aufgrund der „Berliner Erklärung" der Siegermächte vom 5. Juni 1945 die alleinige Regierungsgewalt in der SBZ ausübte. Der Zusammenstoß wegen der Durchführung der entschädigungslosen Bodenreform war überdies auch der Anfang *eines demokratischen deutschen Widerstandes gegen den Beginn der Sowjetisierung der SBZ.*[36] Unter den neuen Vorsitzenden Jakob Kaiser und Ernst Lemmer konnte die Partei im Herbst 1946 zunächst überraschende Wahlerfolge bei den Landtagswahlen in den fünf Ländern der sowjetischen Besatzungszone erringen. Überraschend deswegen, weil die SMAD die SED und die von ihr kontrollierten gesellschaftlichen Organisationen wie Kulturbund, FDJ und FDGB massiv und einseitig bei der Wahlvorbereitung unterstützt hatte. Die eindeutige Willenserklärung der CDU-Führung, die amerikanische Wiederaufbauhilfe des Marshall-Plans auch für die SBZ in Anspruch zu

34 *A.a.O.*, S. 47.

35 Zur Berliner CDU-Gründung vgl. *a.a.O.*, S. 44–46 und Johann Baptist Gradl, *Anfang unter dem Sowjetstern,* Köln 1981, S. 17 ff.

36 Peter Hermes, *Die Christlich-Demokratische Union und die Bodenreform in der Sowjetischen Besatzungszone Deutschlands im Jahre 1945,* Saarbrücken 1963, S. 12.

nehmen, sowie die programmatische Erklärung Jakob Kaisers, *Wellenbrecher des dogmatischen Marxismus und seiner totalitären Tendenzen*[37] sein zu wollen, brachte in den Augen der SMAD das Faß schließlich zum Überlaufen. Als entscheidende Maßnahme gegen die weiterhin gegen Gleichschaltung im Blocksystem der Parteien und Einschränkung der demokratischen Freiheiten opponierende CDU setzte die SMAD das Mittel der Spaltung ein. Am 20. Dezember 1947 erklärte die SMAD, daß sie *bis auf weiteres die Vorsitzenden der sechs Landesverbände als oberste Vertretung der Partei ... betrachtet.*[38] Damit war der legal gewählte Vorstand *de facto* beseitigt worden. Vorsitzender der CDU der SBZ war von nun an Otto Nuschke, der in den nächsten Jahren die geregelte „Gleichschaltung" der Partei in der Einheitsfront unter der Führung der SED betrieb. Der legitime Hauptvorstand um Jakob Kaiser und Ernst Lemmer konstituierte sich im September 1950 in den Westsektoren Berlins als „Exil-CDU" mit dem erklärten Anspruch, zur Abwehr kommunistischer Aggressionen auf den freien Teil Deutschlands, die 1949 gegründete Bundesrepublik und die drei Westsektoren Berlins, beizutragen und als Interessenvertreter der sowjetisch besetzten Zone in der westdeutschen CDU zu wirken.[39]

Seit Beginn seiner politischen Tätigkeit im Nachkriegsberlin, also mit der Gründung der CDU, hatte Ferdinand Friedensburg wie Jakob Kaiser, der die These von der Brükkenfunktion des neuen Deutschland zwischen Ost und West vertrat, in der Überzeugung gehandelt, für das Ziel eines demokratischen Wiederaufbaus Deutschlands eine Verständigung mit der sowjetischen Besatzungsmacht erreichen zu müssen. Mit der rasch eintretenden Verschärfung der weltpolitischen Lage durch den Konflikt zwischen den Siegermächten des Zweiten Weltkriegs wurde diese Position jedoch schnell die einer Minderheit, deren prominentester Vertreter, Jakob Kaiser, selbst in der eigenen Partei keine Mehrheit finden konnte. Für alle deutschen Politiker war zunächst noch die Möglichkeit einer Teilung Deutschlands als Absurdität erschienen. Darin waren sie auch durch Äußerungen der Siegermächte bestätigt worden, die auf der Konferenz von Potsdam Einigkeit darüber erzielt hatten, Deutschland während der Besatzungszeit als wirtschaftliche Einheit zu behandeln.[40] Erst der sich verschärfende Kalte Krieg und die gewaltsame Behinderung der Entwicklung der demokratischen Parteien in der SBZ führten letztlich während der Blockade Berlins auch bei Friedensburg zu der Einsicht, daß die von der SMAD gesteuerte Entwicklung in der SBZ keine pluralistische, nach demokratischen Prinzipien gestaltete Gesellschaftsform, sondern eine sozialistische unter der alleinigen Führung der SED zum Ziel hatte. Dies führte unter dem Druck der

37 Jakob Kaiser am 6. September 1947 auf der Jahrestagung der CDU in Berlin, abgedruckt in: Christian Hacke (Hrsg.), *Jakob Kaiser. Wir haben Brücke zu sein. Reden und Aufsätze zur Deutschlandpolitik,* Köln 1988, S. 267.

38 J. B. Gradl, *Anfang unter dem Sowjetstern...* (wie Anm. 35), S. 139.

39 *A.a.O.*, S. 152 f.

40 Protokoll der Berliner Konferenz der drei Großmächte, Wirtschaftliche Grundsätze, in: *Die Potsdamer (Berliner) Konferenz der höchsten Repräsentanten der drei alliierten Mächte – UdSSR, USA und Großbritannien,* Moskau-Berlin 1986, S. 388.

sich zuspitzenden Lage um Berlin auch bei Friedensburg schließlich zu einer entschiedenen Ablehnung der sowjetischen Deutschlandpolitik, in die er zunächst große Hoffnungen gesetzt hatte. Schon 1945 war er dem „Kulturbund zur demokratischen Erneuerung Deutschlands" und der „Gesellschaft zum Studium der Kultur der Sowjetunion" beigetreten, in der Absicht, seiner Überzeugung Ausdruck zu geben, *daß die Wiederaufrichtung Deutschlands eine vertrauensvolle Beziehung zur Sowjetmacht und zu diesem Zweck die Überwindung des fast mystischen Grauens vor der Sowjetunion voraussetzt* ...[41] Die Verbindungen zu beiden Organisationen, im Kulturbund als Vizepräsident neben dem späteren DDR-Kulturminister Johannes R. Becher, blieben Episoden. Mit der Ausrichtung der Gesellschaften als Transmissionsriemen der SED verschwand der zuerst glaubwürdig vertretene Anspruch auf Überparteilichkeit. Im Laufe des Jahres 1948 wurde die kritische Stimme eines Friedensburg zu unbequem, es folgte der Ausschluß.[42]

Bei den Bemühungen um die Erhaltung der Einheit Deutschlands sollen zwei Aktivitäten Friedensburgs 1947 nicht unerwähnt bleiben, die zudem für dieses Jahr das Scheitern der gesamtdeutschen Einigungsbemühungen drastisch illustrieren. Zunächst erfolgte im Juni auf Initiative des bayerischen Ministerpräsidenten Hans Ehard die letzte gesamtdeutsche Konferenz der Ministerpräsidenten aus der SBZ, der amerikanischen und der britischen Besatzungszone. Die Vertreter der französischen Zone durften auf Befehl der Besatzungsmacht nicht teilnehmen. Das Scheitern von Verhandlungen über die deutsche Einheit begann bereits bei der Frage, diesen Punkt auf die Tagesordnung zu setzen. Die Vertreter der SBZ wollten über die Schaffung gesamtdeutscher Zentralverwaltungen verhandeln – die Ministerpräsidenten der Bizone lehnten dies unter Hinweis auf die Beschränkung der Konferenz auf wirtschaftliche Problemkreise strikt ab. Ein Vermittlungsversuch Friedensburgs, der zwischen beiden Delegationen eine Art „shuttle-diplomacy" betrieb, blieb letztlich erfolglos: Die Politiker aus der SBZ reisten noch am ersten Tag wieder ab.[43] Im November des Jahres ergriff Friedensburg dann selbst die Initiative mit dem Versuch, eine nicht parteigebundene gesamtdeutsche Repräsentation im Hinblick auf die Londoner Vier-Mächte-Konferenz zustande zu bringen. In Zusammenarbeit mit dem Heidelberger Soziologen Alfred Weber lud er Politiker und Vertreter des öffentlichen Lebens aus allen Zonen zu einer Konferenz nach Berlin ein. Die Aktion fand ein lebhaftes Echo, so daß die schließlich verabschiedete Erklärung die Unterschriften maßgebender Persönlichkeiten enthielt, darunter die der Ministerpräsidenten Karl Steinhoff (Brandenburg, SED), Karl Geiler (Hessen, parteilos), Erhard Hübener (Sachsen-Anhalt, LDP), der Politiker Walter Hallstein, Hermann Pünder, Hugo Hickmann (CDU) sowie von Karl Bon-

41 F. Friedensburg, *Es ging um Deutschlands Einheit...* (wie Anm. 26), S. 59.

42 BA, *NL Friedensburg*, Nr. 27.

43 Ausführliche Schilderung bei F. Friedensburg, *Es ging um Deutschlands Einheit...* (wie Anm. 26), S. 160 f.; H. Weber, *Geschichte der DDR...* (wie Anm. 29), S. 148–153; Wilhard Grünewald, *Die Münchener Ministerpräsidentenkonferenz 1947*, Meisenheim 1971, passim.

hoeffer, Eduard Spranger und Paul Löbe. Dieser wurde allerdings für seine Teilnahme an der Veranstaltung vom Parteivorstand der SPD der Westzonen, der das Unternehmen ablehnte und ihm damit jede Erfolgsmöglichkeit verschloß, scharf gemaßregelt. In einer Erklärung dazu hieß es: *Der Versuch des Berliner CDU-Bürgermeisters Dr. Friedensburg, eine deutsche Repräsentation durch bekannte politische Persönlichkeiten zustande zu bringen, wird von der Sozialdemokratischen Partei Deutschlands abgelehnt. Die SPD sieht in den Bemühungen Friedensburgs eine Beschränkung der deutschen Möglichkeiten bei der Londoner Konferenz und die Gefahr, daß der deutsche Faktor einseitig von einer Macht ohne Rücksicht auf die wirklichen deutschen Interessen ausgenutzt wird.*[44] Die Enttäuschung über das fortschreitende Auseinanderstreben der deutschen Besatzungszonen und die Mißerfolge beim Versuch, eine gemeinsame Aktionseinheit von Parteien und gesellschaftlichen Kräften gegen diese Tendenz aufzubauen, schlägt sich im Tagebuch Friedensburgs nieder, in dem es im Jahresrückblick heißt: *Das Jahr 1947 mit dem Gefühl abgeschlossen, den unerfreulichsten Zeitabschnitt meines Lebens hinter mir zu haben.*[45] Das Jahr war nach Friedensburgs Ansicht zudem *gekennzeichnet durch die ständige Verschärfung der von Anfang an bestehenden Spannung zwischen der Weltmacht des Ostens und ihren ehemaligen Verbündeten und durch die nunmehr einsetzenden Bemühungen der Russen und ihrer deutschen Bundesgenossen, die sowjetische Besatzungszone und möglichst auch Berlin unter alleinigen bolschewistischen Einfluß zu bringen.*[46]

Auch bei der Arbeit im neuen Magistrat kam es von Beginn an zu Schwierigkeiten, nicht nur mit den kommunistischen Vertretern der SED. Mit Walther Schreiber, dem Landesvorsitzenden, und Kurt Landsberg, dem Fraktionsvorsitzenden der CDU, standen Friedensburg in der eigenen Partei bei der von ihm weiterhin vertretenen Verständigungspolitik Politiker zur Seite, die von Beginn an vehement zur kompromißlosen Abgrenzung gegenüber der SMAD und der SED neigten. Nach dem erzwungenen Rücktritt von Oberbürgermeister Ostrowski erfolgte die Wahl von Ernst Reuter, zu diesem Zeitpunkt Stadtrat für das Verkehrswesen, zu dessen Nachfolger durch die Stadtverordnetenversammlung. Das Veto des sowjetischen Vertreters in der Alliierten Kommandantur verhinderte seinen Amtsantritt. Dem „kopflosen" Zustand des Magistrats wurde durch die Übernahme der Regierungsverantwortung durch Louise Schroeder zunächst ein Ende gesetzt. Die Zusammenarbeit zwischen Friedensburg und Louise Schroeder gestaltete sich von Anfang an problemlos, weil sich beide ihrer großen Verantwortung in dieser Phase der entscheidenden Auseinandersetzung mit der SED um die zukünftige Gestaltung Berlins bewußt waren. Das Verhältnis zu Ernst Reuter war von Beginn an kühl und wurde durch die gegensätzlichen Positionen in entscheidenden Punkten zusätzlich belastet. Reuter, der als gewählter, aber nicht bestä-

44 Erklärung abgedruckt in: F. Friedensburg, *Es ging um Deutschlands Einheit...* (wie Anm. 26), S. 192 f.

45 BA, *NL Friedensburg,* Nr. 23.

46 Ferdinand Friedensburg, *Berlin. Schicksal und Aufgabe,* Berlin 1953, S. 25.

tigter Oberbürgermeister zunächst als Berater der Sprecherin des Magistrats, Louise Schroeder, fungierte, etablierte sich rasch zu der nach außen hin sichtbarsten Symbolfigur des demokratischen Berlin. Dem populistischen Politiker Reuter, der durch sein Charisma und sein entschiedenes Auftreten gegen die kommunistische Aggressionspolitik in den Augen der Öffentlichkeit rasch zu einer der populärsten Figuren in Berlin wurde, stand der „preußische Herr" Friedensburg gegenüber, der sich zwar als versierter Verwaltungsfachmann auch in seiner neuen Aufgabe bewährte, aber nie die Popularität Reuters erreichen konnte. Zudem hatte Reuter von Anfang an große Teile der Berliner Tagespresse auf seiner Seite, die gegen die Verständigungspolitik Friedensburgs Front machten. Der Konflikt zwischen Friedensburg und Reuter offenbarte sich in der Frage, wie man den Versuchen der SED widerstehen sollte, die mit Unterstützung der sowjetischen Vertreter im Alliierten Kontrollrat und der Berliner Kommandantur gewaltsam den Griff nach der Macht nachholen wollten, der ihnen durch die eindeutige Wahlentscheidung verwehrt worden war. Für Reuter stand nach der gescheiterten Vier-Mächte-Außenministerkonferenz von London und der Lahmlegung der Vier-Mächte-Verwaltung für Deutschland durch den Auszug der Sowjets aus dem Kontrollrat im März 1948 fest, daß nur ein entschiedener Widerstandswille der Bevölkerung und das Verbleiben der Westalliierten in Berlin die Festigung der gerade erst wiedergewonnenen demokratischen Freiheiten garantieren könnten. Demgegenüber hielt Friedensburg an seiner Überzeugung fest, eine offene Konfrontation mit der Sowjetunion würde die Spaltung Deutschlands und Berlins herbeiführen.

Zunehmende Übergriffe auf die Bevölkerung, der spektakulärste Fall war die Entführung des Journalisten Dieter Friede im November 1947, leiteten dann die Spaltung der Stadt ein. Friedensburg, zu dessen Aufgabenbereich die Aufsicht über die Polizei gehörte, konnte trotz Anrufung aller vier Besatzungsmächte nicht verhindern, daß die Polizeiführung immer mehr unter den Einfluß der SED geriet und als Werkzeug der SMAD bei der Verschleppung von Personen beteiligt war. Der von der Roten Armee für seine Aufgabe geschulte und vor der vehementen Kritik der Stadtverordneten durch den sowjetischen Vertreter in der Alliierten Kommandantur, Generalmajor Alexander Kotikov, in Schutz genommene Polizeipräsident, der ehemalige Wehrmachtsoffizier Paul Markgraf, wurde schließlich, als mit dem Beginn der Blockade eine unter kommunistischem Einfluß stehende Polizei für die Sicherheit der Westsektoren ernste Schwierigkeiten erwarten ließ, durch Friedensburg mit Schreiben vom 26. Juli von seinem Amt suspendiert.[47] Die Amtsgeschäfte wurden von dessen Vertreter Johannes Stumm (SPD) übernommen. Diese Maßnahme wurde zwar von den Westmächten getragen, Stadtkommandant Kotikov erklärte die Suspendierung für seinen Herrschaftsbereich jedoch für ungültig. Damit war die Berliner Polizei gespalten, in den Westsektoren amtierte Stumm als Leiter, im Ostsektor Markgraf. Die Gefahr, die von einer

47 Schreiben Friedensburgs an Markgraf, in: Magistrat von Groß-Berlin (Hrsg.), *Die städtischen Körperschaften in der Krise. Tatsachen und Dokumente,* Berlin 1949, S. 37.

kommunistisch geleiteten Exekutivgewalt für die Stadt ausging, war zwar abgewendet, die Spaltung, die Friedensburg unter allen Umständen vermeiden wollte, hatte ihren Präzedenzfall.

Spektakulärer Höhepunkt der Konfrontation der Großmächte in bezug auf die Zukunft Berlins war die Blockade der Stadt. Den Anlaß bildete die Währungsreform, die im Ergebnis für die Westzonen und die SBZ zwei getrennte Währungen brachte. Die auf Beschluß der „Londoner Empfehlungen" der Westmächte eingeleitete Währungsreform in den Westzonen klammerte zunächst das Gebiet von Groß-Berlin aus. Verhandlungen der westlichen Militärgouverneure mit der SMAD über eine gemeinsame Kontrolle bei der Einführung der Mark der deutschen Notenbank (Ost-Mark) als allein gültiges Zahlungsmittel für Groß-Berlin, scheiterten am Einspruch der Sowjets. Den Berliner Politikern war zu diesem Zeitpunkt klar, daß eine Einbeziehung ganz Berlins in das Währungsgebiet der SBZ, wie es der sowjetische Militärgouverneur Sokolovskij forderte, die faktische Übernahme auch der Westsektoren in das politische System der SBZ bedeuten würde, zumal ein energischer Widerstand der Westalliierten gegen weitere Aggressionen nicht sicher war. Gegenüber den seit Anfang des Jahres entschieden auf Einbeziehung in die westdeutsche Währungsreform plädierenden SPD-Stadträten Reuter und Gustav Klingelhöfer versuchte Friedensburg in dieser Situation, durch einen Aufschub der Währungsreform Zeit für eine gesamtdeutsche Lösung zu gewinnen. In einem Schreiben an die vier Militärgouverneure vom 9. Juni führte Friedensburg aus: *Die Berliner Stadtverwaltung ist ernsthaft und tief beunruhigt über die möglichen Wirkungen, die sich aus einer nur für Westdeutschland durchgeführten Währungsreform für Berlin ergeben würden ... Unter diesen Umständen habe ich den Wunsch, dem Kontrollrat die Bitte vorzutragen, daß die Währungsreform für Westdeutschland aufgeschoben wird, bis ein ... Kollegium von Sachverständigen Gelegenheit gehabt hat, eine sämtliche Zonen einschließlich Berlins befriedigende Lösung zu entwerfen.*[48] Mit dem Scheitern der Vier-Mächte-Verhandlungen wurde auch diese Initiative von der Entwicklung überholt. Am 18. Juni begann die Währungsumstellung in den Westzonen, am Abend des 22. Juni wurden Friedensburg und Louise Schroeder zur SMAD bestellt, wo ihnen der Befehl Nr. 111 übergeben wurde, der die Einführung der Ost-Mark in der SBZ und in Groß-Berlin bestimmte.[49] Der Magistrat und die Stadtverordnetenversammlung protestierten am nächsten Tag entschieden gegen die Einbeziehung der drei Westsektoren in diese Maßnahme und verwiesen auf die in der vorläufigen Verfassung für Groß-Berlin verankerte Vier-Mächte-Verwaltung der Stadt, die Beschlüsse einer Besatzungsmacht allein für deren Sektor rechtlich wirksam werden ließen. Mit dem Verbot der drei westlichen Stadtkommandanten, die Anweisungen der SMAD zur Währungsreform in den Westsektoren durchführen zu lassen, sowie der anschließenden Einführung der D-Mark in den Westsektoren war ein entscheidender

48 *A.a.O.*, S. 13.
49 Vermerk von F. Friedensburg, *a.a.O.*, S. 19.

Schritt zur Spaltung der Stadt getan. Die Auseinandersetzung um die politische Zukunft Berlins eskalierte durch die von den Sowjets eingeleitete Blockade der drei Westsektoren. Auf die erfolgreiche Abwehr dieser Zwangsmaßnahme braucht an dieser Stelle nicht eingegangen zu werden.
Aufgrund der Verschlechterung ihres gesundheitlichen Zustandes mußte Louise Schroeder am 14. August 1948 die Stadt zu einem längeren Genesungsaufenthalt verlassen, Friedensburg übernahm nun, auf dem Höhepunkt der Blockade, die Amtsgeschäfte des Oberbürgermeisters. Zu diesem Zeitpunkt häuften sich die Übergriffe sowjetischer und ostzonaler Behörden auf den Magistrat und dessen Abteilungen, die im Ostsektor dem Schutz der Westalliierten entzogen waren. Willkürliche Entlassungen von Mitarbeitern und deren Ersetzung durch SED-treue Angestellte auf Befehl der sowjetischen Stadtkommandantur mußten vom Magistrat ohnmächtig zur Kenntnis genommen werden. Davon war im Ostsektor unter anderem das Post- und Fernmeldewesen betroffen, dessen Mitarbeiter durch Befehl der SMAD gezwungen wurden, den Postverkehr in die Westsektoren praktisch einzustellen und sich als selbständige Organisation zu formieren. Der nächste Ansatzpunkt für die Obstruktionspolitik von SMAD und SED gegen den gewählten Magistrat war der Sitz der Stadtregierung selbst, das im Ostsektor gelegene Neue Stadthaus in der Parochialstraße. Hier sollte nun der organisierte „Druck der Straße“ zur Durchsetzung der kommunistischen Machtübernahme den Ausschlag geben. Nach Tumulten und Krawallen während der Sitzungen der Stadtverordnetenversammlung, die im Juni ihren Anfang nahmen, kam es über die Gegenmaßnahmen des Magistrats erneut zu einem Konflikt zwischen Friedensburg und Reuter. *Reuter und die Mehrheit seiner Parteifreunde hielten angesichts dieser Entwicklung nun den Zeitpunkt für gekommen, mit aller Energie die zum Aufbau einer funktionsfähigen Verwaltung für die Westsektoren notwendigen Vorarbeiten in Angriff zu nehmen.*[50] In dieser Auffassung wurden sie durch die bis zur Tätlichkeit eskalierenden Angriffe auf Mitglieder des Magistrats und des Stadtparlaments bekräftigt. Die im Ostsektor weiter von Markgraf befehligte Polizei ignorierte jede Aufforderung, die ungestörte Abhaltung der Sitzungen zu gewährleisten. Ein Versuch Friedensburgs, durch den Einsatz von freiwilligen Saalordnern die ordentliche Durchführung der Sitzungen zu ermöglichen, endete mit der Verhaftung der Freiwilligen durch die Polizei des Ostsektors mit tatkräftiger Hilfe sowjetischer Militärpolizei.[51] Am 6. September sah sich Stadtverordnetenvorsteher Otto Suhr (SPD) unter dem Ansturm kommunistischer Demonstranten gezwungen, das Parlament in das Studentenhaus der Technischen Universität im britischen Sektor zu verlegen. Auch Teile des Magistrats zogen nun in die Westsektoren um. Friedensburg sah in diesem Verhalten im Gegensatz zur Meinung der Sozialdemokraten die Gefahr, durch Aufgabe der Position im Ostsektor der

50 G. Kotowski/H. J. Reichhardt, *Berlin als Hauptstadt im Nachkriegsdeutschland...* (wie Anm. 1), S. 47.
51 Vgl. F. Friedensburg, *Es ging um Deutschlands Einheit...* (wie Anm. 26), S. 266 f.

kommunistischen Opposition das Argument zu liefern, der gewählte Magistrat habe die Spaltung der Stadtverwaltung verschuldet. Durch wiederholte Appelle an die zuständigen Offiziere der SMAD versuchte Friedensburg zudem, die sowjetische Besatzungsmacht zur Wahrnehmung ihrer Verantwortung für eine Gesamtberliner Verwaltung zu veranlassen. Der Glaube an die Bereitschaft der SMAD, die Beziehungen zu den auf Verständigung eingestellten demokratischen deutschen Politikern im Hinblick auf eine spätere Zusammenarbeit zu pflegen, war zu diesem Zeitpunkt jedoch nicht mehr zu rechtfertigen. Im Anschluß an eine Massendemonstration vor dem Reichstag am 9. September, auf der Friedensburg zu den Rednern gehört hatte, die die sowjetische Blockade und die Obstruktion der Stadtverwaltung scharf kritisierten, war es zu Auseinandersetzungen zwischen Demonstranten und sowjetischem Militär gekommen. In einem Schreiben der SMAD an die Stadtverordnetenversammlung vom 23. Oktober heißt es dazu: [Es] ... *halten einige offizielle Persönlichkeiten der Berliner Stadtverwaltung systematisch in der Öffentlichkeit friedensfeindliche Reden faschistischen und militaristischen Charakters. Dies bezieht sich auf ... den amtierenden Stadtrat für das Verkehrswesen Ernst Reuter, den Vorsitzenden der Stadtverordnetenversammlung Otto Suhr, den amtierenden Oberbürgermeister von Berlin Ferdinand Friedensburg ...*[52] Die Botschaft war eindeutig: Friedensburg konnte von der SMAD keine Unterstützung für seine Politik der Verständigung mehr erwarten.

Es dauerte schließlich bis zum 1. Dezember 1948, bis die Spaltung der Stadtverwaltung durch die SED förmlich vollzogen wurde. Vor dem Hintergrund der für den 5. Dezember vorgesehenen Wahlen für Groß-Berlin, bei der die SED erneut ein deutliches Votum gegen ihre Politik als Handlungsgehilfe der SMAD zu erwarten hatte, veranstaltete die Partei am 30. November eine Kundgebung im Berliner „Admiralspalast", auf der der gewählte Magistrat kurzerhand für abgesetzt erklärt und per Akklamation ein neuer, „demokratischer" unter dem bisherigen Landtagspräsidenten von Brandenburg, Friedrich Ebert (SED), gewählt wurde. Am nächsten Morgen verweigerte die Polizei des Ostsektors Friedensburg das Betreten der Diensträume des Magistrats. Einen Tag später erkannte die sowjetische Kommandantur den provisorischen Magistrat mit Ebert als Oberbürgermeister als den einzig rechtmäßigen an. Die Spaltung der Stadt war vollzogen. Die Wahl am 5. Dezember fand folglich ohne die Beteiligung der SED nur in den Westsektoren statt – der sowjetische Stadtkommandant Kotikov hatte die Durchführung der Wahl im Ostsektor nicht gestattet – und brachte der SPD mit 64,5 Prozent der Stimmen einen eindeutigen Wahlsieg. In Fortsetzung der großen Koalition aus SPD, CDU und LDP gehörte Friedensburg trotz der von ihm in der Fraktion geäußerten Bedenken, bei den eindeutigen Mehrheitsverhältnissen zugunsten der SPD und der schwierig gewesenen Zusammenarbeit mit Reuter auch in der nächsten Legislaturperiode an der Regierung teilzuhaben,[53] weiterhin dem Magi-

52 Magistrat von Groß-Berlin (Hrsg.), *Die städtischen Körperschaften...* (wie Anm. 47), S. 59.

strat als Bürgermeister unter dem nun von den drei westlichen Stadtkommandanten bestätigten Oberbürgermeister Reuter an.
Mit der Aufhebung der Blockade am 12. Mai 1949 und dem bereits zuvor erfolgten Inkrafttreten der „Dritten Währungsverordnung" am 20. März 1949, die die D-Mark zum alleinigen Zahlungsmittel für die Westsektoren Berlins machte, begann das Provisorium Berlin (West) Stabilität zu gewinnen. Der neue Magistrat stand jetzt vor allem vor der drängenden Aufgabe, die wachsende Arbeitslosigkeit zu bekämpfen, die zerstörte Wirtschaftskraft Berlins schnellstens wieder aufzubauen und die Bindungen an die Bundesrepublik zu stärken. In der Frage der Einbeziehung der Stadt als zwölftes Land in die Bundesrepublik kam es erneut zu Meinungsverschiedenheiten im Magistrat. Friedensburg argumentierte, das Berlinproblem sei nur als Teil des Deutschlandproblems zu lösen, deshalb dürfe man die Teilung der Stadt nicht voreilig durch die völkerrechtliche Angliederung an die Bundesrepublik zementieren. Diese Auffassung, die auch bei Teilen der Berliner CDU auf Kritik stieß,[54] wurde durch die Suspendierung dieser Klausel im Bonner Grundgesetz auf Veranlassung der Westalliierten der Entscheidung der Berliner und deutschen Politiker entzogen. Die wachsende Kritik an Friedensburg, dem von der SPD-nahen Presse („Telegraf"), besonders aber auch vom „Tagesspiegel" eine angebliche „Schaukelpolitik" und seine Verständigungsversuche mit der SMAD vorgeworfen wurden, minderte jedoch nicht dessen politische Glaubwürdigkeit in den Augen der Wähler. Bei den am 3. Dezember 1950 erfolgten Neuwahlen erreichte Friedensburg in zwei Wahlkreisen die Mehrheit der Wählerstimmen, unter anderem trat er dabei in Zehlendorf gegen den Fraktionsvorsitzenden der CDU, Schreiber, an. Die Wahl führte zu einer überraschenden Umkehrung der Mehrheitsverhältnisse im Abgeordnetenhaus, wie das Stadtparlament nach dem Inkrafttreten der Verfassung von Berlin vom 1. Oktober 1950 in Anlehnung an die Hansestädte nunmehr hieß. CDU und FDP erreichten nach einem scharf geführten Wahlkampf gegen die SPD, der sie unter anderem das Nachhinken Berlins hinter dem wirtschaftlichen Aufschwung der Bundesrepublik vorwarfen, mit 66 gegenüber 61 Mandaten der SPD die Mehrheit der Sitze im neuen Abgeordnetenhaus.[55] Innerhalb der Berliner CDU setzten sich nun trotz seiner Erfolge bei der Wahl die Kritiker Friedensburgs durch. In einer parteiinternen Abstimmung wurde Walther Schreiber, der als überzeugter Anhänger der Westbindung auftrat, als Spitzenkandidat der CDU für das Amt des Regierenden Bürgermeisters benannt.[56] Bei der Abstimmung im Abgeordnetenhaus kam es jedoch zur Stimmengleichheit zwischen Schreiber und Reuter. Im weite-

53 ACDP, Landesverband der CDU, III-012-684, Protokoll der Vorstandssitzung des Landesverbands Berlin vom 9. Dezember 1948.

54 ACDP, Landesverband der CDU, V-006-140, Protokoll der Sitzung der CDU-Fraktion vom 16. Oktober 1949.

55 Vgl. G. Kotowski/H. J. Reichhardt, *Berlin als Hauptstadt...* (wie Anm. 1), S. 76 f.

56 ACDP, Landesverband der CDU, II-012-336, Protokoll der Tagung des Landesausschusses am 6. Januar 1951, Schreiber wurde mit 50 gegen 8 Stimmen bei 16 Enthaltungen und 2 ungültigen Stimmen gewählt.

ren einigte man sich nach zähen Verhandlungen zwischen den Parteien nun doch auf die Fortsetzung der Großen Koalition unter Führung von Reuter.
Für Friedensburg kam nach dem Vertrauensentzug der eigenen Fraktion eine weitere Mitarbeit im Senat nicht mehr in Frage. Er nahm sein Mandat im Abgeordnetenhaus wahr, das inzwischen im Rathaus Schöneberg tagte, bis er 1952 für die CDU in den Bonner Bundestag einzog. Auch hier trat er konsequent für eine Politik ein, als deren wichtigstes Ziel er die Aufhebung der Spaltung Deutschlands und Berlins sah. Wie während seiner Regierungstätigkeit in Berlin war seine Betonung der Notwendigkeit einer Verständigung mit der Sowjetunion zur Überwindung der Spaltung angesichts der erfolgreich und mit Nachdruck von der Bundesregierung betriebenen Westbindung der Bundesrepublik nicht mehr mehrheitsfähig. Selbst Bundeskanzler Konrad Adenauer war vor Friedensburgs kritischen Kommentaren nicht sicher, wenn es um die Frage ging, auf welchem Weg die deutsche Einheit wiedergewonnen werden könnte.[57]
Als Mitglied des Parlaments wie der Exil-CDU und des Kuratoriums Unteilbares Deutschland, dessen Vorstand er lange Jahre angehörte, forderte Friedensburg von der Bundesregierung wiederholt die Aufgabe der seiner Meinung nach zu defensiven Politik gegenüber der Sowjetunion und statt dessen den Beginn einer Verständigung mit der östlichen Siegermacht unter Ausnutzung des Faktors der enorm gestiegenen Wirtschaftskraft der Bundesrepublik mit dem Ziel eines wiedervereinigten Deutschlands in einem friedlichen Europa.[58] In diesem Sinne versuchte er auch, seinen Beitrag zur Verständigung der Nationen Europas zu leisten. Als Abgeordneter im Europaparlament (1954–1965) und vor dem Bonner Bundestag setzte er sich nachdrücklich für die Errichtung der Europäischen Wirtschaftsgemeinschaft als Fortsetzung und Erweiterung der Montanunion ein.
Neben der politischen Karriere Friedensburgs in der CDU verdient vor allem seine erfolgreiche Arbeit beim Wiederaufbau des Deutschen Instituts für Wirtschaftsforschung in Berlin Erwähnung. Nach der kommissarischen Übernahme der Leitung des DIW im Frühjahr 1945 war die dringendste Aufgabe die Beschaffung geeigneter Unterkünfte in der zerstörten Stadt. Nach dreimaligem Umzug konnte mit Hilfe des Zehlendorfer Bürgermeisters Werner Wittgenstein eine Villa in Dahlem bezogen werden, die für mehr als zehn Jahre Heimstatt des Instituts wurde. Mit der gleichzeitig erfolgten Bildung eines Kuratoriums, bestehend aus Institutsmitarbeitern, Politikern und Vertretern der Wirtschaft, waren die rechtlichen Grundlagen für die Weiterführung des Betriebes in der Gestalt eines unabhängigen Instituts gegeben; die neue Institutsleitung bestätigte Friedensburg gleichzeitig auch offiziell als Präsidenten des DIW. Die ersten Untersuchungen, die 1945 vom DIW angestellt wurden, galten den Problemen der

57 So auf dem 5. Bundesparteitag der CDU in Köln im Mai 1954, vgl. hierzu: Christlich-Demokratische Union (Hrsg.), *Der 5. Bundesparteitag der CDU*, Bonn 1954, S. 48 ff.
58 BA, *NL Friedensburg*, Nr. 30, in einem Brief vom 29. Juli 1961 an Bundeskanzler Adenauer, in dem Friedensburg die Zustimmung der Sowjetunion zur deutschen Wiedervereinigung gegen wirtschaftliche Kompensationen für möglich hält.

Berliner Wirtschaft, deren Aussichten und Schwierigkeiten.[59] Bereits nach kurzer Zeit zeichnete sich die wachsende politische Bedeutung dieses wissenschaftlichen Unternehmens für die zukünftige Entwicklung ab. Das zunehmende Interesse der KPD am erfolgreichen Wiederaufbau des DIW zeigte sich bei den nächsten Kuratoriumssitzungen, wo mehrere kommunistisch beherrschte Magistratsabteilungen und Zentralverwaltungen der SBZ einen Sitz im Gremium beanspruchten und auch erhielten. Im April 1946 erfolgte dann der Versuch, die anstehende Neuwahl des Präsidenten dazu zu benutzen, das Institut unter kommunistische Leitung zu stellen. Bei dem erheblichen Einfluß, den die KPD im Leitungsgremium des Instituts zu dieser Zeit ausübte, hatte der Plan, den Wirtschaftstheoretiker Jürgen Kuczynski als Präsidenten zu etablieren, große Aussicht auf Erfolg. Als sich die kommunistischen Teilnehmer des Kuratoriums zu der entscheidenden Sitzung um einige Minuten verspäteten, nutzte Friedensburg dies zur schnellen Durchführung des Wahlvorgangs, der mit seiner Wiederwahl endete, so daß die verspätet eintreffenden Mitglieder vor vollendete Tatsachen gestellt waren.[60] Weitere Versuche, den kommunistischen Einfluß innerhalb des Vorstandes zu stärken, konnten im Laufe des Jahres unter anderem unter Berufung auf die für den Bezirk Zehlendorf zuständige amerikanische Militärregierung von Friedensburg abgewehrt werden.

Mit der Wiederaufnahme der Publikationstätigkeit[61] im Jahre 1947 konzentrierte sich das DIW wieder auf seine eigentlichen Aufgaben: Analyse und Studium der Wirtschaft sowie die wissenschaftliche Konjunkturanalyse. Der praktische Nutzen der Arbeit erwies sich insbesondere während der Blockade Berlins, als die Mitarbeiter des Instituts unter anderem Daten über den Transportbedarf der Luftbrücke ermittelten und diese Ergebnisse der Stadtverwaltung zur Verfügung stellten. In diesem Zusammenhang wurde ein „Berlin-Referat" eingerichtet, das Empfehlungen für den Wiederaufbau der Berliner Wirtschaft erarbeitete. Mit dem Verlust der Hauptstadtfunktion [West-] Berlins und der Abschnürung vom unmittelbaren Umland erlangte die Koordination der Wirtschaftshilfen aus Marshall-Plan und Bundeshaushalt große Bedeutung. Wissenschaftliche Grundlagenforschung zur Berechnung der benötigten Mittel wurde nach der Teilung der Stadt und der Anbindung an die Bundesrepublik eine der wichtigsten Aufgaben des DIW.

Nach der Konsolidierung des DIW als feste Größe im wissenschaftlichen Leben der Stadt ging Friedensburg an die Verwirklichung seiner lange gehegten persönlichen Vorstellung eines vorbildlich funktionierenden wissenschaftlichen Instituts. Dazu gehörte die Einbeziehung der Mitarbeiter als gleichberechtigte Partner in die Leitung des Instituts. So erreichte Friedensburg gegen weitverbreitete Skepsis, daß für die Aufstellung des Haushalts- und Arbeitsplans die Übereinstimmung des Vorstandes und des

59 R. Krengel, *Das Deutsche Institut für Wirtschaftsforschung...* (wie Anm. 27), S. 86 f.
60 *A.a.O.*, S. 89 f.; F. Friedensburg, *Es ging um Deutschlands Einheit...* (wie Anm. 26), S. 35–38.
61 Deutsches Institut für Wirtschaftsforschung (Hrsg.), *Die Deutsche Wirtschaft zwei Jahre nach dem Zusammenbruch*, Berlin 1947.

Kollegiums der Abteilungsleiter erforderlich ist. Dies setzte Friedensburg auch im Kuratorium durch, wo er seiner liberalen Grundüberzeugung Ausdruck verlieh, indem er ausführte, das DIW sei in seiner Struktur *eine Art Gelehrtenrepublik ... Es sei daher nur recht und billig, wenn man den Abteilungsleitern in den für sie entscheidenden Fragen ein Mitspracherecht einräume.*[62] Die kollegiale Leitung des DIW und der Institutsneubau 1963 sind die herausragenden Leistungen Friedensburgs während seiner Präsidentschaft im DIW, das er von 1945 bis zum 5. Dezember 1967 leitete, als er, 81jährig, auf sanften Druck seiner Mitarbeiter die Leitung in jüngere Hände legte. In dieser Zeit wuchs der Aufgabenbereich des Instituts von der Konjunkturbeobachtung zur Konjunktur- und Industrieprognose sowie der volks- und betriebswirtschaftlichen Problemlösung, die zum erstenmal 1958 von der Siemens AG beim DIW in Auftrag gegeben worden war. Neben der Zusammenarbeit mit Wirtschaftsforschungsinstituten der Bundesrepublik in einer ständigen Arbeitsgemeinschaft, unter anderem zur Unterstützung der Bundesregierung durch Gutachten und Empfehlungen zur Wirtschaftslage, gelang es Friedensburg 1957, einen Zusammenschluß europäischer Konjunkturforschungsinstitute ins Leben zu rufen. Die „Association d'Instituts Européens de Conjuncture Economique", der heute über vierzig Institute in zwanzig Ländern angehören, belegt Friedensburgs Interesse an einer Verständigung der Nationen im Nachkriegseuropa.[63] Aus seiner Beschäftigung mit der Verteilung und Zugänglichkeit der Rohstoffe dieser Erde zog Friedensburg früh den Schluß, daß eine ausreichende Versorgung in der Zukunft nur durch den friedlichen Ausbau der internationalen Beziehungen und die arbeitsteilige Erschließung der Vorräte zu erreichen sei.

Die wissenschaftliche Beschäftigung mit der Bergwirtschaft veranlaßte Friedensburg, seine Aktivitäten auch auf akademisches Gebiet auszudehnen. Auf seine Initiative gründete die Technische Universität 1949 eine eigene Berg- und Hüttenmännische Fakultät, an der Friedensburg als Honorarprofessor lehrte, ebenso wie an der von ihm mitgegründeten Hochschule für Politik an der Freien Universität, wo er Vorlesungen über Rohstoffwirtschaft hielt. Eine weitere erfolgreiche Mitgliedschaft verband den in vielen Sätteln Gerechten mit der traditionsreichen Gesellschaft für Erdkunde.[64] Seit 1945 hatte Friedensburg versucht, Stadtverwaltung, Bundesregierung und Industrie zur finanziellen Unterstützung der Gesellschaft zu bewegen. Es gelang ihm, mit finanzieller Hilfe der Stiftung Volkswagenwerk ein Grundstück zu erwerben; 1967 wurde das „Alexander-von-Humboldt-Haus" im Beisein des Bundespräsidenten eingeweiht.

62 Protokoll über die Kuratoriumssitzung des Deutschen Instituts für Wirtschaftsforschung (abgekürzt DIW) am 7. Oktober 1949, zitiert nach: R. Krengel, *Das Deutsche Institut für Wirtschaftsforschung...* (wie Anm. 27), S. 105 f.

63 *A.a.O.*, S. 135.

64 Zur Geschichte der Gesellschaft für Erdkunde zu Berlin vgl. Andreas Baldauf, *Ein Berliner Nachkriegspolitiker und eine Berliner Institution: Ferdinand Friedensburg und die Gesellschaft für Erdkunde zu Berlin (GfE),* in: Wolfgang Ribbe (Hrsg.), *Berlin-Forschungen II* (= Einzelveröffentlichungen der Historischen Kommission zu Berlin, Bd. 61; Publikationen der Sektion für die Geschichte Berlins, Bd. 4), Berlin 1987, S. 279–292.

1964 übernahm Friedensburg den Vorsitz der GfE, den er bis zu seinem Tod am 11. März 1972 behielt, stets am wissenschaftlichen Fortschritt und den Ergebnissen seiner Mitarbeiter interessiert und persönlich beteiligt, getreu seinem Wahlspruch: Jedermann dienstbar – niemandem untertan.

Das schriftstellerische Werk Friedensburgs umfaßt mehr als 450 Titel an Monographien, Fachbüchern, Aufsätzen und Redemanuskripten, die sich hauptsächlich mit Themen der Politik und der Wirtschaft beschäftigen. Dies ist auch der Titel der 1961 vom DIW herausgegebenen Festschrift zu Friedensburgs 75. Geburtstag, die Aufsätze und Vorträge Friedensburgs enthält und außerdem eine ausführliche Bibliographie seiner Werke. Über den Menschen Friedensburg informieren die beiden Memoirenbände, deren erster, „Lebenserinnerungen“ betitelt, 1969 erschien und den Zeitraum von der Kaiserzeit bis zum Zusammenbruch des Dritten Reiches behandelt. Der zweite Band, „Es ging um Deutschlands Einheit“, 1971 erschienen, hat den Untertitel „Rückschau eines Berliners auf die Jahre nach 1945“. Der Band schließt mit dem Jahre 1953, der geplante dritte Band ist nicht mehr erschienen, das Manuskript leider verschollen. Sein 1934 fertiggestelltes Buch „Die Weimarer Republik“, das unter dem Nationalsozialismus nicht herausgegeben werden durfte, hat nach seinem Erscheinen 1946 große Resonanz gefunden. Es ist die Analyse des Scheiterns der zweiten deutschen Republik, der Friedensburg bei mehr Standfestigkeit und Zivilcourage der demokratischen Politiker eine Chance zum Überleben gegeben hätte. Sein wissenschaftlich bedeutendster Beitrag ist zweifellos die umfassende Untersuchung „Bergwirtschaft der Erde“. Im Vorwort des Herausgebers zur siebenten Auflage (1976) des 1938 erstmals erschienenen Werkes heißt es: *Als Friedensburg die erste Auflage seiner „Bergwirtschaft“ herausbrachte, stand die Welt vor dem Beginn großer wirtschaftlicher und politischer Umwälzungen. Die Bedeutung der mineralischen Rohstoffe, ihre Quellen und ihre Nutzbarmachung wurden durch Wirtschaft und Politik immer stärker erkannt, es fehlte aber bislang eine geordnete und möglichst vollständige, zuverlässige und neuzeitliche Darstellung des bergwirtschaftlichen Tatsachenstoffes. Diese Lücke erkannte Friedensburg und schuf so sein Werk.*

Regierende Bürgermeister von Berlin [West]

Ernst Reuter

von Daniel Koerfer

In der langen Reihe der Bürgermeister von Berlin nimmt er einen besonderen Platz ein. In einer Zeit, als sich die Bewohner der Stadt einer extremen existentiellen Bedrohung ausgesetzt sahen, wurde Ernst Reuter zur entscheidenden Symbol- und Integrationsfigur. Ähnlich wie Winston Churchill, Charles de Gaulle oder Mahatma Gandhi für ihre Länder verkörperte er für Berlin auf unnachahmliche, überaus eindrucksvolle Weise den Willen zur Selbstbehauptung, die Entschlossenheit und den Mut zum Kampf um Freiheit und Demokratie. Auch in seinem Falle schien dieser Kampf zu Beginn nahezu aussichtslos, auch ihm stand nur eine Waffe zur Verfügung, die er allerdings virtuos einzusetzen und zu gebrauchen verstand – das Wort. Mit seinen großen Reden an die Berliner, die Alliierten, die Völker der Welt schuf er die Voraussetzungen dafür, daß der Widerstand gegen die Bedrohung durch das stalinistische System entschlossen mobilisiert wurde. Die Teilung der Stadt, die Teilung des ganzen Landes konnte er nicht verhindern, aber er war niemals bereit, sich damit abzufinden. Unermüdlich kämpfte und warb er für eine Überwindung der Spaltung, wünschte herbei, was erst knapp vier Jahrzehnte nach seinem Tode Wirklichkeit werden sollte.

Doch nicht allein, weil viele seiner Worte, seiner Mahnungen und Einsichten auch nach vierzig Jahren erstaunlich wenig von ihrer Brisanz eingebüßt haben, weil sie gerade in der Phase des Zusammenwachsens der so lange getrennten Teile Deutschlands verblüffend aktuell wirken, lohnt sich eine Beschäftigung mit dem Leben und Wirken Ernst Reuters. In seiner Biographie voller Brüche und Zäsuren spiegelt sich deutsche Geschichte, zugleich auch Geschichte der Linken in der ersten Hälfte des 20. Jahrhunderts. Sein persönliches Schicksal verknüpft und verbindet sich dabei immer wieder mit dem Schicksal Berlins. Am Anfang, in der Kindheit und Jugend, spielt die Stadt an der Spree keine Rolle für ihn, da deutet auch nichts auf die Möglichkeit einer solch besonders engen Verknüpfung hin.

Geboren wurde Ernst Reuter am 29. Juli 1889 in Apenrade (Nordschleswig), im selben Jahr wie Adolf Hitler. Er wurde als fünfter von sechs Söhnen einer bürgerlichen Familie geboren. Der Vater, Wilhelm Reuter, Kapitän der Handelsmarine und Lehrer an der königlich-preußischen Navigationsschule für Handelsschiffahrt, entstammte einem angesehenen niedersächsischen Geschlecht, Ratsherren und Brauer zählten zu seinen Vorfahren. Die Mutter Karoline, geb. Hagemann, kam aus einem streng lutherisch geprägten Hause und konnte gleichfalls auf eine stattliche Zahl von Honoratioren in ihrer Familie verweisen. Sie schloß den Knaben Ernst wohl besonders ins Herz, den sie so spät – mit 38 Jahren – zur Welt gebracht hatte, rettete ihm, als er nach dem Umzug der Familie nach Leer/Ostfriesland 1891 an Scharlach erkrankte, durch aufopferungsvollste Pflege das Leben.[1] Die Mutter war es auch, die den Charakter des Hauses

1 Vgl. hierzu ausführlich Willy Brandt/Richard Löwenthal, *Ernst Reuter – Ein Leben für die Freiheit. Eine politische Biographie,* München 1957, S. 15 ff.

Ernst Reuter, * Apenrade (Nordschleswig) 29. 7. 1889, † Berlin 23. 9. 1953, Gewählter Oberbürgermeister von Berlin 1947–1950, Regierender Bürgermeister von Berlin [West] 1950–1953

prägte, das, wie Klaus Harpprecht schrieb, eine *kleine Insel altväterlicher puritanischer Solidität* gewesen sein muß, wobei auf Strenge, Pflichterfüllung, Schulerfolg besonders Wert gelegt wurde.[2]

Nach dem Abitur 1907 wollte Ernst Reuter in die Fußstapfen des Vaters treten, wie dieser Lehrer werden. Er immatrikulierte sich in Marburg, wollte Geographie, Geschichte, Philosophie sowie Germanistik und Altphilologie studieren. Ein volles Programm, dessen Zusammenstellung dem Wissensdrang eines jungen Mannes entsprach, der aus einer provinziellen kleinen Stadt kam und – wie Jugendbilder belegen – mit großen, gleichermaßen verträumten wie neugierigen Augen in die Welt blickte. Besonders angezogen wurde er von den „Neukantianern“ Hermann Cohen und Paul Natorp, die er später immer wieder als seine wichtigsten akademischen Lehrer bezeichnet hat und die ihm den Wert rechtsstaatlicher Prinzipien, die Durchsetzung der objektiven sittlichen Vernunft als Maßstab nahebrachten.[3]

Aber nicht allein die Wissenschaft, auch andere, damals durchaus übliche Seiten des Studentenlebens schlugen ihn in ihren Bann. So wurde er Mitglied einer studentischen Verbindung, Mitglied im Korps „Frankonia“, das dem „Schwarzburg-Bund“ angehörte. Exzesse und Männlichkeitsbeweise vieler Burschenschaften, Mensur-Fechten und Saufen, sind dort verpönt. Reuter brachte es rasch zum „Fuxmajor“, übernahm Verantwortung für den Nachwuchs, erprobte erstmals seine Führungsqualitäten und verärgerte gleich die „Alten Herren“, weil er statt des Sports Debatten über intellektuelle Themen bevorzugte. Er legt seine Ämter nieder, ging nach München.[4]

Hier führte er zunächst das Leben eines Bohemiens. Aber dieser Zustand dauert nicht lange. Eine wichtige Etappe seiner „éducation politique“ begann. Über den Gelehrten Lujo Brentano, der für soziale Veränderungen eintrat, kam er um 1910 mit den Ideen und Idealen des Sozialismus in Berührung. Er las Friedrich Naumann, Eduard Bernstein, schließlich auch die Werke von Karl Marx, vor allem das „Kapital“, abonnierte die „Sozialistischen Monatshefte“. Eine neue Welt tat sich ihm auf, oder besser: ein neuer Schlüssel zum Verständnis der Welt. Er begann sich als Sozialist zu fühlen, wollte Partei ergreifen. Theoriedebatten wie der Revisionismusstreit, der die Gemüter von Sozialdemokraten damals erhitzte, interessierten ihn dabei nicht, ihm ging es vor allem um praktische Politik, konkrete Veränderungen.[5] Die Eltern im fernen Aurich, wohin sie nach der Pensionierung des Vaters übersiedelten, ahnten von alledem nichts.

Als Sozialist kehrte er nach Marburg zurück und bestand dort im Sommer 1912 nach einer Nervenkrise das Staatsexamen für das Höhere Lehramt mit der Note „ausreichend“. Er trat eine Stelle als Hauslehrer bei der Familie eines Bielefelder Rechtsan-

2 Klaus Harpprecht (Hrsg.), *Ernst Reuter. Ein Leben für die Freiheit,* München 1957, S. 24.

3 Dazu ausführlich Helmut Altrichter, *Ernst Reuter,* in: Walter L. Bernecker/Volker Dotterweich (Hrsg.), *Persönlichkeit und Politik in der Bundesrepublik Deutschland. Politische Porträts,* Göttingen 1982, Bd. 2, S. 122.

4 Vgl. W. Brandt/R. Löwenthal, *Ernst Reuter...* (wie Anm. 1), S. 24.

5 Vgl. Walther G. Oschilewski, *Ernst Reuter. Ein Leben für Freiheit und Menschlichkeit,* in: Arno Scholz/Walther G. Oschilewski (Hrsg.), *Köpfe der Zeit,* Berlin 1954, S. 7.

walts an, verlobte sich mit seiner Jugendliebe Henny, der Tochter eines mittleren Beamten. Der Weg zu einer gesicherten bürgerlichen Existenz schien frei. Aber Ernst Reuter führte ein Doppelleben. Er engagierte sich in der sozialdemokratischen Bildungsarbeit, hielt Vorträge für den „Arbeiter-Abstinentenbund", missionierte bei den Hausangestellten seines Brötchengebers. Als dieser davon erfuhr, reagierte er prompt mit Kündigung. Sozialistische Agitation durch „rote Reichsfeinde" mochte er nicht dulden, die Klassenschranken standen fest.

Für Ernst Reuter begann die erste tiefe Lebenskrise. Die Konsequenzen reichten weit. Ohne festes Einkommen, bald auch verlassen von seiner Braut, deren Vater den weiteren Kontakt untersagte, mußte er nach einer neuen Beschäftigung Ausschau halten. Als überzeugter Sozialist durfte er nicht mit einer Oberlehrerstelle, mit einer Beamtenlaufbahn im preußischen Staat rechnen. Den eigenen Eltern konnte er diese Probleme nicht länger verheimlichen. Am 18. Februar 1913 teilt er ihnen in einem langen Brief mit: *Es war nun seit Jahren mein Wunsch, wenn es ginge, nicht Oberlehrer zu werden, sondern in der Arbeiterbewegung tätig sein zu können ... Liebe Eltern, ich bin nicht geschickt genug, Euch zu sagen, wieso es für mich eine innere Notwendigkeit ist, und dass ich mich unter dem ewigen Zwang der Unwahrheit und Heuchelei, den das Oberlehrerdasein für mich bedeuten würde, niemals würde glücklich fühlen können ...*[6] Über diese Mitteilung und die Entscheidung ihres Sohnes waren die Eltern entsetzt, enttäuscht, bald schon verbittert. Sie stellten jegliche materiellen Zuwendungen ein.

Nachdem aus einer von Carl Severing, dem damaligen Chefredakteur der Bielefelder „Volkswacht" und späteren preußischen Innenminister, in Aussicht gestellten Redakteursstelle nichts geworden war, entschloß sich Reuter, sich ganz der sozialdemokratischen Bildungsarbeit zuzuwenden. Versehen mit einem Empfehlungsschreiben Severings an Eduard Bernstein und Heinrich Schulz, den damaligen SPD-Bildungspapst, machte er sich auf nach Berlin. Er wurde für einige Vorträge engagiert, gehörte also nun zu jenem Kreis von Idealisten, die den Arbeitern in verrauchten Bierstuben und Hinterzimmern sozialdemokratisches Gedankengut nahezubringen suchten.[7] Es war für ihn selbst eine harte Schule. Aber er lernte frei zu reden, er war froh über ein kleines Salär und auch darüber, Berlin von Zeit zu Zeit wieder verlassen zu können. Denn diese Stadt stieß ihn zunächst ab, wie er im August 1913 die Eltern wissen ließ: *Berlin selbst ist mir höchst unsympathisch. Staub und entsetzlich viel Menschen, die alle rennen als ob die Minute 10 Mark kostete. Königliche Bibliothek sehr schön, ich habe Lesekarte und kann da gut arbeiten. Für Mitte September und Oktober bin ich für die Pfalz verpflichtet mit dem Thema „Die Freiheitskämpfe vor 100 Jahren". Vorträge von zwei oder vier Abenden, 22 Mark für den Abend, wovon ich die Reise erst bezahlen muss, vielleicht bekomme*

6 Zitiert nach Ernst Reuter, *Schriften und Reden,* hrsg. von Hans E. Hirschfeld und Hans J. Reichhardt, Bd. 1 *(1904–1922),* Berlin 1972, S. 202.

7 Dazu ausführlich W. Brandt/R. Löwenthal, *Ernst Reuter...* (wie Anm. 1), S. 54.

ich noch eine Reise hin und zurück bezahlt ... Sollte ich Wanderredner werden, so würde ich schon nächstes Jahr 3000 Mark Mindestgehalt bei 150 Abenden beziehen ...[8]
Diese Hoffnung erfüllte sich, er wurde zum fest besoldeten „Wanderredner", gehörte damit zu jenen rund 11 000 bezahlten Parteiangestellten, über die die SPD damals schon verfügte.[9] Aber seine Schulden blieben drückend, die eine oder andere Rechnung beglichen die Eltern nun doch, wenn auch zögernd. In jener Zeit, in der er sich auch für das „Komitee Konfessionslos", eine Dachorganisation der damals recht populären linken Kirchenaustrittsbewegung, betätigte, begegnete Reuter, der in Wilmersdorf ein Quartier gefunden hatte, den führenden Köpfen der deutschen Sozialdemokratie, er sah Ebert, Bernstein und Kautsky, er bewunderte den aus Mannheim stammenden Reichstagsabgeordneten Ludwig Frank.[10]
Ob diese Bewunderung über den 4. August 1914 hinaus anhielt? An diesem Tage stimmte die SPD erstmals einer kaiserlichen Haushaltsvorlage zu, bewilligte sie die Kriegskredite – und der Abgeordnete Ludwig Frank hatte sich besonders dafür eingesetzt.[11] Ernst Reuter war über diese Entscheidung der sozialdemokratischen Reichstagsfraktion tief bekümmert, ihm blieb die Woge der nationalen Begeisterung über einen Krieg gegen das reaktionäre Rußland fremd, die damals viele Sozialdemokraten mitriß.[12] Er wollte weiter für seine pazifistischen Ideale eintreten, schloß sich daher im November 1914 der pazifistischen Organisation „Bund Neues Vaterland" an, zu dessen Mitgliedern auch Albert Einstein, Leopold von Wiese, Lujo Brentano, der Historiker Hans Delbrück und der Diplomat Graf Unico von der Groeben gehörten und mit dem prominente Sozialdemokraten, wie Hugo Haase, Eduard Bernstein, Rudolf Breitscheid, Karl Liebknecht und Kurt Eisner, sympathisierten.[13] Reuter arbeitete als Sekretär für diesen Bund, knüpfte internationale Kontakte etwa zu dem französischen Dichter und Kriegsgegner Romain Rolland in Genf. Zugleich verfaßte er zur Abwehr alldeutscher Kriegszielforderungen Gutachten und Memoranden, die vom Bund verteilt wurden, schließlich auch eine umfangreiche Denkschrift über die – verhängnisvolle – deutsche Vorkriegsdiplomatie. Dieses Papier jedoch erregte nun endgültig den Unwillen hoher Militärs und stieß auch bei Unterstaatssekretär Arthur Zimmermann im Auswärtigen Amt auf Ablehnung. Mit der Protektion des Bundes durch hohe, höchste Stellen war es vorbei und ebenso mit Reuters Freistellung vom Heeresdienst.[14]

8 Zitiert nach E. Reuter, *Schriften...* (wie Anm. 6), S. 229.
9 Vgl. Arno Klönne, *Die deutsche Arbeiterbewegung. Geschichte, Ziele, Wirkungen,* München 1989, S. 114 ff.
10 Zu den damaligen internen Richtungskämpfen in der SPD vgl. ausführlich W. Brandt/R. Löwenthal, *Ernst Reuter...* (wie Anm. 1), S. 48–53.
11 Vgl. dazu Karl Heinrich Pohl, *Die Reichstagserklärung der sozialdemokratischen Fraktion vom 4. 8. 1914,* in: *Geschichte in Wissenschaft und Unterricht (GWU)* 11 (1984), S. 762.
12 Vgl. E. Reuter, *Schriften...* (wie Anm. 6), S. 274 u. 279.
13 Vgl. W. Brandt/R. Löwenthal, *Ernst Reuter...* (wie Anm. 1), S. 64 ff.
14 Dazu ausführlich *a.a.O.,* S. 64–72.

Im März 1915 kam die Einberufung zu den Hirschberger Jägern in Schlesien. Nach einjähriger Ausbildung erfolgte die Versetzung an die Westfront, mitten hinein in den Stellungs- und Grabenkrieg. Schon bald wurde sein Regiment jedoch an die Ostfront verlegt, wo Reuter am 5. August 1916 schwer verwundet in russische Kriegsgefangenschaft geriet. Mühsam erholte er sich, lernte mit verkürztem Bein wieder gehen, blieb fortan auf einen Stock angewiesen. Aber er lernte noch mehr, lernte russisch, erlebte im Lager die ersten Signale des revolutionären Umbruchs, den Sturz des Zaren im Februar 1917. Als Delegierter seiner Mitgefangenen ging er nach der bolschewistischen Oktoberrevolution nach Moskau, wurde im Februar 1918 Vorsitzender des dortigen internationalen Kriegsgefangenenkomitees.[15]

Niemand kann sich heute mehr eine Vorstellung davon machen, welche Faszination die Oktoberrevolution in ihren Anfängen auf die Jugend der Welt ausübte. Lenin, Trotzki, Tschitscherin, Radek, Bucharin, Lunatscharski – was für Männer! schrieb der Arzt und Schriftsteller Peter Bamm Jahrzehnte später in seinen Memoiren.[16] Diese Sätze könnten auch von Reuter stammen. Denn auch er war fasziniert, auch er wurde fortgerissen von den Ereignissen und Veränderungen im Russischen Reich, lernte diese Revolutionäre alle persönlich kennen. Dabei blieb er nicht nur Beobachter. Als *Mann mit besonderer Ausstrahlung,* wie Lenin leicht ironisch bemerkte, wurde er im Sommer 1918 zum Sowjetkommissar ernannt und zu den Wolgadeutschen gesandt.[17]

Das war nicht ganz so erstaunlich, wie es im Rückblick scheinen mag. Auch andere deutsche Kriegsgefangene, die unter dem Eindruck der Revolution zu überzeugten Kommunisten geworden waren, wie etwa Roland Freisler, der spätere oberste NS-Ankläger, wurden von den Bolschewiki als Kommissare eingesetzt.[18] Dennoch bedeutete es für Reuter eine steile und unvorhergesehene Karriere: Binnen weniger Monate hatte er es vom hilf- und wehrlosen Kriegsgefangenen zu einer Art Regierungschef einer Sowjetrepublik gebracht – mit gerade 29 Jahren. Lenin galt er nicht von ungefähr als *erprobter kommunistischer Genosse.*[19] Er stellt sein beträchtliches organisatorisches Talent ganz in den Dienst der Sowjetrevolution, beeindruckt die bolschewistische Führung durch rasche Konsolidierung seines Bezirks und vor allem durch pünktliche, freiwillige und kontinuierliche Ablieferung der Ernteerträge. *Der Reuter ist der einzige Kommissar, der uns Brot nach Moskau schickt,* soll Volkskommissar Tschitscherin damals gesagt haben.[20] Das bedeutete viel in jener Zeit der Bürgerkriegswirren, als Stalin und Alexander Gawrilowitsch Schljapnikov, die beiden Verantwortlichen für die Lebensmittelversorgung im Rat der Volkskommissare, mit eiserner Faust den Bauern

15 Vgl. H. Altrichter, *Ernst Reuter...* (wie Anm. 3), S. 124 f.
16 Peter Bamm, *Eines Menschen Zeit,* München 1972, S. 209.
17 Vgl. Hans J. Reichhardt, *Ernst Reuter,* Berlin 1965, S. 53 ff.
18 Vgl. dazu Helga Schubert, *Judasfrauen. 10 Fallgeschichten weiblicher Denunziation im Dritten Reich,* Frankfurt a. M. 1990, S. 32 f.
19 Zitiert nach Eckhard Fuhr, *Ernst Reuter – Ein Zivilist im kalten Krieg,* München 1987, S. 24.
20 Zitiert nach Eckhard Fuhr, *Ein Held wider Willen – Ernst Reuter, nicht nur ein Monument des kalten Krieges,* in: *Frankfurter Allgemeine Zeitung (F.A.Z.),* Tiefdruckbeilage vom 29. 7. 1989.

Versorgungsgüter abpressen ließen und die bolschewistische Tscheka begann, die Menschen in Angst und Schrecken zu versetzen.[21]
Obwohl er nicht alle Gewaltakte und Übergriffe zu verhindern vermochte, war es Reuter, nachdem er den 1. Sowjetkongreß der Wolgadeutschen organisiert hatte und an die Spitze der neuen Exekutive gewählt worden war, doch gelungen, den Menschen seines Distrikts eine gewisse Selbständigkeit zu sichern. Erst 1919 erfaßte der Bürgerkrieg mit all seinem Grauen auch dieses Territorium, erst jetzt verloren die Kulaken auch hier nach der ersten großen Welle des Terrors oft Land und Leben, breiteten sich Verwüstung, Hunger und Seuchen aus.[22] Doch da war Reuter schon fort, war er längst dort, wo er mithelfen wollte, den revolutionären Funken zu einem weiteren stattlichen Brand anzufachen – in Deutschland.
Den raschen Zusammenbruch des Kaiserreiches hatte man in Moskau als vielversprechendes Signal verstanden. Zusammen mit Karl Radek und Nikolai Rackow überquerte Reuter als österreichischer Kriegsgefangener verkleidet kurz vor Weihnachten 1918 illegal die Grenze, um als sowjetischer Delegierter am bevorstehenden ersten Parteitag der KPD teilzunehmen. Für diese Mission hatte er sich einen neuen Namen zugelegt, in Anspielung an seine Heimat nannte er sich jetzt „Genosse Friesland". Unter diesem Decknamen wurde er Mitglied der KPD und blieb auch nach dem gescheiterten Spartakus-Aufstand im Lande. Er ging als Agitator für die KPD nach Oberschlesien und kurz darauf ins Gefängnis. Jene drei Monate, zu denen er verurteilt worden war, brauchte er nicht voll abzusitzen, aber er wurde nach seiner Haftentlassung aus Schlesien ausgewiesen, kehrte wieder nach Berlin zurück.
Dort sollte er in engem Kontakt mit der Komintern als Bezirkssekretär die neue Organisation aufbauen. Die KPD zu einem Machtfaktor werden zu lassen, die Revolution voranzutreiben, war das Ziel seines Wirkens, das stand im Mittelpunkt seiner Anstrengungen, weniger die Familie, die er nach seiner Heirat mit Lotte Scholz 1920 gegründet hatte – Frau und die zwei Kinder, Hella und Gerd, sahen ihn wohl selten. Bei den Genossen war Reuter durchaus populär, der Nimbus des Sowjetexperten umgab ihn. In den parteiinternen Auseinandersetzungen über den richtigen, erfolgversprechenden Kurs stand er „links". Er bekämpfte ein Zusammengehen mit den anderen Arbeiterparteien, mit MSPD und USPD, er votierte für „revolutionäre Aktionen", mit denen die Massen mobilisiert werden sollten, und befürwortete zusammen mit Ruth Fischer (der Schwester Hanns Eislers), Arkadij Maslow und Arthur Rosenberg die Forderung nach einem eigenen deutschen Weg zum Kommunismus. Eine Unterstützung der re-

21 Vgl. die Hinweise bei Dimitri Wolkoganow, *Stalin – Triumph und Tragödie,* Düsseldorf 1989, S. 75 ff.

22 Vgl. dazu ausführlich W. Brandt/R. Löwenthal, *Ernst Reuter...* (wie Anm. 1), S. 91–108, speziell jedoch S. 103 f. In späteren Jahren ist immer wieder von politischen Gegnern Reuters der Vorwurf gegen ihn erhoben worden, er habe an revolutionären Massakern und Bauernvertreibungen mitgewirkt. In den gerichtlichen Auseinandersetzungen konnte dafür nie ein substantieller Beweis erbracht werden.

publikanischen Regierung während des Kapp-Putsches 1920, eine kommunistische Beteiligung am Generalstreik und eine Bewaffnung der Arbeiter lehnte er damals ab.[23] Erst nach dem blutigen Scheitern der kommunistischen Revolte, der sogenannten Märzaktion in Mitteldeutschland und Hamburg 1921, die auch in Moskau wegen ihrer fahrlässig-dilettantischen Vorbereitung verurteilt wurde, löste sich Reuter von der „Berliner Linken" innerhalb der KPD. Nun wuchs wohl auch in ihm die Überzeugung, daß so bald nicht mit einem neuerlichen, tiefgreifenden sozialen und politischen Umsturz in Deutschland zu rechnen war. Diese Erkenntnis stand seinem Aufstieg in der Parteihierarchie jedoch nicht im Wege, zumal man in der Komintern, an deren III. Weltkongreß er als Delegierter teilnahm, inzwischen ganz ähnlich dachte. Reuter wurde auf dem Parteitag in Jena im August 1921 zum Generalsekretär der KPD gewählt. Er wurde auf diesen wichtigen Posten gewählt als Mann mit hervorragenden Verbindungen zur Internationale und als Mann, der das Vertrauen der führenden sowjetischen Genossen besaß.[24]

Wenige Monate später genoß er dieses Vertrauen nicht mehr, trat als Generalsekretär zurück, wurde sogar aus der KPD ausgeschlossen. Was war geschehen? Reuter hatte seinem unabhängigen Naturell entsprechend immer energischer auf Selbständigkeit der deutschen Kommunistischen Partei gepocht, sich gegen die immer massiveren sowjetischen Einmischungsaktionen gewehrt und außerdem die Mitverantwortlichen an der gescheiterten „Märzaktion" zur Rechenschaft zu ziehen versucht. Dabei war er öffentlich – in Reden und Artikeln – dafür eingetreten, Fehler und Versagen der Parteiführung zuzugeben. All dies war ein Sakrileg für die Orthodoxen in Deutschland und natürlich auch in Moskau. Nach dramatischen Sitzungen im Januar 1922 erfolgte der Bruch mit ihm – er wurde isoliert, verurteilt, fortgejagt.[25] Fortan war er für linientreue sowjetische und deutsche Kommunisten ein Abtrünniger, ein Renegat, *persona non grata,* verabscheuungswürdig und gefährlich. Der „Reichskommissar für Überwachung der öffentlichen Ordnung" jedoch schloß seine „Akte Friesland", die im April 1921 nach den kommunistischen Putschversuchen und einer neuerlichen kurzen Verhaftung Reuters angelegt worden war. Er hielt den „Genossen Friesland/Reuter" jetzt nicht mehr für gefährlich.[26]

23 Dazu H. Altrichter, *Ernst Reuter...* (wie Anm. 3), S. 124 ff.

24 Vgl. W. Brandt/R. Löwenthal, *Ernst Reuter...* (wie Anm. 1), S. 180; zu den 14 Hauptverantwortlichen in der „Zentrale" der KPD gehörten damals neben ihm noch u. a. Ernst Meyer, August Thalheimer, Wilhelm Pieck, Friedrich Heckert, Hugo Eberlein und Clara Zetkin.

25 Dazu einseitig, aber erhellend die Darstellung in: Autorenkollektiv (unter Leitung von Günter Hortzschansky), *Ernst Thälmann. – Eine Biographie,* Berlin [Ost] 1980, S. 137 f.

26 Bundesarchiv/Außenstelle Potsdam, Bestand RKo 483/562/28. Die am 29. April 1921 angelegte Akte enthält vor allem Presseausschnitte aus der *Roten Fahne* und einige wenige Mitteilungen aus dem Polizeipräsidium Berlin, Abt. I A, in welchen bestätigt wird, daß „Friesland/Reuter" an den Aufstandsversuchen auf seiten der KPD beteiligt war.

Dieser Bruch mit marxistisch-leninistischer Ideologie und Politik war gleichermaßen Produkt und Ursache einer neuerlichen tiefen Lebenskrise. Auch wenn wir wenig über die innere Verfassung Reuters in jenen Monaten wissen, gehört kein außerordentliches Einfühlungsvermögen dazu, um sich auszumalen, wie schwierig es für ihn sein mußte, sich nach dem Abnabelungsprozeß nicht nur politisch neu zu orientieren, sondern auch neue Kontakte, neue Verbindungen, neue Freundschaften zu knüpfen und nicht zuletzt auch einen neuen Arbeitgeber zu finden. Über Kontakte zur traditionell linken wie unorthodoxen Berliner Metallarbeitergewerkschaft geriet er auf einen Redakteursposten bei der „Freiheit", dem damaligen Zentralorgan der USPD, landete wenig später nach der Vereinigung der beiden sozialdemokratischen Parteien wieder in der SPD, und zwar beim „Vorwärts".[27]

Nicht mehr die Revolution, sondern die Stabilisierung der weiterhin gefährdeten Republik war jetzt sein Ziel. *Den Massen des arbeitenden Volkes innerhalb der kapitalistischen Gesellschaft ein sozial erträgliches Dasein und eine starke politische Machtstellung zu verschaffen*, bezeichnete er im Januar 1924 in einem Artikel unter der Überschrift „Der widerlegte Marx" als zentrale Aufgabe der deutschen Sozialdemokratie, die russische *Diktatur ü b e r das Proletariat* nannte er dagegen als abschreckendes Beispiel für jeden deutschen Marxisten und Optimisten.[28] Darum kämpfte er nun auch in seinem weiteren politischen Leben, zunächst als Journalist, dann, von 1926 an, als Kommunalpolitiker: für soziale Verbesserungen und gegen den totalitären Machtanspruch der leninistisch-stalinistischen Kommunisten.

Nach 1926 entdeckte er rasch seinen Sinn für die Feinheiten und Möglichkeiten der kommunalen Selbstverwaltung und entwickelte beträchtliches Durchsetzungsvermögen als von der SPD nominierter Stadtrat für das Berliner Verkehrswesen. In seiner Ära wurde der Einheitstarif eingeführt sowie die Berliner Verkehrs-Gesellschaft gegründet, die mit rund 400 Millionen Mark Aktienkapital ausgestattet war und rasch über 25 000 Arbeiter beschäftigte, das bald vielfach bewunderte, damals größte Nahverkehrsunternehmen der Welt. Reuter, der ehemalige Kommunist, wurde – Ironie des Schicksals – Vorsitzender des Aufsichtsrates und erwarb sich einen hervorragenden Ruf als Verwaltungsfachmann.[29]

Das war wohl der Hauptgrund dafür, weshalb ihn die SPD 1931 für den Posten des Magdeburger Oberbürgermeisters nominierte und seine Wahl gegen heftige Proteste von links und rechts durchsetzte. In Magdeburg fand Reuter mit seiner zweiten Frau Hanna Kleinert, die er beim „Vorwärts" kennengelernt und nach der Scheidung 1927 geheiratet hatte, sowie den nunmehr drei Kindern – Sohn Edzard war 1928 geboren worden – ein neues Betätigungsfeld vor, das jedoch seinem politischen Tatendrang nicht genügte. 1932 zog er in den Reichstag ein, im März des folgenden Jahres wurde

27 Vgl. H. Altrichter, *Ernst Reuter...* (wie Anm. 3), S. 125.

28 Zitiert nach Ernst Reuter, *Schriften und Reden*, Bd. 2, hrsg. von Hans Hirschfeld und Hans J. Reichhardt, Berlin 1973, S. 61 f.

29 Vgl. H. Altrichter, *Ernst Reuter...* (wie Anm. 3), S. 126.

er auch in den Sächsischen Landtag gewählt. Doch da waren seine politischen Zukunftsaussichten schon so düster wie die des gesamten Landes. Den Nationalsozialisten war ein ehemaliger Kommunist wie Reuter längst ein Dorn im Auge gewesen; in der Phase der Festigung der Macht verloren sie keine Zeit, ihn wie so viele andere auszuschalten. Ein SA-Trupp stürmte Anfang März unter „Reuter raus"-Rufen das Rathaus von Magdeburg. Nur dem beherzten Eingreifen eines höheren Polizeioffiziers, der ihn geistesgegenwärtig in Schutzhaft nahm, verdankte es der Bürgermeister, daß er nicht ernsthaft verletzt wurde. Nach seiner Freilassung schickte er ein telegraphisches Hilfeersuchen an den Reichspräsidenten Hindenburg – es blieb ohne Antwort.[30]
Dennoch ging Reuter nach seiner Wahl mutig und unbeirrt in den Sächsischen Landtag, bis er auch hier „hinausgeprügelt" und wenige Wochen später, im Juni 1933, durch die von Rudolf Diels neu aufgebaute Gestapo verhaftet und – ohne Gerichtsurteil – ins KZ Lichtenberg eingeliefert wurde. Dabei benutzte man die bereits 1921 gegen Reuter vorgebrachte und schon damals durch Zeugenaussagen entkräftete Behauptung, er sei verantwortlich für Verbrechen an Wolgadeutschen gewesen, erneut als Vorwand.[31] Im Januar 1934 kam er überraschend frei, aber die braunen Machthaber spielten mit ihm wie mit Kurt Schumacher und vielen anderen politisch Verfolgten Katz und Maus. Im Sommer wurde er wieder verhaftet. Durch Vermittlung von Quäkerfreunden in London erreichte die Familie noch einmal seine Freilassung. Die tiefen Narben auf seinem Rücken und seine Andeutungen ließen jedoch bald allen Beteiligten zur Gewißheit werden, daß eine neuerliche Festnahme tödlich enden würde. Schweren Herzens entschloß man sich im Januar 1935 zur Emigration.[32]
In London erreichte die Familie zwei Monate später ein Angebot der türkischen Regierung: Reuter sollte Sachbearbeiter für Tariffragen im Wirtschaftsministerium werden. Natürlich nahm er an und machte sich auf den Weg nach Ankara. Die nächsten elf Jahre verbrachte er dort, lernte türkisch, erhielt nach 1938 an der Verwaltungshochschule eine Professur für Kommunalwissenschaften, verfaßte mehrere für die türkische Verwaltungspraxis hilfreiche Lehrbücher, korrespondierte mit anderen Emigranten, wie beispielsweise Thomas Mann, las nebenbei Karl May, sammelte Briefmarken und (vor allem) – überlebte. Denn man sollte sich nicht täuschen, es war keine idyllische, einfache Zeit, ganz im Gegenteil. Die Nachricht vom Tod der Mutter, aber auch Selbstvorwürfe, nicht entschiedener den Siegeszug der braunen Verführer bekämpft zu haben, Bitterkeit darüber, die schreckliche Entwicklung nun gänzlich passiv hinnehmen zu müssen, das alles mag Reuter damals umgetrieben haben. Noch Jahrzehnte später hat Sohn Edzard mit gutem Grund hervorgehoben, daß für seine Eltern dieser Aufenthalt im Exil *immer eine schreckliche, das Innerste ihres Lebens berührende Phase* war; sie seien

30 Vgl. W. Brandt/R. Löwenthal, *Ernst Reuter...* (wie Anm. 1), S. 276 f.
31 Dazu mehr *a.a.O.*, S. 235 ff.
32 Sohn Edzard Reuter hat andeutungsweise über das Klima der Angst und über die Schrecken jener Magdeburger Zeit berichtet, vgl. ders., *Das alles war Vorspiel nur,* in: Eberhard Diepgen (Hrsg.), *750 Jahre Berlin. Anmerkungen – Erinnerungen – Betrachtungen,* Berlin 1987, S. 248 f.

nie das Gefühl losgeworden, herausgerissen zu sein aus einem politischen Engagement, das sie beide erfüllte. Beide haben diese Herauslösung aus dem politischen Leben in Deutschland nie richtig akzeptiert. Jegliches Geschehen in Deutschland, jede neue Nachricht, die von dort kam, wurde begierig aufgegriffen und war ständiger Gesprächsstoff ... Alles konzentrierte sich auf die Frage: Wann geht das endlich zu Ende?[33]

Im Frühjahr 1945 war es endlich soweit. Aber nun dauerte es noch mehr als ein Jahr, bis die erforderlichen Reisepapiere für eine Rückkehr nach Deutschland vorlagen; Amerikaner und Sowjets hatten immer neue Hindernisse aufgetürmt, galt dieser Deutsche vom Bosporus doch als *unbequem, nationalistisch und antirussisch.*[34] Mühsam und nur mit Hilfe des englischen Labour-Abgeordneten Philip Noel-Baker ließen sich diese Hürden beseitigen. Ende November 1946 durfte Reuter endlich mit seiner Familie über Neapel und Marseille nach Paris reisen und von dort weiter nach Aachen fahren. Er meldete sich bei der neuen sozialdemokratischen Parteileitung in Hannover und wurde – von Louise Schroeder, von Kurt Schumacher? – gebeten, aufgefordert, wieder nach Berlin zu gehen, wo die SPD bei den Wahlen zum Stadtparlament kurz zuvor beinahe die absolute Mehrheit erreicht und der im April 1946 gegründeten SED eine vernichtende Niederlage beigebracht hatte.[35] Im neuen Magistrat sollte Reuter wieder sein altes Ressort Verkehr und Versorgungsbetriebe übernehmen. Die Rückkehr in das völlig zerstörte, zertrümmerte Berlin muß für Reuter und seine Familie ein Schock gewesen sein. Aber, so paradox es klingt, bei aller Trauer, bei allem Entsetzen überwog doch die Freude, wie Sohn Edzard sich erinnert: *Nur wer erlebt hat, wie bedrückend es ist, die vorhersehbare Niederlage im Weltkrieg erhoffen zu müssen, weil anders patriotische Würde nicht wieder entstehen konnte, vermag zu ermessen, welches Glück es ist, in das unglaubliche Elend zerbombter Städte, zerstörter Existenzen und düsterer Zukunft zurückzukehren. Es war die Rückkehr in eine Aufgabe, die einzige, die einen durch und durch politischen Menschen wie meinen Vater erfüllen konnte ...*[36]
Mit Feuereifer stürzte sich Reuter in diese Aufgabe, nachdem er – noch in Abwesenheit – am 5. Dezember 1946 von der Stadtverordnetenversammlung gewählt und diese Personalentscheidung *vorbehaltlich weiterer Prüfungen* durch die Alliierte Kommandantur bestätigt worden war. Dabei machte es Reuter mit seinem Elan nicht allen leicht. Sogar manche Sozialdemokraten taten sich schwer mit diesem Remigranten und ehemaligen Kommunisten. Sicher, er war politisch unbelastet, ein begnadeter Kommunalpolitiker und Verwaltungsfachmann dazu. Derlei war rar, suchte und brauchte man dringend in jenen Tagen. Aber bisweilen schoß er doch übers Ziel hinaus, etwa als er sich in seinem großen Referat auf dem 4. Landesparteitag der Berliner SPD am

33 Zitiert bei Nina Grunenberg, *Die Chefs. Zwölf Portraits aus den Führungsetagen großer Unternehmen,* Bonn 1990, S. 55.

34 Zitiert nach W. Brandt/R. Löwenthal, *Ernst Reuter...* (wie Anm. 1), S. 332.

35 Vgl. H. Altrichter, *Ernst Reuter...* (wie Anm. 3), S. 127. Vom maßgeblichen Einfluß Louise Schroeders bei der Werbung Reuters für Berlin berichten W. Brandt/R. Löwenthal, *Ernst Reuter...* (wie Anm. 1), S. 359.

36 E. Reuter, *Das alles war Vorspiel...* (wie Anm. 32), S. 249.

27. April 1947 kritisch mit der Vergangenheit der Sozialdemokratie auseinandersetzte und die *gewissenhafte Überprüfung aller unserer geistigen Grundlagen, aller unserer Ziele und Ideen* verlangte und mahnte, *daß die SPD längst darüber hinausgewachsen* [sei], *nur eine Arbeiterpartei zu sein.*[37] Das sahen manch alte Sozialdemokraten damals noch anders, während Reuter hier schon den Weg nach Godesberg beschritt, die SPD zur großen Volkspartei machen wollte. So gab es denn stets in der Parteiorganisation gewisse latente Vorbehalte gegen ihn, dem es selbst wiederum nicht lag, diese bei Bier und Skatkarte auszuräumen. Er hielt seit jeher lieber Distanz, lehnte Kumpelhaftigkeit und Anbiederung ab, wirkte da ein Stück weit eher wie ein bürgerlich geprägter Intellektueller und – verhinderter – Oberlehrer, nicht wie ein Genosse aus dem Proletariat.[38]
Das tat auf Dauer seiner Popularität keinen Abbruch. Die Menschen honorierten, daß Reuter kaum je mit seiner Meinung hinter dem Berg hielt, selbstbewußt auch gegenüber den Besatzungsmächten auftrat. Diese wiederum, vor allem Franzosen und natürlich Sowjets, verfolgten sein Wirken mit rasch wachsendem Unbehagen und Mißtrauen und begegneten schon dem Verkehrsstadtrat Reuter *als einem „starken" Deutschen mit beträchtlichem Argwohn.*[39] Als Reuter dann im Zusammenhang mit der Bürgermeisterkrise um Otto Ostrowski im Frühjahr 1947 als möglicher Nachfolgekandidat ins Gespräch kam, ließ sich bereits absehen, daß seiner Ernennung durch die Alliierte Kommandantur von sowjetischer Seite Steine in den Weg gelegt werden würden. Die sowjetisch lizensierte Presse begann immer wildere Attacken gegen ihn zu reiten – dieser Mann, der einst Generalsekretär der KPD gewesen war (ein Amt, mit dem 1921 keinesfalls die Machtfülle verbunden war, über die Stalin später als Generalsekretär der KPdSU verfügte) und nun zu den leidenschaftlichsten Gegnern des Sowjetsystems gehörte, durfte nicht oberster deutscher Repräsentant Berlins werden. Früh schon war verächtlich von der *Spalter-Politik* des *türkischen Professors* die Rede.[40]
Hinter den Kulissen unternahm die SED nach dem Sturz Ostrowskis vor der Wahl des neuen Oberbürgermeisters allerdings noch einen interessanten Versuch. Während der Sprecher der SED in der Stadtverordnetenversammlung verkündete, Reuter sei als Kandidat auf das Schärfste abzulehnen, weil er ein erklärter *Gegner der Einheit* sei, bot nahezu gleichzeitig eine kleine Delegation der Kommunisten dem überraschten Reuter in dessen Büro eine Zusammenarbeit *unter bestimmten Umständen* an. Man wollte ihn offenbar ähnlich wie Ostrowski zu einer stillen Kooperation mit der SED verpflichten.[41] Natürlich lehnte er ab, natürlich entschieden sich vier Fünftel der Abgeordneten

37 Zitiert nach Ernst Reuter, *Schriften und Reden*, Bd. 3 *(1946–1949)*, hrsg. von Hans E. Hirschfeld und Hans J. Reichhardt, Berlin 1974, S. 196 ff.
38 Vgl. die Andeutungen bei H. Altrichter, *Ernst Reuter...* (wie Anm. 3), S. 127 f.
39 Vgl. W. Brandt/R. Löwenthal, *Ernst Reuter...* (wie Anm. 1), S. 365.
40 Hierzu etwa Ernst Nolte, *Deutschland und der Kalte Krieg*, München 1974, S. 247 sowie Gerhard Keiderling, *Die Berliner Krise 1948/1949. Die imperialistische Strategie des kalten Krieges gegen den Sozialismus und zur Spaltung Deutschlands* (= Schriften des Zentralinstituts für Geschichte bei der Akademie der Wissenschaften, Bd. 69), Berlin 1984, S. 34. Zur Pressekampagne vgl. etwa *Der Morgen* vom 18. 4. 1947: *Der Oberbürgermeister trat zurück.*

bei der Wahl für ihn, darunter sogar – und das war nun nicht mehr selbstverständlich – einer der 18 zur Abstimmung erschienenen SED-Abgeordneten.[42]

Diese Wahl war allerdings nicht entscheidend. Das Sagen hatten in der Stadt damals die Siegermächte. Und nach mehr als zwei Monaten sagten sie *nein* zu Reuter. Lakonisch hieß es in einer Mitteilung der Alliierten Kommandantur vom August 1947, es sei nicht möglich, ihn als Oberbürgermeister zu bestätigen.[43] Das Veto der sowjetischen Seite hatte dabei den Ausschlag gegeben. Die drei westalliierten Militärgouverneure hatten sich nach längerem Zögern diesem gebeugt, denn noch waren die verbündeten Sieger des Zweiten Weltkrieges in Berlin trotz zahlreicher und zunehmender Irritationen nicht auf Konfrontationskurs, noch bemühte man sich auf westlicher Seite gerade hier ernsthaft um eine Kooperation, wollte über interne Meinungsverschiedenheiten möglichst wenig nach außen dringen lassen.[44]

Die deutschen Politiker durften derlei Entscheidungen selbstverständlich nicht kommentieren, öffentliche Kritik am Kurs der Alliierten war streng verboten. Aber daß sich unter der Berliner Bevölkerung Unmut breitmachte über den Beschluß der Kommandantur, der mit Demokratie auffallend wenig zu tun hatte, ist begreiflich.[45] Im Stadtparlament verfiel man übrigens auf den Ausweg, Louise Schroeder, die gewählte Erste stellvertretende Bürgermeisterin, nach außen hin mit der Führung der Geschäfte zu betrauen, bis sich die Situation geklärt hatte. Reuter verlor darüber weder die Fassung noch seinen Humor. Bekanntlich ließ er sich damals Visitenkarten mit folgender Aufschrift drucken: *Der gewählte, aber nicht bestätigte Oberbürgermeister von Berlin.*[46]

Er wußte, seine Stunde würde noch kommen. In amerikanischen Stäben wurde bekanntlich schon seit 1946 nicht allein von George Kennan über *Containment*, über eine Eindämmung des sowjetischen Hegemonialanspruchs nachgedacht. Daß die Koalition der Sieger immer brüchiger wurde und immer weniger belastbar war, ließ sich nach Verkündung von Truman-Doktrin und Marshall-Plan sowie der ablehnenden sowjetischen Reaktion auf das Angebot, sich an diesem Hilfsprogramm zu beteiligen, Ende 1947 bereits recht klar beobachten.[47] Frühzeitig erkannte er hier durchaus weit-

41 Vgl. W. Brandt/R. Löwenthal, *Ernst Reuter...* (wie Anm. 1), S. 383; sowie den hochinteressanten Bericht von Reuter selbst über seine verhinderte Amtseinführung und auch diese Episode in seinem Brief vom 27. 4. 1948, in: ders., *Schriften und Reden...* (wie Anm. 37), S. 374 ff.

42 *Ebda.* – 8 SED-Abgeordnete waren übrigens gar nicht zum Wahlakt im Plenum erschienen, offenbar war ihre Fraktion noch nicht so straff organisiert wie in späteren Phasen.

43 *Berlin. Quellen und Dokumente 1945–1951* (= Schriftreihen zur Berliner Zeitgeschichte, Bd. 4,2), hrsg. im Auftrage des Senats von Berlin, bearb. durch Hans J. Reichhardt u. a., 2 Halbbde., Berlin 1964, S. 1186 u. 1193.

44 Zu den komplexen Hintergründen der Gespräche im Kontrollrat vgl. u. a. W. Brandt/R. Löwenthal, *Ernst Reuter...* (wie Anm. 1), S. 378 f.; für den internen Kurs der Westalliierten galt damals, wie Oberst Frank Howley dort hervorhebt, daß ihre Repräsentanten noch im Frühjahr 1947 *nahezu alles taten, um die Russen zu gewinnen ... und sie zu überzeugen, daß wir ihre Freunde seien ...*

45 Vgl. Aussagen von Zeitzeugen, zitiert bei Uwe Prell/Lothar Wilker (Hrsg.), *Berlin-Blockade und Luftbrücke 1948/1949. Analyse und Dokumentation,* Berlin 1987, S. 120.

46 Klaus-Peter Schulz, *Berlin zwischen Freiheit und Diktatur,* Berlin 1962, S. 157.

blickend zudem, daß in der bevorstehenden Phase der Konfrontation zwischen den einstigen Siegermächten Berlin eine ganz besondere Rolle spielen, beträchtliche Bedeutung erlangen würde. In den Weihnachtstagen beschrieb er in einem ausführlichen Brief an Elisabeth Howard, eine langjährige englische Freundin der Familie, die Situation – die Ruhe vor dem Sturm: *Berlin ist ein viel zu wichtiger Posten, als daß nicht um ihn ein neuer heißer Kampf entbrennen wird, und, ob wir wollen oder nicht, wir werden mitten in ihm drinstehen, es wird um unseren Kopf gehen, und der Kampf wird für uns um so schwieriger sein, weil wir leider nach manch bitteren Erfahrungen nicht das Vertrauen in die Westmächte haben können, von ihnen immer und in jeder Lage unterstützt zu werden. Das Gefühl der Unsicherheit ist zu groß, und der furchtbare Druck, der immer wieder auf den Menschen liegt, ist oft zu schwer. Er kann nicht von allen getragen werden ... Dieser Nervenkrieg wird sich bald steigern, und wir können noch nicht absehen, wohin er noch führen wird ... Ich weiss nicht, wie mein Schicksal sich hier gestalten wird. Es kann immer noch sein, dass eine neue Emigration bevorsteht.*[48]

Eine wichtige Momentaufnahme, die zeigt, wie labil und deprimierend die Situation in Berlin auf Reuter wirkte und wie wenig ausgeprägt sein Zutrauen in die Standfestigkeit und Berechenbarkeit der Westmächte damals war. Das mußte ihn deshalb um so besorgter stimmen, weil sich immer deutlicher ein Klimasturz im west-östlichen Verhältnis abzeichnete. Die Gründung der Bizone, die gescheiterten Konferenzen der Siegermächte in Moskau und London, schließlich der kommunistische Umsturz in Prag: Alarmzeichen gab es genug. Offensichtlich war Stalin entschlossen, seinem Wort gegenüber Milovan Djilas entsprechend, *sein eigenes System einzuführen, so weit seine Armee vordringen* konnte.[49] Die Rote Armee stand auch in Berlin, und der sowjetische Oberbefehlshaber, Marschall Sokolovskij, hatte bereits am 21. Januar 1948 im Alliierten Kontrollrat verkündet, die Stadt sei Teil der sowjetischen Besatzungszone.[50] Für Reuter wurde die Bedrohung nun immer bedrückender, und am 18. März begann er offen zu warnen: *Prag war dran ... wer kommt dann dran? Berlin wird nicht drankommen!*[51]

Die Mobilisierung im Kampf um Berlin hatte begonnen. Kurz darauf entbrannte der Kampf selbst. Am 20. März verließ Marschall Sokolovskij mit seinem Stab nach einer langen, empörten Attacke gegen die Empfehlungen der Londoner Sechs-Mächte-Kon-

47 Zur Genese des Kalten Krieges vgl. u. a. Wilfried Loth, *Die Teilung der Welt 1941–1955,* München 1980, S. 120 ff.; einer der wenigen Gegner der „Kennan-Doktrin" war zunächst und bis ins Jahr 1947 hinein ausgerechnet General Clay, der sich um ein freundschaftliches Verhältnis zu den Sowjets bemühte und vor allem in den Franzosen bockige Störenfriede erblickte.

48 Zitiert nach E. Reuter, *Schriften und Reden...* (wie Anm. 37), S. 325 f.

49 Vgl. Milovan Djilas, *Gespräche mit Stalin,* Frankfurt a. M. 1962, S. 146; demzufolge hatte Stalin im April 1945 zu Djilas gesagt: *Dieser Krieg ist nicht wie in der Vergangenheit; wer immer ein Gebiet besetzt, erlegt ihm auch sein eigenes gesellschaftliches System auf. Jeder führt sein eigenes System ein, so weit seine Armee vordringen kann. Es kann gar nicht anders sein ...*

50 Vgl. Theodor Eschenburg, *Geschichte der Bundesrepublik,* Bd. 1: *Jahre der Besatzung 1945–1949,* Stuttgart 1983, S. 450.

51 Zitiert nach Hannes Schwenger, *Ernst Reuter. Ein Zivilist im Kalten Krieg,* München 1987, S. 98.

ferenz zur Gründung eines westdeutschen Teilstaates den Kontrollrat und sprengte damit das oberste Verwaltungsorgan der Siegermächte, das nun nie mehr vollständig zusammentreten sollte. Zehn Tage später begann die sogenannte Kleine Blockade, die Sowjetische Militäradministration (SMAD) verschärfte die Kontrolle Militär- und Zivilreisender von und nach Berlin, „technische Störungen" traten plötzlich auf, erschwerten, verhinderten Transporte in die Stadt. Dies war wohl einerseits eine Vergeltungsmaßnahme der Sowjets für den von Clay verfügten Demontagestop, andererseits aber auch ein erster Test: Wie würden die Westmächte reagieren, wie weit würden sie sich einschüchtern lassen? Sie reagierten, wie sie es später noch oft tun sollten: mit Protesten. Der Versuch, einen Zug voll amerikanischer Soldaten nach Berlin zu schicken, endete kläglich auf einem Nebengleis in der Nähe von Helmstedt, eine kleine Luftbrücke brachte das Notdürftigste in die Stadt. Sonst geschah nichts.[52]

Offenbar war also eine Blockade ein erfolgversprechendes Druckmittel, mochte man in Moskau und Berlin-Karlshorst, dem Sitz der SMAD, spekulieren. Jedenfalls wurde dieses Mittel erneut und nunmehr im großen Stile eingesetzt, als die Westmächte darangingen, am 20. Juni eine neue Währung in ihren Zonen einzuführen. Dieser Schritt war zweifellos ungemein folgenreich; und nicht allein Kurt Schumacher befürchtete eine Vertiefung der deutschen Teilung, ja eine Zerstörung der wirtschaftlichen und politischen Einheit auf Jahre hinaus. Ganz anders Reuter. Er trat nun, wie Carlo Schmid sich erinnert, immer energischer dafür ein, *im freien Teil Deutschlands eine in deutscher Hand ruhende politische Gewalt einzurichten, die mit Hilfe des Marshallplanes in Westdeutschland und Berlin politische und ökonomische Zustände schaffen sollte, deren Humanität auf die Bevölkerung der sowjetisch besetzten Zone wie ein Magnet wirken könnte. Über kurz oder lang werde dies die Russen zwingen, ihre der Wiederherstellung eines demokratischen Deutschlands widerstrebende Politik zu revidieren.*[53]

Reuter geriet mit seiner „Magnet-Theorie", die sich in den nächsten 40 Jahren bestätigen sollte, in einen tiefen Dissens mit Schumacher, der – auf seine Weise ebenso im Recht – vom Krankenbett in Hannover aus den Widerstand gegen eine westdeutsche Teilstaatsgründung zu mobilisieren suchte und seinem Parteifreund von der Spree nie vergessen konnte, daß er ihn darin nicht konsequent unterstützt hatte.[54] Anders als Schumacher oder sein lokaler Gegenspieler Ferdinand Friedensburg von der CDU war Reuter dementsprechend auch für die Einführung der neuen Währung, der D-Mark, in Berlin als alleiniges Zahlungsmittel. *Wer die Währung hat, hat die Macht*, pflegte er zu sagen.[55] Aber die Westalliierten zögerten mit diesem Schritt, weil sie, ähnlich wie Ludwig Erhard und andere westdeutsche Experten, eine Schwächung der neuen Wäh-

52 Vgl. ausführlich u. a. Th. Eschenburg, *Geschichte der Bundesrepublik*, Bd. 1: *Jahre der Besatzung...* (wie Anm. 50), S. 450 ff.

53 Carlo Schmid, *Erinnerungen*, Bern 1980, S. 325.

54 *Ebda.*

55 Zitiert bei Th. Eschenburg, *Geschichte der Bundesrepublik*, Bd. 1: *Jahre der Besatzung...* (wie Anm. 50), S. 452.

rung befürchteten und zudem eine Provokation der Sowjets vermeiden wollten. Von diesen war bereits eine eigene Währungsreform angekündigt worden, und Marschall Sokolovskij hatte vorsorglich am 19. Juni, drei Tage nach dem Zerfall der Alliierten Kommandantur, unter Mißachtung der Rechte der anderen Siegermächte die Einführung der D-Mark in Groß-Berlin verboten.[56]

Ein solches Vorgehen war aus sowjetischer Sicht durchaus begreiflich, drohte doch ihre Zone andernfalls mit im Westen ungültig gewordenen Reichsmarknoten überschwemmt zu werden. Die Lage spitzte sich dramatisch zu, nachdem in der Nacht vom 22. auf den 23. Juni 1948 Louise Schroeder und Bürgermeister Ferdinand Friedensburg von der SMAD den Befehl erhalten hatten, nunmehr zum 24. Juni die Ost-Mark in Groß-Berlin einzuführen. Die Befolgung dieses Befehls wurde dem Berliner Magistrat jedoch von den westalliierten Militärgouverneuren untersagt, die nunmehr anordneten, die – bereits nach Berlin transportierten – neuen D-Mark-Banknoten in ihren Sektoren auszugeben, nachdem sie aus Respekt vor dem Vier-Mächte-Status der Stadt mit einem *B* gestempelt worden waren. Gleichzeitig sollte auch die neue Ost-Mark als Zahlungsmittel anerkannt werden. Damit galt in Berlin plötzlich eine Doppelwährung, und galt doch nur zum Teil, denn die SMAD stellte den Besitz von D-Mark in ihrem Sektor unverzüglich unter Strafe.[57]

In diesem Kampf um die Währungshoheit griff die sowjetische Seite nunmehr zum Mittel der großen Blockade. Bis zum 4. August war der Ring um Berlin nahezu vollständig geschlossen. Kein Mensch, keine Warenkiste konnte auf dem Land- und Wasserweg ohne sowjetische Genehmigung in die Stadt gelangen. Rund 920 000 Familien waren zu Geiseln geworden, ihr Hunger, ihre Not sollten die Westalliierten zum Nachgeben, zum Rückzug veranlassen. Aber die Alliierten, vor allem die Amerikaner, wollten sich nicht erpressen lassen. Bereits am 10. April 1948 hatte General Clay an Präsident Truman telegraphiert: *Die Tschechoslowakei haben wir verloren, Finnland haben wir verloren ... Wenn Berlin fällt, folgt Westdeutschland als nächstes und unsere Stärke ist dort nicht relativ größer und unsere Position nicht haltbarer als in Berlin. Wenn wir beabsichtigen, Europa gegen den Kommunismus zu halten, dürfen wir uns nicht von der Stelle rühren ... Ich glaube, die Zukunft der Demokratie verlangt von uns, daß wir bleiben, bis wir gewaltsam hinausgetrieben werden.*[58]

Es gab jedoch nur einen Weg, um Berlin zu versorgen – aus der Luft. Aber dieser Weg schien zunächst kaum gangbar, zu groß wirkte der tägliche Bedarf der Stadt von rund 7000 Tonnen, zu gering die Transportkapazität der amerikanischen und britischen Maschinen in Deutschland (die Franzosen benötigten ihre Luftflotte in Indochina),

56 Vgl. Hans Herzfeld, *Berlin in der Weltpolitik 1945–1970* (= Veröffentlichungen der Historischen Kommission zu Berlin, Bd. 38), Berlin 1973, S. 233 ff.

57 Vgl. hierzu ebenfalls ausführlich Th. Eschenburg, *Geschichte der Bundesrepublik*, Bd. 1: *Jahre der Besatzung...* (wie Anm. 50), S. 452 f.

58 Jean Edward Smith (Ed.), *The Papers of General Lucius D. Clay*, Vol. 2: *Germany 1945–1949*, London 1974, S. 623 (übersetzt vom Verfasser).

die gerade ein Zehntel davon betrug. Wenn man dennoch das auf den ersten Blick wahnwitzige Unternehmen in Angriff nahm, würden sich Härten und Entbehrungen für die Menschen nicht vermeiden lassen. Würden das die Berliner erdulden und klaglos hinnehmen? Kurz entschlossen und energisch zerstreute Reuter solche Bedenken bei General Clay: *You worry about the airlift, let me worry about the Berliners.*[59]
In großen Reden voll Pathos und Idealismus wandte Reuter sich nun an die Bewohner der Stadt. Er traf den rechten Ton, erreichte ihr Ohr, mobilisierte den Widerstandswillen, ohne jedoch zu Unruhen und Übergriffen aufzustacheln – ein bisweilen schwieriger Balanceakt. Vor vielen Zehntausenden rief er am 26. August 1948 vor dem Reichstag: *Dieser Kampf um Berlin ist mehr als ein Kampf um eine kleine Stadt von drei Millionen, dieser Kampf um Berlin ist der Kampf um die Wiedererneuerung, um die Wiederherstellung Deutschlands, er ist der Kampf um die Wiedergewinnung einer europäischen Einheit, er ist der Kampf um den Frieden der Welt ... Wir werden ... den Wall bilden, an dem sich die Flut brechen wird. Und mag der Winter noch so schwer und noch so hart werden, einmal wird diese Macht erkennen müssen, daß alles vergeblich war, daß wir härter sind als sie, und daß unser waffenloser Wille stärker ist als ihre tyrannische Herrschsucht ... Dieser Kampf geht nur um das eine Ziel – nicht gegen Rußland und nicht gegen das russische Volk, auch nicht gegen unsere slawischen Nachbarvölker, die wie wir nach Freiheit lechzen ...*[60]
Das waren keine verlogen-nationalistischen Durchhalteparolen, wie sie noch wenige Jahre zuvor die braunen Verführer im Sportpalast ausgegeben hatten, hier wurde aufgerufen zum entschlossenen, aber unbewaffneten Widerstand, wurde zugleich schon die europäische Komponente mitbedacht. Gleiches gilt für viele Reden Reuters in jener Zeit, etwa, wenn er von Berlin als dem *Stalingrad der Freiheit* sprach oder am 4. Dezember 1948, einen Tag vor den Berliner Wahlen, im Titania-Palast an die *Völker der Erde* appellierte: *Wir rufen ihnen zu, zerbrecht diese Blockade, diese grausame, unerbittliche Art, mit der man ein freies Volk in die Knie zwingen will ...*[61]
Unermüdlich, rastlos wirkte Reuter für die Rettung der Stadt. Die Gründung der Freien Universität fiel in diese Wochen, als deren ersten Rektor er den Historiker Friedrich Meinecke gewinnen konnte.[62] Ein neues Kraftwerk mußte nach Berlin transportiert und hier wieder komplett zusammengebaut werden – es sollte am Ende seinen Namen tragen. Die Aufgaben und Belastungen waren kaum zu zählen. Zudem galt es, das wachsende Chaos zu meistern, das durch die vom Ostsektor gesteuerten Tumulte, durch zunehmende Spaltung der Magistratsabteilungen und schließlich durch die Vertreibung des Stadtparlaments aus dem sowjetischen Sektor entstanden war. Am 20. November hatte man im Ostteil den bisherigen Magistrat für abgesetzt erklärt und einen neuen *provisorischen demokratischen* unter Fritz Ebert, dem Sohn des sozialdemo-

59 Zitiert nach U. Prell/L. Wilker, *Berlin-Blockade...* (wie Anm. 45), S. 112.
60 Zitiert nach E. Reuter, *Schriften und Reden...* (wie Anm. 37), S. 469 f.
61 *A.a.O.*, S. 550 f., sowie H. Herzfeld, *Berlin in der Weltpolitik...* (wie Anm. 56), S. 257.
62 Vgl. E. Reuter, *Schriften und Reden...* (wie Anm. 37), S. 561.

kratischen Reichspräsidenten, gebildet. Reuter und andere hatten längst mit einem derartigen, von der SMAD gebilligten Spaltungsputsch gerechnet, längst schon die wichtigsten Akten unter bisweilen abenteuerlichen und lebensgefährlichen Begleitumständen in den Westen transportieren lassen. Bei den Wahlen, die am 5. Dezember 1948 allein in den drei Westsektoren abgehalten wurden, erreichte die SPD mit über 64 Prozent der Wählerstimmen einen fulminanten Wahlerfolg und damit die absolute Mehrheit, während den beiden bürgerlichen Parteien unter 20 Prozent blieben. Zwei Tage später wählte die alte, amtierende Stadtverordnetenversammlung Reuter abermals zum Oberbürgermeister – eine Entscheidung, die am 14. Januar 1949 einstimmig vom neuen Parlament bestätigt wurde.[63] Nunmehr war er nach außen hin sichtbar und unangefochten, was er in der Zeit zuvor schon ohne tatsächliche Amtsbefugnisse gewesen war – der erste Repräsentant der Stadt, wenigstens ihres größeren, westlichen Teils. Ganz allgemein war die Zeit der Blockade eine Zeit der Klärung und des Wandels – Katharsis und Peripetie zugleich. Die Fronten zwischen den Siegermächten klärten sich, die in vielen Fragen keineswegs einigen Westalliierten – die Franzosen wollten Berlin ursprünglich nicht halten – rückten enger zusammen. Und sie begannen die Deutschen mit anderen Augen zu sehen. Vor allem für das Verhältnis zwischen Amerikanern und Deutschen war diese Phase ungemein folgenreich. Nicht nur General Clay war von der Entschlossenheit, dem Freiheitswillen und der Entbehrungsbereitschaft der Berliner – nur 1,5 Prozent hatten das östliche Angebot angenommen, sich im sowjetischen Sektor registrieren zu lassen, um im Tausch dafür Lebensmittel zu erhalten[64] – tief beeindruckt, die einflußreiche amerikanische Presse begann nun über Wochen und Monate hinweg ein revidiertes, viel freundlicheres Bild der Deutschen zu zeichnen, die öffentliche Meinung schwenkte um. Andererseits begann die Westorientierung der Deutschen selbst erst jetzt, über die Erfahrungen mit der Luftbrücke. Aus Besatzern wurden Schutzmächte, Partner, Freunde. Reuter hatte also völlig recht gehabt: Psychologisch-politisch waren die Konsequenzen der Blockade für Stalin und die Sowjets fatal, führte sie doch zusammen, was zusammenzuführen nicht in sowjetischem Interesse liegen konnte.

Der Oberbürgermeister der drei westlichen Sektoren Berlins wurde mehr und mehr zur Symbolfigur dieses Prozesses. Die Westmächte, die noch bis ins Frühjahr 1948 hinein ein, wie Reuter damals einem englischen Bekannten klagte, *subaltern, purely military treatment of the population* praktizierten,[65] setzten zunehmend auf Kooperation. Clay, der zu Reuter anfangs deutlich kühle Distanz hielt, begegnete ihm nunmehr immer respektvoller, wollte sich mit ihm immer enger abstimmen. Gemeinsam entwickelten sie im Juni 1948 den am Ende von der amerikanischen Regierung als zu riskant verworfenen Plan, einen bewaffneten Konvoi nach Berlin durchstoßen zu lassen.[66] Egon Bahr,

63 Vgl. hierzu ausführlich H. Herzfeld, *Berlin in der Weltpolitik...* (wie Anm. 56), S. 264 ff.
64 *A.a.O.*, S. 257.
65 Vgl. das auch hierzu interessante Schreiben Reuters vom 27. 4. 1948, in: ders., *Schriften und Reden...* (wie Anm. 37), S. 377.

damals ein 23 Jahre alter Journalist in Berlin und wie Willy Brandt ein Sozialdemokrat, der Reuter bewunderte und dessen Kurs bejahte, urteilte rückblickend zu diesen Vorgängen: *Ich glaube, die Sieger haben uns in der ersten Zeit, will nicht sagen gehaßt, aber doch verachtet. Gerade Clay ist durch seine Erlebnisse mit den Deutschen während der Blockade und durch seine Begegnungen mit Reuter von einem Deutschfeind zu einem Deutschfreund geworden ...*[67]

Clays Respekt vor Reuter stieg vermutlich aber auch, weil dieser deutsche Politiker im Gegensatz zu vielen seiner Kollegen entschlossen auf jene Weststaatsgründung drängte, die der amerikanische General mittlerweile für unumgänglich und unbedingt erforderlich hielt. Schon bei der Konferenz am 20. Juli 1948 in Rüdesheim hatte Reuter – anders als Louise Schroeder während des Treffens in Koblenz, wenige Wochen zuvor – die Ministerpräsidenten der drei westlichen Zonen eindringlich aufgefordert, ihren hinhaltenden Widerstand gegen die Pläne der Westmächte aufzugeben, *da die politische und ökonomische Koordinierung des Westens eine elementare Voraussetzung für die Gesundung unserer (Berliner) Verhältnisse und für die Rückkehr des Ostens zum gemeinsamen Mutterland* sei.[68]

Seiner „Magnet-Theorie" entsprechend, setzte sich Reuter im Frühjahr 1949 konsequent für eine rasche Verabschiedung des Grundgesetzes ein, nahm deshalb sogar einen Konflikt mit seiner Partei in Kauf – und eine Niederlage. Schumacher und die Mehrheit im SPD-Vorstand mochten die erarbeitete Fassung des Grundgesetzes nur billigen, wenn die Bundesregierung mit einem klaren Kompetenzvorsprung gegenüber den Ländern ausgestattet wäre; diese sollten nicht über den Bundesrat und mit Hilfe der Finanzverfassung einschneidende Maßnahmen der Zentralregierung torpedieren können. In der SPD war man entschlossen, deshalb auf neuerliche Beratungen, Gespräche mit den Alliierten zu drängen. Reuter war gänzlich anderer Meinung, wollte nun zügig die Genehmigung des Verfassungsentwurfs durch die Militärregierung sichergestellt wissen. Bei der entscheidenden Abstimmung in Hannover unterlag er jedoch: Mit 63 gegen vier Stimmen und acht Enthaltungen wurde der Antrag Schumachers angenommen, nochmals in Verhandlungen mit den Alliierten einzutreten. Überraschend lenkten diese daraufhin ein, stimmten einem Kompromiß zu, so daß am 8. Mai 1949, vier Jahre nach der Kapitulation und Zerschlagung des Dritten Reiches, das Grundgesetz verabschiedet werden konnte.[69]

Mochte das für Reuter ein Grund zur Zufriedenheit sein, mochte er sich auch darüber freuen, daß inzwischen die Berliner Blockade nach Gesprächen zwischen dem amerikanischen und sowjetischen UNO-Botschafter Philip C. Jessup und Jacob A. Malik

66 Vgl. W. Brandt/R. Löwenthal, *Ernst Reuter...* (wie Anm. 1), S. 427.
67 Zitiert nach U. Prell/L. Wilker, *Berlin-Blockade...* (wie Anm. 45), S. 99.
68 Zitiert nach Wolfgang Krieger, *General Lucius D. Clay und die amerikanische Deutschlandpolitik 1945–1949,* Stuttgart 1987, S. 430.
69 Ausführlich dazu W. Brandt/R. Löwenthal, *Ernst Reuter...* (wie Anm. 1), S. 488 ff.

und entsprechenden Vereinbarungen nahezu beiläufig beendet worden war,[70] so standen ihm nun doch einige schwere Enttäuschungen bevor. Die Spaltung des Landes und der Stadt an der Spree wurde immer stärker vertieft. Berlin wurde zwar in Artikel 23 des Grundgesetzes als Bundesland aufgeführt, aber die Militärgouverneure suspendierten in ihrem Genehmigungsschreiben vom 12. Mai nach einem französischen Veto diese Klausel. Reuter gelang es lediglich durchzusetzen, daß Berliner Vertreter im Bundestag und Bundesrat ohne Stimmrecht Platz nehmen durften.[71] Für ihn war das ein kläglicher Kompromiß, lediglich *eine bloße Etappe auf dem Weg zum eigentlichen Ziel*, wie seine Biographen Willy Brandt und Richard Löwenthal betonten.[72]

Dieses Ziel aber hieß: Berlin wieder zur deutschen Hauptstadt zu machen, die Teilung des Landes zu überwinden. Enttäuscht mußte Reuter jedoch registrieren, wie das rasche Erreichen dieses Zieles immer unwahrscheinlicher wurde. Obwohl er nicht aufhörte, in Bonn und auch auf zahlreichen Auslandsreisen in Washington, London, Paris dafür zu werben, dafür zu missionieren, erreichte er, abgesehen von einem beinahe stets wohlwollenden Presseecho, herzlich wenig. Früh schon klagte er über diese Erfahrung, brandmarkte besonders die *zaudernde, defaitistische, phantasielose Politik westdeutscher Genügsamkeit.*[73] Als beträchtliches Handikap erwies sich überdies das gestörte Verhältnis zwischen dem Berliner Oberbürgermeister und dem neuen Bundeskanzler Konrad Adenauer, der Reuter stets als „Roten" ansah, nicht müde wurde, wie das Tagebuch seines Staatssekretärs Otto Lenz belegt, intern an die kommunistische Vergangenheit dieses Sozialdemokraten zu erinnern, und in ihm, in Reuter, wohl auch den potentiellen Nachfolger Schumachers und gefährlichsten SPD-Rivalen im Kampf ums Kanzleramt erblickte.[74]

Reuter wiederum beobachtete die Schritte Adenauers argwöhnisch, hielt ihn im Kern für einen separatistischen Rheinländer, dem die deutsche Einheit und besonders Berlin kein unmittelbar dringliches Anliegen war, der sogar auf Kosten der Stadt zu beträchtlichen Zugeständnissen an Frankreich bereit zu sein schien. Daß Adenauer im Oktober 1949 Reuter auf dessen Drängen nach raschen Schritten hin zu einer Wiedervereinigung recht heftig entgegnet hatte, gewiß, derlei sei wichtig, aber der Stopp der Demontagen in Duisburg und die Stabilisierung der Währung seien entschieden wichtiger, trug nicht gerade dazu bei, die Bedenken des Berliner Oberbürgermeisters zu zer-

70 Dazu Dieter Mahncke, *Berlin im geteilten Deutschland,* München 1973, S. 188 f.

71 Vgl. Th. Eschenburg, *Jahre der Besatzung...* (wie Anm. 50), S. 457 f. Die Entscheidung der Alliierten war auch im Hinblick auf mögliche sowjetische Proteste gegen eine Verletzung des Viermächtestatus von Berlin getroffen worden.

72 So. W. Brandt/R. Löwenthal, *Ernst Reuter...* (wie Anm. 1), S. 489.

73 Ernst Reuter, *Schriften und Reden,* Bd. 4 *(1949–1953),* hrsg. von Hans E. Hirschfeld und Hans J. Reichhardt, Berlin 1975, S. 150.

74 Klaus Gotto/Hans-Otto Kleinmann/Reinhard Schreiner (Bearb.), *Im Zentrum der Macht – Das Tagebuch von Staatssekretär Lenz 1951–1953,* Düsseldorf 1989; vgl. etwa die Bemerkungen Adenauers in der Kabinettsitzung vom 18. 1. 1952, S. 222, außerdem S. 205 und 519.

streuen.[75] Durch diese Animositäten wurde jedoch verdeckt, daß Reuter in zahlreichen Punkten ganz im Gegensatz zu seiner Partei durchaus auf der Linie des Kanzlers lag: Auch er war für unbedingte Westorientierung und -bindung, war für den Schuman-Plan, die Bildung der Montanunion, war schließlich nach längerem Zögern sogar für die Wiederbewaffnung.[76]

Aber natürlich hing es nicht allein mit persönlichen Differenzen zusammen, wenn für den *Präfekten von Berlin* – so soll Schumacher leicht ironisch Reuter genannt haben[77] – nun schwierigere, mühsamere Zeiten anbrachen. Es galt sich einzurichten in einer Lage, die ungewöhnlich und gefährdet blieb, außerhalb der Stadt, vor allem im Westen, jedoch mehr und mehr als normal betrachtet wurde. Eine neue Verfassung trat im Herbst 1950 in Kraft, aus dem Magistrat wurde ein Senat, aus dem Oberbürgermeister ein „Regierender". Bei den anschließenden Neuwahlen verlor die SPD rund 20 Prozent der Stimmen und damit ihre absolute Mehrheit. Die Partei, in merkwürdiger Ambivalenz und Distanz zu ihm, hatte Reuter nicht einmal als Spitzenkandidaten präsentiert. Die Verhandlungen über eine Regierungsbildung waren ungemein schwierig und zogen sich über Wochen hin. Ein beträchtliches Problem entstand, weil die CDU nun mit Walther Schreiber einen eigenen Kandidaten für den Bürgermeisterposten präsentierte und nicht nachzugeben bereit war. Bei der Kampfabstimmung am 12. Januar 1952 trat der erstaunliche Fall ein, daß beide Kandidaten – Reuter und Schreiber – jeweils exakt die gleiche Stimmenzahl auf sich vereinigen konnten. Die Verfassung sah für einen solchen Fall den Losentscheid vor. Aber das war allen Beteiligten nun doch zu absurd: Man verständigte sich darauf, den bisherigen Amtsinhaber wiederzuwählen (allerdings nur mit 77 von 125 Stimmen, über die die Koalition von SPD, CDU und FDP verfügte).[78]

Schweres Kopfzerbrechen bereiteten dem „Regierenden" damals die angespannte wirtschaftliche Lage der Stadt und die unsicheren Bindungen zwischen Berlin und dem Bund. Die Arbeitslosenzahlen stiegen 1950 auf rund 300 000, der Flüchtlingsstrom riß nicht ab, im Gegenteil. Nachdem die DDR im Sommer 1952 ihre Grenze zur Bundesrepublik immer hermetischer abzuriegeln begonnen hatte, blieb als einziges, wichtigstes Schlupfloch Berlin – schon 1953 gelangten 99 Prozent aller Flüchtlinge aus dem Osten durch diese Stadt in den Westen. Reuter mußte um Finanzhilfe aus dem von ihm verachteten Bonn werben, auf ERP-Mittel drängen, zugleich aber auch auf die beträchtlichen Sorgen der Menschen eingehen.[79] Alle 14 Tage wandte er sich in seiner berühmten RIAS-Sendung „Wo uns der Schuh drückt" (die Idee dazu stammte von

75 Das berichtete Reuter selbst in einem Vortrag am 8. 10. 1951, vgl. ders., *Schriften und Reden...* (wie Anm. 73), S. 441.

76 Vgl. ausführlich H. Herzfeld, *Berlin in der Weltpolitik...* (wie Anm. 56), S. 306 ff.

77 Vgl. H. Schwenger, *Ernst Reuter...* (wie Anm. 19), S. 70.

78 Dazu ausführlich H. J. Reichhardt in seiner Einleitung zu E. Reuter, *Schriften und Reden...* (wie Anm. 73), S. 20 f.

79 Ausführlicher dazu Wolfgang Ribbe, *Berlin zwischen Ost und West,* in: ders. (Hrsg.), *Geschichte Berlins,* Bd. 2, München 1987, S. 1027–1124, bes. S. 1076 ff.

dem bedeutenden New Yorker Bürgermeister Fiorello La Guardia, Reuters Senatspressechef Hans H. Hirschfeld hatte sie übernommen) an die Bürger der Stadt.[80] Was die Bindungen zwischen Berlin und dem Bund anging, so konnte er nach langen Mühen manchen Erfolg verbuchen, auch wenn ihm und all seinen Nachfolgern bis 1990 verwehrt blieb, für den Stadtstaat den Status eines normalen Bundeslandes zu erlangen. Immerhin gestatteten die Westalliierten bereits im August 1950 die Übernahme von Bundesgesetzen durch das Abgeordnetenhaus, ein Jahr später konnte Reuter durchsetzen, daß die wichtigen Gesetzesvorlagen im Bundestag automatisch mit einer Berlinklausel versehen wurden. Durch das Gesetz über die Rechtsangleichung zwischen Berlin und dem Bund erhielten zudem Bundesgerichte eindeutige Kompetenzen auch für das Land Berlin. Letzte wichtige Etappe in diesem Prozeß der rechtlichen Anbindung und Fixierung war das sogenannte *Dritte Überleitungsgesetz* vom Januar 1952, wodurch dem Senat gestattet wurde, rückwirkend zum April 1951 einen Rechtsanspruch auf Ausgleich seines – unverschuldet – defizitären Haushalts anzumelden. Weiter wurde darin bestimmt, daß jedes in Bonn verabschiedete Gesetz innerhalb eines Monats durch einen formalen Akt des Abgeordnetenhauses auch für Berlin zu übernehmen war. Reuter hielt mit seiner Erleichterung über diesen Schritt nicht hinter dem Berg, auch wenn manche Sozialdemokraten murrten, wieso sie denn in der Stadt an der Spree beglückt Gesetze einer konservativ-liberalen Regierung übernehmen sollten, gegen die die Genossen in Bonn Sturm gelaufen waren.[81]

Daß man sich in Bonn jedoch einfach nicht zu einer konstruktiven Ostpolitik entschließen konnte, daß man auf die unterschiedlichen Gesprächsangebote aus Moskau und Ost-Berlin kaum je ernsthaft einging, bei den Westmächten zu keiner Zeit – auch nicht nach Stalins überraschender Notoffensive im Frühjahr 1952 – energisch auf Sondierungen drängte, lediglich immer und unablässig freie Wahlen in ganz Deutschland forderte, die DDR dabei am liebsten totgeschwiegen hätte – das erfüllte Reuter und seinen Kreis, zu dem damals auch Willy Brandt gehörte, mit wachsender Verbitterung, das überschattete seine letzten Lebensjahre. Politisch erfahren und idealistisch zugleich hatte Reuter früh schon die Bedeutung einer aktiven Ostpolitik erkannt, war er für eine Versöhnung mit den slawischen Völkern eingetreten. Was damals noch gänzlich unpopulär war, forderte er: sich abzufinden mit den Verlusten der Ostgebiete, damit Vertreibung nicht mit neuerlicher Vertreibung beantwortet werde.[82]

Nach dem Tod Stalins am 5. März 1953 hoffte Reuter auf eine rasche, positive Entwicklung. Deutete nicht eine ganze Reihe von Signalen auf Unstimmigkeiten zwischen

80 Noch Jahrzehnte später hat Jürgen Engert beeindruckt von dieser Sendung berichtet, vgl. ders., *Ernst Reuter*, in: Claus Hinrich Casdorff (Hrsg.), *Demokraten – Profile unserer Republik*, Frankfurt a. M. 1973, S. 209.

81 Vgl. H. J. Reichhardt in der Einl. zu E. Reuter, *Schriften und Reden...* (wie Anm. 73), S. 18 ff.

82 Vgl. W. Brandt/R. Löwenthal, *Ernst Reuter...* (wie Anm. 1), S. 671 f.

Der Magistrat von Berlin unter Oberbürgermeister Ernst Reuter, rechts neben ihm Louise Schroeder und Ferdinand Friedensburg, im Winter 1949/50

den neuen Mächtigen um Malenkow und Berija in Moskau und den alten Machthabern um Ulbricht in Ost-Berlin hin? Würde man im Kreml nun nicht doch die Fesseln lockern, den Mut zu einer wirklichen Entspannungspolitik aufbringen, deren erste Voraussetzung nur eine Annäherung zwischen den zwei Teilen Deutschlands sein konnte? Optimistisch brach Reuter im Sommer zu einem längeren Italienurlaub auf und wurde am 17. Juni 1953 bei einem Zwischenhalt in Wien (anläßlich des Internationalen Städtetages) von den Nachrichten über einen Aufstand in der DDR überrascht. Sofort wollte er zurück in „seine" Stadt, wollte eingreifen, mithandeln, zu den Menschen sprechen. Aber diesmal spielten die Alliierten nicht mit, stellten ihm die Amerikaner keine Militärmaschine zur Verfügung. Nicht einmal das mühsam nach Berlin transportierte Band mit seiner Ansprache an die Soldaten der Roten Armee, in welcher er – auf russisch, diese Sprache beherrschte er noch immer – zur Mäßigung, zur Zurückhaltung aufrief, durfte gesendet werden. Im westlichen Lager fürchtete man die Eskalation, fürchtete man auch die Kraft seines Wortes; von *Roll back*, von der Bereitschaft zur Zurückdrängung des Kommunismus unter Einschluß gewaltsamer Mittel keine Spur, obwohl doch der neue amerikanische Präsident und insbesondere sein Außenminister John Foster Dulles mit solchen Parolen ihren Wahlkampf bestritten hatten.[83]

83 Dazu ausführlich E. Nolte, *Deutschland und der Kalte Krieg...* (wie Anm. 40), S. 347.

Erstmals zeigten sich die Grenzen des westlichen Engagements einem Berliner Bürgermeister in schmerzlicher Klarheit – ein zweites Mal sollte das nach dem 13. August 1961 geschehen. Anders als Reuter vermochte Willy Brandt daraus jedoch seine Schlüsse zu ziehen, die in die Konzeption seiner Ostpolitik einflossen – ihm war noch eine längere Lebens- und Wirkungszeit gegeben. Das Leben Reuters jedoch neigte sich im Schatten der schweren Enttäuschung vom Sommer 1953, und es stand ihm noch eine weitere, bittere bevor: der fulminante Wahlsieg der Union, die nach den Bundestagswahlen vom 6. September die absolute Mehrheit der Mandate nur hauchdünn verfehlt hatte.[84] Tief getroffen bemerkte er dazu: *Eine Mehrheit wäre zu ertragen gewesen, ein solcher Bergrutsch ist nicht zu verwinden.*[85] Einen in seinem Kern zutiefst politischen Menschen wie Ernst Reuter trafen solche Niederlagen schwer, und ihm mußte scheinen, als ob in den letzten Wochen und Monaten seines Lebens die Erfahrung des Scheiterns sich übermächtig, erdrückend über ihn senkte. Darüber hinaus erschöpft, aber auch ausgezehrt von den körperlichen und geistigen Strapazen seines Amtes und seiner persönlichen Amtsführung starb er nach einer kurzen, heftigen Lungenentzündung am 23. September 1953. Die Berliner wußten um den Verlust. Nachdem die Nachricht von seinem Tode in den Abendstunden verbreitet worden war, leuchteten in vielen Fenstern plötzlich Kerzen. Ohne jede öffentliche Aufforderung wiederholten die Menschen in der Stadt noch einmal, wozu ihr Bürgermeister sie in den Weihnachtstagen 1952 aufgerufen hatte, um aller noch nicht Heimgekehrten zu gedenken. Die brennenden Kerzen im Herbst 1953 waren ein Beweis stiller, kollektiver Trauer, wie er sich kaum mehr in späteren, hektisch-oberflächlichen Zeiten denken und finden läßt, waren ein Beweis für die immense Popularität Ernst Reuters, der in den Jahren von 1948 bis 1953 mehr noch als Konrad Adenauer zur Symbolfigur eines anderen, demokratisch-aufrechten Deutschland wurde und der den Willen zur Einheit, zur Überwindung von Spaltung und Teilung in tätiger Solidarität unbeugsam und unbeirrt verkörperte. Die Stadt, das Land und nicht zuletzt seine Partei täten gut daran, sich seiner zu erinnern.

84 Die Union hatte damals 243 von 487 Mandaten errungen.
85 Zitiert bei W. Brandt/R. Löwenthal, *Ernst Reuter...* (wie Anm. 1), S. 700.

Walther Schreiber

von Felix Escher

Am 12. Januar 1951 kam es bei der Wahl des zukünftigen Regierenden Bürgermeisters in den Westsektoren der geteilten Stadt in der zweiten Sitzung des ersten gemäß der am 1. Oktober 1950 in Kraft gesetzten neuen Verfassung von Berlin im Dezember 1950 gewählten Abgeordnetenhauses zu einem denkwürdigen Abstimmungsergebnis: Sowohl der bisherige Oberbürgermeister Ernst Reuter (SPD) als auch der Kandidat der CDU, Walther Schreiber, erhielten mit je 62 der abgegebenen Voten die gleiche Stimmenzahl. Es zeigte sich hier, daß die in der Wahl vom 3. Dezember 1950 erreichte leichte Überlegenheit der bürgerlichen Parteien nicht für eine eigenständige Regierungsbildung ausreichte. Es hatten freilich auch nicht alle Abgeordneten der CDU und FDP für den Kandidaten der „kleinen Koalition", Walther Schreiber, gestimmt.[1]
Die Geschäftsordnung sah für einen derartigen Fall den Losentscheid vor. Doch schien diese Lösung allen Beteiligten – angesichts der von wiederholten Störungen der lebenswichtigen Verkehrsverbindungen nach Westen gekennzeichneten politischen Lage und der gewaltigen Struktur- und Haushaltsprobleme des zur Insel gewordenen Gemeinwesens[2] – absurd; so gab der soeben zum Parlamentspräsidenten gewählte Abgeordnete und spätere Regierende Bürgermeister Suhr bekannt: *... alle Fraktionen sind sich einig, daß es angesichts der politischen Situation in Berlin und der allgemeinen politischen Lage in der Welt unerträglich sein würde, wenn der Chef der Berliner Regierung durch das Los entschieden werden würde. Die Fraktionen haben daher im Ältestenrat nach einem Ausweg ... gesucht. Sie schlagen ... vor, daß sich das Haus bis zur nächsten Sitzung ... vertagt und die beiden Kandidaten Abgeordneten Reuter und Schreiber beauftragt, sich inzwischen über die Grundzüge eines Regierungsprogramms und der Zusammensetzung des Senats zu verständigen und den Fraktionen ihre Vorschläge zu machen.*[3] Jetzt war es an Reuter und Schreiber, *die während des Auszählens der Stimmen in der Wandelhalle des Rathauses friedlich ihre Zigarren geraucht hatten,*[4] sich zu einigen.

1 Es erhielten 1950 die SPD 61, die CDU 34 und die FDP 32 Mandate, vgl. zur Wahl Georg Kotowski/Hans J. Reichhardt, *Berlin als Hauptstadt im Nachkriegsdeutschland und Land Berlin 1945–1985* (= Veröffentlichungen der Historischen Kommission zu Berlin, Bd. 70/2; zugleich Berliner Demokratie 1919–1985, Bd. 2), Berlin-New York 1987, S. 75–77, die Wahlergebnisse *a.a.O.,* S. 351.

2 Vgl. hierzu Diethelm Prowe, *Weltstadt in Krisen. Berlin 1949–1958* (= Veröffentlichungen der Historischen Kommission zu Berlin, Bd. 42), Berlin-New York 1973, S. 59 f., zur wirtschaftlichen Situation vgl. Wolfgang Ribbe, *Berlin zwischen West und Ost,* in: Wolfgang Ribbe (Hrsg.), *Geschichte Berlins,* Bd. 2, München 1987, S. 1027–1124, hier S. 1074–1078.

3 Zitiert nach: Ernst Reuter, *Schriften, Reden,* hrsg. von Hans Emil Hirschfeld/Hans Joachim Reichhardt, Bd. 1–4, Berlin 1972–1975, hier Bd. 4, *Reden, Artikel, Briefe (1949–1953),* Berlin 1975, S. 840 f.

4 Zitiert nach: Willy Brandt/Richard Lowenthal, *Ernst Reuter. Ein Leben für die Freiheit. Eine politische Biographie,* München 1957, S. 567

Walther Schreiber, * Pustleben (Kreis Nordhausen) 10. 6. 1884, † Berlin 30. 6. 1958, Regierender Bürgermeister von Berlin [West] 1953–1955

Die Lösung wurde gefunden: In der erneuerten Großen Koalition verzichtete Walther Schreiber auf das Amt des Regierenden Bürgermeisters zugunsten von Ernst Reuter und übernahm – wie er rückblickend schrieb, *sehr gegen meinen Willen*[5] – die Stelle des Bürgermeisters. In der Regierungserklärung nach der nun endgültigen Wahl zum Regierenden Bürgermeister am 18. Januar 1951 führte Reuter aus: *Ich möchte nicht die Gelegenheit vorübergehen lassen, ohne Herrn Dr. Schreiber, der mit mir zusammen den gemeinsamen Auftrag erhielt, den Versuch zu machen, zu neuen Vorschlägen zu kommen, den Dank dafür auszusprechen, daß er bei den Besprechungen, die wir miteinander gehabt haben, ein so weitgehendes Verständnis für die Situation unserer Stadt und für die Lage, in der wir uns befinden, gezeigt hat. Herr Dr. Schreiber weiß, daß ich persönlich dieses sein Verständnis voll zu würdigen weiß, und ich weiß, daß er mit seinem freiwilligen Rücktritt – wir sprechen ja hier nicht für unsere Person, denn es dreht sich nicht um unsere Personen, es dreht sich um unsere Stadt – ein politisches Opfer gebracht hat, von dem er der Überzeugung war, daß es in der Lage, in der sich unsere Stadt befindet, angezeigt war.*[6] Erst der Tod Ernst Reuters am 29. September 1953 führte Schreiber zum höchsten Regierungsamt in Berlin (West).

Für die beiden um den Posten des Regierenden Bürgermeisters rivalisierenden Kandidaten war das gemeinsame Streben nach dem kommunalen Spitzenposten in der ehemaligen Reichshauptstadt nicht die erste derartige Konkurrenzsituation. Mehr als ein Vierteljahrhundert zuvor, im Jahre 1931, wurde als Kandidat für den durch Tod vakant gewordenen Posten des Oberbürgermeisters von Magdeburg neben Ernst Reuter auch der damalige preußische Handelsminister Walther Schreiber genannt.[7] Doch auch damals hatte – ohne daß die Kandidatur Schreibers bis hin zu einer Abstimmung verfolgt worden wäre – Ernst Reuter das Amt erhalten.

So gehörte auch Walther Schreiber zu den zahlreichen Politikern, die sich nach einer Karriere in der Zeit der ersten deutschen Republik und politischer Abstinenz in den Jahren nach 1933, bereits jenseits der Lebensmitte angelangt, dem demokratischen Neubeginn nach 1945 verpflichtet hatten. Als Sohn eines Gutsbesitzers war *Walther* Carl Rudolf Schreiber am 10. Juni 1884 in Pustleben – heute Gemeinde Wipperdorf, Kreis Nordhausen – geboren worden. An die Kindheit auf dem Lande, die freilich schon 1894 mit dem Besuch des thüringischen Internats in der Klosterschule Donndorf und von 1897 an des humanistischen Gymnasiums in Weimar unterbrochen worden war, dachte Schreiber noch im Alter gern zurück.[8] Ein in der Kindheit erlittener Herzschaden bedeutete Unfähigkeit zum Militärdienst und zwang ihn, seinen Berufs-

5 Für die Zeit seines Wirkens in der Berliner Stadtregierung sind weder ein dienstlicher Nachlaß noch Personalunterlagen erhalten (frdl. Mitteilung von Dr. Wetzel, Landesarchiv Berlin); bisher ausführlichste Darstellung des Lebenslaufes: Walther Schreiber, *Einige Notizen über meinen Werdegang*, in: *Blätter für junge Politik*, Juni 1954, S. 3–8, hier S. 8.

6 Zitiert nach E. Reuter, *Schriften, Reden...* (wie Anm. 3), Bd. 4, S. 320.

7 W. Brandt/R. Lowenthal, *Ernst Reuter...* (wie Anm. 4), S. 261.

8 W. Schreiber, *Einige Notizen...* (wie Anm. 5), S. 3–5.

wunsch, Forstwirt, für den Militärtauglichkeit Voraussetzung war, aufzugeben. Auch der Höhere Staatsdienst in Preußen war ihm so versperrt. Wohl bereits mit der Absicht, sich als Rechtsanwalt niederzulassen, begann er nach dem Abitur im Jahre 1903 zunächst in Grenoble, später in München und Berlin mit dem Studium der Rechte und der Volkswirtschaft, das er in Halle 1906 abschloß. Die Stadt an der Saale war nun sein Lebensmittelpunkt geworden. An der Hallenser Universität wurde er 1910 zum Dr. jur. promoviert, und dort begann er nach dem zweiten Staatsexamen 1911 mit dem Aufbau einer Rechtsanwaltspraxis.

Während des Studiums bereits setzte die aktive Auseinandersetzung mit der Politik ein. Als Student im zweiten Semester hatte Schreiber Kontakt zu Friedrich Naumann aufgenommen und hielt im Zusammenhang mit den Berliner Studenten-Lesehallen-Wahlen des Jahres 1904 eine erste öffentliche politische Rede in den „Germania-Hallen".[9] Später wäre ihm die Wahlhilfe, die der selbst noch nicht wahlberechtigte junge Referendar während seiner Ausbildungszeit am Amtsgericht Eckertsberga in Thüringen für den liberalen Kandidaten im Reichstagswahlkampf 1906/1907 leistete, durch ein ungünstiges Zeugnis des Amtsrichters fast zum Verhängnis geworden. Wahlkämpfe sollten stets der Ort seines entschiedenen Einsatzes bleiben. Als Anwalt in Halle führte er die politische Arbeit fort.

Der Ausbruch des Ersten Weltkrieges bedeutete für ihn, als „Armierungssoldat" eingezogen und in die Festung Thorn verpflichtet zu werden. Dort meldete sich Schreiber als Kriegsfreiwilliger zum Waffendienst und verbrachte, bereits 1915 zum Leutnant der Reserve befördert, die Kriegszeit zunächst an den östlichen, ab 1917 an den westlichen Kampfabschnitten. Im November 1918 wurde er als Delegierter der Armeeabteilung B, wie er selbst meinte, *als einziger Offizier* in den Soldatenrat der Obersten Heeresleitung gewählt. Sein Aufgabenkreis, unter anderem die *Befehle an das Feldheer auf politische Notwendigkeiten zu überprüfen* und den Kongreß der Feldsoldaten, der am 1. Dezember 1918 in Bad Ems zusammentreten sollte, mit vorzubereiten, brachten ihn in Kontakt zu Hindenburg. Rückschauend bekannte er: *Wahrscheinlich bin ich der einzige Kriegsfreiwillige des ersten Weltkrieges, der als Armierungssoldat begonnen hat und schließlich bei der Obersten Heeresleitung landete, wenn ich auch nicht auf Grund meiner militärtechnischen Erfahrungen, sondern auf Grund des Vertrauens meiner Kameraden dorthin gelangt bin.*[10] Wie in Ems beschlossen, nahm Schreiber als Delegierter der Fronttruppen am Kongreß der Arbeiter- und Soldatenräte am 19. Dezember 1918 in Berlin teil und wirkte hier zugunsten der Einberufung einer Nationalversammlung gegen das rätedemokratische Modell.[11]

Schreiber wurde als Abgeordneter in die verfassunggebende Preußische Landesversammlung, danach auch in den Preußischen Landtag in den Regierungsbezirken Mer-

9 Schreibers Behauptung *a.a.O.*, S. 4, er sei in die „Nationalsoziale Vereinigung" Naumanns eingetreten, erscheint angesichts der Auflösung dieser Vereinigung im gleichen Jahr wenig überzeugend.

10 *A.a.O.*, S. 5.

seburg und Erfurt gewählt und blieb bis zur Auflösung des preußischen Parlamentes im Jahr 1933 als Abgeordneter diesem Parlament verbunden. In dem neuen Parteienspektrum der ersten deutschen Republik hatte er sich der eher linksliberalen Deutschen Demokratischen Partei angeschlossen. Bereits im Rätekongreß vom 19. Dezember 1918 gehörte er der kleinen DDP-Fraktion (25 Mitglieder) an, die er freilich damals eher als *lose Vereinigung* zu bilden wünschte, zusammen mit der Mitteilung an die SPD, daß *man sich hinter sie stelle.*[12]
Die besonderen Probleme Mitteldeutschlands sollten den jungen Parlamentarier bald mit ungewöhnlichen Aufgaben konfrontieren. Als er im März 1920 – während des Kapp-Putsches – eine öffentliche Versammlung in Halle zugunsten der Verfassung abhielt, wurde er verhaftet. Nach zwei Tagen wieder frei, ernannte ihn die Reichsregierung zum Zivilkommissar für Halle. Hier hatte nicht nur der Kapp-Putsch tiefe Spuren hinterlassen, sondern es wurde auch die Einnahme der Stadt durch linksrevolutionäre Einheiten befürchtet. Der Zivilkommissar versuchte sofort, seine Machtbasis durch die Gründung eines „Aktionsausschusses", der die Mehrheitsverhältnisse der Region widerspiegelte (zwei Demokraten, je ein Zentrumsvertreter, Rechtssozialist und Kommunist sowie drei Unabhängige), zu erweitern. Der deutschnationale Oberbürgermeister von Halle, der es ablehnte, ein Treuegelöbnis auf die Republik abzulegen und überdies weitläufig mit Kapp verschwägert war, wurde vorübergehend von seinem Amt suspendiert.[13] Mit den revolutionären Verbänden gelang es Schreiber, eine Waffenruhe zu vereinbaren und später unter Zusicherung des freien Geleits und einer Amnestie den Abzug aus Halle zu erreichen.[14]
In der recht kleinen Fraktion der Demokraten im Preußischen Landtag nahm Schreiber bald als Geschäftsführer und von 1924 an als Fraktionsvorsitzender eine führende Position ein. Als temperamentvoller Redner und Verfasser von mitunter scharf pointierten Zeitungsartikeln mischte er sich in den politischen Tageskampf der Republik ein und gewann so inner- und außerhalb seiner Partei an Bekanntheit. Der von ihm über die Parteigrenzen hinweg bis in die Reihen der Deutschen Volks-Partei (DVP)

11 Im Kongreß, an dem z. B. auch Ernst Lemmer – ebenfalls als Leutnant – teilnahm, beteiligte sich Schreiber nicht als Redner, vgl. hierzu: *Allgemeiner Kongreß der Arbeiter- und Soldatenräte Deutschlands vom 16. bis 21. Dezember 1918 im Abgeordnetenhause zu Berlin* (= Stenographische Berichte), Berlin 1919, passim.

12 Nach Hartmut Schustereit, *Linksliberalismus in der Weimarer Republik*, Düsseldorf 1975, S. 46.

13 Zu den bei W. Schreiber, *Einige Notizen...* (wie Anm. 5), S. 6 genannten Einzelheiten vgl. vor allem Richard Robert Rive, *Lebenserinnerungen eines deutschen Oberbürgermeisters* (= Schriftenreihe zur Pflege kommunalwissenschaftlicher Aufgaben, Bd. 5), Stuttgart 1960, S. 306 f. Rive bezeichnet Schreiber *ebda.* fälschlicherweise als „Reichstagsabgeordneten".

14 Eine ausführliche Schilderung erfolgt bei W. Schreiber, *Einige Notizen...* (wie Anm. 5), S. 6; jedoch wird die zeitliche Abfolge nicht klar; tatsächlich scheint eine entsprechende Amnestie im Gefolge der „Märzaktion" 1921 durch den preußischen Innenminister Severing – ohne daß die Mitwirkung Schreibers erkennbar wurde – widerrufen worden zu sein; vgl. dazu Sigrid Koch-Baumgarten, *Aufstand der Avantgarde. Die Märzaktion der KPD 1921*, Frankfurt a. M.-New York 1986, S. 295.

ausgeübte Einfluß dürfte entscheidend dafür gewesen sein, daß Schreiber als *jüngster Minister Deutschlands* am 4. April 1925 in das Kabinett des preußischen Ministerpräsidenten Otto Braun als Handelsminister aufgenommen wurde.[15] Zunächst schien es, als ob der „kleinen" Koalition aus SPD, Zentrum und DDP, die im Parlament nicht über die absolute Mehrheit verfügte,[16] kein langes Leben beschieden sei. Neuwahlen standen bevor; doch sollte die Koalition bis zur erzwungenen Beendigung einer eigenständigen preußischen Regierungsgewalt zusammenbleiben.

Mit dem Handelsministerium, das zuvor ein Sozialdemokrat *ohne Glück und Kompetenz*[17] verwaltet hatte, erhielt Schreiber ein Ressort aus *sechs ganz verschiedenen Abteilungen und* [es] *hatte neben den Fragen der allgemeinen Wirtschaftspolitik, die im Reiche das Wirtschaftsministerium betreute, die Angelegenheiten des Verkehrswesens, der Gewerbeaufsicht, des Bergbaues, der Schiffahrt, der Häfen, der Versorgungsbetriebe und des gesamten gewerblichen Schulwesens zu bearbeiten.*[18] Das ungleich wichtigere Finanzressort hatte als zweiter DDP-Politiker Hermann Höpker-Aschoff, wie Schreiber von Hause aus Jurist, erhalten. Neben diesem Minister, der rasch sein Ressort souverän beherrschte und den Regierungschef durch seine Sachkompetenz durchaus beeindruckte,[19] wird Schreibers Stellung im Kabinett zurückhaltender beurteilt.[20] Doch scheint damit dessen Arbeit, für die er 1927 ein Ehrendoktorat der Berliner Wirtschaftshochschule erhielt, unterbewertet. Schreiber kümmerte sich nach den Erinnerungen seines Staatssekretärs Staudinger eher um die politische Linie im Kabinett als im Landtag[21] und vermochte so sehr wohl, in seiner Arbeit weitergehende politische Akzente zu setzen. Den staatlichen Konzernen Preußens kam dabei eine besondere Bedeutung zu – nicht nur auf wirtschaftlichem, sondern auch auf sozialem Gebiet. So formulierte Schreiber in der Etatdebatte im April 1926 programmatisch: *Ich lege allergrößten Wert darauf, daß unsere staatseigenen Gesellschaften sich auf sozialpolitischem Gebiet möglichst*

15 So Hagen Schulze, *Otto Braun oder Preußens demokratische Sendung*, Frankfurt a. M.-Berlin-Wien 1977, S. 477, der den „provisorischen" Charakter der Berufung Schreibers betont.

16 223 gegen 225 Stimmen, vgl. *ebda.*

17 Zitat *ebda.*

18 So W. Schreiber, *Einige Notizen...* (wie Anm. 5), S. 6.

19 Dazu H. Schulze, *Otto Braun...* (wie Anm. 15), S. 477 f.; vgl. auch Günther Grünthal, *Hermann Höpker-Aschoff*, in: *Neue Deutsche Biographie*, Bd. 9, S. 349 f.

20 Braun sah in Schreiber *nicht eben die stärkste Persönlichkeit,* so eine Mitteilung des ehemaligen persönlichen Referenten Brauns, Herbert Weichmann, zitiert nach: H. Schulze, *Otto Braun...* (wie Anm. 15); Schreiber selbst findet für die Beschreibung seiner Ministerzeit lediglich die wenig aufschlußreiche Bemerkung: *Diese achtjährige Arbeit hat mir einen tiefen Einblick in die wirtschaftlichen Verhältnisse unseres Landes vermittelt, der mir in meiner späteren Tätigkeit von besonderem Nutzen gewesen ist.* Zitat nach: W. Schreiber, *Einige Notizen...* (wie Anm. 5), S. 8.

21 Hagen Schulze (Hrsg.), *Hans Staudinger. Wirtschaftspolitik im Weimarer Staat: Lebenserinnerungen eines politischen Beamten im Reich und in Preußen 1889 bis 1934* (= Archiv für Sozialgeschichte, Beiheft 10), Bonn 1982, bes. S. 73 ff., zum Problemkreis: Hans-Joachim Winkler, *Preußen als Unternehmer* (= Veröffentlichungen der Historischen Kommission zu Berlin, Bd. 17), Berlin 1965, S. 58.

fortschrittlich betätigen.[22] In der für die Weimarer Zeit stets empfindlichen Flaggenfrage machte er das Zeigen der Fahne der Republik auch in den Wirtschaftsunternehmen des Staates zu einem „Lieblingsprojekt".[23]

In dem Versuch, die privatwirtschaftlichen Unternehmen Preußens politisch zu bewerten und sozial vorbildlich zu gestalten, zeigte er größere Nähe zum sozialdemokratischen preußischen Ministerpräsidenten als zum Parteifreund und Finanzminister. In diesen Zusammenhang gehörte auch die Förderung des kompetenten Mitarbeiters Hans Staudinger (SPD), der, für die privatwirtschaftlichen Unternehmungen im Ministerium zuständig, im Jahr 1929 einen in den Ruhestand wechselnden Laufbahnbeamten ablöste und in seinen weit ausgreifenden wirtschaftspolitischen Projekten von seinem Minister und dem Ministerpräsidenten – gegen den Finanzminister – gedeckt wurde.[24]

So gehörte Schreiber zu den wichtigsten Persönlichkeiten im Umkreis des preußischen Ministerpräsidenten Otto Braun und hatte Anteil daran, daß Preußen bis in die Zeit der Weltwirtschaftskrise hinein als „stabil" galt. Mit der zunehmenden Polarisierung in der deutschen politischen Öffentlichkeit, die in den Reichstags- und Preußenwahlen von 1928 erkennbar wurde, begann für die Liberalen der Verlust ihrer parlamentarischen Basis. Auch der Neuanfang unter dem Namen „Staatspartei" vermochte den Niedergang nicht mehr aufzuhalten. Nach der Landtagswahl vom April 1932 konnte Schreiber – nunmehr als einziger Kandidat – über die Landesliste in den Landtag einziehen.[25] Sein Minister- und Fraktionskollege Höpker-Aschoff hatte bereits im Jahr zuvor sein Regierungsamt aufgeben müssen. Doch blieb Schreiber Minister der Regierung Braun über die faktische Entmachtung der preußischen Regierung durch den „Preußenschlag" von Papens hinaus bis zur formellen Absetzung des Kabinetts nach der „Machtergreifung" durch die Nationalsozialisten am 25. März 1933.

Schreiber mußte über ein Jahr nach der Regierungsauflösung warten, bis er im August 1934 die Wiederzulassung als Rechtsanwalt und Notar, jetzt in Berlin, erhielt. Er blieb in der Reichshauptstadt während der gesamten NS-Zeit. Sein Kontakt zu Wilhelm Leuschner und Julius Leber blieb unverfolgt,[26] während er zuvor im Jahr 1939 anläßlich des Attentats auf Hitler im Münchner Bürgerbräukeller für kurze Zeit inhaftiert worden war. Die Leiden des Zweiten Weltkriegs trafen auch die Familie Schreiber hart. Der Sohn aus erster Ehe, ein junger Architekt, fiel 1941 in Rußland. Die inzwischen

22 *Stenographische Berichte der Sitzungen des Preußischen Landtages,* Bd. 8, Sp. 11 119; vgl. dazu H.-J. Winkler, *Preußen als Unternehmer...* (wie Anm. 21), S. 28, ähnlich äußert sich Winkler zur Rolle des Staates als Bergwerksbesitzer *a.a.O.,* S. 127 (Preußischer Landtag, Sitzung vom 13. Juni 1923).

23 *A.a.O.,* S. 111; dies geschah nicht ohne Widerstände.

24 H. Schulze (Hrsg.), *Hans Staudinger. Wirtschaftspolitik...* (wie Anm. 21), S. 74; H. Schulze, *Otto Braun...* (wie Anm. 15), S. 581 f.

25 Werner Stephan, *Aufstieg und Verfall des Linksliberalismus 1918–1933. Geschichte der Deutschen Demokratischen Partei,* Göttingen 1973, S. 487.

26 W. Schreiber, *Einige Notizen...* (wie Anm. 5), S. 8.

erwachsene Tochter lebte in Bayern. Durch Kriegseinwirkung hatte Schreiber fünfmal seine Wohnung in der Stadt verloren.

Das Ende des Zweiten Weltkriegs bedeutete für Schreiber zugleich die Beendigung der aufgezwungenen politischen Abstinenz. Bereits vor dem Ende des Dritten Reiches war in den Kreisen der Gegner der nationalsozialistischen Herrschaft, zu denen ja auch Schreiber Kontakt hatte, deutlich, daß man das Parteienspektrum der Weimarer Zeit nicht neu beleben sollte. Es sollten nicht nur die ehemals scharf gezogenen Grenzen zwischen „bürgerlichen" und „sozialistischen" Demokraten, sondern auch die in der politischen Landschaft der Weimarer Republik entscheidenden konfessionellen Gegensätze überwunden werden. Hier war es vor allem der ehemalige Zentrumspolitiker und Reichsminister Andreas Hermes (1878–1964), der gemeinsam mit Walther Schreiber die Initiative übernahm. In der Westender Wohnung des ehemaligen Reichsministers fand am 17. Juni 1945 eine Gründungsbesprechung statt, in der auch der Name der Partei, „Christlich-Demokratische Union Deutschlands", als *Sammlung der christlichen und demokratischen Kräfte* festgelegt wurde. Hermes wurde vom Gründungsausschuß zum Ersten Vorsitzenden, Schreiber zu dessen Stellvertreter gewählt. Der Name der Partei war nicht unumstritten, insbesondere protestantische Persönlichkeiten konnten sich nicht mit dem Begriff „Christlich" im Parteinamen abfinden. Schreiber gehörte freilich nicht zu dieser Gruppe. Noch in seinen letzten Lebensjahren bekannte er, daß dieser Name glücklich gewählt worden sei.[27] Nachdem man bereits am 26. Juni mit einem Gründungsaufruf an die Öffentlichkeit getreten war, hielt Schreiber am 22. Juli des gleichen Jahres die Eröffnungsrede in der Gründungskundgebung im Theater am Schiffbauerdamm, in der er besonders der Opfer des Faschismus gedachte.[28] Bemerkenswert an der Berliner Gründung (insgesamt 35 Gründungsmitglieder) war der hohe Anteil wichtiger ehemaliger DDP-Politiker. Neben Schreiber waren dies unter anderen Ferdinand Friedensburg, Theodor Steltzer (später Ministerpräsident von Schleswig-Holstein), Otto Nuschke und Ernst Lemmer.[29]

Der Name der Berliner Parteigründung, die bald offiziell von der sowjetischen Besatzungsmacht zugelassen wurde, sollte sich auch in den anderen Besatzungszonen durchsetzen, nicht aber der Anspruch auf eine „reichsweite" Führungsrolle. Die sowjetische Besatzungsmacht, die mit der raschen Zulassung der Berliner Gründung einen zeitlichen Vorsprung vor den entsprechenden westdeutschen Aktivitäten verschafft hatte, verlangte ihren Preis in Gestalt der Einwilligung in die Politik des „Blockes" der vier nun genehmigten Parteien (KPD, SPD, LDPD, CDUD). Zu einer Kraftprobe sollte dabei die Frage der Bodenreform werden. Am 8. Dezember 1945 erbat man die Unterschrift der beiden CDUD-Vorsitzenden unter einen entsprechenden Aufruf „An das

27 Mündl. Mitteilung von Prof. Dr. Georg Kotowski, Berlin, vom 15. Februar 1991.

28 *Berlin. Kampf um Freiheit und Selbstverwaltung 1945–1946* (= Schriftenreihe zur Berliner Zeitgeschichte 1), Berlin 1961.

29 Zur Frühgeschichte und Bedeutung der Berliner Parteigründung vgl. Dieter Emig (Hrsg.), *Die CDU/CSU. Ursprünge und Entwicklung bis 1953,* Frankfurt a. M. 1980, S. 7 ff.

werktätige Volk in Stadt und Land", der von den drei anderen Parteien bereits unterzeichnet war. Hermes und Schreiber lehnten dies ab, da sie in einer Unterschrift eine Billigung der mit der Bodenreform zusammenhängenden rechtswidrigen Akte (Verletzung des Eigentumsrechtes) sahen. Eine prinzipielle Gegnerschaft zu einer Bodenreform war freilich nicht gegeben, doch glaubte man, ein Exempel statuieren zu müssen: Hermes und Schreiber wurden am 19. Dezember in das sowjetische Hauptquartier Karlshorst bestellt, wo man ihnen den Befehl des Oberbefehlshabers, Marschall Shukov, übermittelte, daß sie von ihren Parteiämtern zurückzutreten hätten. Begründet wurde dies mit dem immer reaktionärer werdenden Kurs der CDU sowie mit Äußerungen in den Reden der Vorsitzenden, die einer Stellungnahme gegen die sowjetische Besatzungsmacht gleichkämen, aber auch mit Wünschen von Parteileitungen, die mit der Geschäftsführung des von Hermes und Schreiber geleiteten Zentralvorstandes nicht einverstanden seien. Noch am gleichen Tag wählte der Zentralvorstand Jakob Kaiser und Ernst Lemmer zu Nachfolgern der Gründungsvorsitzenden. Erst danach konnten Hermes und Schreiber den wahren Sachverhalt des unfreiwilligen Rücktritts in einem Schreiben an die Mitglieder des Gründungsausschusses aufklären.[30]

Während Hermes den Schwerpunkt seiner politischen Tätigkeit in die Westzonen verlegte, blieb Schreiber in Berlin. Die Kommunalpolitik wurde nun sein Arbeitsfeld. Als Abgeordneter zog er im Oktober 1946 in die Berliner Stadtverordnetenversammlung ein und wurde vom Parlament sogleich als Stellvertreter in den Vorstand der Stadtverordnetenversammlung gewählt. Auf dem Landesparteitag der CDU von Groß-Berlin im März 1947 bestimmte man ihn zum Nachfolger von Kurt Landsberg, der den Fraktionsvorsitz in der Stadtverordnetenversammlung behielt, zum ersten Landesvorsitzenden der Partei.[31]

Gemeinsam hatten Schreiber und Hermes anläßlich der bis 1991 einzigen Gesamtberliner Wahl im Oktober 1946 vor der Gefahr der Option für nur eine der vier Besatzungsmächte gewarnt.[32] Doch die Spaltung war bereits angelegt, und Schreiber sollte es vorbehalten bleiben, in der eigenen Partei daraus die rechtlichen Konsequenzen ziehen zu müssen. Der Landesparteitag vom März 1947 hatte noch in einer Entschließung die um die Verhinderung der drohenden Spaltung und um Ausgleich bemühte Politik des ersten Vorsitzenden des Landesverbandes der CDU in der sowjetischen Besatzungszone ausdrücklich gebilligt und damit die bereits bedrohte Position von Jakob Kaiser stärken wollen.[33] Im Dezember des gleichen Jahres kam es zum entscheidenden Konflikt zwischen der Sowjetischen Militäradministration in Deutschland (SMAD)

30 Der Text ist abgedruckt in: *Berlin. Quellen und Dokumente 1945–1951,* hrsg. von Hans J. Reichhardt, Hanns U. Treutler, Albrecht Lampe, 1. Halbbd., Berlin 1964, Dok. Nr. 539, S. 897 ff.

31 *Berlin. Kampf um Freiheit und Selbstverwaltung 1946–1948* (= Schriftenreihe zur Berliner Zeitgeschichte 2), Berlin 1959, S. 182.

32 *A.a.O.,* S. 548.

33 *A.a.O.,* S. 182.

und dem CDU-Zonenvorstand. Anlaß war die Frage der CDU-Beteiligung an der von der SED initiierten Volkskongreßbewegung. Kaiser und Lemmer wurden am 20. Dezember 1947 durch die SMAD ihrer Ämter enthoben, ebenso die Redaktion des CDU-Organs „Neue Zeit" umgestellt. In der gesamten Sowjetzone begann eine umfassende Umbildung der Partei im Sinne der von der SED dominierten Blockpolitik. Walther Schreiber und der Berliner Landesverband stellten sich sofort und unmißverständlich hinter den abgesetzten Zonenvorstand und legten dies in einer Entschließung des Landesausschusses am 30. Dezember dar.[34] Als im Februar 1948 Schreiber durch einen Beauftragten der SMAD die Teilnahme an einer Tagung von Vertretern der Union der Sowjetzone verwehrt wurde, traf man nun auch offiziell die Feststellung, daß *dem Berliner Landesverband eine weitere Zusammenarbeit und Aufrechterhaltung einer organisatorischen Verbindung mit den Landesverbänden der sowjetisch besetzten Zone unmöglich* sei.[35] Wie im Falle seiner Entfernung aus der Zonenleitung legte auch hier Schreiber in einem Brief die Gründe dieses Schrittes dar.[36] Die Teilung des in der Jägerstraße 58 in Berlin-Mitte residierenden Berliner Landesverbandes erfolgte, nachdem sich ein „Arbeitskreis Groß-Berlin der CDU" konstituiert hatte und von den Vorsitzenden der Landesverbände der CDU der Ostzone „einstimmig" als *legale Vertretung der Berliner Unionsmitglieder* anerkannt worden war.[37] Auch das Gebäude in der Jägerstraße mußte geräumt werden.[38] Als Ersatz für die nun für den Landesverband nicht mehr offene „Neue Zeit" erschien im März 1948 unter der Leitung des bei der „Neuen Zeit" entlassenen Chefredakteurs die Tageszeitung „Der Tag", zu dessen Gesellschaftern auch Schreiber gehörte. Die Trennung entsprach keineswegs den Vorstellungen und Wünschen Schreibers. Noch auf dem Parteitag der Berliner CDU am 13. April hatte vor allem Hermes auf die Notwendigkeit der Einheit Deutschlands und der Union hingewiesen.[39] Auch das dringende Ersuchen des Berliner Landesvorsitzenden an den Vorstand der Arbeitsgemeinschaft CDU/CSU, in allen deutschen Landtagen sich zur deutschen Einheit zu bekennen,[40] war gegen die drohende Spaltung gerichtet.

Es gehört zum Lebensschicksal von Walther Schreiber, daß er auch in dieser Auseinandersetzung im Schatten einer in der Öffentlichkeit bedeutender wirkenden Persönlichkeit, hier der Jakob Kaisers, blieb. Von allen Seiten anerkannt aber war neben seiner

34 Abgedruckt in: *Berlin. Quellen und Dokumente 1945–1951...* (wie Anm. 30), Dok. Nr. 553 f., S. 923 f.

35 Erklärung des Landesausschusses vom 14. Februar 1948 *a.a.O.*, Dok. Nr. 558, S. 935. An der Sitzung nahm nach Ausschluß von Schreiber weiterhin Ferdinand Friedensburg teil, was vom Berliner Landesvorstand mißbilligt wurde, vgl. hierzu *Berlin. Kampf um Freiheit und Selbstverwaltung 1946–1948...* (wie Anm. 31), S. 409.

36 *Berlin. Quellen und Dokumente 1945–1951...* (wie Anm. 30), Dok. Nr. 560, S. 936 ff.

37 Erklärung vom 14. Juni 1948 *a.a.O.*, Dok. Nr. 566, S. 947 f.

38 *A.a.O.*, Dok. Nr. 567, S. 948.

39 Zuvor, am 10. April, war Schreiber von den Delegierten aus allen Teilen der Stadt in seinem Amt bestätigt worden.

40 *Berlin. Quellen und Dokumente 1945–1951...* (wie Anm. 30), S. 935, Anm. 87.

außerordentlichen Korrektheit sein ausgeprägtes Gefühl für Würde, das in einer vom politischen Gegner[41] überlieferten Episode aus der Zeit kurz vor der Blockade deutlich wird. Schreiber war zur sowjetischen Stadtkommandantur bestellt worden und mußte dort über zwanzig Minuten warten, ohne daß man von ihm Notiz nahm. Daraufhin verließ er das Gebäude und teilte dem Wachhabenden mit, daß er bei Terminen entweder Pünktlichkeit oder eine Entschuldigung gewöhnt sei.

In der Stadtverordnetenversammlung waren es vor allem Fragen der Wirtschaftsordnung, die Schreiber recht vehement gegen die Interessen der SED-Fraktion, aber auch gegen die SPD vertrat, so in der von der SPD nicht gewünschten Wiederzulassung von Arbeitgeberorganisationen[42] oder auch in der Frage der Geschäftsaufnahme privater Banken.[43] Ein Magistratsamt in der nach der Wahl von 1946 durch eine große Koalition gebildeten Stadtregierung (SPD, CDUD, LDPD, SED) erhielt er jedoch nicht. Zum Stellvertreter des Oberbürgermeisters wurde der ehemalige preußische Regierungspräsident und Leiter des Instituts für Wirtschaftsforschung, Ferdinand Friedensburg, gewählt. Jakob Kaiser überzeugte Friedensburg von der Notwendigkeit der Übernahme des Regierungsamtes nicht zuletzt mit dem Hinweis, daß der einzige ferner in Betracht kommende Kandidat, Walther Schreiber, von der sowjetischen Administration abgelehnt werden würde.[44] Im Gegensatz zu Schreiber verfügte Friedensburg über gute Kontakte zur wichtigsten Besatzungsmacht. Ernst Reuter, der als Nachfolger von Otto Ostrowski im Juni 1947 zum Oberbürgermeister gewählt worden war, konnte aufgrund eines sowjetischen Vetos sein Amt erst nach der vollzogenen Spaltung der Stadtverwaltung antreten.

In der für die Westintegration der Stadt entscheidenden Währungsfrage konnten sich die CDU und auch Walther Schreiber – im Gegensatz zu dem kompromißlos auf Einführung der Westwährung drängenden Oberbürgermeister Ernst Reuter – zum Währungsanschluß nicht durchringen. Es war die Sorge um die Konkurrenzfähigkeit der Berliner Wirtschaft, die durch die Folgen des Anstiegs der Lohnkosten bei einer hundertprozentigen Bezahlung in der Westwährung nach seiner Auffassung nicht mehr gewährleistet sei. Deshalb riet er im November 1948 zu einer nur fünfzigprozentigen Währungsumstellung.[45] Im März 1949 begrüßte dann auch er die vollständige Währungsumstellung. Eine so weitgehende Ablehnung der Reuterschen Währungspläne, wie sie durch Friedensburg erfolgte und zu wachsenden persönlichen Spannungen zwi-

41 Klaus-Peter Schulz, *Berlin zwischen Freiheit und Diktatur*, Berlin 1962, S. 300 f.

42 Sitzung vom 8. Mai 1957, vgl. hierzu: *Berlin. Kampf um Freiheit und Selbstverwaltung 1946–1948...* (wie Anm. 31), S. 222.

43 Anläßlich einer Kundgebung des Landesverbandes Berlin am 28. August 1948, vgl. auch: *Berlin. Kampf um Freiheit und Selbstverwaltung 1946–1948...* (wie Anm. 31), S. 607.

44 So rückschauend: Ferdinand Friedensburg, *Es ging um Deutschlands Einheit. Rückschau eines Berliners auf die Jahre nach 1945*, Berlin 1971, S. 139 f.

45 Vgl. dazu Michael W. Wolff, *Die Währungsreform in Berlin 1948/49* (= Veröffentlichungen der Historischen Kommission zu Berlin, Bd. 77), Berlin-New York 1991, S. 229 f. und (zum März 1949) S. 282.

schen dem Oberbürgermeister und seinem Stellvertreter führte, lag dem um Konzilianz bemühten Schreiber fern. Eher unauffällig bemühte er sich um die Lösung wirtschaftspolitischer Fragen. So gehörte er einer Vermittlungsgruppe an, die 1949/1950 eine neuerliche Demontage der Borsigwerke, diesmal durch die französische Besatzungsmacht, erfolgreich verhindern konnte.[46]

In den Wahlen vom Dezember 1948 hatten die Wähler die eindeutige Haltung Reuters honoriert, während die CDU leichte Verluste hinnehmen mußte. Dies betraf jedoch nicht die Stellung Schreibers innerhalb der Partei. Er wurde sowohl in seiner Position als Stellvertreter des Fraktionsvorsitzenden als auch als erster Landesvorsitzender, letzteres mit überwältigender Mehrheit,[47] bestätigt. Auf einen Beschluß des Landesvorstandes hin, der die Besetzung von Landes- und Fraktionsvorsitz in Personalunion forderte, erhielt Schreiber am 2. Januar 1950 auch den bis dahin von Kurt Landsberg verwalteten Fraktionsvorsitz im Stadtparlament.[48]

Anders als bei den Wahlen von 1946 und 1948 fand der Wahlkampf 1950 unter eher geregelten Umständen statt. Dies bedeutete auch, daß die Gegensätze zwischen den in der Regierungskoalition verbundenen Parteien SPD, FDP und CDU stärker hervortraten. Schreiber führte scharfe Angriffe, vor allem gegen die Schul- und Wirtschaftspolitik des Koalitionspartners, und trat für die völlige Angleichung des Sozial- und Wirtschaftssystems im Westteil Berlins an das der Bundesrepublik ein, verzichtete jedoch darauf, ein eigenes Gegenprogramm zu entwickeln oder die Koalition in Frage zu stellen.[49] So schien auch nach der Wahl die Fortführung der Koalition geboten zu sein. Freilich nicht in der bisherigen Zusammensetzung. Hatte doch Friedensburg in der Deutschlandpolitik deutlich Unterschiede zu der ganz auf Westintegration ausgerichteten Politik Reuters zu erkennen gegeben, auf die der Oberbürgermeister höchst nachdrücklich reagierte. Ihm dürfte ein Regierungspartner wie Schreiber, von dem solche „Extratouren" nicht zu erwarten waren, sympathischer gewesen sein. So standen Reuter und Schreiber, nicht aber Friedensburg, der auch innerhalb der Partei nicht über den gleichen Rückhalt wie Schreiber verfügte, als Kandidaten zu der eingangs beschriebenen Wahl zum Oberbürgermeister einander gegenüber.

Wie in der Regierung Braun ein Vierteljahrhundert zuvor, befand sich der neue Bürgermeister Schreiber nun wieder in der Rolle des Juniorpartners einer sozialdemokratisch geprägten Regierung. Freilich waren diesmal die Gewichte anders verteilt. Reuter, der mit seiner Politik der Westintegration Gegner in der eigenen Partei, vor allem im

46 Vgl. hierzu *Berlin. Ringen um Einheit und Wiederaufbau 1948–1951* (= Schriftenreihe zur Berliner Zeitgeschichte 3), Berlin 1962, S. 593.

47 Auf dem Landesparteitag vom 3./4. April 1949 mit 119 Stimmen bei 6 Enthaltungen, vgl. hierzu *Berlin. Ringen um Einheit...* (wie Anm. 46), S. 190.

48 *A.a.O.*, S. 542.

49 Grundlegend für die Berliner Wahlen 1950: Stephanie Münke, *Wahlkampf und Machtverschiebung. Geschichte und Analyse der Berliner Wahlen vom 3. Dezember 1950*, unter Mitwirkung von A. R. L. Gurland (= Schriften des Instituts für Politische Wissenschaft, Bd. 1), Berlin 1952, bes. S. 92 u. 106.

Kreis um Franz Neumann hatte, konnte über Koalitionsvereinbarungen eigene Ziele ansteuern. Doch blieben die Koalitionsverhandlungen, wie auch die Zeit der Koalition, nicht spannungsfrei.[50] Wichtige Wahlkampfthemen, wie die Frage des Berufsbeamtentums, der Sozial- und Krankenversicherung sowie der Wirtschaftsorganisation, wurden im Wege der Angleichung an das Rechtssystem der Bundesrepublik im Sinne der CDU-Forderungen gelöst. Allein in der Schulfrage und hier insbesondere des in Berlin nicht in den allgemeinen Unterricht integrierten Faches Religion konnte sich Schreiber, der diese Frage zur eigenen Sache gemacht hatte, nicht durchsetzen. Neben der SPD leistete auch der liberale Koalitionspartner, der in den anderen Fragen mit der CDU gleichzog, Widerstand. Doch verteidigte Schreiber – etwa auf den Landesparteitagen – die Große Koalition auch gegen Kritik aus den Reihen der Union.[51] Zu den Kritikern zählte vor allem der als Bürgermeister abgelöste Ferdinand Friedensburg.
Überragende Bedeutung für die weitere Entwicklung der Stadt hatte das in zähen Verhandlungen mit der Bundesregierung erreichte „Dritte Überleitungsgesetz" vom Januar 1952, das den für die Stadt lebensnotwendigen Haushaltsausgleich durch die Bundesrepublik sowie die Übernahme von Bundesgesetzen regelte. Schreiber scheint allerdings bei den auch in der Folgezeit immer wieder notwendigen Verhandlungen in Bonn, sie wurden vor allem durch Reuter und den von der CDU gestellten Finanzsenator Haas geführt, weniger beteiligt gewesen zu sein. Mit Bundeskanzler Adenauer war Schreiber bereits aus der Weimarer Zeit bekannt.[52] Das Vertrauensverhältnis zwischen ihm und dem Regierenden Bürgermeister entwickelte sich zunehmend positiv. Anders als in der Zeit der Zusammenarbeit Reuters mit Friedensburg, der seine grundsätzliche Gegenposition zur Westintegration nicht verhehlte, blieb Schreiber dem Regierenden Bürgermeister, den er wegen dessen häufiger Abwesenheit von Berlin mannigfach vertreten mußte, loyal. Als Zeugnis darüber mag ein Auszug aus dem Brief Ernst Reuters stehen, den er wenige Wochen vor seinem Tode am 29. August 1953 an Schreiber richtete, als dieser für einige Tage ein Krankenhaus aufsuchen mußte: *Ich möchte Ihnen gegenüber noch zum Ausdruck bringen, daß Ihr Fortsein aus dem Amt selbst dann, wenn unmittelbar keine dringende Angelegenheit vorliegt, mich mindestens im Unterbewußtsein immer etwas bedrückt, und ich glaube das ist im Grunde das Beste was man sagen kann ... es ist immer gut, wenn man weiß, daß andere auch da sind.*[53]

50 Weder in Personalfragen noch bei der Formulierung der Regierungserklärung konnte man sich gegen Reuter durchsetzen, vgl. hierzu *Berlin. Chronik der Jahre 1951–1954*, hrsg. von Hans J. Reichhardt, Joachim Drogmann, Hanns U. Treutler, Berlin 1968, S. 6.

51 Zum Parteitag im April 1951 vgl. *Berlin. Chronik der Jahre 1951–1954*... (wie Anm. 50), S. 74; zum Parteitag im April 1952 vgl. *a.a.O.*, S. 339. 1952 kandidierte Schreiber nicht mehr für die Position des Landesvorsitzenden. Sein Nachfolger wurde Dr. Robert Tillmanns.

52 Vgl. hierzu H. Schulze (Hrsg.), *Hans Staudinger. Wirtschaftspolitik*... (wie Anm. 21). Nach den Erinnerungen Staudingers bezeichnete Schreiber Adenauer als *großen Ausgleicher* im Preußischen Staatsrat, doch bestanden weder politisch noch persönlich engere Verbindungen.

53 Zitiert nach W. Schreiber, *Einige Notizen*... (wie Anm. 5), S. 8.

Das plötzliche Ableben Ernst Reuters am 29. September 1953 veränderte die politische Situation in der Stadt grundlegend. Im Gegensatz zum Präsidenten des Abgeordnetenhauses, Otto Suhr (SPD), der für die Fortführung der Regierungsarbeit durch einen geschäftsführenden Senat bis zu den turnusmäßigen Wahlen Ende 1954 eintrat, waren die Vorsitzenden der beiden bürgerlichen Fraktionen – ohne die Große Koalition in Frage zu stellen – für die Neuwahl des Senats. In ähnlicher Form sprach sich auch der noch im Oktober stattfindende Parteitag der FDP aus.[54] Verhandlungen wurden aufgenommen und scheiterten. Am 13. Oktober stellte die SPD Otto Suhr und die CDU Walther Schreiber als ihre Kandidaten zum höchsten Berliner Regierungsamt auf. In der (außerordentlichen) 81. Sitzung des Abgeordnetenhauses am 22. Oktober 1953 kam es – ohne Aussprache – zur Wahl des neuen Regierenden Bürgermeisters. Für Schreiber stimmten – wie 1950 – 62 Abgeordnete, für seinen Gegenkandidaten Suhr, bei einer Enthaltung, lediglich 57. Damit erreichte Schreiber das von ihm bereits drei Jahre zuvor angestrebte höchste Regierungsamt in der Stadt.

Doch die anschließende Senatsbildung wurde von vielerlei Problemen überschattet. In den ersten Koalitionsverhandlungen lehnte der Kandidat der SPD, Suhr, einen Eintritt in den von Schreiber geführten Senat ab. Auf die Forderung der SPD nach gleichstarker Präsenz im Senat wie CDU und FDP zusammen sowie die Entlassung des bisherigen – parteilosen – Innensenators Müller und Übertragung von dessen Ressort an die Sozialdemokraten glaubte Schreiber ebensowenig eingehen zu können wie auf die Forderung der FDP, Müller im Amt zu halten und keine Stärkung der Stellung des bisherigen Senators für Kredit, Paul Hertz (SPD), durch Zusammenlegung der Verwaltungen von Wirtschaft und Kredit zuzulassen.[55] Der Berliner Parlamentarier Willy Brandt – ein Befürworter der Großen Koalition – sprach in diesem Zusammenhang von einem „Rechtsruck", der besonders bei der FDP zu beobachten war. Schreibers Kompromißvorschläge, durch die Schaffung eines neuen Ressorts die Probleme zu entschärfen, fanden keine Zustimmung. Nach neuen Kompromissen mußte gesucht werden. Am 5. November gab Schreiber im Beisein der Fraktionsvorsitzenden der SPD und FDP bekannt, daß der Senat in der bestehenden Form bis zu vorzuverlegenden Wahlen weitergeführt werde. Dies erwies sich vor allem wegen des Widerstandes der FDP als nicht möglich. Willy Brandt in der SPD und starke Kräfte in der CDU, vor allem der eng mit Adenauer verbundene Bundesbevollmächtigte in Berlin, Heinrich Vockel, sowie Ernst Lemmer, versuchten dennoch, unter allen Umständen die große Koalition zu retten. Die Berliner politische Führung war eben keine lokale Aufgabe, dem Regieren-

54 In einer Pressekonferenz am 5. Oktober 1953, vgl. hierzu *Berlin. Chronik der Jahre 1951–1954...* (wie Anm. 50), S. 829; der Landesparteitag der FDP fand am 10. Oktober 1953 statt, vgl. *a.a.O.*, S. 832 f.

55 In der FDP nahm man die Kandidatur Schreibers nicht ernst, man glaubte vielmehr, daß er sich „nur abstrampeln" solle, um später den Weg für Lemmer oder Friedensburg freizumachen, vgl. auch das Protokoll des Bundesvorstandes der FDP vom 23. Oktober 1953, in: Udo Wengst (Hrsg.), *Freie Demokratische Partei. Die Liberalen unter dem Vorsitz von Theodor Heuss und Franz Blücher 1949–1954. Sitzungsprotokolle,* Düsseldorf 1990, S. 1201 f.

den Bürgermeister kam eine Schlüsselrolle zu. So war es sicherlich nicht im Sinne des Regierenden Bürgermeisters, daß am 10. November im Haus der Berliner Vertretung in Bonn ein zuvor von den Landesvorsitzenden der SPD und FDP, Franz Neumann und Carl-Hubert Schwennicke, vereinbarter Kompromiß im Beisein des Berliner CDU-Landesvorsitzenden und Bundesministers Tillmanns, des Bundesministers Kaiser, des Berliner CDU-Fraktionsvorsitzenden Lemmer und Willy Brandts veröffentlicht wurde. Auch diese Regierungskoalition fand nicht die nötige Zustimmung, diesmal der SPD-Gremien. Nachdem so alle Bemühungen in Berlin und Bonn gescheitert waren, die Große Koalition zu retten, konnte Schreiber am 12. November sein Kabinett, bestehend aus vier Senatoren der FDP und drei der CDU und dem parteilosen Innensenator, im Abgeordnetenhaus wählen und vereidigen lassen.[56]
Kennzeichnend für die schwierige Situation Schreibers bei der Kabinettsbildung war nicht nur der ungewöhnlich späte Termin der Abgeordnetenhaussitzung zwecks Wahl des Senats – man hatte bis zum Sitzungsbeginn um 19.32 Uhr um die Regierungsbildung gerungen –, sondern auch die Unvollständigkeit der Kabinettsliste: Die Ressorts Bundesangelegenheiten, Arbeit und Sozialwesen sowie Verkehr und Betriebe blieben unbesetzt und sollten in der Zukunft von den gewählten Senatoren nach einem Vertretungsschlüssel mitverwaltet werden. Für den auch weiterhin unentbehrlichen Senator für Kreditwesen, Paul Hertz (SPD), wurde das „Amt des Hauptwirtschafters für das Notstandsprogramm" geschaffen. Auch der Pressechef Hans Hirschfeld (SPD) verblieb auf besonderen Wunsch im Amt. Im Falle des Kreditsenators hatte sich Schreiber gegen die FDP durchgesetzt.[57] Die Kontinuität der Berliner Kredit- und Wirtschaftspolitik, auch im Hinblick auf das weithin beschäftigungspolitisch notwendige Notstandsprogramm, das 1949 von Hertz eingeführt worden war, blieb so gewahrt. Wie im Kabinett Braun lag Schreiber hier die sozialdemokratische Wirtschaftspolitik näher als die rechtsliberale Variante. Als am 20. November Innensenator Müller zurücktrat, war der Weg frei, um auch einige vakante Senatorenposten wiederzubesetzen. Diese Wahl fand am 24. November statt. Die Verwaltungen für Inneres, Verkehr und Betriebe gingen an die FDP, die für Arbeit und Sozialwesen an die CDU. Das Amt des

56 Zu den Koalitionsverhandlungen vgl. *Berlin. Chronik der Jahre 1951–1954...* (wie Anm. 50), S. 849–855.

57 Voraussetzung für Hertz war *völlige Handlungsfreiheit* und *keinerlei politische Verantwortung für das neue Kabinett.* Obwohl Schreiber dazu meinte, daß es einer *politischen Kapitulation* gleichkäme (in: *Nachlaß Paul Hertz,* künftig zitiert: *NL Hertz,* Historische Kommission zu Berlin, Ordner 29, Korrespondenz mit Toni Sender, Brief vom 24. November 1953), scheint er darauf eingegangen zu sein. Dies störte die FDP, deren Vorsitzender Schwennicke sich darüber beklagte, daß man in Kauf nehmen mußte, daß Hertz zwar nicht mehr in die Regierung zurückkehrte, *aber in seiner Kompetenz, in seinem Einfluß, in seiner Machtstellung nicht geschmälert wurde, sondern daß er praktisch wie ein Senator seine Verwaltung weitergeführt hat ..., obschon wir gerade an den Praktiken dieser Senatsverwaltung heftige Kritik in der Vergangenheit geübt haben ...* Zitiert nach Paul Hertz, Entwurf einer Antwort auf einen Artikel im *Spandauer Volksblatt* vom 3. Dezember 1954, in: *NL Hertz,* Ordner 39. Von besonderer Bedeutung dürfte auch das Verhältnis des bisherigen Senators zu den Alliierten gewesen sein.

Senators für Bundesangelegenheiten wurde kommissarisch durch den Finanzsenator Haas (CDU) wahrgenommen. Damit erhielt die FDP insgesamt sechs Senatorenposten, die CDU dagegen nur vier.

Der an sich in einem demokratischen Staatswesen normale Vorgang des Regierungswechsels wurde von Walter Ulbricht zum Anlaß genommen, unmittelbar nach der Vereidigung des Kabinetts am 13. November 1953 dem Ersten Sekretär der Berliner Bezirksleitung der SED, Alfred Neumann, die Anweisung zu erteilen, für die Sitzung des Politbüros am 16. November einen „kurzen Bericht" zur Einschätzung der Lage und der daraus zu folgernden „politischen Aufgaben" zu geben. Aus dem Maßnahmenkatalog Neumanns[58] geht hervor, daß man den Augenblick für eine Destabilisierungskampagne in West-Berlin für günstig hielt.

In seiner Regierungserklärung stellte Schreiber die Schwerpunkte seiner Tätigkeit vor.[59] Im Zusammenhang mit der Fortsetzung der Eingliederung Berlins in das finanzielle und ökonomische Gefüge der Bundesrepublik waren die Ausweitung der Bundeshilfe und die Rechtsangleichung – auch hinsichtlich der Stellung der Berliner Bundestagsabgeordneten in Verbindung mit einer Revision des Berliner Besatzungsstatuts – vordringlich. Zur Rechtsangleichung gehörte auch die im sozialpolitischen Teil der Rede geforderte Anpassung des Berliner Sozialversicherungssystems an bundesdeutsche Verhältnisse. Neben der speziellen Prüfung der wirtschaftlichen Situation der Krankenversicherungsanstalt Berlin (KVAB) stellte Schreiber eine allgemeine Verwaltungsreform sowohl des Senats als auch der Bezirke in Aussicht. Auch eine Mieterhöhung zur Substanzerhaltung des Hausbesitzes unter *Beachtung der besonderen sozialen Verhältnisse* wurde von ihm befürwortet. Für die Wirtschaftspolitik war der Abbau der

58 Institut für Geschichte der Arbeiterbewegung (IfGA), Zentrales Parteiarchiv der SED (ZPA), Bestand Bezirksparteiarchiv Berlin, Nr. IV-2/3/550. Im *Massenkampf* sollten die Betriebsräte von tausend Unternehmen eine Lohnerhöhung von 15 Prozent fordern, Erwerbslose und Rentner sollten auf von der Partei verteilten Formularen Sonderzuwendungen (Weihnachts- und Winterhilfe, Kohlengeld) beantragen, Mieter gegen Mieterhöhungen organisiert und sonstiges Propagandamaterial verteilt werden; in einem weiteren Schritt war die Aufforderung zur Aufhebung des *Kleinen Besatzungsstatuts* sowie des *Dritten Überleitungsgesetzes* – mithin die Grundlage der politischen Selbständigkeit – projektiert, und in einem dritten Schritt bündelte man *Maßnahmen zur Herausbildung eines linken Flügels in der SPD*, die u. a. eine *Entlarvung* des rechten Flügels, z. B. Franz Neumanns [!], Otto Bachs, Willy Brandts und Paul Hertz', vorsah. Ferner sollten für Agitationsveranstaltungen die politische und ökonomische Notlage der Grenzgänger von beiden Seiten ausgenutzt, politisch gezielt Aufträge in den Westteil vergeben sowie der *Kampf gegen den Schmuggel* zwischen beiden Stadthälften, letzterer durch eine tatsächlich gebildete Magistratskommission, intensiviert werden. Die Kenntnis dieser Akten verdanke ich einer freundlichen Mitteilung von Herrn Dr. Frank Zschaler, Historische Kommission zu Berlin. Schon am 5. November hatte Waldemar Schmidt, Mitglied der SED-Bezirksleitung Berlin, zur *Aktionseinheit* gegen Schreiber aufgerufen, vgl. hierzu *Berlin. Chronik der Jahre 1951–1954...* (wie Anm. 50), S. 852.

59 *Abgeordnetenhaus 1953, Stenographische Protokolle der 86. Sitzung vom 3. Dezember 1953;* Manuskriptfassung Landesarchiv Berlin (künftig zitiert: LA Berlin), Rep. 2 (Senatskanzlei), Acc. 2418, Nr. 8187; der ausführliche Nachtrag der Veränderungen zeigt den Zeitdruck an, unter dem die Abfassung stand.

noch immer hohen Arbeitslosigkeit in der Stadt, verbunden mit Steuererleichterungen für die Wirtschaft und Auftragslenkung nach Berlin, besonders wichtig. In der Schulpolitik legte er den Akzent auf die Verabschiedung eines Privatschulgesetzes. Im weiteren kulturpolitischen Teil forderte er die auch von Reuter angemahnte Rückführung der ausgelagerten Berliner Museumsschätze im Rahmen einer Stiftung der Nachfolgestaaten Preußens. Es dürfte für Schreiber eine besondere Genugtuung gewesen sein, daß in der gleichen Sitzung ein Bundesgesetz zur Regelung der Berliner Altbankenfrage zusammen mit einem Landesgesetz angenommen und damit auch auf diesem Gebiet eine größere Rechtseinheit mit der Bundesrepublik erreicht wurde.
Besonderen Raum sowohl in der Regierungserklärung als auch in den Debatten nahm trotz der diesmal in den Vordergrund gerückten personal- und kommunalpolitischen Schwerpunkte auch weiterhin die Deutschlandpolitik ein. Die Wiedervereinigung und Rückgewinnung der Hauptstadtfunktion blieben vorherrschende Themen, zumal sich nach Stalins Tod eine Änderung der sowjetischen Haltung zu diesen Fragen abzuzeichnen schien. Große Hoffnungen setzte man in die Außenministerkonferenz der vier Alliierten, die vom 25. Januar bis zum 18. Februar im geteilten Berlin stattfand. Allerdings mußte man sich in der Stadt bei den die eigene Zukunft berührenden Fragen amtlich in „vornehmer Zurückhaltung" üben.[60] Das Scheitern der Konferenz machte deutlich, wie weit man von der Lösung der Deutschen Frage entfernt war. Da auf der Konferenz am *Status quo* für Deutschland eher festgehalten wurde, war an eine Veränderung des Berliner Status im Hinblick auf eine Aufhebung der alliierten Vorbehalte gegen die Einbeziehung Berlins in die Bundesrepublik, wie sie Schreiber in der Regierungserklärung erhoffte, nicht mehr zu denken.[61]
Von der Wirtschaft her gesehen war die Situation günstiger als in den Vorjahren. Der 1949/1950 begonnene *long-term*-Plan konnte erfolgreich abgeschlossen werden. Hinsichtlich der Industrieproduktion und des Absatzes waren die Ziele dieses amerikanischen Hilfsprogramms erfüllt worden.[62] Für die Investitionsbereitschaft wirkte es sich günstig aus, daß im Jahr der Verhandlungen über einen westdeutschen Verteidigungsbeitrag die sowjetische und DDR-Politik mehr von Offerten als von Abgrenzung und Interventionen wie in den vorangegangenen Jahren geprägt war.[63] Von einer wirtschaftlichen Konsolidierung war man in Berlin freilich noch weit entfernt. Die privaten Investitionsmittel flossen im Gegensatz zu den über ERP und andere Förderprogramme (GARIOA) laufenden Investitionskrediten nur spärlich. Obwohl mehr

60 D. Prowe, *Weltstadt in Krisen...* (wie Anm. 2), S. 136.

61 D. Prowe charakterisiert *a.a.O.*, S. 139 f. das Verhältnis der Alliierten zu den Berlinern als *von dem Eindruck einer mißlichen und eigentlich unvermuteten Wartezeit bestimmt.*

62 Zum *Neuen Kurs in der DDR* vgl. Hermann Weber, *Geschichte der DDR,* München 1985; zu den Auswirkungen auf Berlin vgl. D. Prowe, *Weltstadt in Krisen...* (wie Anm. 2), S. 154 f.

63 Zusammenstellung bei D. Prowe, *a.a.O.*, S. 146 f. Unbefriedigend gelöst blieb die Frage des Zugangs zur Stadt, die von der östlichen Seite immer wieder zu Interventionen genutzt wurde. Durch das von Schreiber geförderte Interzonenhandelsabkommen sollte hier ein *Status quo* erreicht werden.

Arbeitsplätze geschaffen werden konnten, blieb die Zahl der Erwerbslosen in der Stadt deutlich hoch. Vor allem hatte die Zahl der Arbeitsuchenden, vornehmlich Flüchtlinge, stark zugenommen. So mußte Schreiber seine vordringliche Aufgabe in einer weiteren Verbesserung der Berliner Wirtschaftsstruktur, insbesondere der Aufstockung der Beschäftigtenzahlen, sehen. Dazu war es nötig, die mit dem Dritten Überleitungsgesetz nun auch rechtlich verankerten Ansprüche Berlins qualitativ zu verbessern. Bereits am 25. Januar 1954 wurde der Bundesregierung eine Denkschrift des neuen Senats übermittelt, in der festgestellt wurde, daß die Berliner Wirtschaft im Vergleich zu der des Bundesgebietes noch immer ungleich stärker unter den Kriegs- und Nachkriegsfolgen zu leiden hatte. Zur Stärkung der Stadt wurde unter anderem die Erhöhung des Bundeszuschusses gemäß § 16 des Dritten Überleitungsgesetzes auf 800 Millionen, die Überweisung des gesamten Aufkommens der Abgabe „Notopfer Berlin", die Sicherung der Fortführung des Notstandsprogrammes für 20 000 Beschäftigte sowie die langfristige Einlage von Kassenmitteln des Bundes zur Kreditfinanzierung und Steuererleichterungen gefordert.[64] Es war bereits ein Erfolg, daß es gelang, das Bundeskabinett im Februar 1954 nach Berlin zu holen, wo unter dem Vorsitz des Vizekanzlers Franz Blücher – Adenauer war nicht anwesend – Mitglieder des Wirtschaftskabinetts, der Regierende Bürgermeister sowie Repräsentanten der Berliner Wirtschaft und Gewerkschaften die Probleme des Westteils der Stadt erörterten. Man kam überein, die Berliner Wirtschaft stärker durch öffentliche Aufträge zu fördern, sich an der Finanzierung des weiterzuführenden Notstandsprogrammes zu beteiligen sowie grundsätzlich die Forderung nach Erweiterung der Steuerpräferenzen anzuerkennen.[65]

Das konkrete Ergebnis dieser Verhandlungen blieb jedoch unbefriedigend. Bundesfinanzminister Schäffer eröffnete am 27. März dem eigens nach Bonn gereisten Regierenden Bürgermeister, daß er sich auch weiterhin die Verwendung eines nicht unbeträchtlichen Teils des „Notopfers Berlin" für andere Zwecke vorbehalten und die Forderung nach einem Haushaltszuschuß von 910 Millionen um 220 Millionen kürzen müsse. Für Verkehrsbauten bot er für eine von Berlin aufzunehmende Anleihe eine Bundesgarantie vom 75 Millionen DM an sowie weitere 15 Millionen für den Wiederaufbau ehemaliger Verwaltungsgebäude.[66] Der Senat billigte „trotz erheblicher Bedenken" das Verhandlungsangebot, ließ aber Schäffer mitteilen, daß die zugesagten Steuererleichterungen dadurch nicht berührt würden.[67] Bei einer weiteren Reise nach Bonn konnte Schreiber vom Bundeskanzler und Finanzminister nur noch kleinere

64 Vgl. hierzu: *Berlin. Chronik der Jahre 1951–1954...* (wie Anm. 50), S. 908 f. Die Bundesregierung antwortete auf die Berliner Denkschrift mit einer Darstellung ihrer Positionen: *Die Finanzhilfe für Berlin. Eine Denkschrift der Bundesregierung, Bonn im Juli 1954,* in: LA Rep. 2, Acc. 2685, Nr. 4884.

65 *Berlin. Chronik der Jahre 1951–1954...* (wie Anm. 50), S. 950.

66 Die 15 Millionen sollten u. a. für den Aufbau des Berliner Amtssitzes des Bundespräsidenten, der Materialprüfungsanstalt und des Bendlerblockes verwendet werden, vgl. hierzu *Berlin. Chronik der Jahre 1951–1954...* (wie Anm. 50), S. 981 f. u. 993 f.

67 *A.a.O.*, S. 984 f. (Senatsprotokolle 1954, 27. Sitzung vom 30. März 1954.)

Am 12. Januar 1951 gab es ein „Patt" bei der Wahl des Stadtoberhauptes. „Doppeltes Lottchen" nannten die Berliner die beiden Kandidaten für den Posten des Regierenden Bürgermeisters nach Beendigung des ersten Wahlganges: den von der SPD nominierten bisherigen Oberbürgermeister Ernst Reuter (links) und den von der CDU und FDP nominierten CDU-Landesvorsitzenden Walther Schreiber (rechts). Jeder der beiden Kandidaten hatte 62 Stimmen erhalten. Nachdem Schreiber sechs Tage später auf die Kandidatur freiwillig verzichtet hatte, wurde Ernst Reuter zum Regierenden Bürgermeister gewählt. Schreiber, der bis dahin Bürgermeister von Berlin war, wurde nach dem Tode Reuters am 22. Oktober 1953 zum Regierenden Bürgermeister gewählt.

Korrekturen, etwa die Erlassung einiger aus der Blockadezeit herrührender Schulden sowie die künftige Aufhebung der Abgabe „Notopfer Berlin" in den Westsektoren, erreichen. Die Frage der Steuerpräferenzen sollte der allgemeinen Regelung des Haushaltsproblems nachgeordnet bleiben.[68]

68 Besprechungen am 5./6. April, in: *Berlin. Chronik der Jahre 1951–1954...* (wie Anm. 59), S. 995. Im Bundestag wurde das Prinzip der Steuerpräferenzen einmütig gebilligt, vgl. hierzu *a.a.O.*, S. 973 f., die Verhandlungen des Deutschen Bundestages, 2. Wahlperiode, 25. Sitzung. Vor der Reise war es zu einer Auseinandersetzung zwischen Schreiber und dem Bundesbevollmächtigten in Berlin, Dr. Vockel, gekommen, in der Schreiber mit Nachdruck die Auffassung vertreten hatte, daß das Bonner Angebot für Berlin unzureichend sei, vgl. auch *Der Tagesspiegel* vom 3. April 1954.

Als Schreiber dem Abgeordnetenhaus das Ergebnis der Verhandlungen mit der Bundesregierung mitteilte, wurde ihm vor allem von der Opposition vorgeworfen, die Berliner Belange nicht kraftvoll genug vertreten zu haben. Aber auch die Vertreter der Koalition kritisierten das mangelnde Entgegenkommen der Bundesregierung.[69] Doch konnte man im Juli 1954 den Haushalt der Landes Berlin einvernehmlich mit der Opposition verabschieden.

Mit den problematischen Finanzverhandlungen dürfte das Schicksal der bürgerlichen Koalition entschieden worden sein. Bereits in einer Pressekonferenz Anfang April hatte Schreiber herbe Kritik an der Bundesregierung, insbesondere am Bundesfinanzminister geübt und dabei erklärt, daß man sich nicht wundern solle, wenn die Berliner erheblich enttäuscht seien. Es hatte sich nun öffentlich gezeigt, daß eine CDU-geführte Stadtregierung bei den für die Stadt lebenswichtigen Verhandlungen in Bonn keine wesentlich besseren Bedingungen als der Reuter-Senat erreichen konnte. Verkannt wurde dabei, daß durch die Verhandlungen über Steuererleichterungen und Strukturverbesserungen eine neue Qualität der Finanzbeziehungen erreicht wurde, die erst in den folgenden Jahren zunehmend Bedeutung erlangte.[70] Auch die großen Ereignisse des Jahres 1954, etwa die Wahl des Bundespräsidenten durch die Bundesversammlung im Juli in der Stadt, eine Veranstaltung, an deren Rande einige wichtige Verhandlungen geführt wurden,[71] konnten den Ansehensverlust nicht wettmachen.

Mit den nahezu gleichzeitig stattfindenden Landesparteitagen der CDU und SPD im Mai 1954 war der Wahlkampf bereits eingeleitet worden. In seinem Grundsatzreferat „Berlin steht für Deutschland" auf dem CDU-Landesparteitag mußte Schreiber auf die besondere Situation der Koalition in Berlin hinweisen, die Mut zu unpopulären Entscheidungen haben müsse. Immer wieder um Ausgleich bemüht, ließ Schreiber anklingen, daß die besondere Situation Berlins stets ein Zusammenwirken über die Parteigrenzen hinaus erfordere. [72] Die SPD, der Regierungsverantwortung ledig, hatte mit ihrem Forderungskatalog nun eine bessere Ausgangslage, zumal die von der Regierung Schreiber angeregten Steuer- und Strukturverbesserungen erst langfristig wirksam werden konnten.

Das Ergebnis der Wahl vom 5. Dezember 1954 war aus der Sicht der kleinen Koalition enttäuschend. Die SPD errang mit 44,6 Prozent der Stimmen und 64 Mandaten im Abgeordnetenhaus eine denkbar knappe, doch ausreichende absolute Mehrheit im

69 99. Sitzung vom 22. April 1954, in: *Berlin. Chronik der Jahre 1951–1954...* (wie Anm. 50), S. 1011.

70 So D. Prowe, *Weltstadt in Krisen...* (wie Anm. 2), S. 165 f.

71 Zum Beispiel die Wahl eines ersten Vorstandes des „Kuratoriums Unteilbares Deutschland" am 18. Juli in Berlin, vgl. hierzu: *Berlin. Chronik der Jahre 1951–1954...* (wie Anm. 50), S. 1103 f. Zu den Berichten an die Bundestagsausschüsse für Kultur, Presse, Funk und Film über die Lage der Berliner Museen und die Notwendigkeit der Errichtung einer Stiftung des Preußischen Kulturbesitzes vgl. *a.a.O.*, S. 1104 f.

72 CDU-Berlin, Parteitagsprotokoll vom 8. Mai 1954, in: *Pressedienst des Senats von Berlin* vom 8. Mai 1954.

Stadtparlament. Wenn die CDU mit 30,4 Prozent der Stimmen und 44 Sitzen einen erheblichen Stimmenzuwachs erreichen konnte, waren die Verluste der FDP (12,8 Prozent der Stimmen und 19 Sitze), die durch eine Affäre um den von ihr gestellten Gesundheitssenator besonders belastet war, nicht völlig aufgefangen worden. Es war nun an der SPD, die Koalitionsverhandlungen zu beginnen. Ein Zusammengehen mit der FDP, die zuvor die kleine Koalitionslösung betrieben hatte, schloß der designierte neue Regierende Bürgermeister aus. Die Vereinbarung zwischen den künftigen Regierungsparteien SPD und CDU sah sieben Senatoren der SPD und sechs der CDU vor. Für Walther Schreiber war kein neues Regierungsamt vorgesehen, und auch in anderen Positionen wurde ein Generationswechsel vorgenommen: So war der langjährige Finanzsenator Haas in parteiinternen Wahlen unterlegen, erhielt aber erneut ein Senatsamt. Mit der Wahl Otto Suhrs zum Regierenden Bürgermeister am 11. Januar 1955 ging die Amtszeit des ersten von der CDU gestellten Regierenden Bürgermeisters von Berlin zu Ende.

Für Schreiber mochte es eine Genugtuung gewesen sein, daß er – bei einigen Enthaltungen – auf dem Landesparteitag im April 1955 zum Ehrenvorsitzenden ernannt wurde. Die Initiative dazu war vom Ortsverband Wilmersdorf ausgegangen. Weniger Erfolg hatte ein Vorstoß der CDU im Jahre 1957, Schreiber gemeinsam mit Louise Schroeder das Ehrenbürgerrecht zuzuerkennen. Dies scheiterte am Widerstand des SPD-Vorsitzenden Neumann, der eher Ferdinand Friedensburg diese Ehre erweisen wollte.[73]

Am 30. Juni 1958 starb Schreiber im Alter von 74 Jahren. Während einer Trauerfeier im Abgeordnetenhaus, der Stätte seines langjährigen Wirkens, würdigten der Regierende Bürgermeister Brandt und Vertreter der Parteien das Wirken des Verstorbenen. Es wurde zugleich beschlossen, dem bis dahin unbenannten Platz an der Einmündung der Bundesallee in die Friedenauer Rheinstraße den Namen „Walther-Schreiber-Platz" zu geben. Damit erhielt der Regierende Bürgermeister, der als erstes Stadtoberhaupt der Nachkriegszeit den Schwerpunkt seiner Tätigkeit in der kommunalen Strukturverbesserung gesehen hatte, eine angemessene Ehrung.

73 *Berlin. Chronik der Jahre 1957–1958*, bearb. von Hans J. Reichhardt, Joachim Drogmann, Hanns U. Treutler, Berlin 1974, S. 99.

Otto Suhr

von Henrike Hülsbergen

Die Amtszeit des Regierenden Bürgermeisters Otto Suhr scheint, ähnlich der Walther Schreibers, im Bewußtsein der praktischen Politik wie der wissenschaftlichen Forschung im Schatten der beiden politischen Giganten Ernst Reuter und Willy Brandt zu stehen. Eigentümlich konturlos und blaß wirkt seine Politik auf die Folgezeit der Berliner Stadtgeschichte; die unspektakuläre Amtsführung sollte das charakteristische Merkmal Suhrscher Berlin-Politik sein. Wird man damit dem Politiker und Wissenschaftler Otto Suhr, der die Hälfte seines Lebens der Berliner Politik verbunden war, gerecht?

Otto Suhr wurde am 17. August 1894 in eine bürgerlich-liberale Beamtenfamilie geboren. Selbst als *drahtiger Sechziger ... mit dem norddeutsch-scharfen s-t* konnte er, obwohl seit 1926 Wahlberliner, seine Oldenburger Heimat, der er sich Zeit seines Lebens verbunden fühlte, nie verleugnen.[1] Die Einschulung in Osnabrück hinterließ *erste starke politische Eindrücke* durch die *konsequent bis ins kleinste durchgeführte Konfessionsscheidung der evangelischen und katholischen Schüler.*[2] Nachhaltig prägten ihn die letzten Schuljahre auf einem *im Geiste des Liberalismus und Fortschritts geführten Realgymnasium* in Leipzig.[3] Die Stadt mit ihren traditionsbewußten, angesehenen großen Verlagshäusern, der Universität, einem regen Musikleben sowie einem aufgeschlossenen Bürgertum und einer aktiven und interessierten Arbeiterschaft bot den optimalen Hintergrund für einen allen Eindrücken aufgeschlossenen jungen Menschen wie Otto Suhr.[4] In Leipzig begann er mit dem Studium der Volkswirtschaft, Geschichte und Zeitungswissenschaft, wobei er vor allem bei dem Historiker Karl Lamprecht, dem Volkswirtschaftler Ludwig Pohle und dem Vorkämpfer der wissenschaftlichen Zeitungskunde und Nationalökonomen Karl Bücher hörte. Aus dieser von Suhr häufig gerühmten *theoretischen Ausbildung fürs Leben*[5] riß ihn 1914 der Ausbruch des Ersten Weltkriegs. Während zahlreiche junge Intellektuelle der nationalistischen Kriegsbegeisterung verfielen und erst später, durch Kriegsalltag und Zerstörung geprägt, sich linken Parteien beziehungsweise dem Pazifismus näherten, erschloß sich Otto Suhr durch die enge Frontkameradschaft mit älteren Arbeitern sowie aufgrund der Beschäftigung mit den sozialen Ideen von Karl Marx ein neues Gesellschafts- und Politikverständnis. Noch als Soldat trat er der Sozialdemokratischen Partei bei. In kurzer Zeit avancierte

1 *Die Zeit* vom 30. 12. 1954, in: Nachlaß Otto Suhr, Rep. 200, Acc. 1704, Nr. 75, Landesarchiv Berlin.

2 Otto Suhr, *Eine Auswahl aus Reden und Schriften. Mit einer biographischen Einleitung* von Susanne Suhr, Tübingen 1967, S. 4.

3 *Ebda.*

4 *Ebda.*

5 Ernst Fraenkel, *Otto Suhr zum Gedächtnis. Gedenkrede anläßlich der Feier der Berliner Hochschulen vom 22. November 1957 in der Aula der Deutschen Hochschule für Politik*, in: *Zeitschrift für Politik* 4 (1957), S. 336.

Otto Suhr, * Oldenburg 17. 8. 1894, † Berlin 30. 8. 1957, Regierender Bürgermeister von Berlin [West] 1955–1957

er zum Offizier und erhielt die höchste sächsische Militärauszeichnung, das Ritterkreuz des Militär-St. Heinrichs-Ordens, für seine außerordentliche Tapferkeit verliehen. Dem wohl einzigen sozialdemokratischen Träger dieses Wettiner Militär-Ordens stiegen seine Erfolge weder zu Kopf, noch rissen sie ihn zur Kriegsbegeisterung hin. Vielmehr verspottete er die militärische Tapferkeit vor dem Feind und bewertete Zivilcourage weit höher.[6] Die Einblicke in das Wesen des damaligen Offizierskorps, das Fronterlebnis, die Ausrufung der Republik 1918, die Ermordung Rosa Luxemburgs und Karl Liebknechts ließen in Suhr die Überzeugung wachsen, daß nur ein neues, demokratisches Heer die junge Republik schützen könne. Der junge Leutnant trat einem „republikanischen Offiziersbund" bei, der jedoch nicht genügend Zulauf erhielt, da die pazifistisch und demokratisch gesinnten Jugendlichen nicht mehr zum Dienst an der Waffe bereit waren.

Nach beinahe fünfjähriger Unterbrechung nahm Otto Suhr 1919 sein Studium in Leipzig wieder auf. Er beschäftigte sich vor allem mit Max Webers gesellschaftswissenschaftlichen Forschungen, wobei ihn „die Politik als Beruf" im Weberschen Sinne zunehmend faszinierte und er ein fachlich begrenztes Studium mit anschließend spezialisiertem Beruf für sich ablehnte.[7] Suhr promovierte bei Walter Goetz über das Thema „Die berufsständische Verfassungsbewegung in Deutschland bis zur Revolution von 1848", das ihn Zeit seines Lebens interessieren sollte.[8] Während seiner Universitätsjahre arbeitete Suhr im sozialistischen Studentenbund aktiv mit, dessen erster Kongreß 1919 unter seiner Leitung stattfand. Wie beim Kapp-Putsch 1920 stand er frühzeitig auf seiten der demokratischen Kräfte zur Verteidigung der jungen Republik gegen konterrevolutionäre, nationalistische Bestrebungen. Nach Abschluß seines Studiums trat Suhr 1921 in Kassel eine Stelle als Pressereferent des Oberpräsidenten von Hessen-Nassau Rudolf Schwander und der „Reichszentrale für Heimatdienst" an, die für politische Informations- und Bildungsarbeit der neuen Regierung zuständig war. Doch Suhr *wollte die Arbeiterbewegung von innen her kennenlernen*, und er wollte ihr dienen, gerade weil er als *Bürgerlicher, als Intellektueller* zu ihr gekommen war.[9] Deshalb wechselte er von der parteipolitischen zur gewerkschaftlichen Arbeit und übernahm von 1921 bis 1924 den Posten eines „Arbeitersekretärs", auf den ihn das Kasseler Gewerkschaftskartell wählte. Aufgabe des ersten akademisch gebildeten Arbeitersekretärs in Deutschland war es, Sozialpolitik und das neue Arbeitsrecht mit den demokratischen politischen Verhältnissen abzustimmen. Die Jahre der Inflation und der späteren Währungsstabilisierung waren auch innerhalb der neugegründeten Gewerkschaften geprägt

6 Vgl. O. Suhr, *Eine Auswahl...* (wie Anm. 2), S. 5; E. Fraenkel, *Otto Suhr...* (wie Anm. 5), S. 336 f.

7 Vgl. O. Suhr, *Eine Auswahl...* (wie Anm. 2), S. 5 f.

8 Siehe dazu den Aufsatz *Der Aufmarsch der Berufsstände*, in: O. Suhr, *a.a.O.*, S. 53–86; seine Dissertation konnte wegen der Inflation erst 1923 gedruckt werden.

9 *A.a.O.*, S. 7.

von dem Willen, die althergebrachte Wirtschaftsordnung umzugestalten.[10] Auf der Grundlage neuer rechtlich-sozialer Bedingungen, wie sie in den Artikeln 156 bis 165 WRV, dem Betriebsrätegesetz von 1920 und den tariflichen Vereinbarungen mit den Arbeitgebern ihren Niederschlag fanden, sowie durch die Diskussion über Sozialisierungsmaßnahmen glaubten Vertreter und Anhänger der Arbeiterbewegung, demokratische Strukturen innerhalb der bestehenden Wirtschaftsordnung durchsetzen zu können.[11] Otto Suhr hatte sich in diese Probleme praktisch und theoretisch einzuarbeiten und seine Lehrtätigkeit immer wieder auf die aktuellen Bedürfnisse der Gewerkschaftsarbeit auszurichten. Er diente in der Gewerkschaftsbewegung *von der Pike auf, er hat die tagtäglichen Sorgen des Arbeiters im Detail gekannt, weil er sich ... in jeden Einzelfall hineingekniet hat.*[12]

Frühzeitig erkannte Suhr die wachsende Bedeutung der Gewerkschaft als Gegenmacht und Kooperationspartner innerhalb des wirtschaftlichen und politischen Rahmens, wobei ihm die Grenzen sozialpolitischer Reformen durchaus bewußt waren.

Die Wahl in den Parteivorstand der Kasseler SPD nahm er nur ungern an, da er zu diesem Zeitpunkt überzeugt war, daß die Führungsposition innerhalb der Sozialdemokratischen Partei von aktiven Arbeitern und nicht von berufsamtlichen Funktionären und Parteisekretären besetzt sein sollten. Die Intellektuellen hätten vor allem zur theoretischen Auseinandersetzung beizutragen.

Kassel war zu dieser Zeit eine sozialdemokratische Hochburg mit Philipp Scheidemann als Oberbürgermeister. Gleichzeitig war die Atmosphäre geprägt durch den starken Anteil pensionierter Offiziere und Beamter in der ehemaligen Residenzstadt, der dem ganzen Klima einen provinziell-nationalkonservativen bis völkischen Charakter gab. Vor diesem gesellschaftlichen Hintergrund fühlte sich der junge, aufgeklärte, aktive Otto Suhr nur bedingt wohl.

Auf dem Höhepunkt der Inflationszeit und nach dem Hitler-Putsch von 1923 sprach Suhr mit großem Bekennermut auf zahlreichen politischen Veranstaltungen, die häufig in Saalschlachten zwischen verfeindeten politischen Gruppen ausarteten. Seine öffentlichen Auftritte machten ihn bald außerhalb der Partei bekannt.

Mehr und mehr konzentrierte er sich auf das Gebiet der Wirtschaftspolitik[13] und wurde an der Kasseler Volkshochschule einer der meistgehörten Dozenten. Er zeigte den

10 Christfried Seifert, *Die deutsche Gewerkschaftsbewegung in der Weimarer Republik*, in: Frank Deppe/Georg Fülberth/Jürgen Harrer (Hrsg.), *Geschichte der deutschen Gewerkschaftsbewegung*, Köln 1977, S. 146–210, bes. S. 150 ff.

11 Siehe dazu u. a. E. Fraenkel, *Zehn Jahre Betriebsrätegesetz* (1930), in: Thilo Ramm (Hrsg.), *Arbeitsrecht und Politik. Quellentexte 1918–1933*, Neuwied 1966, S. 97–112; Karl Korsch, *Arbeitsrecht für Betriebsräte*, Berlin 1922. Korsch spricht von einem *Waffenstillstand* und *Schwebezustand* zwischen dem *bürgerlichen Standpunkt des Privatrechts* und dem neuen kollektiven Recht. *A.a.O.*, S. 105 ff.

12 E. Fraenkel, *Otto Suhr...* (wie Anm. 5), S. 337.

13 Siehe dazu sein späteres Werk *Die Angestelltenbewegung 1928–1931*, insbes. den Abschn. *Die internationale Krisis des Monopolkapitalismus*, in: O. Suhr, *Eine Auswahl...* (wie Anm. 2), S. 108 ff.

Arbeitern soziale, politische und ökonomische Zusammenhänge auf, ermutigte sie, von einem *Objekt der Wirtschaft* zu einem *bestimmenden Subjekt in der Wirtschaft* zu werden.[14] Außerdem verfolgte er die ihm so wichtig erscheinenden Themen der kollektiven Vertretung wirtschaftlicher und sozialer Interessen und die Rolle dieser Interessensorganisationen im politischen Geschehen. Ganz im Sinne seines Vorbildes Max Weber verwies er auf die Machtkonzentration wirtschaftlicher Interessengruppen, entwickelte bereits den modernen Begriff der „pressure groups" und umriß die noch kaum erforschte „Macht der Verbände".[15] Aus diesen Überlegungen heraus entstand seine erste Publikation „Die Organisation der Unternehmer", in der er den *Arbeitnehmer in Wesen und Aufbau der Organisation seiner Gegenspieler* einführen wollte.[16] Schließlich stand Suhr vor der Entscheidung, ob er die Erwachsenenbildung, die politische Bildungsarbeit einschloß, zu seinem Beruf machen sollte. Ihm lag vor allem daran, daß die Gewerkschaftsbewegung eine bewußte Wirtschaftspolitik entwickelte. Der Eintritt der Wirtschaft in eine vierjährige, wenn auch labile Konjunkturphase markierte den Übergang von einer teilweise verbalradikalen zu einer reformistisch-sozialpartnerschaftlichen offiziellen Gewerkschaftspolitik.[17] Das Schwanken der Gewerkschaften zwischen „Machtanspruch und Integrationsbereitschaft" machte immer mehr der Forderung nach „Mitbestimmung" und „Wirtschaftsdemokratie" Platz.[18]
Vor diesem Hintergrund griff Suhr bereitwillig zu, als ihm 1925 die der Universität Jena angegliederte Arbeiter- und Wirtschaftsschule des Landes Thüringen die Leitung anbot. Aber die vormals fortschrittliche Landesregierung wurde im Frühjahr 1925 von einer konservativen abgelöst, so daß es acht Tage vor Suhrs Amtsantritt in der Etatdebatte des Landtags gegen die Stimmen der Linken zur Ablehnung der Mittel für die „sozialistisch verseuchte" Schule kam. Suhr bot daraufhin im Auftrag des thüringischen Ministeriums für Volksbildung an der Universität Jena Wirtschaftsseminare an. Hier entstand auch sein bedeutendes, seit langem geplantes Buch über „Die Welt der Wirtschaft vom Standort des Arbeiters", das zu einem der meistbenutzten Lehrbücher auf den von den Arbeiter- und Angestelltenverbänden abgehaltenen Lehrgängen wurde.[19]
Im Herbst 1925 reiste Suhr zum Kongreß des Allgemeinen Deutschen Gewerkschaftsbundes (ADGB) nach Breslau. Neben sozialpolitischen, arbeitsrechtlichen und organisatorischen Fragen sollte schwerpunktmäßig über Wirtschaftspolitik diskutiert werden.[20] Der Vorsitzende des Allgemeinen freien Angestelltenbundes (AfA), Siegfried Aufhäuser, suchte eine *schöpferische wissenschaftliche Kraft*, um mit ihr die *erste wirt-*

14 Vgl. O. Suhr, *Eine Auswahl...* (wie Anm. 2), S. 9.
15 O. Suhr, *a.a.O.*, S.10.
16 *Ebda.*
17 Siehe Ludwig Preller, *Sozialpolitik in der Weimarer Republik*, Stuttgart 1949, S. 182.
18 Ch. Seifert, *Die deutsche Gewerkschaftsbewegung...* (wie Anm. 10), S. 185 ff., sowie Michael Schneider, *Zwischen Machtanspruch und Integrationsbereitschaft. Gewerkschaften und Politik 1918–1933*, in: Karl-Dietrich Bracher/Manfred Funke/Hans-Adolf Jacobsen (Hrsg.), *Die Weimarer Republik 1918–1933*, 2., durchges. Aufl., Bonn 1988, S. 179 ff.
19 O. Suhr, *Eine Auswahl...* (wie Anm. 2), S. 11 f.

schaftswissenschaftliche Abteilung in der Gewerkschaftsbewegung aufzubauen.[21] In Otto Suhr fand er den geeigneten Mann. Dem absoluten Novum der Einrichtung einer *direkten Koordinierung von Arbeit und Wissenschaft* folgten bald die anderen zahlreichen Verbände der „freien“ wie der „christlichen“ Gewerkschaften.[22]

Mit 31 Jahren siedelte Otto Suhr 1926 als Leiter der volkswirtschaftlichen Abteilung des AfA-Bundes nach Berlin über.[23] Die vor ihm liegende gewerkschaftliche Arbeit erschien ihm aufbauender, progressiver und produktiver als die von inneren Auseinandersetzungen zerrissene parteipolitische Arbeit. Außerdem übte Berlin eine Anziehungskraft auf Suhr aus wie keine andere deutsche Stadt. Berlin sollte sein weiteres Schicksal entscheidend bestimmen. Seine Tätigkeit in Berlin war vor allem der Wirtschaftspolitik gewidmet. Seine Analysen, Informationen und Beratungen zur Wirtschaftsentwicklung schlugen sich in zahlreichen Einzelveröffentlichungen, der Monatsschrift „Weg der Wirtschaft“ und den „Jahresberichten“ nieder.[24] Die fortschreitende Technisierung und Rationalisierung, die die Stellung der Angestellten in Wirtschaft und Gesellschaft veränderten, wurden für Suhr zu einem wesentlichen Untersuchungsthema. An Hand statistischer Erhebungen, unter Verwendung der ersten großen Bevölkerungsstatistik nach dem Krieg stellten unter anderen der Heidelberger Soziologe Emil Lederer und Otto Suhr diese gesellschaftliche Umschichtung auf dem AfA-Kongreß 1928 zur Diskussion.[25] Die gleichzeitig erscheinende Veröffentlichung über „Die Angestellten in der Wirtschaft“ war innerhalb von vier Wochen vergriffen und mußte neu aufgelegt werden. Das „Angestellten-Thema“ wurde von vielen Fachzeitschriften und Zeitungen wie der „Frankfurter Zeitung“ und des „Magazins der Wirtschaft“ entdeckt und aufgegriffen. Neben der gewerkschaftlichen Arbeit genoß Suhr das Leben in Berlin der „goldenen zwanziger Jahre“, in dem er sich immer wohler

20 Siehe dazu Ch. Seifert, *Die deutsche Gewerkschaftsbewegung*... (wie Anm. 10), S. 185: *Die wirtschaftliche Stabilisierung, die gewerkschaftlichen Erfolge ... veranlaßten den ADGB zur Neubestimmung seiner Auffassungen über die kapitalistische Wirtschaftsentwicklung ... Sie fand ihren systematischen Niederschlag in der von Fritz Naphtali u. a. im Auftrag des ADGB-Vorstandes verfaßten Schrift Wirtschaftsdemokratie. Ihr Wesen, Weg und Ziel (1928).*

21 O. Suhr, *Eine Auswahl*.. (wie Anm. 2), S. 14. Der AfA-Bund hatte sich 1919 konstituiert und schloß einen Kooperationsvertrag mit dem ADGB ab.

22 O. Suhr, *a.a.O.*, S. 13.

23 Bei Bildung des AfA-Bundes organisierten die freigewerkschaftlichen Angestelltenverbände rund 750 000 Mitglieder. Die letzte Zählung 1929 nennt 425 000 Mitglieder in 15 Verbänden. Zit. nach Ch. Seifert, *Die deutsche Gewerkschaftsbewegung*... (wie Anm. 10), S. 158; vgl. auch Richard Seidel, *Die Gewerkschaftsbewegung in Deutschland. Mit einem Abschnitt über die Gewerkschaftsbewegung der Angestellten* von Bernhard Göring, 1. Aufl., Amsterdam 1928, S. 125.

24 O. Suhr, *Eine Auswahl*... (wie Anm. 2), S. 14.

25 Dabei hatte Suhrs Referat eine doppelte Aufgabe: zum einen, die zahlenmäßige Entwicklung der Angestelltenschaft in Deutschland darzustellen, und zum anderen, die ökonomische Funktion der Angestellten in der modernen Welt aufzuzeigen. Zum Schluß zog er aus der veränderten Situation wirtschafts- und sozialpolitische Folgerungen, die u. a. die Förderung *planwirtschaftlicher Elemente in der kapitalistischen Wirtschaft* sowie ein starkes gewerkschaftliches Bewußtsein bei den Angestellten forderten. Siehe O. Suhr, *a.a.O.*, S. 87–107.

und vertrauter fühlte. Er besuchte die Ateliers des Kunstgewerbemuseums in der Prinz-Albrecht-Straße, Theater und Kabaretts wie die „Katakombe“ sowie die Bälle der „Sozialistischen Monatshefte“. Zu seinem Freundeskreis gehörten Carlo Mierendorff, Theo Haubach, Adolf Reichwein, Ernst Fraenkel, Rudolf Hilferding und Franz Leopold Neumann. Für den „Großen Brockhaus“ bearbeitete er die Stichworte über das Verfassungswesen, die Gewerkschaften und die Unternehmerverbände. Daneben hielt Suhr Vorlesungen an der damals in der Schinkelschen Bauakademie untergebrachten „Deutschen Hochschule für Politik“.

Die beginnende Wirtschaftskrise von 1929 zwang auch Otto Suhr, sich mit deren Ursachen und Folgen auseinanderzusetzen. Der beschleunigte Konzentrationsprozeß der Nachkriegszeit, Inflation und Wertewandel verunsicherten vor allem den Mittelstand, dessen Sicherheitsgefühl sich durch die neuen Krisensymptome ständig reduzierte. Er reagierte darauf mit der *Flucht in eine Welt politischer Ideologismen, die jedem einzelnen und jeder Gruppe wirtschaftlichen Schutz und Wiederherstellung des verlorenen oder bedrohten sozialen Prestiges verhießen.*[26] Otto Suhr wies kritisch auf die *Unzulänglichkeit des Wirtschaftssystems* hin, das auch in der Stabilisierungsphase nicht in der Lage war, die Arbeitslosigkeit entscheidend abzubauen.[27] Vor allem sei die Erwerbslosigkeit unter den Angestellten in einer bisher nie geahnten Weise gestiegen Auf dem Höhepunkt der Wirtschaftskrise nahm Suhr als einer der sechs Gewerkschaftsvertreter an einem von Heinrich Brüning 1931 berufenen „Wirtschaftsbeirat“ aus 28 Sachverständigen teil. Aus Enttäuschung über Zusammensetzung und Arbeitsverlauf des Beirats versuchte er dann, vorzeitig wieder auszuscheiden.[28]

Nach Absetzung der preußischen Regierung Braun-Severing durch Franz von Papen am 20. Juli 1932 forderte Suhr als einziger auf einer Vorstandssitzung der freien Gewerkschaften den sofortigen Generalstreik als geeignetes Mittel, die sich zuspitzende Lage zu beeinflußen. Noch am Abend des 20. Juli mußte er als Redner auf einer großen Versammlung im Arbeiterbezirk Lichtenberg erkennen, daß er mit seinem Plädoyer für einen Streik auf Unverständnis stieß.[29] Weihnachten 1932 erschien in der „Berliner Volkszeitung“ ein Artikel Suhrs mit der Überschrift „Faschistische Gefahr größer denn je“. Bei einer Umfrage dieser Zeitung schätzte er politisch höchst weitsichtig die Dauer der nationalsozialistischen Diktatur auf zwölf Jahre ein.[30] Bei gemeinsamen Konferen-

26 Zit. nach Karl-Dietrich Bracher, *Die Auflösung der Weimarer Republik. Eine Studie zum Problem des Machtverfalls in der Demokratie.* Mit einer Einl. von Hans Herzfeld, 5. Aufl., Villingen 1971, S. 145.

27 Siehe *Die internationale Krisis des Monopolkapitalismus,* in: O. Suhr, *Eine Auswahl...* (wie Anm. 2), S. 108–135, insbes. S. 121.

28 O. Suhr, *a.a.O.*, S. 15 f.

29 Vgl. O. Suhr, *a.a.O.*, S. 14–16; siehe auch K.-D. Bracher, *Die Auflösung...* (wie Anm. 26), S. 524: *Fast am stärksten aber war bei alledem die Zurückhaltung der Gewerkschaften selbst. Ihre Schwächung durch die Auswirkungen der Wirtschaftskrise hatte gerade jetzt einen Höhepunkt erreicht.*

30 O. Suhr, *a.a.O.*, S. 16.

zen von Angestellten- und Arbeitergewerkschaften waren es stets die Angestelltenvertreter, die den ADGB-Bundesvorstand unter Theodor Leipart vor den Folgen einer fatalistischen Anpassungspolitik warnten.[31] So lehnte Suhr die kompromißbereite Haltung einiger Gruppen innerhalb der freien Gewerkschaften im ADGB, mit den Nationalsozialisten zusammenzuarbeiten, rigoros ab.[32]
Am 30. Januar 1933 befand sich Suhr auf einer Vortragsreise in Thüringen, die er sofort abbrach, um nach Berlin zurückzukehren. Die fünf verbleibenden Wochen bis zur Reichstagswahl am 5. März 1933 versuchte er als Redner auf zahlreichen, häufig tumultuarischen Versammlungen, die Menschen auf die drohende politische Gefahr hinzuweisen.[33] Seine letzte große, im Bezirk Tiergarten stattfindende Veranstaltung wurde von der Polizei aufgelöst. In Anknüpfung an diesen Vorgang wurde Otto Suhr zwölf Jahre später, am 4. Juli 1945, zu der ersten großen Kundgebung nach dem Krieg vor das Rathaus Tiergarten als Redner eingeladen.
Otto Suhr entschied sich nach der Machtergreifung der Nationalsozialisten 1933 bewußt gegen eine Emigration: *Wie wollen wir es ändern, wenn alle weggehen?*[34] Nachdem der AfA-Bund als einziger Gewerkschaftsverband zum 30. März 1933 seine Selbstauflösung beschlossen hatte, um der Gleichschaltung zu entgehen, wurde Suhr arbeitslos. Die kommenden Jahre waren für die Familie Suhr geprägt von politischen Repressionen wie Hausdurchsuchungen und Diffamierungen. 1936 begann Suhr, als freier Mitarbeiter für die „Frankfurter Zeitung" Fachberichte für den Wirtschaftsteil zu schreiben. Er spezialisierte sich auf das Gebiet der Konsumgüterindustrie, wobei er sich bewußt möglichst abseitigen, unpolitischen Themen widmete, um keine Konzessionen machen zu müssen. Später begannen diese Themen ihn immer mehr zu interessieren.[35]
Trotz dieser Vorsichtsmaßnahmen war Suhr ein viel zu politisch denkender Mensch, um sich mit der Abfassung von Artikeln über die Reißverschluß- und Knopfindustrie zufrieden zu geben. Nach und nach gelang es ihm, sozialpolitische Aspekte in seine Wirtschaftsartikel einzubauen. Mit der Darstellung der Massenkonsumgüterindustrie und den ökonomischen Aspekten des Zeitungs-, Film-, Radio- und Schallplattenwe-

31 Siehe Gerhard Beier, *Die illegale Reichsleitung der Gewerkschaften*, in: Richard Löwenthal/Patrick von zur Mühlen (Hrsg.), *Widerstand und Verweigerung in Deutschland 1933–1945*, Berlin-Bonn 1982, S. 25–50, S. 34.

32 So verteidigte der ADGB-Vorsitzende Leipart vor Funktionären des ADGB das Recht des Bundesvorstandes, mit jeder Regierung zu verhandeln. Siehe Ch. Seifert, *Die deutsche Gewerkschaftsbewegung...* (wie Anm. 10), S. 210.

33 Dabei wurde er tatkräftig vom Vorsitzenden des AfA-Bundes Siegfried Aufhäuser unterstützt, der schon am 13. März 1920 zusammen mit Carl Legien den flammenden Aufruf zum Generalstreik gegen den Kapp-Putsch unterzeichnet hatte. Bis Ende März 1933 setzte er sich gegen die *Politik der Anpassung* zur Wehr, trat dann aus Protest von seinem Vorsitz zurück und reiste nach Wien. Siehe G. Beier, *Die illegale Reichsleitung...* (wie Anm. 31), S. 35.

34 O. Suhr, *Eine Auswahl...* (wie Anm. 2), S. 17.

35 Vgl. dazu die Auswahl einiger Artikel über *Die industriellen Massenkulturgüter, Der Mensch in Bewegung, Das Fahrrad* u. a. m., in: O. Suhr, *a.a.O.*, S. 143–285.

sens stellte er in seinen Artikeln deren soziologische Bedeutung für breite Bevölkerungsschichten sowie die Gefahr der Beeinflussung der Öffentlichkeit dar.[36]
Neben seiner journalistischen Tätigkeit nahm Suhr an der illegalen Gewerkschaftsarbeit teil. Vor einer im September 1939 durchgeführten Aktion umfangreicher Verhaftungen von führenden SPD- und Gewerkschaftsmitgliedern konnte er, rechtzeitig gewarnt, untertauchen. Die Widerstandsgruppe um Adolf Grimme, der auch Suhr angehörte, mußte sich nach der Verhaftung von Grimme 1942 auflösen. Für längere Zeit war Suhr an vorbereitenden Besprechungen der Widerstandsaktion beteiligt, die zum Attentat auf Hitler am 20. Juli 1944 führte. Danach mußte er sich erneut wochenlang verbergen.[37]
Nachdem die „Frankfurter Zeitung" am 31. August 1943 ihr Erscheinen auf Druck der Nationalsozialisten eingestellt hatte,[38] verfaßte Suhr für den befreundeten Verleger Felix Meiner eine „Geschichte der Konservierung" sowie eine „Kulturgeschichte der Nahrungssitten". Er wollte unbedingt bis zum unmittelbar bevorstehenden Zusammenbruch der Hitler-Diktatur durchhalten und schloß sich einem „planwirtschaftlichen Arbeitskreis" mit Gert von Eynern, Ludwig Heuss, Robert Tillmanns und Ludwig von Einsiedeln an, der konkrete Vorbereitungsmaßnahmen für die Kapitulation plante. Bereits 14 Tage nach der Unterzeichnung der Kapitulationsurkunde, Ende Mai 1945, bot die „planwirtschaftliche Arbeitsgruppe" dem von den Russen eingesetzten Beauftragten für Wirtschaft, Hermann Landwehr, ihre Mitarbeit an.
Die Abteilung „Wirtschaft" des bereits am 17. Mai 1945 eingesetzten Magistrats von Groß-Berlin sah sich angesichts der Zerstörung der Industrie[39] sowie der Demontage intakter Fabriken, des florierenden Schwarzmarktes und der desolaten Versorgungslage von rund drei Millionen Menschen gezwungen, mit der Einrichtung von „Zentralverwaltungen" die Wirtschaft zu steuern. Diese Zentralverwaltungen[40] waren als Ministerien für die sowjetisch besetzte Zone einschließlich Berlins[41] gedacht und hatten weitgehende Befugnisse.

36 Vgl. Nachlaß O. Suhr, Rep. 200, Acc. 1704, Nr. 1–11; E. Fraenkel, *Otto Suhr...* (wie Anm. 5), S. 339.
37 O. Suhr, *Eine Auswahl...* (wie Anm. 2), S. 21; siehe auch G. Beier, *Die illegale Reichsleitung...* (wie Anm. 31), S. 36.
38 Vgl. u. a. Margret Boveri, *Verzweigung. Eine Autobiographie*, hrsg. von Uwe Johnson, München-Zürich 1977, S. 404 f.
39 US-Oberst Howley vom Berlin Command nannte Berlin *den größten Trümmerhaufen der Welt.* Siehe *Berlin. Kampf um Freiheit und Selbstverwaltung 1945–1946*, 2., erg. u. erw. Aufl., hrsg. im Auftrag des Senats von Berlin, Berlin 1961, S. 11.
40 Wie stark die politische Einflußnahme auf die Zentralverwaltungen war, zeigte u. a. die Entlassung Ferdinand Friedensburgs aus seinem Amt als Präsident der Zentralverwaltung für Brennstoffindustrie durch die sowjetische Verwaltung.
41 Berlin stand vor allem in den ersten Monaten fast ausschließlich unter russischer Kontrolle. Dies wird auch deutlich durch die Kommandantur-Order Nr. 1 vom 11. Juli 1945, die alle Weisungen der Roten Armee an die deutschen Behörden ausdrücklich anerkannte. Vgl. *Berlin. Kampf...* (wie Anm. 39), S. 16.

Otto Suhr arbeitete seit dem 1. September 1945 in der „Zentralverwaltung für Industrie“ mit. Ihm unterstanden die Abteilungen für Papier, Holz, Glas, Kunststoff und Baustoffe.[42]

Bereits im Mai 1945 wurde Suhr aufgefordert, Vorbereitungsarbeiten sowohl für die Neugründung der Gewerkschaften sowie für die der SPD zu leisten.[43] Dem Befehl Nr. 2 der Sowjetischen Militäradministration in Deutschland (SMAD) vom 10. Juni 1945, die Gründung antifaschistischer Parteien und gewerkschaftlicher Organisationen zuzulassen, folgte tags darauf der Gründungsaufruf der KPD mit einer Erklärung für eine *parlamentarisch-demokratische Republik mit allen demokratischen Rechten und Freiheiten für das Volk.*[44] Daraufhin veröffentlichte die SPD in der gleichen Woche ihren Gründungsaufruf,[45] in dem sie *die organisatorische Einheit der Arbeiterklasse* forderte, aber die Politik der KPD unter Walter Ulbricht ablehnte.[46] Auch Suhr bejahte das künftige Zusammengehen der beiden Arbeiterparteien, *allerdings unter der Voraussetzung eines unabhängigen deutschen Wegs zum Sozialismus.*[47]

Nachdem sich die SPD Groß-Berlins am 7. April 1946 in der Zehlendorfer Zinnowaldschule neu konstituiert hatte, wurde Otto Suhr zu ihrem Generalsekretär ernannt. In einem leeren Haus in der Zietenstraße im amerikanischen Sektor, ausgestattet mit ein paar Tischen und Stühlen, begann er mit dem organisatorischen Neuaufbau der Partei, nachdem die Alliierte Kommandantur die Anerkennung der SPD und SED durch die BK/0 248 am 31. Mai 1946 offiziell bestätigt hatte. Zusammen mit Louise Schroeder wurde er Lizenzträger des neugegründeten Parteiorgans „Der Sozialdemokrat“. Suhr war maßgeblich am Kampf der SPD um Selbstbestimmung gegen den massiven Druck der KPD und der SMAD beteiligt, die Zwangsvereinigung von SPD und KPD in der SBZ und Berlin zu verhindern.[48] Es gelang der Berliner SPD, sich die-

42 Man fuhr mit leeren Güterzügen in die nähere und weitere Umgebung mit dem Auftrag, ganze Wälder zu schlagen, *ganze Läger abzutransportieren ... doch was schließlich in Berlin ankam, wurde zumeist beschlagnahmt.* Zit. O. Suhr, *Eine Auswahl...* (wie Anm. 2), S. 23.

43 Insbesondere in der sowjetischen Zone sowie Berlin wurden, entsprechend der SMAD-Zulassungspolitik, Parteien und Gewerkschaften gleichsam von oben nach unten gegründet.

44 Dazu Dietrich Staritz, *Sozialismus in einem halben Land*, Berlin 1976, S. 33; siehe den Aufruf der Kommunistischen Partei Deutschlands am 11. 6. 1945, in: *Berlin. Quellen und Dokumente 1945–1951*, 1. Hlbbd., hrsg. im Auftrag des Senats von Berlin, Berlin 1964, S. 755 ff.

45 Unter der Losung *Demokratie in Staat und Gemeinde, Sozialismus in Wirtschaft und Gesellschaft.* Vgl. D. Staritz, *Sozialismus...* (wie Anm. 44), S. 36; sowie den Aufruf der Sozialdemokratischen Partei Deutschlands am 15. 6. 1945, in: *Berlin. Quellen und Dokumente...* (wie Anm. 44), S. 761 ff.

46 Vgl. dazu u. a. Albrecht Kaden, *Einheit oder Freiheit. Die Wiedergründung der SPD 1945/1946*, Berlin-Bonn 1980; Wolfgang Ribbe, *Berlin zwischen Ost und West (1945 bis zur Gegenwart)*, in: ders. (Hrsg.), *Geschichte Berlins*, Bd. 2: *Von der Märzrevolution bis zur Gegenwart*, München 1987, S. 1027–1118; siehe auch D. Staritz, *Sozialismus...* (wie Anm. 44), S. 36

47 O. Suhr, *Eine Auswahl...* (wie Anm. 2), S. 24; vgl. dazu auch Gerhard Stuby, *Die SPD nach der Niederlage des Faschismus bis zur Gründung der BRD (1945–1949)*, in: Jutta von Fryberg/Georg Fülberth/Jürgen Harrer (Hrsg.), *Geschichte der deutschen Sozialdemokratie 1863–1975*, Köln 1977, S. 242–299.

ser Pression durch das eindeutige Votum ihrer Mitglieder zu widersetzen.[49] Suhr, der 1946 wirtschaftlichen Restaurationsbestrebungen durchaus kritisch gegenüberstand[50] und eine sachbezogene Zusammenarbeit mit der KPD zum Nutzen der Berliner Bevölkerung befürwortete,[51] setzte seine ganze Hoffnung auf die ersten demokratischen Wahlen zum Abgeordnetenhaus am 20. Oktober 1946.[52] Das Wahlergebnis brachte den notwendigen Klärungsprozeß und war der erste Meilenstein auf dem Weg zur Konsolidierung, aber auch zur Spaltung der Stadt.[53] Für Suhr, der den Wahlkampf der Berliner SPD organisiert hatte, war der unerwartet hohe Sieg seiner Partei mit 48,7 Prozent der Wählerstimmen eine Bestätigung seiner Politik.[54]

Am 26. November 1946 trat das neue Berliner Parlament, die Stadtverordnetenversammlung, erstmals zusammen und wählte mit den Stimmen von SPD, CDU, LPD und SED Otto Suhr einstimmig in das Amt des Stadtverordnetenvorstehers (seit 1951 Präsident des Abgeordnetenhauses), das er bis zu seiner Wahl zum Regierenden Bürgermeister 1955 innehatte. In seiner Antrittsrede beschwor er die Tugenden der Verständigung, Toleranz und Zusammenarbeit zum Nutzen der gesamten Stadt. Vordringlichste Aufgabe sei es, vorbildliche soziale Arbeit zu leisten, demokratische Selbstverwaltungen aufzubauen und zu stärken sowie wirtschaftlichen und kulturellen Aufschwung zu initiieren.[55]

Alle Unterschiede westlicher und östlicher Politik, die sich in den Zonen räumlich distanziert und deshalb weniger brisant offenbarten, mußten sich in Berlin unmittelbar auswirken. So waren die Jahre 1947 bis 1949 geprägt von der Bildung des ersten gewählten Magistrats, der Krise der Berliner Selbstverwaltung mit dem Rücktritt des Oberbürgermeisters Otto Ostrowski und der Nichtbestätigung der Wahl Ernst Reuters zum Oberbürgermeister durch die Alliierte Kommandantur sowie den Diskussionen über die verfassungsrechtliche Situation in Berlin, der Währungsreform und den damit verbundenen Spannungen zwischen den Alliierten, die schließlich zur Berlin-Blockade führen sollten. Dabei waren der Magistrat, das Abgeordnetenhaus und die

48 Schon Mitte September 1945 begann Grotewohl, jetzt mit Unterstützung Wilhelm Piecks, die Funktionäre der Sozialdemokratie auf die Notwendigkeit einer *völligen Einigung der Arbeiterklasse*, das heißt auf die Fusion zu einer sozialistischen Einheitspartei vorzubereiten. Siehe *Berlin. Kampf...* (wie Anm. 39), S. 34.

49 Vgl. dazu *Berlin. Quellen und Dokumente...* (wie Anm. 44), S. 834, 859, 880; siehe zum Abstimmungsergebnis die Zahlen bei Christoph Kleßmann, *Die doppelte Staatsgründung. Deutsche Geschichte 1945–1955*, 3., erg. Aufl., Bonn 1984, S. 141.

50 Siehe seinen Leitartikel *Die große Linie* in der Zeitschrift *Das sozialistische Jahrhundert*, in: O. Suhr, *Eine Auswahl...* (wie Anm. 2), S. 292: *Eine kapitalistische Wirtschaft mit ihren Krisen kann weder Freiheit noch Sicherheit auf Dauer verbürgen.*

51 Z. B. in Fragen der „Planwirtschaft", *ebda.*

52 O. Suhr, *a.a.O.*, S. 291.

53 Siehe *Berlin. Kampf...* (wie Anm. 39), S. 38 f.; sowie O. Suhr, *Eine Auswahl...* (wie Anm. 2), S. 424. Die Urabstimmung der Berliner Sozialdemokraten am 31. März 1946 kann als Eröffnung des Kalten Krieges im Berliner Rahmen gelten.

54 Siehe zum Wahlergebnis *Berlin. Quellen und Dokumente...* (wie Anm. 44), S. 1139 f.

55 Vgl. O. Suhr, *Eine Auswahl...* (wie Anm. 2), S. 26.

Selbstverwaltungsorgane den Anweisungen der Alliierten Kommandantur ständig unterworfen.[56]

Neben seiner Funktion als Stadtverordnetenvorsteher war Otto Suhr Vorsitzender des Verfassungsausschusses, der auf der Grundlage der vorläufigen Verfassung von Groß-Berlin (13. August 1946) insbesondere in der Kontroverse um Artikel 36 (Amtsenthebung von Magistratsmitgliedern)[57] Stellung gegen den alten Magistrat und die Kommandantur bezog. An den Vorarbeiten für eine neue Berliner Verfassung, die Suhr im Juni 1948 als Vorsitzender des Verfassungsausschusses dem Parlament vorlegte, hatte er wesentlichen Anteil.[58] Die einschneidenden politischen Veränderungen im Berlin der Jahre 1948/1949 führten dazu, daß die Berliner Verfassung erst am 1. Oktober 1950 in Kraft treten konnte. Durch seinen unbedingten Willen, *das Parlament nicht ins Schlepptau der Exekutive* geraten zu lassen, sondern größten Wert auf die „politische Gesittung" zu legen und Intrigen, parlamentarische Routine, politische Phrasen und Manipulationen rigoros abzulehnen, unterschied sich Otto Suhr in seiner Amtsführung und seinem Politikverständnis von anderen.[59] Seinen Widerstand gegen äußere Einflußnahmen auf das Berliner Parlament bewies er auch in der Auseinandersetzung um die Geschäftsfähigkeit dieser Institution im Krisenjahr 1948. Letztlich konnte er die Störversuche sowie die Vertreibung des Parlaments aus dem Neuen Stadthaus in der Parochialstraße nicht verhindern, so daß sein Umzug am 27. August 1948 vom Ostsektor in den Westteil beschlossen wurde.[60] Für Otto Suhr war dies ein schwarzer Tag, hatte er doch unter allen Umständen die Spaltung der Stadt vermeiden wollen. Riesenhafte Kundgebungen und Protestaktionen der Berliner Bevölkerung, in denen Suhr als Redner auftrat, waren Ausdruck der sich zuspitzenden Krise unmittelbar vor und während der Berliner Blockade. Die gemeinsame Linie des Antifaschismus wurde durch die Konfrontation der ehemaligen Alliierten untereinander immer mehr zugunsten des wachsenden Antisowjetismus und Antikommunismus weiter Teile der Bevölkerung und der offiziellen Politik verlassen.[61] Die Westintegration, die auch Suhr begrüßte, sollte zwar die Wiedervereinigung nicht behindern, jedoch eine Wiedervereinigung, die nur den Anschluß der östlichen Teile Deutschlands und Berlins an den jeweils westlichen bedeuten konnte.

56 Vgl. Theodor Eschenburg, *Jahre der Besatzung 1945–1949.* Mit einem einl. Essay von Eberhard Jäckel, Stuttgart-Wiesbaden 1983, S. 182. Neben der Nichtbestätigung der Wahl Ernst Reuters zum Oberbürgermeister bedeutete die Absetzung von Stadtrat Nestriepke im Sommer 1947 einen weiteren schweren Eingriff der Besatzungsmächte in die Rechte der Berliner Selbstverwaltung. Siehe dazu *Berlin. Quellen und Dokumente...* (wie Anm. 44), 2. Hlbbd., S. 1199–1214.

57 Siehe zur Kontroverse *a.a.O.,* S. 1165–1176.

58 *Welt am Sonntag* vom 17. 8. 1950, in: Nachlaß O. Suhr, Rep. 200, Acc. 1704, Nr. 13.

59 Vgl. O. Suhr, *Eine Auswahl...* (wie Anm. 2), S. 26.

60 Vgl. dazu *Berlin. Quellen und Dokumente...* (wie Anm. 44), S. 1605–1632; sowie Th. Eschenburg, *Jahre...* (wie Anm. 56), S. 455.

61 Siehe den Beitrag von Dirk Rotenberg über Willy Brandt im vorliegenden Band; vgl. auch Th. Eschenburg, *Jahre...* (wie Anm. 56), S. 182.

Aufgrund der Auseinandersetzungen mit der sowjetischen Verwaltung in der Frage der Parlamentssitzungen und den Erfahrungen mit der Berlin-Blockade wandte sich auch Suhr im Rahmen der offiziellen SPD-Politik immer stärker von der ursprünglichen Politik der Kooperation der Unterstützung einer westorientierten Politik zu.[62] Fragen der „Planwirtschaft" und „Sozialisierungsmaßnahmen" rückten angesichts der Diskreditierung des Sozialismus durch die östlichen Zwangsmaßnahmen und der Spaltung der Stadt immer weiter in den Hintergrund, um schließlich systemkonformen „Mitbestimmungsmodellen" Platz zu machen. Die Umorientierung der SPD bedeutete für Suhr, Abschied zu nehmen von Lösungen, die *nur mit sozialistischen Methoden* [zu] *gewährleiste*[n] seien.[63] Offen bleibt die Frage, inwieweit Suhr seinem Credo, *sich nicht von Augenblickssituationen* leiten zu lassen und sich *in taktischen Maßnahmen zu erschöpfen,* untreu wurde und dabei dem „Mythos von der Stärke der Sowjetunion" erlag.[64]

Obwohl Suhr die Gefahr einer Vertiefung der Spaltung zwischen Ost- und Westdeutschland sah, beteiligte er sich auf Einladung der westdeutschen Ministerpräsidenten an den verfassungsrechtlichen Vorbereitungen zum Grundgesetz. Als alleiniger Vertreter nahm Suhr an dem vorbereitenden Verfassungskonvent in Herrenchiemsee im Sommer 1948 teil. Auch im Parlamentarischen Rat, dem Suhr als einer der fünf Berliner Vertreter neben Ernst Reuter, Jakob Kaiser, Paul Löbe und Hans Reif angehörte, vertrat Carlo Schmid als erster Berichterstatter des Herrenchiemseer Verfassungskonvents ausdrücklich die Idee des Staatsfragments.[65] Trotz des vorläufigen Charakters des Grundgesetzes fand die Entstehung eines Staatsgebildes im Westen Deutschlands in Berlin zunächst keine einhellige Zustimmung. Ein Teil der maßgeblichen politischen Kräfte in der Stadt befürchtete, daß sich dadurch die Teilung Deutschlands, von der Berlin am stärksten betroffen wäre, noch weiter vertiefen würde. Insbesondere in Suhrs Partei fanden sich zahlreiche Anhänger dieser politischen Einschätzung.[66]

62 Vgl. *Berlin. Behauptung von Freiheit und Selbstverwaltung 1946–1948*, hrsg. im Auftrag des Senats von Berlin, Berlin 1959, S. 53; siehe Nachlaß O. Suhr, Rep. 200, Acc. 1704, Nr. 39; vgl. auch Joachim Raschke, *Innerparteiliche Opposition. Die Linke in der Berliner SPD*, Hamburg 1974, S. 59 ff.

63 Vgl. O. Suhr, *Eine Auswahl...* (wie Anm. 2), S. 28. So konstatierte er bereits 1946 in einem Leitartikel der Zeitschrift *Das sozialistische Jahrhundert*, daß *die Lehre von Karl Marx, so sehr sie als Richtschnur gelten kann, ... dennoch für das politische Handeln nicht zum Dogma werden darf,* denn *sie enthält weder ein Rezept für die Tagespolitik, noch lassen sich aus den Erkenntnissen des vorigen Jahrhunderts unmittelbar Entscheidungen für morgen folgern. A.a.O.*, S. 290. Daß dieser „Ablösungsprozeß" nur schrittweise vollzogen wurde, darauf verweist Hans-Peter Schwarz, *Die Ära Adenauer. Gründerjahre der Republik 1949–1957.* Mit einem einl. Essay von Theodor Eschenburg, Stuttgart-Wiesbaden 1981, S. 239 ff.

64 Vgl. Wilfried Loth, *Die Teilung der Welt 1941–1955,* München 1980, S. 221–228.

65 So schrieb Carlo Schmid, *Erinnerungen*, Bern-München-Wien 1979, S. 337: *Die Schilderung seiner* [O. Suhrs, Anm. d. V.] *Berliner Erfahrungen mit den östlichen und westlichen Besatzungsmächten in der Berliner Kommandantur brachten manches Mitglied des Konvents ... auf den Boden der Wirklichkeit zurück.*

Nicht nur als Politiker und Verfassungsexperte versuchte Otto Suhr seine demokratischen Vorstellungen in die politische Praxis einzubringen, auch als Wissenschaftler gelang es ihm, praktisch-organisatorische und ideelle Forderungen durchzusetzen. Bereits im Juli 1946 setzte er sich, von der Sozialdemokratie unterstützt, intensiv dafür ein, die von den Nationalsozialisten zerschlagene Hochschule für Politik als eine *Hochschule für Demokratie* durch den Magistrat errichten zu lassen.[67] Daß am 18. März 1948, dem hundertsten Gedenktag der Achtundvierziger-Revolution, die Berliner Stadtverordnetenversammlung zum Gedächtnis der Vorkämpfer der deutschen Demokratie die Wiedererrichtung der Deutschen Hochschule für Politik beschloß, ging im wesentlichen auf die Initiative Otto Suhrs zurück, ihm kommt auch der entscheidende Anteil an der Durchsetzung des Beschlusses zu.[68] Inzwischen hatte sich die Politische Wissenschaft im Zuge des „Reeducation"-Programms der Alliierten an allen deutschen Universitäten als anerkannte Fachrichtung durchgesetzt. Auf Initiative Suhrs, der seit dem 15. Januar 1949 Direktor der neugegründeten „Deutschen Hochschule für Politik" war, fand in Berlin eine Tagung statt, auf der nach Vorträgen von Alfred Weber und Eugen Kogon acht Thesen zum Thema „Es gibt eine eigene Wissenschaft der Politik" aufgestellt wurden. Gleichzeitig wurde eine „Vereinigung für die Wissenschaft von der Politik" ins Leben gerufen. Suhr ging es vor allem darum, die Anerkennung der modernen Politologie durchzusetzen, indem er die Hochschule für Politik von einer Anstalt für politische Bildung in eine Ausbildungsstätte für politische Berufe mit akademisch anerkanntem Diplom umwandelte. 1952 konnten die ersten Absolventen die Promotion an der Freien Universität Berlin im Fach „Wissenschaft von der Politik" erlangen. Mit der Einrichtung weiterer Lehrstühle übernahm Otto Suhr die Professur für Innenpolitik. Um die Lehrtätigkeit durch Forschungsarbeit zu ergänzen, gründeten Hochschule und Universität das „Institut für Politische Wissenschaft", das sich ausschließlich der Forschung widmete. Erst 1959, zwei Jahre nach Suhrs Tod, wurde die Hochschule vollständig in die Freie Universität eingegliedert und erhielt den Namen „Otto-Suhr-Institut".[69]

Auch der Kampf um die demokratische Erneuerung der Berliner Gewerkschaften war im wesentlichen von Otto Suhrs Aktivitäten bestimmt. Suhr, der Vorstandsmitglied des Freien Deutschen Gewerkschaftsbundes (FDGB)[70] war, vertrat zunächst energisch

66 Das Fragmentarische wird auch ausdrücklich von O. Suhr betont, vgl. O. Suhr, *Eine Auswahl...* (wie Anm. 2), S. 37; ebenso *Berlin. Quellen und Dokumente...* (wie Anm. 44), S. 2023–2041.

67 Vgl. *Berlin. Kampf...* (wie Anm. 39), S. 32.

68 Vgl. Siegfried Mielke, *Der Nachlaß Otto Suhr im Berliner Landesarchiv*, in: *Internationale wissenschaftliche Korrespondenz zur Geschichte der deutschen Arbeiterbewegung* 1 (1974), S. 80; vgl. auch E. Fraenkel, *Otto Suhr...* (wie Anm. 5), S. 333.

69 Vgl. S. Mielke, *Der Nachlaß Otto Suhr...* (wie Anm. 68), S. 79 f.; sowie Nachlaß O. Suhr, Rep. 200, Acc. 1704, Bd. 61–68.

70 Laut Geschäftsbericht des FDGB 1946 verfügte die Gewerkschaft über einen Mitgliederbestand von 3 277 578. Vgl. Chr. Kleßmann, *Die doppelte Staatsgründung...* (wie Anm. 49), S. 408.

die Idee einer Einheitsgewerkschaft[71] auf demokratischer Basis.[72] Während in den Jahren 1946 bis 1948 in der westdeutschen Gewerkschaft der Aufbau der Organisation „von unten her“ durchgeführt wurde und unter dem Druck der Westalliierten zur Aufgabe des Einheitsgewerkschaftsgedankens führte, förderte das sowjetische Besatzungsregime in seiner Zone und Berlin die Errichtung zentraler Gewerkschaften. Der beginnende Kalte Krieg zwischen den ehemaligen Mitgliedern der Kriegskoalition spiegelte sich zunehmend ideologisch in Fragen der demokratischen Legitimation von Führungspositionen in den entscheidenden Verbänden und Parteien wider. Unter dem Banner „Unabhängigkeit und Freiheit“ nahm Suhr erneut den Kampf, der bereits beim Zusammenschluß von SPD und KPD ausgetragen worden war, bei der Auseinandersetzung um die Einheitsgewerkschaft wieder auf. Zunächst stellte er sich allein mit einer kleinen Gruppe gegen den Monopolanspruch der SED und damit gegen eine bedeutende Majorität. Dieser gehörten unter anderen noch seine langjährigen Gewerkschaftsfreunde Ernst Lemmer und Jakob Kaiser an.[73] Im Mittelpunkt der monatelangen Auseinandersetzungen zwischen dem FDGB-Vorstand und Otto Suhr standen die Auswahlkriterien sowie die Legitimation der Kandidaten für den Gewerkschaftsvorstand. Am 3. Januar 1947 bekräftigte Suhr erneut in einem offenen Brief an den kommunistischen Vorsitzenden des FDGB, Roman Chwalek, daß die Einheit der Gewerkschaften nur dann gewährleistet sei, wenn sich der Vorstand aus Mitgliedern aller politischer Richtungen zusammensetze, die aus freien demokratischen Wahlen hervorgegangen seien.[74] Der Gewerkschaftsvorstand jedoch lehnte es ab, die Parteizugehörigkeit seiner Mitglieder zu benennen, da der überwiegende Teil der SED entstammte, und warf Suhr vor, parteipolitische Gesichtspunkte in die Gewerkschaftsbewegung zu tragen. Inzwischen gründete dieser in Berlin die „Unabhängige Gewerkschaftsopposition“ (UGO) innerhalb des FDGB Berlins und erhielt bald darauf Unterstützung von Lemmer und Kaiser. Suhr, dem Sprecher der UGO, wurde die Zerstörung der gewerkschaftlichen Einheit vorgeworfen. Die verschärften Auseinandersetzungen innerhalb des FDGB spiegelten die wachsende Konfrontation zwischen den Alliierten und der

71 Trotz aller ideologischer Gegensätze und organisatorisch-politischer Differenzen, die schon im gewerkschaftlichen Widerstand und unter den Exilgruppen sichtbar wurden, war nach dem Zusammenbruch die Einheitsgewerkschaft als Prinzip völlig unumstritten. Vgl. Theo Pirker, *Die blinde Macht*, T. 1, Berlin 1979, S. 38 und 62 f.; Chr. Kleßmann, *Die doppelte Staatsgründung...* (wie Anm. 49), S. 126 und 130.

72 Suhr befürchtete, daß die alten Funktionäre wieder ans Ruder gelangen könnten, statt die *Umformung* [der Gewerkschaften] *in einem neuen Geist entsprechend den alten Verhältnissen ... jungen Menschen zu überlassen.* Zit. nach O. Suhr, *Eine Auswahl...* (wie Anm. 2), S. 24; vgl. auch: *Berlin. Quellen und Dokumente...* (wie Anm. 44), S. 1046.

73 *Auch bei der Wiederbelebung der Gewerkschaften sollte es sich auszahlen, daß allein die Kommunisten, die mit einer größeren Anzahl von Funktionären aus der Moskauer Emigration zurückgekehrt waren, über einen festen Parteiapparat verfügten, der sich als schlagkräftiges Instrument bei der politischen Machtentfaltung erwies.* Zit. nach W. Ribbe, *Berlin zwischen Ost und West...* (wie Anm. 46), S. 1042 f.

74 Vgl. O. Suhr, *Eine Auswahl...* (wie Anm. 2), S. 31 f.

Politik in den jeweiligen Zonen wider. Der drei Jahre dauernde Kampf um die parteipolitische Unabhängigkeit der Gewerkschaften hatte zwar nicht die Auswirkungen und das Aufsehen in der Öffentlichkeit erregt wie die Urabstimmung der SPD anläßlich der Einheitsdebatte, beeinflußte aber doch die zukünftige politische Haltung der gesamten deutschen Gewerkschaftsbewegung.[75] Und maßgeblich geführt wurde er von Otto Suhr, dem *ungekrönten König von Berlin*, wie ihn die „Weltbühne" nannte.[76]
In den innerparteilichen Auseinandersetzungen der SPD nach 1945 trat Otto Suhr kaum in Erscheinung. Er wurde weder den Anhängern des linken Parteiflügels um Franz Neumann, die die traditionellen Forderungen und Vorstellungen der Sozialdemokratie und der Gewerkschaftsbewegung vertraten, noch dem „Arbeitskreis 51" um Ernst Reuter, Fritz Erler und Willy Brandt, die für eine Öffnung hin zur bürgerlichen Reformpartei sowie die Verankerung West-Berlins im Westblock plädierten, zugeordnet.[77] Mit der Krise von 1948/1949, die die Westorientierung entscheidend vorantrieb, rückte auch für Suhr die in der Berliner SPD geführte Debatte um den Sozialismus als *sittliche Idee* immer mehr in den Hintergrund. Die von Suhr geleitete Zeitschrift „Das Sozialistische Jahrhundert", theoretische Plattform der Diskussion innerhalb der Partei, beeinflußte kaum die Debatte über die praktische Politik, die zunehmend nach pragmatischem oder traditionalistischem Muster geführt wurde. Die Frage der Durchsetzung des Sozialismus stand nicht mehr auf der Tagesordnung.[78] In der Zeit von 1953 bis 1957 fanden innerhalb der Berliner SPD die richtungspolitisch bedeutsamen Sach- und Personalentscheidungen weitgehend unter Ausschluß der Öffentlichkeit statt. Zwar konnte von einer einheitlichen Linie im Abwehrkampf gegen die sowjetische Bedrohung ausgegangen werden, aber die Frage des innerparteilichen Machtwandels zwischen dem linken Flügel um Neumann und dem rechten um Brandt, die sich erbittert bekämpften, war noch nicht entschieden.[79] Deshalb war in dieser Phase relativer außenpolitischer Ruhe bei gleichzeitiger wirtschaftlicher Aufwärtsentwicklung, in der sich innerhalb der SPD die gemeinsame Überzeugung durchsetzte, daß die gesellschaftliche Anpassung und Integration an Westdeutschland und die Bonner Politik sich finanziell und ökonomisch auszahlte, Otto Suhr der richtige Kompromißkandidat für die Nachfolge Ernst Reuters. In Otto Suhr, der *sachlich-politisch, personell-politisch und kommunikativ zwischen den Gruppierungen und zwischen*

75 Vgl. dazu W. Ribbe, *Berlin zwischen Ost und West...* (wie Anm. 46), S. 1024 ff., Albrecht Lampe, *Berlin – Hauptstadt im geteilten Deutschland 1945–1962*, in: *Heimatchronik Berlin* (= Heimatchroniken der Städte und Kreise des Bundesgebietes 25), Köln 1962, S. 500–532; *Berlin. Quellen und Dokumente...* (wie Anm. 44), S. 1030 ff.

76 Vgl. O. Suhr, *Eine Auswahl...* (wie Anm. 2), S. 32.

77 Vgl. Hans-Jürgen Heß, *Innerparteiliche Gruppenbildung. Macht- und Demokratieverlust einer politischen Partei am Beispiel der Berliner SPD in den Jahren von 1963 bis 1981* (= Forschungsinstitut der Friedrich-Ebert-Stiftung. Reihe: Politik und Gesellschaftsgeschichte, Bd. 13), Bonn 1984, S. 29–44; J. Raschke, *Innerparteiliche Opposition...* (wie Anm. 62), S. 47–54.

78 Vgl. J. Raschke, *a.a.O.*, S. 54 ff.

79 Vgl. H.-J. Heß, *Innerparteiliche Gruppenbildung...* (wie Anm. 77), S. 30.

Senat, Fraktion vermittelte,[80] personifizierte sich das Bedürfnis nach Ruhe und Stabilität in der gespaltenen Stadt Berlin. Suhr symbolisierte weitgehend die Linie des „Sowohl-Als-auch" innerhalb der Partei, die schon im Dortmunder Aktionsprogramm von 1952 artikuliert worden war. In der Phase von 1947 bis 1957 bedeutete dies, daß die SPD-Programmatik immer radikaler war als ihre Politik.

Mit der Wahl Otto Suhrs zum Regierenden Bürgermeister 1955 und Willy Brandts zu seinem Nachfolger als Präsident des Berliner Abgeordnetenhauses hatte der Berliner Landesverband der SPD einen innerparteilichen Waffenstillstand geschlossen. Denn Suhr hatte nicht nur *einen Fuß in jedem der beiden Lager,* sein *persönliches Ansehen und gute Reputation als Sozialdemokrat* waren so groß, daß der *linke Flügel sein politisches Feuer zurückhielt. Im Grunde unterschied sich Suhrs Politik jedoch nicht wesentlich von der Ernst Reuters; letztlich konnte man damit rechnen, daß Suhr sich in politischen Auseinandersetzungen innerhalb der Partei immer auf die Seite der Brandt-Gruppe schlagen würde.*[81]

Der *eher behutsame und bedächtige* Otto Suhr präsentierte sich nach seiner Wahl zum Regierenden Bürgermeister am 11. Januar 1955 mit starkem Selbstbewußtsein und der Parole: *Jetzt wird wirklich regiert!*[82]

Suhr, der damals gerade 60 Jahre alt geworden war, zögerte zunächst, ob er die Aufgabe übernehmen sollte. Er *scheute zwar weder die Verantwortung noch die qualitative und quantitative Arbeitslast ... was er scheute, waren die Intrigen, die Böswilligkeiten und Gehässigkeiten,*[83] die ein solches Amt mit sich brachte. Aber Suhr, der sich wiederholt als einen *Politiker aus Leidenschaft* bezeichnete, stellte sich der Aufgabe.

Nach langwierigen Verhandlungen mit der CDU legte Suhr am 3. Februar 1955 dem Abgeordnetenhaus von Berlin die Richtlinien der künftigen Regierungspolitik in einem 15-Punkte-Programm vor.[84] Die Regierungserklärung Suhrs wurde im SED-Parteiorgan „Neues Deutschland" vom 4. Februar 1955 als die „Entlarvung" einer Politik interpretiert, die den West-Berliner Senat *ins Kielwasser der Kriegspolitik Adenauers* führe und die *jede Annäherung an das natürliche Hinterland Berlins, die DDR,* ausschließe.[85] Zwar strebte Suhr in seinem Regierungsprogramm die Entspannung der politisch

80 Zitiert nach J. Raschke, *Innerparteiliche Opposition...* (wie Anm. 62), S. 66, siehe auch H.-P. Schwarz, *Die Ära Adenauer...* (wie Anm. 63), S. 239 ff.

81 Abraham Askenasi, *Reformpartei und Außenpolitik. Die Außenpolitik der SPD,* Berlin-Bonn-Köln 1968, S. 131.

82 Zit. nach Georg Kotowski/Hans J. Reichhardt, *Berlin als Hauptstadt im Nachkriegsdeutschland und Land Berlin 1945–1985* (= Veröffentlichungen der Historischen Kommission zu Berlin, Bd. 70/2; zugleich Berliner Demokratie 1919–1985, Bd. 2), Berlin-New York 1987, S. 103. Otto Suhr wurde mit 104 Stimmen gegen 18 bei drei Enthaltungen an die Spitze eines Senats der Großen Koalition von SPD und CDU gewählt.

83 Zit. nach O. Suhr, *Eine Auswahl...* (wie Anm. 2), S. 44.

84 Vgl. O. Suhr, *a.a.O.,* S. 382–399.

85 Dennis L. Bark, *Die Berlin-Frage 1949–1955. Verhandlungsgrundlagen und Eindämmungspolitik.* Mit einem Vorwort von Hans Herzfeld (= Veröffentlichungen der Historischen Kommission zu Berlin, Bd. 36), Berlin-New York 1972, S. 464.

festgefahrenen Verhältnisse zwischen Ost und West an. So sollten technische und administrative Kontakte zu den Ost-Berliner Behörden zwecks Linderung der Folgen der Spaltung der Stadt hergestellt werden. Gleichzeitig wurden diese Bestrebungen Suhrs konterkariert durch die konsequente Anbindung an die Bonner Politik der Ablehnung jeden Gesprächs auf Ministerebene, die zu einer befürchteten Anerkennung der DDR führen könnte.[86] Dies veranlaßte den „Spiegel" zu der boshaften Feststellung, Otto Suhrs *außenpolitischer Leitstern* sei Konrad Adenauer.[87]

Suhrs Orientierung an der Bonner Politik hatte wirtschaftliche und finanzielle Gründe. So entwickelte er das Konzept einer Wirtschaftspolitik, die einen neuen Abschnitt des Wirtschaftswachstums eröffnen und ein großzügiges Wiederaufbauprogramm verwirklichen sollte. Die Konzeption wurde im April 1955 vom Bonner Wirtschaftsministerium als „Berliner Aufbauprogramm" verabschiedet. Im Vordergrund standen Kredithilfen für Privatinvestitionen, Auftragsförderung und -finanzierung sowie die versprochene Schaffung von Arbeitsplätzen. Bereits zwei Jahre nach seiner Regierungsübernahme konnte Suhr sein Versprechen, 10 000 neue Arbeitsplätze zu schaffen, einlösen. Zur Flankierung dieses Programms stabilisierte die Bundesregierung ihre Berlin-Hilfe durch ein erstes Steuerpräferenzgesetz, steuerliche Erleichterungen bei Transporten von und nach Berlin sowie weitere finanzielle Maßnahmen zum Ausgleich der Berliner Standortnachteile.[88] Suhr legte den Schwerpunkt seiner Regierungspolitik auf kommunale und verwaltungsreformerische Aufgaben. Dies trug ihm später den Vorwurf ein, bloße Kommunalpolitik betrieben zu haben. Er prägte in seinem Regierungsprogramm das Stichwort von der *sozialen Koalition.* So konnte der mit dem wirtschaftlichen Aufschwung verbundene Ausbau der Sozialpolitik und Gesundheitsfürsorge sowie die längst fällige Verwaltungsreform mit dem Ziel eines vereinfachten Instanzenweges und klarer Zuständigkeitsabgrenzungen zwischen Senat und Bezirksverwaltungen durchgeführt werden. Suhr versuchte in den zwei Jahren seiner Amtszeit, in denen er eher als Wissenschaftler und Verwaltungsfachmann denn als Parteipolitiker regierte, einen technisch leistungsfähigen und in der Praxis demokratisch strukturierten Beamtenapparat aufzubauen.

Während dieser Zeit wurden bedeutende Bauprojekte in Angriff genommen. Die USA beteiligten sich mit 84 Millionen DM, die unter anderem für den Aufbau des Hansaviertels und der Kongreßhalle bestimmt waren. Die für 1957 geplante Internationale Bauausstellung sollte das zerstörte Hansaviertel am Rande des Tiergartens nach Entwürfen in- und ausländischer Architekten wie Walter Gropius, Alvar Aalto, Oscar Niemeyer und anderer wiedererrichten. Gleichzeitig entstanden die Trabantenstädte in Britz, Buckow, Rudow und im Märkischen Viertel. Der Bau der Kongreßhalle und der Oper, die Wiederherstellung des Reichstages, des Schlosses Bellevue sowie des Char-

86 Vgl. G. Kotowski/H. J. Reichhardt, *Berlin als Hauptstadt...* (wie Anm. 82), S. 113 f.
87 Zit. nach G. Kotowski/H. J. Reichhardt, *a.a.O.*, S. 108.
88 *Ebda.*

lottenburger Schlosses und der Umgebung mit der großen Zufahrtsstraße, später in Otto-Suhr-Allee umbenannt, wurde beschlossen und durchgeführt. *Wir wissen doch, daß nicht nur Heinrich I., sondern auch Otto I. ein großer Städte- und Kirchenbauer gewesen ist,* spöttelte Senator Tiburtius im Berliner Abgeordnetenhaus.[89]

Mit seinem Ziel, West-Berlin durch ein umfangreiches Bau-, Kultur- und Wirtschaftsprogramm wieder in den Rang einer glänzenden Metropole zu erheben, trat Suhr in Konkurrenz zu Bestrebungen der DDR-Führung, Ost-Berlin den alleinigen Rang einer Hauptstadt zu verleihen, und wies sie gleichzeitig ab.[90] 1957 eröffnete Suhr, bereits gezeichnet von seiner schweren Krankheit, mit einer Festtagsrede auf der Terrasse des Schlosses Bellevue die Internationale Bauausstellung. Vierzehn Tage nach seiner Geburtstagsfeier, am 30. August 1957, starb Otto Suhr. Trotz seiner nur zweieinhalbjährigen Amtszeit als Regierender Bürgermeister gelang es ihm, dem Führungsstil des Senats seinen Stempel aufzudrücken. Seine unzweifelhaften Führungsqualitäten äußerten sich in einer steten Sorgfalt und Gewissenhaftigkeit, mit der er den kleinsten Dingen seine volle Aufmerksamkeit schenkte. Seine unspektakuläre, auf das Machbare orientierte Politik, die politische Gesittung über politische Gesinnung stellte, verlangte den Anhängern aller politischen Richtungen uneingeschränkten Respekt ab.

Als im September 1957 Hunderttausende von Berlinern den Weg des Begräbniszuges vom Schöneberger Rathaus zum Friedhof Zehlendorf säumten, um ihm das letzte Geleit zu geben, schien Suhrs skeptische Selbsteinschätzung, *nie populär gewesen zu sein,*[91] durch die Anteilnahme der Bevölkerung mit den Worten Metternichs widerlegt: *Es gibt zwei Arten von Popularität, die eine, die wahre, folgt den Taten, der anderen jagen die Ungeduldigen nach, ohne sie je zu erreichen.*[92]

89 Zit. nach O. Suhr, *Eine Auswahl...* (wie Anm. 2), S. 46.

90 *Berlin würde seiner vielberufenen Aufgabe, Vorposten der Freiheit zu sein, nicht gerecht, wenn es nicht durch eine weit zügigere Stadt- und Bauplanung den Willen beweisen würde, wieder Hauptstadt Deutschlands zu werden.* Nachlaß O. Suhr, Rep. 200, Acc. 1704, Nr. 40. Im Herbst 1955 erklärte der Kommandant des sowjetischen Sektors Ost-Berlin als *nicht mehr von den Sowjets besetzt* und zur *Hauptstadt der DDR.*

91 Zit. nach O. Suhr, *Eine Auswahl...* (wie Anm. 2), S. 50.

92 Zit. nach E. Fraenkel, *Otto Suhr...* (wie Anm. 5), S. 339.

Willy Brandt

von Dirk Rotenberg

Anfang April 1933 verließ ein junger Mann die Stadt Lübeck und begab sich auf die Reise nach Oslo. Zur Tarnung trug er einen neuen Namen, er nannte sich Willy Brandt. *Ein schwerer Abschied war es nicht,*[1] denn der Neunzehnjährige befand sich auf der Flucht vor dem Zugriff des NS-Regimes und reiste im Auftrag seiner Partei. Norwegen war das Exil seiner Wahl. Er verließ die Stadt, in der er am 18. Dezember 1913 als Herbert Ernst Karl Frahm zur Welt gekommen war. Hier war er bei seiner Mutter Martha Frahm und seinem Großvater Ludwig Frahm aufgewachsen, hatte der Arbeiterjunge zunächst die St. Lorenz-Knaben-Mittelschule und dann das Johanneum-Gymnasium besucht.

Noch vor dem Abitur, bereits mit fünfzehn Jahren, fühlte er sich politisch reif. Den Falken entwachsen, fand er sein Zuhause in der Sozialistischen Arbeiterjugend (SAJ) und begann sein Selbstverständnis als „junger Sozialist" in Artikeln für den Lübecker „Volksboten" zu artikulieren. Herbert Frahm beteiligte sich an den Demonstrationen seiner Genossen unter dem Motto: „Republik, das ist nicht viel, Sozialismus ist das Ziel!" Daneben erwarb er sich bald den Spitznamen „der Politiker", denn immer mehr Zeit widmete er seinen Vorträgen und Artikeln. Gefördert wurde der Gymnasiast in diesen Jahren von Julius Leber, dem SPD-Vertreter Lübecks im Reichstag und Chefredakteur des „Volksboten". Trotz dessen Warnung verließ Frahm 1931 die SPD, der er ein Jahr vorher beigetreten war, und wandte sich der radikaleren Sozialistischen Arbeiterpartei (SAP) zu. Veranlaßt hatte ihn zu diesem Schritt seine Kritik an der – wie man damals sagte – „Hinhaltepolitik" Otto Brauns und Carl Severings gegenüber der Reichsregierung. *Der Versuch führte in die Sackgasse und in die Sektiererei, persönlich verbaute er mir zunächst den Weg zur Universität,* urteilte Brandt im Rückblick.[2] Geschichte und Deutsch hatte der Abiturient studieren wollen, um später als Journalist zu arbeiten. Doch das in Aussicht gestellte Stipendium mochte Julius Leber dem Abweichler nun nicht mehr vermitteln. Der junge Frahm arbeitete daher nach dem Abitur im Februar 1932 als Volontär bei einer Lübecker Schiffsmaklerei, eine Tätigkeit, die ihm seine „zweite Existenz", die des Aktivisten, erlaubte. Nur ein Jahr später fand sich Frahm in der Illegalität wieder, wie überall in Deutschland wurde auch in Lübeck der nationalsozialistische Unterdrückungsapparat institutionalisiert. Wegen des Verdachts der Herstellung und Verbreitung von Flugblättern geriet er auf die Fahndungslisten und entschloß sich zur Flucht.

In Norwegen fühlte sich Willy Brandt bald zu Hause, er erlernte rasch die Landessprache und begann, für einheimische Zeitungen zu schreiben. Nach der Ausbürgerung

1 Willy Brandt, *Erinnerungen*, Berlin 1989, S. 85.

2 *A.a.O.*, S. 90. Vgl. ausführlich Willy Brandt, *Links und Frei. Mein Weg 1930–1950*, Hamburg 1982, S. 44–66.

durch das Deutsche Reich am 3. September 1938 erhielt er 1940 die norwegische Staatsbürgerschaft. Auch familiär blieb er seinem Gastland verbunden, er heiratete in erster Ehe die Norwegerin Carlota Thorkildsen und 1948 seine zweite Frau Rut Hansen, ebenfalls eine Norwegerin.

Zwei Aufgaben hatte Brandt in Oslo wahrzunehmen. Zum einen leitete er das norwegische Büro der SAP und ihres Jugendverbandes, zum anderen sorgte er für die Verbindungen zur Norwegischen Arbeiterpartei (NAP).[3] Beide Parteien verstanden sich als zwischen der Sozialdemokratie und dem Kommunismus angesiedelt. Somit beschränkte er seine Aktivitäten nicht auf die Kreise der Exilanten, sondern sammelte auch Erfahrungen mit den skandinavischen Arbeiterparteien. Statt in einem Emigrantenghetto zu resignieren,[4] lernte Brandt den Pragmatismus der in der Regierungsverantwortung stehenden schwedischen und norwegischen Arbeiterparteien kennen. Er setzte sich für eine geschlossene Internationale des Antifaschismus ein und war wie viele Genossen bei Bekanntwerden des Hitler-Stalin-Paktes im August 1939 von der Haltung der Sowjetunion enttäuscht. In den Jahren vor Kriegsausbruch hatte Brandt zahlreiche Auslandsreisen unternommen. Als norwegischer Student getarnt, verbrachte er unter dem Namen Gunnar Gassland 1936 sogar mehrere Monate in Berlin. Seine Aufgabe war es, durch Verhaftung von Genossen bedrohte Verbindungslinien zu sichern. Im Kontakt mit deutschen Widerstandskämpfern kam ihm die Stadt Berlin erstmals *sehr nahe.*[5] Unmittelbar nach seiner Rückkehr nach Oslo zog es Brandt Anfang 1937 für fünf Monate nach Spanien, das auch ihm, wie allen europäischen Antifaschisten, als Hoffnung galt. Während er sich mit Berichten für skandinavische Blätter über Wasser hielt, beteiligte er sich auch an der Debatte über den vergeblichen Versuch, den sich hinter Franco versammelnden Kräften ein ebenso solidarisches Bündnis von Linkssozialisten, Kommunisten und Anarchosyndikalisten entgegenzustellen.[6]

In Norwegen erreichte ihn die Nachricht vom Überfall auf Polen; ein halbes Jahr später setzte Hitler zur Eroberung Norwegens an. Nach der Besetzung Norwegens durch die deutsche Wehrmacht am 9. April 1940 wurde Brandt verhaftet. Ein mutiger Schachzug verhalf ihm zur Freilassung nach wenigen Wochen. Er hatte eine geborgte norwegische Uniform getragen, die ihn rettete, denn nach der Etablierung Quislings wurden Norweger nicht länger inhaftiert. Doch nun galt es erneut, sich in Sicherheit zu bringen. Anfang August überschritt Brandt die Grenze zum neutralen Schweden. Auch hier beteiligte er sich aktiv an den Diskussionen um die zukünftige gesellschaftliche und staatliche Ordnung Europas. Aufgrund seiner Ausstrahlung und seiner Aktivitäten wurde Brandt von seinen Gastgebern als einer der ihren akzeptiert und avancierte *fast*

3 Carola Stern, *Willy Brandt*, Reinbek 1988, S. 21.

4 Brandt mochte nicht „eigene Wunden" lecken, sondern beschloß, *daß ich zwar Exilarbeit leisten, aber nicht als Emigrant leben wollte.* W. Brandt, *Erinnerungen...* (wie Anm. 1), S. 98.

5 Willy Brandt, *Draußen. Schriften während der Emigration*, hrsg. von Günter Struve, München 1966, S. 67.

6 Vgl. das Kapitel „Barcelona" in W. Brandt, *Links und Frei...* (wie Anm. 2), S. 215–260.

Willy Brandt, * Lübeck 18. 12. 1913, † Unkel (bei Bonn) 8. 10. 1992, Regierender Bürgermeister von Berlin [West] 1957–1966

zwangsläufig zur repräsentativsten Figur der deutschsprachigen Emigration.[7] *Ich bin stolz auf meine Lehr- und Wanderjahre im skandinavischen Norden,* hielt Brandt später den „Kritikern" entgegen.[8]

Als Berichterstatter über die Kriegsverbrecherprozesse für skandinavische Zeitungen kehrte Willy Brandt im Herbst 1945 nach Deutschland zurück. Neben seinen Artikeln über die Prozesse veröffentlichte er ein Buch über seine Eindrücke von der Auseinandersetzung mit dem Nationalsozialismus.[9]

Mit einem norwegischen Diplomatenpaß kam Brandt zu Weihnachten 1946 nach Berlin, um als Presseattaché im Range eines „civilian officer" der norwegischen Militärmission zu arbeiten.[10] In dieser Funktion hatte Brandt Kontakt zu alten Freunden wie Jakob Walcher im Ostteil der Stadt und auch zum Verbindungsmann des in Hannover residierenden SPD-Vorstandes vor Ort, Erich Brost. Dieser schlug ihn 1947 zu seinem Nachfolger in diesem Amt des Beauftragten der SPD in Berlin vor. Für Willy Brandt bedeutete dies zweierlei: er entschloß sich, hauptberuflich Politik zu betreiben und wieder deutscher Staatsbürger zu werden. Seit dem 1. Januar 1948 in offizieller Funktion für die Partei tätig, betrieb Brandt seine Wiedereinbürgerung – die Urkunde enthielt seine beiden Namen.

Die Berliner Genossen empfanden Brandt als Aufpasser. Das von Schumacher verliehene Mandat als Vorstandsbeauftragter erlaubte es Brandt, wenn auch ohne Stimmrecht, an den Sitzungen des Landesvorstandes unter Franz Neumann teilzunehmen. Die Berliner Sozialdemokraten standen damals noch unter dem Eindruck der Zwangsvereinigung ihrer Traditionspartei mit den Kommunisten in der Sowjetischen Besatzungszone (SBZ) im April 1946. Auch Willy Brandt wurde rasch vom Antikommunismus in der Stadt erfaßt. Noch vor der Blockade, anläßlich der Machtübernahme der Kommunisten in der Tschechoslowakei im Frühjahr 1948, distanzierte sich Brandt scharf von der Praxis jener Ideologie, die auch ihm einst attraktiv erschienen war. Angesichts des *Terrors in der Ostzone*[11] geißelte er den zur Staatsdoktrin erhobenen Stalinismus nicht nur mit scharfen Worten, sondern stand auch dann noch einer Ko-

7 *Brandt hatte ja damals die Gewohnheit, jedes Jahr ein Buch erscheinen zu lassen, und zwar in einem der großen Verlage Schwedens.* So – durchaus lobend – sein Freund Bruno Kreisky, *Zwischen den Zeiten. Erinnerungen aus fünf Jahrzehnten*, Berlin 1986, S. 350 ff.

8 Brandt in der Rede anläßlich seiner Nominierung zum Kanzlerkandidaten auf dem SPD-Parteitag in Hannover am 25. November 1960, in: Willy Brandt, *Politik für Deutschland*, Bonn 1960, S. 4. Im Rahmen dieser Rede sprach Brandt auch von seiner *damals unverheirateten Mutter* und der Beibehaltung des Namens aus der Zeit der Verfolgung: *Als Journalist und Schriftsteller habe ich mir in all diesen Jahren meinen Namen erworben, und ich wollte davon nicht weglaufen.*

9 *Forbrytere og andre tyskere* [Verbrecher und andere Deutsche], Oslo 1946.

10 In dem 1960 in München veröffentlichten Band Willy Brandts, *Mein Weg nach Berlin.* Aufgezeichnet von Leo Lania, gibt sich Brandt euphorisch über das Angebot der Norweger: *Berlin – das gab den Ausschlag. Ohne Überlegung nahm ich das Angebot an*, S. 204. Das gesamte Werk ist aber darauf ausgelegt, Brandts Weg nach Berlin als die Berufung seines Lebens darzustellen.

11 *Terror in der Ostzone – Tatsachen klagen an,* lautete der Titel einer SPD-Denkschrift vom September 1948.

operation skeptisch gegenüber, als Mitte der fünfziger Jahre anläßlich der Reise Adenauers nach Moskau das Wort von der „Entspannung" aufkam, denn – so Brandt – : *Die Berliner sind eben gewohnt, den Leuten nicht nur aufs Maul, sondern auch auf die Fäuste zu schauen.*[12]

Mit Schumachers Programm verband Brandt vor allem der Antikommunismus, ansonsten blieb er auf Distanz. Hatte man ihn als seinen Mann in die Hauptstadt geschickt, so hatte sich Brandt dort bald dem Kurs Ernst Reuters angeschlossen: *Reuter und ich waren – politisch und persönlich – nahe beieinander, fast ein Herz und eine Seele.*[13] Reuters Westorientierung und Anlehnung an die amerikanische Europapolitik erschien Schumacher als Verzicht auf ein vereinigtes Deutschland.[14] Doch auch von Reuter ließ Brandt sich nicht unbedingt in die Pflicht nehmen. Das Angebot, als Stadtrat für Verkehr und Betriebe im Magistrat tätig zu werden und so einerseits administrative Erfahrungen zu sammeln und andererseits Unabhängigkeit von Hannover zu erlangen, schlug Brandt im Mai 1949 aus.[15] Das Geschäft der Stadtverwaltung von der Pike auf zu lernen, war seine Sache nicht. Schon 1946 hatte er das Angebot, Bürgermeister Lübecks zu werden, abgelehnt. Brandt zog lieber als einer der acht von der Stadtverordnetenversammlung entsandten Berliner Vertreter in den Bundestag ein und legte daher sein Amt als Vertreter des Vorstandes in Berlin, das ohnehin abgeschafft werden sollte, noch 1949 nieder. Bei den ersten Wahlen zum nun „Abgeordnetenhaus von Berlin" genannten West-Berliner Parlament im Jahre 1950 erhielt Brandt, der sich inzwischen durch die Übernahme des Vorsitzes der SPD im Kreis Wilmersdorf eine Parteibasis zu schaffen begonnen hatte, ein zweites Mandat.

Die fünfziger Jahre waren das Jahrzehnt, in dem Willy Brandt der Aufstieg in Berlin gelang. Er hatte sich für den Weg des Berufspolitikers entschieden.[16] Bis zum Ende der Dekade sollte er der führende Mann Berlins werden, von den Berlinern geschätzt und gewählt, als „Botschafter der Stadt" weltweit bekannt. 1950 bekleidete Brandt vier Positionen: Er war Abgeordneter in Berlin und Bonn, war SPD-Kreisvorsitzender im Bezirk und zugleich Vorsitzender des Berliner SPD-Arbeitskreises „Außenpolitik und Europäische Zusammenarbeit". Keine zehn Jahre später war er Regierender Bürgermeister und gehörte dem Bundesvorstand seiner Partei an. Er bildete in dieser Zeit jenen

12 Brandt im Interview der *Neuen Rhein-Zeitung* vom 30. 8. 1955.

13 W. Brandt, *Erinnerungen...* (wie Anm. 1), S. 20.

14 Siehe zur Position Reuters ausführlich den Beitrag Daniel Koerfers im vorliegenden Band.

15 W. Brandt, *Erinnerungen...* (wie Anm. 1), S. 25; vgl. auch Peter Koch, *Willy Brandt. Eine politische Biographie*, Berlin 1988, S. 204 (Seitenangaben nach der Taschenbuchausgabe), der von Reuters Verärgerung über die Ablehnung berichtet.

16 1950 wurde Brandt in einer Nebenbeschäftigung als Journalist tätig. Als Chefredakteur der Tageszeitung der Berliner Partei bekundete er seine Abneigung gegen jegliche sozialdemokratische Subkultur sogleich mit der Umbenennung des Blattes von *Berliner Sozialdemokrat* in *Berliner Stadtblatt*. Allerdings fand Brandts eigenes Forum nicht sonderlich großen Zuspruch, bereits 1951 wurde das Blatt unter dem Titel *Berliner Stimme* auf ein wöchentliches Erscheinen umgestellt. Vgl. P. Koch, *Willy Brandt...* (wie Anm. 15), S. 205.

Kreis von Freunden und Mitarbeitern heran, der ihm über Jahrzehnte die Treue halten sollte: Egon Bahr, Klaus Schütz, Dietrich Spangenberg und Heinrich Albertz.
An erster Stelle stand für Brandt zunächst die Parteilaufbahn. Er war regelmäßig, wie auch Reuter, mit dem Landesvorsitzenden Franz Neumann aneinandergeraten, der für Brandt *der mutige, aber zu enge Traditionalist* war: *1952 ermutigte mich Reuter, der Querelen überdrüssig, mich ins Rennen um den Landesvorsitz zu begeben.*[17] Auch hierin ein Erbe Ernst Reuters, setzte sich Brandt mit der Parteibürokratie über Jahre hin auseinander. Schon im Bundestag hatte er Differenzen mit Neumann, der ebenfalls in beide Parlamente gewählt worden war. Als Mitglied des Ausschusses „Berlin und gesamtdeutsche Fragen" setzte sich Brandt dort im Einvernehmen mit Reuter für die unbedingte Einbeziehung Berlins in die Rechtsordnung des Bundes ein. Neumann dagegen mochte nach erfolgreicher Abwehr des kommunistischen Zugriffs nun vermeintliche Berliner Errungenschaften, wie die Einheitsschule und die Einheitsversicherung, nicht den Bonnern opfern. Die Position Reuters und Brandts fand aber eine Mehrheit, und mit dem „Dritten Überleitungsgesetz" von 1952 wurden die rechtliche Bindung und die finanzielle Verantwortung des Bundes für Berlin verankert. *Reuter empfand persönliche Genugtuung, ich nannte es den Lohn jahrelanger Mühen.*[18]
Franz Josef Strauß, ein ebenso junger Abgeordneter im ersten Bundestag, erinnerte sich an den Berliner Kollegen: *Der glühende Linkssozialist der dreißiger Jahre trat in mein Gesichtsfeld als ein Befürworter der Aufrüstung, als ein Mann von der rechten Seite des SPD-Spektrums, als der junge Mann Ernst Reuters. Brandt galt damals als ein Sozialdemokrat, der, abgesehen von seiner persönlichen Lebensführung, genauso gut hätte bei der CDU sein können.*[19] Brandt hatte in Berlin den Wandel der Rolle der westlichen Siegermächte zu Schutzmächten des freien Teils der Stadt erlebt. Ihm war seither klar, daß die Deutschland- und Berlinpolitik nicht nur von den Deutschen gemacht werden konnte. Als Mitglied und Berichterstatter des Auswärtigen Ausschusses im Bundestag sammelte er Erfahrungen in der Außenpolitik. In diesen Jahren standen der Generalvertrag, die Diskussion über die „Europäische Verteidigungsgemeinschaft" und der Beitritt zur NATO im Mittelpunkt der Debatten um die Verankerung der Bundesrepublik im Westen. Die Diskussion über die Wiederbewaffnung polarisierte auch den Berliner Landesverband der SPD. Auf dem Parteitag vom 8. bis 10. Mai 1954 stellte sich Brandt gegen die Position der Bundespartei. Nach seinem Plädoyer für einen deutschen Verteidigungsbeitrag innerhalb der NATO erlitt er bei seiner zweiten Kandidatur für den Landesvorsitz nur noch eine denkbar knappe Niederlage gegen Neumann. Auf den Bundesparteitagen der SPD 1954 und 1956 mußte Brandt allerdings erken-

17 W. Brandt, *Erinnerungen...* (wie Anm. 1), S. 20. Vgl. zum Folgenden das Kapitel *Geschichte der Richtungskämpfe in der Berliner SPD 1945–1970*, in: Joachim Raschke, *Innerparteiliche Opposition. Die Linke in der Berliner SPD*, Hamburg 1974, S. 54–74.

18 *Der Widerstand hatte nicht nur in Berlin, sondern auch in Bonn gelegen.* W. Brandt, *Erinnerungen...* (wie Anm. 1), S. 26.

19 Franz Josef Strauß, *Die Erinnerungen*, Berlin 1989, S. 448.

nen, daß sein Berliner Auftreten als politischer Erbe Reuters noch keinen großen Eindruck auf die Delegierten machte, die Kandidaturen für den Bundesvorstand blieben ohne Erfolg.[20]
Nach dem Tode Ernst Reuters und der darauffolgenden Interimsregierung unter dem der CDU angehörenden Walther Schreiber kam es nach den Wahlen zum Abgeordnetenhaus 1954 zu einer Neubesetzung der Spitzenpositionen. In der ersten Fraktionssitzung am 4. Januar 1955 bewarb sich Brandt um das Amt des Parlamentspräsidenten, das vorher der neue Regierende Bürgermeister Suhr innegehabt hatte. Brandt mußte vor allem darum werben, neben dem angestrebten Amt sein Bundestagsmandat behalten zu dürfen. Er verfolgte das Ziel, sich mehr Einfluß in Berlin zu verschaffen, gleichzeitig aber nicht den Draht nach Bonn aufzugeben und außerhalb der Kabinettsdisziplin zu bleiben. Daher lehnte er das Amt des Senators für Bundesangelegenheiten ab. Willy Brandt versprach, die Vereinbarkeit beider Positionen nach einem halben Jahr aufgrund gewonnener Erfahrungen neu bewerten zu wollen. Obwohl der Landesvorsitzende Neumann Brandt aus *nicht persönlichen, sondern rein sachlichen Gründen* (der Bundestag erfordere die ganze Kraft) vom Präsidentensessel fernhalten wollte und sich auch der designierte Regierende Bürgermeister Suhr für die Suche nach einem dritten Kandidaten aussprach, gelang es Brandt, 36 von 64 Stimmen der Abgeordneten für seine Wahl zu gewinnen.[21]
Am 11. Januar 1955 gelangte Brandt so in seine erste herausgehobene repräsentative Position. Aufgrund der Erkrankung des Regierenden Bürgermeisters Otto Suhr rückte der junge Parlamentspräsident von 1956 an mehr und mehr in den Mittelpunkt des öffentlichen Interesses, er wurde zum ersten Repräsentanten der Stadt. Dazu gehörte auch sein Einsatz für die Verlagerung des Sitzes der Bundesregierung nach Berlin.[22]
Eine Mahnung seiner Genossen, sein Bundestagsmandat wegen solcher Belastungen zurückzugeben, lehnte Brandt im Herbst 1955 ab, eine Abkopplung vom Geschehen der Bundeshauptstadt, einen Rückzug auf Berlin ohne unmittelbaren Einfluß in Bonn, ließ sein Ehrgeiz nicht zu.[23]
Es war ein außenpolitischer Anlaß, der Brandt endgültig zur nicht mehr zu verdrängenden politischen Größe werden ließ: die Unterdrückung des Aufstandes in Ungarn. Die Schüsse der Rotarmisten in Budapest am 5. November 1956 hatten in Berlin einen Volkszorn entfacht. Einhunderttausend Berliner kamen vor dem Rathaus Schöneberg

20 *Wie vorher die Berliner Partei versuchte er auch die Gesamtpartei dazu zu bewegen, sich auf eine andauernde Teilung Deutschlands einzustellen und deshalb bei allen Überlegungen zur Deutschland-Politik langfristig zu planen.* Abraham Ashkenasi, *Reformpartei und Außenpolitik*, Köln-Opladen 1968, S. 100.

21 Der Gegenkandidat Kressmann erhielt 25 Stimmen, drei waren ungültig. Vgl. das Protokoll der Fraktionssitzung vom 4. 1. 1955 in der Akte 554 des Bestandes *Berlin SPD-Fraktion* beim Archiv der sozialen Demokratie der Friedrich-Ebert-Stiftung, Bonn.

22 Willy Brandt, *Von Bonn nach Berlin. Eine Dokumentation zur Hauptstadtfrage*, Berlin 1957. Vgl. auch Dieter Mahncke, *Adenauer und die Hauptstadt Berlin. Das Verhältnis Berlins zum Bund 1949 bis 1956*, in: *Konrad Adenauer und seine Zeit*, Bd. 2, *Beiträge der Wissenschaft*, Stuttgart 1976, S. 302–426 (415 f.).

zusammen. Nach den Parteivorsitzenden richtete dort auch der Parlamentspräsident das Wort an die Menge und mahnte zur Besonnenheit. Dennoch setzten sich Gruppen in aggressiver Wut in Richtung Brandenburger Tor in Marsch. *Zwischenfälle an der Sektorengrenze könnten – Bruchteile einer Sekunde genügen, mir darüber klarzuwerden – Krieg bedeuten. Nicht nur Volkspolizei stand schußbereit, es standen auch russische Panzer in den Nebenstraßen der „Linden"*, erinnerte sich Brandt.[24] Mit beherzten Ansprachen über den Lautsprecher, dem Anstimmen des Liedes vom guten Kameraden und der Nationalhymne gelang es Brandt, die Aggression und Hysterie der Taten fordernden, meist jungen Leute abzubauen. Dieser politische Einsatz Brandts half nicht nur, möglichen Schaden von Berlin abzuwenden, sondern gereichte ihm auch persönlich zum Vorteil.[25]

Allerdings hatte der Erfolg viele Neider, war doch Franz Neumann bei seiner Ansprache vor dem Rathaus ausgebuht worden. In der Folge sah Brandt sich als Opfer einer *veritablen Kampagne der Ehrabschneidung.*[26] Gerichtet war sie auch gegen den Versuch von Brandts Berater Klaus Schütz, die neue Popularität Brandts in politische Münze umzuwechseln und durch einen Sonderparteitag Brandt endlich die Führung des Landesverbandes zu übertragen, ein Unterfangen, das aber noch keine Mehrheit im Landesvorstand fand.[27]

Erst im Januar 1958 war Brandts Streben nach der Führung des Berliner Landesverbandes erfolgreich. Zwei Faktoren ließen es nicht länger zu, ihn zu übergehen. Angesichts der absoluten Mehrheit für Konrad Adenauers CDU bei den Bundestagswahlen im September 1957 hatte Brandt sich in seiner kritischen Haltung zur Außenpolitik bestätigt gesehen. Und nach dem Tod Otto Suhrs wurde er zum Regierenden Bürgermeister gewählt. War Brandt klug genug gewesen, sich zunächst als Parlamentspräsi-

23 Brandt fand für seinen Verbleib im Bundestag in geheimer Abstimmung in der Fraktion eine Mehrheit von 30 Ja- gegenüber 19 Nein-Stimmen zum Abschluß einer Debatte am 27. September 1955, in der Brandt der Forderung nach Rückgabe des Mandats – *ein Wort ist ein Wort,* mahnte Genosse Hannemann – den Wunsch des ihn entsendenden Wedding nach dem Verbleiben in Bonn entgegensetzen konnte. Wieder einmal machte sich seine Basisverbundenheit bezahlt. Vgl. das Protokoll vom 27. 9. 1955 in Akte 544, Bestand *SPD-Fraktion* beim Archiv der sozialen Demokratie.

24 W. Brandt, *Erinnerungen...* (wie Anm. 1), S. 32.

25 Dem Vorwurf, er sei ein zaudernder Taktiker, konnte entgegengetreten werden; sein Vertrauter Klaus Schütz urteilt: *Diese Geschichte, bei der die alte Parteiführung um Neumann versagte, ist der zentrale Punkt in Willy Brandts Berliner Laufbahn. Er war der neue Held.* Zitiert nach: P. Koch, *Willy Brandt...* (wie Anm. 15), S. 216.

26 W. Brandt, *Mein Weg nach Berlin...* (wie Anm. 10), S. 322. Im Zusammenhang mit diesen innerparteilichen Auseinandersetzungen wurde von Franz Neumann erstmals die Position Brandts während des Weltkrieges, sein Tragen einer norwegischen Uniform, verunglimpft. P. Koch, *Willy Brandt...* (wie Anm. 15), S. 217.

27 Vgl. über Schütz' Aktivitäten zur Unterstützung Brandts den Beitrag *Klaus Schütz* im vorliegenden Band sowie Hans-Jürgen Heß, *Innerparteiliche Gruppenbildung. Macht- und Demokratieverlust einer politischen Partei am Beispiel der Berliner SPD in den Jahren 1963 bis 1981*, Bonn 1984, S. 35 f. und A. Ashkenasi, *Reformpartei und Außenpolitik...* (wie Anm. 20), S. 143–147.

dent zu profilieren und in den Jahren 1955 und 1957 auf die Kandidatur für den Landesvorsitz zu verzichten, so suchte er nach seiner Wahl zum Senatschef die Entscheidung. Seine Taktik war von der Erkenntnis geprägt, mit Neumann persönlich nicht gleichzeitig auch die Bundespartei, die dessen Treue erwiderte, herausfordern zu können.[28] Am 12. Januar 1958 kam es laut Brandt zur letzten Konfrontation von „Brandt-Männern" und „Neumannianern", der Landesvorsitz wurde per Kampfabstimmung vergeben. Brandt konnte 163 Stimmen auf sich vereinen, Neumann erhielt nur noch 124.[29] Die Debatte hatte den Graben zwischen Brandt und Neumann markiert. Verurteilte Neumann den *gefährlichen Opportunismus beim Kampf um den Wähler*, so setzte sich der neue Regierende mit der Devise durch, es gelte, *die Sozialdemokratie zur Mehrheitspartei des Volkes auszubauen.*[30]

Anläßlich der Nominierung zum Kandidaten der SPD für das Amt des Regierenden Bürgermeisters nach dem Tode Otto Suhrs am 30. August 1957 hatte sich Brandt mit Widerstand nur in den eigenen Reihen konfrontiert gesehen.[31] Die „Keulen-Riege" genannte Gruppe um den noch amtierenden Vorsitzenden Neumann versuchte, ihm den Posten streitig zu machen. Neumann machte sich auf die Suche nach potentiellen Gegenkandidaten in Bonn: Carlo Schmid, Herbert Wehner, Fritz Erler, Walter Menzel und Adolf Arndt waren im Gespräch.[32] Doch zu einer Kampfabstimmung gegen Brandt fand sich keiner der Bundespolitiker bereit. Brandt hatte es geschafft.[33] Die Mehrheit der Delegierten des SPD-Parteitages stimmte der Kandidatur Brandts zum Stadtoberhaupt zu, erst ein Jahr später mußte er vor die Berliner Wähler treten. Am 3. Oktober 1957 wurde er vom Abgeordnetenhaus zum Regierenden Bürgermeister von Berlin an die Spitze eines Senats der Großen Koalition gewählt, zehn Jahre, nachdem er sich in der Stadt niedergelassen hatte.

Als Regierender Bürgermeister des Jahrzehnts von 1957 bis 1966 war Willy Brandt mit vielfältigen Aufgaben konfrontiert, gestalterischen wie bewahrenden. Unter dem Eindruck der Bedrohung der Lebensfähigkeit der Stadt durch die Sowjetunion und die

28 Vgl. dazu ausführlich A. Ashkenasi, *a.a.O.*, S. 138–144; Ashkenasis Analyse des abwägenden Vorgehens Brandts, S. 142: *Da Brandt in jeder Situation seinem politischen Instinkt (oder vielleicht – wie seine Kritiker sagen würden – seinem Optimismus) nachgab, ist es in der Tat oft schwierig, aus seinen offiziellen Verlautbarungen in dieser Zeit zu erkennen, welche Politik er eigentlich verfolgte.*

29 Protokoll des Parteitages beim Landesverband Berlin der SPD, S. 71.

30 Protokoll des Parteitages... (wie Anm. 29), S. 8 u. 24 (Neumann) sowie S. 47 u. 50 (Brandt).

31 Brandts Wahl *schien gleichsam selbstverständlich*, urteilt Hans J. Reichhardt, *Wiederaufbau und Festigung demokratischer Strukturen im geteilten Berlin 1945–1963*, in: Georg Kotowski/Hans J. Reichhardt, *Berlin als Hauptstadt im Nachkriegsdeutschland und Land Berlin 1945–1985* (= Veröffentlichungen der Historischen Kommission zu Berlin, Bd. 72/2, zugl. Berliner Demokratie 1919–1985, Bd. 2), Berlin-New York 1987, S. 118.

32 Vgl. Protokoll der Landesvorstandssitzung am 16. 9. 1957, Akte 304 des Bestandes *LV Berlin*, Archiv der sozialen Demokratie der Friedrich-Ebert-Stiftung, Bonn.

33 *Der Spiegel* widmete Brandt eine Titelgeschichte unter der Überschrift *Die Blitzkarriere.* Vom Sieg des *weltgewandten Außenseiters über den Oberfunktionär* versprach man sich richtungweisende Wirkung für die von Adenauer so ernüchternd geschlagene Bundes-SPD; *Der Spiegel*, 9. 10. 1957, S. 18–26.

DDR wurde er als Entspannungspolitiker gefordert, als SPD-Vorsitzender und Herausforderer der Bundeskanzler Konrad Adenauer und Ludwig Erhard trat er bundesweit vor die Wähler, als Chef der Exekutive hatte er die Verwaltung der Millionenstadt in den Jahren der fortschreitenden Teilung der Stadt zu führen. Seine Position in der Bundes-SPD bildete dabei zunehmend die Grenze seiner Anpassung an die Bundesregierung. Brandt mußte als beauftragter Sachwalter der Interessen Berlins mit Bonn zusammenarbeiten und als Sozialdemokrat zugleich opponieren. Er hatte einen Balanceakt zu vollführen zwischen der Herausforderung der Kanzler und der gebotenen Unterordnung der Vertretung Berlins unter die Kompetenz der Bundesregierung. Brandt gelang dies Unterfangen außerordentlich gut. Seine Unterstützung der Bonner Ost- und Deutschlandpolitik mündete nicht in Anpassung und Befehlsgehorsam, es gelang ihm im Gegenteil, von Berlin aus gestalterische Impulse ausgehen zu lassen, die der Bundesregierung Anregungen geben sollten. Die Situation der Stadt zwang einen Regierenden Bürgermeister permanent zur Suche nach praktikablen Regelungen zur Linderung der Sorgen und Nöte der Menschen, und Willy Brandt erfüllte in dieser Hinsicht die Erwartungen der Berliner.

Willy Brandt mußte wie alle Regierenden Bürgermeister der Nachkriegsepoche bis 1990 mit den Souverenitätseinschränkungen durch die vier Siegermächte regieren. Noch vor den Wahlen zum Abgeordnetenhaus im Dezember 1958, seinem ersten Schritt als Spitzenmann vor die Wähler, hatte Brandt die Folgen der zweiten großen Berlinkrise nach der Blockade aufzufangen. Die Regierung der Sowjetunion teilte den Schutzmächten die Aufkündigung der Nachkriegsabkommen mit und drohte, der DDR *im gegebenen Augenblick* ihre Funktionen in Berlin zu übertragen, nämlich einen Separatfriedensvertrag zu schließen. Die Probleme der Westsektoren sollten *gegenwärtig durch die Umwandlung West-Berlins in eine selbständige politische Einheit – in eine Freie Stadt* – gelöst werden. Ferner sollten alle Besatzungsmächte das Territorium der Stadt verlassen. Die Aufrechterhaltung des *Status quo* wurde nur noch für den Ablauf eines halben Jahres garantiert.[34] Chruschtschow schickte sich an, Berlin als Hebel zur Durchsetzung seiner deutschlandpolitischen Ziele zu benutzen. Willy Brandt analysierte drei Motive der Sowjetunion: *Erstens einmal ging es ihnen offenbar um die Aufweichung der inneren Stellung Berlins. Es sollten die Leute kopfscheu gemacht werden; ... zweitens wurden die westlichen Mächte anvisiert, weil man sich in Moskau der Illusion hingab, Berlin könne „Operationsfeld westlicher Uneinigkeit" werden, drittens sollten Differenzen in der öffentlichen Meinung provoziert werden.*[35] Die Solidarität dieser öffentlichen Meinung war noch am leichtesten zu gewinnen. Brandts Mahnung, Berlin nicht für

34 Abdruck der Note in: *Dokumente zur Berlin-Frage 1944–1966*, hrsg. vom Forschungsinstitut der Deutschen Gesellschaft für Auswärtige Politik, 4. Aufl., München 1987, Dok. Nr. 241. Dort findet sich auch der weitere Notenwechsel sowie Dokumente des Auftretens der Ost-Berliner Regierung seit Ulbrichts Rede vom 27. 10. 1959. Zu Brandts Einschätzung des Willensbildungsprozesses im Osten siehe sein Interview mit dem *Münchner Merkur* vom 15. 4. 1959.

35 Brandt gegenüber der Züricher Zeitung *Die Tat* vom 14. 1. 1959.

vogelfrei zu erklären, half, die Reihen zu schließen. In seiner Regierungserklärung vom 15. Januar 1959 bekräftigte der Regierende, *jener Tag im Mai*, an dem die Frist ablaufe, sei für die Planung seines Senats gegenstandslos.[36]
Das Verhältnis zu den Schutzmächten gestaltete sich vor dem Hintergrund des Ultimatums nicht problemlos. Die Westalliierten wollten *weder ihre Rechte in Berlin preisgeben noch um Berlins willen einen nuklearen Weltkonflikt riskieren.*[37] Und sie mochten ihre Suche nach Konzessionen nicht an dieselben Bedingungen wie Adenauer und Brandt binden: an freie Wahlen in der DDR als Vorbedingung für die Wiedervereinigung und diese als Vorbereitung für den Abschluß eines Friedensvertrages. Die nach dem Tod des amerikanischen Außenministers John Foster Dulles verunsicherten westlichen Verhandlungsführer neigten im Laufe der Verhandlungen auf Außenministerebene in Genf im Jahr 1959 Konzessionen zu, die bei Adenauer und Brandt gleichermaßen auf Ablehnung stoßen mußten, da sie eine Interimslösung für Berlin mit nicht klar fixierten Folgen für die Stadt anboten. Daneben waren eine Truppenverringerung in Berlin und das Versprechen vorgesehen, jeglicher gegen die Interessen der Sowjetunion und der DDR gerichteten „Wühltätigkeit" entgegenzuwirken – dem Osten also ein Zensurrecht auf West-Berliner Boden einzuräumen. Bundesaußenminister Heinrich von Brentano ließ Willy Brandt nach Genf einfliegen, um die deutsche Position zu stärken.[38] Es war der Vertraute Adenauers, der Willy Brandt in dieser Weise erstmals auf die Bühne internationaler Politik führte.
Brandt hatte sich vehement gegen eine isolierte Berlin-Lösung ausgesprochen und war wie Adenauer erleichtert, als die Russen das Angebot ablehnten.[39] Ein trauriges und für die Berliner brutales vorläufiges Ende sollte die Krise erst im Sommer 1961 finden. Die von Präsident Kennedy bestätigten Grundsätze der „Three Essentials", die Bekräftigung der amerikanischen Garantie für West-Berlin, verhinderten zwar nicht die Ummauerung West-Berlins, dies jedoch ohne die Gefahr eines Kriegsausbruchs.
Während seiner gesamten Amtsdauer im Rathaus Schöneberg regierte Brandt nicht ohne Koalitionspartner. Zunächst führte er die Große Koalition weiter, nach den Wahlen 1963 schloß er ein Bündnis mit der FDP. Der Wahlkampf des Jahres

36 *Stenographische Berichte des Abgeordnetenhauses von Berlin,* 3. Wahlperiode, 4. Sitzung vom 15. 1. 1959, vgl. auch die Berichte Brandts in den Sitzungen am 25. 6. 1959 und 8. 9. 1959.

37 R. Löwenthal, *Vom Kalten Krieg zur Ostpolitik*, in: ders./Hans-Peter Schwarz (Hrsg.), *Die Zweite Republik*, Stuttgart 1974, S. 647.

38 Vgl. Brandts Bericht im Protokoll der Sitzung des SPD-Landesausschusses am 24. 8. 1959, in: Akte 309, Bestand *LV Berlin*, Archiv der sozialen Demokratie der Friedrich-Ebert-Stiftung, Bonn. Siehe zur Meinungsbildung des Außenministers und zum Dialog mit Brandt, auch in der Frage der Abhaltung der Bundesversammlung in Berlin: Arnulf Baring, *Sehr geehrter Herr Bundeskanzler. Heinrich von Brentano im Briefwechsel mit Konrad Adenauer 1949–1964,* Hamburg 1974.

39 Vgl. den Beitrag Willy Brandts, *Keine isolierte Scheinlösung in der Berlin-Frage!*, in: *Die Neue Gesellschaft*, H. 3 (1959) und die Einschätzung des Bundeskanzlers Konrad Adenauer, in: *Erinnerungen*, Bd. 4, *1959–1963. Fragmente,* Stuttgart 1968, S. 19.

1958[40] war wenig polarisiert. Unter der Devise „Soziale Koalition" feierten Brandt und sein Stellvertreter Amrehn von der CDU ihre Zusammenarbeit für den Wiederaufbau und die Behauptung der Stadt.[41] *Berlin braucht Willy Brandt*, lautete der selbstbewußte SPD-Slogan dieses ganz auf die Person des Regierenden abgestellten Wahlkampfes.[42] Die CDU bot den Bundesminister für gesamtdeutsche Fragen, Ernst Lemmer, gegen Brandt auf, mehr jedoch als Spitzenrepräsentanten denn als echten Herausforderer.[43] Brandt holte am 7. Dezember 1958 die absolute Mehrheit für die SPD in Berlin zurück.[44] Diese schlug sich insbesondere in der Sitzverteilung nieder, da die FDP – trotz der zum zeitlosen Berliner Klassiker avancierten Geißelung von „Filzokratie" und „Ämterpatronage" – die Fünfprozenthürde nicht übersprang. Während der dritten Legislaturperiode saßen im Berliner Parlament neben 78 sozialdemokratischen Abgeordneten nur die 55 Vertreter der CDU.

Willy Brandt wurde als der *Berliner Adenauer* gefeiert, das *Neue Deutschland* sprach von *Adenauers Laufbursche*[n] *Willy.*[45] Seine Person *war ein Programm: außenpolitische Westbindung zum Zwecke der Sicherung Berlins.*[46] Mit dem Wissen, daß es die außenpolitische Übereinstimmung mit der Adenauerschen Position war, die ihm den Zuspruch eingebracht hatte, hielt er an einer Großen Koalition mit der CDU, die nun eine Allparteienregierung sein würde, als einer „Notgemeinschaft" fest. Unter dem unmittelbaren Eindruck des Ultimatums entschied sich Brandt gegen die Aufkündigung der Zusammenarbeit. Auf dem Parteitag der Berliner SPD kurz vor Weihnachten benutzte Brandt seine ihm soeben vom Wähler verliehene Macht zur Disziplinierung der eigenen Partei. Einen Gegenantrag der Parteilinken, die absolute Mehrheit zur Alleinregierung zu nutzen, beschied er mit der Drohung, dann nicht als Regierender zur Verfügung zu stehen.

Gestützt auf seine Parteibasis, hatte es Brandt bis an die Spitze der Regierung gebracht. Nun wechselte er die Position, berief sich auf die Wähler und disziplinierte so den ei-

40 Vgl. zum Wahlkampf die Materialien in der zeitgeschichtlichen Sammlung des Landesarchivs Berlin, Rep. 240, Acc. 732.

41 Vgl. etwa die bunte Broschüre, hrsg. vom Presse- und Informationsamt des Landes Berlin, Berlin 1958: *4 Jahre Soziale Koalition.*

42 Brandts Wahlkampfmanager Klaus Schütz konnte jetzt sein Konzept erstmals in die Tat umsetzen, daß eine Persönlichkeit als Verkörperung der Politik herausgestellt werden müsse; vgl. Schütz' Beitrag *Politik und politische Werbung*, in: *Die Neue Gesellschaft* (1957), S. 57.

43 Die Parole: *Weil Pankow dagegen ist: CDU,* hätte auch von der SPD verwendet werden können, wurde Brandt doch von der SED vorgeworfen, *ein der deutschen Arbeiterbewegung zutiefst fremdes Element* zu sein. Deutlich wurde auch das Bemühen, Willy Brandt als Ausnahmeerscheinung zu brandmarken. *Wer Brandt wählt, wählt auch Ollenhauer – wer Lemmer wählt, wählt Adenauer,* dichtete die CDU, und die FDP räsonnierte: *Die Sozialdemokraten sagen Brandt und meinen – vielleicht? – Wehner!*

44 Ausführl. Angaben in: *Die Berliner Wahlen 1946 bis 1971* (= *Berliner Statistik,* Sonderheft 233), Berlin 1975.

45 *Daily Mail,* zitiert nach: *Frankfurter Allgemeine Zeitung* vom 10. 12. 1958; *Neues Deutschland* vom 11. 3. 1959.

46 Hans-Peter Schwarz, *Die Ära Adenauer. Epochenwechsel 1957–1963*, Stuttgart 1983, S. 148.

genen Verband. Unter seinem Vorsitz wurde die Parteiorganisation noch autokratischer organisiert als vorher.[47] Gerade auch im Hinblick auf seine Ambitionen, die er auf Bundesebene verwirklichen wollte, mußte Brandt daran gelegen sein, keinen Zweifel daran aufkommen zu lassen, er könne nicht einmal seinen „Berliner Laden" zusammenhalten. *Hauptziel auch der Innenpolitik des Senates von Berlin wird es bleiben, das bestehende Verhältnis zur Bundesrepublik Deutschland zu wahren*, betonte Brandt nach seiner einstimmigen (!) Wiederwahl zum Regierenden Bürgermeister die Prioritäten in seiner Regierungserklärung Ende 1959.[48] Daneben galt es vor allem, die Versorgungslage der Stadt zu verbessern, Brandt hatte auch mit Problemen wie dem Abbau der Brotpreissubvention zu kämpfen.[49] Der anhaltende wirtschaftliche Aufschwung erreichte nun auch Berlin, 1960 konnte Vollbeschäftigung gemeldet werden, die industrielle Produktion wuchs in der dritten Legislaturperiode trotz Ultimatum und Mauerbau um 50 Prozent.[50] Auch das Gesicht der Stadt veränderte sich. Brandt hatte die öffentliche Bautätigkeit als einen Teil seiner Kulturpolitik bezeichnet, neben dem regen Wohnungsbau waren auch Prestigebauten, wie die Philharmonie, das Opernhaus, die Universitäten, das Europa-Center und das Klinikum Steglitz, in Angriff genommen worden.[51]

Bis zum Mauerbau war Berlin zwar eine gespaltene Stadt gewesen, die Menschen aber fanden zueinander. So hatte Brandt mit einem Senatsbeschluß von 1957 erwirkt, die Teilnahme der Bürger aus dem Ostsektor am kulturellen Leben zu subventionieren. Der 13. August 1961 schuf dann aber große demographische Probleme, es mußten vor allem die Bemühungen um den Bevölkerungszuwachs verstärkt werden.[52] Das Stadtoberhaupt Berlins warb in den Jahren dieser Krise weltweit um Aufmerksamkeit und Solidarität. Brandt verstand sich auf das Repräsentieren und avancierte zum besten Botschafter der Belange der geteilten Stadt. Die Bundesregierung schickte ihn Anfang 1959 auf eine vierwöchige Weltreise, um Sympathien für die Stadt zu gewinnen. Nach seiner Rückkehr wurde er von mehr als zehntausend Menschen auf dem damals noch nach dem Bürgermeister Rudolph Wilde benannten Platz vor dem Schöneberger Rat-

47 A. Ashkenasi, *Reformpartei und Außenpolitik...* (wie Anm. 20), S. 149.

48 *Stenographische Berichte des Abgeordnetenhauses,* 3. Wahlperiode vom 17. 12. 1959, S. 406–418. Hier breitete Brandt sein kommunales Konzept aus, das neben der Fortführung des Wiederaufbaus den Ausbau der Stadt *zur geistigen Mitte Deutschlands* vorsah.

49 Vgl. die kommunalpolitische Bilanz im Tätigkeitsbericht für die erste Hälfte der Legislaturperiode, *Stenographische Berichte des Abgeordnetenhauses,* 3. Wahlperiode vom 19. 1. 1961, S. 16–21 sowie die Aussprache darüber in: *A.a.O.*, 2. 2. 1961, S. 30–44.

50 Vgl. ausführlich Otto Büsch, *Probleme und Aspekte der Berliner Geschichte 1945–1971. Eine Retrospektive auf den Zusammenhang von Wirtschaft und Politik in einer Weltstadt zwischen Ost und West,* in: *Revue d'Allemagne*, Avril-Juin 1982, S. 351–373.

51 Vgl. dazu Wolfgang Ribbe, *Berlin zwischen Ost und West (1945 bis zur Gegenwart),* in: ders. (Hrsg.), *Geschichte Berlins,* Bd. 2, Berlin 1987, S. 1092–1095 sowie die Zweijahresberichte des Senats, die Jahresberichte der Industrie- und Handelskammer und ab 1962 die jährlichen Berichte „Die Lage der Berliner Wirtschaft und die Maßnahmen zu ihrer Weiterentwicklung".

52 Vgl. Brandts Erklärung vor dem Abgeordnetenhaus *Berliner Bilanz seit dem 13. August 1961* am 26. 6. 1962, in: *Stenographische Berichte...*, S. 180–188.

haus begeistert empfangen. Auf dem Rückflug hatte Brandt die Einladung zu einem Treffen mit Nikita Chruschtschow erhalten. Der Wiener Staatssekretär Bruno Kreisky richtete Brandt am 6. März 1959 das Interesse Chruschtschows an einem persönlichen Zusammentreffen aus. Brandt zeigte sich interessiert, wagte dann jedoch aus vielfältigen Gründen nicht, die Chance zu ergreifen, persönlich dem ersten Mann der Sowjetunion die Interessenlage West-Berlins darzulegen.[53] *Ich habe damals falsch entschieden,* urteilte Brandt rückblickend über die Absage eines Treffens mit Chruschtschow.[54] Dies galt auch für eine zweite Chance zu einem solchen Gespräch, die sich ihm zum Jahreswechsel 1962/1963 bot. Anläßlich dieses zweiten Angebots aus dem Kreml sah sich Brandt ebenfalls einer Großen Koalition von Gegnern gegenüber. Wieder waren es Herbert Wehner, daneben der damalige Bundesminister für gesamtdeutsche Fragen Rainer Barzel und der neue amerikanische Gesandte, die Brandt von einem Treffen abrieten. Den Ausschlag gab aber das Votum der Berliner CDU. Brandts Koalitionspartner in der Allparteienregierung der Jahre 1958 bis 1963, der CDU-Vorsitzende Franz Amrehn, drohte, die CDU werde den Senat verlassen, falls Brandt Chruschtschow in Ost-Berlin treffen würde. Brandt fühlte sich von Amrehn erpreßt und verzichtete auf die Zusammenkunft.[55] Damit war der Vorgang aber nicht aus der Welt geschafft. Das Klima der Zusammenarbeit war gestört, das Verhältnis zu Amrehn zerrüttet. Die Tage der Großen Koalition waren nunmehr gezählt. Die SPD nutzte den Streit um die Einladung Chruschtschows zur Polarisierung im Wahlkampf für die Abgeordnetenhauswahlen am 17. Februar 1963. Obwohl die SPD selbst nicht geschlossen hinter einem solchen Kontakt stand, konnte Brandt nun behaupten, er hätte ja vielleicht Verbesserungen erreichen können, wenn er die Möglichkeit dazu gehabt hätte.

Mit seinem Entschluß zu einer sozialliberalen Koalition im Rathaus Schöneberg im Anschluß an seinen überragenden Wahlsieg kündigte Brandt sodann die Große Koalition in Berlin zu einem Zeitpunkt auf, als er selbst eine solche auf Bundesebene anstrebte – mit der SPD als Juniorpartner. Die Berliner FDP galt Brandt als der richtige Partner, um der neuen Situation in der Deutschlandpolitik begegnen zu können.[56]

53 Bruno Kreisky, *Im Strom der Politik. Erfahrungen eines Europäers*, Berlin 1988, S. 9–24. Kreisky nennt Wehner, der Brandt den Auftritt nicht gegönnt habe, sowie den amerikanischen Gesandten in Berlin Bernhard Gufler als diejenigen, von denen sich Brandt zu einer ablehnenden Haltung habe bewegen lassen (S. 19). Zur Einladung 1963 siehe Brandts Werben für ein Treffen im SPD-Landesvorstand am 14. Januar 1963, Akte 1231 des Bestandes *Landesverband Berlin* beim Archiv der sozialen Demokratie der Friedrich-Ebert-Stiftung, Bonn. Auch viele Sozialdemokraten standen zu diesem Zeitpunkt dem Wunsch Brandts skeptisch gegenüber vgl. Arnulf Baring in Zusammenarbeit mit Manfred Görtemaker, *Machtwechsel. Die Ära Brandt-Scheel*, Stuttgart 1983, S. 202.

54 W. Brandt, *Erinnerungen...* (wie Anm. 1), S. 51 f.

55 Protokoll der Sitzung des Landes- und des Fraktionsvorstandes am 17. 1. 1963, Bestand *SPD-Fraktion*, Akte 558, Archiv der sozialen Demokratie der Friedrich-Ebert-Stiftung, Bonn. Vgl. die Dokumentation des Senats über die Kontakte, abgedruckt in: *Der Tagesspiegel* vom 24. 1. 1963.

56 A. Baring, *Machtwechsel...* (wie Anm. 53), S. 202.

In Berlin hatte Brandt die SPD zur absoluten Mehrheit zurückgeführt, als auf Bundesebene nicht einmal der Anlaß bestand, davon zu träumen. Immerhin hatte sich der Vorstand bereits 1954 zur Erarbeitung eines neuen Grundsatzprogramms entschlossen, das im November 1959 auf dem Parteitag in Bad Godesberg verabschiedet wurde. Das Godesberger Programm ebnete der SPD den Weg zur mehrheitsfähigen Volkspartei.[57] Auf diesem Parteitag ergriff Brandt nur einmal während der allgemeinen Aussprache am ersten Tag das Wort.[58] Aus den Programmdiskussionen hielt er sich heraus. Sein Name war bereits ein Programm. 1959 warb Brandt weiterhin für den Abschied vom Primat der Wiedervereinigung, konsequenterweise stand er daher auch dem „Deutschlandplan" der SPD skeptisch gegenüber. Er sah die Chance einer wachsenden Mehrheit für seine Person in der Partei in der Zurückhaltung eher als in der Herausforderung. Am gleichen Ort sollte er fünf Jahre später zum Vorsitzenden seiner Partei gewählt werden. Seine Zurückhaltung blieb auffällig, die großen Diskussionen in seiner Partei – neben „Godesberg" und „Deutschlandplan" vor allem die „Anti-Atomtod-Kampagne" – hat er nicht nur nicht angeführt, er hatte nicht einmal den Ehrgeiz, diese Debatten zu prägen. Brandt profitierte nicht etwa vom erfolgreichen Ringen um eine konkret-utopische Grundsatzperspektive der SPD, sondern im Gegenteil von seiner Zurückhaltung in den theoretischen Erörterungen. Von den dem SPD-Vorsitzenden in den achtziger Jahren zugesprochenen visionären Eigenschaften war hier nichts zu spüren. Nicht Brandt brachte die Partei auf Kurs, er konnte statt dessen zuschauen, wie die Bundespartei zu Erkenntnissen gelangte, die in Berlin schon seit den Tagen Ernst Reuters vertreten worden waren.

Deshalb konnte Willy Brandt den Godesberger Parteitag als Erfolg verbuchen. Hier gelang die Versöhnung der Position des Berliner Landesverbandes mit der der Bundespartei. Die ganz persönliche Bedeutung reichte indes noch weiter. Da Brandt in der Tradition Reuters von Berlin aus die alten Positionen der Bundespartei angegriffen hatte, erschien er Herbert Wehner jetzt als geeignet, die Wende der SPD nach Godesberg und dem Bekenntnis zum Westbündnis im Bundestag am 30. Juni 1960 glaubhaft und wählerwirksam zu verkörpern.[59] Der Begriff vom „Adenauer-Brandt-Kurs" in der Außenpolitik[60] gereichte Willy Brandt endlich auch innerparteilich zum Vorteil: *Mit der Wahl Willy Brandts zum Kanzlerkandidaten begann ein neues Kapitel in der Geschichte der sozialdemokratischen Partei Deutschlands.*[61]

57 Zum „Godesberger Programm" statt vieler: Susanne Miller/Heinrich Potthoff, *Kleine Geschichte der SPD. Darstellung und Dokumentation 1848–1980*, Bonn 1981, S. 200–208 und Dok., S. 357–370.

58 *Protokoll der Verhandlungen des Außerordentlichen Parteitages der Sozialdemokratischen Partei Deutschlands. Vom 13.–15. November in Bad Godesberg*, Bonn o. J., S. 74–77.

59 In seiner Rede vor dem Bundestag am 30. Juni 1960 führte er Willy Brandt mehrfach als Kronzeugen dafür an, daß ein festes Bekenntnis zum Westen der Selbstbehauptung nicht nur Berlins, sondern auch der SPD diene. Johannes Gross überschrieb seinen Kommentar in der *Deutschen Zeitung* vom 16. 7. 1960 mit der Titelzeile *Wehners Brandt.*

60 *Frankfurter Allgemeine Zeitung* vom 10. 2. 1960.

61 Carlo Schmid, *Erinnerungen*, Bern-München 1979, S. 697.

Erich Ollenhauer hatte im Sommer des Jahres 1959 seinen Verzicht auf eine weitere Kanzlerkandidatur erklärt. Wegen der krisenhaften Situation in Berlin infolge des Chruschtschow-Ultimatums hatte Brandt allerdings öffentlich noch keine Ambitionen geäußert, so daß Carlo Schmid Favorit der Politauguren blieb.[62] Gleichwohl war Brandts Popularität in der Zeit des Ultimatums, als die Augen der Weltöffentlichkeit auf Berlin gerichtet waren, enorm gewachsen.[63] Der CDU wurde das Ansehen Brandts zunehmend unheimlich, noch vor dessen Nominierung zum Herausforderer des fast vierzig Jahre älteren Adenauer verfaßte die CDU die erste Wahlkampfparole: *Brandt muß in Berlin bleiben.*[64]

Brandts Zurückhaltung in parteitheoretischen Debatten erstreckte sich nicht auf seine persönliche Laufbahnplanung. Seine Profilierung zum Kanzlerkandidaten betrieb er mit den gewohnten Mitteln: dem Einsatz seiner „jungen Leute". Die beiden Berliner Klaus Schütz und Kurt Neubauer organisierten im Juli 1960 ein konspiratives Treffen sozialdemokratischer „Jungtürken" – unter ihnen Helmut Schmidt – in Barsinghausen bei Hannover, auf dem Brandt auf den Schild gehoben wurde. Brandt war der Siegertyp in den Reihen der SPD, er verfügte als Berliner Stadtoberhaupt über einen erheblichen Amtsbonus, der ihn vor jedem Bonner Fraktionsmitglied auszeichnete. Herbert Wehner setzte deshalb diese Kandidatur beim Parteivorstand durch, der ihn am 24. August 1960 nominierte. Brandt versicherte seinen Berlinern: *Ich habe nicht den Wunsch, das Amt des Regierenden Bürgermeisters mit einem anderen Amt als dem des Bundeskanzlers zu tauschen.*[65] Seine Kampagne stand im Zeichen einer gemeinsamen Verantwortung für Deutschland und Berlin. Doch geprägt war Brandts erster Wahlkampf als Kanzlerkandidat von zwei unerwarteten und bedauerlichen Geschehnissen: der Kampagne gegen seine Person und dem Bau der Mauer in Berlin. Der politische Gegner versuchte die Person des jungen, so dynamisch und erfolgreich daherkommenden Herausforderers mit Hinweisen auf seine Lebensumstände und -geschichte herabzuwürdigen, gipfelnd in des Bundeskanzlers perfider Insinuation *Herr Brandt alias Frahm.* Diese Rufmordkampagne gegen einen Gegner des nationalsozialistischen Unrechtsregimes verletzte Brandt persönlich, gleichwohl suchte er die offensive Gegendarstellung.[66]

Der Bau der Mauer mitten durch Berlin einen Monat vor dem Wahltag am 17. September 1961 überschattete alles bis dahin im Wahlkampf Gesagte. Schon seit

62 Vgl. *Die Welt* vom 29. 12. 1959 und *Süddeutsche Zeitung* vom 27. 1. 1960.

63 Die *New York Herald Tribune* sprach am 7. Mai 1960 von der *most meteoric career in German politics.*

64 Vgl. *Bonner General-Anzeiger* vom 7. 5. 1960, *Süddeutsche Zeitung* vom 11. 5. 1960 und *Der Spiegel* vom 18. 5. 1960.

65 Brandt vor dem Abgeordnetenhaus am 2. Februar 1961, *Stenographische Berichte...*, S. 42. Am Tag nach den Wahlen vom 17. September bezeichnete Brandt in Erwartung einer Großen Koalition diese Aussage als Mißverständnis, um ein potentielles Angebot als Außenminister annehmen zu können, *Die Welt* vom 20. 9. 1961.

dem Zusammentreffen des jungen amerikanischen Präsidenten Kennedy mit Nikita Chruschtschow in Wien hatte sich im Frühjahr eine wachsende Krisenangst ausgebreitet, *die es dem Wähler nahezulegen schien, mitten im Sturm den Kapitän nicht auszutauschen.*[67] Nun zerrissen Stacheldraht und Zement die Stadt. Der Regierende Bürgermeister begab sich, eine Wahlkampftournee abbrechend, umgehend an den Ort, den der Bundeskanzler eben wegen Brandts Anwesenheit mied: nach Berlin. Sein unermüdlicher Einsatz sicherte dem Herausforderer wertvolle Punkte auch für die Bundestagswahl, während aus Adenauers Zögern ein starker Prestigeverlust für die CDU resultierte. Die Stimmenauszählung am Abend des 17. September erbrachte denn auch den Verlust der absoluten Mehrheit für die CDU, während Brandt für die SPD einen Stimmengewinn von 4,4 Prozentpunkten gegenüber 1957 erringen konnte.[68] Angesichts der Ereignisse in Berlin glaubte Brandt für kurze Zeit an die Bildung einer Allparteienregierung und nahm deshalb sein Bundestagsmandat zunächst an.[69] Doch sein Platz war und blieb in Berlin, in dem die ersten Barrikaden inzwischen durch Betonelemente ersetzt wurden.

Seine Erfahrungen in der Verantwortung für Berlin hatten Willy Brandt schon anläßlich des Chruschtschow-Ultimatums und der darauffolgenden Konferenzen der Siegermächte zu der Einsicht geführt, daß nach dem festen Bekenntnis zum westlichen Bündnis dort einvernehmlich neue Strategien entwickelt werden mußten. Die deutsche Ostpolitik mußte im Westen beginnen. Es bedurfte nicht des Mauerbaus und der unmittelbar zuvor von John F. Kennedy verkündeten „Three Essentials", um Brandt zu überzeugen, daß es fortan gelte, das Beste aus dem *Status quo* in West-Berlin zu machen.[70] Die Geschehnisse am 13. August 1961 zwangen ihn und die Haltung des amerikanischen Präsidenten ermunterte ihn, diese Einsicht in Berlin und von Berlin aus in die Tat umzusetzen.

Am 13. August begab sich Willy Brandt in das Gebäude der Alliierten Kommandantur – zum einzigen Male während seiner gesamten Amtszeit. Was er dort erlebte, wurde ihm erst später ganz bewußt. *Wäre ich, in jenen sonntäglichen Vormittagsstunden des 13. August, kühleren Blutes gewesen, hätte ich bemerkt, daß die verehrten Herren Kom-*

66 Brandt stellte sich einem zum Teil als Kreuzverhör geführten umfangreichen Gespräch mit dem *Spiegel*, Ausgabe vom 15. März 1961. In einem Urteil des Berliner Kammergerichts vom 22. Mai 1959 hatte sich Brandt anläßlich seiner Klage gegen eine Veröffentlichung bereits bestätigen lassen können: *Es fehlt insbesondere jeder Anhaltspunkt dafür, daß der Kläger Kommunist oder Rotfrontkämpfer gewesen ist, daß er Partisanen- oder Sabotage-Gruppen in Norwegen angehört und daß er über seinen Lebenslauf unrichtige Angaben gemacht hat. Ebenso fehlt es an jedem Anhaltspunkt dafür, daß der Kläger etwa aus unehrenhaften Gründen emigriert ist oder aus derartigen Gründen seinen Namen gewechselt hat.* (Fundstelle: Ordner 6, Bestand Willy Brandt, Dokumentationsstelle des Bundestages.)

67 David Koerfer, *Kampf ums Kanzleramt*, Stuttgart 1987, S. 541.

68 Die CDU/CSU erhielt 45,3% (1957: 50,2%), die SPD 36,2% (31,8%), die FDP 12,8% (7,7%).

69 Auf dem Landesparteitag im Mai 1961 hatte Brandt seine Genossen trotz Nachfrage über sein Verhalten im Fall einer Niederlage gegen Adenauer im unklaren gelassen.

mandanten verwirrt, hilflos, ohne Anweisung waren.[71] Nun war der Regierende als Krisenmanager gefordert: *Die Woche nach dem 13. August gehörte zu den anstrengendsten meines Lebens. Wieder einmal galt es, Angst zurückzudrängen, unvernünftigen Reaktionen entgegenzutreten, beschädigtes Vertrauen wiederherzustellen.*[72] Brandts erste Aufgabe war es, die Emotionen der Bevölkerung im Zaum zu halten.[73] Am 16. August fand eine große Kundgebung einer aufgebrachten Menge vor dem Schöneberger Rathaus statt, während der auch Brandt Taten forderte. Er selbst war am selben Tag aktiv geworden und hatte sich in einem Schreiben mit Präsident Kennedy unmittelbar in Verbindung gesetzt. Mit diesem Brief[74] ging er ein hohes, doppeltes Risiko ein. Er setzte den amerikanischen Präsidenten unter Druck, indem er eine Verstärkung der Truppen, die Einschaltung der UNO und die Proklamation eines Drei-Mächte-Status für die Westsektoren forderte.[75] Brandt leistete sich in jenen Tagen der aufgewühlten Herzen die Anmaßung, den amerikanischen Präsidenten *unter Freunden* zur Ordnung zu rufen – eben jener Ordnung, wie man sie noch in Bonn und Berlin verstand. Eine Verschlimmerung der Vertrauenskrise durch eine Verärgerung der größten Schutzmacht wurde erst nach Tagen abgewendet, als Kennedy die Risiken der Stimmung in Berlin erkann-

70 So findet sich das spätere „cetero censeo", *Berlin eignet sich nicht als Vorleistung, wohl aber als Prüfstein einer Politik der Entspannung,* beispielsweise in: W. Brandt, *Mein Weg nach Berlin...* (wie Anm. 10), S. 355. Ein Musterbeispiel Brandtscher Rhetorik, bei klarer Frontstellung dennoch für Bewegung zu werben, stellte die folgende Passage aus einem Interview mit der *Süddeutschen Zeitung* vom 22. 8. 1959 dar: *Ich bin seit langem der Meinung, daß wir herausmüssen aus den Schützengräben des Kalten Krieges, und daß es – anders ausgedrückt – wenig erfolgversprechend ist, sich einzugraben, während die andere Seite längst den Regeln des politischen Bewegungskrieges folgt.* Brandt selbst sieht den Ursprung der *Politik der kleinen Schritte* schon in einer Bundestagsrede am 30. 5. 1956 begründet, vgl. W. Brandt, *Erinnerungen...* (wie Anm. 1), S. 64.

71 *A.a.O.*, S. 10.

72 Willy Brandt, *Begegnungen und Einsichten. Die Jahre 1960–1975*, S. 28 (Seitenangaben nach der Taschenbuchausgabe München 1978).

73 Als beispielhaft für die Empörung kann die Frontseite der *Bild-Zeitung* vom 16. 8. 1961 gelten: *Der Osten handelt – was tut der Westen? Der Westen tut NICHTS!* Insbesondere das Verbleiben Kennedys und McMillans an ihren Urlaubsorten und das Fernbleiben des Bundeskanzlers ließen die Berliner glauben, im Stich gelassen worden zu sein.

74 Abdruck des Briefes und der Replik Kennedys vom 18. 8. 1961 bei Diethelm Prowe, *Der Brief Kennedys an Brandt vom 18. August 1961. Eine zentrale Quelle zur Berliner Mauer und der Entstehung der Brandtschen Ostpolitik*, in: *Vierteljahrshefte für Zeitgeschichte*, H. 2 (1985), S. 373–383.

75 Im Gespräch mit der amerikanischen Delegation um Vize-Präsident Johnson am 20. 8. 1961 erläuterte Brandt die umstrittene Formel des Drei-Mächte-Status, *that we should not be in our action by a moribund four power status.* Memorandum, Declassified Documents, 83/2515, S. 3. Johnson lehnte dies ab, Report, Decl. Doc., 83/2868, S. 3. Bereits Anfang 1959 hatte Brandt seine praktischen Erfahrungen mit der *de-facto*-Macht des Ostsektors auf den Nenner gebracht: *Wir haben es rechtlich in Berlin auf der einen Ebene mit einem Viermächte-Status und auf der anderen Ebene – für die Westsektoren – mit einem Dreimächte-Status zu tun. Im Ostsektor hat sich ein Einmacht-Status entwickelt.* Im Interview mit dem *Spiegel* am 4. 2. 1959. In der *Zeit* vom 31. 8. 1962, unmittelbar nach dem Tod Peter Fechters, bekräftigte er seinen Eindruck, *daß die Alliierten, trotz eines bestehenden Rechtstitels, aufgehört haben, sich für Ereignisse jenseits der Mauer zu interessieren.*

te.[76] Zudem verließ Brandt hier erstmals öffentlich und in demonstrativer Weise die Position der Unterordnung des Senats unter die Außenpolitik der Bundesregierung – Adenauer und von Brentano erhielten lediglich Kopien des Schreibens.

Die Berliner mußten nun die bittere Realität am eigenen Leibe erfahren, die am 17. Juni 1953 und während des Aufstandes in Ungarn 1956 offenbar geworden war. Die Westmächte demonstrierten die Bereitschaft zur Verteidigung des Besitzstandes ihrer Verbündeten unter gleichzeitiger Respektierung der Zuständigkeit der Sowjetunion für deren gesamte Einflußsphäre. Die Verärgerung über den Brief Brandts machte deutlich, daß die in der Verantwortung für den Weltfrieden – nicht nur für Berlin – stehenden USA nicht an eine Konfrontation mit der Sowjetunion wegen des brutalen Abschneidens des Flüchtlingsstromes dachten, verhieß der Mauerbau doch eine Stabilisierung.[77] Chruschtschow hatte die mit dem Ultimatum verbundenen Drohungen nicht verwirklicht und auch wegen Ulbrichts Hauptwunsch, West-Berlin der DDR einzuverleiben, keinen Krieg riskiert. Die Mauer stellte eine Rückzugsposition des Ostens dar. Brandt selbst urteilte später: *Was uns in Berlin als grausamer Einschnitt erschien, mag sich für andere fast als Erleichterung dargestellt haben.*[78] Es drohte nun keine Kriegsgefahr mehr. Doch als Regierender Bürgermeister mußte er die Enttäuschung der Berliner auffangen, um so mehr, als sich der Bundeskanzler zunächst nicht blicken ließ. Nach seinem Gespräch mit Kennedy Anfang Oktober 1961 strebte Brandt danach, die „Three Essentials" *nach vorn zu interpretieren*[79]: der Zugang auf dem Landweg solle geregelt und das Selbstbestimmungsrecht der Berliner durch verstärkte Verklammerung mit dem Bund betont werden. Kennedy war für Brandt nun der Partner, mit dem er gemeinsam ein Ziel verfolgte: die Veränderung der Politik des Westens. Brandt konnte sich auf den amerikanischen Präsidenten berufen, der ungemein populär spätestens nach seinen Reden in Berlin am 26. Juni 1963 war. Vor dem Schöneberger Rathaus versetzte Kennedys persönliches Bekenntnis zur Stadt die Berliner in einen Freudentaumel. Und in der Freien Universität brachte seine Forderung, sich gerade in Berlin nicht länger am *Status quo* festzuklammern, sondern menschliche Erleichterungen anzustreben, dem Regierenden Bürgermeister einen kaum zu überschätzenden innenpolitischen Rückhalt.[80] Im Einklang mit der größten Schutzmacht seiner Stadt konnte Brandt sich nun über Bedenken der Bundesregierung hinwegsetzen: *Ich glaube in unseren deutschen Fragen nicht an den Wert der Formel alles oder nichts. Ich fürchte, dann werden wir noch eine ganze Weile weiterhin nichts haben, nichts außer den Sonn-*

76 D. Prowe, *Der Brief Kennedys an Brandt...* (wie Anm. 74), S. 377.

77 Vgl. zur Berlin-Politik der Regierung J. F. Kennedys den instruktiven Aufsatz von Diethelm Prowe, *„Ich bin ein Berliner": Kennedy, die Mauer und die „verteidigte Insel" West-Berlin im ausgehenden Kalten Krieg im Spiegel amerikanischer Akten*, in: *Berlin in Geschichte und Gegenwart. Jahrbuch des Landesarchivs Berlin* 1989, S. 143–167, der u. a. anhand amerikanischer Quellen nachweist, daß Willy Brandt anläßlich seines Besuches in Washington im März 1961 vorsätzlich über die Haltung der USA „im Dunkeln" gelassen wurde.

78 W. Brandt, *Begegnungen und Einsichten...* (wie Anm. 72), S. 15.

79 *A.a.O.*, S. 35.

tagsreden. Das sage ich unpolemisch, denn ich habe selbst genug davon gehalten.[81] Auch Brandt war zunächst über das Verhalten der Westmächte angesichts des Mauerbaus schockiert gewesen. Doch lernte er dadurch früh die Grenzen seines Spielraumes kennen. Wenn er schon nicht die Mauer beseitigen konnte, so wollte er sie doch durchlässiger machen. Mit einer „Politik der kleinen Schritte" wollte Brandt an die Umsetzung der Idee vom „Wandel durch Annäherung" gehen. Diese These stammte von Brandts Sprecher Egon Bahr, der sie erstmals vor der Evangelischen Akademie in Tutzing am 14. Juli 1963 vorstellte, und sah eine Kooperation mit den Ost-Berliner Machthabern zugunsten der Menschen vor – unterhalb einer Anerkennung „Pankows". Die aufbrandende Kritik an jedweder Politik der Stabilisierung der DDR-Regierung ließ Brandt offiziell auf Distanz zu Bahr gehen.[82] Hier zeigte sich eine gewisse Raffinesse in Brandts politischem Vorgehen. Er selbst hatte durchaus ähnliche Positionen vertreten, etwa anläßlich seiner Reden in Cambridge im Oktober 1962,[83] doch zu Hause setzte er – ganz Staatsmann im Rathaus Schöneberg – erst einmal seine Mitarbeiter den Diskussionen aus. Zugutehalten konnte man dem Regierenden Bürgermeister dennoch, daß er in derart exponierter Position nicht selbst mit dem Fehdehandschuh in Richtung Bonn jonglieren konnte.

Denn anders als in Bonn war die Stimmung in Berlin in den Monaten nach dem Bau der Mauer umgeschlagen. Hier war das Leid der getrennten Familien und Freunde unmittelbar zu spüren, der größte Wunsch der Menschen galt der Chance zur Begegnung. Zunächst hatte Brandt die rigide, sofortige Schließung von Passierschein-Ausgabestellen Ost-Berlins im Westteil der Stadt verfügt, um *aus Gründen der Staatsräson eine Betätigung von Agentenzentralen mit Amtsfunktionen des östlichen Gewaltregimes mitten in unserer Stadt* zu unterbinden.[84] Bis zum 23. August 1961 hatten die West-Berliner noch an bestimmten Stellen die jetzt befestigte Grenze passieren können. Brandt hielt an der Maximalposition fest, die Maßnahmen des 13. August müßten rückgängig gemacht werden, und lehnte es daher ab, sich mit den *Kerkermeistern unseres Volkes* an einen Tisch zu setzen, um Verhandlungen über Passierscheine zu füh-

80 Während Peter Bender, *Neue Ostpolitik. Vom Mauerbau zum Moskauer Vertrag,* München 1986, mehr in Brandt den Initiator sieht, der Kennedy drängte, belegt D. Prowe in: *„Ich bin ein Berliner"...* (wie Anm. 77), und in: *Die Anfänge der Brandtschen Ostpolitik in Berlin 1961–1963. Eine Untersuchung zur Endphase des Kalten Krieges,* in: Wolfgang Benz/Hermann Graml (Hrsg.), *Aspekte deutscher Außenpolitik im 20. Jahrhundert,* Stuttgart 1976, daß der Präsident Brandt den Spielraum zubilligte, im Rahmen dessen sich dieser als *spiritus rector* betätigte.

81 Brandt am 30. 12. 1962 in „Panorama" (zitiert nach der Kommentarübersicht des Bundespresseamtes).

82 Brandt vor dem Parteipräsidium am 27. 8. 1963, zitiert nach: Kurt Klotzbach, *Der Weg zur Staatspartei,* Berlin-Bonn 1982, S. 568 f. Auch öffentlich rückte Brandt von Bahrs Formulierung ab, vgl. *Der Tagesspiegel* vom 25. 7. 1963.

83 Abdruck dieser „Harvard Lectures" Brandts in: Willy Brandt, *Koexistenz – Zwang zum Wagnis,* Stuttgart 1963.

84 Brandt vor dem Abgeordnetenhaus, *Stenographische Berichte...,* 22. 9. 1961, S. 272.

ren.[85] Angesichts des menschlichen Leids rückte Brandt jedoch bald von dieser Position ab.[86] Am 17. August 1962 starb der junge Peter Fechter durch Kugeln der Grenztruppen, die ihn an der Mauer liegend ohne Hilfeleistung vor eintausend West-Berliner Zeugen verbluten ließen, für Brandt ein Wendepunkt in seiner Haltung. Der Zorn der Berliner löste die von Brandt so bezeichnete *Peter-Fechter-Krise*[87] aus; wieder drohten Sprengstoffanschläge gegen die Grenze und deren Bewacher. Auch die Berge von Petitionen, die im Rathaus Schöneberg eingingen und dem Senat die persönlichen Folgen der dauernden Trennung drastisch vor Augen führten, ließen eine Annäherung an „Pankow" nunmehr geboten erscheinen. Der damalige Bundessenator Klaus Schütz urteilt im Rückblick: *1961 hätten es die Leute nicht verstanden, 1963 war es die populärste Maßnahme.*[88] Brandt stellte bei der Beurteilung der Lage in Berlin auch die geänderten weltpolitischen Determinanten in Rechnung: *Wir leben heute weltpolitisch bereits in der Periode nach Kuba und nicht mehr in der nach dem Ultimatum und dem 13. August.*[89]

Seit der Entscheidung im Dezember 1963, Passierscheine aus den Händen Ost-Berlins an die Bürger seiner Stadt ausgeben zu lassen,[90] wehte Willy Brandt der Wind der Presse entgegen.[91] In der Tat hatte Brandt einen Grundsatz zur Disposition gestellt. Und diese Entscheidung entwickelte eine Eigendynamik. Die Berliner Passierscheinfrage *hat die Deutschlandpolitik seit 1963 eine Reihe von Jahren intensiv geprägt und erst den Berliner Senat, dann auch die Bundesregierung mit auf den Weg der Anerkennung gezwungen.*[92] Brandt hatte mehrfach betont, sich nicht von der Bundesregierung abkoppeln zu wollen, bei Meinungsverschiedenheiten galt für ihn, daß *sich das durchsetzt, was die Bundesregierung will. Das ist völlig klar. Unsere Politik war und ist der Versuch, sie zu*

85 Mit Schreiben BK/D 61/11 vom 25. 8. 1961 verbot die Alliierte Kommandantur *die Errichtung sowie den Betrieb von Büros zum Zwecke der Ausgabe von Genehmigungen zum Betreten des Sowjetsektors von Berlin*, Fundstelle: Akte 200 des Bestandes *Berlin SPD-Fraktion* des Archivs der sozialen Demokratie bei der Friedrich-Ebert-Stiftung, Bonn. Brandt hatte schon zuvor, in einer Verlautbarung vom 23. 8. 1961, die Einführung von Aufenthaltsgenehmigungen für den Ostsektor als illegal bezeichnet. Abdruck bei Ilse Spittmann (Hrsg.), *Der 13. August*, Köln 1981, S. 107.

86 Im November 1961 wurden Gesprächskontakte mit „Dienststellen der Ostberliner Stadtverwaltung" angestrebt, ohne Resonanz. Vgl. das Interview mit Brandt *Ich bin bereit, mit Ostberlin zu verhandeln*, in: *Der Spiegel* vom 10. 1. 1962.

87 W. Brandt, *Begegnungen und Einsichten...* (wie Anm. 72), S. 36.

88 Klaus Schütz im Gespräch mit dem Verfasser, siehe Transkript in der Sammlung *Personalia* des Archivs der sozialen Demokratie bei der Friedrich-Ebert-Stiftung, Bonn, S. 9.

89 Brandt in einer Rede am 8. 1. 1963, abgedruckt in der Broschüre *Tatsachen – Argumente*, Nr. 53, Landesarchiv Berlin, Rep. 240, Acc. 1122, Mappe SPD, Nr. 61.

90 Abdruck der Einigung mit der salvatorischen Klausel: *Beide Seiten stellen fest, daß eine Einigung über gemeinsame Orts-, Behörden- und Amtsbezeichnungen nicht erzielt werden konnte*, in: *Dokumente zur Berlin-Frage 1944–1966...* (wie Anm. 34), Dok. Nr. 391.

91 *Unter den Zeitungen, die ihn tadelten, befanden sich auch die Boulevard-Blätter, die wesentlich dazu beigetragen hatten, ihn aufs Schild zu heben;* René Bayer in: *Die Zeit* vom 15. 5. 1964.

92 H.-P. Schwarz, *Die Ära Adenauer...* (wie Anm. 46), Bd. 2, S. 150.

überzeugen.[93] Willy Brandts Politik als Regierender Bürgermeister von Berlin ermöglichte ihm auf diese Weise größeren Einfluß auf die Bundesregierung als seine Position als Kanzlerkandidat.

Willy Brandt zog Menschen und Gruppen an, die sich einer Klassenpartei SPD wohl nicht genähert hätten, und trug so entscheidend zur Wandlung der SPD zu einer Volkspartei bei. Auf der Basis der Übereinstimmung, der Gemeinsamkeit in den existentiellen Fragen der Westbindung, der Anlehnung an die Schutzmächte erhielt er von den Berliner Wählern größtmöglichen Spielraum. Anläßlich des Wahlkampfes zu den Abgeordnetenhauswahlen plakatierte der Landesverband ein Porträt Brandts mit der Parole: *SPD – Wir schaffen es!*[94] Unmittelbar nach dem oben schon angesprochenen Krach wegen des vom Koalitionspartner CDU verhinderten Zusammentreffens Brandts mit Chruschtschow sprachen die Berliner ihrem Regierenden bei den Wahlen am 17. Februar 1963 mit der überwältigenden Mehrheit von 61,9 Prozent der Stimmen für die SPD ihr Vertrauen aus.

Brandt war entschlossen, die CDU nicht länger an der Regierung zu beteiligen, nahm aber mit der FDP dennoch einen Koalitionspartner in die Pflicht. Er nutzte die sozialliberale Koalition in doppelter Hinsicht: Zum einen erweiterte er mit dem neuen Partner, der in Bonn an der Regierung beteiligt war, seinen Spielraum in der Deutschlandpolitik, zum anderen folgte er der Stimmung seines SPD-Landesverbandes, *die in Teilen der SPD heftig umstrittene Konsenspolitik mit der CDU wurde aufgegeben.*[95]

Das im Kampf gegen die kommunistische Bedrohung gewonnene Image des „Kalten Kriegers" nützte Brandt noch, als er die Resignation über den Bau der Mauer überwunden und seine Energie auf die Erreichung einer schrittweisen Durchlässigkeit gerichtet hatte; im eigenen Lager blieb er unumstritten.[96] Nun machte er sich an eine Neustrukturierung des Senats. In der SPD-Fraktion setzte Brandt seinen kontrovers beurteilten Intimus Heinrich Albertz als Bürgermeister durch. Brandt versah dessen Position mit weitgehenden Befugnissen, insbesondere hinsichtlich seiner Vertretung bei Abwesenheit in Bonn, auch wenn er noch behauptete: *Es gibt für mich keine Frage der Kronprinzenregelung.*[97] Nach dieser Entlastung im Senat legte Brandt den Landesvorsitz der Berliner SPD nieder. Er sah sich dazu veranlaßt, um dem Eindruck zu begegnen, er

93 Protokoll der Landesvorstandssitzung vom 18. 2. 1964, S. 1, Akte 1228, Bestand *Landesverband Berlin* im Archiv der sozialen Demokratie bei der Friedrich-Ebert-Stiftung, Bonn.

94 Tatkraft war zum Markenzeichen Brandts geworden, wie Kurt L. Shell in seiner Studie *Bedrohung und Bewährung. Führung und Bevölkerung in der Berlin-Krise*, Köln 1963, belegt. Vgl. zum Wahlkampfmaterial die „Zeitgeschichtliche Sammlung" im Landesarchiv Berlin, Rep. 240, Acc. 1122.

95 H.-J. Heß, *Innerparteiliche Gruppenbildung...* (wie Anm. 27), S. 54.

96 Hans-Jürgen Heß beschreibt das Image Brandts im Verhältnis zu Albertz: *Nun war es gerade Heinrich Albertz, der wesentlich dazu beigetragen hatte, nach dem Mauerbau eine nach Osten gerichtete Politik zu entwickeln und dabei weniger verstanden wurde als Willy Brandt, der diesen Prozeß zögernder anging, von der rechten Parteimehrheit aber auch dann noch als einer der ihren gestützt wurde, als sie ihn nicht mehr ganz begriffen hatte.* Vgl. *a.a.O.*, S. 104.

wolle sich zum *kleinen Bundespräsidenten von Berlin befördern.*[98] Sein durch den Wahlerfolg erneut entfachter Ehrgeiz galt vielmehr der Übernahme des Bundesvorsitzes, und Brandt war sich bewußt, daß er häufig in Bonn präsent sein mußte, um den dort allseits beliebten Fritz Erler aus dem Rennen zu werfen. Herbert Wehners Politik des *divide et impera* verhalf Brandt nach dem Tode Ollenhauers zum höchsten Parteiamt, Erler blieb Chef der Bundestagsfraktion. Auf dem außerordentlichen Parteitag der SPD vom 15. bis 16. Februar 1964 in Bad Godesberg wurde Brandt nach flammender Rede – *Unser ärgster Feind ist die Unbeweglichkeit in Deutschland!* – mit überragenden Voten zum Bundesvorsitzenden und erneut zum Kanzlerkandidaten gekürt.[99] Selbst nicht Mitglied des Bundestages, sondern auf repräsentativem Posten in Berlin, warb Brandt nun als Galionsfigur für die gesamte SPD, während Wehner, offiziell Stellvertreter, in Bonn weiter Kurs auf eine Große Koalition nahm.

Doch unterlag Brandt der *falschen Selbsteinschätzung,*[100] es im Wahlkampf mit dem legendären Ludwig Erhard aufnehmen zu können. Anläßlich seines Besuches bei Präsident Johnson vor den Wahlen 1965 wurde er zwar wegen seiner außenpolitischen Linie gelobt, die SPD frei von der „Schizophrenie" des Gaullismus gehalten zu haben.[101] Aber so wie die Stadt 1965 nicht mehr automatisch die Solidarität aller auf sich zog, konnte der Frontmann der Hauptstadt nicht länger mit seinem Berlinbonus wuchern. Die erreichten 39,1 Prozent der Stimmen bedeuteten zwar einen Zuwachs für die Sozialdemokraten, von dem in Aussicht gestellten „Kopf-an-Kopf-Rennen" konnte aber angesichts der 47,6 Prozent, die die CDU erhielt, keine Rede sein. Brandt mußte erneut geschlagen nach Berlin zurückkehren. Die Niederlage ging ihm nahe, Brandt sah sich am Ende seiner bundespolitischen Laufbahn, verfiel in Depressionen.[102]

Nach Berlin zurückgekehrt, widmete er sich den Pflichten des Regierenden Bürgermeisters. Seine Nominierung zum Vizekanzler und Außenminister der Bundesrepublik Ende 1966 war nicht abzusehen und wurde auch nicht länger von ihm betrieben. Doch wurde er erneut begünstigt von Faktoren, auf die er keinen Einfluß ausübte. Den Autoritätsverlust des eben noch so siegreichen Ludwig Erhard im Verlauf des krisenhaften Jahres 1966, der am 27. Oktober 1966 im Rücktritt der Minister der FDP gipfelte,

97 Protokoll der Landesvorstandssitzung am 4. 3. 1963, S. 6, in: Bestand *Landesverband Berlin*, Sign. 1231, Archiv der sozialen Demokratie bei der Friedrich-Ebert-Stiftung, Bonn. Die Bevorzugung von Albertz war Brandt gleichwohl bewußt, nur für dessen Nominierung wurde eine geheime Wahl in der Fraktion beantragt. Albertz erhielt 52 Ja- bei 22 Nein-Stimmen und 7 Enthaltungen, Protokoll der Fraktionssitzung, 4. 3. 1963, Bestand *SPD-Fraktion*, Sign. 560, Archiv der sozialen Demokratie bei der Friedrich-Ebert-Stiftung, Bonn.

98 Protokoll der Landesvorstandssitzung am 4. 3. 1963... (wie Anm. 97).

99 *Protokoll der Verhandlungen des Außerordentlichen Parteitages...* (wie Anm. 58), S. 68, 41 f.

100 P. Koch, *Willy Brandt...* (wie Anm. 15), S. 326–334.

101 McGeorge Bundy befand intern, Brandt und seine Partei *are the most consistently pro-American political force in Germany today*, Memorandum for the President, 14. 4. 1965, Decl. Doc. 85/001316.

102 C. Stern, *Willy Brandt...* (wie Anm. 3), S. 67–71.

hatte niemand in dieser Dramatik erwartet.[103] Der Landesverband Nordrhein-Westfalen hatte zuletzt mit einem überragenden Landtagswahlergebnis und einer sozialliberalen Koalition nach Berliner Muster den Regierungsanspruch der Sozialdemokraten unterstrichen. Doch erst die schwere Krankheit des Fraktionsvorsitzenden Fritz Erler ebnete Brandt den Weg an die Spitze der sozialdemokratischen Ministerriege. Brandt selbst hätte eine Koalition mit der FDP bevorzugt. Zum einen wäre er Bundeskanzler geworden, zum anderen hatte sich die Partnerschaft in Berlin bereits bewährt.[104] Doch die Fäden wurden in Bonn gesponnen: Herbert Wehner und Kurt-Georg Kiesinger vereinbarten den Eintritt der SPD in die Bundesverantwortung als Juniorpartner in einer Großen Koalition. Erst nach Wehner und Schmidt bekannte auch Brandt, keine Basis für eine arbeitsfähige sozialliberale Koalition im Herbst 1966 – die zwei Stimmen mehr als die CDU/CSU gehabt hätte –, zu erkennen, auch wegen *illusionärer Vorstellungen in der Deutschlandpolitik* bei der FDP.[105] Nach anfänglichem Zögern griff Brandt nach dem Außenministerium und der Vizekanzlerschaft. Am 1. Dezember 1966 führte er die Sozialdemokratie zurück in die deutsche Regierungsverantwortung. Der Präsident des Abgeordnetenhauses verabschiedete Brandt mit den Worten: *Die Berliner lassen Sie nicht ohne Wehmut scheiden. Sie haben seit zehn Jahren unserer Stadt das Gepräge gegeben und sind als Repräsentant unseres Landes in der Welt bekannt geworden.*[106] Mit seinem bundesweiten Auftreten als SPD-Vorsitzender und Kanzlerkandidat – genannt in einem Atemzug mit Konrad Adenauer und Ludwig Erhard – hatte Willy Brandt den Berlinern das so wichtige Gefühl, etwas Besonderes zu sein, vermitteln können. Brandt verließ die Stadt zu einem Zeitpunkt relativen Wohlergehens. Noch herrschte Vollbeschäftigung, kamen Wohnungsbau und das öffentliche Bauen gut voran, noch hatte es Passierscheinabkommen gegeben und waren die volkswirtschaftlichen Herausforderungen des Mauerbaus gemeistert worden.[107] Unmittelbar nach seinem Weggang, dessen Termin er nicht selbst hatte wählen können, wurde das Leben in der Stadt zunehmend problematischer.

Die Schwierigkeiten mit den Studenten und Jugendlichen resultierten zwar nur teilweise aus der Bildung der Großen Koalition in Bonn, doch der aus dem amerikanischen Vorgehen in Vietnam gespeiste weltweite Anti-Amerikanismus hätte auch einen Regierenden Bürgermeister Willy Brandt vor Probleme gestellt. Wie wäre seine Karriere verlaufen, hätte er nur sechs Monate länger die politische Verantwortung in Berlin

103 Grundlegend dazu: Klaus Hildebrand, *Von Erhard zur Großen Koalition 1963–1969* (= Geschichte der Bundesrepublik Deutschland, Bd. 4), Stuttgart-Wiesbaden 1984.

104 Vgl. Brandts Interview in der *Welt am Sonntag* vom 13. 11. 1966.

105 Brandt auf der Sitzung des Landesausschusses und der Fraktion am 27. 11. 1966, Protokoll S. 3, Akte 564, Bestand *SPD-Fraktion* im Archiv der sozialen Demokratie bei der Friedrich-Ebert-Stiftung, Bonn. Vgl. zur Haltung Schmidts und Wehners A. Baring, *Machtwechsel...* (wie Anm. 53), S. 174.

106 Abdruck des Telegramms vom 1. 12. 1966 im Landespressedienst, 1. 12. 1966, S. 3.

107 Als innenpolitische Bilanz der Regierungszeit Brandts können der Zweijahresbericht des Senats von Berlin 1965/66, hrsg. vom Senat von Berlin, Berlin 1967, und dessen Vorläufer benutzt werden.

gehabt – bis zu den tödlichen Schüssen während des Schahbesuchs am 2. Juni 1967? Und es sollte sich zeigen, daß Brandt seinen Landesverband nicht in dem Zustand verlassen hatte, der zur Bewältigung der Probleme nötig gewesen wäre. Sein von ihm bestimmter Nachfolger Albertz polarisierte mehr als er integrierte; das Blockwahlsystem, das Brandt zur Durchsetzung seiner Gefolgsleute bei innerparteilichen Wahlen installiert hatte, wurde gerichtlich für verfassungswidrig erklärt.

Als Vizekanzler und Außenminister der Bundesrepublik Deutschland trug Brandt in den Jahren der Großen Koalition dazu bei, die Rolle der Bundesrepublik als eines *wirtschaftlichen Riesen, aber politischen Zwerges* zu korrigieren. Fest verankert im Westen, suchte er jetzt eine Annäherung an die mittel- und osteuropäischen Nachbarstaaten. Seine Emigration, die ihm in der innenpolitischen Debatte zur Last gelegt worden war, gereichte ihm als Außenpolitiker zum Vorteil, Brandt galt als der unbelastete „andere Deutsche".[108] Die Bundesregierung setzte den Alleinvertretungsanspruch der Hallstein-Doktrin außer Kurs, um Brücken schlagen zu können. Neben dem Wunsch nach der Versöhnung der Völker befürchtete Brandt auch, die Bundesrepublik könne angesichts sich ankündigender Gespräche zwischen den Supermächten ins Abseits geraten, zum Bremser der Entspannungspolitik werden. Seine nun beginnende unermüdliche Aktivität, sein Einsatz für eine gestaltende Rolle der Bundesrepublik, insbesondere nach dem Wechsel ins Kanzleramt 1969, erzeugte auch bei den westlichen Partnern ein gewisses Mißtrauen. Gerade seine Integrität in nationalen Angelegenheiten machte ihn für seine ausländischen Partner zuweilen schwer berechenbar.[109] Gleichwohl gelang es ihm, das Tempo der Annäherung auch zwischen den Großmächten zu beschleunigen. Brandt war mit großem Schwung nicht nur in die Außenpolitik gestartet. Nach seiner Wahl zum Bundeskanzler am 21. Oktober 1969 wollte er mit der Demokratie in der Bundesrepublik erst richtig beginnen.[110] Mit solchen Formulierungen polarisierte er rasch die Bevölkerung, doch die Faszination, die von der Persönlichkeit Brandts ausging, manifestierte sich nicht nur in Wahlergebnissen, sondern wurde auch vom politischen Gegner anerkannt.[111] Mit den Gewaltverzichtsverträgen von Moskau und

108 So auch der Titel der Biographie von David Binder, *The Other German. Willy Brandt's Life and Times*, Washington, D. C. 1975.

109 Siehe dazu insbesondere Henry Kissinger, *Memoiren 1968–1973*, München 1979, und zur Haltung Georges Pompidous vgl. Andreas Wilkens, *Der unstete Nachbar. Frankreich, die deutsche Ostpolitik und die Berliner Vier-Mächte-Verhandlungen 1969–1974*, München 1990.

110 Maßgeblich zu diesem Abschnitt der Karriere Brandts: A. Baring, *Machtwechsel...* (wie Anm. 53) und Karl Dietrich Bracher/Wolfgang Jäger/Werner Link, *Die Ära Brandt 1969–1974* (= Geschichte der Bundesrepublik Deutschland, Bd. 5/I), Stuttgart 1986.

111 *In der Person Willy Brandts schienen brennpunktartig alle ungestillten Wünsche, alle psychischen Bedürfnisse zusammenzulaufen. Brandt wurde, ähnlich wie Kennedy, das Idol vieler Bürger, das Pilgerziel aller Beladenen und Belasteten*, urteilte Franz Josef Strauß, *Die Erinnerungen...* (wie Anm. 19), S. 358. Vgl. zu Brandts Ausstrahlung auf die Intellektuellen den Band von Dagobert Lindlau (Hrsg.), *Dieser Mann Brandt... Gedanken über einen Politiker von 35 Wissenschaftlern, Künstlern und Schriftstellern*, München 1972, und *Was hält die Welt von Willy Brandt? Aussagen internationaler Publizisten des In- und Auslandes*, Hamburg 1973.

Warschau im Jahre 1970 stellte Brandt das Verhältnis der Bundesrepublik zu den früheren Kriegsgegnern im Osten wenigstens auf eine vertraglich geregelte Basis. Und auch im Verhältnis zum *zweiten Staat in Deutschland* gelangte Brandt mit seinem langjährigen Berliner Mitstreiter Egon Bahr zu einem geregelten Neben- und Miteinander durch den Grundlagenvertrag. *Was wir machen, mußte gemacht werden,*[112] beurteilte Brandt diesen zweiten Schritt zur Etablierung der Bundesrepublik nach der Westbindung durch Konrad Adenauer. Die Debatten um die Ost- und Deutschlandpolitik wurden in der Bundesrepublik sehr emotional geführt, wieder mußte Brandt sich als „Vaterlandsverräter" beschimpfen lassen. Doch sein in Berlin erworbener Pragmatismus ließ ihn von den gewachsenen Realitäten ausgehen, die Fürsorgepflicht für die Menschen in beiden Teilen Deutschlands galt ihm mehr als das Festhalten an Rechtspositionen – etwa in bezug auf die Oder-Neiße-Grenze. Und Brandt wußte seine Position zu gewinnen. 1972 erreichte der frischgebackene Friedensnobelpreisträger den Zenit seines politischen Erfolges. Die Verträge von Moskau und Warschau wurden im Bundestag verabschiedet, das Vier-Mächte-Abkommen trat in Berlin in Kraft, der Grundlagenvertrag mit der DDR wurde paraphiert. Brandt überstand daneben ein Mißtrauensvotum im Parlament und führte die SPD im November 1972 erstmals in die Position der stärksten Fraktion.[113] Er hatte seine Mission erfüllt.

Innenpolitisch aber hatte es Brandt mit seiner Fürsorge übertrieben. Der Reformeifer der sozialliberalen Koalition verpuffte angesichts der zunehmenden wirtschaftlichen Schwierigkeiten. Geldwertschwund, Währungskrisen, Stabilitätsprobleme prägten die Schlußphase seiner Kanzlerschaft. Die Dollarschwäche und die Ölkrise kamen hinzu. So wie er 1960 von Wehner als Spitzenkandidat für tauglich befunden worden war, setzten jetzt in den Reihen der eigenen Partei auch die ersten Demontageversuche ein – neben persönlichen Erschöpfungserscheinungen bei Brandt. Daß die DDR gerade ihm einen Spion ins Kanzleramt gesetzt hatte, mußte ihn persönlich stark treffen. Resignierend nutzte Willy Brandt die „Affäre Guillaume" am 6. Mai 1974 als Gelegenheit, sich mit möglichst geringer persönlicher Beschädigung erhobenen Hauptes aus dem Kanzleramt zu verabschieden.

Willy Brandt hatte den Posten des Vorsitzenden der SPD bis 1987 inne. In dieser Zeit entwickelte er besondere Fähigkeiten als Integrator der widerstreitenden Parteimeinungen, auch Außenstehende, wie die aufkommenden Bürger- und Friedensbewegungen und die Partei der Grünen, fanden in Brandt einen Ansprechpartner. Aber er mußte auch den Preis für den Zusammenhalt der SPD durch Offenheit gegenüber zu vielschichtigen, einander widersprechenden Positionen bezahlen. Brandt führte die Partei in den Verlust der Regierungsverantwortung in Bonn, indem er die innerparteilichen Rankünen gegen Bundeskanzler Helmut Schmidt zuließ.

112 Im Interview in: *Der Spiegel* vom 27. 9. 1971.

113 Die Auseinandersetzungen gipfelten in einem personenbezogenen Wahlkampf *pro* und *contra* Brandt und wurden daher Willy-Wahlen genannt.

Er, der solange polarisiert hatte, wollte jetzt versöhnend wirken. Seine Rolle als Mann des Ausgleichs brachte ihm viel Respekt ein. Als Präsident der Sozialistischen Internationale und der „Unabhängigen Kommission für internationale Entwicklungsfragen" trat er weltweit für Frieden, Menschenrechte und sozialen Ausgleich ein.[114] Fast auf dem Rückzug ins Privatleben an der Seite seiner jungen Frau erlebte Brandt die Umwälzungen im Mitteleuropa des Jahres 1989. Nicht nur die Erfüllung eines Traumes bedeutete der friedliche Fall der Berliner Mauer für Willy Brandt, sondern auch das Erreichen eines Zieles, für das er seit Ende des Weltkriegs, wenn auch umstritten in der Wahl seiner Mittel, eingetreten war.

Nach dem Exil war Willy Brandt gern nach Berlin gekommen. Die Stadt prägte seinen politischen Werdegang von Beginn an. Sein Pro-Amerikanismus entstand in den Tagen der Luftbrücke, sein Anti-Kommunismus wurde hier von den politischen Entführungen, dem Terror und dem Mauerbau genährt.[115] Und hier wurde Brandt klar, daß eine neue Ostpolitik im Westen beginnen mußte. Er war Antikommunist und doch kein Isolationist. Seit der Debatte um die Wiederbewaffnung vertrat Brandt offensiv sein Glaubensbekenntnis, das seine politische Tätigkeit für Berlin und Deutschland charakterisiert: Der Wunsch nach Wiedervereinigung solle nicht Ersatz für praktische Politik sein. Brandt war zuerst Berliner, dann erst Exponent der SPD. Zunächst brachte ihm das – wie vor ihm Reuter – Probleme mit den eigenen Genossen. Berlin hatte den Politiker Willy Brandt zum Pragmatiker gemacht; als er dann die SPD führte, beeinflußte er damit die politische Landschaft der Bundesrepublik; *indem die SPD sich bereitfand, Willy Brandt als Kanzlerkandidaten herauszustellen, verbrannte sie gleichsam (wohl ohne sich dieser Konsequenz voll bewußt zu sein) hinter sich die Schiffe, die zu den neutralistischen Gestaden hätten zurückführen können.*[116]

In den zehn Jahren seines Wirkens in der Stadt bis zur Wahl ins Amt des Regierenden Bürgermeisters beherzigte Willy Brandt eine Erkenntnis seines ersten Mentors: Julius Leber hatte die Lust an der Ohnmacht eine sozialdemokratische Erbsünde genannt.[117] Sein persönlicher Ehrgeiz, die Geschicke der Stadt mitzubestimmen, setzte sich in diesen Jahren gegen die von Zeit zu Zeit auftretende Verzagtheit und seine Selbstzweifel durch. Brandt hatte Rückschläge bei seinem Aufstieg zu überwinden, auch sein Werdegang ist Ergebnis einer Politik der kleinen Schritte. Er stützte sich auf einen ausgeprägten Machtinstinkt, Geduld und Zähigkeit in der Verfolgung seiner Ziele, eine große rhetorische Begabung und die Gabe, *anderen das erhebende Gefühl zu vermitteln, indem sie ihm hülfen, dienten sie einem großen Ideal.*[118]

114 Gunther Hofmann verehrte ihn darob schon im Titel seines Buches *Willy Brandt Porträt eines Aufklärers aus Deutschland*, Reinbek 1988.

115 *Als junger Mann hatte ich mich gegen die Naziherrschaft entschieden, die Knechtung und Krieg bedeutete. In Berlin stand ich an der Seite derer, die sich der kommunistischen Gleichschaltung und dem stalinistischen Würgegriff widersetzten.* W. Brandt, *Erinnerungen...* (wie Anm. 1), S. 12.

116 H. P. Schwarz, *Die Ära Adenauer...* (wie Anm. 46), S. 148.

117 Zitiert nach: W. Brandt, *Links und Frei...* (wie Anm. 2), S. 53.

118 A. Baring, *Machtwechsel...* (wie Anm. 53), S. 173.

Willy Brandt ist der Staatsmann der Bundesrepublik Deutschland, der stärker als jeder andere von der Situation Berlins geprägt worden ist. Er selbst nannte es den *Zwang zum Wagnis*, den er hier verspürte, um eine Überwindung des *Status quo* zu erreichen. Welche Bedeutung hat umgekehrt der Regierende Bürgermeister von 1957 bis 1966 für die Stadt gehabt? Zunächst war es Ernst Reuter, danach Willy Brandt zu verdanken, daß die *Insel der Freiheit* durch alle Krisen weltweit für schützenswert erachtet wurde: *Ich glaube immer noch, daß das Gegenhalten in Berlin auch eine friedensbewahrende Funktion gehabt hat.*[119] Als Regierender Bürgermeister war Willy Brandt der richtige Mann an der richtigen Stelle zur richtigen Zeit. Der Glanz, den er zu verbreiten wußte, seine Popularität, sein Streben nach Ruhm und Einfluß gaben den Berlinern moralischen Rückhalt. Ihr „Regierender" an der Seite Kennedys, als Herausforderer Konrad Adenauers, in den Metropolen der Schutzmächte zu Gast, gab den Ausharrenden das Gefühl, etwas Besonderes zu sein. Seine Weigerung, trotz absoluter Mehrheit allein zu regieren, der Wunsch, möglichst breite Zustimmung aus der Bevölkerung zu erfahren, machten ihn zum populärsten Stadtoberhaupt neben Ernst Reuter im Berlin der Nachkriegszeit. Und wirklich gelang Willy Brandt mit der *Politik der kleinen Schritte* eine Verbesserung der Situation der Bevölkerung, ein Ziel, daß er auch als Bundeskanzler erfolgreich weiterverfolgte, wurden doch die Berliner zu den Meistbegünstigten der Entspannungspolitik.

In den letzten Jahrzehnten seines Lebens wirkte Brandt zwar von der provisorischen Bundeshauptstadt Bonn aus. Doch in Berlin, auf dem Zehlendorfer Waldfriedhof, fand er in der Nähe Ernst Reuters seine letzte Ruhestätte.

119 Brandt im Interview mit der Wochenschrift *Die Zeit* vom 16. 12. 1983.

Heinrich Albertz

von Angela Martin

Heinrich Albertz war nur zehn Monate lang Regierender Bürgermeister[1] von Berlin. Er hatte das Amt mit hohen Ansprüchen übernommen. In der Berliner Kommunalpolitik erfahren und als Entspannungspolitiker bekannt, bemühte er sich, seiner Berlin-Politik eigene Züge zu geben. Er wollte die Stadt zu einem „Brückenkopf" kultureller und wirtschaftlicher Ost-West-Beziehungen entwickeln und damit die wirtschaftlichen Probleme West-Berlins und die Stagnation in den deutsch-deutschen Beziehungen überwinden. Doch er scheiterte.

Die Große Koalition in Bonn blockierte seine Verhandlungen mit Ost-Berlin. Die westdeutsche Industrie drohte mit Investitionsstopp in West-Berlin für den Fall, daß Entscheidungen über den Osthandel nicht mehr in Bonn fallen würden. Schließlich zerschlissen die Berliner Sozialdemokraten, in innerparteiliche Machtkämpfe verstrickt, Albertz' Autorität als Regierender Bürgermeister. Einer eigenständigen Berlin-Politik waren unter diesen Bedingungen Grenzen gesetzt.

Begrenzt waren die Möglichkeiten des Berliner Senats auch durch das Besatzungsstatut der Stadt. Das erfuhr Albertz bereits als Berater von Willy Brandt und als Innensenator. *Die alliierten Mächte üben die oberste Gewalt aus,* schrieb er rückblickend 1986, *und im Ernstfall gibt es keinen Bürgermeister irgendeiner Stadt der Welt, der so wenig regieren kann wie der „Regierende Bürgermeister von Berlin", dessen Amtsbezeichnung sowohl im Anspruch des Titels wie in der Ortsbezeichnung falsch ist.*[2] Albertz wies immer wieder auf den Widerspruch zwischen den beschränkten Kompetenzen der demokratisch gewählten West-Berliner Regierung und der faktischen Macht der alliierten Besatzer hin – und verletzte damit ungeschriebene Sprachregelungen.

Regeln verletzte dieser widersprüchliche Mann während seiner gesamten politischen Laufbahn und als Pfarrer. Seine Unabhängigkeit und Überzeugung bedeuteten ihm mehr als die Statuten und Mehrheitsverhältnisse seiner Partei; Aufklärung und „Mut zur Wahrheit" waren ihm wichtiger als taktische Erwägungen. Nach den Ereignissen des 2. Juni 1967 endete seine steile Karriere als SPD-Politiker. Albertz kehrte auf die Kanzel zurück und übernahm ein Pfarramt in der Gropiusstadt. Aus dem Regierenden Bürgermeister wurde ein Sozialarbeiter. Auch seine politischen Standpunkte änderten sich durch die Ereignisse des 2. Juni radikal. Der ehemalige „Polizeisenator" wandelte sich zum Oppositionellen, der den liberalen Rechtsstaat vor der Entwicklung zum Polizeistaat zu schützen suchte. Aus dem früheren Gegner der APO wurde ein Pazifist, der mit den Mitteln der außerparlamentarischen Opposition kämpfte. Entsprechend

1 Mit der Berliner Verfassung von 1950 ist für den Regierungschef des Landes Berlin (West) die Bezeichnung „Regierender Bürgermeister" eingeführt worden. Sein Stellvertreter führt die Amtsbezeichnung „Bürgermeister".

2 Heinrich Albertz, *Vom Glanz und Elend dieser Stadt,* in: *Die Chronik Berlins,* Dortmund 1986, S. 571–575, bes. S. 571.

widersprüchlich waren die Urteile über ihn. Linken galt er zunächst als „Eiserner Heinrich", Rechte sahen in ihm einen „geistigen Bombenleger". Er selbst hielt sich stets für einen konservativen Menschen mit einem *ewig schlechten preußischen Gewissen.*

Geboren wurde Heinrich Albertz am 22. Januar 1915 in Breslau. Der Vater, bei Heinrichs Geburt fast siebzig Jahre alt, war ein emeritierter Pfarrer und königlich-preußischer Geheimer Konsistorialrat. Nicht zuletzt deshalb, weil er *immer nur an Hofkirchen der Könige von Preußen Dienst getan* hatte, war er dem preußischen Königshaus eng verbunden.[3] Er starb, als der Junge acht Jahre alt war. Die Mutter brachte sich und das Kind mühsam als Lehrerin durch. Albertz berichtet, daß sein Frühstück *aus einer Roggenmehlsuppe, einem gesungenen Choral und Luthers Morgensegen* bestanden habe.[4] Die lutherische Erziehung bestimmte den jungen Mann, der eigentlich lieber Jugendrichter geworden wäre, zum Theologiestudium; die preußische Tradition prägte den späteren Politiker, der preußische Beamte bevorzugte und den Drill und Gehorsam der Berliner Bereitschaftspolizei schätzte.[5]

Im Februar 1933 bestand Albertz das Abitur und begann noch im gleichen Jahr mit dem Theologiestudium. Vorher sympathisierte er kurzfristig mit der NSDAP (*der 18jährige trug zwei Monate das Nesselhemd der Mörder*),[6] entzog sich jedoch bereits im ersten Studiensemester einer Zwangsverpflichtung zur Studenten-SA durch Fernbleiben[7] und begann illegale Vorlesungen der Bekennenden Kirche zu besuchen. *Mein Theologiestudium ist äußerst dürftig gewesen, ich habe nur zwei Semester richtig studiert. Und dann war ich eigentlich immer nur Kurier für die Bekennende Kirche.*[8] Albertz wurde zwar mehrmals für kurze Zeit verhaftet, blieb jedoch relativ unangefochten von den Nationalsozialisten und konnte sein Studium beenden. Als Hauslehrer lebte er bei einem Grafen in Oberschlesien, als Vikar der Bekennenden Kirche in Priebus (Schlesien) und von 1939 bis 1941 als Vikar und Pfarrer der Bekennenden Kirche in Breslau. 1939 heiratete er Ilse Schall; die Familie wuchs. 1940 wurde Ilse-Sybille, 1943 Rainer und 1946 Regine geboren. 1941 stand der junge Pfarrer wegen eines Gebetes für den bereits in ein KZ deportierten Martin Niemöller unter Anklage. Doch obwohl der Strafantrag auf zwei Jahre Zuchthaus wegen „Heimtücke" lautete, verurteilte ihn das Gericht wegen Vergehens gegen den „Kanzelparagraphen" zu „nur" zwei Monaten Gefängnis. Albertz meldete sich sofort nach der Verkündung des für den NS-Staat überraschend glimpflichen Urteils freiwillig zur Wehrmacht und entging so weiteren Verfolgungen durch die Gestapo. Die Strafe saß er 1943 als Soldat in der Festung Glatz ab.[9]

3 Heinrich Albertz, *Dagegen gelebt. Von den Schwierigkeiten, ein politischer Christ zu sein. Gespräche mit Gerhard Rein*, Reinbek 1976, S. 25 f.
4 *A.a.O.*, S. 26.
5 Vgl. *a.a.O.*, S. 26 f. u. 39 f.
6 Heinrich Albertz, *Die Reise. Vier Tage und siebzig Jahre*, München 1985, S. 30.
7 *A.a.O.*, S. 29 f.
8 H. Albertz, *Dagegen gelebt...* (wie Anm. 3), S. 28.
9 *Glatz war nichts Böses ... Böse wäre die anschließende Überstellung in ein Strafbataillon gewesen. Sie wurde durch den General von Grolmann verhindert.* H. Albertz, *Die Reise...* (wie Anm. 6), S. 27.

Heinrich Albertz, * Breslau 22. 1. 1915, Regierender Bürgermeister von Berlin [West] 1966–1967

Während seines Wehrdienstes war Albertz vor allem in Schreibstuben beschäftigt; er brauchte keinen einzigen Schuß abzugeben. Durch glückliche Umstände – auf dem Weg in die britische Besatzungszone half ihm ein englischer Offizier weiter, der einen Verwandten von Albertz kannte – entging er auch der Kriegsgefangenschaft und konnte bereits von Ende Mai 1945 an in Celle wieder mit seiner Familie zusammenleben.[10] Ilse Albertz hatte Celle nach einer schwierigen Flucht mit den Kindern im Februar 1945 erreicht. In Celle arbeitete Albertz als Flüchtlingspastor, dann folgte der erste Schritt in den Staatsdienst: Er wurde Leiter des städtischen Flüchtlingsamtes Celle. Später war er auch für das Flüchtlingsdurchgangslager in Uelzen verantwortlich.[11] Es galt, Wohnungen und Arbeit vor allem für die Soldaten aus den Ostgebieten zu finden, die nach Niedersachsen geflohen waren.

Nachdem ihn die Briten als Vertreter der Flüchtlinge in das von ihnen ernannte Stadtparlament entsandt hatten, wurde Albertz 1946 Mitglied der SPD. Zum Eintritt in die Partei bewogen ihn vor allem pragmatische Gründe: *da saßen die Parteien, und ich saß dort völlig allein. Und da mußte ich irgendwo Anschluß finden, um überhaupt agieren zu können.*[12] Die Entscheidung für die SPD war, so Albertz später – nach großen Enttäuschungen über den Berliner Landesverband – *sicher nicht wirklich durchdacht.*[13] Auch die CDU mit ihrem Ahlener Programm hatte ihn interessiert, aber er geriet in Gegensatz zu den Christdemokraten, weil er der Lehre Karl Barths anhing, *daß es keine christlichen Parteien, Schulen, Staaten oder sonstwas gibt.*[14]

Das Verhältnis zur SPD war von Anfang an schwierig. Die Genossen hatten zum Teil Vorbehalte gegen den Christen. Der Flüchtlingspastor, mit Geschichte und Tradition der SPD wenig vertraut, erwartete eine von der SPD getragene Eigentumsverteilung: *Ich hatte sogar die Hoffnung, die neue Armut würde die Besitzverhältnisse im ganzen ändern. Bodenreform, Sozialisierung der Grundstoffindustrie, Demokratisierung aller Bereiche, das waren die Themen. Die ersten Vorschläge zum Lastenausgleich. Und das alles unter der sehr vereinfachten Formel von Christentum und Sozialismus.*[15] Diese Auffassungen, vor allem aber seine mangelnde Bereitschaft, sich innerhalb der verschiedenen Grup-

10 Vgl. Heinrich Albertz, *Am Ende des Weges. Nachdenken über das Alter,* München 1989, S. 121–126.

11 *Eine ganz unmögliche Mischung zwischen Staat und Kirche oder Kommune und Kirche,* urteilte Albertz später. H. Albertz, *Dagegen gelebt...* (wie Anm. 3), S. 31.

12 *A.a.O.*, S. 32.

13 *A.a.O.*, S. 34.

14 *Ebda.*

15 Heinrich Albertz, *Blumen für Stukenbrock. Biographie,* 3. Aufl., Stuttgart 1981, S. 31. Albertz trat in die Partei in dem Glauben ein, *daß man eine politische Gemeinschaft bilden müßte, wo es gleichgültig wäre – so Schumacher –, ob jemand aus einem humanistischen Verständnis oder aus einer marxistischen Gesellschaftstheorie oder aus dem Geist der Bergpredigt herkommt, um eine neue Gesellschaft zu bauen.* H. Albertz, *Dagegen gelebt...* (wie Anm. 3), S. 33. Er begründet die Entscheidung für die SPD auch mit dem Eindruck, den verschiedene Sozialdemokraten durch ihren Widerstand gegen die Nationalsozialisten auf ihn gemacht hatten. Vgl. *a.a.O.*, S. 32.

pierungen der SPD taktisch zu verhalten, isolierten ihn von den Genossen und sollten später zu seinem Scheitern als Parteipolitiker beitragen.

Schon sein erster Wahlerfolg machte deutlich, daß er ein „Mann zwischen den Stühlen" war. Als er 1947 in den ersten Niedersächsischen Landtag gewählt wurde, verursachte dies *fassungslose Aufregung* unter den Genossen; Albertz hatte als Ostdeutscher und Vertreter der Flüchtlinge nur Stimmen sammeln, nicht aber ein Mandat erhalten sollen.[16] Trotzdem holte der niedersächsische Ministerpräsident Hinrich Kopf im Juni 1948 den erst 33jährigen als Flüchtlingsminister in sein Kabinett.[17] Albertz hatte nun die Aufgabe, die ankommenden Flüchtlinge über die großen Sammellager zu verteilen sowie zwischen Einheimischen und Flüchtlingen zu vermitteln. *Die Schulen waren überfüllt von Flüchtlingen. Ich versuchte die psychologische Doppelbelastung durchzustehen: die mit allen Mitteln um ihren Besitz kämpfenden Einheimischen nicht völlig gegen die Eindringlinge aufzubringen und die Flüchtlinge davon zu überzeugen, daß sie nun anfangen müßten, sich einzuleben, daß es keine Rückkehr geben würde. Das zweite war fast noch schwieriger.*[18] Als er diese Auffassung drei Tage nach Amtsantritt auch öffentlich äußerte, rief dies einen Sturm der Entrüstung nicht nur von seiten der sich formierenden Vertriebenenverbände hervor. Albertz wurde als „Landesverräter" beschimpft, und Kopf mußte seinen frischgebackenen Minister ermahnen, zurückhaltender zu formulieren.[19]

Albertz gehörte dem Kabinett Kopf bis zu dessen Rücktritt nach den verlorenen Wahlen von 1955 an; von Juni 1951 bis Mai 1955 war er Minister für Soziale Angelegenheiten. Er betonte immer wieder, *daß vor der Diskussion über Ausgaben für andere Zwekke* [gemeint sind Ausgaben für die Wiederaufrüstung, A.M.] *die Diskussion über einen ausreichenden und gesicherten Sozialetat zu stehen hat.*[20] In der Frage des Lastenausgleichs ging er wesentlich weiter als seine Partei. Weil er den *Kreuzzugsgedanken der westlichen Welt*[21] kritisierte und eine Remilitarisierung der Bundesrepublik für verfrüht hielt, wurde er mit Martin Niemöller und Gustav Heinemann in Zusammenhang gebracht und wegen seiner sozialpolitischen Vorstellungen zum linken Flügel der SPD gerechnet. Dessen Sprecher, Franz Neumann, holte Albertz 1955 als Senatsdirektor in die Senatsverwaltung für Volksbildung nach Berlin.

16 In der Landtagsfraktion in Hannover fühlte Albertz sich als *ausgesprochener Fremdkörper.* Die einzigen, die ihn kannten, waren Hinrich Kopf und Adolf Grimme. Vgl. *a.a.O.*, S. 33.

17 Als Flüchtlingsminister machte Albertz jenen General von Grolmann zu seinem Referenten, der ihm während des Krieges geholfen hatte. Von Grolmann war wahrscheinlich der erste hohe Offizier, der in den zivilen öffentlichen Dienst eingestellt wurde. Vgl. H. Albertz, *Blumen für Stukenbrock...* (wie Anm. 15), S. 111.

18 H. Albertz, *Die Reise...* (wie Anm. 6), S. 163.

19 Vgl. H. Albertz, *Dagegen gelebt...* (wie Anm. 3), S. 35.

20 Heinrich Albertz, *Der Kampf um den Sozialplan der Bundesrepublik.* Referat des 1. Vorsitzenden der Arbeiterwohlfahrt Heinrich Albertz, Sozial- und Arbeitsminister in Niedersachsen, auf der 6. Hauptdelegiertentagung der Arbeiterwohlfahrt am 26. April 1952, S. 11.

21 *Die Welt* vom 5. 3. 1954, zitiert nach: *Und niemandem untertan. Heinrich Albertz zum 70. Geburtstag*, hrsg. von Reinhard Henkys, Reinbek 1985, S. 16.

Albertz' Berufung nach Berlin war umstritten. Die Zeitungen der Stadt titelten „Bedenken gegen Albertz", „Pastor Albertz als Stein des Anstoßes" und ähnlich.[22] Die CDU, damals Koalitionspartner in der Berliner Regierung, hatte sich lange gegen seine Nominierung gewehrt, weil ihm das erzbischöfliche Ordinariat „kulturkämpferische" Äußerungen in Wahlkämpfen vorgeworfen hatte. Albertz versicherte daraufhin, daß er sein Amt unparteiisch gegenüber allen Konfessionen und Vereinigungen führen werde,[23] und wurde mit Wirkung vom 1. August 1955 zum Senatsdirektor unter dem Volksbildungssenator Joachim Tiburtius ernannt.

In dieser Senatsverwaltung, die damals noch Schulen, Hochschulen und Künste umfaßte, machte er seine ersten Erfahrungen mit der Berliner Kommunalverwaltung: *Abstimmung und Koordination, die Einhaltung einfachster Vorschriften oder gar der Dienstwege gab es nicht.*[24] Fortan äußerte er sich häufig negativ über die Verwaltung der Stadt, forderte Personaleinschränkungen und schuf sich so viele Gegner innerhalb der SPD.[25] Dem ehemaligen Pastor lagen *die sozialen Fragen näher als Herr von Karajan,*[26] *der damals gerade seinen unmöglichen Lebenszeitvertrag bekam, oder ein Lehrer und Professor, von den Theaterleuten ganz zu schweigen.*[27] Willy Brandt – seit 1957 Regierender Bürgermeister, seit 1958 außerdem Landesvorsitzender der SPD – versuchte daher 1959 zweimal, Albertz zum Senator für Arbeit und Soziales zu nominieren. Beide Versuche scheiterten an der Ablehnung der Fraktion.[28] Sie sind aber interessant, weil sie eine Besonderheit der Berliner Verfassung und Albertz' Verhältnis zur Berliner SPD beleuchten.

In Berlin kann der Bürgermeister seine Regierungsmannschaft nicht selbst zusammenstellen, sondern muß jedes Senatsmitglied zuerst durch seine Fraktion, dann durch das Abgeordnetenhaus bestätigen lassen – für Albertz *ein verheerender Konstruktionsfehler* der Berliner Verfassung.[29] 1959 scheiterte seine Ernennung zum Sozialsenator daran, daß er auch im Berliner Landesverband ein Außenseiter geblieben war: ... *ich habe ja*

22 Vgl. *ebda.*

23 Vgl. *Berlin. Chronik der Jahre 1955–1956*, hrsg. im Auftrag des Senats von Berlin, Berlin 1971, S. 236.

24 H. Albertz, *Die Reise...* (wie Anm. 6), S. 170.

25 Vgl. H. Albertz, *Dagegen gelebt...* (wie Anm. 3), S. 37.

26 Der Dirigent Herbert von Karajan übernahm 1955 als Nachfolger von Wilhelm Furtwängler die Leitung der Berliner Philharmoniker.

27 H. Albertz, *Die Reise...* (wie Anm. 6), S. 171. Mehr Interesse brachte Albertz für seinen Kollegen Gollwitzer auf, dessen Berufung nach Berlin er als Senatsdirektor in der Kultusverwaltung unterstützte. Vgl. H. Albertz, *Blumen für Stukenbrock...* (wie Anm. 15), S. 59.

28 Die Fraktion stimmte gegen Albertz, beim ersten Mal mit 36 gegen 34 Stimmen, beim zweiten Mal mit 36 gegen 31 Stimmen, bei vier Enthaltungen. Vgl. Hans-Jürgen Heß, *Die „Ära" Albertz. Ein Abschnitt aus dem Machtzerfall der Berliner SPD*, in: *Berlin in Geschichte und Gegenwart. Jahrbuch des Landesarchivs Berlin 1984*, S. 119–162, bes. S. 121. Albertz dazu später: *Das ging auch quer durch die Fraktion. Die wollten da keinen Fremdling haben, und denen war auch der Pastor unheimlich und daß ich eben auch gar nicht so richtig zu irgendeiner Gruppe gehörte.* Heinrich Albertz, Gespräch mit der Verfasserin am 2. 10. 1991.

29 H. Albertz, *Blumen für Stukenbrock...* (wie Anm. 15), S. 135.

hier zu der Partei eigentlich nie ein Verhältnis gefunden, weder zu den sogenannten „Rechten" wie zu den sogenannten „Linken".[30] Er war zwar auf Bitten Franz Neumanns, des Führers der Linken, nach Berlin gekommen, schloß sich hier aber bald der Gruppe um Willy Brandt an, die den rechten Flügel der Partei bildete.[31] *Ich gebe zu, daß ich in dieser ersten Phase mich mehr in dem sogenannten linken Zirkel bewegt habe,* äußerte Albertz später, *das hatte aber auch wieder einen ganz äußeren Grund: Ich war ja Bundesvorsitzender der Arbeiterwohlfahrt in diesem Jahr ... Aber sachlich, politisch hat das keine große Rolle gespielt.*[32] Neumanns Macht war im Laufe der Jahre verblaßt, zudem bemängelten die orthodox linken Sozialisten Albertz' allzu große Willfährigkeit seinem CDU-Chef gegenüber und warfen ihm vor, daß er den Religionsunterricht in Berufsschulen obligatorisch gemacht und die entsprechenden Etatmittel bereitgestellt hatte.[33] Aber auch im rechten Flügel der Fraktion fand Albertz keine ausreichende Unterstützung für den Versuch, in die Senatsabteilung für Soziales zu wechseln. Stets auf seine Unabhängigkeit bedacht und nicht willens, sich eine Hausmacht aufzubauen, hielt er wenig von der eigentlichen Parteiarbeit, man tadelte seinen mangelnden Arbeitseifer.[34] Zudem verletzte er die Genossen häufig durch sarkastische Bemerkungen und seinen mitunter beleidigenden Witz.[35] So nannte er den Landesvorstand eine „Räubersynode", und von der Parteizentrale im Wedding behauptete er, *dort taugt nur der Kaffee etwas.*[36] Auf die Frage nach seiner Gewerkschaftszugehörigkeit antwortete er: *Vereinsbeiträge werden*

30 H. Albertz, *Dagegen gelebt...* (wie Anm. 3), S. 36.

31 Vgl. den Beitrag über Willy Brandt in diesem Band. Ashkenasis Meinung zufolge war Albertz *damals politisch mehr oder weniger neutral, wurde aber von Neumann für wichtig genug gehalten, um ihn nach Berlin einzuladen.* Abraham Ashkenasi, *Reformpartei und Außenpolitik. Die Außenpolitik der SPD Berlin-Bonn,* Köln-Opladen 1968, S. 136. Doch schon in den frühen fünfziger Jahren hatte sich Albertz dem noch kleinen Flügel um Willy Brandt, Wilhelm Kaisen, Max Brauer, Fritz Erler und Carlo Schmid genähert, der die Partei von alten Traditionen lösen wollte. Albertz nach der Wahlniederlage der SPD im September 1953: *Wir sollten mit aller Konsequenz abstreifen, was uns an Eierschalen des 19. Jahrhunderts anhaftet.* Unter anderem forderte er die Abschaffung der roten Fahne und der Anrede „Genosse". *Jahrbuch der SPD 1952/53,* S. 296, zitiert nach Gerhard Stuby, *Die SPD während der Phase des Kalten Krieges bis zum Godesberger Parteitag (1949–1959),* in: Jutta von Freyberg/Georg Fülberth/Jürgen Harrer u. a., *Geschichte der deutschen Sozialdemokratie 1863–1975,* 2., verb. Aufl., Köln 1977, S. 307–362, bes. S. 338.

32 Für Albertz waren die Flügel der Berliner SPD von Anfang an nur *Seilschaften für Karrieren. Die einen haben sich als rechts bezeichnet und die anderen als links. Das ist bis heute so ... Was heißt da rechts oder links? Also Neumann war ein Kommunistenfresser, der hätte ja am liebsten zum Frühstück drei Kommunisten gefressen. Ist das links? Und Brandt war an der Stelle sehr viel differenzierter.* H. Albertz, Gespräch... (wie Anm. 28).

33 Vgl. *Der Spiegel* 13 (1959), H. 44, S. 25.

34 Vgl. H.-J. Heß, *Die „Ära" Albertz...* (wie Anm. 28), S. 122.

35 Albertz erklärte später seine Isoliertheit in der Berliner Fraktion unter anderem damit, *daß ich ja leider auch gelegentlich zum Zynismus neige und Leute auch verletzte.* H. Albertz, *Dagegen gelebt...* (wie Anm. 3), S. 37 f.

36 Zit. nach H.-J. Heß, *Die „Ära" Albertz...* (wie Anm. 28), S. 121.

von meiner Frau bezahlt.[37] Der Gewerkschaftsflügel der Berliner SPD war entrüstet; Albertz erhielt den Posten des Senators für Arbeit und Soziales nicht.
Nachdem seine Nominierung zum Senator für Soziales gescheitert war, bat Albertz zunächst um Versetzung in den einstweiligen Ruhestand. Auf Ersuchen des Senats führte er die Dienstgeschäfte jedoch weiter. Nach dem plötzlichen Tod Otto Bleibtreus im Juni 1959 wurde er von Willy Brandt zum Chef der Senatskanzlei berufen. *Das war geradezu ein Affront gegen die Partei und die Fraktion der SPD.*[38] Doch diesmal setzte sich Willy Brandt gegen den heftigen Widerstand der Fraktion durch.
Zu Albertz' wichtigsten Aufgaben gehörte nun die Unterstützung des Regierenden Bürgermeisters, den er fachlich beriet und mit dessen erklärter Regierungspolitik er alle Vorlagen und Beschlüsse in Einklang zu bringen hatte. Dadurch wurde Albertz einer der engsten Mitarbeiter Willy Brandts. Im gleichen Jahr berief ihn der SPD-Bundesvorstand zum Leiter seines Berliner Büros – beide Positionen verschafften Albertz großen politischen Einfluß und banden ihn an Willy Brandt, dem er bis zu seiner eigenen Wahl zum Regierenden Bürgermeister mit großer Loyalität anhing. Mit Egon Bahr und Klaus Schütz gehörte er zum engeren Beraterkreis Brandts, zur „Heiligen Familie". Dieser Freundeskreis entwickelte seine politischen Vorstellungen weitgehend unabhängig von den Gremien der Partei. Ansätze einer Ostpolitik, wie Albertz sie später zu verwirklichen suchte, wurden hier bereits sehr früh diskutiert. Vor allem nach dem Bau der Mauer entwickelte diese Gruppe Vorstellungen von einer deutsch-deutschen Politik, die nicht nur die Unionsparteien befremden sollten.
Als am 13. August 1961 die Mauer gebaut wurde, war Albertz noch Chef der Senatskanzlei, nahm also im Hinblick auf technische und organisatorische Fragen eine zentrale Stellung ein. Daß die DDR die Sektorengrenze abriegeln würde, kam für den Senat nicht überraschend, da die Zahl der Flüchtlinge aus der DDR auf mehrere Tausend pro Tag angestiegen war: *Wir warteten wie auf ein Gewitter.*[39]
In der Nacht vom 12. zum 13. August hielt sich Willy Brandt auf einer Wahlkampftournee in Westdeutschland auf. So wurden zuerst Bürgermeister Franz Amrehn und Albertz als Chef der Senatskanzlei über die Absperrungsmaßnahmen informiert. Albertz ließ Brandt nach Berlin holen, ordnete einen Bereitschaftsdienst im Schöneberger Rathaus an und nahm Kontakt zu den Alliierten auf. Erst nach 20 Stunden erschienen einzelne alliierte Soldaten an der Grenze. Die westlichen Besatzungsmächte überließen die Sorge für die innere Ordnung, vor allem die Sicherung der Sektorengrenze, der Berliner Polizei, die von nun an Stacheldraht und Beton vor den aufgebrachten West-Berlinern schützen mußte. Der Schießbefehl für die DDR-Grenzposten erschwerte die Situation für die West-Berliner Ordnungskräfte noch zusätzlich, die auf jegliche Hilfeleistung für Flüchtlinge hinter der Mauer verzichten mußten. Vier Monate später

37 H. Albertz, *Dagegen gelebt...* (wie Anm. 3), S. 38.
38 H. Albertz, Gespräch... (wie Anm. 28).
39 H. Albertz, *Blumen für Stukenbrock...* (wie Anm. 15), S. 257.

wurde Albertz Innensenator und damit Chef der Berliner Polizei, deren paradoxe Rolle er nun politisch zu vertreten hatte.

Am 11. Dezember 1961 starb Berlins Innensenator Joachim Lipschitz. Ein Nachfolger war schwer zu finden. Das Amt des Berliner Innensenators – nach Albertz *ein Feuerstuhl*[40] – galt als das undankbarste Ministeramt, das ein deutsches Land zu vergeben hatte, weil der Innensenator Berlins immer auch von den Alliierten abhängig war. Nur mit großer Mühe konnte Brandt seinen Parteifreund überreden, das Innenressort zu übernehmen. *Mit dieser großen Zahl von Bereitschaftspolizei, die ja doch praktisch ein motorisiertes Infanteriebataillon war – das war ja die vierte Besatzungsmacht im Westen, unterstand ja auch im Letzten den Alliierten – und in dieser Situation, in der ja auch tatsächlich geschossen wurde, war das schon eine ziemlich schlimme Sache.*[41] Am 21. Dezember 1961 wurde Albertz zum Innensenator gewählt. Er wußte, was auf ihn zukommen würde, und kommentierte seine Wahl mit den Worten: *Jetzt sitze ich zwischen Baum und Borke.*[42] Schon bald sollten Probleme mit den westlichen Besatzungsmächten auf ihn zukommen. Zudem hatte der ehemalige Pastor nun Verantwortung für Polizeieinsätze zu tragen,[43] im folgenden Jahr sogar, anläßlich der Peter-Fechter-Krise, für einen Schießbefehl. *Die schwerste Belastungsprobe in meinem Leben begann.*[44]

Am 17. August 1962 wurde der junge Ost-Berliner Bauarbeiter Peter Fechter bei einem Fluchtversuch angeschossen. Eine Stunde lang lag er schwer verwundet hinter der Mauer und verblutete, während eine hilflose Menschenmenge und amerikanische Soldaten zusahen. Der Vorfall schien sich von anderen Flüchtlingstragödien nicht zu unterscheiden, doch die Reaktion der West-Berliner war heftiger als zuvor. In den folgenden Tagen entlud sich, geschürt von einer Kampagne der *Bild*-Zeitung, ihre aufgestaute Wut. Albertz mußte *mit massiven Polizeieinsätzen gegen die eigenen Gefühle und die der Berliner das Mauerwerk Ulbrichts schützen.*[45] Er gab Schießbefehl, *weil ihn sonst die Besatzungsmächte gebeten hätten, und dann wäre wahrscheinlich geschossen worden. Und zwar auf unsere Leute, nicht etwa auf die da drüben.*[46]

Vor Fechters Tod hatte Albertz den Alliierten den Wunsch vorgetragen, in ähnlichen Fällen enger zusammenzuarbeiten und eine Rot-Kreuz-Truppe zu bilden, die unter dem Feuerschutz der jeweils zuständigen westlichen Macht versuchen sollte, verwundete Flüchtlinge zu bergen. Diese Vorschläge wurden von den Alliierten abgelehnt.[47] Seine Bemühungen um eine Erweiterung der Schießerlaubnis für die West-Berliner

40 H. Albertz, Gespräch... (wie Anm. 28).
41 *Ebda.*
42 *Der Spiegel* 16 (1962), H. 36, S. 22.
43 Für den ehemaligen Pfarrer war dies ein Schritt *über einen Rubikon.* H. Albertz, *Dagegen gelebt...* (wie Anm. 3), S. 38.
44 H. Albertz, *Blumen für Stukenbrock...* (wie Anm. 15), S. 258.
45 *A.a.O.*, S. 271.
46 H. Albertz, *Dagegen gelebt...* (wie Anm. 3), S. 40.
47 Vgl. *Berliner Briefe*, Nr. 33 vom 16. 8. 1962, zitiert bei Kurt Leo Shell, *Bedrohung und Bewährung. Führung und Bevölkerung in der Berlin-Krise*, Köln-Opladen 1965, S. 360.

Polizei wurde von vielen dahingehend interpretiert, daß er allein darin eine Möglichkeit sah, eine Zurücknahme des ostdeutschen Schießbefehls zu erzwingen. Doch Albertz hatte schon in den letzten Monaten des Jahres 1961 an dem Versuch des Senats mitgewirkt, den Berlinern aus beiden Teilen der Stadt an der Sektorengrenze ein Treffen zu ermöglichen. Brandts Vorschläge, von Albertz schriftlich formuliert, waren von Ost-Berlin aber abgelehnt worden.[48]

Nach den Ereignissen im August 1962 machte sich eine Vertrauenskrise zwischen der Berliner Bevölkerung und den Schutzmächten bemerkbar, die Albertz auf Mißverständnisse über das Ausmaß des westlichen Engagements in der geteilten Stadt zurückführte. In der Führungsriege um Willy Brandt wollte man daher ein „Großes Gespräch" einleiten, das Illusionen der Bevölkerung über die Möglichkeiten der Berlin-Politik abbauen sollte. Albertz bemühte sich um eine realistischere Darstellung der Gegebenheiten in Berlin, mußte aber bald erkennen, welche gefährlichen politischen Folgen seine deutliche Sprache haben konnte. In einem Interview mit dem „Spiegel" antwortete er auf die Frage, wie ein kleiner Grenzverkehr auch von Ost nach West zu ermöglichen sei, *daß wir in der Sache nur weiterkommen, wenn wir dafür einstehen, daß die Mitbürger von drüben auch wieder zurückgehen müssen.*[49] Auf Nachfrage der Journalisten erklärte er zwar, daß er eine Beeinträchtigung der Rechte von Deutschen aus dem anderen Teilstaat für *höchst gefährlich* halte; andererseits wies er jedoch auf die schwierige Aufgabe hin, jenen Ost-Berlinern, die *Passierscheine bekommen, die Notwendigkeit der Rückkehr klarzumachen.* Für sie *käme Asylrecht nicht in Frage.*[50] Diese Äußerungen lösten heftige Kritik in der Presse und von seiten der CDU-Abgeordneten aus. Albertz mußte seinen Vorstoß zurücknehmen. Vor dem Abgeordnetenhaus bezeichnete er es als *geradezu absurd, ausgerechnet mir zu unterstellen, daß ich bereit sei, auch nur einen flüchtenden Deutschen gewaltsam dem anderen Teil Deutschlands zurückzustellen.*[51] Brandt und seine Berater stellten ihre Desillusionierungskampagne des „Großen Gesprächs" zunächst zurück, bemühten sich aber weiterhin um *mehr Elastizität* in der Deutschlandpolitik.

Als Berliner Innensenator war Albertz Chef einer Polizeitruppe, die darauf eingerichtet war, in Krisenfällen mehr als nur die innere Ordnung zu schützen. Die Bereitschaftspolizei war entsprechend gerüstet: Egon Bahr nannte sie *ein Stückchen Bundeswehrersatz mit leichter Bewaffnung.*[52] Unter der Oberhoheit der Schutzmächte trug Albertz die Verantwortung über insgesamt 20 000 Mann, die zivile Reserve eingerechnet. Die

48 Vgl. *a.a.O.*, S. 297 ff.

49 *Der Spiegel* 16 (1962), H. 36, S. 25.

50 *A.a.O.*, S. 25 f. Albertz gebraucht hier merkwürdigerweise den Ausdruck „Asylrecht", obwohl die Deutschen aus der DDR rechtlich mit den Bürgern der Bundesrepublik gleichgestellt waren, sobald sie sich in Westdeutschland aufhielten.

51 *Stenographische Berichte des Abgeordnetenhauses von Berlin,* 3. Wahlperiode, Bd. 4, Berlin 1962/63, S. 267, zitiert nach K. L. Shell, *Bedrohung...* (wie Anm. 47), S. 292.

52 Egon Bahr in: *Festgabe zum 70. Geburtstag für Heinrich Albertz,* hrsg. von Walter Jens, Stuttgart 1985.

„Frankfurter Allgemeine Zeitung" nannte ihn daher den *Berliner Verteidigungsminister.*[53]

Während der Kuba-Krise 1962 wurde die West-Berliner Polizei zeitweilig in erhöhte Alarmbereitschaft versetzt. Man befürchtete, daß die Sowjetunion im Falle einer amerikanischen Intervention gegen Castro in der Stadt einen Gegenschlag führen könnte. Ein Einsatz wurde jedoch nicht nötig. Bald war erkennbar, daß sich die UdSSR zurückziehen würde, und auch in Berlin entspannte sich die Atmosphäre. Albertz blieb „Polizeisenator", auch nachdem er 1963 Bürgermeister geworden war. Als bei der Senatsumbildung im Februar 1963 die Senatsverwaltung für Sicherheit und Ordnung geschaffen wurde, übernahm Albertz dieses Ressort, das im November 1965 wieder mit der Senatsverwaltung für Inneres zusammengelegt wurde. Nun wurde Albertz erneut Innensenator, behielt aber gleichzeitig das Amt des Bürgermeisters.

Er war gern „Polizeisenator": *Es hat mir Spaß gemacht, in einer „Verwaltung" zu sein, wo die große Masse des Personals ... tut, was man sagt. Ich hatte bisher ja nur zivile Haufen, ich verfalle bewußt in den Jargon.*[54] Der Christ war fasziniert von der Disziplin der Bereitschaftspolizei, die bei einer Parade im Olympia-Stadion von einem amerikanischen General höchstes Lob erhielt: *I would buy this division immediately.* Egon Bahr der diese Begebenheit in einer Festgabe zum 70. Geburtstag seines Parteifreundes berichtet, schrieb weiter: *Es waren seine Männer. Er vertrat ihre Sorgen und Wünsche ... Ich fand da zuweilen Zeichen für eine Änderung seiner Persönlichkeit, das Preußische an ihm, den Sinn für öffentliche Ordnung, für Befehl und Gehorsam. Er gewann einen Sinn fürs Soldatische. Ohne diese Wandlung wären die Einsatzbefehle für die Polizei beim Besuch des Schah mit allen ihren Folgen vielleicht nicht so passiert.*[55] Ein kritisches Wort an einen selbstkritischen Freund. Albertz selbst sprach davon, daß seine *archaischen preußischen Züge* mitspielten bei seinem Vergnügen, die Kasernen der Bereitschaftspolizei zu besuchen. *Ich bin da irgendwie in einer gefährlichen Weise virulent geworden.*[56]

Nach dem großen Wahlsieg der Berliner SPD im Jahre 1963 – sie brachte den Sozialdemokraten die absolute Mehrheit – wurde der Senat umgebildet. Jetzt regierte eine SPD-FDP-Koalition in der Stadt; beiden Koalitionspartnern ging es darum, *wieder Bewegung in die Deutschlandpolitik zu bringen.*[57]

Brandt blieb Regierender Bürgermeister, sein Stellvertreter wurde Heinrich Albertz, der am 4. März 1963 mit 52 Ja-Stimmen bei 22 Gegenstimmen und sieben Enthaltungen zum Bürgermeister gewählt wurde.[58] Obwohl Brandt behauptete, daß die Nominierung von Albertz keine Entscheidung über die Nachfolge sei, galt Albertz von nun an vielen als „Kronprinz" des Regierenden Bürgermeisters, zumal er mit weitge-

53 *Frankfurter Allgemeine Zeitung* vom 12. 3. 1963.
54 H. Albertz, *Dagegen gelebt...* (wie Anm. 3), S. 39.
55 Vgl. E. Bahr, in: *Festgabe zum 70. Geburtstag für Heinrich Albertz...* (wie Anm. 52).
56 H. Albertz, *Dagegen gelebt...* (wie Anm. 3), S. 39.
57 *Der Spiegel* 17 (1963), H. 11, S. 18.
58 Vgl. den Artikel von Dirk Rotenberg über Willy Brandt in diesem Band (Anm. 97).

henden Befugnissen ausgestattet wurde und Willy Brandt zu vertreten hatte, wenn dieser sich in Bonn aufhielt. Schon als Chef der Senatskanzlei und Innensenator hatte Albertz mit Schütz und Bahr zu jener „Heiligen Familie", jener Gruppe um Brandt gehört, die sich unorthodoxe Gedanken zur innerdeutschen Politik machte. Während man in Bonn und in der West-Berliner CDU auf strikten Rechtspositionen und dem Alleinvertretungsanspruch der Bundesrepublik Deutschland beharrte, waren Brandt und seine Berater bereit, formaljuristische Erwägungen zugunsten humanitärer Erleichterungen für die Bewohner der geteilten Stadt zurückzustellen.[59] Auch als Bürgermeister gehörte Albertz zu den treibenden Kräften dieser Politik der „kleinen Schritte", die er häufig noch schärfer als sein Regierungschef Brandt verteidigte. Dies brachte ihm noch im Jahr seiner Wahl zum Bürgermeister einen Mißtrauensantrag der Berliner CDU ein.

Anlaß war seine Ansprache im Hessischen Rundfunk zum zweiten Jahrestag des Mauerbaus unter dem etwas pastoralen Titel *Mut zur Wahrheit.* Keineswegs pastoral waren Stil und Inhalt der Rede, die gegen ungeschriebene Sprachregelungen verstieß: In Berlin werde sich entscheiden, so Albertz, ob die Bundesrepublik *ein Rheinbundstaat und Mitteldeutschland eine sowjetische Kolonie oder ob ein Deutschland wieder eine Selbstverständlichkeit wird.*[60] Die Wiedervereinigung Deutschlands sei *ein Ziel auf lange Sicht;* die *provinzielle Ängstlichkeit* der Bonner Regierungspolitiker und ihre „Festtagsreden" führten nicht weiter: *Anstatt mit einer Handbewegung über die Ansprüche hinwegzugehen, die die Gefängniswärter in Ost-Berlin für ihre Staatlichkeit stellen, spielen die Verantwortlichen in Bonn die Frage der „Anerkennung" des Zonenregimes in einer öffentlichen Diskussion hoch und sind dabei, genau das zu erreichen, was sie verhindern wollten: die Aufwertung Ulbrichts im internationalen Gespräch.*[61] Schließlich formulierte er *die Aufgaben der nächsten Stunde: die zivilen Zugangswege nach Berlin zu sichern, den innerstädtischen Verkehr in der deutschen Hauptstadt wieder in Gang zu bringen, den Verkehr der Menschen zwischen beiden Teilen Deutschlands überhaupt möglich zu machen.*[62]

Die Erregung über die Rede des Berliner Bürgermeisters war unter anderem deshalb so groß, weil Egon Bahr kurz zuvor seine berühmte Tutzinger Rede mit der These „Wandel durch Annäherung" gehalten hatte. So galt der Angriff der CDU auch nicht allein Albertz, sie sollte zugleich Bahr treffen: *Wer A(Albertz) sagt, meint B(Bahr),* scherzte

59 Die starre Haltung der Berliner CDU zwang Brandt sogar, ein Treffen mit dem sowjetischen Staats- und Parteichef Chruschtschow Anfang 1963 abzusagen. Albertz hatte seinem Regierungschef geraten, die Gesprächsmöglichkeit zu nutzen. Die Drohung des Berliner CDU-Bürgermeisters Amrehn, die Senatskoalition zu verlassen, falls Brandt der Einladung nach Ost-Berlin folgen würde, hielt Albertz für ein wahltaktisches Manöver, auf das der „Regierende" nicht eingehen sollte. Vgl. *Der Spiegel* 17 (1963), H. 4, S. 22.

60 Heinrich Albertz, *Mut zur Wahrheit. Gedanken zur zweiten Wiederkehr des Jahrestages des 13. August 1961,* hrsg. vom Pressedienst des Landes Berlin, Nr. 155 vom 12. 8. 1963, S. 4.

61 *A.a.O.*, S. 5.

62 *A.a.O.*, S. 6 f.

man in Bonn.[63] Der Stellvertreter Brandts mußte den *breiten Buckel* (Albertz) für die Ideen des Brandt-Teams hinhalten.[64]

Die Berliner CDU hatte zwar kaum reale Chancen, Albertz zu entmachten, sie hoffte aber, die ohnehin geringe Popularität des möglichen Brandt-Nachfolgers bei den Berlinern wie innerhalb seiner Fraktion noch zu verringern. Ausgerechnet der Mann, dem Albertz später das Leben retten sollte, Peter Lorenz, stellte den Mißtrauensantrag. Er wurde, wie erwartet, abgelehnt. Albertz setzte die „Politik der kleinen Schritte" fort und hatte bald den ersten großen Erfolg: Am 17. Dezember 1963 wurde das erste Passierscheinabkommen unterzeichnet, das es den West-Berlinern erlaubte, ihre Verwandten zum Jahreswechsel in Ost-Berlin zu besuchen. Die Verhandlungen waren von Senatsrat Horst Korber und dem DDR-Staatssekretär Erich Wendt unter Albertz' Verantwortung geführt worden. Wichtig für die Einigung der Unterhändler war die „salvatorische Klausel", die es ermöglichte, das Anerkennungsproblem zu umgehen. Im Protokoll wurde vermerkt: *Beide Seiten stellen fest, daß eine Einigung über gemeinsame Orts-, Behörden- und Amtsbezeichnungen nicht erzielt werden konnte.*[65]

Das erste Passierscheinabkommen wurde von den Berlinern in einem Umfang genutzt, den sich die Initiatoren kaum hätten träumen lassen: Etwa 1,2 Millionen West-Berliner besuchten den Ostsektor der Stadt.[66] Albertz verkündete stolz, daß damit *für die Politik in Deutschland eine neue Markierung gesetzt* sei.[67] Dennoch wurde erneut Kritik laut, weil man in den Passierscheinverhandlungen einen Schritt zur Aufwertung der DDR sah.[68] Bonn stellte sich gegen die Berliner Pläne, für Ostern eine gleiche Abmachung auf der Grundlage des Weihnachtsabkommens auszuhandeln.[69] Gezielte Indiskretionen und Störmanöver zwangen die Berliner, die Passierscheinverhandlungen zu unterbrechen. Trotzdem konnte im September 1964 ein zweites Passierscheinabkom-

63 *Der Spiegel* 17 (1963), H. 35, S. 20.

64 *Ebda.* Brandt hieß die Ideen seiner beiden Berater zwar gut, war aber selbst aus strategischen Gründen in diesen Fragen sehr zurückhaltend. Die Vorstöße seiner beiden Mitarbeiter nutzte er als Test für die Möglichkeiten, die Desillusionierungskampagne des „Großen Gesprächs" fortzusetzen.

65 Zitiert in K. L. Shell, *Bedrohung...* (wie Anm. 47), S. 307. Bonn sah sich bei den ersten Passierscheinverhandlungen in der *ausweglosen Situation einer Dame, die gerne heiraten und doch Jungfrau bleiben möchte*, so der Senatssprecher Egon Bahr über Bonns Versuch, den Alleinvertretungsanspruch durchzuhalten und dennoch mit dem anderen deutschen Staat Verhandlungen über eine Besuchserlaubnis einzugehen. *Der Spiegel* 20 (1966), H. 30, S. 35.

66 Vgl. K. L. Shell, *Bedrohung...* (wie Anm. 47), S. 312, Anm. 130.

67 Zitiert in: *Der Spiegel* 18 (1964), H. 1/2, S. 23.

68 *Die gesamte öffentliche Meinung, keineswegs nur die Springerpresse, sondern auch der SFB, ... die CDU sowieso, aber auch bis tief in die SPD hinein hielten die das doch für Landesverrat.* H. Albertz, Gespräch... (wie Anm. 28).

69 Franz Amrehn (CDU) warf sogar die Frage auf, *ob ein Passierscheinabkommen überhaupt wünschenswert sei, da er befürchtete, im gleichen Maße, in dem versucht würde, durch kleinere Regelungen erträgliche Verhältnisse in Berlin zu schaffen, gehe auch der Wille verloren, sich für die große Frage des Deutschland-Problems noch kräftig einzusetzen.* K. L. Shell, *Bedrohung...* (wie Anm. 47), S. 313.

men unterzeichnet werden, ein drittes und viertes wurden 1965 und 1966 abgeschlossen. Dann griff die „salvatorische Klausel" nicht mehr, die Albertz als *Schutzglocke des „agree to disagree"* eingesetzt hatte.[70] Ost-Berlin verlangte klarere Formulierungen. Da weder Bonn noch West-Berlin bereit waren, der DDR in dieser Frage entgegenzukommen, kamen weitere Passierscheinvereinbarungen nicht zustande. Allerdings blieb die Passierscheinstelle für dringende Familienangelegenheiten (Härtefälle) geöffnet.

Willy Brandt ging im Dezember 1966 als Vizekanzler und Außenminister der Regierung Kiesinger nach Bonn. Über seinen Nachfolger für das Amt des Regierenden Bürgermeisters gab es keinen Zweifel.[71] Spätestens seit dem SPD-Landesparteitag im Mai 1965 stand fest, daß Albertz der „Kronprinz des Regenten Brandt"[72] war: Die Genossen hatten zehn Freunde des ehemaligen Pastors aus dem mittleren und linken Flügel in den neuen Vorstand gewählt und damit seine spätere Nominierung zum „Regierenden" vorbereitet; sein gefährlichster Rivale, der Bausenator Rolf Schwedler, war durchgefallen.

Zwar gab es weiterhin in allen Gruppierungen der Berliner SPD Vorbehalte gegen den „roten Pastor" – nicht zuletzt wegen seiner Ankündigung, die Verwaltung zu straffen, die manchen um seinen Posten fürchten ließ –, doch der linke Flügel der Partei und auch der schmale Mittelblock unterstützten Albertz aufgrund seiner Deutschland- und Ostpolitik. Mit seiner Wahl zum Regierenden Bürgermeister verband man zudem die Hoffnung auf ein besseres Verhältnis zwischen dem Berliner Senat und der Bonner Regierung, in der Willy Brandt jetzt Außenminister war. Dem entsprach Albertz in seiner Regierungserklärung vom 13. April 1967, in der er sagte: *Hier wird keine eigene Außenpolitik gemacht ... Ärgerliche Vorgänge vergangener Jahre, bei denen frühere Bundesregierungen glaubten, der Vormund des Berliner Senats zu sein, sind zu Ende.*[73]

Nach Brandts Rücktritt in Berlin wurde Albertz sofort mit der Ausübung der Geschäfte beauftragt und am 14. Dezember 1966 mit 86 gegen 39 Stimmen zum Regierenden Bürgermeister gewählt.[74] Da für den 12. März 1967 Wahlen zum Abgeordnetenhaus angesetzt waren und der Wahlkampf sofort nach seinem Amtsantritt als „Regierender"

70 *Der Spiegel* 20 (1966), H. 30, S. 35.

71 *Der Landesvorstand empfahl am 5. Dezember geschlossen die Nominierung von Albertz ... Die endgültige Nominierung erreichte Albertz auf dem außerordentlichen Landesparteitag vom 10. Dezember; 42 Gegenstimmen und 22 Enthaltungen spiegeln die unausgeräumten Vorbehalte der Delegierten wider.* H.-J. Heß, *Die „Ära" Albertz...* (wie Anm. 28), S. 122.

72 *Der Spiegel* 20 (1966), H. 50, S. 48.

73 *Die Richtlinien der Regierungspolitik. Erklärung des Regierenden Bürgermeisters Heinrich Albertz am 13. April 1967 vor dem Abgeordnetenhaus von Berlin*, hrsg. vom Presse- und Informationsamt des Landes Berlin, Berlin 1967, S. 7.

74 Drei Abgeordnete enthielten sich der Stimme, zwei Voten waren ungültig. Vgl. H.-J. Heß, *Die „Ära" Albertz...* (wie Anm. 28), S. 127. Knapp 25 Jahre später bezeichnete Albertz es als Fehler, daß er sich zum Regierenden Bürgermeister habe wählen lassen. Er habe sich, als Willy Brandt Außenminister wurde, nicht drücken können. *Aber ich hätte dann sagen müssen, Ihr müßt Euch einen anderen suchen ... Das habe ich nicht getan, und das war falsch ... Na ja, dann wär's der Schütz gleich geworden.* H. Albertz, Gespräch... (wie Anm. 28).

begann, war es Albertz zunächst nicht möglich, neue politische Akzente zu setzen. Er regierte mit einem Übergangssenat, obwohl Teile des rechten SPD-Flügels eine völlige Senatsumbildung verlangten,[75] und führte Brandts Senatspolitik auch inhaltlich fort.[76]

Für die Wahl zum Abgeordnetenhaus am 12. März 1967 hatte Albertz Verluste prophezeit: *Wir werden erleben, daß sich unser Stimmenanteil von 1963 auf ein vernünftiges Ausmaß reduziert.*[77] Tatsächlich fiel der Stimmenanteil der SPD von 61,9 Prozent auf 56,9 Prozent zurück.[78] Obwohl die Bonner SPD-Leitung für eine Große Koalition auch in Berlin plädierte, regierte Albertz in Berlin weiterhin mit den Liberalen zusammen. Sie hatten in den Koalitionsverhandlungen auf eine Senatorenstelle verzichtet, während die Christdemokraten drei Senatsposten verlangt hatten. Drei Senatoren wollte der neue „Regierende" aber einsparen: *Wenn wir das endlose Reden über eine Verkleinerung des Verwaltungsapparates und eine Straffung des Öffentlichen Dienstes ernst nehmen, dann kann sie nur am Haupt und nicht an den Gliedern anfangen.*[79] Der Wirtschaftssenator mußte künftig auch die Betriebsverwaltung übernehmen, dem Senator für Arbeit und Soziales wurden die Ressorts Jugend und Sport sowie Gesundheit übertragen.

Die harte Sparpolitik traf auch die Genossen, die gut dotierte Stellen verloren. Die Berliner Verfassung schreibt vor, daß die Bezirksämter nach dem Senatsschema besetzt werden müssen; nach der Senatsreform wurden daher etliche Stadträte entlassen.[80] Albertz' lakonischer Kommentar zu den Kürzungen: *Ich watete im Blut.*[81]

Die verbliebenen Senatorenposten besetzte Albertz, ohne die realen Kräfteverhältnisse innerhalb der Fraktion zu beachten. Er berief vor allem Mitglieder des ihn tragenden kleinen Mittelblocks in seine Regierungsmannschaft. Fortan gab es Spannungen zwischen der Partei und der sogenannten Rathaus-Gruppe. Schließlich verärgerte Albertz den rechten Flügel seiner Fraktion, indem er verhinderte, daß Kurt Neubauer sein Stellvertreter wurde.[82] Diese autoritäre Personalpolitik sollte bald parteiinternen Widerstand gegen Albertz hervorrufen.

75 Albertz besetzte nur die freigewordenen Senatorenposten. Das Innenressort, das er selbst vorher innegehabt hatte, übertrug er dem Verkehrssenator Theuner, der gleichzeitig sein Vertreter wurde; das Amt des Bundessenators – Klaus Schütz, der dieses Ressort geleitet hatte, war mit Brandt nach Bonn gegangen – übernahm er selbst.

76 Diese Kontinuität wurde während des Wahlkampfes besonders betont. Die Berliner SPD, die in den vorangegangenen Jahren eine auf Willy Brandt orientierte Wahlkampfpolitik verfolgt hatte, mochte auch 1967 auf die Werbewirksamkeit des ehemaligen Regierenden Bürgermeisters nicht verzichten. Auf den Wahlplakaten wurde daher Albertz gemeinsam mit Brandt abgebildet, zumal Albertz' Popularität keineswegs an die seines Vorgängers heranreichte.

77 Zitiert nach *Der Spiegel* 21 (1967), H. 14, S. 27.

78 *Ebda.*

79 Zitiert nach H.-J. Heß, *Die „Ära" Albertz...* (wie Anm. 28), S. 130 f.

80 Vgl. *Der Spiegel* 21 (1967), H. 14, S. 27.

81 *Ebda.*

Die Senatsumbildung war für Albertz ein erster Schritt, aus dem Schatten seines Vorgängers herauszutreten. *Die Ära Brandt ist zu Ende*, äußerte er nach den Wahlen unter Freunden.[83]

Da die „Politik der kleinen Schritte" stagnierte – Weihnachten 1966 erhielten die Berliner erstmals seit 1963 keine Passierscheine –, mußte er neue Wege für die deutsch-deutsche Politik suchen. In seiner Regierungserklärung vom 13. April 1967 forderte Albertz die *Konzentration der Kräfte ... auf ein einziges großes Ziel, den freien Teil dieser Stadt auf eine Frist, die niemand von uns absehen kann, im Zustand der Spaltung lebensfähig zu halten.*[84] Er zögerte jedoch, seine ostpolitischen Vorstellungen gegen die Bundesregierung durchzusetzen.[85] Bonn verhinderte erneut Verhandlungen zwischen West- und Ost-Berlin über ein Passierscheinabkommen: Der Minister für gesamtdeutsche Fragen, Herbert Wehner, wollte die Führungsrolle der Bundesregierung im Rahmen einer neuen Ostpolitik definiert wissen und verzögerte einen Briefwechsel zwischen Albertz und dem stellvertretenden DDR-Ministerpräsidenten Alexander Abusch.[86]

Auch wirtschaftliche Abhängigkeiten schränkten die politischen Möglichkeiten des neuen Regierenden Bürgermeisters ein. Um den ungünstigen wirtschaftlichen und demographischen Entwicklungen im Westteil der Stadt zu begegnen, war er auf Subventionen aus Bonn und die Investitionsbereitschaft der westdeutschen Wirtschaft in Berlin angewiesen. Albertz forderte daher, daß die Stadt *stärker als bisher Ort politischer und wirtschaftlicher Entscheidungszentren* werden solle.[87] In diesem Zusammenhang schlug er die Einrichtung eines Osthandelsbüros der EWG in Berlin vor. Doch auch dieses Ziel war nicht ohne Einverständnis der Bundesregierung durchzusetzen.

Drei Tage vor seinem Rücktritt, im September 1967, trat Albertz noch einmal mit ungewöhnlichen deutschlandpolitischen Vorstellungen an die Öffentlichkeit. Auf der Klausurtagung der Berliner SPD in Glienicke legte er ein Papier vor, in dem er die Konsequenzen aus der gescheiterten Ost- und Deutschlandpolitik der Bundesregie-

82 Neubauer erhielt die große Verwaltung für Arbeit und Soziales, Jugend und Sport sowie Gesundheit. Der Senator sei damit derart ausgelastet, so Albertz, daß er nicht auch noch das Amt des Bürgermeisters und Innensenators ausfüllen könne. Vgl. H.-J. Heß, *Die „Ära" Albertz...* (wie Anm. 28), S. 156, Anm. 75.

83 *Der Spiegel* 21 (1967), H. 14, S. 27.

84 *Die Richtlinien...* (wie Anm. 73), S. 6.

85 *Albertz' Standardformel in dieser Frage: „Ich lasse mich doch nicht zum Prügelknaben einer eigenständigen Ostpolitik machen."* Siehe *Berliner Extradienst*, Nr. 1 vom 20. 5. 1967, S. 1.

86 Vgl. *a.a.O.*, S. 1 f. Albertz führte seinen Sturz u. a. auf Wehners Politik zurück. Auf die Frage, inwiefern Wehner an der Behinderung weiterer Passierscheinverhandlungen beteiligt war, antwortete Albertz: *Jedenfalls hat er da sehr stark mitgespielt. Das ist ja auch eine der untergründigen Geschichten, die dann zu meinem Rücktritt geführt haben. Weil er in einer ganz schwierigen Situation, als es um die Verlängerung, glaube ich, ging ... und um einen Besuch, um ein Treffen von mir ... mit dem Abusch wohl noch, da hat er also, ohne das nach außen hin sehr deutlich zu machen, aber ganz offensichtlich dagegengehalten, während der Kiesinger eher dafür war.* H. Albertz, Gespräch... (wie Anm. 28).

87 *Die Richtlinien...* (wie Anm. 73), S. 13 f.

rung zog.[88] Er forderte, den alliierten Sonderstatus Berlins stärker zu nutzen und Bundesgesetze vor ihrer Übernahme auf ihre Tauglichkeit für Berlin zu prüfen. Wieder betonte er die Brückenfunktion der geteilten Stadt und die Wichtigkeit eines wirtschaftlichen und kulturellen Austauschs mit der DDR und Osteuropa. Dabei sei auch die „andere Seite“ zu berücksichtigen: Man solle Ost-Berlin als *Hauptstadt der DDR mit allen Entscheidungszentren* anerkennen.[89]

Überraschenderweise wurde das Programmpapier von den Genossen einstimmig angenommen,[90] obwohl auf der gleichen Klausurtagung Albertz' Sturz vorbereitet wurde. Doch seine Gegner in der Partei erhielten nun Schützenhilfe von außen. Sofort meldeten sich die Anhänger des westdeutschen Alleinvertretungsanspruchs zu Wort. *So geht es nicht!* schrieb die „Berliner Morgenpost“ am 26. September 1967. *Wenn der Senat im Blick auf das Ulbricht-Regime eine grundsätzliche Kehrtwendung macht, hat er sich der Entscheidung der Westberliner Bevölkerung zu stellen.*[91] Der Bundesverband der Deutschen Industrie (BDI) reagierte mit der Androhung eines Investitionsstopps: Berlin müsse damit rechnen, so Fritz Berg, der Präsident des Industriellenverbandes, daß Investitionen und Zuwanderung von Arbeitskräften nachlassen würden, falls Zweifel an der festen Bindung zwischen Berlin und der Bundesrepublik aufkommen sollten.[92]

Bereits lange vor der Klausurtagung in Glienicke hatte sich eine innerparteiliche Opposition aus rechtem und linkem Flügel gegen Albertz' Personalpolitik formiert. Schon bevor Albertz und sein neuer Senat im April 1967 vereidigt wurden, machte die Mehrheit der Berliner SPD-Fraktion erstmals Front gegen ihren Regierungschef. Dessen Versuch, seinen Vertrauten Dietrich Spangenberg zum Bürgermeister zu nominieren, wurde auf Initiative des rechten SPD-Flügels zweimal verhindert. Die Ablehnung sollte keineswegs Spangenberg treffen – er war für den Posten vorzüglich geeignet, da er *als einer der engsten Berater Brandts aus dem Kreis der „Heiligen Familie“ das Bindeglied zwischen Senat und Bundesregierung bilden* konnte.[93] Sie galt Albertz, der dies auch richtig verstand: *Sie wollten mir einen Warnschuß vor den Bug geben.*[94] Trotzdem schlug Albertz als Ersatzkandidaten nochmals einen Vertreter des Mittelblocks, Heinz Striek,

88 Albertz hatte den Entwurf allerdings mit Willy Brandt und Herbert Wehner abgesprochen. Vgl. H.-J. Heß, *Die „Ära“ Albertz...* (wie Anm. 28), S. 147.

89 *Ebda.*

90 Eine Denkschrift zur Berlin-Politik, die einige Mitglieder des linken Flügels kurz vor der Klausurtagung herausgegeben hatten, enthielt weitergehende Forderungen. U. a. wurde hier verlangt, Berlins Bindungen an den Bund und zu den Alliierten zu lockern – für H.-J. Heß, *a.a.O.*, S. 146, eine *nachgerade selbstmörderische Naivität im Umgang mit den für die Sicherheit West-Berlins lebensnotwendigen alliierten Garantien*; für die Genossen keine Verständigungsbasis, da die Denkschrift eine offizielle Plattform der Sozialdemokraten unterlief.

91 Zitiert nach: *Und niemandem untertan...* (wie Anm. 21), S. 25.

92 Vgl. Joachim Raschke, *Innerparteiliche Opposition. Die Linke in der Berliner SPD*, Hamburg 1974, S. 193 f.

93 H.-J. Heß, *Die „Ära“ Albertz...* (wie Anm. 28), S. 131. Spangenbergs Wahl zum Bundessenator verlief völlig problemlos.

94 *Der Spiegel* 21 (1967), H. 16, S. 68.

vor und düpierte so erneut den rechten Flügel. Striek wurde zwar bestätigt, doch der Graben zwischen Albertz und seiner Partei hatte sich vertieft.

Dies wurde auf dem Landesparteitag vom 26. und 27. Mai deutlich, auf dem die beiden lange zerstrittenen großen Flügel der Berliner SPD ein Zweckbündnis gegen die schmale Mitte eingingen. Sie setzten nun ihrerseits Personalwünsche gegen die Mitte durch: Kurt Mattik, der Führer des rechten Flügels der SPD, wurde wieder zum Landesvorsitzenden gewählt, obwohl dieser vorher zahlreiche Angriffe der linken Faktion auf sich gezogen hatte und auch in der Mitte sowie in Kreisen der Rechten umstritten war. Ähnlich wurde bei der Wahl der Beisitzer entschieden. Gemeinsame inhaltliche Vorstellungen entwickelten Rechte und Linke nicht. Ihr Zusammengehen verfolgte vor allem das Ziel, die Mitte zu zerschlagen. Der Erfolg dieser Politik auf dem Parteitag im Mai zeigte, daß Albertz seine innerparteiliche Machtbasis verloren hatte. Die Presse kritisierte die mangelnde Integrationsfähigkeit des „Regierenden".[95] Die Ereignisse des 2. Juni 1967, wenige Tage nach dem Landesparteitag, leiteten dann bereits seinen Rücktritt ein.

Am 2. Juni 1967 wurde der Student Benno Ohnesorg während einer Demonstration gegen den Staatsbesuch des Schah Reza Pahlevi in Berlin von einem Polizisten erschossen. Albertz, der von der Polizeiführung einen reibungslosen Ablauf des Protokolls verlangt hatte, rechtfertigte den harten Polizeieinsatz gegen die studentischen Demonstranten und schob die Schuld am Tod des jungen Mannes allein den Studenten zu.

Das Verhältnis zwischen den Berliner Studenten und Heinrich Albertz war auch vor dem 2. Juni 1967 nicht das beste. Häufig hatte „Big Heini" – so ein Plakattext der Studenten[96] – Polizeieinsätze gegen Demonstranten befohlen, die gegen die Vietnam-Politik der USA, die Berliner Hochschulpolitik und die Große Koalition in Bonn protestierten. Demonstrationsverbote und markige Sprüche – so nannte Albertz, bereits Regierender Bürgermeister, die Demonstranten eine *lächerliche Minderheit von Verrückten und Böswilligen*[97] – kamen der Stimmung in der Mehrheit der Bevölkerung und dem Sprachgebrauch der Springer-Presse nahe. Ebenso wie Matthias Waldens Kommentare in der „Welt" über den *immatrikulierten, mobilisierten Mob*[98] zeugten diese Äußerungen von der Unkenntnis der Situation an der Freien Universität Berlin und von Albertz' Verständnislosigkeit gegenüber dem politischen Engagement der Studenten, auch wenn er zu einigen ihrer Wortführer Kontakt hatte.[99]

95 Vgl. z. B. den Artikel der *BZ* vom 29. 5. 1967, S. 2 unter dem Titel *Albertz: Bürgermeister – aber kein Regierender.*

96 *Der Spiegel* 21 (1967), H. 7, S. 39.

97 *Der Spiegel* 21 (1967), H. 24, S. 47.

98 Zitiert in: *Der Spiegel* 21 (1967), H. 4, S. 92.

99 *Ich kannte die Kadetten ja zum großen Teil aus dieser Tunnelzeit. Das waren ja dieselben Studenten ... Aus dieser Zeit kannte ich ja auch schon den Herrn, mit dem ich dann ja wirklich befreundet war, den guten Dutschke ... Und es war ja so, daß ich also noch in der Woche vor dieser schrecklichen Geschichte am 2. Juni mit denen zusammengesessen habe in einer Zehlendorfer Kneipe. Das Gespräch war gar nicht so schlecht.* H. Albertz, Gespräch... (wie Anm. 28).

Als sich am 2. Juni 1967 die Nachricht vom Tod Ohnesorgs verbreitete, verteidigte Albertz das Vorgehen der Ordnungskräfte, ohne die Lagebeurteilung der Polizei zu überprüfen. *Die Geduld der Stadt ist am Ende,* leitete er seine erste öffentliche Stellungnahme ein. Die Polizei sei *von Rowdies provoziert* worden und daher gezwungen gewesen, von ihren Knüppeln Gebrauch zu machen. *Ich sage ausdrücklich und mit Nachdruck, daß ich das Verhalten der Polizei billige und mich durch eigenen Augenschein davon überzeugt habe, daß sich die Polizei bis an die Grenzen des Zumutbaren zurückgehalten hat.*[100] Albertz war falsch unterrichtet. Vor der Oper, die das iranische Kaiserpaar besuchte, hatten sich nicht *einige Dutzend,*[101] sondern etwa 800 Demonstranten versammelt. Sie beschimpften das iranische Herrscherpaar, warfen mit Eiern, Milchtüten und Tomaten. Als sich die Türen der Oper hinter den Gästen geschlossen hatten, wollte der Polizeichef Duensing die Demonstration nach dem „Leberwurst-Prinzip" auflösen: *in der Mitte hineinstechen und nach beiden Seiten ausdrücken.*[102] Ohne Vorwarnung und ohne Notwendigkeit, da zum Zeitpunkt des Polizeieinsatzes Ruhe herrschte, schlug die Polizei los. Die falsche Lautsprecherdurchsage eines Einsatzleiters, daß ein Polizist erstochen worden sei, provozierte zahlreiche Beamte, hart vorzugehen. Benno Ohnesorg, der sich in den Arkadenhof eines Hauses in der Krummen Straße geflüchtet hatte, wurde dort von einem Polizisten angeschossen und erlag bald darauf seinen Verletzungen. Währenddessen hielt sich Heinrich Albertz mit seinen Gästen in der Oper auf. Erst gegen 21.30 Uhr, nachdem die Demonstration aufgelöst worden war, erfuhr er während der großen Pause in der Oper von dem Knüppeleinsatz. Als er die Oper verließ, war *die Straße leer von Demonstranten.*[103]

Albertz war folglich nicht *durch eigenen Augenschein* über den Polizeieinsatz informiert. Doch rechtfertigte er in den folgenden Tagen noch mehrmals das Vorgehen der Ordnungskräfte.[104] Im Senat wurden nach der Polizeiaktion ein Demonstrationsverbot für die Studenten und die Einsetzung von Schnellgerichten erwogen, *um die Kriminalität nachhaltig bekämpfen zu können.*[105] Erst die Ergebnisse eines parlamentarischen Untersuchungsausschusses, der der Polizei falsches Verhalten und dem Senat Vernachlässigung seiner Aufsichtspflicht vorwarf, zwangen Albertz zu einer anderen Sicht der Dinge. An Rücktritt dachte er auch dann noch nicht.

100 Stellungnahme von Albertz in der Nacht vom 2./3. Juni, zitiert nach Knut Nevermann (Hrsg.), *Der 2. Juni 1967. Studenten zwischen Notstand und Demokratie. Dokumente zu den Ereignissen anläßlich des Schah-Besuchs,* Köln 1967, S. 141.

101 *Ebda.*

102 *Der Spiegel* 21 (1967), H. 25, S. 41. Die Darstellung der Ereignisse folgt dem Bericht des *Spiegel, a.a.O.,* S. 41–44.

103 H. Albertz, *Blumen für Stukenbrock..* (wie Anm. 15), S. 247.

104 Vgl. die Auszüge aus diesen Reden in: K. Nevermann (Hrsg.), *Der 2. Juni 1967...* (wie Anm. 100), S. 143.

105 *Der Spiegel* 21 (1967), H. 26, S. 41. Der Senat mußte das rechtswidrige Demonstrationsverbot wieder zurücknehmen; auch die Schnellgerichte wurden nicht eingeführt. Den Gesinnungswandel rechtfertigte Albertz mit einem möglichen Eingreifen der Alliierten. Vgl. *a.a.O.,* S. 42.

Albertz trat nicht allein wegen der Ereignisse des 2. Juni zurück,[106] wenngleich nun auch im Bonner SPD-Führungskreis Kritik an seiner Politik laut wurde. Helmut Schmidt erklärte, *Albertz und Büsch* [damals Innensenator, A. M.] *seien „unfähig", langfristig müßten beide abgelöst werden.*[107] Schmidt erwog sogar personelle Alternativen und nannte Klaus Schütz als möglichen Nachfolger für Albertz, Dietrich Spangenberg als Ersatz für Büsch.[108]

Albertz' Gegner in der Berliner SPD-Fraktion arbeiteten nun offen auf seinen Sturz hin.[109] Da Albertz bereits vorher seine innerparteiliche Machtbasis demontiert hatte,[110] konnte er der Fronde wenig entgegensetzen, die, angeführt von Kurt Mattik und Kurt Neubauer vom rechten Flügel der Berliner SPD, mit Indiskretionen und Diffamierungen, Intrigen bei Brandt in Bonn und Angriffen auf Mitglieder des Mittelblocks nicht sparte. Als der Untersuchungsausschuß am 8. September 1967 seine Ergebnisse vorlegte, forderte der Parteivorsitzende Kurt Mattik den Rücktritt des Innensenators Büsch; gleichzeitig sollte Albertz' Stellvertreter Striek durch Kurt Neubauer ersetzt werden. In der Hoffnung auf eine Stabilisierung seiner Position ließ Albertz seinen Innensenator fallen, wurde dadurch aber gezwungen, den Senat umzubilden. Anstatt die freigewordene Position sofort neu zu besetzen, wartete er die Klausurtagung der SPD-Führungsgremien im Schloß Glienicke am 23. September 1967 ab.

Die Klausurtagung in Glienicke brachte keine Einigung über die offenen personalpolitischen Fragen. Albertz schlug zwar Neubauer als Innensenator vor; doch nachdem man sein Berlin-Programm angenommen hatte, stellte er Neubauers Nominierung zum Bürgermeister wieder zur Diskussion. Wie in Glienicke endete die Personaldebatte auch im Landesvorstand ohne Erfolg. Daraufhin erklärte Albertz am 26. September überraschend seinen Rücktritt, den er später damit begründete, *daß ich eben einfach nicht ertragen konnte, daß Herr Neubauer mir als Stellvertreter aufgezwungen werden sollte.*[111] Die Genossen nahmen den Rücktritt mit Erleichterung auf, doch für keinen der Albertz-Gegner, die auf die Nachfolge gehofft hatten, fand sich eine Mehrheit.

Die politischen Probleme der Stadt wurden durch Albertz' Demission ebenso wenig gelöst wie der innerparteiliche Streit der Berliner SPD. Auch unter Albertz' Nachfolger Klaus Schütz bekämpften sich die beiden großen Flügel weiter – der Mittelblock war

106 *Der Rücktritt kam im September 67, wobei ich da nun sehr stark differenzieren möchte, der Rücktritt ist nicht wegen des 2. Juni 1967 geschehen.* H. Albertz, *Dagegen gelebt...* (wie Anm. 3), S. 45.

107 *Berliner Extradienst*, Nr. 7 vom 10. 7. 1967, S. 2.

108 Vgl. *ebda.*

109 *Die Exponenten des rechten SPD-Flügels, Neubauer und Schwedler, verhalten sich schadenfroh. Ebda.*; vgl. auch H.-J. Heß, *Die „Ära" Albertz...* (wie Anm. 28), S. 94 ff.

110 *Spätestens seit Anfang September 1967 bestand die Mitte-Gruppe nicht mehr. Auflösungsgründe waren: der Druck der beiden anderen innerparteilichen Gruppierungen, die Fehler des Senats seit dem 2. Juni 1967, auseinanderstrebende persönliche Interessen, Mangel an einer neuen politischen Konzeption, fehlende Basis in der Partei.* J. Raschke, *Innerparteiliche Opposition...* (wie Anm. 92), S. 94.

111 H. Albertz, *Dagegen gelebt...* (wie Anm. 3), S. 46.

aufgerieben. So verlor die Berliner SPD weiterhin kontinuierlich an Wählerstimmen, bis sie schließlich Oppositionspartei wurde.
Albertz' Rücktritt wurde von der Presse wie in der politologischen Forschung vor allem auf die Krise der Berliner SPD zurückgeführt,[112] deren Flügelkämpfe der Einzelgänger nicht eindämmen konnte. Einer deutlichen inhaltlichen Diskussion wich er ebenso aus wie die sich bekämpfenden Gruppierungen. So scheiterte der „rote Pastor" sowohl am innerparteilichen Zwist der Sozialdemokraten als auch an seinem Führungsstil. Wie er mit Brandt an den Parteigremien vorbei neue Wege für das deutsch-deutsche Verhältnis suchte, glaubte er auch, an der Berliner Verfassung vorbei regieren zu können. Die Abgeordneten, insbesondere seine Fraktion, ließen jedoch eine Senatsumbildung ohne ihre Zustimmung nicht zu. Albertz führte die Amtsgeschäfte weiter, bis Klaus Schütz am 19. Oktober 1967 zu seinem Nachfolger gewählt wurde. Danach trat er vor allem mit Äußerungen und Aktionen außerhalb des Berliner Parlaments in Erscheinung.
Heinrich Albertz leugnete später, daß mit seiner Demission als Regierender Bürgermeister eine grundlegende „Wandlung" seiner Überzeugungen einhergegangen sei.[113] Doch war er bereit – ungewöhnlich genug für einen Politiker –, öffentlich einzugestehen, daß er die Ereignisse des 2. Juni 1967 falsch beurteilt und von den Dimensionen und den berechtigten Ursachen des studentischen Protestes unzutreffende Vorstellungen hatte. Sein berühmter Satz: *Ich war am schwächsten, als ich am härtesten war, in jener Nacht des 2. Juni*, fiel am 15. September 1967 während seiner letzten Rede als Regierender Bürgermeister vor dem Abgeordnetenhaus.[114] Ungewöhnlichen Mut bewies er mit seinen Äußerungen Ostern 1968 anläßlich einer Kundgebung auf dem Hammarskjöldplatz, zu der Vertreter des liberalen Bürgertums und Führer der APO nach dem Attentat auf Rudi Dutschke aufgerufen hatten. Auch hier gestand Albertz sein Fehlverhalten ein, diesmal vor jenen Studenten, die ihn nach dem 2. Juni als „Mörder" beschimpft und massiv seinen Rücktritt gefordert hatten. Nun würdigte er ihr politisches Engagement, während er den Politikern vorwarf, unglaubwürdig geworden zu sein: *Die politisch Verantwortlichen, also auch ich, haben es in verschiedenen Graden ver-*

112 In seinem Artikel *Große Partei – was nun?* warf Joachim Bölke der Berliner SPD *fehlenden Anstand, Wahrhaftigkeit, Loyalität und Augenmaß* vor, in: *Der Tagesspiegel* vom 27. 9. 1967, zitiert nach H.-J. Heß, *Die „Ära" Albertz...* (wie Anm. 28), S. 150. Selbst die Springer-Presse, die Albertz' Berlin-Politik immmer wieder kritisiert hatte, äußerte sich nach seinem Scheitern relativ freundlich: *Heinrich Albertz hat sich stets und besonders als „Regierender" bemüht, das Richtige zu tun. Es waren auch keine falschen Entscheidungen, die ihm zum Verhängnis wurden. Heinrich Albertz ist über Heinrich Albertz gestolpert ... Sein Denken kreiste nur um die Sache. Dabei übersah er, daß man Politik nur mit Menschen machen kann. BZ* vom 20. 10. 1967, zitiert in: *Und niemandem untertan...* (wie Anm. 21), S. 26.

113 Vgl. H. Albertz, *Dagegen gelebt...* (wie Anm. 3), S. 53: *Was heißt hier Wandlung? Es war eine Veränderung von Auffassungen über einen ganz eingegrenzten Vorgang.*

114 Die Rede ist abgedruckt in: H. Albertz, *Dagegen gelebt...* (wie Anm. 3), S. 108–124, das Zitat findet sich S. 123. Schon am 16. 6. 1967 hatte Albertz in der Fernsehsendung „Monitor" eingeräumt, daß er die Polizeiberichte vor einer Stellungnahme hätte überprüfen müssen. Vgl. H.-J. Heß, *Die „Ära" Albertz...* (wie Anm. 21), S. 140.

säumt zu sagen, was ist, was sein und nicht sein kann. Er kritisierte das *Gift der Hetze und der Gewalt* und rief dazu auf, die alten Rechnungen zu verbrennen und einen neuen Anfang zu machen.[115]
Auch seine Beteiligung an der Gründung eines „Berliner Bürgerkomitees" im April 1968 – eines losen Zusammenschlusses von Linksliberalen, linken Sozialdemokraten, Journalisten und Akademikern, die auf berlinpolitische Reformen drängten – zielte auf eine Vermittlung zwischen den etablierten Politikern im Rathaus Schöneberg und der außerparlamentarischen Opposition. Berührungsängste der Studentenbewegung gegenüber, die ihm von Helmut Schmidt nach den Ereignissen vom 2. Juni vorgeworfen worden waren,[116] hatte er nun endgültig verloren.
Das Bürgerkomitee war auch das Forum, vor dem Albertz im Juni 1968 als erster SPD-Politiker öffentlich den Abschluß von „Staatsverträgen" zwischen Bonn und Ost-Berlin vorschlug – das aber bedeutete die Anerkennung der DDR. Ein Jahr später, im September 1969, rechtzeitig zur Regierungsbildung in Bonn, veröffentlichte er mit anderen eine *Denkschrift für eine realistische Deutschlandpolitik,*[117] die vieles von Brandts späterer Ostpolitik vorwegnahm. Das Memorandum verlangte ebenfalls die völkerrechtliche Anerkennung der DDR durch die Bundesrepublik, „normale Beziehungen" zwischen den beiden deutschen Teilstaaten, eine gegenseitige Gewaltverzichtserklärung und schließlich Zahlungen Bonns an die DDR, die die größeren Kriegsfolgelasten zu tragen hatte. Als Gegenleistung sollte Ost-Berlin die Eigenständigkeit und den politischen und ökonomischen Verbund West-Berlins mit der Bundesrepublik vertraglich sichern. Auch das Münchener Abkommen (1973 für ungültig erklärt) sollte annulliert werden. Obwohl Albertz nur ausgesprochen hatte, was, hinter geschlossenen Türen geäußert, unter den meisten Berliner Sozialdemokraten längst unumstritten

115 Jahre später bezeichnete Albertz diese Rede als *Übertritt in ein neues Leben,* in: H. Albertz, *Am Ende des Weges...* (wie Anm. 10), S. 112. Der Wortlaut der Rede ist abgedruckt in: H. Albertz, *Dagegen gelebt...* (wie Anm. 3), S. 46–50. Albertz stellte einen Zusammenhang zwischen dem Attentat auf Rudi Dutschke und dem Tod von Benno Ohnesorg her, bevor er das Klima der Hetze und Gewalt in der Stadt kritisierte (*a.a.O.*, S. 46). Der Springer-Konzern, immer wieder für das Dutschke-Attentat verantwortlich gemacht, fühlte sich angegriffen; die *Berliner Morgenpost* kündigte dem ehemaligen Regierenden Bürgermeister sofort das Vertrauen: *Albertz weiß, welche ehrliche Sympathien er im gescholtenen Springer-Haus hatte. Heute wird klar, daß er diese Sympathien in kühler Berechnung kultivierte, daß er in diesem Zusammenhang Meldungen zum Schaden seiner Partei und zum Nutzen des eigenen Verbleibs in einem Establishment verbreitete, das er jetzt nach seinem politischen Scheitern verurteilt. Adieu Albertz! Berliner Morgenpost* vom 23. 4. 1968, zitiert nach *Und niemandem untertan...* (wie Anm. 21), S. 27.

116 Schmidt führte 1967 die Entwicklung in Berlin darauf zurück, *daß sich dort niemand „an die Studenten herangetraue" und mit ihnen Kontakt halte, aus Angst, es könne ein intellektuelles Versagen sichtbar werden.* Im gleichen Zusammenhang forderte er Albertz' Ablösung als Regierender Bürgermeister. *Berliner Extradienst,* Nr. 7 vom 10. 6. 1967, S. 2.

117 Die Denkschrift erschien mit anderen Aufsätzen in: Heinrich Albertz/Dietrich Goldschmidt (Hrsg.), *Konsequenzen oder Thesen, Analysen und Dokumente zur Deutschlandpolitik,* Reinbek 1969.

war, distanzierten sich diese, allen voran Albertz' Nachfolger Klaus Schütz, sofort von der Denkschrift.[118] Wieder einmal bekam Albertz Schwierigkeiten mit seiner Partei. Die SPD warf ihm vor, daß er nach seinem Rücktritt kaum noch an Sitzungen der Fraktion oder des Abgeordnetenhauses teilgenommen hatte – *weil es da seit Jahren keine Aussprache mehr über das Deutschland-Problem gegeben hat,* so Albertz[119] –, und verlangte, daß er sich künftig an der politischen Willensbildung der Partei zu beteiligen und ihre Mehrheitsbeschlüsse zu respektieren oder die Fraktion zu verlassen habe. Albertz war nicht bereit, sich maßregeln zu lassen: *Wenn man mit meiner Haltung nicht einverstanden ist, soll man das in einem ordentlichen Parteiverfahren klären.* Kurz zuvor hatten die Genossen seines Wahlkreises Spandau beschlossen, den ehemaligen Regierenden Bürgermeister bei den Abgeordnetenhauswahlen 1971 nicht wieder als Kandidaten aufzustellen. Sie begründeten ihre Entscheidung mit seiner *teilweise erkennbar gewordene*[n] *Solidarisierung mit antidemokratischen und außerparlamentarischen Kräften.*[120] Schließlich zog Albertz die Konsequenzen und legte im Juni 1970 sein Mandat für das Abgeordnetenhaus nieder.

Anlaß für den Bruch mit der Berliner SPD-Fraktion war die Verabschiedung des sogenannten Handgranatengesetzes.[121] Albertz hatte sich entschieden gegen dieses Gesetz gewandt, da der Einsatz schwerer Waffen der deutschen Kontrolle entzogen sei. Wie bei zahlreichen anderen Anlässen wies er auf die Oberhoheit der Alliierten in Berlin hin[122] und stellte die Frage nach dem „alliierten Notstandsrecht": *Weder die Fraktionsvorsitzenden noch der Ausschuß für Sicherheit und Ordnung kennen die entsprechenden Schubladenverordnungen im Text. Es ist das gute Recht der Alliierten, sie geheim zu halten. Aber darf denn ein Parlament in Entscheidungen hineingezogen werden, die es nicht voll übersehen kann?*[123]

Das „Handgranatengesetz" war nicht der einzige Grund, die Fraktion zu verlassen. Albertz war nicht bereit, sich den Pressionen der Genossen zu beugen, sondern wetterte öffentlich gegen die „pervertierte Demokratie" des Abgeordnetenhauses: *Da herrscht Druck und Angst, da herrschen tausend offene und geheime Abhängigkeiten.*[124] Wenig später, am 1. Oktober 1970, verließ er auch den Berliner Landesverband der SPD und

118 In die Thesen seien *kommunistische Forderungen* eingegangen, so der Abgeordnete Klaus Riebschläger. *Der Spiegel* 23 (1969), H. 42, S. 124.

119 *Der Spiegel* 23 (1969), H. 46, S. 248.

120 *Ebda.* Vgl. auch Hans-Jürgen Heß, *Innerparteiliche Gruppenbildung. Macht- und Demokratieverlust einer politischen Partei am Beispiel der Berliner SPD in den Jahren 1963 bis 1981,* Bonn 1984, S. 156. *Der Spiegel* 23 (1969), H. 17, S. 208.

121 Gemeint ist das Gesetz über die Anwendung unmittelbaren Zwanges (UZwG).

122 Auch als Regierender Bürgermeister sprach Albertz den Widerspruch zwischen den eingeschränkten Kompetenzen der demokratisch gewählten Stadtverwaltung und der obersten Gewalt der Besatzungsmächte immer wieder an. Vgl. z. B. seine letzte Rede als Regierender Bürgermeister am 15. 9. 1967, in: H. Albertz, *Dagegen gelebt...* (wie Anm. 3), S. 108–124, bes. S. 120.

123 Albertz rechtfertigte die Mandatsniederlegung in dem Artikel *Pervertierte Demokratie,* in: *Berliner Blätter für Sozialdemokraten* 2 (1970), Nr. 6/7, S. 16, aus dem hier zitiert wird.

ließ sich in den Bezirksverband seines zweiten Wohnsitzes eintragen.[125] Ein Artikel des SPD-Organs „Berliner Stimme“ hatte ihn verletzt. Albertz hatte kommissarisch das Pfarreramt in der wegen ihrer Jugendarbeit zerstrittenen Fürbitt-Gemeinde in Berlin-Britz übernommen, was die „Berliner Stimme“ höhnisch als Versuch wertete, *sozusagen aus der „Rotzev“ (Rote Zelle Evangelium) eine „Rotzalb“ (Rote Zelle Albertz) zu machen.*[126] Albertz brach nun endgültig mit den Berliner Genossen: *Ich habe keine Lust mehr, mich dauernd mit denen in Berlin herumzuärgern und mit meinen Mitgliedsbeiträgen auch noch deren Hetzartikel gegen mich zu finanzieren.*[127]
Nach fast 25 Jahren Staatsdienst arbeitete Albertz seit dem 1. August 1970 wieder als Pfarrer. Die Fürbitt-Gemeinde in Britz betreute er etwa ein Jahr. Dann erhielt er eine reguläre Pfarrstelle in der Gropiusstadt (Kirchenkreis Neukölln), wo er das evangelische Zentrum „Haus der Mitte“ leitete und sich vor allem der Sozialarbeit widmete.[128]
Im März 1974 wechselte er in die Zehlendorfer Gemeinde Schlachtensee, in der er bis zu seinem vorzeitigen Eintritt in den Ruhestand im März 1979 als Pfarrer tätig war. Auf politische Einflußnahme verzichtete er auch als Pastor nicht. Kurz nach seiner Rückkehr auf die Kanzel begründete er dies: *Es ist keine evangelische Predigt möglich, die nicht ein politisches Engagement beinhaltet, und für mich gibt es kein politisches Engagement, das nicht an der Grundwahrheit der Heiligen Schrift orientiert ist.*[129]
Die Kirche war in diesen Jahren an der Basis stark politisiert, und auch in der evangelischen Kirchenleitung, in die Albertz im Januar 1973 gewählt wurde, gab es politische Spannungen. Bischof Scharf, der im Laufe der Jahre ein enger Freund von Albertz wurde und immer wieder Stellung zu politischen Fragen bezog, wurde zunehmend schärfer angegriffen. Wie Albertz bemühte sich auch Scharf um einen Ausgleich zwischen den politisierten Studenten und der etablierten Politik beziehungsweise der Kirchenleitung

124 *Ebda.* Heß berichtet, daß Albertz rückblickend von einer *Talsohle des Alleingelassenwerdens* sprach. Als persönliche Demütigung habe er es empfunden, daß der Parlamentspräsident Walter Sickert sich bei einer Wortmeldung nicht an Albertz' Namen erinnern konnte. H.-J. Heß, *Innerparteiliche Gruppenbildung...* (wie Anm. 120), S. 155, Anm. 94.

125 Albertz war fortan Mitglied des Bezirksverbandes Rheinland-Hessen-Nassau.

126 *Berliner Stimme* vom 8. 8. 1970, zitiert nach: *Und niemandem untertan...* (wie Anm. 21), S. 29. Der Kirchenrat hatte den jungen Leuten den Zutritt zu den Gemeinderäumen untersagt, weil sie nach dem Rücktritt von Schulsenator Evers dort eine Protestveranstaltung organisiert und Lenin-Bilder aufgehängt hatten. Evers war ein alter Parteifreund von Albertz und hatte gleichzeitig mit diesem und ebenfalls wegen des „Handgranatengesetzes“ sein Mandat niedergelegt. Zum Rücktritt von Carl-Heinz Evers als Schulsenator vgl. H.-J. Heß, *Innerparteiliche Gruppenbildung...* (wie Anm. 120), S. 154 f.

127 Zitiert nach *Der Spiegel* 24 (1970), H. 42, S. 260.

128 *In der Gropiusstadt wurde zu den dort errichteten zwei Pfarrgemeinden ein Zentrum für Kinder-, Jugend- und Erwachsenenarbeit gegründet. Zwei Theologen, vier Sozialarbeiter und die Erzieher einer Kindertagesstätte bildeten ein Team. Dies war „reine“ Sozialarbeit. Daß wir „Kirche“ waren, mußte immer wieder deutlich gemacht werden, den Mitbürgern und uns selbst ... Ich habe unendlich viel gelernt in diesen drei Jahren – vor allem von den Sozialarbeitern und den jungen Theologen der 67er-Theologie.* H. Albertz, *Blumen für Stukenbrock...* (wie Anm. 15), S. 173.

129 Zitiert nach *Der Spiegel* 24 (1970), H. 33, S. 126.

und hatte daher zum Beispiel die Kundgebung auf dem Hammarskjöldplatz mitveranstaltet. Beiden ging es darum, *den Teufelskreis der Gewalt* zu durchbrechen,[130] der im Laufe der siebziger Jahre durch den Terror der Rote Armee Fraktion (RAF) entstanden war und sich durch die harten staatlichen Reaktionen, unter anderem die Haftbedingungen für die inhaftierten Terroristen, und die Aktionen der Sympathisantengruppen verschärfte.

Zu heftigen Presseattacken gegen die *Pfarrer, die dem Terror dienen,*[131] kam es, als eine Berliner Kirche durch ein „Häftlingskollektiv" besetzt wurde (2. Oktober 1974), Bischof Scharf im gleichen Monat Ulrike Meinhof und andere Mitglieder der Baader-Meinhof-Gruppe besuchte (23. Oktober 1974), Holger Meins infolge eines Hungerstreiks starb (9. November 1974), am folgenden Tag der Kammergerichtsrat von Drenkmann ermordet wurde und die Polizei im Zusammenhang mit dem Mord an von Drenkmann gegen kirchliche Mitarbeiter ermittelte. Die Kirche wurde *Nebenkriegsschauplatz* (Albertz).[132]

Albertz, der selbst Kontakte zu den Häftlingen der Baader-Meinhof-Gruppe unterhielt,[133] verteidigte den Bischof und die Besuche bei den Häftlingen. Sie gehörten zu den pfarramtlichen Verpflichtungen, so Albertz,[134] zudem sei die ältere Generation *mitschuldig an dieser Entwicklung ..., denn es sind ja alles unsere Söhne und Töchter.*[135]

Auch in den folgenden Jahren besuchte der „rote Pastor" immer wieder Inhaftierte der RAF und der „Bewegung 2. Juni", um diese zu einer Abkehr von ihrem *selbstzerstörerischen Irrsinn*[136] zu veranlassen; vor allem versuchte er, bei Hungerstreiks zu vermitteln, um Tote und eine weitere Eskalation der Gewalt zu verhindern.

130 Albertz verteidigte Scharfs Besuch bei Ulrike Meinhof in einem Interview mit Peter Merseburger, das unter dem Titel *Den Teufelskreis der Gewalt durchbrechen* in der Fernsehsendung „Panorama" vom 2. 12. 1974 ausgestrahlt wurde und abgedruckt ist in: Heinrich Albertz/Heinrich Böll/Helmut Gollwitzer u. a. (Hrsg.), *Pfarrer, die dem Terror dienen? Bischof Scharf und der Berliner Kirchenstreit 1974. Eine Dokumentation*, Reinbek 1975, S. 39–41.

131 Titel der *Quick* vom 5. 12. 1974, abgedruckt in: H. Albertz/H. Böll/H. Gollwitzer u. a. (Hrsg.), *Pfarrer, die dem Terror dienen?...* (wie Anm. 130), S. 87. Die *Bild-Zeitung* schrieb z. B. am 23. 11. 1974: *Rädelsführer Mahler schickte aus seiner Zelle einen Kassiber: „Ran an Bischof Scharf". Der Aufruf war unnötig: Von sich aus besuchte der Bischof eine Stunde lang die Bandenchefin Ulrike Meinhof im Gefängnis. Zurücktreten soll er nun, der 72jährige Kirchenfürst ... Sitzt er bald – altersblind, kraftlos und starrsinnig – allein im Gestühl? Mit Marx in der Hand statt der Bibel?* Zitiert nach H. Albertz/H. Böll/H. Gollwitzer u. a. (Hrsg.), *Pfarrer, die dem Terror dienen?...* (wie Anm. 130), S. 9.

132 H. Albertz, *Dagegen gelebt...* (wie Anm. 3), S. 62.

133 Vgl. Albertz' Interview mit Peter Merseburger in der Fernsehsendung „Panorama" vom 2. 12. 1974, abgedruckt in: H. Albertz/H. Böll/H. Gollwitzer u. a. (Hrsg.), *Pfarrer, die dem Terror dienen?...* (wie Anm. 130), S. 39–41, hier S. 39. Albertz gibt an, daß er mit Ulrike Meinhof entfernt verwandt war; vgl. H. Albertz, *Blumen für Stukenbrock...* (wie Anm. 15), S. 68.

134 H. Albertz, *Dagegen gelebt...* (wie Anm. 3), S. 59.

135 Albertz in der Fernsehsendung „Panorama" vom 2. 12. 1974, abgedruckt in: H. Albertz/H. Böll/H. Gollwitzer u. a. (Hrsg.), *Pfarrer, die dem Terror dienen?...* (wie Anm. 130), S. 39–41, hier S. 39.

136 *Ebda.*

Die Ereignisse des 2. Juni 1967 holten Albertz indirekt wieder ein, als am 27. Februar 1975 Mitglieder der „Bewegung 2. Juni" Peter Lorenz entführten, den Spitzenkandidaten der CDU für die Abgeordnetenhauswahlen am 2. März.[137] Im Austausch für Lorenz forderten die Terroristen die Freilassung von Horst Mahler, Verena Becker, Gabriele Kröcher-Tiedemann, Rolf Pohle, Ina Siepmann und Rolf Heissler. Sie verlangten, daß Albertz die Gefangenen zu ihrem Zielort begleiten solle, um so sicherzugehen, daß ihre Forderungen erfüllt würden. Albertz stellte sich nach Rücksprache mit dem Berliner Regierenden Bürgermeister Klaus Schütz zur Verfügung. Er betonte, daß er diesen Auftrag *nur als Pfarrer der Evangelischen Kirche* durchführen könne und die Zusage der politisch Verantwortlichen brauche, *nicht an einem Unternehmen beteiligt zu werden, das etwa wie in Fürstenfeldbruck enden sollte.*[138]

Am 2. März begleitete Albertz die Berliner Gefangenen nach Frankfurt am Main, am 3. März flog er mit den fünf freigelassenen Terroristen – Mahler hatte die Befreiungsaktion für sich abgelehnt – nach Aden, wo sie Aufnahme fanden. Am 4. März, zurück in Berlin, verlas er im Fernsehen die verschlüsselte Botschaft der Freigelassenen an die Entführer in Berlin. Kurz nach Mitternacht, am 5. März, war Peter Lorenz wieder frei.[139] Albertz hatte seinem früheren politischen Gegner das Leben gerettet.

Warum die Terroristen ausgerechnet ihn ausgesucht hatten, um die freigepreßten Gefangenen zu begleiten, erklärte Albertz, der mit den Betroffenen darüber gesprochen hatte, dem Journalisten Gerhard Rein: *Erstens: Wir haben den Eindruck, uns auf den verlassen zu können. Wenn der ja sagt, sagt er ja, und wenn er nein sagt, sagt er nein. Das hat er ja auch in bösen Tagen so durchgehalten, in für sie bösen Tagen. Zweitens: es ist ein Pfarrer; und drittens: es ist einer, der den Apparat kennt, den staatlichen und polizeilichen Apparat.*[140]

Erwartungsgemäß wurde Albertz' Einsatz nicht von allen Seiten honoriert.[141] Vor allem wurde er angegriffen, weil er den Verlauf des Fluges nicht ohne Sympathien für die freigepreßten Terroristen schilderte.[142] Doch der Respekt für seinen ungewöhnli-

137 Ironie der Geschichte (oder der Terroristen?): Lorenz war mit dem Slogan *Mehr Tatkraft schafft mehr Sicherheit* angetreten; eine CDU-Anzeige trug über einem Porträt von Lorenz die Schlagzeile *Berliner leben gefährlich,* in: *Der Spiegel* 29 (1975), H. 10, S. 20.

138 Aus Albertz' Bericht an die Behörden über die Ausführung seines Auftrags, der abgedruckt ist in: H. Albertz, *Blumen für Stukenbrock...* (wie Anm. 15), S. 175–187, hier S. 176. Auf dem Militärflughafen Fürstenfeldbruck hatte eine andere Geiselnahme tragisch geendet: Die neun Israelis, die arabische Terroristen 1972 während der Olympiade in München entführt hatten, waren nach einem gewaltsamen Befreiungsversuch alle tot; außerdem starben fünf Terroristen und ein Polizist durch Schüsse.

139 Über den Verlauf der Entführung und den Flug nach Aden gibt es zahlreiche Berichte. Albertz hat seine offizielle Darstellung (vgl. Anm. 138) in seinem Memoirenwerk *Blumen für Stukenbrock...* (wie Anm. 15), S. 187–197, ergänzt sowie in: ders., *Dagegen gelebt...* (wie Anm. 3), S. 71–77. Ein Artikel von Albertz über seinen Flug nach Aden erschien in: *Der Spiegel* 29 (1975), H. 11, S. 16. Über die Entführung und die Entscheidungsprobleme der Politiker, ob man auf die Forderungen der Entführer eingehen solle, berichtet *Der Spiegel* 29 (1975), H. 10, S. 19–27.

chen Mut als Mensch, Politiker und Christ überwog. Beeindruckend sind seine Predigten, die er unmittelbar vor dem Flug und nach seiner Rückkehr gehalten hat. In ihren deutlichen Bezügen zu der Aufgabe, die er übernommen hatte, erreichen sie ein ungewöhnlich hohes sprachliches und moralisches Niveau.[143] Albertz, der vor dem Flug nach Aden *eine Art Unperson*[144] war, wurde nun für viele Deutsche zu einer moralischen Instanz.

Noch im Jahr der Lorenz-Entführung, am 7. Dezember 1975, erhielt Albertz die Carl-von-Ossietzky-Medaille der Liga für Menschenrechte. Bei dem Festakt hielt Heinrich Böll die Ansprache. Ihr Titel „Dem Terroristen das Hemd geschenkt" – Albertz hatte auf dem Flug nach Aden Rolf Pohle sein Hemd gegeben – ehrte den politischen Pastor, der die Reaktionen des Staates auf den Terrorismus weiterhin kritisierte, weil er sie für zu hart und deshalb für falsch hielt.[145] Albertz erinnerte immer wieder daran, daß die Terroristen *Kinder unserer Gesellschaft* und *Produkte einer Kette von Versäumnissen* seien, von versäumter Gesprächsbereitschaft und versäumten Reformen.[146] Besonderes Aufsehen erregten seine Äußerungen in der Fernsehsendung „Wort zum Sonntag", in der er seit 1976 häufiger sprach.[147] Nach dem Mord an dem Bankier Jürgen Ponto appellierte er in der Sendung vom 6. August 1977 an jene, *die immer noch glauben, sich mehr oder weniger heimlich über den Tod der Mächtigen freuen zu können,* und erinnerte an das 5. Gebot: *Sie helfen Mördern! Und, was mindestens ebenso schlimm ist, sie helfen jeder reaktionären Wendung weg von Freiheit und Frieden in unserem Lan-*

140 H. Albertz, *Dagegen gelebt...* (wie Anm. 3), S. 76. Die Kenntnis des staatlichen und polizeilichen „Apparats" war, so Albertz weiter, besonders wichtig. (*Ebda.*) Er spielte damit darauf an, daß entgegen ausdrücklicher Beteuerungen eines Polizeibeamten Abhörgeräte in einer Zelle in Frankfurt installiert waren, mit denen Gespräche des Pfarrers mit den Gefangenen abgehört wurden. Vgl. Albertz' offiziellen Bericht in: *Blumen für Stukenbrock...* (wie Anm 15), S. 175–187, hier S. 180 f.

141 Die *Bild-Zeitung* z. B. hetzte: *Der glücklose Mann mit dem Doppelkinn und dem freudlosen Blick durch die Brille ... wurde nun zum Anwalt der Aufführer. Er driftete hoffnungslos nach linksaußen ab ... Jetzt haben sich die Terroristen den unscheinbaren Ex-Politiker und Friedensprediger als Unterpfand dafür ausgesucht, daß sich unser Rechtsstaat dem Unrecht beugt. Bild* vom 1. 3. 1975, zitiert nach *Und niemandem untertan...* (wie Anm. 21), S. 31.

142 Vgl. Albertz' Artikel in: *Der Spiegel* 29 (1975), H. 11, S. 16. Hans Habe reagierte darauf in einem ausgesprochen polemischen Artikel in: *Bayernkurier* vom 22. 3. 1975, zitiert in: *Und niemandem untertan...* (wie Anm. 21), S. 33.

143 Die Predigt vom 2. 3. 1975 in Schlachtensee ist abgedruckt in: H. Albertz, *Blumen für Stukenbrock...* (wie Anm. 15), S. 190–193, die vom 9. 3. 1975 in: H. Albertz, *Dagegen gelebt...* (wie Anm. 3), S. 68–71.

144 *A.a.O.*, S. 76.

145 Heinrich Böll, *Dem Terroristen das Hemd geschenkt. Rede zur Verleihung der Carl-von-Ossietzky-Gedenkmedaille 1975* am 7. 12. 1975, in: *A.a.O.*, S. 7–13.

146 *A.a.O.*, S. 77. Albertz nutzte Fernsehauftritte, seine Buchpublikationen und Möglichkeiten der Presse, um einer weiteren Verhärtung der Fronten entgegenzuwirken.

147 Am 9. 10. 1976 sprach Albertz zum ersten Mal das „Wort zum Sonntag", es folgten zahlreiche weitere Sendungen. Vgl. Heinrich Albertz, *Störung erwünscht. Meine Worte zum Sonntag*, Stuttgart 1980.

der Deutschen, ein Volk zu werden.[159] In den Tagebüchern und Memoirenwerken, die er in den letzten Jahren veröffentlichte, artikuliert er Unzufriedenheit und Besorgnis über gesellschaftliche Mißstände ebenso wie die heitere Zufriedenheit, in einem warmen Zimmer am Schreibtisch sitzen und auf ein Leben zurückblicken zu können, zu dem Erfolge, Schuld und Niederlagen gehören, das aber ein gelebtes Leben ist.

159 Albertz' zuletzt erschienenes Werk *Der Wind hat sich gewendet. Gedanken über uns Deutsche,* München 1991, ist ein Tagebuch über die Wiedervereinigung. Im Juli 1992 unterzeichnete er den Appell zur Gründung der überparteilichen „Komitees für Gerechtigkeit“.

Klaus Schütz

von Dirk Rotenberg

Das Amt des Regierenden Bürgermeisters von Berlin ist eine der wenigen Spitzenpositionen, die die freie Welt meiner Ansicht nach zu vergeben hat, verkündete Klaus Schütz voller Stolz anläßlich seiner Amtseinführung im Herbst 1967.[1] Zehn Jahre später, kurz vor seinem Rücktritt, sprach er nur noch von einem *traditionellen* Amt des Oberbürgermeisters, zu dem sich der Posten in Berlin immer mehr gewandelt habe.[2]
Dieser Wandel des Amtes des Regierenden Bürgermeisters resultierte aus der Sicherung der Stadt durch das Vier-Mächte-Abkommen von 1971/1972. Er stellt das bedeutendste Ergebnis der Amtszeit von Klaus Schütz dar: den größten Erfolg und zugleich die Ursache für das Ende der längsten Amtsperiode eines Berliner Stadtoberhauptes nach dem Zweiten Weltkrieg.
Klaus Schütz kam am 17. September 1926 in Heidelberg zur Welt. Der Vater, ein Berliner Rechtsanwalt, der 1941 an der Ostfront fiel, brachte den Sohn 1936 bei einer Familie in Berlin unter, bevor auch die Mutter, von Beruf Angestellte, einige Jahre später an die Spree zog und den Jungen bei sich aufnahm.[3] Klaus Schütz besuchte das Paulsen-Realgymnasium in Steglitz, das ihm 1944 das *Abschlußzeugnis mit Reifevermerk* erteilte. Als Vertreter des Jahrgangs 1926 diente er bereits 1943 als Luftwaffenhelfer, im Mai und Juni 1944 beim Reichsarbeitsdienst und seit Juli 1944 als Soldat. Bei einem Einsatz in Italien erlitt er während der letzten Kriegswirren am 28. April 1945 bei Padua lebensgefährliche Verletzungen, von denen er sich nie mehr ganz erholen sollte: der rechte Arm blieb seither gelähmt.
1945 kehrte Klaus Schütz nach Berlin zurück und begann kurz darauf ein Studium der Geschichtswissenschaft und Germanistik mit dem Wunsch, Lehrer zu werden. Gleichzeitig engagierte er sich auch politisch. Schütz trat im April 1946 in die Berliner SPD ein, beeindruckt von deren Widerstand gegen die Zwangsvereinigung mit den Kommunisten. Neben einem verbreiteten antifaschistischen Impetus drängte ihn vor allem der Wunsch, die Selbstbehauptung gegen die drohende Unterwerfung unter die kommunistische Doktrin zu unterstützen. Sein forsches, lebhaftes Auftreten trug Schütz rasch ein Mandat im Rat der Philosophischen Fakultät, 1947 auch im Studentenrat der Linden-Universität ein, obwohl er – Mitglied auch in der Arbeitsgemeinschaft sozialdemokratischer Studenten, später des Sozialistischen Hochschulbundes und des SDS

1 Klaus Schütz im Interview mit dem RIAS vom 29. September 1967 (zitiert nach der Kommentarübersicht des Bundespresseamtes).
2 Deutschlandfunk, Interview der Woche vom 6. März 1977 (zitiert nach der Kommentarübersicht des Bundespresseamtes).
3 Zahlreiche Informationen teilte Klaus Schütz in Gesprächen mit dem Verfasser am 9. und 10. Oktober 1989 in Düsseldorf mit. Das von Schütz autorisierte Transkript dieser Gespräche wird im Archiv der sozialen Demokratie bei der Friedrich-Ebert-Stiftung in Bonn-Bad Godesberg in der Sammlung *Personalia* aufbewahrt (künftig zitiert: AsD, *Personalia*).

Klaus Schütz, * Heidelberg 17. 9. 1926, Regierender Bürgermeister von Berlin [West] 1967–1977

– weniger Studentenpolitik im engeren Sinne betrieb, sondern sich damals bereits für die „große Politik" interessierte.
Auch innerhalb der Parteiorganisation erklomm Schütz in dieser Zeit die Karriereleiter, wobei ihn sein damaliger – nach eigener heutiger Einschätzung „extrem linker" – Standpunkt nicht hinderte. Im Kreisverband Wilmersdorf engagierte er sich bei den Jungsozialisten, die ihn 1947 in den Landesausschuß der Berliner SPD delegierten. Noch vor der nächsten Konferenz wurde ihm das Mandat allerdings wieder entzogen, weil er sich zwischenzeitlich für die These von der „Diktatur des Proletariats" ausgesprochen hatte.
Am 11. Juni 1948 trat Schütz mit weiteren 19 Mitgliedern des achtundzwanzigköpfigen Studentenrates anläßlich der Relegation der Kommilitonen Otto Hess, Joachim Schwarz und Otto Stolz durch die Hochschulverwaltung der SBZ zurück. Damit eskalierten die Probleme mit dem Selbstbehauptungswillen der Studenten, die sich einer politischen Gleichschaltung von Forschung und Lehre zu entziehen suchten.[4] Daher wechselte auch Schütz zu Beginn des Jahres 1949 an die neu gegründete Freie Universität. Erfolgreich bewarb er sich um ein Stipendium zum Besuch der Harvard Universität in Cambridge, Massachusetts, für das Studienjahr 1949/1950. Dieser erste Amerika-Aufenthalt sollte den Studenten dauerhaft prägen. Sein Interesse für die Politik-Wissenschaft wurde nun so stark, daß er nach seiner Rückkehr von 1951 bis 1957 als Assistent bei Professor Gurland am Institut für Politische Wissenschaften der Freien Universität tätig war. Die Erkenntnisse aus der Analyse der längerwährenden Erfahrungen der Amerikaner mit der Demokratie, namentlich der Wettbewerbersituation im Wahlkampf, sollten Schütz fortan nicht nur im wissenschaftlichen Bereich, sondern auch auf der politischen Bühne Berlins und später in der Bundesrepublik beschäftigen. Seine politische Haltung wurde nach dem Auslandsaufenthalt gemäßigter. Prägend gestaltete sich für ihn jedoch die Begegnung mit einem Berliner Sozialdemokraten, der für Klaus Schütz zur entscheidenden politischen Vertrauens- und Führungspersönlichkeit werden sollte und dessen Protektion er den Aufstieg zum Höhepunkt seines politischen Wirkens als Regierender Bürgermeister von Berlin verdanken sollte: Willy Brandt. Ebenfalls im Kreisverband Wilmersdorf der SPD zu Hause, trat Brandt 1950 von sich aus an den jungen Mann heran. Schütz erinnert sich: *Brandt erschien uns, so würde man heute sagen, als richtiger Hoffnungsträger. Hierzu kam, daß Brandt von sich aus interessiert war an jungen Leuten. Es war nicht nur so, daß einer wie ich nach Brandt geguckt hat, sondern Brandt selbst hat sich auch nach jungen Leuten wie mir umgesehen.*[5]
Aus diesem Kontakt erwuchs sowohl ein politisch als auch ein privat-persönlich enges Verhältnis. Auch ihre Gegensätzlichkeit zog die beiden Männer an: dort der Emotio-

4 Vgl. dazu James F. Tent, *Die Freie Universität Berlin 1948–1988. Eine deutsche Hochschule im Zeitgeschehen*, Berlin 1988.
5 Klaus Schütz im Gespräch mit dem Verfasser... (wie Anm. 3), AsD, *Personalia*, S. 4 f.

nen weckende Brandt, der selbst von Launen abhängig war, hier der geschäftstüchtige Schütz, der seine Gefühle aus der Politik herauszuhalten versuchte.[6]
Schütz wurde Mitglied in der „Amerikanische Fraktion" genannten Gruppe um Willy Brandt, die damals an der Seite Ernst Reuters gegen das von Franz Neumann hochgehaltene sozialistische, berlinzentrierte Selbstverständnis der SPD als Arbeiterpartei zu Felde zog.[7] Schütz wirkte in den folgenden Jahren entscheidend am Aufstieg Willy Brandts mit.[8] Die dabei gewonnenen Erfahrungen und Verdienste erlaubten ihm, sein eigenes Fortkommen in dem von Brandt erzeugten Sog des Erfolges zu betreiben. Voraussetzung dafür war die Übereinstimmung in grundlegenden Fragen. So gab es auch für Schütz keine Alternative zur Westintegration der Bundesrepublik und West-Berlins, ebenso unterstützte er Reuters und Brandts Bestreben nach der im Dritten Überleitungsgesetz von 1952 erreichten größtmöglichen Rechtseinheit zwischen Bonn und Berlin, so wollte auch er die Öffnung der Partei für den bürgerlichen Teil der Bevölkerung voranbringen. 1950 startete Brandt zu einer Karriere, die ihm bis Ende 1958 die Posten des Regierenden Bürgermeisters von Berlin, des SPD-Landesvorsitzenden und eines Mitglieds des SPD-Bundesvorstandes einbrachte, Ämter, die Klaus Schütz von derselben Basis aus zehn Jahre später ebenfalls bekleiden sollte.
Klaus Schütz begab sich auf die sozialdemokratische „Ochsentour" und ließ sich in Brandts SPD-Kreisverband Wilmersdorf 1950 zum Vorsitzenden der Jungsozialisten wählen. Der ihm während seiner gesamten politischen Laufbahn in Berlin anhaftende Vorwurf des „fehlenden Stallgeruchs" gründete sich auf seine eher als kühl und pragmatisch empfundene Art des Umgangs denn auf mangelnde Mitarbeit in den Parteigremien. Als Vorsitzender der Berliner Jungsozialisten von 1951 bis 1953 nahm er erstmals qua Amt an den Sitzungen des Landesvorstandes der Berliner SPD teil. Später erhielt er ein solches Mandat auch durch Wahl. Als Berliner Vertreter der Jungsozialisten war er zum Mitglied des Zentralausschusses der Jungsozialisten Deutschlands gewählt worden und begann damit, auch in der Bundespartei mitzuarbeiten. Während Schütz diese innerparteiliche „Laufbahn" beschritt, beschäftigte er sich weiterhin wissenschaftlich, und zwar mit dem jungen demokratischen System der Bundesrepublik und West-Berlins, worüber er mehrere Studien publizierte. Dabei vernachlässigte er auch sein Privatleben nicht. 1953 heiratete Klaus Schütz Adelheid Seeberger, die Tochter eines Pfarrers aus Tempelhof und Nichte Paul Tillichs, mit der er drei Kinder groß-

6 Schütz charakterisierte sich dahingehend, *daß ich – auch wenn es noch so schwierig ist – verhältnismäßig kühl und nüchtern die Sache beurteile.* Zitiert nach: *Berliner Stimme* vom 18. September 1976.

7 Vgl. zur Geschichte der Berliner Sozialdemokratie in den fünfziger Jahren die Ernst Reuter, Otto Suhr und Willy Brandt gewidmeten Beiträge im vorliegenden Band.

8 Vgl. dazu im einzelnen: Hans-Jürgen Hess, *Die innerparteiliche Entwicklung der Berliner SPD 1958–1963,* Diplomarbeit am Otto-Suhr-Institut der Freien Universität Berlin 1963, passim; ders., *Innerparteiliche Gruppenbildung. Macht- und Demokratieverlust einer politischen Partei am Beispiel der Berliner SPD in den Jahren von 1963 bis 1981,* Bonn 1984, S. 29–43 und Abraham Ashkenasi, *Reformpartei und Außenpolitik,* Opladen 1968, S. 146 ff.

zog. Doch das Jahr 1953 war auch politisch von Bedeutung: Erstmals folgte Klaus Schütz Willy Brandt in einer Position nach, als er zu dessen Nachfolger als SPD-Vorsitzender im Kreisverband Wilmersdorf gewählt wurde. Von dieser Basis aus half er Brandt bei der Gewinnung von Delegiertenstimmen für dessen nächsthöheres Ziel, die Übernahme des Landesvorsitzes. Den nächsten Schritt bildete eine eigene Bewerbung um ein Mandat für das Abgeordnetenhaus von Berlin anläßlich der Wahlen vom 5. Dezember 1954. Neben seiner Tätigkeit für und mit Willy Brandt ließ ihm dieses Mandat zwar noch Zeit und Kraft für die Wahrnehmung seiner Assistentenstelle an der FU, doch Klaus Schütz räumte der praktischen Politik zunehmend Priorität ein, so daß er sein Promotionsvorhaben letztlich aufgab.

Während seiner Zeit als Abgeordneter im Rathaus Schöneberg bis 1957 begnügte sich Schütz mit der Rolle des bescheidenen Neulings, nur achtmal ergriff der Hinterbänkler das Wort. Er lernte, sich mit Themen wie „Krankenhausneubauten" oder „Vorfahrtstraßenregelung" zu befassen, nicht ahnend, wie solch vergleichsweise „profanen" Dinge einmal sein Amt als Berliner Regierungschef bestimmen sollten. Schütz hatte sich vielmehr die „große Politik" auch als Beruf zum Ziel gesetzt und sich 1956 zur Kandidatur um ein Bundestagsmandat entschlossen. Seine Nominierung gestaltete sich nicht problemlos. Er benötigte zur Aufstellung sechs Wahlgänge auf dem Nominierungsparteitag und erreichte dann lediglich immerhin den ersten Platz auf der Nachrückerliste. Und wieder war es Willy Brandt, der ihm den Weg ebnete, als er mit der Übernahme des Amtes des Regierenden Bürgermeisters nach dem plötzlichen Tode Otto Suhrs sein Bundestagsmandat niederlegte und Schütz daraufhin die Fahrkarte nach Bonn erhielt. Mit dem Einzug in den Bundestag war die berufliche Entscheidung endgültig vollzogen. Schütz gab seine Mitarbeit an der Freien Universität auf, um von nun an das Leben eines „Berufspolitikers" zu führen. Die Tätigkeit im Bundestag bezeichnet Schütz selbst als die *frustrierendste Periode meines politischen Lebens.*[9] Während der dritten Wahlperiode des Bundestages regierte allerdings auch die CDU unter Konrad Adenauer mit einer absoluten Mehrheit. Die SPD widmete sich nach der Wahlschlappe vom September 1957 internen Richtungskämpfen, und hierin, nicht in der eigentlichen Parlamentsarbeit, sah Schütz seine Aufgabe: *Ich bin in den Bundestag gegangen, um Brandts Bundespolitik zu vertreten.*[10]

Vier Wegmarkierungen fallen in die Periode, in der Schütz dem Bundestag angehörte: die Wahl Brandts zum Berliner Landesvorsitzenden im Januar 1958, die Abgeordnetenhauswahlen im Dezember 1958, der Godesberger Programmparteitag der Sozialdemokraten im November 1959 und die Nominierung Brandts zum Kanzlerkandidaten als Herausforderer Adenauers im Bundestagswahlkampf 1961 auf dem Parteitag im November 1960.

9 Im Gespräch mit dem Verfasser... (wie Anm. 3), AsD, *Personalia,* S. 5.

10 *A.a.O.*, S. 7. Schütz charakterisiert die Zeit seines Bundestagsmandates wie folgt: *Es gab mir die Zeit, all diese Dinge zu organisieren für Brandt ... Die Tatsache, daß ich im Bundestag war, hat mir die Freiheit gegeben, viel für ihn schon herumzureisen und beweglich zu sein. A.a.O.*, S. 6.

Dank der Generalstabsarbeit von Schütz[11] gelang es Brandt, die Mehrheit der Stimmen der Landesparteitagsdelegierten auf sich zu vereinen und zum Vorsitzenden der Berliner SPD gewählt zu werden.[12] Schütz organisierte anschließend auch den Wahlkampf des neuen Regierenden Bürgermeisters, der der Berliner SPD am 4. Dezember 1958 die absolute Mehrheit zurückbrachte. Am Ende des Jahres 1958 hatte Brandt damit das politische Gewicht vorzuweisen, das ihn auch bundesweit attraktiv machte. Klaus Schütz schickte sich nunmehr an, eines der kostbarsten Güter im politischen Wettstreit zu vermarkten: den Erfolg.

Zunächst galt es, nicht nur die Wähler von der Leistungs- und Führungskraft der Sozialdemokraten bundesweit zu überzeugen, sondern auch die eigenen Mitglieder und die Parteispitze auf das Streben nach Regierungsübernahme einzuschwören. Der Bundesparteitag der SPD in Berlin 1954 hatte bereits eine Kommission zur Erarbeitung eines Grundsatzprogramms eingesetzt, deren Vorlagen auf dem Parteitag vom 13. bis 15. November 1959 als „Godesberger Programm" angenommen wurden.[13] Als Delegierter des Landesverbandes Berlin durfte Schütz an diesem Parteitag teilnehmen.

Anstatt sich – wie viele Sozialdemokraten seines Alters – noch in der „Kampf dem Atomtod"-Bewegung moralisch zu entrüsten, hatte Klaus Schütz das Ziel der Modernisierung der Sozialdemokratie in theoretischen Abhandlungen untermauert und gefolgert: *Die emotionalen, fast religiösen Bindungen der Mitgliedschaft an die sozialdemokratische Parteiführung als der Autorität der Bewegung sind heute zu schwach, um Grundlage einer krisenfesten Bindung zu sein. Die Sozialdemokraten sind gezwungen, aus dieser Situation die Konsequenzen zu ziehen. Es werden neue und zeitgemäße Formen auch der innerparteilichen Meinungs- und Willensbildung entwickelt werden müssen – nicht nur im Interesse der „inneren Ordnung", sondern vor allem im Hinblick auf die Stellung der Partei in der Öffentlichkeit.*[14]

Und diese öffentliche Wirkung sollte nach Schütz' Meinung vor allem über eine Person von meinungsbildender Ausstrahlung erreicht werden. Während also die Partei

11 Es war diese Arbeit für Brandt, die Schütz' Image in der Berliner Partei prägte. Schütz hatte beispielsweise *alle Parteitagsdelegierten richtungspolitisch eingestuft und danach Person für Person bearbeitet.* Joachim Raschke, *Innerparteiliche Opposition. Die Linke in der Berliner SPD,* Hamburg 1974, S. 161.

12 *Ich sage auch, daß ich einer derer gewesen bin, die beispielsweise um Willy Brandt zum Vorsitzenden dieser Partei in Berlin zu machen, sehr wohl Gruppen organisiert haben, und zwar sehr effektiv!,* schätzte Schütz sein Vorgehen noch Jahre später ein, so auf dem Landesparteitag am 4. Dezember 1976, Protokoll S. 85. So hatte Schütz' Kreisverband 1957 erstmals einen Antrag auf Einführung des umstrittenen Blockwahlsystems gestellt, vgl. hierzu J. Raschke, *Innerparteiliche Opposition...* (wie Anm. 11), S. 132–135.

13 Dokumentiert ist das *Godesberger Programm* in: Susanne Miller/Heinrich Potthoff, *Kleine Geschichte der SPD. Darstellung und Dokumentation 1848–1980,* 4. Aufl., Bonn 1981, S. 313–319 und S. 357–370, vgl. im selben Band auch die historische Einordnung der Programme in die Geschichte der SPD.

14 Klaus Schütz, *Die Meinungs- und Willensbildung in der Sozialdemokratie,* in: *Die Neue Gesellschaft* (1958), S. 361–370 (370); hier ließ er auch die Klage über den *Autoritätsverlust der sozialdemokratischen Führung in der Bundesrepublik von 1952 bis 1958* einfließen.

nach zähem Ringen mit sich selbst ihr programmatisches Image in der bundesdeutschen Parteienlandschaft aufgefrischt hatte und Herbert Wehner in seiner Rede vor dem Bundestag am 30. Juni 1960 die Zustimmung der Sozialdemokraten zum Ergebnis der Adenauerschen Außen- und Bündnispolitik erklärt hatte, studierte Schütz bereits 1959 die Wahlen zum Unterhaus in Großbritannien und 1960 den amerikanischen Wahlkampf zwischen John F. Kennedy und Richard Nixon, der bereits die neuen Werbemöglichkeiten im beginnenden Fernsehzeitalter aufzeigte.

Natürlich war Barsinghausen ein Putsch, wertete Klaus Schütz jenes von ihm und seinem Bundestagsfraktionskollegen und späteren Stellvertreter im Bürgermeisteramt Kurt Neubauer organisierte konspirative Treffen Brandts mit einer Anzahl jüngerer Nachwuchspolitiker, unter ihnen Helmut Schmidt, Hans-Jochen Vogel und Joachim Lipschitz, am 9. und 10. Juli 1960 in Barsinghausen bei Hannover, dessen Folge Brandts erste Nominierung war.[15]

Offiziell zum „Leiter des Wahlbüros Willy Brandt" bestellt, hatte Schütz' bundesweites Auftreten 1961 Signalwirkung auch über die Parteigrenzen hinweg: *Schütz verkörperte in typischer Weise jene neue Schicht von Sozialwissenschaftlern, Juristen, Ökonomen und Naturwissenschaftlern, die nun in immer größerer Zahl in die SPD hineinzuströmen begannen. Diese Generation junger, sozialdemokratischer Akademiker war liberal, pragmatisch, modern, weltoffen – und somit auch proamerikanisch.*[16] Den Wahlen zum 4. Bundestag am 17. September 1961 war ein turbulenter Wahlkampf vorangegangen, der seinen traurigen Höhepunkt in der gewaltsamen Abriegelung der Sektorengrenze in Berlin hatte. Brandts Zugewinn von gut zwei Millionen Stimmen bei gleichzeitigem Verlust der absoluten Mehrheit durch die CDU durfte auch als Erfolg Klaus Schütz' gedeutet werden, der eine nie gesehene Kampagne „zu Lande, zu Wasser und in der Luft" aufgezogen hatte.[17] Beide Berliner konnten nunmehr erhobenen Hauptes dorthin zurückkehren, wo jetzt sicheres Auftreten und Zuspruch besonders benötigt wurden. Klaus Schütz war erneut von der Berliner SPD in den Bundestag entsandt worden, legte sein Mandat aber am 9. Februar 1962 nieder, nachdem er am 21. Dezember 1961 das Amt des Senators für Bundesangelegenheiten angetreten hatte – sein erstes Staatsamt. Aufgrund mehrerer Todesfälle[18] war Brandt zu einem umfangreichen

15 Peter Koch, *Willy Brandt. Eine politische Biographie,* Berlin 1988, S. 214. Vgl. auch Kurt Klotzbach, *Der Weg zur Staatspartei. Programmatik, praktische Politik und Organisation der deutschen Sozialdemokratie 1945 bis 1965,* Berlin-Bonn 1982, S. 509 f.

16 Hans-Peter Schwarz, *Die Ära Adenauer. Epochenwechsel 1957–1963* (= Geschichte der Bundesrepublik Deutschland, Bd. 3) Stuttgart-Wiesbaden 1983, S. 127.

17 Schütz' Organisation dieses Wahlkampfes brachte sein Konterfei auf das Titelblatt des *Spiegel* vom 6. September 1961, sein Image als ‚Polit-Techniker" wurde auf diese Weise populär.

18 Vgl. Yorck Kaempfer/Dirk Rotenberg, *Die Magistrate von Groß-Berlin nach 1945 und die Senate des Landes Berlin 1950–1987,* in: Georg Kotowski/Hans J. Reichhardt, *Berlin als Hauptstadt im Nachkriegsdeutschland und Land Berlin 1945–1985* (= Veröffentlichungen der Historischen Kommission zu Berlin, Bd. 70/2; zugleich Berliner Demokratie 1919–1985, Bd. 2), Berlin-New York 1987, S. 403–427, hier S. 414.

Revirement seines Senates veranlaßt worden, er nutzte dies, um neben Klaus Schütz auch Heinrich Albertz und Karl Schiller in seine Regierung aufzunehmen. Mit 35 Jahren schon Mitglied einer Landesregierung, geriet Schütz nun in den Ruf *des politischen Wunderknaben der Sozialdemokratie.*[19]

Als Bevollmächtigter des Landes Berlin beim Bund war Schütz nunmehr mit der Wahrnehmung der Interessen Berlins – nicht länger mit denen Willy Brandts – beauftragt und hatte in dieser Funktion dienstlichen Kontakt zur Bundesregierung. Seine vordringliche Aufgabe sah Schütz in der Herstellung eines engen Vertrauensverhältnisses.[20] Insbesondere zu Hans Globke vom Kanzleramt pflegte er sehr gute Kontakte, hinzu kam die Zusammenarbeit mit den Bundesministern für gesamtdeutsche Fragen und dem Ausschuß für Interzonenhandel beim Wirtschaftsministerium. In diesen praktischen Fragen konnte Schütz sein Organisationstalent, Verhandlungsgeschick und Durchsetzungsvermögen in den Dienst Berlins stellen.[21] Traditionsgemäß leitete der Bundessenator daneben die Geschäfte der Verwaltung für das Post- und Fernmeldewesen.

Der Schwerpunkt der Tätigkeit Schütz' lag in den ersten Jahren im außenpolitischen Bereich,[22] in erster Linie in der Abwehr des sowjetischen Begehrens nach einer Loslösung Berlins aus dem engen Verbund mit der Bundesrepublik. Diese Tätigkeit trug Schütz folgerichtig die Kritik der DDR ein, deren „Neues Deutschland" sich auf ihn einzuschießen begann – ein Umstand, der damals aber noch von allen Berliner Politikern als Lorbeer empfunden wurde.[23] Schütz gehörte bereits beim Amtsantritt zum Kreis derer, die die Betonung der „Three Essentials" Präsident Kennedys als das akzeptiert hatte, was sie darstellten: eine Garantie der Schutzmächte für den Fortbestand West-Berlins, nicht weniger, aber auch nicht mehr. Der Senat schickte sich nun an, das Beste daraus zu machen, und Klaus Schütz hatte diese Politik in Bonn zu vertreten: *In Ermangelung einer greifbaren Aussicht auf baldige Wiedervereinigung galt es, die unmenschlichen Auswirkungen der Mauer für alle Einwohner Berlins zu mildern, das Zusammengehörigkeitsgefühl aller Deutschen auf beiden Seiten der Mauer und des Stacheldrahtes*

19 *Hamburger Abendblatt* vom 16. Juni 1962. Schütz selbst dazu: *Ich war mit 35 Senator. Willy Brandt hat mich sehr früh geholt. Das war eine tolle Sache. Das hat Spaß gemacht.* In: „Monitor", ARD, 10. März 1967 (zitiert nach Kommentarübersicht des Bundespresseamtes).

20 Vgl. Schütz' Interview im RIAS vom 21. Dezember 1961, in dem er auch um Verständnis dafür warb, daß er nicht alle seine Aktivitäten *auf den offenen Markt tragen könne* (zitiert nach Kommentarübersicht des Bundespresseamtes).

21 Rückblickend urteilt Klaus Schütz: *Die Zeit als Senator war für mich außergewöhnlich wichtig, erstmals konnte ich etwas bewegen. Ich glaube, daß ich ein relativ effektiver Bevollmächtigter war in Bonn ... Diese Tätigkeit hat mich sehr befriedigt, weil man dort ja wirklich etwas bewegt hat.* Im Gespräch mit dem Verfasser... (wie Anm. 3), AsD, *Personalia,* S. 8 f.

22 Diese Einschätzung stammt vom Senat selbst, in: *Zweijahresbericht des Senats von Berlin 1961/62,* hrsg. vom Senat von Berlin, Berlin 1963, S. 10.

23 Vgl. *Neues Deutschland* vom 21. Juli 1962, das Schütz als „Hecken-Schütz", „Reklamefachmann" und „Revanchisten" verunglimpfte, der die „Westberlinfrage" wie zuvor Hitler die Lage Danzigs zu instrumentalisieren versuche.

zu erhalten und zu stärken und auf menschliche Erleichterungen für die Bewohner des Sowjetsektors und der Zone hinzuwirken.[24]

Die politisch wichtigste Aufgabe und zugleich der bedeutendste Erfolg Klaus Schütz' als Bundessenator in Bonn fiel in die Amtszeit nach seiner Wiederwahl im Anschluß an den Sieg der SPD bei den Berliner Wahlen am 17. Februar 1963, in deren Folge eine sozialliberale Koalition im Rathaus Schöneberg gebildet worden war. Jetzt stand nicht lediglich die Fortführung der Dienstgeschäfte zur Einbeziehung Berlins auf der Tagesordnung, sondern auch die Vermittlung zwischen dem Senat von Berlin und der Bundesregierung in der heiklen Frage der Herausforderung des *Status quo* durch die „Politik der kleinen Schritte", die der Berliner Senat mit dem ersten Passierscheinabkommen in die Tat umzusetzen beabsichtigte. Willy Brandt urteilt im Rückblick: *Neben Egon Bahr hatten Heinrich Albertz, damals Innensenator und stellvertretender Bürgermeister, Klaus Schütz, damals Bundessenator und später langjähriger Regierender Bürgermeister, und Dietrich Spangenberg wesentlichen Anteil an dem großen Ereignis, als das wir das kleine Passierscheinabkommen vom Dezember 1963 empfanden.*[25] Die Genannten waren enge Mitarbeiter Brandts in den fünfziger und sechziger Jahren gewesen.[26] Schütz' Aufgabe war es, die Bundesregierung über diese Berliner Initiative laufend zu informieren und ständiges Einvernehmen herbeizuführen. Mit Bundeskanzler Ludwig Erhard und dessen Staatssekretär im Kanzleramt Ludger Westrick traf Schütz nun auch auf etwas weniger restriktive Geschäftspartner.[27] Ihr Verständnis für die besondere Lage der Berliner im Verhältnis zur DDR und ihre Einwilligung war leichter zu gewinnen als die der Berliner CDU, die vor den Wahlen im Frühjahr 1963 bereits mit der Ablehnung eines Treffens von Brandt mit Chruschtschow ins Abseits geraten war. Bei der Aushandlung des Passierscheinabkommens war die DDR-Regierung als Partner akzeptiert worden, Ost-Berlin gar als „Hauptstadt der DDR" durchgegangen, ein in Bonn zum damaligen Zeitpunkt unvorstellbarer Akt: *Das Passierscheinabkommen ist*

24 So die Stellungnahme seiner Verwaltung „Bundesangelegenheiten" im *Zweijahresbericht des Senats von Berlin 1963/64*, hrsg. vom Senat von Berlin, Berlin 1965, S. 11.

25 Willy Brandt, *Erinnerungen*, Berlin-Frankfurt a. M. 1989, S. 78. Bei der praktischen Verhandlungsführung in bezug auf die Abkommen in den Jahren bis 1966 hat sich anschließend auch der spätere Bundessenator Horst Korber als Unterzeichner der Abkommen den Dank der Berliner verdient.

26 Schütz urteilt über diese Gruppe im Rückblick: *Der zentrale Punkt ist Brandt gewesen, zentraler als es manchmal dargestellt wurde, in allen Fragen der Politik, das Verhältnis Brandts zu einigen wenigen, neben Bahr und mir vielleicht noch Spangenberg, es ist nicht das Verhältnis gewesen, wie es in eigentümlichen Begriffen wie „Berater" mitklingt. Wir haben unsere Meinung gesagt, über lange Zeit waren wir in einem engen Gesprächskontakt, man sah sich jeden zweiten Tag, man kommunizierte ständig.* Im Gespräch mit dem Verfasser... (wie Anm. 3), AsD, *Personalia*, S. 14.

27 Schütz versicherte: *Es gibt keine eigene Berliner Außenpolitik ... Das Abkommen selber ist nichts anderes als eine bestimmte Vereinbarung zwischen Beamten beider Seiten*, in: *Süddeutsche Zeitung* vom 1. Februar 1964. Im selben Interview gibt Schütz detailliert Auskunft über den Ablauf des „Abstimmungsprozesses" mit der Bundesregierung.

von außergewöhnlicher Bedeutung als einer der direkten Türöffner, für das, was man danach Ostpolitik genannt hat.[28]
Für die Bevölkerung in beiden Teilen der Stadt stellten die Besuchsmöglichkeiten eine große Erleichterung des Leids dar, das die Folge des 13. August 1961 war. Der Dank der Berliner barg aber auch ein Risiko für den Senat in sich. Würde es vertretbar sein, bei überzogenen Forderungen der östlichen Seite die Besuchsmöglichkeit wieder aufzugeben? Im Jahr 1966 trat die Situation ein, daß die DDR die Neuauflage des Abkommens an formelle Bedingungen knüpfte, die in Bonn als nicht annehmbar galten. Die gefundene salvatorische (Nichteinigungs-)Klausel sollte nicht länger verwendet, eine Aufwertung der DDR-Regierung sollte erfolgen und die Separation des Senats als Regierung einer selbständigen Einheit vorgenommen werden. Klaus Schütz setzte sich in Bonn für die Erlaubnis eines Entgegenkommens des Senats ein,[29] Bundesregierung und Bonner Opposition sprachen sich aber gegen jede Anerkennung der DDR aus. Schütz war selbst nicht zufrieden mit dem Verlauf der Meinungsbildung, die mit dem Verzicht auf eine Erneuerung der Besuchsregelung endete,[30] aber auch er sah in den überzogenen Forderungen der DDR die Hauptschuld des Scheiterns; eine politische Analyse, die überraschend auch von der in ihrer Bewegungsfreiheit wieder begrenzten Bevölkerung geteilt wurde.[31]
Als Minister einer Landesregierung hatte Schütz nicht mehr die Wahlkampfleitung für den zweiten Anlauf Brandts, um Kanzler zu werden, diesmal gegen Ludwig Erhard am 19. September 1965, übernehmen wollen und können.[32] Gleichwohl hatte der Senator mit seinem Auftreten mit und für Brandt seine öffentliche Wirkung über seinen Aufgabenbereich hinaus verstärkt. Er galt nun *als Prototyp der jungen SPD-Manager*, der von sozialdemokratischen Romantikern als *wertfreier Intellektueller* verspottet wurde und von Günter Grass – verschlüsselt in dessen Traumspiel zur Bundestagswahl 1965 – als Politiker gezeichnet wurde, der *sich entschlossen hat, seine Gefühle hinter Fakten zu verbergen.*[33]

28 Klaus Schütz im Gespräch... (wie Anm. 3), AsD, *Personalia*, S. 9.
29 Vgl. zum Konflikt zwischen Senat und Bundesregierung und zum Meinungsstand in Bonn das „Frankfurter Gespräch" zwischen Schütz, Wolfgang Mischnick und Franz Josef Strauß, Hessischer Rundfunk, 10. Juli 1966.
30 *We were, in short, not very successful in this regard*, Klaus Schütz in: *The Wall and West Berlin's Development*, in: *Living with the Wall*, hrsg. von Richard L. Merritt, New York 1986, S. 40.
31 Gemäß einer Umfrage des Instituts für angewandte Sozialforschung fanden 79 % der befragten Berliner das Verhalten des Senates richtig, nur 8 % falsch, und das im Dezember 1966, als feststand, daß es keine Weihnachtsbesuche geben würde, Infas (Hrsg.), *Berlin-Report*, Bonn 1967, S. 13.
32 Schütz kümmerte sich nur um die Einsätze Brandts und um Konzepte zur Steigerung der Wahlbeteiligung in Arbeiterbezirken.
33 Vgl. Jürgen Engert, *Souffleur im Schatten*, in: *Christ und Welt* vom 25. März 1966: *Bei Schütz und seinesgleichen ist das Gespür für Macht immer präsent ... Betulichkeit und Kumpanei sind ihm fremd. Statt dessen rangiert die Effektivität an der ersten Stelle seiner Überlegungen.*

Dieser Eindruck konnte entstehen, weil Klaus Schütz politische Positionen vertrat, die ihn zwar keineswegs „kalt ließen", die aber den im deutschlandpolitischen Klima der fünfziger Jahre verharrenden Berufsoptimisten gefühllos erschienen: *Ich würde sagen, daß das Endziel für mich ist: die Selbstbestimmung der Bevölkerung in der SBZ. Das ist für mich das Endziel, und dem würde ich alles unterordnen. Wir haben über Jahre, ich glaube zu recht, geglaubt, daß wir das nur durch die nationale Einheit erreichen. Wenn andere Möglichkeiten besser zu diesem Ziel führen, glaube ich, sollten wir uns darauf verständigen.*[34]

Schütz strebte also die Verständigung mit dem Osten an, er befürwortete die Annäherung auch an die DDR zum Wohle der eigenen wie der dortigen Bevölkerung durch kleine Schritte – wie mit den Passierscheinen in Berlin vorexerziert. In dem Moment, in dem er als Senator für Bundesangelegenheiten an die Grenze der Gutwilligkeit der DDR gestoßen war, erhielt Schütz wiederum von Brandt eine neue Position angeboten. Infolge der Bildung der Großen Koalition in Bonn wurde Brandt zum Außenminister und Vizekanzler ernannt und wünschte nun, Klaus Schütz als bewährten Mitarbeiter am neuen Arbeitsplatz im Außenministerium einsetzen zu können. Am 15. Dezember 1966 erhielt Schütz die Ernennungsurkunde zum beamteten Staatssekretär im Auswärtigen Amt.

Das Amt und das Metier faszinierten Schütz vom ersten Tage an.[35] *Meine Tätigkeit im Auswärtigen Amt war von ganz anderem Charakter als alles, was ich bis dahin gemacht hatte ... Meine Hauptaufgabe war es, die Kooperation innerhalb der Bundesregierung und die Ausführung dessen, was möglich war an neuer Außenpolitik in der Bundesrepublik, zu betreiben,* urteilt Schütz im Rückblick.[36] Schütz hatte die Zuständigkeit für die politischen Abteilungen und das Personal erhalten. Auf dem Amtssessel Walter Hallsteins angelangt, versuchte Schütz nun, dessen Doktrin der Nichtanerkennung der Partner der DDR unter Führung Brandts Stück für Stück *ad acta* zu legen. Das Kriterium, jegliche Außenpolitik davon abhängig zu machen, ob durch sie das Pankower Regime stabilisiert werde, galt ihm als überholt.[37]

Als Staatssekretär half Klaus Schütz, die ersten Bonner „kleinen Schritte" in die Tat umzusetzen. In seiner Amtszeit wurden Handelsmissionen mit Prag ausgetauscht und die diplomatischen Beziehungen mit dem kommunistischen, aber blockfreien Jugosla-

34 Klaus Schütz im Hessischen Rundfunk, 10. Juli 1966 (zitiert nach Kommentarübersicht des Bundespresseamtes).

35 Schütz in: „Monitor", ARD, 10. März 1967. Vgl. auch: Walter Henkels, *Bonner Köpfe: Staatssekretär Klaus Schütz,* in: *Frankfurter Allgemeine Zeitung* vom 8. März 1967 und das Porträt *Klaus Schütz – ein spöttischer Karrieremann* von Günter Gaus, in: *Christ und Welt* vom 4. August 1967.

36 Klaus Schütz im Gespräch... (wie Anm. 3), AsD, *Personalia,* S. 13: *Ich habe dort mehr koordiniert, geholfen, daß Brandt etwas machen konnte.*

37 *Ich glaube, daß unsere Ostpolitik nur einen Sinn hat, wenn sie als Wert an sich betrachtet wird, wenn sie betrachtet wird als ein wirklicher Beitrag zur Entspannung und Frieden in diesem Teil der Welt.* Klaus Schütz in: „Monitor", ARD, 10. März 1967 (zitiert nach Kommentarübersicht des Bundespresseamtes).

wien wieder aufgenommen, *der bisher deutlichste Bruch mit der Hallstein-Doktrin im Interesse der Ostpolitik.*[38] Durch seine Mitwirkung bei der Abfassung des Harmel-Berichtes der NATO 1967 machte er daneben das Fortbestehen der Einbringung jeglichen Fortschritts in der deutschen Sache in das Atlantische Bündnis deutlich. Rückblickend schätzt Klaus Schütz das eine Jahr im Außenministerium hoch: *Das Amt des Staatssekretärs ist das Amt in meiner Karriere, das ich am liebsten gehabt habe und das ich für das interessanteste halte, aber es ist nicht unbedingt das politisch kreativste Amt. Man muß ja nicht politisch Neues schaffen, es ist mehr ein ausführendes Amt.*[39] Doch bald erreichte ihn der Ruf zurück nach Berlin.

Am 19. Oktober 1967 wurde Klaus Schütz vom Abgeordnetenhaus zum Regierenden Bürgermeister von Berlin gewählt. Vorausgegangen waren heftige Zwistigkeiten innerhalb der Berliner SPD, die zum Rücktritt des Amtsvorgängers Heinrich Albertz geführt hatten. Noch während Klaus Schütz sich im Auswärtigen Amt als zuverlässiger Sachwalter der Politik der Großen Koalition zu bewähren begann, beklagten sich Berliner Genossen bei ihm über die Amtsführung des Nachfolgers von Willy Brandt. Zunächst war Albertz von der Bundespartei noch stabilisiert worden, als nach den Ereignissen des 2. Juni 1967 dessen sofortige Ablösung gefordert wurde. Der Student Benno Ohnesorg war im Verlauf einer Demonstration gegen den Besuch des Schahs von Persien durch Polizeikugeln getötet worden.[40] Der innerparteiliche Hader im Berliner Landesverband führte aber schließlich zum Sturz von Albertz: *Die Berliner SPD bot ein Bild der „Selbstzerfleischung".*[41] Nun wurde ein neuer „Regierender" gesucht.

Nach Schütz' Meinung hatte Berlin *daran gekrankt, daß das Führungsproblem an sich ungelöst geblieben ist,* seit Willy Brandt nach Bonn gegangen war.[42] Jetzt kam ihm zugute, daß er auf Bonner Parkett an Statur hatte zulegen können,[43] während sich die potentiellen Berliner Kandidaten gegenseitig lahmlegten. Sein Vorgesetzter, Freund und Parteichef Willy Brandt, der um das Ansehen der SPD in Berlin besorgt sein mußte, stellte ihn frei für die neue Aufgabe in Berlin. Ohne sich sonderlich zu zieren oder zu spreizen, ließ Schütz doch anklingen, daß die „Parteiraison" eine Rolle gespielt habe.[44] Einmal entschlossen, ging er in die Offensive, galt es doch, die Kandidatur des von Albertz und dem Berliner SPD-Landesvorsitzenden Mattick favorisierten Bürgermeisterkandidaten Helmut Schmidt, des Vorsitzenden der Bundestagsfraktion, zu verhindern. In Kenntnis der Macht der veröffentlichten Meinung erklärte Schütz einem Reporter sein Einverständnis, nach Berlin zu wechseln, wenn die SPD ihn rufe. Hel-

38 Richard Löwenthal, *Vom Kalten Krieg zur Ostpolitik,* in: Richard Löwenthal/Hans-Peter Schwarz (Hrsg.), *Die zweite Republik,* Stuttgart 1974, S. 675.

39 Klaus Schütz im Gespräch... (wie Anm. 3), AsD, *Personalia,* S. 13.

40 H.-J. Heß, *Innerparteiliche Gruppenbildung...* (wie Anm. 8), S. 95.

41 *A.a.O.,* S. 98. Vgl. hierzu auch den Beitrag über Heinrich Albertz im vorliegenden Band.

42 Schütz gegenüber dem RIAS, 29. September 1967 (zitiert nach Kommentarübersicht des Bundespresseamtes).

43 Vgl. dazu das einhellig positive Presseecho, seine Arbeit im Auswärtigen Amt betreffend; das Bedauern über seinen Fortgang reichte über die Parteigrenzen hinweg.

mut Schmidt wurde bei seiner Rückkehr von einer Reise noch auf dem Flughafen von Journalisten mit dieser Aussage konfrontiert und betrachtete die Angelegenheit damit als für ihn selbst erledigt. Gegen Brandts Votum wäre Schmidt damals wohl machtlos gewesen.

Auf einer außerordentlichen Sitzung des Landesausschusses der Berliner SPD am 2. Oktober 1967 wurde Schütz nach Brandts Plädoyer mit 25 Ja- gegen 8 Nein-Stimmen dem Landesparteitag zur Nominierung vorgeschlagen.[45] Von diesem höchsten Parteiorgan wurde er am 15. Oktober 1967 – ebenfalls nach der Fürsprache Brandts – zum Bürgermeisterkandidaten gekürt.[46] Die Wahl erfolgte dann vier Tage später durch das Berliner Abgeordnetenhaus. Im Alter von 41 Jahren erreichte Klaus Schütz den Gipfel seiner politischen Laufbahn. Dieses Wahlamt erlangte er indes nicht durch das Votum der Bevölkerung, sondern aufgrund des Vorschlags seiner Partei, ähnlich wie genau zehn Jahre vor ihm Willy Brandt die Führung des Senats übertragen worden war. Das schwindende Vertrauen und Zutrauen seiner Partei – nicht der Berliner – sollten zehn Jahre später auch den Anstoß zum Rücktritt geben.

Schütz galt beim Amtsantritt als Brandts Mann, der die Geschäfte mit *geborgter Autorität* führte.[47] Erstmals trat er jetzt aus dem Schatten Brandts heraus, aus dem zweiten Glied in die erste Reihe. Als neuer Senatschef hatte sich Schütz mit den Besonderheiten der Berliner Demokratie zu arrangieren. Die Anforderungen an den Amtsinhaber verlangten sowohl Anpassungsvermögen an die alliierten Einschränkungen seiner Bewegungsfreiheit als auch Entschlossenheit beim Beschreiten neuer Wege. Die Entwicklung des vom Regierenden Bürgermeister geführten Gemeinwesens Berlin wurde zur Amtszeit von Klaus Schütz durch politische Entscheidungen auf drei Ebenen bestimmt: der weltpolitischen Ebene der für das Ost-West-Verhältnis verantwortlichen Supermächte, der deutschlandpolitischen Ebene, auf der die Bundesregierung zunächst den Ansprechpartner in Ost-Berlin akzeptieren mußte, und auf der kommunalpolitischen Ebene, auf der die Auswirkungen der großen Politik verantwortlich in die Tat umzusetzen waren.

44 Schütz im Interview mit dem RIAS vom 29. September 1967. H.-J. Heß, *Innerparteiliche Gruppenbildung...* (wie Anm. 8), S. 107, wertet die aktive Gesprächspolitik im Zusammenhang mit seiner Nominierung als Beleg für den persönlichen Ehrgeiz von Schütz. Schütz selbst urteilt im Rückblick über die Avancen der Berliner SPD nicht ohne Koketterie: *Im Sommer kam ab und zu jemand zu mir und sagte, das geht da nicht mehr lange. Albertz bekam große Probleme mit der Partei und anderen Gruppen in der Stadt. Ab einem gewissen Zeitpunkt begann ich mich dann auch damit zu beschäftigen. Und dann: Halb zog sie ihn, halb sank er hin. Halb drückte er das auch.* Im Gespräch... (wie Anm. 3), AsD, *Personalia*, S. 27.

45 Protokoll der Sitzung, S. 16, in: Akte 574 des Bestandes *Berlin: SPD-Fraktion*, im Archiv der sozialen Demokratie bei der Friedrich-Ebert-Stiftung, Bonn.

46 Protokoll des Landesparteitages vom 15. 10. 1967, S. 114.

47 Rolf Zundel, *Brandts Mann in Berlin*, in: *Die Zeit* vom 6. Oktober 1967. Andere Bezeichnungen lauteten: *Der Nothelfer für Berlin*, in: *Stuttgarter Zeitung* vom 13. Oktober 1967; *Kein Volkstribun*, in: *Der Abend* vom 13. Oktober 1967.

Die Verantwortung der vier Siegermächte für Berlin und Deutschland als Ganzes stellte für Klaus Schütz noch das kleinste Problem dar, sie war ihm eine Selbstverständlichkeit: *Wir sind auf unseren eigenen Wunsch weiterhin ein besetztes Gebiet und wollen es bleiben, eine Viermächte-Stadt unter der Oberhoheit der drei Mächte.*[48] Doch auch unterhalb dieser Instanz galt es sich anzupassen, die Vorgaben der Bundesregierung und deren Zeitplan bei der Annäherung an den Berlin umschließenden zweiten deutschen Staat sollten Schütz noch so manche Geduldsprobe abverlangen. Hier lag ein Dilemma der Situation Berlins: Auf der einen Seite strebte Schütz die unwidersprochene Wahrnehmung möglichst vieler Interessen Berlins durch Bonn an, auf der anderen Seite glaubte auch er – wie seine Vorgänger und seine Nachfolger im Amte – an besondere Möglichkeiten vor Ort, die im Interesse der Berliner nicht vernachlässigt werden durften.

Als Retter in der Not von der Berliner SPD reimportiert, sah sich Klaus Schütz vom ersten Tage an mit einer dreifachen Herausforderung konfrontiert. Neben die Aufgaben der Sicherung der Existenzbedingungen Berlins traten jetzt die inneren Schwierigkeiten der Stadt, die sich keineswegs auf die wirtschaftliche Entwicklung und Fragen der inneren Sicherheit beschränkten. Die von Schütz so hochgelobte Effizienz, Disziplin und Sachbezogenheit der Verwaltung des Auswärtigen Amtes in Bonn sollte der neue Regierende bald vermissen lernen, zumal er selbst kein Kommunalexperte war. Die Bewältigung der äußeren und inneren Probleme der Stadt mußte zudem gleichzeitig mit einem dritten, ungleich unpopuläreren Vorhaben koordiniert werden: der Befriedung der eigenen Partei. Nur das Wählervotum für die SPD konnte Schütz den notwendigen Vertrauensvorschuß und den Spielraum einräumen, administrative Akzente zu setzen. Schütz hatte das Glück, daß die letzte Wahl nicht lange zurücklag, ihm also einige Zeit blieb, um die Senatsarbeit zu konsolidieren. Sogleich war er mit der Rivalität der beiden Flügel innerhalb der Berliner SPD konfrontiert, dem sich als „rechts" bezeichnenden Mehrheitsflügel und der sich als „links" verstehenden Minderheit.[49] Um seinen Führungsanspruch nicht zum Absolutismus zu steigern, verzichtete Schütz zunächst auf den Vorsitz des Landesverbandes seiner Partei. Die Versuche, ihn zur Einhaltung der im „Glienicker Papier" der Berliner SPD festgeschriebenen Politik einer Vorreiterrolle Berlins im Hinblick auf eine Öffnung gegenüber Ost-Berlin zu verpflichten, wehrte er ab. Sein Name war Programm für eine außenpolitische Haltung, die keinerlei Abkoppelung von der Bundesregierung erwarten ließ.[50] Diese enge Abstimmung sollte Schütz später zuweilen als Begrenzung des eigenen politischen Spiel-

48 Klaus Schütz, *Plenarprotokoll*, 6. Wahlperiode, 5. Sitzung vom 6. Mai 1971, S. 44.

49 Anläßlich der Vorstellung seiner Senatorenmannschaft sah er sich personellen Forderungen der Gruppierungen ausgesetzt, die ihm die von der Verfassung von Berlin auferlegten Grenzen verdeutlichten. So kann ein Regierender Bürgermeister – anders als etwa der Bundeskanzler – seine Minister nicht einfach ernennen und entlassen, sondern bedarf des Votums des Parlaments. Vgl. das Protokoll der 17. Sitzung des Fraktionsvorstandes vom 16. Oktober 1967, in: Akte 574 des Bestandes *Berlin: SPD-Fraktion* im Archiv der sozialen Demokratie bei der Friedrich-Ebert-Stiftung, Bonn.

raums als Regierender Bürgermeister erscheinen. Von Beginn seiner Berufung an versuchte er über den Parteiflügeln zu stehen. Versuche des rechten Flügels, ihn als einen der ihren zu vereinnahmen, wies er zurück, indem er fast vollständig die Senatorenmannschaft seines Vorgängers übernahm. Seine persönliche Position stärkte er durch die direkte Ansprache an die Berliner, indem er zu seinem Amtsantritt ein Faltblatt mit seinem Konterfei an alle Haushalte verteilen ließ.[51] In seiner ersten Regierungserklärung trat Schütz entschlossen auf: Sein Senat *wird nicht nur verwalten, er wird politisch führen.* Priorität räumte er drei Aufgaben ein: der Stärkung der Leistungskraft der Wirtschaft, der Einordnung Berlins in die Entspannungsbemühungen der Bundesregierung und der Wiederherstellung des Vertrauensverhältnisses zwischen der Bevölkerung, insbesondere der Studentenschaft, und der politischen Führung.[52]

Den außenpolitischen Ambitionen des neuen Stadtoberhauptes boten sich genügend Aufgaben. Schütz' Programm, sein „Ceterum censeo" wurde das Propagieren der östlichen Formel von der *Anerkennung der Realitäten* mit einem Berliner Akzent – auch West-Berlins Existenz nicht länger in Frage zu stellen: *Alle sind darauf aus, die Realität West-Berlins anzuerkennen, erkennen sie an, nur Ulbricht tut es nicht.*[53]

Nicht die damalige Utopie einer Rolle als zukünftige Hauptstadt, sondern die Stabilisierung, die Verfestigung, die möglichst verbriefte Absicherung des Erreichten waren Schütz' Ziel, um auf solchem Fundament wirtschaftlich und bevölkerungspolitisch aufbauen zu können. Unmittelbar nach seiner Amtseinführung übernahm er den Posten des Präsidenten des Bundesrates, der turnusgemäß an Berlin gefallen war, eine zusätzliche Demonstration der von ihm vehement geforderten engen Verbindungen zwischen Berlin und dem Bund. Neben dem demonstrativen Schulterschluß mit der Bundesregierung startete Schütz eine eigene Kontaktaufnahme mit „Pankow" und zu den östlichen Nachbarstaaten.

Zu dieser Politik gehörte es auch, gleich am ersten Tag nach seiner Amtseinführung den Kontakt zum Moskauer Botschafter Pjotr Abrassimov wieder aufzunehmen. Geleitet war Schütz von der Absicht, das Interesse der Siegermächte für die Stabilisierung Berlins zu gewinnen und so die von Ulbricht betriebene Strategie der dauernden Bedrohung und Unterminierung zu beenden. Schütz wollte demonstrativ Bewegung in

50 *Berliner Experimentierfreudigkeit wird die Große Koalition in Bonn nicht mehr belasten,* kommentierte etwa die *Frankfurter Rundschau* vom 20. Oktober 1967. Im *Neuen Deutschland* vom 10. Oktober 1967 las sich das so: *Schütz will Westberlin in Bonns Auftrag vereinnahmen.*

51 *Ein Brief aus dem Rathaus Schöneberg,* Landesarchiv Berlin, Sammlung graue Literatur.

52 *Stenographischer Bericht der 15. Sitzung des Abgeordnetenhauses von Berlin, 26. Oktober 1967,* S. 398. Die Kommentatoren attestierten Schütz *Realismus und entschiedenen Willen zur Führung,* in: *Die Welt* vom 27. Oktober 1967 und urteilten: *unterkühlt und besonnen wie die Diktion ist auch die Politik,* in: *Augsburger Allgemeine* vom 27. Oktober 1967, *wohltuender Verzicht auf Effekthascherei,* in: *Der Tagesspiegel* vom 29. Oktober 1967; die *Süddeutsche Zeitung* sah gar schon ein *Heilmittel gegen den Berlin-Pessimismus,* 16. Dezember 1967.

53 Schütz im Deutschlandfunk, 20. Januar 1968 (zitiert nach Kommentarübersicht des Bundespresseamtes).

das Verhältnis zu Ost-Berlin bringen, vor allem, um dem Wunsch der Bevölkerung nach Besuchsmöglichkeiten nachzukommen. Bei den Bemühungen um Erleichterungen für die Menschen ging er so weit, als erster die Bezeichnung „DDR“ in einem offiziellen Anschreiben zu verwenden.[54]

Echte Verbesserungen für Berlin verlangten Bewegung im Westen: Schütz' Werben um die Anerkennung der *Realität West-Berlin* im Osten konnte nur Erfolg haben, wenn westlicherseits entstandene Realitäten anerkannt werden würden. Wohl wissend, daß es nicht im Kompetenzbereich eines Regierenden Bürgermeisters lag, die polnische Westgrenze und die DDR in ihrer Staatlichkeit anzuerkennen, wagte sich Schütz 1969 weit nach vorn. Im Juni 1969 startete er zu einer aufsehenerregenden Reise nach Polen. Vom polnischen Außenminister Jedrychowski bekam Schütz seine Position bestätigt: *Meine Gesprächspartner gingen gleich uns von den derzeitigen Gegebenheiten aus. Das heißt also: Die staatliche Existenz der DDR ist so selbstverständlich wie die Zuordnung West-Berlins zur Bundesrepublik.*[55] Das größte Interesse mußten die Polen an der Anerkennung ihrer Westgrenze haben. Und Schütz war hier – beim Kardinalproblem – zum Entgegenkommen bereit. Er sprach sich in einem Aufsatz für die Wochenzeitschrift „Die Zeit“ als erster führender Politiker der Bundesrepublik für die Anerkennung der Oder-Neiße-Grenze als Bedingung für einen Gewaltverzichtsvertrag anstelle eines Friedensvertrages aus.[56]

Eine Meinungsumfrage bestätigte seine Position.[57] Im Herbst 1969 wurde mit der Wahl Willy Brandts zum Bundeskanzler eine neue Phase der Ostpolitik eingeleitet, *nicht mehr Wandel durch Annäherung, sondern Sicherheit durch Normalisierung wurde so die wirkliche Losung für eine Politik, die im Effekt mit einer zwanzigjährigen Tradition der ostpolitischen Fiktionen brach.*[58] Mit seinem Pragmatismus hatte der Regierende Bürgermeister die Stimmung unter den Berlinern bereits entsprechend beeinflußt, ein

54 In einem Schreiben an den stellvertretenden Ministerpräsidenten Abusch, vgl. *Basler Zeitung* vom 26. Oktober 1967. Vgl. auch das Interview mit der *Welt* vom 5. März 1968: *Schütz: Ich spreche auch mit Ulbricht, wenn es um Berlin geht.*

55 Klaus Schütz, *Unsere Politik gegenüber Polen,* in: *Die Zeit* vom 27. Juni 1969. Dieser Artikel von Schütz, auf Wunsch der Herausgeberin nach seiner Rückkehr verfaßt, sorgte für große Aufregung im Bonn des Wahlkampfes, vgl. *Frankfurter Allgemeine Zeitung, Die Welt, Telegraf* vom 27. Juni 1969. Der Aufsatz stellt den pointiertesten und eigenständigsten Beitrag von Klaus Schütz auf dem Wege zur neuen Ostpolitik dar.

56 Vgl. die Debatten zum Thema in den *Stenographischen Berichten des Abgeordnetenhauses von Berlin,* 5. Wahlperiode, 53. Sitzung vom 26. Juni 1969, S. 338 f., und vom 25. September 1969 über die *Anerkennung von Realitäten als Richtlinie der Senatspolitik, Stenographische Berichte,* 5. Wahlperiode, 56. Sitzung, S. 501–520.

57 *Daß Schütz der Einladung folgte, war: richtig: 72 %, nicht richtig: 13 %, weiß nicht/keine Angaben: 15 %,* Infas (Hrsg.), *Berlin-Barometer 1969,* S. 13. Schütz ließ auch die Zustimmung zu den politischen Aussagen untersuchen: auf die Frage: *Klaus Schütz hat sich dafür ausgesprochen, daß eine deutsche Ostpolitik von der „Realität der Oder-Neisse-Linie“ ausgehen muß. Würden Sie dem zustimmen oder nicht?* erklärten im Oktober/November 1969 erstmals mehr als die Hälfte der Befragten (51 %) ihre Zustimmung.

58 R. Löwenthal, *Vom Kalten Krieg...* (wie Anm. 3), S. 681, 691.

Einlenken – sprich: Verzicht auf bestimmte Formen der bundesdeutschen Präsenz in Berlin und Anerkennung der östlichen Institutionen – war hier auch viel leichter konsensfähig, versprach es doch konkreten Lohn in Form von Besuchsmöglichkeiten und Sicherheit.
Auch die für Berlin verantwortlichen Siegermächte hatten inzwischen die Bereitschaft erklärt, über Berlin zu verhandeln. Die NATO-Mitglieder machten eine zufriedenstellende Berlin-Regelung sogar zur Bedingung für die Erfüllung eines östlichen Wunsches: die Aufnahme von Verhandlungen über die Einrichtung einer Konferenz über Sicherheit und Zusammenarbeit in Europa.[59] Am 26. März 1970 nahmen die Botschafter der drei Westmächte die Gespräche über die Entspannung der Situation Berlins mit ihrem in Ost-Berlin akkreditierten sowjetischen Kollegen Abrassimov auf. An Klaus Schütz lag es nun, die befreundeten Unterhändler zu einer adäquaten Berücksichtigung der Interessen der Berliner Bevölkerung anzuhalten.
Die Verhandlungsführung erwies sich als schwierig. Nahezu ein Jahr lang stockten die Gespräche, da grundsätzliche Meinungsverschiedenheiten über die Auslegung der Rechte aus der Kriegs- und unmittelbaren Nachkriegszeit nicht ausgeräumt werden konnten. Erst als die Amerikaner ihre Reserviertheit gegenüber der deutschen Ostpolitik in Richtung Sowjetunion und Polen aufgegeben hatten, kamen die Verhandlungen nach geheimgehaltenen Gesprächen zwischen dem amerikanischen Botschafter Kenneth Rush und dem sowjetischen Botschafter in Bonn, Valentin Falin, unter Beteiligung Egon Bahrs wieder in Gang.[60] Klaus Schütz wurde über den Inhalt der Gespräche nicht informiert. Er stand aber sowohl mit den Gesandten, die die Details regelten, als auch mit den Vertretern der „Bonn-Group" in Verbindung Schütz sah sich mit mehreren Aufgaben zugleich konfrontiert: Er hatte als Stadtoberhaupt die Berücksichtigung besonderer lokaler Fragen – etwa nach der Zukunft der West-Berliner Exklave Steinstücken – bei den Verhandlungen zu gewährleisten. Daneben galt es, die Bundesregierung davon zu überzeugen, daß die Unterzeichnung der ausgehandelten Verträge mit Moskau und Warschau erst nach der Vereinbarung einer befriedigenden Berlin-Regelung erfolgen dürfe. Und nicht zuletzt mußte Schütz in der Bevölkerung den Eindruck verhindern, die Position der Stadt würde geschwächt, etwa durch die der Sowjetunion eingeräumte Erlaubnis, ein Generalkonsulat in West-Berlin zu errichten. Eine weitere ungeliebte Realität betonte Schütz immer wieder gegenüber seinen Berlinern: *Eine Berlin-Regelung ist ohne Zustimmung der DDR nicht möglich.*[61] Damit war

59 Vgl. das Kommuniqué der Ministertagung der NATO am 10./11. April 1969, in: Hans-Heinrich Mahnke (Hrsg.), *Dokumente zur Berlin-Frage 1967–1986,* München 1987, Dok. Nr. 3, und die Erklärung des sowjetischen Außenministers Gromyko vom 10. Juli 1969, *a.a.O.,* Dok. Nr. 101.

60 Vgl. Honoré M. Catudal Jr., *The Diplomacy of the Quadripartite Agreement on Berlin,* Berlin 1978, sowie die Aussagen Rushs im Gespräch mit dem Verfasser vom 9. September 1989, Transkript, in: Archives of the Hoover Institution on War, Revolution and Peace, Collection „Kenneth Rush Papers", Box 27.

61 Schütz im Interview in: *Christ und Welt* vom 21. August 1970.

der nächste Schritt schon programmiert. Er brauchte von den Siegermächten nur noch im Vier-Mächte-Abkommen niedergelegt zu werden. Für die praktischen Regelungen sollten demnach die Deutschen in Ost und West selbst zuständig sein. In die Phase von der Unterzeichnung des Abkommens durch die vier Botschafter am 3. September 1971 bis zur Unterzeichnung des Schlußprotokolls am 3. Juni 1972 fiel daher nicht nur die innenpolitische Debatte über die Ratifizierung der Ostverträge im Bundestag. Auch der von Klaus Schütz geführte Senat begann nach ausdrücklicher Ermächtigung durch die Kommandatura, mit der Regierung der DDR in Ost-Berlin konkrete Regelungen auszuhandeln. Parallel zu den von Egon Bahr für die Bundesregierung geführten Verhandlungen über ein Transitabkommen, das die Reise auf dem Landweg von und nach Berlin sicherte, konnte der Senat am 20. Dezember 1971 eine Vereinbarung über Erleichterungen und Verbesserungen des Reise- und Besucherverkehrs und eine weitere über die Regelung des Gebietsaustauschs präsentieren.[62]

Der Regierende Bürgermeister feierte zu Recht ein neues Kapitel der Berliner Nachkriegsgeschichte, das mit dem Abkommen aufgeschlagen wurde. Die Sicherheit des Transitverkehrs, die grundsätzliche Anerkennung des Existenzrechts von West-Berlin auch durch die Sowjetunion, die Sicherung der Zugangswege, die Besuchsmöglichkeiten in Ost-Berlin und der DDR ließen die Erfolge der Entspannungspolitik in Berlin deutlicher als andernorts zutage treten. Die Freude von Schütz über die unerwartet günstigen Regelungen brachte er in einer Regierungserklärung mit großer Euphorie zum Ausdruck: Berlin habe jetzt den *Status quo plus* erreicht.[63] An dieser Stimmung mußte er sich allerdings in den kommenden Jahren messen lassen, und die Praxis, die namentlich die DDR ihrer Interpretation des Abkommens folgen ließ, sorgte wiederholt für Dissonanzen.

Für Klaus Schütz war das Inkrafttreten des Abkommens nicht nur ein Höhe-, sondern auch ein Wendepunkt. So freudig die Erkenntnis war, daß Berlin dem Fadenkreuz des Ost-West-Konfliktes entrückt war, so ernüchternd war auch die Gewißheit, daß sich der Aufgabenbereich des Regierenden Bürgermeisters nun drastisch verändern würde. Konsolidierung hieß jetzt die Devise. Berlin stand nicht länger in den Schlagzeilen der Weltpresse, die Berliner mußten sich von der liebgewonnenen Rolle, etwas ganz Besonderes zu sein, verabschieden. An Klaus Schütz lag es, eine drohende Identitätskrise der Stadt aufzufangen. Er selbst hatte schließlich schon im Februar 1969 die Devise ausgegeben: *Wir sehen die Zukunft Berlins wie die einer normalen und aktiven Metropole.*[64] Und „normal" zu sein, gefiel den Berlinern schon gar nicht. Die Trennlinie zwischen den Optimisten und den Skeptikern in Sachen Zukunft Berlins verlief parallel zur Grenze zwischen Befürwortern und Gegnern der Ost- und Deutschlandpoli-

62 Abdruck der Vereinbarungen in: H.-H. Mahnke (Hrsg.), *Dokumente zur Berlin-Frage...* (wie Anm. 59), Dok. Nr. 136, 141.

63 *Plenarprotokoll des Abgeordnetenhauses,* 6. Wahlperiode, 7. September 1971, S. 259.

64 Im Interview mit Radio Luxemburg am 27. Februar 1969 (zitiert nach Kommentarübersicht des Bundespresseamtes).

tik der Bundesregierung, deren Debatte sehr emotional geführt wurde und 1972 die Gesellschaft polarisierte. Schütz zählte folglich zu den Optimisten.[65] Als Regierender Bürgermeister sah er sich nun veranlaßt, eine Vielzahl von Entwürfen, Perspektiven, Zukunftsvisionen vorzustellen.[66]

Geprägt waren diese Pläne von einer Erkenntnis: Mit dem Ergebnis des Vier-Mächte-Abkommens ließen die Siegermächte und die Bundesregierung Schütz und die Stadt allein. Die wirtschaftliche Solidarität der Bundesregierung ließ mit dem Grad der politischen Bedrohung der Stadt ebenso nach wie die politische. Im Anschluß an die Debatte über die Kostenübernahme für Visagebühren durch die Bundeskasse mußte Schütz bereits Anfang 1973 intern eingestehen, *daß Berlin in Bonn nicht mehr in dem Maße im Mittelpunkt stehe, wie dies früher der Fall war.*[67]

Berlin hat die Zeit der Drohungen und Bedrohungen und der Anwendung von Gewalt gegen seine demokratische Existenz hinter sich, hatte Schütz beim Inkrafttreten des Abkommens verkündet.[68] Doch die östliche Seite verstand sich auf eine Politik der Nadelstiche. Angesichts von Verkehrsschikanen, Protesten, Ausladungen für Berliner Vertreter oder Boykotte von Veranstaltungen in Berlin und des Schießbefehls an der Mauer konnte von Normalität nicht die Rede sein. Auch eklatante Vertragsbrüche der DDR, wie die Erhöhung des Zwangsumtausches von Devisen für „Touristen" bei der Einreise in die DDR im Herbst 1973, verdeutlichten Schütz und den Berlinern, daß sich die Lage der Stadt zwar verbessert, aber keineswegs den Zustand der Normalität erreicht hatte. Die Alliierten bedeuteten den deutschen Stellen, daß sie nicht bereit waren, aufgrund einzelner Verstöße der DDR die in der Schlußakte des Abkommens für den Fall von Schwierigkeiten vorgesehenen Vier-Mächte-Konsultationen einzuberufen. Das Verhandlungspaket von 1971/1972 sollte nicht zu Nachbesserungen geöffnet werden, um das Erreichte nicht zur Disposition zu stellen. Die DDR konnte sich so eine Politik des kalkulierten Vertragsbruchs leisten – unterhalb der Schwelle eines Eingreifens der Siegermächte.

Als Stadtoberhaupt legte Schütz das Abkommen extensiv aus, für ihn lautete die Devise: *Was nicht verboten ist, ist erlaubt.* Um so enttäuschter war er, als er die Solidarität der Bundesregierung und der Schutzmächte vermißte. Anläßlich der Einrichtung des Umweltbundesamtes in Berlin war es im Frühjahr 1974 zu scharfen Protesten und Transitschikanen durch die DDR-Regierung gekommen. Der Bundeskanzler und die

65 Vgl. zur Diskussion den Beitrag von Klaus Schütz, *Der langfristige Funktionsgewinn,* und seines CDU-Gegenspielers in Berlin, Heinrich Lummer, *Der langfristige Funktionsverlust,* beide in: Rolf Heyen (Hrsg.), *Die Entkrampfung Berlins oder Eine Stadt geht zur Tagesordnung über,* Reinbek 1971.

66 Vgl. Yorck Kaempfer, *Berliner Demokratie nach dem Viermächteabkommen. Wandlungen der Berlin-Funktionen 1971/72,* in: Otto Büsch (Hrsg.), *Beiträge zur Geschichte der Berliner Demokratie 1919–1933/1945–1985,* Berlin 1988, S. 273–291.

67 Protokoll der Fraktionsvorstandssitzung vom 27. Februar 1973, Akte 575, Bestand *Berlin: SPD-Fraktion* im Archiv der sozialen Demokratie der Friedrich-Ebert-Stiftung, Bonn.

68 *Sozialdemokratischer Pressedienst* vom 2. Juni 1972.

Westmächte veranlaßte dies zu einer defensiven Haltung in der Frage der Entwicklung der Beziehungen zwischen Berlin und dem Bund.[69]

Der alltägliche Unmut der Berliner über die Praxis der Abmachungen ging an die Adresse des Regierenden Bürgermeisters. Und der Klagen waren viele. Kaum gab es den Telefon-Selbstwähldienst, wurden die Wartezeiten bemängelt; kaum gab es freie Fahrt auf den Transitstrecken, häuften sich die Beschwerden über die mangelhafte Fahrbahnqualität. Schütz wehrte die Kritik ab mit dem Hinweis auf die Zustände vor Abschluß des Abkommens, und in der Tat darf das Vier-Mächte-Abkommen als ein sehr erfolgreiches Resultat der Ära der Entspannung zu Beginn der siebziger Jahre gelten.[70] Doch Klaus Schütz konnte nicht länger politisch davon profitieren, er selbst hatte das Erwünschte, nicht das Erreichbare zum Maßstab gemacht.[71]

Die erfolgreiche Bilanz seiner Berlin-Politik war Mitte der siebziger Jahre durch eine im Grunde unverhältnismäßige Enttäuschung über das Ausbleiben der Wunschziele getrübt. Die Sicherung der Stadt durch das Vier-Mächte-Abkommen verlangte von der politischen Führung eine Umorientierung hin zum Primat der Stadtpolitik, die Klaus Schütz aufgrund seines Werdegangs und seiner bevorzugten Interessengebiete schwerfiel und erst unter seinem Nachfolger Dietrich Stobbe institutionalisiert wurde. Es galt, die kommunalen Versäumnisse aus jener Zeit aufzuarbeiten, in der der antikommunistische Schulterschluß aller Berliner Demokraten die Kräfte gebunden hatte.

Die Funktionsfähigkeit der Verwaltung der Stadt rückte während Schütz' Amtszeit immer mehr in den Mittelpunkt der politischen Debatte. Auch dies war ein Resultat des Erfolgs der Entspannungspolitik. So stellte die äußere Sicherheit der Stadt vor den Wahlen im Frühjahr 1975 nur noch für 8 Prozent der Befragten das wichtigste Problem dar, diese Einschätzung wurde sogar annähernd gleich von jungen Wählern unter 25 Jahren und älteren Wählern über 50 Jahren geteilt.[72] Der Wettstreit der politischen Parteien konzentrierte sich deshalb auf Fragen der inneren Sicherheit, der Wirtschafts- und Sozialpolitik; dabei handelte es sich um Gebiete, auf denen der Senat keinen Kompetenzvorsprung behaupten konnte.

Kritischer als in den ersten Nachkriegsjahrzehnten wurde jetzt die Wagenburgmentalität in der Verwaltung beäugt; Ämterpatronage, Gefälligkeitsentscheidungen, politische Vetternwirtschaft traten deutlich hervor. *Ob es uns gefällt oder nicht: Der Bürger dieser Stadt, die veröffentlichte Meinung, aber auch der Besucher der Stadt rechnet nach*

69 Vgl. dazu Helmut Schmidt, *Menschen und Mächte,* Berlin 1988, S. 58 f., und das Gesprächsprotokoll zwischen US-Außenminister H. Kissinger und seinem Stellvertreter Rush vom 20. Februar 1974, Hoover Institution Archives, „Kenneth Rush Papers", Box 15.

70 Vgl. die jährlichen *Berichte über die Durchführung des Vier-Mächte-Abkommens und der ergänzenden Vereinbarungen* (= Drucksachen des Abgeordnetenhauses, 6. Wahlperiode, Nr. 1013, 1454 und 7. Wahlperiode, Nr. 115, 536 und 925) mit umfangreichen Statistiken.

71 *Das Berlin-Abkommen ist von unserer Seite aus mit übertriebenen Erwartungen versehen worden,* gab Schütz im Frühjahr 1975 zu, in: *Berliner Stimme* vom 6. März 1975.

72 Infas-Report *Wahlen, Berlin 1975. Analysen und Dokumente zu den Wahlen zum Abgeordnetenhaus am 2. März,* Bonn (März) 1975, S. 38.

30 Jahren kaum unterbrochener oder anderweitig beeinflußter Führung dieser Stadt durch die SPD jeden Vorgang negativer Art den Sozialdemokraten zu, mußte Klaus Schütz 1976 einräumen.[73] Dies war nicht ihm allein zuzuschreiben – so wirkten in den Bezirksämtern SPD und CDU in schönster Gemeinsamkeit. Doch Schütz mochte sich mit der Aufgabe, hier aufzuräumen, nicht anfreunden. Daß ihm der Primat der Kommunalpolitik nicht gefiel, gab er mehrfach zu erkennen.[74]

Dabei hatte Schütz zunächst gute Erfolge auch auf diesem Gebiet erzielen können. Ein Thema mußte Schütz seit seinem Amtsantritt am Herzen liegen, da es über Gebühr die Zeitungsseiten und die Diskussionen an den Stammtischen der Stadt beherrschte: die Zustände an den Hochschulen und auf den Straßen Berlins. Obwohl persönlich verunglimpft – *Alle Macht den Räten, brecht dem Schütz die Gräten!* lautete ein „Schlachtruf" der Demonstranten –, suchte Schütz den Dialog, fand aber auch für Übertreibungen des von ihm grundsätzlich respektierten Wunsches nach Reformen der überlieferten Hochschulstruktur klare Worte: *Das meiste ist doch grober Unfug, was sich hier revolutionär nennt.*[75] Mit derlei derben Sprüchen fürs Gemüt der Berliner oder dem Versuch der gerichtlichen Untersagung eines Umzugsmarsches zog sich der Regierende allerdings den Zorn der intellektuellen Sympathisanten der außerparlamentarischen Opposition (APO) zu.[76] Im Frühjahr 1968 erreichten die Unruhen ihren Höhepunkt, als zunächst Demonstrationszüge unter roten Fahnen durch Berlin wogten und es nach dem Anschlag auf das Leben des APO-Anführers Rudi Dutschke zu tagelangen Ausschreitungen kam.[77]

Schütz' Senat gelang in den folgenden Jahren eine Beruhigung der Situation an den Berliner Universitäten, wenn auch unter Zuhilfenahme einer später gerichtlich verworfenen Universitätsreform und ohne die Leistungsfähigkeit aller Bereiche wiederherstellen zu können. Für den „Marsch durch die Institutionen" wählten etliche APO-Ver-

73 *Berliner Stimme* vom 6. März 1976.

74 So nutzte er die schlechten Ergebnisse der SPD bei den Wahlen in Hamburg Anfang 1974 für ein Plädoyer, ein kommunalpolitisches Image reiche für einen Regierenden Bürgermeister nicht aus, in: *Berliner Stimme* vom 16. März 1974. Im Interview mit der *Zeit* vom 5. April 1976, griff er sogar zu dem Bild, er könne nicht ständig auf dem kommunalpolitischen Parkett anwesend sein, sondern habe auch *in den Logen und auf dem Rang des Geschehens, des nationalen wie des internationalen Geschehens* seine Pflichten. Da lag der Vorwurf nahe, er fühle sich über die Niederungen erhaben.

75 Schütz im Interview mit dem *Spiegel* vom 23. Oktober 1967. Vgl. auch seine Position auf der Sitzung des Landesausschusses, 27. November 1967, Akte 345, Bestand „LV-Berlin" im Archiv der sozialen Demokratie bei der Friedrich-Ebert-Stiftung, Bonn.

76 Vgl. den Brief von Günter Grass an Willy Brandt, in dem er mahnte: *Schütz darf nicht die Straße gegen die Straße mobilisieren*, abgedruckt in: Arnulf Baring, *Machtwechsel. Die Ära Brandt/Scheel*, Stuttgart 1982, S. 66.

77 Schütz warnte am 26. Februar 1968 im Landesausschuß, es sei auf keinen Fall denkbar, *daß führende Sozialdemokraten unter den bekanntgewordenen Losungen für Vietcong und unter Hammer und Sichel mitmachen.* Akte 345, Bestand „LV-Berlin", Archiv der sozialen Demokratie bei der Friedrich-Ebert-Stiftung, Bonn. Zu den Osterunruhen vgl. auch das Protokoll der Sondersitzung des Abgeordnetenhauses von Berlin am 18. April 1968.

treter die Berliner Universitäten, auch die in den siebziger Jahren entstehende neuartige Partei „Alternative Liste“ fand hier ihren Nährboden.
Auch auf anderen kommunalpolitischen Gebieten leistete der Senat unter Schütz erfolgreiche Arbeit.[78] Mangelndes Bemühen war ihm jedenfalls nicht vorzuwerfen.[79] Allerdings rückten die Mängel nun zusehends in den Vordergrund. So geriet die Kostenentwicklung beim Bau des Kongreßzentrums immer wieder in die Diskussion – alle folgenden Senate schmückten sich gleichwohl mit diesem Prestigeobjekt. So unterlag die Wohnungsbaupolitik, namentlich die Schaffung von Neubausiedlungen, einem Beurteilungswandel. Der gute Wille, vielen Menschen eine Wohnung mit Komfort zu erstellen, verursachte nach der Ausführung – etwa im Märkischen Viertel – auch Verdruß. Und die Schaffung von Stellen im öffentlichen Dienst, um den Arbeitsplatzverlusten auf dem Industriesektor entgegenzuwirken, fand nicht die erwünschte Zustimmung, führte sie doch zur Aufblähung der Verwaltung. Sparmaßnahmen auf diesem Gebiet hatten dann postwendend den Protest der Gewerkschaften zur Folge.
Mehrere Felder der Berliner Kommunalpolitik bekamen Klaus Schütz und seine Ressortchefs nicht in den Griff: den rapiden Abbau der Arbeitsplätze, die ungleichen Lebensbedingungen in den verschiedenen Bezirken Berlins und die Bevölkerungsentwicklung, deren Prognosen eine überalterte, abnehmende Zahl von Berlinern verkündeten.[80] Doch bis zuletzt konnten solche Probleme nicht die Popularität des Regierenden Bürgermeisters gefährden. Die Umfragen bewiesen ihm seine Beliebtheit weit über die Reihen der Anhänger der SPD hinaus. Bei der Frage nach dem bevorzugten Direktkandidaten für das Bürgermeisteramt erhielt Schütz bis zum Frühjahr 1977 stets über 50 Prozent der Stimmen, zeitweise distanzierte er den Oppositionskandidaten Lorenz um mehr als 30 Prozentpunkte.[81]
Zum Verlust an Ansehen und Autorität des Regierenden Bürgermeisters führten mehrere Faktoren, die Schütz am 2. Mai 1977 zum Rücktritt veranlaßten: zum einen seine eigene Unlust, die gewandelten Anforderungen als persönliche Herausforderung anzusehen, zum anderen die sich häufenden Aufdeckungen von Fehlverhalten in den Verwaltungen und nicht zuletzt der Verlust der Solidarität in den Reihen der SPD.
Klaus Schütz versäumte den rechten Zeitpunkt zum Abtreten: Hätte er nach dem Erreichen der Vereinbarungen mit dem Osten den Posten verlassen, um etwa nach den

78 Vgl. den Halbzeitbericht über die Tätigkeit des Senats (Drucksache des Abgeordnetenhauses, 6. Wahlperiode, Nr. 922 vom 1. Juni 1973) und die Bilanz am Ende der Legislaturperiode, erschienen als SPD-Wahlbroschüre, Landesarchiv Berlin, Zeitgeschichtliche Sammlung, Rep. 240, Acc. 2288, Mappe SPD-Landesverband, Nr. 65, die 170 Einzelpunkte der Senatstätigkeit vorstellt.

79 So legte Schütz als erster Regierender Bürgermeister zu Beginn der Legislaturperiode jeweils umfangreiche *Materialien zur Regierungserklärung* vor (Drucksache des Abgeordnetenhauses, 6. Wahlperiode, Nr. 40 [1971] und 7. Wahlperiode, Nr. 46 [1975]).

80 Vgl. die jährlichen *Berichte zur Lage der Berliner Wirtschaft und ihrer Weiterentwicklung* des Senats und deren Debatten im Abgeordnetenhaus.

81 Infas-Repräsentativerhebungen in Berlin, Nr. 0757, Januar/Februar 1978.

Bundestagswahlen 1972 ins Bonner Kabinett einzuziehen, zählte er heute zu den gefeierten Helden der Behauptung der Stadt. Doch die Situation in der Berliner SPD ließ einen solchen Abgang nicht zu, und damit ist zugleich ein weiterer Grund für Schütz' unfreiwilligen Rücktritt angesprochen: sein Umgang mit der Partei.

Klaus Schütz übernahm am 25. Mai 1968 den Landesvorsitz der Berliner Sozialdemokraten, geleitet von der Vorstellung, die Zerreißprobe der beiden Parteiflügel wenn nicht überwinden, so doch kontrollieren zu können. Er blieb Vorsitzender des Landesverbandes bis zum Mai 1977. Sein Ansehen in der Bevölkerung lag höher als das der Partei, und so folgte diese willig ihrem Zugpferd, das Wählerstimmen und damit politische Macht versprach. Am 14. März 1971 trat Klaus Schütz erstmals vor die Berliner Wähler. Die von ihm geführte SPD verteidigte die absolute Mehrheit knapp mit 50,4 Prozent der Stimmen. Nachdem sich Klaus Schütz mit dem ersten Repräsentanten der FDP, Hermann Oxfort, überworfen hatte, entschloß er sich zu einer Alleinregierung. Erstmals seit dem Kriege nutzte ein Regierender Bürgermeister die absolute Mehrheit derart aus. Schütz glaubte, mit der Vergabe aller Senatorenposten an die eigenen Genossen die widerstreitenden Flügel in der Partei befrieden zu können. Doch dieser Entschluß stellte den Anfang vom Ende der Autorität des Wahlsiegers Schütz dar. Er verwöhnte die Partei so sehr, daß er auch die Unzufriedenheit auf seine Kappe nehmen mußte, als nach den nächsten Wahlen am 2. März 1975 die absolute Mehrheit verlorenging und die SPD nur noch 42,6 Prozent der Stimmen erhielt. Nun mußte sie erneut mit der ungeliebten FDP koalieren, also Posten wieder abgeben.

Seit 1975 führte Schütz eine Koalition der Verlierer.[82] Er wäre besser beraten gewesen, auch 1971 nach bewährter Manier eine möglichst breite Regierung zu bilden, die sozialliberale Koalition zu verlängern. Sein Entschluß, die Partei zu befrieden, *de facto* aber zu bedienen, wurde ihm nicht vom Wähler, infolgedessen dann auch von der Partei nicht mehr gedankt. Der Vorwurf der Vermischung von Partei- und Staatsinteressen war zudem in den Jahren der Alleinregierung noch genährt worden.

Mit dem Entschluß, gegen die Empfehlung des Bundesvorsitzenden die sozialliberale Koalition in Berlin nach den Wahlen vom März 1971 aufzukündigen, war Schütz erstmals öffentlich einem Rat Willy Brandts nicht gefolgt. Die Entscheidung zur Alleinregierung eröffnete der linken Minderheit in der Berliner SPD wachsenden Einfluß, denn Schütz' Idee, mit dem Verzicht auf einen Koalitionspartner die eigene Fraktion zusammenzuschweißen, barg auch die Abhängigkeit von Minderheiten in der Fraktion in sich. Eine kleine Zahl Unzufriedener reichte jetzt aus, um Vorhaben im Parlament zu blockieren. Und die „Vereinigte Linke" nutzte diese Konstruktion, um ihren Einfluß nicht nur in der Fraktion, sondern auch im Senat und in den Parteigremien ein-

82 Auch die FDP hatte an Stimmen eingebüßt, während der am Wahltag in der Hand von Entführern befindliche Oppositionskandidat Peter Lorenz für seine CDU erstmals die Position der stärksten Fraktion mit 43,9 % erreichte.

zufordern.[83] Schütz' großer Gegenspieler in den siebziger Jahren, der Sprecher der Vereinigten Linken Harry Ristock, hatte umgehend erste Forderungen diktiert.[84] Schütz erkannte, daß die Solidarität innerhalb der SPD zu seinem Hauptproblem in den siebziger Jahren werden sollte, und er besaß den Mut und die Kaltblütigkeit, sich offen zum Machterhalt als oberstem Ziel zu bekennen: *Wenn Sozialdemokraten in Berlin sich nicht mehr auf Wesentliches verständigen können, dann bedeutet das praktisch, daß die Verantwortung und damit die Macht in der Stadt auf andere übergeht und nicht mehr von Sozialdemokraten wahrgenommen wird. Dieses Wissen um die Notwendigkeit des Zusammenstehens ist der eigentliche Daseinsgrund für die „Konzentration der Kräfte"*.[85] Konzentration der Kräfte hieß für den Landesvorsitzenden Schütz, daß sich linker und rechter Flügel auf ein Postenverteilungskartell einließen, das allerdings nicht zur Kooperation, sondern zur Konfrontation führte: In zahlreichen innerparteilichen Kabalen verzehrten die Berliner Sozialdemokraten ihre Kräfte und verloren immer mehr den Kontakt zur Berliner Bevölkerung.[86] Klaus Schütz vermochte nicht dagegen anzugehen, doch erschien ihm dies nicht als persönliches Versäumnis. Er betonte, sein Führungsstil sei Ausdruck seiner Persönlichkeit, autoritäres „Auf den Tisch schlagen" sei von ihm nicht zu erwarten.[87] Anwachsende innerparteiliche Vorwürfe der Führungsschwäche vermochte er so nicht länger zu entkräften.

Die Begleiterscheinungen der Machtausübung verursachten den Popularitätsverlust der SPD und – mit Verzögerung – ihres Spitzenmannes Klaus Schütz. Unregelmäßigkeiten bei der Finanzierungsregelung des „Steglitzer Kreisels", eines Hochhauskomplexes, der öffentlich gefördert wurde, undurchsichtige Personalentscheidungen bei stadteigenen Betrieben, wie der Königlichen Porzellanmanufaktur (KPM), und weitere Affären gaben der verbreiteten Ansicht Nahrung, die SPD unterscheide nicht scharf genug zwischen öffentlichen und Parteiinteressen. In der Wahlperiode bis 1975 mußten drei Sozialdemokraten ihr Mandat niederlegen, zwischen 1975 und 1977 erklärten vier Senatoren ihren Rücktritt. Das Wort von der „Filzokratie" wurde Mitte der siebziger Jahre zum Kainsmal der Berliner SPD und damit auch des Senats unter Klaus Schütz.[88] Daß solche Vermischung der Interessen durchaus nicht auf die SPD der

83 So mußte Schütz den bereits öffentlich für das Jugendressort nominierten Dietrich Stobbe auf Druck des linken Flügels aus der Kabinettsliste streichen.

84 Ristock nannte es *eine Illusion*, die Vertreter der Linken noch aus Fraktion, Senat und Vorstand heraushalten zu können, in: *Berliner Stimme* vom 3. April 1971.

85 Schütz im Interview mit der *Berliner Stimme* vom 18. März 1972.

86 Siehe dazu am ausführlichsten die Studie von H.-J. Heß, *Innerparteiliche Gruppenbildung...* (Anm. 8), in der Heß zum Teil minutiös als Beteiligter Zeugnis ablegt.

87 Während der Fraktionssitzung am 24. Februar 1976, Protokoll der Sitzung in: Akte 555, Bestand *Berlin: SPD-Fraktion* im Archiv der sozialen Demokratie bei der Friedrich-Ebert-Stiftung, Bonn.

88 Siehe dazu die Debatten um die Berichte der Untersuchungsausschüsse, *Plenarprotokolle des Abgeordnetenhauses,* 6. Wahlperiode, 76. Sitzung am 27. Juni 1974 und 7. Wahlperiode, 48. Sitzung am 3. Februar 1977, sowie die *Große Anfrage zur Filzokratie,* 7. Wahlperiode, 25. Sitzung am 25. März 1976.

Amtszeit von Schütz beschränkt blieb, sondern ebenso auch den Koalitionspartner ergriff und während der Regierungszeit der CDU mit der FDP in den achtziger Jahren kühnste Befürchtungen noch übertroffen werden sollten – all dies schützte Schütz nicht vor dem Unmut der Berliner.

Anläßlich seines 50. Geburtstages im Herbst 1976 hatte Schütz erste Resignation öffentlich erkennen lassen. Er klagte über das Versinken in Routine und bekannte: *Es ist in der Tat ein Problem, ein Amt wie dieses so lange auszuüben, für alle Beteiligten; auch übrigens für die Stadt.*[89]

Anfang April 1977 stand die Entscheidung bevor, ob gegen Schütz ein Ermittlungsverfahren wegen falscher Aussage vor dem KPM-Untersuchungsausschuß des Abgeordnetenhauses eröffnet werden würde, wozu es aber in der Folge nicht kam. Der Regierende hatte seine Erinnerung an das Datum eines Gespräches korrigieren müssen. Schütz ließ erkennen, daß er bei einer in diesem Falle notwendigen Aufhebung seiner parlamentarischen Immunität von sich aus das Amt niederlegen würde.[90]

Schütz' Argumentation, keine Ahnung von den Vorgängen bei der KPM gehabt zu haben, markiert genau den Punkt seines Scheiterns. Die Rolle des obersten Verwaltungschefs der Behörden der Zweimillionenstadt mochte er nicht ausfüllen. Überregional hatte er sich am 27. Februar 1977 vernehmen lassen: *Das Kommunale liegt mir nun mal nicht so sehr. Ich sehe mehr die großen Probleme dieser Stadt, die weiten Zusammenhänge. Manchmal stelle ich mir tatsächlich die Frage, ob ich der richtige Mann für die Probleme der Berliner Stadtregierung bin. Obwohl – das weiß ich ja – das hier alles eng zusammenhängt.*[91] Eine gewisse intellektuelle Hybris ließ Schütz hier erkennen, indem er andeutete, daß die Probleme eher eine Nummer zu klein als zu groß für Klaus Schütz seien. Doch in den „weiten Zusammenhängen" hatte Schütz nach dem großen Wurf des Vier-Mächte-Abkommens ebenfalls nicht mehr überzeugend zu wirken vermocht.

Als Ende April 1977 dann finanzielle Unregelmäßigkeiten seines alten Freundes und Innensenators Kurt Neubauer ruchbar wurden, drängten die eigenen Genossen Schütz zur „Großen Lösung" der Senatskrise: Nicht nur ein neuer Innensenator, auch ein neuer Regierender Bürgermeister wurden zwei Jahre vor den nächsten Wahlen gewählt. Als Zugpferd hatte er ausgedient, resignierend machte Schütz am 30. April 1977 den Weg für seinen Nachfolger frei. Als beurlaubter Staatssekretär des Außenministeriums suchte Klaus Schütz nun eine Weiterbeschäftigung im Auswärtigen Dienst. Im August 1977 bezog er den Posten des Botschafters der Bundesrepublik Deutschland in Israel. Dort wirkte Schütz seiner Vorliebe entsprechend im diskret-diplomatischen Bereich. In einer Abhandlung „Berlin-Abkommen und Camp David-Lehrstücke zum Frieden" zeigte er Parallelen bei der friedlichen Regelung des Berlin-Problems und der arabisch-

89 Im Interview mit dem RIAS, zitiert nach *Berliner Stimme* vom 18. September 1976.

90 *Der Tagesspiegel* und *Berliner Morgenpost* vom 13. April 1977.

91 Im Interview mit *Bild am Sonntag*. Gleichzeitig war er von sich überzeugt: *Ich sehe gar keine andere Möglichkeit, als dieses Amt weiterzuführen. Man muß doch verhindern, daß es in der politischen Führung Berlins zu einem zeitweiligen Chaos kommt.*

israelischen Verständigung auf. 1981 verließ Schütz diesen Posten in Israel. Seither ist er in der Rundfunkpolitik tätig, auch hier in einflußreichen, aber außerhalb des täglichen öffentlichen Interesses stehenden Spitzenpositionen. Im März 1981 wurde er zum Intendanten der „Deutschen Welle" in Köln gewählt. An der Spitze des deutschen Auslandsrundfunks blieb er so der Außendarstellung der Bundesrepublik verbunden. Dieses Amt hatte er vom 1. Juli des Jahres 1981 bis zur Ablösung aus parteipolitischen Proporzgründen am 30. Juni 1987 inne. Bis zum Erreichen der Pensionsgrenze wirkte Schütz seither als Direktor der „Landesanstalt für Rundfunk in Nordrhein-Westfalen" in Düsseldorf. Als Gründungsdirektor dieser quasistaatlichen Lizenzvergabestelle ist er für die Koordinierung der Etablierung des Privatrundfunks in Nordrhein-Westfalen verantwortlich.

Klaus Schütz hatte sich als Ost- und Deutschlandpolitiker, als Verwaltungschef und als Parteirepräsentant zu bewähren. Die Bilanz auf diesen drei Feldern fällt unterschiedlich aus.

Den Erfolg des Vier-Mächte-Abkommens und der ergänzenden Vereinbarungen half Klaus Schütz mitzugestalten. Es war allerdings gerade dieser Erfolg, der Berlin nun aus dem Brennpunkt des Kalten Krieges und den Schlagzeilen der Weltpresse rückte, eine doppelte Aufgabe für Schütz hinterlassend: die psychologische Konsolidierung der Berliner, die nun eine „Identitätskrise" pflegten, und die ungeschminkte Konfrontation mit den innerstädtischen Problemen.

Die Parole „Ende gut – alles gut", die der sowjetische Unterhändler Abrassimov anläßlich der Unterzeichnung des Abkommens ausgab, hatte vor den Alltagsproblemen keinen Bestand. Klaus Schütz und die Berliner wurden mit den Folgen des Abkommens allein gelassen; nach dem großen Wurf der Vertragspolitik mußte er zu einer Politik der kleinen Schritte zurückkehren. Vergleicht man die Situation beim Amtsantritt, als es gar keine Begegnungsmöglichkeiten für die Menschen gab, mit den erreichten Zahlen der Besucher und Reisenden, so hat sich in Schütz' Amtszeit die Lage der Bevölkerung in einer Weise verbessert, die 1967 noch niemand zu erhoffen wagte. Änderte das Vier-Mächte-Abkommen auch nicht den Status der Stadt, so wandelte sich in dessen Folge doch der Status des Stadtoberhauptes, auf internationaler Bühne genauso wie im Zusammenspiel mit der Bundesregierung – und vor allem in der Erwartungshaltung der Bevölkerung an den ersten Mann.

Doch Schütz war mehr Diplomat als Technokrat, die Verwaltung der riesigen Kommune wuchs ihm nicht ans Herz. Zu spät erfuhr er von zu vielen Versäumnissen in seinen Verwaltungen. Selbst Oppositionsführer Peter Lorenz bescheinigte ihm im Parlament, der Niedergang des Senates sei *nicht nur – und vielleicht nicht einmal in erster Linie – verursacht durch Handlungen oder Unterlassungen des Regierenden Bürgermeisters Klaus Schütz, sondern durch den inneren Zustand der sozialdemokratischen Partei in dieser Stadt!*[92] Doch Klaus Schütz war Opfer und (Teil-)Verursacher dieser Zustände in einer Person. Daher ist er weder eine tragische Gestalt, noch ist seine Amtszeit unter dem Aspekt des Scheiterns zu verzeichnen. Parteipolitisch hatte Schütz die Oberhand, solange er in der Sympathie der Bevölkerung vor der eigenen Partei lag. Als Landesvorsitzender und Senatschef hatte Schütz nach den Wahlen 1971 die Entscheidung für eine Alleinregierung persönlich und vorsätzlich durchgesetzt. Er mußte sich nach dem Verlust der absoluten Mehrheit in der Wahl von 1975 auch die Verantwortung für die Notwendigkeit des Teilens der Macht anrechnen lassen, zu einem Zeitpunkt, als die beiden Flügel der Berliner SPD in heftiger Fehde um die Mehrheitsverhältnisse lagen. Klaus Schütz war kein Epigone Willy Brandts. Er leistete seinen eigenen Beitrag zum Erfolg der Ost- und Deutschlandpolitik – und dies nicht erst als Stadtoberhaupt. Der Erfolg dieser Politik traf Schütz in Berlin, ähnlich wie Brandt auf Bundesebene, in gewisser Hinsicht unvorbereitet. Nun galt es, der *grauen* Alltagsprobleme Herr zu werden. Am Ende seiner Amtszeit holte Schütz der Schatten Willy Brandts, aus dem er 1967 getreten war, wieder ein: Die Personalisierung, die Identifikation der Berliner Sozialdemokraten mit ihrem Regierenden, die Brandt noch mehr als Reuter installiert hatte, kostete auch Klaus Schütz das Amt, als seinen Genossen der Zeitpunkt für einen Wechsel gekommen schien.

92 *Plenarprotokoll des Abgeordnetenhauses von Berlin,* 7. Wahlperiode, 55. Sitzung vom 30. April 1977, S. 2374.

Oberbürgermeister von Berlin [Ost]

Friedrich Ebert

von Rainer Kubatzki

Der älteste Sohn des ersten Reichspräsidenten der Weimarer Republik wurde in den dramatischen Monaten der Spaltung Berlins, in den späten Mittagsstunden des 30. November 1948, in seinem 55. Lebensjahr in das Amt des Oberbürgermeisters von Ost-Berlin eingesetzt. Eine Instanz, die zunächst den Anspruch erhob, ein Provisorium, aber das einzig rechtmäßige für ganz Berlin zu sein, dann Groß-Berlin sagte und Ost-Berlin meinte und schließlich als Amt des Oberbürgermeisters von Berlin, Hauptstadt der DDR, bestimmt wurde, bis diese Funktion mit dem Exodus des Staates aus der Geschichte erlosch. Das Amt wurde nur viermal besetzt. Friedrich Ebert war der erste im Amt, doch war es keineswegs sein erstes öffentliches und seinen Kommentaren zu Vertrauten zufolge beileibe kein persönlicher Glücksfall. Vielmehr sah er, daß ihn die Funktion auf eines der glattesten politischen Parkette der Nachkriegszeit führte, wo sich weltpolitische Interessen kreuzten.[1] Indessen blieb er nahezu zwei Jahrzehnte Oberbürgermeister und stellte in dieser Zeit das Amt in den Mittelpunkt seines politischen Lebens, das sich von seinem früheren grundsätzlich unterschied.

In seinem Lebensbild ist markant, daß er bis weit über die Lebensmitte, über sein fünftes Jahrzehnt hinaus, für die deutsche Sozialdemokratie einstand. Er übte, wie er in einer Erinnerung schrieb, *in dieser Zeit vom einfachen Mitglied der Partei bis zum Mitglied des Reichstages fast alle Funktionen aus, die in der Arbeiterbewegung zu erfüllen waren.*[2] Wegen dieses Engagements und wegen seiner Courage holten ihn die Nazis als einen der ersten in ihre Konzentrationslager, hat er unter ihnen gelitten und trotzdem für die Idee der sozialen Demokratie sein Leben im Widerstand riskiert. In diesen vielen Jahren entwickelte er Wesenszüge eines Politikers und Redners, eines besonnenen Taktikers und auch des Draufgängers, der für seine Idee die Umstände formen wollte, Züge, die er weiter ausprägen, aber in Sinn und Richtung noch kategorisch ändern sollte.

In den Monaten nach dem Zweiten Weltkrieg wandte sich Friedrich Ebert der Kommunistischen Partei Deutschlands (KPD) zu, arbeitete er als Sozialdemokrat mit Kommunisten zusammen und wurde Mitgründer der Sozialistischen Einheitspartei Deutschlands (SED) in der sowjetischen Besatzungszone, obgleich mehr in der praktischen Ausführung als im Entscheiderkreis. Er gelangte in den Parteivorstand, dann in das Zentralsekretariat (später Politbüro), die eigentliche Führungsinstanz, der er bis zu seinem Tode angehörte.

1 Vgl. Friedrich Ebert, Notizen (1948/49): Landesarchiv Berlin, Außenstelle Breite Straße, Rep. 101/1392. Ders., Rede nach der Wahl des demokratischen Magistrats am 30. November 1948: *A.a.O.*, Rep. 101/1391. Weiteres zur Amtseinführung in: *A.a.O.*, Rep. 101/107 und 101/1393.

2 Friedrich Ebert, *Wir erfüllten unsere historische Aufgabe,* in: *Vereint sind wir alles. Erinnerungen an die Gründung der SED,* Berlin 1971, S. 509 f.

Ohne Zweifel beseelte ihn am Anfang dieser zweiten politischen Karriere nach dem Kriege der Gedanke einer verträglichen Zusammenarbeit von Sozialdemokraten und Kommunisten in der SED, von einer wahren Volkspartei. Doch trug er wenig später – mit Erklärungen und Bekenntnissen, mit seinem Namen und seiner Herkunft, mit seinen hohen Partei- und auch Staatsämtern, die er in der DDR innehatte, zu denen noch die Autorität des erprobten Antifaschisten kam – entschieden dazu bei, daß das sozialdemokratische Gedankengut und die praktische Erfahrung der SPD aus der Einheitspartei und dem Staat verdrängt, verworfen, liquidiert wurden.[3] Die SED-Führung und die allmächtige Sowjetische Militäradministration in Deutschland (SMAD) haben Friedrich Ebert dafür Beifall gezollt und ihm Vertrauen gewährt, denn für die Durchsetzung ihrer Politik, so erinnerte sich der frühere Leiter der Informationsabteilung der SMAD, Oberst Sergej Tjulpanov, akzeptierten sie *Bürger, die sozialdemokratische und bürgerliche Ansichten zur Rolle, Bedeutung und „Erwünschtheit" einer Ordnung gleich der Weimarer Republik vertraten, Männer wie Friedrich Ebert und andere ehemalige Mitglieder der SPD eher als Mitglieder der SED, die vordem der KPD angehört hatten.* Er beeindruckte auch deswegen, so Tjulpanov weiter, weil er *mutig und entschlossen nicht nur mit seiner eigenen Vergangenheit, sondern auch noch mit seiner Familiengeschichte gebrochen hat.*[4]

Mit der Entschlossenheit gegen die Familie war es aber anders. Auf Konfrontationen mit seinem Vater oder gar Kraftproben, die für Friedrich Ebert ohnehin nicht typisch waren, gibt es in den zugänglichen Quellen keine Hinweise. Seine Mutter sah er während einer Vortragsreise in Westdeutschland 1948 das letzte Mal. Einladungen schlug sie aus, weil sie fürchtete, in den letzten Jahren ihres Lebens noch ihre Freiheit in der Ostzone zu verlieren, was keineswegs unbegründet war, denn bekannte und andere Personen aus der SPD, der KPD und der SED wurden in der SBZ verhaftet, verschleppt, verurteilt.[5] Im Jahre 1954 schrieb Friedrich Ebert der Mutter das letzte Mal und beklagte sich, daß *die eigene westdeutsche Verwandtschaft in unbegreifbarer Feindschaft* ihm gegenüberstand. Im Jahr darauf starb seine Mutter.[6]

Dieser politische Bruch seines Lebens bis tief in die Familienstrukturen hinein war keine Bekehrung mit Gewalt, er kam auch nicht ohne innere Hemmungen zustande, und Friedrich Ebert hat ihn wohl auch nicht als Befreiung erlebt, sondern sich gequält. Doch ist dieses Phänomen wie andere Entscheidungssituationen seines Lebens von der

3 Vgl. Friedrich Ebert, Mitteilung an Waldemar Schmidt, Stellvertreter des Oberbürgermeisters vom 13. Dezember 1949: LAB, Außenstelle Breite Straße, Rep. 101/728. Ders., Die Arbeit des Ostbüros der SPD (Rededisposition o. J.): *A.a.O.,* Rep 101/1218. Ders., *Den Massen ein klares Bild von der Geschichte des Opportunismus in der deutschen Arbeiterbewegung geben,* in: Friedrich Ebert, *Der Sozialismus – die Zukunft Deutschlands,* Berlin 1964, S. 295 f.

4 Sergej Tjulpanow, *Deutschland nach dem Kriege (1945–1949),* Berlin 1986, S. 185 f.

5 Vgl. Georg Hermann Hodos, *Schauprozesse. Stalinistische Säuberungen in Osteuropa 1948–1954,* Berlin 1990, S. 176 f.

6 Vgl. Heinz Voßke, *Friedrich Ebert. Ein Lebensbild,* Berlin 1987, S. 168 f.

Friedrich Ebert, * Bremen 12. 9. 1894, † Berlin 4. 12. 1979, Oberbürgermeister von Berlin [Ost] 1948–1967

psychologischen Seite her schwer zu analysieren. Der Nachlaß liegt noch nicht offen.[7] Erste biographische Arbeiten über ihn dienten der Verwertung in der SED und der DDR und sind deshalb viel zu zweckbestimmt, als daß sie Antwort auf solche Fragen geben könnten.[8] Selbst hat Friedrich Ebert wenig über sich geschrieben.[9]

Sola fide – allein durch den Glauben – war jedenfalls nicht sein Prinzip bei Entscheidungen. Ganz sicher lag seiner Trennung vom sozialdemokratischen Denken auch keine ausschließlich taktische Absicht zugrunde, die sich Ideologie- und Politikstücke beliebig zur Verfügung gehalten und wie Requisiten abgestoßen hätte. Andererseits erfolgte die Trennung – nach der Neigung und dem Übergang – nicht losgelöst von machtpolitischen Ambitionen, vollzog er sie doch im Kontext mit einer Kursänderung der SED zur „Partei neuen Typus", jener Vertiefung stalinistischer Strukturen in Partei und Gesellschaft, die mit großen, bedrohlichen Säuberungsaktionen verbunden war.[10]

Auch die nächste Entscheidung von Friedrich Ebert kann nur registriert, noch nicht genügend erklärt werden. Als Oberbürgermeister arbeitete er daran mit, daß in Ost-Berlin die Herrschaft der SED mit ihrem totalitären Machtanspruch über Sachen und Menschen begründet und hier wie im Osten Deutschlands zwar mit vielen Modifizierungen, aber doch mit deutscher Gründlichkeit der Stalinismus übertragen wurde (Hermann Weber), wobei Friedrich Ebert weniger Theoretiker, sondern mehr Praktiker und Techniker in der SED-Führung war, der sich vor allem mit der Kommunalpolitik befaßte.[11]

In der Öffentlichkeit, nach dem Tode Stalins, hat er nicht verhehlt, daß es ihm angesichts der Verbrechen Stalins, soweit diese zu seiner Zeit überhaupt schon bekannt wurden, *heiß und kalt über den Rücken gelaufen ist.*[12] Aber für ihn, und das war die Parteilinie, gab es diese Verbrechen nur als Folge des Personenkultes, nicht aufgrund des Systems und seiner Ideologie.[13] Auch hier dürften Gründe, wie die bereits erwähnten, zusammengeflossen sein. Im Spiel waren wieder Parteidisziplin, Regimetreue, Machtwille, begründet mit dem „heiligen" Prinzip der SED, die Einheit der Partei in allen Fällen zu wahren, oder es wäre sonst der SED das Menetekel an die Wand geschrieben.

7 Der Nachlaß befindet sich im Institut für Geschichte der Arbeiterbewegung, Berlin, Wilhelm-Pieck-Straße 1 (Zentrales Parteiarchiv). Aus dem Nachlaß konnte bisher nur H. Voßke (siehe Anm. 6) veröffentlichen, der die ausdrückliche Erlaubnis der Familie eingeholt hatte und Leiter des Zentralen Parteiarchivs im Institut für Marxismus-Leninismus beim Zentralkomitee der SED war, aus dem das jetzige Institut hervorgegangen ist. Der Nachlaß ist noch nicht archiviert.

8 Vgl. H. Voßke, *Friedrich Ebert...* (wie Anm. 6). Gerhard Keiderling und andere haben mit Bezügen zur Biographie von Friedrich Ebert veröffentlicht in: *Berliner Geschichte. Dokumente. Beiträge. Informationen,* in: *Stadtarchiv der Hauptstadt der DDR, Berlin,* H. 4 (1983), S. 4 ff. usw.

9 F. Ebert, *Wir erfüllten unsere historische Aufgabe...* (wie Anm. 2).

10 Vgl. Horst Helas/Wladislaw Hedeler/Dietmar Wulf, *Stalins Erbe,* Berlin 1990, S. 53 ff.

11 Vgl. Peter Przybylski, *Tatort Politbüro. Die Akte Honecker,* Berlin 1991, S. 313 u. 318.

12 Friedrich Ebert, Reden in der Sitzung des Magistrats am 17. 11. 1961, Disposition: LAB, Außenstelle Breite Straße, Rep. 101/1414.

13 Vgl. *Die leninistische Geschlossenheit unserer Partei. Artikel des Politbüros des Zentralkomitees der SED,* in: *Neues Deutschland* vom 29. 4. 1956, S. 3 f. (Ausgabe B).

Vielleicht war es aber mit der Haltung zum Stalinismus und seinen Verbrechen einfach so, daß Friedrich Ebert, ein belesener und weitgereister Mann, der jedoch ideell und organisatorisch schon so sehr an jene doktrinäre Version des Marxismus-Leninismus gebunden war, die Wirren der Wirklichkeit mit den vermeintlich klaren Gewißheiten der Lehre verdrängt hat, daß also nicht sein konnte, was nicht sein durfte. *Stalin*, so faßte er einmal seinen Standpunkt in einem Vortrag (1961) zusammen, *war ein Beispiel dafür, daß man viel erleben, aber schließlich sich selbst überleben kann, wenn man losgelöst vom Kollektiv und den breiten Massen des Volkes seinen Weg zu gehen versucht.* Und dann ganz hin zur Verdrängung: *Es wäre falsch, wollten wir diesem Teil der Ereignisse in der Sowjetunion besondere Bedeutung beimessen.*[14] Ähnliches steht in anderen Quellen. Mit dieser Position saß er auch schon Jahre zuvor in der ersten Kommission der SED-Führung zu Fragen des Stalinismus, die den Namen trug „Zur Überprüfung von Angelegenheiten von Parteimitgliedern" und es bei Fragen und Verfahrensweisen zur Rehabilitierung von den in der Sowjetunion verfolgten oder umgekommenen deutschen Kommunisten beließ, die sich wiederum oft auf die Wiederherstellung der Parteimitgliedschaft beschränkte.[15] Doch befaßte sich Friedrich Ebert nicht in erster Linie in Kommissionen und Reden mit dem Stalinismus, schon gar nicht, um sich mit ihm auseinanderzusetzen.

Als Oberbürgermeister im Dienste der SED bestand sein Auftrag darin, die Politik dieser Partei, der das sowjetische Gesellschaftsmodell zugrunde lag und von dessen Führern sie abhängig war, in Ost-Berlin durchzusetzen. So weit die politische Lage und der Berlin-Status[16] es erlaubten, sollte Ost-Berlin an die Strukturen der DDR angeglichen werden, hatte dieser Teil der Stadt die Funktionen der Hauptstadt des Staates zu übernehmen und als solche zuerst die Ergebnisse der SED-Politik zu repräsentieren, ein „Vorbild des sozialistischen Aufbaus" zu sein, was in der Amtszeit von Friedrich Ebert auch nach und nach eintrat. Darüber hinaus war Ost-Berlin natürlich für die „Einheits- und Friedenspolitik" der SED eine erste Größe.[17]

Daraus geht schon hervor, daß der Oberbürgermeister nicht autonom regiert hat. *Ex officio* konnte er Grundfragen vorbereiten, aber nicht selbst entscheiden. Seinen Handlungsspielraum gewährte ihm das Politbüro der SED, im Konkreten auch die Bezirksleitung Berlin der SED, bestimmt wurde er aber wohl von der sowjetischen Berlin-Po-

14 F. Ebert, Rede in der Sitzung des Magistrats am 17. 11. 1961... (wie Anm. 12).

15 Vgl. Protokoll über die erste Sitzung der Kommission des Zentralkomitees zur Überprüfung von Angelegenheiten von Parteimitgliedern vom 19. April 1956, in: Institut für Geschichte der Arbeiterbewegung (im folgenden IfGA), Zentrales Parteiarchiv, J IV 2/202/8-9. Weiteres vgl. *SED und Stalinismus. Dokumente aus dem Jahre 1956*, Berlin 1990.

16 Ausführlich über Status und Geschichte Berlins als Doppelstadt nach der Spaltung, bei Wolfgang Ribbe, *Berlin zwischen Ost und West (1945 bis zur Gegenwart)*, in: ders. (Hrsg.), *Geschichte Berlins*, Bd. 2, München 1987, S. 1027–1124, bes. S. 1036 ff.

17 Vgl. u. a. Friedrich Ebert, Ein Jahr demokratischer Magistrat. Rede im Friedrichstadtpalast am 30. 11. 1949, in: LAB, Außenstelle Breite Straße, Rep. 101/1388. *Verordnungsblatt für Groß-Berlin* (1953), Teil 3, Nr. 4.

litik, die ihre Vertreter vor Ort hatte. Als Quellen darüber gibt es nur Bruchstücke, sie lassen aber den Einfluß des Militärkommandanten, des sowjetischen Beauftragten der Kontrollkommission in Deutschland für Berlin und des Botschafters ahnen.[18] Außerdem unterstand der Oberbürgermeister auf Grund der Verwaltungsreform in der DDR, in der aus den fünf Ländern 14 Bezirke entstanden waren (1952), auch dem Ministerrat der DDR.

Sein Amt trug also mediale Züge, nicht die einer Stadthoheit, was noch dadurch verstärkt wurde, daß Friedrich Ebert in den ersten sechs Jahren seiner Amtszeit ohne eine gewählte Stadtverordnetenversammlung regierte. Teils sollten die Unwägbarkeiten neuer Wahlen nach dem Wahldebakel der SED im Oktober 1946 ausgeschaltet werden, teils hoffte man auf eine Beeinflussung West-Berlins durch die Etablierung der SED in diesem Teil der Stadt, teils fehlte wohl auch die Genehmigung der sowjetischen Seite zu Wahlen in Ost-Berlin, auf die Friedrich Ebert selbst gedrängt hat.

So fungierte zunächst von Ende 1948 bis 1953 ein Gremium der Vorsitzenden der Ost-Berliner Parteien und einiger Massenorganisationen, das Präsidium des Demokratischen Blocks, als Empfehlungs- und Kontrollorgan für den Oberbürgermeister und den Magistrat. Es wachte über die Verteilung der Leitungsposten nach einem Parteienschlüssel, nahm Berichte zur Lage in Ost-Berlin entgegen und unterbreitete Vorschläge zu Verwaltungsfragen. Bei den sogenannten großen Problemen hielt das Präsidium die Zustimmung der Plenarversammlung dieses Blocks für richtig, die niemals versagt wurde und ohne kontroverse Debatten im Grundsätzlichen zustande kam. Gern wurden der wechselnde Vorsitz und das Prinzip einstimmiger Beschlüsse als Zeichen der neuen Demokratie herausgekehrt, doch lagen die Schlüsselpositionen im Magistrat und auch die Mehrheiten der Leitungsämter in den Händen der SED, die auch im Block die Entscheidungen traf. Ihre führende Rolle wurde von den Parteiverbänden und deren Leitungen nach inneren Auseinandersetzungen anerkannt.[19]

Im Zusammenhang mit einer Verwaltungsreform in der DDR kam es dann 1953 zur Bildung einer Volksvertretung Groß-Berlins, deren 130 Mitglieder nicht gewählt, sondern von den Parteien und Organisationen vorgeschlagen wurden. In organisierten Versammlungen traten sie auch als Kandidaten vor die Öffentlichkeit. Im Februar 1953 konstituierten sie sich als Vertretung und wählten Friedrich Ebert zum Oberbürgermeister. Erst am 17. Oktober 1954 durften die Ost-Berliner wieder selbst an die Wahlurnen treten, um über eine Einheitsliste zu befinden, die mehr als 99 Prozent der Stimmen erhielt. Die folgenden Wahlen fielen immer ähnlich aus.[20]

18 Vgl. Friedrich Ebert, Notizen zum Gespräch mit Stadtkommandant Kotikow am 18. Januar 1949, in: LAB, Außenstelle Breite Straße, Rep. 101/728. Befehle der Sowjetischen Militäradministration in Deutschland (bis 1949), in: LAB, Außenstelle Breite Straße, Rep. 101/1930. Reparationsaufträge an Betriebe in Berlin: *A.a.O.,* Rep. 101/707.

19 Vgl. Besetzung und Sitzungsprotokolle des Demokratischen Blocks von Groß-Berlin 1949–1952: *A.a.O.*, Rep. 101/346.

20 Vgl. Bildung der Volksvertretung von Groß-Berlin und der Volksvertretungen in den Stadtbezirken: *A.a.O.,* Rep. 101/369. Wahlunterlagen 1954: *A.a.O.,* Rep. 101/1108.

Friedrich Ebert hat den ihm gebotenen Spielraum als Oberbürgermeister mit und ohne Mandat der Bevölkerung genutzt. In seiner Hand vereinigte er die zentralen Funktionen der Stadtverwaltung. Der Funktionsplan des Magistrats von 1950 billigte ihm unter anderem zu: die Kommission für staatliche Kontrolle in Groß-Berlin, das Amt für Reparaturen, das Amt für Planungskontrolle, die Volkspolizei, die Aufsicht über die Staatsanwaltschaft, das Amt für Informationen und das Amt für Kirchenfragen.[21] Spätere Strukturpläne haben seinen Verantwortungsbereich noch erweitert. Die reichlich vorhandenen Quellen über den Magistrat und den Oberbürgermeister zeigen, daß unter ihm hart gearbeitet wurde.

Er baute die Verwaltung zu einem Machtorgan der SED aus, auf die Bezeichnung „Groß-Berlin" legte er stets Wert. Noch im Dezember 1948, gleich nach seiner Amtsübernahme, forderte er die Angestellten auf, sich nunmehr von bürokratischen Formalisten zu Aktivisten zu entwickeln. Der unpolitische Angestellte im öffentlichen Dienst wurde verdammt, dafür das Bekenntnis zum Regime vor die fachliche Eignung gesetzt und als schriftliche Erklärung von den Mitarbeitern der Verwaltung eingeholt. Etwa von 1950 an ging es schon um die Verpflichtung, die Beschlüsse der SED auszuführen, was in der folgenden Zeit zum Generalprinzip wurde.[22] Friedrich Ebert hat die Stadtverwaltung Ost-Berlins oft als Ausdruck der *geschichtlich neuen Demokratie* der Arbeiterklasse klassifiziert. Diese offizielle Moral, die in der Regel von der Volkskammer der DDR übernommenen Gesetze und die dem Oberbürgermeister unterstehende Staatsanwaltschaft sicherten den Aufbau ab. Sie gingen gegen Schieber und Hamsterer vor, noch mehr gegen politisch Andersdenkende. Zielscheiben waren die SPD-Organisationen und Kirchengemeinden, ebenso Gruppen und Personen aus dem, wie Willy Brandt es formuliert hat, *hochkarätigen Nachrichtenzentrum West-Berlin*, die dem System geschadet haben.[23]

Die sozialistische Planwirtschaft mit den volkseigenen Betrieben, die zeitweise Friedrich Ebert ebenfalls zur Anleitung und Kontrolle unterstellt waren, ging von einem Zweijahrplan zu einem Fünfjahrplan, dann zu einem 7-Jahre-Rhythmus über, dem wieder Einjahrespläne folgten. Sie sahen auf der sozialen Seite Vollbeschäftigung, billiges Wohnen, kostenlose gesundheitliche Betreuung, ein Feriensystem vor, aber auch die Steigerung der Leistung der Wirtschaft. Ersteres war zu haben, letzteres trat nur partiell ein. Der Wohnungsbau aus den Trümmern des Krieges gehörte zu den von Friedrich Ebert bevorzugten Aufgaben. Er machte seinen Einfluß auch für den Wiederaufbau des Brandenburger Tores und des Roten Rathauses geltend, kümmerte sich

21 Vgl. *a.a.O.*, Rep. 101/570 u. 728. Friedrich Ebert, Rede vor den Angestellten des Magistrats am 21. 12. 1948: *A.a.O.*, Rep. 101/1321. Ders., Rede vor den Angestellten des Bezirksamtes Prenzlauer Berg, Januar 1949: *A.a.O.*, Rep. 101/369. Unterlagen über die Verpflichtung auf Beschlüsse der SED: *A.a.O.*, Rep. 101/1190 u. a.

22 Vgl. *ebda.*

23 Vgl. Berichte des Generalstaatsanwaltes von Groß-Berlin, z. B. für 1955, in: LAB, Außenstelle Breite Straße, Rep. 101/382, Willy Brandt, *Begegnungen und Einsichten. Die Jahre 1960–1975*, Hamburg 1976, S. 15.

drastischen darauf hinaus, wegen politischer Differenzen Menschen zu Verbrechern zu stempeln, wovon „Fälle" nachweisbar sind.[30]
Friedrich Ebert hat nicht nur generell, sondern auch speziell die Töne des Regimes zur Machtausübung mit vorgegeben. Das „Wie" mag ein Blick in Akten vom Arbeiteraufstand im Juni 1953 erhellen. Auf Anforderung schickte der Generalstaatsanwalt von Ost-Berlin (Groß-Berlin) an den Oberbürgermeister einen Gesamtbericht zu den Ereignissen, datiert vom 16. Juli 1953. Er enthält die Zahl der festgenommenen Personen nach den Unterlagen der Staatsanwaltschaft, dann die Zahl der Gerichtsverfahren und die Graduierung der Verurteilungen von einem bis zu zehn Jahren Haft, die auch West-Berliner betrafen.[31] Den Bericht beantwortete Friedrich Ebert mit einem Schreiben vom 17. Juli 1953, in dem er dem Oberstaatsanwalt mitteilte: *Auf der politischen Ebene* [gemeint war das Politbüro der SED, R. K.] *gab es gestern u. a. auch eine Aussprache über die aus Anlaß des 17. Juni durchgeführten Strafverfahren. Allgemein wurde die Auffassung vertreten, daß insgesamt die Urteile verhältnismäßig milde ausgefallen sind ...*[32]
Ein Appell Friedrich Eberts an die Ost-Berliner Lehrerschaft zur Eröffnung des Schuljahres 1961/1962, gerade als die Grenze geschlossen war und die Mauer gebaut wurde, mag noch einen weiteren Eindruck vermitteln. Zu dieser Zeit mußten Schüler, die von ihren Eltern jahrelang in West-Berliner Schulen geschickt worden waren, wieder in das Bildungssystem der DDR eingegliedert werden. Angesichts der massiven Ablehnung durch viele linientreue Lehrer empfahl der Oberbürgermeister am 31. August 1961, die Kinder nicht mit einer *großen Zuckertüte zu empfangen. Notwendig aber ist es, sich ernstlich um sie zu bemühen, damit sie sich bei uns allmählich wohl und sicher fühlen und mit dem Bildungsgrad ihrer Kameraden gleichziehen können. Nach geraumer Zeit wird man sehen, wie weit diese Bemühungen der Lehrer und Erzieher und der Pionierorganisation Erfolg hatten. Es bleibt dann immer noch die Möglichkeit, andere Methoden anzuwenden oder Maßnahmen wirksam zu machen.*[33] Sind sie nicht willig, brauchen wir Gewalt, totalitäre Pädagogik für Objekte der Politik.

30 Vgl. die Eingabe im Fall des Apothekers Stegemann und weitere politische Eingaben an den Oberbürgermeister Ebert. Stegemann wurde u. a auf seinen Geisteszustand untersucht. Dezember 1949: *A.a.O.*, Rep. 101/120.

31 Der Bericht lautet: *Bericht zu den Vorgängen des 17. Juni 1953. 16. Juli 1953. 1. 2285 Personen festgenommen nach den der Staatsanwaltschaft vorliegenden Unterlagen. 2. Ohne Verfahren und ohne Haftbefehl nach wenigen Tagen durch die Untersuchungsorgane 1309 Personen entlassen und das Verfahren eingestellt. 3. An die Staatsanwaltschaft wurden 971 Personen übergeben. 4. Vom Staatsanwalt wurden 621 Personen freigelassen und das Verfahren eingestellt. 5. Gegen 263 (42) Personen wurde Anklage erhoben. 6. Davon wurden wie folgt verurteilt: bis zu 1 Jahr Haft 78 (10) Personen, von 1 bis zu 5 Jahren Haft 47 (9) Personen, von 5 bis zu 10 Jahren Haft 10 (5) Personen. Freispruch 17 Personen (7). Einstellung 92 (8) Personen. 7. Der Anteil der Westberliner ergibt sich aus den beigefügten ( ) Zahlen. Hein.* Enthalten in den Berichten des Generalstaatsanwaltes von Groß-Berlin an Oberbürgermeister Ebert, in: *A.a.O.*, Rep. 101/382.

32 Vgl. *ebda.*

33 Friedrich Ebert, Appell zur Eröffnung des Schuljahres 1961/62, in: LAB, Außenstelle Breite Straße, Rep. 101/1414.

Der Anteil der brachialen Mittel an der Herrschaft des Regimes, insbesondere gegen politisch Oppositionelle, sollte aber auch nicht überschätzt werden. Die Wirkung auf die Bevölkerung ging vor allem von dem System der organisatorischen und ideologischen Überwältigung aus, verbunden mit der Vision von einem menschenwürdigen Sozialismus, die den Menschen suggeriert wurde. Ein solches System war deshalb nicht stabil, es hat Erschütterungen gegeben, aber es hat auch immer wieder oppositionelles Denken und Handeln in breiten Schichten der Bevölkerung gelähmt, hat offene Gewalt nicht nur eingeschränkt, sondern auch legalisiert.[34]

Friedrich Ebert hat also ein vielschichtiges, nicht ein nacktes und durchsichtiges Unterwerfungsprinzip vertreten und selbst zutiefst an die Segnungen für die Bevölkerung Ost-Berlins geglaubt. Die anschwellenden Mitgliederzahlen und die Bekenntnisse in den Parteien und Organisationen waren ihm dafür beredtes Zeugnis, ebenso die Wahlkreuze auf der Einheitsliste mit Friedrich Ebert als einem der Spitzenkandidaten, die nicht er ausgefüllt hat. 1967, im Alter von 73 Jahren, übergab er seine Funktion an Herbert Fechner, SED, dessen erste Amtshandlung die Übergabe der Ehrenbürgerschaft von Berlin an Friedrich Ebert war, die dritte, die die Ost-Berliner Stadtverordnetenversammlung verliehen hat.[35] Er übte danach weiterhin hohe Ämter zur Repräsentation der DDR und der SED aus.[36]

Dieser Überblick über die politischen Positionen eines Oberbürgermeisters und Trägers der SED wirft nun die zentrale Frage vieler Biographien zur jüngeren deutschen Geschichte auf, nämlich die nach der Wirkung der Demagogie totalitärer Regime auf die Menschen. Scheint sie bei Erzkommunisten wie Ulbricht, Honecker, Mielke und anderen Leuten der SED-Führung nahezuliegen, weil auf ihre frühe Einreihung in die KPD und deren Stalinisierung zurückgegriffen, weil sie auf die politischen Strukturen oder auf den individuellen, psychologischen Hintergrund mit Motivstrukturen, Verhaltensnormen oder Affektlagen usw. eingeengt werden kann, so läßt sich die Frage bei Friedrich Ebert mit seinem späten Übergang von der Sozialdemokratie zum Kommunismus nicht so leicht beantworten. Ursachen für eine Totalitarismus-Affinität, deren Wurzeln in der Heimatlosigkeit des Menschen liegen, *in seiner geistigen und moralischen Orientierungsnot, seiner personalen Schwäche, seinem blinden Hunger nach den vermeintlichen Gewißheiten einer „Weltanschauung“*,[37] dürften wohl auf Friedrich Ebert nicht zutreffen. Vielleicht können mit der biographischen Darstellung verschiedener Lebensabschnitte Eberts Erklärungen gefunden werden. Bei Friedrich Ebert waren die familiären Bedingungen für eine glückliche Kindheit und ein solides Fortkommen gegeben: tatkräftige Eltern, eine intakte Familie mit materiellem Auskommen und Mög-

34 Vgl. P. Przybylski, *Tatort...* (wie Anm. 11).

35 Vgl. Stenographischer Bericht von der Konstituierung des Magistrats von Groß-Berlin am 5. 7. 1967: LAB, Außenstelle Breite Straße, Rep. 101/ o 1344.

36 Vgl. P. Przybylski, *Tatort...* (wie Anm. 11), S. 313 u. 318.

37 Vgl. Joachim C. Fest, *Das Gesicht des Dritten Reiches. Profile einer totalitären Herrschaft*, München 1963, S. 12.

lichkeiten der Bildung. Als er am 12. September 1894 in der alten Hansestadt Bremen in der Brautstraße 16, einer lebhaften Geschäftsstraße unweit der Kleinen Weser, zur Welt kam, war der Vater 23 Jahre alt und erst im vierten Jahr in der Stadt. Seine Ehe, am 9. Mai 1894 mit der drei Jahre jüngeren Luise Rump geschlossen, war erst vier Monate alt. Die Mutter galt als *fein und still.*[38] Sie war, so schildert sie ein Biograph, *ihrem Manne eine hingebende Gattin, eine gleichstrebende Kameradin, eine treffliche Wirtschaftlerin und Gehilfin, und den Kindern – in sechs Jahren gebar sie fünf Kinder – eine liebende, treusorgende Mutter.*[39] Friedrich Ebert genoß die Aufmerksamkeit eines Erstgeborenen. Erst in den folgenden Jahren hat er bewußt wahrgenommen, daß die Eltern auf ein arbeitsreiches Leben eingerichtet waren, das sie der Sozialdemokratischen Partei widmeten, der sie beide angehörten. Der Vater, Friedrich Ebert, ein Pfälzer aus Heidelberg, war zwar katholisch erzogen worden, ging aber früh zur politischen Bewegung über und stand bereits bei Innungsmeistern in Hannover, Braunschweig, Bochum, Kassel und Elberfeld, den Stationen seiner Wanderschaft, auf der roten Liste, denn er wirkte überall erfolgreich als überzeugender Redner und Organisator für die Partei. In Bremen fand er dann eine zweite Heimat. 1893, kurz vor der Geburt des ersten Sohnes, konnte er „Fritz Eberts Restauration und Bierhalle" pachten und eine Parteistellung als Vorstand des Arbeitersekretariats in der Stadt erlangen, das den Arbeitern sozialen und juristischen Beistand gewährte. Der Vater saß auch im Bremer Stadtparlament und kandidierte später für den Reichstag. 1905 wurde er als Sekretär in den Vorstand der Partei gewählt. Nach dem Tode von August Bebel erhielt er das Vertrauen als erster Vorsitzender der SPD.[40] Die Deutsche Nationalversammlung von Weimar wählte ihn auf ihrer Sitzung am 11. Februar 1919 zum Reichspräsidenten der neuen Republik.[41] Dieser Vater mußte dem Sohn Friedrich Ebert ein großes Vorbild sein. Er war aber kein Musterschüler in der Bremer Volksschule, denn was bedeutete die karge Kost der Volksschullehrer, die ihm den „roten Vater" und die Absage an den Religionsunterricht ankreideten, gegen die Möglichkeiten im Elternhaus. In Bremen und Berlin-Rummelsburg, Neue Bahnhofstraße 12, wohin die Familie 1905 übersiedelt war, lernte der nun elfjährige Friedrich Ebert in der väterlichen Stube die Köpfe der deutschen Sozialdemokratie kennen: August Bebel und Paul Singer, Ignaz Auer, Wilhelm Pfannkuch und Hermann Molkenbuhr. Auch die materiellen Möglichkeiten der Familie waren für seine Entwicklung von Vorteil. Sein erster Biograph hat ermittelt: *Ihre finanzielle Lage hatte sich im Vergleich zur Zeit in Bremen wesentlich verbessert. Statt etwa 2400 Mark, die der Vater dort zuletzt jährlich verdient hatte, betrug sein Einkommen als Sekretär des Parteivorstandes nunmehr 4200 Mark. So konnte es sich die Familie auch leisten, in der Nähe des Treptower Rathauses ein Laubengrundstück zu pachten, das der Erholung*

38 Vgl. *Friedrich Ebert und seine Zeit,* Charlottenburg o. J., S. 10.
39 Friedrich Ebert, *Schriften. Aufzeichnungen. Reden,* Dresden 1926, S. 57.
40 Vgl. *Friedrich Ebert und seine Zeit...* (wie Anm. 38), S. 10 f.
41 Vgl. Friedrich Ebert, *Schriften...* (wie Anm. 39), S. 98.

diente und gleichzeitig regelmäßigen körperlichen Ausgleich ermöglichte. Der junge Friedrich Ebert war häufig dort anzutreffen.[42]

In Berlin beendete er 1909 als Primus seiner Klasse die Knabenmittelschule. Nunmehr im 15. Lebensjahr, begann er, ganz seinen Neigungen zum Buch, zur Sprache und zur Schrift folgend, eine Lehre als Buchdrucker, die vier Jahre dauerte und mit einem 10-Stunden-Arbeitstag wenig Freizeit ließ. Trotzdem trat er gleich zu Beginn der Lehrzeit der sozialistischen Arbeiterjugend und dem Arbeiterjugendbildungsverein in Treptow bei. Hier las er ausführlich in den Schriften der Stammväter der Sozialdemokratie. Die Einsichten in die Werke von Karl Marx, Friedrich Engels, Ferdinand Lassalle, August Bebel, Franz Mehring und anderer Männer der Arbeiterbewegung fanden ihre Ergänzung durch die Erfahrungen aus Fabriken und Handwerkerbetrieben, die ihm nun besser als zuvor in den Organisationen zugänglich waren. Das Zusammenfließen von Theorie und Praxis, so bescheiden es sich auch dargestellt haben mochte, hat sicher dazu beigetragen, daß er trotz karg bemessener Freizeit Aufgaben in einer Jugendschutzkommission übernahm, die sich für Lehrlinge einsetzte.

In dieser Zeit, so berichtete Friedrich Ebert viele Jahre später, ist es zu größeren Auseinandersetzungen mit dem Vater gekommen, weil der Sohn sich an Antikriegskundgebungen beteiligt hat. Der Vater drohte sogar, ihn aus dem Hause zu werfen. Doch war dies nicht gegen den Charakter der Demonstration gerichtet, der Streit kam aus Sorge um den unmündigen Jungen zustande. Der Parteivorsitzende hat selbst noch im Juni 1914 eine große Antikriegsdemonstration in Berlin organisiert oder zumindest dabei geholfen.[43] Andere Auseinandersetzungen wurden nicht überliefert, erst nach dem Zweiten Weltkrieg wandte sich der Sohn von den Ideen des Vaters ab.

Im April 1913 beendete er die Lehre, am 1. Mai trat er der Sozialdemokratischen Partei und dem Verband der Deutschen Buchdrucker bei. Es folgte eine Zeit als Geselle, er arbeitete als Buchdrucker in Berlin, dann in Nürnberg, wo er sich als Maschinenführer weiterbildete und journalistisch versuchte. In den Auseinandersetzungen zwischen den Flügeln der SPD stand Friedrich Ebert auf dem Boden des Erfurter Programms der Sozialdemokratie (1891). Er war voller Zuversicht, daß die Arbeiter ihre Lage auf friedlichem Wege, durch Wahlerfolge und Reformen verbessern konnten. Bestätigung fand er hinreichend in den Geschehnissen im kaiserlichen Deutschland, wo zum Beispiel im Januar 1912 die SPD 4,25 Millionen Wählerstimmen auf sich vereinte und als stärkste Fraktion in den Reichstag einziehen konnte, mit ihr erstmals der Vater.

Den Ausbruch des Ersten Weltkriegs erlebte Friedrich Ebert in Nürnberg. An seiner Meinung über die Haltung der Sozialdemokratie änderte sich auch unter dem Eindruck des Krieges nichts, er akzeptierte diese uneingeschränkt. Im Dezember 1915 ging er als Infanterist zum Militär, mußte an die Front nach Frankreich, dann nach

42 H. Voßke, *Friedrich Ebert...* (wie Anm. 6), S. 19.

43 Vgl. F. Ebert, *Den Massen ein klares Bild von der Geschichte des Opportunismus...* (wie Anm. 3), S. 295 ff.

Rußland, wo er 1916 schwer verwundet wurde und nach der Genesung wieder in die Feuerlinie kam. Wie er 1917 auf die Nachricht vom Kriegstod seiner beiden Brüder Heinrich und Georg reagiert hat, ist noch nicht bekannt, seinen zweiten Sohn sollte er später Georg nennen. Der Vater hat ihn jedenfalls mit den Möglichkeiten des Hindenburgprogramms nicht von der Front zurückgeholt und die *unumgänglichen Opfer des Krieges* gebracht, um das Vaterland zu verteidigen oder genauer, um nicht gegen seine Überzeugung zu handeln.[44] Ende Dezember 1918 kehrte Friedrich Ebert von der Front in Frankreich wieder in das väterliche Haus nach Berlin zurück, voller Hoffnung, daß die Zeit nach der Abdankung des Kaisers für die Ideen der Sozialdemokratie günstig sei. Mit 24 Jahren lebte er zunächst wieder in der anregenden Atmosphäre des Elternhauses.
Friedrich Ebert begrüßte den Erfolg der SPD bei den Wahlen zur Deutschen Nationalversammlung im Januar 1919, jubelte über ihre Position als wählerstärkste Partei und über die Wahl des ersten Reichspräsidenten. Persönlich traf er Lebensentscheidungen. 1920 heiratete er die drei Jahre jüngere Johanna Elisabeth Vollmann, die aus einer Nürnberger Arbeiterfamilie kam. Arbeit fand er als Redakteur beim sozialdemokratischen „Vorwärts", dem Zentralorgan der SPD, für das er bis 1925 wirkte. In dieser Zeit lernte er Berlin aus der Sicht eines Berichterstatters genauer kennen: die Geschehnisse im Reichstag und in der Stadtverordnetenversammlung, aber auch die Gerichtssäle, die Notlagen der Ärmsten und die Kriminalität, schließlich vieles, was den Alltag der Menschen ausmachte.
Im elterlichen Hause aber, dem Hause des Reichspräsidenten in der Wilhelmstraße, hörte und sah er mehr als andere in der Weimarer Republik: die Größe des Vaters als Staatsmann und den selbst gewählten bescheidenen Glanz seines Amtes als deutsches Staatsoberhaupt, das Kommen und Gehen deutscher Politiker und vieler Diplomaten mit ihren endlosen Noten und Plänen. Und er sah ohne Distanz die Bedrängnisse und Leiden des Vaters, dessen seelische und physische Kräfte unter den unaufhörlichen Anfeindungen aus allen Lagern und auch aus der eigenen Parteifraktion allmählich zerrüttet wurden. Gerade am 9. Mai 1919, dem Tag der Silbernen Hochzeit, traf ihn der Text des Versailler Vertrages. Am 4. Februar 1920, des Präsidenten Geburtstag, kamen die Auslieferungslisten der von der Entente als Kriegsverbrecher zur Aburteilung vor französischen Gerichten verlangten Deutschen. Der Sohn wußte, wie der Vater nach der telegrafischen Mitteilung über die Ermordung des Ministers Walther Rathenau, die dieser in Freudenstadt erhielt, wie versteinert war und eine Zone des bitteren Schweigens um sich verbreitete, bis er, gesundheitlich in äußerst schlechter Verfassung, nach Berlin zurückkehrte, um am Sarg die Gedächtnisrede zu halten. Er erlebte, wie 1922/1923, nach der Bestätigung des Reichspräsidenten im Amt, eine Hetze gegen ihn losbrach, die so wild war, daß der Vater nach Ablehnung zahlloser Strafanträge wegen

44 Vgl. H. Voßke, *Friedrich Ebert...* (wie Anm. 6), S. 11.

Beleidigung doch allein in fünf Monaten 173 Klagen unterschreiben mußte wegen der Staatsautorität. Hinzu kamen die unzähligen platten Witze über die Herkunft des Präsidenten, den „Sattler im Sattel“ und „seine Ebertsche“. Weihnachten 1924, am Heiligen Abend, gelangte das Urteil eines Magdeburger Schöffengerichts in einer Klagesache gegen den Reichspräsidenten in das Haus der Familie Ebert. Das Papier verurteilte zwar das Staatsoberhaupt nicht, aber bezeichnete ihn in der Urteilsbegründung gegen den Kläger doch als einen Landesverräter, weil er am Munitionsarbeiterstreik 1918 teilgenommen habe. Am 23. Februar 1925 mußte der Vater am Blinddarm operiert werden. Diese Notoperation übernahm einer der besten Chirurgen Berlins, August Bier, konnte ihm aber nicht mehr helfen. Am 28. Februar, gegen Morgen, kniete Friedrich Ebert mit der Familie am Bett des Sterbenden. Dann erlebte er gemeinsam mit den ihm nahestehenden Verwandten das Staatsbegräbnis, saß stundenlang vor der Öffentlichkeit am aufgebahrten Sarg im Arbeitszimmer des Vaters und begleitete ihn dann am 4. März 1925 zu Fuß im Trauerzug durch das Zentrum Berlins, schließlich im Zug mit Halt in vielen deutschen Städten nach Heidelberg, ein Trauerzug ohne Ende.[45]

Wie Friedrich Ebert die Ereignisse der Weimarer Republik, speziell die ihn persönlich betreffenden, verarbeitet und was er Mitte der zwanziger Jahre über das Staatswesen gedacht hat, sollte noch aufgehellt werden. Zwei Dinge lassen bereits heute Rückschlüsse auf heftige Gemütsbewegungen und Ambivalenzen zu. Binnen weniger Monate nach dem Tode seines Vaters legte er als Herausgeber ein Buch über „Friedrich Ebert. Schriften, Aufzeichnungen, Reden. Mit unveröffentlichten Erinnerungen aus dem Nachlaß, Dresden 1926“ vor, das nicht allein von verlegerischer Tüchtigkeit spricht. Es zielte auf die Rechtfertigung des Vaters, auf die Darstellung seiner politischen Leistung als Partei- und Staatsmann. Noch rascher wechselte er die Arbeitsstelle und den Wohnort, er zog von Berlin nach Brandenburg. Vielleicht war es Flucht vor den Berliner Erlebnissen, vielleicht Suche nach eigener Individualität, auf jeden Fall brachte die Veränderung Abstand vom bisherigen Geschehen und einen neuen Lebensabschnitt.

Seine ersten Brandenburger Jahre bis 1933 – nach dem Kriege sollte er ein zweites Mal in dieser Stadt wirken – lassen sich als „Reife- und Erfolgszeit“, in der seine unverwechselbare Individualität als Kommunalpolitiker Konturen gewann, charakterisieren. Friedrich Ebert arbeitete kurze Zeit als Redakteur, dann als Chefredakteur der sozialdemokratischen „Brandenburger Zeitung“. Seit 1928 gehörte er dem Reichstag an. Im Jahr darauf wurde er in die Stadtverordnetenversammlung der Stadt Brandenburg gewählt, in der er das Amt des Vorstehers übernahm. In dieser Zeit vergrößerte sich auch seine Familie. Am 18. Juli 1927 kam der erste Sohn zur Welt, der den Namen Friedrich erhielt, sein Sohn Georg wurde am 26. Januar 1931 geboren. In der täglichen politischen Kleinarbeit engagierte sich Friedrich Ebert im Sinne des Heidelberger Pro-

45 Vgl. *Friedrich Ebert und seine Zeit...* (wie Anm. 38), S. 22 ff.

gramms der SPD, stand für die Partei gegen die Nazis ein und hielt sich von der KPD fern. Erst kurz vor der Machtübernahme durch die Nazis schien sich in der Frage gemeinsamer Versammlungen und Proteste eine Änderung anzubahnen. Mit den ersten schlimmen Monaten des Jahres 1933 begannen für ihn zwölf lange Jahre des Leidens. Nachdem er im März 1933 nochmals für den Reichstag kandidiert hatte, verlor er im Sommer durch die Konfiszierung des Vermögens der SPD sein Wirkungsfeld als Politiker, als Chefredakteur seine Zeitung, als Gehaltsempfänger seinen Arbeitsplatz. Er wurde aus seiner Brandenburger Wohnung getrieben und fand bei der Mutter in Berlin Zuflucht, während seine Frau mit den Söhnen nach Nürnberg zu ihren Verwandten fuhr. Am 1. Juli 1933 holten ihn die Nazis aus der Wohnung der Mutter. Er mußte durch die Konzentrationslager Oranienburg und Papenburg, von hier kam er in die Konzentrationslager Börgermoor und Lichtenburg. Nach einer Intervention der Familie und aufgrund ausländischer Berichterstattung, auf die es zunächst keine Reaktion gab, wurde er Ende 1933 mit Auflagen entlassen. Dieser erste Teil des Leidensweges unter den Nazis hat ihn seelisch stark erschüttert, aber politisch nicht gebrochen. Obwohl er bis 1939 keine feste Arbeit fand und mit dem Freitod seiner Frau fertig werden mußte, knüpfte er Kontakte zu Widerstandsgruppen und kam dabei auch mit Kommunisten in Verbindung, die gleich ihm litten und kämpfen wollten, so mit Robert Uhrig, der die Berliner Widerstandsgruppen der KPD leitete, bis ihn die Nazis im Zuchthaus Brandenburg ermordeten.
Mit 45 Jahren wurde Friedrich Ebert zur Wehrmacht eingezogen und mußte in einer Felddruckerei an der Westfront arbeiten, bis er 1940 bei der Bildung einer Wehrmachtsreserve die Entlassungspapiere erhielt. Im Reichsverlagsamt fand er eine schlechtbezahlte, einfache Tätigkeit. Er heiratete noch einmal, seine zweite Frau Maria hatte er in einer Widerstandsgruppe kennengelernt. Das Ende des Zweiten Weltkrieges erlebte Friedrich Ebert in Berlin-Karow, wo er bei Sozialdemokraten untergekommen war.[46]
In Berlin-Karow knüpfte er auch wieder Kontakte zur sozialdemokratischen Bewegung in Berlin. Sein Mitgliedsausweis trägt das Datum vom 1. Juli 1945. Mit der Arbeit unter dem Zentralausschuß der SPD in Berlin begann er sein zweites politisches Leben: Zunächst arbeitete er als Sekretär der SPD für die Provinz Brandenburg und setzte sich für das Zusammengehen mit den Kommunisten in praktischen Fragen des Tages ein. Als im Herbst 1945 von der KPD die Frage der baldigen Vereinigung aufgeworfen und die Sozialdemokraten dazu gedrängt wurden, suchte auch Friedrich Ebert den richtigen Weg – den von Kurt Schumacher eingeschlagenen Kurs wollte er nicht mittragen, an einem Reichsparteitag der SPD als Bedingung der Vereinigung aber auch nicht vorbeigehen. Er entschied sich, aus welchen Gründen auch immer, für den von Grotewohl vertretenen Weg zu einer Einheitspartei, was für die Fusionsgegner im Land Branden-

46 Vgl. H. Voßke, *Friedrich Ebert...* (wie Anm. 6), S. 199.

burg eine Kehrtwendung und ein „Umfallen“ war, während die Befürworter der Einheitspartei ihn gern an ihrer Spitze sahen.[47]
Von 1946 bis 1948/1949 bekleidete Friedrich Ebert hohe Funktionen in der Mark Brandenburg. Er war einer der beiden Vorsitzenden der Provinzorganisation der SED, die über 144 000 Mitglieder zählte und 1947 auf über 200 000 kam. Er wurde Präsident der dortigen Beratenden Versammlung bei den Verwaltungsorganen, eine gewählte Körperschaft gab es noch nicht. Nach den ersten Kommunalwahlen 1946 übernahm er die Funktion des Landtagspräsidenten der Provinz und vertrat hier die Linie der SED. Nach seiner Wahl in den Vorstand der SED kam er 1947 auch in das Zentralsekretariat, die eigentliche Führungsinstanz. Noch auf dem II. Landesparteitag der SED berief sich Friedrich Ebert auf die sozialdemokratischen Traditionen des 19. und 20. Jahrhunderts als eine der Grundlagen der SED, wovon auf dem III. Parteitag schon keine Rede mehr war. Als er am 2. November 1948 eine Reise in die Sowjetunion, seine erste in dieses Land, antrat, wußte er nach allem Bekannten noch nicht, daß er Tage später die Funktion des Oberbürgermeisters von Ost-Berlin übernehmen sollte. Pieck und andere Leute der SED-Führung hatten sich wahrscheinlich schon seit August 1948 mit dieser Frage befaßt, mit den dramatischen Ereignissen im Herbst mußte sie entschieden werden, und die Wahl fiel aufgrund seiner für die SED-Politik günstigen Voraussetzungen auf ihn.[48] Am 21. November 1948 kehrte Friedrich Ebert nach Berlin zurück. In den folgenden Stunden muß das von seinem ersten Biographen erwähnte Zweistundengespräch zwischen Pieck, Grotewohl und Ebert stattgefunden haben, nach dem er sich kurze Bedenkzeit ausbat und dann, nach einem Gang der Besinnung durch Ost-Berlin, annahm. Die von der SED organisierte Versammlungs- und Demonstrationswelle gegen den alten Magistrat beziehungsweise seine Vertreter aus SPD, CDU und LPD, die Majorität, erlaubte es dieser Partei, Friedrich Ebert in das Amt des Oberbürgermeisters zu heben. In seiner ersten Rede noch am 30. November 1948 kündigte er baldige Wahlen an und versprach auch die Einheit Berlins, für die er Ernst Reuter, Otto Suhr und Willy Brandt in der Tat nicht wenige Vorschläge unterbreitet hat, doch war eine Wahl zu den Bedingungen der SED und eine Einheit im Zeichen der SED gemeint, für eine Politik, die dann doch nicht ohne eine Mauer auskam.[49]
Über drei Jahrzehnte nach seiner Amtsübernahme, zu seinem 85. Geburtstag im Jahre 1979, kurz vor seinem Tode, äußerte sich Friedrich Ebert rückblickend über sein Leben in den beiden Weltbildern unserer Zeit, dem sozialdemokratischen und dem sta-

47 Vgl. ausführlich bei Harald Hurwitz, *Zwangsvereinigung und Widerstand der Sozialdemokraten in der Sowjetischen Besatzungszone und Berlin,* Köln 1990, S. 81 f.; Karl Urban/Joachim Schulz, *Geschichte der Landesparteiorganisation Brandenburg der SED, 1945–1952. Die Vereinigung von KPD und SPD zur SED in der Provinz Brandenburg,* Potsdam 1985.

48 Vgl. IfGA, NL 36/742.

49 Vgl. die Vorschläge (Briefe) von F. Ebert an Otto Suhr vom 8. 6. 1955, in: LAB, Außenstelle Breite Straße, Rep. 101/369, an Willy Brandt vom 7. 11. 1958, Rep. 101/532 und 1740. Weiteres in anderen Akteneinheiten.

linistischen, wobei er die Gratulanten von der Führung der SED seiner Treue versicherte. Aber man muß sich auch diesen Satz über sein Leben vor Augen halten, den er als ersten sagte: *85 Jahre, das ist, na es war erträglich, aber es war manchmal sehr schwer, besonders in den Jahren seit 1945* ... Am Dienstag, dem 4. Dezember 1979 morgens, erlag Friedrich Ebert in Berlin einem Herzversagen.[50]

50 Zitiert bei H. Voßke, *Friedrich Ebert...* (wie Anm. 6), S. 199. Zum Forschungsstand über die Familie Ebert vgl. auch Rudolf König/Hartmut Soell/Hermann Weber (Hrsg.), *Friedrich Ebert und seine Zeit. Bilanz und Perspektiven der Forschung,* München 1991.

Herbert Fechner

von Wolfgang Ribbe

Ost-Berlin ist in der DDR gelegentlich als der 15. Bezirk der Republik behandelt worden. Entsprechend den Räten der Bezirke wurde der Magistrat von Berlin (Ost) durch den Ministerrat angeleitet. Auch für ihn galt das Prinzip der doppelten Unterstellung (Anleitung und Kontrolle).[1] Aber erst seit Ende 1976, also nach der Amtszeit von Herbert Fechner, gehörte der Ost-Berliner Oberbürgermeister auch dem Präsidium des Ministerrates an. Sein Mandat erhielt er nominell von der Stadtverordnetenversammlung, die im fünfjährigen Turnus nach dem Prinzip der Einheitsliste gewählt wurde. Sie tagte nur sporadisch, wählte neben dem Oberbürgermeister seinen ersten Stellvertreter und setzte zehn weitere, für bestimmte Fachgebiete zuständige Stellvertreter ein sowie zehn Stadträte mit eigenen Ressorts und den „Sekretär des Magistrats". Außer einigen wenigen Vertretern der Blockparteien gehörten alle Magistratsmitglieder der SED an.[2] Sie waren an Weisungen des Ministerrates und Vorgaben ihrer Partei gebunden. Das Amt des Oberbürgermeisters von Berlin-Ost war also nicht mit hochrangigen Entscheidungskompetenzen verknüpft. Im Falle des Oberbürgermeisters Friedrich Ebert trat dieses Manko nicht so deutlich hervor, weil er zugleich wichtige Positionen in der Partei- und Staatsführung innehatte, die ihm weitreichenden Einfluß sicherten. Ebenso war Ebert durch sein Herkommen mit Autorität ausgestattet, was er zu nutzen wußte.[3]

Zeitzeugen des Amtswechsels von Ebert auf Fechner sind übereinstimmend der Auffassung, „man" wollte als Nachfolger Friedrich Eberts, der *sich eingemischt hatte*, einen schwachen Oberbürgermeister, der lediglich Anweisungen ausführte und im übrigen die Teilstadt im öffentlichen Leben repräsentierte. Dazu schien Herbert Fechner bestens geeignet. Nach einer regionalen Parteikarriere hatte er als Bezirksbürgermeister sowie als Stadtrat und stellvertretender Oberbürgermeister Verwaltungserfahrung sammeln können, doch reichte diese schließlich wohl nicht aus, um in der Funktion des Oberbürgermeisters den repräsentativen Ausbau von Berlin-Ost zur national und international vorzeigbaren Metropole und Hauptstadt der DDR zu begleiten. Trotz der eingeschränkten Verantwortung der Stadtverwaltung und der eindeutigen Dominanz der Partei- und Staatsführung auch in dieser Angelegenheit, die den Oberbürgermeister nur als ausführendes Organ duldete, mußte Fechner schließlich einem noch jun-

1 Siegfried Mampel, *Die politische Ordnung im Sowjetsektor und ihre Stellung zur Sowjetzone*, in: *Berlin – Sowjetsektor. Die politische, rechtliche, wirtschaftliche, soziale und kulturelle Entwicklung in acht Berliner Verwaltungsbezirken*, Berlin 1965, S. 54–76, bes. S. 68.

2 Vgl. das *Gesetz über die örtlichen Organe der Staatsmacht* vom 17. 1. 1957, in: *Gesetzblatt* 1957 I, S. 72.

3 Vgl. dazu den Beitrag über Friedrich Ebert von Rainer Kubatzky in diesem Band sowie die Biographie des Oberbürgermeisters von Heinz Voßke, *Friedrich Ebert. Ein Lebensbild*, Berlin 1987, die unter Verwendung sonst noch unzugänglichen Materials in marxistischer Sicht geschrieben worden ist.

Herbert Fechner, * Berlin 27. 8. 1913, Oberbürgermeister von Berlin [Ost] 1967–1974

gen, aber bereits erfahrenen Wirtschaftsingenieur weichen, der sich sowohl in der Betriebsführung als auch in der staatlichen Verwaltung auskannte und dem es gelingen sollte, die ihm gestellten Aufgaben im großen und ganzen zu erfüllen.[4]

Herbert Kurt Fechner konnte bei Amtsantritt auf eine „sozialistische" Bilderbuchkarriere verweisen. Seinen eigenen Angaben zufolge[5] kam er als Kind einer Arbeiterfamilie am 27. August 1913 in Berlin zur Welt, wo er auch 1919 bis 1926 die Grundschule und 1926/27 eine „Weltliche Schule" besuchte sowie als Vierzehnjähriger über die Arbeitersportbewegung zur sozialistischen Arbeiterjugend fand. Nach nur kurzer Schulzeit verdingte er sich als Möbeltischler und auf dem Bau, um anschließend, von 1935–1943, beim Telegraphenbauamt III in Berlin als Telegraphenbauhandwerker zu arbeiten. Von Januar bis August 1940 diente Fechner dann bei der Luftnachrichtenstelle in Berlin-Kladow als Soldat, und von Dezember 1943 bis zum Kriegsende kämpfte er als Obergefreiter in Holland, Belgien, Frankreich und Italien, also nicht an der „Ostfront", was später für eine politische Karriere in der Sowjetisch Besetzten Zone nicht gerade förderlich gewesen wäre. Noch vor Weihnachten 1945 konnte er aus westlicher Kriegsgefangenschaft, die Fechner beim Bauer Onken in Asel (Ostfriesland), zunächst bei Feldarbeit, später aber in seinem angestammten Beruf, verbracht hatte, zurückkehren, um 1946 wieder beim Telegraphenbauamt III in Berlin-Schöneberg zu arbeiten, nun aber als Technischer Zeichner. Diesen Beruf gab er 1948 zugunsten seiner Parteiarbeit auf.

Nach Wiederzulassung politischer Parteien durch die Sowjetische Militäradministration in Deutschland (SMAD) war er im Dezember 1945 zunächst in die SPD (Kreisverband Halle-Unterteutschenthal) eingetreten, akzeptierte dann 1946 die Vereinigung mit der KPD zur SED (Ortsverband Berlin-Karlshorst) und trat auch dem FDGB bei. Damit legte er den Grund für eine regional begrenzte Parteikarriere, die er 1948 als Sekretär der SED-Kreisleitung in Lichtenberg[6] begann und schon bald als Erster Sekretär der SED-Kreisleitung von Treptow[7] fortsetzte.

Nach erfolgreichem Besuch der Landesparteischule 1949 avancierte Fechner 1951 zum Stadtrat beim Berliner Magistrat, wo er unter anderem die Ressorts Volksbildung, Kultur, Gesundheitswesen und Wohnungswirtschaft verwaltete, Positionen, die er mehr als zehn Jahre lang innehaben sollte. Von 1953–1961 fungierte er gleichzeitig als Stellvertreter (seit 1956 als Ständiger Stellvertreter) des Oberbürgermeisters von Berlin

4 Vgl. dazu auch den Beitrag von Henrike Hülsbergen in diesem Band über Erhard Krack.

5 Die folgenden Ausführungen zum Lebenslauf Fechners beruhen im wesentlichen auf seinen eigenen Angaben in dem parlamentarischen Handbuch *Die Volkskammer der DDR: 8. Wahlperiode*, Berlin [Ost] 1982, S. 226 und *Die Volkskammer der DDR: 9. Wahlperiode*, Berlin [Ost] 1987, S. 252. Seine Kaderakte beim Zentralen Parteiarchiv (IV 2/11/v 5587 G) lag mir nicht vor; sie soll nur noch das Parteidokument enthalten. Der Bestand im Landesarchiv Berlin, STA Rep. 101, Nr. 1644: *Biographisches über den OB Herbert Fechner*, ist für seine Vita belanglos und kann hier vernachlässigt werden.

6 Zentrales PDS-Parteiarchiv, SED-Kreisleitung Lichtenberg, 1948.

7 Zentrales PDS-Parteiarchiv, SED-Kreisleitung Treptow 1948/49.

(Ost).[8] Der Schwerpunkt seines kommunalpolitischen Wirkens lag während der beiden ersten Nachkriegsjahrzehnte zweifellos im Bereich der Volksbildung und auch beim Sport. Als Bürgermeister eines „grünen" Bezirks am Wasser[9] mit idealen Möglichkeiten für das Segeln hatte er reichlich Gelegenheit, seine sportpolitischen Ambitionen zu realisieren, was ihm schließlich sogar die Präsidentschaft im DDR-Seglerbund eintrug.[10] Mit großem Elan verwaltete Fechner auch das Volksbildungs-Ressort, sorgte unter anderem für eine Verbesserung der Schulspeisung und gestaltete die Schulferien-Lager nach sozialistischen Grundsätzen.[11] Auch dabei war seine Position keineswegs unumstritten. So mußte er sich noch zu Beginn seiner Karriere gegen die Kritik des Hauptamtes für Wirtschaftsplanung wehren, die ihm vorwarf, *die kulturelle Entwicklung* [sei] *in ihrem Tempo hinter der allgemeinen Entwicklung zurückgeblieben* und er habe den *Haushaltsplan in den „entscheidenden" Positionen nur ungenügend erfüllt.*[12] Widerständen im Verwaltungsapparat gegen Planungen und Entscheidungen Fechners, insbesondere auch gegen seine personalpolitischen Forderungen und Wünsche, begegnete er durch Interventionen beim Parteiapparat, zu dem er beste Kontakte besaß und der seine Vorstellungen durchsetzen half.[13]

Während seiner Tätigkeit beim Berliner Magistrat besuchte er 1956–1957 die Parteihochschule „Karl Marx" beim ZK der SED.[14] Damit hatte sich Fechner für seine nächste Aufgabe qualifiziert. Von 1961 an wirkte er bis zu seiner Beförderung zum Oberbürgermeister von Berlin (Ost) im Jahre 1967 als Bezirksbürgermeister von Köpenick.[15] Auch in dieser Zeit bildete er sich fort. Eine der kommunistischen Kaderschmieden, die Deutsche Akademie für Staats- und Rechtswissenschaften in Potsdam-Babelsberg, an der er seit 1958 Fachstudienlehrgänge „Verwaltung" besucht hatte, absolvierte er 1965 als Diplomstaatswissenschaftler.[16] Damit schuf Fechner zugleich eine Voraussetzung für seine spätere „diplomatische" Karriere, deren Stationen bereits die Präsidentschaft des Bundes Deutscher Segler (seit 1959) und die Mitgliedschaft im Präsidium des Deutschen Turn- und Sportbundes (seit 1960) umfaßte, dann aber auch

8 Stadtrat für Volksbildung; vgl. Landesarchiv Berlin, STA Rep. 120, sowie: *Wahl zum OB. Fechner war Stadtrat für Volksbildung, Kultur, Gesundheitswesen, Wohnungswirtschaft. Mitglied der Stadtverordnetenversammlung seit Gründung*, in: *Berliner Zeitung* vom 6. 7. 1967, S. 3.

9 Landesarchiv Berlin, STA Rep. 146, Rat des Stadtbezirks Köpenick.

10 Landesarchiv Berlin, STA Rep. 101, Nr. 1570: *Oberbürgermeister Herbert Fechner, Präsident des Bundes Deutscher Segler der DDR 1967–1974.*

11 Landesarchiv Berlin, STA Rep. 120, Stadtrat für Volksbildung, passim.

12 Brief des Stadtrates für Volksbildung an den OB Ebert vom 19. 2. 1953. Landesarchiv Berlin, STA Rep. 120, Nr. 183, Bl. 215.

13 Vgl. die Korrespondenz mit Paul Wengels von der Bezirksleitung der SED-Berlin über die Einsetzung eines neuen Leiters der Abt. Kultur beim Magistrat vom Juli/August 1955, *a.a.O.,* Bl. 271–273 (r et v).

14 Vgl. die Personalia in: *Die Volkskammer der DDR...* (wie Anm. 5).

15 Bezirksbürgermeister von Köpenick, vgl. Landesarchiv Berlin, STA Rep. 146; über seine Wiederwahl 1965 vgl. auch *Tribüne,* Nr. 249 B vom 29. 10. 1965, S. 1.

16 Vgl. die Personalia in: *Die Volkskammer der DDR ...* (wie Anm. 5).

die Mitgliedschaft im Präsidium für Völkerfreundschaft (1974) einschloß, um schließlich den Vorsitz der Interparlamentarischen Gruppe der Volkskammer und die Mitgliedschaft im Ausschuß für Auswärtige Angelegenheiten der Volkskammer zu erreichen.[17]

Fechners Parteikarriere blieb an seine öffentlichen Ämter zeitlich gebunden: Mitglied der Bezirksleitung der SED (1950–1974),[18] Mitglied des Sekretariats der Bezirksleitung Berlin (1967–1974)[19] und Kandidat des Zentralkomitees (1967–1976).[20] Dies gilt zugleich für seine „parlamentarische" Tätigkeit als Stadtverordneter von Berlin (1954–1976)[21] und als Abgeordneter der „Volkskammer" (1967–1990).[22]

Als die Stadtverordnetenversammlung Herbert Fechner am 5. Juli 1967 zum Oberbürgermeister bestimmte,[23] konnten die Abgeordneten davon ausgehen, einem geeigneten, kommunalpolitisch erfahrenen Kandidaten die Geschicke der Teil-Stadt anvertraut zu haben. Dies war um so wichtiger, als die Partei- und Staatsführung der DDR gerade damit begann, die gesamte Planwirtschaft mit dem Handel und vor allem auch die Verwaltung nach modernen, hochtechnisierten Standards neu zu organisieren und in Berlin das Pilot-Projekt zu starten. Vor der eingesetzten „Arbeitsgruppe für staatliche und wirtschaftliche Leitungsfragen der Hauptstadt der DDR" erläuterte kein Geringerer als Walter Ulbricht am 22. Januar 1968 im Sitzungssaal des Politbüros des ZK einer handverlesenen Schar von Spitzengenossen, zu denen nun auch Fechner in seiner Eigenschaft als Oberbürgermeister gehörte, worum es bei dem Vorhaben ging: *Der erste Grund liegt in der wachsenden Bedeutung der Hauptstadt der DDR. Wir sind uns dessen bewußt, daß die Durchführung der Beschlüsse des VII. Parteitages bedeutet, daß die Hauptstadt der DDR noch stärker als Beispiel unserer gesamten politischen, ökonomischen und kulturellen Entwicklung in Erscheinung treten muß. Es kommt hinzu, daß es im Zusammenhang mit den Auseinandersetzungen mit der Bonner Regierung, die sich bemüht, Westberlin zu erobern, erforderlich ist, die Rolle der Hauptstadt der DDR stärker herauszustreichen. Aber es gibt auch eine Reihe innerer Gründe. Lange Zeit hat die Hauptstadt der DDR im Zusammenhang mit der Tatsache, daß sie ihre Vertreter nicht formal in die Volkskammer entsenden kann, ein besonderes Verhältnis zum Regierungsapparat gehabt. Wir sind der Meinung, daß diese Zeit jetzt vorbei ist, daß zwar die Abgeordneten von Ber-*

17 Alle Angaben nach: *A.a.O.;* über seine Tätigkeit als Sportfunktionär vgl. auch: *OB Herbert Fechner als Präsident des Bundes Deutscher Segler der DDR,* Landesarchiv Berlin, STA Rep. 101, Nr. 1570.

18 Vgl. die Personalia in: *Die Volkskammer der DDR...* (wie Anm. 5) sowie *Berliner Zeitung,* Nr. 164 vom 17. 6. 1962.

19 Vgl. *Die Volkskammer der DDR...* (wie Anm. 5) sowie *Berliner Zeitung* vom 2. 6. 1962, S. 3.

20 *Neues Deutschland* (Berliner Ausgabe), Nr. 111 vom 23. 4. 1967 und *Protokoll VII. Parteitag der SED,* Bd. 2, Berlin 1971, S. 276.

21 Vgl. u. a. *Berliner Zeitung* vom 23. 9. 1963.

22 Vgl. *Die Volkskammer der DDR...* (wie Anm. 5).

23 Meldung in: *Neues Deutschland* (Berliner Ausgabe), Nr. 183 vom 6. 7. 1967, S. 8. Über seine Wiederwahl 1971 berichtete *Neues Deutschland* (Berliner Ausgabe), Nr. 326 am 25. 11. 1971, S. 8 [!].

lin in der Volkskammer kein Stimmrecht haben, daß aber im übrigen die Hauptstadt der DDR nicht nur gleich behandelt wird, sondern im Gegenteil, daß sie sogar von seiten der führenden Staatsorgane bevorzugt behandelt werden muß.
Wir sind uns aber auch dessen bewußt, daß es in einer so komplizierten Großstadt wie die Hauptstadt der DDR, deren geschichtliche Entwicklungsbedingungen sehr kompliziert waren, bei der Durchführung der Beschlüsse des VII. Parteitages eine ganze Reihe wichtiger Probleme gibt, die nur mit Hilfe der zentralen Organe der Parteiführung und der Regierung gelöst werden können, die also der Magistrat beim besten Willen nicht allein lösen kann. Das bezieht sich vor allem auf die Frage der Durchführung der modernen wissenschaftlichen Führungstätigkeit und des neuen ökonomischen Systems.[24]
Dies sollte erprobt werden im „Modell der staatlichen Leitung Berlins“, mit dem Ziel, eine angemessene Versorgung der Bevölkerung mit Nahrungsmitteln, Gebrauchsgütern, Dienstleistungen und Wohnraum sowie den Auf- und Ausbau Ost-Berlins zu einer Weltstadt sicherzustellen. Doch um das Programm zügig realisieren zu können, fehlte es am notwendigsten Rüstzeug. Um beispielsweise einen brauchbaren Hochleistungsrechner aus dem „kapitalistischen Ausland“ anschaffen zu können (die DDR-Firma Robotron hatte nichts Vergleichbares zu bieten), mußte der Oberbürgermeister Bittbriefe an den Ministerrat der DDR schreiben.[25]
Fechner gelang es nicht, das Modell der staatlichen Leitung für Berlin zu realisieren. In seinem Bericht für das Zentralkomitee mußte der Oberbürgermeister 1969 eingestehen, *daß es gegenwärtig einige ernste Probleme und Störungen auf bevölkerungswirksamen Gebieten gibt, die im Brennpunkt der Kritik unserer Bürger stehen. Das sind solche Fragen wie Baureparaturen und Instandhaltung, die kontinuierlich stabile Versorgung mit Grundnahrungsmitteln, wichtigen Industriewaren sowie einiger Reparaturen und Dienstleistungen.*[26] An der Basis sah es noch ärger aus. Vor dem um Ulbricht versammelten Zentralkomitee bekannte Fechner: *In den Stadtbezirken, die keine eigenen Modelle entwickeln durften, sondern das Modell der staatlichen Leitung der Hauptstadt anzuwenden hatten, funktionierte das System zunächst nicht ...*[27]
Zu den dringendsten kommunalen Aufgaben im kriegszerstörten Berlin gehörte Ende der sechziger Jahre noch immer die Bereitstellung von ausreichendem Wohnraum für

24 *Stenographische Niederschrift der Beratung der Arbeitsgruppe für staatliche und wirtschaftliche Leitungsfragen der Hauptstadt der DDR, Berlin, im Sitzungssaal des Politbüros des ZK der SED am Montag, dem 22. Januar 1968 (10.00–14.00 Uhr),* in: Zentrales Parteiarchiv der PDS, Bestand: SED-Zentralkomitee, Konferenzen und Beratungen des ZK der SED, Sign. IV 2/1.01/447, S. 2 f.

25 Fecher an Rauchfuß (13. 6. 1969), in: Landesarchiv Berlin, STA Rep. 101, Nr. 1455.

26 *Stenographische Niederschrift der Beratung des Politbüros im Hause des Zentralkomitees am Montag, dem 2. Juni 1969 (10.20–13.05 Uhr). Bericht über die Erfahrungen bei der Durchführung des Modells der staatlichen Leitung der Hauptstadt der DDR, Berlin, zum Leitungs- und Organisationssystem des Magistrats und der Wirtschaft. Berichterstatter: Genosse Herbert Fechner,* in: Zentrales Parteiarchiv der PDS, Bestand: SED-Zentralkomitee, Konferenzen und Beratungen des ZK der SED, Sign. IV 2/1.01/450, S. 14.

27 *A.a.O.*, S. 5.

die Bevölkerung. Die Errichtung riesiger Trabantensiedlungen in den neuen Stadtteilen Hohenschönhausen, Hellersdorf und Marzahn fiel aber erst in die Amtszeit von Fechners Nachfolger Erhard Krack.[28] Erst zu dieser Zeit war der Wohnungsbau mit Hilfe von industriell vorgefertigten Bauteilen zur Serienreife gelangt, und nun standen auch die erheblichen finanziellen Mittel bereit, die zur Errichtung von Wohnungen für mehrere hunderttausend Menschen notwendig waren. Unter dem Oberbürgermeister Herbert Fechner sind dagegen mehrere große Wohnkomplexe innerhalb der traditionellen Stadtbezirke errichtet worden, so im Heinrich-Heine-Viertel und in der Mollstraße (Mitte) sowie in der Roedernstraße (Lichtenberg).[29] Auch die Eröffnung des Kulturparkes im Plänter Wald fällt in diese Zeit sowie die Wiedereröffnung des Mahnmals für die Opfer des Faschismus in Schinkels „Neuer Wache“ und die Enthüllung des Lenin-Denkmals am Friedrichshain, das nach der Wiedervereinigung der Stadt schnell beseitigt werden sollte.[30]

Große Anstrengungen waren notwendig, um die vielen ausländischen Vertretungen angemessen unterzubringen, die nach dem Viermächte-Abkommen von 1971 und der daraus resultierenden Anerkennungswelle in der DDR-Hauptstadt ihre Missionen errichten wollten. Diese konzentrierten sich in den Ortsteilen Niederschönhausen und Karlshorst,[31] und schließlich plante der SED-Staat eine sozialistische Mitte für Alt-Berlin.[32] Der neu gestaltete Alexanderplatz nahm den Fernsehturm auf,[33] der allerdings nicht – wie von der SED-Führung erwartet – zum Symbol der Staatsmacht geriet, sondern im Bewußtsein der Bewohner und Besucher von Berlin zum Wahrzeichen der Stadt geworden ist. Dies gilt übrigens auch für den Palast der Republik, dessen Planung und Baubeginn in das Ende der Amtszeit von Herbert Fechner fiel.[34] Dieser Bau geriet nicht zum sozialistischen Schloß als Herrschaftsgebäude, wie es sein architektonischer Gestus suggerieren mag. Vor seiner Schließung wegen Asbestbelastung fungierte der Palast der Republik als ein durchaus volksnahes Kulturhaus und Kongreßgebäude, das lediglich in einem Seitenflügel das Akklamationsparlament der DDR beher-

28 Vgl. Zentrales Parteiarchiv der PDS, Sign. I IV 2/2/144, *Entwicklung des komplexen Wohnungsbaus 1976–80* und *Konzeption zur Errichtung des Palastes der Republik, 27. 3. 1973,* sowie *a.a.O.*, Sign. I IV 2/2/1456 und Sign. I IV 2/3/2030, *Materielle Absicherung Wohnungsbau Berlin, 3. 7. 1973.*

29 Gerhard Keiderling, *Berlin 1945–1986. Geschichte der Hauptstadt der DDR,* Berlin 1987, S. 640 und 690.

30 *A.a.O.*, S. 640, 652 und 655 sowie Zentrales Parteiarchiv der PDS, Sign. I IV 2/2/1142, *Aufbau des Leninplatzes, 21. 11. 1967.*

31 Zentrales Parteiarchiv der PDS, Sign. I IV 2/3/1985, *Bereitstellung von Gebäuden als Residenzen und Baugrundstücke am Majakowskiring Pankow-Niederschönhausen, 20. 3. 1973,* sowie *a.a.O.*, Sign. I IV 2/2/1444, *Maßnahmen zur Unterbringung diplomatischer Missionen, 14. 4. 1973.*

32 Zentrales Parteiarchiv der PDS, Sign. I IV 2/2/1096, Aufbau Zentrum Berlins, 1967.

33 G. Keiderling, *Berlin 1945–1986...* (wie Anm. 29), S. 638 f.

34 Zentrales Parteiarchiv der PDS, Sign. I IV 2/3/2041, *Sicherung qualifizierter Leitung für Bauvorhaben „Palast der Republik“, 7. 8. 1973,* sowie *a.a.O.*, Sign. I IV 2/2/1480, *Konzept zur Gestaltung Palast der Republik – Marx-Engels-Platz, 11. 12. 1973.*

bergte. Die Planung und Durchführung all dieser Baumaßnahmen[35] ist ausschließlich von der Partei- und Staatsführung initiiert und betreut worden. Weder der Oberbürgermeister noch der Chefarchitekt der Hauptstadt, Joachim Näther (der übrigens fast parallel zu Fechner von 1964 bis 1973 amtierte), hatten darauf irgendeinen Einfluß. Das kodifizierte Verfassungsrecht und die ungeschriebenen Gesetze des SED-Staates engten den Aufgabenbereich des Ost-Berliner Oberbürgermeisters stark ein. Auch die Stadtplanung und ihre Realisierung lassen deutlich die nachgeordnete Funktion des Stadtoberhauptes erkennen.

Diese Nachordnung zeigte sich sogar bei seinen repräsentativen Aufgaben, die unter anderem darin bestanden, auf Anweisung der Partei- und Staatsführung hochrangige Staatsgäste durch Berlin zu führen[36] oder nach einem vorgegebenen Schema Glückwünsche auszusprechen.[37] Andererseits übermittelten ihm auch Staatsrat und Ministerrat ihrerseits artig ihre Glückwünsche, so noch wenige Monate vor seiner Abberufung als Oberbürgermeister zum 60. Geburtstag: *Die Partei berief Dich schließlich in die verantwortungsvolle Funktion des Oberbürgermeisters unserer Hauptstadt Berlin, die Du seit 1967 ausübst. Ausgehend von den Beschlüssen der Partei, ist es Dein ständiges Bestreben, durch die Leitungstätigkeit der Stadtverordnetenversammlung und ihres Magistrats die weitere Entwicklung der Hauptstadt als Metropole unseres sozialistischen Staates rasch zu fördern und das Leben der Bürger entsprechend der vom VIII. Parteitag der SED beschlossenen Hauptaufgabe immer schöner zu gestalten.*[38]

Was Fechner in der Sicht seiner Partei vor allem auszeichnete, war seine kompromißlose Linientreue. Auch die absurdesten Propagandalügen der SED machte er sich zu eigen und trug damit auf seine Weise zur weiteren Vertiefung der aufgerissenen Gräben in dem nicht nur durch die Mauer geteilten Berlin bei, wie unter anderem sein Schreiben vom 8. Februar 1970 an den Leiter der Berliner Verwaltung des Ministeriums für Staatssicherheit zum 20. Jahrestag ihres Bestehens zeigt: *In diesen zwei Jahrzehnten haben sich die Mitarbeiter der Berliner Verwaltung große Verdienste im erfolgreichen Kampf gegen die konterrevolutionäre Tätigkeit aller in- und ausländischen Feinde des Sozialismus und um die Sicherung des inneren und äußeren Friedens erworben. Sie haben unter den kompliziertesten Bedingungen der Hauptstadt alle Anschläge imperialistischer Spionage- und Sabotageorganisationen gegen die Freiheit* [!], *die sozialistischen Errungenschaften und*

35 Vgl. dazu u. a. Zentrales Parteiarchiv der PDS, Sign. I IV 2/3/1524, *Stand Planerfüllung Aufbau Stadtzentrum Berlins, 14. 5. 1969,* sowie *a.a.O.*, Sign. I IV 2/3/2092, *Maßnahmen für Gewinnung von 1500 Jungfacharbeitern aus anderen Bezirken für Bauwesen – Berlin, 5. 12. 1973.*

36 Vgl. z. B. die Anweisung, mit den Leitern der Regierungsdelegationen des RGW und der SFRJ am 28. 1. 1969 ab 14.30 Uhr *den Aufbau des Stadtzentrums der Hauptstadt der DDR* [zu] *besichtigen und anschließend die Staatsgrenze der DDR am Brandenburger Tor* [zu] *besuchen.* Landesarchiv Berlin, STA Rep. 101, Nr. 1467.

37 Vgl. Glückwunschschreiben des Oberbürgermeisters Herbert Fechner an Persönlichkeiten und Institutionen. Landesarchiv Berlin, STA Rep. 101, Nr. 1597. Enthält u. a. Ehrung des Vorsitzenden des Staatsrates der DDR, Walter Ulbricht (1963–1973).

38 Zitiert nach *Neues Deutschland* (Berliner Ausgabe), Nr. 236 vom 27. 8. 1973, S. 2.

die friedliche Arbeit ihrer Bürger zerschlagen. Es ist ihnen gelungen, ein echtes Vertrauensverhältnis zur Arbeiterklasse und allen Kreisen unserer Bevölkerung herzustellen und sie zur erhöhten Wachsamkeit zu erziehen; denn unsere Werktätigen wissen, daß der unversöhnliche Kampf der Organe der Staatssicherheit gegen die Kriegstreiber auch ihre persönliche Existenz und die Interessen aller friedliebenden Menschen schützt.[39]

Doch noch so enge ideologische Gefolgschaft konnte auf Dauer mangelndes Leistungsvermögen nicht wettmachen. Auch scheint Fechner mit dem Wechsel in der SED-Bezirksleitung 1971 nicht fertiggeworden zu sein. Den rüden Umgangsformen von Konrad Naumann zeigte er sich nicht gewachsen. Mitte Februar 1974 war es soweit: Lakonisch teilte das „Neue Deutschland" mit, auf der 10. Tagung der Stadtverordnetenversammlung sei *Fechner im Zusammenhang mit der Übernahme einer verantwortlichen Tätigkeit auf dem Gebiet der Außenpolitik ... von der Funktion als Oberbürgermeister der Hauptstadt der DDR, Berlin, entbunden worden.*[40]

Abgeschoben auf den Posten eines Vorsitzenden der Interparlamentarischen Gruppe[41] der Volkskammer sowie als Mitglied des Ausschusses für Auswärtige Angelegenheiten und Mitglied des Präsidiums der Liga für Völkerfreundschaft, aber auch als Präsident des Seglerverbandes[42] konnte Fechner nun seine gewinnende äußere Erscheinung einsetzen, um auf diplomatischem Parkett zu reüssieren. Die Partei hat ihm seine Treue mit der Verleihung hoher und höchster Orden und Auszeichnungen gedankt. Zum 75. Geburtstag (1988) verlieh ihm Honecker sogar noch den „Karl-Marx-Orden".[43] Und so blieb der Ex-Oberbürgermeister Fechner auch nach der „Wende" in Deutschland auf altem Kurs: Anfang 1990 begrüßte ihn das „Neue Deutschland" als Mitglied im „Beirat der Alten beim Vorsitzenden des Parteivorstandes der SED-PDS".[44]

39 Landesarchiv Berlin, STA Rep. 101, Nr. 1446 (Ministerium für Staatssicherheit). Adressiert ist das Schreiben an den *Genossen Generalmajor Erich Wichert.*

40 *Neues Deutschland* (Berliner Ausgabe), Nr. 43 vom 12. 2. 1974, S. 1.

41 Vgl. die Berichte über diese Tätigkeit in: *Horizont* 44 (1976), S. 5; *Neues Deutschland* (Berliner Ausgabe), Nr. 232 vom 2. 10. 1979, S. 2; *Neues Deutschland* (Berliner Ausgabe), Nr. 220 vom 17. 9.1980, S. 1; *Neues Deutschland* (Berliner Ausgabe), Nr. 150 vom 26. 6. 1981; *Neues Deutschland* (Berliner Ausgabe), Nr. 141 vom 17. 6. 1986, S. 1 f.; *Horizont* 9 (1989), S. 5.

42 Landesarchiv Berlin, STA Rep. 101, Nr. 1570.

43 Fechner ist u. a. mit dem „Vaterländischen Verdienstorden" (alle Stufen, einschließlich der Ehrenspange in Gold), mit dem „Stern der Völkerfreundschaft" in Silber sowie mit der „Verdienstmedaille der DDR" geschmückt worden und war natürlich auch „Verdienter Meister des Sports". Dazu die Pressemitteilungen in: *Berliner Zeitung*, Nr. 183 vom 5. 7. 1970, S. 4; *Neues Deutschland* (Berliner Ausgabe), Nr. 183 vom 5. 7. 1973, S. 2; *Neues Deutschland* (Berliner Ausgabe), Nr. 55 vom 6. 3. 1981, S. 2; *Neues Deutschland* (Berliner Ausgabe), Nr. 56 vom 6. 3. 1984, S. 2; *Neues Deutschland* (Berliner Ausgabe) vom 27/28. 8. 1988, S. 2.

44 *Neues Deutschland* (Berliner Ausgabe), Nr. 11 vom 13./14. 1. 1990, S. 1.

Erhard Krack

von Henrike Hülsbergen

Erhard Krack, Jahrgang 1931, gehörte zwar nicht zu den Aktivisten der ersten Stunde, jenen Sozialdemokraten und Kommunisten, die nach Kriegsende in der sowjetisch besetzten Zone mit dem Wiederaufbau begannen. Aber er war einer der vielen antifaschistischen, zumeist aus der Arbeiterklasse stammenden Personen, die in der DDR bald verantwortungsvolle Positionen besetzen sollten.

So war der Lebensweg Kracks, des letzten langjährigen Oberbürgermeisters von Ost-Berlin, auf das engste mit der vierzigjährigen Geschichte der DDR verbunden. Zwar betrachtete sich Krack rückblickend weniger als politisch aktives Parteimitglied, das an den entscheidenden Schaltstellen des Staates mitwirkte. Vielmehr sei er zuallererst Wirtschaftsfachmann und erst dann – notgedrungen – Kommunalpolitiker gewesen. Eingebunden in das System von Loyalität und Parteidisziplin, Abhängigkeit und Förderung, ermöglichte ihm sein „unpolitischer" Charakter, sich den politisch-ökonomischen Widersprüchen, die in zahlreichen gesellschaftlichen Krisen und Reformansätzen zum Ausdruck kamen, geschmeidig und problemlos anzupassen. Seine Verbundenheit mit Staat und Partei ließ aufkommende kritische Ansätze zur Wirtschaftspolitik und politische Meinungsverschiedenheiten durch die parteiliche Vorstellung über die historischen Aufgaben und Ziele des ersten sozialistischen Staates in Deutschland zur Nebensächlichkeit werden.

Aufstieg und Niedergang des SED-Systems spiegeln sich in beispielhafter Weise in der Karriere Erhard Kracks, die ihn aus dem Arbeitermilieu in das Ministeramt und schließlich zum repräsentativen Posten des Oberbürgermeisters der „Hauptstadt der DDR" führte. Krack stürzte im Februar 1990 über den Vorwurf der Wahlmanipulation, dem offensichtlichsten Verfall der politischen Kultur, und mußte von seinem Amt zurücktreten.

Erhard Krack wurde am 9. Januar 1931 in Danzig geboren. Seine Eltern, der Vater Heizungsmonteur und die Mutter Verkäuferin, waren als überzeugte Sozialdemokraten seit der Machtübernahme der Nationalsozialisten in Danzig zahlreichen Repressionen ausgesetzt. Krack besuchte die Grund- und Hauptschule. Das Ende des Nationalsozialismus und die Übernahme der Stadt durch Polen führten im August 1945 zur Entscheidung seiner Eltern, Danzig mit einem von der Sozialdemokratischen Partei organisierten Umsiedlerzug zu verlassen und sich in Stralsund anzusiedeln. Als sich die Familie Krack in dem *alten verträumten*[1] Stralsund niederließ, war die Nachkriegssituation im Land Mecklenburg-Vorpommern[2] geprägt von einem schnellen Bevölkerungszuwachs an Ost-Flüchtlingen und Vertriebenen,[3] einer hohen Arbeitslosenquote sowie von einer Verringerung des Wohnraumes um ein Drittel durch Kriegseinwirkungen.[4]

1 Interview der Verfasserin mit Erhard Krack vom 7. Oktober 1991.

Erhard Krack, * Danzig 9. 1. 1931, Oberbürgermeister von Berlin [Ost] 1974–1990

Insgesamt wies das Land mit Ausnahme einiger Großbetriebe in Rostock, Wismar, Ribnitz und Peenemünde nur einen geringen Industrieanteil auf. Mecklenburg-Vorpommern war ein fast reines Agrarland, in dem bis zur Bodenreform 1945 der Großgrundbesitz klar dominierte.[5]

Auch das „verträumte" Stralsund war durch den Krieg stark zerstört und hatte in der unmittelbaren Nachkriegszeit viele Flüchtlingsfamilien zu integrieren. Das wirtschaftliche Leben der Stadt war traditionell der Schiffs- und Werftindustrie, dem Ostseehan-

2 Das Land Mecklenburg-Vorpommern (seit dem 1. 3. 1947 ohne den Zusatz Vorpommern) war eine territoriale Neuschöpfung der sowjetischen Militäradministration in Deutschland (SMAD), gebildet aus den ehemaligen Freistaaten Mecklenburg-Schwerin und Mecklenburg-Strelitz mit dem westlich von Oder und Swine gelegenen Teil der ehemals preußischen Provinz Pommern sowie kleiner Teilgebiete der einstigen Provinz Hannover; siehe Barbara Fait, *Mecklenburg(-Vorpommern),* in: Martin Broszat/Hermann Weber (Hrsg.), *SBZ-Handbuch. Staatliche Verwaltung, Parteien, gesellschaftliche Organisationen und ihre Führungskräfte in der sowjetischen Besatzungszone Deutschlands 1945–1948,* München 1990, S. 103–125, hier S. 104.

3 *Ebda.*

4 B. Fait, *a.a.O.*, S. 105.

5 B. Fait, *a.a.O.*, S. 109; vgl. dazu auch Willi Bredel, *Ein neues Kapitel,* Berlin 1964.

del sowie einer entsprechenden mittelständischen Handwerks-, Zulieferer- und Dienstleistungsindustrie verbunden. Trotz aller Schwierigkeiten spürte der junge Erhard Krack das qualitativ Neue, das sich mit dem Ende der NS-Diktatur langsam durchzusetzen begann. Die Hoffnung auf einen antifaschistischen demokratischen Neuanfang ließen die materiellen Probleme eher sekundär erscheinen, die durch die Aufbruchsstimmung und den Aufbauwillen sowieso bald überwunden sein würden.[6] Vorübergehend kam die Familie Krack in einer Kellerwohnung unter. Der Vater fand schnell Arbeit als Heizungsmonteur und legte bald darauf seine Meisterprüfung ab. Da sich die schulische Situation in Stralsund im Herbst 1945 personell wie organisatorisch in einem desolaten Zustand befand und der junge Krack *von der Straße kommen sollte,*[7] steckte ihn sein Vater von 1945 bis 1946 in eine Installateurslehre. 1946 konnte er dann die durch den Krieg unterbrochene Schulzeit an einer Stralsunder Mittelschule fortsetzen. In der Hoffnung auf einen antifaschistischen Neuanfang traf Krack im selben Jahr seine erste eigene politische Entscheidung mit dem Eintritt in die „Freie Deutsche Jugend" (FDJ). Die FDJ verstand sich nach ihrem Gründungsbeschluß vom 7. März 1946 als *überparteiliche, einige, demokratische Jugendorganisation.* Damit sollte sie eine so große Bandbreite erhalten, daß alle weltanschaulichen und politischen Richtungen der früheren Jugendbewegungen in sie einbezogen werden konnten. Um die proklamierte Überparteilichkeit zu demonstrieren, saßen in den Führungsgremien der FDJ von Anfang an Mitglieder aller Parteien und Kirchenorganisationen. Gleichzeitig schloß die Bildung der FDJ als Einheitsorganisation der Jugend zugleich die Existenz anderer autonomer Jugendorganisationen aus.[8]

Aber nicht nur politische Motive, auch die Begeisterung für den Handballsport bewegten Krack zum Eintritt in die FDJ. Durch das 1945 erfolgte Verbot seitens der Sowjetischen Militäradministration in Deutschland (SMAD), andere Jugendorganisationen, Gewerkschaften und Sportvereine zuzulassen, sowie durch die Übereignung von Jugendheimen und Sportplätzen an die FDJ waren organisierte Sport- und Freizeitaktivitäten lediglich den FDJ-Mitgliedern vorbehalten.

Krack spielte im Handballverein „Motor Stralsund" und verbrachte so *seine Jugend auf dem Sportplatz.*[9] Außerdem nahm er an Wanderungen, Paddeltouren und Jugendlagern teil, wo gemeinsam gefeiert und musiziert wurde. Auf von der FDJ organisierten Foren wurden Themen wie „Was ist Marxismus?" und „Wer war Hegel?" behandelt und diskutiert. Aber Sport und Spiel überwogen zunächst noch die politische Schulung, bis sich die FDJ im Laufe der Zeit unter dem dominierenden Einfluß der Kommunisten immer stärker der Weltanschauung, der Konzeption und dem Geschichtsbild der SED annäherte.[10]

6 Vgl. Interview... (wie Anm. 1).

7 *Ebda.*

8 Vgl. Hermann Weber, *Freie Deutsche Jugend,* in: M. Broszat/H. Weber (Hrsg.), *SBZ-Handbuch...* (wie Anm. 2), S. 665 ff.

9 Vgl. Interview... (wie Anm. 1).

Mit ihrer immer offeneren Hinwendung zur SED[11] kam die FDJ in zunehmenden Gegensatz zu großen Teilen andersdenkender Jugendlicher. Auch zu Krack, der 1956 aus der FDJ ausgeschlossen wurde, weil er gegen die FDJ-Politik der SED protestierte, die die FDJ-Mitglieder nur noch als „Kaderreserve" der Partei sah und die eigentliche Jugendarbeit darüber vernachlässigte.[12] 1947 wechselte Krack von der Mittel- zur Oberschule über, wo er 1951 das Abitur ablegte. Im gleichen Jahr wurde er nach einer zweijährigen Kandidatenzeit[13] als Mitglied in die SED aufgenommen. Er tat diesen Schritt aus wohlüberlegten politisch-ideologischen Gründen. Krack war der Auffassung, daß die SED damals die einzige Partei war, *die auf der Grundlage der marxistischen Lehre eine bessere Gesellschaft aufbauen wollte.*[14]

Geprägt von seinem antifaschistischen Elternhaus sah er in den Auseinandersetzungen mit anderen politischen Parteien und Verbänden kein grundsätzliches politisches Problem. Widersprüche brachen zunächst nicht so deutlich auf, da der gemeinsame antifaschistische Kampf, die Suche nach dem richtigen Weg und die Hoffnung auf eine bessere Gesellschaftsordnung in dieser Phase des Neuanfangs sie noch einten.[15] In ihrer Anfangsperiode bis 1948 war die SED noch eine ausgesprochen sozialistische Massenpartei. Die damalige Theorie vom *besonderen deutschen Weg* zum Sozialismus konnte geradezu als Distanzierung vom sowjetischen Modell angesehen werden. Doch zum Zeitpunkt von Kracks Parteiaufnahme war die SED nach zahlreichen innerparteilichen Säuberungen[16] zu einer zentralistisch ausgerichteten und stalinistisch geprägten „Partei neuen Typus" geworden.[17] Durch die großangelegte Überprüfung alter Parteimitglieder, zahlreiche Parteiaustritte und härtere Aufnahmebedingungen sank die Zahl der Mitglieder bis 1952 erheblich.[18] Folglich suchte die SED verstärkt Parteinachwuchs und schenkte ihr Vertrauen vor allem jungen, unbelasteten „Werktätigen" wie Krack.

10 Siehe Rüdiger Thomas, *Modell DDR. Die kalkulierte Emanzipation,* München-Wien 1972, S. 42.

11 Vgl. H. Weber, *Freie Deutsche Jugend...* (wie Anm. 2), S. 675.

12 Vgl. Interview... (wie Anm. 1). *Im Innern aber blieb die FDJ eine feste Stütze der SED. Allerdings verlor sie dabei immer wieder ihre Funktion als Organisation der Jugend aus dem Auge.* Zitiert nach H. Weber, *Freie Deutsche Jugend...* (wie Anm. 2), S. 677 ff.

13 Teil der Kontrolle und des Umbaus der Partei war die Bestimmung, daß Neumitglieder zwei Parteimitglieder als Bürgen zu benennen hatten und eine nach sozialer Herkunft gestaffelte Kandidatenzeit durchlaufen mußten. Vgl. Dietrich Staritz, *Sozialismus in einem halben Land. Zur Programmatik und Politik der KPD/SED in der Phase der antifaschistischen Umwälzung in der DDR,* Berlin (Ost) 1976, S. 164; Hermann Weber, *Aufbau und Fall einer Diktatur. Kritische Beiträge zur Geschichte der DDR,* Köln 1991, S. 49.

14 Vgl. Interview... (wie Anm. 1).

15 *Ebda.*

16 Vgl. H. Weber, *Aufbau...* (wie Anm. 13), S. 220 f.; sowie D. Staritz, *Sozialismus...* (wie Anm. 13), S. 164.

17 Vgl. H. Weber, *Aufbau...* (wie Anm. 13), S. 44 ff.

18 Dazu D. Staritz, *Sozialismus...* (wie Anm. 13), S. 167.

Nach der Vereinigung von KPD und SPD zur SED im April 1946 war das Übergewicht der SED in der Verwaltungsspitze Mecklenburg-Vorpommerns eindeutig.[19] Ihre enge Verbindung mit der Sowjetischen Militäradministration in Deutschland (SMAD) verlieh ihr von Anfang an einen überproportionalen Einfluß auf die politische und personelle Entwicklung innerhalb der Verwaltung.[20] Nach und nach wurden auch ehemalige Sozialdemokraten, die sich dem Kurs der SED widersetzten, durch Parteigenossen ersetzt, die sich weniger wegen ihrer fachlichen Qualifikation als vielmehr wegen ihrer politischen Zuverlässigkeit eigneten. Insbesondere griff man auf junge, aktive Arbeiter zurück, die 1952 schon 56,7 Prozent der Verwaltungsangestellten ausmachten.[21] Mit der Besetzung von Staatsfunktionen durch Parteigenossen sollte die enge personelle Verflechtung von Partei- und Staatsfunktionen auf allen Ebenen des Apparats eingeleitet werden.[22]

Krack ging von 1951 bis 1952 als persönlicher Referent des damaligen Stralsunder Bürgermeisters in die Verwaltung. Seine Tätigkeit bezeichnete er als die eines *Kofferträgers.*[23]

1952 begann Krack mit dem Studium der Wirtschaftswissenschaften in Rostock, mit dem Schwerpunkt Schiffbauindustrie, was seinen Neigungen sehr entgegenkam. Dabei befaßte er sich vor allem mit der Ökonomie, Technologie, Betriebswirtschaft und -organisation des Schiffbaus.

Finanziell war Krack in den folgenden Jahren als Arbeiter- und Bauernstudent durch ein Grund- und später durch ein Leistungsstipendium abgesichert.[24] 1953 übernahm er den Posten eines Hilfsassistenten in der Technologie des Schiffbaus, des Maschinenbaus und der Betriebsorganisation, bis er im Juli 1956 sein Studium mit dem Staatsexamen abschließen konnte. Seine ursprünglich geplante Doktorarbeit „Über den Einbau von Systemen und Aggregaten in Maschinenräume der 10 000 Tonnenklasse" beendete er nicht. Krack wollte, bevor er die Universitätslaufbahn einschlug, ein bis zwei Jahre praktisch arbeiten. Am 1. September 1956 begann er auf der Warnow-Werft in Warnemünde im Bezirk Rostock als Betriebsassistent.

Aufgrund des „Gesetzes über die weitere Demokratisierung des Aufbaus und der Arbeitsweise der staatlichen Organe in den Ländern der Deutschen Demokratischen Republik" vom 23. Juli 1952 war das Land Mecklenburg in drei Bezirke aufgeteilt: Rostock, Schwerin und Neubrandenburg. Bei der Bildung der Bezirke stand vor allem die Sicherstellung der wirtschaftlichen Homogenität im Mittelpunkt.[25] Bereits 1950 kam

19 Vgl. B. Fait, *Mecklenburg...* (wie Anm. 2), S. 111; D. Staritz, *Sozialismus...* (wie Anm. 13), S. 90.
20 Nach Erlaß des Befehls Nr. 201 wurden bis 1. März 1948 noch 3688 Personen wegen ihrer Mitgliedschaft in der NSDAP aus dem öffentlichen Dienst von Mecklenburg-Vorpommern entlassen. Siehe dazu B. Fait, *Mecklenburg...* (wie Anm. 2), S. 112.
21 *Ebda.*; dazu auch D. Staritz, *Sozialismus...* (wie Anm. 13), S. 118.
22 D. Staritz, *a.a.O.*, S. 161; sowie Hermann Weber, *Geschichte der DDR*, München 1985, S. 226.
23 Vgl. Interview... (wie Anm. 1).
24 Dazu Brigitte Klump, *Das rote Kloster. Eine deutsche Erziehung*, Hamburg 1978, S. 46 f.
25 Vgl. B. Fait, *Mecklenburg...* (wie Anm. 2), S. 116.

es auf Initiative der sowjetischen Besatzungsmacht zu einer Konzentration des küstennahen Schiffbaus mit seinen wichtigsten Zulieferbetrieben.[26] So umfaßte der Bezirk Rostock mit seinen Werften in Wismar, Wolgast, Stralsund, Rostock und Warnemünde die bedeutendsten Großbetriebe. Die Warnow-Werft in Warnemünde spezialisierte sich wie die Neptun-Werft in Rostock und die Mathias-Thesen-Werft in Wismar auf den Großschiffsneubau.

Kracks Studien und Vorarbeiten zur Technologie des Schiffbaus waren für die geforderte verstärkte Einführung wissenschaftlich-technischer Methoden im Bereich des Maschinen- und Schiffbaus nützlich. Mit Beginn seiner betrieblichen Tätigkeit entstand unter Zuhilfenahme westlicher Lizenzen der erste 10 000-Tonnen-Schiffsneubau mit der Entwicklung entsprechender Antriebssysteme und Hilfsaggregate. Während der nächsten acht Jahre war Krack als Leiter der Betriebsorganisation und später als Haupttechnologe zuständig für die Entwicklung rationeller Abläufe innerhalb des Materialflusses, betriebliche Reorganisationen und Entwürfe für neue Schiffbaureihen sowie für die Investitionspolitik der Werft. Gleichzeitig agierte er neben seiner beruflichen Tätigkeit als Sekretär für Wirtschaftspolitik in der Zentralen Parteileitung der Warnow-Werft. Er war zuständig für die Durchsetzung der Politik der SED auf dem Gebiet der Wirtschaft in den Grundorganisationen. In dieser Doppelfunktion sah er durchaus Konflikte und unlösbare Widersprüche, die aufgrund der rigiden Zentralisierungspolitik zwischen betrieblichen Partizipationsbedürfnissen, ökonomischer Notwendigkeit und parteipolitischer Herrschaftssicherung aufbrachen.[27]

Schon Anfang der fünfziger Jahre waren die Vereinigten Volkseigenen Betriebe (VVB) zurückgedrängt und die Verwaltungsräte als überbetriebliche Partizipationsorgane auf dem Gebiet der Planausarbeitung und -kontrolle aufgelöst worden.[28] Als entscheidende Planungs- und Leitungsorgane fungierten nun die Ministerien und vor allem die Staatliche Planungskommission (SPK).[29] Mit der Konzentration der Entscheidungskompetenzen bei den Zentralen Organen konnten die meisten Betriebe nur wenig Einfluß auf die Planausarbeitung nehmen. Die immer wieder auftretenden Schwankungen zwischen Zentralisierung – Dezentralisierung – Rezentralisierung im Gesamtzeitraum von Kracks betrieblicher und späterer ministerieller Tätigkeit ließen aber letztlich keine weitreichenden Veränderungen auf der Ebene betrieblicher Partizipation erkennen.

26 Siehe dazu *Seatrade Business Review*, Juli/August 1991, S. 43; sowie *Hansa. Zentralorgan für Schiffahrt, Schiffbau, Hafen*, 128. Jg., Nr. 3–4 (1991), S. 163 ff.

27 Vgl. Interview... (wie Anm. 1). Die Förderung der Jugend galt als ein wesentliches Ziel von Staat und Partei, wobei die Gewinnung und Integration junger Menschen wie Krack dazu dienen sollten, die dringend erforderliche Stabilität von Gesellschaft und Staat zu erreichen. Wichtige Positionen in Partei, Staat und Wirtschaft wurden ihnen übertragen. Auch Krack war erst 25 Jahre alt, als er in der Warnow-Werft verantwortungsvolle Positionen übernahm.

28 Siehe Rainer Rilling, *Probleme betrieblicher Mitbestimmung und Mitwirkung in der DDR*, in: Peter Brockmeier/Rainer Rilling (Hrsg.), *Beiträge zur Sozialismusanalyse*, Bd. 2, Köln 1992.

29 *Ebda.*

Die Jahre 1954 und 1955 waren von den verschiedenen Krisenbewegungen der Partei geprägt. Nach dem Aufstand vom 17. Juni 1953 bemühte sich die SED mittelfristig um ein langsameres Transformationstempo. Durch Verbesserungen im ökonomischen Bereich sollten die Abwanderungszahlen aus der DDR gesenkt werden. Aber bereits im neuen SED-Statut von 1954, das zu heftigen Diskussionen in Rostock führte und nach Kracks Auffassung die innerparteiliche Entwicklung und Auseinandersetzung behinderte, wurden die Zügel wieder fester angezogen. Der XX. Parteitag der KPdSU 1956, der eine tiefe Zäsur in der Entwicklung des Weltkommunismus darstellt, regte auch den Kreis um Krack zu heftigen Debatten über die Verurteilung des Personenkults um Stalin an, die sich schließlich auf den Personenkult um Walter Ulbricht ausdehnten.[30] Überhaupt nahm die ideologische Opposition innerhalb der Partei- und Hochschulintelligenz zu. Die immer offener zutage tretenden Widersprüche zwischen der Wirklichkeit in der DDR und den revolutionären Lehren erschütterten zunehmend mehr Anhänger des Systems. Es entstanden Überlegungen über den sogenannten „Dritten Weg". Die erarbeitete Plattform der Harich-Gruppe empfand der junge Krack als *zu wenig faßbar und undurchschaubar*.[31] Dagegen hielt er das ökonomische Konzept der „Revisionisten" für einleuchtend und verständlich, das die Dezentralisierung und Demokratisierung des Wirtschaftssystems forderte. Infolgedessen begrüßte Krack den 1963 kurzzeitig vorgenommenen Reformversuch des „Neuen Ökonomischen Systems der Planung und Leitung" (NÖSPL), der das System allgemein und die Selbständigkeit der Betriebe im besonderen fördern und diese anpassungsfähiger und effektiver machen sollte.[32] Letztlich mußte er jedoch feststellen, daß die Diskussion ohne Auswirkungen auf eine radikale, demokratische Umorientierung im Bereich politischer und ökonomischer Mitbestimmung blieb.

Auch außerbetrieblich entwickelte sich die Karriere Erhard Kracks während seiner Rostocker Zeit äußerst erfolgreich. Im Jahre 1963 wurde er Abgeordneter des Rostocker Bezirkstages. Der wiederum ernannte ihn als Wirtschaftsfachmann zum Vorsitzenden des Bezirkswirtschaftsrates (BWR) Rostock. Seine Berufung in diese Funktion erfolgte durch den Minister für die bezirksgeleitete Industrie und Lebensmittelindustrie. Dieses Amt übte er nach dem Prinzip der Einzelleitung aus, gleichzeitig war er der Kontrolle durch das Ministerium unterworfen. Im „demokratischen Zentralismus" als dem grundlegenden Strukturprinzip der Planwirtschaft in der SED[33] war dieses System der Leitung und Kontrolle auf allen Ebenen etabliert. Als Vorsitzender des Bezirkswirt-

30 Vgl. Interview... (wie Anm. 1).

31 *Ebda.* Prominenteste Vertreter des „philosophischen Revisionismus" waren u. a. Robert Havemann, Wolfgang Harich und Ernst Bloch. Die Gruppe um Harich versuchte, ein Gesamtkonzept der Opposition des „Dritten Weges" zu entwerfen. Die rasch erarbeitete Plattform erläuterte eher kursorisch die wichtigsten politischen Vorstellungen des „Dritten Weges" und war deshalb nicht ohne Widersprüche. Insgesamt waren die Vorstellungen des „Dritten Weges" alles andere als konkret und durchschaubar. Vgl. H. Weber, *Geschichte*... (wie Anm. 22), S. 291 f.

32 Siehe dazu allgemein: Heinz Rausch/Theo Stammen, *DDR – Das politische, wirtschaftliche und soziale System*, München 1974; H. Weber, *Geschichte*... (wie Anm. 22), S. 350 ff.

schaftsrates für die gesamte Klein- und Mittelindustrie, sowohl für die volkseigene als auch für die halbstaatliche, zuständig, lag Krack vor allem daran, die Effizienz dieser Betriebe voranzutreiben. Damit war er mit den Eigentumsverhältnissen in überwiegend mittelständisch ausgerichteten Produktionsgenossenschaften und Privatbetrieben des Handwerks, die ihm lediglich zugeordnet waren, und den bezirklichen volkseigenen Betrieben konfrontiert. Über seine Industrieabteilungen besaß der BWR Weisungsrecht und gewisse Einwirkungsmöglichkeiten gegenüber den privaten Betrieben. Die Hauptaufgabe des BWR und damit Kracks bestand in der Ausarbeitung, Durchführung und Erfüllung der staatlichen Pläne der bezirksgeleiteten Industrie sowie einer engen Zusammenarbeit mit den Kombinaten.[34]

Im Januar 1965 nahm Erhard Krack an einer Wirtschaftstagung in Berlin teil. Während seines Aufenthalts wurde ihm von der Parteiführung mitgeteilt, daß er als stellvertretender Vorsitzender des Volkswirtschaftsrates für den Bereich bezirksgeleitete Industrie und Lebensmittelindustrie vorgesehen sei.

Die letzten Jahre Kracks in Rostock nach dem Mauerbau 1961 bis zur Übersiedlung nach Berlin im Jahre 1965 zeichneten sich durch eine ökonomische Stabilisierung in der DDR aus. Gleichzeitig rückten die Modernisierung und Rationalisierung des ökonomischen Systems in den Mittelpunkt von Partei und Staat. Um die Effizienz der Wirtschaft weiter zu erhöhen, brauchte die DDR erfahrene Ökonomen wie Krack. Zusätzlich wirkte womöglich das enge Geflecht persönlicher Beziehungen wie konsequenter Kaderpolitik. Diese Kader-„Entwicklungspläne" boten der Parteiführung die Gewähr, daß nur ergebene Mitglieder in Funktionen kamen, die sowohl die innerparteiliche Stabilität als auch die „führende Rolle" der SED im Gesamtsystem der DDR sicherten.[35] Insbesondere in der Phase des NÖSPL wurden verstärkt Wirtschaftsfachleute wie Krack in wichtige politische Positionen berufen. Objektiv war die politische und wirtschaftliche Situation der DDR um die Jahreswende 1964/1965 noch durch die Politik des NÖSPL gekennzeichnet, das eine Verbesserung der wirtschaftlichen Lage sowie einen Anstieg des Lebensstandards brachte.[36]

In dieser Phase war es Wirtschaftsfachleuten durchaus möglich, gewisse Reformansätze in der Wirtschaftspolitik in die Tat umzusetzen. In seiner neuen Position als stellvertretender Vorsitzender des Volkswirtschaftsrates[37] sah Krack die Umsetzung wissenschaftlich-technologischer Ergebnisse in die wirtschaftliche Praxis mit dem Ziel der Effizienzsteigerung als seine Hauptaufgabe an. So legte er einen Schwerpunkt seiner Arbeit auf die Anhebung der Produktivität der Lebensmittelindustrie, um die Bevölke-

33 Siehe zur Diskussion über den „demokratischen Zentralismus" allgemein R. Rilling, *Probleme...* (wie Anm. 28), S. 94 ff.

34 Zur Funktion des Bezirkswirtschaftsrates und der bezirksgeleiteten Industrie siehe *DDR-Handbuch*, Wiss. Leitung: Hartmut Zimmermann, hrsg. vom Bundesministerium für innerdeutsche Beziehungen, Bd. 1: *A–L*, 3., überarb. u. erw. Aufl., Köln 1985, S. 222 ff.

35 Harry Tisch war von 1961 bis 1975 der Erste Sekretär der Bezirksleitung in Rostock; siehe dazu H. Weber, *Geschichte...* (wie Anm. 22), S. 412.

36 H. Weber, *a.a.O.*, S. 351; sowie H. Rausch/Th. Stammen, *DDR...* (wie Anm. 32), S. 121 ff.

rung mit quantitativ und qualitativ besseren Produkten zu versorgen. Die Reorganisation von Schlachthöfen, der Zigarettenindustrie, der Fleisch- und Wurstverarbeitung, der Brauereien sowie der Fischindustrie wurde in Angriff genommen und die wissenschaftliche Zusammenarbeit mit Produktionsstätten und der Technischen Universität Dresden sowie der Aufbau der Lebensmittelschule in Dippoldiswalde gefördert. Den Spielraum der bezirksgeleiteten Industrie versuchte Krack zu vergrößern. Gleichartige Betriebe wurden unter seiner Leitung als juristisch selbständige Betriebe in einem Verband zusammengefaßt und kamen zur stärkeren Kooperation und zum Erfahrungsaustausch zusammen. Gleichzeitig wurde die Materialversorgung der halbstaatlichen Betriebe verbessert.[38]

Im Dezember 1965 tagte das 11. ZK-Plenum der SED, auf dem Walter Ulbricht die *zweite Etappe* des „*Neuen Ökonomischen Systems*" proklamierte, das heißt die Rückkehr zum Zentralismus und zur Vorherrschaft der Partei in der Wirtschaft. Die latente Gefahr einer systemgefährdenden Grenzüberschreitung durch zu starke ökonomische Liberalisierungstendenzen weckte in der SED-Spitze die Befürchtung, daß mit dem NÖSPL auf Dauer ihre Führungsposition in Politik und Gesellschaft gefährdet sei. Mit Berufung auf die Arbeiterklasse wandte sich die SED sowohl gegen die *Entideologisierung* der technisch-wissenschaftlichen Revolution als auch gegen die Wirtschafts-„Technokraten". Parallel dazu verlief die Rücknahme der kulturpolitischen Lockerung während der letzten zwei Jahre. Die Verödung traf aber nicht nur das kulturelle Leben, sie traf auch Wissenschaft und Technik. Es war nun verpönt, sich einseitig nach Westdeutschland, den USA oder Japan zu richten.

Rückblickend beschreibt Krack diese Entscheidung der Rücknahme der Reformen als verhängnisvoll, da sie große Unruhen in den Betrieben auslöste und die weitere wirtschaftliche Entwicklung negativ beeinflußte. Die Wirtschaftspolitik wurde in eine administrative Form gepreßt, was sich nachteilig auf die Produktionsentwicklung, auf das Produktionsvolumen und in letzter Konsequenz auf die Investitionsmöglichkeiten auswirkte. Insbesondere die Klein- und Mittelbetriebe hatten in der Folgezeit unter der nun einsetzenden industriellen Konzentrationsbewegung zu leiden.

Nachdem der Volkswirtschaftsrat 1965 aufgrund seines Unvermögens zur Planung und Leitung einer raschen industriellen Entwicklung aufgelöst und seine Industrieabteilungen zu selbständigen Ministerien umgebildet worden waren, schlug Willi Stoph, der Vorsitzende des Ministerrats, Krack für das Amt des Ministers für bezirksgeleitete Industrie und Lebensmittelindustrie in der DDR vor. Damit war er verantwortlich für

37 Der Volkswirtschaftsrat war das zentrale Organ des Ministerrats für Planung und Leitung der Industrie, der Dienstleistungsbetriebe und des Handwerks. Zusätzlich zu den genannten Leitungsfunktionen übernahm der VWR 1963 beim Übergang zum NÖSPL die Aufgabe, den Volkswirtschaftsplan der Industrie auf der Grundlage der Beschlüsse des Ministerrats und der Richtlinien der Staatlichen Planungskommissionen auszuarbeiten. Vgl. *DDR-Handbuch*... (wie Anm. 34), Bd. 2: *M–Z*, S. 245.

38 Vgl. Interview... (wie Anm. 1).

die *bedarfsgerechte Be- und Verarbeitung von Agrarprodukten zu Nahrungs-, Genuß- und Futtermitteln und für die den Bezirkswirtschaftsräten unterstehenden Betriebe der Konsumgüterproduktion.*[39] In seiner Leitungsfunktion waren Krack weiterhin unterstellt: die VVB Öl- und Margarineindustrie, die Süß- und Backwarenindustrie, die Tabakindustrie, das Fischkombinat Rostock und die Staatlichen Kontore für Backwaren und Nährmittel sowie für nichtmetallische Rohstoffreserven und das Staatliche Getränke-Kontor. Der umfangreiche Leitungs- und Verantwortungsbereich des Ministers Krack täuschte über seine wirklichen, autonomen Gestaltungsmöglichkeiten im Rahmen seiner ministeriellen Tätigkeit hinweg. Die Auswirkungen einer zentralistischen, dogmatisch-reglementierenden Planungspolitik und -kontrolle durch das Politbüro und die Staatliche Planungskommission waren für Krack und seine Ministerkollegen mit Ausnahme einer kurzen Liberalisierungsphase nach dem Amtsantritt Erich Honeckers 1971, in der *man als Minister wieder etwas war,*[40] ständig spürbar. Mit der Standardformel, *das Politbüro hat beschlossen,* wurden faktensetzende Entscheidungen gefällt, die den Diskussionen und Entscheidungsspielräumen innerhalb des Ministerrats[41] sowie den verschiedenen Ministerien von vornherein nur einen begrenzten Planungsrahmen einräumten. Krack fühlte sich bald ebenso wieder zur „Marionette" degradiert wie unter Ulbricht.[42] Seine Tätigkeit bestand in der Ausführung und Kontrolle der vorgegebenen Richtlinien und Grundsätze, wie sie das Politbüro und die Staatliche Plankommission formuliert hatten. Trotz dieser politisch-wirtschaftlichen Vorgaben versuchte Krack, den vorhandenen Handlungsspielraum auszuschöpfen, um so eine unter den gegebenen Bedingungen optimale Versorgungslage zu erreichen.[43] Dem Enddreißiger wurde wiederholt mangelnde Lebenserfahrung vorgehalten, wenn er ökonomische Probleme im Ministerrat zur Diskussion stellen wollte.[44]

Die gleichmäßige und qualitative Versorgung der Bevölkerung mit Lebens- und Genußmitteln erwies sich im gesamten Zeitraum der DDR-Geschichte als äußerst sensibler, krisenträchtiger Sektor. Die speziellen Probleme der Produktqualität sowie die Verteilung stellten für Krack die eigentliche Herausforderung dar. Rückblickend sieht er als seine wichtigsten Erfolge die Modernisierung der Zigarettenindustrie, die Entwicklung eines neuen Kühlhausprogramms, die Rekonstruktion der Bäckereiindustrie, die Modernisierung von Brauereien, die weitere Entwicklung der Fischereiindustrie so-

39 Zum Stichwort *Minister für bezirksgeleitete Industrie und Lebensmittelindustrie* siehe *DDR-Handbuch...* (wie Anm. 34), S. 900 f.
40 Vgl. Interview... (wie Anm. 1).
41 Zum Stichwort *Ministerrat* siehe *DDR-Handbuch...* (wie Anm. 34), S. 912 f. Im Oktober 1972 verabschiedete die Volkskammer das Gesetz über den Ministerrat der DDR, das die Rechte dieses Gremiums und der Ministerien erweiterte. Zitiert nach H. Weber, *Geschichte...* (wie Anm. 22), S. 419.
42 Vgl. Interview... (wie Anm. 1).
43 Vgl. Wirtschaftsbuchbesprechung von Günter Mittag, *Um jeden Preis,* in: *Die Zeit,* Nr. 42 vom 11. Oktober 1991; ebenso H. Weber, *Geschichte...* (wie Anm. 22), S. 382.
44 Vgl. Interview... (wie Anm. 1).

wie im Gebrauchsgüterbereich den Auf- und Ausbau der Waschmaschinenindustrie.[45] Trotzdem traten auch weiterhin spezifische Probleme der DDR-Wirtschaft auf, so daß wesentliche Ziele des Fünfjahresplans 1966 bis 1970 nicht erfüllt werden konnten. Auch in Kracks Bereich war die Parteiführung gezwungen, für diesen Zeitraum Mangelerscheinungen bei der Versorgung der Bevölkerung einzugestehen.[46]
Erst fünf Jahre später konnte eine Anhebung des Lebensniveaus der Bevölkerung der DDR registriert werden, so daß es der Mehrheit bis Mitte der siebziger Jahre besser ging als zuvor.[47]
Im Februar 1974 wurde Erhard Krack von der SED-Führung zum *Oberbürgermeister von Ost-Berlin befohlen.*[48] Sein Einwand, daß er als Ökonom nicht zum Kommunalpolitiker geeignet sei, wies die Parteispitze mit dem Hinweis zurück, daß gerade ein Wirtschaftsfachmann den wirtschaftlichen Aufbau Berlins vorantreiben sollte. Von Kommunalpolitik brauche er nichts zu verstehen. Ost-Berlin wurde von einem Magistrat verwaltet, dem Krack als Oberbürgermeister von 1974 bis 1990 vorstand. Nach der Wahl des Magistrats durch die 225köpfige Stadtverordnetenversammlung, in der eindeutig die SED dominierte, begann Kracks eigentliche berlinspezifische Tätigkeit. Seit 1976 gehörte er als Oberbürgermeister gleichzeitig dem Ministerrat der DDR an, was die über den kommunalpolitischen Bereich hinausgehende Funktion und Anbindung an den Staatsapparat verdeutlichte. Im Mai desselben Jahres wurde er zum Kandidaten des Zentralkomitees gewählt und 1981 zum Vollmitglied. Außerdem saß er seit 1976 als Mitglied der SED-Fraktion in der Volkskammer der DDR und in der Ost-Berliner Stadtverordnetenversammlung.
Während seiner Amtszeit als Oberbürgermeister wandelte sich Krack zunehmend vom Wirtschaftsfachmann zum Kommunalpolitiker, wobei er seine Kompetenzen als Oberbürgermeister im Spannungsfeld zwischen Magistrat, Ministerrat, Politbüro und Bezirksleitung der SED abzugrenzen und durchzusetzen versuchte.[49] Theoretisch sollte der Magistrat alle kommunalpolitischen Entscheidungen von Bedeutung treffen. Tatsächlich wurde er vom Ministerrat angeleitet und kontrolliert und war so gravierenden Einschränkungen durch die strikte Anbindung an die Entscheidungen der Partei- und Staatsführung unterworfen.[50] Somit stand Krack vor demselben Problem wie zu seiner

45 *Ebda.*
46 Rückblickend konstatierte die DDR-Geschichtswissenschaft für die Jahre 1969/70, daß sich in der Volkswirtschaft *einige Disproportionen störend bemerkbar* machten, es gab eine *gewisse Überschätzung der Möglichkeiten in der DDR;* zitiert nach: *Geschichte der SED. Abriß,* Berlin [Ost] 1978, S. 544 ff.
47 Es gelang zwar, die Gesamtproduktion zu steigern und damit den Lebensstandard der DDR-Bevölkerung zu heben, der jedoch nicht an den Lebensstandard in der Bundesrepublik heranreichte, sondern im Vergleich zu Ungunsten der DDR Anfang der siebziger Jahre sogar noch abnahm. Vgl. H. Weber, *Geschichte...* (wie Anm. 22), S. 402 ff.
48 Vgl. Interview... (wie Anm. 1).
49 *Ebda.*
50 Siehe dazu allgemein: Astrid Bujara u. a., *Ost-Berlin. Eine Beschreibung politischer und gesellschaftlicher Strukturen,* Berlin 1984, S. 53; *DDR-Handbuch...* (wie Anm. 34), S. 178.

Ministerzeit. Den Gestaltungsmöglichkeiten als Oberbürgermeister im Bereich der Kommunalpolitik wurde durch die bedingungslose Befolgung der Politik des Politbüros und, eingeschränkt, des Ministerrats von vornherein ein enger Rahmen gesetzt.[51] Als loyales Parteimitglied, das auf den höchst repräsentativen Posten des Oberbürgermeisters der „Hauptstadt der DDR" berufen worden war, ließ Krack keine Zweifel an seinem Willen zur Umsetzung der wichtigsten Parteiforderungen in die Praxis entstehen. Dreh- und Angelpunkt der „Hauptstadtpolitik" seit Mitte der siebziger Jahre waren drei übergeordnete Zielsetzungen: erstens der Ausbau der Hauptstadt, zweitens die Lösung der Wohnungsfrage und drittens die 750-Jahr-Feier Berlins 1987.[52] Die entscheidende Entwicklung Ost-Berlins zu einer hauptstädtischen Metropole vollzog sich unter Konrad Naumann, der von 1971 bis 1985 Erster Sekretär der Bezirksleitung der SED war und im November 1985 von Günter Schabowski abgelöst wurde, sowie unter Erhard Krack.[53]

Die Gestaltung Ost-Berlins erhielt mit dem Beschluß des Politbüros des ZK der SED vom 3. Februar 1976 eine klare Zielsetzung. Das Berlin-Programm wurde entwickelt, das die Aufgaben der Stadtentwicklung bis 1990 aufzeigte. Die weitere Ausarbeitung und Durchführung dieses Generalplans für die „Hauptstadt der DDR" oblag zunächst einer Arbeitsgruppe, bestehend aus Mitgliedern des Magistrats unter Leitung Kracks.[54] Der Hauptstadtausbau sollte mit dem Neubau von 200 000 bis 300 000 Wohnungen, der Modernisierung von 100 000 Wohnungen, der Gestaltung und Fertigstellung des Marx-Engels-Forums und des Lustgartens vorangetrieben werden. Weitere Maßnahmen waren der Ausbau der Leipziger Straße, die Wiederherstellung des Gendarmenmarktes, der Bau der Spree-Promenade, die Neugestaltung der Friedrichstraße sowie der Neubau der Charité.[55]

Seit Anfang der siebziger Jahre stand im Mittelpunkt der bisher total vernachlässigten Wohnungsfrage die Errichtung von Wohngebieten. Wohnungsneubau und -erhaltung beziehungsweise Verbesserung der Altbausubstanz wurden als wichtige Aufgabe ver-

51 A. Bujara, *Ost-Berlin...* (wie Anm. 50), S. 31; H. Weber, *Geschichte...* (wie Anm. 22), S. 411.

52 Vgl. Hans Stimman, *Stadterneuerung in Ost-Berlin. Vom „sozialistischen Neuaufbau" zur „komplexen Rekonstruktion". Überblick und Materialien. Internationale Bauausstellung,* Berlin 1987, S. 5; siehe auch XII. SED-Bezirksdelegiertenkonferenz der Hauptstadt der DDR, Berlin. Bericht der Bezirksleitung, Konrad Naumann: *Die Parteiführung hat mit dem Beschluß vom 3. Februar 1976 über die Aufgaben zur Entwicklung der Hauptstadt der DDR, bis 1990 erneut zum Ausdruck gebracht: Die Entwicklung der Hauptstadt der DDR als politisches, wirtschaftliches und geistig-kulturelles Zentrum ist für die Gestaltung der entwickelten sozialistischen Gesellschaft und für den allmählichen Übergang zum Kommunismus in der DDR von besonderer Bedeutung...,* in: *Berliner Zeitung* vom 27./28. 3. 1976.

53 Vgl. Wolfgang Ribbe, *Berlin zwischen Ost und West (1945 bis zur Gegenwart),* in: ders. (Hrsg.), *Geschichte Berlins,* Bd. 2: *Von der Märzrevolution bis zur Gegenwart,* München 1987, S. 1027–1124, hier S. 1118.

54 Vgl. Erhard Krack, *Hauptstadt Berlin und ihre Bürger* (= Schriften für Abgeordnete und Mitarbeiter der Staatsorgane), Berlin [Ost] 1987, S. 8–11; Gerhard Keiderling, *Berlin 1945–1986. Geschichte der Hauptstadt der DDR,* Berlin [Ost] 1987, S. 716 ff.

55 Vgl. H. Stimman, *Stadterneuerung...* (wie Anm. 52), S. 7.

standen mit dem Ziel, bis 1990 die Wohnungsfrage als „soziale Frage" zu lösen.[56] Im Rahmen des Programms der „Einheit von Neubau, Modernisierung und Werterhaltung" wurden von 1971 bis 1985 etwa 250 000 Wohnungen in Ost-Berlin errichtet und ca. 80 000 modernisiert.[57]

Von den Ost-Berliner Bezirken Lichtenberg und Weißensee wurden drei neue Bezirke abgeteilt: Marzahn, das bereits 1983 100 000 Einwohner zählte, sowie Hellersdorf und Hohenschönhausen, wo man Tausende von Neubauwohnungen in Plattenbauweise hochzog. In der Innenstadt wurden Baulücken geschlossen. Vom Abriß bedrohte Mietskasernen am Prenzlauer Berg, im Stadtbezirk Mitte und in Lichtenberg wurden instandgesetzt und modernisiert. Neue Hotels, wie das „Metropol" und das „Palast-Hotel", sowie Warenhäuser, Verkaufseinrichtungen, Gaststätten, Sport- und Erholungszentren, Kinos, Theater, aber auch Schulen, Bauvorhaben für das Sozial- und Gesundheitswesen, Bildung und Kultur entstanden neben dem Ausbau des Verkehrsnetzes wie unter anderem die Verlängerung der U-Bahn nach Kaulsdorf/Hellersdorf sowie neue Streckenabschnitte der S-Bahn und der Straßenbahn.[58] Neben dem Siedlungsbau am Stadtrand sowie dem Aufbau sozialer, verkehrs- und stadttechnischer Infrastruktur wurde das historische Ost-Berlin im Hinblick auf die 750-Jahr-Feier repräsentativ aufgebaut. Zahlreiche historische Bauwerke wurden restauriert beziehungsweise rekonstruiert wie unter anderen der Platz der Akademie mit dem Schinkelschen Schauspielhaus, das Deutsche Theater, das Forum Fridericianum, das Nicolai-Viertel und das Ephraim-Palais. Diese „Erbepflege" zeugte von einer radikal veränderten Einstellung zur preußischen Geschichte, die nicht länger getilgt, überwunden, sondern *Ausdruck unseres positiven Verhältnisses zu den humanistischen Traditionen unserer Geschichte sein sollte.*[59]

Während Kracks Amtszeit stellte die 750-Jahr-Feier der Stadt Berlin eine *wichtige und zusätzliche Kräfte mobilisierende Zwischenetappe*[60] dar, um den Besuchern die Vorzüge des sozialistischen Städte- und Wohnungsbaus zu demonstrieren. Krack wurde in das am 7. Februar 1985 konstituierte „Komitee der DDR zum 750-jährigen Bestehen von Berlin" berufen und mit den Koordinierungsaufgaben beauftragt. Die Einflußlosigkeit

56 Siehe dazu H. Stimman, *a.a.O.*, S. 7 sowie *DDR-Handbuch...* (wie Anm. 34), Stichwort „Städtebau"; A. Bujara, *Ost-Berlin...* (wie Anm. 50), S. 60. *Trotz großer Anstrengungen im Bauwesen liegen noch über 90 000 Anträge auf Wohnungen bzw. Verbesserungen in den Wohnverhältnissen vor.* Zitiert nach Rep. 061, Erklärung des Präsidenten der Stadtverordnetenversammlung Berlin vom 15. Januar 1990, Landesarchiv Berlin, Außenstelle Breite Straße.

57 H. Stimman, *Stadterneuerung...* (wie Anm. 52), S. 7; *Berliner Zeitung* vom 15. November 1988, S. 3–4; *Die Zeit*, Nr. 48 vom 22. November 1991.

58 G. Keiderling, *Berlin...* (wie Anm. 54), S. 716–720.

59 Zitiert nach H. Stimman, *Stadterneuerung...* (wie Anm. 52), S. 62; vgl. dazu E. Krack, *Hauptstadt...* (wie Anm. 54), S. 100.

60 H. Stimman, *Stadterneuerung...* (wie Anm. 52), S. 7: *Die enorme politische Bedeutung kam erstmals in den im Dezember beschlossenen Verschiebungen im Staatshaushalt 1985 und in den diese Kennziffern konkretisierenden Angaben des Volkswirtschaftsplanes Berlin für die Jahre 1985 und 1986 zum Ausdruck.*

des Oberbürgermeisters bei der Planung wichtiger Bauvorhaben in Ost-Berlin trat gerade bei diesen gewaltigen Städte- und Wohnungsbaumaßnahmen deutlich zutage. Obwohl gemäß dem Gesetz über die örtlichen Volksvertretungen die Stadtverordnetenversammlung und der Magistrat verpflichtet waren, die Grundlinie zur städtebaulich-architektonischen Entwicklung im Bezirk auszuarbeiten und durchzusetzen, wurden die Planung und der Bau der wichtigsten innerstädtischen Bauvorhaben der Zuständigkeit der Stadt Ost-Berlin entzogen. Sie erfolgten durch eine 1983 vom Bauministerium der DDR eingerichtete „Baudirektion Hauptstadt Berlin".[61] Zwar konnte Krack, der in seiner Funktion als Oberbürgermeister gleichzeitig Mitglied des 44köpfigen Ministerrats war,[62] an den Diskussionen und Beratungen über die „Grundsätze für die sozialistische Entwicklung von Städtebau und Architektur in der DDR"[63] aktiv teilnehmen. Doch konzeptionelle Vorschläge oder Pläne zur kommunalpolitischen Entwicklung der Stadt wurden zunächst im Politbüro behandelt. Anschließend bildete man interdisziplinäre Kommissionen aus den zuständigen Ministern und Krack, die die Vorschläge weiter präzisierten und schließlich nach Abstimmung mit der Bezirksleitung der SED und den übrigen in der Stadtverordnetenversammlung vertretenen Parteien der Regierung vorlegten. Durch einen guten Draht zum Ersten Sekretär der Bezirksleitung der SED gelang es Krack aber trotzdem, sich nicht nur Einfluß auf die Stadtentwicklung zu verschaffen, sondern sich auch gleichzeitig eine gute Informationsquelle zu sichern.

Zu Kracks Aufgabe gehörte in diesem Bereich nicht die planerisch-gestalterische Entscheidung, sondern die Koordinierung, um Reibungsverluste zwischen den verschiedenen Instanzen zu vermeiden. Die auftretenden Spannungen sah er vor allem in den Widersprüchen zwischen den Parteibeschlüssen und der Kommunalpolitik begründet, denn *Kommunalpolitik ist handfester, realer als die ideologisch abgehoben diskutierende Parteiarbeit.*[64]

Seit 1971/1972 begann sich auch in der DDR die planerische Vorbereitung der sogenannten *komplexen Rekonstruktion* durchzusetzen. Nach dem VIII. SED-Parteitag 1971 wurde das Viertel rund um den Arnimplatz Berlin-Prenzlauer Berg mit ca. 8300 Wohnungen und 17 200 Einwohnern zum Versuchsgebiet zur Entwicklung und Erprobung von Rekonstruktionsstrategien und technologischen Lösungen erklärt.[65] Ein Projekt, dessen Verwirklichung sich über viele Jahre hinzog. Erst gegen Ende der siebziger Jahre folgten diesem ersten Ost-Berliner Rekonstruktionsgebiet weitere um den Arkonaplatz (Berlin-Mitte), das Palisadendreieck und die Frankfurter Allee (Berlin-

61 *Ebda.*; E. Krack, *Hauptstadt...* (wie Anm. 54), S. 11 ff.
62 Vgl. A. Bujara, *Ost-Berlin...* (wie Anm. 50), S. 31.
63 Dazu *Neues Deutschland* vom 29. Mai 1986.
64 Vgl. Interview... (wie Anm. 1).
65 Vgl. H. Stimman, *Stadterneuerung...* (wie Anm. 52), S. 11 ff. Mit dem 1977 gegründeten „Rat für Denkmalpflege" wandte man sich wieder stärker der Diskussion um die Erhaltung der Altbausubstanz, Rekonstruktionsaufgaben und westlichen Vorbildern zu (wechselseitige Architekturausstellungen 1982/1983), siehe *DDR-Handbuch...* (wie Anm. 34), S. 1305.

Friedrichshain), Scheunenviertel/Sophienstraße (Berlin-Mitte), Wilhelm-Pieck-Straße, Husemannstraße/Kollwitzplatz (Prenzlauer Berg). Selbst solche Projekte waren konzeptionell schlecht vorbereitet und wurden äußerst schleppend realisiert. Krack stellte diese städtebaulichen Maßnahmen in seiner kommunalpolitischen Schrift[66] in engen Zusammenhang mit dem VIII. Parteitag der SED und dem Amtsantritt Honekkers, der den Wohnungsbau als sein persönliches Prestigeobjekt betrachtet hat, wodurch zwangsläufig Disproportionen entstanden. Insofern vermittelt Krack ein etwas schiefes Gesamtbild der Stadtentwicklungspolitik.[67]

Neben der Stadtentwicklung legte Krack einen weiteren Schwerpunkt während seiner Amtszeit auf den Ausbau des industriellen Sektors. Ost-Berlin war der größte Industriestandort der DDR. Ein Viertel aller Beschäftigten fand einen Arbeitsplatz in der Industrie, die vor allem durch arbeitsintensive Produktionen der Elektroindustrie, wie im VEB Bergmann-Borsig und dem Kabelwerk Oberspree, sowie durch den Maschinenbau, aber auch den Fahrzeugbau, die chemische Industrie und die Leichtindustrie gekennzeichnet war.[68]

Die Leichtindustrie entwickelte sich zum zweitwichtigsten Industriebereich, gefolgt vom Maschinen- und Fahrzeugbau. Bedeutung für die Ost-Berliner Wirtschaft erlangte auch die chemische Industrie, die vor allem kosmetische, photochemische und pharmazeutische Produkte herstellte. Dennoch waren viele Produktionsstätten nicht genügend mechanisiert, modernisiert und automatisiert, so daß die Arbeitsproduktivität durchschnittlich um 30 Prozent unter der der Bundesrepublik Deutschland lag.[69]

Als einen weiteren *Maßstab für die Qualität* seiner Kommunalpolitik bezeichnete Krack *ein gut funktionierendes Alltagsleben.* Ein Barometer sei *die gute Versorgung mit Waren des Grundbedarfs und der 1000 kleinen Dinge sowie die weitere Verbesserung der Bereitstellung industrieller Konsumgüter.*[70]

Mit dem Ziel, die Konsumgüterentwicklung und -erzeugung besser zu koordinieren und zu planen, bildete der Magistrat unter der Leitung des Oberbürgermeisters 1985 die „Konsumgüterleitstelle der Hauptstadt" in der Bezirksplanungskommission.[71]

66 Vgl. E. Krack, *Hauptstadt...* (wie Anm. 54), S. 6 ff.; G. Keiderling, *Berlin...* (wie Anm. 54), S. 786 ff.

67 Damit reiht sich Krack in den allgemeinen Trend ein, die Ulbricht-Zeit als „Nicht-Geschichte" zu behandeln. So wurde der VIII. Parteitag in der DDR-Historiographie als *besonders wichtige Zäsur in der Geschichte der DDR* hervorgehoben. Bewußt wurde die Ulbricht-Periode verdrängt, alle Veränderungen nach dessen Ablösung wurden stark betont und dadurch wurde die Politik der Honecker-Führung überpointiert und demonstrativ als etwas Neues herausgestellt. Siehe dazu H. Weber, *Geschichte...* (wie Anm. 22), S. 406 f.; ebenso Karl-Wilhelm Fricke, *Wird Ulbricht zur Unperson?* in: *Deutschland Archiv*, Bd. 6 (1973), S. 234.

68 Vgl. W. Ribbe, *Berlin...* (wie Anm. 53), S. 1118. 1981 hatten 25 Industriekombinate ihre Leitungen und Stammbetriebe in Berlin. Vgl. G. Keiderling, *Berlin...* (wie Anm. 54), S. 767 ff.

69 Vgl. A. Bujara, *Ost-Berlin...* (wie Anm. 50), S. 53; E. Krack, *Hauptstadt...* (wie Anm. 54), S. 13–18.

70 Zitiert nach: *Berliner Zeitung* vom 1./2. April 1989, S. 3.

71 Vgl. E. Krack, *Hauptstadt...* (wie Anm. 54), S. 25.

Doch trotz dieser Bemühungen wiesen die Ost-Berliner Kaufhallen und Geschäfte erhebliche Lücken im Warenangebot auf. Die Grundnahrungsmittel waren nach wie vor sehr preiswert, aber Kaffee, Spirituosen oder bestimmte Obstsorten, die importiert und mit westlichen Devisen bezahlt wurden, waren, gemessen an der Höhe der Löhne, fast unerschwinglich teuer. Dazu gehörten ebenfalls Güter und Waren, die in der DDR nicht in Massenproduktion hergestellt wurden, wie Unterhaltungselektronik, Produkte der Textilindustrie sowie elektrische Haushaltsgeräte.[72] Neben der stabilen Versorgung der Bevölkerung lag dem Magistrat die *Verbesserung der Handels- und Gaststättenkultur* sowie das Dienstleistungsgewerbe *am Herzen.*[73] Zahlreiche Gaststätten wurden im Zusammenhang mit der Stadterneuerung eröffnet oder renoviert, wie unter anderem in der Wilhelm-Pieck-Straße, in der Neuen Schönhauser Straße und im Nicolai-Viertel.[74]

Mehr als zwei Drittel der Reparaturen und Dienstleistungen – so Krack – wurden von Produktionsgenossenschaften und privaten Handwerksbetrieben, die der Magistrat systematisch förderte, ausgeführt.[75] Dennoch blieb das Dienstleistungsgewerbe ein neuralgischer Punkt, denn die wenigen Tankstellen, die langen Wartezeiten bei Reparaturen von Haushaltsgeräten, Radios und Fernsehern oder der Einrichtung eines Telefonanschlusses trugen nicht gerade zum erhofften *besseren Funktionieren unseres Alltags* bei.[76] Dennoch gelang es der DDR im Laufe ihres Bestehens, zu den zehn größten Industriestaaten zu gehören sowie den höchsten Lebensstandard aller kommunistisch regierten Staaten zu erreichen. Vor allem Ost-Berlin als Hauptstadt wurde gegenüber den anderen Bezirken bevorzugt mit Waren versorgt.

Die sich immer mehr zuspitzende politische Krise in der DDR zeigte sich besonders deutlich am Ergebnis der am 7. Mai 1989 stattfindenden Kommunalwahlen, die 98,8 Prozent Ja-Stimmen erbrachten. Die These von der *moralisch-politischen Einheit von Partei, Staat und Volk*, die das von Wahlen unabhängige Machtmonopol rechtfer-

72 Vgl. A. Bujara, *Ost-Berlin...* (wie Anm. 50), S. 56 f.; H. Weber, *Geschichte...* (wie Anm. 22), S. 471, 488 ff.

73 Zitiert nach: E. Krack, *Hauptstadt...* (wie Anm. 54), S. 57.

74 Vgl. E. Krack, *a.a.O.*, S. 58. Obwohl in den letzten Jahren etliche Gaststätten und Cafes erbaut oder renoviert wurden, gab es wenig gute Restaurants. Neben Beharrlichkeit und Geduld gehörte auch Glück dazu, einen Platz in einem guten Lokal zu finden.

75 Nachdem 1972 etwa 100 industriell produzierende Produktionsgenossenschaften des Handwerks (PGH) in volkseigene Betriebe (VEB) umgewandelt worden waren, konnten sie die Anforderungen, die an bestimmte Sparten gestellt wurden, nicht mehr erfüllen. Bereits ein Jahr später wurden wieder 118 neue Gewerbegenehmigungen zur Errichtung von privaten Handwerksbetrieben ausgestellt. Die insgesamt 4500 privaten Handwerksbetriebe und die 115 PGH erbrachten 1975 63 Prozent der Reparaturleistungen in Ost-Berlin, doch betrug ihr Anteil an der Gesamtproduktion nur noch 2,9 Prozent. Zitiert nach: W. Ribbe, *Berlin...* (wie Anm. 53), S. 1117; vgl. dazu E. Krack, *Hauptstadt...* (wie Anm. 54), S. 65 ff.

76 Zitiert nach: E. Krack, *a.a.O.*, S. 65 ff.; vgl. dazu auch Karlheinz Lau, *DDR. Kleine politische Landeskunde,* Berlin 1988, S. 57.

tigen sollte, konnte nur durch eine von den Oppositionellen vielerorts festgestellte Wahlfälschung gestützt werden.[77]
Die zunehmende Unzufriedenheit, der Unwillen und die Opposition in der DDR-Bevölkerung entzündeten sich immer wieder an zwei Realitäten, am relativ niedrigen Lebensstandard und an den fehlenden politischen und persönlichen Freiheiten.[78] Seit den fünfziger Jahren bildeten sich immer wieder demokratisch-kommunistische Oppositionsgruppen, die sich gegen den Widerspruch zwischen Theorie und Praxis in der DDR auflehnten. Diese Traditionslinie reichte vom Arbeiteraufstand am 17. Juni 1953, dem Aufbegehren der Intellektuellen um Wolfgang Harich 1956 über die Entlassung Robert Havemanns aus Amt und Partei in den sechziger Jahren, die Ausbürgerung Wolf Biermanns 1976, die Verurteilung Rudolf Bahros wegen seines Buches „Die Alternative“ bis zu erneuten Unruhen unter Künstlern, Intellektuellen, Jugendlichen und der Forderung vieler Bürger nach Gewährung der Menschenrechte, die in der von der DDR mitunterzeichneten KSZE-Schlußakte von Helsinki 1975 festgehalten sind. Der harte Kurs der DDR-Führung gegen die „Abweichler“ setzte sich in den achtziger Jahren verschärft fort. Daß auch Erhard Krack dazu seinen Beitrag leistete, zeigte die Auseinandersetzung um den Ost-Berliner Graphiker Manfred Butzmann. Im jubiläumstrunkenen Berlin-Jahr 1987 kollidierte der politisch unbequeme Butzmann mit der Staatsmacht. Der Oberbürgermeister der „DDR-Hauptstadt“ machte in Wernigerode Urlaub, als sein Blick auf das Schaufenster des Buchhändlers Schulze fiel. Der zeigte unter anderem Butzmanns Plakat mit den sterbenden und gestorbenen Bäumen auf der Flanierstraße Schönhauser Allee. Krack schlug Alarm beim damaligen SED-Bezirkschef Günter Schabowski. Das Resultat: Hatten bis dahin kritische Plakatkünstler wie Butzmann, Martin Hoffmann oder Joseph Huber Druckerlaubnis für eine unzensierte Auflage bis zu hundert Stück, war es damit nun schlagartig vorbei.[79]
Als in Ost-Berlin Friedensdemonstrationen von den Behörden verhindert und Mahnwachen aufgelöst wurden, als es vor den diplomatischen Vertretungen westlicher Länder zu Ausschreitungen kam und DDR-Bürger Ausreiseanträge stellten, ließ sich die Ausweitung der Opposition gegen die Parteidiktatur nicht mehr aufhalten. Das Wendemanöver begann. Seit spätestens Mitte März 1989 will auch der Ost-Berliner Oberbürgermeister Erhard Krack über Reformen auf kommunalpolitischer Ebene nachgedacht haben, wie die Gleichberechtigung aller Parteien[80] und die Abschaffung *der Bürokratie in der Stadtverordnetenversammlung, eine(r) neue(n) Rolle der Abgeordneten ohne standardisierte Reden.* Ihm wurde immer klarer, daß man *kein Gesellschaftssystem aufbauen könne, in dem alles verkettet ist.*[81]

77 Vgl. *Aufruf zur Einmischung. Gründungsaufruf der „Bürgerbewegung Demokratie jetzt“*, in: *TAZ. DDR-Journal zur Novemberrevolution August bis Dezember 1989. Vom Ausreisen bis zum Einreißen der Mauer,* S. 9/10.
78 Vgl. dazu H. Weber, *Geschichte*... (wie Anm. 22), S. 385, 434 ff.
79 Vgl. H. Weber, *a.a.O.*, S. 416.
80 Zitiert nach: Interview... (wie Anm. 1).

Erstmals seit dem Zerbrechen der gemeinsamen Stadtverwaltung Ende 1948 gingen im Berlin-Jubiläumsjahr die Oberhäupter der beiden Teilstädte aufeinander zu. In der Ost-Berliner Marienkirche begrüßten sich am 21. Oktober 1987 Oberbürgermeister von Berlin [Ost], Erhard Krack, und der Regierende Bürgermeister von Berlin [West], Eberhard Diepgen. In der Bildmitte der spätere Ministerpräsident von Brandenburg, Manfred Stolpe

Aber die SED wehrte sich entschieden gegen jede Veränderung der stalinistischen Strukturen im eigenen Land, aus Angst, ihre „historische Legitimität" zu verlieren. Damit überspannte die DDR-Führungsspitze, überaltert, starr und nicht mehr lernfähig, den Bogen. Ausreiseanträge, Massenflucht über Ungarn und die Tschechoslowakei im August 1989 oder in die Botschaften der Bundesrepublik Deutschland signalisierten die Hoffnungslosigkeit in bezug auf Reformen sowie das Ende der Geduld. Auch unter den Zurückgebliebenen wuchs der Widerstand. Oppositionsgruppen wie das „Neue Forum", der „Demokratische Aufbruch", „Demokratie jetzt" forderten offene Auseinandersetzungen und Reformen ebenso wie die christliche Friedensbewegung.[82]

81 Vgl. dazu H. Weber, *Aufbau...* (wie Anm. 13), sowie *TAZ. DDR-Journal...* (wie Anm. 77); sowie Charles Schüddekopf (Hrsg.), *Wir sind das Volk! Flugschriften, Aufrufe und Texte einer deutschen Revolution,* Reinbek 1990.

82 *Ebda.*

Nach dem Sturz Erich Honeckers am 18. Oktober 1989, dem Fall der Mauer und der Öffnung der Grenzen in der Nacht vom 9. auf den 10. November wurden viele der leitenden Funktionäre von ihren Posten abgelöst beziehungsweise aus der Partei ausgeschlossen.
Erhard Krack überstand die politische Wende zunächst noch ohne Schaden. Mitte Dezember 1989 stellte der Ost-Berliner Magistrat im Hinblick auf die veränderte politische Situation die Vertrauensfrage, die die Stadtverordnetenversammlung, deren Zusammensetzung unverändert war, mit 140 Stimmen gegen 23 Stimmen bei 13 Enthaltungen positiv entschied. Dennoch bildeten sich auch auf kommunalpolitischer Ebene Gegenautoritäten in Form von Oppositionsgruppen, die eine Beteiligung an den politischen Auseinandersetzungen und Entscheidungen forderten. Es kam zur Anerkennung der Politik des „Runden Tisches". Die Zusammenarbeit bewertete Krack rückblickend als produktiv.[83]
Mit dem Fall der Mauer begann die partielle Zusammenarbeit mit den West-Berliner Behörden auf kommunaler Ebene. Noch unmittelbar vor der 750-Jahr-Feier Berlins 1987 ließ Krack die Einladungen des West-Berliner Senats unbeantwortet, denn *West-Berlin existiert für uns nicht.*[84] Nur sechseinhalb Kilometer Luftlinie trennten das West-Berliner „Schöneberger Rathaus" und das Ost-Berliner „Rote Rathaus" voneinander, doch die beiden Stadtoberhäupter hatten sich vier Jahrzehnte lang, bis auf einige ergebnislose und unterkühlte Treffen, nicht zur Kenntnis genommen.
Am 12. November 1989 schüttelten sich Erhard Krack und Walter Momper am frisch aufgebrochenen Mauerloch am Potsdamer Platz die Hände und trafen sich seither wiederholt, um praktische Schritte auf dem Gebiet der west-östlichen Kommunalpolitik zu besprechen. Beide versicherten wiederholt, daß sie am vorhandenen Status der Stadt, zuletzt niedergelegt im Vier-Mächte-Abkommen von 1971, *nicht rütteln wollten.*[85] Rechtzeitig vor Weihnachten wurde das Brandenburger Tor, *das Tor des Friedens und Symbol des Freiheitswillens der Berliner,*[86] so Krack, im Beisein Helmut Kohls, Hans Modrows und der beiden Berliner Bürgermeister eröffnet. Angesichts der neuen politischen Lage schwärmte Krack vom zukünftigen Berlin *als Drehscheibe in der systemübergreifenden Kooperation der Gesellschaftsordnungen ... als Säule des künftigen Hauses Europa.*[87]
Zunächst jedoch galt es, einen provisorischen Regionalausschuß, der neben Gesamt-Berlin auch die Bezirke Potsdam und Frankfurt a. d. Oder einbezog, einzurichten. Fragen des öffentlichen Nahverkehrs, des Straßenbaus, der Güterversorgung unter anderem mit Frischgemüse und Molkereiprodukten, des Tourismus und des Umweltschut-

83 Zitiert nach: *Der Spiegel* 52 (1989), S. 27
84 *Ebda.*
85 *A.a.O.*, S. 41.
86 *A.a.O.*, S. 28.
87 Protokolle der Beratungen des Provisorischen Regionalausschusses Berlin, Rep. 061, Landesarchiv Berlin, Außenstelle Breite Straße.

zes wurden behandelt.[88] Viele gemeinsame Projekte in den Bereichen Wirtschaft, Kultur, Medizin und Stadtentwicklung kamen zwischen den zuständigen Fachressorts des West-Berliner Senats und des Ost-Berliner Magistrats zur Sprache.[89] Vor allem das Wirtschafts- und Währungsgefälle zwischen den beiden Stadthälften galt es zu berücksichtigen. Krack äußerte sich besorgt über die erheblichen Preisdifferenzen im Bereich des Dienstleistungsgewerbes.[90]

Über die Verplanung zentraler Bereiche, die Bebauung rund um das Reichstagsgebäude, Kulturforum und Potsdamer Platz, ein besonderes Anliegen Kracks, sollte gemeinsam entschieden werden. Ein erster Gedankenaustausch zwischen Ost- und West-Berliner Architekten fand bereits zum Jahresende 1989 statt. Es galt, das Verkehrsnetz Ost und West, U- und S-Bahn sowie Busverkehr anzupassen. West-Berlin hatte seine letzte Straßenbahn 1967 durch Autobusse ersetzt, in Ost-Berlin blieb die Straßenbahn als wichtigstes öffentliches Verkehrsmittel erhalten.

Mit gegenseitiger Unterstützung sollte das touristische Angebot in der Mark Brandenburg ausgeweitet werden. Gleichzeitig stellten Momper und Krack erste Überlegungen an, wie die Gewässer Berlins auf ökonomischer Grundlage für Segler und Sportfreunde zugänglich gemacht werden könnten.

Gemeinsame Umweltschutzmaßnahmen in Form eines einheitlichen Informationssystems über Smogwerte neben der Ausarbeitung von Mindesttechnologien wurden ergriffen. Angesichts der desolaten Lage in den Ost-Berliner Krankenhäusern vereinbarten die beiden Stadtoberhäupter den Austausch von Ärzten und Pflegepersonal sowie die Unterstützung mit medizinischen Geräten.

Seit dem Fall der Mauer diskutierte der „Runde Tisch" im „Roten Rathaus" die offenkundigen Fälschungen der Kommunalwahlen vom 7. Mai 1989. Die Fraktionen forderten Krack als den Vorsitzenden der Wahlkommission wiederholt auf, die politische Verantwortung für die Wahlfälschung zu übernehmen. Am 22. Februar 1990 trat Erhard Krack von seinem Amt als Oberbürgermeister von Ost-Berlin zurück.

In einem in der Stadtverordnetenversammlung verlesenen Brief bekannte er, daß *die Fälschung von Wahlergebnissen und damit die Verfälschung des politischen Willens der Bürger ... durch nichts zu rechtfertigen und auf das höchste verwerflich* ist. *Als Politiker kann ich mich von einer Mitverantwortung für diese Auswüchse eines, wie wir heute wissen, deformierten politischen Systems nicht freisprechen.*

88 *Ebda.*
89 Vgl. *Der Spiegel* 52 (1989), S. 45.
90 *Beratungen mit dem Runden Tisch zur Struktur der Parlamentsverwaltung*, Rep. 061, Landesarchiv Berlin, Außenstelle Breite Straße.

Anhang

Chronologie der Berliner Stadtoberhäupter und ihrer Stellvertreter (1294–1990)

von Cornelius C. Goeters

Vorbemerkung

Bei der hier vorliegenden Chronologie der Berliner Bürgermeister handelt es sich um die erweiterte Fassung einer 1987 veröffentlichten Übersicht.[1] Neben zahlreichen kleineren Ergänzungen und Verbesserungen sind nun insbesondere auch die Stellvertreter der Ober- beziehungsweise Regierenden Bürgermeister hinzugefügt worden.

Als Quelle dienten weniger die beiden älteren Studien über die Stadtoberhäupter nach der Steinschen Städtereform von Ernst Kaeber und Fritz Schmidt-Clausing,[2] als vielmehr die edierten Bürger- und Bürgermeisterverzeichnisse. Neben dem vor über 200 Jahren veröffentlichten ersten Bürgermeisterverzeichnis der Städte Berlin, Cölln, Friedrichswerder und Dorotheenstadt[3] wurden ausgewertet: das älteste Berliner Bürgerbuch, das Nachrichten über die Bürgermeister von 1575 bis 1720 und zahlreiche Bemerkungen über die Ratsversetzungen enthält, die Bürgerbücher von Cölln an der Spree, die ebenfalls Angaben über die Zusammensetzung des Rates machen, die chronikalischen Nachrichten des ältesten Cöllner Bürgerbuches des Ferdinand Pusthius und des Christian Wendland, die Memorabilia Coloniensia[4] sowie für den Zeitraum 1709 bis 1807 die Adreßkalender und die Dissertation von Kurt Schrader.[5]

Da bis zur Vereinigung des Rates am 21. Januar 1709 die jährliche Ratsversetzung in den Städten Berlin und Cölln jeweils am 1. Mai stattfand, steht in der folgenden Liste beispielsweise die Jahres-

1 Cornelius C. Goeters, *Chronologie der Berliner Bürgermeister,* in: Wolfgang Ribbe (Hrsg.), *Berlin-Forschungen II* (= Einzelveröffentlichungen der Historischen Kommission zu Berlin, Bd. 61), Berlin 1987, S. 293–328.

2 Ernst Kaeber, *Die Oberbürgermeister Berlins seit der Steinschen Städteordnung,* in: *Jahrbuch des Vereins für die Geschichte Berlins* (1952), S. 53–114 Fritz Schmidt-Clausing, *Berlins „Regierende" seit 1809,* in: *Berliner Blätter* 10,12 (1960), S. 37–39; 11,1 (1961), S. 28–30; 11,2 (1961), S. 29–31; 11,3 (1961), S. 29–31; 11,4 (1961), S. 28–33; 11,5 (1961), S. 30–34; 11,7 (1961), S. 30–32.

3 Johann Christoph Müller/Georg Gottfried Küster, *Altes und Neues Berlin. Das ist: Vollständige Nachricht von der Stadt Berlin, derselben Erbauern, Lage, Kirchen, Gymnasiis; ingleichen...,* 4 Tle., Berlin [1737]–1769, hier T. 4, Sp. 387–432.

4 Peter von Gebhardt (Hrsg.), *Das älteste Berliner Bürgerbuch 1453–1700* (= Veröffentlichungen der Historischen Kommission für die Provinz Brandenburg und die Reichshauptstadt Berlin I,1), Berlin 1927, bes. auch S. 11–18 u. 26–27; ders. (Hrsg.) *Die Bürgerbücher von Cölln an der Spree 1508–1611 und 1689–1709 und Die chronikalischen Nachrichten des ältesten Cöllner Bürgerbuches 1542–1610* (= Veröffentlichungen der Historischen Kommission für die Provinz Brandenburg und die Reichshauptstadt Berlin I,3), Berlin 1930, bes. auch S. XIII–XIX sowie S. 119–178. [Ferdinand Pusthius,] *Chronicon Berolinense Continens res Berolini actas ad annum 1307 usque ad annum 1699,* Accedit Series consulum Berolinensium, in: *Schriften des Vereins für die Geschichte Berlins* 4 (1870). *Die Wendlandsche Chronik von 1648–1701,* in: *Schriften des Vereins für die Geschichte Berlins* 1 (1865), S. 45–104. Georg Gottfried Küster, *Memorabilia Coloniensia,* Specimen 1–19, Berlin 1727.

5 *Adreß Calender der Königlich Preußischen Haupt- und Residentz Städte Berlin und daselbst befindlichen Königlichen Hofes. Auch anderer hohen und niederen Collegien, Instantien und expeditionen. Auf das Jahr Christi 1704 ff.* (künftig zitiert: *Adreß-Calender*). Kurt Schrader, *Die Verwaltung Berlins von der Residenzstadt des Kurfürsten Friedrich Wilhelm bis zur Reichshauptstadt. Unter besonderer Berücksichtigung der Stellung der Stadtverwaltung zu den oberen preußischen Staatsbehörden und mit einem Abriß der Behördengeschichte der Berliner Regierung,* Phil. Diss., Berlin [Ost] 1963.

angabe 1500 für den Zeitraum 1. Mai 1500 bis 1. Mai 1501. Um die erste Amtszeit deutlich zu machen, ist der Name des Bürgermeisters in Kapitälchen gesetzt worden. Bei differierenden Angaben wurde die wahrscheinlichste beziehungsweise die mehrfach belegte ausgewählt und gravierende Unterschiede in den Fußnoten vermerkt. Im Zeitraum 1582 bis 1700 wurden, soweit möglich, die Daten jeweils nach Altem und Neuem Stil (Differenz zehn Tage) angegeben.

Berliner Bürgermeister

1294 JOHANNES VON BLANKENFELDE «de Blankenfelte, Blankenvelde»[6]

1310 HEINRICH UDEN «Henrich, Henricus», JOHANN WIPERTI «Hans, Johannes, Wyperti, Wiprecht»[7]

1312 JOHANN SOHR «Jo., Hans, Sone, Söhn», JOHANN VON RATHENOW «Jo., Hans, de Ratenow, de Rhow, von Rode»[8]

1326 PETER VON LIETZEN «Petrus, de Lizna, Lirna, Lyzen, Lyzene, Lizen», NIKOLAUS VON ASPERSTEDT «de Asperstede»[9]

1327 Peter von Lietzen, JOHANN LANGE «Johannes, Longus»

1328 OTTO VON BUCH «de Bouck, Buck, Buek, Buk», GERHARD VON RATHENOW «Gerard, de Ratenov»

1331 Otto von Buch, Gerhard von Rathenow[10]

1340 PETER MOSKOW «Petrus, Mascow, Mosckow, Mosno», JACOB VON RATHENOW «Jacobus, de Ratenow»[11]

1361 HANS RATHENOW «Hanß, Rathenov», BERND REICHE «Berndt, Behrendt, Berend, Behrndt, Rycke, Ryke, Reich»

6 Die von J. Chr. Müller/G. G. Küster, *Altes und Neues Berlin...* (wie Anm. 3), T. 4, Sp. 389, für das Jahr 1280 genannten Bürgermeister Nicolaus von Lietzen, Johannes von Blankenfelde und Nicolaus von Bötzow blieben unberücksichtigt, da sie im Schneiderprivileg von 1284 Juni 2 lediglich als Ratsherren (*Consules*) bezeichnet werden. Vgl. *a.a.O.*, T. 4, Sp. 227 f.; F[erdinand] Voigt/E[rnst] Fidicin, *Urkundenbuch zur Berlinischen Chronik* (= Berlinische Chronik 2), hrsg. von dem Verein für die Geschichte Berlins, Berlin 1869 und 1880, S. 15 f.

7 J. Chr. Müller/G. G. Küster, *Altes und Neues Berlin...* (wie Anm. 3), T. 4, Sp. 257: *seniores electi.* Vgl. F. Voigt/E. Fidicin, *Urkundenbuch...* (wie Anm. 6), S. 27 f.

8 *A.a.O.*, S. 28 f.; ebenso in: Adolf Friedrich Riedel (Hrsg.), *Codex diplomaticus Brandenburgensis. Sammlung der Urkunden, Chroniken und sonstigen Quellenschriften für die Geschichte der Mark Brandenburg und ihrer Regenten* (künftig zitiert: *CDB*), 4 Haupttle., Supplementband, Namenverzeichnis und Register (insgesamt 41 Bände), Berlin 1838–1869, hier Supplementband (künftig zit. *CDB Suppl.*), S. 223 (1313 April 11): *seniores in consilio tunc electi.* Johann Christoph Müller und Georg Gottfried Küster, die die Urkunde ebenfalls edierten *Altes und Neues Berlin...* (wie Anm. 4), T. 2, S. 662 – bezeichnen wahllos sechs der neun Ratsherren als Bürgermeister – *Altes und Neues Berlin...* (wie Anm. 4), T. 4, Sp. 391 –, jedoch fehlen die beiden oben genannten Bürgermeister, da sie *seniores in Consistorio tunc electi* – *Altes und Neues Berlin...* (wie Anm. 4), T. 2, S. 662 – lasen.

9 F. Voigt/E. Fidicin, *Urkundenbuch...* (wie Anm. 6), S. 46 f.; ebenso in *CDB Suppl* (wie Anm. 8), S. 226 (1326 Aug. 27): *magistri consulum.*

10 F. Voigt/E. Fidicin, *Urkundenbuch...* (wie Anm. 6), S. 57–59 (1331 Nov. 19): *magistri consulum.*

11 Urkundlich belegt als die ersten beiden unter zwölf Ratsmitgliedern: *A.a.O.*, S. 77; ebenso in: *CDB Suppl* (wie Anm. 8), S. 230. Die weiteren Ratsherren, Henning Lietzen, Peter Landsberg, Henning Rhode, Johannes Wiprecht, Gerhard Pelz, Dietrich Brügge, Henning Buch, [N.N.] Radeke, Heinrich Rohde und [N.N.] Block, nennen J. Chr. Müller/G. G. Küster, *Altes und Neues Berlin...* (wie Anm. 3), T. 4, Sp. 391, irrigerweise ebenfalls als Bürgermeister, wobei [N.N.] Radeke in der Aufzählung fehlt und [N.N.] Block als Johann Block «Kock» erscheint.

1362 WILHELM RHODE «Wilhelmus, Wilkin, Rothe», JOHANN KOCH «Kock»
1365 Bernd Reiche, PETER BLANKENFELDE «Petrus, Blanckfeldt, Blanckfeld, Blankenfeld, Blankenvelde»
1368 Wilhelm Rhode, ALBERT RATHENOW «Albertus, Rathenov»
1369 Bernd Reiche, Peter Blankenfelde
1370 Wilhelm Rhode, Albert Rathenow
1371 Bernd Reiche, Peter Blankenfelde
1372 Wilhelm Rhode, Albert Rathenow
1373 Bernd Reiche (gest. vor 25. 5. 1378),[12] Peter Blankenfelde
1374 Wilhelm Rhode, Albert Rathenow
1375 Peter Blankenfelde[13] HENNING DOBLER «Henninghus, Dobbeler»[14]
1395 Peter Blankenfelde «Petrus», JAKOB VON RATHENOW «Jacobus, de Rathenau»
1400 ARND PERWENITZ «Arndt, Perweniz», HANS DANNEWITZ «Hanß, Danewitz»
1401 HENNING STROHBAND «Hennigk, Henr., Strobandt, Stroband», PAUL BLANKENFELDE «Blanckfeldt, Blankenfeld, Blanckfeld»
1402 Arnd Perwenitz, Hans Dannewitz
1403 Henning Strohband, Paul Blankenfelde
1404 HENNING PERWENITZ «Henig» (Fleischer), Hans Dannewitz
1405 Henning Strohband, Paul Blankenfelde
1406 Hans Dannewitz, ALBERT RATHENOW «Albertus, Ratenow, Rathenau»
1407 Henning Strohband, Paul Blankenfelde
1408 Hans Dannewitz, CLAUS SCHULTZE «Clauß, Schulte, Schulze, Schütze»
1409 Henning Strohband, THOMAS HEIDICKE «Heydicke»
1410 Claus Schultze, [N.N.] WALSLEBEN «Walßlebe»
1411 Hans Dannewitz, Thomas Heidicke
1412 Claus Schultze, [N.N.] Walsleben
1413 Hans Dannewitz, Thomas Heidicke
1414 JAKOB ABEL «Köppen», SEBASTIAN WELSICKENDORF «Bastian, Wilseckendorff Welsickendorff»
1415 Hans Dannewitz (gest. 1416), Thomas Heidicke
1416 Jakob Abel, Sebastian Welsickendorf
1417 BERND REICHE «Berndt, Bernt, Ryke, Rycke» (gest. 1417), Thomas Heidicke
1418 Jakob Abel, Sebastian Welsickendorf
1419 Thomas Heidicke, PAUL BLANKENFELDE «Blanckfeld, Blankenfeld, Blanckenfeld»
1420 Jakob Abel, Sebastian Welsickendorf
1421 Paul Blankenfelde, Henning Strohband
1422 Jakob Abel, Sebastian Welsickendorf
1423 Paul Blankenfelde, Henning Strohband
1424 Jakob Abel, Sebastian Welsickendorf
1425 Paul Blankenfelde, Henning Strohband
1426 Sebastian Welsickendorf, THOMAS WINS «Domes, Tohmas, Wynsz, Wynß, Winß, Wieß»
1427 Paul Blankenfelde, Henning Strohband
1428 Sebastian Welsickendorf, Thomas Wins
1429 Paul Blankenfelde (gest. 1436), Henning Strohband
1430 Sebastian Welsickendorf, Thomas Wins

12 Vgl. F. Voigt/E. Fidicin, *Urkundenbuch...* (wie Anm. 6), S. 195 f.
13 *A.a.O.*, S. 193 f. (1376 Jan. 9): *proconsul et rector universitatis civitatis Berlin.*
14 Urkundlich belegt als zweiter unter den zwölf Ratsmitgliedern: *A.a.O.*, S. 183 f. (1375 Nov. 10).

1431 Henning Strohband, JACOB HEIDICKE «Heidecke, Heydecke, Heydeke, Heydicke»
1432 Sebastian Welsickendorf, Thomas Wins
1433 Henning Strohband, Jacob Heidicke
1434 Sebastian Welsickendorf, Thomas Wins
1435 Henning Strohband, Jacob Heidicke
1436 Thomas Wins, WILHELM BLANKENFELDE «Wilke, Wilcke, Willicke, Blanckfeldt, Blankkenfeld, Blanckenfelde»
1437 Henning Strohband, Jacob Heidicke
1438 Thomas Wins, JOHANN RATHENOW «Hans, Hanß, Hanße, Johannes, Ratenow, Rhatenow, Ratenowe, Ratenov»
1439 Henning Strohband, Jacob Heidicke
1440 Thomas Wins, Johann Rathenow
1441 Henning Strohband, Jacob Heidicke
1442 Ab 26. 2. 1442: Johann Rathenow, AUGUSTIN VÖLKER[15] «Augustinus, Augustynus, Volkker, Volker, Völcker»
1443 Thomas Wins, PETER VON DER GRÖBEN[16] «van der Groben, Groben»
1444 Henning Strohband, Wilhelm Blankenfelde
1445 Thomas Wins, PETER GARNKÄUFER «Garnekörper, Garnekoper, Gernekoufer, Garnekauffer, Garnekouffer, Garnekufer, Garneckoper, Garnecköper»
1446 Henning Strohband, Wilhelm Blankenfelde
1447 Thomas Wins, BERNHARD REICHE «Bernd, Rike» (geb. um 1380, gest. ca. 1450)[17]
1448 Peter von der Gröben, NIKOLAUS SCHULTZE «Nicolaus, Claus, Clauß, Claws, Clawes, Schulte, Schulze, Schultetus» (Schuhmacher)[18]
1449 Peter Garnkäufer,[19] BALTHASAR BOYTIN «Balzar, Balczar, Baltzar, Baltzer, Balzer, Boythin»[20]
1450 Peter von der Gröben, Nikolaus Schultze[21]
1451 Peter Garnkäufer, Augustin Völker[22]
1452 Nikolaus Schultze, CASPAR MEWES «Meves, Meweß»
1453 Peter Garnkäufer, Augustin Völker[23]
1454 Nikolaus Schultze, Caspar Mewes
1455 Peter Garnkäufer, Augustin Völker
1456 Nikolaus Schultze, Caspar Mewes

15 *A.a.O.*, S. 378–381, ebenso in: *CDB Suppl* (wie Anm. 8), S. 287–290.
16 Kurfürstliche Bestätigung, Tangermünde 1443 April 16: F. Voigt/E. Fidicin, *Urkundenbuch...* (wie Anm. 6), S. 387. Vgl. Anm. 23.
17 Urkundlich belegt 1448 April 7: F. Voigt/E. Fidicin, *Urkundenbuch...* (wie Anm. 6), S. 398 f.
18 Kurfürstliche Bestätigung, 1448 Mai 27: *A.a.O.*, S. 402.
19 Urkundlich belegt 1449 Nov. 1: *CDB Suppl* (wie Anm. 8), S. 298.
20 Urkundlich belegt 1449 Nov. 30: *A.a.O.*, S. 299. Kurfürstliche Bestätigung, 1449 April 27: F. Voigt/E. Fidicin, *Urkundenbuch...* (wie Anm. 6), S. 411.
21 Kurfürstliche Bestätigung: *A.a.O.*, S. 418.
22 Kurfürstliche Bestätigung: *A.a.O.*, S. 423. Gemäß *Chronicon Berolinense...* (wie Anm. 4), S. 43, und J. Chr. Müller/G. G. Küster, *Altes und Neues Berlin...* (wie Anm. 3), T. 4, Sp. 395, ist «Peter Garne» in «Peter Garne[koufer]» aufzulösen.
23 Die Bestätigung von 1453 März 27 im F. Voigt/E. Fidicin, *Urkundenbuch...* (wie Anm. 6), S. 427, abgedruckt nach Georg Wilhelm von Raumer (Hrsg.), *Codex diplomaticus Brandenburgensis. Sammlung ungedruckter Urkunden zur Brandenburgischen Geschichte*, T. 1, Berlin-Stettin-Elbing 1831, S. 213, und die daraus resultierenden Angaben im Sachregister bei F. Voigt/E. Fidicin, *Urkundenbuch...* (wie Anm. 6), S. XIV, gehören ins Jahr 1443.

1457 Peter Garnkäufer; WILHELM BLANKENFELDE «Wilke, Wilcke, Wille, Wilkin, Blanckfeldt, Blankenvelde»[24]
1458 Nikolaus Schultze, NIKOLAUS WINS «Nicolaus, Claus, Clawes, Wyns, Winß, Wienß»
1459 Peter Garnkäufer, Wilhelm Blankenfelde
1460 Nikolaus Wins, HEINRICH KREWITZ «Henrich, Hinrich, Hinrik, Krewiz, Crewitz, Kreuwitz»
1461 Peter Garnkäufer, Wilhelm Blankenfelde
1462 Nikolaus Wins, JOHANNES BLANKENFELDE «Hans, Hanß, Johann, Blanckfeld, Blankenvelde, Blanckenfelde, Blanckenfeld, Blanckfeldt»
1463 Peter Garnkäufer, Wilhelm Blankenfelde (gest. Anfang 1475)
1464 Nikolaus Wins, Johannes Blankenfelde
1465 BARTHOLD STROHBAND «Bartold, Strobandt», VALENTIN WINS «Valtin, Wyns, Winß»[25]
1466 Nikolaus Wins, Johannes Blankenfelde
1467 Valentin Wins, ANDREAS SCHULTZE «Andres, Schulte, Schulthe, Schulze»
1468 Nikolaus Wins, Johannes Blankenfelde
1469 Valentin Wins, Andreas Schultze
1470 Johannes Blankenfelde, COELESTIN KIEHN «Coelestinus, Celestin, Celestyn, Sillestin, Kyn, Kynn, Kyne, Rhin»
1471 Valentin Wins, Andreas Schultze
1472 Johannes Blankenfelde, Coelestin Kiehn
1473 Valentin Wins, Andreas Schultze
1474 Coelestin Kiehn, LORENZ GARNKÄUFER «Laurentz, Garnekörper, Garnekoper, Garneköper, Garnkouffer»
1475 Dr. JOHANN STOCKER «Johannes, Stöcker, Stecker», HANS SCHULTZE «Hanß, Schulze, Schulte»
1476 Coelestin Kiehn, Lorenz Garnkäufer[26]
1477 Johann Stocker, Hans Schultze
1478 Coelestin Kiehn, Lorenz Garnkäufer
1479 Johann Stocker, Hans Schultze
1480 Coelestin Kiehn, Lorenz Garnkäufer
1481 THOMAS BLANKENFELDE «Blanckfeld, Blanckenfelde, Blanckenfeld, Blanckenfelt, Blankkefeld, Blankenfeld, Blankenfelder, Blanckenfelder»[27] (geb. ca. 1436, Kaufmann), URBAN MARCUS «Torban»
1482 Lorenz Garnkäufer, CHRISTIAN MATTHIAS «Cristian, Kerstan, Kerstian, Mattis, Mathias, Mattes, Matthis, Matthaeus»
1483 Thomas Blankenfelde, Urban Marcus
1484 Lorenz Garnkäufer, Christian Matthias
1485 Thomas Blankenfelde, Urban Marcus
1486 Lorenz Garnkäufer (gest. 1488), Christian Matthias
1487 Thomas Blankenfelde, Urban Marcus
1488 Christian Matthias, JACOB WINS «Winß, Winds»
1489 Thomas Blankenfelde, Urban Marcus

24 *Chronicon Berolinense...* (wie Anm. 4), S. 43, und J. Chr. Müller/G. G. Küster, *Altes und Neues Berlin...* (wie Anm. 3), T. 4, Sp. 395: Augustin Völker.
25 F. Voigt/E. Fidicin, *Urkundenbuch...* (wie Anm. 6), S. 438 (1465 Juni 19): Peter Garnkäufer und Wilhelm Blankenfelde als *proconsules.*
26 Kurfürstliche Bestätigung, 1476 April 27: *A.a.O.*, S. 448.
27 Urkundlich belegt 1481 Dez. 1 und 1482 März 28: *CDB Suppl* (wie Anm. 8), S. 343 f.

1490 Christian Matthias,[28] Jacob Wins[29]
1491 Thomas Blankenfelde, Urban Marcus
1492 Christian Matthias, Jacob Wins
1493 Thomas Blankenfelde (gest. 22. 2. 1504), Urban Marcus
1494 Christian Matthias, Jacob Wins
1495 Jacob Wins, JOHANN BRACKOW «Hans, Hanns, Berko, Barkower, Barckower, Barkowen, Barckowen, Barckowe, Brackowen, Brackowe, Brackower, Brackover, Brachower» (Besitzer eines freien Burglehenhauses, seit 1510 Richter in Berlin)[30]
1496 Christian Matthias, CLAUS SCHULTZE «Schulte, Schulten» (wurde vom Kurfürsten für 1496 bestätigt[31] und starb vermutlich während seiner Amtszeit), JOACHIM REICHE SEN. «Ryke, Rycke, Ryche, Reyche, Reich d. Ä.»
1497 Jacob Wins, Johann Brackow[32]
1498 Christian Matthias, Joachim Reiche sen.
1499 Jacob Wins, Johann Brackow
1500 Christian Matthias, Joachim Reiche sen.
1501 Johann Brackow, CHRISTOPH WINS «Christoff, Cristoff, Cristoffer, Cristoffel, Winß, Winse»
1502 Christian Matthias, Joachim Reiche sen.
1503 Johann Brackow, Christoph Wins
1504 Christian Matthias, Joachim Reiche sen.
1505 Johann Brackow, Christoph Wins
1506 Christian Matthias (1507 vom Amt entbunden, gest. 1509), Joachim Reiche sen.
1507 Johann Brackow, Christoph Wins
1508 Joachim Reiche sen., HANS VON DER GRÖBEN «Hanns, von Gröben, Groben»
1509 Joachim Reiche sen., Hans von der Gröben
1510 Johann Brackow, Christoph Wins
1511 Joachim Reiche sen., Hans von der Gröben
1512 Johann Brackow, Christoph Wins
1513 Joachim Reiche sen., BENEDIKT KRULL «Benedictus, Benedix, Bendix, Bendict, Crull, Krul, Krall»
1514 Johann Brackow, Christoph Wins[33]
1515 Joachim Reiche sen., Benedikt Krull
1516 Johann Brackow (gest. 12. 7. 1517),[34] Christoph Wins
1517 Joachim Reiche sen. (gest. 1518), Benedikt Krull

28 P. von Gebhardt, Das *älteste Berliner Bürgerbuch...* (wie Anm. 4), S. 25, als Schreibfehler Kerstian Marcus.

29 Kurfürstliche Bestätigung: F. Voigt/E. Fidicin, *Urkundenbuch...* (wie Anm. 6), S. 459 f.

30 J. Chr. Müller/G. G. Küster, *Altes und Neues Berlin...* (wie Anm. 3), T. 4, Sp. 479. Die Anwartschaft auf das niedere Gericht verlieh Kurfürst Johann Cicero 1489 Aug. 10 seinem Hofrichter Peter Brackow und dessen Bruder Johann: F. Voigt/E. Fidicin, *Urkundenbuch...* (wie Anm. 6), S. 458.

31 Kurfürstliche Bestätigung: *A.a.O.*, S. 462.

32 Kurfürstliche Bestätigung, Cölln 1497 Mai 11: Ernst Fidicin u. a. (Hrsg.), *Historisch-diplomatische Beiträge zur Geschichte der Stadt Berlin,* T. 1–5, Abt. 1, Berlin 1837–42: 1. *Berlinisches Stadtbuch;* 2. *Berlinische Urkunden von 1261–1550;* 3. *Berlinische Regesten von 949–1550;* 4. *Berlinische Urkunden von 1232–1700;* 5. *Geschichte der Stadt Berlin,* hier *Berlinische Regesten*, S. 388 f. Dort als Schreibfehler: *Hans Markow.*

33 Die Angabe im Sachregister bei F. Voigt/E. Fidicin, *Urkundenbuch...* (wie Anm. 6), S. XIV, Joachim Reiche sen. und Benedikt Krull, ist irrig.

34 J. Chr. Müller/G. G. Küster, *Altes und Neues Berlin...* (wie Anm. 3), T. 2, S. 470.

1518 Christoph Wins (gest. 25. 5. 1519), CLAUS FUGE «Clauß, Clawes, Fughe»
1519 Benedikt Krull, HANS HARCKSTROH «Karckstroh, Kerckstroh, Kreckstro»
1520 Claus Fuge, THOMAS FREIBERG «Freyberg, Freyberger, Friberger»
1521 Benedikt Krull, Hans Harckstroh
1522 Claus Fuge, Thomas Freiberg[35]
1523 Benedikt Krull, Hans Harckstroh
1524 Thomas Freiberg, PETER KRAUSE «Crause»
1525 Benedikt Krull (gest. 18. 1. oder 22. 2. 1526), MELCHIOR FUNCKE «Melcher, Melchiar, Funck, Francke»[36]
1526 Thomas Freiberg, JOACHIM REICHE JR. «Jochim, Reyche» (später auch d. Ä. genannt)
1527 Melchior Funcke, JOHANN TEMPELHOF SEN. «Johan, Hans, Hanns, Tempelhoff, Tempelhoeff d. Ä.» (geb. 1475, Lehnsinhaber des unteren Stadtgerichtes zu Berlin und Cölln,[37] Kurfürstlich Brandenburgischer Küchenmeister)
1528 Thomas Freiberg, Joachim Reiche jr.
1529 Melchior Funcke, Johann Tempelhof sen.[38]
1530 GEORG FREIBERG SEN. «Freyberg, Freybergk, Friberger d. Ä.», Joachim Reiche jr.
1531 Melchior Funcke, Johann Tempelhof sen.[39]
1532 Georg Freiberg sen., Joachim Reiche jr.
1533 Melchior Funcke, Johann Tempelhof sen.
1534 Georg Freiberg sen., Joachim Reiche jr.
1535 Melchior Funcke (1536 vom Amt entbunden), Johann Tempelhof sen.
1536 Joachim Reiche jr. (gest. 3. 4. 1540),[40] BALTHASAR ZÜLS «Balthazar, Balzar, Balzer, Zuls, Zulß, Czuls, Zülß, Tzuls, Zuhß, Zelß»
1537 Johann Tempelhof sen., GEORG FREIBERG JR. «George, Jorge, Fribergk, Freyberg, Freibergk, Freyberck, Freybergk, Freiberger d. J.»
1538 Balthasar Züls, GEORG MATTHIAS «George, Jürgen, Mathies, Mattys, Matis, Mattias, Mathias, Matthiesen»
1539 Johann Tempelhof sen., Georg Freiberg jr.
1540 Balthasar Züls (gest. 1541), Georg Matthias
1541 Johann Tempelhof sen., Georg Freiberg jr.
1542 Georg Matthias, HANS TEMPELHOF JR. «Hanß, Hanns, Tempelhoff, Tempelhoeff d. J.» (geb. 1505)[41]
1543 Johann Tempelhof sen. (gest. vor 22. 1. 1544),[42] Georg Freiberg jr.

35 Kurfürstliche Bestätigung, 1521 Dez. 18: F. Voigt/E. Fidicin, *Urkundenbuch...* (wie Anm. 6), S. 473.
36 Vermutlich identisch mit dem Kürschner Melcher Funke, der 1503 Dez. 9 das Bürgerrecht erwarb; vgl. P. von Gebhardt, *Das älteste Berliner Bürgerbuch...* (wie Anm. 28), S. 59.
37 F. Voigt/E. Fidicin, *Urkundenbuch...* (wie Anm. 6), S. 482 (1536 Jan. 25).
38 Die kurfürstliche Bestätigung, *Actum Cöln am Abende Thomi anno XXVII* gehört aufgrund des Ausstellungsortes, des Datums und der genannten Namen wie die Bestätigung des Cöllner Bürgermeisters Martin Thüricke und seiner Ratsherren ins Jahr 1528; vgl. *a.a.O.*, S. 480 f.
39 *Chronicon Berolinense...* (wie Anm. 4), S. 47, und J. Chr. Müller/G. G. Küster, *Altes und Neues Berlin...* (wie Anm. 3), T. 4, Sp. 398, außerdem Barthold Pein «Forchen», der nach seiner Grabinschrift vor der Ratsversetzung am 16. 4. 1531 verstarb und lediglich als *etvvan Bürger zu Berlin* bezeichnet wird; vgl. *a.a.O.*, T. 2, S. 479.
40 Nach der Grabinschrift, abgedruckt *a.a.O.*, T. 2, S. 479.
41 Von Kurfürst Joachim II. eingesetzt, obwohl der Rat Hieronymus Reiche gewählt hatte. Auch die Kooptation von Oswald Scheffer wurde verworfen und statt dessen Johann Blankenfelde zum Ratsherrn bestallt. E. Fidicin, *Historisch diplomatische Beiträge...* (wie Anm. 32), T. 5, S. 122. Vgl. zu Anm. 44 und 46 (1545 bzw. 1558).

1544 Georg Matthias, Hans Tempelhof jr.[43]
1545 Georg Freiberg jr., HIERONYMUS REICHE «Hieronimus, Jheronimus, Jeronymus, Reich, Reicke» (geb. ca. 1513)[44]
1546 Georg Matthias, Hans Tempelhof jr.
1547 Georg Freiberg jr., Hieronymus Reiche
1548 Georg Matthias, Hans Tempelhof jr.
1549 Georg Freiberg jr., Hieronymus Reiche[45]
1550 Georg Matthias, Hans Tempelhof jr.
1551 Hieronymus Reiche, VALENTIN DÖRING «Valtin, Dhoring, During, Dering, Doringk, Döringck, Duringk» (geb. ca. 1507)
1552 Georg Matthias, Hans Tempelhof jr.
1553 Hieronymus Reiche, Valentin Döring
1554 Georg Matthias, Hans Tempelhof jr.
1555 Hieronymus Reiche, Valentin Döring
1556 Georg Matthias, Hans Tempelhof jr. (gest. 2. 10. 1557)
1557 Hieronymus Reiche, Valentin Döring
1558 Georg Matthias, JOHANN BLANKENFELDE «Johan, Hans, Blankfeld, Blanckenfeldt, Blankkenfelde, Blanckenfeld, Blanckfeld d. Ä.» (geb. 1507, Handelsmann, seit vor 12. 5. 1532 Kurfürstlich Brandenburgischer Kastner zu Tangermünde,[46] seit vor 1544 Kurfürstlicher Küchenmeister)
1559 Hieronymus Reiche (gest. 6. 8. 1560),[47] Valentin Döring
1560 Georg Matthias, Johann Blankenfelde
1561 THOMAS MATTHIAS «Mathias, Matthis, Matthiasen» (geb. um 1520, 1547–1571 Kurfürstlich Brandenburgischer Geheimer Kammerrat),[48] Valentin Döring
1562 Georg Matthias, Johann Blankenfelde
1563 Thomas Matthias, Valentin Döring
1564 Georg Matthias (1566 vom Amt entbunden, gest. 5. 11. 1572), Johann Blankenfelde
1565 Thomas Matthias, Valentin Döring
1566 Johann Blankenfelde, WOLFGANG VEIGEL «Wolf, Wolff, Wulf, Wulff, Veyll, Veyhel, Feyhell, Feyell, Veydel, Veyel, Weyel, Vegel, Weichel, Vogel» (Kaufmann, gest. 15. 8. 1566)[49]
1567 Thomas Matthias, Valentin Döring
1568 Johann Blankenfelde[50]
1569 Thomas Matthias, Valentin Döring

42 F. Voigt/E. Fidicin, *Urkundenbuch...* (wie Anm. 6), S. 505 f.; hingegen *Chronicon Berolinense...* (wie Anm. 4), S. 17: gest. 21. 10. 1544.
43 Kurfürstliche Bestätigung, Cölln 1543 Dez. 14: *A.a.O.*, S. 505. In der Überschrift ist *ohne Datum* zu streichen.
44 Vgl. Anm. 45.
45 Kurfürstliche Bestätigung, 1548 Dez. 17: *A.a.O.*, S. 511. In der Überschrift ist ebenfalls *ohne Datum* zu streichen.
46 *CDB* (wie Anm. 8), A. 16, S. 147. Vgl. Anm. 41.
47 Todesdatum nach der Grabinschrift, abgedruckt bei J. Chr. Müller/G. G. Küster, *Altes und Neues Berlin...* (wie Anm. 3), T. 1, S. 242 f.
48 Angaben nach: *Allgemeine Deutsche Biographie*, Bd. 20, Leipzig 1884, S. 668.
49 Todesdatum nach der Grabinschrift, abgedruckt bei J. Chr. Müller/G. G. Küster, *Altes und Neues Berlin...* (wie Anm. 3), T. 1, S. 243.
50 *A.a.O.*, T. 4, Sp. 400, auch Wolfgang Veigel. Vgl. die Angabe zu 1566 mit Anm. 49.

1570 Johann Blankenfelde (1572 vom Amt entbunden, gest. 9. 10. 1579), SIMON MEHLMANN «Mellemann»[51]
1571 Thomas Matthias, Valentin Döring
1572 Simon Mehlmann (gest. 1572),[52] CHRISTOPH RAUCH «Christoff, Roch, Reich» (geb. ca. 1501, gest. 11./12. 2. 1575)
1573 Thomas Matthias, Valentin Döring (gest. 21. 2. 1573)[53]
1574 HIERONYMUS TEMPELHOF «Hieronimus, Jeronimus, Tempelhoff» (Handelsmann, Eid am 18. 2. 1575) und M[agister] JOHANN AGRICOLA EISLEBEN «Johannes, Johan, Joan, Eißleben, Jslebius, Ißleben, Islebius, Eislebe, Islebe» (Eid am 18. 2. 1575) wurden zwar gewählt und vom Kurfürsten bestätigt, das Amt jedoch von Thomas Matthias verwaltet[54]
1575 Hieronymus Tempelhof, Johann Agricola Eisleben
1576 Thomas Matthias (gest. Brandenburg/Havel 7. 7. 1576), Valentin Döring[55]
1577 Hieronymus Tempelhof, Johann Agricola Eisleben
1578 MICHAEL DIETERICH, «Michel, Diederich, Ditterich» (Eid am 31. 1. 1577, gest. 14. 3. 1580), JACOB DIETERT «Jacobus, Dettert, Deterdt, Deterd, Detert» (Eid am 31. 1. 1577)
1579 Hieronymus Tempelhof (gest. 26. 10. 1580),[56] Johann Agricola Eisleben
1580 Jacob Dietert (anschließend vom Amt entbunden), GEORG RUST «George, Georgen, Jürgen, Jurgen, Ruß, Rost» (geb. ca. 1539, Besitzer eines freien Burglehenhauses, Eid am 11. 1. 1580)
1581 Johann Agricola Eisleben, PETER THIELE «Petrus, Tiele» (Bäcker, Eid am 4. 4. 1581)
1582 Georg Rust,[57] BURCKHARD BAURATH «Burchard, Burchardt, Burchart, Burghart, Bauraht, Baurad, Pauradt» (Unterstadtschreiber 1560 und 1567, 1562 Buchhalter und Gerichtsschreiber, 1570 Oberstadtschreiber, Eid am 21. 12. 1581)
1583 Johann Agricola Eisleben, Peter Thiele (gest. 19. 2./1. 3. 1585)
1584 Burckhard Baurath (gest. 5./16. 4. 1586), GEORG SCHOLLE «George, Georgen, Scholl, Schöll, Schulle» (geb. Brandenburg/Havel, seit 1566 Apotheker in Cölln, Eid am 17./27. 2. 1584)
1585 Johann Agricola Eisleben, VALENTIN RETZLOW «Valentinus, Valtin, Rezlow, Retzlo, Retzlov, Retzlau» (geb. Bernau 1. 11. 1546, Rektor in Neustadt, dann Kurfürstlich Brandenburgischer Amtmann zu Bötzow und Liebenwalde, seit 1575 Kammergerichtsadvokat, Stadtrichter, Eid am 10./20. 5. 1585)
1586 Georg Scholle, MATTHIAS FRANKE «Matthiaß, Mattis, Franck, Francke, Frangke» (Eid am 18./28. 4. 1586)
1587 Johann Agricola Eisleben, Valentin Retzlow
1588 Georg Scholle, Matthias Franke
1589 Johann Agricola Eisleben, Valentin Retzlow

51 *Chronicon Berolinense...* (wie Anm. 4), S. 48, bezeichnet einen «Simon Mellemann» im Jahre 1549 als Syndikus in Berlin.
52 Todesjahr nach der Grabinschrift, abgedruckt bei J. Chr. Müller/G. G. Küster, *Altes und Neues Berlin...* (wie Anm. 3), T. 1, S. 243. Die Bemerkung *Er bekam seine a*[nno] *1574 Dimission, und starb an*[no] *1575 aet. 74* in: *A.a.O.*, T. 4, Sp. 400, Anm. ee zu Simon Mehlmann, bezieht sich auf Christoph Rauch.
53 P. Gebhardt, *Das älteste Berliner Bürgerbuch...* (wie Anm. 4), S. 26: Christoph Rauch.
54 *Chronicon Berolinense...* (wie Anm. 4), S. 51. P. Gebhardt, *Das älteste Berliner Bürgerbuch...* (wie Anm. 4), S. 26, hingegen: Thomas Matthias und Christoph Rauch.
55 Er ist der Überlieferung zufolge aber bereits 1573 verstorben (vgl. dort).
56 P. v. Gebhardt, *Die Bürgerbücher...* (wie Anm. 4). S. 134; ders., *Das älteste Berliner Bürgerbuch...* (wie Anm. 4), S. 5, abweichend: gest. 26. 10. 1589.
57 Vgl. auch oben zum Jahr 1580 sowie unten zum Jahr 1544 (mit Anm. 135).

1590 Georg Scholle, Matthias Franke
1591 Johann Agricola Eisleben, Valentin Retzlow
1592 Georg Scholle, Matthias Franke (gest. 6./16. 4. 1592)
1593 Johann Agricola Eisleben (gest. 9./19. 10. 1594),[58] Valentin Retzlow
1594 Georg Scholle, M[agister] KERHARD SCHEUBELIN «Erhardus, Scheubelinus, Schebelinus, Schebeling» (Kurfürstlich Brandenburgischer Kammergerichtsadvokat, Eid am 21. 6./1. 7. 1592; gest. 28. 1. 1596)[59]
1595 Valentin Retzlow, ANDREAS WEIßBRODT «Andreaß, Weißbroth, Weißbrotth, Weisbroth» (geb. Aschersleben, Prokurator 1547,[60] seit 1550 Kurfürstlich Brandenburgischer Kammergerichtsadvokat, Syndikus in Berlin, Verordneter der Mittel- und Uckermärkischen sowie der Ruppiner Städte, Eid am 21./31. 12. 1594)
1596 Georg Scholle, LEONHARD WEILER «Lenhard, Leonhardt, Weyler» (geb. Weiler/Hzgt. Jülich 1549, Handelsmann, Eid am 17./27. 3. 1596)
1597 Valentin Retzlow, Andreas Weißbrodt[61]
1598 Georg Scholle, Leonhard Weiler
1599 Valentin Retzlow, Andreas Weißbrodt
1600 Georg Scholle, Leonhard Weiler (gest. 3./13. 6. 1601)
1601 Valentin Retzlow, Andreas Weißbrodt
1602 Georg Scholle, M[agister] MARTIN PASCHE «Martinus, Pasch, Pascha» (geb. 1565, Kurfürstlich Brandenburgischer Hof- und Kammergerichtsadvokat, Verordneter der Mittel- und Uckermärkischen sowie der Ruppiner Städte, Syndikus in Berlin, Syndikus der Landschaft, Eid am 30. 12. 1601)
1603 Valentin Retzlow, Andreas Weißbrodt
1604 Georg Scholle, Martin Pasche
1605 Valentin Retzlow, Andreas Weißbrodt
1606 Georg Scholle, Martin Pasche
1607 Valentin Retzlow, Andreas Weißbrodt
1608 Georg Scholle, Martin Pasche
1609 Valentin Retzlow (begraben Berlin 13. 6. 1609), Andreas Weißbrodt
1610 Martin Pasche, SEBASTIAN BAURATH «Sebastianus, Bastian, Bawradt, Bawrath, Bauraht» (geb. ca. 1574, Apotheker, 1612 Vorsteher der beiden Berliner Pfarrkirchen, Eid am 11./21. 4. 1610)[62]
1611 Andreas Weißbrodt, JACOB STRASBURG «Jacobus, Straßburg, Straßburgk» (geb. 12. 8. 1562,[63] Stadtsyndikus 1613, Verordneter der Mittel- und Uckermärkischen sowie der Ruppiner Städte,[64] Eid am 12. 3. 1611)
1612 Martin Pasche, Sebastian Baurath
1613 Andreas Weißbrodt, Jacob Strasburg

58 P. v. Gebhardt, *Das älteste Berliner Bürgerbuch...* (wie Anm. 4), S. 5. Hingegen J. Chr. Müller/G. G. Küster, *Altes und Neues Berlin...* (wie Anm. 3), T. 4, Sp. 400 mit Anm. gg: gest. 1543.
59 P. v. Gebhardt, *Das älteste Berliner Bürgerbuch...* (wie Anm. 4), S. 6. Hingegen J. Chr. Müller/G. G. Küster, *Altes und Neues Berlin...* (wie Anm. 3), T. 4, Sp. 401 mit Anm. nn: gest. 28. 1. 1598.
60 Geburtsort und Beruf nach P. v. Gebhardt, *Das älteste Berliner Bürgerbuch...* (wie Anm. 4), S. 89 (1547).
61 In: *A.a.O.*, S. 26, fehlerhaft für 1596 angegeben.
62 J. Chr. Müller/G. G. Küster, *Altes und Neues Berlin...* (wie Anm. 3), T. 2, S. 466.
63 Hans Saring, *Die Mitglieder des Kammergerichtes zu Berlin unter dem Großen Kurfürsten*, in: *Forschungen zur Brandenburgischen und Preußischen Geschichte* 54 (1943), S. 69–114 u. 217–256, hier S. 225.
64 Fritz Roth, *Restlose Auswertung von Leichenpredigten und Personalschriften für genealogische Zwecke*, 10 Bde., Boppard a. Rhein 1959–1981, hier Bd. 6, S. 263 (Nr. 5419).

1614 Martin Pasche, Sebastian Baurath

1615 Andreas Weißbrodt (begraben Berlin 23. 10. 1615), Jacob Strasburg

1616 Martin Pasche, Sebastian Baurath

1617 Jacob Strasburg, ANDREAS KOCH «Andres» (geb. Heringen/Goldene Aue, Eid am 21./31. 12. 1616)

1618 Martin Pasche, Sebastian Baurath

1619 Jacob Strasburg, Andreas Koch

1620 Martin Pasche, Sebastian Baurath (gest. 16. 11. 1621)

1621 Jacob Strasburg, Andreas Koch (gest. Berlin 10. 5. 1623)

1622 Martin Pasche, BARTHOLOMÄUS GOLTZE «Barthold, Bartell, Golze, Golz, Gözen» (Kaufmann, Eid am 21. 12. 1621)

1623 Jacob Strasburg, VALENTIN DÖRING «Valtin» (öffentlicher Notar, Stadtschreiber 1613–23, Eid am 4. 8. 1623)

1624 Martin Pasche, Bartholomäus Goltze

1625 Jacob Strasburg (gest. 13. 8. 1626), Valentin Döring

1626 Martin Pasche (gest. 7. 12. 1626), Bartholomäus Goltze

1627 Valentin Döring, JOACHIM HARTMANN «Hartman» (seit 1620 Kurfürstlich Brandenburgischer Kammergerichtsadvokat, Eid am 28. 12. 1626)

1628 Bartholomäus Goltze, ERASMUS SEIDEL (geb. Treuenbrietzen 29. 11. 1594, Rechtsberater, 1620–1635 Ratssyndikus, seit 1636 Kurfürstlich Brandenburgischer Kriegs- und Kammergerichtsrat, seit 1638 Geheimer Rat, Eid am 2. 1. 1628, 1630 vom Amt entbunden, gest. Berlin 30. 3. 1655)[65]

1629 Valentin Döring, Joachim Hartmann

1630 Bartholomäus Goltze (gest. 1631), BENEDIKT REICHARDT «Bendix, Benedict, Reichard, Reichart, Reichartt» (geb. Fürstenwalde 1587, seit 1614 Kurfürstlich Brandenburgischer Kammergerichtsadvokat, seit ca. 1640 Verordneter der Landschaft, Erbherr auf Blankenburg, Eid am 24. 3. 1630)

1631 Valentin Döring, Joachim Hartmann

1632 Benedikt Reichardt, CASPAR MIESER «Casper, Casparus, Miser d. J.» (geb. Berlin 13./23. 4. 1589, öffentlicher Notar, Kurfürstlich Brandenburgischer Kammergerichtsadvokat, seit 1612 Kirchenvorsteher, 1613–1632 Gerichtsschreiber, 1623–1632 Stadtschreiber, seit 1637 Verordneter der Städte,[66] Eid am 17. 1. 1632)

1633 Valentin Döring, Joachim Hartmann

1634 Benedikt Reichardt, Caspar Mieser

1635 Valentin Döring, Joachim Hartmann (gest. Februar 1636)

1636 Benedikt Reichardt, Caspar Mieser

1637 Valentin Döring (gest. 1642), HEINRICH RETZLOW «Henrich, Henricus, Retzlov, Rezlow, Retzlob, Rezlob» (geb. 29. 1. 1586, seit 1610 öffentlicher Notar, Eid am 3. 1. 1637)[67]

1638 Benedikt Reichardt, Caspar Mieser

1639 FRIEDRICH BLECHSCHMIED «Fridrich, Friederich, Blechschmidt, Blechschmid» (geb. Kulmbach 29. 6. 1605, Schöffe und Syndikus in Brandenburg/Havel, seit 1634 Kurfürstlich Brandenburgischer Kammergerichtsadvokat,[68] seit 1635 Ratssyndikus, seit 1637 Ver-

65 Angaben nach: F. Roth, *Restlose Auswertung...* (wie Anm. 64), Bd. 10, S. 219 f. (Nr. 9323), Bürgermeistereid nach P. v. Gebhardt, *Das älteste Berliner Bürgerbuch...* (wie Anm. 4), S. 7. Siehe auch die Grabinschrift bei J. Chr. Müller/G. G. Küster, *Altes und Neues Berlin...* (wie Anm. 3), T. 2, S. 471 f.

66 F. Roth, *Restlose Auswertung...* (wie Anm. 64), Bd. 6, S. 243 f. (Nr. 6375).

67 J. Chr. Müller/G. G. Küster, *Altes und Neues Berlin...* (wie Anm. 3), T. 2, S. 480; P. v. Gebhardt, *Das älteste Berliner Bürgerbuch...* (wie Anm. 4), S. 7.

ordneter beim Städtekasten, seit 1648 Hof- und Kammergerichtsrat), Heinrich Retzlow (gest. 21. 5. 1642)[69]

1640 Benedikt Reichardt, Caspar Mieser (gest. Berlin 28. 6. 1640)[70]

1641 Friedrich Blechschmied, ANDREAS LINDHOLZ «Lindholtz, Lindtholtz» (geb. Berlin 1. 8. 1595, Rechtsberater, seit 1623 Kurfürstlich Brandenburgischer Hof- und Kammergerichtsadvokat, Syndikus der Altstadt Brandenburg 1635, Kammermeister, Hof- und Kammergerichtsrat, gewählt am 22. 8. 1641,[71] Eid am 23. 8. 1641)

1642 Benedikt Reichardt, M[agister] GEORG WEBER «George, Georgius» (geb. Berlin 17. 6. 1585, seit 1612 Rektor in Pritzwalk, seit 1617 Subrektor des Gymnasiums zum Grauen Kloster, Eid am 19. 4. 1642)[72]

1643 Friedrich Blechschmied, Andreas Lindholz

1644 Benedikt Reichardt, Georg Weber

1645 Friedrich Blechschmied, Andreas Lindholz

1646 Benedikt Reichardt, Georg Weber

1647 Friedrich Blechschmied (gest. Berlin 25. 1. 1656), Andreas Lindholz

1648 Benedikt Reichardt, Georg Weber

1649 Andreas Lindholz, MICHAEL ZARLANG «Zahrlangk, Zerlang» (geb. Liebenwalde 4. 9. 1603, Rechtsberater, Gevollmächtigter Verordneter und Direktor der Mittel- und Uckermärkischen sowie der Ruppiner Städte, Eid am 1. 2. 1649)

1650 Benedikt Reichardt, Georg Weber

1651 Andreas Lindholz, Michael Zarlang

1652 Benedikt Reichardt, Georg Weber

1653 Andreas Lindholz, Michael Zarlang

1654 Benedikt Reichardt, Georg Weber

1655 Andreas Lindholz (gest. Berlin 9. 8. 1655),[73] Michael Zarlang

1656 Benedikt Reichardt, Georg Weber

1657 Michael Zarlang, JOHANN TIEFENBACH «Johan, Johannes, Iohannes, Tieffenbach» (geb. Neuruppin 23. 3./2. 4. 1617, Rechtsberater, seit 1644 Kurfürstlich Brandenburgischer Kammergerichtsadvokat, seit 1648 Syndikus der Stadt Berlin, seit 1666 Verordneter der Mittel- und Uckermärkischen sowie der Ruppiner Städte, Landschaftsadvokat, seit 1653 Besitzer des halben Dorfes Zeestow, später des Dorfes Blankenburg, Eid am 13. 1. 1657)

1658 Benedikt Reichardt, Georg Weber

1659 Michael Zarlang, Johann Tiefenbach

1660 Benedikt Reichardt, Georg Weber

68 Nach Otto Meinhardus, *Protokolle und Relationen des Brandenburgischen Geheimen Rates aus der Zeit des Kurfürsten Friedrich Wilhelm,* Bd. 1: *Bis zum April 1643* (= Publicationen aus den Königlich Preußischen Staatsarchiven 41), Leipzig 1889, S. 645, seit 1635 Kammergerichtsadvokat und 1635 Syndikus der Altstadt Brandenburg.

69 Vgl. Anm. 68.

70 *Ebda.*

71 Angaben nach: F. Roth, *Restlose Auswertung...* (wie Anm. 64), Bd. 10, S. 449 f. (Nr. 9730). War nach J. Chr. Müller/G. G. Küster, *Altes und Neues Berlin...* (wie Anm. 3), T. 4, Sp. 405 auch Hof- und Kammergerichtsrat, jedoch wird dieses weder in der Leichenpredigt noch auf seinem Epitaph erwähnt; vgl. *a.a.O.*, S. 240; H. Saring, *Die Mitglieder des Kammergerichtes...* (wie Anm. 63), S. 223, fälschlicherweise: *Wurde ... 1643 Bürgermeister zu Berlin.*

72 J. Chr. Müller/G. G. Küster, *Altes und Neues Berlin...* (wie Anm. 3), T. 2, S. 961; P. v. Gebhardt, *Das älteste Berliner Bürgerbuch...* (wie Anm. 4), S. 7.

73 Wie Anm. 71. H. Saring, *Die Mitglieder des Kammergerichtes...* (wie Anm. 63), S. 223, hingegen: gest. 16. 8. 1655.

1661 Michael Zarlang, Johann Tiefenbach
1662 Benedikt Reichardt, Georg Weber (gest. 21. 7. 1662)
1663 Michael Zarlang, Johann Tiefenbach
1664 Benedikt Reichardt, Johann Tiefenbach
1665 Michael Zarlang, GOTTFRIED SCHARDEN «Schardius» (geb. 29. 1. 1621, Geheimer Kanzlist, 1659–65 Kurfürstlich Brandenburgischer Kammergerichts-Protonotar, später Protonotar im Konsistorium, seit 1659 Konsistorial- und seit 1665 Jagdrat, Grenzrat, Eid am 1. 2. 1666)[74]
1666 Benedikt Reichardt (gest. 29. 12. 1667), Johann Tiefenbach
1667 Michael Zarlang, Gottfried Scharden (gest. Elterle/Sachsen 7. 6. 1667)
1668 Johann Tiefenbach,[75] MATTHIAS KRAATZ «Krahtz, Kraz» (Lizentiat der Rechte, Kurfürstlich Brandenburgischer Kammergerichtsrat, Fiskaladjunkt, Eid am 26. 11. 1668)
1669 Michael Zarlang, Matthias Kraatz (gest. Juni 1669), HOYER FRIEDRICH STRIEPE «Friderich, Stripe» (geb. Cölln 26. 4./6. 5. 1627, seit 1651 Kurfürstlich Brandenburgischer Kammerkanzlist, seit 1655 Vizekammermeister, seit 1660 Amtskammerrat, bestätigt am 7. 8. 1669,[76] Eid am 31. 8. 1669,[77] gest. Berlin 26. 8. 1670)[78]
1670 Johann Tiefenbach, FRIEDRICH MÜLLER «Friederich, Fridrich» (geb. Berlin 3. 4. 1615,[79] Lizentiat der Rechte, seit 1638 Kurfürstlich Brandenburgischer Kammergerichtsadvokat, seit 1661 Syndikus der Stadt Berlin, Eid am 19. 2. 1668, vermutlich schon 1668 Bürgermeister)
1671 Michael Zarlang; LEVIN SCHARDEN «Schardius» (geb. Berlin 19. 3. 1638, seit 1669 Kurfürstlich Brandenburgischer Hof- und Kammergerichts-Protonotar, seit 1673 Verordneter der Mittel- und Uckermärkischen sowie der Ruppiner Städtekasse, Besitzer des Rittergutes Weißensee, Eid am 21. 3. 1671)[80]
1672 Johann Tiefenbach, Friedrich Müller
1673 Michael Zarlang (gest. 26. 4. 1673), Levin Scharden
1674 Johann Tiefenbach, Friedrich Müller
1675 Johann Tiefenbach, Levin Scharden
1676 Friedrich Müller (gest. 24. 11. 1677), MATTHIAS NEUHAUS «Matthies, Neuhauß, Neuhausen, Neuhaussen, Newhausen» (geb. Hamm/Westfalen, 1645–1680 Handelsmann, Eid am 5. 3. 1674)
1677 Johann Tiefenbach, Levin Scharden
1678 Johann Tiefenbach, Matthias Neuhaus

74 Angaben nach: J. Chr. Müller/G. G. Küster, *Altes und Neues Berlin...* (wie Anm. 3), T. 1, S. 204 f., T. 3, Sp. 415 u. 465, T. 4, Sp. 407 f. und Genealogische Tabellen, S. 18; P. v. Gebhardt, *Das älteste Berliner Bürgerbuch...* (wie Anm. 4), S. 8, und H. Saring, *Die Mitglieder des Kammergerichtes...* (wie Anm. 63), S. 220 u. 248.

75 J. Chr. Müller/G. G. Küster, *Altes und Neues Berlin...* (wie Anm. 3), T. 4, Sp. 408, auch: Benedikt Reichardt mit falschem Sterbedatum (29. 12. 1668).

76 Angaben nach: F. Roth, *Restlose Auswertung...* (wie Anm. 64), Bd. 3, S. 50 (Nr. 2067).

77 P. v. Gebhardt, *Das älteste Berliner Bürgerbuch...* (wie Anm. 4), S. 8.

78 F. Roth, *Restlose Auswertung...* (wie Anm. 64), Bd. 3, S. 50 (Nr. 2067). P. v. Gebhardt, *Das älteste Berliner Bürgerbuch...* (wie Anm. 4), S. 8, hingegen: gest. 1671.

79 Unzutreffend J. Chr. Müller/G. G. Küster, *Altes und Neues Berlin...* (wie Anm. 3), T. 4, Genealogische Tabellen, S. 25: geb. 1617. H. Saring, *Die Mitglieder des Kammergerichtes...* (wie Anm. 63), S. 236, bezeichnet irrigerweise den gleichnamigen Sohn als Berliner Bürgermeister.

80 J. Chr. Müller/G. G. Küster, *Altes und Neues Berlin....* (wie Anm. 3), T. 4, Sp. 409: Hoyer Friedrich Striepe.

1679 Levin Scharden, RICHARD DETERT «Richart, Reichardt, Dettert, Dieter, Dietert» (Eid am 2. 1. 1679)

1680 Johann Tiefenbach (gest. 10. 4. 1682),[81] Matthias Neuhaus (gest. Januar, begraben Cölln 13. 2. 1681)

1681 Levin Scharden, Richard Detert (gest. März 1681)

1682 Dr. med. CHRISTOPH SCHMIDT «Christoff, Schmiedt, Schmid» (geb. Berlin 1631, Feldmedikus, seit ca. 1657 Kurfürstlich Brandenburgischer, später Königlich Preußischer Hofmedikus, seit 1682 Physikus der Städte Berlin, Cölln und Friedrichswerder, Wirklicher Hofmedikus, Eid am 20. 3. 1682);[82] JOHANN CHRISTOPH OTTO «Johan, Christopf, Christof, Cristof, Otte» (geb. Berlin 3. 1. 1644, 1666 Lizentiat der Rechte, seit 1668 Kurfürstlich Brandenburgischer Kammergerichtsadvokat, seit 1678 Syndikus der Stadt Berlin,[83] Eid am 27. 4. 1682)[84]

1683 Levin Scharden, CHRISTIAN SCHRÖDER (Eid am 22. 4. 1682)

1684 Christoph Schmidt, Johann Christoph Otto

1685 Levin Scharden, Christian Schröder

1686 Christoph Schmidt, Johann Christoph Otto (gest. Berlin 6. 4. 1688)[85]

1687 Levin Scharden, Christian Schröder

1688 Christoph Schmidt[86]

1689 Levin Scharden, Christian Schröder

1690 Christoph Schmidt; ANDREAS WEBER (geb. Berlin 5. 5. 1605, Eid am 24. 4. 1688, vermutlich schon 1688 Bürgermeister);[87] MARTIN FRIEDRICH EHLERT «Fridrich, Friederich, Elert, Elerd», Adjunkt (geb. Wittstock 1644, Notar, seit 1671 Kurfürstlich Brandenburgischer Kammergerichtsadvokat, Eid am 7. 11. 1689)[88]

1691 Levin Scharden, Christian Schröder

1692 Christoph Schmidt; Andreas Weber (gest. 13. 4. 1694); Martin Friedrich Ehlert, Adjunkt (gest. 2. 9. 1693)

1693 Levin Scharden, Christian Schröder (gest. 27. 10. 1694)

1694 Christoph Schmidt, CASPAR LITZMANN «Liezmann, Lietzmann» (Lizentiat der Rechte, seit 1670 Kurfürstlich Brandenburgischer Kammergerichtsadvokat, seit 1688 Syndikus der Stadt Berlin, Hofrat, Eid am 12. 9. 1693, gest. 30. 10. 1695)[89]

1695 Levin Scharden; ANDREAS LIBERTUS MÜLLER «Muller» (geb. 31. 10. 1639, seit 1663 Kammergerichtsadvokat, seit 1672 Syndikus in Berlin, seit 1678 Oberauditeur, seit 1699 Kurfürstlich Brandenburgischer bzw. Königlich Preußischer Rat, Eid am 8. 1. 1695);[90] CHRI-

81 P. v. Gebhardt, *Das älteste Berliner Bürgerbuch...* (wie Anm. 4), S. 8. Unzutreffend J. Chr. Müller/ G. G. Küster, *Altes und Neues Berlin...* (wie Anm. 3), T. 4, Genealogische Tabellen, S. 25: gest. 13. 4. 1682.

82 *Adreß-Calender 1704...* (wie Anm. 5); dort auch als Christian Schmid; *Adreß-Calender 1709...* (wie Anm. 5), S. 109 u. 130.

83 Angaben nach: F. Roth, *Restlose Auswertung...* (wie Anm. 64), Bd. 8, S. 425 f. (Nr. 7776).

84 J. Chr. Müller/G. G. Küster, *Altes und Neues Berlin...* (wie Anm. 3), T. 4, Sp. 411, Johann Tiefenbach.

85 Vgl. Anm. 83.

86 J. Chr. Müller/G. G. Küster, *Altes und Neues Berlin...* (wie Anm. 3), T. 4, Sp. 412, auch: Johann Christoph Otto.

87 *A.a.O.*, T. 2, S. 472, und T. 4, Sp. 412.

88 *Ebda.*; hier als Webers Adjunkt fälschlicherweise für 1689 angegeben.

89 H. Saring, *Die Mitglieder des Berliner Kammergerichts...* (wie Anm. 63), S. 236; Karl Litzmann, *Geschichte der Familie Litzmann*, T. 1: *Bis um die Wende des 18. und 19. Jahrhunderts*, [Berlin 1913], S. 76–78.

STOPH CHRISTIAN «Christoff, Christan, Cristan», Adjunkt (Kurfürstlich Brandenburgischer Hofküchenmeister und Fischmeister, zuletzt Amtskammerrat, Eid am 27. 7. 1695);[91] SEBASTIAN FRIEDRICH STRIEPE «Friederich, Stripe, Striepen», Adjunkt (seit 1682 Kurfürstlich Brandenburgischer Kammergerichts-Protonotar, Altmärkischer Quartalgerichtsherr, später Kammergerichtsrat, Erbherr auf West- und Ostinsel, 1709 Kreisschreiber des Uckermärkischen Kreises, Verordneter der Städtekasse, Eid am 12. 9. 1693)[92]

1696 Christoph Schmidt, Christoph Christian

1697 Levin Scharden; Andreas Libertus Müller; Sebastian Friedrich Striepe, Adjunkt

1698 Christoph Schmidt, Christoph Christian

1699 Levin Scharden (gest. 12. 1. 1699); Andreas Libertus Müller; Sebastian Friedrich Striepe; JOHANN PHILIPP WALDSCHMIDT «Johan, Philip, Waldtschmit», Adjunkt seit 31. 10. 1699 (Gräflich Waldeckscher Stadt- und Landschultheiß zu Wildungen, später Assessor des Stadtgerichtes in Berlin, Eid am 21. 11. 1699)[93]

1700 Christoph Schmidt; Christoph Christian; JOHANN (VON) HESSIG «Johan, Heßig», Adjunkt (Kurfürstlich Brandenburgischer und Königlich Preußischer Kammerdiener, Geheimer Kammerdiener, Reichsadel-Verleihung 1. 8. 1699, Eid am 16. 11. 1700)[94]

1701 Andreas Libertus Müller, Sebastian Friedrich Striepe

1702 Christoph Schmidt; Christoph Christian; Johann (von) Hessig, Adjunkt

1703 Andreas Libertus Müller; Sebastian Friedrich Striepe; Johann Philipp Waldschmidt, Adjunkt

1704 Christoph Schmidt; Christoph Christian; Johann (von) Hessig, Adjunkt

1705 Andreas Libertus Müller; Sebastian Friedrich Striepe; Johann Philipp Waldschmidt, Adjunkt

1706 Christoph Schmidt; Christoph Christian; Johann (von) Hessig, Adjunkt

1707 Andreas Libertus Müller;[95] Sebastian Friedrich Striepe;[96] Johann Philipp Waldschmidt[97] Adjunkt; HEINRICH BERNHARD MEIER «Heindtrich, Bernhardt, Meyer», Adjunkt (Königlich Preußischer Hofküchenmeister, später auch Amtskammerrat, seit etwa 1721 Geheimer

90 J. Chr. Müller/G. G. Küster, *Altes und Neues Berlin...* (wie Anm. 3), T. 3, Sp. 392; *Adreß-Calender 1704...* (wie Anm. 5); *Adreß-Calender 1709...* (wie Anm. 5), S. 55 u. 130.

91 *Adreß-Calender 1704...* (wie Anm. 5); *Adreß-Calender 1709...* (wie Anm. 5), S. 40 u. 130.

92 *Adreß-Calender 1704...* (wie Anm. 5); *Adreß-Calender 1709...* (wie Anm. 5), S. 53 u. 130.

93 *Adreß-Calender 1704...* (wie Anm. 5). Waldschmidt wird, wie auch die übrigen Adjunkten, in den Adreßkalendern als Bürgermeister bezeichnet.

94 J. Chr. Müller/G. G. Küster, *Altes und Neues Berlin...* (wie Anm. 3), T. 4, Genealogische Tabellen, S. 12 u. 25; P. v. Gebhardt, *Das älteste Berliner Bürgerbuch...* (wie Anm. 4), S. 9; Adolph Maximilian Ferdinand Gritzner, *Chronologische Matrikel der Brandenburgisch-Preussischen Standeserhöhungen und Gnadenakte, enthaltend die gesamten, von dem Hohen Regentenhause der Hohenzollern seit dem Jahre 1600 ertheilten Standeserhöhungen, Adels-Renovationen, -Anerkennungen und -Bestätigungen, ferner Wappen- und Namen-Verbindungen und -Veränderungen, sowie die Verleihungen von Standesprädikaten und Erbämtern...*, Berlin 1874, S. 14. Hessig erscheint in den Adreßkalendern der Jahre 1704–12 jeweils als Johann Hessig, sein Bruder Johann Heinrich, der am 10. Februar 1705 eine preußische Adelskonfirmation erhielt, als *von Hessig*; vgl. *Adreß-Calender 1704...* (wie Anm. 5); *Adreß-Calender 1709...* (wie Anm. 5), S. 13, 53 u. 130; *Adreß-Calender 1711...* (wie Anm. 5), S. 13; *Adreß-Calender 1712...* (wie Anm. 5), S. 13. Wie die übrigen Adjunkten wird Johann [von] Hessig in den Adreßkalendern als Bürgermeister bezeichnet. Im *Adreß-Calender 1715...* (wie Anm. 5) wird er nicht mehr geführt.

95 Vgl. auch oben zum Jahr 1695

96 Vgl. auch oben zum Jahr 1695

97 Wird im *Adreß-Calender 1708...* (wie Anm. 5), S. 116–118, nicht mehr als Berliner Ratsmitglied bezeichnet.

Kammerrat, spätestens seit 1727 Mitglied beim Königlich Preußischen Schiffergericht, Eid am 28. 12. 1707)[98]
1708 Christoph Schmidt (gest. 21. 10. 1711); Christoph Christian (gest. 12. 1. 1712); Johann (von) Hessig, Adjunkt

Cöllner Bürgermeister

1427 Sigmund Rathenow «Sigismundus, Ratheno, Rathenau»
1428 [N.N.] Teltow «Telto»
1429 Sigmund Rathenow
1430 [N.N.] Teltow
1431 Sigmund Rathenow[99]
1432 [N.N.] Teltow
1433 Sigmund Rathenow
1434 [N.N.] Teltow
1435 Sigmund Rathenow
1436 [N.N.] Teltow
1437 Sigmund Rathenow
1438 Jacob Tiedicke «Jacoff, Tideke, Tydecke, Tydicke, Tudicke»
1439 Sigmund Rathenow
1440 vermutlich Jacob Tiedicke
1441 Bartholomäus Schaum «Bartholomeus, Bartelmeus, Barthelmews, Schum, Schawin»; 26. 2. 1442: Jacob Tiedicke[100]
1442 Johann Lange «Hans, Hanß»
1443 vermutlich Bartholomäus Schaum
1444 Johann Glienicke «Hans, Glinicke»
1445 Bartholomäus Schaum[101]
1447 Bartholomäus Schaum[102] (gest. vermutlich 1466)
1448 Nicolaus Bolde «Claus, Claws, Boldin, Boldan, Blodan»[103]
1449 Claus Sonnenburg «Claws, Sonneberg»[104]
1450 Nicolaus Bolde[105]

98 P. v. Gebhardt, *Das älteste Berliner Bürgerbuch...* (wie Anm. 4), S. 10; *Adreß-Calender 1709...* (wie Anm. 5), S. 17 u. 130 (dort als Bürgermeister bezeichnet); *Adreß-Calender 1710...* (wie Anm. 5), S. 17; *Adreß-Calender 1715...* (wie Anm. 5), S. 33; *Adreß-Calender 1722...* (wie Anm. 5), S. 13 (Geheimer Kammerrat); *Adreß-Calender 1727...* (wie Anm. 5), S. 83 (Geheimer, auch Kriegs- und Domänenkammerrat) und 114. Meier wird im *Adreß-Calender 1728...* (wie Anm. 5), S. 83 u. 114 noch erwähnt, im *Adreß-Calender 1731...* (wie Anm. 5) nicht mehr.
99 J. Chr. Müller/G. G. Küster, *Altes und Neues Berlin...* (wie Anm. 3), T. 4, Sp. 415, auch: Benedikt Birckholz «Birgholz, Bergholz, Berckholz».
100 F. Voigt/E. Fidicin, *Urkundenbuch...* (wie Anm. 6), S. 378–381; ebenso in *CDB Suppl* (wie Anm. 8), S. 287–290.
101 Urkundlich belegt 1445 Juni 17; vgl. F. Voigt/E. Fidicin, *Urkundenbuch...* (wie Anm. 6), S. 391–393.
102 Urkundlich belegt 1448 April 7; *a.a.O.*, S. 398 f.
103 Kurfürstliche Bestätigung, 1448 Mai 27; *a.a.O.*, S. 402.
104 Kurfürstliche Bestätigung, 1449 April 27; *a.a.O.*, S. 411.
105 Kurfürstliche Bestätigung; *a.a.O.*, S. 418.

1451 BARTHOLOMÄUS BERGHOLZ «Bartholomeus, Bergkholtz, Berckholz, Berchholz, Berchholtz»[106]
1452 Nicolaus Bolde
1453 vermutlich Bartholomäus Bergholz
1454 Nicolaus Bolde
1455 vermutlich Bartholomäus Bergholz
1456 Nicolaus Bolde
1457 Bartholomäus Bergholz[107]
1458 Nicolaus Bolde
1459 Bartholomäus Bergholz
1460 Nicolaus Bolde
1463 ANDREAS WERBICKE «Andres, Andrewß, Werbick, Werbik, Werbeck, Werbeke»
1465 Andreas Werbicke
1467 Andreas Werbicke
1468 MICHAEL AKEN «Michel, von Aken, Aacken»[108]
1469 Andreas Werbicke
1470 Michael Aken
1471 Andreas Werbicke
1472 Michael Aken
1473 Andreas Werbicke
1474 Michael Aken
1475 Andreas Werbicke
1476 NICOLAUS SCHULTZE «Claus, Schulze, Schult, Schulten, Schultz»[109]
1477 Andreas Werbicke
1478 Nicolaus Schultze
1479 Andreas Werbicke
1480 Nicolaus Schultze
1481 Andreas Werbicke
1482 Nicolaus Schulze
1483 Andreas Werbicke
1484 Nicolaus Schultze
1485 Andreas Werbicke
1486 Nicolaus Schultze
1487 Andreas Werbicke
1488 Nicolaus Schultze
1489 JOACHIM SPECHT[110]
1490 Nicolaus Schultze[111]
1491 Joachim Specht

106 Kurfürstliche Bestätigung; *a.a.O.*, S. 423.
107 Urkundlich belegt 1458 März 19; *a.a.O.*, S. 431.
108 J. Chr. Müller/G. G. Küster, *Altes und Neues Berlin...* (wie Anm. 3), T. 4, Sp. 415, auch: Peter Burgsdorf «Borgsdorf, Borgsdorff, Borxdorff» (Kurfürstlich Brandenburgischer Marschall).
109 Kurfürstliche Bestätigung, 1476 April 27; vgl. F. Voigt/E. Fidicin, *Urkundenbuch...* (wie Anm. 6), S. 448.
110 Da J. Chr. Müller/G. G. Küster, *Altes und Neues Berlin...* (wie Anm. 3), bei den Cöllner Bürgermeistern (T. 4, Sp. 415–423) im wesentlichen Georg Gottfried Küster, *Memorabilia Coloniensia*, Specimen 1–19, Berlin 1727, hier Specimen 18, S. 133–136, folgt, sind bei der Angabe zu 1498 höchstwahrscheinlich die beiden letzten Ziffern verdreht.
111 Kurfürstliche Bestätigung; vgl. F. Voigt/E. Fidicin, *Urkundenbuch...* (wie Anm. 6), S. 459 f.

1492 Nicolaus Schultze
1493 Joachim Specht
1494 Nicolaus Schultze
1495 Joachim Specht
1496 Nicolaus Schultze[112]
1497 Joachim Specht[113]
1498 Nicolaus Schultze[114]
1499 Joachim Specht
1500 MICHAEL FRITZE «Michel, Michell, Michill, Fritz, Frize»
1501 Joachim Specht
1502 Michael Fritze
1503 Joachim Specht
1504 Michael Fritze
1505 Joachim Specht
1506 Michael Fritze (gest. vor 27. 10. 1517)[115]
1507 Joachim Specht
1508 GREGOR SCHUHMACHER «Gregorius, Gores, Görs, Jores, Schumaker, Schumacher»
1509 Joachim Specht oder Gregor Schuhmacher
1510 Joachim Specht
1511 Gregor Schuhmacher
1512 PETER LINDHOLZ SEN. «Lintholz, Lintholtz, Lindtholtz d. Ä.»[116]
1513 Gregor Schuhmacher[117]
1514 Peter Lindholz sen.
1515 GEORG HAKENBERG «Georgen, Georgius, Jürgen, Jurgen, Hackenberg»
1516 Peter Lindholz sen.[118]
1517 Georg Hakenberg
1518 Peter Lindholz sen.
1519 Georg Hakenberg
1520 Peter Lindholz sen.
1521 Georg Hakenberg[119]
1522 Peter Lindholz sen.[120]
1523 JOACHIM BORNEMANN «Bornnemann, Borneman, Bornneman»

112 Kurfürstliche Bestätigung *a.a.O.*, S. 462. Die Angabe im Sachregister des Urkundenbuches, S. XIV, *Claus Schulten und Michel Fritze, Bürgermeister für Cöln*, ist irreführend.

113 Kurfürstliche Bestätigung, Cölln 1497 Mai 11: E. Fidicin, *Historisch-diplomatische Beiträge...* (wie Anm. 32), T. 5, S. 388 f.

114 Vgl. Anm. 111.

115 *CDB Suppl* (wie Anm. 8), S. 352.

116 In der Leichenpredigt für seinen Ururenkel Andreas Lindholz, Bürgermeister zu Cölln, vgl. F. Roth, *Restlose Auswertung...* (wie Anm. 64), Bd. 10, S. 449 f. (Nr. 9730), fälschlich für das Jahr 1480 als Bürgermeister genannt.

117 G. G. Küster, *Memorabilia Coloniensia...* (wie Anm. 110), Specimen 18, S. 134, und J. Chr. Müller/ G. G. Küster, *Altes und Neues Berlin...* (wie Anm. 3), T. 4, Sp. 416: Georg Hakenberg.

118 Die Angabe bei P. v. Gebhardt, *Die Bürgerbücher...* (wie Anm. 4), S. XIII, Martin Thüricke dürfte nicht zutreffend sein, da dieser vor 1527 ansonsten nur als Ratsherr genannt wird und in der Aufzählung ein Ratsherr fehlt.

119 Unzutreffend G. G. Küster, *Memorabilia Coloniensia...* (wie Anm. 110), Specimen 18, S. 134, und J. Chr. Müller/G. G. Küster, *Altes und Neues Berlin...* (wie Anm. 3), T. 4, Sp. 416: Gregor Fuhrmann «Görs, Gregorius, Jores, Furmann, Furman», der ansonsten im Zeitraum 1511–1523 nur als Ratsherr genannt wird.

1524 Peter Lindholz sen.
1525 Joachim Bornemann
1526 Peter Lindholz sen.
1527 MARTIN THÜRICKE «Merten, Mertten, Turicke, Thuricke, Turicken, Thürick, Türicke, Euricke»
1528 Peter Lindholz sen.
1529 Martin Thüricke[121]
1530 Peter Lindholz sen.
1531 Martin Thüricke
1532 Peter Lindholz sen.
1533 Martin Thüricke
1534 Peter Lindholz sen.
1535 Martin Thüricke
1536 Peter Lindholz sen.
1537 Martin Thüricke
1538 LEVIN BRASCHE «Levyn, Lewin, Leffin, Brask, Brasck»
1539 JOHANN PIRIß genannt HANS VON CALBE «Hans, Hanns, Hanß, Bieritz, Bieriz, Pyriß, Pirißen, Pieritz, Liris» (Kurfürstlich Brandenburgischer Kellermeister)[122]
1540 Levin Brasche
1541 Johann Piriß
1542 Levin Brasche
1543 Johann Piriß
1544 Levin Brasche
1545 Johann Piriß
1546 Johann Piriß[123]
1547 ANDREAS GRIEBEN «Andres» (Handelsmann)
1549 Johann Piriß[124]
1550 Andreas Grieben
1551 Johann Piriß
1552 Andreas Grieben
1553 Johann Piriß
1554 Andreas Grieben
1555 Johann Piriß
1556 Andreas Grieben
1557 Johann Piriß
1558 Andreas Grieben
1559 Johann Piriß
1560 Andreas Grieben
1561 Johann Piriß (gest. 1561)

120 Kurfürstliche Bestätigung, 1521 Dez. 16; vgl. F. Voigt/E. Fidicin, *Urkundenbuch...* (wie Anm. 6), S. 473.
121 Kurfürstliche Bestätigung, Cölln 1528 Dez. 20; vgl. *a.a.O.*, S. 481.
122 Vgl. P. v. Gebhardt, *Die Bürgerbücher...* (wie Anm. 4), S. 10 (1533).
123 G. G. Küster, *Memorabilia Coloniensia...* (wie Anm. 110), Specimen 18, S. 135, und J. Chr. Müller/ G. G. Küster, *Altes und Neues Berlin...* (wie Anm. 3), T. 4, Sp. 416: Andreas Grieben.
124 Kurfürstliche Bestätigung, 1548 Dez. 17; vgl. F. Voigt/E. Fidicin, *Urkundenbuch...* (wie Anm. 6), S. 511. Die Angabe bei J. Chr. Müller/G. G. Küster, *Altes und Neues Berlin...* (wie Anm. 3), T. 4, Sp. 416, Peter Lindholz jr., Kauf- und Handelsmann, begraben Cölln 24. 3. 1578, ist irrig, da Lindholz im Zeitraum 1525–1566 nur als Ratsherr genannt wird.

1562 Andreas Grieben
1563 Andreas Grieben
1564 JOHANN BREDTSCHNEIDER «Johan, Johannes, Joachim, Hans, Bretschneider» (Kurfürstlich Brandenburgischer Kammersekretär)
1565 Andreas Grieben
1566 Johann Bredtschneider
1568 Andreas Grieben
1569 Johann Bredtschneider
1570 Andreas Grieben
1571 Andreas Grieben
1572 Johann Bredtschneider
1573 Andreas Grieben (gest. 2. 8. 1573);[125] nach seinem Tode verwalteten HANS BARTH «Hanns, Bart, Baart, Baath», JOACHIM PASCHEN «Pasche, Pascha», ANDREAS RUST «Andres, Ruest, Rues, Rueß, Ruessen» und BENEDIKT RABE «Benedict, Benedicts, Rabenn, Rabender» das Amt[126]
1574 Hans Barth (gest. 17. 6. 1578),[127] Joachim Paschen (gest. 12. 10. 1581);[128] Andreas Rust (gest. 9. 10. 1575)[129] und Benedikt Rabe (gest. 18. 10. 1581)[130] für Bürgermeister Bredtschneider (gest. 1. 7. 1574)[131]
1575 GEORG THENIGK «Georgen, Thenicke, Thenigken, Thenigk, Thenig, Denicke, Dehnicke» (Kurfürstlich Brandenburgischer Sekretär, Eid am 11. 1. 1575)[132]
1576 GEORG MÜLLER «Georgius, Georgen, Moller, Mollerus, Muller» (Eid am 30. 12. 1575)
1577 Georg Thenigk
1578 Georg Müller
1579 Georg Thenigk
1580 Georg Müller
1581 Georg Thenigk (gest. 16. 2. 1582)
1582 Georg Müller
1583 GEORG OTTO «George, Georgen, Georgius, Ottho, Otte» (1565–? und seit 1569 Stadtschreiber der Stadt Cölln)[133]
1584 Georg Müller
1585 Georg Otto
1586 Georg Müller

125 P. v. Gebhardt, *Die Bürgerbücher...* (wie Anm. 4), S. 125, mit falscher Datierung. Unzutreffend: J. Chr. Müller/G. G. Küster, *Altes und Neues Berlin...* (wie Anm. 3), T. 4, Sp. 464: gest. 28. 1. 1573; Hugo Rachel/Johannes Papritz/Paul Wallich, *Berliner Großkaufleute und Kapitalisten*, Bd. 1: *Bis zum Ende des Dreißigjährigen Krieges* (= Veröffentlichungen des Vereins für die Geschichte der Mark Brandenburg), Berlin 1934, Stammtafel 3: gest. 9. 3. 1573.
126 Vgl. P. v. Gebhardt, *Die Bürgerbücher...* (wie Anm. 4), S. 125.
127 *A.a.O.*, S. 129.
128 *A.a.O.*, S. 138.
129 *A.a.O.*, S. 126.
130 *A.a.O.*, S. 138.
131 *A.a.O.*, S. XV. Die Angabe bei J. Chr. Müller/G. G. Küster, *Altes und Neues Berlin...* (wie Anm. 3), T. 4, Sp. 416, Georg Thenicke ist irrig.
132 P. v. Gebhardt, *Die Bürgerbücher...* (wie Anm. 4), S. 126.
133 An dem bei J. Chr. Müller/G. G. Küster, *Altes und Neues Berlin...* (wie Anm. 3), T. 4, Sp. 416, angegebenen Datum, 30. 12. 1575, legte Otto seinen Eid als Ratsherr ab; vgl. P. v. Gebhardt, *Die Bürgerbücher...* (wie Anm. 4), S. 126. Bei der folgenden genealogischen Aufstellung sind bei der Angabe *Gürgen Otto, Bürgermeister in Cölln 1538* die beiden letzten Ziffern verdreht. Berufsangabe nach *a.a.O.*, S. 23 u. 121.

1587 Georg Otto
1588 Georg Müller
1589 Georg Otto
1590 Georg Müller
1591 Georg Otto
1592 Georg Müller (gest. 1592, nach 20. 2./1. 3.)[134]
1593 Georg Otto (gest. 1594)
1594 Georg Rust[135]
1595 JOHANN PURCELIUS «Johan, Johans, Johannes, Porcelius, Purtzelius, Pucelius, Portzel, Pürzel» (aus Sonnenberg/Meißen, seit 1594 Kurfürstlich Brandenburgischer Kammergerichtsadvokat)
1596 Georg Rust
1597 Johann Purcelius
1598 Georg Rust
1599 Johann Purcelius
1600 Georg Rust
1601 Johann Purcelius
1602 Georg Rust (gest. 10./20. 8. 1602)
1603 Johann Purcelius
1604 SEBASTIAN BRUNNEMANN «Brunneman, Brunnemannus» (seit 1594 Oberstadtschreiber der Stadt Cölln, Syndikus 1601)
1605 Johann Purcelius
1606 Sebastian Brunnemann
1607 Johann Purcelius
1608 Sebastian Brunnemann
1609 Johann Purcelius (gest. 1609)
1610 Sebastian Brunnemann
1611 GEORG JAHN «Georgius, Iahn» (seit 1594 Gerichts- und Unterstadtschreiber der Stadt Cölln, seit 1605 Oberstadtschreiber, später bis 1617 Syndikus der Stadt Cölln,[136] 1616 zum Generalsalzfaktor gewählt)
1612 Sebastian Brunnemann
1613 Georg Jahn
1614 Sebastian Brunnemann
1615 Georg Jahn
1616 Sebastian Brunnemann
1617 Georg Jahn
1618 Sebastian Brunnemann
1619 Georg Jahn
1620 Sebastian Brunnemann
1621 Georg Jahn
1622 Sebastian Brunnemann
1623 Georg Jahn (gest. 1625, vor 7. 2.)[137]
1624 Sebastian Brunnemann

134 Letzte Erwähnung *a.a.O.*, S. 168. Die Ratsversetzung des Jahres 1592 fand am 22. März statt; vgl. *ebda.*
135 Vgl. oben zu den Jahren 1580 und 1582 (mit Anm. 57).
136 P. v. Gebhardt, *Die Bürgerbücher...* (wie Anm. 4), S. 168.
137 F. Roth, *Restlose Auswertung...* (wie Anm. 54), Bd. 6, S. 262 f. (Nr. 5419).

1625 JOHANN WEDIGEN (geb. Cölln 18. 3. 1582, seit 1607 Notar, seit 1610 Stadt und Gerichtsschreiber in Cölln, seit 1617 Syndikus in Cölln, seit 1627 Verordneter der Mittel- und Ukkermärkischen sowie der Ruppiner Städte, gewählt am 7. 2. 1625)[138]
1626 Sebastian Brunnemann
1627 Johann Wedigen
1628 Sebastian Brunnemann
1629 Johann Wedigen
1630 Sebastian Brunnemann
1631 Johann Wedigen
1632 Sebastian Brunnemann
1633 Johann Wedigen
1634 Sebastian Brunnemann
1635 Johann Wedigen
1636 Sebastian Brunnemann
1637 Johann Wedigen (gest. Cölln 9. 9. 1637)[139]
1638 Sebastian Brunnemann (gest. 1638)
1639 CASPAR BLUME (Kammergerichtsadvokat, Richter in Cölln)[140]
1640 PAUL BRUNNEMANN «Paulus, Brunnemannus» (seit 1631 Kurfürstlich Brandenburgischer Kammergerichtsadvokat,[141] Syndikus in Cölln, Verordneter der Mittel- und Uckermärkischen sowie der Ruppiner Städte)
1641 Magister ADAM ROMANUS (geb. Frankfurt/Oder, seit 1612 Rektor in Cölln, seit 1630 Richter in Cölln)
1642 Paul Brunnemann
1643 Adam Romanus (gest. 1643, nach 13./23. 3.)[142]
1644 Paul Brunnemann
1645 PHILIPP TRUMBACH «Philip»
1646 Paul Brunnemann
1647 Philipp Trumbach
1648 Paul Brunnemann
1649 Philipp Trumbach
1650 Paul Brunnemann
1651 Philipp Trumbach
1652 Paul Brunnemann
1653 Philipp Trumbach
1654 Paul Brunnemann (gest. 1656)
1655 Philipp Trumbach
1656 SEBASTIAN RIEWEND «Sebastianus, Rhewendus, Rhewendt, Rhewend» (geb. Zechlin 11. 5. 1615, Rechtsberater, seit 1644 Kurfürstlich Brandenburgischer Hof- und Kammergerichtsadvokat, seit 1645 Syndikus der Stadt Cölln, seit 1660 Syndikus der Landschaft)
1657 Philipp Trumbach
1658 Sebastian Riewend

138 Angaben nach *a.a.O.*, Bd. 6, S. 262 f. (Nr. 5419).
139 Vgl. Anm. 138.
140 J. Chr. Müller/G. G. Küster, *Altes und Neues Berlin...* (wie Anm. 3), T. 4, Sp. 483.
141 O. Meinhardus, *Protokolle und Relationen...* (wie Anm. 68), S. 645; J. Chr. Müller/G. G. Küster, *Altes und Neues Berlin...* (wie Anm. 3), T. 4, Sp. 418, hingegen 1632. Bei H. Saring, *Die Mitglieder des Kammergerichts...* (wie Anm. 63), S. 223, irrigerweise als Bürgermeister zu Berlin bezeichnet.
142 Letzte Erwähnung bei O. Meinhardus, *Protokolle und Relationen...* (wie Anm. 68), S. 647.

1659 Philipp Trumbach
1660 Sebastian Riewend
1661 Philipp Trumbach
1662 Sebastian Riewend
1663 Philipp Trumbach
1664 Sebastian Riewend
1665 Philipp Trumbach
1666 Sebastian Riewend (gest. 16. 7. 1666)
1667 JOACHIM ERNST WERNICKE (seit 1640 Kurfürstlich Brandenburgischer Geheimer Kammerkanzlist, seit 1641 Kanzleischreiber, seit 1647 Vizekammermeister, seit 1654 Amtsrat und Kammermeister)
1668 CHRISTIAN STRASBURG «Straßburg» (geb. Berlin 29. 1. 1619, seit 1641 Kurfürstlich Brandenburgischer Kammergerichtsadvokat, seit 1666 Syndikus der Stadt Cölln, seit 1667 Syndikus der Landschaft)
1669 Joachim Ernst Wernicke (gest. 17. 1. 1673)
1670 Christian Strasburg
1671 MEINHARD NEUHAUS «Meinhart, Meinard, Meinhardus, Neuhauß» (geb. Hamm/Westfalen 1599, 1624–1663 Handelsmann)
1672 Christian Strasburg
1673 Meinhard Neuhaus
1674 Christian Strasburg
1675 Meinhard Neuhaus
1676 Christian Strasburg (gest. 13. 9. 1676);[143] nach seinem Tod vermutlich JOACHIM ERNST SEIDEL «Ernestus, Seidelius» (geb. Berlin 19. 4. 1632, seit 1652 Rechtsberater, seit 1666 Kurfürstlich Brandenburgischer Justizrat im Ravensbergischen Appellationsgericht, gewählt am 21. 12. 1676)[144]
1677 Meinhard Neuhaus
1678 Joachim Ernst Seidel
1679 Meinhard Neuhaus (gest. 22. 6. 1680)
1680 Joachim Ernst Seidel
1681 CHRISTIAN FRIEDRICH BARTHOLDI «Fridrich, Friderich, Friederich» (seit 1680 Kurfürstlich Brandenburgischer Geheimer und Münzsekretär, Geheimer Kanzlist, seit 1698 Amtskammerrat, Geheimer Hofrat, Verordneter der Mittel- und Uckermärkischen sowie der Ruppiner Städtekasse)[145]
1682 Joachim Ernst Seidel
1683 vermutlich Christian Friedrich Bartholdi
1684 Joachim Ernst Seidel
1685 Christian Friedrich Bartholdi
1686 Joachim Ernst Seidel (gest. Cölln 6. 8. 1686);[146] HEINRICH JULIUS BRANDES, Mit- bzw. Vizebürgermeister seit 4. 10. 1686 (geb. Braunschweig 28. 2. 1635, seit 1654 Schreiber,

143 H. Saring, *Die Mitglieder des Kammergerichtes...* (wie Anm. 63), S. 227.
144 Angaben nach F. Roth, *Restlose Auswertung...* (wie Anm. 64), Bd. 1, S. 12 f. (Nr. 28).
145 *Adreß-Calender 1704...* (wie Anm. 5). Irreführend: *Acta Borussica. Die Behördenorganisation und die allgemeine Staatsverwaltung Preußens im 18. Jahrhundert,* Bd. 1: *Akten von 1701 bis Ende Juni 1714,* bearb. von Gustav Schmoller und Otto Krauske, Berlin 1894, S. 22, Anm. 1, in der die Lebensläufe des Bürgermeisters Christian Friedrich (von) Bartholdi und seines Sohnes Christian Friedrich Reichsfreiherr von Bartholdi vermischt sind.
146 Vgl. Anm. 144.

1658–88 Kurfürstlich Brandenburgischer Hofküchenschreiber, 1664–91 Kurfürstlich Brandenburgischer Fischmeister)[147]

1687 Christian Friedrich Bartholdi

1688 JOACHIM FRIEDRICH KORNMESSER «Friderich, Jochim» (geb. Cölln 10. 1. 1641, seit 1668 Kurfürstlich Brandenburgischer Hof- und Reisechirurg, seit 1672 Kammerdiener, seit 1676 Geheimer Kammerdiener, seit 1688 Rat, seit 1698 Kondirektor der Afrikanischen Kompagnie und Hofrat, seit 1712 Verordneter der Mittel- und Uckermärkischen sowie der Ruppiner Städtekasse, 1704 Generaldirektor der Ostindischen Kompanie);[148] vermutlich Heinrich Julius Brandes, Vizebürgermeister

1689 Christian Friedrich Bartholdi

1690 Joachim Friedrich Kornmesser; Heinrich Julius Brandes, Vizebürgermeister (gest. Prenden 12. 4. 1691)[149]

1691 Christian Friedrich Bartholdi

1692 Joachim Friedrich Kornmesser

1693 Christian Friedrich Bartholdi

1694 Joachim Friedrich Kornmesser

1695 Christian Friedrich Bartholdi

1696 Joachim Friedrich Kornmesser

1697 Christian Friedrich Bartholdi

1698 Joachim Friedrich Kornmesser

1699 Christian Friedrich Bartholdi

1700 Joachim Friedrich Kornmesser

1701 Christian Friedrich von Bartholdi; WILHELM VON BARTHOLDI, Adjunkt (Königlich Preußischer und Kurfürstlich Brandenburgischer Geheimer Sekretär, seit 1701 adjungierter Kammergerichts-Protonotar, Kammergerichtsrat)[150]

1702 Joachim Friedrich Kornmesser

1703 Christian Friedrich von Bartholdi; Wilhelm von Bartholdi, Adjunkt

1704 Joachim Friedrich Kornmesser

1705 Christian Friedrich von Bartholdi; Wilhelm von Bartholdi, Adjunkt; JOHANN SALOMO SCHILLING «Salomon» (geb. Luckau/Niederlausitz, Kammeradvokat, Oberkirchenvorsteher)[151]

1706 Joachim Friedrich Kornmesser; LUDWIG GAUSE (geb. Berlin 26. 4. 1669, Lizentiat der Rechte, seit 1694 Kurfürstlich Brandenburgischer Kammergerichtsadvokat, Oberappellationsadvokat, seit ca. 1705 Syndikus der Stadt Cölln, seit 1709 Syndikus der Stadt Berlin und Geheimer Generalkommissariatsrat, seit 1718 Kriegs- und Domänenrat sowie Justitiar der Kammer);[152] GEORG SEBASTIAN WEDIGEN «George, Wedingen, Wedich», Adjunkt (Königlich Preußischer Domänenkommissar, Landschaftlicher Buchhalter, seit etwa 1709 Landschaftseinnehmer)[153]

1707 Christian Friedrich von Bartholdi (gest. 1707)

147 Angaben nach F. Roth, *Restlose Auswertung...* (wie Anm. 64), Bd. 6, S. 338 f. (Nr. 5590).

148 J. Chr. Müller/G. G. Küster, *Altes und Neues Berlin...* (wie Anm. 3), T. 2, S. 719 f.; *Adreß-Calender 1704...* (wie Anm. 5); *Adreß-Calender 1710...* (wie Anm. 5), S. 100.

149 Vgl. Anm. 147.

150 *Adreß-Calender 1704...* (wie Anm. 5); dort als Vizebürgermeister bezeichnet.

151 J. Chr. Müller/G. G. Küster, *Altes und Neues Berlin...* (wie Anm. 3), T. 4, Sp. 422; *Adreß-Calender 1704...* (wie Anm. 5); Schilling wird im *Adreß-Calender 1706...* (wie Anm. 5), S. 94, als Bürgermeister bezeichnet, bei P. v. Gebhardt, *Die Bürgerbücher...* (wie Anm. 4), S. XVIII, hingegen lediglich als Kämmerer.

1708 Joachim Friedrich Kornmesser;[154] Ludwig Gause (gest. 5. 7. oder Dezember 1738);[155] Georg Sebastian Wedigen, Adjunkt;[156] Johann Salomo Schilling, Bürgermeister ehrenhalber

Bürgermeister des Friedrichswerder und der Friedrichstadt

1699–?	Johann Gregor Memhardt «Georg, Memhard, Memmhard, Memmert, Meinhardt» (geb. Linz/Drau 1607, Kurfürstlich Brandenburgischer Oberingenieur und später Hofbaumeister, gest. Berlin oder Ulm 1678)[157]
1669–nach Febr. 1682	Samuel Plessen «Pleßen, Pleß» (seit 1652 Kurfürstlich Brandenburgischer Kammergerichts-Protonotar, gest. wahrscheinlich 1683)[158]
?–?	Johann (von) Martiz «Martitz, Martitius» (Kurfürstlich Brandenburgischer Geheimer Sekretär, Geheimer Kammerdiener, Rat)[159]
?–?	Christian Weidner (Kurfürstlich Brandenburgischer Geheimer und Kriegskanzlist, Kriegskanzleisekretär, gest. 1691)[160]
?–?	Michael Matthias Schmids «Schmid, Smidt, Smidts, Schmidts; ursprünglich Michiel Mattysz Smidts» (geb. Rotterdam oder Breda 11. 7. 1626, Hofzimmermann und Schleusenbaumeister, seit 1653 Kurfürstlich Brandenburgischer Hofbaumeister auf dem Friedrichswerder, gest. Berlin 24. 7. 1692)[161]
1694–vor 1704	Wilhelm Duram «Duhram, Dhuram» (1683 Kurfürstlich Brandenburgischer Kammergerichtsadvokat, seit 1683 Hof- und geistlicher Konsistorialrat sowie Kriminal-

152 J. Chr. Müller/G. G. Küster, *Altes und Neues Berlin...* (wie Anm. 3), T. 4, Sp. 422 (abweichend: wurde 1708 Bürgermeister), 437 (abweichend: geb. 1670) und 444; T. 4, Genealogische Tabellen, S. 9; H. Saring, *Die Mitglieder des Kammergerichtes...* (wie Anm. 63), S. 251; *Adreß-Calender 1704...* (wie Anm. 5); Gause erscheint im *Adreß-Calender 1715...* (wie Anm. 5), S. 49, zuletzt als Kammergerichts- und Oberappellationsadvokat, im *Adreß-Calender 1716...* (wie Anm. 5), S. 94, als Syndikus der Stadt Berlin.

153 *Adreß-Calender 1704...* (wie Anm. 5); als Landschaftseinnehmer erstmals im *Adreß-Calender 1710...* (wie Anm. 5), S. 98. Wedigen wird wie die übrigen Adjunkten in den Adreßkalendern als Bürgermeister bezeichnet.

154 Vgl. oben zum Jahr 1688 (mit Anm. 148) sowie unten zum Jahr 1709–1715 (mit Anm. 183).

155 J. Chr. Müller/G. G. Küster, *Altes und Neues Berlin...* (wie Anm. 3), T. 4, Genealogische Tabellen, S. 9 (dort gest. 5. 7. 1738); K. Schrader, *Die Verwaltung Berlins...* (wie Anm. 5), T. 1, S. 137 (dort gest. Dezember 1738) u. 137, Anm. 76. (*Er* [Weitzel] *wurde 1717 an Stelle des verstorbenen Gause eingesetzt.*) Heinz Kullnick, *Berliner und Wahlberliner. Personen und Persönlichkeiten in Berlin von 1640 bis 1914*, Berlin (1961), S. 19, irrigerweise: gest. 1709.

156 Wird im *Adreß-Calender 1732...* (wie Anm. 5), S. 89, noch erwähnt, im *Adreß-Calender 1738...* (wie Anm. 5) nicht mehr.

157 J. Chr. Müller/G. G. Küster, *Altes und Neues Berlin...* (wie Anm. 3), T. 4, Sp. 33 f. u. 423. Geburts- und Todesangaben nach Michael S. Cullen (unter Mitwirkung von Marcus Cante), *Architektenverzeichnis*, in: Wolfgang Ribbe/Wolfgang Schäche (Hrsg.), *Baumeister – Architekten – Stadtplaner. Biographien zur baulichen Entwicklung Berlins*, Berlin 1987, S. 597–663, hier S. 639.

158 J. Chr. Müller/G. G. Küster, *Altes und Neues Berlin...* (wie Anm. 3), T. 4, Sp. 33 f. u. 423; H. Saring, *Die Mitglieder des Kammergerichtes...* (wie Anm. 63), S. 247. Dort fälschlich als Berliner Bürgermeister bezeichnet.

159 J. Chr. Müller/G. G. Küster, *Altes und Neues Berlin...* (wie Anm. 3), T. 4, Sp. 423.

160 *A.a.O.*, T. 3, Sp. 127 u. 332, T. 4, Sp. 423.

161 *A.a.O.*, T. 4, Sp. 424. Lebenslauf nach M. S. Cullen, *Architektenverzeichnis...* (wie Anm. 157), S. 655. Nach der Grabinschrift in Rotterdam geboren; vgl. J. Chr. Müller/G. G. Küster, *Altes und Neues Berlin...* (wie Anm. 3), T. 2, S. 630.

fiskal, Fiskaladvokat, seit 1684/85 Hoffiskal, 1704–31 Generalfiskal, seit 1705 Kammergerichtsrat, 1709 Vorsteher des Mons pietatis, Kirchenältester und Vorsteher der reformierten Parochialkirche in der Klosterstraße, seit 1712 Geheimer Justiz- und Oberappellationsgerichtsrat, seit 1713 Rat des evangelisch-reformierten Kirchendirektoriums, gest. 1735/1738)[162]

?– ca. 1706 Johann Adam Christoph Plarre «Christopf, Christoff, Plarr» (Steuerrat und Oberkommissar)[163]

?–? Johann Heinrich Victor «Henrich» (Königlich Preußischer Kammersekretär, gest. nach 1703/04)[164]

?–1709 Christoph Ernst Hübner «Christoff, Hübener» (Kammersekretär und Jagdschreiber, seit ca. 1709 Sekretär bei der Jagdkanzlei, gest. ca. 1720)[165]

?– ca. 1707 Friedrich Wilhelm Gawron «Friederich, Fridrich, Gavron» (seit 1680 Kurfürstlich Brandenburgischer Akzisekommissar für Kurbrandenburg, seit 1682 Adjunkt und künftiger Protonotar beim Kammergericht, wahrscheinlich seit 1683 Kammergerichts-Protonotar, gest. ca. 1707)[166]

?–1709 Otto Wilhelm Carges «Karges» (1704 Sekretär bei der Licent-Kasse und Rat im Französischen Obergericht, ... 1709 Königlich Preußischer Kommissar zur Etablierung der oranischen Refugiés und Austeilung der Kollekten für dieselben, Hofrat, später Direktor des Französischen Armenhauses in der Friedrichstadt, Mitglied des Conseil François, Oberlizent-Einnehmer, Kriegsrat, Polizeidirektor wegen der Französischen Nation)[167]

ca. 1706–1709 Matthäus Martinus Simonis (geb. Köslin 1654, seit 1679 Regimentsauditeur, seit 1683 Regimentssekretär, seit 1689 Kurfürstlich Brandenburgischer Kriegskommis-

162 Angaben nach *a.a.O.*, T. 3, Sp. 381, 385 (dort gest. 1735) u. 423; T. 4, Sp. 424 (dort gest. 1738); *Acta Borussica. Behördenorganisation...* (wie Anm. 145), S. 292, Anm. 2; H. Saring, *Die Mitglieder des Berliner Kammergerichtes...* (wie Anm. 63), S. 221 u. 242; H. Kullnick, *Berliner und Wahlberliner...* (wie Anm. 155), S. 25 (gest. 1735); *Adreß-Calender 1704...* (wie Anm. 5), sowie *Adreß-Calender 1709...* (wie Anm. 5), S. 53, 65, 88 u. 134.

163 J. Chr. Müller/G. G. Küster, *Altes und Neues Berlin...* (wie Anm. 3), T. 3, Sp. 142, T. 4, Sp. 424; *Adreß-Calender 1704...* (wie Anm. 5); *Adreß-Calender 1706...* (wie Anm. 5), S. 95 f.

164 J. Chr. Müller/G. G. Küster, *Altes und Neues Berlin...* (wie Anm. 3), T. 4, Sp. 424, *Adreß-Calender 1704...* (wie Anm. 5).

165 J. Chr. Müller/G. G. Küster, *Altes und Neues Berlin...* (wie Anm. 3), T. 2, S. 650, T. 3, Sp. 468, u. T. 4, Sp. 424 f.; *Adreß-Calender 1704...* (wie Anm. 5), *Adreß-Calender 1709...* (wie Anm. 5), S. 99 u. 134 (abweichend: Christian Ernst); *Adreß-Calender 1710...* (wie Anm. 5), S. 95; *Adreß-Calender 1721...* (wie Anm. 5), S. 100. (*Johann Ernst Hübener ... wohnt auf der Friedrichstadt in seines Verstorbenen H*[errn] *Vaters Hause.*) u. 149 (*Johann Ernst Hübener ... log*[iert] *auf der Friedrichstadt in der Leipziger Strasse bey H*[errn] *Bürgermeister Hübenern.*)

166 J. Chr. Müller/G. G. Küster, *Altes und Neues Berlin...* (wie Anm. 4), T. 3, Sp. 384, T. 4, Sp. 425; H. Saring, *Die Mitglieder des Berliner Kammergerichtes...* (wie Anm. 63), S. 249 (abweichend: *Ende 1701... noch nachweisbar*); *Adreß-Calender 1704...* (wie Anm. 5); dort auch unter dem Namen «Gauson». Gawron wird zuletzt im *Adreß-Calender 1707...* (wie Anm. 5), S. 111 f., als Bürgermeister genannt.

167 J. Chr. Müller/G. G. Küster, *Altes und Neues Berlin...* (wie Anm. 3), T. 3, Sp. 520 u. 529, T. 4, Sp. 424; *Adreß-Calender 1704...* (wie Anm. 5); *Adreß-Calender 1706...* (wie Anm. 5), S. 95 f.; *Adreß-Calender 1709...* (wie Anm. 5), S. 70, 119 u. 134; *Adreß-Calender 1722...* (wie Anm. 5), S. 44, 60, 65 u. 127; *Adreß-Calender 1727...* (wie Anm. 5), S. 22, 38, 43, 93 u. 96. *Adreß-Calender 1729...* (wie Anm. 5), S. 22, 38, 43, 92 f. u. 96. Im *Adreß-Calender 1730...* (wie Anm. 5) ist Carges nicht mehr enthalten. Er erscheint in den Adreßkalendern auch als Otto Karges.

sar, seit 1691 Oberkommissar des Königlichen Hauses, seit 1701 Königlich Preußischer Hofrat, gest. 15. 12. 1720)[168]

ca. 1707–1709 Nikolaus Butendach «Nicolaus, Budendag, Budendach» (Königlich Preußischer Hofstaat- und Schatull-Holzschreiber)[169]

Bürgermeister der Dorotheenstadt

1690–nach 15. 5. 1700 Nic. Rambonet «Rambonnet», 1. Bürgermeister[170]

1690–1709 Johann Andreas Schultesius, 2. Bürgermeister (1685–nach 1721 Richter in der Dorotheenstadt, seit etwa 1710 Assessor beim Berliner Stadtgericht)[171]

ca. 1706–1709 Christian Friedrich Schmeil «Fridrich, Friederich, Schmiel» (geb. Potsdam, 1709 Königlich Preußischer Geheimer Kammersekretär, Geheimer Kammersekretär der Königin und des Königs, Hofrat, gest. 1731)[172]

1698–1709 Jean Fournol, 3. Bürgermeister, seit 1703 2., später 1. Bürgermeister[173]

Stadtpräsidenten, seit 1747 zugleich Polizeidirektoren[174]

1726–1733 Simon Victor Hünicke (kurmärkischer Kammerrat und -meister, seit 1723 Geheimer Finanz-, Kriegs- und Domänenrat beim Generaldirektorium und Kammerdirektor des 2. Departements der Kurmärkischen Kriegs- und Domänenkammer, seit

168 J. Chr. Müller/G. G. Küster, *Altes und Neues Berlin...* (wie Anm. 4), T. 4, Sp. 424 *Adreß-Calender 1707...* (wie Anm. 5), S. 111 f. (erstmals als Bürgermeister); *Adreß-Calender 1709...* (wie Anm. 5), S. 134 u. 143. Letzte Erwähnung: *Adreß-Calender... 1716* (wie Anm. 5), S. 126, als Matthäus Simonis. Im *Adreß-Calender 1721...* (wie Anm. 5) ist er nicht mehr enthalten.

169 J. Chr. Müller/G. G. Küster, *Altes und Neues Berlin...* (wie Anm. 4), T. 4, Sp. 425 u. 473; *Adreß-Calender 1708...* (wie Anm. 5), S. 120 f. (erstmals als Bürgermeister); *Adreß-Calender 1709...* (wie Anm. 5), S. 99 u. 134. Butendach wird im *Adreß-Calender 1713...* (wie Anm. 5), S. 106, noch erwähnt, im *Adreß-Calender 1715...* (wie Anm. 5) nicht mehr.

170 J. Chr. Müller/G. G. Küster, *Altes und Neues Berlin...* (wie Anm. 3), T. 2, S. 628–630, insbesondere S. 630, u. T. 4, Sp. 425. Nach Ernst Kaeber (Hrsg.), *Die Bürgerbücher und die Bürgerprotokollbücher Berlins von 1701–1750* (= Veröffentlichungen der Historischen Kommission für die Provinz Brandenburg und die Reichshauptstadt Berlin I,4), S. 68 geb., war Rambonet erst seit Ende 1691 als 1. Bürgermeister tätig. Da der *Adreß-Calender 1704...* (wie Anm. 5) lediglich Schultesius als Bürgermeister der Dorotheenstadt nennt, ist zu vermuten, daß Rambonet im Jahre 1703 seine Dimission erhielt und nach Amsterdam verzog.

171 J. Chr. Müller/G. G. Küster, *Altes und Neues Berlin...* (wie Anm. 3), T. 4, Sp. 425 u. 484 f.; *Adreß-Calender 1704...* (wie Anm. 5); *Adreß-Calender 1709...* (wie Anm. 5), S. 135; *Adreß-Calender 1710...* (wie Anm. 5), S. 102; *Adreß-Calender 1711...* (wie Anm. 5), S. 103 f. Schultesius wird im *Adreß-Calender 1722...* (wie Anm. 5), S. 84, noch erwähnt, im *Adreß-Calender 1723...* (wie Anm. 5) nicht mehr. Nach E. Kaeber, *Die Bürgerbücher...* (wie Anm. 170), S. 68 geb., erst 1692 Febr. 3 als 2. Bürgermeister bestallt.

172 J. Chr. Müller/G. G. Küster, *Altes und Neues Berlin...* (wie Anm. 3), T. 3, Sp. 296, u. T. 4, Sp. 425; *Adreß-Calender 1706...* (wie Anm. 5), S. 97; *Adreß-Calender 1709...* (wie Anm. 5), S. 22 u. 135; ferner *Adreß-Calender 1713...* (wie Anm. 5), S. 24.

173 J. Chr. Müller/G. G. Küster, *Altes und Neues Berlin...* (wie Anm. 3), T. 4, Sp. 425 f. Jean Fournol erscheint im Gegensatz zu Johann Adreas Schultesius und Christian Friedrich Schmeil nicht in den Adreßkalendern der Jahre 1704 ff.

174 Amtszeiten der Stadtpräsidenten nach K. Schrader, *Die Verwaltung Berlins...* (wie Anm. 5), T. 1, S. 108, Anm. 307.

1725 Vizepräsident der Kurmärkischen Kriegs- und Domänenkammer, Kirchenrat am Berliner Dom, Kammermeister, gest. Berlin 1. 11. 1733)[175]

1735–1746 Heinrich Adam (von) Neuendorf «Henrich, Neuendorff» (geb. Herborn/Nassau 21. 4. 1690, Königlich Preußischer Geheimer Kriegs- und Domänenrat, seit 1735 Vizepräsident der Kurmärkischen Kriegs- und Domänenkammer, Verordneter zum Neuen Biergeld, preußische Adelsverleihung 9. 3. 1739, gest. 9. 4. 1752)[176]

1747–1770 Carl David Kircheisen, seit 1742 Polizeidirektor (geb. 3. 6. 1704, Königlich Preußischer Legationssekretär, später Legationsrat, Kriegsrat, Geheimer Kriegsrat, Verordneter der Kurmärkischen Landschaft und der Mittelmärkischen Städtekasse, Kanoniker zu Walbeck, Präsident beim Kurmärkischen Tabaksgericht, gest. 1771)[177]

1771–1791 Johann Albrecht Philippi (Regimentsquartiermeister, seit 1767 2. Polizeidirektor, seit 1771 Geheimer Kriegsrat und Mitglied beim Kur- und Neumärkischen Tabaksgericht, seit ca. 1774 Mitglied des Armen- und Arbeitshausdirektoriums, Mitglied des Manufaktur- und Commerzienkollegiums, Vorstand des Gesindeamtes)[178]

1791–1794 Johann Friedrich (von) Eisenhart «Eisenhardt, Eisenhard, Eysenhard, Eysenhart» (1789–91 Adjunkt des Stadtpräsidenten Philippi; geb. Berlin 25. 1. 1733, Königlich Preußischer Kriegsrat, Rendant des Feld-Artillerie-Corps, 1779/80–1787/88 der General-Artilleriekasse, Geheimer Kriegsrat, preußische Adelsverleihung 2. 10. 1786, Königlicher Generalkommissar für die Lotterie, Mitglied des Armendirektoriums, Vorstand des Arbeitshauses, Verordneter zum neuen Biergeld bzw. bei der Kurmärkischen Landschaft, Mitglied des Berliner Manufaktur- und Commerzienkollegiums, Direktor des Gesindeamtes, Herr auf Bahrensdorf bei Beeskow und Hohenschönhausen, gest. Berlin 19. 7. 1804)[179]

1794–1804 Johann Philipp Eisenberg «Philip, Friedrich Philipp» (geb. Treptow/Rega 25. 11. 1756, ca. 1786/87–1794 Kammergerichtsrat im Instruktionssenat und in der Kri-

175 *A.a.O.*, T. 1, S. 58; J. Chr. Müller/G. G. Küster, *Altes und Neues Berlin...* (wie Anm. 3), T. 4, Sp. 387 (dort abweichend: gest. an einem Sonntag im Dezember 1733); *Adreß-Calender 1727...* (wie Anm. 5), S. 68, 82 f. u. 93 f.

176 K. Schrader, *Die Verwaltung Berlins...* (wie Anm. 5), T. 1, S. 67, Anm. 176; J. Chr. Müller/G. G. Küster, *Altes und Neues Berlin...* (wie Anm. 3), T. 4, Sp. 387 (gest. 1743); Sp. 388 (gest. 9.4.1752); A. M. F. Gritzner, *Chronologische Matrikel...* (wie Anm. 94), S. 23. Neuendorf erscheint erstmals im *Adreß-Calender 1740...* (wie Anm. 5), S. 98, als «von Neuendorff».

177 J. Chr. Müller/G. G. Küster, *Altes und Neues Berlin...* (wie Anm. 3), T. 4, Sp. 388, 430 f., Genealogische Tabellen, S. 11. Abweichend K. Schrader, *Die Verwaltung Berlins...* (wie Anm. 5), T. 1, S. 154, Anm. 142: Bericht des Magistrats vom 28. Dezember 1770 an die kurmärkische Kriegs- und Domänenkammer über seinen Tod. H. Kullnick, *Berliner und Wahlberliner...* (wie Anm. 155), S. 39: gest. 28. 12. 1770. Im *Adreß-Calender 1771...* (wie Anm. 5) ist Kircheisen nicht mehr enthalten. Vgl. unten zu 1736–1770 (mit Anm. 199).

178 J. Chr. Müller/G. G. Küster, *Altes und Neues Berlin...* (wie Anm. 3), T. 4, Genealogische Tabellen, S. 11; *Adreß-Calender 1768...* (wie Anm. 5), S. 165; *Adreß-Calender 1771...* (wie Anm. 5), S. 147, 173 u. 200 f.; *Adreß-Calender 1775...* (wie Anm. 5), S. 65, 68, 176, 206 u. 236; *Adreß-Calender 1790...* (wie Anm. 5), S. 101, 109, 260, 276 u. 282.

179 K. Schrader, *Die Verwaltung Berlins...* (wie Anm. 5), T. 1, S. 152, Anm. 141; A. M. F. Gritzner, *Chronologische Matrikel...* (wie Anm. 94), S. 44; *Gothaisches Genealogisches Taschenbuch der Briefadeligen Häuser 1916*, Gotha [1915], S. 182; Walter v. Hueck (Hrsg.), *Genealogisches Handbuch der adeligen Häuser*, Reihe B, Bd. 8 (= Genealogisches Handbuch des Adels 41), Limburg a. d. Lahn 1968, S. 63; *Adreß-Calender 1771...* (wie Anm. 5), S. 29; *Adreß-Calender 1780...* (wie Anm. 5), S. 39 f.; *Adreß-Calender 1788...* (wie Anm. 5), S. 244 f. (Adjunkt des Stadt- und Polizeipräsidenten); *Adreß-Calender 1790...* (wie Anm. 5), S. 101, 109, 249, 251, 276 u. 282; *Adreß-Calender 1793...* (wie Anm. 5), S. 120, 129, 304, 308, 311, 323, 339 u. 346.

minaldeputation, Königlich Preußischer Geheimer Kriegsrat, Direktor sämtlicher Berliner Armenanstalten, Mitglied beim Kurmärkischen Pupillen- sowie beim Berliner Manufaktur- und Commerzienkollegium, gest. 1804)[180]

1804–1806 *Johann* Stephan Gottfried Büsching (geb. Göttingen 18. 4. 1761, Kriegs- und Steuerrat, 2. Direktor der Kriegs- und Domänenkammer in Gumbinnen, Königlich Preußischer Geheimer Kriegsrat, Direktor des Armendirektoriums, der Allgemeinen Witwen-Verpflegungsanstalt und der Offizierswitwen-Kasse, Gymnasiarch des Vereinigten Berlin-Cöllnischen Gymnasiums zum Grauen Kloster, 1831 Stadtältester)[181]

Bürgermeister

1709 Sebastian Friedrich Striepe (gest. 14. 4. 1709)[182]

1709–1715 Joachim Friedrich Kornmesser (gest. 10. 4. 1715)[183]

1709–1736 Ludwig Senning «Ludewig» (geb. 27. 5. 1673, Geheimer Sekretär, Registrator beim königlichen Archiv, Geheimer Justiz- und Kammergerichtsrat, Geheimer Archivar, seit 1710 Direktor des Stadtgerichts, Verordneter der Landschaft, seit 1731 Direktor des Französischen Obergerichts, gest. 9. oder 19. 1. 1736[184])

1709 Andreas Libertus Müller (gest. 21. 1. 1709)[185]

1709–1712 Johann Joachim Litzmann «Lietzman, Lizmann» (geb. Berlin 1. 12. 1672, seit 1699 Richter in Berlin, seit 1709 Rat und Oberauditeur der Stadt Berlin, Königlich Preußischer Hof- und Gerichtsrat am Obersten Gerichtshof der Altmark, gest. 4. 3. 1712)[186]

1709–1733 Werner Thieling «Tieling, Tiling» (seit spätestens 1704 Rentmeister der Städtekasse und Oberziesemeister, seit 1709 Ökonomiedirektor, Hofrat, Geheimer Rat, Vertreter der Stadt Berlin bei der Landschaft, Kommissar beim Armendirektorium, seit 1721 Kommissar der Serviskammer, gest. 1735)[187]

180 Angaben nach: Valentin Heinrich Schmidt/Daniel Gottlieb Gebhard Mehring, *Neuestes gelehrtes Berlin; oder literarische Nachrichten von jetztlebenden Berlinischen Schriftstellern und Schriftstellerinnen*, 2 Bde., Berlin 1795, Nachdruck Leipzig 1973, hier Bd. 1, S. 107; *Adreß-Calender 1787...* (wie Anm. 5), S. 98 u. Nachtrag; *Adreß-Calender 1788...* (wie Anm. 5), S. 130; *Adreß-Calender 1795...* (wie Anm. 5), S. 125, 133–135, 310, 321, 336 u. 354; und H. Kullnick, *Berliner und Wahlberliner...* (wie Anm. 155), S. 64. Dort, in den Adreß-Calendern und in Materialsammlung Uth: Friedrich Philipp Eisenberg.

181 E. Kaeber, *Die Oberbürgermeister...* (wie Anm. 2), S. 57–59; Gerhard Kutzsch, *Berlins Bürgermeister 1908 bis 1933. Die „Zweiten Männer" der Stadt*, in: *Der Bär von Berlin. Jahrbuch des Vereins für die Geschichte Berlins* 25 (1976), S. 7–29, hier S. 7–9; Vgl. unten zu Anm. 217; *Adreß-Calender 1804...* (wie Anm. 5), S. 217.

182 P. v. Gebhardt, *Das älteste Berliner Bürgerbuch...* (wie Anm. 4), S. 9, als Schreibfehler: gest. 14. 4. 1704. Vgl. oben zu Anm. 76.

183 *A.a.O.*, S. 10. Vgl. oben zu Anm. 148 u. 154.

184 K. Schrader, *Die Verwaltung Berlins...* (wie Anm. 5), T. 1, S. 74 (abweichend: gest. 1734); J. Chr. Müller/G. G. Küster, *Altes und Neues Berlin...* (wie Anm. 3), T. 3, Sp. 381, T. 4, Sp. 426 (gest. 9. 1. 1736) u. T. 4, Genealogische Tabellen, S. 22; vgl. P. v. Gebhardt, *Das älteste Berliner Bürgerbuch...* (wie Anm. 4), S. 10.

185 *A.a.O.*, S. 10. Vgl. oben zu Anm. 90.

186 J. Chr. Müller/G. G. Küster, *Altes und Neues Berlin...* (wie Anm. 3), T. 4, Sp. 428; P. v. Gebhardt, *Das älteste Berliner Bürgerbuch...* (wie Anm. 4), S. 10; *Adreß-Calender 1704...* (wie Anm. 5); *Adreß-Calender 1709...* (wie Anm. 5), S. 130; K. Litzmann, *Geschichte...* (wie Anm. 89), S. 78 f.

1712–1730 Johann Heinrich Schlüter «Henrich» (geb. 1669, seit 1699 Kurfürstlich Brandenburgischer Kammergerichts- und Oberappellationsgerichtsadvokat, seit 1704 Syndikus der Stadt Berlin, Syndikus der Landschaft, seit 1717 Kammergerichtsrat, Hofrat, seit 1718 Geheimer Justiz- und Oberappellationsgerichtsrat, Kommissar beim Armendirektorium, Verordneter der Landschaft, Tribunalsrat, gest. 29. 9. 1731)[188]

1712–1722 Christian Friedrich Brimsleben «Friderich, Fridrich, Brunsleben» (Regimentsquartiermeister, Landeinnehmer des Kreises Teltow, Hofrat, seit 1721 Kommissar der Serviskammer, Eid am 27. 5. 1715, gest. 1724)[189]

1720–1722 Johann Christian (von) Hammerstein «de Hammerstein» (seit spätestens 1704 Königlich Preußischer Kammerdiener beim Kronprinzen bzw. König Friedrich Wilhelm I., preußische Adelsverleihung 20. 8. 1708, Hofrat, Eid am 18. 5. 1720)[190]

1723–1739 Gustav Friedrich Gerbet «Friderich, Fridrich, Gerbett» (1722 Vizebürgermeister, Kammergerichtsrat, seit 1718 Kriegs-, Hof- und Kriminalgerichtsrat, später Geheimer Rat, Geheimer Justizrat und Generalfiskal bis 1739, Eid 1719)[191]

1724–1726 Ernst Holzendorf «Holtzendorf, Holzendorff» (seit spätestens 1704 Königlich Preußischer Rüst- und Stallschreiber, später Kommissar des Hofmarstalls und der Rüstkammer, Hofrat, Eid am 23. 12. 1724, gest. 1726)[192]

1726–1744 Balthasar Friedrich Truzettel «Fridrich, Friderich, Trutzettel, Treuzettel» (1722–26 Supernumerarius; geb. Köslin 23. 8. 1684, seit ca. 1717 Geheimer Sekretär, seit ca. 1720 Hofrat bei der Generaldomänenrechenkammer, seit ca. 1723 bei der Kriegsrechenkammer, seit 1721 Königlicher Kommissar bei der Serviskammer, Direktor des Serviswesens 1731, Geheimer Rat, Mitglied des Sanitätskollegiums, Oberrechnungsrat, Oberkirchenvorsteher, Eid am 13. 6. 1726, gest. 15. 10. 1744)[193]

1728–1749 Johann Jacob Koch «Coch» (1724 Vizebürgermeister; aus Aschersleben, Handelsmann, Gastwirt, Königlich Preußischer Hofrat, seit 1721 Kommissar bei der Serviskammer, Geheimer Rat, Eid am 31. 9. 1724)[194]

187 J. Chr. Müller/G. G. Küster, *Altes und Neues Berlin...* (wie Anm. 3), T. 4, Sp. 426; P. v. Gebhardt, *Das älteste Berliner Bürgerbuch...* (wie Anm. 4), S. 10; *Adreß-Calender 1704...* (wie Anm. 5).

188 Angaben nach J. Chr. Müller/G. G. Küster, *Altes und Neues Berlin...* (wie Anm. 3), T. 4, Sp. 428 u. 437; T. 4, Genealogische Tabellen, S. 14; *Acta Borussica. Behördenorganisation...* (wie Anm. 145), S. 651, Anm. 2; K. Schrader, *Die Verwaltung Berlins...* (wie Anm. 5), T. 1, S. 123; P. v. Gebhardt, *Das älteste Berliner Bürgerbuch...* (wie Anm. 4), S. 10; *Adreß-Calender 1713...* (wie Anm. 5), S. 111; *Adreß-Calender 1717...* (wie Anm. 5), S. 93.

189 J. Chr. Müller/G. G. Küster, *Altes und Neues Berlin...* (wie Anm. 3), T. 4, Sp. 428; P. v. Gebhardt, *Das älteste Berliner Bürgerbuch...* (wie Anm. 4), S. 10. Brimsleben erscheint zuletzt im *Adreß-Calender 1723...* (wie Anm. 5), S. 83 u. 104, als Bürgermeister.

190 J. Chr. Müller/G. G. Küster, *Altes und Neues Berlin...* (wie Anm. 3), T. 4, Sp. 428; P. v. Gebhardt, *Das älteste Berliner Bürgerbuch...* (wie Anm. 4), S. 10; K. Schrader, *Die Verwaltung Berlins...* (wie Anm. 5), T. 1, S. 142 (dort abweichend: ab 1719 Bürgermeister); A. M. F. Gritzner, *Chronologische Matrikel...* (wie Anm. 94), S. 15; *ferner Adreß-Calender 1704...* (wie Anm. 5); *Adreß-Calender 1709...* (wie Anm. 5), S. 23, *Adreß-Calender 1715...* (wie Anm. 5), S. 11; *Adreß-Calender 1721...* (wie Anm. 5), S. 11 (Johann Hammerstein) u. 106 (Johann von Hammerstein); *Adreß-Calender 1722...* (wie Anm. 5), S. 81, in denen er zunächst als Johann Hammerstein erscheint.

191 J. Chr. Müller/G. G. Küster, *Altes und Neues Berlin...* (wie Anm. 3), T. 3, Sp. 355, 382, 389 (abweichend: *lebt izo* [1756] *als Privatus in Halle*), T. 4, Sp. 428.

192 *A.a.O.*, T. 4, Sp. 429; *Adreß-Calender 1704...* (wie Anm. 5). Als Bürgermeister erscheint Holzendorf im *Adreß-Calender 1724...* (wie Anm. 5), S. 92 (dort als 4. Bürgermeister bezeichnet), *Adreß-Calender 1725...* (wie Anm. 5), S. 92, u. im *Adreß-Calender 1726...* (wie Anm. 5), S. 92.

1728–1738 Johann Christian Leßmann «Lessmann» (Kauf- und Handelsmann, Königlich Preußischer Hof- und Kommerzienrat, Eid am 17. 5. 1727, gest. Anfang November 1738)[195]

1731–1762 Friedrich August Reichhelm «Fridrich, Friderich, Friederich, Reichelm» (geb. Halle 20. 2. 1696, Königlich Preußischer Kammergerichtsadvokat, öffentlicher Notar, Hofrat, Rat bei der Rekrutenkasse, seit ca. 1732 Geheimer Rat, Mitglied des Sanitätskollegiums, Eid am 16. 10. 1731, gest. 1762)[196]

1733–1756 Jacob Ludwig Thiele «Ludewig» (aus Zerbst, seit 1712 Stadtgerichtsadvokat, Kriegsrat und Auditeur, Mitglied des Sanitätskollegiums, Eid am 11. 10. 1733, gest. 1756)[197]

1736–1746 Albert Emil Nicolai «Emilius, Aemilius» (Königlich Preußischer Kriegskommissar, Hofrat, gest. 1746)[198]

1736–1770 Carl David Kircheisen (Eid am 2. 6. 1733)[199]

1747–1776 (?) Adolf Friedrich Riediger «Adolff, Friderich», seit 17. 1. Bürgermeister (Oberauditeur der Armee, Preußischer Kriegsrat, Direktor der Serviskommission, Hofrat, Verordneter bei der kurmärkischen Landschaft, Mitglied der Serviskommission, seit ca. 1771 Geheimer Kriegsrat, Eid 1736, gest. 1775/76)[200]

1757–1780 Johann Daniel Dietrich «Ditrich, Dieterich, Diterich» (geb. 10. 9. 1715, seit 1742 Auditeur, seit 1750 Königlich Preußischer Kriegsrat und Oberauditeur, Assessor beim Sanitätskollegium, Eide 1757, Verordneter bei der Städtekasse, Mitglied des Sanitätskollegiums, Direktor bei den Allgemeinen Witwenanstalten, gest. 1781)[201]

1762–1792 Carl Friedrich Ransleben «Fridrich, Ranßleben», seit 1775/76 1. Bürgermeister, seit 1781 1. Justizbürgermeister (geb. 26. 12. 1720, seit 1748 Königlich Preußischer

193 J. Chr. Müller/G. G. Küster, *Altes und Neues Berlin...* (wie Anm. 3), T. 4, Sp. 429 f.; K. Schrader, *Die Verwaltung Berlins...* (wie Anm. 5), T. 1, S. 134; *Adreß-Calender 1718...* (wie Anm. 5), S. 68; *Adreß-Calender 1721...* (wie Anm. 5), S. 76; *Adreß-Calender 1725...* (wie Anm. 5), S. 108 u. 119; *Adreß-Calender 1727...* (wie Anm. 5), S. 110 u. 121; *Adreß-Calender 1731...* (wie Anm. 5), S. 107 u. 119; *Adreß-Calender 1738...* (wie Anm. 5), S. 116, 120 u. 127; *Adreß-Calender 1744...* (wie Anm. 5), S. 146, 150 u. 157. Beim Studium der Berliner Adreßkalender kann man sich nicht des Eindrucks erwehren, daß Truzettel nur als „halber Bürgermeister" gegolten hat: In seiner Amtszeit erscheint er nie unter dem Stichwort „Magistrat" und wird nur am Rande als Bürgermeister bezeichnet.

194 J. Chr. Müller/G. G. Küster, *Altes und Neues Berlin...* (wie Anm. 3), T. 4, Sp. 429 f.; K. Schrader, *Die Verwaltung Berlins...* (wie Anm. 5), T. 1, S. 135; ferner *Adreß-Calender 1725...* (wie Anm. 5), S. 92, in dem Koch erstmalig als Vizebürgermeister erscheint. Koch war 1751 Mai 30 bereits verstorben: Reinhard Lüdicke, *Geschichte der Berliner Stadtgrundstücke seit der Einführung der Grundbücher Ende des 17. Jahrhunderts,* Bd. 1 (= Veröffentlichungen der Historischen Kommission für die Provinz Brandenburg und die Reichshauptstadt Berlin VII,2), Berlin 1933, S. 225.

195 J. Chr. Müller/G. G. Küster, *Altes und Neues Berlin...* (wie Anm. 3), T. 4, Sp. 476; E. Kaeber, *Die Bürgerbücher...* (wie Anm. 170), S. 103, Anm. 5, S. 220, Anm. 8 u. S. 324, Anm. 4 mit uneinheitlichen Angaben; K. Schrader, *Die Verwaltung Berlins...* (wie Anm. 5), T. 1, S. 81; *Adreß-Calender 1725...* (wie Anm. 5), S. 93. Leßmann wird im *Adreß-Calender 1738...* (wie Anm. 5), S. 98, noch als Bürgermeister geführt, im *Adreß-Calender 1739...* (wie Anm. 5) ist er nicht mehr enthalten.

196 J. Chr. Müller/G. G. Küster, *Altes und Neues Berlin...* (wie Anm. 3), T. 4, Sp. 429 f.; *Adreß-Calender 1727...* (wie Anm. 5), S. 33; *Adreß-Calender 1732...* (wie Anm. 5), S. 91; *Adreß-Calender 1733...* (wie Anm. 5), S. 92.

197 J. Chr. Müller/G. G. Küster, *Altes und Neues Berlin...* (wie Anm. 3), T. 4, Sp. 431 u. 495. Thiele erscheint zuletzt im *Adreß-Calender 1756...* (wie Anm. 5), S. 159 f. als Bürgermeister.

198 J. Chr. Müller/G. G. Küster, *Altes und Neues Berlin...* (wie Anm. 3), T. 4, Sp. 431 (abweichend, wohl Druckfehler: gest. 1736) u. 477; ferner die Adreßkalender der Jahre 1733 ff.

199 Vgl. oben zu Anm. 177.

Kammergerichtsadvokat, seit 1751 Hofrat, 1761–62 Syndikus der Stadt Berlin, seit 1762 Direktor des Armendirektoriums, 1770–81 Direktor des Stadtgerichts, Kurator der Schindlerschen Stiftung, Geheimer Rat, Direktoriumsmitglied des Großen Friedrichshospitals und des Waisenhauses, seit 1787 Direktor des Vormundschaftskollegiums, Direktor der allgemeinen Witwenverpflegungsanstalt, weltlicher Gymnasiarch des Berlin-Cöllnischen Gymnasiums in der Klosterstraße, Verordneter bei der kurmärkischen Landschaft)[202]

1777–1807 Christoph Benjamin Wackenroder, 2. Justizbürgermeister, seit 1792/94 1. Justizbürgermeister (geb. ca. 1729, Stadtgerichtsadvokat, 1757–77 Syndikus der Stadt Berlin, Königlich Preußischer Hof- und Baurat, Geheimer Kriegsrat, Mitglied des Sanitätsoberkollegiums bis 1792, Verordneter der Mittel- und Uckermärkischen sowie der Ruppiner Städtekasse, Gymnasiarch des Berlin-Cöllnischen Gymnasiums und des vereinigten Friedrichswerderschen und Friedrichsstädtischen Gymnasiums bzw. des Friedrichs-Gymnasiums auf dem Friedrichswerder, gest. Berlin 26. 12. 1808)[203]

1782–1792 Christian Alexander Friedrich Buchholz «Fridrich, Buchholtz», Bürgermeister, 1792 2. Justizbürgermeister (Königlich Preußischer Kriegsrat, 17?–82 Syndikus der Stadt Berlin, seit ca. 1781 Direktor des Stadtgerichts, 1. Direktor des Vormundschaftskollegiums, Ökonomiedirektor, Mitglied des Feuersozietätsdirektoriums)[204]

1793–1799 Friedrich Leopold Bohm, 3. Bürger- und 2. Justizbürgermeister (ca. 1772–ca. 1775 Aktuar am Akzise- und Zollgericht, ca. 1772–ca. 1774 Referendar am Berliner Stadtgericht, ca. 1774–ca. 1781 Kammergerichtsadvokat, um 1774/75 auch Soldaten- und Armenadvokat, seit ca. 1781 Assistenzrat beim Kammergericht, anschließend bis 1793 Kammergerichtsrat im Instruktionssenat und Pupillenrat beim Kurmärkischen Pupillenkollegium, 1793–99 Stadtgerichtsdirektor, Geheimer Justizrat, Direktor des Vormundschaftskollegiums, seit 1796/97 Mitglied der Serviskommission, seit 1797/98 Mitglied des Oberregiegerichtes in Zoll- und Akzisesachen, seit 1799 Generalauditeur der Armee, Vorsitzender des Kriegskonsistoriums, Mitglied

200 J. Chr. Müller/G. G. Küster, *Altes und Neues Berlin...* (wie Anm. 3), T. 4, Sp. 431 f.; E. Kaeber, *Die Bürgerbücher...* (wie Anm. 170), S. 472 Anm. 3b zu S. 471; *Adreß-Calender 1771...* (wie Anm. 5), S. 145, 147 u. 191; *Adreß-Calender 1772...* (wie Anm. 5), S. 156 u. 158. Riediger verstarb vermutlich zu Ende des Jahres 1775, da es im Nachtrag (Veränderungen während des Druckes) zum *Adreß-Calender 1776...* (wie Anm. 5), S. 259 heißt:... *ist der H*[er]*r Geheime Rath Riediger gestorben.* Auch nach R. Lüdicke, *Geschichte der Berliner Stadtgrundstücke...* (wie Anm. 194), S. 261 u. 454, war Riediger im Jahre 1777 bereits verstorben.

201 J. Chr. Müller/G. G. Küster, *Altes und Neues Berlin...* (wie Anm. 3), T. 4, Sp. 432, u. T. 4, Genealogische Tabellen, S. 3 (dort abweichend 1756 Bürgermeister). Dietrich wird erstmalig im *Adreß-Calender 1757...* (wie Anm. 5), S. 151, als Bürgermeister genannt.

202 J. Chr. Müller/G. G. Küster, *Altes und Neues Berlin...* (wie Anm. 3), T. 4, Sp. 431 f. u. Sp. 441 f.; *Adreß-Calender 1771...* (wie Anm. 5), S. 50, 52, 147 u. 149; *Adreß-Calender 1772...* (wie Anm. 5), S. 158; *Adreß-Calender 1776...* (wie Anm. 5), S. 259; *Adreß-Calender 1779...* (wie Anm. 5), S. 51–55, 164, 167 u. 169; *Adreß-Calender 1790...* (wie Anm. 5), S. 245 f.

203 J. Chr. Müller/G. G. Küster, *Altes und Neues Berlin...* (wie Anm. 3), T. 4, Sp. 440–442 u. 496; K. Schrader, *Die Verwaltung Berlins...* (wie Anm. 5), T. 2, S. 20; *Adreß-Calender 1790...* (wie Anm. 5), S. 248, 254, 311, 315, 329; *Adreß-Calender 1793...* (wie Anm. 5), S. 311; *Adreß-Calender 1800...* (wie Anm. 5), S. 215, 245 u. 248; *Adreß-Calender 1807...* (wie Anm. 5), S. 213; ferner Materialsammlung Uth.

204 J. Chr. Müller/G. G. Küster, *Altes und Neues Berlin...* (wie Anm. 3), T. 4, Sp. 441 f.; Buchholz wird zuletzt im *Adreß-Calender 1793...* (wie Anm. 5), S. 311 u. 315 f. erwähnt.

der Justizdeputation der Gesetzeskommission, Geheimer Oberjustizrat, Vortragender Rat beim Oberkriegskollegium in Justizsachen)[205]

1794–1807 Casimir Gottfried Müller, Bürgermeister, seit ca. 1800 2. Justiz- und Ökonomiebürgermeister (geb. 11. 8. 1736, bis ca. 1774 Sekretär und Registrator des Berliner Magistrats, seit ca. 1774 Hofrat, ca. 1781–1794 Syndikus der Stadt Berlin, seit ca. 1788/89 Geheimer Kriegsrat, seit ca. 1794 Verordneter bei der Kurmärkischen Landschaft, ca. 1794–ca. 1796 Mitglied des Feuersozietätsdirektoriums, Mitglied bzw. Direktor der Vormundschaftsdeputation)[206]

1794–1796 Johann Gottfried Starke (geb. 1735, seit ca. 1780 Hofrat, seit etwa 1794 Geheimer Kriegsrat)[207]

1800–1802 Christian Ludwig Troschel «Ludewig, Trosche» (geb. Berlin 4. 9. 1735, Kaiserlicher und Königlich Preußischer Öffentlicher Notar, Hofrat, bis ca. 1776/77 Stadtgerichtsadvokat, bis ca. 1773 Fiskal beim Ober- und kurmärkischen Konsistorium, ca. 1771–1776/77 Fiskal beim Kammergericht, seit ca. 1773 Mandatarius Generalis der Königlich Preußischen Generaltabaksadministration, ca. 1777–1800 Syndikus der Stadt Berlin, Geheimer Kriegsrat, ca. 1787–ca. 1802 Richter beim Oberhofbaugericht, Mitglied der Vormundschaftsdeputation, seit ca. 1793 Gymnasiarch des Berlin-Cöllnischen Gymnasiums, später auch des vereinigten Friedrichswerderschen und Friedrichsstädtischen Gymnasiums bzw. des Friedrichs-Gymnasiums auf dem Friedrichswerder, 1809 Vizepräsident der Regierung zu Königsberg)[208]

1800–1807 Carl August Gerresheim, Justizbürgermeister (geb. Berlin 4. 9. 1735, seit ca. 1776/77 Kriminalrichter umd Assessor beim Berliner Stadtgericht, ca. 1780–ca. 1796/97 Stadtrichter, Justitiar des Porzellanmanufakturgerichtes, im Gesindeamt zuständig

205 K. Schrader, *Die Verwaltung Berlins...* (wie Anm. 5), T. 1, S. 106, Anm. 300. u. S. 151, Anm. 138; *Adreß-Calender 1773...* (wie Anm. 5), S. 54 u. 163; *Adreß-Calender 1774...* (wie Anm. 5), S. 56 u. 168; *Adreß-Calender 1775...* (wie Anm. 5), S. 54 u. 91; *Adreß-Calender 1776...* (wie Anm. 5), S. 94; *Adreß-Calender 1778...* (wie Anm. 5), S. 93; *Adreß-Calender 1790...* (wie Anm. 5), S. 129 u. 296; *Adreß-Calender 1795...* (wie Anm. 5), S. 310 f. u. 314; *Adreß-Calender 1796...* (wie Anm. 5), S. 197 f. u. 250; *Adreß-Calender 1797...* (wie Anm. 5), S. 197 f., 247 u. 250; *Adreß-Calender 1798...* (wie Anm. 5), S. 219, 259, 283 u. 287; *Adreß-Calender 1800...* (wie Anm. 5), S. 31, 36 f., 166, 179 u. 257.

206 J. Chr. Müller/G. G. Küster, *Altes und Neues Berlin...* (wie Anm. 3), T. 4, Genealogische Tabellen, S. 13 (Casimir Gottlob); *Adreß-Calender 1771...* (wie Anm. 5), S. 148; *Adreß-Calender 1774...* (wie Anm. 5), S. 167; *Adreß-Calender 1775...* (wie Anm. 5), S. 177; *Adreß-Calender 1781...* (wie Anm. 5), S. 181; *Adreß-Calender 1782...* (wie Anm. 5), S. 184; *Adreß-Calender 1788...* (wie Anm. 5), S. 245; *Adreß-Calender 1790...* (wie Anm. 5), S. 251 u. 267; *Adreß-Calender 1800...* (wie Anm. 5), S. 204 u. 215. Müller erscheint in den älteren Adreßkalendern mit den Vornamen «Casimir Gottl.», im *Adreß-Calender 1793...* (wie Anm. 5), S. 311 (abweichend: Bürgermeister), als «Casimir Gottf[ried]», im *Adreß-Calender 1795...* (wie Anm. 5) als «Casimir Gottfried» (S. 298), «Casimir Gottf.» (S. 310) und als «Casim[ir] Gottl.» (S. 314).

207 J. Chr. Müller/G. G. Küster, *Altes und Neues Berlin...* (wie Anm. 3), T. 4, Sp. 480, u. T. 4, Genealogische Tabellen, S. 24; *Adreß-Calender 1781...* (wie Anm. 5), S. 181; *Adreß-Calender 1795...* (wie Anm. 5), S. 310. Im *Adreß-Calender 1797...* (wie Anm. 5) wird Starke nicht mehr erwähnt.

208 J. Chr. Müller/G. G. Küster, *Altes und Neues Berlin...* (wie Anm. 3), T. 4, Sp. 496; *Adreß-Calender 1771...* (wie Anm. 5), S. 83 u. 150; *Adreß-Calender 1772...* (wie Anm. 5), S. 75, 87 u. 159; *Adreß-Calender 1773...* (wie Anm. 5), S. 80, 92, 165; *Adreß-Calender 1774...* (wie Anm. 5), S. 82, 170 u. 225; *Adreß-Calender 1776...* (wie Anm. 5), S. 92, 187, 207, 245; *Adreß-Calender 1778...* (wie Anm. 5), S. 175, 192 u. 231; *Adreß-Calender 1788...* (wie Anm. 5), S. 123 u. 245; *Adreß-Calender 1795...* (wie Anm. 5), S. 149, 185, 310 f., 375, 379; *Adreß-Calender 1800...* (wie Anm. 5), S. 97, 161, 215, 245 u. 248; V. H. Schmidt/D. G. G. Mehring, *Neuestes gelehrtes Berlin...* (wie Anm. 180), Bd. 2, S. 231–233.

für Friedrich- und Neustadt, seit 1795/96 Justizrat, 1796/97–1800 2. Stadtgerichtsdirektor, seit 1800 Geheimer Justizrat, 1800–ca. 1821 1. Direktor bzw. Präsident des Berliner Stadtgerichtes, Kurator des Schindlerschen Waisenhauses)[209]

1805–1807 Johann Georg Friedrich Köls «George, Koels» (seit ca. 1780 Referendar am Berliner Stadtgericht, Richter, um 1787–90/91 Mitglied im Direktorium der Berliner Feuersozietät, ca. 1791/93–1805 Syndikus der Stadt Berlin, Mitglied der Vormundschaftsdeputation, Justitiar bei den Berliner Münzen, seit ca. 1802 Richter beim Oberhofbaugericht, Geheimer Kriegsrat, später Verordneter der kurmärkischen Städtekasse, Mitglied des Berliner Vormundschaftsgerichtes, 1. Kurator der Depositenkasse, Direktoriumsmitglied der Berliner Erwerbsschulen, zeitweise Vorstand der dritten Erwerbsschule in der Hospitalstraße, Vortragender Rat im Preußischen Schatzministerium bis zu dessen Auflösung, danach temporär Mitarbeiter im Finanzministerium)[210]

Staatskommissare, seit 1937 Stadtpräsidenten, seit 1944 Regierungspräsidenten

1933–1940 Dr. Julius Lippert (DNVP, seit 1922 Dt. Völk., seit 1927 NSDAP) (geb. Basel 9. 7. 1895, Hauptschriftleiter, 1933 Preußischer Staatsrat, Mitglied des Preußischen Landtages seit 1933, gest. Bad Schwalbach 30. 6. 1956)[211]

1940–1945 Dr. phil. Paul *Joseph* Goebbels (NSDAP) (geb. Mönchengladbach-Rheydt 29. 10. 1897, Schriftleiter, Reichstagsabgeordneter 1928–45, 1933–45 Reichsminister für Volksaufklärung und Propaganda, 1935 Ehrenbürger der Stadt Berlin, 1948 aus der Liste der Ehrenbürger gestrichen, gest. Berlin 1. 5. 1945)[212]

1945 Ludwig Steeg (DNVP, dann Dt. Völk., seit 1933 NSDAP) (geb. Saarbrücken 1894, seit 1919 in der Stadtverwaltung tätig, Obermagistratsrat, gest. 1945 in einem sowjetischen Lager)[213]

209 *Adreß-Calender 1778...* (wie Anm. 5), S. 177; *Adreß-Calender 1780...* (wie Anm. 5), S. 188; *Adreß-Calender 1781...* (wie Anm. 5), S. 183; *Adreß-Calender 1787...* (wie Anm. 5), S. 216, 239 u. 241; *Adreß-Calender 1795...* (wie Anm. 5), S. 314 u. 345; *Adreß-Calender 1796...* (wie Anm. 5), S. 218 u. 250; *Adreß-Calender 1797...* (wie Anm. 5), S. 218, 250 u. 254; *Adreß-Calender 1800...* (wie Anm. 5), S. 167, 215 u. 235; *Adreß-Calender 1818...* (wie Anm. 5), S. 156 u. 213. Gerresheim wird zuletzt im *Adreß-Calender 1821...* (wie Anm. 5), S. 210, genannt.

210 K. Schrader, *Die Verwaltung Berlins...* (wie Anm. 5), T. 2, S. 21 u. 214; *Adreß-Calender 1781...* (wie Anm. 5), S. 184; *Adreß-Calender 1787...* (wie Anm. 5), S. 213 u. 234; *Adreß-Calender 1788...* (wie Anm. 5), S. 246, 248 u. 267; *Adreß-Calender 1790...* (wie Anm. 5), S. 252 u. 255; *Adreß-Calender 1791...* (wie Anm. 5), S. 267 u. 270; *Adreß-Calender 1793...* (wie Anm. 5), S. 311; *Adreß-Calender 1795...* (wie Anm. 5), S. 310 f. u. 332; *Adreß-Calender 1804...* (wie Anm. 5), S. 91 f., 204 f., 215 u. 217; *Adreß-Calender 1818...* (wie Anm. 5), S. 98 u. 222; *Adreß-Calender 1819...* (wie Anm. 5), S. 102, 192 u. 262 f.; *Adreß-Calender 1822...* (wie Anm. 5), S. 128, 172 f. u. 213 f.; *Adreß-Calender 1830...* (wie Anm. 5), S. 140 ff. u. 179; *Adreß-Calender 1833...* (wie Anm. 5), S. 107 u. 193.

211 Christian Engeli, *Die nationalsozialistischen Kommunalpolitiker in Berlin*, in: Wolfgang Ribbe (Hrsg.), *Berlin-Forschungen II* (= Einzelveröffentlichungen der Historischen Kommission zu Berlin, Bd. 61), Berlin 1987, S. 111–139, hier S. 125 f.; *Wer ist's?...* [ab 11. Ausg. unter dem Titel: *Wer ist wer? Das deutsche Who's who*], begr. u. hrsg. von Herrmann A. L. Degener, ab 11. Ausg. hrsg. von Walter Habel (künftig zitiert: *Wer ist's?*), Leipzig-Berlin u. a. 1905 ff., hier 10. Ausg., S. 981; E. Kienast (Hrsg.), *Handbuch für den Preußischen Landtag.* Ausgabe für die 5. Wahlperiode (von 1933 ab), Berlin 1933, S. 357. Vgl. unten zu Anm. 232.

212 *Wer ist's?...* (wie Anm. 211), S. 505; Max Schwarz, *MdR. Biographisches Handbuch der Reichstage*, Hannover [1965], S. 656.

Vertreter des Staatskommissars, seit 1934 Vizepräsidenten

1933–1937	Ludwig Steeg[214]
1939–?	Dr. Schamvogel (Oberregierungsrat)[215]

Oberbürgermeister

1809–1813	Carl Friedrich *Leopold* von Gerlach (geb. Berlin 25. 8. 1757, 1780–1790 Kriegs– und Domänenrat der Kurmärkischen Kriegs- und Domänenkammer, 1790–95 Geheimer Finanzrat beim Generaldirektorium, 1794 Vizepräsident des Oberrevisionskollegiums, 1795–1809 Chefpräsident der Kriegs- und Domänenkammer, Geheimer Oberfinanzrat, gest. Berlin 8. 6. 1813)[216]
1813–1832	*Johann* Stephan Gottfried Büsching (gest. Berlin 23. 4. 1833)[217]
1832–1834	*Friedrich* Wilhelm Leopold (von) Bärensprung (geb. Berlin 20. 8. 1777, preußische Adelsverleihung 14. 1. 1790, 1807 Regierungsrat in der Kurmärkischen Kriegs- und Domänenkammer, gest. Berlin 4. 7. 1841)[218]
1834–1848	Dr. Heinrich *Wilhelm* Krausnick (geb. Potsdam 30. 3. 1797, Justizrat am Berliner Stadtgericht, Oberlandesgerichtsrat in Breslau, 1832 Geheimer Justizrat und Vortragender Rat im preußischen Justizministerium, Wirklicher Geheimer Oberregierungsrat, Stadtältester 1849, Mitglied des Preußischen Herrenhauses 1854–1863, Ehrenbürger der Stadt 1862)[219]
1848–1850	*Franz* Christian Naunyn, kommissarischer Oberbürgermeister (geb. 29. 9. 1799, Justizrat und Syndikus der Regierung zu Königsberg und Gumbinnen, Justitiar der Niederschlesisch-Märkischen Eisenbahn, Direktor der Anhaltischen Eisenbahn, Geheimer Regierungsrat, gest. Berlin 30. 4. 1860)[220]

213 C. Engeli, *Die nationalsozialistischen Kommunalpolitiker...* (wie Anm. 211), S. 126; *Wer ist's?...* (wie Anm. 211), S. 1538. Vgl. unten zu Anm. 233.

214 Vgl. oben zu Anm. 213. Abweichend *Wer ist's?...* (wie Anm. 211), S. 1538.

215 C. Engeli, *Die nationalsozialistischen Kommunalpolitiker...* (wie Anm. 211), S. 125.

216 E. Kaeber, *Die Oberbürgermeister...* (wie Anm. 2), S. 54–57; Jürgen von Gerlach, *Leopold von Gerlach. Leben und Gestalt des ersten Oberbürgermeisters von Berlin und kurmärkischen Kammerpräsidenten 1757–1813*, ungedr. Ms., Darmstadt 1985. Helmut Ernst/Heinrich Stümbke, *Wo sie ruhen... Kleiner Führer zu den Grabstätten bekannter Berliner in West und Ost*, Berlin 1986, S. 142, abweichend: geb. Halberstadt.

217 Vgl. oben zu Anm. 183 u. unten zu Anm. 237. Mit den Geschäften betraut 14. 8. 1813, bestätigt 18. 11. 1813, das Amt angetreten Februar 1814; K. Schrader, *Die Verwaltung Berlins...* (wie Anm. 5), T. II, S. 44; in *a.a.O.*, T. II, S. 120, abweichend gest. 1829.

218 E. Kaeber, *Die Oberbürgermeister...* (wie Anm. 2), S. 59–65; G. Kutzsch, *Berlins Bürgermeister...* (wie Anm. 181), S. 9–11 (dort abweichend: geb. 1779); F. Schmidt-Clausing, *Berlins „Regierende"...* (wie Anm. 2), 11,1, S. 28 f.; (dort abweichend: geb. 20. 8. 1779); A. M. F. Gritzner, *Chronologische Matrikel...* (wie Anm. 94), S. 56. Vgl. unten zu Anm. 238.

219 E. Kaeber, *Die Oberbürgermeister...* (wie Anm. 2), S. 65–74; F. Schmidt-Clausing, *Berlins „Regierende"...* (wie Anm. 2), 11,1, S. 29 f., u. 11,2, S. 29; H. Ernst/H. Stümbke, *Wo sie ruhen...* (wie Anm. 216), S. 59. Vgl. auch Zeitraum 1850–1862.

220 G. Kutzsch, *Berlins Bürgermeister...* (wie Anm. 181), S. 13 f.; H. Ernst/H. Stümbke, *Wo sie ruhen...* (wie Anm. 216), S. 60. Vgl. unten zu Anm. 240.

1850–1862 Heinrich *Wilhelm* Krausnick (gest. Berlin 14. 12. 1882)[221]

1862–1872 *Karl* Theodor Seydel (geb. Minden 14. 6. 1812, 1845 Regierungsrat bei der Seehandlung, seit 1850 Vortragender Rat im Finanzministerium, Geheimer Finanzrat, Regierungspräsident in Sigmaringen, gest. Berlin 9. 1. 1873)[222]

1872–1878 *Arthur* Heinrich Ludolf Johnson Hobrecht (nationalliberal) (geb. Kobierczyn/Danzig 14. 8. 1824, Regierungsrat im preußischen Innenministerium, Oberbürgermeister von Breslau 1863–73, Mitglied des Preußischen Herrenhauses 1863–78, preußischer Staats- und Finanzminister 1878–79, Wirklicher Geheimer Rat, Mitglied des Preußischen Abgeordnetenhauses 1879–1905, Reichstagsabgeordneter 1881–84 und 1886–90, Ehrenbürger der Stadt Berlin 1904, gest. Berlin-Lichterfelde 7. 7. 1912)[223]

1878–1892 Dr. jur. h.c. *Maximilian* «Max» Franz August von Forckenbeck (Fortschrittspartei, seit 1866 nationalliberal, seit 1880 freisinnig) (geb. Münster 23. 10. 1821, 1849 Rechtsanwalt, Mitglied des Preußischen Abgeordnetenhauses 1859–73, Präsident des Abgeordnetenhauses 1866–73, Reichstagsabgeordneter 1867–92, Reichstagspräsident 1874–79, 1872 Oberbürgermeister von Breslau, Justizrat, Mitglied des Preußischen Herrenhauses 1873/4–78 und 1879–92, gest. Berlin 26. 5. 1892)[224]

1892–1898 Robert Zelle (freisinnig) (geb. Berlin 19. 9. 1829, Jurist, Stadtrichter, 1872 Syndikus der Stadt Berlin, Mitglied des Preußischen Abgeordnetenhauses 1873–91, Mitglied des Preußischen Herrenhauses 1892/93–98, gest. Berlin 24. 1. 1901)[225]

1899–1912 K. A. *Martin* Kirschner (nationalliberal, später freisinnig) (geb. Freiburg/Schlesien 10. 11. 1842, 1872 Kreisrichter, 1879 Stadtsyndikus, dann Rechtsanwalt in Breslau, Mitglied des Preußischen Herrenhauses, Ehrenbürger der Stadt Berlin 1912, gest. Ehrwald/ Tirol 13. 9. 1912)[226]

1912–1920 Dr. Adolf Wermuth (parteilos) (geb. Hannover 23. 3. 1855, Jurist, seit 1883 Richter(?), seit 1883 Ministerialbeamter, 1889 Vortragender Rat, 1900 Direktor, 1904 Unterstaatssekretär, 1908 Wirklicher Geheimer Rat, 1909–12 Staatssekretär im

221 Vgl. auch Zeitraum 1834–1848.

222 E. Kaeber, *Die Oberbürgermeister...* (wie Anm. 2), S. 75 f. (abweichend: gest. 1. 4. 1873); F. Schmidt-Clausing, *Berlins „Regierende"...* (wie Anm. 2), 11,2, S. 30 (abweichend: geb. 14. 6. 1802, gest. 7. 7. 1873).

223 E. Kaeber, *Die Oberbürgermeister...* (wie Anm. 2), S. 76–80; M. Schwarz, *MdR...* (wie Anm. 212), S. 350; Bernhard Mann u. a., *Biographisches Handbuch für das Preußische Abgeordnetenhaus. 1867–1918* (= Handbücher zur Geschichte des Parlamentarismus und der politischen Parteien 3), Düsseldorf 1988, S. 184; (abweichend: Rudolf statt Ludolf); *Wer ist's?...* (wie Anm. 211), 4. Ausg., S. 597 (abweichend: Arthur H. R. Johnson, 1863–72 Oberbürgermeister von Breslau, ab 1872 Oberbürgermeister von Berlin); F. Schmidt-Clausing, *Berlins „Regierende"...* (wie Anm. 218), 11,2, S. 30 f. (abweichend: geb. 19. 8. 1924); H. Ernst/H. Stümbke, *Wo sie ruhen...* (wie Anm. 216), S. 124 (abweichend: Johanson).

224 E. Kaeber, *Die Oberbürgermeister...* (wie Anm. 2), S. 80–83; M. Schwarz, *MdR...* (wie Anm. 212), S. 312 (abweichend: geb. 21. 10. 1821); B. Mann, *Biographisches Handbuch...* (wie Anm. 223), S. 133 (abweichend: geb. 21./23. 10. 1821).

225 E. Kaeber, *Die Oberbürgermeister...* (wie Anm. 2), S. 83–86 (abweichend: geb. 18. 9. 1829); B. Mann, *Biographisches Handbuch...* (wie Anm. 223), S. 430 (abweichend: gest. Meseberg); G. Kutzsch, *Berlins Bürgermeister...* (wie Anm. 181), S. 19 f.; Materialsammlung Uth (abweichend: gest. Merseburg). Vgl. unten zu Anm. 243.

226 E. Kaeber, *Die Oberbürgermeister...* (wie Anm. 2), S. 86–89; G. Kutzsch, *Berlins Bürgermeister...* (wie Anm. 181), S. 20 f.; *Wer ist's?...* (wie Anm. 211), 4. Ausg., S. 705; H. Ernst/H. Stümbke, *Wo sie ruhen...* (wie Anm. 216), S. 221 (abweichend: geb. Freiburg/Schweiz). Vgl. unten zu Anm. 244.

Reichsschatzamt, Mitglied des Preußischen Herrenhauses, gest. Berlin 12. 10. 1927)[227]

1920–1929 Dr. *Gustav* August Johann Heinrich Böß (DDP) (geb. Gießen 11. 4. 1873, Volkswirt, Verwaltungsbeamter, gest. Bernried/Starnberger See 6. 2. 1946)[228]

1929–1931 Arthur Scholtz (DVP), kommissarischer Oberbürgermeister (geb. Bythin/Reg.Bez. Posen 29. 1. 1871, Jurist, Bezirksbürgermeister von Berlin-Charlottenburg, gest. 14. 5. 1935)[229]

1931–1935 Dr. jur. h.c. Dr.-Ing. E. h. Heinrich Sahm (DNVP, 1933–1935 NSDAP) (geb. Anklam 12. 9. 1877, Verwaltungsjurist, 2. Bürgermeister von Bochum 1912–1918, Geschäftsführer des Deutschen und Preußischen Städtetages 1918–19, Oberbürgermeister von Danzig 1919–20, Senatspräsident von Danzig 1920–31, seit 1936 Gesandter in Oslo, gest. Oslo 2. 10. 1939, begraben Berlin-Zehlendorf)[230]

1935–1937 Dr. jur. Oskar Maretzky (DVP, dann DNVP), kommissarischer Oberbürgermeister (geb. Breslau 2. 6. 1881, Verwaltungsjurist, stellvertretender Bürgermeister von Berlin-Rummelsburg 1911–12, Stadtsyndikus von Berlin-Lichtenberg 1912–18, Bürgermeister in Lichtenberg 1918–20, Reichstagsabgeordneter 1919–24, Abgeordneter des Preußischen Landtags 1925–28)[231]

1937–1940 Dr. Julius Lippert (NSDAP)[232]

1940–1945 Ludwig Steeg (NSDAP), bis 1944 kommissarisch[233]

1945–1946 Dr.-Ing. Arthur Werner (parteilos) (geb. Berlin 15. 4. 1877, 1911 Königlicher Regierungsbaumeister, Ehrenbürger der Stadt Berlin [Ost] 1955, Professor, gest. Berlin 27. 7. 1967)[234]

1946–1947 Dr. phil. Otto Ostrowski (SPD) (geb. Spremberg/Niederlausitz 28. 1. 1883, Pädagoge, Bürgermeister in Lankwitz, 1922–26 Bürgermeister in Finsterwalde, 1926–33, Bezirksbürgermeister von Berlin-Prenzlauer Berg, gest. Knokke/Belgien 18./ 19. 6. 1963, begraben Berlin-Wilmersdorf)[235]

227 E. Kaeber, *Die Oberbürgermeister...* (wie Anm. 2), S. 89–98; F. Schmidt-Clausing, *Berlins „Regierende“...* (wie Anm. 2), 11,3, S. 28–30 (dort abweichend: gest. 11. 10. 1927); *Wer ist's?...* (wie Anm. 211), 4. Ausg., S. 1532. Bei H. Ernst/H. Stümbke, *Wo sie ruhen...* (wie Anm. 216), S. 248, werden fälschlich die Geburtsdaten für Martin Kirschner angegeben, ferner gest. 11. 10. 1927.

228 E. Kaeber, *Die Oberbürgermeister...* (wie Anm. 2), S. 99–106; F. Schmidt-Clausing, *Berlins „Regierende“...* (wie Anm. 2), 11,3, S. 30–32.

229 G. Kutzsch, *Berlins Bürgermeister...* (wie Anm. 181), S. 26–28; *Reichshandbuch der deutschen Gesellschaft*, 2 Bde., Berlin 1930–31, hier Bd. 2, S. 1691; H. Ernst/H. Stümbke, *Wo sie ruhen...* (wie Anm. 216), S. 267.

230 C. Engeli, *Die nationalsozialistischen Kommunalpolitiker...* (wie Anm. 211), S. 125; E. Kaeber, *Die Oberbürgermeister...* (wie Anm. 2), S. 108–112 (abweichend: gest. 3. 10. 1939); F. Schmidt-Clausing, *Berlins „Regierende“...* (wie Anm. 2), 11,3, S. 32 f.; *Wer ist's?...* (wie Anm. 211), 10. Ausg., S. 1350; Heinrich Sprenger, *Aus dem Leben Heinrich Sahms. Die ersten beiden Jahre seiner Berliner Tätigkeit 1931–1932*, in: *Jahrbuch für die Geschichte Mittel- und Ostdeutschlands* 15 (1966), S. 269–339 (dort abweichend: gest. 3. 10. 1939); *Reichshandbuch...* (wie Anm. 229), Bd. 2, S. 1593. H. Ernst/H. Stümbke, *Wo sie ruhen...* (wie Anm. 216), S. 182, abweichend gest. 1. 10. 1939.

231 C. Engeli, *Die nationalsozialistischen Kommunalpolitiker...* (wie Anm. 211), S. 126; H. A. L. Degener, *Unsere Zeitgenossen...* (wie Anm. 230), 12. Ausg., S. 1027; M. Schwarz, *MdR...* (wie Anm. 212), S. 710. Vgl. unten zu Anm. 252.

232 Vgl. oben zu Anm. 211.

233 Vgl. oben zu Anm. 213.

234 F. Schmidt-Clausing, *Berlins „Regierende“...* (wie Anm. 2), 11,4, S. 31–33; H. Ernst/H. Stümbke, *Wo sie ruhen...* (wie Anm. 216), S. 123; Materialsammlung Uth.

1947–1948	Dr. h. c. *Louise* Dorothea Sophie Schroeder (SPD), amtierende Oberbürgermeisterin (geb. Hamburg-Altona 2. 4. 1887, Sekretärin, 1925–33 Dozentin, Reichstagsabgeordnete 1919–33, Bundestagsabgeordnete 1949–57, Ehrenbürgerin der Stadt Berlin [West] 1957, gest. Berlin 4. 6. 1957)[236]

Stellvertretende Oberbürgermeister bzw. Bürgermeister

1809–1813	*Johann* Stephan Gottfried Büsching[237]
1814–1831	*Friedrich* Wilhelm Leopold von Bärensprung[238]
1832–1844	Ludwig Wilhelm Rehfeldt (geb. 1780, 1814 Syndikus der Stadt Berlin)[239]
1844–1860	*Franz* Christian Naunyn[240]
1860–1872	*Heinrich* August Carl Philipp Hedemann (geb. Berlin 16. oder 18. 8. 1800, 1834 Syndikus der Stadt Berlin, Geheimer Regierungsrat, gest. Berlin 24. 3. 1872)[241]
1872–1891	*Hermann* Carl Rudolf Duncker (geb. 1817, 1859–61 Mitglied des Preußischen Abgeordnetenhauses, 1860 Syndikus der Stadt Berlin, gest. 13. 12. 1892)[242]
1891–1892	Robert Zelle (freisinnig)[243]
1893–1898	K. A. *Martin* Kirschner (nationalliberal, später freisinnig)[244]
1900–1901	Carl Brinkmann (geb. 9. 9. 1854, Rechtsanwalt, 1894–1900 2. Bürgermeister in Königsberg, gest. Berlin 7. 1. 1901)[245]
1901–1902	Gustav Kauffmann (freisinnig) (geb. Stolp 23. 9. 1854, Rechtsanwalt, Notar, Reichstagsabgeordneter 1890–1902, gest. Berlin 2. 10. 1902)[246]
1902–1920	Dr. jur. Georg Reicke (freisinnig) (geb. Königsberg/Preußen 26. 11. 1863, Konsistorialrat und Justitiar beim Konsistorium der Provinz Brandenburg, 1901–03 Regierungsrat im Reichsversicherungsamt, Schriftsteller, Dichter, gest. Berlin 7. 4. 1923)[247]
1920–1924	Dr. Adolph Ritter (SPD) (geb. 31. 1. 1871, Schneider, Gewerkschaftssekretär, gest. Berlin 17. 1. 1924)[248]

235 F. Schmidt-Clausing, *Berlins „Regierende"...* (wie Anm. 2), 11,4, S. 33 f.; H. Ernst/H. Stümbke, *Wo sie ruhen...* (wie Anm. 216), S. 156 (abweichend: gest. 19. 6. 1963).

236 M. Schwarz, *MdR...* (wie Anm. 212), S. 753 f. (dort fälschlich: 1948–50 Regierender Bürgermeister); *Wer ist's?...* (wie Anm. 211), 12. Ausg., S. 1081 f.; F. Schmidt-Clausing, *Berlins „Regierende"...* (wie Anm. 2), 11,5, S. 30 f.; Materialsammlung Uth. Vgl. unten zu Anm. 263.

237 Vgl. oben zu Anm. 183 u. 217.

238 Vgl. oben zu Anm. 218.

239 G. Kutzsch, *Berlins Bürgermeister...* (wie Anm. 181), S. 11–13.

240 Vgl. oben zu Anm. 220.

241 G. Kutzsch, *Berlins Bürgermeister...* (wie Anm. 181), S. 14 f.; H. Ernst/H. Stümbke, *Wo sie ruhen...* (wie Anm. 216), S. 69; Materialsammlung Uth.

242 G. Kutzsch, *Berlins Bürgermeister...* (wie Anm. 181), S. 16–18.

243 Vgl. oben zu Anm. 225.

244 Vgl. oben zu Anm. 226. *Die Chronik Berlins.* Mit einem Essay von Heinrich Albertz, Dortmund 1986, hier 1892–1898, S. 275–288. Kirschner wurde 1892 gewählt, aber erst 1893 ernannt.

245 G. Kutzsch, *Berlins Bürgermeister...* (wie Anm. 181), S. 21 f.; Materialsammlung Uth.

246 M. Schwarz, *MdR...* (wie Anm. 212), S. 364; G. Kutzsch, *Berlins Bürgermeister...* (wie Anm. 181), S. 22 f. Kauffmann wurde von den Stadtverordneten zweimal zum Bürgermeister gewählt, jedoch von der Krone nicht bestätigt.

247 *Wer ist's?...* (wie Anm. 211), 4. Ausg., S. 1122; 8. Ausg., S. 1042 f. (abweichend: *seit Anfang 1903 II. Bürgermeister*); G. Kutzsch, *Berlins Bürgermeister...* (wie Anm. 181), S. 23–26; Materialsammlung Uth.

1924–1931	Arthur Scholtz (DVP)[249]
1931–1933	Dr. Fritz Elsas (DStP) (geb. Stuttgart-Cannstatt 11. 7. 1890, Jurist, 1924–26 Mitglied des Württembergischen Landtages, 1926 Geschäftsführer des Deutschen Städtetages, später Wirtschafts- und Devisenberater, gest. KZ Sachsenhausen 4. 1. 1945)[250]
1931–1933	*Friedrich* Carl August Lange (SPD) (geb. 1879, Magistratsbeamter, 1920 Chefjurist der Stadt Berlin, gest. 1956)[251]
1933–1937	Oskar Maretzky (DVP, dann DNVP)[252]
1933–1934	Wilhelm Hafemann (NSDAP) (Obermagistratsrat, seit 1934 Bezirksbürgermeister von Berlin-Kreuzberg)[253]
1934–1936	Otto Plath (NSDAP) (geb. Bromberg 15. 1. 1879, Richter, Verwaltungsjurist, stellvertretender Bezirksbürgermeister von Berlin-Steglitz)[254]
1937–1940	Ludwig Steeg (NSDAP)[255]
1940–1945	Arthur Görlitzer (NSDAP) (geb. Frankfurt/Oder 22. 4. 1893, Gemeinde- bzw. städtischer Beamter, seit 1922 Finanzbeamter, seit 1932 Mitglied des Preußischen Landtages, seit 1933 Reichstagsabgeordneter, 1933 Preußischer Staatsrat, stellvertretender Gauleiter von Groß-Berlin seit 1933)[256]
1945–1946	Karl Maron (KPD, dann SED), 1. stellvertretender Oberbürgermeister (geb. Berlin 27. 4. 1903, Maschinenschlosser, Redakteur, seit 1950 Generalinspekteur der Volkspolizei, zuletzt Generaloberst, Ehrenbürger der Stadt Berlin [Ost] 1955, 1955–63 Innenminister der DDR, 1958–67 Volkskammerabgeordneter, gest. 2. 2. 1975)[257]
1945	Dr. phil. Dr. agr. h. c. *Andreas* Anton Hubert Hermes (Zentrum, dann CDU), 2. stellvertretender Oberbürgermeister (geb. Köln 16. 7. 1878, Ministerialbeamter, Reichsernährungsminister 1920–22, Reichsfinanzminister 1922–23, Mitglied des Preußischen Landtages 1924–28, Reichstagsabgeordneter 1928–33, Genossenschaftspräsident 1928–33, Wirtschaftsberater, gest. Krälingen/Eifel 4. 1. 1964)[258]
1945–1946	Paul Schwenk (KPD, dann SED), 3. stellvertretender Oberbürgermeister (geb. 8. 8. 1880, gest. 28. 2. 1960)
1945–1946	Karl Schulze (KPD, dann SED), 4. stellvertretender Oberbürgermeister[259] (geb. 29. 8. 1888, gest. 7. 4. 1960)
1946	Josef Orlopp (SPD, seit 1917 USPD, dann KPD, nach 1945 SPD, dann SED), 2. stellvertretender Oberbürgermeister (geb. Essen 29. 8. 1888, Dreher, 1918–25

248 G. Kutzsch, *Berlins Bürgermeister...* (wie Anm. 181), S. 26; Materialsammlung Uth.
249 Vgl. oben zu Anm. 229.
250 G. Kutzsch, *Berlins Bürgermeister...* (wie Anm. 181), S. 28 f.; *Reichshandbuch...* (wie Anm. 229), Bd. 1, S. 389.
251 G. Kutzsch, *Berlins Bürgermeister...* (wie Anm. 181), S. 29.
252 Vgl. oben zu Anm. 231.
253 C. Engeli, *Die nationalsozialistischen Kommunalpolitiker...* (wie Anm. 211), S. 126 u. 130.
254 *A.a.O.*, S. 126; *Die Chronik Berlins...* (wie Anm. 244), abweichend 1934–1939.
255 Vgl. *Die Chronik Berlins...* (wie Anm. 244), 1937–1939.
256 E. Kienast, *Handbuch...* (wie Anm. 211), S. 325. Als Stellvertreter genannt in: *Ministerploetz. Regenten und Regierungen der Welt*, Teil II, Bd. 3: *Neuere Zeit 1492–1918*, bearb. von Bertold Spuler, Würzburg 1962, hier S. 101.
257 Günther Buch, *Namen und Daten. Biographien wichtiger Personen der DDR*, 4. Aufl., Berlin-Bonn 1987, S. 389; H. Ernst/H. Stümbke, *Wo sie ruhen...* (wie Anm. 216), S. 223.
258 M. Schwarz, *MdR...* (wie Anm. 212), S. 670; *Wer ist's?...* (wie Anm. 211), 12. Ausg., S. 453.
259 Schulze war nicht SPD-Mitglied, wie einige Nachschlagewerke behaupten.

	Mitglied des Rheinischen Provinziallandtages, 1919–33 Gewerkschaftssekretär, dann Landarbeiter und Kaufmann, seit 1949 Ministerialbeamter, gest. 7. 4. 1960)[260]
1946–1948	Dr. phil. Dr. Dr. h. c. F. W. *Ferdinand* Friedensburg (DDP, seit 1945 CDU), 1. Bürgermeister, 1948 zeitweise amtierender Oberbürgermeister (geb. Schweidnitz 17. 11. 1886, 1914 Bergassessor, 1921–25 preußischer Landrat, 1925–27 Vizepolizeipräsident von Berlin, 1927–33 Regierungspräsident in Kassel, Schriftsteller, 1945 Präsident des Deutschen Instituts für Wirtschaftsforschung, Domherr von Berlin, Bundestagsabgeordneter 1952–65, seit 1953 Honorarprofessor, 1954–65 Mitglied des Europaparlamentes, Ehrenbürger der Stadt Berlin (West) 1971, gest. Berlin 11. 3. 1972)[261]
1946–1948	Dr. rer. pol. Heinrich Acker (SED), 2. Bürgermeister (geb. Mainz-Gonsenheim 12. 5. 1896, Referent im Reichsfinanzministerium, bis 1933 preußischer Landrat, dann Wirtschafts- und Steuerberater, gest. 16. 5. 1954)[262]
1946–1948	Dr. h. c. *Louise* Dorothea Sophie Schroeder (SPD), 3. Bürgermeisterin[263]

Oberbürgermeister bzw. Regierende Bürgermeister von Berlin [West]

1948–1953	Dr. h. c. Ernst Reuter (SPD, zwischendurch KPD), Oberbürgermeister, seit 1950 Regierender Bürgermeister (geb. Apenrade/ Schleswig 29. 7. 1889, Volkswirt, Oberbürgermeister von Magdeburg 1931–33, Reichstagsabgeordneter 1932–33, Professor für Kommunalwissenschaften in Ankara 1939–45, gest. Berlin 29. 9. 1953)[264]
1953–1955	Dr. jur. Dr. oec. h. c. *Walther* Carl Rudolf Schreiber (DP, seit 1930 DStP, seit 1945 CDU) (geb. Pustleben/Nordhausen 10. 6. 1884, seit 1911 Rechtsanwalt, seit 1919 Notar, Abgeordneter des Preußischen Landtages 1919–33, preußischer Staats- und Minister für Handel und Gewerbe 1925–32, seit 1934 Rechtsanwalt und Notar in Berlin, gest. Berlin 30. 6. 1958)[265]
1955–1957	Dr. phil. *Otto* Ernst Heinrich Hermann Suhr (SPD) (geb. Oldenburg/Oldenburg 17. 8. 1894, Nationalökonom, Gewerkschaftler, Mitglied des Parlamentarischen

260 *SBZ-Biographie. Ein biographisches Nachschlagebuch über die sowjetische Besatzungszone Deutschlands*, hrsg. vom Bundesministerium für Gesamtdeutsche Fragen, Bonn-Berlin 1961, S. 255. (Das Amt des stellvertretenden Oberbürgermeisters fehlt dort.)

261 *Wer ist's?...* (wie Anm. 211), S. 446, 12. Ausg., S. 305 u. 15. Ausg., S. 489; H. Ernst/H. Stümbke, *Wo sie ruhen...* (wie Anm. 216), S. 169 f.; Andreas Baldauf, *Ein Berliner Nachkriegspolitiker und eine Berliner Institution: Ferdinand Friedensburg und die Gesellschaft für Erdkunde (GfE). Ein organisationsgeschichtlicher Abriß*, in: Wolfgang Ribbe (Hrsg.), *Berlin-Forschungen II* (= Einzelveröffentlichungen der Historischen Kommission zu Berlin 61), Berlin 1987, S. 279–292. Vgl. unten zu Anm. 276.

262 *Wer ist's...* (wie Anm. 211), 12. Ausg., S. 3.

263 Vgl. oben zu Anm. 236.

264 M. Schwarz, *MdR...* (wie Anm. 212), S. 735, mit unvollständigen Amtsangaben. Wolf-Rüdiger Baumann/Gustav Fochler-Hauke (Hrsg.), *Biographien zur Zeitgeschichte 1945–1983*, Frankfurt a. M. 1983, Sp. 412; H. Ernst/H. Stümbke, *Wo sie ruhen...* (wie Anm. 216), S. 202. Reuter wurde am 24. 6. 1947 zum Oberbürgermeister gewählt. Die Alliierte Kommandantur verhinderte jedoch den Amtsantritt durch Nichtbestätigung.

265 W.-R. Baumann/G. Fochler-Hauke, *Biographien...* (wie Anm. 264), Sp. 432; *Wer ist's?...* (wie Anm. 211), 10. Ausg., S. 1440 (abweichend: K[arl] R[udolf] Walther), 12. Ausg., S. 1978; H. Ernst/H. Stümbke, *Wo sie ruhen...* (wie Anm. 216), S. 182. Vgl. unten zu Anm. 277.

	Rates 1948–49, Bundestagsabgeordneter 1949–51, seit 1952 Honorarprofessor, Direktor der Hochschule für Politik 1949–55, gest. Berlin 30. 8. 1957)[266]
1957–1966	Dr. h. c. mult. Willy Brandt (SPD) (geb. Lübeck 18. 12. 1913 als *Herbert* Ernst Karl Frahm), Journalist, Bundestagsabgeordneter 1949–57, 1961 und seit 1969, Bundesaußenminister 1966–69, Bundeskanzler 1969–74, Abgeordneter des Europaparlamentes 1979–83, Ehrenbürger der Stadt Berlin 1970, gest. Unkel bei Bonn 8. 10. 1992)[267]
1966–1967	Heinrich Albertz (SPD) (geb. Breslau 22. 1. 1915, Pfarrer, 1947–55 Mitglied des niedersächsischen Landtages, niedersächsischer Minister für Flüchtlingswesen bzw. Soziales 1948–55, Senatsdirektor 1955–61)[268]
1967–1977	Dr. h. c. Klaus Schütz (SPD) (geb. Heidelberg 17. 9. 1926, Politikwissenschaftler, Bundestagsabgeordneter 1957–61, Botschafter in Israel 1977–81, Intendant der Deutschen Welle 1981–87, seit 1987 Direktor der nordrhein-westfälischen Landesanstalt für Rundfunk)[269]
1977–1981	Dietrich Stobbe (SPD) (geb. Weepers/Allenstein 25. 3. 1938, Dipl.-Politologe, seit 1983 Bundestagsabgeordneter)[270]
1981	Dr. jur. Hans-Jochen Vogel (SPD) (geb. Göttingen 3. 2. 1926, Jurist, Oberbürgermeister von München 1960–72, Bundesminister für Raumordnung, Bauwesen und Städtebau 1972–74, Bundesjustizminister 1974–81, Bundestagsabgeordneter 1972–81 und seit 1983)[271]
1981–1984	Dr. jur. Dr. phil. h. c. Richard Freiherr von Weizsäcker (CDU) (geb. Stuttgart 15. 4. 1920, Jurist, Rechtsanwalt, Wirtschaftsprüfer, Bundestagsabgeordneter 1969–81, Bundespräsident seit 1984, Ehrenbürger der Stadt Berlin [West und Ost] seit 1990)[272]
1984–1989	Eberhard Diepgen (CDU) (geb. Berlin 13. 11. 1941, seit 1972 Rechtsanwalt)[273]
1989–1991	Walter Momper (SPD) (geb. Sulingen 21. 2. 1945, Dipl.-Politologe)[274]

Bürgermeister

1948–1951	Dr. h. c. *Louise* Dorothea Sophie Schroeder (SPD), 1. Bürgermeister[275]

266 W.-R. Baumann/G. Fochler-Hauke, *Biographien...* (wie Anm. 264), Sp. 468; *Wer ist's?...* (wie Anm. 211), 12. Ausg., S. 1175; H. Ernst/H. Stümbke, *Wo sie ruhen...* (wie Anm. 216), S. 204.

267 W.-R. Baumann/G. Fochler-Hauke, *Biographien...* (wie Anm. 264), Sp. 88; *Wer ist's?...* (wie Anm. 211), 28. Ausg., S. 151

268 W.-R. Baumann/G. Fochler-Hauke, *Biographien...* (wie Anm. 264), Sp. 33; *Wer ist's?...* (wie Anm. 211), 12. Ausg., S. 10, 29. Ausg., S. 11. Vgl. unten zu Anm. 281.

269 W.-R. Baumann/G. Fochler-Hauke, *Biographien...* (wie Anm. 264), Sp. 435; *Wer ist's?...* (wie Anm. 211), 29. Ausg., S. 1240.

270 W.-R. Baumann/G. Fochler-Hauke, *Biographien...* (wie Anm. 264), Sp. 461 f.; *Wer ist's?...* (wie Anm. 211), 29. Ausg., S. 1330.

271 W.-R. Baumann/G. Fochler-Hauke, *Biographien...* (wie Anm. 264), Sp. 504 f.; *Wer ist's?...* (wie Anm. 211), 28. Ausg., S. 1421.

272 W.-R. Baumann/G. Fochler-Hauke, *Biographien...* (wie Anm. 264), Sp. 513; *Wer ist's?...* (wie Anm. 211), 28. Ausg., S. 1468.

273 *A.a.O.*, 28. Ausg., S. 237; *Handbuch des Bundesrates für das Geschäftsjahr 1991/92*, München 1991, S. 387.

274 *Wer ist's?...* (wie Anm. 211), 28. Ausg., S. 939.

275 Vgl. oben zu Anm. 236 u. 263.

1949–1951	Dr. phil. Dr. Dr. h. c. F. W. *Ferdinand* Friedensburg (CDU), 2. Bürgermeister[276]
1951–1953	Dr. jur. Dr. oec. h. c. *Walther* Carl Rudolf Schreiber (CDU)[277]
1953–1954	Dr. jur. *Walter* Johannes Friedrich Conrad (FDP) (geb. Barby/Elbe 30. 1. 1892, Jurist, Ministerialbeamter, 1932 Reichsrundfunkkommissar, 1947–48 Senatspräsident am Oberlandesgericht Potsdam, gest. 9. 7. 1970)[278]
1954–1955	*Hermann* Richard Gustav Fischer (DVP, dann FDP, seit 1956 Freie Volkspartei, seit 1962 Christl.-Nationale Partei), 2. Bürgermeister (geb. Berlin 24. 2. 1900, 1928–33 Dezernent im Reichsstädtebund, dann Fachreferent in kommunalen Verbänden, 1951–53 Bezirksbürgermeister von Berlin-Tempelhof)[279]
1955–1963	*Franz* Klemens Amrehn (CDU), Bürgermeister (geb. Berlin 23. 11. 1912, Bankangestellter, später Rechtsanwalt, Notar, gest. 4. 10. 1981)[280]
1963–1966	Heinrich Albertz (SPD), Bürgermeister[281]
1966–1967	*Otto* Karl Theuner (SPD) (geb. Görlitz 3. 8. 1900, Verwaltungsbeamter in Küstrin, seit 1920 in Berlin, 1933–45 selbständig, 1952–55 Senatsdirektor für Finanzen, gest. 29. 1. 1980)[282]
1967	Heinz Striek (SPD) (geb. Berlin 27. 7. 1918, Bankangestellter, seit 1946 Steuerbeamter, später Steuerberater, Stadtältester)[283]
1967–1975	Kurt Neubauer (SPD) (geb. Berlin 30. 9. 1922, Feinmechaniker, Bundestagsabgeordneter seit 1952)[284]
1975–1976	Hermann Oxfort (FDP) (geb. Erfurt 27. 10. 1928, Jurist, seit 1957 Rechtsanwalt, seit 1968 Notar)[285]
1976–1981	Wolfgang Lüder (FDP) (geb. Celle 11. 4. 1937, Jurist, Landgerichtsrat 1970, seit 1981 Rechtsanwalt, Bundestagsabgeordneter 1987–90)[286]
1981	Dr. jur. Dr. h. c. mult. Guido Brunner (FDP) (geb. Madrid 27. 5. 1930, Diplomat, EG-Energiekommissar 1974, Bundestagsabgeordneter 1980, Botschafter in Madrid seit 1982)[287]
1981–1986	Heinrich Lummer (CDU) (geb. Essen 21. 11. 1932, Elektromechaniker, Dipl.-Politologe, Bundestagsabgeordneter seit 1987)[288]
1986–1989	Dr. phil. Hanna-Renate Laurien (CDU) (geb. Danzig 15. 4. 1928, Pädagogin, 1976–81 Kultusminister von Rheinland-Pfalz)[289]

276 Vgl. oben zu Anm. 261.
277 Vgl. oben zu Anm. 265.
278 *Wer ist's?...* (wie Anm. 211), 12. Ausg., S. 170; H. Ernst/H. Stümbke, *Wo sie ruhen...* (wie Anm. 216), S. 169.
279 *Wer ist's?...* (wie Anm. 211), 12. Ausg., S. 277 f.
280 *A.a.O.*, 12. Ausg., S. 16; H. Ernst/H. Stümbke, *Wo sie ruhen...* (wie Anm. 216), S. 126. Dort abweichend 1955–1962 Bürgermeister.
281 Vgl. oben zu Anm. 268.
282 *Wer ist's?...* (wie Anm. 211), 12. Ausg., S. 1185 f.; Materialsammlung Uth u. H. Ernst/H. Stümbke, *Wo sie ruhen...* (wie Anm. 216), S. 184. Dort abweichend 1963–1966 Bürgermeister.
283 *Wer ist's?...* (wie Anm. 211), 28. Ausg., S. 1353. Die Tätigkeit als Bürgermeister wird dort nicht erwähnt.
284 *A.a.O.*, 12. Ausg., S. 845.
285 *A.a.O.*, 28. Ausg., S. 1014.
286 *A.a.O.*, 28. Ausg., S. 864.
287 *A.a.O.*, 28. Ausg., S. 174.
288 *A.a.O.*, 28. Ausg., S. 868.
289 *A.a.O.*, 28. Ausg., S. 815; *Handbuch des Bundesrates 1988/89...* (wie Anm. 273) , S. 344.

1989–1991	Ingrid Stahmer (SPD) (geb. Mittersill/Zell am See 16. 9. 1942, Sozialarbeiterin (grad.), Beamtin, 1981–89 stellvertretende Bezirksbürgermeisterin von Berlin-Charlottenburg)[290]

Oberbürgermeister bzw. stellvertretende Oberbürgermeister von Berlin [Ost]

1948–1967	Friedrich Ebert (SPD, seit 1946 SED) (geb. Bremen 12. 9. 1894, Buchdrucker, Redakteur, Reichstagsabgeordneter 1928–33, Präsident des Brandenburgischen Landtages 1946–48, Volkskammerabgeordneter seit 1949, Ehrenbürger der Stadt Berlin [Ost] 1967, gest. Berlin 4. 12. 1979)[291]
1967–1974	Herbert Fechner (SPD, dann SED) (geb. Berlin 27. 8. 1913, Möbelpolierer, Bauarbeiter, Telegrafenbauarbeiter, Dipl.-Staatswissenschaftler, 1961–67 Bezirksbürgermeister von Berlin-Köpenick, seit 1967 Volkskammerabgeordneter)[292]
1974–1990	Erhard Krack (SED, dann PDS) (geb. Danzig 9. 1. 1931, Rohrlegerhelfer, Dipl.-Wirtschaftler, 1965–74 Minister für Bezirksgeleitete Industrie und Lebensmittelindustrie der DDR, seit 1976 Volkskammerabgeordneter)[293]
1979–198?	Horst Kümmel (SED), Amtierender Oberbürgermeister (geb. Berlin 1925, Verkehrskaufmann, Dipl.-Wirtschaftler)[294]
1990	Dr. Christian Hartenhauer (SED, dann PDS) (geb. 2. 5. 1949, Diplomökonom)[295]
1990–1991	Tino-Antoni Schwierzina (SPD) (geb. 30. 5. 1927, Wirtschaftsjurist)[296]
1991	Thomas Krüger (SPD), amtierender Oberbürgermeister (geb. Buttstädt 20. 6. 1959, Reifenwerker, Theologe, Volkskammerabgeordneter 1990)[297]

Stellvertretende Oberbürgermeister

1948–1953	*Arnold* August Hugo Gohr (DDP, DStP, seit 1945 CDU) (geb. Wottnogge/Pommern 12. 10. 1896, kaufmännischer Angestellter, Volkskammerabgeordneter 1949–63)[298]
1948–1950	Erich Gieske (Sozialdem. Aktion)
1948–1952	Dr. Reinhold Schwarz (LDP) (geb. 9. 12. 1888, gest. 29. 2. 1952)

290 *Handbuch des Bundesrates 1991/92...* (wie Anm. 273), S. 452.

291 M. Schwarz, *MdR...* (wie Anm. 212), S. 639 (dort fälschlich: 1946 Oberbürgermeister von Ost-Berlin); *Wer ist's?...* (wie Anm. 211), 13. Ausg., S. 237; G. Buch, *Namen und Daten...* (wie Anm. 257), 1. Aufl., S. 53. H. Ernst/H. Stümbke, *Wo sie ruhen...* (wie Anm. 216), S. 220.

292 G. Buch, *Namen und Daten...* (wie Anm. 257), 1. Aufl., S. 63, u. 4. Aufl., S. 64. Vgl. unten zu Anm. 303.

293 *A.a.O.*, 1. Aufl., S. 154 (abweichend: geb. 1930); 4. Aufl., S. 171 f.; *Der Tagesspiegel* vom 24. 2. 1990, S. 1.

294 G. Buch, *Namen und Daten...* (wie Anm. 257), 1. Aufl., S. 162, 2. Aufl., S. 178. Vgl. unten zu Anm. 320.

295 *Der Tagesspiegel* vom 24. 2. 1990, S. 1.

296 *Der Tagesspiegel* vom 31. 5. 1990, S. 1.

297 *Handbuch des Bundesrates 1991/92...* (wie Anm. 273), S. 416. Vgl. unten zu Anm. 346.

298 *Wer ist's?...* (wie Anm. 211), 11. Ausg., S. 187; 14. Ausg., Bd. II, S. 94. Dort 1948–58 stellvertretender Oberbürgermeister. Ebenso *Handbuch der Volkskammer der Deutschen Demokratischen Republik*, Berlin [Ost]) 1957, S. 388: seit 1948 stellvertretender Oberbürgermeister.

1948–1950	Max Schneider (NDP) (geb. Röthenbach/Pegnitz 23. 1. 1915, Bankkaufmann, Dipl.-Staatswissenschaftler, Volkskammerabgeordneter 1954–58, gest. 8. 1. 1987)[299]
1950–1953	Hans Müller (SPD, seit 1949 Sozialdem. Aktion) (geb. Berlin 25. 3. 1906, Hilfsarbeiter, Gewerkschafter, seit 1949 Chefredakteur, Volkskammerabgeordneter seit 1949)[300]
1951–1954	Alfred Neumann (KPD, dann SED), 1. stellvertretender Oberbürgermeister (geb. Berlin 15. 12. 1909, Tischler, Sportlehrer, seit 1954 Volkskammerabgeordneter, 1961–65 Minister und Vorsitzender des Volkswirtschaftsrates der DDR, 1965–68 Minister für Materialwirtschaft der DDR)[301]
1952–1958	Wilhelmine Schirmer-Pröscher (DDP, dann DStP, LDP) (geb. Gießen 9. 7. 1889, Lehrerin, Drogistin, seit 1949 Volkskammerabgeordnete, Ehrenbürgerin der Stadt Berlin [Ost] 1989, gest. 1992)[302]
1953–1961	Herbert Fechner[303]
1953–1958	Harry Krebs (SED) (geb. Dresden 30. 12. 1919, Dipl.-Volkswirt, Gewerkschaftsfunktionär, stellvertretender Direktor des Klinikums in Berlin-Buch)[304]
1953–1958	Johanna Kuzia (SED) (geb. Berlin 6. 1. 1916, Verkäuferin, Gewerkschaftsfunktionärin, seit 1957 Bezirksbürgermeisterin in Berlin-Weißensee)[305]
1954–1958	*Arnold* August Hugo Gohr (CDU)[306]
1954–1957 (?)	Wilhelm Thiele (KPD, dann SED) (geb. Berlin 2. 4. 1902, Verlagsangestellter, Bezirksbürgermeister von Berlin-Mitte 1948–56, Sekretär des Berliner Magistrats 1958–60, anschließend Diplomat, seit 1962 Gesandter in Helsinki)[307]
1958–1963	*Waldemar* Paul Schmidt (KPD, seit 1946 SED), ständiger Vertreter des Oberbürgermeisters (geb. Berlin 7. 2. 1909, Maschinenbauer, 1950–53 Polizeipräsident von Berlin [Ost], Volkskammerabgeordneter 1963–71, gest. 1974)[308]
1958–1971	Fritz Wolff (LDP) (geb. Grünberg/Schlesien 22. 8. 1916, Glasermeister, 1950–52 Mitglied des thüringischen Landtages, 1953–63 Volkskammerabgeordneter, 1956

299 G. Buch, *Namen und Daten...* (wie Anm. 257), 1. Aufl., S. 251, 2. Aufl., S. 280, 3. Aufl., S. 277, 4. Aufl., S. 393. Dort abweichend: 1950–1960. Ebenso *Handbuch der Volkskammer...* (wie Anm. 298), S. 396: seit 1950 stellvertretender Oberbürgermeister.

300 *SBZ-Biographie...* (wie Anm. 260), S. 240.

301 G. Buch, *Namen und Daten...* (wie Anm. 257), 1. Aufl., S. 204, 2. Aufl., S. 226, 3. Aufl., S. 226, u. 4. Aufl., S. 229.

302 *Wer ist's?...* (wie Anm. 211), 14. Ausg., Bd. II, S. 291 f.; G. Buch, *Namen und Daten...* (wie Anm. 257), 1. Aufl., S. 246, 2. Aufl., S. 275, 3. Aufl., S. 272, u. 4. Aufl., S. 277 f.; *Die Volkskammer der Deutschen Demokratischen Republik, 8. Wahlperiode*, Berlin [Ost] 1981, S. 528, abweichend: 1953–59 stellvertretende Oberbürgermeisterin.

303 Vgl. oben zu Anm. 297.

304 *Wer ist's?...* (wie Anm. 211), 14. Ausg., Bd. II, S. 175 (abweichend: geb. 30. 9. 1919. Die Krankenhaustätigkeit wird nicht erwähnt); *SBZ-Biographie...* (wie Anm. 260), S. 190 (abweichend: geb. 1925).

305 *Wer ist's?...* (wie Anm. 211), 14. Ausg., Bd. II, S. 183 (abweichend: 1953–57 stellvertretende Oberbürgermeisterin); *SBZ-Biographie...* (wie Anm. 260), S. 198 (abweichend: 1953–57 stellvertretende Oberbürgermeisterin, dann Studium, seit 1960 Bezirksbürgermeisterin).

306 Vgl. oben zu Anm. 298.

307 *Wer ist's?...* (wie Anm. 211), 14. Ausg., Bd. II, S. 338 (abweichend: geb. 13. 4. 1902, 1956–58 stellvertretender Oberbürgermeister 1956–58); *SBZ-Biographie...* (wie Anm. 260), S. 349 (abweichend: 1956–58 stellvertretender Oberbürgermeister; 1958–60 Sekretär).

308 *Wer ist's?...* (wie Anm. 211), 11. Ausg., S. 578; 14. Ausg., Bd. II, S. 296; G. Buch, *Namen und Daten...* (wie Anm. 257), 1. Aufl., S. 249. Überall abweichend: 1953–63 1. Stellvertreter.

	Vizepräsident der Industrie- und Handelskammer der DDR, 1956–58 Staatssekretär und 1. stellvertretender Minister für Lebensmittelindustrie der DDR)[309]
1958–1963	Ernst Wolf (KPD, dann SED) (geb. Berlin 1. 6. 1907, Werkzeugmacher, 1952 und 1956–58 Staatssekretär)[310]
1958–1963	Gerhard Mattner (DBD) (geb. Klingenthal/Vogtland 21. 6. 1924, Hilfsarbeiter, Bauernfunktionär, Volkskammerabgeordneter 1954–58)[311]
1958–1981	Max Reutter (CDU) (geb. Berlin 24. 8. 1920, Dreher, Maschinenbau-Ing., 1950–52 Magistratsdirektor in Berlin [Ost])[312]
1958 (?)–1960	Max Schneider
1958–1960	Hermann Gloth (geb. 4. 12. 1907, Schneider, 1956–57 Magistratssekretär, gest. 1975)[313]
1958–1960	Johanna Blecha geb. Guthmann (SED) (geb. Breslau 28. 1. 1916, Stenotypistin, 1949–1953 Oberbürgermeisterin von Schwerin, seit 1954 Sekretärin des Berliner Magistrats)[314]
1960–1969	Alexander Mallinckh (NSDAP, dann NDP) (geb. Dresden 9. 8. 1925, Kaufmännischer Angestellter, Dipl.-Jurist)[315]
1960–1976	Kurt Helbig (SED) (geb. Derenburg/Halberstadt 25. 4. 1919, Schriftsetzer, Dipl.-Staatswissenschaftler, Gewerkschaftsfunktionär)[316]
1960–1963	Wolfgang Lengsfeld (SED) (geb. 1926, Schlosser, nach 1945 Lehrer, 1952 Ministerialbeamter)[317]
1963–1967	Kurt Thieme (SED), ständiger Vertreter des Oberbürgermeisters (geb. Berlin 6. 8. 1922, Maurer, Gewerkschaftsfunktionär, Volkskammerabgeordneter seit 1963)[318]
1963–1970	Heinz Müller (SED) (geb. Zeitz 12. 6. 1919, Kaufmann, Dipl.-Staatswissenschaftler, 1955–60 1. stellvertretender Bezirksbürgermeister von Berlin-Prenzlauer Berg, Volkskammerabgeordneter 1963–71, 1970–76 Bezirksbürgermeister von Berlin-Lichtenberg, seit 1976 Vorsitzender der Handwerkskammer in Berlin [Ost][319]
1963–1978	Horst Kümmel (SED)[320]
1963–1966	Dr.-Ing. Heinz Prässler (SED) (geb. Hermsdorf/Stadtroda 13. 4. 1923, Maurer, Hochbauingenieur, 1962–63 Bezirksbaudirektor in Cottbus, seit 1969 Rektor der Hochschule für Bauwesen in Cottbus, Professor)[321]

309 *Wer ist's?...* (wie Anm. 211), 14. Ausg., Bd. II, S. 375 f.; G. Buch, *Namen und Daten...* (wie Anm. 257), 1. Aufl., S. 324, 2. Aufl., S. 351, 3. Aufl., S. 352, u. 4. Aufl., S. 361.
310 *Wer ist's?...* (wie Anm. 211), 14. Ausg. Bd. II, S. 374; G. Buch, *Namen und Daten...* (wie Anm. 257), 1. Aufl., S. 322, 2. Aufl., S. 359. Das Bürgermeisteramt fehlt überall.
311 *Wer ist's?...* (wie Anm. 211), 14. Ausg., Bd. II, S. 210.
312 *A.a.O.*, 14. Ausg., Bd. II, S. 269; G. Buch, *Namen und Daten...* (wie Anm. 257), 1. Aufl., S. 231, 3. Aufl., S. 256, 4. Aufl., S. 261.
313 *SBZ-Biographie...* (wie Anm. 260), S. 106 (abweichend: geb. 1908, 1956–58 Sekretär).
314 *Wer ist's?...* (wie Anm. 211), 14. Ausg., Bd. II, S. 25; G. Buch, *Namen und Daten...* (wie Anm. 257), 1. Aufl., S. 25, 2. Aufl., S. 26.
315 *A.a.O.*, 1. Aufl., S. 181, 2. Aufl., S. 199, 4. Aufl., S. 201 f., 3. Aufl., S. 256, 4. Aufl., S. 261.
316 *A.a.O.*, 1. Aufl., S. 105, 2. Aufl., S. 113, 4. Aufl., S. 114.
317 *SBZ-Biographie...* (wie Anm. 260), S. 227. Das Amt des stellvertretenden Oberbürgermeisters fehlt dort.
318 *Wer ist's?...* (wie Anm. 211), 14. Ausg., Bd. II, S. 338; G. Buch, *Namen und Daten...* (wie Anm. 257), 1. Aufl., S. 286, 2. Aufl., S. 320 f., 3. Aufl., S. 315, 4. Aufl., S. 321.
319 *Wer ist's?...* (wie Anm. 211), 14. Ausg., Bd. II, S. 225; G. Buch, *Namen und Daten...* (wie Anm. 257), 1. Aufl., S. 199, 2. Aufl., S. 219, 3. Aufl., S. 219, 4. Aufl., S. 221.
320 *A.a.O.*, 1. Aufl.: ab Sept. 1962. Vgl. oben zu Anm. 294.
321 *A.a.O.*, 1. Aufl., S. 220, 2. Aufl., S. 246, 4. Aufl., S. 247.

1963–1967 Dr. oec. Günter Peters (SED) (geb. Waren 11. 8. 1928, Maurer, Bauingenieur, 1952–60 Bezirksbaudirektor in Rostock, 1966–73 und seit 1975 Bezirksbaudirektor in Berlin (Ost)[322]

1963–1968 Harry Krebs (SED)[323]

1967–1970 Horst Hilbert (KPD, dann SED), 1. stellvertretender Oberbürgermeister (geb. Berlin 17. 10. 1919, Mechaniker, Dipl.-Ing. oec., Sozialfürsorger, Krankenhausdirektor, 1951–56 und 1965–67 Bezirksbürgermeister von Berlin-Lichtenberg, 1956–63 Bezirksbürgermeister von Berlin-Prenzlauer Berg)[324]

1968–1976 Günther Herbert (SED) (geb. 1928, Verkäufer, Dipl.-Wirtschaftler)[325]

1969–1976 Friedrich Kos (NDP) (geb. Brünn/Mähren 10. 2. 1924, Dipl.-Jurist, Referent im brandenburgischen Finanzministerium)[326]

1970–1974 Dr. Gerhard Jung (SED), 1. stellvertretender Oberbürgermeister (geb. 1929, Vermessungstechniker, Dipl.-Ingenieur, seit 1980 stellvertretender Minister für Verkehrswesen der DDR)[327]

1971–1975 Heinz Albrecht (SED) (geb. Lugau/Stollberg 22. 3. 1935, Schlosser, Dipl.-Wirtschaftler, Ingenieur, 1971–76 Volkskammerabgeordneter)[328]

1971–1990 Roland Tränkner (LDP) (geb. Schönerstadt/Flöha 18.7.1933, Handwerker, Dipl.-Staatswissenschaftler)[329]

1974–1978 Horst Palm (SED), 1. stellvertretender Oberbürgermeister (geb. 28. 5. 1927)

1975–1984 Walter Scholz (SED) (geb. Niedereinsiedel 21. 1. 1929, Werkzeugmacher, Ingenieur, seit 1976 Volkskammerabgeordneter)[330]

1976–1990 Günter Hoffmann (SED) (geb. 13. 7. 1928, Vermessungstechniker, Dipl.-Gesellschaftswissenschaftler, Ing.-Ök., Oberstleutnant der Volkspolizei)[331]

1976–1988 Herbert Meyer (SED) (geb. 11. 12. 1929, Kaufmännischer Gehilfe, Dipl.-Wirtschaftler, 1966–76 stellvertretender Minister für Handel und Versorgung der DDR, gest. 13. 12. 1988)[332]

1976–1981 Dr. agr. Kurt Aland (SED) (geb. 29. 8. 1919, Maschinenschlosser, Dipl.-Agrarökonom)[333]

1976–1981 Dr. jur. Hans-Joachim Linn (NSDAP, dann NDP) (geb. Trampe 12. 2. 1927, Postinspektor, Dipl.-Jurist)[334]

1978–ca.1989 Hannelore Mensch geb. Bosch (SED), 1. stellvertretende Oberbürgermeisterin (geb. Neu Zachun/Hagenow 16. 6. 1937, Landwirtin, Dipl.-Gesellschaftswissenschaftlerin, Sekretärin des Berliner Magistrats 1973–78, ca. 1989–90 Arbeitsministerin der DDR)[335]

322 *A.a.O.*, 1. Aufl., S. 215, 2. Aufl., S. 239. Dort lediglich: seit Juli 1975 stellvertr. Oberbürgermeister.
323 Vgl. oben zu Anm. 304.
324 G. Buch, *Namen und Daten...* (wie Anm. 257), 1. Aufl., S. 115, 2. Aufl., S. 123.
325 *A.a.O.*, 1. Aufl., S. 109, 2. Aufl., S. 116, 3. Aufl., S. 115, u. 4. Aufl., S. 118.
326 *Wer ist's?...* (wie Anm. 211), 14. Ausg., Bd. II, S. 172; G. Buch, *Namen und Daten...* (wie Anm. 257), 1. Aufl., S. 152 f., u. 2. Aufl., S. 167.
327 *A.a.O.*, 1. Aufl., S. 130, 2. Aufl., S. 140, 3. Aufl., S. 141, u. 4. Aufl., S. 144.
328 *A.a.O.*, 1. Aufl., S. 3, 2. Aufl., S. 3, 3. Aufl., S. 3, u. 4. Aufl., S. 3.
329 *A.a.O.*, 1. Aufl., S. 290, 2. Aufl., S. 325, 3. Aufl., S. 320, u. 4. Aufl., S. 326.
330 *A.a.O.*, 3. Aufl., S. 280, 4. Aufl., S. 286.
331 *A.a.O.*, 4. Aufl., S. 129.
332 *A.a.O.*, 2. Aufl., S. 210, 3. Aufl., S. 210, u. 4. Aufl., S. 211. Dort abweichend: geb. 1930.
333 *A.a.O.*, 2. Aufl., S. 2.
334 *A.a.O.*, 1. Aufl., S. 175, 2. Aufl., S. 192, 4. Aufl., S. 194.
335 *A.a.O.*, 4. Aufl., S. 208, *Der Tagesspiegel* vom 9. 2. 1990, S. 6.

1979–1981	Dr. Eberhard Ahrens (SED) (geb. 27. 11. 1937)
1981–1990	Wolfgang Bein (NDP) (geb. 29. 5. 1925, Großhandelskaufmann, Dipl.-Wirtschaftler, 1966–81 stellvertretender Minister für Bezirksgeleitete Industrie und Lebensmittelindustrie der DDR)[336]
1981–1990	Dr.-Ing. Wolfgang Schmahl (CDU) (geb. 17. 6. 1942, Dipl.-Mathematiker, zeitweise Fachdirektor bei der Interflug)[337]
1981–1990	Fritz Schmaler (SED) (geb. 12. 9. 1927, Schlosser, Ingenieur)[338]
1981–1990	Wolfgang Budnick (SED) (geb. 10. 12. 1937, Dipl.-Ing. oec.)[339]
1981–1985	Joachim Böttger (SED) (geb. 2. 10. 1937, Zimmerer, Dipl.-Ing., stellvertretender Bezirksbaudirektor, Bezirksbaudirektor)[340]
1981–1985	Hans-Günter Burbach (SED) (geb. 21. 5. 1934), Landwirt, Dipl.-Wirtschaftler, Dipl.-Gesellschaftswissenschaftler, seit 1986 Stadtbezirksbürgermeister von Berlin-Hellersdorf)[341]
1981–1986	Dr. Thomas Naumann (SED, dann PDS) (geb. 23. 5. 1944, Agraringenieur, seit 1990 Sachbearbeiter für Milchwirtschaft im Berliner Magistrat)[342]
1984–1990	Dieter Müller (SED) (geb. 6. 1. 1941, Hauer)[343]
1985–1986	Günter Scheel (SED) (geb. 6. 2. 1935, Bezirksbaudirektor)
1985–1990	Günter Manow (SED) (geb. 24. 9. 1935, Dipl.-Wirtschaftler, Bezirksbürgermeister von Berlin-Treptow 1981–86)[344]
1985–1990	Reinhild Zagrodnik (DBD) (geb. 7. 11. 1943)
1986–1989	Wolfgang Puppe (SED) (geb. 1948, Elektromechaniker, Dipl.-Ing. oec.)[345]
1989–1990	Peter Schkölziger (SED) (geb. 25. 4. 1941)
1989–1990	Dr. Ingrid Pankraz (SED) (geb. 28. 10. 1948)
1990–1991	Thomas Krüger (SPD), 1. stellvertretender Oberbürgermeister[346]
1990–1991	Hartmut Hempel (CDU), 2. stellvertretender Oberbürgermeister (geb. ca. 1950, Dipl.-Ing.)

336 G. Buch, *Namen und Daten...* (wie Anm. 257), 4. Aufl., S. 15 f.
337 *A.a.O.*, 4. Aufl., S. 279. Dort abweichend: geb. 1943.
338 *A.a.O.*, 4. Aufl., S. 279. Dort abweichend: geb. 1928, stellvertretender Oberbürgermeister ab 30. 10. 1980 als Nachfolger von Walter Scholz.
339 *A.a.O.*, 4. Aufl., S. 36 f. Dort abweichend: geb. 1938, seit 30. 10. 1980 stellvertretender Oberbürgermeister.
340 *A.a.O.*, 3. Aufl., S. 27, 4. Aufl., S. 28. Dort abweichend: geb. 1938, 1980–84 Bezirksbaudirektor und stellvertretender Oberbürgermeister.
341 *A.a.O.*, 4. Aufl., S. 38. Dort abweichend: bis 1986.
342 Vgl. *Der Tagesspiegel* vom 18. 7. 1990: dort 48jährig, seit 1984 Stadtrat als Nachfolger von Burbach.
343 G. Buch, *Namen und Daten...* (wie Anm. 257), 4. Aufl., S. 220.
344 *A.a.O.*, 4. Aufl., S. 202.
345 *A.a.O.*, 4. Aufl., S. 249.
346 Vgl. oben zu Anm. 297.

Personenregister

Beide Register beziehen sich ausschließlich auf den Text, nicht auf die Anmerkungen. Im Ortsregister verzeichnete Straßennamen beziehen sich, sofern nichts anderes angegeben ist, auf Berlin.

Ortsregister

Abbildungsnachweis

Archiv der sozialen Demokratie (Friedrich-Ebert-Stiftung): S. 250, 364.
Historische Kommission zu Berlin: S. 186, 201, 359.
Kleine Berlin-Geschichte, 2. Aufl., Berlin 1988: S. 618.
Landesarchiv Berlin (mit Außenstelle Breite Straße): S. 84, 109, 159, 164, 169, 262, 279, 323, 328, 353, 368, 389, 441, 461, 575, 592, 602.
Landesbildstelle Berlin: S. 37, 52, 68, 115, 127, 131, 137, 149, 236, 375, 393, 420, 444, 466, 487, 515, 544.
Sammlung Grzywatz: S. 205.

Autorenverzeichnis

Andreas Baldauf M. A., Wissenschaftlicher Mitarbeiter bei der Historischen Kommission zu Berlin

Rosemarie Baudisch, Sektionsassistentin bei der Historischen Kommission zu Berlin

Christian Engeli, Dr. phil., Wissenschaftlicher Mitarbeiter am Deutschen Institut für Urbanistik

Felix Escher, Dr. phil., Wissenschaftlicher Mitarbeiter bei der Historischen Kommission zu Berlin

Cornelius C. Goeters M. A., Lehrbeauftragter am Friedrich-Meinecke-Institut der Freien Universität Berlin

Berthold Grzywatz, Dr. phil., Wissenschaftlicher Mitarbeiter bei der Historischen Kommission zu Berlin

Gunther Hildebrandt, Dr. phil. habil., Wissenschaftlicher Mitarbeiter bei der Historischen Kommission zu Berlin

Henrike Hülsbergen, Wissenschaftliche Mitarbeiterin bei der Historischen Kommission zu Berlin

Daniel Koerfer, Dr. phil., Hochschulassistent am Friedrich-Meinecke-Institut der Freien Universität Berlin

Marthina Koerfer M. A., Doktorandin am Friedrich-Meinecke-Institut der Freien Universität Berlin

Rainer Kubatzki, Dr. phil., Wissenschaftlicher Mitarbeiter bei der Historischen Kommission zu Berlin

Angela Martin, Wissenschaftliche Mitarbeiterin bei der Historischen Kommission zu Berlin

Daniel S. Mattern M. A., University of North Carolina, USA

Karl-Heinz Noack, Dr. phil., Wissenschaftlicher Mitarbeiter bei der Historischen Kommission zu Berlin

Brigitte Oleschinski, Dipl. Pol., Wissenschaftliche Mitarbeiterin an der Gedenkstätte „Deutscher Widerstand“

Wolfgang Ribbe, Dr. phil. habil., Univ. Prof. am Friedrich-Meinecke-Institut der Freien Universität Berlin und Sektionsleiter bei der Historischen Kommission zu Berlin

Dirk Rotenberg M. A., Dr. phil., Beamter im Auswärtigen Dienst der Bundesrepublik Deutschland. Als solcher legt er Wert auf die Feststellung, daß seine Beiträge zu diesem Band ausschließlich seine persönliche Meinung spiegeln

Martina Sönnichsen M. A., Doktorandin am Friedrich-Meinecke-Institut der Freien Universität Berlin und Journalistin

Andreas Splanemann M. A., Dr. phil., Journalist

Kurt Wernicke, Dr. phil. habil., Museumsdirektor a. D.

Jürgen Wetzel, Dr. phil., Direktor am Landesarchiv Berlin